Schwerpunktbereich Ruthig/Storr · Öffentliches Wirtschaftsrecht

Schwerpunkte

Eine systematische Darstellung der wichtigsten Rechtsgebiete anhand von Fällen
Begründet von Professor Dr. Harry Westermann †

Öffentliches Wirtschaftsrecht

von

Dr. Josef Ruthig

Univ.-Professor an der Johannes-Gutenberg-Universität Mainz

Dr. Stefan Storr

Univ.-Professor an der Wirtschaftsuniversität Wien
apl. Professor an der Technischen Universität Dresden

5., neu bearbeitete Auflage

CFM C.F. Müller

Bibliografische Information der Deutschen Nationalbibliothek
Die Deutsche Nationalbibliothek verzeichnet diese Publikation in der Deutschen Nationalbibliografie; detaillierte bibliografische Daten sind im Internet über <http://dnb.d-nb.de> abrufbar.

ISBN 978-3-8114-4619-9

E-Mail: kundenservice@cfmueller.de
Telefon: +49 6221 / 1859-599
Telefax: +49 6221 / 1859-598

www.cfmueller.de
www.cfmueller-campus.de

Satz: preXtension, Grafrath
Druck: CPI books, Leck

Vorwort

Öffentliches Wirtschaftsrecht hat sich in der universitären Ausbildung etabliert und ist auch im Zweiten Staatsexamen zunehmend als Wahlfach relevant. Seit der Veröffentlichung der Vorauflage vor fünf Jahren gab es vieles nachzutragen. Dies war nicht nur dem Gesetzgeber geschuldet, sondern nicht zuletzt auch dem Umstand, dass die Europäisierung des öffentlichen Wirtschaftsrechts eine neue Stufe erreicht hat. Nationale Grundrechte werden nicht nur durch die Grundfreiheiten des Binnenmarkts, sondern auch durch die europäische Grundrechtecharta ergänzt und teilweise verdrängt. Das unionale Konzept von Verwaltungsbehörden wurde durch das Bundesverfassungsgericht im Ergebnis bestätigt. Deshalb wurden die entsprechenden Ausführungen grundlegend überarbeitet und wo möglich auch gekürzt, um trotz der Fülle neuer Entwicklungen den Umfang nicht weiter anschwellen zu lassen. Besondere Aufmerksamkeit galt modernen, durch Digitalisierung erst ermöglichten Geschäftsmodellen. Das Vergaberecht war erheblich zu aktualisieren.

Wir sehen eine große Stärke unseres Lehrbuchs in der engen Verknüpfung von theoretischem Stoff und Falllösung. Einführungsfälle machen den Stoff der einzelnen Kapitel plastisch und dienen der Lernkontrolle und Vertiefung. Zusammen mit Prof. Dr. *Elke Gurlit* haben wir unserem Lehrbuch einen bereits 2017 in 2. Auflage erschienenen „Klausurenkurs im Öffentlichen Wirtschaftsrecht" zur Seite gestellt, der zu allen Bereichen des Lehrbuchs „klausurmäßig" ausformulierte Fallbearbeitungen auf Examensniveau enthält, auf die im Lehrbuch auch verwiesen wird.

Wieder haben uns viele geholfen. Bedanken möchten wir uns vor allem bei Frau *Petra Michaela Kirchmayer* (Sekretariat Mainz), unseren Mitarbeiterinnen und Mitarbeitern in Mainz Frau Ref. iur. *Sophie Salfer*, den Herren Ass. iur. *Fabian Dechent*, *Peter Henningsen* und *Daniel Neurath*, den Herren Ref. iur. *Sebastian Endres* und *Tim Wiemers* sowie den Herren Stud. iur. *Frederic Baumann* und *Hartmut Moritz Müller*, in Graz Frau StudAss *Anna-Sophie Kollment* und Frau StudAss *Lisa Neubauer* und in Wien Frau wiss. Mit. *Tanja Lang* und Frau wiss. Mit. *Valentina Neubauer*.

Über Anregungen und Kritik freuen wir uns auch weiterhin und bitten, sie an folgende Anschriften zu richten:

Univ.-Prof. Dr. Josef Ruthig
Johannes-Gutenberg-Universität
Fachbereich 03
D-55099 Mainz
ruthig@uni-mainz.de

Univ.-Prof. Dr. Stefan Storr
Wirtschaftsuniversität Wien
Institut für Österreichisches und Europäisches Öffentliches Recht
A-1020 Wien
stefan.storr@wu.ac.at

Mainz/Wien im September 2020

Josef Ruthig
Stefan Storr

Vorwort zur ersten Auflage

Das öffentliche Wirtschaftsrecht befasst sich mit dem Einwirken des Staates und seiner Einrichtungen auf die Wirtschaft und ist insoweit genauso ein traditionelles wie ein modernes Rechtsgebiet. Längst ist es über das herkömmliche Wirtschaftsverwaltungsrecht hinausgewachsen. Es umfasst außer den klassischen Materien des Gewerbe-, Gaststätten- und Handwerksrechts das sog. Regulierungsrecht genauso wie das Recht der Auftragsvergabe, das Recht der öffentlichen Unternehmen und das Subventionsrecht. In allen Bereichen haben sich vor allem durch die Europäisierung, aber auch durch technische Neuerungen wie das Internet und gewandelte gesellschaftliche und gesetzgeberische Vorstellungen beachtliche Umwälzungen ergeben. Am novellierten Handwerksrecht, dem Telekommunikationsrecht, aber auch dem Spiel- und Wettrecht wird dies genauso deutlich wie am gewerbe- bzw gaststättenrechtlichen Umgang mit dem „ältesten Gewerbe", der Prostitution. Diese Umbruchphase ist keineswegs abgeschlossen. Die Novellierung des Energiewirtschaftsgesetzes im Juli 2005 markierte lediglich den vorläufigen Endpunkt. Gleichzeitig hat sich das öffentliche Wirtschaftsrecht zum zentralen Referenzgebiet für das allgemeine Verwaltungsrecht sowie die Verzahnung von einfachem Recht mit Verfassungs- und Gemeinschaftsrecht entwickelt. Dies macht eine Darstellung des öffentlichen Wirtschaftsrechts zu einem genauso reizvollen wie schwierigen Unterfangen.

Das öffentliche Wirtschaftsrecht gehört zu den Wahlfach- bzw Schwerpunktbereichen der Ausbildungs- und Prüfungsordnungen für Juristen. Seine Bedeutung wird durch die Aufwertung der Schwerpunktbereiche und vor allem den Bedarf der Praxis an Juristen mit Kenntnissen im öffentlichen Wirtschaftsrecht weiter zunehmen und den Prüfungsstoff über die klassischen Gebiete, vor allem des Gewerberechts, hinaus erweitern. Für diese veränderte Ausbildungs- und Prüfungssituation ist das Buch konzipiert. Ziel war eine umfassende Darstellung des examensrelevanten Stoffs, deren Umfang aber gleichzeitig ein vertretbares und im Rahmen der Examensvorbereitung zu bewältigendes Maß nicht überschreiten sollte.

Eine besondere Herausforderung stellt, wie die Erfahrungen der Autoren in Lehre und Staatsexamen belegen, die Verzahnung des öffentlichen Wirtschaftsrechts mit dem Gemeinschafts- und Verfassungsrecht, aber auch dem allgemeinen Verwaltungsrecht und Verwaltungsprozessrecht dar. Diese Bezüge zum Pflichtfachstoff und gleichermaßen die sich bei aller Diversifizierung des Rechtsgebietes entwickelnden allgemeinen Strukturen des öffentlichen Wirtschaftsrechts – einschließlich seiner ökonomischen und wirtschaftspolitischen Hintergründe – stehen daher im Zentrum der Darstellung. Es war unser didaktisches Anliegen, den Stoff so weit wie möglich „am Fall" zu vermitteln. Vorangestellte Fälle sollen aber auch der Lernkontrolle dienen und die praktische Umsetzung für Klausuren erleichtern. Sie wurden entweder der (aktuellen) Rechtsprechung entnommen oder entsprechen examensrelevanten Standardkonstellationen. Rechtsprechungs- und Literaturangaben sollen den Leser zum weiterführenden Studium ermuntern.

Die §§ 1–6 des Buches wurden von Prof. Dr. *Josef Ruthig* bearbeitet, die §§ 7–9 verantwortet Priv. Doz. Dr. *Stefan Storr.* Für ihre Unterstützung bei der Erstellung des Manuskripts zum ersten Teil (§§ 1 bis 6) ist den Mitarbeitern des Mainzer Lehrstuhles zu danken, den wissenschaftlichen Mitarbeitern Ass. iur. *Daniel Michel* und *Markus Wöll* sowie für die umsichtige und stets geduldige Bearbeitung der Entwürfe der Sekretärin, Frau *Petra Michaela Kirchmayer.* Wertvolle Anregungen und Verbesserungsvorschläge haben auch Mainzer Studierende der Wahlfachgruppe beigesteuert. Ein besonderer Dank aber gilt den studentischen Hilfskräften, Frau cand. iur. *Katja Lehr* und Herrn cand. iur. *Alexander Wirth* für ihren unermüdlichen und überobligatorischen Einsatz.

Das Öffentliche Wirtschaftsrecht wird weiter im Fluss sein, vor allem angesichts der Neustrukturierung der universitären Ausbildung. Über Anregungen und Kritik würden wir uns freuen. Sie werden an folgende Anschriften erbeten:

Prof. Dr. *Josef Ruthig,* Fachbereich 03, Lehrstuhl für Öffentliches Recht, Europarecht und Rechtsvergleichung, Johannes-Gutenberg-Universität, 55099 Mainz, ruthig@uni-mainz.de; Priv. Doz. Dr. *Stefan Storr,* Juristische Fakultät der TU Dresden, Lehrstuhl für Öffentliches Recht, insbesondere Staatsrecht, Umwelt- und Wirtschaftsrecht, Bergstraße 53, 01069 Dresden, storr@jura.tu-dresden.de.

Mainz und Dresden, August 2005

Josef Ruthig
Stefan Storr

Inhaltsverzeichnis

	Rn	Seite
Vorwort		V
Vorwort zur ersten Auflage		VII
Abkürzungsverzeichnis		XXIII
Verzeichnis der häufig zitierten Literatur		XXVI
§ 1 Wirtschaft und Verwaltung	1	1
I. Gegenstand und Entwicklung des öffentlichen Wirtschaftsrechts	3	1
1. „Wirtschaftsordnung" im Unions- und Verfassungsrecht	3	1
a) Die wirtschaftspolitische Neutralität des Grundgesetzes	4	2
b) Das offene Prinzip des Unionsrechts	6	3
2. Historische Wurzeln	8	5
a) Merkantilismus und staatliche Lenkung der Wirtschaft	9	5
b) Liberalismus und Gewerbefreiheit	11	6
c) Vom Interventionismus zur sozialen Marktwirtschaft	14	8
d) Die Schaffung eines europäischen Binnenmarktes	16	9
e) Die europäische Ordnung des Binnenmarktes	17	10
3. Einflüsse von Wirtschaftswissenschaften und Rechtsvergleichung	18	10
II. Öffentliches Wirtschafts- bzw Wirtschaftsverwaltungsrecht	20	12
1. Begriff und Gegenstand	20	12
2. Wirtschaftsaufsicht und Wirtschaftsregulierung	22	13
3. Wirtschaftslenkung und Marktteilnahme	27	19
4. Öffentliches und privates Wirtschaftsrecht als komplimentäre Rechtsdurchsetzungsregime	29	20
III. Öffentliches Wirtschaftsrecht als Referenzgebiet des (allgemeinen) Verwaltungsrechts	34	24
1. Das öffentliche Wirtschaftsrecht als Motor einer Verwaltungsrechtsmodernisierung	34	24
2. Das allgemeine Verwaltungsrecht als Schlüssel zur Strukturierung des öffentlichen Wirtschaftsrechts	36	25
§ 2 Der unions- und verfassungsrechtliche Ordnungsrahmen	38	26
I. Grundlagen	38	26
1. Entwicklungsphasen	39	27
2. Europäische Grundfreiheiten und nationale Grundrechte im Verfassungsverbund	41	30
a) Vorrang des Unionsrechts und unmittelbare Anwendbarkeit	41	30
b) Der Anwendungsvorrang und seine (verfassungsrechtlichen) Grenzen	42	31

3. Verwaltungsrechtsschutz im Verbund	44	34
II. Die Grundfreiheiten	45	35
1. Grundlagen	49	37
a) Allgemeine Grundsätze und Lehren	49	37
b) Teilnahme am Wirtschaftsleben	52	39
c) Grenzüberschreitender Bezug	53	39
d) Bereichsausnahmen für die öffentliche Gewalt	54	40
2. Die Prüfung der Grundfreiheiten	56	41
a) Adressaten der Grundfreiheiten	56	41
b) Schutzbereich und Eingriff	57	42
c) Die Rechtfertigung von Beschränkungen	61	44
d) Das Verhältnis zwischen den Grundfreiheiten (Konkurrenzen)	65	47
e) Nationale Spielräume und Kohärenzgebot	67	48
3. Die Niederlassungsfreiheit	71	51
4. Die Dienstleistungsfreiheit	77	54
5. Die Warenverkehrsfreiheit	81	55
6. Die Kapitalverkehrsfreiheit	83	57
III. Sekundäres und tertiäres Unionsrecht	89	60
1. Verordnungen	90	60
a) Sekundärrecht	90	60
b) Tertiärrecht	91	61
c) Individualrechtsschutz gegen Verordnungen	92	62
2. Richtlinien	94	64
a) Unmittelbare Anwendbarkeit von Richtlinienbestimmungen	95	64
b) Richtlinienkonforme Auslegung und Anwendung der GRCh	96	65
3. Vereinbarkeit von Verordnungen und Richtlinien mit dem Primärrecht	97	66
IV. Verfassungsrechtliche Rahmenbedingungen: Grundrechtlicher Schutz wirtschaftlicher Betätigung	99	68
1. Allgemeine Grundrechtslehren	103	69
a) Funktionen der Grundrechte	103	69
b) Grundrechtsberechtigung	108	73
c) Reichweite der Grundrechtsbindung	112	75
d) Die Grundrechtsprüfung: Schutzbereich, Eingriff und Rechtfertigung	113	76
2. Die Berufsfreiheit (Art. 12 GG)	114	77
a) Schutzbereich	115	77
b) Eingriff und Gesetzesvorbehalt	118	79
c) Rechtfertigung: Die Drei-Stufen-Lehre als Konkretisierung des Verhältnismäßigkeitsprinzips	120	81
d) Zur Vertiefung: Betriebs- und Geschäftsgeheimnisse und staatliche Informationserteilung	129	87
3. Die Eigentumsgarantie (Art. 14 GG)	137	91
4. Die allgemeine Handlungsfreiheit (Art. 2 Abs. 1 GG)	140	93
a) Der Anwendungsbereich im öffentlichen Wirtschaftsrecht	140	93

b) Die Pflichtmitgliedschaft in berufsständischen Organisationen	141	93
5. Der Gleichheitssatz	145	96
a) Anforderungen an den Gesetzgeber: Kohärenzgebot und Systemgerechtigkeit	146	96
b) Besonderheiten bei Unionsrechtsbezug: Die sog. Inländerdiskriminierung	151	99
c) Anforderungen an das Verwaltungsverfahren	156	103
6. Sonstige verfassungsrechtliche Gewährleistungen	161	105
a) Die Unverletzlichkeit der Wohnung (Art. 13 GG)	161	105
b) Kommunale Selbstverwaltungsgarantie (Art. 28 Abs. 2 GG)	162	106
c) Infrastrukturgewährleistungen	163	107
V. Gesetzgebungskompetenzen	164	107
1. Kompetenzen der EU	164	107
2. Bundeskompetenzen: Das Recht der Wirtschaft seit der Föderalismusreform	165	108
3. Recht der Wirtschaft und Ordnungsrecht	167	109
VI. Organisation der Wirtschaftsverwaltung	170	111
1. Verwaltungsorganisation in Deutschland	174	112
a) Grundsatz: Verwaltungszuständigkeit der Bundesländer	174	112
b) Die Bundesauftragsverwaltung	175	112
c) Die unmittelbare und mittelbare Bundesverwaltung	176	113
2. Unabhängige Regulierungsbehörden und -agenturen im Verwaltungsverbund	181	115
a) Vom mitgliedstaatlichen zum kooperativen Vollzug	181	115
b) Die „Unabhängigkeit" von Regulierungsbehörden als sektorenübergreifendes Konzept	185	118
c) Gesetzliche Steuerung und Kontrolle unabhängiger Verwaltungsbehörden als Problem des Demokratieprinzips?	187	120
3. Die Bundesnetzagentur	188	121
4. Die Bankenaufsicht in der europäischen Bankenunion	191	124
a) Die EZB als Bankaufsichtsbehörde	191	124
b) Die Bundesanstalt für Finanzdienstleistungsaufsicht (BaFin)	197	128
c) Die EBA: „Aufsicht über die Aufsicht"	198	128
d) Ausblick: Der Einheitliche Bankenabwicklungsmechanismus (SRM)	204	132
5. Selbstverwaltung der Wirtschaft durch Kammern	205	133
§ 3 Das Gewerberecht	207	135
I. Grundstrukturen und Grundbegriffe	207	135
1. Gewerberecht als Grundmodell des öffentlichen Wirtschaftsrechts	207	135
2. Das Regelungskonzept der GewO	209	136
a) Gewerbearten	209	136
b) Erlaubnisfreies und zulassungspflichtiges Gewerbe	210	136
c) Gewerberechtliche Schlüsselbegriffe	212	137

3. Der Begriff des Gewerbes	213	138
a) Erlaubtheit des Gewerbes	216	140
b) Gewinnerzielungsabsicht	219	143
c) Dauerhaftigkeit	222	144
d) Selbstständigkeit	224	144
e) Keine Urproduktion	225	145
f) Kein freier Beruf	227	145
g) Keine Verwaltung eigenen Vermögens	229	146
4. Der Gewerbetreibende	231	147
a) Juristische Personen und Personengesellschaften als Gewerbetreibende	231	147
b) Stellvertretung im Gewerberecht	235	152
c) Die Strohmannproblematik	236	152
5. Die grenzüberschreitende Gewerbeausübung von EU-Ausländern	237	153
a) Einschränkung der Anzeige- und Genehmigungspflichten	240	154
b) Umgehungsverbote	242	155
c) Begriff der Niederlassung	244	155
d) Die Zuständigkeit deutscher Behörden für ein Einschreiten	246	157
6. Die gewerberechtliche Unzuverlässigkeit	250	159
a) Der Begriff und seine Funktion	250	159
b) Gesamtbild und Tatsachengrundlage	253	160
c) Unzuverlässigkeit beim Verstoß gegen gewerbebezogene Vorschriften	255	162
d) Verstöße gegen Strafvorschriften ohne unmittelbaren Zusammenhang mit dem Gewerbe	259	164
e) Fehlende wirtschaftliche Leistungsfähigkeit	260	164
f) Förderung der Unsittlichkeit	261	165
g) Sonstige Tatsachen	262	166
h) Zuverlässigkeit und Sachkunde	263	166
i) Vertiefung: Persönlicher Anknüpfungspunkt der Unzuverlässigkeitsprüfung	264	167
7. Zuständigkeit und Verfahren	266	168
a) Sachliche und örtliche Zuständigkeit	266	168
b) Einheitliche Stelle	267	168
c) Genehmigungsfiktion	268	169
II. Die Kontrolle des stehenden Gewerbes	269	170
1. Anzeige der Aufnahme eines stehenden Gewerbes (§ 14 GewO)	269	170
a) Umfang der Anzeigepflicht	272	170
b) Die Aufforderung zur Abgabe der Gewerbeanzeige	276	172
c) Verweigerung der Bestätigung der Gewerbeanzeige	278	173
2. Die Gewerbeuntersagung wegen Unzuverlässigkeit (§ 35 GewO)	280	174
a) Ausübung eines erlaubnisfreien, stehenden Gewerbes	285	175
b) Tatsachen, die die Unzuverlässigkeit des Gewerbetreibenden oder eines Betriebsleiters begründen	288	176
c) Verhältnismäßigkeit der Maßnahme	296	180
d) Rechtsfolgen	297	180

e) Die Gewerbeuntersagung gegenüber Vertretungsberechtigten bzw Betriebsleitern	300	181
3. Die Zulassung (erlaubnispflichtiger) gewerblicher Tätigkeiten (§§ 30–34e GewO)	302	182
a) Beispiele für erlaubnispflichtige Gewerbe	304	183
b) Die gewerberechtliche Erlaubnis	310	187
c) Erlöschen der Erlaubnis, insbesondere durch Widerruf	314	189
d) Einschreiten gegen nicht erlaubte (aber erlaubnispflichtige) Betriebe	315	190
e) Sonderfall: Zulässigkeit einer Maßnahme nach § 15 Abs. 2 GewO bei bloß formeller Illegalität?	318	191
f) Feststellende Verwaltungsakte	319	192
4. Gewerberecht und allgemeines Polizeirecht am Beispiel des genehmigungsbedürftigen Gewerbes	320	193
a) Einschreiten gegen einzelne Formen der Gewerbeausübung	320	193
b) Einschreiten gegen gewerberechtlich unzulässige Tätigkeiten	323	194
5. Die Vollstreckung gewerberechtlicher Verwaltungsakte	324	194
a) Die einzelnen Zwangsmittel	326	195
b) Das Verhältnis von Zwangsvollstreckung und Grundverfügung	328	196
c) Die Vollstreckung ohne zugrundeliegende Grundverfügung (sofortiger Vollzug)	329	196
6. Auskunft und Nachschau (§ 29 GewO)	334	198
a) Auskunft	335	198
b) Nachschaurechte	336	198
III. Das Reisegewerbe (§§ 55 ff GewO)	337	199
1. Erscheinungsformen des Reisegewerbes	339	199
a) Die gesetzliche Definition	339	199
b) Ohne vorhergehende Bestellung	343	201
c) Außerhalb der Niederlassung	344	202
d) Reisegewerbekartenfreie Tätigkeiten	346	203
2. Die Reisegewerbekarte	350	205
a) Allgemeines	350	205
b) Die Erteilung der Reisegewerbekarte	352	205
c) Widerruf	355	206
d) Betreiben eines Gewerbes ohne die erforderliche Reisegewerbekarte	358	207
IV. Die Zulassung von Märkten (§§ 64 ff GewO)	359	208
1. Anwendungsbereich der Vorschriften	362	209
a) Festsetzungsfähige Veranstaltungen	363	209
b) Veranstalter	366	211
c) Die Marktprivilegien	368	211
2. Die Festsetzung eines Marktes	370	212
a) Rechtsnatur der Festsetzung und Rechtsschutz	370	212
b) Versagungsgründe	373	214
3. Das Recht auf Teilnahme an festgesetzten Veranstaltungen	377	216
a) Vergabekriterien in Knappheitssituationen	378	216

b) Konsequenzen für das Verwaltungsverfahren 383 218
c) Rechtsschutzfragen 385 219
4. Märkte und Volksfeste als kommunale Einrichtungen 391 222

V. Gewerbeordnung und E-Commerce 396 225
1. Gewerberecht und digitaler Wandel 397 225
2. GewO und Online-Angebote 398 226
a) Online-Auktionen 398 226
b) Online-Vermittlungsplattformen 399 228
3. Online-Dienste und deutsches öffentliches Wirtschaftsrecht 402 230
a) Niederlassung in Deutschland 402 230
b) Auswirkungsprinzip und Dienste der Informationsgesellschaft 403 231

§ 4 Das Gaststättenrecht 406 232

I. Gaststättenrecht als Gewerberecht 410 233

II. Die Anwendbarkeit des GastG – Der Gaststättenbegriff 411 234
1. Gewerbsmäßigkeit und die Ausnahmen 412 235
2. Stehendes Gewerbe und Reisegewerbe mit ortsfester Betriebsstätte 414 235
3. Allgemeine Zugänglichkeit des Betriebes 416 236
4. Betriebstypen 417 237

III. Die Erlaubnispflicht 418 237
1. Reichweite der Erlaubnispflicht 419 238
a) Die Abgrenzung von erlaubnisfreiem und erlaubnispflichtigem Gaststättengewerbe 419 238
b) Gaststättenrechtliches Nebengewerbe 421 238
c) Vorläufige und vorübergehende Ausübung des Gaststättengewerbes 422 239
2. Gaststättengenehmigung als personengebundene Erlaubnis 423 239
a) Der Betreiber als grundsätzlich Erlaubnispflichtiger ... 425 240
b) Die Stellvertretung 426 241
3. Gaststättenerlaubnis als betriebsartbezogene Genehmigung 428 241
4. Der Raumbezug der Gaststättenerlaubnis 431 242

IV. Die Versagung einer Gaststättenerlaubnis 432 242
1. Der Versagungsgrund der persönlichen Unzuverlässigkeit (§ 4 Abs. 1 S. 1 Nr 1 GastG) 433 243
a) Alkoholmissbrauch 435 244
b) Der Unsittlichkeit Vorschub leisten 436 244
2. Raumbezogene Versagungsgründe 437 244
a) Eignung der Räumlichkeiten 438 245
b) Anforderungen zum Schutz der Allgemeinheit 439 245
c) Das Verhältnis von baurechtlichem und gaststättenrechtlichem Verfahren 440 245

V. Nebenbestimmungen zur Erlaubnis 443 246
1. Gesetzliche Vorbehalte für Nebenbestimmungen 443 246
2. Insbesondere Auflagen 444 247

VI. Rücknahme und Widerruf einer Gaststättenerlaubnis (§ 15 GastG)	447	248
1. Die gaststättenrechtliche Regelung in § 15 GastG	447	248
2. Die Anwendbarkeit der allgemeinen Vorschriften	448	248
VII. Das Einschreiten gegen das erlaubnisfreie Gaststättengewerbe	450	249
VIII. Die Schließung einer Gaststätte	453	250
§ 5 Das Handwerksrecht	454	251
I. Die Entwicklung der HwO bis zur Reform von 2004	457	251
II. Das zulassungspflichtige Handwerk (Anlage A)	459	253
1. Die Eintragung in die Handwerksrolle	459	253
2. Die sachlichen Voraussetzungen der Eintragung (Eintragungsbedürftigkeit)	460	254
a) Stehendes Gewerbe	460	254
b) Zulassungspflichtiges Handwerk	462	255
c) Wesentliche Tätigkeit	464	256
d) Handwerksmäßiger Betrieb	467	257
e) Die erfassten Betriebsformen (Haupt-, Neben-, Hilfsbetrieb)	468	258
3. Die persönliche Eintragungsfähigkeit	471	259
a) Eintragung mit qualifizierter Betriebsleitung	471	259
b) Die Eintragung von Altgesellen (§ 7b HwO)	473	260
c) Ausnahmebewilligungen (§ 8 HwO)	475	261
d) Besonderheiten für EU-Ausländer (§ 9 HwO)	477	262
III. Die Überwachung des zulassungspflichtigen Handwerks	479	263
1. Die Zuständigkeitsverteilung zwischen Handwerkskammer und Verwaltungsbehörde	479	263
2. Die Eintragung	481	264
a) Das Verfahren der Eintragung	481	264
b) Maßnahmen der höheren Verwaltungsbehörde bei Unterlassen der Anmeldung	483	265
3. Löschung aus der Handwerksrolle	484	265
4. Betriebsuntersagung	488	267
5. Betriebsschließung	490	268
6. Die ergänzende Anwendung des Gewerberechts	491	268
IV. Zulassungsfreies Handwerk und handwerksähnliche Gewerbe (Anlage B)	493	269
§ 6 Grundzüge einer sektorenspezifischen Regulierung	495	269
I. Einführung	495	269
1. Referenzgebiete und Rechtsgrundlagen	495	269
a) Regulierungsrecht als richtliniengeprägtes Recht	496	271
b) Rechtsgrundlagen des nationalen Regulierungsrechts	497	273
2. Europäisierte Wirtschaftsregulierung	498	274
a) Europäisierung als Publifizierung	498	274
b) Europäisierung als Ökonomisierung	499	275
c) Europäisierung als Zuständigkeitsverlagerung: Vom transnationalen Verwaltungsakt zu europäischen Regulierungsagenturen	500	276

3. Ziele staatlicher Regulierung	502	278
a) Schaffung von Wettbewerb	503	279
b) Sicherstellung der Versorgung	504	280
c) Verbraucher- bzw Kundenschutz	506	282
d) Die rechtliche Bedeutung von Regulierungszielen und –grundsätzen	507	282
II. Verwaltungs- und verwaltungsprozessuale Grundlagen	508	283
1. Gegenstände und Instrumente	510	284
a) Präventive Kontrolle von Marktzutritt, Marktverhalten und Organisation	510	284
b) Informationsgenerierung	511	285
2. Handlungsformen	512	285
a) Verwaltungsakte	513	286
b) Administrative Normsetzung und Verwaltungsvorschriften	515	287
3. Rechtsschutz	520	291
a) Öffentlichrechtliche Streitigkeiten	520	291
b) Die Sonderzuweisung im Energierecht: Die Beschwerde nach § 75 EnWG	522	292
c) Gerichtliche Kontrolldichte	529	295
III. Die Regulierung des Marktzutritts	531	298
1. Entwicklungslinien: Von der Bedürfnisprüfung zu staatlichen Allokationsentscheidungen	534	299
2. Anzeigepflichten	536	300
a) Telekommunikationsunternehmen (§ 6 TKG)	536	300
b) Anzeige der Energiebelieferung von Haushaltskunden (§ 5 EnWG)	539	302
3. Genehmigungspflichten	541	303
a) Betrieb eines Energieversorgungsnetzes (§ 4 EnWG)	541	303
b) Kredit- und Finanzdienstleistungsinstitute (§§ 1, 32–38 KWG)	542	304
c) Die Frequenzvergabe als Beispiel einer staatlichen Allokationsentscheidung	554	310
IV. Zugangsregulierung und Preisregulierung in EnWG und TKG	569	319
1. Zugangs- und Entgeltregulierung als ökonomisches Herzstück des Regulierungsrechts	571	320
2. Regulierung des Netzzugangs nach dem EnWG	572	320
3. Die Zugangsregulierung im TKG	576	322
a) Die Flexibilisierung staatlicher Kontrolle: Sektorspezifische und asymmetrische Marktregulierung	576	322
b) Zugangsregulierung und Entgeltregulierung als Kontrollmechanismen gegenüber marktmächtigen Unternehmen	580	324
4. Grundzüge der Entgeltregulierung	582	325
a) Grundlagen der Preisbildung	583	326
b) Formen staatlicher Preisregulierung	585	327
c) Marktmechanismen zur Preisbestimmung: der Frequenzhandel	589	329
V. Die laufende Überwachung der Geschäftstätigkeit mittels Generalklauseln	590	329

1. „Besondere“ Missbrauchsaufsicht in TKG und EnWG	593	330
2. Generalklauseln	595	331
3. Aufsicht im öffentlichen Interesse? – Amtshaftung und Ansprüche auf Einschreiten	601	335
§ 7 Das Recht der Privatisierung	604	338
I. Das Phänomen „Privatisierung“	604	338
1. Die formelle Privatisierung	605	338
2. Die materielle Privatisierung	606	339
3. Die funktionale Privatisierung	608	339
II. Rechtsfragen der Privatisierung	613	341
1. Privatisierung und Wirtschaftlichkeit	613	341
2. Das Kooperationsrechtsverhältnis	621	345
3. Privatisierung und Verfassung	626	347
4. Steuerung und Verantwortung	632	349
5. Privatisierungsrechtlich relevante Verwaltungsrechtsinstitute	634	350
a) Beleihung	635	350
b) Verwaltungshilfe	637	351
c) Konzession	640	351
6. Privatisierung im europäischen Rechtsrahmen	642	353
§ 8 Das Recht der öffentlichen Unternehmen	649	357
I. Die öffentlichen Unternehmen	649	357
1. Historischer Überblick und Privatisierung	649	357
2. Wirtschaftspolitische Einordnung öffentlicher Unternehmen	655	359
3. Begriffsbestimmung	657	360
a) Zum Begriff „Unternehmen“	657	360
b) Öffentliche Unternehmen	661	362
c) Eigengesellschaften	669	364
d) Gemischt-wirtschaftliche Unternehmen	670	364
e) Öffentlich-rechtliche Unternehmen	673	364
II. Die verfassungsrechtlichen Rahmenbedingungen für öffentliche Unternehmen	680	365
1. Wirtschaftspolitische Neutralität des Grundgesetzes	680	365
2. Öffentliche Unternehmen als Träger von Grundrechten?	683	366
a) Keine Gewerbefreiheit der öffentlichen Hand	683	366
b) Zum Grundrechtsschutz gemischt-wirtschaftlicher Unternehmen	685	367
c) Die Bedeutung der Garantie der kommunalen Selbstverwaltung für kommunale Unternehmen	688	368
3. Öffentliche Unternehmen als Adressaten der Grundrechte	691	369
a) Grundrechtsbindung	691	369
b) Die Wettbewerbsfreiheit	693	370
c) BVerwG: Grundrechtseingriff nur bei Monopolisierung und Verdrängungswettbewerb	694	370
d) BVerfG: Mangelnde Eingriffsqualität bei marktkonformem Verhalten der öffentlichen Hand	695	371

e) Wettbewerb als Interaktion: der mittelbare Grundrechtseingriff	696	371
f) Konsequenzen der Grundrechtsrelevanz öffentlicher Unternehmen	698	373
4. Zulässigkeitsvoraussetzungen für öffentliche Unternehmensbeteiligungen	702	375
a) Wirtschaftliche und nicht-wirtschaftliche Unternehmen	704	375
b) Das Erfordernis eines öffentlichen Zwecks	705	376
c) Geeignetheit der Aufgabenauslagerung auf Unternehmen	707	377
d) Art und Umfang des Unternehmens in Abhängigkeit zur Leistungsfähigkeit der Gemeinde und zum voraussichtlichen Bedarf	708	377
e) Die Subsidiaritätsbestimmung	709	377
5. Öffentlich-rechtliches und privatrechtliches Gesellschaftsrecht	712	381
a) Die Präferenz der öffentlichen Hand für privatrechtliche Gesellschaftsformen	713	381
b) Beteiligung der öffentlichen Hand an Unternehmen in Privatrechtsform	717	383
c) Das Verwaltungsgesellschaftsrecht	723	386
d) Das Kommunalunternehmen	726	387
III. Die europarechtlichen Rahmenbedingungen für öffentliche Unternehmen	727	388
1. Grundsätzliche Einordnung öffentlicher Unternehmen	727	388
2. Öffentliche Unternehmen und Grundfreiheiten	731	389
3. Öffentliche Unternehmen als Dienstleister im allgemeinen wirtschaftlichen Interesse	733	390
a) Das Privilegierungsverbot des Art. 106 Abs. 1 AEUV	733	390
b) Die Sicherstellung der Dienste von allgemeinem wirtschaftlichen Interesse im Binnenmarkt nach Art. 106 Abs. 2 AEUV	735	390
§ 9 Subventions- und Beihilfenrecht	747	396
I. Das Subventionsrecht	747	396
1. Überblick	747	396
2. Der Subventionsbegriff	748	396
a) Übersicht über mögliche Begriffsbestimmungen	748	396
b) Der Subventionsgeber	752	398
c) Der Subventionsempfänger	754	398
d) Die Subventionsleistungen	756	399
e) Zur Anforderung „ohne marktmäßige Gegenleistung“	760	400
f) Förderung öffentlicher Zwecke	761	401
3. Die Grundlagen der Subventionsvergabe	764	401
a) Zuständigkeit zur Subventionsvergabe	770	402
b) Rechtsgrundlage für Verschonungssubventionen und Gestaltungsspielraum des Gesetzgebers	777	405
c) Rechtsgrundlage für Finanzhilfen und Entscheidungsrahmen der Behörde	780	406

d) Zur Änderung der Förderbedingungen durch die Behörde	802	414
e) Zur rechtlichen Qualifikation des Subventionsvergabeverfahrens	808	416
f) Die Subventionskontrolle	818	419
g) Rechtsschutz durch Konkurrenten	820	420
4. Die Änderung und Aufhebung von gesetzlich geregelten Verschonungssubventionen	822	420
5. Der Widerruf von rechtmäßig bewilligten Subventionen wegen Zweckverfehlung	829	423
a) Anwendungsbereich von § 49 VwVfG	832	423
b) Der zu widerrufende Bewilligungsbescheid	835	424
c) Der Tatbestand der Zweckverfehlung	837	425
d) Das intendierte Widerrufsermessen	843	427
e) Der Adressat des Widerrufsbescheids	845	428
f) Der Inhalt des Widerrufsbescheids	846	428
g) Die Widerrufsfrist	847	428
6. Der Widerruf von rechtmäßig bewilligten Subventionen aus anderen Gründen	849	429
a) Anwendungsbereich des Widerrufs nach § 49 Abs. 2 VwVfG	849	429
b) Die Widerrufsgründe des § 49 Abs. 2 VwVfG	851	430
c) Besondere Vorgaben bei einem Widerruf nach § 49 Abs. 2 VwVfG	857	431
d) Weitere Widerrufstatbestände	861	432
7. Die Rücknahme von rechtswidrig bewilligten Subventionen	862	432
a) Anwendungsbereich des § 48 VwVfG	864	433
b) Zum Vertrauensschutz in § 48 Abs. 2 VwVfG	867	434
c) Zum Rücknahmeermessen	876	436
d) Rücknahmefrist	878	437
8. Die Rückerstattung von Subventionen	879	437
a) Der Erstattungsbescheid	882	438
b) Der Erstattungsanspruch nach § 49a VwVfG als besonders geregelter Fall des öffentlich-rechtlichen Erstattungsanspruchs	885	439
c) Zum Umfang der Herausgabepflicht	887	440
d) Verzinsung	890	441
9. Die Rückforderung von aufgrund öffentlich-rechtlichen Vertrages gewährter Subvention	892	442
10. Die Rückforderung vorläufig bewilligter Subventionen	896	443
II. Das europäische Beihilfenrecht	897	443
1. Beihilfen und Binnenmarkt	897	443
2. Der Beihilfenbegriff	899	444
a) Begünstigung	908	446
b) Bestimmte Unternehmen oder Produktionszweige	926	454
c) Wettbewerbsverfälschung	929	455
d) Beeinträchtigung des Handels zwischen den Mitgliedstaaten	932	457
3. Legalausnahmen, Art. 107 Abs. 2 AEUV	935	458
a) Beihilfen sozialer Art an einzelne Verbraucher	937	458

b) Katastrophenbeihilfen ... 938 458
c) Beihilfen, die ihren Grund in der Teilung Deutschlands haben ... 939 458
d) Sonderfall: Beihilfen im Verkehrsbereich ... 940 459
4. Ermessensausnahmen, insbes. Art. 107 Abs. 3 AEUV ... 941 459
a) Ermessensspielraum der Kommission ... 941 459
b) Regionalbeihilfen ... 946 462
c) Sektorale Beihilfen ... 950 463
d) Horizontale Beihilfen ... 951 464
e) Sonderrechtsregime zur Überwindung der Finanzkrise ... 955 465
f) Beihilfengenehmigung durch den Rat ... 958 467
g) Prüfungsvorschlag ... 959 467
5. Das Verfahren der Beihilfenkontrolle ... 960 468
a) Notifizierungspflicht bei der Kommission ... 963 468
b) Grundzüge des Genehmigungsverfahrens ... 965 469
c) Das Verfahren bei rechtswidrigen Beihilfen ... 971 471
d) Die Beteiligten des Beihilfenkontrollverfahrens ... 992 479
e) Rechtsschutz ... 994 480
f) Altbeihilfen ... 1000 483

§ 10 Das Recht der öffentlichen Auftragsvergabe ... 1001 484
I. Systematik des Vergaberechts ... 1001 484
1. Überblick ... 1001 484
2. Grundstruktur des Vergaberechts ... 1003 484
a) Die Beschaffung als privatrechtlicher und als haushaltsrechtlicher Vorgang ... 1003 484
b) Die europäischen Vergabe-Richtlinien ... 1007 486
c) Grundstruktur des geltenden Vergaberechts ... 1009 487
II. Die verschiedenen Auftraggeber und der öffentliche Auftrag ... 1019 491
1. Anwendungsbereich des GWB ... 1023 492
2. Der öffentliche Auftraggeber ... 1024 492
a) Der institutionelle Auftraggeber ... 1025 492
b) Der funktionale Auftraggeber ... 1027 493
c) Der projektbezogene Auftraggeber ... 1032 495
d) Der Sektorenauftraggeber ... 1033 496
3. Der öffentliche Auftrag ... 1036 497
a) Entgeltlicher Vertrag ... 1036 497
b) In-house-Vergaben ... 1041 499
c) Kooperationen ... 1048 502
d) Umgehungsverbot ... 1052 505
4. Die Rahmenvereinbarung ... 1053 506
5. Wettbewerbe ... 1054 506
III. Konzessionsgeber und Konzession ... 1055 506
1. Der Konzessionsgeber ... 1056 506
2. Die Konzession ... 1057 507
IV. Grundsätze des Vergabeverfahrens ... 1060 509
1. Der Wettbewerbsgrundsatz ... 1060 509
2. Der Transparenzgrundsatz ... 1061 509
3. Der Gleichbehandlungsgrundsatz ... 1062 510

4. Das Gebot, den Zuschlag auf das wirtschaftlichste Angebot zu erteilen 1063 510
5. Der Grundsatz der Bieterqualifikation 1064 511
6. Das Mittelstandsförderungsgebot 1071 514
7. Subjektive Rechte der Bieter auf Einhaltung des Vergaberechts 1072 514
a) Rechtslage oberhalb der Schwellenwerte 1072 514
b) Rechtslage unterhalb der Schwellenwerte 1073 514

V. Das Verfahren der Auftragsvergabe 1078 516
1. Arten von Vergabeverfahren 1079 517
a) Das offene Verfahren 1080 517
b) Das nicht-offene Verfahren 1081 517
c) Das Verhandlungsverfahren 1082 518
d) Der wettbewerbliche Dialog 1083 518
e) Die Investitionspartnerschaft 1084 519
f) Besondere Methoden und Instrumente in Vergabeverfahren 1085 519
g) Die zentrale Beschaffungsstelle 1086 519
2. Grundstruktur des Ablaufs eines Vergabeverfahrens 1087 520
a) Auftragsbekanntmachung, Vorinformation 1088 520
b) Die Vergabeunterlagen 1090 521
c) Die Angebotsabgabe 1092 522
d) Das Prüfungs- und Bewertungsverfahren 1093 522
e) Der Zuschlag 1098 524
3. Strategische Beschaffung 1101 526

VI. Das fehlerhafte Vergabeverfahren 1107 530
1. Rechtsschutz 1109 531
a) Rechtsschutz unterhalb der Schwellenwerte 1109 531
b) Rechtsschutz oberhalb der Schwellenwerte 1115 533
2. Schadensersatzansprüche des übergangenen Bieters 1122 538
a) Der Schadensersatzanspruch aus § 181 GWB 1122 538
b) Weitere Schadensersatzansprüche 1123 538
3. Sonderprobleme 1126 539
a) Das Problem der De-facto-Vergabe 1126 539
b) Aufhebung von Vergabeverfahren 1127 540
c) Auftragsänderungen und Kündigung 1129 540

Sachverzeichnis 543

Abkürzungsverzeichnis

AEUV	Vertrag über die Arbeitsweise der Europäischen Union
AGVO	Allgemeine Gruppenfreistellungsverordnung
ApG	Gesetz über das Apothekenwesen (Apothekengesetz)
BaWüGO	Gemeindeordnung Baden-Württemberg
BayGO	Gemeindeordnung für den Freistaat Bayern
BbgKVerf	Kommunalverfassung des Landes Brandenburg
BGB	Bürgerliches Gesetzbuch
BImSchG	Gesetz zum Schutz vor schädlichen Umwelteinwirkungen durch Luftverunreinigungen, Geräusche, Erschütterungen und ähnliche Vorgänge (Bundes-Immissionsschutzgesetz)
BNetzA	Bundesnetzagentur
BO	Berufsordnung
BörsG	Börsengesetz
BRAO	Bundesrechtsanwaltsordnung
BRZ	Zeitschrift für Beihilfenrecht
EA	Vertrag zur Gründung der Europäischen Atomgemeinschaft (EURATOM)
EBA	European Banking Authority (Europäische Bankenaufsichtsbehörde)
EG	Europäische Gemeinschaft
EGStGB	Einführungsgesetz zum Strafgesetzbuch
EGV	Vertrag zur Gründung der Europäischen Gemeinschaft (aF bis Lissabonner Vertrag)
EnWG	Gesetz über die Elektrizitäts- und Gasversorgung (Energiewirtschaftsgesetz)
ERP	European Recovery Programme
EStG	Einkommensteuergesetz
EUV	Vertrag über die Europäischen Union (seit Lissabonner Vertrag)
EWR	Europäischer Wirtschaftsraum
EZB	Europäische Zentralbank
FinDAG	Gesetz über die Bundesanstalt für Finanzdienstleistungsaufsicht (Finanzdienstleistungsaufsichtsgesetz)
GA	Generalanwalt
GastG	Gaststättengesetz
GewO	Gewerbeordnung
GG	Grundgesetz
GO-NRW	Gemeindeordnung für das Land Nordrhein-Westfalen
GO-SH	Gemeindeordnung für Schleswig-Holstein
GVG	Gerichtsverfassungsgesetz
GWB	Gesetz gegen Wettbewerbsbeschränkungen (Kartellgesetz)

HeilmittelwerbeG	Gesetz über die Werbung auf dem Gebiete des Heilwesens (Heilmittelwerbegesetz)
HessGO	Hessische Gemeindeordnung
HGB	Handelsgesetzbuch
HGrG	Haushaltsgrundsätzegesetz
HwO	Handwerksordnung
IFG	Gesetz zur Regelung des Zugangs zu Informationen des Bundes (Informationsfreiheitsgesetz)
IHKG	Gesetz über die Industrie- und Handelskammern
JuSchG	Jugendschutzgesetz
KMU	Kleine und mittlere Unternehmen
KrWG	Kreislaufwirtschaftsgesetz
KWG	Gesetz über das Kreditwesen
LadÖffnG	Ladenöffnungsgesetz
LFGB	Lebensmittel-, Bedarfsgegenstände- und Futtermittelgesetzbuch
LHO	Landeshaushaltsordnung
LSchlG	Ladenschlussgesetz
LVwVG	Landesverwaltungsvollstreckungsgesetz
MaBV	Verordnung über die Pflichten der Makler, Darlehensvermittler, Bauträger und Baubetreuer
MaRisk	Mindestanforderungen an das Risikomanagement
NKomVG	Niedersächsisches Kommunalverfassungsgesetz
OWiG	Gesetz über Ordnungswidrigkeiten
ÖZW	Österreichische Zeitschrift für Wirtschaftsrecht
PartG	Parteiengesetz
PBefG	Personenbeförderungsgesetz
ProstG	Prostitutionsgesetz
prPVG	Preußisches Polizeiverwaltungsgesetz
RP-GO	Gemeindeordnung Rheinland-Pfalz
SRM-VO	Verordnung über den einheitlichen Bankenabwicklungsmechanismus (SRM)
SSM-Rahmen-VO	Rahmenverordnung über den einheitlichen Aufsichtsmechanismus (SSM)
SSM-VO	Verordnung über den einheitlichen Aufsichtsmechanismus (SSM)
StGB	Strafgesetzbuch
StPO	Strafprozessordnung
TEHG	Gesetz über den Handel mit Berechtigungen zur Emission von Treibhausgasen (Treibhausgas-Emissionshandelsgesetz)
ThürKO	Thüringer Kommunalordnung
ThürVerf	Verfassung des Freistaats Thüringen

TKG	Telekommunikationsgesetz
UIG	Umweltinformationsgesetz
UrhG	Gesetz über Urheberrecht und verwandte Schutzrechte (Urhebergesetz)
UWG	Gesetz gegen den unlauteren Wettbewerb
VerfRP	Verfassung für Rheinland-Pfalz
VergK	Vergabekammer
VergS	Vergabesenat
VgV	Vergabeverordnung
VIG	Gesetz zur Verbesserung der gesundheitsbezogenen Verbraucherinformation (Verbraucherinformationsgesetz)
VOB/A	Vergabe- und Vertragsordnung für Bauleistungen – Teil A
VOF	Verdingungsordnung für freiberufliche Leistungen
VOL/A	Verdingungsordnung für Leistungen – Teil A
VTabakG	Vorläufiges Tabakgesetz
VVDStRL	Veröffentlichung der Vereinigung der Deutschen Staatsrechtslehrer
VwGO	Verwaltungsgerichtsordnung
VwVfG	Verwaltungsverfahrensgesetz
WpHG	Gesetz über den Wertpapierhandel (Wertpapierhandelsgesetz)
WpÜG	Wertpapiererwerbs- und Übernahmegesetz
WRV	Weimarer Reichsverfassung
ZAG	Zahlungsdiensteaufsichtsgesetz
ZPO	Zivilprozessordnung

Verzeichnis der häufig zitierten Literatur

Arndt/Fetzer	*Arndt/Fetzer*, Wirtschaftsverwaltungsrecht, in: Steiner/ Brinktrine, Besonderes Verwaltungsrecht, 9. Aufl., 2018
Fischer/Fetzer, Europarecht	*Fischer/Fetzer*, Europarecht, 12. Aufl., 2019
Arndt/Fetzer/Scherer/Graulich, TKG	*Arndt/Fetzer/Scherer/Graulich*, Telekommunikationsgesetz, Kommentar, 2. Aufl., 2015
Huber/Unger	*Huber/Unger*, Öffentliches Wirtschaftsrecht, in: Schoch, Besonderes Verwaltungsrecht, 2018
Beck'scher TKG-Kommentar	Beck'scher Telekommunikationsgesetz Kommentar, 4. Aufl., 2013
v. Bogdandy/Bast	*v. Bogdandy/Bast*, Europäisches Verfassungsrecht, 2. Aufl., 2009
Claussen, Bank- und Börsenrecht	*Claussen*, Bank- und Börsenrecht, 5. Aufl., 2014
Dreier, GG	*Dreier*, Grundgesetz, Band I, 3. Aufl., 2013
Erbs/Kohlhaas, GastG	*Erbs/Kohlhaas*, Strafrechtliche Nebengesetze, GastG, Kommentar (Loseblatt)
Ehlers/Pünder, AVerwR	*Ehlers/Pünder*, Allgemeines Verwaltungsrecht, 15. Aufl., 2016
Ehlers/Fehling/Pünder	*Ehlers/Fehling/Pünder*, Besonderes Verwaltungsrecht, Bd. 1 Öffentliches Wirtschaftsrecht, 4. Aufl., 2019
Ehlers, Grundrechte und Grundfreiheiten	*Ehlers*, Europäische Grundrechte und Grundfreiheiten, 4. Aufl., 2015
Ehricke/Ekkenga/Oechsler, WpÜG	*Ehricke/Ekkenga/Oechsler*, Wertpapiererwerbs- und Übernahmegesetz, Kommentar, 2013
Fehling/Kastner/Störmer, VerwR	*Fehling/Kastner/Störmer*, Verwaltungsrecht, 5. Aufl., 2020
Friauf	*Friauf*, Gewerbeordnung, Kommentar (Loseblatt)
Frotscher/Kramer	*Frotscher/Kramer*, Wirtschaftsverfassungs- und Wirtschaftsverwaltungsrecht, 7. Aufl., 2019
Gounalakis	*Gounalakis*, Rechtshandbuch Electronic Business, 2003
Gurlit/Ruthig/Storr	*Gurlit/Ruthig/Storr*, Klausurenkurs im Öffentlichen Wirtschaftsrecht, 2. Aufl., 2017
Herdegen, Europarecht	*Herdegen*, Europarecht, 21. Aufl., 2019
Hobe, Europarecht	*Hobe*, Europarecht, 8. Aufl., 2014
Holznagel/Enaux/Nienhaus, Telekommunikationsrecht	*Holznagel/Enaux/Nienhaus*, Telekommunikationsrecht, 2. Aufl., 2006
Honig/Knörr, HwO	*Honig/Knörr*, Handwerksordnung, 4. Aufl., 2008

Huber, AVerwR	*Huber*, Allgemeines Verwaltungsrecht, 2. Aufl., 1997
Hufen, Verwaltungsprozessrecht	*Hufen*, Verwaltungsprozessrecht, 11. Aufl., 2019
Jarass	*Jarass*, Wirtschaftsverwaltungsrecht mit Wirtschaftsverfassungsrecht, 3. Aufl., 1997
Jarass/Beljin	*Jarass/Beljin*, Casebook Grundlagen des EG-Rechts, 2003
Jarass/Pieroth, GG	*Jarass/Pieroth*, Grundgesetz, Kommentar, 16. Aufl., 2020
Knauff, Energierecht	*Knauff*, Öffentliches Wirtschaftsrecht, 2. Aufl., 2020
Koenig/Kühling/Rasbach, Energierecht	*Koenig/Kühling/Rasbach*, Energierecht, 3. Aufl., 2012
Kopp/Ramsauer, VwVfG	*Kopp/Ramsauer*, VwVfG, 21. Aufl., 2020
Kopp/Schenke, VwGO	*Bearbeiter*, in: Kopp/Schenke, VwGO, 26. Aufl., 2020
Kölner Kommentar zum WpÜG	*Hirte/v. Bülow*, Kölner Kommentar zum WpÜG, 2. Aufl., 2010
Krümpel/Wittig, Bank- und Kapitalmarktrecht	*Krümpel/Wittig*, Bank- und Kapitalmarktrecht, 4. Aufl., 2011
Landmann/Rohmer	*Landmann/Rohmer*, Gewerbeordnung, Bd. I, Kommentar (Loseblatt)
Maurer/Waldhoff, AVerwR	*Maurer/Waldhoff*, Allgemeines Verwaltungsrecht, 20. Aufl., 2020
MDHS	*Maunz/Dürig/Herzog/Scholz/Herdegen/Klein*, Grundgesetz (Loseblatt)
Metzner, GastG	*Metzner*, Gaststättengesetz, Kommentar, 6. Aufl., 2001
Michel/Kienzle/Pauly	*Michel/Kienzle/Pauly*, Das Gaststättengesetz, Kommentar, 14. Aufl., 2003
MKS	*v. Mangoldt/Klein/Starck*, Grundgesetz, Bd. 1, 6. Aufl., 2010
MünchKomm(BGB)	Münchener Kommentar zum Bürgerlichen Gesetzbuch, Bd. 10 u. 11, 6. Aufl., 2015
Pöltl, GastG	*Pöltl*, Gaststättenrecht, Kommentar zum Gaststättengesetz, 5. Aufl., 2003
Rittner/Dreher	*Rittner/Dreher*, Europäisches und deutsches Wirtschaftsrecht, 3. Aufl., 2007
Robinski	*Robinski/Sprenger-Richter*, Gewerberecht, 2. Aufl., 2002
Ruthig	*Ruthig*, § 4 Polizei- und Ordnungsrecht, § 6 Öffentliches Wirtschaftsrecht, in: Hufen/Jutzi/Proelß, Landesrecht Rheinland-Pfalz, 8. Aufl., 2018
Sachs, GG	*Sachs*, Grundgesetz, 8. Aufl., 2018
Säcker, TKG	*Säcker*, TKG, 3. Aufl., 2013
SBS, VwVfG	*Stelkens/Bonk/Sachs*, VwVfG, 9. Aufl., 2018

Salje, EnWG	*Salje*, Energiewirtschaftsgesetz, 2006
Schenke, Verwaltungsprozessrecht	*Schenke*, Verwaltungsprozessrecht, 16. Aufl., 2019
Schenke, Polizei- und Ordnungsrecht	*Schenke*, Polizei- und Ordnungsrecht, 10. Aufl., 2018
Schimansky/Bunte/Lwowski, Bankrechts-Handbuch	*Schimansky/Bunte/Lwowski*, Bankrechts-Handbuch, 4. Aufl., 2011
Schliesky	*Schliesky*, Öffentliches Wirtschaftsrecht, 4. Aufl., 2014
Schmidt/Wollenschläger	*Schmidt/Wollenschläger*, Kompendium Öffentliches Wirtschaftsrecht, 5. Aufl., 2019
Schwark/Zimmer, Kapitalmarktrechts-Kommentar	*Schwark/Zimmer*, Kapitalmarktrechts-Kommentar, 4. Aufl., 2010
Schwerdtfeger/Schwerdtfeger	*Schwerdtfeger/Schwerdtfeger*, Öffentliches Recht in der Fallbearbeitung, 15. Aufl., 2018
Stober, HdBWUR	*Stober*, Handbuch des Wirtschaftsverwaltungs- und Umweltrechts, 1989
Stober, AT	*Stober*, Allgemeines Wirtschaftsverwaltungsrecht, 18. Aufl., 2014
Streinz, Europarecht	*Streinz*, Europarecht, 11. Aufl., 2019
Streinz, EUV/AEUV	*Streinz*, EUV/AEUV, Kommentar, 2. Aufl., 2012
Tettinger/Wank/Ennuschat, GewO	*Tettinger/Wank/Ennuschat*, Gewerbeordnung, Kommentar, 8. Aufl., 2011
Theobald/Theobald, Energiewirtschaftsrecht	*Theobald/Theobald*, Grundzüge des Energiewirtschaftsrechts, 3. Aufl., 2013
Trute/Spoerr/Bosch, TKG	*Trute/Spoerr/Bosch*, Telekommunikationsgesetz mit FTEG, 2001
Ule/Laubinger, VerwVerfR	*Ule/Laubinger*, Verwaltungsverfahrensrecht, 4. Aufl., 1995
Umbach/Clemens	*Umbach/Clemens*, Grundgesetz, Mitarbeiterkommentar und Handbuch, 2 Bde., 2002
v. d. Groeben/Schwarze	*v. d. Groeben/Schwarze*, EUV/EG-Vertrag, Vertrag über die Europäische Union und Vertrag zur Gründung der Europäischen Gemeinschaft, 6. Aufl., 2004
Ziekow	*Ziekow*, Öffentliches Wirtschaftsrecht, 5. Aufl., 2020

§ 1 Wirtschaft und Verwaltung

Fall 1: Angesichts der ihrer Auffassung nach als Folge der Corona-Epidemie zu erwartenden Finanzkrise fürchtet die Bundesregierung um die Stabilität des Finanzplatzes Deutschland und prüft Gegenmaßnahmen. Was halten Sie von folgenden Vorschlägen? 1

- Verstaatlichung/Gründung öffentlichrechtlicher Institute/Verweigerung weiterer Erlaubnisse für private Banken
- Verbot/Genehmigungspflicht für ausländische Kapitalbeteiligungen an deutschen Banken
- Gesetzliche Maßnahmen: Verbot der Kreditvergabe ins Ausland/Verschärfung der Prüfpflichten der Banken, insbesondere bei der Kreditvergabe
- Erweiterung der behördlichen Kontrollbefugnisse
- Einsetzung einer Kommission zur Erarbeitung verschärfter Verhaltenskodizes/Erarbeitung einer Selbstverpflichtungserklärung der deutschen Banken

Fall 2: A betreibt, ohne die handwerksrechtlichen Voraussetzungen zu erfüllen, eine Autoreparaturwerkstatt. Konkurrent K will ihm sowohl die Tätigkeit wie die Werbung für seinen Betrieb in der örtlichen Tageszeitung verbieten lassen. 2

a) Stehen ihm wettbewerbsrechtliche Ansprüche zu? Ändert sich an der Beurteilung etwas, wenn die Praxis der zuständigen Behörden und ihre Auslegung der HwO divergieren?
b) Sind die zwischen A und seinen Kunden geschlossenen Verträge nach § 134 BGB nichtig?

I. Gegenstand und Entwicklung des öffentlichen Wirtschaftsrechts

1. „Wirtschaftsordnung" im Unions- und Verfassungsrecht

Verwaltung und Verwaltungsrecht liegen „im Koordinatensystem von determinierender Verfassung und prägender Umwelt"[1]. Dies gilt in besonderer Weise für das Verhältnis von Staat und Wirtschaft[2]. Die Frage nach dem **Gegenstand des öffentlichen Wirtschaftsrechts**, also der Summe der staatsgerichteten Normen mit Wirtschaftsbezug, kann folglich nur vor dem Hintergrund dieser einerseits ökonomischen, andererseits **verfassungs- und europarechtlichen Determinanten** beantwortet werden. Sie sind gleichzeitig das Produkt einer **historischen Entwicklung**. Das Koordinatensystem hängt entscheidend davon ab, inwieweit Unions- oder Verfassungsrecht eine Wirtschaftsordnung vorgeben[3], die angesichts der Normenhierarchie sowohl den Gesetzgeber wie die Verwaltung binden, als auch unmittelbar die Normauslegung determinieren würde[4]. Beide haben allerdings bei näherer Betrach- 3

1 *Maurer*, AVerwR, § 2 Rn 2.
2 Zur „konstitutionellen Homogenität von Staatsverfassung und Wirtschaftsverfassung" s. *Karpen*, Jura 1985, 188, 189 f; *Schmidt-Preuß*, DVBl 1993, 236, 240.
3 S. auch *Papier*, FS Selmer (2004), 459 ff.
4 Dieser These liegt ein formaler Verfassungsbegriff zugrunde (in Deutschland GG und ungeschriebenes Verfassungsrecht, für die EU das primäre Unionsrecht), s. zum Unionsrecht auch *Ruthig*, in: Beckmann/Dieringer/Hufeld, Eine Verfassung für Europa, 2. Aufl. 2005, S. 452, 454 f. Ausf zum Streit um den Begriff der Wirtschaftsverfassung *Rittner/Dreher*, § 2 Rn 9 ff.

tung keine derartige „wirtschaftssystemkonstituierende Gesamtentscheidung"[5] getroffen.

a) Die wirtschaftspolitische Neutralität des Grundgesetzes

4 Für das GG manifestierte sich dieser Standpunkt schon 1954 im sog. **Investitionshilfe-Urteil des BVerfG**[6]. Das BVerfG trat der damals in der Literatur insbesondere von *Nipperdey*[7] vertretenen These entgegen, das GG lasse nur eine Wirtschaftsordnung, die soziale Marktwirtschaft, zu und sah in der Frage nach der Wirtschaftsordnung keine (verfassungs-)rechtliche, sondern eine politische Entscheidung. Die derzeitige Wirtschaftsordnung sei „zwar eine nach dem Grundgesetz mögliche Ordnung, keineswegs aber die allein mögliche. Sie beruht auf einer vom Willen des Gesetzgebers getragenen wirtschafts- und sozialpolitischen Entscheidung, die durch eine andere Entscheidung ersetzt oder durchbrochen werden kann"[8]. Mit dieser später wiederholt aufgegriffenen Formel von der **wirtschaftspolitischen Neutralität des Grundgesetzes**[9] ließ das BVerfG dem Gesetzgeber weitgehend freie Hand und ermöglichte den bisherigen Regierungen eine durchaus unterschiedliche Wirtschaftspolitik. Die „verfassungsrechtlichen Koordinaten"[10] schließen zwar extreme Wirtschaftsmodelle und vor allem eine Planwirtschaft nach kommunistischem Vorbild[11] aus, gewähren aber weite Spielräume und verlangen insbesondere keine Wirtschaftspolitik „aus einem Guss"[12]. Man kann diese Aussage gerade auch als bewusste Absage an ökonomische Theorien als Grundlage verfassungsgerichtlicher Beurteilung interpretieren[13]. Die entscheidende Aufgabe, so das BVerfG im Mitbestimmungs-Urteil[14], besteht darin, „die grundsätzliche Freiheit wirtschafts- und sozialpolitischer Gestaltung, die dem Gesetzgeber gewahrt bleiben muss, mit dem Freiheitsschutz zu vereinen, auf den der

---

5 So die einprägsame Formulierung von *Papier*, Grundgesetz und Wirtschaftsverfassung, in: Benda/Maihofer/Vogel (Hrsg.), Handbuch des Verfassungsrechts der Bundesrepublik Deutschland, 2. Aufl. 1994, S. 800. Ausf *Hecker*, Marktoptimierende Wirtschaftsaufsicht, 2007, S. 132 ff; zur Leistungsfähigkeit einer Wirtschaftsverfassung *Ruffert*, AöR 134 (2009), 197 ff.

6 BVerfGE 4, 7. Bestätigt wurde diese Auffassung 1976 im Mitbestimmungsurteil, BVerfGE 50, 290. S. zum Folgenden auch *Frotscher/Kramer*, Rn 30 ff; *Schliesky*, S. 18 ff. Eine eindeutige Aussage fand sich lediglich in Art. 1 Abs. 3 des Vertrages über die Währungs-, Wirtschafts- und Sozialunion mit der ehemaligen DDR vom 18. Mai 1990, in dem die soziale Marktwirtschaft als Grundlage der Wirtschaftsordnung des wiedervereinigten Deutschlands gesetzlich statuiert wird, s. unten Rn 700; *Schmidt-Preuß*, DVBl 1993, 236.

7 Grundlegend *Nipperdey*, Die soziale Marktwirtschaft in der Verfassung der Bundesrepublik, 1954; *ders.*, Soziale Marktwirtschaft und GG, 2. Aufl. 1961. In abgeschwächter Form auch *Rupp*, GG und „Wirtschaftsverfassung", 1974, S. 20 f; aus jüngerer Zeit *Bleckmann*, JuS 1991, 536, 539. *Sodan*, DÖV 2000, 361 will dem GG wenigstens in einer Gesamtschau einen „Vorrang der Privatheit" entnehmen.

8 BVerfGE 4, 7, 17 f.

9 BVerfGE 4, 7, 17 f; ähnlich BVerfGE 7, 377, 400; 50, 290, 338. Zum Begriff der wirtschaftspolitischen Neutralität ausf *Badura*, FS Stern (1997), 409, 415.

10 *Friauf*, DÖV 1976, 624.

11 Anders nur *Abendroth*, Das Grundgesetz, 6. Aufl. 1976, S. 69, der die Möglichkeit einer Umgestaltung im Sinne sozialistischer Planwirtschaft sogar zum Bestandteil des Art. 79 Abs. 3 GG erklären wollte.

12 S. auch *Frotscher/Kramer*, Rn 32.

13 Dazu *Hecker*, Marktoptimierende Wirtschaftsaufsicht, 2007, S. 140 f. Offen ausgesprochen wird dies in BVerfGE 7, 377, 400: Ein Gesetz dürfe nicht beanstandet werden, „weil es mit einer bestimmten … volkswirtschaftlichen Lehrmeinung nicht in Einklang steht".

14 BVerfGE 50, 290.

einzelne Bürger gerade auch dem Gesetzgeber gegenüber einen verfassungsrechtlichen Anspruch hat". Auch mit einer ausdrücklichen Entscheidung für „eine" soziale Marktwirtschaft, wie sie sich nicht nur im Einigungsvertrag, sondern auch in den Verfassungen von Rheinland-Pfalz (Art. 51 Verf. RP) und Thüringen (Art. 38 ThürVerf) findet (s. Rn 682), ist daher nicht viel gewonnen[15].

Dies wird besonders deutlich an **Fall 1 (Rn 1)**. Selbst eine Verstaatlichung von Unterneh- 5
men scheidet nicht von vornherein aus. Allerdings wird Art. 15 GG von der hM so verstanden, dass er sich auf industrielle Anlagen beschränkt, also eine Verstaatlichung von Banken oder Versicherungen nicht zuließe[16]. Andererseits schließen die Grundrechte eine Bedürfnisprüfung grundsätzlich aus (s. Rn 39, 121, 410) und nehmen daher auch der Genehmigungspflicht für die Aufnahme eines Gewerbes die ihr klassisch zukommende steuernde Funktion. Eine Beschränkung der Zahl der Banklizenzen wäre daher verfassungswidrig (s. aber die Anfänge des Regulierungsrechts, Rn 534). Innerhalb dieses Rahmens bleibt es aber zunächst einmal dem Gesetzgeber überlassen, inwieweit er stärker auf die Kräfte des Marktes oder stärker auf die staatliche Überwachung der Wirtschaft vertraut. Sowohl die Verschärfung der Aufsicht wie das Hinwirken auf Selbstverpflichtungserklärungen wären daher mit der Verfassung vereinbar.

b) Das offene Prinzip des Unionsrechts

Für das Unionsrecht gilt nichts anderes. Der bisherige Art. 4 Abs. 1 EG-Vertrag for- 6
derte eine Wirtschaftspolitik, die „dem Grundsatz einer offenen Marktwirtschaft mit freiem Wettbewerb verpflichtet ist". Art. 3 Abs. 3 UAbs. 1 EUV, der an dessen Stelle trat, spricht nun von einer „in hohem Maße wettbewerbsfähige[n] soziale[n] Marktwirtschaft, die auf Vollbeschäftigung und sozialen Fortschritt abzielt [...]" und scheint genauso wie die Formulierungen in den weiteren UAbs. und Abs. 5 eine Verschiebung hin zur sozialen Marktwirtschaft zu signalisieren. Dennoch bleibt die rechtliche Bedeutung der neuen Formulierung zweifelhaft[17]. Der EuGH hat es jedenfalls bisher ausdrücklich abgelehnt, diesen Grundsatz als rechtsverbindlichen Maßstab zu verstehen. Es seien „keine Bestimmungen, die den Mitgliedstaaten klare und unbedingte Verpflichtungen auferlegen, auf die sich die Einzelnen vor den nationalen Gerichten berufen können". Es handele sich vielmehr „nur um einen Grundsatz, dessen Anwendung komplexe wirtschaftliche Beurteilungen fordert", die jedenfalls nicht Sache der Rechtsprechung seien[18].

Trotz dieses eher präambelhaften Bekenntnisses zur Marktwirtschaft orientiert sich das Unionsrecht keinesfalls in allen Bereichen an diesem Modell, so dass nicht von „der" europäischen Wirtschaftsordnung gesprochen werden kann[19]. Zentrale wirtschaftspolitische Felder (insbes

15 Vgl *Rittner/Dreher*, § 2 Rn 48 ff; *Ziekow*, § 3 Rn 7 ff.

16 *Durner*, in: MDHS, Art. 15 GG Rn 17 ff, 28 ff. Die praktische Relevanz dieser Frage tendiert schon dadurch gegen Null, dass auch im Fall einer „Sozialisierung" eine Entschädigungspflicht vorgesehen ist.

17 *Ruffert*, AöR 134 (2009), 197, 202 hält dies eher für rhetorische Verschiebungen. Gegen die in der Voraufl. geäußerten Zweifel am normativen Gehalt allerdings *Ziekow*, § 3 Rn 10.

18 EuGH v. 3.10.2000, Rs. C-9/99 – *„Échrilles"*, Slg. 2000, I-8207, Rn 25; s. auch *Rittner/Dreher*, § 2 Rn 38 ff halten die Festlegung auf eine Marktwirtschaft für grundsätzlich justiziabel, auch wenn sie keine subjektiven Rechte Einzelner begründe.

19 Hierzu und zu den Auswirkungen auf die nationale Wirtschaftsverfassung *Tettinger*, DVBl 1999 S. 679, 680 f.

Landwirtschaft, Fischerei und Verkehrswesen) wurden einer ungleich stärkeren Kontrolle und Lenkung durch die Unionsorgane unterworfen, um (vermeintliche oder tatsächliche) Existenzprobleme für die heimische Wirtschaft zu vermeiden. Die einzelnen **Marktordnungen** unterscheiden sich erheblich, vor allem am Agrarmarkt zeigen sich alle Vor- und Nachteile eines Marktordnungsmodells[20].

7 Es bestätigt sich daher auch im Unionsrecht, dass sich „die" Wirtschaftsordnung weniger in derartigen Formeln als in den konkreten Regelungen für die wirtschaftliche Tätigkeit zeigt. Dies gilt für die Marktfreiheiten (s. Rn 45 ff), aber insbesondere auch für die Vorschriften, welche die staatliche Einflussnahme auf den Wettbewerb begrenzen, sei es, dass die staatliche Subventionierung wirtschaftlicher Betätigung geregelt wird (s. Rn 897 ff), sei es, dass auch öffentliche Unternehmen in Art. 106 AEUV grundsätzlich den Regeln des Wettbewerbsrechts unterworfen werden (s. Rn 649 ff). Darüber hinaus hat das sekundäre Unionsrecht bereichsspezifische Entscheidungen für bestimmte Wirtschaftszweige geschaffen (zu Finanzmarkt, Telekommunikation und Energie s. unten Rn 495 ff). Wenn dabei beispielsweise die Privatisierung bisheriger Staatsmonopole durchgesetzt wird, hat dies größere Auswirkungen als die konkretisierungsbedürftige Grundsatzentscheidung für die Marktwirtschaft. Damit wurde der nationale „wirtschaftspolitische" Spielraum immer mehr zu einem europäisch geprägten und schließlich gesamteuropäischen.

Der europäische Einfluss äußerte sich zunächst im Abbau nationaler Vorschriften (s. als besonders deutliches Beispiel das Handwerksrecht und dessen stark von Niederlassungs- und Dienstleistungsfreiheit geprägte Entwicklung bis hin zur faktischen Aufgabe des Meisterzwanges durch die Handwerksnovelle 2004, dazu Rn 125, 147, 458), aber zunehmend auch in der aktiven **Gestaltung ganzer Wirtschaftszweige durch Richtlinien** (s. zum Telekommunikations-, Energiewirtschafts- und Finanzdienstleistungsaufsichtsrecht Rn 495 ff). In **Fall 1** etwa ist das Bankrecht in einem Umfang harmonisiert, der eine nationale Verschärfung der Prüfpflichten ausschließen dürfte. In Europa hat man die Entscheidung zwischen Vertrauen in die Selbstregulierung des Marktes und staatlicher Aufsicht zugunsten der Letzteren entschieden und das öffentlichrechtliche Instrumentarium kontinuierlich ausgeweitet, so dass man von einer „Publifizierung" des europäischen Wirtschaftsrechts sprechen könnte (s. Rn 498). Gerade das europäische Bankrecht wurde schon früh als „Bankenaufsichtsrecht" bezeichnet[21]. Seit der Finanzkrise und vor allem mit dem Inkrafttreten der Bankenunion (vgl dazu Rn 182, 191 ff) verdient es diesen Namen erst recht. Europäisch hat man sich auf die Hochzonung zentraler Aufgaben zur EZB entschieden, was ohne die Finanzkrise sicherlich nicht denkbar gewesen wäre, denn vorher lehnten die Mitgliedstaaten entsprechende Kommissionsvorstöße ab. Insoweit wiederholt sich auch bei der daran geäußerten, tlw heftigen Kritik eine Diskussion, wie wir sie in Deutschland nach dem 2. Weltkrieg geführt hatten, wo die Installation einer Bundesbehörde für die Bankenaufsicht im föderalen System der jungen Bundesrepublik alles andere als selbstverständlich war. Erst als das BVerfG die verfassungsrechtlichen Fragen geklärt hatte, war der Weg zu einer bundeseinheitlichen Finanzmarktaufsicht frei. Auch in den USA waren die Entscheidungen des Supreme Court zum New Deal auch solche zu den Bundeskompetenzen auf dem Gebiet des Wirtschaftsrechts[22].

---

20 S. ausf *Streinz*, Europarecht Rn 948 ff; *Oppermann/Classen/Nettesheim*, Europarecht, § 19 Rn 2 ff.

21 So schon *Claussen*, in: *ders.*, Bank- und Börsenrecht, 4. Aufl. 2008, § 1 Rn 98.

22 Ausf dazu mwN *Ruthig*, Finanz- und Wirtschaftskrise als juristisches Problem, in: Ziekow/Seok, Systemkrisen und Systemvertrauen, 2015 S. 9, 23 ff.

2. Historische Wurzeln

Der vor allem in den Anfangsjahren der Bundesrepublik ausgetragene Streit um die Wirtschaftsverfassung zeigt die Zeitbedingtheit vieler ökonomischer und politischer Vorstellungen und wohl auch die Vergeblichkeit, ein einheitliches Modell staatlicher Einflussnahme auf die Wirtschaft zu entwickeln. Auch insoweit ist die heutige Gestalt der Wirtschaftsordnung das **Produkt einer historischen Entwicklung**, die mit der frühen Neuzeit einsetzt. An dieser lassen sich die Grundpositionen für das Verhältnis von Staat und Wirtschaft illustrieren, die bis heute nicht nur die politische Diskussion, sondern auch die Normen des öffentlichen Wirtschaftsrechts prägen. Wieder aufgelebt ist diese Diskussion im Regulierungsrecht, s. unten Rn 18, 23 ff. 8

a) Merkantilismus und staatliche Lenkung der Wirtschaft

Zwischen dem 16. und 18. Jahrhundert nahmen die Staaten Europas massiven Einfluss auf den Wirtschaftsprozess. Primäres Ziel war die Stärkung der Wirtschafts-, Handels- und Finanzkraft der absolutistischen Staaten, ohne dass dem eine in sich geschlossene wirtschaftspolitische Konzeption zugrunde gelegen hätte. Dieser sog. **Merkantilismus** bezeichnet also kein wirtschaftstheoretisches oder gar juristisches Lehrgebäude, sondern allenfalls ein Bündel wirtschaftspolitischer Maßnahmen, das sowohl in zeitlicher als auch in inhaltlicher Hinsicht markante länderspezifische Unterschiede aufwies. Während die meisten europäischen Staaten sich auf den Handel konzentrierten, lenkte der vor allem zu Beginn stark von der Wirtschaftsgesinnung des lutherischen Fürstenstaates[23] geprägte **deutsche Kameralismus** sein Augenmerk umfassender auf das Ganze des Staates. Sein Ziel war angesichts des gerade überstandenen Dreißigjährigen Krieges die Erhöhung der Bevölkerungszahl, aber auch die Wohlfahrt des absoluten Fürstenstaates beziehungsweise dessen Schatzkammer, der *camera*. Die Förderung von Handel und Gewerbe war freilich – neben einer umfassenden eigenen wirtschaftlichen Betätigung des Staates durch Staatsbetriebe – die Voraussetzung für eine Sanierung der Staatsfinanzen. Aufgabe des Staates war somit die Förderung einer umfassend verstandenen staatlichen Wohlfahrt[24]. 9

Die eingesetzten Mittel unterschieden sich in den europäischen Staaten nur wenig. Der Staat schützte die einheimische Wirtschaft durch Abschottung nach außen (Einfuhrzölle auf Fertigprodukte; Förderung des Exports), förderte bestimmte für den wirtschaftlichen Fortschritt wesentliche Wirtschaftszweige (v.a. Bergbau) durch **Monopole** und begrenzte durch den **Zunftzwang** (weiterhin) die Zahl der Gewerbetreibenden, mit den sogenannten „Staatsregalen" unterhielt er Infrastruktureinrichtungen in eigener Verantwortung". 10

Beim Zunftwesen handelte es sich freilich um eine deutlich ältere, sich seit dem 13. Jahrhundert entwickelnde **Form staatlich verfasster Selbstorganisation** der Wirtschaftstätigkeit. Sie verfügte über eine eigene Zunftgerichtsbarkeit, regelte die Arbeitszeiten und bemühte sich um die Qualität „zünftiger" Leistungen und Produkte. Zünfte orientierten sich ferner an aristote-

---

23 Zum Zusammenhang der Entwicklung mit der lutherischen Lehre von der Obrigkeit *Maier*, Die ältere deutsche Polizeiwissenschaft, 1986 (Nachdruck der 2. Aufl. 1980), S. 159 ff.

24 Zu dem damit verbundenen weiten Polizeibegriff auch *Schenke*, Polizei- und Ordnungsrecht, Rn 2; zur Wirtschaftspolitik der Territorialstaaten *Ziekow*, § 2 Rn 7 ff.

lisch-scholastischen Vorstellungen vom „gerechten Preis", der keineswegs zwingend der Marktpreis war. Ergänzt wurde diese Entwicklung durch strenge Ausbildungsvorschriften (Lehrlings- und Gesellenzeit, Meisterstück) und eine umfassende „Zuverlässigkeitsprüfung" (Vermögensnachweis, guter Leumund). Nur Bürger konnten das Handwerk ausüben, das heißt, mit dem Meisterrecht musste auch das Bürgerrecht erworben werden. Das Zunftrecht diente also auch der Abschottung des Marktes nach außen. Erst die jüngsten Handwerksnovellen nahmen endgültig Abschied von solchen Vorstellungen und vollendeten die Öffnung für den europäischen Binnenmarkt (s. Rn 39, 125, 457 f).

b) Liberalismus und Gewerbefreiheit

11 Abgelöst wurden diese feudal-ständisch geprägten merkantilistischen Vorstellungen durch die bürgerliche ökonomische Liberalität. Der Liberalismus basierte auf einer strikten Dichotomie von Gesellschaft und Staat und führte zu den Reformen des 19. Jahrhunderts[25], insbesondere der Einführung der Gewerbefreiheit, als deren Gegenpol das Zunftwesen angesehen wurde. Der Idee der Freiheit von (staatlichem) Zwang entsprach im wirtschaftlichen Kontext das Prinzip des *Laissez-faire*. Die klassische Nationalökonomie *(Adam Smith, David Ricardo)* forderte das freie Spiel der Kräfte, das am besten in der Lage sei, die ökonomischen Probleme optimal zu lösen und bildete damit den Gegenpol zum merkantilistischen Ideal einer „allsorgenden bürokratischen Wirtschaftspolizei"[26]. Nach *Smith* lenkt in einer harmonischen, von der menschlichen Arbeitsteilung bestimmten Ordnung eine *invisible hand* die Individuen kraft ihrer natürlichen Eigeninteressen in die richtige Richtung. Der Staat sollte in wirtschaftlicher Hinsicht weitgehende Enthaltsamkeit üben, **wirtschaftliche Ordnung** sollte gerade **durch Freiheit** entstehen, **nicht durch Recht**. Rechtliche Konsequenz war die (einfachgesetzliche) Einführung der **Gewerbefreiheit,** die in dieser Phase weit effektiver war als die verfassungsrechtliche Garantie der Berufs- und Eigentumsfreiheit[27].

Gewerbefreiheit bedeutete zunächst **Gewerbezugangsfreiheit** als **Gegenmodell zum Zunftwesen**. Seit dem 15. Jahrhundert beschränkten die Zünfte als kartellartige Organisationen den Marktzutritt und verhinderten weitergehenden Wettbewerb, indem alle nicht einer Zunft angehörenden Handwerker als „Pfuscher" verfolgt wurden. Nach dem Dreißigjährigen Krieg erwies sich das Zunftwesen ungeachtet seiner hehren Ziele allerdings eher als Hemmschuh für die weitere Entwicklung. Beispielhaft zeigte der Kampf gegen die Bandmühle die Rückständigkeit der Zünfte. Mit Hilfe dieser Maschine konnte eine ungelernte Arbeitskraft ebenso viel produzieren wie 16 gelernte Handwerker. 1676 forderten die für textiles Knüpf- und Flechtwerk zuständigen Posamentierzünfte des Deutschen Reichs das Verbot dieser Maschinen, das 1685 durch kaiserlichen Erlass ausgesprochen und 1719 erneuert wurde. Deshalb wanderte die fortschrittliche Technik nach Basel und ins Bergische Land ab. 1749 hob Friedrich der Große das Verbot der Bandmühle für Preußen mit folgender Begründung auf: „Wir halten es für einen

25 Sowohl die Abhängigkeit der Bauern vom Grund- oder Gutsherrn in den Formen der Leib- und Gerichtsherrschaft, die Verhinderung der freien Berufswahl durch Zünfte, die Privilegierung einiger Unternehmer durch den Staat oder die Verhinderung einer freien Konkurrenz infolge von Absprachen hemmten die Entwicklung einer „natürlichen" Ordnung im Sinne des Liberalismus.

26 S. dazu *Dietzel*, Staatswissenschaften (Volkswirtschaftslehre und Finanzwissenschaft), in: Die deutschen Universitäten, Berlin 1893, Bd. I S. 566 ff; zu dieser Ökonomisierung und ihren Auswirkungen auch auf das universitäre Studium *Maier*, Die ältere deutsche Polizeiwissenschaft, 1986 (Nachdruck der 2. Aufl. 1980), S. 195 ff.

27 *Wieland*, in: Dreier, GG, Art. 12 Rn 6; zum Ganzen *Stern*, Handbuch des Staatsrechts Bd. IV/1, S. 1776 ff; *Breuer*, in: Isensee/Kirchhof (Hrsg.), Handbuch des Staatsrechts VI/888 f.

dem gemeinen Wesen schädlichen Handwerksmissbrauch, diejenigen Mittel, die zur Erlangung eines wohlfeilen Preises der Ware gereichen, nicht zur Hand zu nehmen". Entscheidende Fortschritte waren in den deutschen Ländern im Gefolge der Französischen Revolution zu verzeichnen[28]. Die Entwicklung begann in den französisch beherrschten Territorien bereits in den 90er Jahren des 18. Jahrhunderts. 1808 folgten das Königreich Westfalen und 1809 das Großherzogtum Berg. In Preußen, das nach der Niederlage gegen Frankreich im Tilsiter Frieden von 1807 auf über die Hälfte seines Territoriums verzichten musste, verfügte das Oktoberedikt zur Bauernbefreiung des gleichen Jahres die Gewerbefreiheit im Grundsatz, nachdem die Aufhebung einzelner Zünfte bereits 1806 begonnen hatte. Das Gewerbesteueredikt von 1810 (PrGS 1810, S. 79) band die Ausübung eines Gewerbes nur noch an den Erwerb eines Gewerbescheins, wurde allerdings umgehend um das Gewerbepolizeigesetz von 1811 ergänzt[29]. Mit der allgemeinen preußischen Gewerbeordnung vom 17. Januar 1845 (PrGS 1845, S. 41) wurde das Gewerberecht in Preußen vereinheitlicht und die Gewerbefreiheit für das gesamte Staatsgebiet eingeführt[30]. Andere Länder folgten, so etwa Sachsen, Baden, Württemberg und Bayern in den 60er-Jahren des 19. Jahrhunderts.

Die zentrale Rolle bei der Vereinheitlichung der Wirtschafts- und Sozialpolitik spielte **12**
der Norddeutsche Bund. Am 21. Juni 1869 schufen die Länder des Norddeutschen Bundes in Anlehnung an das preußische Vorbild aus dem Jahre 1845 eine einheitliche Gewerbeordnung. Sie wurde 1871/72 als **Reichsgewerbeordnung für das Deutsche Reich** übernommen und führte in allen Bundesstaaten die Gewerbefreiheit ein, die bis heute in § 1 GewO enthalten ist. Der Zunftzwang und die Abhängigkeit des Gewerbetreibenden von behördlicher Konzession wurden aufgehoben und es setzte sich im rechtsstaatlichen Denken des 19. Jahrhunderts die Beschränkung des (Gewerbe-)Polizeirechts auf die Abwehr von Gefahren durch. Die GewO wurde als „Sonderpolizeirecht" die bis heute in ihren Grundlinien unveränderte[31] Basis des Wirtschaftsaufsichtsrechts[32]. Gleichzeitig löste sich die Rechtswissenschaft von der ökonomisch dominierten Verwaltungslehre (Polizeiwissenschaft). Dies markierte zugleich den Beginn des modernen Verwaltungsrechts[33].

---

28 Bereits die Reichszunftordnung von 1731 erleichterte die Zulassung zum Gewerbe, ab Mitte des 18. Jahrhunderts begannen die der Aufklärung nahestehenden deutschen Länder mit der weiteren Lockerung des Zunftwesens. Allerdings erkannte auch das prALR von 1794 die Zünfte noch ausdrücklich an, vgl § 181 II 8 ALR; zur Entwicklung *Frotscher/Pieroth*, Verfassungsgeschichte Rn 218 ff.

29 Außerdem ließ schon das Gewerbesteueredikt von 1810 den Konzessionszwang für 34 enumerativ aufgeführte Gewerbe unangetastet, s. *Friauf*, in: Friauf, GewO, § 1 Rn 2a.

30 Zu den historischen Grundlagen *Ziekow*, GewArch. 1985, 313 m. umfangreichen Nachw.; s. auch zum Verhältnis zur Gefahrenabwehr *Mößle*, GewArch. 1984, 8.

31 Insgesamt gab es über 200 Änderungen der GewO. Neu gefasst wurde sie 1978 (BGBl. I S. 97), 1987 (BGBl. I S. 425) und 1999 (BGBl. I S. 202); umfassend zur Gesetzesentwicklung *Kahl*, in: Landmann/Rohmer, GewO, Einl Rn 14 ff.

32 S. hierzu nur *Gramlich*, VerwArch. 1997, 598, der seinen Beitrag zum damals neuen TKG mit einem Überblick über das Kontrollinstrumentarium der Gewerbeordnung beginnt.

33 Vgl nur die Definition der Kameralwissenschaften bei *Otto Mayer*, Deutsches Verwaltungsrecht I, S. 18: „Unter dem Namen Polizeiwissenschaft, Kameralwissenschaft brachte man alles, was da geschah, in eine übersichtliche, wohlgeordnete Darstellung und gab nützliche Belehrung, wie man es besser machen könnte. Was an Rechtsordnung daran zu bemerken war, erwähnte man nebenbei". Im modernen Verwaltungsrecht kehrte sich die Entwicklung um. Insbes *Forsthoff*, Verwaltung als Leistungsträger, 1938, S. 3 beklagte einen „verhängnisvollen Mangel an Empirie" in der Dogmatik des 19. Jahrhunderts. Die Positionen finden ihre Fortsetzung in der Diskussion um die Ökonomisierung des Verwaltungsrechts.

13 Dennoch widmete sich der Staat weiterhin solchen Wirtschaftszweigen in besonderer Weise, die er als lebenswichtig für das Funktionieren von Staat und Gesellschaft erachtete. Anders als im Bereich des sogenannten „Regulierungsrechts" (s. unten Rn 23, 495 ff) erbrachte der Staat allerdings die Leistungen in eigener Trägerschaft. Aus dem Modell der Staatsregale entwickelte sich das staatliche Monopol.

Dies galt nicht nur für die Verkehrsinfrastruktur (Straßen bzw Wasserstraßen), es passte sich dynamisch der technischen Entwicklung an. In Deutschland wurde neben den Eisenbahnen auch das Fernmeldewesen in staatlicher Trägerschaft errichtet. Das Fernmeldemonopol ging zurück auf § 1 des Gesetzes über das Telegraphenwesen des Deutschen Reiches[34], in dem das Fernmeldewesen seine erste grundlegende Kodifikation fand. Dort hieß es: „Das Recht, Telegraphenanlagen für die Vermittlung von Nachrichten zu errichten und zu betreiben, steht ausschließlich dem Reich zu. Unter Telegraphenanlagen sind die Fernsprechanlagen mit begriffen." Dieses Fernmeldemonopol wurde in § 1 des Gesetzes über Fernmeldeanlagen (FAG) übernommen, das in der Bundesrepublik Deutschland zusammen mit dem Telegraphenwegegesetz (TWG) den traditionellen Rechtsrahmen für Telephonie und Telegraphie bildete. Auch Wasser und Elektrizität wurden in Deutschland dem Bürger als staatliche Leistungen zur Verfügung gestellt, diese freilich regelmäßig in kommunaler Trägerschaft. Dass sich der Staat auch heute dieser Aufgabe nicht völlig entziehen kann, folgt entweder aus konkreten Verfassungsaufträgen wie in Art. 87f GG für die Telekommunikation oder letztlich aus dem Sozialstaatsprinzip. Nach dem BVerfG ist „das Interesse an der Stromversorgung … heute so allgemein wie das Interesse am täglichen Brot"[35].

c) Vom Interventionismus zur sozialen Marktwirtschaft

14 Die Ausrichtung der Wirtschaft an den Ideen des Liberalismus ermöglichte zwar eine enorme Leistungssteigerung, sie führte aber auch – vor allem in Krisenzeiten – zu **sozialen Problemen**. Seit dem letzten Drittel des 19. Jahrhunderts spielte deswegen der sog. **Interventionismus** eine große Rolle. Auch darunter versteht man weniger eine wirtschaftswissenschaftliche Theorie als ein Bündel wirtschaftspolitischer Maßnahmen zur Beeinflussung volkswirtschaftlicher Globalgrößen (zB Beschäftigung, Einkommensverteilung, soziale Sicherung, Marktanteile, Strukturwandel). Anders als beim Dirigismus greift der Staat allerdings nur punktuell in den Wirtschaftsablauf ein[36]. Wichtigstes politisches Konzept in den Zwanzigerjahren des 20. Jahrhunderts war die Forderung nach Wirtschaftsdemokratie. Die Art. 151 ff WRV enthielten eine 15 Artikel umfassende „Regelung der Ordnung des Wirtschaftslebens"[37], die einen Ausgleich zwischen den gegenläufigen Strömungen versuchte. In dieser Zeit entstand auch der **Begriff des Wirtschaftsrechts** als Konsequenz auf die veränderte Haltung gegenüber der staatlichen Einflussnahme auf die Wirtschaft.

34 Gesetz v. 6.4.1892, RGBl. S. 467.

35 BVerfGE 91, 186, 206 – Kohlepfennig; s. auch schon BVerfGE 30, 292, 323 f – Erdölbevorratung.

36 Beispiele sind vor allem die Sozialversicherungssysteme (1881) und aus der Weimarer Zeit die Kartellverordnung von 1923. Zu nennen ist ferner das kollektive Arbeitsrecht, das genauso wie Arbeitsschutz und betriebliche Sozialsysteme seinen Ausgangspunkt in der Gewerbeordnung nahm, vgl *Ziekow*, § 2 Rn 14 ff.

37 In diesem Abschnitt fanden sich einerseits liberale Grundrechte wie Vertragsfreiheit und Eigentum, aber auch die Einrichtung eines „Reichswirtschaftsrates", der auf rätestaatlichen Vorstellungen beruhte, jedoch nie praktische Bedeutung erlangte. Vgl *Frotscher/Kramer*, Rn 25 ff mit dem Hinweis, dass man manche dieser Vorschriften auf an den Gesetzgeber gerichtete Programmsätze reduzierte.

Die Zeit nach dem Zweiten Weltkrieg ist in Deutschland die **Zeit der sozialen Marktwirtschaft**[38]. Die Koordination der arbeitsteilig aufeinander bezogenen Wirtschaftssubjekte vollzieht sich nach den Regeln des Marktes. **Vertragsfreiheit und Rechtsstaatlichkeit** sind notwendige rechtliche Voraussetzungen, die Aufgabe der Rechtsordnung besteht aber auch in der Unterbindung des Missbrauchs von Marktmacht. Dementsprechend wird das öffentliche Wirtschaftsrecht auch unter dem GG von dem skizzierten **Dualismus von staatlicher Intervention und wirtschaftlicher Freiheit** geprägt. Besonders deutlich zeigt sich dies an denjenigen Bereichen des öffentlichen Wirtschaftsrechts, die sich als Folge der Privatisierung vormals staatlicher Leistungserbringung (s. Rn 23) entwickelten. **15**

d) Die Schaffung eines europäischen Binnenmarktes

In seiner ersten Phase trug das Europarecht stark zu einer **Liberalisierung** des nationalen Wirtschaftsrechts bei, indem die nationalen wirtschaftsrechtlichen Vorschriften häufig als unverhältnismäßige Behinderung des Binnenmarktes eingestuft wurden[39]. Zunehmend gestaltete die EU aber auch aktiv ganze Sektoren um und öffnete sie für den Binnenmarkt. Erst unter dem Einfluss Brüsseler Vorgaben kam es zur Privatisierung vormals staatlicher Monopole im Bereich der Daseinsvorsorge, beginnend mit der Telekommunikation (s. Rn 498). Nicht immer wurde dies in Deutschland aber wahrgenommen. Die Liberalisierung der Kapitalmärkte und des Bankenwesens beispielsweise hatte in anderen Mitgliedstaaten erhebliche Auswirkungen; in Deutschland blieben die anfänglichen Entwicklungen zunächst praktisch unbemerkt, weil die ersten Richtlinien auf entsprechend freie Märkte trafen. **16**

Auch die Vollendung des Binnenmarktes lässt sich nicht nur mit dem politischen Ziel der Einigung Europas, sondern ebenfalls mit gängigen ökonomischen Theorien und Vorstellungen begründen. Der Gedanke, dass das grenzüberschreitend arbeitsteilige Wirtschaften für alle Beteiligten wirtschaftlich vorteilhaft ist, geht bereits auf *Adam Smith* und *David Ricardo* zurück[40]. Gerade für den europäischen Kapitalmarkt haben aktuelle ökonomische Studien[41], die erheblichen Einfluss auf die Konzepte der Kommission haben, die Integration der nationalen Märkte als Wachstumsfaktor betont, nicht zuletzt als Voraussetzung für die Positionierung der europäischen Wirtschaft angesichts der Herausforderungen der Globalisierung. Bei näherer Betrachtung zeigt sich aber, dass auch die Auslegung von Marktfreiheiten und europäischem Wettbewerbsrecht stark von ökonomischen Vorstellungen geprägt ist, in denen sich letztlich das Ringen um den Ausgleich von wirtschaftlicher Freiheit des Einzelnen und staatlicher bzw europäischer Kontrolle wiederholt. Innovationsanreize lassen sich allerdings – auch nach Ansicht von

38 Zu den sie maßgeblich prägenden Vorstellungen des Ordoliberalismus s. *Böhm*, SJZ 1946, 144; vgl auch *Papier*, FS Selmer (2004), 459, 464. Welche Elemente – auf der Grundlage des in der Verfassung verankerten Sozialstaatsprinzips und stark geprägt von der katholischen Soziallehre – aus der „reinen" Marktwirtschaft eine „soziale" machen, kann hier nicht vertieft werden. Zur Wirtschaftspolitik nach 1946 auch *v. Ebner*, GewArch. 1986, 209.

39 Insoweit lassen sich interessante Parallelen zur Lochner-Phase in den USA feststellen, s. *Lochner von New York*, 198 U.S. 45 (1905); zu dieser *Brugger*, Einführung in das öffentliche Recht der USA, 2. Aufl. 2001, S. 107.

40 S. dazu insbes das US-amerikanische Schrifttum zum Europarecht, insbes *Stephan/Parisi/Depoorter*, The Law and Economics of the European Union, 2003, S. 449 ff.

41 *Mügge*, Reordering the Marketplace: Competition Politics in European Finance, JCMS 2006, 991; *Padoan/Mariani*, Growth and Finance, European Integration and the Lisbon Strategy, JCMS 2006, 77.

Wirtschaftswissenschaftlern – nicht nur durch Regulierungsfreistellung, sondern durch zusätzliche, aber an ökonomischen Grundsätzen orientierte Regulierung schaffen. Beschränkt sich aber auch das Unionsrecht insgesamt nicht auf eine („reine") Marktwirtschaft, so relativiert sich auch die Frage einer europarechtlichen Überformung der deutschen „Wirtschaftsverfassung"[42].

e) Die europäische Ordnung des Binnenmarktes

17 Seit den 1980er Jahren begann aber auf europäischer Ebene ein Prozess, der Liberalisierung durch die Beseitigung national unterschiedlicher Regulierung mit europäischer Harmonisierung von Standards verband, sobald etwa im Umweltbereich die entsprechenden europäischen Kompetenzen geschaffen waren. Erstmals zu einer politischen Langzeitstrategie wurde dies mit der sog. **Lissabon-Strategie (2000-2010)**. Der Europäische Rat hatte sich 2000 in Lissabon das ehrgeizige Ziel gesetzt, Europa innerhalb eines Jahrzehnts zur wettbewerbsstärksten und dynamischsten Wirtschaftsregion der Welt zu machen[43]. Es folgte die **Strategie Europa 2020**, aus der zB mit der digitalen Agenda bindende Leitinitiativen abgeleitet, aber auch unter dem Eindruck der Finanzkrise die haushaltspolitische Überwachung der Mitgliedstaaten und Stabilitätsmechanismen implementiert wurden. Die Befugnis zu einer Koordination der Wirtschaftspolitik folgt aus Art. 5 AEUV[44]. Aus den Strategien werden aber auch sehr konkrete Regelungsaufträge abgeleitet. Das bürgerliche Recht und erst recht das IPR sind genauso europäisiertes Recht wie seit langem das öffentliche Wirtschaftsrecht. Der europäische Datenschutz erfasst auch das öffentliche Wirtschaftsrecht. Leitthemen der neuen Kommission sind Künstliche Intelligenz und Nachhaltigkeit.

3. Einflüsse von Wirtschaftswissenschaften und Rechtsvergleichung

18 Die Europäisierung des öffentlichen Wirtschaftsrechts und die Notwendigkeit einer Auseinandersetzung mit der Globalisierung öffnete die juristische Diskussion für Einflüsse aus anderen Rechtsordnungen, vor allem auch dem US-amerikanischen Recht. Dies gilt seit langem im Kartell- und Finanzmarktrecht, wurde besonders augenscheinlich an der Entwicklung des Telekommunikationsrechts, gilt aber auch für die Diskussion um neue Steuerungsmodelle und die Ökonomisierung des Verwaltungsrechts[45].

Diese Entwicklung war kein Zufall. Die USA nahmen zum einen über die WTO[46], zum anderen aber auch direkt auf die europäische Normsetzung Einfluss. Im Ergebnis lassen deswegen das deutsche und das US-amerikanische Telekommunikationsrecht „Übereinstimmungen in einem Umfang erkennen, den man auf den ersten Blick wohl nicht erwartet hätte"[47]. Gerade in

42 Dazu allerdings *Jungbluth*, EuR 2010, 471.

43 KOM (2003) 65 v. 11.2.2003; s. bereits Mitteilung der Kommission v. 24.11.1999 an das Europäische Parlament und den Rat, Die Strategie für den Europäischen Binnenmarkt Europäische KOM (1999) 624 endg.

44 Näher *Callies*, in: Callies/Ruffert, Art. 5 AEUV Rn 5 ff zum entsprechenden Sekundärrecht.

45 S. nur *Martini*, Der Markt als Instrument hoheitlicher Verteilungslenkung, 2008; vgl außerdem *Fehling*, VerwArch. 2004, 443; *Gröpl*, VerwArch. 2002, 459; *Peters*, DÖV 2001, 749; *Schneider*, Die Verwaltung 2001, 317.

46 Dazu *Schulz*, DV 2001, Beiheft 4, S. 101 (102); *Trute*, FS Brohm (2002), 169, 170.

47 *Windthorst*, CR 1998, 340, 341 f. Einen umfassenden (wenngleich mittlerweile weitgehend überholten) Rechtsvergleich liefert *Kress*, The 1996 Telekommunikationsgesetz and the Telecommunications Act of 1996: Toward More Competitive Markets in Telecommunications in Germany and the United States, Fed. Comm. L.J. 49 (1997), 551.

den USA ist die Diskussion um das „Regulierungsrecht" aber eingebettet in das allgemeine Verwaltungsrecht, so dass nicht nur das Konzept der „independent regulatory agency" die europäische Entwicklung beeinflusste. Vor allem aber steht das Verwaltungsrecht von Anfang an unter starkem allgemeinen Rechtfertigungsdruck, so dass praktisch alle Lehrbücher zum allgemeinen Verwaltungsrecht mit der Frage nach der Rechtfertigung staatlicher „regulation" beginnen, genauso wie die Diskussion um das Regulierungsrecht in Deutschland. In der Sache wird die Diskussion dabei stark von wirtschaftstheoretischen Ansätzen geprägt. Am Beginn der neueren Entwicklung stand die *Chicago School of Economics*[48]. Diese ist gekennzeichnet durch ein Vertrauen in die – staatlicher Intervention grundsätzlich überlegenen – marktwirtschaftlichen Steuerungskräfte und prägte maßgeblich die Reaganomics, die wiederum auch die deutsche Deregulierungsdiskussion der 1980er und 1990er Jahre beeinflusste. Die damit beginnende Ausrichtung gerade auch des Verwaltungsrechts an ökonomischen Grundsätzen führte zum Entstehen von *law and economics*, der Hauptströmung des modernen US-amerikanischen Verwaltungsrechts, die mit der „ökonomischen Analyse des Rechts" in Deutschland nur sehr bedingt zu vergleichen ist und sich in der Zwischenzeit durch die Einbeziehung sozialwissenschaftlicher Ansätze erheblich weiterentwickelt hat[49]. Aus dem homo oeconomicus wurde vor allem unter dem Einfluss der sog. Spieltheorie ein gerade nicht in allen Fällen rational handelnder und auf Effizienz bedachter Akteur. Vor allem aber muss man sich hüten, diese Bewegung auf eine „Ökonomisierung" des Rechts oder gar einen „Terror der Ökonomie"[50] zu reduzieren. Im Kontext des Wirtschaftsrechts ist aber zu beachten, dass ungeachtet dieser vor allem deutschen Kritik der Einfluss der law and economics-Bewegung auf europäischer Ebene systemprägend ist[51].

Während die traditionelle Wohlfahrtsökonomik die Rechtfertigung staatlicher Eingriffe in den Markt insbesondere bei Monopolen bzw bei Oligopolen als Reaktion auf Marktversagen legitimierte[52], lieferte gerade die empirische Auseinandersetzung mit der staatlichen Verteilung von Frequenzen (dazu auch unten Rn 589 f) für *Coase* den Ausgangspunkt für seine Gegenthese. Effizienzprobleme entstünden nicht unbedingt aufgrund eines Versagens des Marktes, sondern auch aufgrund eines Versagens staatlicher Marktregulierung und der unzureichenden Ausgestaltung transaktionsfähiger Rechte (property rights). Das „Coase Theorem"[53] geht davon aus, dass die Betroffenen selbst durch Verhandlungen – sogar unabhängig von der Zuteilung der Eigentumsrechte – eine effiziente Lösung erzielen, wenn es keine Transaktionskosten gibt. Staatliche Eingriffe führen nach diesem Ansatz keinesfalls zu besseren, sondern häufig wegen ihres verengten Blickwinkels zu schlechteren Ergebnissen als **19**

48 S. dazu ausf *Martini*, Der Markt als Instrument hoheitlicher Verteilungslenkung, S. 153 ff sowie zu den philosophischen Wurzeln der Effizienzdiskussion *Martini*, S. 141 ff.

49 S. nur *Posner*, Economic Analysis of Law, 7. Aufl. 2007 sowie die exzellente Einführung von *Polinsky*, An Introduction to Law and Economics, 3. Aufl. 2003.

50 So der Titel von *Forrester*, Der Terror der Ökonomie, 2002. S. zur mE zu relativierenden Kritik an der ökonom. Analyse auch mwN *Martini*, Der Markt als Instrument hoheitlicher Verteilungslenkung, 2008, S. 166 f.

51 Dies gilt nicht nur für das richtliniengeprägte Telekommunikations-, Energie- und Bank(enaufsichts)-recht, sondern auch allgemein für das „Recht auf gute Verwaltung", s. dazu mwN *Fehling*, VVDStRL 70 (2011), 278, 324 f; zu Art. 41 GRCh *Classen*, Gute Verwaltung im Recht der EU, 2008; *Jarass*, FS Schenke (2011), 848.

52 Genauer betrachtet handelt es sich um Marktversagen, das durch die sog. externen Effekte bedingt ist, vgl dazu *Pigou*, The Economics of Welfare, 4. Aufl. 1932, S. 129 f.

53 *Coase*, The Problem of Social Cost, 3 (1960) J. Law & Econ., 1. S. nur die Zusammenfassung bei *Polinsky*, An Introduction to Law and Economics, 3. Aufl. 2003, S. 13 ff; *Posner*, Economic Analysis, S. 7, 50 ff.

der Markt[54]. Da aber auch das Verhandlungsmodell daran krankt, dass die Transaktionskosten nur im Modell als Null angenommen werden können, entwickelte sich vor allem in den letzten Jahren ein weniger kritisches, aber durchaus differenziertes Verhältnis zwischen Ökonomie und öffentlichem Wirtschaftsrecht[55]. Andererseits provoziert gerade die starke Betonung des Effizienzprinzips jedenfalls in der deutschen Diskussion[56] den Vorwurf einer „Staatsromantik der Technokratie"[57]. Von besonderer Bedeutung erwies sich schließlich der ökonomische Ansatz in solchen Bereichen, die man als „natürliche Monopole" interpretieren kann, wo also ein einzelner Anbieter Leistungen billiger anbieten kann als der Wettbewerb (s. Rn 569 ff). Bereichert hat diese Bewegung aber auch den Kanon der Methoden für staatliche Verteilungsentscheidungen durch die Versteigerung (s. Rn 562 f)[58].

II. Öffentliches Wirtschafts- bzw Wirtschaftsverwaltungsrecht

1. Begriff und Gegenstand

20 Der **Begriff des öffentlichen Wirtschafts- bzw Wirtschaftsverwaltungsrechts** ist nicht abschließend definiert. **Kernstück und zugleich historische Grundlage** des deutschen Wirtschaftsverwaltungsrechts ist die Gewerbeordnung **(GewO)**. Wichtige Materien finden sich in Sondergesetzen (sog. **Gewerbenebenrecht**), von denen vor allem das Handwerks- und das Gaststättenrecht zum Prüfungsstoff im Wirtschaftsverwaltungsrecht gehören. Mit der Bezeichnung als „Öffentliches Wirtschaftsrecht" wird einerseits die Selbstverständlichkeit zum Ausdruck gebracht, dass jenseits der verwaltungsrechtlichen auch verfassungs- und unionsrechtliche Fragestellungen einbezogen werden[59]. Andererseits kann dieser Begriff aber auch dafür stehen, dass der klassische („wirtschaftsverwaltungsrechtliche") Kanon von Gewerbe-, Gaststätten-

54 Das am häufigsten angeführte Beispiel ist die Konzentration des Schadensersatz- und Umweltrechts auf den Schädiger; ein in den USA viel diskutiertes Beispiel ist die Frage nach der Effizienz der Finanzdienstleistungsaufsicht. S. auch dazu *Posner*, Economic Analysis S. 480 ff.

55 Der Staat kann nicht nur als Vermittler, durch die Bereithaltung entsprechender, die Transaktionskosten senkender Information, sondern auch durch aktive Gestaltung eines bestimmten Bereiches die Transaktionskosten senken.

56 S. zu *Eidenmüller*, Effizienz als Rechtsprinzip, S. 443 ff; umfangreiche wN bei *Martini*, Der Markt als Instrument hoheitlicher Verteilungslenkung, 2008, S. 196 f.

57 *Leisner*, Effizienz als Rechtsprinzip, 1971, S. 59.

58 Eingeführt wurde die „auction" in den USA durch eine Ergänzung des Communications Act von 1934 im Jahr 1993 (47 U.S.C. § 309j). Den Ausgangspunkt bildete jedoch ein Aufsatz aus dem Jahr 1951 von *Leo Herzel*, damals Jura-Student und später Professor, der für das seinerzeit den Supreme Court beschäftigende Problem, ob man Farbfernsehen einführen sollte, eine Versteigerung der entsprechenden Frequenzbänder vorschlug, s. *Herzel*, Public Interest and the Market in Color Television Regulation, U. Chi. L. Rev. 18 (1951), 802; außerdem *Coase*, The Federal Communications Commission, J. Law & Econ. 2 (1959), 1. Zur weiteren Entwicklung vgl *Herzel*, My 1951 Color Television Article, J. Law & Econ. 41 (1998), 523. Diesen Überlegungen lag ein ökonomisches Konzept der Eigentumsfähigkeit von Frequenzspektren zugrunde, das sich bis in die 20er Jahre zurückverfolgen lässt, s. *Hazlett*, The Rationality of U.S. Regulation of the Broadcast Spectrum, J. Law & Econ. 33 (1990), 133. Politisch setzte es sich unter *Ronald Reagan* durch, vgl *Fowler*, A Marketplace Approach to Broadcast Regulation, Tex. L. Rev. 60 (1982), 207; zu aktuellen Ansätzen *Spiller/Cardilli*, Towards a Property Rights Approach to Communications Spectrum, Yale J. on RegG. 16 (1999), 53; ablehnend *De Vany*, Implementing a Market-Based Spectrum Policy, J. Law & Econ. 41 (1998), 627.

59 S. zu den unterschiedlichen Terminologien auch *Frotscher/Kramer*, Rn 5 mwN.

und Handwerksrecht um weitere Bereiche erweitert wird. Insoweit hat sich mittlerweile jedenfalls **in der Lehrbuchliteratur zum öffentlichen Wirtschaftsrecht wieder ein weitgehend einheitlicher Fächerkanon** herausgebildet. Neben die genannten, klassischen Gebiete traten das Recht der öffentlichen Unternehmen bzw das öffentliche Wettbewerbsrecht sowie das Vergaberecht als Rechtsgebiete, die sich mit der Teilnahme des Staates am Wirtschaftsleben als Anbieter bzw Nachfrager von Leistungen beschäftigen, das Subventions- und Beihilferecht als spezifische Form des Eingriffes in den Wirtschaftsverkehr und – dies freilich mit unterschiedlicher Schwerpunktsetzung – das sog. Regulierungsrecht, insbesondere das Telekommunikations- und/oder Energiewirtschaftsrecht.

21 Die Begrifflichkeiten, mittels derer man die komplexe Rechtsmaterie des öffentlichen Wirtschaftsrechts zu ordnen versucht, ist demgegenüber schillernd. Dies hängt zum einen damit zusammen, dass die Begrifflichkeiten das jeweilige politische und ökonomische Vorverständnis reflektieren, zum anderen aber auch die Typisierung und Kategorisierung eines Rechtsgebietes leisten sollen, das sich angesichts seiner **Heterogenität und Dynamik** einer Typisierung zu entziehen scheint oder diese jedenfalls nur auf hohem Abstraktionsniveau ermöglicht. Umso vorsichtiger muss man sein, wenn aus Begriffsbildungen und Kategorisierungen praktische Folgerungen abgeleitet werden sollen. Besonders deutlich zeigt sich diese Problematik am Begriff der „Regulierung“ (s. unten Rn 23).

2. Wirtschaftsaufsicht und Wirtschaftsregulierung

22 Ein genauso zentraler wie umstrittener Begriff des öffentlichen Wirtschaftsrechts ist derjenige der Wirtschaftsaufsicht. Sucht man nach den **zentralen Merkmalen der Wirtschaftsaufsicht**[60], so handelt es sich um **Verwaltungstätigkeit**[61] **zur Überwachung der für die selbstverantwortliche Teilnahme am privatrechtlichen Wirtschaftsverkehr geschaffenen Rechtsregeln.** Außer von Gewerbeaufsicht spricht man insbesondere von Banken-, Versicherungs- und Kapitalmarkt*aufsicht*, s. § 2 FinDAG. Schon diese Bereiche zeigen, dass der Begriff keineswegs homogen verwandt wird und damit offen genug ist, um als **formaler Oberbegriff** für verschiedene, aber eben nicht überzeugend voneinander abgrenzbare Erscheinungsformen staatlicher Einflussnahme auf die Wirtschaft zu fungieren, der auch die vermeintlich modernen Erscheinungsformen umfasst.

Soweit man sich in der Literatur gegen den Aufsichtsbegriff ausspricht und diesen vor allem durch den Begriff der **Wirtschaftsüberwachung** ersetzt, so will man auf die Unterscheidung von der dem Innenbereich des Staates zuzuordnenden Rechts- und Fachaufsicht hinweisen[62] oder aber sich von der Tradition des wohlfahrtsstaatlichen Etatismus, aus dem der Aufsichtsbegriff stammt, abgrenzen[63]. In der Sache ist mit einem solchen Austausch der Begrifflichkeiten

60 Zum Folgenden ausf *Hecker*, Marktoptimierende Wirtschaftsaufsicht, 2007, S. 13 ff.

61 Anders, für eine Einbeziehung auch der Setzung verbindlicher Maßstäbe durch die Gerichte *Bullinger*, VVDStRL 22 (2965), 297 f; *Berringer*, Regulierung als Erscheinungsform der Wirtschaftsaufsicht, 2004, S. 3; zur Kritik *Hecker*, Marktoptimierende Wirtschaftsaufsicht, 2007, S. 13 f; *Gröschner*, Das Überwachungsrechtsverhältnis, 1992, S. 207.

62 *Schliesky* S. 122: Aufsicht als staatsinterne Kontrolle, Wirtschaftsüberwachung „gegenüber solchen Subjekten [...], die eine (gewisse) gesellschaftliche und individuelle Freiheit vom Staat aufweisen.

63 So insbesondere *Gröschner*, Das Überwachungsrechtsverhältnis, 1992, S. 46 ff, 126.

allerdings nicht viel gewonnen. Der Begriff der **Wirtschaftslenkung** indiziert mit deutlich unterschiedlichen Schwerpunkten eine stärker intervenistische oder aktiv gestaltende Einflussnahme wie man sie etwa im Energiewirtschaftsrecht, Telekommunikationsrecht, aber auch im Recht der Banken- und Versicherungsaufsicht findet[64]. Eine solche Abgrenzung ist aber weder trennscharf möglich noch lassen sich die beispielhaft genannten Teilbereiche einheitlich klassifizieren, stehen doch klassisch aufsichtsrechtliche und lenkende Erscheinungsformen häufig innerhalb eines Rechtsgebietes nebeneinander. Zum Teil bezieht sich der Begriff aber auch auf den Zusammenhang mit dem allgemeinen Verwaltungsrecht, wenn beispielsweise gefordert wird, die klassische Ordnungs- und Leistungsverwaltung um einen dritten Typus der „lenkenden" oder „vermittelnden Verwaltung" zu ergänzen[65]. Insoweit interpretiert man Regulierungsrecht als „moderne Form indirekter staatlicher Steuerung"[66], obwohl viele Varianten von Regulierung mit sehr direkten (und intensiven) staatlichen Eingriffen verbunden sind.

23 Neben diese Aufsichtsfunktion tritt klassischerweise die Aufgabe der **Daseinsvorsorge** (s. dazu und den „Dienstleistungen von allgemeinem wirtschaftlichen Interesse" unten Rn 735 ff), die traditionell jedenfalls in Deutschland (und den meisten europäischen Staaten) vor allem durch staatliche Monopole erbracht wurde[67]. Insoweit vollzog sich – besonders deutlich im Telekommunikationsrecht – ein **Paradigmenwechsel**. Infolge der Privatisierung der staatlichen Monopole wurde die staatliche Leistungserbringung ersetzt durch eine besondere, verfassungsrechtlich verankerte **Gewährleistungs- oder Infrastrukturverantwortung** des Staates[68]. Gleichzeitig wurde der Staat vom Leistungserbringer zur Regulierungsinstanz[69], im öffentlichen Wirtschaftsrecht tauchte der Begriff des **Regulierungsrechts**[70] auf. Für die klassische ökonomische Theorie umfasst Regulierung alle hoheitlichen Eingriffe in die Gewerbe- und Vertragsfreiheit, die nicht allein der Durchsetzung allgemein gültiger Spielregeln gelten[71]. Im juristischen Kontext tauchte der Regelungsbegriff in Deutschland

---

64 *Scholz*, Wirtschaftsaufsicht und subjektiver Konkurrentenschutz, 1971, S. 21; *Tettinger*, Rechtsanwendung und gerichtliche Kontrolle im Wirtschaftsverwaltungsrecht, S. 252; s. auch mwN *Hecker*, Marktoptimierende Staatsaufsicht, 2007, S. 23 ff.

65 Dafür insbes *Schmidt-Aßmann*, Das Allgemeine Verwaltungsrecht als Ordnungsidee, 2. Aufl. 2006, Kap. 3 Rn 103 ff mwN.

66 *Bulla*, in: Schmidt/Vollmöller, § 11 Rn 5; *Bullinger*, DVBl 2003, 1355 (1357); *Masing*, DV 2003, 1 ff.

67 Dazu, dass dies häufig nicht in der Form öffentlicher Anstalten, sondern durch privatrechtliche Formen erfolgte, die sich mit dem Verwaltungsrecht Otto Mayers nur bedingt erklären ließen, s. *Rüfner*, Formen öffentlicher Verwaltung im Bereich der Wirtschaft, 1967, S. 105 ff.

68 Ausf *Hermes*, Staatliche Infrastrukturverantwortung, 1998, S. 336 ff; *Voßkuhle*, VVDStRL 62 (2003), 266, 307 ff.

69 Schon seit Anfang des 20. Jahrhunderts tauchten in der Diskussion um die Regulierung des Energiemarktes die beiden Alternativen staatliches Monopol oder staatliche Aufsicht auf, s. *Hermes*, Staatliche Infrastrukturverantwortung, 1998, S. 300 ff.

70 Vgl zusammenfassend *Ruthig*, in Arndt/Fetzer/Scherer, TKG § 2 Rn 5 ff; aus der Anfangszeit der Diskussion exemplarisch *Bullinger*, DVBl 2003, 1355; *v. Danwitz*, DÖV 2004, 977; *Ladeur*, K&R 1998, 479; *Masing*, AöR 128 (2003), 558; *Ruffert*, AöR 124 (1999), 237; *Trute*, FS Brohm (2002), 169. Umfassend *Hermes*, Staatliche Infrastrukturverwaltung, 1998; *Kühling*, Sektorspezifische Regulierung in den Netzwirtschaften, 2004; *Masing*, Soll das Recht der Regulierungsverwaltung übergreifend geregelt werden?, Verhandlungen des 66. Deutschen Juristentages, 2006, Bd. I, Gutachten D 9 ff. Zum 66. DJT auch *Burgi*, NJW 2006, 2439; *Storr*, DVBl 2006, 1017. Von diesem (juristisch-dogmatischen) Begriff zu unterscheiden ist der verwaltungswissenschaftliche Regulierungsbegriff, der sich um die Differenzierung unterschiedlicher Regulierungsformen bemüht, s. dazu *Ziekow*, § 13 Rn 6; ausf *Schuppert*, Verwaltungswissenschaft, 2000, S. 902.

71 Dazu *Leschke*, in: Fehling/Ruffert, Regulierungsrecht, § 6 Rn 18.

erstmals im **Telekommunikationsrecht** auf und wurde damit zu einem in seiner Bedeutung freilich häufig überschätzten Rechtsbegriff[72]. Regulierung im Rechtssinn lässt sich als Verhaltenssteuerung von Wirtschaftssubjekten durch hoheitliche Ge- und Verbote – normativ oder im Einzelfall – insbesondere zur Sicherung von Gemeinwohlerfordernissen – des unverfälschten und funktionsfähigen Wettbewerbs sowie angemessener Leistungsbedingungen – verstehen[73]. Das Regulierungs(verwaltungs)recht ist jedenfalls **Bestandteil des öffentlichen Wirtschaftsrechts bzw Wirtschaftsverwaltungsrechts**. Zu klären bleibt das Verhältnis zu dem oben als formalem Oberbegriff definierten Terminus der Wirtschaftsaufsicht. Teilweise sieht man in der Regulierung eine Form der eher indirekten Steuerung[74] oder ein Mittel zur Erreichung gesetzlich vorgegebener Zwecksetzungen[75], typischerweise der Beeinflussung der Marktstruktur sowie des Verhaltens der Wettbewerber am Markt[76]. Selbst wenn es solche Unterschiede gibt, machen sie den Begriff des Regulierungsrechts nicht zu einem Systembegriff. Seine primäre Aufgabe besteht in der staatlichen Aufsicht über die privaten Leistungserbringer. Regulierungsrecht ist damit eine **Erscheinungsform des Wirtschaftsaufsichtsrechts**[77].

Wirtschaftsregulierung in diesem Sinne überschneidet sich mit dem Begriff der Wirtschaftslenkung[78], soll sich aber insbesondere dadurch auszeichnen, dass „neuartige Aufgaben der Regulierung … mit zum Teil neuartigen“[79] und vor allem marktkonformen[80] Instrumenten bewältigt werden. Andererseits sei „der Begriff der Regulierung wie dessen Stellung im System des allgemeinen Verwaltungsrechts alles andere als klar“[81] bzw eine abschließende Definition nicht möglich[82]. Die weit verbreitete Charakterisierung als **Privatisierungsfolgenrecht**[83] war allen-

---

72 § 3 Nr 13 TKG 1996 definierte den Begriff wie folgt: „Im Sinne dieses Gesetzes … sind ‚Regulierung‘ die Maßnahmen, die zur Erreichung der in § 2 Abs. 2 genannten Ziele ergriffen werden und durch die das Verhalten von Telekommunikationsunternehmen beim Angebot von Telekommunikationsdienstleistungen, von Endeinrichtungen oder von Funkanlagen geregelt werden, sowie die Maßnahmen, die zur Sicherstellung einer effizienten und störungsfreien Nutzung von Frequenzen ergriffen werden“. Das TKG 2004 verzichtet allerdings auf eine Definition, verwendet den Begriff aber weiter, s. § 2 Abs. 1 TKG, § 1 PostG und § 1 Abs. 2 EnWG.

73 Auch aus der Sicht der neueren ökonomischen Theorie wird staatliche „Regulierung“ keinesfalls mehr nur als Eingriff in den Markt verstanden, sondern ganz stark in seiner „Gewährleistungsfunktion“ gesehen. Recht behindert also nicht das freie Spiel der Kräfte, es hilft auch nicht nur bei der Bekämpfung von Marktversagen (insbes Monopole oder Kartelle, aber auch mangelnde Transparenz), es gibt also ohne den rechtlichen Rahmen auch keinen (funktionierenden) Markt.

74 *Bulla*, in: Schmidt/Vollmöller, § 11 Rn 5; *Bullinger*, DVBl 2003, 1355; nach *Masing*, DV 36 (2003), 1 bringt dies bereits die Wortwahl – regulieren statt regeln – zum Ausdruck.

75 Dazu *Bullinger*, DVBl 2003, 1355, 1358 f; *von Danwitz*, DVBl 2004, 977, 981 f.

76 *Trute*, FS Brohm (2002), 169, 171. Von Struktursteuerung spricht *Hoffmann-Riem*, in: Hoffmann-Riem/Schmidt-Aßmann/Voßkuhle, Grundlagen, § 33 Rn 94.

77 Ebenso *Ziekow*, § 5 Rn 6. Kritisch wird diese Entwicklung von zivil- bzw kartellrechtlicher Seite betrachtet; besonders deutlich die Kritik bei *Rittner/Dreher*, § 29 Rn 19: „eine fast ausschließlich von verwaltungsrechtlicher Seite betriebene Entwicklung“.

78 Zu diesem Zusammenhang *Kühling*, Sektorspezifische Regulierung in den Netzwirtschaften, 2004, S. 15.

79 *Hoffmann-Riem*, in: Hoffmann-Riem/Schmidt-Aßmann/Voßkuhle, Grundlagen, § 33 Rn 94.

80 *Bulla*, in: Schmidt/Vollmöller, § 11 Rn 5.

81 S. beispielhaft *Trute*, FS Brohm (2002), 169, 169 f.

82 Vgl *Storr*, DVBl 2006, 1017, 1017; *Voßkuhle*, VVDStRL 62 (2003), 266, 304.

83 Zu diesem Zusammenhang aber insbes *Bullinger*, DVBl 2003, 1355, 1357; *Ruffert*, AöR 124 (1999), 237, 246; *Stober*, FS Scholz (2007), 942; *Trute*, FS Brohm (2002), 169, 171; *Weiss*, Privatisierung und Staatsaufgaben, 2002, S. 303 f.

falls für das deutsche Telekommunikationsrecht zutreffend, da es sich erst nach dem Abbau des staatlichen Monopols entwickelt hat. Diese Entwicklung fand aber etwa im Bereich der Energiewirtschaft so nie statt, so dass Regulierungsrecht keinesfalls notwendigerweise die Folge einer Privatisierung sein muss[84]. Erst recht ist es **kein Übergangsrecht**, das sich mit dem Herstellen von Wettbewerb sozusagen selbst überflüssig macht. Ganz im Gegenteil, je besser Wettbewerb funktioniert oder erkennbar wird, dass er – wie im Energiewirtschaftsrecht – ohne staatlichen Eingriff gerade nicht funktioniert, desto mehr **treten die „klassischen" Funktionen der Wirtschaftsaufsicht in den Vordergrund**[85]. Auch die Charakterisierung als **sektorspezifisches Wettbewerbs- bzw Kartellrecht** greift zu kurz, da trotz teilweise gleicher Ziele (Schaffung von Wettbewerb) das Instrumentarium erheblich divergiert[86]: Auf kartellrechtlicher Grundlage können Markteingriffe außer in der Fusionskontrolle nur nachträglich und bei nachgewiesenen Verstößen gegen bestimmte Verhaltenspflichten erfolgen, während das Wirtschaftsverwaltungsrecht primär der präventiven Kontrolle dient. Damit handelt es sich letztlich nicht so sehr um einen klar konturierten Rechtsbegriff als aus Sicht der modernen Verwaltungsrechtswissenschaft um einen „Kompass für die dogmatische Systembildung und Analyse"[87]. Aus historischem Blickwinkel zeigen sich erstaunliche Parallelen zur Entwicklung Anfang des 20. Jahrhunderts. Zwar systematisierend, aber eben außerhalb des herkömmlichen Systems der Unterscheidung von öffentlichem und Zivilrecht entwickelte Lehmann sein „Industrierecht", was verschiedenartige Rechtsmaterien unter diesem Oberbegriff zusammenfasst. Die meisten Zeitgenossen sahen es jedoch als temporäres und (als Antwort auf die Industrialisierung) zeitbedingtes Phänomen[88] an. Staatliche Eingriffe in die Wirtschaft konzentrierten sich aber von Anfang an auf die hier unter dem Begriff des Regulierungsrechts zusammengefassten Materien. Auch die **Deutung des Regulierungsrechts als „Instrument politisch-gestaltender Wirtschaftslenkung"**[89] wiederholt allerdings nur die genauso wenig ergiebige kartellrechtliche Diskussion der 1960er-Jahre[90] und letztlich die Diskussion um die „Wirtschaftsverfassung des GG" (s. bereits Rn 3 ff).

24 Für die Rechtsdogmatik blieb die Diskussion um ein einheitliches Regulierungsrecht eher unergiebig. Die von *Masing* auf dem 66. DJT erhobene Forderung nach einem Netzregulierungsgesetz des Bundes stieß auf Ablehnung[91]. Umso dringlicher ist daher die genuine Aufgabe der Rechtswissenschaft, gemeinsame Strukturen dieser sek-

84 Dass aber auch für die Entwicklung des Telekommunikationsrechts dieser Zusammenhang nicht systembildend wirkt, zeigt die Entwicklung in den USA, wo ein Kartellgericht und nicht der Gesetzgeber den entscheidenden ersten Schritt zur Zerschlagung des außerdem privaten Monopols einleitete. Konsequent daher die Einbeziehung auch solcher Sektoren, in denen schon immer ein hoher Anteil an privater Leistungserbringung zu beobachten war und die stärkere Betonung der Gewährleistungsverantwortung bei *Britz*, DV 2004, 145, 141 ff.

85 Ebenso *Stober*, BT, S. 184.

86 S. auch *Schmidt-Aßmann*, Das allgemeine Verwaltungsrecht als Ordnungsidee, 2. Aufl. 2006, Kap. 3 Rn 48 ff. Zum Verhältnis von Regulierungs- und Kartellrecht am Beispiel des § 2 Abs. 3 TKG s. *Ruthig*, in: Arndt/Fetzer/Scherer, TKG, § 2 Rn 15 ff. S. aber auch zu Konvergenzen in umgekehrter Richtung und der Notwendigkeit einer stärkeren verwaltungs- und verwaltungsprozessrechtlichen Durchdringung des Kartellrechts *K. Schmidt*, FS Selmer (2004), 499.

87 *Fehling*, Regulierung als Staatsaufgabe im Gewährleistungsstaat Deutschland, in: Hill (Hrsg.), Die Zukunft des öffentlichen Sektors, 2006, S. 91.

88 S. dazu *Rittner/Dreher*, § 1 Rn 4: „Das herkömmliche System hatte in den Augen der meisten Zeitgenossen einen fast überzeitlichen Rang erlangt. Alles, was nicht hineinpasste, sahen sie daher leicht als zeitbedingt, als vorübergehendes Phänomen an". Zur Entwicklung des „Industrierechts" *Lehmann*, FS Zitelmann (1913), 1.

89 Dagegen mit Recht *v. Danwitz*, DÖV 2004, 977, 982.

90 Vgl insbes *Bullinger*, VVDStRL 22 (1965), 264, 293 ff und die Zusammenfassung bei *v. Danwitz*, DÖV 2004, 977, 982.

91 *Burgi*, DVBl 2006, 2439; *Storr*, DVBl 2006, 1017.

torenspezifischen Regulierung herauszuarbeiten und in das System von Wirtschaftsaufsichts- und allgemeinem Verwaltungsrecht zu integrieren, ohne die bereichsspezifischen Besonderheiten zu ignorieren. Die **Wurzeln der aktuellen Regulierungsdiskussion** liegen im US-amerikanischen Verwaltungsrecht[92] und dem dortigen, vor allem in den 1960er Jahren entwickelten **Konzept der „regulated industries"**, das zunächst das Telekommunikationsrecht beeinflusste[93]. Von dort stammt insbesondere das für das europäisierte Regulierungsrecht typische[94] Grundmodell der unabhängigen Regulierungsbehörde *(independent agency)*[95]. Gerade die Rechtsvergleichung kann helfen, **den „Mythos Regulierungsrecht" zu entzaubern**[96]. Nach amerikanischem Verständnis bedeutet *regulation* schlichtweg Regelung, ist also nicht mit der (vermeintlichen) Dichotomie von Regelung und Regulierung verbunden, wie sie im deutschen Verständnis teilweise behauptet wird[97]. Die weitreichende Autonomie der Verwaltungsbehörden genauso wie die besondere Betonung des Verwaltungsverfahrens sind kein Spezifikum der „regulated industries", sondern Grundentscheidungen des amerikanischen (allgemeinen) Verwaltungsrechts, als dessen Referenzgebiet insbesondere das Telekommunikationsrecht denn auch verstanden wird[98].

Gleichwohl herrscht weitgehend **Einigkeit über den Gegenstand des Regulierungsrechts**. Zusammengefasst werden unter diesem Begriff mindestens die Bereiche, für die die Bundesnetzagentur zuständig ist, dh neben dem Telekommunikationsrecht, an dem man den juristischen Begriff des Regulierungsrechts zunächst zu entwickeln versuchte, auch das Energiewirtschafts- und das Eisenbahn- und Postrecht[99]. Aus diesem Blickwinkel scheint naheliegend, von **Netzregulierung** zu sprechen[100]. Zunehmend wird aber dieses Verständnis als zu eng erachtet. Aus ökonomischer Sicht, aber auch von denjenigen Autoren, die von Wirtschaftslenkung sprechen, wird die Aufsicht über Finanzdienstleistungen einbezogen[101]; auch das Börsenrecht spricht seit 2007 25

92 Umfassend *Lepsius*, in: Fehling/Ruffert, § 1 insbes auch zu den Anfängen im 19. Jahrhundert. Zur für das aktuelle Regulierungsrecht maßgeblichen „dritten Phase" aaO Rn 85 ff.

93 S. zu den Parallelen beispielhaft *Eisenblätter*, Regulierung in der Telekommunikation, 2000, S. 152 ff; *Ladeur*, K&R 1998, 479; *Masing*, AöR 128 (2003), 558; *Trute*, FS Brohm (2002), 169, 170; nach *v. Danwitz*, DÖV 2004, 977, 978 fehlt allerdings dem Regulierungsrecht ein „ausdrückliches Bekenntnis zur Regulierungskonzeption des amerikanischen Rechts", genauso wie „eine sachliche Übernahme ihrer wesensbestimmenden Schlüsselelemente".

94 Dazu, dass dies aber keine zwingende Notwendigkeit darstellt *Fehling*, in: Hill (Hrsg.), Die Zukunft des öffentlichen Sektors, 2006, S. 91, 106; *Ziekow*, § 13 Rn 12.

95 *Eisenblätter*, Regulierung in der Telekommunikation, 2000, 151 ff; *Ruthig*, Verhandlungslösungen im Verwaltungsrecht der Vereinigten Staaten, in: Riedel (Hrsg.), Die Bedeutung von Verhandlungslösungen im Verwaltungsverfahren, 2001, 152, 164 ff; *Schladebach/Schönrock*, VerwArch. 2002, 100, 127 f.

96 Dem zustimmend *Ziekow*, § 13 Rn 1 (zur 1. Aufl. Rn 384).

97 Ebenso *Masing*, Die Verwaltung 2003, 1, 2.

98 In der Lehrbuchliteratur grundlegend von *Breyer/Stewart/Sunstein/Spitzer*, Administrative Law and Regulatory Policy, 6. Aufl. 2006, S. 77 ff; s. auch *Breger/Edles*, Adm. L. Rev. 52 (2000), 1111; *Strauss*, Colum. L. Rev. 84 (1994), 573.

99 Zu dessen Entwicklung als „staatliches Unternehmen" s. unten Rn 672, 704.

100 S. insbes *Kühling*, Sektorspezifische Regulierung in den Netzwirtschaften, 2004.

101 Dem hier schon seit der 1. Aufl. verfolgten Ansatz folgend insbes auch *Ziekow*, § 13 Rn 2. S. außerdem *Schmidt-Aßmann*, Das allgemeine Verwaltungsrecht als Ordnungsidee, 2. Aufl. 2006, Kap. 3 Rn 46; *Junker*, Gewährleistungsaufsicht über Wertpapierdienstleistungsunternehmen, 2003, S. 68 ff; *Pitschas*, FS Scholz (2007), 855. Vgl auch *Fehling*, Liber Amicorum G. Winter (2007), 171 für die Versicherungsaufsicht.

vom „regulierten Markt". Angesichts der Lissabon-Strategie (s. bereits Rn 17) ist es daher auch kein Zufall, dass es sich gleichermaßen um die zentralen Bereiche des europäisierten Wirtschaftsrechts handelt. Was die wirkliche Bedeutung eines Regulierungsrechts ausmacht, wird sich nicht am Begriff, sondern erst anhand der Strukturen ermitteln lassen (s. näher Rn 495 ff).

Die Regelungsmuster lassen die gewerberechtlichen Wurzeln erkennen, auch die eingesetzten Handlungsformen sind nicht neu, gilt doch als typisches Instrument des Regulierungsrechts insbesondere der Verwaltungsakt. Allerdings macht das Regulierungsrecht deutlich, dass die **Intensität der Wirtschaftsaufsicht bzw -überwachung** variiert. Sie reicht von der mehr punktuellen gewerberechtlichen Überwachung bis hin zur Ausbildung von „Dauerrechtsverhältnissen", etwa in der Kapitalmarktaufsicht, von der bloßen Pflicht zur Anzeige eines Gewerbes bis zu unterschiedlichen Formen der Genehmigungspflicht, von einer Zuverlässigkeitsprüfung (s. zum Grundmodell der GewO Rn 250 ff) bis hin zu Sachkunde- und Solvabilitätsnachweisen (s. Rn 123, 263, 305). Aus diesem Blickwinkel könnte man die eher punktuelle Wirtschaftsüberwachung und die intensivere, dauerhaft angelegte Regulierungsüberwachung zu unterscheiden versuchen[102] bzw von Wirtschaftsaufsicht mit zusätzlichem Gestaltungsauftrag[103] sprechen. Bei näherer Hinsicht zeigt sich jedoch, dass selbst innerhalb der regulierten Bereiche – insbesondere im Bereich der Regulierung des Marktzutritts – unterschiedlich intensive Formen der Wirtschaftsaufsicht nebeneinander bestehen (s. unten Rn 510, 531 ff). Andererseits gleichen sich die eingesetzten Instrumente, die sich allerdings weitgehend am Vorbild der **GewO als dem Grundmodell staatlicher Wirtschaftsaufsicht** orientieren[104].

26 Insgesamt lassen sich **drei Stufen der Wirtschaftsaufsicht** unterscheiden. Die **intensivste Form** findet sich dort, wo – wie besonders deutlich im Kapitalmarkt- und Versicherungsaufsichtsrecht, aber auch im Energie- und Telekommunikationsrecht – die Geschäftstätigkeit im Einzelnen behördlich überwacht und bestimmender Einfluss auf die Geschäftsorganisation genommen wird, was nach der hier vertretenen Auffassung den zentralen Aspekt des sog. Regulierungsrechts darstellt. Auf der **mittleren Stufe** stehen die „geregelten Berufe" wie das Handwerk, aber beispielsweise auch die Freien Berufe, bei denen allerdings auch die Möglichkeit einer Selbstregulierung durch Kammern im Zentrum steht. Die **geringste Regelungsdichte** findet sich im allgemeinen Gewerberecht, wo sich die Überwachung des nicht genehmigungspflichtigen Gewerbes auf nachträgliche Maßnahmen für den Fall der Unzuverlässigkeit beschränkt (s. Rn 250 ff, 280 ff). An dieser Trias orientiert sich auch das unionale Regelungsregime: Im Bereich der ersten, regelungsintensivsten Stufe erfolgte eine Sachrechtsangleichung auf der Grundlage von Richtlinien, auf der mittleren Ebene favorisiert das Europarecht das Modell der gegenseitigen Anerkennung, (nur) auf der un-

---

102 Dazu *Ziekow*, § 5 Rn 6; s. auch *Kühling*, Sektorspezifische Regulierung in den Netzwirtschaften, 2004, S. 13 mit Hinweisen auf die wirtschaftswissenschaftlichen Wurzeln dieses Regulierungsbegriffes.

103 So *Fehling*, Regulierung als Staatsaufgabe im Gewährleistungsstand Deutschland, in: Hill (Hrsg.), Die Zukunft des öffentlichen Sektors, 2006, S. 93; ähnlich *Röhl*, JZ 2006, 831 ff.

104 S. nur *Schuppert*, Staatsaufsicht im Wandel, DÖV 1998, 831, 837: „klassische Wirtschaftsaufsicht am Beispiel der Bankenaufsicht". Paradigmatisch auch *Gramlich*, Entwicklung der staatlichen Wirtschaftsaufsicht: Das Telekommunikationsrecht als Modell?, VerwArch. 88 (1997), 598, der seinen Beitrag mit einem Überblick über das Kontrollinstrumentarium der Gewerbeordnung beginnt. TK-rechtlich ist der Beitrag überholt, seit die Novellierung des TKG 2004 die Genehmigungsbedürftigkeit durch eine Anzeigepflicht nach dem Vorbild von § 14 GewO ersetzt hat, s. Rn 536.

tersten Stufe gilt im Interesse des Binnenmarkts weitgehend das Herkunftslandprinzip ohne Rechtsvereinheitlichung[105].

3. Wirtschaftslenkung und Marktteilnahme

Staatliche Marktteilnahme wird traditionell als Ausfluss der **Daseinsvorsorge**[106] verstanden. Diese motiviert sich weniger aus der Gewinnerzielungsabsicht als aus dem Bestreben, bestimmte Leistungen „allen Bürgern gleichmäßig und zu gleichen, billigen Bedingungen zuteil werden" zu lassen[107]. Der Übergang zur fiskalischen Tätigkeit ist freilich eher fließend[108]. Die Teilnahme **öffentlicher Unternehmen** am Wirtschaftsverkehr (§ 8) unterliegt bestimmten Schranken, insbesondere des Haushalts- und kommunalen Wirtschaftsrechts (s. Rn 702 ff), deren gerichtliche Kontrolle freilich eher rudimentär geblieben ist. Der zentrale Stellenwert von Daseinsvorsorge auch im Unionsrecht wird deutlich (Art. 14 AEUV). Danach sind Union und Mitgliedstaaten zur Gewährleistung funktionierender Grundstrukturen der Daseinsvorsorge verpflichtet[109]. Dieser Bereich betrifft vor allem „Dienstleistungen von allgemeinem wirtschaftlichen Interesse" (s. dazu Rn 735 ff), „die in den Augen des Staates auch dann erbracht werden müssen, wenn der Markt unter Umständen nicht genügend Anreize dafür gibt"[110], also Konstellationen außerökonomischen Marktversagens[111]. Allerdings müssen solche Dienstleistungen gerade nicht zwangsläufig vom Staat erbracht werden. Damit verschiebt sich die Abgrenzung zur Wirtschaftsaufsicht, nachdem infolge der **Privatisierung** beispielsweise der Telekommunikation aus staatlicher Leistungserbringung eine **Gewährleistungsverantwortung** (s. Rn 23) und Wirtschaftsaufsicht wurde[112]. 27

Gleichzeitig erweisen sich staatliche Leistungen durchaus als Eingriff „in den Wettbewerb" oder werden sogar bewusst als Lenkungsmittel eingesetzt werden. Dies gilt für Subventionen (§ 9), öffentliche Aufträge (§ 10). Als derartige „janusköpfige" Ma- 28

---

105 Dieses folgt entweder aus der Anwendbarkeit der Dienstleistungsfreiheit oder aus dem Sekundärrecht, etwa der E-CommerceRL, dagegen wurde bei der DienstleistungsRL (s. Rn 67) auf die Einführung des Herkunftslandprinzips verzichtet, vgl *Ziekow*, GewArch. 2007, 179 ff, 217 ff.

106 Zu diesem Konzept näher *Hermes*, Staatliche Infrastrukturverantwortung, 1998, S. 94 ff. Der Begriff geht zurück auf *Forsthoff*, Deutsches Recht 1935, S. 331 ff; *ders.*, Rechtsfragen der leistenden Verwaltung, 1959.

107 Zu dieser Forderung schon *Fleiner*, Institutionen, 8. Aufl. 1928, S. 325. Dieses Ziel prägte die Definition der Daseinsvorsorge bei *Forsthoff*, Verwaltungsrecht I, 1950, S. 264 f; s. auch *ders.*, Rechtsfragen der leistenden Verwaltung, 1959, S. 12. S. zum Konzept der Daseinsvorsorge ausf *Hermes*, Staatliche Infrastrukturverantwortung, 1998, S. 94 ff.

108 S. schon zu den Abgrenzungsschwierigkeiten zwischen Verwaltungsprivatrecht und fiskalischem Handeln am Beispiel der Auftragsvergabe *Ruthig*, NZBau 2005, 497, 498 f.

109 Dazu, dass Art. 14 AEUV selbst aber keine eigenständige Kompetenzgrundlage für die Gemeinschaft darstellt s. *Hatje*, in: Schwarze, EU-Kommentar, Art. 16 EGV Rn 8; *Nettesheim*, EWS 2002, 253 (254); *Voßkuhle*, VVDStRL 62 (2003), 268 (289). Vgl zur Aufwertung des Art. 14 AEUV *Jung*, in: Calliess/Ruffert, EUV/AEUV, 4. Aufl. 2011, Art. 14 AEUV Rn 29.

110 S. die Mitteilung der Kommission vom 20.9.2000, KOM (2000) 580 eng., ABl. EG 2001 Nr C 17 S. 7.

111 S. *Berringer*, Regulierung als Erscheinungsform der Wirtschaftsaufsicht, S. 70.

112 S. beispielhaft zu diesem Rückzug des Staates aus der Erfüllungsverantwortung *Berringer*, Regulierung als Erscheinungsform der Wirtschaftsaufsicht, 2004, S. 70 ff; s. auch *Hermes*, Staatliche Infrastrukturverantwortung, 1998, S. 337; *Kämmerer*, NVwZ 2004, 28.

terien lassen sich das **Subventionsrecht** aber beispielsweise auch das **Recht der Auftragsvergabe** verstehen, das außer seinem Hauptzweck des „günstigen Einkaufs" für den Staat zunehmend dem Schutz von Wirtschaftsteilnehmern[113] dient und sich unter bestimmten Voraussetzungen auch zur Durchführung von Sekundärzwecken, etwa der Mittelstandsförderung, einsetzen lässt (s. dazu ausf Rn 1071 ff). Dadurch formt es einen wichtigen Teilbereich des privatrechtsförmigen Handelns um und ergänzt gleichzeitig das Spektrum der klassischen Verwaltungsverfahren[114].

4. Öffentliches und privates Wirtschaftsrecht als komplimentäre Rechtsdurchsetzungsregime

29 Das öffentliche Wirtschaftsrecht steht – jedenfalls auf der Grundlage der spezifisch deutschen Differenzierung von Zivil- und Öffentlichem Recht – selbstständig neben dem privaten Wirtschaftsrecht. Wenn deswegen auch in der juristischen Ausbildung „Wirtschaftsrecht" kein einheitliches Prüfungsfach mehr ist, bedeutet dies deswegen keinen Rückfall „hinter den Stand am Anfang der Weimarer" Zeit[115], sondern ist Ausdruck einer Arbeitsteilung, die im deutschen Recht über den Rechtsweg entscheidet, aber vor allem dadurch begründet ist, dass das öffentliche Recht über eigene Organisations- und Handlungsformen verfügt und insbesondere mit den Grundrechten auch verfassungsrechtlichen Bindungen unterliegt, die für Private nicht in der gleichen Weise gelten. Zur Abgrenzung von öffentlichem und privatem Wirtschaftsrecht kann die sog. **modifizierte Subjektstheorie** herangezogen werden. Danach kommt es darauf an, ob die anzuwendenden Normen den Staat einseitig berechtigen oder verpflichten[116]. Dies ist insbesondere dann der Fall, wenn **Behörden** zur Überwachung der Einhaltung der Normen und deren Durchsetzung eingesetzt sind.

Die jedenfalls für das deutsche Recht dogmatisch bedeutsame **Trennung zwischen privatem und öffentlichem Wirtschaftsrecht** wird **in einzelnen Gesetzen verwischt**. So enthalten vor allem die kapitalmarktrechtlichen Gesetze sowohl öffentlichrechtliche wie zivilrechtliche Vorschriften[117]; ebenfalls zivilrechtlich sind die Verbraucherschutzvorschriften des TKG. Strukturbildend und entscheidend für die Qualifikation des Telekommunikationsrechts als öffentliches Recht sind die staatlichen Aufsichtsbehörden und ihr – öffentlichrechtliches – Handlungsinstrumentarium. Geschuldet ist diese zunehmende Verzahnung dem europäischen Konzept, das zwischen „Rechtssetzung", der Begründung von Verhaltenspflichten durch Gesetz und Behörden, und der „Rechtsdurchsetzung" differenziert, als Durchsetzungsmechanismen aber neben dem öffentlichen Recht auch das Zivil- und nicht zuletzt das Ordnungswidrigkeiten- und Strafrecht heranzieht. Ausprägung eines „private enforcement" sind aber auch die Verbandsklagebefugnisse[118] und die voraussetzungslosen Informationsansprüche in den Informationsfreiheitsgesetzen und ihren bereichsspezifischen Parallelvorschriften (zum Verbraucherinformations- und Lebensmittelrecht Rn 131).

113 S. näher unter Rn 1029 ff; ausf zur Rechtslage außerhalb des europäischen Vergaberechts *Ruthig*, NZBau 2005, 497, 501 f mwN.

114 S. auch *Schmidt-Aßmann*, Das allgemeine Verwaltungsrecht als Ordnungsidee, 2. Aufl. 2006, Kap. 3 Rn 46 ff.

115 So aber *Rittner/Dreher*, § 1 Rn 39.

116 GSOGB, NJW 1990, 1527; s auch *Schenke*, Verwaltungsprozessrecht, Rn 104; *Ruthig*, in: Kopp/Schenke, VwGO, § 40 Rn 11 mwN.

117 S. auch *Bröcker*, in: Claussen, Bank- und Börsenrecht § 6 Rn 2.

118 Vgl näher *Ruthig*, in: FS Hufen (2015), 625 ff.

Die Bedeutung des öffentlichen Rechts nimmt dabei stetig zu. Gerade wenn man sich die regulierten Wirtschaftszweige in ihrer Gesamtheit betrachtet, lässt sich ein häufig als **„Re-Regulierung"** bezeichnetes Phänomen beobachten: Das Vertrauen in die Selbstregulierung des Marktes ist ein allenfalls temporäres. Ein plastisches Beispiel liefert die Netzregulierung: Sofern nicht – wie im Telekommunikationsrecht – von Anfang an eine staatliche Regulierungsbehörde eingeschaltet wird, erfolgt dieser Schritt jedenfalls aufgrund der Erfahrungen mit kooperativen Strukturen und kartellrechtlicher Kontrolle (s. zum Energiewirtschaftsrecht Rn 498). Dabei ist Regulierungsrecht auch, „aber doch nicht nur eine **Rückkehr zur Gefahrenabwehr und dem alten Modell der Gewerbeordnung**"[119]. 30

Diese im öffentlichrechtlichen Schrifttum wohl einhellige Qualifikation des Regulierungsrechts als Teil des öffentlichen Wirtschaftsrechts wird von den Wettbewerbsrechtlern nicht uneingeschränkt geteilt. So werden von *Säcker*[120] die „privatrechtlichen Grundlagen der Netzinfrastrukturregulierung" betont, ohne dass allerdings aus diesem Ansatz Konsequenzen gezogen werden: An der Dominanz öffentlicher Strukturen scheitert letztlich auch der Versuch einen „Allgemeinen Teil des Besonderen Wirtschaftsrechts" zu entwickeln und diesen dem allgemeinen Wirtschaftsrecht gegenüber zu stellen[121]. Zumindest missverständlich war die Bezeichnung der telekommunikationsrechtlichen Vorschriften als „sektorspezifische Regelungen als Ergänzung zum allgemeinen Wettbewerbsrecht"[122].

Zu einer **Verzahnung zwischen dem öffentlichen und privaten Wirtschaftsrecht** kommt es nicht nur dort, wo an die Verletzung von Verhaltenspflichten (auch) zivilrechtliche Schadensersatzansprüche geknüpft werden, sondern insbesondere auch dadurch, dass der **Verstoß eines Privaten gegen öffentlichrechtliche Vorschriften zugleich einen Verstoß gegen das UWG** darstellen kann; für die Klage eines Konkurrenten, der sich darauf beruft, dass ein (privater) Wirtschaftsteilnehmer öffentlichrechtliche Vorschriften verletzt hat, sind daher die Zivilgerichte zuständig, die vorfrageweise auch über öffentlichrechtliche Fragen entscheiden. Davon zu unterscheiden ist die Frage, inwieweit nicht nur das erwerbswirtschaftliche (dazu Rn 711), sondern auch öffentlichrechtliches Handeln von Hoheitsträgern Anknüpfungspunkt für wettbewerbsrechtliche Unterlassungsansprüche sein kann[123]; praktisch relevant wurde dies insbesondere bei Verstößen gegen das beihilferechtliche Durchführungsverbot des Art. 108 Abs. 3 S. 3 AEUV[124]. Anknüpfungspunkt ist in beiden Fällen **§ 3a UWG**, der den **„Vorsprung durch Rechtsbruch"** unter den dortigen Voraussetzungen als Wettbewerbsverstoß qualifiziert. Konsequenz aus der Anwendung des UWG sind nicht nur die Ansprüche des Wettbewerbers auf Beseitigung, Unterlassung und Schadensersatz, sondern auch die Rechtsdurchsetzung mittels der **Verbandsklage (§ 8 Abs. 3 Nr 2–4 UWG)**. 31

---

119 *Masing*, Die Verwaltung 2003, 1, 31.
120 *Säcker*, in: Säcker, TKG, Einl I Rn 4 ff.
121 Für einen solchen allerdings *Rittner/Dreher*, § 29 Rn 10 ff. Von diesen wird zwischen Wirtschaftsrecht und Wirtschaftsverwaltungsrecht unterschieden, dh den „mehr oder weniger weitgehenden gewerberechtlichen Bestimmungen zur Abwehr spezieller Gefahren".
122 BT-Drucks. 13/3609, S. 34.
123 Dazu näher *Ruthig*, in: Kopp/Schenke, VwGO, § 40 Rn 30a; vgl den Überblick potentieller Fallgruppen bei *Guillard*, GRUR 2018, 791.
124 Dafür BGHZ 188, 326; GRUR-RR 2012, 157; NJW 2016, 3176.

Aus dieser Reglung in § 3a UWG, aber auch dem Telos des UWG folgt, dass ein Normverstoß nur dann wettbewerbsrechtlich als unlauter zu qualifizieren ist, wenn die Vorschrift zumindest auch zur **Regelung des Marktverhaltens** dient und so gleiche Voraussetzungen für die Wettbewerber schaffen soll. Dies ist hinsichtlich Privater anerkannt für die Bestimmungen des Jugendschutzes[125], des Ladenschlusses[126] und des Nichtraucherschutzes, aber auch **produktbezogene Vorschriften**, zB Versandhandelsverbote[127] und Werbeverbote (zB §§ 19 ff TabakerzG, §§ 3 ff HWG), aber auch die berufsrechtlichen **Werbebeschränkungen**[128]. Ein „Vorsprung durch Rechtsbruch" kann aber auch in einem Verstoß des Privaten gegen wirtschaftsverwaltungsrechtliche Erlaubnispflichten (dazu Rn 32) sowie in Vergaberechtsverstößen liegen[129]. Allerdings bietet hier ein Vorgehen gegen den öffentlichen Auftraggeber in der Regel effektiveren Rechtsschutz, da auf diese Weise nicht nur das wettbewerbswidrige Handeln des Konkurrenten, sondern die Zuschlagserteilung verhindert werden kann[130].

32 In **Fall 2 (Rn 2)**[131] könnte K vor den Zivilgerichten einen wettbewerbsrechtlichen Unterlassungsanspruch nach §§ 3, 3a, 8 Abs. 3 Nr 1 UWG iVm § 1 Abs. 1 HwO auf Unterlassung der Ausübung handwerklicher Tätigkeiten geltend machen. Nach § 3a UWG setzt dies voraus, dass die öffentlichrechtlichen Vorschriften der HwO nicht nur als Marktzutrittsregelungen, sondern auch als wettbewerbsbezogene Marktverhaltensregeln gedeutet werden können, was die Rechtsprechung bejaht[132]. Die Vorschriften der HwO stellten Qualifikationsanforderungen an den Unternehmer und dienten jedenfalls auch dazu, die Interessen der Abnehmer von Handwerksleistungen zu schützen (vgl zum Paradigmenwechsel der Neuregelung Rn 457 f); entsprechendes wird angenommen hinsichtlich der Erlaubnispflichten nach der GewO[133] oder dem sonstigen Wirtschaftsrecht[134]. Allerdings sehen sich die Zivilgerichte nicht an die Auslegung der öffentlichrechtlichen Vorschriften durch die Verwaltungsgerichte gebunden. Auch das Unterlassen der Werbung könnte auf das UWG gestützt werden. Wer mit Leistungen wirbt, die Handwerksbetrieben vorbehalten sind, selbst aber nicht in die Handwerksrolle eingetragen ist, handelt außerdem unlauter iSd §§ 3, 5 Abs. 1 S. 2 Nr 3 UWG[135]. Den irreführenden Charakter seiner Werbung wird man nur dann annehmen können, wenn die Voraussetzungen einer Eintragung in die Handwerksrolle nicht vor-

---

125 BGHZ 173, 188 Rn 35 – Jugendgefährdende Medien bei eBay; BGH, GRUR 2009, 845 Rn 41 – Internet-Videorecorder.

126 Siehe dazu BGH, GRUR 1996, 786, 788; GRUR 1995, 601, 603; 1982, 615, 617.

127 Vgl BGH, GRUR 2010, 754 zu Medizinprodukten.

128 Vgl zu Werbebeschränkungen für Anwälte, BGH, NJW-RR 2018, 1086 Rn 20.

129 BGHZ 177, 150. Die Privaten sind dabei „Teilnehmer" am Vergaberechtsverstoß der öffentlichen Auftraggeber.

130 Da in den wenigsten Fällen in der Erteilung eines Zuschlags eine Wettbewerbshandlung des Auftraggebers gesehen werden kann, lässt sich ein Unterlassungsanspruch gegen den Auftraggeber nur selten auf die Vorschriften des UWG stützen. Ausnahmsweise kann dies einmal der Fall sein, wenn Auftraggeber und Auftragnehmer kollusiv zusammenwirken oder der Auftraggeber eingegangene Angebote vorzeitig einsieht, um einem favorisierten Bewerber zusätzliche Informationen zukommen zu lassen.

131 OLG Frankfurt, NJW-RR 2005, 1130.

132 OLG Frankfurt, NJW-RR 2005, 1130, vgl auch *Köhler*, GRUR-RR 2006, 33, 36; *Scherer*, WRP 2006, 401. S. aber auch schon OLG München, GewArch. 1995, 488 m. zust. Anm. Honig, WRP 1995, 871.

133 Zu § 34 Abs. 4 GewO BGH, GRUR 2009, 886; zu § 55 GewO OLG Schleswig v. 24.4.2012 – 6 U 6/11.

134 Vgl zuletzt die Rechtsstreitigkeiten um die Zulässigkeit der Geschäftsmodelle von Uber, etwa BGH, GewArch. 2019, 157. Auch die Vorlageentscheidungen des EuGH zu Uber und Airbnb gehen auf wettbewerbsrechtliche Streitigkeiten zurück.

135 OLG Nürnberg GRUR-RR 2007, 45, 47; s. auch *Köhler*, in: Köhler/Bornkamm, UWG, 29. Aufl. 2011, § 5 Rn 11.79.

liegen[136]. Ebenso wird man nicht von einem Verstoß ausgehen können, wenn die zuständigen Stellen bzw auch der Bund-Länder-Ausschuss Gewerberecht in ihrer Auslegung divergieren[137].

Vorschriften des öffentlichen Wirtschaftsrechts können auch **Verbotsgesetze im Sinne von § 134 BGB** darstellen. Dazu gehören nicht nur gesetzliche Vorschriften, sondern auch die Satzungen von berufsständischen Kammern (vgl Rn 206)[138]. Daher sind Verträge zur Umgehung öffentlichrechtlicher Erlaubnispflichten grundsätzlich nichtig[139]. Trifft das Verbot allerdings nur einen Vertragspartner, wie es bei gewerberechtlichen Erlaubnispflichten der Fall ist, so folgt aus der Verletzung einseitiger Verbote nur dann die Nichtigkeit des Vertrages, wenn der Zweck des Gesetzes anders nicht zu erreichen ist und die durch das Rechtsgeschäft getroffene Regelung nicht hingenommen werden kann. Im Ergebnis wird die Nichtigkeitsfolge daher häufig verneint (vgl zB § 15 Abs. 5 KWG), soweit sie nicht ausdrücklich im Gesetz geregelt ist. Von der Qualifikation als Verbotsgesetz zu unterscheiden ist die Frage nach dem Charakter als **Schutzgesetz iSv § 823 Abs. 2 BGB**[140]. § 134 BGB soll einen bestimmten rechtsgeschäftlichen Erfolg wegen des „Wie" des Zustandekommens des Inhalts des Rechtsgeschäfts verhindern, § 823 Abs. 2 BGB dient dem Individualrechtsschutz. 33

Bei der Eintragung in die Handwerksrolle in **Fall 2 (Rn 2)** hielt der BGH die öffentlichrechtlichen Möglichkeiten des Einschreitens für ausreichend[141], so dass die fehlende Eintragung in die Handwerksrolle die Wirksamkeit der mit Kunden eingegangenen Verträge nicht beeinträchtigt. Allerdings ist auch das Schwarzarbeitsbekämpfungsgesetz Verbotsgesetz[142], so dass sich daraus eine Nichtigkeit des Vertrages ergeben kann. Bei den Erlaubnispflichten für das Reisegewerbes hielt der BGH die zivilrechtlichen Widerrufsmöglichkeiten bei Haustürgeschäften als ausreichend[143]. Kontrovers und teilweise differenziert werden die Konsequenzen des Fehlens einer Bankerlaubnis nach § 32 KWG beurteilt[144]. Der Verstoß

---

136 S. dazu schon *Bernreuther*, GewArch. 2001, 184.

137 S. zu § 1 UWG aF bereits *Ruthig*, in: Gounalakis, Electronic Business, § 14 Rn 49. Ein Wettbewerbsverstoß scheitert in solchen Fällen häufig daran, dass angesichts des Streits um die Anwendbarkeit der GewO die Vorwerfbarkeit fehlt, s. LG Hamburg, MMR 1999, 678, 680; *Welser*, ZUM 2000, 672, 674.

138 BGH, NJW 1986, 2360.

139 OLG Koblenz, NJW-RR 1994, 493 zu einem Gesellschaftsvertrag zur Umgehung der handwerksrechtlichen Eintragungserfordernisse; OLG Hamm, NJW 1986, 2440: Geldzahlung für die Beschaffung eines Strohmanns für eine Gaststättenkonzession.

140 Zum Schutzgesetzcharakter des § 32 Abs. 1 KWG trotz der Regelung des § 4 Abs. 4 FinDAG s. BGH, NJW 2005, 2703; NJW-RR 2006, 1713; VersR 2010, 910; NJW-RR 2011, 347. Grundlegend BGHZ 125, 366, 379; generell die Schutzgesetzqualität verneinend *Fischer*, in: Boos/Fischer/Schulte-Mattler, KWG, Einf Rn 67; *Canaris*, FS Larenz (1983), S 27, 44. Gegen den Schutzgesetzcharakter des Verbotes der Vermittlung von Darlehensverträgen im Reisegewerbe (§ 56 Abs. 1 Nr 6 GewO) BGHZ 93, 264.

141 BGHZ 88, 240; ausf *Armbrüster*, in: MünchKomm (BGB), § 134 Rn 88 ff.

142 Gesetz v. 23.7.2004 (BGBl. I S. 1842); dazu *Armbrüster*, in: MünchKomm (BGB), § 134 Rn 77.

143 BGHZ 131, 385, 389 f.

144 Hier die Nichtigkeit bejahend OLG Stuttgart, WM 1989, 1723, 1724 für das ohne Erlaubnis betriebene Einlagengeschäft; verneinend VGH Kassel, WM 2009, 1889; OLG Karlsruhe, VersR 2007, 1514 sowie die überwiegende Kommentarliteratur zu § 32 KWG, s. *Fischer*, in: Boos/Fischer/Schulte-Mattler, KWG, § 32 Rn 16, § 37 Rn 10a; offengelassen bei BGH, NJW 2005, 1784, 1785; BVerwG, BKR 2011, 108. S. auch *Armbrüster*, in: MünchKomm (BGB), § 134 Rn 69; *Tettinger*, DStR 2006, 903. Wie die verwaltungsgerichtlichen Fälle zeigen, wird die Frage der Nichtigkeit wiederum für das

gegen Anordnungen der BaFin führt dagegen nicht zur Nichtigkeit entsprechender anordnungswidrig abgeschlossener Verträge[145].

III. Öffentliches Wirtschaftsrecht als Referenzgebiet des (allgemeinen) Verwaltungsrechts

1. Das öffentliche Wirtschaftsrecht als Motor einer Verwaltungsrechtsmodernisierung

34 Das Wirtschaftsverwaltungsrecht lässt sich in mehrfacher Hinsicht als **„Referenzgebiet"** für das allgemeine Verwaltungsrecht und das Verfassungsrecht bezeichnen. Reformentwicklungen beginnen immer häufiger nicht mehr im Umwelt-, sondern im Wirtschaftsverwaltungsrecht. Dies zeigt sich an der Diskussion um **Privatisierung** und Deregulierung, um **neue Formen der Kooperation** von Staat und Privaten und vor allem am **Einsatz von Marktinstrumenten** als Ausdruck einer „Ökonomisierung" des Verwaltungsrechts[146]. Privatisierung darf also gerade nicht mit einem Abschied vom (Wirtschafts-)Verwaltungsrecht gleichgesetzt werden. Ganz im Gegenteil werden gerade durch die Privatisierung dem Wirtschaftsverwaltungsrecht neue, praktisch bedeutsame und auch aus anwaltlicher Sicht interessante Bereiche erschlossen.

Die Entstehung des **Telekommunikationsrechts** steht für den wohl wirtschaftlich bedeutsamsten Fall eines Abbaus staatlicher Monopole bzw ihrer Überführung in einen privaten, aber eben staatlich beaufsichtigten Markt (s. Rn 23). Genauso anerkannt ist seine Bedeutung für die verwaltungsrechtliche Systembildung[147]. Aber auch über das Telekommunikations- bzw „Regulierungsrecht" hinaus stellt das öffentliche Wirtschaftsrecht das allgemeine Verwaltungsrecht vor neue dogmatische Herausforderungen. Dies gilt für die Public Private Partnership (s. Rn 621 ff) genauso wie für die rechtlichen Anforderungen an staatliche Allokationsentscheidungen, für die die Versteigerung von Frequenzen nur das prominenteste und keinesfalls genuin „telekommunikationsrechtliche" Beispiel darstellt (s. unten Rn 554 ff). Dieser Einsatz von Marktmechanismen für staatlich gelenkte Verteilungsentscheidungen findet im Emissionshandel eine konsequente Fortsetzung. Insoweit muss auch das Verwaltungsverfahrensrecht auf die neuen Kooperations- und Handlungsformen reagieren, nicht zuletzt zur Verwirklichung des verfassungsrechtlich gebotenen „Grundrechtsschutzes durch Verfahren"[148].

35 Selbst „klassische" Materien des öffentlichen Wirtschaftsrechts sehen sich gezwungen, auf **technische Veränderungen** zu reagieren. Die Verbreitung des Internet verschärft viele traditionelle Probleme bis hinein in den Bereich des Datenschutzes. Die

---

Bankaufsichtsrecht relevant: Während die Instanzgerichte die Verhältnismäßigkeit einer Anordnung nach § 37 KWG davon abhängig gemacht hatten, dass die zivilrechtlichen Verträge jedenfalls teilnichtig seien, trennte BVerwG, BKR 2011, 208 zwischen der öffentlichrechtlichen Rückzahlungsverpflichtung und den zivilrechtlichen Rechtsverhältnissen. S. dazu näher *Mai*, BKR 2011, 199.

145 BGH, NJW 1990, 1356 zu einem Kreditgewährungsverbot nach § 46 Abs. 1 KWG.

146 Weitergehend *Bullinger*, DVBl 2003, 1355: „Erprobungsraum für ein modernisiertes Verwaltungsrecht"; krit *Burgi*, NJW 2006, 2439; *Masing*, AöR 128 (2003), 558 ff.

147 *Masing*, Die Verwaltung 2003, 1; *Schmidt-Aßmann*, Das allgemeine Verwaltungsrecht als Ordnungsidee, 2. Aufl. 2006, Kap. 3, Rn 49 ff; *Trute*, FS Brohm (2002), 169 ff; *ders.*, FG BVerwG (2003), S. 857; *ders.*, FS Selmer (2004), 565.

148 *Schmidt-Aßmann*, NVwZ 2007, 40.

Gewerbetätigkeit mittels Internet, der **„Electronic Commerce"**, wirft nicht nur die Frage nach der Anwendung wirtschaftsverwaltungsrechtlicher Normen zB auf Internetversteigerungen, Internetglücksspiel etc. auf[149], sondern erweist sich zunehmend als **dogmatische Herausforderung** für das traditionell vom territorialen Denken geprägte öffentliche Recht. So bedarf es der Begründung, warum eine niederländische Internetapotheke an die deutschen Vorschriften über den Arzneimittelhandel gebunden sein soll. Diese Fragen setzen sich fort im Bereich der internationalen Wirtschaftsaufsicht, wo sich im Kapitalmarktrecht unter dem Einfluss des Europarechts ein „transnationales Verwaltungsrecht" entwickelt hat (s. Rn 500) und sich insbesondere im Telekommunikationsrecht Strukturen eines Kooperationsverwaltungsrechts herausbilden (s. Rn 182). Neben dem Umweltrecht ist damit das öffentliche Wirtschaftsrecht auch das wichtigste Referenzgebiet für die **Europäisierung** des Verwaltungsrechts. Es illustriert ferner die zunehmende Bedeutung der **Rechtsvergleichung** (s. Rn 18).

2. Das allgemeine Verwaltungsrecht als Schlüssel zur Strukturierung des öffentlichen Wirtschaftsrechts

Der Einfluss des Wirtschaftsrechts auf das allgemeine Verwaltungsrecht ist allerdings **36** keineswegs eine Einbahnstraße. So können die Strukturen des allgemeinen Verwaltungsrechts auch umgekehrt herangezogen werden, um neue rechtliche Herausforderungen auf dem Gebiet des öffentlichen Wirtschaftsrechts zu bewältigen. Dies gilt nicht nur für die Grundsätze des Verwaltungsverfahrens, sondern vor allem für die verwaltungsrechtliche Handlungsformenlehre, die gerade auch im öffentlichen Wirtschaftsrecht den Rahmen für die rechtliche Beurteilung eines Sachverhalts abgibt[150].

Diese ordnungsstiftende Funktion greift weit über das traditionelle Wirtschaftsver- **37** waltungsrecht und das sog. Regulierungsrecht (s. Rn 23 ff) hinaus. Die **materielle Publifizierung**[151] erfasst nicht nur die traditionell dem fiskalischen Handeln zugeordnete Auftragsvergabe[152], sondern auch das Kartellrecht, dessen (partielle) Zugehörigkeit zum öffentlichen Recht dadurch stärker ins Bewusstsein tritt[153].

---

149 *Hösch*, GewArch. 2002, 257; *Merten*, GewArch. 2006, 55.

150 Zu dieser Steuerungsfunktion von Handlungsformen und Verwaltungsverfahren *Schmidt-Aßmann*, Das allgemeine Verwaltungsrecht als Ordnungsidee, S. 297 ff.

151 Zum Begriff s. *Ruthig*, NZBau 2005, 497, 502. Er dient der Unterscheidung von der (außer bei Sonderzuweisungen über den Rechtweg entscheidenden) formellen Publifizierung.

152 Vgl *Kahl*, FS Zezschwitz (2005), 151; *Ziekow/Siegel*, ZfBR 2004, 30. Zum nicht europäisierten Vergaberecht s. *Ruthig*, NZBau 2005, 497.

153 Vgl insbes *K. Schmidt*, FS Selmer (2004), 499 mwN.

§ 2 Der unions- und verfassungsrechtliche Ordnungsrahmen

I. Grundlagen

38 Die wirtschaftliche Betätigung ist nicht nur von fundamentaler gesamtgesellschaftlicher Bedeutung, sondern auch die Lebensgrundlage für einen großen Teil der Bevölkerung. Schon deswegen ist sie der Gegenstand rechtlicher Regelungen. Gleichzeitig ist kaum ein Rechtsgebiet so sehr **konkretisiertes Verfassungs- und Unionsrecht** wie das öffentliche Wirtschaftsrecht. Auch wenn beide keine bestimmte Wirtschaftsordnung vorschreiben (s. bereits oben Rn 3 f), determinieren neben den Grundrechten vor allem europäische Grundfreiheiten die Auslegung und Anwendung wirtschaftsverwaltungsrechtlicher Normen. Hinzugetreten sind die europäischen Grundrechte. Unionale und nationale Maßstäbe sind dabei auf komplexe Art und Weise miteinander verzahnt. Immer häufiger treffen sie nicht mehr auf nationale Rechtsvorschriften, sondern auf harmonisiertes Recht. Schon vor 30 Jahren stammten angeblich ca. **80% der für die Wirtschaft bedeutsamen Normen aus Brüssel**[1] und machte die Umsetzung europäischer Vorgaben die Hälfte der gesamten Gesetzgebungstätigkeit der Mitgliedstaaten aus[2]. Dabei bewegt sich das Binnenmarktrecht zwischen „zwei tektonischen Platten: einerseits den Marktfreiheiten und andererseits dem Bestreben der Mitgliedstaaten, Interessen nicht wirtschaftlicher Art selbst zu regeln"[3].

Nach Art. 288 AEUV erlassen die Gemeinschaftsorgane Verordnungen, Richtlinien, Entscheidungen und Empfehlungen, von denen Verordnungen und die zunächst häufiger anzutreffenden Richtlinien die Normen des Unionsrechts darstellen. Die Richtlinien verfolgten zunächst vor allem das Prinzip einer (materiellen) Rechtsharmonisierung und füllten so häufig die Lücken, die das Primärrecht durch die Nichtanwendbarkeit nationaler Vorschriften schuf. Heute beruht in Teilen des europäischen Wirtschaftsrechts, vor allem im **richtliniengeprägten Regulierungsrecht**, also insbes Telekommunikations-, Energie- und Kapitalmarktrecht, das gesamte Rechtsregime auf unionalen Vorgaben. Im Bereich der reglementierten Berufe ließ sich eine solche umfassende Rechtsharmonisierung nicht erreichen, so dass sich das Unionsrecht zunächst auf die Frage einer Anerkennung ausländischer Abschlüsse konzentrierte, bevor es zunehmend das Herkunftslandprinzip favorisierte. Diese Entwicklung manifestiert sich insbesondere in der **Berufsanerkennungs- und der DienstleistungsRL**, die vor allem das Handwerks- und das Gewerberecht massiv umgestaltet (vgl Rn 237 ff; Rn 477 f), aber in ihrer Relevanz für Inlandssachverhalte erst noch ausgelotet werden muss. Zusätzlich mahnte die Kommission seit längerem eine strengere Verhältnismäßigkeitsprüfung an. In ihrer Mitteilung vom 28.10.2015 sah die Kommission die Notwendigkeit, den Mitgliedstaaten zusätzlich ein Raster an die Hand zu geben, das sie bei der Überprüfung bestehender oder dem Erlass neuer Berufsreglementierungen anzuwenden hätten[4]. Hierauf hat der EU-Gesetzgeber mit der **VerhältnismäßigkeitsRL** (RL 2018/958/EU) reagiert, die von den Mitgliedstaaten bis zum 30.7.2020 in natio-

---

1 Zu dem häufig *M. Bangemann* zugeschriebenen Zitat s. den Vortrag des Beschwerdeführers im Maastrichtverfahren BVerfGE 89, 155, 172 f; vgl auch *J. Delors* in einer Rede vor dem Europäischen Parlament am 4.7.1988, Bulletin der EG 1988, S. 124.

2 Zahlen nach *Klein*, ZG 1997, 214; s. auch hierzu schon BVerfGE 89, 155, 172 f.

3 So die treffende Zusammenfassung von GA Szpunar v. 18.5.2017, Rs. C-31/16, BeckRS 2017, 110264.

4 KOM(2015) 550 endg. v. 28.10.2015. Zum folgenden auch *Ruthig*, in: Ruffert, Europäisches Sektorales Wirtschaftsrecht § 3 Rn 27.

nales Recht umzusetzen ist[5]. Sie erfasst sämtliche Rechts- und Verwaltungsvorschriften, die in den Anwendungsbereich der Berufsanerkennungsrichtlinie fallen und den Zugang oder die Ausübung eines Berufs beschränken (Art. 2 Abs. 1 VerhältnismäßigkeitsRL). Zugleich werden die zunehmend strengeren Anforderungen des EuGH an die von den Mitgliedstaaten anzuführenden Beweismittel aufgegriffen[6]. Zunehmend wird die Richtlinie auf europäischer Ebene durch **Verordnungen** abgelöst. Beispiele liefert insbes das Finanzmarkt(aufsichts)recht (vgl Rn 191 ff). Eine Harmonisierung der Rechtsanwendungspraxis ist auf der Grundlage unterschiedlicher nationaler Regelungsregime aber nur begrenzt zu verwirklichen. Daher spielt – nicht zuletzt in der Bankenunion – das Eigenverwaltungsrecht eine immer bedeutsamere Rolle. Mit der EZB übernimmt erstmals eine europäische Regulierungsagentur Aufgaben in einem Kernbereich des öffentlichen Wirtschaftsrechts.

1. Entwicklungsphasen

Hinsichtlich der **Einflüsse von nationalen Grundrechten und unionalen Grundfreiheiten und Grundrechten auf das öffentliche Wirtschaftsrecht** lassen sich seit dem Inkrafttreten des Grundgesetzes **drei Phasen** unterscheiden[7]. Zunächst stand die **Verfassungskonkretisierung** im Verwaltungsrecht im Vordergrund, die mit einer Liberalisierung des Gewerberechts und zudem einer Expansion subjektiver Rechte einherging[8]. Bereichsspezifische **Sachkundenachweise**, etwa für den Einzelhandel, wurden anhand von Art. 12 GG auf ihre Erforderlichkeit und Verhältnismäßigkeit überprüft[9]. Mit dem **Abbau staatlicher Bedürfnisprüfungen** bei der Berufszulassung begann das Bundesverwaltungsgericht im Gaststättenrecht[10] schon vor dem bundesverfassungsgerichtlichen „Apothekenurteil"[11]. Die zweite Phase war von der **Europäisierung des öffentlichen Wirtschaftsrechts** geprägt. Insoweit wirkten zunächst die Grundfreiheiten deregulierend, indem der EuGH Vorschriften des nationalen (öffentlichen) Wirtschaftsrechts als Eingriff qualifizierte und diese Eingriffe nur 39

5 Richtlinie (EU) 2018/958 des Europäischen Parlaments und des Rates v. 28.7.2018 über eine Verhältnismäßigkeitsprüfung vor Erlass neuer Berufsreglementierungen, ABl. Nr L 173 S. 25. Diese sieht detaillierte Prüfungskriterien vor, die zukünftig auf jede Reform und Neueinführung einer Berufsreglementierung im Sinne der RL 2005/36/EG anzuwenden sind. Die Richtlinie verlangt von den Mitgliedstaaten nicht nur eine Ex-ante-Prüfung der Verhältnismäßigkeit jeder einzelnen neuen und zu ändernden und aufrechtzuerhaltenden Vorschrift, sondern die umfassende Begründung des jeweiligen Prüfungsergebnisses nach den in Art. 4 näher ausgestalteten Anforderungen. Sie begründet außerdem weitere Informations- und Transparenzpflichten, ausf *Schäfer*, EuZW 2018, 789, 790 f. Nach dem Referentenentwurf v. 1.10.2019 soll sie für die Bundesgesetzgebung durch eine Änderung der Gemeinsamen Geschäftsordnung der Bundesministerien (GGO) umgesetzt werden, für die Satzungsbefugnisse juristischer Personen des öffentlichen Rechts in den jeweils einschlägigen Vorschriften, zB als § 11 Abs. 2c IHKG, § 106 Abs. 3 HwO. Die Einhaltung der Vorgaben ist von der Rechtsaufsicht zu prüfen.

6 Zu dieser Rechtsprechung insbes (am Beispiel der Warenverkehrsfreiheit) EuGH, 19.10.2016 Rs. C-148/15 („Deutsche Parkinson Vereinigung/Zentrale zur Bekämpfung unlauteren Wettbewerbs"), EuZW 2016, 958. Zur Richtline vgl *Schäfer*, EuZW 2018, 789, 791 f.

7 Vgl bereits *Wahl*, Der Staat 1999, 495, der nach damaligem Stand zwei Phasen unterschied.

8 Zur Verfassungskonkretisierung s. auch *Schmidt-Aßmann*, FS Winkler (1997), 995, 999; in der Subjektivierung des Verwaltungsrechts sieht *Ossenbühl*, DVBl 1993, 753, 756 die „kopernikanische Wende" des Verwaltungsrechts nach 1949.

9 Zum Warenautomatenaufsteller vgl BVerfGE 14, 19.

10 BVerwGE 1, 48, 50 ff; 269, 272 ff. Die Argumentation entsprach im Wesentlichen dem späteren Apothekenurteil, erfasste allerdings nicht die Bedürfnisprüfung bei ausländischen Gastwirten (Art. 12 GG als Deutschengrundrecht!), die erst mit dem GastG 1970 entfiel.

11 BVerfGE 7, 377.

selten für gerechtfertigt hielt. Mit der zunehmenden Anerkennung ungeschriebener Rechtfertigungsgründe hat sich dies allerdings relativiert. Das Nebeneinander von Grundfreiheiten und Verfassungsrecht führt zu einer **Konvergenz der Prüfungsmaßstäbe** (s. vor allem das Kohärenzgebot am Beispiel der Bekämpfung des Glücksspiels, Rn 126, 175 ff)[12].

Da das Unionsrecht in Deutschland auf ein weitgehend liberales Wirtschaftsverständnis traf, waren die Konflikte eher punktuell. Besonders eindrucksvoll ließen sie sich im Handwerksrecht verfolgen, in dem sich lange das „zünftige" Denken gehalten hatte[13]. Ausgelöst wurde die Liberalisierung des Handwerksrechts durch das Unionsrecht. Dies betraf zunächst grenzüberschreitende Sachverhalte, wie **Fall 3a (Rn 45)** veranschaulicht. Während das BVerfG im Anschluss an seine ausführliche und sorgfältig begründete Entscheidung von 1960 über Jahrzehnte das Erfordernis der Meisterprüfung für die selbstständige Handwerksausübung als grundrechtskonform erachtete[14], sah der EuGH darin einen Verstoß gegen die Grundfreiheiten (s. im Einzelnen Rn 125)[15]. Mit der Handwerksnovelle 2004 vollzog der nationale Gesetzgeber einen Paradigmenwechsel (ausf Rn 125, 465 ff). Aber auch das BVerfG änderte seine Auffassung und stützte sich dabei ausdrücklich darauf, dass angesichts der europäischen Entwicklung die nationalen Vorschriften zur Erreichung des (verfassungsrechtlich an sich legitimen) Zieles nicht mehr geeignet seien (s. dazu Rn 125)[16]. In der Zwischenzeit werden viele Sachverhalte vom **Sekundärrecht** erfasst, für deren Auslegung jedoch regelmäßig die vom EuGH entwickelten Standards herangezogen werden können, die die Richtlinien häufig konkretisieren und um prozedurale Bestimmungen ergänzen (s. zur „grundfreiheits- und grundrechtskonformen Auslegung" von Sekundärrecht Rn 96). Allerdings werden diese Grundsätze über die Richtlinien auf reine Inlandssachverhalte erstreckt; insbesondere die für das öffentliche Wirtschaftsrecht zentrale DienstleistungsRL verlangt keinen grenzüberschreitenden Sachverhalt (s. Rn 53).

40 Die dritte Phase lässt sich als **Renaissance der Grundrechte** umschreiben. Aufgrund der unionsrechtlich angestoßenen Deregulierung kam es zunächst zu „neuen" Berufen (vgl zum Telekommunikationsrecht Rn 20, 546) und gleichzeitig zu neuen Anwendungsfeldern für das nationale Verfassungsrecht im Zusammenhang mit der Ausgestaltung unionaler Gestaltungsspielräume (vgl zB zur Vereinbarkeit der Versteigerung von Funkfrequenzen mit Art. 12 GG Rn 562). Allerdings hat das Unionsrecht, nicht nur vor dem Hintergrund der Finanzkrise, seinen Regelungsansatz verändert. Überall da wo das Sekundärrecht nicht mehr Märkte liberalisiert und damit die Grundfreiheiten konkretisiert, sondern die wirtschaftliche Betätigung mit ordnungsrechtlichen Maßstäben gestaltet, stellt sich die Frage nach dem „höherrangigen" Recht, das auch die Grenzen des unionalen Gesetzgebers markiert. Dazu gehören neben den Grundfreiheiten die Grundrechte. Spätestens mit dem Inkrafttreten der GRCh dominieren aber auch insoweit die unionalen Maßstäbe. Allerdings fungieren Grundfreiheiten und (europäische und nationale) Grundrechte in den meisten Fällen als Auslegungsmaßstab, damit wird gerade das öffentliche Wirtschaftsrecht zum „konkretisierten" Primär- und Verfassungsrecht.

---

12 Zu diesem europäischen „Verfassungsgerichtsverbund" *Voßkuhle*, NVwZ 2010, 1.

13 Vgl auch *Honig*, NVwZ 2003, 172 mwN.

14 BVerfGE 13, 97 = NJW 1961, 2011. Bestätigt in GewArch. 1991, 137; NVwZ 2001, 187 f; 2001, 189 f.

15 EuGH v. 3.10.2000, Rs. C-58/98 – *„Josef Corsten"*, Slg. 2000, I-7919 = EuZW 2000, 763.

16 Krit dazu *Ruthig*, in: Ruffert, Europäisches Sektorales Wirtschaftsrecht, § 2 Rn 3; *Leisner*, GewArch. 2006, 393.

Seit langem gilt dies insbes für die Berufsfreiheit. Liegen die tatbestandlichen Voraussetzungen einer Vorschrift, die die Berufstätigkeit erlaubnispflichtig macht, vor, folgt aus Art. 12 GG ein Anspruch auf Genehmigungserteilung. Ferner sind die Tatbestandsmerkmale berufsbeschränkender Vorschriften im Lichte dieser Grundrechte auszulegen. So ist nach der Rechtsprechung das Prinzip der Verhältnismäßigkeit ein Element des gewerberechtlichen Unzuverlässigkeitsbegriffs (dazu Rn 251 ff), der unter Beachtung des Grundrechts der Berufsfreiheit auszulegen ist[17]. Entsprechendes gilt zB beim Einschreiten gegen (formell) illegal betriebenes Gewerbe (s. Rn 318). Soweit die nationalen Grundrechte verdrängt werden, lassen sich diese Ansätze auf das Unionsrecht übertragen. Die Union verfügt mittlerweile über einen auch in seiner Durchsetzung vorbildlichen Grundrechtsschutz. Auch die GRCh garantiert, durchaus orientiert an der Konzeption des Grundgesetzes, Berufsfreiheit (Art. 15 GRCh)[18], unternehmerische Freiheit (Art. 16 GRCh)[19] und das Eigentum (Art. 17 GRCh). Diese Gewährleistungen treten jedoch hinter den Grundfreiheiten als Ausdruck der „besonderen Berufsfreiheit" der Marktbürger zurück[20], sodass sie im öffentlichen Wirtschaftsrecht kaum eine Rolle spielen. Gleichwohl übernehmen die Grundrechte, vor allem das Recht auf Achtung des Privat- und Familienlebens (Art. 7 GRCh) und das Grundrecht auf Datenschutz (Art. 8 GRCh) und sowie insbes das europäische Gebot effektiven Rechtsschutzes[21] zunehmend die lückenschließende Funktion, die traditionell dem nationalen Verfassungsrecht zukommt. Eindrucksvoll etabliert sich der EuGH als „Grundrechtsgericht"[22], das europäische Grundrechtsstandards nicht nur international, sondern gerade auch im Verhältnis zum Sekundärrecht durchsetzt. In der Konsequenz europäischer Grundrechte nimmt aber auch die Bedeutung der Garantie des effektiven Rechtsschutzes aus Art. 47 GRCh zu, der der EuGH in jüngeren Entscheidungen ebenfalls weitreichende, teilweise über Art. 19 Abs. 4 GG hinausreichende Anforderungen entnimmt[23], die nicht nur das Gerichtsverfahren betreffen, sondern zB auch einen Anspruch auf Entscheidung durch unabhängige Gerichte gewähren[24], bis hin zu einem Anspruch auf wirksame Vollstreckungsmöglichkei-

---

17 BVerwG, GewArch. 1997, 242.

18 Als Beispiel aus der Rechtssprechung EuGH v. 6.9.2012, Rs. C – 544/10 – *„Deutsches Weintor eG/ Land Rheinland-Pfalz"* = NVwZ-RR 2012, 896 sowie BVerwG, NVwZ-RR 2011, 165 (Vorlageentscheidung); NVwZ-RR 2013, 508 (Abschluss des Verfahrens): Vorschriften über gesundheitsbezogene Angaben in einer Verordnung und ihre Vereinbarkeit mit der Berufsfreiheit einer Winzergenossenschaft.

19 Zur Abgrenzung zwischen Berufs- und Unternehmerfreiheit EuGH v. 30.6.2016, Rs. 134/15 – Lidl, Rn 26 ff. Nach Auffassung des EuGH regelt Art. 15 GRCh das „Ob" der Tätigkeit, während Art. 16 GRCh das „Wie" betrifft.

20 So bereits EuGH v. 15.10.1987, Rs. 222/86 – *„Heylens"*, Rn 14, Slg. 1987, 4097, 4117. Zum – im Einzelnen umstrittenen – Verhältnis zwischen Grundfreiheiten und europäischen Grundrechten *Bernsdorff*, in: Meyer, Europäische Grundrechtecharta, Art. 15 Rn 20 f; *Ruffert*, in: Callies/Ruffert, Art. 15 GRCh Rn 27 mwN.

21 Exemplarisch zum Schutz von Betriebs- und Geschäftsgeheimnissen im gerichtlichen Verfahren *Ruthig*, in: Baur et al, Kap 59, Rn 48 ff; in Fn 250 Kap 59. Als Beispiel sieht aber auch der Gesetzgeber das Unbundling-Regime des EnWG 2011, s. die Regierungsbegründung zum EnWG, BT-Drucks. 17/ 6072 S. 99 ff. Ohne Problematisierung der europäischen Garantie effektiven Rechtsschutzes demgegenüber (zum TKG) BVerwG, NVwZ 2014, 1229; BVerfG, NVwZ 2017, 305.

22 Zur Bezeichnung als „Grundrechtsgericht" vgl *Kühling*, NVwZ 2014, 681 im Zusammenhang mit der Entscheidung EuGH v. 8.4.2014, Rs. C-293/12, C-594/12 – „Digital Rights Ireland Ldt/Minister for Communications, Marine and Naturale Recourses ua" = NJW 2014, 2169 zur Vorratsdatenspeicherung. Begonnen hat die Entwicklung allerdings unmittelbar nach dem Inkrafttreten der GRCh, vgl EuGH v. 9.11.2010, Rs. C-92/09 u. C-93/09 – *„Schecke und Eifert/Hessen"*, Slg. 2010, I-11063 = EuZW 2010, 939 m. Anm. *Guckelberger*.

23 Dazu den Überblick bei *Ruthig*, in: Kopp/Schenke, § 1 VwGO Rn 16.

24 Diese haben das VG Wiesbaden, BeckRS 2019, 5206 zur Vorlage an den EuGH veranlasst, inwieweit die (hessischen) Verwaltungsgerichte den unionalen Anforderungen an unabhängige Verwaltungsgerichte überhaupt entsprechen.

ten[25]. Dies hat aber auch für den indirekten Vollzug eine weitere Hochzonung der „verfassungsrechtlichen“ Maßstäbe auf die unionale Ebene zur Folge und stellt damit zugleich die Frage nach der Bedeutung nationaler Verfassungsgerichte neu. Das BVerfG hat diese Herausforderung in der aktuellen, geradezu „revolutionären“ Rechtsprechung des 1. Senats aufgenommen (dazu Rn 42 ff).

2. Europäische Grundfreiheiten und nationale Grundrechte im Verfassungsverbund

a) Vorrang des Unionsrechts und unmittelbare Anwendbarkeit

41 Unionsrecht und nationales Recht bilden zwei miteinander verbundene Rechtskreise. Das Verhältnis zwischen beiden wird grundsätzlich durch das Unionsrecht bestimmt, denn nur so lässt sich ein einheitlicher Vollzug des Unionsrechts durch die Mitgliedstaaten sicherstellen. Aufgrund des **Vorrangs des Unionsrechts**[26] geht es im Kollisionsfall entgegenstehenden nationalen Normen vor, sofern es unmittelbar anwendbar ist. Der **Anwendungsvorrang** des Unionsrechts führt nicht zur Nichtigkeit nationaler Bestimmungen (im Sinne eines Geltungsvorrangs), sondern zwingt (lediglich) dazu, sie insoweit nicht anzuwenden, als der Konflikt mit Unionsrecht besteht. Die aus dem Vorrang abgeleitete **Nichtanwendungspflicht**[27] trifft Gerichte wie Verwaltungsbehörden. Die **unmittelbare Anwendbarkeit** setzt voraus, dass die Norm rechtlich vollkommen und unbedingt ist, dh keines weiteren mitgliedstaatlichen Vollzugsakts bedarf. Bei den Grundfreiheiten ist die unmittelbare Wirkung immer gegeben[28], ebenso bei den Grundrechten der GRCh. Zu problematisieren ist sie bei den grundsätzlich nur staatengerichteten Richtlinien. Hier ist die unmittelbare Anwendbarkeit nur ausnahmsweise, bei nicht fristgemäßer bzw unzulänglicher Umsetzung gegeben (s. unten Rn 99).

Für den Einzelnen bedeutet dies, dass er sich gegenüber nationalen Stellen und vor Gericht auf die Bestimmungen des Unionsrechts berufen kann, sie ihm also **subjektive Rechte** gewähren[29]. Dies folgt für die Grundfreiheiten aus dem **Verständnis der Grundfreiheiten als Eingriffsabwehrrechte** (s. dazu unten Rn 50) und bedarf in der Fallbearbeitung keiner ausführlichen Begründung. Für die Grundfreiheiten hat sich der EuGH bereits 1963 ausdrücklich zum subjektivrechtlichen Ansatz bekannt. Obwohl sie sich vordergründig nur mit dem Zollrecht beschäftigte, markierte die Entscheidung *van Gend & Loos*[30] nicht nur eine Abkehr vom klas-

25 Im Umweltrecht stellte sich bereits die Frage, inwieweit die (in Deutschland begrenzten) Möglichkeiten der Vollstreckung verwaltungsgerichtlicher Entscheidungen den unionsrechtlichen Anforderungen genügten; zur Zwangshaft gg Politiker EuGH, NJW 2020, 977; VGH München, NVwZ 2017, 894; s. auch *Will*, NJW 2020, 963).

26 Ausführlich zu den unterschiedlichen dogmatischen Herleitungen *Streinz*, Europarecht Rn 207 ff.

27 Zur Unterscheidung von der Nichtigkeit ausdrücklich EuGH v. 22.10.1998, Rs. C-10/97 bis 22/97 – *„PPA“*, Rn 21, Slg. 1998, I-6307.

28 *Streinz*, Europarecht, Rn 448. Grundlegend zur unmittelbaren Wirkung des primären Unionsrechts EuGH v. 5.2.1963, Rs. C-26/62 – *„Van Gend en Loos“*, Rn 1 ff, Slg. 1963, 1; zur Warenverkehrsfreiheit EuGH v. 5.3.1996, Rs. C-46/93 und C-48/93 – *„Brasserie du Pêcheur“* und *„Factortame“*, Rn 54, Slg. 1996, I-1029, 1150; EuGH v. 16.6.1966, Rs. C-57/65 – *„Lütticke“*, Slg. 1966, 257; zur Dienstleistungsfreiheit EuGH v. 3.12.1974, Rs. C-33/74 – *„van Binsbergen“*, Slg. 1974, 1299; zur Niederlassungsfreiheit EuGH v. 21.6.1974, Rs. C-2/74 – *„Reyners“*, Slg. 1974, 631.

29 Vgl *Nettesheim*, AöR 2007, 333; *Ruthig*, in: Kluth/Rennert, Entwicklungen im Verwaltungsprozessrecht, 2008, S. 35, 41 ff.

30 EuGH v. 5.2.1963, Rs. C-26/62 – *„Algemene Transport“*, Rn 13, Slg. 1963, 1. Fortgesetzt wurde die Entwicklung insbes in EuGH v. 15.7.1964, Rs. C-6/64 – *„Costa/ENEL“*, Rn 91, Slg. 1964, 1251, 1269 und EuGH v. 9.3.1978, Rs. C-106/77 – *„Simmenthal“*, Slg. 1978, 629.

sisch-völkerrechtlichen Verständnis des Gemeinschaftsrechts, sondern damit unmittelbar zusammenhängend die Entwicklung einer unionalen Konzeption des subjektiven öffentlichen Rechts. Bei den **europäischen Grundrechten der GRCh** ergibt sich ihre Rechtsverbindlichkeit aus Art. 6 Abs. 1 UAbs. 1 EUV und ihr Anwendungsbereich aus Art. 51 GRCh. Unproblematisch besteht sie bei europäischen **Verordnungen**.

b) Der Anwendungsvorrang und seine (verfassungsrechtlichen) Grenzen

Dieser Vorrang des Unionsrechts auch vor dem nationalen Verfassungsrecht findet seine verfassungsrechtliche Anerkennung und zugleich Grenze in der Ermächtigung zur Übertragung von Hoheitsrechten auf die Union nach Art. 23 GG[31]. Seit der Solange II-Entscheidung[32] ist geklärt, dass Akte der Europäischen Union selbst nicht an den deutschen Grundrechten gemessen werden bzw jedenfalls das BVerfG seine entsprechende Prüfungskompetenz nicht ausübt. Diese Beschränkung „schlägt durch" auf die Umsetzung durch den Gesetzgeber, aber auch die Prüfungsmaßstäbe für Verwaltungshandeln. Zugleich entwickelt das BVerfG aus den Grenzen dieser Öffnung, der in Art. 23 Abs. 1 S. 3 GG ausdrücklich in Bezug genommenen Ewigkeitsklausel des Art. 79 Abs. 3 GG, die Grenzen der Freistellung der Akte deutscher Staatsgewalt vom deutschen Verfassungsrecht. Allerdings wurde auch diese im Anwendungsbereich der GRCh praktisch obsolet (zu den vom BVerfG gezogenen Grenzen s. Rn 44). **42**

Grundsätzlich prüft das BVerfG nach seiner bisherigen Rechtsprechung auch nationale Rechtsvorschriften nicht am Maßstab des GG, die auf Richtlinien beruhen[33]. Zwar liegt mit dem deutschen Gesetz offensichtlich ein tauglicher Beschwerdegegenstand vor. Sofern die Richtlinie keine Umsetzungsspielräume belässt, fehlt aber die Möglichkeit einer Grundrechtsverletzung und damit die Verfassungsbeschwerdebefugnis. Verbleiben Umsetzungsspielräume, ist der Gesetzgeber bei deren Ausfüllung sehr wohl (auch) an die verfassungsrechtlichen Maßstäbe gebunden[34]; dies gilt insbesondere, wenn eine Richtlinie dem nationalen Gesetzgeber Optionen anbietet, aber bestimmte Regelungen nicht zwingend vorschreibt (zum telekommunikationsrechtlichen Versteigerungsverfahren Rn 562 ff). Soweit das BVerfG eine Ultra-Vires-Kontrolle (gegenüber „ausbrechenden" Akten der Union) als auch eine Identitätskontrolle (Einhalten der von Art. 79 Abs. 3 GG geschützten Menschenwürde sowie damit wohl auch grundrechtlicher Mindeststandards und der Mindeststandards des Art. 20 GG)[35] in Anspruch nimmt, steht diese unter dem Vorbehalt einer vorherigen Anrufung des EuGH[36]. In den hier behandelten Be-

---

31 BVerfGE 89, 155, 190; 123, 267, 396 ff; BVerfG, NJW 2010, 3422, 3423; s. dazu auch *Ruffert*, in: Calliess/Ruffert, Art. 1 AEUV Rn 17; *Nettesheim*, in: Grabitz/Hilf/Nettesheim, Art. 1 AEUV, Rn 71 ff.

32 BVerfGE 73, 339. Zuvor hatte das BVerfG auf der Grundlage von BVerfGE 37, 271 (Solange I) seine Prüfungskompetenz in Anspruch genommen, „solange der Integrationsprozess der Gemeinschaft nicht so weit fortgeschritten ist, dass das Gemeinschaftsrecht auch einen von einem Parlament beschlossenen und in Geltung stehenden formulierten Grundrechtskatalog enthält, der dem Grundrechtskatalog des Grundgesetzes adäquat ist".

33 BVerfGE 118, 79, 95 – Emissionshandel; 121, 1, 15 f – Vorratsdatenspeicherung; 129, 78, 90 f – Cassina; 133, 277, 313 f – Antiterrordatei; zuvor bereits die Kammerbeschlüsse BVerfG, NJW 2001, 1267, 1268; BVerfG, NVwZ 2004, 1346.

34 BVerfGE 121, 1, 15 zur Vorratsdatenspeicherung.

35 Dies hat das BVerfG in seinen Entscheidungen zum Maastricht- und Lissabon-Vertrag zusammengefasst, vgl BVerfGE 89, 155, 186; 123, 267, 240 ff. Vgl auch *Huber/Unger*, in: Schoch, Kap 4 Rn 121 f; *Streinz*, Europarecht Rn 236 ff.

36 Zu seiner Vorlagepflicht BVerfGE 126, 286, 302 ff – Honeywell. Zu Vorlagebeschlüssen BVerfGE 134, 366; 146, 216.

reichen der hier behandelten Bereiche des öffentlichen Wirtschaftsrechts spielt dies (anders als bei EZB-Maßnahmen und Rettungsschirmen[37]) bisher keine Rolle; das BVerfG selbst maß im Lissabon-Urteil seiner Prüfungskompetenz eine zwar grundsätzliche, aber „im Alltag der Rechtsanwendung eher theoretische" Bedeutung bei[38]. Dies gilt insbesondere bei der Richtlinienumsetzung. Zugleich sind diese Umsetzungsvorschriften dann primär an den unionalen Grundrechten zu messen, da es sich um „Durchführung des Rechts der Union" handelt (Art. 51 Abs. 1 S. 1 GRCh)[39]. Insoweit ist es schlicht ausgeschlossen, dass der in Solange-II gemachte Vorbehalt einmal praktisch werden könnte[40].

Auch die Prüfung der Maßstäbe des Art. 20 GG führten zwar dazu, dass das BVerfG die Einrichtung europäischer unabhängiger Agenturen (dazu näher Rn 185 ff) als „aus Sicht des Demokratiegebots prekär" bezeichnete, gleichwohl aber „keine grundsätzlichen Einwände" hatte[41]. Allerdings stellt sich die Frage nach dem Verhältnis zwischen nationalen und europäischen Grundrechten auch in diesen Konstellationen. Der EuGH erkannte an, dass es Konstellationen geben könne, die vom Unionsrecht „erfasst", aber nicht „vollständig bestimmt" seien, so dass europäische und nationale Grundrechte auch parallel zur Anwendung kommen könnten[42]. Zugleich betonte er, dass „keine Fallgestaltungen denkbar [sind], die vom Unionsrecht erfasst würden, ohne dass diese Grundrechte [der GRCh] anwendbar wären"[43]. Zunächst betonte das BVerfG in seiner Entscheidung zur Antiterrordatei, die *Akerberg Fransson*-Entscheidung dürfe nicht so verstanden werden, dass „für eine Bindung der Mitgliedstaaten durch die in der Grundrechte-Charta niedergelegten Grundrechte der Europäischen Union jeder sachliche Bezug zum bloß abstrakten Anwendungsbereich des Unionsrechts oder rein tatsächliche Auswirkungen" ausreichen könnten[44]. Der EuGH hat klargestellt, dass allein eine Zuständigkeit der Union nicht ausreicht, sondern es sich um sekundärrechtlich geprägte Rechtsmaterie handeln muss[45]. Dennoch wurde dieser Vorbehalt bisher nicht praktisch. Das BVerfG prüft in diesen Fällen unter Verweis auf die unionsrechtlich zugelassene „Grundrechtsvielfalt" primär das Grundrecht des GG[46].

---

37 Für Kompetenzwidrigkeit der EZB-Maßnahmen nunmehr BVerfG v. 05.05.2020 – 2 BvR 859/15.

38 BVerfGE 123, 267, 398 f. Der EuGH seinerseits verwies auf die Bindungswirkung seiner Entscheidungen für das vorlegende Gericht (EuGH v. 16.6.2015, Rs C-62/14 – *„Gauweiler ua/Deutscher Bundestag"*, Rn 16, NJW 2015, 2013). Im Verfahren hatte insbes auch Italien darauf verwiesen, dass eine solche Ultra Vires-Prüfung keine gemeinsame Verfassungstradition der Mitgliedstaaten darstellt. Das Sondervotum Gerhardt hielt deswegen die Verfassungsbeschwerde für unzulässig und damit auch die Vorlage an den EuGH, vgl BeckRS 2014, 46922. S auch *Mayer*, NJW 2015, 2000. Ggü der jüngsten Entscheidung des BVerfG ist deswegen mit einem Vertragsverletzungsverfahren zu rechnen. Aber das BVerfG hätte auch von seinem Standpunkt aus die Frage einer (erneuten) Vorlage thematisieren müssen.

39 S. zur Reichweite des Art. 51 GRCh instruktiv *Ohler*, NVwZ 2013, 1433 mwN.

40 Danach hat das BVerfG die Nichtausübung seiner weiter bestehenden Prüfungskompetenz von einem wirksamen und dem GG im Wesentlichen gleich zu achtenden Grundrechtsschutz abhängig gemacht, vgl BVerfGE 73, 339 LS 2. Dieser ist spätestens seit dem Inkrafttreten der GRCh verwirklicht.

41 BVerfG, NJW 2019, 3204; dazu *Wemhörner*, NVwZ 2020, 342. In der Konsequenz überlagern die europäischen Grundrechte die Maßstäbe des GG auch bei behördlichen Ermessensentscheidungen, vgl *Schenke/Ruthig*, in: Kopp/Schenke § 114 VwGO Rn 40a.

42 EuGH v. 26.2.2013, Rs. C-617/10 – *„Akerberg Fransson"*, Rn 29, NJW 2013, 1415. Dazu *Lenaerts*, EuR 2015, 3, 20 ff; *Franzius*, ZaöRV 2015, 393, 394 ff.

43 EuGH v. 26.2.2013, Rs. C-617/10 – *„Akerberg Fransson"*, Rn 21, NJW 2013, 1415.

44 BVerfGE 133, 277, 316. An anderer Stelle hatte auch der EuGH – ohne dies näher zu konkretisieren – einen „hinreichenden Zusammenhang" mit dem Unionsrecht verlangt, EuGH v. 6.3.2014, Rs. C-206/13 – *„Siragusa"*, Rn 24, NVwZ 2014, 575; s. zum Ganzen *Thym*, DÖV 2014, 941 (mit Lösungsansätzen S. 944 f); s.a. *Ferdinand Kirchhof*, NVwZ 2014, 1537.

45 EuGH v. 19.11.2019, Rs. C-609/17, C-610/17 – *„TSN"* = NJW 2020, 35; dazu *Streinz*, JuS 2020, 373.

46 BVerfG, NJW 2020, 300, LS 1a.

Diese Betonung seiner „Wächterfunktion" im Hinblick auf grundrechtliche Mindeststandards verlor umso stärker an Überzeugungskraft, je mehr im Ergebnis der europäische Standard denjenigen des GG übertraf und der EuGH gerade umgekehrt auch Entscheidungen des BVerfG korrigierte. Dies geschah zunächst beim Aufeinandertreffen von Grundfreiheiten und Art. 12 GG im Glücksspielrecht (dazu Rn 69), aber in letzter Zeit ausgerechnet auch auf dem Gebiet der informationellen Selbstbestimmung. Mag die verfassungsrechtliche Etablierung dieses Grundrechts sogar dem BVerfG zu verdanken sein, so wurde das Datenschutzgrundrecht in den letzten Jahren vom EuGH sehr dynamisch weiterentwickelt und international durchgesetzt. Ende 2019 reagierte Karlsruhe mit einem Paukenschlag: In einem Fall mit Bezug zur DSGVO hat das BVerfG nunmehr den **Anwendungsvorrang des Unionsrechts und insbesondere der GRCh vor den nationalen Grundrechten** ausdrücklich anerkannt[47]. Zugleich leitet es aus dem „Kooperationsverhältnis" mit dem EuGH ab, dass es auch seinerseits den **Prüfungsmaßstab im Rahmen der Verfassungsbeschwerde modifiziert** und die Akte deutscher Behörden am Maßstab der europäischen Grundrechte prüft[48]. 43

Es bleibt abzuwarten, ob dies materiell die Gewichte zum Unionsrecht oder kompetenziell zur nationalen Kontrolle verschieben wird. Letztere forcierte der 2. Senat mit einer genauso überraschenden Entscheidung, in der er den Anwendungsbereich der Verfassungsbeschwerde und damit seine Kontrollmöglichkeiten hinsichtlich formeller Erfordernisse erheblich erweiterte[49]. Außerdem hatte gegenüber den EZB-Anleiheverkäufen erstmals eine ultra-vires-Kontrolle Erfolg, was voraussetzte, dass die Vertragsauslegung des EuGH im Vorlageverfahren als „nicht mehr nachvollziehbar und daher objektiv willkürlich" qualifiziert wurde[50]. Dass dies ausge-

47 BVerfG, EuZW 2019, 103. Der 1. Senat macht die Abweichung von seiner bisherigen Judikatur deutlich (Rn 66), hielt aber eine Entscheidung des Plenums nicht für erforderlich (Rn 84 ff). Zur Entscheidung *Edenharter*, DÖV 2020, 249; *Karpenstein/Kottmann*, EuZW 2020, 185: „Paukenschlag"; *Kühling*, NJW 2020, 275: „November(r)evolution für die Grundrechtsarchitektur im Mehrebenensystem". Zu entsprechenden Überlegungen bereits *Bäcker*, EuR 2015, 389, 410 ff; *Thym*, JZ 2015, 53.

48 Dogmatisch sind hier noch viele Fragen offen. Diese reichen von grundsätzlichen Bedenken gegen eine solche „Selbstermächtigung" des BVerfG (so die Kritik von *Schenke*, in: Bonner Kommentar Art. 19 Abs. 4 GG Rn 364 an der Erweiterung des Prüfungsmaßstabes) bis hin zu den praktischen Fragen des „Rechtsprechungsverbundes", insbes zu den Vorlagepflichten der letztinstanzlichen Fachgerichte, die allerdings unberührt bleiben dürften, da die Verfassungsbeschwerde gerade keine weitere „Instanz" darstellt und das BVerfG lediglich europäische Grundrechte, nicht das sonstige Unionsrecht, prüft. Vgl zu den Konsequenzen für die Verfassungsbeschwerde *Scheffczyk*, NVwZ 2020, 977; *Klein*, DÖV 2020, 341; zu Art. 100 GG *Kämmerer/Kotzur*, NVwZ 2020, 177, 183.

49 BVerfG v. 13.2.2020, 2 BvR 739/17; zum Verfahren bereits *Tilmann*, GRUR 2017, 1177. In dieser Entscheidung hat der 2. Senat den aus Art. 38 Abs. 1 S. 1 GG abgeleiteten „Anspruch auf Demokratie", ein rügefähiges Recht auf die Einhaltung der formellen Voraussetzungen für die Übertragung von Hoheitsrechten auf zwischenstaatliche Einrichtungen, hier die Einführung einer einheitlichen europäischen Patentgerichtsbarkeit, abgeleitet. In der Sache verlangt es eine 2/3-Mehrheit auch für solche Materien, die traditionell im Rahmen des Art. 24 GG durch einfaches Bundesgesetz geregelt werden konnten. Da diese fehlte, war das Gesetz nichtig.

50 Deren Voraussetzungen eines Abweichens vom EuGH fasste der Senat im LS 2 wie folgt zusammen: „Der mit der Funktionszuweisung des Art. 19 Abs. 1 S. 2 EUV verbundene Rechtsprechungsauftrag des Gerichtshofs der Europäischen Union endet dort, wo eine Auslegung der Verträge nicht mehr nachvollziehbar und daher objektiv willkürlich ist. Überschreitet der Gerichtshof diese Grenze, ist sein Handeln vom Mandat des Art. 19 Abs. 1 S. 2 EUV in Verbindung mit dem Zustimmungsgesetz nicht mehr gedeckt, so dass seiner Entscheidung jedenfalls für Deutschland das gemäß Art. 23 Abs. 1 S. 2 in Verbindung mit Art. 20 Abs. 1 und Abs. 2 und Art. 79 Abs. 3 GG erforderliche Mindestmaß an demokratischer Legitimation fehlt", vgl BVerfG, NJW 2020, 1647. In der Sache hielt es die Auslegung des auch bei der Kompetenzverteilung zu beachtenden Grundsatzes der Verhältnismäßigkeit

rechnet bei der Verhältnismäßigkeitsprüfung angenommen wurde, macht es sicherlich nicht einfach, die BVerfG-Entscheidung nachzuvollziehen. Dies wiederum könnte Gegenstand eines Vertragsverletzungsverfahrens werden[51].

3. Verwaltungsrechtsschutz im Verbund

44 Die Prüfung von Grundfreiheiten und Grundrechten obliegt in den meisten Fällen zunächst den Fachgerichten. **Verwaltungsgerichte** fungieren im öffentlichen Wirtschaftsrecht als zentrale Kontrollinstanz, die überall dort Rechtsschutz gewähren, wo öffentliches Wirtschaftsrecht durch deutsche Behörden vollzogen wird, selbst wenn deren Tätigkeit durch Unionsrecht geprägt ist[52]. **Europäischer Rechtsschutz** kommt für den Einzelnen in zwei Varianten in Betracht: Sofern ausnahmsweise europäische Behörden tätig werden (s. zur Bankenaufsicht durch die EZB Rn 191 ff)[53], aber auch gegenüber europäischen Verordnungen des Tertiärrechts (vgl Rn 91) ist die **Nichtigkeitsklage nach Art. 263 Abs. 4 AEUV** einschlägig (zu dieser näher Rn 92). Zugleich sind die Grenzen der Fachgerichtsbarkeit zu beachten, die in Vorlagepflichten münden. Die **Vorlageverfahren nach Art. 267 AEUV** zum EuGH dient der Klärung unionsrechtlicher Fragen[54], die **prinzipale Normenkontrolle nach Art. 100 GG** sichert das Verwerfungsmonopol des BVerfG hinsichtlich nachkonstitutioneller Vorschriften. Die **Verfassungsbeschwerde** kommt im öffentlichen Wirtschaftsrecht idR nur als Urteilsverfassungsbeschwerde gegen letztinstanzliche Urteile in Betracht[55]. Da die Verletzung der Vorlagepflicht auch gegen den Anspruch auf den gesetzlichen Richter (Art. 101 Abs. 1 S. 2 GG) verstößt, kommt es zu einer Verzahnung zwischen beiden Rechtskreisen.

(Art. 5 Abs. 1 S. 2 und Abs. 4 EUV) wegen der vollständigen Ausklammerung der tatsächlichen Auswirkungen des Programms auf die Wirtschaftspolitik für methodisch schlechterdings nicht mehr vertretbar. Zustimmend *P. Kirchhof*, NJW 2020, 2057; für einen offenen Diskurs auch *Ludwigs*, EuZW 2020, 530.

51 Zur Kritik s. *Ruthig*, in: Kopp/Schenke, § 1 Rn 19; *Callies*, NVwZ 2020, 897. Vgl ferner die tlw vernichtende Kritik von *Mellerig*, NJW 2020, 1947: „unterminiert […] das gesamte unionsrechtliche Kompetenzgefüge"; *Wegener*, EuR 2020, 347: „verhängnisvolles Fehlurteil".

52 Näher *Ruthig*, in: Kopp/Schenke, VwGO § 40 Rn 37e; zu Sonderzuweisungen an die Zivilgerichte vgl *Ruthig*, in: Kopp/Schenke, VwGO § 40 Rn 49b, 49d.

53 Dazu ausf *Ruthig*, in: Kopp/Schenke, VwGO § 40 Rn 37c.

54 EuGH Slg. 1982, 3415, 3431 = NJW 1983, 1257. Danach besteht eine Vorlagepflicht, „wenn in einem bei ihm schwebenden Verfahren eine Frage des Unionsrechts gestellt wird, es sei denn, es hat festgestellt, dass die gestellte Frage nicht entscheidungserheblich ist, dass die betreffende unionsrechtliche Frage bereits Gegenstand einer Auslegung durch den Gerichtshof war oder dass die richtige Anwendung des Gemeinschaftsrechts derart offenkundig ist, dass für einen vernünftigen Zweifel keinerlei Raum bleibt; ob ein solcher Fall gegeben ist, ist unter Berücksichtigung der Eigenheiten des Unionsrechts, der besonderen Schwierigkeiten seiner Auslegung und der Gefahr voneinander abweichender Gerichtsentscheidungen innerhalb der Union zu beurteilen".

55 Dies gilt umso mehr auf Grundlage der strengeren Anforderungen an die Subsidiarität, vgl zum Glückspielrecht BVerfG, NVwZ 2017, 1111; außerdem zur Kfz-Kennzeichenüberwachung NJW 2019, 842. Danach ist es zumutbar, eine mit Antrag auf einstweiligen Rechtsschutz verbundene negative Feststellungsklage gem. § 43 VwGO gegen die individuelle Verbindlichkeit der angegriffenen Verbote und Verpflichtungen zu erheben; dazu auch BVerwG, BeckRS 2016, 116655 Rn 15; zum vorbeugenden und vorläufigen Rechtsschutz bei Verfassungswidrigkeit OVG Berlin-Brandenburg, BeckRS 2014, 57999 Rn 17 f mwN; BeckRS 2015, 48603 Rn 93, 95; OVG Hamburg, BeckRS 2015, 47756 Rn 14 ff.

Dabei gibt es für die **Prüfungsreihenfolge beim Zusammentreffen unionsrechtlicher und verfassungsrechtlicher Bedenken** nach Auffassung des BVerfG keine zwingende Reihenfolge[56]. Steht allerdings die Nichtanwendbarkeit der Norm *im konkreten Fall* fest, ist sie nicht mehr entscheidungserheblich iSv Art. 100 Abs. 1 S. 1 GG[57]. Immer häufiger setzt aber auch sonst die Beantwortung verfassungsrechtlicher Fragen die Klärung europarechtlicher Vorfragen voraus; sie ist dann auch Voraussetzung einer Vorlage an das BVerfG[58]. Zugleich sind die Fachgerichte verpflichtet, die unionsrechtlichen Vorgaben zu prüfen und ggf gemäß Art. 267 AEUV dem EuGH vorzulegen; die Nichtvorlage kann im Vertragsverletzungsverfahren geprüft[59], aber vor allem auch mit der Verfassungsbeschwerde geltend gemacht werden: die Verletzung der Vorlagepflicht bedeutet zugleich einen Verstoß gegen den gesetzlichen Richter iSv Art. 101 Abs. 1 S. 2 GG (ausführlich ▶ **Klausurenkurs Fall Nr 2**). Voraussetzung einer Verletzung des Anspruchs auf den gesetzlichen Richter ist jedoch, dass die Vorlage **willkürlich** unterblieb. Zwar hat das BVerfG[60] ausdrücklich anerkannt, dass hierbei auch unionale Maßstäbe eine Rolle spielten. Allerdings bleibe die Frage nach dem gesetzlichen Richter eine solche des nationalen Verfassungsrechts, die in allen Fällen der Vorlageverpflichtung nach gleichen Maßstäben geprüft werden und die Funktion des BVerfG beachten müsse. Vor diesem Hintergrund unterscheidet es drei Konstellationen[61]: Eine „grundsätzliche Verkennung der Vorlagepflicht"[62], ein bewusstes Abweichen von der EuGH-Rechtsprechung „zu entscheidungserheblichen Fragen"[63] und als wichtigste Fallgruppe die Überschreitung des gerichtlichen Beurteilungsspielraums bei Unvollständigkeit der Rechtsprechung[64].

II. Die Grundfreiheiten

Fall 3: Architekt A beauftragt im Rahmen eines Bauvorhabens in Deutschland den in den Niederlanden ansässigen Unternehmer U mit bestimmten, in Deutschland dem Handwerksrecht unterfallenden Bauarbeiten. U führte zwar in den Niederlanden zulässigerweise solche Arbeiten aus, war aber in Deutschland nicht in die Handwerksrolle eingetragen. Die Beauf- 45

56 BVerfG, NJW 2003, 1232. Ohne Vorlage nach Art. 267 AEUV kann es dazu kommen, dass das BVerfG die Verfassungsmäßigkeit einer Norm prüft, die letztlich wegen des Anwendungsvorrangs des Unionsrechts nicht angewendet werden darf. Ohne Entscheidung über die verfassungsrechtlichen Fragen durch das BVerfG könnte andererseits der EuGH im Vorabentscheidungsverfahren nicht erkennen, ob es sich um eine entscheidungserhebliche Bestimmung handelt, BVerfG, NJW 2007, 51.

57 BVerfGE 85, 191, 203 ff; 106, 275, 295; BVerfGE 116, 202, 214; ferner *Streinz*, Europarecht, Rn 259.

58 BVerfGE 129, 186, 198 ff = NJW 2012, 45; NVwZ-RR 2015, 1. Dies war ohne weiteres einleuchtend, so lange das BVerfG selbst die europäischen Grundrechte und Grundfreiheiten nicht prüfte; die Konsequenzen des erweiterten Prüfungsmaßstabes auf die Vorlageverpflichtung der letztinstanzlichen Gerichte bedarf aber noch der Klärung.

59 Erstmals ausdrücklich EuGH v. 4.10.2018, Rs. C-416/17 – *„Kommission/Frankreich"*, EuZW 2018, 1038; dazu *Hering*, EuR 2020, 112.

60 BVerfG, NJW 1988, 1456, 1457.

61 Dazu BVerfGE 135, 155; s. auch BVerfG, Beschluss v. 20.02.2017, Az. 2 BvR 63/15 (juris); BVerfG, Beschluss v. 15.12.2016, Az. 2 BvR 222/11.

62 Diese liegt vor, wenn das Gericht die Vorlagepflicht grundsätzlich verkennt, eine Vorlage also überhaupt nicht in Erwägung zieht, obwohl es die Frage für entscheidungserheblich hält und selbst Zweifel an der richtigen Beantwortung der Vorlagefrage hat, vgl BVerfGE 82, 159, 195 f; 126, 286, 316 f; 128, 157, 187 f; 129, 78, 106 f; 135, 155, 232.

63 BVerfGE 135, 155 = NVwZ 2014, 646, 657 Rn 182.

64 BVerfG v. 15.12.2016, Az. 2 BvR 222/11, Rn 32; BVerfGE 135, 155 = NVwZ 2014, 646, 657 Rn 183.

tragung verstieß damit zum Zeitpunkt der Erbringung der Leistungen gegen deutsches Handwerksrecht und stellte zugleich eine Ordnungswidrigkeit dar.

a) Können U und A sich auf die Grundfreiheiten berufen?

b) Ändert sich an dieser Beurteilung etwas, wenn U, nachdem die Aufträge aus Deutschland häufiger werden, seine deutschen Aufträge vom Grundstück des Bauunternehmers B aus organisiert, mit dem er jeweils nur für die Dauer der Arbeiten einen Mietvertrag abschließt?

c) Mittlerweile regeln europäische, in Deutschland umgesetzte Richtlinien den Fall. Kann U sich auf die Grundfreiheiten berufen, wenn er das in der RL vorgesehene Anzeigeerfordernis für einen Verstoß gegen die Grundfreiheiten hält?

d) Als die Geschäfte in Deutschland erheblich besser laufen als in den Niederlanden, möchte U seine Geschäftstätigkeit vollständig nach Deutschland verlagern. Allerdings schreckt es ihn ab, dass er sich dazu nach dem deutschen Recht in die Handwerksrolle eintragen lassen muss. Außerdem möchte er das Unternehmen weiterhin in der niederländischen Rechtsform der BV (Besloten vennootschap met beperkte aansprakelijkheid) betreiben.

46 **Fall 4:** Uber bietet seinen Kunden – weltweit sehr erfolgreich – über eine Smartphone-Applikation eine Alternative zu herkömmlichen Taxis: man vermittelt den Kontakt zwischen nicht berufsmäßigen Fahrern, die ihr eigenes Fahrzeug benutzen, und solchen Personen, die Fahrten im innerstädtischen Bereich unternehmen möchten. Dieses Modell wird auf einige deutsche Großstädte ausgedehnt. Allerdings verfügen weder Uber noch die vermittelten Fahrer über die für solche Fahrten nach dem Personenbeförderungsrecht erforderlichen Genehmigungen.

a) Hiergegen geht der Berufsverband der Taxifahrer in einem wettbewerbsrechtlichen Verfahren vor.

b) Ändert sich etwas an der Beurteilung, wenn die App lediglich der Vermittlung gewerblich tätiger Fahrer dient?

47 **Fall 5:** Die O-GmbH will in der deutschen Stadt B ein Laserdrome betreiben. In dieser Anlage tragen Spieler mit Sensoren versehene Westen und benutzen Laserzielgeräte, um sich gegenseitig „spielerisch zu töten". Darin sieht die Stadt eine Gefahr für die öffentliche Ordnung, weil die mit simulierten Tötungshandlungen einhergehende Verharmlosung von Gewalt gegen die grundlegenden Wertvorstellungen der Allgemeinheit verstoße. Als die Stadt gegen das Laserdrome einschreitet, macht O geltend, dass das Verbot gegen die Warenverkehrs- und Dienstleistungsfreiheit verstoße, da die Technik und Ausrüstung des Laserdrome von der irischen Gesellschaft P geliefert werde. In Irland erbringt P aufgrund von Franchiseverträgen, wie sie auch mit der O-GmbH bestehen, vergleichbare Leistungen[65].

48 **Fall 6:** Belgien führte bei dem Gasversorgungsunternehmen Distrigaz eine dem Staat zustehende Sonderaktie ein, um eine Gefährdung der nationalen Gasversorgung zu vermeiden. Diese ermöglicht es dem Energieminister, jede Übertragung technischer Einrichtungen und bestimmte unternehmerische Entscheidungen zu verbieten, die die Versorgung Belgiens mit Erdgas gefährden könnten. Zusätzlich entsendet die Regierung zwei Mitglieder in den Verwaltungsrat des Unternehmens. Das Verfahren wurde detailliert geregelt, die Entscheidung des Ministers muss begründet werden und ist anfechtbar.

a) Ist eine solche Regelung gemeinschaftsrechtlich zulässig?

---

65 EuGH v. 14.10.2004, Rs. C-36/02 – *„Omega GmbH"*, Slg. 2004, I-9609 = DVBl 2004, 1476. Diese Entscheidung erging auf Vorlage von BVerwG, NVwZ 2002, 598.

b) Wäre eine ähnliche Regelung für die Deutsche Post AG oder die DTAG zulässig, um die Aufrechterhaltung der Versorgung sicherzustellen? Was unterscheidet diese Fälle von einer „goldenen Aktie" bei VW?

1. Grundlagen

a) Allgemeine Grundsätze und Lehren

Die Verwirklichung des Binnenmarkts verlangt, dass außer den Waren auch die Produktionsfaktoren Arbeit und Dienstleistung frei, dh vor allem ohne Benachteiligung aufgrund der Staatsangehörigkeit verkehren können. Insofern konkretisieren sie das allgemeine Diskriminierungsverbot des Art. 18 Abs. 1 AEUV durch Statuierung eines Grundsatzes der **Inländergleichbehandlung**. Sie verlangen aber darüber hinaus auch, dass die Beschränkungen durch öffentliche Interessen, die als Schranken der Grundfreiheiten fungieren, gerechtfertigt sind. Dazu übernehmen die Grundfreiheiten vergleichbare Funktionen wie die Grundrechte aus Art. 12 und 14 GG in den rein nationalen Sachverhalten. Die fast zwangsläufige Konsequenz dieser Funktion der Grundfreiheiten als Rechtspositionen des Einzelnen ist die **Entwicklung eines „Allgemeinen Teils"** für alle Grundfreiheiten und damit verbunden auch eine starke Annäherung an die allgemeine Grundrechtsdogmatik in der Tradition „europäisch-amerikanischer Verfassungsstaatlichkeit"[66]. Dies erklärt, warum der EuGH trotz des unterschiedlichen Wortlauts der primärrechtlichen Bestimmungen seiner Prüfung ein **einheitliches Konzept und Prüfprogramm** zugrunde legt[67]. Diese dogmatische Parallele spiegelt sich im **dreistufigen Prüfungsaufbau** wider. Wie in der Grundrechtsprüfung lassen sich Schutzbereich, Eingriff und Rechtfertigung unterscheiden (s. Rn 57 ff). Allerdings greifen die Marktfreiheiten nur dann ein, wenn es sich um eine „Teilnahme am Wirtschaftsleben" handelt und der erforderliche grenzüberschreitende Bezug gegeben ist. Außerdem muss das angegriffene Verhalten dem Mitgliedstaat zuzurechnen sein. Diese Anforderungen werden – soweit der Sachverhalt dafür Anlass bietet – vorab geprüft (vgl Rn 52 ff). Entwickelt wurden viele allgemeine Grundfreiheitenlehren anhand der Warenverkehrsfreiheit, die allerdings für das öffentliche Wirtschaftsrecht in ihrer Bedeutung hinter den anderen Grundfreiheiten zurückbleibt. 49

Wie die Grundrechte sind auch die **Grundfreiheiten in erster Linie (staatsgerichtete) Eingriffsabwehrrechte** (zu den Adressaten näher Rn 56) und fungieren als Beschränkungs- und nicht allein als Diskriminierungsverbote[68]. Außerdem können auch aus den Grundfreiheiten **staatliche Schutzpflichten** abgeleitet werden. 50

---

66 Dazu insbes *Brugger*, Der moderne Verfassungsstaat aus der Sicht der amerikanischen Verfassung und des Grundgesetzes, AöR 2001, 337; *Stern*, Grundideen europäisch-amerikanischer Verfassungsstaatlichkeit, 1984; ähnlich auch *Schliesky*, S. 26 f.

67 S. auch *Streinz*, Europarecht, Rn 789: Tendenz zur Vereinheitlichung und Vereinfachung des Prüfungsmaßstabes.

68 Grundlegend EuGH v. 20.2.1979, Rs. C-120/78 – *„Cassis de Dijon"*, Slg. 1979, 649. S. *Ehlers*, in: *ders.* (Hrsg.), Europäische Grundrechte und Grundfreiheiten, § 7 Rn 28 f; zur Funktion der Grundfreiheiten als Leistungs- bzw Teilhaberechte, als Verfahrensrechte und als objektive Ordnung vgl *Ehlers*, aaO, Rn 32–39. Aus der Funktion als Diskriminierungsverbot allein ließe sich nur ein gleichheitsrechtliches Verständnis ableiten; für eine solche Interpretation *Kingreen*, Die Struktur der Grundfreiheiten des Europäischen Gemeinschaftsrechts, 1999, S. 115 ff.

Die europäische Konzeption hat der EuGH in zwei Grundlagenentscheidungen entwickelt. Im Urteil vom 9.12.1997[69] entschied der EuGH, dass die Französische Republik gegen ihre Verpflichtungen aus Art. 34 iVm Art. 4 Abs. 3 AEUV (ex Art. 28 iVm Art. 10 EGV) verstoßen hat, indem sie „nicht alle Maßnahmen ergriffen hat, damit der freie Warenverkehr [...] nicht durch Handlungen von Privatpersonen beeinträchtigt wird". Offen blieb die Frage nach den Grenzen der staatlichen Handlungspflicht. Angesichts der Weite der *Dassonville*-Formel und damit des Grundfreiheitentatbestands kann jedenfalls nicht für jedes private Handeln mit Eingriffsqualität eine Handlungs-(und ggf dadurch eine Haftungs-)pflicht des Staates begründet werden[70]. Mit dieser Frage einer Rechtfertigung der Beeinträchtigung beschäftigte sich der EuGH in der zweiten Entscheidung v. 12.6.2003 zur Brenner-Blockade[71]. Grundrechte und Grundfreiheiten sind gleichermaßen vom Unionsrecht geschützte und damit von den Mitgliedstaaten zu beachtende Rechte, zwischen denen – ähnlich wie in der deutschen Grundrechtsdogmatik bei der Kollision zweier Grundrechte – „ein angemessener Ausgleich im Wege praktischer Konkordanz gesucht werden muss"[72]. Mittlerweile hat sich die Problematik der Verkehrsblockaden ins sekundäre Unionsrecht verlagert[73]. Außerdem setzt sich auf europäischer Ebene immer mehr die unmittelbare Grundrechtsbindung Privater durch (s. dazu Rn 56).

51 Die zunehmende Rechtsvereinheitlichung im Binnenmarkt wirft aber auch die Frage einer Bindung der Union an die Grundfreiheiten auf. Schon das Primärrecht zeigt, dass auch der Unionsgesetzgeber nicht im Widerspruch zu den primärrechtlichen Vorschriften über den freien Warenverkehr handeln darf (vgl Art. 5 Abs. 2, Art. 13 Abs. 2 S. 2 EUV und Art. 2 Abs. 6 AEUV). Konsequenterweise überprüft der EuGH daher auch **Sekundärrecht auf seine Vereinbarkeit mit den Grundfreiheiten**[74]. Bisher räumte er dabei dem EU-Gesetzgeber einen weiten Ermessenspielraum ein[75].

Demgegenüber findet sich vor allem in der deutschen Literatur die These, es liege schon kein Verstoß gegen die Grundfreiheiten vor, da einheitlich wirkende Maßnahmen des Unionsgesetzgebers keine marktzugangsrelevanten Wirkungen entfalten könnten. Deshalb seien derartige unionale Akte primär an den Unionsgrundrechten, insbesondere der Berufs- und Unternehmerfreiheit (Art. 15 f GRCh), zu messen[76].

---

69 EuGH v. 9.12.1997, Rs. C-265/95 – *„Kommission/Frankreich"*, Rn 1, Slg. 1997, I-6959 = EuGRZ 1997, 620 = EuR 1998, 47 m. Anm. Schwarze.

70 *Kadelbach/Petersen*, EuGRZ 2002, 213, 214; *Schliesky*, Öffentliches Wirtschaftsrecht, S. 29 ff.

71 EuGH v. 12.6.2003, Rs. C-112/00 – *„Schmidberger"*, Slg. 2003, I-5659 = DVBl 2003, 1200 = JuS 2004, 429 (Streinz).

72 *Streinz*, JuS 2004, 429, 431.

73 Verordnung (EG) Nr 2679/98 des Rates vom 7. Dezember 1998 über das Funktionieren des Binnenmarktes im Zusammenhang mit dem freien Warenverkehr zwischen den Mitgliedstaaten. In der Sache greift die VO die Rechtsprechung des EuGH zur Warenverkehrsfreiheit und der daraus abgeleiteten staatlichen Schutzpflicht auf und ergänzt das Instrumentarium um die Befugnis der Kommission zum Einschreiten gegenüber dem Mitgliedstaat: Stellt die Kommission in einem Mitgliedstaat Behinderungen fest, so richtet sie eine Entscheidung an diesen Mitgliedstaat, die ihn verpflichtet, die erforderlichen und angemessenen Maßnahmen zu treffen, um die Behinderungen innerhalb der von ihr festgesetzten Frist zu beseitigen. S. im Einzelnen Art. 3 ff der VO.

74 EuGH v. 20.5.2003, Rs. C-108/01 – *„Parma"* Rn 53, Slg. 2003, I-5121; v. 13.9.2001, Rs C-169/99, Schwarzkopf, Rn 37, Slg. 2001, I-5901; aA *Kingreen*, in: Calliess/Ruffert AEUV Art. 34–36 Rn 109 f; *Schroeder*, in: Streinz, AEUV, Art. 34 Rn 29, 41 ff.

75 EuGH v. 13.9.2001, Rs C-169/99 – *„Schwarzkopf"*, Rn 41, Slg. 2001, I-590.

76 *Kingreen*, in: Calliess/Ruffert, AEUV Art. 34–36 Rn 109 f; *Schroeder*, in: Streinz, AEUV, Art. 34 Rn 29, 41 ff. EuGH v. 13.9.2001, Rs C-169/99 – *„Schwarzkopf"*, Rn 41, Slg. 2001, I-590.

b) Teilnahme am Wirtschaftsleben

Nach der Rechtsprechung des EuGH fallen sämtliche wirtschaftlichen, dh entgeltlichen Tätigkeiten in den Anwendungsbereich des Unionsrechts. Allerdings wird dieses Merkmal **weit verstanden**, so dass es den Anwendungsbereich kaum beschränkt. Ganz im Gegenteil hat der EuGH den Anwendungsbereich der Grundfreiheiten erheblich über das Wirtschaftsrecht im engeren Sinne hinaus ausgedehnt[77]. **52**

Die Teilnahme am Wirtschaftsleben geht über den Anwendungsbereich des deutschen Gewerberechts (s. dazu Rn 213 ff) hinaus. Nach Art. 57 Abs. 1 lit. d AEUV fallen zB auch freiberufliche Tätigkeiten, zB von Apothekern, Ärzten und Rechtsanwälten unter die Dienstleistungsfreiheit. Die Qualifikation als Teilnahme am Wirtschaftsleben gilt unabhängig davon, wie ein Mitgliedstaat diese Bereiche regelt. Grundsätzlich sind auch Spielbanken, Sportwetten, Lotterien und ähnliche Veranstaltungen Bestandteil des Wirtschaftslebens, selbst wenn eine solche Veranstaltung von vornherein nur der öffentlichen Hand erlaubt ist (Staatsmonopol) oder dem Staat jedenfalls ein (beträchtlicher) Teil des Erlöses zufließt[78]. Entsprechendes gilt für die Prostitution, sofern sie in einem Mitgliedstaat zumindest partiell legal ausgeübt werden kann bzw staatlich reglementiert wird[79] (s. aber zur Berücksichtigung der nationalen Ordnungsinteressen unten Rn 67).

c) Grenzüberschreitender Bezug

Da die Beseitigung der Hindernisse für den freien Verkehr von Waren, Personen und Kapital der Verwirklichung des Binnenmarktes dient, greifen die Grundfreiheiten nur dann, wenn der Sachverhalt einen Bezug zum Binnenmarkt hat, also grenzüberschreitende Sachverhalte erfasst[80]. Daran fehlt es, wenn ein Staat nur das Verhalten seiner eigenen Bürger regelt (zu den Konsequenzen einer damit uU verbundenen Inländerdiskriminierung s. Rn 151). In neueren Entscheidungen wurde der Anwendungsbereich der Grundfreiheiten allerdings dadurch erheblich ausgedehnt, dass der EuGH uU einen hypothetischen grenzüberschreitenden Bezug genügen lässt[81]. Durch die damit verbundene Anwendung der Grundfreiheiten auf Sachverhalte ohne konkrete Beteiligung von Angehörigen anderer Mitgliedstaaten wird die Zahl der verbleibenden ausschließlich innerstaatlichen Sachverhalte erheblich eingeschränkt. Dies folgt vor allem aus dem Umstand, dass sekundärrechtliche Konkretisierungen der Grundfreiheiten auf rein innerstaatliche Fälle erstreckt werden. So verlangt insbesondere die DienstleistungsRL (RL 2006/123/EG) keinen grenzüberschreitenden Bezug[82]. **53**

---

77 Nicht nur im Profisport (vgl EuGH v. 15.12.1995, Rs. C-415/93 – *„Bosman"*, Slg. 1995, I-4921), sondern auch beim Zugang zu öffentlichen Einrichtungen, etwa bei den Tarifen für öffentliche Museen, s. EuGH v. 16.1.2003, Rs. C-388/01 – *„Kommission/Italien"*, Slg. 2003, I-721.

78 EuGH v. 21.9.1999, Rs. C-124/97 – *„Läärä"*, Slg. 1999, I-6067; EuGH v. 24.3.1993, Rs. C-275/92 – *„Schindler"*, Rn 19, Slg. 1994 I-1078.

79 Vgl dazu unter anderem EuGH v. 27.9.2001, Rs. C-63/99 – *„Gloszczuk"*, Rn 1 ff, Slg. 2001, I-6369; EuGH v. 20.11.2001, Rs. C-268/99 – *„Jany"*, Rn 32 ff, Slg. 2001, I-8615; vgl dazu *Laskowski*, EuR 2003, 473; *Lenze*, EuGRZ 2002, 106. S. auch schon VGH Mannheim, NVwZ 2000, 1070, 1072.

80 Vgl EuGH, Urt. v. 5.5.2011, Rs. C-434/09 – *„McCarthy"*, Rn 45, Slg. 2011, I-3375.

81 EuGH v. 19.7.2012, Rs. C-470/11 – *„Garkalns"*, Rn 20, NVwZ 2012, 1162; EuGH v. 8.5.2013, Rs. C-197/11, C-203/11 – *„Libert"*, Rn 33 ff, EuZW 2013, 507. Allerdings ist bei der Auslegung dieser Entscheidung Vorsicht geboten. Der EuGH argumentierte zusätzlich damit, dass die Auslegung der Grundfreiheiten auch dann von Relevanz ist, wenn das nationale Recht (anders als das deutsche) für Inländer die gleichen Grundsätze anlegt.

82 Ohne nähere Begründung EuGH v. 23.12.2015, Rs. C-293/14, EuZW 2016, 224 m. Anm. Korte = JuS 2016, 759 (Streinz); unter Berufung auf die Ausführungen des GA EuGH v. 30.1.2018, Rs. C-360/15, C-31/16 – *„College van Burgemeester en Wethouders van de gemeente Amersfoort / X BV ua"*,

d) Bereichsausnahmen für die öffentliche Gewalt

54 Nach Art. 51 AEUV sind die Niederlassungsfreiheit und über den Verweis in Art. 62 AEUV auch die Dienstleistungsfreiheit nicht anwendbar, wenn es sich bei der fraglichen Tätigkeit um die **Ausübung öffentlicher Gewalt** handelt; auch im Sekundärrecht – etwa für den Anwendungsbereich des Vergaberechts – wird die Bereichsausnahme relevant. Es handelt sich um einen unionsrechtlichen Begriff, der als Ausnahme von den Grundfreiheiten eng auszulegen ist[83]. Allerdings hat der EuGH bisher keine wirkliche Definition geliefert, so dass sich um die Anwendung regelmäßig Kontroversen entzünden. Eindeutige Fälle der Ausübung von öffentlicher Gewalt in diesem Sinne sind Justiz, Polizei und Militär. Zur öffentlichen Gewalt gehört aber auch die **staatliche Wirtschaftsaufsicht**.

55 Problematisch wird die Bereichsausnahme immer dann, wenn Private in die Aufgabenerfüllung einbezogen werden. Nach dem EuGH werden allein solche Tätigkeiten erfasst, „die, in sich selbst betrachtet, eine *unmittelbare und spezifische* Teilnahme an der Ausübung öffentlicher Gewalt darstellen“[84]. Bei der Einschaltung Privater wird die fragliche Tätigkeit entweder als abtrennbar von der öffentlichen Gewalt oder, weil ihr untergeordnet, gar nicht unter den Tatbestand gefasst[85] oder die Berufung auf den Staatsangehörigkeitsvorbehalt als unverhältnismäßig angesehen, weil eine staatliche Kontrolle über die Privaten ausreichend (und regelmäßig aus anderen Gründen geboten) ist.

Bisher hat der EuGH daher in keinem einzigen Fall die Bereichsausnahme durchgreifen lassen: Die Tätigkeit der **Rechtsanwälte und Notare** fällt trotz des Bezuges zur Justiz schon gar nicht unter die Bereichsausnahme[86]. Erst recht stellt die **Tätigkeit privater Sicherheitsunternehmen**[87] keine öffentliche Gewalt dar. **Kfz-Überwachung**[88] und **Versicherungsaufsicht**[89] lassen sich dagegen als öffentliche Gewalt interpretieren. Dennoch greift im Ergebnis die Bereichsausnahme nicht. Bei der Übertragung der Kfz-Überwachung auf (beliehene) Private oder deren

---

NVwZ 2018, 307; v. 4.7.2019, Rs. C-377/17 (Kommission/Bundesrepublik Deutschland), NVwZ 2019, 1120; aA zuvor die deutsche Lit, vgl *Müller-Graff*, in: Streinz, Art. 56 AEUV Rn 32 f; *Schmidt-Kessel*, in: Schlachter/Ohler, Europäische Dienstleistungsrichtlinie, Art. 16 Rn 8. Die Ausführungen des EuGH ließen sich durchaus auf die Berufsanerkennungs- und die VerhälnismäßigkeitsRL übertragen.

83 S. EuGH v. 15.3.1998, Rs. C-147/86 – *„Kommission/Griechenland“*, Rn 7, Slg. 1998, 1637; EuGH v. 22.10.2009 – Rs. C-438/08 – *„Kommission/Portugal“*, Rn 34, Slg. 2009, I-10219; *Burgi*, NVwZ 2007, 383, 386.

84 EuGH v. 21.6.1974, Rs. C-2/74 – *„Reyners“*, Rn 44 f, Slg. 1974, 631; zuletzt EuGH v. 22.10.2009, Rs. C-438/08 – *„Kommission/Portugal“*, Rn 34, Slg. 2009, I-10219. S. dazu auch *Ruthig*, DVBl 2010, 13, 20.

85 Danach wird die Tätigkeit Privater „unter der aktiven Überwachung der zuständigen Behörde, die letztlich für die Kontrollen und Entscheidungen der genannten Organisationen die Verantwortung trägt“, nicht von Art. 51 AEUV erfasst, vgl EuGH v. 22.10.2009, Rs. C-438/08 – *„Kommission/Portugal“*, Rn 37, Slg. 2009, I-10219, unter Berufung auf Urteile v. 12.7.2007, Rs. C-393/05 – *„Kommission/Österreich“*, Rn 42, Slg. 2007, I-10195 und v. 29.11.2007, Rs. C-404/05 – *„Kommission/Deutschland“*, Rn 44, Slg. 2007, I-10239.

86 Zum Rechtsanwalt schon EuGH v. 21.6.1974, Rs. C-2/74 – *„Reyners“*, Rn 45, Slg. 1974, 631; zum Notariat EuGH v. 24.5.2011, Rs. C-54/08 – *„Kommission/Deutschland“*, Slg. 2011, I-4355.

87 EuGH v. 29.10.1998, Rs. C-114/97 – *„Kommission/Spanien“*, Slg. 1998, I-6717. EuGH v. 9.3.2000, Rs. C-355/98 – *„Kommission/Belgien“*, Slg. 2000, I-1221; EuGH v. 29.5.2001, Rs. C-263/99 – *„Kommission/Italien“*, Slg. 2001, I-4195.

88 EuGH v. 5.10.1994, Rs. C-55/93 – *„van Schaik“*, Rn 16, Slg. 1994, I-4837.

89 EuGH v. 13.7.1993, Rs. C-42/92 – *„Thijssen“*, Rn 22, Slg. 1993, I-4047.

Einschaltung in die Versicherungsaufsicht genügt eine Überwachung dieser Tätigkeit durch den Staat. Sämtlichen Versuchen, diesen materiellen Begriff der öffentlichen Gewalt durch einen formellen Begriff zu ersetzen und an die Frage der Beleihung bzw die Befugnis zum Erlass von Verwaltungsakten anzuknüpfen, hat der EuGH zu Recht eine klare Absage erteilt[90].

2. Die Prüfung der Grundfreiheiten

a) Adressaten der Grundfreiheiten

Ähnlich wie die Grundrechte sind die Grundfreiheiten **grundsätzlich staatsgerichtet**, wobei es aus Sicht der Union auf die Zuständigkeitsverteilung innerhalb der Mitgliedstaaten nicht ankommen kann. Sie gelten für die Mitgliedstaaten und ihre Untergliederungen (Länder und Gemeinden) auch dann, wenn sie in den Formen des Privatrechts handeln[91] und auch für die Tätigkeit öffentlicher Unternehmen[92]. Die Verbindung zwischen privatrechtlicher Organisationsform und staatlichem Einfluss rechtfertigt ihre Bindung an die Grundfreiheiten, schließt aber umgekehrt nicht aus, dass sie sich selbst gegenüber staatlichen Maßnahmen auf diese berufen können (s. näher Rn 731)[93]. An die Grundfreiheiten gebunden sind aber auch öffentlichrechtlich organisierte Formen der **Selbstverwaltung** wie die Kammern sowie Private bei einer **Indienstnahme für staatliche Zwecke** über die klassischen Formen der Beleihung hinaus, etwa für die Tätigkeit von Zertifizierungsstellen[94]. 56

Ob es auch darüberhinaus eine unmittelbare Bindung Privater an die Grundfreiheiten (sog. unmittelbare Drittwirkung) geben kann, ist noch nicht abschließend geklärt. Der EuGH hat mehrfach eine unmittelbare Wirkung zwischen Privaten angenommen, um Einzelne vor der Macht privater Verbände zu schützen, die durch ihre besondere Stellung Bereiche des Wirtschaftslebens autonom regeln[95]. Dogmatisch ist diese Konstruktion nicht verallgemeinerungsfähig[96].

---

90 Auch dazu ausf *Ruthig*, DVBl 2010, 13, 19.

91 Vgl zu den Äußerungen des Irish Good Council EuGH v. 24.11.1982, Rs. C-249/81 – *„Buy Irish"*, Slg. 1982, 4005; s. auch EuGH v. 18.5.1989, Rs. C-266 u. 267/87 – *„Association of Pharmaceutical Importers"*, Rn 13 ff, Slg. 1989, 1295; EuGH v. 15.12.1993, Rs. C-292/92 – *„Hünermund ua"*, Slg. 1993, I- 6767.

92 EuGH v. 30.4.1974, Rs. C-155/73 – *„Sacchi"*, Rn 14, Slg. 1974, 409; *Jung*, in: Calliess/Ruffert, Art. 106 AEUV Rn 3; *Weiß*, DVBl 2003, 165, 166; *Burgi*, EuR 1997, 261, 287.

93 *Burgi*, EuR 1997, 287; *Storr*, Der Staat als Unternehmer, S. 298 ff. Für die Niederlassungs- und Dienstleistungsfreiheit ergibt sich die Geltung auch für öffentliche Unternehmen schon aus Art. 54 Abs. 2 AEUV (ggf iVm Art. 62 AEUV), vgl *Weiß*, DVBl 2003, 169, 173.

94 EuGH v. 12.7.2012, Rs. C-171/11; *Kingreen*, in: Calliess/Ruffert, AEUV Art. 34 – 36 Rn 107, 111; *Leible/Streinz*, in: Grabitz/Hilf/Nettesheim, AEUV Art. 34 Rn 41; anders die Interpretation von *Wollenschläger*, in: Schmidt/Wollenschläger, § 1 Rn 19; *Ludwigs/Weidermann*, Jura 2014, 152, 159 f; *Schmahl/Jung*, NVwZ 2013, 607, 609 f, die davon ausgehen, der EuGH habe hier die Horizontalwirkung anerkannt.

95 S. EuGH v. 12.12.1974, Rs. C-36/74 – *„UCI"*, Rn 4 ff, Slg. 1974, 1405, 1418 ff. Vgl *Kingreen*, in: von Bogdandy (Hrsg.), Europäisches Verfassungsrecht, S. 676 ff; *Streinz*, Europarecht, Rn 848 ff; *Müller-Graff*, EuR 2014, 3.

96 Eindeutig eine Drittwirkung ablehnend EuGH v. 1.10.1987, Rs. 311/85 – *„Vlaamse Reisebureaus"*, Rn 30, Slg. 1987, 301. Der Wortlaut der entsprechenden Bestimmungen des AEUV („zwischen den Mitgliedstaaten") und die Rechtfertigungsmöglichkeiten für Beschränkungen der Grundfreiheiten sind auf staatliche Tätigkeit zugeschnitten, so dass die Begründung mittels „staatlicher Schutzpflichten" vorzugswürdig ist, vgl *Ehlers*, in: ders. (Hrsg.), Europäische Grundrechte und Grundfreiheiten, § 7 Rn 48 f; *Cremer*, in: Ehlers/Fehling/Pünder, § 9 Rn 27 ff. Ausführlich zu einer Begründung der unmittelbaren Drittwirkung *Löwisch*, Die horizontale Direktwirkung der europäischen Grundfreiheiten, 2009, S, 163 ff.

Allerdings bleibt abzuwarten, inwieweit die Rechtsprechung zu den europäischen Grundrechten auch die Grundfreiheitendogmatik beeinflusst[97].

b) Schutzbereich und Eingriff

57 Erfassen die Grundfreiheiten einen Sachverhalt (zu den allgemeinen Anforderungen an die Eröffnung des Anwendungsbereiches Rn 52 ff, zu den im Einzeln geschützten Sachverhalten unten Rn 71 ff), stellt sich die Frage, inwieweit sie einer Vorschrift des nationalen öffentlichen Wirtschaftsrechts entgegenstehen. Trotz der unterschiedlichen Formulierung geht man von einer einheitlichen Struktur der Grundfreiheiten aus[98]. Dabei lassen sich wie in der deutschen Grundrechtsdogmatik Schutzbereich, Eingriff (Beschränkung) und Rechtfertigung unterscheiden.

58 Als **Eingriffsformen** sind die (offene oder versteckte) Diskriminierung und die Maßnahmen gleicher Wirkung anerkannt. Neben der selten gewordenen **offenen Diskriminierung**, bei der Vorschriften unmittelbar an die Staatsangehörigkeit anknüpfen, gibt es vor allem Fälle der **versteckten (faktischen bzw mittelbaren) Diskriminierung**, die zwar nicht ausdrücklich Binnenmarktsachverhalte regeln, aber in ihren Auswirkungen EU-Ausländer typischerweise stärker betreffen als Inländer[99]. Da die meisten Vorschriften nicht zwischen In- und Ausländern differenzieren, handelt es sich idR um **Maßnahmen gleicher Wirkung**. Dieses Kriterium hat der EuGH am Beispiel der Warenverkehrsfreiheit entwickelt, aber mittlerweile auf die anderen Grundfreiheiten übertragen[100]. Verboten ist danach jede Maßnahme, die geeignet ist, „innergemeinschaftlichen Handel unmittelbar oder mittelbar, tatsächlich oder potentiell zu behindern" (sog. **Dassonville-Formel**)[101]. Damit hat der EuGH die zunächst als Diskriminierungsverbote verstandenen Grundfreiheiten zu allgemeinen Beschränkungsverboten weiterentwickelt.

59 Die Eingriffsmodalitäten sind irrelevant. Die Mitgliedstaaten sollen sich weder durch die Wahl der **Handlungsform** noch durch die **Qualifikation der Maßnahme als privatrechtlich** ihren unionsrechtlichen Pflichten entziehen können (zur Frage der Adressateneigenschaft s. oben Rn 56).

---

97 Grundlegend *Kahl/Schwind*, EuR 2014, 170. Für eine unmittelbare Dritt- oder Horizontalwirkung wird vor allem die Rspr zum kirchlichen Arbeitsrecht in Anspruch genommen, vgl insbes zu EuGH v. 17.4.2018, Rs. C 414/16 – *„Egenberger"*, NJW 2018, 1869 die Ausführungen von *Kainer*, NZA 2018, 894; *Wank*, RdA 2020, 1. Allerdings ist dabei zu beachten, dass es einerseits primär um die Auslegung einer Richtlinie ging und für das Arbeitsrecht Besonderheiten gelten; dort ging im Übrigen anfangs auch das BVerfG von einer unmittelbaren Drittwirkung der deutschen Grundrechte aus, vgl BAG, NJW 1955, 606; NJW 1955, 684. Die dogmatische Begründung hatte Nipperdey gelegt, vgl *Nipperdey*, RdA 1950, 121; *Enneccerus/Nipperday*, Allgemeiner Teil des Bürgerlichen Rechts, 15. Aufl. 1959, S. 91 ff; dem folgend auch *Leisner*, Grundrechte und Privatrecht, 1960.

98 S. dazu *Frotscher/Kramer*, Rn 228; *Ehlers*, Jura 2001, 266.

99 Zum Begriff der Diskriminierung *Müller-Graff*, in: Streinz, AEUV Art. 49 Rn 40 ff.

100 Zur Arbeitnehmerfreizügigkeit EuGH v. 27.1.2000, Rs. C-190/98 – *„Graf"*, Slg. 2000, I-493; EuGH v. 15.9.2005, Rs. C-464/02 – *„Kommission/Dänemark"*, Slg. 2005, I-7929 mwN; zur Dienstleistungs- und Niederlassungsfreiheit EuGH v. 15.1.2002, Rs. C-439/99 – *„Kommission/Italien"*, Slg. 2002, I-305; EuGH v. 13.12.2007, Rs. C-465/05 – *„Kommission/Italien"* Slg. 2007, I-11091 mwN. Die Kapitalverkehrsfreiheit wurde bereits nach ihrem eindeutigen Wortlaut als Beschränkungsverbot konzipiert.

101 EuGH v. 11.7.1974, Rs. C-8/74 – *„Dassonville"*, Rn 5, Slg. 1974, 837; *Leible/T. Streinz*, in: Grabitz/Hilf/Nettesheim, AEUV Art. 34 Rn 99 ff, 122. Im Einzelfall gestaltet sich deren Abgrenzung von den versteckten Diskriminierungen als schwierig, s. *Ehlers*, Jura 2001, 482, 485.

Beispielsweise maß der EuGH eine staatliche *Werbekampagne* als Maßnahme gleicher Wirkung an den Grundfreiheiten (▶ **Klausurenkurs Fall Nr 3**)[102]. Äußerungen eines Beamten sind dem Staat zurechenbar, wenn die Empfänger dieser Äußerungen den Umständen nach annehmen dürfen, dass sich der Beamte mit Amtsautorität äußert[103].

Angesichts seines weiten Eingriffsbegriffes hat sich der EuGH mit der sog. **Keck-Rechtsprechung** zunächst bei der Warenverkehrsfreiheit um eine Begrenzung des Schutzbereiches bemüht. Danach fallen „bestimmte Verkaufsmodalitäten" dann nicht in den Schutzbereich der Warenverkehrsfreiheit, wenn sie für alle betroffenen Wirtschaftsteilnehmer gelten, die ihre Tätigkeit im Inland ausüben und außerdem den Absatz in- und ausländischer Waren in rechtlich wie tatsächlich gleicher Weise berühren[104]. **60**

Eine klare Definition existiert nicht, wohl aber eine **umfangreiche Kasuistik**. Neben den wettbewerbsrechtlichen Vorschriften[105] sind als öffentlichrechtliche Vorschriften das **Ladenöffnungsrecht und Sonntagsverkaufsverbot** zu nennen (s. unten Rn 82); Entsprechendes gilt für **Verkaufsbeschränkungen**, zB die Apothekenpflichtigkeit bestimmter Arzneimittel[106] sowie **produktbezogene Werbeverbote**, etwa für alkoholische Getränke[107] oder Arzneimittel. Inwieweit sich diese zur Warenverkehrsfreiheit entwickelten Grundsätze auf die Niederlassungs- und Dienstleistungsfreiheit übertragen lassen, wird kontrovers beurteilt. Obschon der EuGH dies nur für die Dienstleistungsfreiheit ausdrücklich bejaht hat[108], dürfte sich der Grundsatz auf die anderen Grundfreiheiten anwenden lassen, soweit es sich um nichtdiskriminierende und marktverhaltensbezogene Vorschriften handelt[109]. Allerdings steht die Keck-Rechtsprechung seit ihren Anfängen in der Kritik, auch durch einzelne Generalanwälte[110], ohne dass der EuGH sie trotz scheinbarer Tendenzen in dieser Richtung bisher aufgegeben hätte. Auf der Grundlage des „Drei-Stufen-Tests", die nach dem Vorbild des Kartellrechts nach der Spürbarkeit von Handelsbeeinträchtigungen fragt, hat sich die Lösung nicht unbedingt vereinfacht[111]. Eine er-

---

102 EuGH v. 24.11.1982. Rs C-249/81 – *„Buy Irish"*, Slg. 1982, 4005; EuGH v. 13.12.1983, Rs. C-222/82 – *„Apple and Pear Development Council"*, Slg. 1983, 4083; EuGH v. 5.11.2002, Rs. C-325/00 – *„CMA-Gütezeichen"*, Slg. 2002, 9977; aus der Literatur *Epiney*, in: Ehlers (Hrsg.), Europäische Grundfreiheiten und Grundrechte, § 8 Rn 27; *Becker*, EuR 2002, 418 ff.

103 EuGH v. 17.4.2007, Rs. C-470/03 – *„A.G.M Hebebühnen"*, Slg. 2007, 2749; dazu *Weiß*, EuZW 2008, 74.

104 EuGH v. 24.11.1993, Rs. C-268/91 – *„Keck"*, Slg. I-1993, 6097; dazu *Epiney*, in: Ehlers (Hrsg.), Europäische Grundrechte und Grundfreiheiten, § 8 Rn 39 ff; *Kingreen*, in: Calliess/Ruffert, Art. 34–36 AEUV Rn 162 ff; *Schroeder*, in: Streinz, Art. 34 AEUV Rn 42 f.

105 In der Ausgangsentscheidung war es das Verbot des Verkaufs unter Einstandspreis, vgl EuGH v. 24.11.1993, Rs. C-268/91 – *„Keck"*, Slg. 1993, I-6097.

106 EuGH v. 11.12.2003, Rs. C-322/01 – *„Doc Morris"*, Slg. 2003, I-14887. Ebenso sogar für ein Verkaufsmonopol von Apotheken für Babynahrung EuGH v. 29.6.1995, Rs. C-391/92 – *„Kommission/Griechenland"*, Rn 11 ff, Slg. 1995, I-1621.

107 EuGH v. 8.3.2001, Rs. C-405/98 – *„Gourmet International"*, Slg. 2001, I-1795 = EuZW 2001, 251.

108 EuGH v. 10.5.1995, Rs. C-384/93 – *„Alpine Investments"*, Slg. 1995, I-1141; dazu unten Rn 77, 83. Zur Kapitalverkehrsfreiheit hat EuGH v. 13.5.2003, Rs. C-98/01 – *„Kommission/Großbritannien"*, Rn 42 ff, Slg. 2003, I-4641 es abgelehnt, die Vorschriften über „goldene Aktien" als den Verkaufsmodalitäten der Keck-Rechtsprechung entsprechend zu qualifizieren, sich aber jedenfalls nicht grundsätzlich gegen eine Anwendung dieser Grundsätze ausgesprochen.

109 Dazu näher *Ehlers*, in: ders., Europäische Grundrechte und Grundfreiheiten, § 7 Rn 82. Zurückhaltender *Müller-Graff*, in: Streinz, Art. 49 AEUV Rn 62.

110 Prominent die Schlussanträge von GA Jacobs, Rs. 412/93, Rn 38 ff – Leclerc; GA Maduro v. Rs. C-158/04 Rn 24 ff – Alfa Vita; s. dazu *Leible/Streinz*, in: Streinz, AEUV Art. 34 Rn 82 ff.

111 EuGH, Rs C-110/05 – *„Kommission/Italien"*, Rn 33 ff; die Deutung dieses Ansatzes als Metamorphose (Brigola, EuZW 2012, 248) oder Konkretisierung (*Epiney*, NVwZ 2010, 1065) der Keck-Formel blieb umstritten. Jedenfalls greift der EuGH weiterhin auch auf die Keck-Formel zurück, vgl

hebliche Einschränkung ihres Anwendungsbereichs folgt allerdings aus der Erstreckung des Sekundärrechts auf Inlandssachverhalte, wie sie der EuGH annimmt. Damit gerät sogar das einzelhandelsbezogene Bauplanungsrecht in den Anwendungsbereich der DienstleistungsRL[112].

c) Die Rechtfertigung von Beschränkungen

61 Liegt eine Beeinträchtigung der Grundfreiheiten vor, so ist zunächst zu prüfen, inwieweit diese durch die **geschriebenen Schrankenregelungen** des AEUV gerechtfertigt werden kann. Hierzu gehören **Gründe der öffentlichen Ordnung, Sicherheit und Gesundheit**. Sie spielen aus verschiedenen Gründen im öffentlichen Wirtschaftsrecht kaum eine Rolle. Die **öffentliche Sicherheit** umfasst den Schutz vor Bedrohungen und Gefahren für die Existenz des Staates in seinen Grundlagen und Einrichtungen, greift also zB im Zusammenhang mit der Sicherstellung der Energieversorgung[113], nicht aber bei typischen Maßnahmen der Wirtschaftsaufsicht. Außerdem sind die entsprechenden Bestimmungen grundsätzlich eng auszulegen. Die **öffentliche Ordnung** wird deswegen nicht als weiter ordre public-Vorbehalt verstanden, sondern für solche Gründe, die „herkömmlich als wesentliches Interesse des Staates" angesehen werden; sie ist nur dann betroffen, wenn eine tatsächliche und hinreichend schwere Gefährdung vorliegt, die ein Grundinteresse der Gesellschaft berührt[114].

Der unionsrechtliche Begriff[115] verlangt die Abwehr konkreter, von dem Betroffenen ausgehender Gefahren[116]. So ließe sich zB die Unterbindung der Gewerbeausübung auf der Grundlage einer Verurteilung wegen Betäubungsmitteldelikten auf die öffentliche Ordnung stützen[117]. Da Anzeige- und Genehmigungserfordernisse wie in **Fall 3b (Rn 45)** aber lediglich der Abwehr abstrakter Gefahren dienen, lassen sie sich nicht auf die öffentliche Ordnung stützen. Ferner muss ein Mitgliedstaat entsprechende Sachverhalte von Inländern ebenfalls mit empfindlichen Sanktionen ahnden, so dass Sondervorschriften für Ausländer im Ergebnis ausscheiden. Auf diese Rechtfertigungsgründe lassen sich aber auch unterschiedslos wirkende Maßnahmen nur ausnahmsweise stützen (s. aber Rn 50 zur Brennerblockade und Rn 68 zum deutschen Verbot von Laserdromen).

62 Um den Gestaltungsspielraum der Mitgliedstaaten nicht zu stark einzuschränken, hat der EuGH die strengen geschriebenen Rechtfertigungsgründe durch die flexibleren

---

EuGH v. 21.9.2016, Rs C-221/15 – *„Établissements Fr. Colruyt"*, EuZW 2017, 24, auch wenn er sie nicht in allen Fällen erwähnt, vgl zB EuGH v. 23.12.2015, Rs. C-333/14 – *„Scotch Whiskey Association"*, NJW 2016, 621.

112 EuGH v. 30.1.2018, Rs. C-360/15, C-31/16 – *„College van Burgemeester en Wethouders van de gemeente Amersfoort / X BV ua"*, NVwZ 2018, 307.

113 EuGH v. 10.7.1984, Rs. C-72/83 – *„Campus Oil"*, Rn 33 ff, Slg. 1984, 2727.

114 EuGH v. 26.3.2009, Rs. C-326/07 – *„Kommission/Italien"*, Rn 70, Slg. 2009, I-2291; v. 14.3.2000, Rs. C-54/99 – *„Église de scientologie"*, Rn 17, Slg. 2000, I-1335; v. 17.7.2008, Rs. C-207/07 – *„Kommission/Spanien"*, Rn 47, Slg. 2008, I-111. Allerdings können hierzu auch Grundrechte (zB die Meinungs- bzw Versammlungsfreiheit in den Brennerblockadefällen und die Menschenwürde im Fall Omega) gehören.

115 Vgl *Bröhmer*, in: Calliess/Ruffert, Art. 52 AEUV Rn 4 ff; aA allerdings *Forsthoff*, in: Grabitz/Hilf/Nettesheim, Art. 52 AEUV Rn 23 ff. Die meisten Entscheidungen sind zu Art. 45 Abs. 3 AEUV ergangen.

116 Eine Berufung auf die öffentliche Ordnung ist nach der Rspr des EuGH nur möglich, wenn eine tatsächliche und hinreichend schwere Gefährdung vorliegt, die ein Grundinteresse der Gesellschaft berührt, vgl EuGH v. 14.3.2000, Rs. C-54/99 – *„Église de scientologie"*, Rn 17, Slg. 2000, I-1335; s. auch *Bröhmer*, in: Calliess/Ruffert, Art. 52 AEUV Rn 4.

117 EuGH v. 10.2.2000, Rs. C-340/97 – *„Nazli"*, Rn 58, Slg. 2000, I-957.

„zwingenden Erfordernisse" als ungeschriebene Rechtfertigungsgründe ergänzt[118]. Ausgangspunkt war die **Cassis-Entscheidung**[119]. In der Rechtssache *Gebhard* hat der EuGH diesen Prüfungsaufbau für die Einschränkungen von Grundfreiheiten zusammengefasst[120]:

- Die Maßnahme muss in nichtdiskriminierender Weise angewendet werden, es darf sich also weder um eine offene noch eine versteckte Diskriminierung handeln.
- Für eine Maßnahme gleicher Wirkung müssen zwingende Gründe des Allgemeinwohls vorliegen, was immer dann zu bejahen ist, wenn die Maßnahme unionsrechtlich anerkannten Belangen zu dienen bestimmt ist (sog. Cassis-Formel).
- Die Maßnahme muss geeignet sein, die Verwirklichung des mit ihr verfolgten Ziels zu gewährleisten.
- Die Maßnahme darf nicht über das hinausgehen, was zur Zweckerreichung erforderlich ist.

Bereits die Formulierung der Cassis-Entscheidung ließ erkennen, dass es **keinen abschließenden Katalog** der Rechtfertigungsgründe gibt. Sie speisen sich im Ergebnis aus drei Quellen: Zum einen beziehen sie ihre Legitimation aus der **Anerkennung in den Unionspolitiken und dem sonstigen Primärrecht**, zum zweiten aus der **Anerkennung im Sekundärrecht** und außerdem in gewissem Umfang aus dem **nationalen Recht** (s. auch Art. 6 Abs. 3 EUV zur Rücksicht auf die besonderen Traditionen der mitgliedstaatlichen Rechtsordnungen). Mit Ausnahme wirtschaftlich protektionistischer Zielsetzungen können daher sehr unterschiedliche Allgemeinwohlbelange verfolgt werden; selbst die Bekämpfung der missbräuchlichen Ausnutzung von Grundfreiheiten kann als Rechtfertigungsgrund genügen[121]. 63

Primärrechtlich anerkannte Belange, die einen Eingriff in die Grundfreiheiten rechtfertigen können, sind daher beispielsweise der Verbraucherschutz (Art. 12, 169 AEUV) und der Umweltschutz (vgl Art. 11, 114 Abs. 4 AEUV)[122], Ziele der Kulturpolitik (Art. 167 AEUV)[123] und die Gewährleistung der Daseinsvorsorge[124]. Der EuGH hat insbes Art. 106 Abs. 2 AEUV auch

---

118 Zur Qualifikation als Rechtfertigungsgrund *Schroeder*, in: Streinz, AEUV Art. 34 Rn 74 mwN; ausf *Ehlers*, in: ders. (Hrsg.), Europäische Grundrechte und Grundfreiheiten, § 7 Rn 101 ff.

119 EuGH v. 20.2.1979, Rs. C-120/78 – *„Cassis de Dijon"*, Rn 8, Slg. 1979, 649, 662; s. auch EuGH v. 26.6.1995, Rs. C-368/95 – *„Vereinigte Familiapress/Bauer Verlag"*, Rn 8, Slg. 1997, I-3689, 3713. Ausf zur Cassis-Rechtsprechung und den Reaktionen des Schrifttums *Kingreen*, in: Calliess/Ruffert, Art. 34–36 AEUV Rn 45 ff.

120 EuGH v. 30.11.1995, Rs. C-55/94 – *„Gebhard"*, Rn 37, Slg. 1995, I-4165, 4197.

121 EuGH v. 9.3.1999, Rs. C-212/97 – *„Centros"*, Rn 29, Slg. 1999 I-1459; EuGH v. 30.9.2003, Rs. C-167/01 – *„Inspire Art"*, Rn 136 ff, Slg. 2003 I-10155.

122 S. etwa EuGH v. 1.7.2014, Rs. C-573/12 – *„Ålands Vindkraft"*, ZUR 2014, 553 m. Anm. Kröger.

123 Vgl auch *Schroeder*, in: Streinz, Art. 36 AEUV Rn 46. EuGH v. 30.4.2009, Rs. C-531/07 – *„LIBRO"*, Rn 22, 34, Slg. 2009, I-3717. stützte sich allgmeiner auf den Schutz von Büchern als Kulturgut.

124 Dieser in Deutschland von *Forsthoff* geprägte Begriff wird im Primärrecht nicht ausdrücklich genannt. Art. 106 AEUV und Art. 36 GRCh sprechen von „Dienstleistungen von allgemeinem wirtschaftlichen Interesse", Art. 14 AEUV von „Diensten von allgemeinem wirtschaftlichem Interesse" und in Protokoll Nr 26 zum Lissabonner Vertrag von „Dienste(n) von allgemeinem Interesse", Art. 34 GRCh von „Leistungen der sozialen Sicherheit" und „sozialen Diensten". Die Kommission hat demgegenüber den Begriff der Daseinsvorsorge von Anfang an verwendet, vgl Mitteilungen „Leistungen der Daseinsvorsorge in Europa", ABl. EG 1996 C 281/3 und KOM(2000) 580; „Grünbuch zu Dienstleistungen von allgemeinem Interesse", KOM (2003) 270; „Weißbuch zu Dienstleistungen von allgemeinem Interesse", KOM (2004) 374.

bei der Prüfung der Grundfreiheiten als Rechtfertigungsgrund herangezogen[125]. Auch sekundärrechtlich anerkannte Gemeinwohlbelange können als Rechtfertigungsgrund fungieren[126]. Vor allem dort, wo sekundärrechtliche Regelungen fehlen[127], hat der EuGH aber auch auf nationale Beweggründe abgestellt, etwa die Bekämpfung des Glücksspiels und die dahinter stehenden sittlichen, religiösen und kulturellen Erwägungen des einzelnen Mitgliedstaats (ausf dazu unten Rn 67 ff). Allerdings können nur solche Gründe Beschränkungen rechtfertigen, als den europäischen Grundrechten Genüge getan wird[128].

64 Als Korrektiv zur großzügigen Anerkennung von Rechtfertigungsgründen fungiert der Grundsatz der Verhältnismäßigkeit[129]. Im Rahmen der **Verhältnismäßigkeit**, insbesondere von Residenz-, Erlaubnis- und Registrierungspflichten, bezieht der EuGH die Regelungen des Herkunftslandes ein und gelangt so zu einem **Verbot der Doppelkontrolle**[130]: Entweder genügt bereits eine (als gleichwertig anzusehende) Herkunftslandaufsicht, oder es sind jedenfalls materiell ausländische Befähigungsnachweise etc anzuerkennen. Die meisten Fälle werden mittlerweile allerdings von der Dienstleistungs- bzw der Berufsanerkennungsrichtlinie erfasst, deren Regelungen aber auf den vom EuGH entwickelten Prinzipien beruhen[131] (zu Ausnahmen s. unten Rn 238).

Eine entscheidende Funktion der die Grundfreiheiten konkretisierenden Richtlinien, insbesondere der Berufsanerkennungs- und DienstleistungsRL, aber auch der neuen VerhältnismäßigkeitsRL (s. schon Rn 38) besteht zunächst in der Systematisierung dieser Anforderungen. Unverhältnismäßige Maßnahmen werden zu „schwarzen Listen" zusammengefasst, es wird aber auch das Verhältnis zwischen präventiven und nachträglichen Kontrollen abweichend von den gewerberechtlichen Maßstäben konkretisiert; Art. 9 Abs. 1 lit c unterwirft etwa die präventive Zuverlässigkeitsprüfung einem erheblichen Rechtfertigungsdruck[132]. Kritisch sieht der EuGH insbesondere Werbeverbote[133] und staatliche Preisregulierungen[134]. Es ist außerdem geklärt,

125 Als Beispiel EuGH v. 18.6.1998, Rs. C-266/96 – *„Corsica Ferries"*, Rn 59, Slg. 1998, I-3949. S. allerdings auch die Kritik von *Emmerich/Hoffmann*, in: Dauses, H 50, dass der EuGH in den Glücksspielfällen diese Bestimmung nicht herangezogen habe. Dies kann man auch damit erklären, dass der EuGH dort vorranging die nationalen Rechtfertigungsgründe in den Blick nimmt.

126 Wenn sich eine Richtlinie auf bestimmte Erwägungen stützt, können diese in anderem Kontext nicht als illegitim angesehen werden; gleichwohl ermöglicht die Verhältnismäßigkeitsprüfung differenzierende Lösungen. Bisweilen bringen die Richtlinien eine ausdrückliche Anerkennung nationaler Regelungen zum Ausdruck und können so die Argumentation erleichtern, vgl zu nationalen Urheber- und Markenrechten *Schroeder*, in: Streinz, Art. 36 AEUV Rn 19. Richtlinien können allerdings auch den Schutz begrenzen und so außerhalb ihres Anwendungsbereiches eine Rechtfertigung ausschließen.

127 So zum Glücksspielrecht EuGH v. 8.9.2009, C-42/07 – *„Liga Portuguesa de Futebol Profissional"*, Rn 69, Slg. 2009, I-7533.

128 EuGH v. 30.4.2014, Rs. C-390/12 – Pfleger, Rn 35 f, EuZW 2014, 597; EuGH v. 10.3.2016, Rs. C-235/14 – *„Safe Interenvíos"*, Rn 108, IWRZ 2016, 219.

129 *Streinz*, Europarecht, Rn 844 f; *Ehlers*, in: ders. (Hrsg.), Europäische Grundrechte und Grundfreiheiten, § 7 Rn 109 f.

130 Ausf zur Dienstleistungsfreiheit *Kluth*, in: Callies/Ruffert, Art. 57 AEUV Rn 78 ff.

131 Beispielsweise kodifiziert Art. 9 der RL 2006/123/EG (DienstleistungsRL) die EuGH-Rspr zur Niederlassungsfreiheit. Näher zu dieser Entwicklung *Ruthig*, in: Ruffert, Europäisches Sektorales Wirtschaftsrecht, § 3 Rn 14 ff.

132 Näher zu den daraus resultierenden Zweifeln am deutschen Grundmodell des genehmigungsbedürftigen Gewerbes *Cornils*, in: Schlachter/Ohler, Dienstleistungsrichtline, Art. 9 Rn 46; *Ziekow*, GewArch. 2007, 217; *Krajewski*, NVWZ 2009, 929, 930 f.

133 Zuletzt zum kompletten Verbot von Zahnarztwerbung EuGH v. 4.5.2017, Rs. C-339/15 – *„Luc Vanderborght"*, MMR 2017, 673; s. auch *Epiney*, NVwZ 2018, 1172, 1179.

134 EuGH v. 4.7.2019, Rs. C-377/17 – *„Kommission/Bundesrepublik Deutschland"*, NVwZ 2019, 1120 zu den Architektenhonoraren; dazu auch *Brüning*, KommJur 2020, 1; *Kluth*, NJW 2020, 1471.

dass die Anforderungen dieser Richtlinien nicht an den Grundfreiheiten gemessen werden können, der Unionsgesetzgeber also mit anderen Worten berechtigt ist, die mitgliedstaatlichen Spielräume stärker zu beschneiden als dies am Maßstab der Grundfreiheiten der Fall ist[135]. Damit könnten sich die primär- und sekundärrechtlichen Maßstäbe auseinander entwickeln; allerdings kann man dies auch als „judicial self restraint" interpretieren: der EuGH hält sich aus Respekt vor den Entscheidungsspielräumen der Mitgliedstaaten (zu diesen näher Rn 67) im Rahmen der Verhältnismäßigkeitsprüfung stärker zurück, als dies der EU-Gesetzgeber zu machen hat.

d) Das Verhältnis zwischen den Grundfreiheiten (Konkurrenzen)

Außer für das Verhältnis von Dienstleistungs- und Niederlassungsfreiheit (s. dazu Rn 72) gibt es für das Verhältnis der Grundfreiheiten zueinander keine feste Regel. Dies gilt auch für das Verhältnis von Kapitalverkehrs- und Dienstleistungsfreiheit[136], obwohl dies die Formulierung des Art. 57 Abs. 2 AEUV nahelegen könnte. Soweit mehrere Grundfreiheiten einschlägig, aber die Einzelelemente des zu prüfenden Sachverhaltes zu einem untrennbaren Ganzen verbunden sind, stellt der EuGH auf den **Schwerpunkt** ab. Lassen sich die beiden Teile voneinander abschichten, werden die einzelnen Teile getrennt geprüft. Angesichts der starken Konvergenzen zwischen den Prüfungsmaßstäben (s. bereits Rn 57 ff) hat dies in den meisten Fällen kaum Konsequenzen für das Ergebnis. Bedeutsam wird es freilich wegen der Beschränkung der aktiven Dienstleistungsfreiheit auf Unionsbürger und vor allem wegen der Erstreckung der Kapitalverkehrsfreiheit auf Drittstaatssachverhalte (s. zur Abgrenzung der Kapitalverkehrsfreiheit von den anderen Grundfreiheiten Rn 87 f). Im Anwendungsbereich des Sekundärrechts, insbesondere bei der **DienstleistungsRL**, die der EuGH ja auch auf reine Inlandssachverhalte erstreckt (s. schon Rn 53), geht der EuGH allerdings von deren Anwendbarkeit auch dann aus, wenn der Schwerpunkt eigentlich bei einer anderen Grundfreiheit liegt[137]. **65**

In **Fall 5 (Rn 47)** ist mit der Lieferung der Ausrüstung sowohl die Dienstleistungs- wie die Warenverkehrsfreiheit betroffen. Da die Einfuhr der Waren nur eine zwangsläufige Folge der von der P erbrachten Dienstleistung ist, tritt bei einem Franchisevertrag die Warenverkehrsfreiheit gegenüber der Dienstleistungsfreiheit als zweitrangig zurück[138]. Entsprechend dient auch die Versendung von Werbematerial oder Unterlagen durch einen ausländischen Dienstleistungsanbieter der Durchführung einer Dienstleistung und wird ausschließlich anhand der Dienstleistungsfreiheit geprüft[139]. Die bloße Einfuhr von Geld- oder Spielautomaten wird demgegenüber nur an der Warenverkehrsfreiheit geprüft, selbst wenn die Einfuhr zum Zweck der Erbringung einer Dienstleistung geschieht[140]. Andererseits prüft der EuGH eine nationale Bestimmung nur anhand der Dienstleistungsfreiheit, wenn die Einfuhrbe- **66**

135 EuGH v. 4.7.2019, Rs. C-377/17 – *„Kommission/Bundesrepublik Deutschland"*, NVwZ 2019, 1120 Rn 56, 97; s. auch *Seyfarth*, EuZW 2019, 1005.

136 EuGH v. 3.10.2006, Rs. C- 452/04 – *„Fidium Finanz"*, Slg. 2006, I-9521= EuZW 2006, 689.

137 EuGH v. 30.1.2018, Rs. C-360/15, C-31/16 – *„College van Burgemeester en Wethouders van de gemeente Amersfoort / X BV ua"*, NVwZ 2018, 307; s. auch *Epiney*, NVwZ 2019, 921, 925.

138 S. EuGH v. 14.10.2004, Rs. C-36/02 – *„Omega"*, Rn 26 f, Slg. 2004, I-9609.

139 EuGH v. 24.3.1994, Rs. C-275/92 – *„Schindler"*, Rn 22 ff, Slg. 1994, I-1039 zum Versand von Wettunterlagen an die deutschen Interessenten per Post. Ausf *Müller-Graff*, in: Streinz, Art. 56 AEUV Rn 24 mwN.

140 EuGH v. 21.9.1999, Rs. C-124/97 – *„Läärä"*, Rn 22 ff, Slg. 1999, I-6067 = RIW 2000, 133 ff.

schränkung sich auf die für eine bestimmte Spielart entwickelte Ausrüstung bezieht und sich so als zwangsläufige Folge des Verbots dieser Spielvariante darstellt[141]. Allgemein sind Bestimmungen, welche den Vertrieb von Waren beschränken, dann an der Warenverkehrsfreiheit zu messen, wenn die Dienstleistung einen untergeordneten Aspekt darstellt[142]. Abweichend von der Schwerpunktformel hat der EuGH im Anwendungsbereich der DienstleistungsRL (auch) den Warenabsatz als Dienstleistung qualifiziert (s Rn 65).

e) Nationale Spielräume und Kohärenzgebot

67 Bei der Prüfung aller Grundfreiheiten stellt sich eine Frage, die aus dem nationalen Verfassungsrecht vertraut ist, in Europa aber eine besondere Dimension gewinnt. Es geht darum, inwieweit **sozial unerwünschte bzw verbotene Tätigkeiten** wie die Veranstaltung von Glücksspielen, die Ausübung der Prostitution oder gewaltverherrlichende Unterhaltungsangebote in den Schutzbereich der Marktfreiheiten einzubeziehen sind oder ihnen jedenfalls öffentliche Interessen bei der Schrankenprüfung entgegengehalten werden können. Entscheidend ist vor allem, wessen Wertmaßstäbe zugrundezulegen sind. So macht es durchaus einen Unterschied, ob man beispielsweise bei Wettveranstaltungen oder der Ausübung der Prostitution auf das Werturteil des konkret betroffenen Mitgliedstaates oder auf unionsweite Maßstäbe abstellt. Letzteres könnte leicht dazu führen, dass nationale Ordnungsvorstellungen nivelliert und durch einen europäischen Minimalkonsens ersetzt werden, da unionsweit einheitliche Rechtsüberzeugungen, die ein Verhalten in sämtlichen Mitgliedstaaten verbieten, jenseits der unproblematischen Fälle von Berufskillern und Drogenkurieren[143] selten gegeben sein werden. Allgemein stellt sich die Frage, inwieweit die Prüfung anhand der Marktfreiheiten **Raum für mitgliedstaatliche Besonderheiten** und unterschiedliche Rechtsüberzeugungen bietet, auch wenn sie den Gemeinsamen Markt behindern. Dies lässt der EuGH in weitem Umfang zu.

Danach haben die Mitgliedstaaten eine erhebliche Einschätzungsprärogative bei der Beurteilung der Frage, inwieweit bestimmte nationale Regelungen zum Erreichen der Ziele geeignet und erforderlich sind[144]. Aber auch bei der Ausfüllung der unbestimmten Rechtsbegriffe der geschriebenen Rechtfertigungsgründe, vor allem dem **Begriff der öffentlichen Ordnung** (s. Rn 61) erkennt der EuGH ausdrücklich an, dass „die konkreten Umstände, die möglicherweise die Berufung auf den Begriff der öffentlichen Ordnung rechtfertigen, von Land zu Land und im zeitlichen Wechsel verschieden sein" können und billigt insoweit den innerstaatlichen Behörden einen Beurteilungsspielraum zu[145]. Im Zusammenhang mit der öffentlichen Sicherheit akzeptierte es der EuGH in einem Fall zur Warenverkehrsfreiheit, dass auch die **Sicherstellung der Versorgung** mit Erdölerzeugnissen für den Staat ein Ziel der öffentlichen Sicherheit darstellen kann, weil „nicht nur das Funktionieren seiner Wirtschaft, sondern vor allem auch das

---

141 EuGH v. 14.10.2004, Rs. C-36/02 – *„Omega"*, Rn 28, 29, Slg. 2004, I-9609.

142 EuGH v. 26.5.2005, Rs. C-20/03 – *„Burmanjer"*, Rn 21 ff, 33 f, Slg. 2005, I-4233 = NJW 2005, 2977.

143 EuGH v. 28.2.1984, Rs. C-294/82 – *„Einberger/HZA Freiburg"*, Rn 19 f, Slg. 1984, 1177, 1188. S. auch *Streinz*, Europarecht, Rn 846 f.

144 S. nur EuGH v. 19.5.2009, Rs. C-171/07 u. C-172/07 – *„Apothekerkammer des Saarlandes ua/Saarland"*, Slg. 2009, I-4171 zum Fremdbesitzverbot bei Apotheken; krit dazu *Martini*, NJW 2009, 2112.

145 EuGH v. 19.10.2004, Rs. C-36/02 – *„Omega"*, Rn 31, Slg. 2004, I-9609 = DVBl 2004, 1476 und schon EuGH v. 27.10.1977, Rs. C-30/77 – *„Bouchereau"*, Rn 34, Slg. 1977, 1999, 2013.

seiner Einrichtungen und seiner wichtigen öffentlichen Dienste und selbst das Überleben seiner Bevölkerung von ihnen abhängen“[146]. Besondere Bedeutung erlangte das Schutzgut der öffentlichen Sicherheit im Kontext der Kapitalverkehrsfreiheit; auch dort bleibt nach der Rechtsprechung Raum für die nationalen Ordnungsinteressen (s. unten Rn 86). Der EuGH sah aber auch in den Richtlinien zum Energiebinnenmarkt keine abschließende Regelung, die eine nationale Förderung erneuerbarer Energien ausschlösse[147].

Fall 5 (Rn 47): Da das Verbot der Spiele in jedem Fall einen Eingriff in die Grundfreiheiten darstellt (zu den Abgrenzungsfragen Rn 65), kam es entscheidend darauf an, inwieweit der EuGH die keineswegs zwangsläufige Einschätzung akzeptiert, dass Laserdrome gegen die Menschenwürde verstoßen. Bereits in den Prostitutionsfällen hat der EuGH darauf hingewiesen, dass es nicht seine Aufgabe sei, „die Beurteilung der Gesetzgeber der Mitgliedstaaten, in denen eine angeblich unsittliche Tätigkeit rechtmäßig ausgeübt wird, durch seine eigene Beurteilung zu ersetzen“. Auch im Laserdrom-Fall betonte er deswegen den Beurteilungsspielraum der Mitgliedstaaten und die auch für das Unionsrecht selbstverständliche Heranziehung der Menschenwürde als Rechtfertigungsgrund. Es wird allerdings nicht klar, ob hier auf unionale oder nationale Maßstäbe abgestellt wird[148]. Letzteres dürfte der Fall sein, da der EuGH zwar darauf verweist, dass (auch) das Unionsrecht die Menschenwürde schütze, aber gerade nicht prüft, ob in solchen Spielen nach unionsrechtlichen Maßstäben auch tatsächlich ein Menschenwürdeverstoß zu sehen ist. Nachdem auch die deutsche Rechtsprechung in anderem Kontext den Menschenwürdeverstoß verneint, könnte man freilich auch unionsrechtlich die Frage einer Kohärenz der deutschen Maßstäbe aufwerfen[149]. **68**

Andererseits sind die Anforderungen des EuGH an **Transparenz und Folgerichtigkeit** der mitgliedstaatlichen Regelungen insbesondere dort sehr hoch, wo er solche Spielräume zunächst anerkennt (zu den Parallelen in der Judikatur des BVerfG Rn 121). Der EuGH prüft die Argumentation der Mitgliedstaaten auf Kohärenz und Stichhaltigkeit[150]. **69**

So musste sich die Bundesregierung, die vor dem EuGH auf die vermeintlichen Gesundheitsgefahren von Sojawurst hingewiesen hatte, ihren eigenen Ernährungsbericht entgegenhalten lassen, der eine zu fettreiche Ernährung beklagte[151]. Am deutlichsten zeigte sich der Zusammenhang zwischen Anerkennung von Spielräumen und Kohärenzgebot im **Glücksspielrecht**. Im Grundsatz haben die Mitgliedstaaten zwar einen erheblichen Einschätzungsspielraum, auf wel-

146 EuGH v. 10.7.1984, Rs. 72/83 – *„Campus Oil“*, Rn 7, Slg. 1984, 2727; s.a. EuGH v. 1.7.2014, Rs. C-573/12 – *„Ålands Vindkraft“*, ZUR 2014, 553 m. Anm. *Kröger*.

147 S. etwa EuGH v. 1.7.2014, Rs. C-573/12 – *„Ålands Vindkraft“*, ZUR 2014, 553 m. Anm. Kröger; freilich ist außerdem der Beihilfetatbestand zu prüfen, s. dazu unten Rn 907; EuGH v. 13.3.2001, Rs. C-379/98 – *„PreussenElektra“*, Slg. 2001, I-2099 = EuZW 2001, 242; EuGH v. 17.7.2008, Rs. C-206/06 – *„Essent“*, Slg. 2008, I-5497; EuGH v. 19.12.2013, Rs. C-262/12 – *„Vent de Colère“*, EuZW 2014, 115; zum Ganzen *Ludwigs*, EuZW 2014, 201; *Macht/Nebel*, NVwZ 2014, 765; *Palme*, NVwZ 2014, 559.

148 So die Kritik von *Bröhmer*, EuZW 2004, 756 in seiner Entscheidungsanmerkung.

149 Ausdrücklich den Menschenwürdeverstoß bei Paintball und ähnlichen Spielen verneinend VGH Mannheim, GewArch. 2010, 499; VGH München, GewArch. 2013, 218; nach *Marcks*, in: Landmann/Rohmer, GewO, § 33i Rn 12b erfolgte dies als Reaktion auf die „hinsichtlich der Laserdrome erfolgte Überbewertung der Menschenwürde“.

150 S. etwa EuGH v. 11.12.2014, Rs. C-678/11 – *„Kommission/Spanien“*, Rn 43: „Neben den Rechtfertigungsgründen, die ein Mitgliedstaat geltend machen kann, muss er daher eine Untersuchung zur Geeignetheit und Verhältnismäßigkeit der von ihm erlassenen Maßnahme vorlegen sowie genaue Angaben zur Stützung seines Vorbringens machen“.

151 EuGH v. 2.2.1989, Rs. C-274/87 – *„Kommission/Deutschland“*, Rn 7 ff, Slg. 1989, 229.

che Weise sie die Spielsucht und die sonstigen vom Glücksspiel ausgehenden Gefahren eindämmen wollen; insbesondere können sie diese gänzlich verbieten[152]. Sofern allerdings Glücksspiele teilweise erlaubt werden, untersucht der EuGH sehr genau die Motive des Gesetzgebers und die Kohärenz ihrer Umsetzung: Die Beschränkung muss die Verwirklichung des verfolgten Zieles gewährleisten, dh sie muss auch tatsächlich zur Begrenzung der Wetttätigkeit beitragen[153]. Damit gelangte der EuGH im Ergebnis regelmäßig zur Unionsrechtswidrigkeit staatlicher Monopole, die das Ziel einer Bekämpfung des Glücksspiels nicht konsequent verfolgten[154]. Zuletzt beschäftigte er sich vor allem mit der Kohärenz im Bereich des Online-Glückspiels[155]. Grundsätzlich nimmt der EuGH die gesamte nationale Rechtsordnung in den Blick, lässt aber unterschiedliche Regelungen im Bundesstaat zu[156] (s. zum Spielrecht unten Rn 169). Einen aktuellen Anwendungsfall fand der Kohärenzgedanke im Zusammenhang mit den Architektenhonoraren; ein entscheidendes Argument gegen die Unionsrechtskonformität der entsprechenden Honorarordnung sah der EuGH darin, dass auch Berufsfremde entsprechende Leistungen erbringen dürfen, ohne an die HOAI gebunden zu sein[157]. Der Grad der Substantiierungspflicht hängt dabei von der Intensität des Eingriffes ab[158].

70 Von der Frage nationaler Beurteilungsspielräume zu unterscheiden sind die **Anforderungen an die Ermittlung der tatsächlichen Grundlagen**. Die Frage, inwieweit eine Maßnahme ausländische Angebote diskriminiert, überlässt der EuGH in tatsächlicher Hinsicht der Überprüfung der mitgliedstaatlichen Gerichte[159]. Allerdings dürfen diese sich nicht auf bloße Vermutungen oder Behauptungen stützen[160], sondern müssen wissenschaftliche Erkenntnisse und anerkannte Standards zugrunde legen. So prüfte er auch im Glückspielrecht die Wertentscheidungen des Gesetzgebers an den tatsächlichen Verhältnissen[161]. In jüngeren Entscheidungen hat der EuGH allerdings

---

152 EuGH v. 6.11.2003, Rs. C-243/01 – *„Gambelli"*, Rn 63, Slg. 2003, I-13031= NJW 2004, 139, 140. Grundsätzlich gelten bei den immanenten Schranken großzügigere Maßstäbe für den Einschätzungsspielraum der Mitgliedstaaten als bei den ausdrücklichen Schranken, s. *Streinz*, Europarecht, Rn 847 mwN.

153 EuGH v. 6.11.2003, Rs. C-243/01 – *„Gambelli"*, Rn 65, 67, Slg. 2003, I-13031= NJW 2004, 139, 140: „Soweit nun aber die Behörden eines Mitgliedstaats die Verbraucher dazu anreizen und ermuntern, an Lotterien, Glücksspielen oder Wetten teilzunehmen, damit der Staatskasse daraus Einnahmen zufließen, können sich die Behörden dieses Staates nicht im Hinblick auf die Notwendigkeit, die Gelegenheiten zum Spiel zu vermindern, auf die öffentliche Sozialordnung berufen, um Maßnahmen wie die im Ausgangsverfahren in Rede stehenden zu rechtfertigen".

154 EuGH v. 8.9.2010, Rs. C-46/08 – *„Carmen Media Group Ltd/Schleswig-Holstein"*, EuZW 2010, 759; EuGH v. 8.9.2010, Rs. C-409/06 – *„Winner Wetten GmbH/Stadt Bergheim"*, Slg. 2010, I-8015; s. außerdem zum Lotteriestaatsvertrag 2004 (Sportwettenmonopol in Hessen und BW) EuGH v. 8.9.2010, Rs. C-316/07, C-358/07 bis 360/07, C-409/07 und C-410/07 – *„Stoß"*, EuZW 2010, 760. Vgl andererseits zum portugiesischen Recht, das Online-Angebote der jahrhundertealten Santa Casa vorbehält, EuGH v. 8.9.2009, Rs. C-42/07 – *„Bwin/Santa Casa"*, Slg. 2009, I-7633 = NJW 2009, 3221.

155 Vgl etwa EuGH v. 28.2.2018, Rs. C-3/17 Rn 19 ff.

156 EuGH v. 12.6.2014, Rs. C-156/13 – *„Digibet und Albers"*, NVwZ 2014, 1001; zum Kohärenzgebot auch *Ennuschat*, WRP 2014, 642, Rn 20 ff; *Hartmann*, EuZW 2014, 814.

157 EuGH v. 4.7.2019, Rs. C-377/17 – *„Kommission/Bundesrepublik Deutschland"*, NVwZ 2019, 1120; dazu *Streinz*, JuS 2019, 1127; *Ehlers*, JZ 2019, 889.

158 S. dazu auch *Kingreen*, in: Calliess/Ruffert, Art. 34–36 AEUV Rn 199.

159 S. etwa EuGH v. 23.2.2006, Rs. C-441/04 – *„A-Punkt Schmuckhandels GmbH/Claudia Schmid"*, Slg. 2006, I-2093 = NJW 2006, 2540.

160 EuGH v. 25.5.1993, Rs. C-228/91 – *„Kommission/Italien"*, Rn 28 ff, Slg. 1993, I-2701.

161 EuGH v. 6.11.2003, Rs. C-243/01 – *„Gambelli"*, Slg. 2003, I-13031 = NJW 2004, 139; EuGH v. 6.3.2007, Rs. C-338/04, C-359/04 und C-360/04 – *„Placanica"*, Slg. 2007, I-1891 = NJW 2007, 1515; dazu *Backu*, GewArch. 2007, 225.

die Anforderungen an die Darlegungslast des Gesetzgebers konkretisiert und verschärft[162].

3. Die Niederlassungsfreiheit

Die stärkste Integration in einen Mitgliedstaat erfolgt auf der Grundlage der Niederlassungsfreiheit des Art. 49 AEUV. Ihr Schutzbereich erfasst die **dauerhafte Eingliederung** in das Wirtschaftsleben eines anderen Mitgliedslandes durch die Aufnahme und Ausübung einer **selbstständigen Erwerbstätigkeit**. Unter **Erwerbstätigkeit** versteht man hier das gesamte Spektrum wirtschaftlicher Tätigkeiten. Dies sind alle, die dem deutschen Gewerbebegriff (einschließlich des Handwerks) unterfallen, aber auch Urproduktion und freie Berufe. Ausgenommen werden nur die schlechthin *strafbaren Tätigkeiten*. Sowohl die Ausübung der Prostitution wie die immerhin teilweise gestattungsfähige Durchführung von Wettveranstaltungen ist daher als vom Schutz der Niederlassungsfreiheit umfasste Erwerbstätigkeit zu qualifizieren (s. schon zum allgemeineren Begriff der Teilnahme am Wirtschaftsleben oben Rn 52). Das Merkmal der **Selbstständigkeit** dient der Abgrenzung von der Arbeitnehmerfreizügigkeit (Art. 45 ff AEUV), die im öffentlichen Wirtschaftsrecht nicht relevant wird. Das entscheidende Kriterium ist die **Dauerhaftigkeit** dieser Teilnahme am Wirtschaftsleben eines anderen Mitgliedstaates. Dieses Merkmal übernimmt also die **Abgrenzung von der Dienstleistungsfreiheit** des Art. 57 AEUV. Da Beschränkungen der Dienstleistungsfreiheit grundsätzlich schwieriger zu rechtfertigen sind, fasst der EuGH Grenzfälle unter die Dienstleistungsfreiheit. Ebenfalls unter die Dienstleistungsfreiheit fallen Online-Angebote eines im Ausland ansässigen Unternehmens (dazu Rn 80). 71

Die Dauerhaftigkeit manifestiert sich in einer Niederlassung. Der **Begriff der Niederlassung** ist „ein sehr weiter Begriff, der die Möglichkeit für einen Unionsangehörigen impliziert, in stabiler und kontinuierlicher Weise am Wirtschaftsleben eines anderen Mitgliedstaates als seines Herkunftsmitgliedstaates teilzunehmen und daraus Nutzen zu ziehen, wodurch die wirtschaftliche und soziale Verflechtung innerhalb der Europäischen Union im Bereich der selbstständigen Tätigkeiten gefördert wird“[163]. Hierbei kommt es auf eine Gesamtschau der in einem konkreten Fall relevanten Aspekte an. Dauerhaftigkeit ist gegeben, wenn ohne zeitliche Beschränkung eine Niederlassung gegründet wird[164]. Nach der Rechtsprechung genügt es, wenn einzelne kurzfristige Tätigkeiten in einem anderen Mitgliedstaat regelmäßig ausgeübt werden und so zu einem Teil einer tatsächlich dauerhaften bzw schwerpunktmäßig auf dieses Land ausgerichteten Geschäftstätigkeit werden. Dies ist jedenfalls dann der Fall, wenn es mittels einer festen Einrichtung im Bestimmungsstaat geschieht[165]. Dass es dem EuGH gleichwohl weniger um die Infrastruktur als die Frage der dauerhaften Integration geht, zeigt sich daran, dass auch die Ausübung des Reisegewerbes 72

162 Näher dazu *Drexel*, EuZW 2019, 533.

163 EuGH v. 22.12.2008, Rs. C-161/07 – *„Kommission/Österreich“*, Rn 24, Slg. 2008, I-10671.

164 EuGH v. 25.7.1991, Rs. C-221/89 – *„Factortame“*, Rn 20, Slg. 1991, I-3956, 3965; ausf zu Grundfragen der Niederlassungs- und Dienstleistungsfreiheit *Frenz*, GewArch. 2007, 98. Zur Kritik an der Dauerhaftigkeit s. *Forsthoff*, in: Grabitz/Hilf/Nettesheim, Art. 49 AEUV Rn 31 ff.

165 EuGH v. 4.12.2004, Rs. C-205/84 – *„Kommission/Deutschland“*, Rn 22, Slg. 1986, 3755. In der Literatur ist strittig, inwieweit eine Erstreckung des Art. 49 AEUV auf Tätigkeiten ohne feste Einrichtung möglich ist, s. *Müller-Graff*, in: Streinz, Art. 49 AEUV Rn 17 f.

unter die Niederlassungsfreiheit fallen kann, wenn sich der gesamte oder überwiegende Kundenstamm in einem Mitgliedstaat befindet, so dass die Tätigkeit ganz oder vorwiegend auf das Gebiet eines Mitgliedstaates ausgerichtet ist[166].

73 Während es in **Fall 3a (Rn 45)** eindeutig an einer Niederlassung fehlt, erweist sich die Bestimmung der Niederlassung in **Fall 3b (Rn 45)** als problematisch, weil U seine Leistungen in Deutschland regelmäßig von den gleichen, angemieteten Räumlichkeiten aus anbietet[167]. Darin könnte man eine Niederlassung sehen. An einer Niederlassung fehlt es aber, solange ein Unternehmen „nicht über eine Infrastruktur verfügt, die es ihm erlauben würde, in stabiler und kontinuierlicher Weise einer Erwerbstätigkeit nachzugehen"[168]. Andererseits führt allein die regelmäßige Wiederholung einer Tätigkeit noch nicht zur Anwendbarkeit der Niederlassungsfreiheit[169] und schließt der vorübergehende Charakter der Leistung keineswegs die Möglichkeit aus, sich im Aufnahmemitgliedstaat mit einer bestimmten Infrastruktur (einschließlich eines Büros, einer Praxis oder einer Kanzlei) auszustatten, soweit diese Infrastruktur für die Erbringung der fraglichen Leistung erforderlich ist[170]. Das sporadische Anmieten der Räumlichkeiten reicht deswegen nicht, um eine hinreichend feste Verbindung zu Deutschland anzunehmen. Diese ist in **Fall 3d (Rn 45)** in jedem Fall gegeben.

74 Sofern der Schutzbereich eröffnet ist, ist das Vorliegen eines Eingriffs zu prüfen. Art. 49 Abs. 2 AEUV ordnet positiv eine **Inländergleichbehandlung** an. Aus diesem Grundsatz leitet der EuGH die **Pflicht zur Anerkennung äquivalenter, im Ausland erworbener Kenntnisse und Fähigkeiten** ab[171]. In Konsequenz dieses Grundsatzes wird beispielsweise im Handwerksrecht die Eintragung in die Handwerksrolle auch aufgrund einer im Ausland erworbenen Qualifikation ermöglicht (s. zu § 9 HwO ausführlich Rn 477 f). Der Schutz der Grundfreiheiten geht aber – auch bei der Niederlassungsfreiheit – über die Pflicht zur Inländergleichbehandlung hinaus. Als rechtfertigungsbedürftige (und damit vom EuGH auf ihre Angemessenheit überprüfbare) Eingriffe gestalten sich nach der Rechtsprechung des EuGH alle Maßnahmen, die die Ausübung der Niederlassungsfreiheit „unterbinden, behindern oder weniger attraktiv machen"[172].

75 **Anzeigepflichten** verfolgen den legitimen Zweck, der zuständigen Behörde im Interesse einer wirksamen Überwachungsmöglichkeit, Aufschluss über die Art und Zahl der in ihrem Bezirk tätigen Gewerbetreibenden zu verschaffen (s. näher Rn 272 ff).

166 EuGH v. 3.12.1974, Rs. C-33/74 – *„van Binsbergen"*, Rn 13, Slg. 1974, 1299, 1309; für die Tätigkeit von Rechtsanwälten s. EuGH v. 30.11.1995, Rs. C-55/94 – *„Gebhard"*, Rn 25, 28, Slg. 1995, I-4165.

167 Die erforderliche Kontinuität kann insbes bei einer Anmietung von Räumlichkeiten zur beruflichen Nutzung gegeben sein, vgl EuGH v. 18.6.1984, Rs. C-197/84 – *„Steinhauser"*, Rn 16, Slg. 1985, 1819.

168 EuGH v. 30.9.2003, Rs. C-224/01 – *„Köbler"*, Slg. 2003, I-10239.

169 Vgl zum Handwerksrecht EuGH v. 11.12.2003, Rs. C-215/01 – *„Bruno Schnitzer"*, Rn 28, Slg. 2003, I-14847 = NJW 2004, 435. Durch diese Interpretation wird der Anwendungsbereich der Dienstleistungsfreiheit (die im Ergebnis häufig zur Anwendung des Herkunftslandsrechts führt) ausgeweitet, s. auch *Kugelmann*, EuZW 2005, 327, 328 f.

170 EuGH v. 11.12.2003, Rs. C-215/01 – *„Bruno Schnitzer"*, Rn 28, Slg. 2003, I-14847 = NJW 2004, 435.

171 EuGH v. 19.1.2006, Rs. C-330/03 – *„Colegio de Ingenieros"*, Slg. 2006, I-801 = NJW 2006, 1333 zur Anerkennung von Diplomen.

172 EuGH v. 15.2.2002, Rs. C-439/99 – *„Kommission/Italien"*, Rn 22, Slg. 2002, I-305; s. auch *Müller-Graff*, in: Streinz, Art. 49 AEUV Rn 39 mwN.

Sie stellen auch im Vergleich zu Genehmigungserfordernissen das mildeste Mittel dar[173]. Deswegen sind **Erlaubnispflichten** in besonderer Weise rechtfertigungsbedürftig. Solche – vor allem mit dem Erfordernis von Sachkundenachweisen verknüpften – Genehmigungserfordernisse im nicht durch Richtlinien harmonisierten Bereich betreffen ua das Bewachungsgewerbe (§ 34a GewO), Versicherungsberater und -vermittler (§§ 34c, d GewO) sowie Finanzanlagenvermittler (§ 34f GewO). **Sachkundenachweise** stellen sich zB dann als geeignet und verhältnismäßig dar, wenn sie dem Schutz von Anlegern sowie der Integrität und Funktionsfähigkeit des Kapitalmarktes dienen[174]. Allerdings bedarf es in Konsequenz des „Herkunftslandprinzips" einer Anerkennung ausländischer (vergleichbarer) Prüfungen, wie sie zB § 13c GewO auch vorsieht. Entsprechende Erlaubnispflichten gibt es auch außerhalb des Gewerberechts, zB für die Tätigkeit von Banken, § 32 KWG (dazu Rn 542 ff).

In **Fall 3d (Rn 45)** muss sich U in die deutsche Handwerksrolle eintragen lassen (so die Sachverhaltsangaben; zur handwerksrechtlichen Rechtslage näher Rn 477). Diese Ausprägung eines Erlaubnisverfahrens zur Prüfung der Sachkunde ist zum Schutz der Kunden vor den mit unsachgemäßer Bauausführung verbundenen Gefahren auch verhältnismäßig[175], sofern seine bisherige Berufserfahrung sowie Ausbildungs- und Befähigungsnachweise anerkannt werden. Für das Handwerksrecht wurden die Anforderungen der Niederlassungsfreiheit in der Berufsanerkennungsrichtlinie zusammengefasst; diese regelt insbesondere die Anerkennung der ausländischen Qualifikationen (zur Umsetzung vgl Rn 477). Außerdem stellt sich die Frage, inwieweit er seine Tätigkeit in der Rechtsform des niederländischen Rechts weiterführen kann. Dies ist zunächst eine Frage des (internationalen) Gesellschaftsrechts. Nach der in Deutschland maßgeblichen Sitztheorie kommt es für die Rechtsfähigkeit auf den (neuen) Verwaltungssitz an, so dass ausländische Gesellschaften in Deutschland neu gegründet werden müssen und ansonsten als Personengesellschaft nach deutschem Recht behandelt werden (BGH, NJW 2009, 289). Allerdings verstößt dies gegen die Niederlassungsfreiheit, so dass für Unternehmen aus EU-Mitgliedstaaten eine „identitätswahrende Sitzverlagerung" über die Grenze möglich ist (näher Rn 232)[176]. Die Einzelheiten ergeben sich künftig aus EU-Richtlinien; danach ist auch eine Online-Gründung von Gesellschaften vorgesehen[177]. **76**

173 S. etwa zum früheren Anwaltsrecht EuGH v. 30.11.1995, Rs. C-55/94 – *„Gebhard"*, Rn 36, Slg. 1995, I-4165.

174 Exemplarisch zum Finanzanlagenvermittler *Schönleiter*, in: Landmann/Rohmer, GewO § 34f Rn 126 ff.

175 In einem obiter dictum für das Handwerksrecht EuGH, 3.10.2000 Rs. C-58/98 – *„Josef Corsten"*, Rn 45; s. auch *Ruthig*, in: Ruffert, Europäisches Sektorales Wirtschaftsrecht, § 3 Rn 17.

176 Zentral EuGH v. 5.11.2002, Rs. C-208/00 – *„Überseering"*, Slg. 2002 I-9919 = GewArch. 2003, 28; ausf *Habersack/Verse*, Europäisches Gesellschaftsrecht, 5. Aufl. 2019, § 3 Rn 12 ff, 24.

177 Vgl dazu die Digitalisierungsrichtlinie (RL (EU) 2019, 1151, ABl.EU Nr L 186/80; dazu *Knaier*, GmbHR 2018, 560; *Noack*, DB 2018, 324; zur Umsetzung unter Einbeziehung des Notars in Deutschland *Bormann/Stelmaszczyk*, NZG 2019, 601. Die Umwandlungsrichtlinie ermöglicht erstmals die Spaltung/Ausgliederung zur Aufnahme über die Grenze hinweg und die grenzüberschreitende Sitzverlegung von Kapitalgesellschaften und novelliert das Recht der grenzüberschreitenden Verschmelzung (vgl *Luy*, NJW 2019, 1905; *Schmidt*, EuZW 2019, 801). OLG Saarbrücken v. 7.1.2020 – 5 W 79/19 hat dieser RL, die die bisherige, zum Formwechsel auf das mitgliedstaatliche Recht verweisende, Rspr (EuGH v. 12.7.2012 Rs. C-378/10, NZG 2012, 871; v. 25.10.2017, Rs. C-106/16, NJW 2017, 3639) überholt, trotz der dreijährigen Übergangsfrist bereits Vorwirkung beigemessen.

4. Die Dienstleistungsfreiheit

77 Fehlt es an einer dauerhaften Eingliederung eines Unionsbürgers in das Wirtschaftsleben eines Mitgliedstaates, ist die Dienstleistungsfreiheit einschlägig. Sachlich schützt sie nach der Legaldefinition des Art. 57 Abs. 1 AEUV selbstständige Leistungen, die gegen Entgelt erbracht werden, insbesondere auch gewerbliche Tätigkeiten (vgl Art. 57 Abs. 2 AEUV), sofern sie nicht unter die spezielleren Freiheiten fallen. Es genügt für den Binnenmarktbezug, wenn nur die Dienstleistungen die Grenze überschreiten. Art. 56 AEUV erfasst also auch solche Dienstleistungen, die der Leistungserbringer ohne Ortswechsel von dem Mitgliedstaat aus erbringt, in dem er ansässig ist (sog. **Korrespondenzdienstleistung**)[178]. Er schützt ferner die **passive Dienstleistungsfreiheit** der deutschen Leistungsempfänger, die ihnen erlaubt, von einem Leistungserbringer aus einem anderen Mitgliedsstaat angebotene Dienstleistungen zu empfangen oder in Anspruch zu nehmen[179].

78 Diese Voraussetzungen sind in den **Fällen 3a/b (Rn 45 ff)** erfüllt. Online-Angebote wie die Uber-App in **Fall 4 (Rn. 46)** unterfallen der Dienstleistungsfreiheit. Auch P in **Fall 5 (Rn 47)** erbringt mit dem Abschluss der Franchise-Verträge eine Dienstleistung (zur Abgrenzung von der Warenverkehrsfreiheit nach der Schwerpunktformel s. bereits Rn 65). Dafür spielt es selbstverständlich keine Rolle, ob die angebotene Dienstleistung auch in Deutschland angeboten werden kann; dies ist eine Frage der Rechtfertigung. **Fall 5 (Rn 47)** betrifft zugleich die passive Dienstleistungsfreiheit des deutschen Unternehmens, das mit einem irischen Unternehmen einen Franchisevertrag über den Betrieb eines Laserdromes abgeschlossen hatte. Eingriffe in die Dienstleistungsfreiheit werden nach den gleichen Grundsätzen wie bei den anderen Marktfreiheiten geprüft (s. schon oben Rn 57 ff).

79 Vorschriften des öffentlichen Wirtschaftsrechts sind idR **Maßnahmen gleicher Wirkung** (s. oben Rn 58). Ebenfalls als Maßnahme gleicher Wirkung an der Dienstleistungsfreiheit zu messen ist die Bevorzugung Ortsansässiger (s. zu kommunalen Einrichtungen Rn 392). Ein Eingriff in die Dienstleistungsfreiheit stellt sich jedoch nur dann als Verstoß dar, wenn er sich nicht rechtfertigen lässt. Geschehen kann dies durch Gründe der „öffentlichen Ordnung, Sicherheit oder Gesundheit" (Art. 62 iVm 52 AEUV), vor allem aber **aus zwingenden Gründen des Allgemeininteresses,** die der EuGH für die Dienstleistungsfreiheit konkretisiert hat[180]. Der EuGH verlangt, dass die entsprechenden Vorschriften einem Allgemeininteresse dienen (dazu schon Rn 62), für die Erreichung des verfolgten Zweckes geeignet und erforderlich sind, die entsprechenden Interessen nicht durch Vorschriften des Herkunftslandes geschützt werden und sich im Übrigen als verhältnismäßig erweisen. Im Ergebnis gelangt der EuGH auf diese Weise häufig zu einer Anwendung des **Rechts des Herkunftslandes**. Diese Grundsätze greift die E-Commerce-RL für die erfassten **Online-Dienste** auf (dazu näher Rn 397 ff). Als besonders problematisch erweisen sich neben den Be-

---

178 EuGH v. 10.5.1995, Rs. C-384/93 – *„Alpine Investments"*, Rn 22, Slg. 1995, I-1141; s. auch *Streinz*, Europarecht, Rn 913.

179 EuGH v. 6.11.2003, Rs. C-243/01 – *„Gambelli"*, Rn 55, Slg. 2003, I-13031 = NJW 2004, 139, 140. Diese vom EuGH weniger aus dem Wortlaut als aus dem Zweck der Dienstleistungsfreiheit abgeleitete Variante wird vor allem im Zusammenhang mit den modernen Kommunikationsformen (einschließlich des Internet) relevant, dort greift allerdings häufig die E-CommerceRL, s. auch Rn 397 ff.

180 EuGH v. 10.5.1995, Rs. C-384/93 – *„Alpine Investment"*, Rn 1, 44 ff, Slg. 1995, I-1141. Ausf *Jarass*, NVwZ 2018, 1665.

schränkungen von Online-Angeboten vor allem auch die Werbeverbote, da sie gerade ausländischen Anbietern den Marktzutritt erheblich erschweren[181].

Klassische Beispiele für die Kollision von Dienstleistungsfreiheit und nationalen Erlaubnispflichten lieferte wieder das Handwerksrecht, vgl **Fall 3 (Rn 45)**[182]: Die Erlaubnispflichten sichern die Qualität von Handwerksleistungen und liegen damit im Allgemeininteresse; es ist jedoch unverhältnismäßig, sie auf die grenzüberschreitende Dienstleistungserbringung zu erstrecken. Der EuGH hielt schon die bloße Pflicht zur Eintragung in die Handwerksrolle, die die Erbringung von Dienstleistungen im Aufnahmemitgliedstaat verzögert, erschwert oder (durch Verwaltungskosten und Beiträge für die Handwerkskammer) verteuert, für unverhältnismäßig. Dem trägt das geltende Recht Rechnung: § 9 Abs. 2 HwO nimmt die vorübergehende Erbringung von Handwerksleistungen von der Eintragungspflicht aus (s. unten Rn 478). Entsprechendes gilt für die allgemeinen gewerberechtlichen Anforderungen, die nach § 4 GewO in den Fällen grenzüberschreitender Dienstleistungserbringung nicht eingreifen (siehe Rn 238 ff). Die Dienstleistungsfreiheit selbst wird unmittelbar nur noch außerhalb der RL relevant, insbesondere bei solchen Genehmigungserfordernissen, die von § 4 GewO und der DienstleistungsRL nicht erfasst werden. Sie ist auch bei Online-Dienstleistungen einschlägig. In **Fall 4** (Rn 46)[183] werden die nicht von speziellen Richtlinien geregelten Online-Angebote erfasst; allerdings werden Verkehrsdienstleistungen iSv Art. 58 Abs. 1 AEUV vom Anwendungsbereich des Art. 56 AEUV ausgenommen. Die vermittelte Beförderungsleistung in **Fall 4a** (Rn 46) ist eindeutig eine Verkehrsdienstleistung, aber der EuGH qualifizierte die Vermittlung über die App als einen integralen Bestandteil, weil Uber entscheidenden Einfluss auf seine Fahrer, die Preise, Beförderungsbedingungen und die Bezahlung nimmt. An dieser Einschätzung würde sich auch dann nichts ändern, wenn es sich um gewerbliche Fahrer handelt, solange sich ein Anbieter nicht auf die reine Vermittlungstätigkeit beschränkt. Der EuGH stellt hier, genauso wie bei der Abgrenzung der Grundfreiheiten (dazu Rn 65), eine Schwerpunktbetrachtung an[184]. Im Ergebnis stellt er so diesen gesamten Bereich verkehrsbezogener Dienstleistungen von der Anwendung der Grundfreiheiten frei. Anders wäre zu entscheiden, wenn die online-basierte Tätigkeit sich auf eine echte Vermittlung beschränkt, wie es bei verschiedenen „Taxi-Apps" und vor allem auch bei der Online-Vermittlung von Wohnraum der Fall ist, vgl dazu später **Fall 32 (Rn 396)**. 80

5. Die Warenverkehrsfreiheit

Die **Warenverkehrsfreiheit** umfasst das Verbot mengenmäßiger Ein- und Ausfuhrbeschränkungen und Maßnahmen gleicher Wirkung nach Art. 34 ff AEUV. Waren sind bewegliche Sachen mit Geldwert, welche Gegenstand von Handelsgeschäften sein können[185]. Diese zentrale Grundfreiheit, anhand derer die „allgemeinen Lehren 81

---

181 Zuletzt zum kompletten Verbot von Zahnarztwerbung EuGH v. 4.5.2017, Rs. C-339/15 – *„Luc Vanderborght"*, MMR 2017, 673; s. auch *Epiney*, NVwZ 2018, 1172, 1179.

182 EuGH v. 3.10.2000, Rs. C-58/98 – *„Josef Corsten"*, Slg. 2000, I-7919 = EuZW 2000, 763. S. dazu *Ehlers*, Jura 2001, 266, 269; *Michel/Lindenberger*, VR 2001, 253; *Kluth*, in: Calliess/Ruffert, Art. 56, 57 AEUV Rn 82.

183 EuGH v. 20.12.2017, Rs. C-434/15 – Asociación Profesional Elite Taxi/Uber Systems Spain SL, EuZW 2018, 131; v. 10.4.2018, Rs. C-320/16 – Uber France SAS/Nabil Bensalem, NVwZ 2018, 1703; dazu auch *Ingold*, NJW 2014, 3334; *Linke/Jürschik*, NZV 2018, 496; *Ludwigs*, NVwZ 2017.

184 Ebenso *Epiney*, NVwZ 2018, 1172, 1178.

185 EuGH v. 10.12.1968, Rs. 7/68 – *„Kommission/Italien"*, Slg. 1968, 633, 642 (Kunstschätze). Abgrenzungsprobleme stellen sich im Verhältnis zu unionalen Sonderregeln, zB für landwirtschaftliche Produkte und Kriegsgüter.

der Grundfreiheiten" entwickelt wurden (s. Rn 49 ff), spielt im öffentlichen Wirtschaftsrecht eine eher untergeordnete Rolle. Dies hängt nicht zuletzt damit zusammen, dass der EuGH solche Maßnahmen, die sowohl den freien Dienstleistungsverkehr als auch den Warenverkehr beeinträchtigen, grundsätzlich nur an der Dienstleistungsfreiheit misst, wenn die Warenverkehrsfreiheit demgegenüber zweitrangig ist (s. bereits Rn 65 f). Soweit der Absatz bestimmter Waren betroffen ist, stellt der EuGH auf die Warenverkehrsfreiheit ab, beispielsweise bei **staatlichen Werbe- und Aufklärungskampagnen** mit Warenbezug[186] (s. auch zu Wettbewerbsbeschränkungen für Süßwaren ▶ **Klausurenkurs Fall Nr 1**) sowie bei Maßnahmen zur **Bekämpfung des Alkohol- und Tabakkonsums**[187], aber auch den Handel mit **Arzneimitteln**[188]. Angesichts der Weite der Dassonville-Formel (dazu Rn 58 f) ist die Eingriffsqualität in diesen Konstellationen unproblematisch zu bejahen.

82 Gerade die Vorschriften des öffentlichen Wirtschaftsrechts sind typischerweise gewerbebezogen und könnten unter die **Keck-Ausnahme** fallen (zu dieser schon Rn 60). Dies ist für das **Ladenschlussrecht**[189] sowie Verkaufsbeschränkungen zB für **alkoholische Getränke**[190] bzw Verkaufsmonopole für **Apotheken**[191] ausdrücklich anerkannt, dürfte aber auch **allgemein für gewerberechtliche Verkaufsbeschränkungen zB im Reisegewerbe** gelten. Allerdings setzt die Anwendung der Keck-Rechtsprechung voraus, dass es sich um nicht diskriminierende Vorschriften handelt.

Ob sich eine Maßnahme tatsächlich auf grenzüberschreitende Sachverhalte stärker auswirkt, haben die mitgliedstaatlichen Gerichte zu ermitteln[192]. Den diskriminierenden Charakter bejahte eine Entscheidung zum österreichischen Gewerberecht, die das Feilbieten von Waren im Umherziehen außerhalb einer ortsfesten Betriebsstätte begrenzte[193]. Während die österreichischen Gerichte darin eine Verkaufsmodalität im Sinne der Keck-Rechtsprechung sahen, qualifizierte sie der EuGH als verschleierte Beschränkung. Ausländische Gewerbetreibende seien nämlich gezwungen, in Österreich eine ortsfeste Betriebsstätte zu errichten, um dort Waren feilbieten zu können. Entsprechendes galt für Anforderungen des griechischen Gewerberechts zur Ausgestaltung von Bäckereien, die die Behörden auch auf das Aufbacken im Supermarkt erstreckten[194]. Entsprechend sieht der EuGH in Beschränkungen des Onlinehandels generell eine Maßnahme, die ausländische Anbieter stärker betrifft (s. schon zur Dienstleistungsfreiheit

---

186 EuGH v. 17.6.1981, Rs. C-113/80 – *„Kommission/Irland"*, Slg. 1981, 1625. Zur Einbeziehung des informalen staatlichen Handelns schon oben Rn 59.

187 EuGH v. 23.12.2015, Rs. C-333/14 – *„Scotch Whisky Association ua/Lord Advocate ua"*, NVwZ 1016, 203; dazu Epiney, NVwZ 2016, 503; EuGH v. 21.9.2016, Rs. C-221/15 – *„Établissements Fr. Colruyt"*, EuZW 2017, 24 – Verbot des Verkaufs von Zigaretten unter Einstandspreis.

188 EuGH v. 19.10.2016, Rs. C-148/15 – *„Deutsche Parkinson Vereinigung/ZBU"*, EuZW 2016, 958.

189 EuGH v. 2.6.1994, Rs. C-401/92, C-402/92 – *„Tankstation 't Heukske"*, Rn 12, Slg. 1994, I-2199, s. auch *Schroeder*, in: Streinz, Art. 34 AEUV Rn 45.

190 EuGH v. 31.3.1982, Rs. C-75/81 – *„Blesgen"*, Rn 7 ff, Slg. 1982, 1211.

191 EuGH v. 29.6.1995, Rs. C-391/92 – *„Kommission/Griechenland"*, Slg. 1995, I-1621, s. auch *Streinz*, Rn 864a.

192 Vgl EuGH v. 23.2.2006, Rs. C-441/04 – *„A-Punkt Schmuckhandels GmbH/Claudia Schmidt"*, Slg. 2006, I-2093 = NJW 2006, 2540.

193 EuGH v. 13.1.2000, Rs. C-254/98 – *„TK-Heimdienst Sass"*, Slg. 2000, 151 = EuZW 2000, 206 m. Anm. *Gundel*. S. auch EuGH v. 26.5.2005, Rs. C-20/03 – *„Burmanjer"*, Rn 25 f, Slg. 2005, I-4133 = NJW 2005, 2977 zum Verbot des Zeitschriftenverkaufs im Reisegewerbe sowie EuGH v. 11.7.1990, Rs C-23/89 – *„Quietlynn und Richards/Southend Borough Council"*, Slg. 1990, I-3059: Konzessionserfordernis für den Verkauf von Sexartikeln.

194 EuGH v. 14.9.2006, Rs. C-159/04 – *„Alfa Vita Vassilopoulos AE/Elliniko Dimosio u.a"*, Slg. 2006, I-8156 = JuS 2008, 262 (Streinz); s. auch *Streinz*, Europarecht, Rn 881 ff.

Rn 77 ff). Die Anwendung der Keck-Grundsätze wird deswegen als inkonsequent kritisiert[195]; die meisten Fälle, auch der Warenabsatz, werden aber von der Dienstleistungsrichtlinie erfasst (s. zu den Konsequenzen am Beispiel des Gewerberechts Rn 238 ff). Diese wird auf Inlandssachverhalte erstreckt, so dass die Keck-Ausnahmen nicht mehr relevant werden können.

6. Die Kapitalverkehrsfreiheit

Die Kapitalverkehrsfreiheit des Art. 63 AEUV ist die jüngste, erst 1993 mit dem Maastricht-Vertrag in das Primärrecht aufgenommene Grundfreiheit[196]. Ihre wachsende Bedeutung zeigte sich in der sprunghaft angestiegenen Zahl von Entscheidungen, sie betraf aber nur eher punktuell das öffentliche Wirtschaftsrecht[197]. In **persönlicher Hinsicht** kommt es nicht auf die Staatsangehörigkeit und nach hM nicht einmal auf die Gebietsansässigkeit an[198], so dass sich auch die Angehörigen der Drittstaaten insoweit auf die Kapitalverkehrsfreiheit berufen können. **83**

Da der AEU-Vertrag keine **Definition der Begriffe des Kapital- und Zahlungsverkehrs** und damit des Schutzbereiches dieser Grundfreiheit enthält, greift der EuGH auf die RL 88/361/EWG zurück, deren Anhang I einen umfangreichen, aber nicht abschließenden Katalog von Beispielsfällen enthält. In den **Schutzbereich** der Kapitalverkehrsfreiheit fallen außer dem Immobilien- und Grundstückserwerb, Versicherungsleistungen, die typischen Bank- und Kapitalmarktgeschäfte, etwa die Vergabe von Krediten und das Wertpapiergeschäft[199] als Kapitalanlage (sog. Portfolioinvestment), insbes Direktinvestitionen in Form von Unternehmensbeteiligungen durch den Erwerb von Aktien mit dem Ziel, sich tatsächlich an der Verwaltung und Kontrolle des Unternehmens zu beteiligen. **84**

Nationale Maßnahmen sind als Beschränkungen iS von Art. 63 Abs. 1 AEUV anzusehen, wenn sie geeignet sind, etwa den Erwerb von Aktien der betreffenden Unternehmen zu verhindern oder zu beschränken oder aber Investoren anderer Mitgliedstaaten davon abzuhalten, in das Kapital dieser Unternehmen zu investieren; es handelt sich auch dann um eine dem Staat zuzurechnende Maßnahme, wenn die Regelungen nicht als gesetzliche Regelung ergehen, sondern von den Gesellschaftsorganen beschlossen **85**

195 S. etwa *Reich*, EuZW 2006, 304; *ders.*, CMLRev 1994, 459 [470]: „illusion of legal certainty". Den griechischen Backwarenfall könnte man allerdings auch als Rückausnahme rechtfertigen, vgl *Streinz*, Rn 881 ff.

196 Da die Vorgängervorschriften keine unmittelbare Anwendung beanspruchen konnten, vollzog sich die Harmonisierung im Bereich des Kapital- und Zahlungsverkehrs zuvor auf der Grundlage des Sekundärrechts; zur historischen Entwicklung *Bröhmer*, in: Calliess/Ruffert, Art. 63 AEUV Rn 1 f. Durch die Verträge von Nizza und Amsterdam ergaben sich materiell keine Änderungen. Auch die Kapitalverkehrsfreiheit ist uneingeschränkt unmittelbar anwendbar, s. EuGH v. 14.12.1995, Rs. C-163/94, C-165/94, C-250/94 – *„Sanz de Lera"*, Rn 34, Slg. 1995, I-4821; die unmittelbare Anwendbarkeit gilt auch im Verhältnis zu Drittstaaten, s. EuGH v. 18.12.2007, Rs. C-101/05 – *„Skatteverket"*, Rn 21 ff, Slg. 2007, I-11531 = EuZW 2008, 117.

197 Entscheidungen betrafen außer dem Devisenrecht anfänglich vor allem den Grundstücksverkehr und die Zweitwohnungsbeschränkungen, s. insbes EuGH v. 1.6.1999, Rs. C-302/97, – *„Konle"*, Slg. 1999, I-3099. Von besonderer Bedeutung ist die Kapitalverkehrsfreiheit für das Steuerrecht; ausf Nachw. bei *Ress/Ukrow*, in: Grabitz/Hilf/Nettesheim, Art. 63 AEUV Rn 145 ff.

198 *Ress/Ukrow*, in: Grabitz/Hilf/Nettesheim, Art. 63 Rn 120 f; aA *Bröhmer*, in: Calliess/Ruffert, Art. 63 AEUV Rn 7.

199 EuGH v. 16.3.1999, Rs. C-222/97 – *„Trummer und Mayer"*, Rn 21, Slg. 1999, I-1661.

wurden[200]. Derartige staatliche Kontrollrechte wurden im Zusammenhang mit der Privatisierung vormals öffentlicher Unternehmen in verschiedenen Mitgliedstaaten eingeführt. Zulässig sind **Beschränkungen** der Kapitalverkehrsfreiheit nur aus den in Art. 65 AEUV aufgeführten Gründen, sowie aus der immanenten Schranke des zwingenden Allgemeininteresses und nur soweit keine gemeinschaftliche Harmonisierungsmaßnahme vorliegt, die bereits die zur Gewährleistung des Schutzes dieser Interessen erforderlichen Maßnahmen vorsieht. Nachdem der EuGH schon in einer Entscheidung zur Warenverkehrsfreiheit im Kontext der Erdölversorgung einem Mitgliedstaat die Berufung auf die öffentliche Sicherheit gestattet hatte (s. schon Rn 68), gilt Entsprechendes für die Gasversorgung[201]. Aber auch das Interesse an einem funktionierenden Finanzmarkt[202] und der Versorgung der Bevölkerung mit Telekommunikations- und Postdienstleistungen[203] kann eine Beschränkung rechtfertigen. Damit handelt es sich um die Wirtschaftsbereiche, die von besonderer Bedeutung und gleichzeitig besonderer Sensibilität sind, so dass eine intensivere staatliche Aufsicht bzw „Regulierung" zulässig ist.

86 Im **Fall 6 (Rn 48)** fällt der Aktienerwerb in den Schutzbereich der Kapitalverkehrsfreiheit; staatliche Sonderrechte, zB die golden shares, sind als rechtfertigungsbedürftiger Eingriff zu qualifizieren. Insoweit können die Sicherstellung der Versorgung mit Energie, aber auch Telekommunikations- bzw Postdienstleistungen eine Beschränkung der Kapitalverkehrsfreiheit rechtfertigen. Abzustellen ist auf den ungeschriebenen Rechtfertigungsgrund des zwingenden Allgemeininteresses, wenn man den Tatbestand der öffentlichen Sicherheit in Art. 65 Abs. 1 lit. b) AEUV auf die „Bekämpfung rechtswidriger Tätigkeiten, wie der Steuerhinterziehung, der Geldwäsche, des Drogenhandels und des Terrorismus" beschränkt[204]. Das eigentliche Problem ist allerdings die Verhältnismäßigkeit der Maßnahmen. Als unverhältnismäßig hat der EuGH starre Prozentgrenzen angesehen, die eine staatliche Intervention zuließen, ohne dass der Mitgliedstaat auch tatsächlich die (konkrete) Gefährdung des Allgemeininteresses dartun musste[205]. Die differenzierte belgische Regelung **(Fall 6a)** erachtete der EuGH dagegen als verhältnismäßig. Das Widerspruchsrecht bleibt in seiner Eingriffsintensität hinter einem generellen Genehmigungsvorbehalt zurück, ist auf ganz bestimmte, sachlich begründbare Aspekte beschränkt und unterliegt einer wirksamen gerichtlichen Kontrolle. Entsprechend sah der EuGH ein umfassendes Verbot der Privatisierung von Gas- und Stromverteilernetzen als gerechtfertigte Beschränkung der Kapitalverkehrsfreiheit an[206]. Im Bereich der Telekommunikation **(Fall 6b)** verfolgt bereits das Sekundär-

200 S. EuGH v. 28.9.2006, Rs. C-282/04 ua – *„Kommission/Niederlande"*, Rn 22, Slg. 2006, I-9141 = EuZW 2006, 722. Andernfalls ließe man eine „Flucht ins Privatrecht" zu, s. auch die Anm. v. *Pießkalla*, EuZW 2006, 724, 725.

201 EuGH v. 4.6.2002, Rs. C-503/99 – *„Kommission/Belgien"*, Rn 58–60, Slg. 2002, I-4809 = EuZW 2002, 429; s. auch *Ebke*, EWS 2002, 335; *Armbrüster*, JuS 2003, 224. Zur Erdölversorgung im Rahmen des Art. 63 AEUV EuGH v. 4.6.2002, Rs. C-483/99 – *„Elf Aquitaine"*, Rn 1, Slg. 2002, I-4781.

202 EuGH v. 10.5.1995, Rs. C-384/93 – *„Alpine Investments"*, Rn 42 ff, Slg. 1995, I-1141 = NJW 1995, 2541. Eine Entscheidung zu Art. 63 AEUV fehlt bisher. In EuGH v. 13.5.2003, Rs. C-463/00 – *„Kommission/Spanien"*, Slg. 2003, I-4581= EuZW 03, 529 hielt der EuGH die spanische Regelung nur aus tatsächlichen Gründen für unvereinbar mit Art. 63 AEUV.

203 EuGH v. 20.6.2002, Rs. C-388/00 und C-429/00 – *„Radiosistemi"*, Rn 44, Slg. 2002, I-5845.

204 In dieser Richtung wohl *Bröhmer*, in: Calliess/Ruffert, Art. 63 AEUV Rn 74 ff; s. auch – allerdings nicht abschließend – EuGH v. 14.12.1995, Rs. C-163/94, C-165/94 und C-250/94 – *„Sanz de Lera"*, Rn 22, Slg 1995, I-4821.

205 EuGH v. 4.6.2002, Rs. C-483/99 – *„Kommission/Frankreich"*, Rn 50 ff, Slg. 2002, I-4781.

206 EuGH v. 4.6.2002, Rs. C-503/99 – *„Kommission/Belgien"*, Slg. 2002, I-4809 = EuZW 2002, 429. Hier liegen die Unterschiede zum spanischen Fall, s. EuGH v. 13.5.2003, Rs. C-463/00 – *„Kommission/Spanien"*, Rn 78–80, Slg. 2003, I-4581. Dort lehnte der EuGH präventive Kontrollbefugnisse

recht mit der Universaldienstverpflichtung das Ziel der Sicherstellung der Versorgung mit Telekommunikationsdienstleistungen (s. näher unten Rn 504). Damit dürfte eine zusätzliche gesellschaftsrechtliche Absicherung schon deswegen unverhältnismäßig sein[207]. Konsequenterweise scheidet daher im Bereich der Automobilindustrie eine entsprechende Regelung von vornherein aus. Dennoch hat der EuGH im VW-Urteil zwar weder den Schutz der Arbeitnehmer noch der Minderheitsaktionäre ausreichen lassen, aber zur Frage nicht abschließend Stellung genommen, ob die Sicherung von Arbeitsplätzen im Interesse des Gemeinwohls einen Rechtfertigungsgrund darstellen könne[208]. Insoweit hat der EuGH auch in diesem Kontext den nationalen Beurteilungsspielraum gewahrt (s. schon oben Rn 67 f), aber dem Mitgliedstaat eine entsprechende Darlegungslast aufgebürdet.

Gerade weil die Kapitalverkehrsfreiheit auch im Verhältnis zu Drittstaaten gilt, ist in solchen Fällen die **Abgrenzung von den anderen Grundfreiheiten** von besonderer Bedeutung. Besondere Relevanz erhält diese bei der Tätigkeit von **Banken aus Nicht-EU-Staaten**. Obwohl Bankgeschäfte, insbes die Vergabe von Krediten, dem Art. 63 AEUV unterfallen (s. näher Rn 84), hat der EuGH seine „Schwerpunktformel" (s. Rn 65) dahin gehend konkretisiert, dass die Dienstleistungsfreiheit nicht nur solche Tätigkeiten erfasst, die die Bank im Umfeld der eigentlichen Kapitaltransaktion erbringt (insbes die Vermittlungs- und Beratungstätigkeiten)[209], sondern auch die Kreditvergabe als solche. Damit konnte sich nach Ansicht des EuGH die *Fidium Finanz AG* aus der Schweiz, die über das Internet Konsumentenkredite insbes an Deutsche vergab, gegenüber dem Genehmigungserfordernis des deutschen KWG (s. dazu ausf Rn 546) nicht auf die Kapitalverkehrs-, aber als Bank aus einem Drittstaat eben auch nicht auf die Dienstleistungsfreiheit berufen[210]. Der EuGH bestimmt das Verhältnis abstrakt, dh unabhängig von der Frage, ob in einem konkreten Fall überhaupt beide Marktfreiheiten anwendbar sind. **87**

Auch im **Verhältnis zur Niederlassungsfreiheit** ließ der EuGH die Kapitalverkehrsfreiheit vor allem im steuerrechtlichen Kontext zurücktreten[211]. Anders verhält es sich allerdings dann, wenn sich die nachteiligen Auswirkungen auf die Niederlassungsfreiheit als „unmittelbare Folge der ... Hindernisse für den freien Kapitalverkehr, mit denen sie untrennbar **88**

als unverhältnismäßig ab, ließ angesichts der unklaren Kriterien die Regelung aber auch am Bestimmtheitserfordernis scheitern.

207 EuGH v. 28.9.2006, Rs. C-282/04 ua – *„Kommission/Niederlande"*, Rn 44, Slg. 2006, I-9141 = EuZW 2006, 722 begründete die Unverhältnismäßigkeit (nur) damit, dass die staatlichen Sonderrechte gerade nicht auf die Sicherstellung der Universaldiensterbringung beschränkt und insgesamt sehr vage gefasst waren.

208 EuGH v. 23.10.2007, Rs. C-112/05 – *„VW-Urteil"*, Slg. 2007, I-8995 = NJW 2007, 3481 m. Bespr. *Teichmann/Heise*, BB 07, 2577; s. auch EuGH v. 6.12.2007, Rs. C 463/04 – *„Kommission/Spanien"*, Slg. 2003, I-4581 = EuZW 2008, 51.

209 EuGH v. 10.5.1995, Rs. C-384/93 – *„Alpine Investments"*, Rn 5, 15, Slg. 1995, I-1141 = NJW 1995, 2541.

210 EuGH v. 3.10.2006, Rs. C-452/04, – *„Fidium Finanz"*, Rn 27 ff, 47 ff, Slg. 2006, I-9521 = EuZW 2006, 689 m. Anm. *Ohler*. Anders zuvor VG Frankfurt, ZIP 2004, 1259, 1263; WM 2005, 503, 514; krit zum EuGH *Hirsbrunner/Seidl*, EuR 2007, 503; *Dreher/Görner*, EWiR 2007, 43. Letztere mit Hinweisen zur neuen Rechtslage im Verhältnis zur Schweiz.

211 Vgl *Bröhmer*, in: Calliess/Ruffert, Art. 63 AEUV Rn 18 ff; s. auch EuGH v. 13.3.2007, Rs. C-524/04 – *„Thin Cap"*, Rn 33 f, 101, Slg. 2007, I-2107; EuGH v. 6.11.2007, Rs. C-415/06 – *„Stahlwerk Ergste Westig"*, Rn 15 f, Slg. 2007, I-151 = IStR 2008, 107.

verbunden sind“[212], darstellen. Daraus folgt im **Fall 6 (Rn 48)**, dass die Vorschriften über golden shares und andere aktienrechtliche Vorschriften zugunsten der öffentlichen Hand nicht an der Niederlassungsfreiheit gemessen werden. Die **Warenverkehrsfreiheit** wird hinsichtlich der gesetzlichen Zahlungsmittel von der Kapital- und Zahlungsverkehrsfreiheit verdrängt, während Edelmetalle angesichts der geringen geldpolitischen Bedeutung unter Art. 34 AEUV subsumiert werden[213].

III. Sekundäres und tertiäres Unionsrecht

89 **Fall 7:** Spanier S möchte auf dem Mainzer Weihnachtsmarkt traditionelle Gebäck-Spezialitäten anbieten, „Lübecker Marzipan“, „Aachener Printen“, „Meißner Fummel“ und „Nürnberger Lebkuchen“. Sämtliche Produkte werden in Spanien nach original deutschen Rezepturen produziert. Allerdings wird ihm ein Standplatz verweigert. Die Stadt begründet dies mit einer drohenden „Irreführung der Verbraucher“. Wer deutsche Spezialitäten kaufe, könne erwarten, dass diese auch in Deutschland hergestellt worden seien. Dies ergebe sich schon aus der VO (EU) Nr 1151/2012. Sämtliche Spezialitäten seien auf ihrer Grundlage von der Kommission als „geschützte geographische Angaben (g.g.A.)“ registriert, so dass mindestens eine der Produktionsstufen in Verbindung mit dem Herkunftsgebiet stehen muss, was bei den Produkten des S nicht der Fall sei. Die Begriffe seien gemäß Art. 13 Abs. 1 lit a) VO gegen jede direkte oder indirekte kommerzielle Verwendung geschützt. Ausländische Waren dürften daher unter diesen Namen nicht angeboten werden. S sieht in der VO eine unzulässige Behinderung des freien Warenverkehrs, wie der EuGH für vergleichbare nationale Regelungen in ständiger Rechtsprechung entschieden habe.

a) Auf welche Weise könnte S eine gerichtliche Überprüfung der Verordnung erreichen?
b) Würde sich an der gerichtlichen Kontrollbefugnis etwas ändern, wenn sich die Regelung in einem delegierten Rechtsakt der Kommission fände?

1. Verordnungen

a) Sekundärrecht

90 Nach Art. 288 AEUV erlassen die Gemeinschaftsorgane Verordnungen, Richtlinien, Entscheidungen und Empfehlungen. Das Sekundärrecht „verdrängt“ in der Rechtspraxis zunehmend das primäre Unionsrecht. Verordnungen gelten gem. Art. 288 Abs. 2 AEUV allgemein und unmittelbar in jedem Mitgliedstaat und sind insoweit die „Gesetze“ der EU[214]. Es bedarf daher keines Durchführungsaktes, wenn sich nicht aus der VO selbst die Erforderlichkeit eines weiteren Aktes, insbes einer Maßnahme gegenüber dem Einzelnen (VA, Realakt, etc), ergibt[215]. Sie begründen gegebenenfalls Rechte und Pflichten des Einzelnen, auf die er sich vor den nationalen Gerichten un-

212 Vgl EuGH v. 13.5.2003, Rs. C-463/00 – *„Kommission/Spanien“*, Rn 86, Slg. 2003, I-4581; EuGH v. 28.9.2006, Rs. C-282/04 ua – *„Kommission/Niederlande“*, Rn 43, Slg. 2006, I-9141 = EuZW 2006, 722.

213 *Glaesner*, in: Schwarze, EU-Kommentar, Art. 63 AEUV Rn 10.

214 Der Entwurf des EU-Verfassungsvertrages näherte sowohl die Terminologie als auch das „Gesetzgebungsverfahren“ an das nationalstaatliche Vorbild an, s. dazu *Ruthig*, Gesetzgebung in Europa, in: Beckmann/Dieringer/Hufeld (Hrsg.), Eine Verfassung für Europa, 2. Aufl. 2005, S. 449 ff. Der AEUV hielt allerdings an der bisherigen Terminologie fest.

215 *Streinz*, Europarecht, Rn 467 ff.

mittelbar berufen kann. Aus der unmittelbaren Geltung leitet der EuGH eine **Anwendungssperre für entgegenstehendes nationales Recht** ab[216]. Inzident haben die nationalen Gerichte also auch die Möglichkeit einer Überprüfung der Verordnung. Sowohl die Auslegung des Sekundärrechts als auch die Prüfung der Vereinbarkeit mit dem Primärrecht ist dann in einem Vorabentscheidungsverfahren zu klären (zum Ausschluss der Nichtigkeitsklage vgl Rn 92). Sie werden grundsätzlich von Parlament und Rat erlassen, im „ordentlichen Gesetzgebungsverfahren" gemeinsam von Parlament und Rat, vgl Art. 289 Abs. 1 S. 1 AEUV[217].

b) Tertiärrecht

Daneben kennt das Unionsrecht, vergleichbar der Rechtsverordnung nach Art. 80 GG, die „exekutive Rechtssetzung" durch die Kommission. Diese kann delegierte Rechtsakte nach Art. 290 AEUV und Durchführungsrechtsakte nach Art. 291 Abs. 2 AEUV iVm VO 182/2011 erlassen. Diese Befugnis wird ihr in seltenen Fällen im Primärrecht eingeräumt (vgl Art. 106 Abs. 3 AEUV), vor allem aber in Richtlinien und Verordnungen, weswegen man bei der Rechtssetzung durch die Kommission von Tertiärrecht spricht. Delegierte Rechtsakte nach Art. 290 AEUV können zur Ergänzung oder Änderung bestimmter, nicht wesentlicher[218] Vorschriften des Sekundärrechts erlassen werden, Durchführungsrechtsakte nach Art. 291 AEUV beziehen sich auf die Durchführung des Unionsrechts durch die Mitgliedstaaten[219]. Auf ausdrücklicher Grundlage im Sekundärrecht können auch Regulierungsagenturen (zu diesen und ihren Kompetenzen allgemein Rn 191 ff) rechtssetzend tätig werden[220]. Zunehmend wird die Ausarbeitung der Durchführungsrechtsakte auf Regulierungsagenturen übertragen (dazu Rn 38, 500 f). Diese werden anschließend von der Kommission verabschiedet, können aber grundsätzlich nicht geändert werden[221]. Dies wird teilweise als rechtswidrige Beschränkung der Kommissionskompetenzen angesehen[222]. 91

216 EuGH v. 14.12.1971, Rs. C-43/71 – *„Politi/Finanzministerium der Italienischen Republik"*, Rn 9, Slg. 1971, I-1039, 1049. Unzulässig ist auch die Verabschiedung inhaltlich gleichlautender Regelungen durch den nationalen Gesetz- und Verordnungsgeber; vgl EuGH v. 10.10.1973, Rs. C-34/73 – *„Variola/Amministrazione Italiana delle Finanze"*, Rn 9 ff, Slg. 1973, I-981, 991.

217 Dazu näher *Streinz*, Europarecht, Rn 558 ff; auch zu den besonderen Geseztgebungsverfahren (Annahme durch Parlament oder Rat unter Beteiligung des anderen Gesetzgebungsorgans).

218 Wesentlichkeit ist dabei nicht grundrechtsbezogen, sondern demokratisch-politisch zu verstehen; insoweit basiert die Regelung auf der EuGH-Rechtsprechung, EuGH, Rs. C-240/90 – *„Deutschland/Kommission"*, Slg. 1992, I-5383, Rn 37; vgl *Ruffert*, in: Calliess/Ruffert, AEUV Art. 290 Rn 9 ff. Ein grundrechtlicher Gesetzesvorbehalt ergibt sich aus Art. 52 Abs. 1 GRCh.

219 Näher dazu *Streinz*, Europarecht, Rn 571 ff. Die Mitgliedstaaten kontrollieren wiederum die Durchführungsbefugnisse der Kommission nach Art. 291 Abs. 3 iVm VO(EU) 182/2011.

220 EuGH v. 22.1.2014, Rs. C-270/12 – *„Leerverkaufsentscheidung"*, Rn 63 ff = NJW 2014, 1359; dazu auch *Lange*, JuS 2019, 759.

221 Vgl für die Finanzmarktaufsicht Erwägungsgrund 23 VO (EU) Nr 1093/2010 oder VO (EU) Nr 1095/2010: die Kommission dürfe die Entwürfe der Agentur für technische Regulierungsstandards nur „in äußerst begrenzten Fällen und unter außergewöhnlichen Umständen" ändern, „da die Behörde der Akteur ist, der sich im engen Kontakt mit den Finanzmärkten befindet und deren tägliches Funktionieren am besten kennt. Entwürfe technischer Regulierungsstandards müssten in Fällen geändert werden, in denen sie nicht mit dem Unionsrecht vereinbar wären, gegen den Grundsatz der Verhältnismäßigkeit verstoßen würden oder grundlegenden Regeln des Binnenmarkts für Finanzdienstleistungen zuwiderlaufen würden".

222 *Chamon*, CMLRev 2011, S. 1055, 1070; *K. Michel*, Institutionelles Gleichgewicht und EU-Agenturen, 2015, 233 f; für eine primärrechtskonforme Auslegung der die Zuständigkeit der Kommission einschränkenden Regelungen allerdings *Ohler*, in: Ruffert, Europäisches Sektorales Wirtschaftsrecht, § 10, Rn 125.

c) Individualrechtsschutz gegen Verordnungen

92 Neben dem Inzidentrechtsschutz, der beim mitgliedstaatlichen Vollzug des Unionsrechts den nationalen Verwaltungsgerichten obliegt, kommt auch prinzipaler Rechtsschutz in Form der **Nichtigkeitsklage** nach Art. 263 Abs. 4 AEUV vor dem EuG[223] in Betracht. Tauglicher Klagegegenstand sind zunächst alle verbindlichen Rechtsakte der Gemeinschaft, also auch Verordnungen. Zulässig ist die Klage, wenn die Klagebefugnis[224] gegeben ist und der Kläger einen Anfechtungsgrund geltend macht. Ein solcher ist ohne weiteres gegeben, wenn ein Verstoß gegen den AEUV oder allgemeine Rechtsgrundsätze gerügt wird[225]. Die Klagebefugnis eines nichtprivilegierten Klägers ist in Art. 263 Abs. 4 AEUV geregelt. Dabei unterscheidet der AEUV nunmehr zwischen drei Alternativen. Während beim Adressaten einer VO nach der 1. Alt. in jedem Fall die Klagebefugnis gegeben ist, kann sich der Kläger nach der 3. Alt. nur gegen solche „Rechtsakte mit Verordnungscharakter" zur Wehr setzen, die ihn „unmittelbar betreffen und keine Durchführungsmaßnahmen nach sich ziehen". In allen anderen Fällen muss er zusätzlich die individuelle Betroffenheit geltend machen. Nach der in ständiger Rechtsprechung vom EuGH zu Art. 230 Abs. 4 EGV entwickelten und auf Art. 263 Abs. 4 2. Alt. AEUV übertragenen[226] **„Plaumann-Formel"** ist eine natürliche oder juristische Person nur dann von einer Maßnahme individuell betroffen, wenn diese sie „wegen bestimmter persönlicher Eigenschaften oder besonderer, sie aus dem Kreis aller übrigen Personen heraushebender Umstände berührt und sie daher in ähnlicher Weise individualisiert wie einen Adressaten"[227].

93 Damit käme auch in **Fall 7a/b (Rn 89)**[228] eine Nichtigkeitsklage in Betracht. Unmittelbar betroffen ist der Kläger nach der Rechtsprechung des EuGH dann, wenn die VO selbst und nicht erst eine in ihrer Folge hinzutretende Durchführungsmaßnahme in seinen Interessenkreis eingreift[229]. Dies ist zwar nicht hinsichtlich der Eintragung, wohl aber hinsichtlich des mit der Eintragung verbundenen Schutzes, der unmittelbar auf der VO beruht, der Fall. Es kommt daher entscheidend darauf an, ob S eine individuelle Betroffenheit geltend machen muss. Dies wäre dann zu verneinen, wenn es sich um einen „Rechtsakt mit Verordnungscharakter" im Sinne der 3. Alt. handeln würde. Allerdings wird im Vertragstext selbst dieser wenig glückliche Begriff nicht erläutert[230]. Der Wortlaut jedenfalls spräche dafür, da es we-

223 Die Zuständigkeitsverteilung ergibt sich aus Art. 256 Abs. 1 AEUV. Danach ist das Gericht erster Instanz für Klagen nach Art. 263 AEUV zuständig, soweit die Satzung eine solche Klage nicht dem EuGH vorbehält.

224 Teilweise wurden Klagegegenstand und Klagebefugnis früher als einheitliches Erfordernis der Klageberechtigung dargestellt. Der AEUV trennt diese nun deutlich.

225 *Streinz*, Europarecht, Rn 643.

226 Nicht überzeugend demgegenüber der Versuch von *Meyer*, AöR 129 (2004), 411, 427 f, allein aus dem begrifflichen Wechsel von Entscheidung zu Handlung einer Neuinterpretation der Vorschrift das Wort zu reden, s. auch *Cremer*, DÖV 2010, 58, 69.

227 St. Rspr seit EuGH v. 15.7.1963, Rs. C-25/62 – *„Plaumann"*, Slg. 1963, 211, 238.

228 S. auch EuGH v. 25.10.2005, Rs. C-465/02 ua – *„Feta"*, Slg. 2005, I-9115 = EuZW 2005, 762. Für den europäischen Schutz geografischer Herkunftsangaben und Ursprungsbezeichnungen wurde schon mit der Verordnung (EWG) Nr 2081/92 ein gemeinschaftsrechtliches Regelungsgefüge geschaffen und im Jahr 2006 durch die Verordnung (EG) Nr 510/2006 des Rates v. 20.3.2006 zum Schutz von geografischen Angaben und Ursprungsbezeichnungen für Agrarerzeugnisse und Lebensmittel, ABlEU 2006 Nr L 93, S. 12.

229 S. auch *Ehricke*, in: Streinz, Art. 263 AEUV Rn 59 mwN.

230 Beispielhaft *Thiele*, EuR 2010, 30, 44.

nig sinnvoll erscheint, von Verordnungen ohne Verordnungscharakter zu sprechen. Allerdings würden dann alle Verordnungen im Sinne des Art. 288 AEUV unter Art. 263 Abs. 4 3. Alt. AEUV fallen und S müsste eine individuelle Betroffenheit nicht nachweisen. Eine solch umfassende Erweiterung sollte mit der Änderung des Wortlauts wohl nicht bezweckt werden[231]. Auch wenn dies vor allem während der Vorbereitung des Verfassungsvertrages gefordert worden war, hatte sich diese Auffassung nicht durchsetzen können. Das wirklich mit der Formulierung Gemeinte erschließt sich daher nur aus einem Vergleich mit dem Verfassungsvertrag. Nach diesem wurden Verordnungen des Rates und Richtlinien in „Gesetze" bzw „Rahmengesetze" umbenannt[232]. Von Verordnungen wurde nur noch bei solchen Rechtsakten gesprochen, die nicht in einem Gesetzgebungsverfahren erlassen worden sind[233]. Wenn also im Kontext der Klagebefugnis von „Verordnungscharakter" die Rede war, nahm dies die zu „Gesetzen" aufgewerteten Formen aus, hielt also insoweit an der strengeren (bisherigen) Fassung der Klagebefugnis fest. Bei der Formulierung des Lissabon-Vertrags wurde diese Frage nicht mehr aufgegriffen. Die Verwirrung ist darauf zurückzuführen, dass der Begriff des Gesetzes gestrichen und beide Varianten weiterhin als Verordnungen bezeichnet wurden. Beibehalten wurde allerdings der Begriff des Gesetzgebungsaktes. Er betrifft nach Art. 289 Abs. 3 AEUV solche Rechtsakte, die entweder im ordentlichen Gesetzgebungsverfahren (gemeinsamer Erlass durch Rat und Parlament, Art. 289 Abs. 1 AEUV) oder dem besonderen Gesetzgebungsverfahren (unter bloßer Beteiligung des Parlaments, Art. 289 Abs. 2 AEUV) erlassen worden sind. Damit handelt es sich nur dann um Rechtsakte „mit Verordnungscharakter" im Sinne der 3. Alternative des Art. 263 Abs. 4 AEUV, wenn diese außerhalb dieser Gesetzgebungsverfahren erlassen werden[234]. Dies gilt insbes für delegierte Rechtsakte, die nach Art. 290 Abs. 1 AEUV ausdrücklich solche „ohne Gesetzescharakter" sind, sowie Durchführungsrechtsakte nach Art. 291 Abs. 2 AEUV. Da es sich im vorliegenden Fall um eine VO handelt, die im ordentlichen Gesetzgebungsverfahren erlassen wurde, ist Art. 263 Abs. 4 3. Alt. hier nicht anwendbar[235]. Würde sich die Regelung dagegen in einem Tertiärrechtsakt befinden, wäre die Klagebefugnis gegeben; die Nichtigkeitsklage übernimmt also für das Tertiärrecht die Funktion eines Normenkontrollverfahrens ähnlich § 47 VwGO. Allerdings hat der EuGH seine Rechtsprechung, wonach Einzelne im Rahmen eines nationalen Verfahrens nicht die Gültigkeit einer unionsrechtlichen Maßnahme geltend machen können, wenn sie nach Art. 263 Abs. 4 AEUV „zweifelsfrei" innerhalb der Klagefrist Nichtigkeitsklage hätten erheben können, auf tertiärrechtliche Verordnungen erstreckt, so dass dann – anders als im Verhältnis von § 47 VwGO und der inzidenten Normenkontrolle – eine „Bestandskraft" tertiärrechtlicher Verordnungen eintreten kann[236], was freilich vor dem Hintergrund des Art. 47 GRCh einer restriktiven Anwendung bedarf.

231 *Everling*, EuR Beiheft 1/2009, S. 71, 74; *Rabe*, NJW 2007, 3153, 3157.

232 Dazu schon *Ruthig*, in: Beckmann/Dieringer/Hufeld, Eine Verfassung für Europa, 2. Aufl. 2005, 449, 465 f.

233 *Ruthig*, in: Beckmann/Dieringer/Hufeld, Eine Verfassung für Europa, 2. Aufl. 2005, 449, 468 ff; *Streinz/Ohler/Hermann*, Der Vertrag von Lissabon zur Reform der Europäischen Union, 2008, S. 93 ff.

234 *Thiele*, EuR 2010, 30, 44; *Ehlers*, Nichtigkeitsklage, in: ders./Schoch, Rechtsschutz im Öffentlichen Recht, 2009, § 8 Rn 41.

235 *Ehlers*, Nichtigkeitsklage, in: ders./Schoch, Rechtsschutz im Öffentlichen Recht, 2009, § 8 Rn 41; *Cremer*, DÖV 2010, 58, 62.

236 EuGH v. 14.3.2017, Rs. C-158/14, EuZW 2017, 389; dazu auch *Epiney*, NVwZ 2018, 775, 781; *Streinz*, JuS 2018, 397.

2. Richtlinien

94 Gemäß Art. 288 Abs. 3 AEUV ist die Richtlinie für die Mitgliedstaaten hinsichtlich des zu erreichenden Zieles verbindlich, überlässt diesen aber die Auswahl von Form und Mittel, die sie für die Erreichung des Zieles als geeignet ansehen[237]. Auch im Wirtschaftsrecht wird daher die Richtlinie immer dann eingesetzt, wenn die Besonderheiten des nationalen Rechts möglichst weitgehend gewahrt bleiben sollen. In einigen Fällen wurde aber auch mit dem Instrument der Richtlinie eine weitgehende Harmonisierung erreicht (s. zum Regulierungsrecht Rn 496). Die **Umsetzung einer Richtlinie** durch die Mitgliedstaaten muss vollständig, genau und innerhalb der in der Richtlinie gesetzten Frist erfolgen. Sie muss es den Betroffenen ermöglichen, von ihren Rechten und Pflichten Kenntnis zu erlangen, um sie vor den nationalen Gerichten geltend machen zu können. Eine bloße innerstaatliche Verwaltungspraxis oder eine Umsetzung durch Verwaltungsvorschriften ohne Außenwirkung gegenüber dem Bürger genügt daher nicht[238]. Für den Fall, dass diese Anforderungen nicht eingehalten werden, hat der EuGH **drei Durchsetzungsmechanismen** entwickelt: Die unmittelbare Wirkung, die richtlinienkonforme Auslegung und die Staatshaftung[239].

a) Unmittelbare Anwendbarkeit von Richtlinienbestimmungen

95 Obwohl diese sich ihrem Wortlaut nach nur an die Mitgliedstaaten richten, leitet der EuGH auch aus Richtlinien unmittelbar wirkende Rechte Einzelner gegenüber einem Mitgliedstaat ab (vertikale Wirkung)[240]. Bei fehlender oder fehlerhafter Umsetzung kann sich der Einzelne auf eine konkrete Richtlinienbestimmung berufen, sofern sie „inhaltlich unbedingt und hinreichend genau" ist. Inhaltlich unbedingt ist eine Bestimmung, wenn sie vorbehaltlos und ohne Bedingung anwendbar ist und keiner weiteren Maßnahme seitens der Mitgliedstaaten oder der Union bedarf. Hinreichend genau ist sie, wenn sie unzweideutig eine Verpflichtung begründet, also rechtlich in sich abgeschlossen ist und als solche von jedem Gericht angewandt werden kann[241]. Liegen die Voraussetzungen einer unmittelbaren Anwendbarkeit vor, haben nicht nur die **nationalen Gerichte**, sondern **auch alle anderen staatlichen Stellen** diese trotz möglicherweise entgegenstehenden nationalen Rechts von Amts wegen anzuwenden.

Voraussetzung der unmittelbaren Anwendbarkeit ist außerdem der Ablauf der Umsetzungsfrist. Mögliche Wettbewerbsverzerrungen in den einzelnen Mitgliedstaaten, die aus einer zeitlich unterschiedlichen, aber fristgemäßen Umsetzung resultieren, sind hinzunehmen[242]. Die unmittelbare Wirkung beschränkt sich allerdings auf das Verhältnis zu den Mitgliedstaaten. Allerdings

237 *Streinz*, Europarecht, Rn 474 ff.

238 Der EuGH fordert eine „unzweifelhaft verbindliche" Umsetzung, EuGH v. 8.10.1996, Rs. C-178/94 – *„Dillenkofer"*, Rn 47 ff, Slg. 1996, S. I-4845, 4884; v. 9.9.1999, Rs. C-217/97 – *„UIG"*, Slg. 1999, I-5087; *Pitschas*, DVBl 2000, 332. Diesen Anforderungen genügt beispielsweise die gaststättenrechtliche Praxis, Ausnahmen vom Erfordernis des Unterrichtungsnachweises in Verwaltungsvorschriften zuzulassen – vgl *Michel/Kienzle/Pauly*, GastG, § 9 Rn 71 – nicht.

239 Hierzu grundlegend EuGH v. 19.11.1991, Rs. C-6/90 – *„Francovich"*, Rn 35, Slg. 1991, I-5357; v. 8.10.1996, Rs. C-178/94, C-179/94 und C-188/94 bis C-190/94 – *„Dillenkofer ua"*, Rn 20, Slg. 1996, I-4845. Zuletzt EuGH v. 24.3.2009, Rs. C-445/06 – *„Danske Slagterier/BRD"*, Rn 19, Slg. 2009, I-2119.

240 Zur Begründung *Ruffert*, in: Calliess/Ruffert, Art. 288 AEUV Rn 47 ff.

241 Hierzu näher *Ruffert*, in: Calliess/Ruffert, Art. 288 AEUV Rn 53 ff mN aus der Rspr.

242 Dazu EuGH v. 5.4.1979, Rs. C-148/78 – *„Ratti"*, Slg. 1979, 1629.

wird der Begriff der staatlichen Stellen dabei weit verstanden. Der Umstand, dass im Verhältnis zwischen Privaten eine sog. horizontale unmittelbare Richtlinienwirkung ausgeschlossen ist[243], bedeutet allerdings für das öffentliche Recht keineswegs, dass eine (mittelbare) Belastung Dritter ausgeschlossen ist, wenn sich ein Privater auf umwelt- oder wirtschaftsrechtliche Richtlinienbestimmungen beruft (sog. mittelbare Horizontalwirkung)[244].

b) Richtlinienkonforme Auslegung und Anwendung der GRCh

Das vom EuGH entwickelte Instrument der richtlinienkonformen Auslegung ist fester **96**
Bestandteil der Durchsetzungsmechanismen des europäischen Rechts. Danach sind auch **unverändert gebliebene Vorschriften** des nationalen Rechts „im Lichte des Wortlauts und des Zwecks der Richtlinie auszulegen“[245]. Dieses Gebot gilt unabhängig von der Umsetzung ab Inkrafttreten der Richtlinie[246] und betrifft insbes die Generalklauseln. Nach der Rechtsprechung des EuGH sind alle Träger öffentlicher Gewalt zur Durchsetzung der Ziele einer Richtlinie verpflichtet. Diese Auslegung ist unter voller Ausschöpfung des Beurteilungsspielraums, den das nationale Recht ihnen einräumt, in Übereinstimmung mit den Anforderungen des Unionsrechts vorzunehmen[247]. Grenzen findet die richtlinienkonforme Auslegung auf nationaler Ebene im eindeutig entgegenstehenden Wortlaut eines Gesetzes[248] und unionsrechtlich in den allgemeinen Rechtsgrundsätzen, insbes in den Grundsätzen von Rechtssicherheit und Rückwirkungsverbot[249]. Die richtlinienkonforme Auslegung führt aber auch zu einem Vorrang unionsrechtlicher Maßstäbe vor dem nationalen Verfassungsrecht (s. schon Rn 41 ff).

Zum einen wird durch Richtlinien auch der Anwendungsbereich der GRCh eröffnet. Diese gilt für die Mitgliedstaaten bei der „Durchführung von Unionsrecht“; dazu gehört in jedem Fall[250] das richtliniengeprägte Verwaltungshandeln und damit fast das gesamte öffentliche Wirtschaftsrecht (zu den Konsequenzen für Informationsansprüche Rn 129 ff). Dies begrifft aller-

---

243 EuGH v. 14.7.1994, Rs. C-91/92 – *„Faccini Dori“*, Rn 19 ff, Slg. 1994, I-3325, auch EuGH v. 22.11.2005, Rs. C-144/04, – *„Mangold“*, Slg. 2005 I-9981 hat dies nicht in Frage gestellt, s. *Ruffert*, in: Calliess/Ruffert, Art. 288 AEUV Rn 57; *Herrmann*, EuZW 2006, 69; *Streinz*, JuS 2006, 357, 360; aA *Gas*, EuZW 2005, 737; *Bauer/Arnold*, NJW 2006, 6, 9.

244 Auch dazu ausf mwN *Ruffert*, in: Calliess/Ruffert, Art. 288 AEUV Rn 63 ff.

245 EuGH v. 10.4.1984, Rs. C-14/83 – *„von Colson und Kamann“*, Rn 26, Slg. 1984, 1981; s. auch EuGH v. 8.10.1987, Rs. C-80/86 – *„Kolpinghus Nijmengen“*, Slg. 1987, 3969; EuGH v. 13.11.1990, Rs. C-106/89 – *„Marleasing“*, Rn 1 ff, Slg. 1990, I-4135.

246 Vgl BGH, EWS 1993, 386; *Streinz*, Europarecht, Rn 498 ff; *Lutter*, JZ 1992, 593, 605. Vor Ablauf der Umsetzungsfrist stellt sich allenfalls die – nach dem nationalen Recht zu beantwortende – Frage, ob der Richter bereits zu einer Rechtsprechungsänderung im Vorgriff auf die Richtlinie berechtigt ist, bejahend BGH, NJW 1998, 2208.

247 *Ruffert*, in: Calliess/Ruffert, Art. 288 AEUV Rn 77 mit Verweis auf die einschlägige EuGH-Rechtsprechung.

248 Zu verfassungsrechtlichen Grenzen der gemeinschaftsrechtskonformen Auslegung s. *Di Fabio*, NJW 1990, 947; *Nettesheim*, AöR 119 (1994), 261.

249 Der eindeutige Wortlaut muss schon deshalb die Grenze bilden, weil eine Auslegung stets auf vorhandenen Entscheidungsspielräumen aufbaut. Die Wortlautgrenze entspricht auch dem gemeinschaftsrechtlichen Gebot der Rechtssicherheit, da die Anwendung des Rechts vorhersehbar sein muss, vgl *Schroeder*, in: Streinz, EGV, Art. 249 Rn 128. Aus diesem Grund hat der EuGH etwa die Begründung strafrechtlicher Verantwortung durch richtlinienkonforme Auslegung abgelehnt, EuGH v. 8.10.1987, Rs. C-80/86 – *„Kolpinghuis Nijmengen“*, Rn 13, Slg. 1987, 3969, 3986.

250 Der EuGH erstreckt die Anwendung der GRCh auf jedes Verwaltungshandeln, das zu Einschränkungen der Grundfreiheiten führt; ausführlich dazu *Ladenbuger/Vondung*, in: Sachs, GRCh, Art. 51 Rn 48 ff.

dings nicht nur die materiellen Grundrechte, sondern auch die Anforderungen an den effektiven Rechtsschutz. Insoweit wird auch Art. 19 Abs. 4 GG verdrängt durch Art. 47 GRCh, aber auch die „einfachrechtlichen" Konkretisierungen in den Richtlinien, zB für das Telekommunikationsrecht in Art. 4 Abs. 1 S. 2 RahmenRL. Bereits die Entscheidung zum Verhältnis von effektivem Rechtsschutz und dem Schutz von Geschäftsgeheimnissen hat bestätigt, dass der EuGH diesem Grundsatz herausragende Bedeutung zumisst[251]. Es überzeugte daher nicht, wenn BVerfG und BVerwG in diesem Zusammenhang die zu Art. 19 Abs. 4 GG entwickelten Maßstäbe anlegten[252]; dieser Ansatz ist aber durch die jüngste Rechtsprechung des BVerfG zum Vorrang des Unionsrechts (vgl oben Rn 42 f) wohl überholt[253]. Damit verdrängen jedenfalls im richtliniengeprägten öffentlichen Wirtschafts- und Umweltrecht die europäischen Anforderungen an ein faires (gerichtliches und behördliches) Verfahren die nationalen Standards[254]. Dies betrifft nicht nur Art. 47 GRCh (dazu schon Rn 40), sondern in besonderer Weise auch das Verwaltungsverfahren. Zu den verfahrensrechtlichen Anforderungen der einzelnen Richtlinien tritt zunehmend das „Recht auf gute Verwaltung" des Art. 41 GRCh (zu den angloamerikanischen Wurzeln schon Rn 18)[255].

3. Vereinbarkeit von Verordnungen und Richtlinien mit dem Primärrecht

97 Nach dem **Prinzip der begrenzten Einzelermächtigung** (Art. 5 Abs. 1 und 2 AEUV) wird die Union nur im Rahmen ihrer Zuständigkeit tätig (vgl ▸ **Klausurenkurs Fall Nr 1**). Davon zu unterscheiden ist die Frage nach dem **Rangverhältnis**. Ähnlich wie zwischen Verfassungs- und einfachem Recht ist auch im Unionsrecht der Grundsatz der Normhierarchie anerkannt. Das Primärrecht nimmt die oberste Rangstufe ein,[256] genießt also Vorrang vor dem sekundären Unionsrecht[257]. Nach der Rechtsprechung des EuGH[258] bildet es „Grundlage, Rahmen und Grenze" der von den Unionsorganen erlassenen Rechtsakte. Insoweit kann auch Sekundärrecht gegen die Grundfreiheiten verstoßen.

Davon zu unterscheiden sind die Konsequenzen für die **Prüfung der Vereinbarkeit nationalen Rechts mit dem Unionsrecht**. In der Literatur wird dem (spezielleren) Sekundärrecht Vor-

---

251 EuGH v. 13.7.2006 – Rs. C-438/04, Slg. 2006, I-6675 – Mobistar; dazu *Ruthig*, in: Baur/Salje/Schmidt-Preuß, Regulierung in der Energiewirtschaft, Kap 58 Rn 45 ff.

252 Das BVerfG bescheinigte der bundesverwaltungsgerichtlichen Rechtsprechung im Hinblick auf die Zulässigkeit und die verfassungsrechtlichen Grenzen behördlicher Letztentscheidungsrechte im Telekommunikationsrecht, sie arbeite mit den anerkannten Auslegungsmethoden und sei verfassungsrechtlich nicht zu beanstanden, vgl BVerfG, MMR 2012, 186 m. Anm. Winkler; s. auch BVerfG v. 19.12.2016 – 1 BvR 62/12.

253 Dazu auch *Ruthig* in: Kopp/Schenke, VwGO § 1 Rn 16.

254 In die Auslegung des Art. 47 GRCh fließen als Mindeststandards die zu Art. 6 EMRK entwickelten Maßstäbe ein (vgl Art. 52 Abs. 3 GRCh). Da der EGMR sämtliche Eingriffe in die Berufsfreiheit als Streitigkeiten um civil rights qualifizierte, ergaben sich für das öffentliche Wirtschaftsrecht diese Anforderungen schon bisher aus Art. 6 EMRK, unterlagen aber nicht der Kontrolle des EuGH; zu diesen vgl *Ruthig* in: Kopp/Schenke, VwGO § 1 Rn 16a.

255 Zur (jedenfalls analogen) Anwendbarkeit auf Verwaltungshandeln der Mitgliedstaaten *Jarass*, FS Schenke (2011), 848, 853 f; ausf zu den Ausprägungen dieses Rechts am Beispiel des europäischen Beihilfeverfahrens *Klein*, Auswirkungen der Europäischen Grundrechtecharta auf die Verfahrensrechte der Drittbeteiligten im europäischen Beihilfeverfahren, 2018 (Diss Mainz 2017), 121 ff.

256 *Herdegen*, Europarecht, § 8 Rn 4.

257 *Ruffert*, in: Calliess/Ruffert, Art. 288 AEUV Rn 8; *Gaitanides*, in: v. d. Groeben/Schwarze, EUV/EGV, 6. Aufl. 2003, Art. 220 Rn 17; *Nettesheim*, EuR 2006, 737 (746); *Nettesheim*, in: Grabitz/Hilf/Nettesheim, Art. 288 AEUV Rn 226.

258 EuGH v. 12.10.1978, Rs. C-26/78 – *„Viola"*, Rn 9 ff, Slg. 1978, 1771.

rang vor den Grundfreiheiten zugebilligt[259]. Praktische Anwendungsfälle sind zB die Garantie effektiven Rechtsschutzes in den Telekommunikationsrichtlinien (näher Rn 40). Teilweise wird dies damit begründet, es sei schon der Tatbestand der Grundfreiheiten nicht eröffnet, da die Verbürgungen der Grundfreiheiten durch die Richtlinien in konkrete, abgegrenzte Rechte und Pflichten ausformuliert und konturiert werden würden[260]. Der EuGH scheint zu differenzieren. In einigen Entscheidungen erachtet er den Anwendungsbereich der jeweiligen Grundfreiheit als eröffnet und berücksichtigt einschlägiges Sekundärrecht erst auf der Ebene der Rechtfertigung[261]. In anderen Fällen stellt er hingegen heraus, dass eine nationale Maßnahme, die den Mitgliedstaaten durch eine Richtlinie gestattet wird, schon tatbestandlich nicht gegen die Grundfreiheiten verstößt[262]. Die Differenzierung orientiert sich am Regelungsgehalt der Richtlinie. Soweit sie auf Konkretisierung der Grundfreiheiten angelegt ist, entscheidet in erster Linie die Richtlinie und damit der Unionsgesetzgeber über die Rechtfertigung von Beschränkungen der Grundfreiheit. Dieses jucidial self restraint erklärt auch, dass der EuGH dann den Sachverhalt nicht zusätzlich am Primärrecht überprüft[263], sondern in einem „erst-recht-Schluss" Einschränkungsmöglichkeiten einer Richtlinie auf nur vom Primärrecht geprägte Sachverhalte überträgt[264].

Fall 7a (Rn 89): Im Rahmen der Begründetheit ist zu unterstellen, dass die Anforderungen der VO eingehalten sind[265]. Nach Art. 36 Abs. 1 AEUV stehen die Bestimmungen des Art. 35 AEUV Beschränkungen nicht entgegen, die aus bestimmten Gründen, ua zum Schutze des gewerblichen und kommerziellen Eigentums, gerechtfertigt sind[266]. Dabei ist zu beachten, dass der EuGH bei der Verhältnismäßigkeitsprüfung den Schwerpunkt auf die Erforderlichkeit legt und die Angemessenheit einer Maßnahme idR nicht gesondert prüft[267]. Erforderlich ist sie insbes deswegen, weil der Markt allein die Sicherstellung von Qualitätsstandards für bestimmte traditionelle Produkte nicht erreichen konnte. Hierfür hielt der EuGH die Herstellung im Ursprungsland für erforderlich. Er erstreckte dies sogar auf Abfüllen/Verpacken und Zubereiten, worin der GA einen unverhältnismäßigen Eingriff in die Warenverkehrsfreiheit gesehen hatte, weil solche Standards überall eingehalten werden **98**

---

259 *Kingreen*, in: Calliess/Ruffert, Art. 34–36 AEUV Rn 18; *Streinz/Leible*, in: Schlachter/Ohler, Europ. Dienstleistungsrichtlinie, Einleitung Rn 87. Eine ausschließliche Prüfung einer nationalen Maßnahme am Maßstab des Sekundärrechts setzt allerdings voraus, dass das Sekundärrecht gegenüber der nationalen Maßnahme tatsächlich eine speziellere und vor allem abschließende Regelung darstellt, was für jede Norm des Sekundärrechts gesondert zu prüfen ist. *Korte*, EWS 2007, 246 (253 f); *Streinz/Leible*, in: Schlachter/Ohler, Europ. Dienstleistungsrichtlinie, Einleitung Rn 88.

260 *Kingreen*, in: Calliess/Ruffert, Art. 34–36 AEUV Rn 18.

261 EuGH v. 8.11.1979, Rs. C-251/78 – *„Denkavit"*, Rn 14, Slg. 1979, 3369.

262 EuGH v. 11.12.2003, Rs. C-322/01 – *„DocMorris"*, Rn 64, Slg. 2003, I-14887; v. 14.12.2004, Rs. C-463/01 – *„Kommission/Deutschland"*, Rn 55, Slg. 2004, I-11705.

263 Zu den Vergaberichtlinien EuGH v. 10.11.2016, Rs. C-199/15 Rn 25.

264 Zu nicht vom Vergaberecht erfassten Sachverhalten EuGH v. 10.7.2014, Rs. C-358/12 – *„Consorzio Stabile Libor Lavori Pubblici/Comune di Milano"*, EuZW 2014, 738.

265 Regeln „zum Schutz von geographischen Angaben und Ursprungsbezeichnungen für Agrarerzeugnisse und Lebensmittel" wurden erstmals 1992 erlassen. Die VO (EWG) 2081/1992 wurde in den Jahren 2006 (Verordnung (EG) Nr 510/2006) und 2012 (Verordnung (EU) Nr 1151/2012) modifiziert und erweitert, nicht zuletzt, weil die WTO Bedenken gegen die ursprüngliche Regelung hatte. Der Antrag wird von der Kommission geprüft und bei Bejahung der Schutzwürdigkeit im Amtsblatt der Europäischen Union veröffentlicht (Art. 6 Abs. 1 und 2). Die geschützten Produkte werden in ein Register eingetragen und seit 2019 in der Online-Datenbank eAmbrosia der Kommission erfasst; zum Überblick *Leible*, in: Streinz/Kraus, Lebensmittelrechts-Handbuch Rn 524 ff.

266 EuGH v. 20.5.2003, Rs. C-108/01 – *„Prosciutto di Parma"*, Rn 64, Slg. 2003, I-5121.

267 *Streinz*, Europarecht, Rn 845.

könnten und jedenfalls eine entsprechende Kennzeichnung genüge[268]. Auf der Grundlage der GRCh legt der EuGH gegenüber Verordnungen strengere Maßstäbe an[269].

Fall 7b (Rn 89): Würde sich die Regelung demgegenüber in einem delegierten Rechtsakt befinden, würde dies sowohl gegen den Wesentlichkeitsvorbehalt des Art. 290 Abs. 1 wie gegen den grundrechtlichen Wesentlichkeitsvorbehalt des Art. 52 Abs.1 GRCh verstoßen.

IV. Verfassungsrechtliche Rahmenbedingungen: Grundrechtlicher Schutz wirtschaftlicher Betätigung

99 **Fall 8:**

a) Apotheker A betreibt in Mannheim die A-Apotheke. Die Apothekerkammer legte ihm zur Last, er habe seine Berufspflichten als Apotheker und die Berufsordnung durch unzulässige Werbung verletzt, indem er Verkaufsschütten und Werbetafeln aufgestellt und in der Nachbarschaft Werbezettel verteilt habe, mit denen er die Aufmerksamkeit der Kunden auf sein nicht apothekenpflichtiges Nebensortiment (Säuglingsnahrung, Körperpflegeartikel sowie Frucht- und Gemüsesäfte) richten wollte. Wegen dieser Vorfälle wurde er durch Urteil des Berufsgerichts für Heilberufe zu einer Geldbuße von 15 000 € verurteilt. Er habe durch sein Verhalten aber nicht nur gegen Rechtsvorschriften verstoßen, sondern auch andere Apotheker in Zugzwang gebracht und in Kauf genommen, einen ruinösen und die Arzneimittelversorgung beeinträchtigenden Konkurrenzkampf der Apothekeninhaber untereinander auszulösen. Nach Erschöpfung des Rechtswegs erhebt A Verfassungsbeschwerde. Wie wird das BVerfG entscheiden?

b) A sieht sich auch durch das Verbot der Werbung für apothekenpflichtige Waren in seinen Grundrechten verletzt. Könnte er unmittelbar gegen § 10 HeilmittelwerbeG Verfassungsbeschwerde erheben?

c) Könnte er im Internet Informationen zu apothekenpflichtigen Arzneimitteln anbieten?

100 **Fall 9:** Bürger B hat das Vertrauen in die Bankenaufsicht verloren und will sich lieber selbst von der Bonität seines Kreditinstituts überzeugen. Er beantragt deshalb auf der Grundlage des IFG bei der BaFin Einsicht in die dort vorhandenen Unterlagen. Diese wird ihm mit der Begründung verweigert, eine Preisgabe dieser Informationen verstöße gegen die Verschwiegenheitspflicht der Behördenmitarbeiter. Die Bundesanstalt dürfe die ihr und ihren Bediensteten bei ihrer Tätigkeit bekanntgewordenen Betriebs- und Geschäftsgeheimnisse und sonstige Tatsachen, deren Geheimhaltung im Interesse des beaufsichtigten Instituts oder eines Dritten liege, nicht unbefugt offenbaren.

101 **Fall 10:** Bei einer Betriebskontrolle wurden in der Mainzer Filiale einer bundesweit vertretenen Backhauskette B gravierende Verstöße gegen lebensmittelrechtliche Vorschriften festgestellt.

a) Die Behörde will den Betrieb unter namentlicher Nennung auf eine Internetliste aufnehmen, auf der sie die Liste ihrer Beanstandungen veröffentlicht. Könnte sie auf der Grund-

268 Dazu die unterhaltsame Glosse von *Geiger*, EuZW 2003, 545.

269 EuGH v. 9.11.2010, Rs. C-92/09 u. C-93/09 – *„Schecke und Eifert/Hessen“*, Slg. 2010, I-11063 = EuZW 2010, 939 m. Anm. *Guckelberger*; s. auch *dies.*, EuZW 2011, 126; *Schröder*, EuZW 2011, 462.

lage ihrer Informationen auch ein Ranking der besten Bäckerei in der Stadt veröffentlichen?

b) Das privat betriebene Internetportal TopfSecret ermöglicht es Verbrauchern, bei den zuständigen Behörden die Ergebnisse von Hygienekontrollen bei Unternehmen elektronisch abzufragen und die herausgegebenen Berichte dann auf einer Website der Öffentlichkeit zur Verfügung zu stellen. V begehrt mittels dieser Plattform Auskunft über die Kontrollberichte aus der Mainzer Filiale. Die Behörde hält dies für rechtsmissbräuchlich. Bundesweit würde mit gezielten Abfragen, die alle die Backhauskette B beträfen eine Kampagne vorbereitet.

Fall 11: Der Gesetzgeber beschließt formell ordnungsgemäß folgende Regelung: Die Gaststättenerlaubnis ist zu versagen, „wenn der Antragsteller nicht durch eine Bescheinigung der Industrie- und Handelskammer nachweist, über die zum Betrieb einer Gaststätte erforderliche Sachkunde zu verfügen. Diese umfasst insbes die Kenntnis der lebensmittelrechtlichen Vorschriften sowie der betriebswirtschaftlichen und steuerrechtlichen Grundlagen. Der Nachweis ist durch einen Lehrgang mit Abschlussprüfung zu erbringen“. Ist das Gesetz verfassungsgemäß? **102**

1. Allgemeine Grundrechtslehren

a) Funktionen der Grundrechte

aa) Grundrechte als Abwehrrechte. Freiheitsrechte fungieren auch im öffentlichen Wirtschaftsrecht primär als Abwehrrechte gegen staatliche Eingriffe[270]. Die Vorschriften des öffentlichen Wirtschaftsrechts müssen sich also vor allem an den **Grundrechten der Gewerbetreibenden** messen lassen. Nach der allgemeinen Definition ist ein Eingriff **jedes staatliche Handeln**, das dem Einzelnen ein Verhalten, das in den Schutzbereich des konkreten Grundrechts fällt, ganz oder teilweise unmöglich macht. Auf die vom Staat gewählte Handlungsform kommt es dabei nicht an. Jeder Eingriff muss aber nicht nur den Anforderungen an das Verhältnismäßigkeitsprinzip genügen, sondern bedarf nach der **Lehre vom Vorbehalt des Gesetzes** einer gesetzlichen Grundlage. Als „vorverlagerte Verteidigungslinie der Grundrechte als Abwehrrechte“[271] verlangt dieses zentrale Element des Rechtsstaatsprinzips nicht nur, dass überhaupt eine gesetzliche Grundlage für einen Grundrechtseingriff vorhanden ist, sondern auch, dass die wesentlichen Entscheidungen durch den Gesetzgeber getroffen werden (sog. Parlamentsvorbehalt)[272]. Dies gilt insbes für intensive Grundrechtseingriffe[273]. Dabei ist die Intensität keineswegs zwingend von der gewählten **103**

---

270 *Jarass*, in: Jarass/Pieroth, GG, Vorb. Art. 1 Rn 5. Besonders deutlich war dieses liberale Grundrechtsverständnis bereits in der Weimarer Zeit ausgeprägt bei *Carl Schmitt*, Verfassungslehre, 1928, S. 163 ff; 175 ff. Entgegengesetzt wurde ihm schon damals ein politisch-soziales Verständnis, das Grundrechte als Wertesystem begriff, insbes durch *Smend* und *Heller*. Zu dieser – für das öffentliche Wirtschaftsrecht allerdings kaum relevanten Diskussion *Michael/Morlok*, Grundrechte, § 3 Rn 20; *Böckenförde*, NJW 1974, 1529 ff.

271 *Di Fabio*, JZ 1993, 689, 691; ebenso *Bethge*, VVDStRL 57 (1998), 10, 46; *Sachs*, JuS 1995, 303, 304: „vorausschauende Zulassung von Beeinträchtigungsakten“.

272 BVerfGE 47, 46, 79 konkretisiert den Begriff der Wesentlichkeit als „wesentlich zur Verwirklichung der Grundrechte“. Zur Wesentlichkeitstheorie insbes BVerfGE 49, 89, 126 f – *Kalkar I*; außerdem BVerfGE 95, 267, 307; 98, 218, 251; *Jarass*, in: Jarass/Pieroth, GG, Art. 20 Rn 53.

273 BVerfGE 38, 373, 381; 94, 372, 390.

Handlungsform abhängig (zur Eingriffsqualität staatlicher Information s. Rn 133 f). Umstritten ist die Reichweite des Gesetzesvorbehalts im Bereich der Leistungsverwaltung, wo diese Frage vor allem im Zusammenhang mit staatlichen Subventionen relevant wird (dazu unten Rn 780 ff).

Einerseits hat das BVerfG zu Recht die Lehre vom Totalvorbehalt abgelehnt, so dass grundsätzlich die Aufnahme der Subventionsmittel in einen Haushaltsplan genügt[274]. Strengere Anforderungen gelten dann, wenn die Subventionierung gleichzeitig in **Grundrechte der Konkurrenten** eingreift, insbesondere bei der **Pressesubvention**[275] bzw im **Schutzbereich des Art. 4 GG**[276]. Nicht abschließend geklärt ist die Frage des Grundrechtsschutzes gegen sonstige Subventionen, die einen Wettbewerbsvorteil verschaffen. Das BVerfG tendiert zu einer Ausweitung des Gesetzesvorbehaltes. Dann nämlich, wenn der Gesetzgeber Vorteile im beruflichen Wettbewerb schafft, bedeutet die **Verweigerung des Vorteils** einen **Eingriff in die Berufsfreiheit**. Dies wiederum wird keinesfalls nur bei Subventionen, sondern auch in anderen Zusammenhängen relevant[277]. Allerdings relativiert sich die Bedeutung der Grundrechte überall dort, wo die Rechtsprechung eine besondere Schwere des Grundrechtseingriffs verlangt.

104 Nur selten führt der Grundrechtseingriff freilich zur Verfassungswidrigkeit wirtschaftsverwaltungsrechtlicher Normen. Grundrechte wirken in aller Regel normintern; unbestimmte Rechtsbegriffe und Ermessensspielräume lassen ausreichend Raum für eine verfassungskonforme Auslegung. Die **Bedeutung der norminternen Grundrechtswirkung** kann jedoch kaum überschätzt werden. So ergibt sich beim Vorliegen der entsprechenden Voraussetzungen einer berufsbezogenen Genehmigung grundsätzlich ein **Anspruch auf Erteilung dieser Genehmigung**.

Vor allem aber ergeben sich Konsequenzen für den Rechtsschutz. Haben grundrechtlich geschützte Rechtsgüter eine verfassungsmäßige Konkretisierung in einfachgesetzlichen Rechtsvorschriften erfahren, sind diese im Zweifel verfassungskonform im Sinne subjektiver Rechte der Betroffenen auszulegen[278]. Gleichzeitig schließen solche einfachgesetzlichen Vorschriften wegen ihrer Spezialität einen unmittelbaren Rückgriff auf Grundrechte aus. Normextern wirken Grundrechte daher eher selten. Doch auch dann ist ihre Wirkung keinesfalls auf die mögliche Verfassungswidrigkeit einer Regelung beschränkt. Sie können auch für den Rechtsschutz relevant werden. Es liegt in der Logik des subjektiven Grundrechtsschutzes auch gegenüber dem Gesetzgeber, den Grundrechten dann eine normexterne Wirkung zuzubilligen, wenn der Gesetzgeber es versäumt hat, den grundrechtlich gebotenen Mindestschutz[279] durch unterverfassungsrechtliche Vorschriften zu gewährleisten[280].

105 **bb) Schutzpflichten.** Lediglich unter engen Voraussetzungen gewähren die Grundrechte auch einen **Anspruch auf staatlichen Schutz bestimmter Freiheits-**

---

274 Dies sei ausreichend, da dem Parlamentsvorbehalt neben dem Gesetz „jede andere parlamentarische Willensäußerung, insbes die etatmäßige Bereitstellung der zur Subvention erforderlichen Mittel" genüge, s. BVerwGE 58, 45, 48; *Jarass/Pieroth*, GG, Art. 20 Rn 51.

275 BVerfGE 80, 124, 131 ff.

276 BVerwGE 90, 112, 124; zu Krankenhaussubventionen BVerfGE 82, 223 f.

277 Zur Bestellung als Sachverständiger BVerfGE 86, 37.

278 Dazu im verwaltungsprozessualen Kontext *Schenke/R. Schenke*, in: Kopp/Schenke, VwGO, § 42 Rn 83, 118; *Wahl/Schütz*, in: Schoch/Schneider/Bier, VwGO, § 42 Abs. 2 Rn 57 f; s. auch *Schliesky*, DVBl 1999, 85.

279 Zum sog. Untermaßverbot BVerfGE 88, 254.

280 Vgl näher im Zusammenhang mit der Klagebefugnis *Schenke/R. Schenke*, in: Kopp/Schenke, VwGO, § 42 Rn 121 f; aA *Wahl/Schütz*, in: Schoch/Schneider/Bier, VwGO, § 42 Abs. 2 Rn 58. S. auch *Hufen*, Die Verwaltung 1999, 535.

räume[281]. Diese jedenfalls bei einzelnen Grundrechten ausdrücklich anerkannte Pflicht trifft in erster Linie den **Gesetzgeber**, dem bei der Erfüllung der Schutzpflicht eine **weite Einschätzungs-, Wertungs- und Gestaltungsfreiheit** zusteht[282]. Für die **Exekutive** werden die Schutzpflichten im Zusammenhang mit der **Ermessensausübung** relevant, sie können jedoch **keine Eingriffskompetenzen** schaffen. Mit Bezug auf die Wirtschaftsgrundrechte spielen die Schutzpflichten herkömmlich nur eine untergeordnete Rolle. So ist noch nicht abschließend geklärt, inwiefern die hier primär einschlägigen Grundrechte der Art. 12 und 14 GG überhaupt Schutzpflichten begründen. Jedenfalls aber gewähren die Grundrechte (und insbes Art. 12 GG) **keinen Schutz vor der Konkurrenz Dritter**, auch nicht vor der Konkurrenz des Staates. Auch der **Schutz Dritter vor den Gefahren wirtschaftlicher Tätigkeit** dürfte angesichts des erreichten Niveaus kaum Ansprüche gegen den Gesetzgeber begründen[283]; am ehesten wäre ein Anspruch auf präventive Kontrolle bei besonders gefährlichen Tätigkeiten denkbar[284]. Allerdings kann sich ein Anspruch auf Einschreiten gegenüber der Aufsichtsbehörde ergeben (indem sich deren Ermessen auf Einschreiten reduziert). Grundrechtliche Schutzpflichten, wie sie sich aus anderen Grundrechten und insbes Art. 2 Abs. 2 GG ergeben, spielen allerdings als Schranke unternehmerischer Tätigkeit eine Rolle, etwa beim Nichtraucherschutz in Gaststätten (dazu Rn 126; ▶ **Klausurenkurs Fall Nr 2**). Auch das Verbraucherinformationsrecht lässt sich teilweise mit der grundrechtlichen Schutzpflicht begründen[285]; allerdings argumentiert das Informationsverwaltungsrecht allgemein aus dem Blickwinkel eines für die behördliche Tätigkeit geltenden Transparenzgebotes (vgl Rn 133). Dogmatisch von der Schutzpflichtdimension zu unterscheiden ist die Frage einer grundsätzlich abzulehnenden unmittelbaren Grundrechtsgeltung im Verhältnis zu Privaten.

cc) Grundrechte als Teilhaberechte. Besonderheiten ergeben sich, wenn staatliche **106**
Genehmigungen sich ausnahmsweise als **Verteilungsentscheidungen in Knappheitssituationen** darstellen. Der aus Art. 12 GG abgeleitete Anspruch auf Lizenzierung und damit Marktzutritt wird in solchen Konkurrenzsituationen zum **Anspruch auf Beteiligung an einem transparenten und nichtdiskriminierenden Vergabeverfahren**. Diese Grundsätze werden vor allem dann relevant, wenn sich staatliche Genehmigungen als Allokationsentscheidungen darstellen, wie es beispielsweise bei der Standplatzvergabe auf festgesetzten Märkten (s. Rn 378 ff), aber auch bei der Frequenzversteigerung im Telekommunikationsrecht (s. Rn 554 ff) der Fall ist[286]. Keine

281 S. hierzu *Jarass*, in: Jarass/Pieroth, GG, Vorb vor Art. 1 Rn 10 f; *Dreier*, in: Dreier, GG, Vorb Rn 101 ff; *Sachs*, in: Sachs, GG, Vor Art. 1 Rn 35 ff jeweils mwN.

282 Das Bundesverfassungsgericht kann eine Verletzung staatlicher Schutzpflichten daher nur feststellen, wenn die staatlichen Organe entweder gänzlich untätig geblieben oder wenn die bisher getroffenen Maßnahmen evident unzureichend sind, s. BVerfGE 56, 54, 80 f; 77, 170, 214 f; 79, 174, 201 f; 85, 191, 212 f; 92, 26, 46. Ausf hierzu *Hesse*, FS Mahrenholz (1994), S. 541 ff.

283 S. dazu am Beispiel des Handwerksrechts *Baumeister*, GewArch. 2007, 310, 314 ff.

284 Insoweit für handwerkliche Tätigkeiten verneinend *Baumeister*, GewArch. 2007, 310, 316. Ob es sich in anderen Bereichen, etwa bei Finanzdienstleistungen anders verhalten könnte, bedarf keiner Entscheidung, da dort unionssrechtlich bedingt Genehmigungserfordernisse nicht ab-, sondern ausgebaut werden.

285 Dazu *Wollenschläger*, VerwArch, 102 (2011), 20.

286 Ausf und mit weiteren Beispielen über das öffentliche Wirtschaftsrecht hinaus *Wollenschläger*, Verteilungsverfahren, 2010.

Grundrechtsrelevanz wird demgegenüber dem Recht der staatlichen Auftragsvergabe zuerkannt[287]. Über derivative Teilhaberechte hinaus führen Grundrechte aber grundsätzlich nicht zu Leistungsansprüchen[288].

Die verfassungsrechtlichen Grundlagen hat das BVerfG in der auch im wirtschaftsverwaltungsrechtlichen Zusammenhang herangezogenen **„Numerus clausus-Rechtsprechung“**[289] geklärt. Danach müssen nichtdiskriminierende Vergabeverfahren vorgesehen und leistungsbezogene Verteilungskriterien angelegt werden. Den Anforderungen an ein **transparentes und diskriminierungsfreies Verfahren** genügt auf jeden Fall die Durchführung einer Ausschreibung nach klaren Vergabebedingungen, aber unter bestimmten Voraussetzungen auch eine Versteigerung (s. am Beispiel der Frequenzversteigerung Rn 562 f). Die wichtigste Konkretisierung findet der Anspruch auf Verfahrensbeteiligung im Auskunfts-[290] und im Anhörungsrecht[291]. Dieses richtet sich unmittelbar gegen die Verwaltung, verlangt aber vom Gesetzgeber, das Verfahrensrecht so auszugestalten, dass eine echte Partizipation am Entscheidungsprozess überhaupt möglich ist. Im Interesse eines effektiven Rechtsschutzes umfasst der Teilhabeanspruch auch einen Anspruch auf Begründung (s. ausf Rn 383). Da allerdings auch **leistungsbezogene Kriterien** verlangt werden, genügen rein formale Auswahlkriterien diesen Vorgaben nicht. Dies gilt für das Prioritätsprinzip, ein starres „rollierendes System“ und den Losentscheid (s. auch am Beispiel des Marktgewerbes Rn 380 f). Das aus Sicht der Verwaltung flexibelste ist das **vergleichende Auswahlverfahren (beauty contest)**[292], das einerseits wohl am besten in der Lage ist, die Qualitätsanforderungen zu überprüfen, andererseits aber sehr zeitaufwendig ist und vor allem bei mehreren und in ihrer Gewichtung schwierig einzuschätzenden Vergabekriterien mit dem „Nimbus der Willkürlichkeit und politischen Einflussnahme“ behaftet ist[293]. Dies um so mehr, als hinsichtlich der Auswahlkriterien ein Beurteilungsspielraum der Verwaltung anzunehmen ist. Die offensichtlichen Schwierigkeiten, die materiell angemessenen Kriterien im Einzelfall zu bestimmen, erklären das von der ökonomischen Analyse des Rechts angestoßene Bestreben, Marktmechanismen zur Entscheidungsfindung heranzuziehen, wie es insbesondere beim Versteigerungsverfahren nach dem TKG geschieht (dazu ausf Rn 562 ff; zur Ökonomisierung des öffentlichen Wirtschaftsrechts bereits Rn 18 f). Umso mehr stellt sich dann auch die Frage nach der Reichweite des Gesetzesvorbehalts bzw von Notwendigkeit und Grenzen einer gesetzgeberischen Determination des Verwaltungsverfahrens. Dies zeigt sich zB am **Versteigerungsverfahren**. Der Gesetzesvorbehalt gebietet nicht nur, dass der Gesetzgeber ein Versteigerungsverfahren ausdrücklich vorsieht, sondern dass er auch das Verfahren näher ausgestaltet. Unter diesen Voraussetzungen ist das Versteigerungsverfahren im TKG mit Art. 12 GG vereinbar (s. Rn 563), es lässt sich allerdings angesichts des Vorbehalts des Gesetzes nicht ohne ausdrückliche gesetzliche Regelung auf andere Konstellationen – etwa die

---

287 BVerfGE 116, 135, 152; vgl *Wollenschläger*, Verteilungsverfahren S. 202 f mwN. S. aber auch zur Konzessionsvergabe im Unterschwellenbereich *Siegel*, NZBau 2019, 353.

288 Zu dieser Dimension insbes die „Numerus-clausus-Entscheidung“ BVerfGE 33, 303, 330 ff; grundlegend *Häberle*, VVDStRL 30 (1972), 43, 69 f.

289 BVerfGE 33, 303, 338; 43, 291, 314, 324; 147, 253.

290 Vgl auch BVerfG, NVwZ 2011, 113.

291 *Schmitz*, in: Stelkens/Bonk/Sachs, VwVfG, § 9 Rn 46 ff. Damit ist jedenfalls bei Grundrechtsrelevanz einer Maßnahme eine vorherige Anhörung geboten, vgl *Kallerhoff*, in: Stelkens/Bonk/Sachs, VwVfG, § 28 Rn 24; *Gusy*, NJW 2000, 977, 985. Auch nach der Rechtsprechung verlangt das Rechtsstaatsprinzip, allen Personen, gegen die belastende Maßnahmen getroffen werden sollen, grundsätzlich vorher rechtliches Gehör zu gewähren, s. etwa BVerwG, NVwZ 1998, 403, 404; NVwZ-RR 1998, 117.

292 Im ökonomischen Kontext spricht man häufig von Kriterienwettbewerb, in den USA von comparative hearing.

293 S. dazu im ökonomischen Kontext *Felder*, Frequenzallokation in der Telekommunikation, 2004, S. 117 f.

Standplatzvergabe im Marktrecht – übertragen. In vielen Konstellationen wird allerdings der grundrechtliche Teilhabeanspruch von vergaberechtlichen Regelungen verdrängt[294].

ee) Grundrechtliche Verfahrensgarantien und effektiver Rechtsschutz aus Art. 19 Abs. 4 GG. Eng mit diesen grundrechtlichen Teilhabeansprüchen hängen die Anforderungen an die Ausgestaltung des Verwaltungsverfahrens, aber auch den vorläufigen Rechtschutz zusammen, die das BVerfG gerade auch zum Schutz der Berufsfreiheit entwickelt hat[295]. Genauso wie vorläufige Berufsverbote nur ausnahmsweise zulässig sind[296], ist auch die sofortige Vollziehung eines Verwaltungsakts der intensiv in die Berufsfreiheit eingreift, nur unter strengen Voraussetzungen zur Abwehr konkreter Gefahren für wichtige Gemeinschaftsgüter und unter strikter Beachtung der Verhältnismäßigkeit statthaft[297] (ausführlicher Rn 120 ff). Auch die Ausgestaltung des Rechtsschutzes um die Löschung aus der Handwerksrolle ist der Effektuierung des Grundrechtsschutzes geschuldet (dazu Rn 80). Ebenfalls aus den materiellen Grundrechten folgt die grundsätzliche Unzulässigkeit von „Planung in Gesetzesform"[298]. Der Sicherung des **effektiven (gerichtlichen) Rechtsschutzes vor der Verwaltung** dient demgegenüber **Art. 19 Abs. 4 GG**, der die speziellere verfassungsrechtliche Rechtsschutzgarantie darstellt[299]. Er verlangt insbes auch effektiven vorläufigen Rechtsschutz und nach Auffassung des BVerfG die volle Überprüfung des Verhaltens der öffentlichen Gewalt auch in tatsächlicher Hinsicht, was in der Sache den Untersuchungsgrundsatz garantiert[300]. Dennoch führt der funktionale Zusammenhang zwischen verwaltungsgerichtlichem Rechtsschutz- und Verwaltungsverfahren nicht zu einer Determination staatlicher Handlungsformen durch die Rechtsschutzeffektivität[301]. 107

b) Grundrechtsberechtigung

Die meisten Grundrechte, darunter das Eigentumsgrundrecht (Art. 14 GG), die allgemeine Handlungsfreiheit (Art. 2 Abs. 1 GG) und Art. 3 GG gelten für jedermann, dh alle natürlichen Personen. Demgegenüber handelt es sich bei der Berufsfreiheit 108

294 Zur Abfallentsorgung vgl § 22 KrWG; für die Auswahl zwischen privaten Leistungserbringern ist das Vergabrecht einschlägig, vgl *Krönke*, NVwZ 2016, 568; zur Wasserversorgung *Schröder*, NVwZ 2017, 504.

295 Grundlegend waren sicherlich die Arbeiten von Häberle zum den materiellen Grundrechten zu entnehmenden „status activus processualis", vgl *Häberle*, VVDStRL Bd. 30, S. 43, 121 ff; *ders.*, Verfassung als öffentlicher Prozeß, 1978, 677 ff.

296 Dazu grundlegend BVerfGE 44, 105, 117.

297 BVerfG, NVwZ 2012, 104 zur gesetzlichen Anordnung des Sofortvollzugs in § 137 TKG unter Verweis auf die Entscheidung zum Berufsverbot.

298 Grundlegend die Stendal-Entscheidung BVerfGE 95, 1 ff; *Eisenmenger*, NVwZ 2013; zu den aktuellen Verkehrsprojekten *Saurer*, ZUR 2020, 195.

299 *Schenke*, in: Bonner Kommentar, GG Art. 19 Abs. 4 GG Rn 704.

300 Vgl BVerfGE, 15, 275, 282; 18, 203, 212; 21, 191, 194 ff; 28, 10, 14 f; 31, 113, 117; zur verfassungsrechtlichen Verortung des Untersuchungsgrundsatzes auch *Schenke*, in: Kopp/Schenke, VwGO, § 86, Rn 1 mwN.

301 Das Verfahren muss weder rechtsschutzfreundlich ausgestaltet werden (vgl *Ibler*, in: BerlK-GG, Art. 19 Abs. 4, Rn 289), noch ist informelles Handeln wegen Art. 19 Abs. 4 GG ausgeschlossen (*Schenke*, in: Bonner Kommentar, GG Art. 19 Abs. 4 GG Rn 705); allerdings ist rechtsstaatlichen Defiziten durch eine Anknüpfung an Grundsätze des förmlichen Verwaltungsverfahrens zu begegnen, hierzu *Fehling*, in: GVwR Bd. II, § 38, Rn 1 ff; *Maurer/Waldhoff*, Allgemeines Verwaltungsrecht, § 15, Rn 14.

(Art. 12 GG) um ein Deutschengrundrecht. Die Wirtschaftsgrundrechte und das allgemeine Diskriminierungsverbot des Art. 3 GG sind gem. Art. 19 Abs. 3 GG auch auf **inländische juristische Personen des Privatrechts** anwendbar; dabei ist der verfassungsrechtliche Begriff weiter als der gesellschaftsrechtliche, so dass jedenfalls auch Personengesellschaften erfasst sind (zur gewerberechtlichen Diskussion s. Rn 207 ff). Nicht auf Grundrechte berufen können sich daher nach dem Wortlaut der Vorschrift ausländische juristische Personen, selbst wenn sie im Inland anerkannt sind, sowie juristische Personen des öffentlichen Rechts[302]. Allerdings bedarf dies in mehrfacher Hinsicht der Präzisierung, vor allem mit Blick auf Unionsbürger, aber auch hinsichtlich juristischer Personen des öffentlichen Rechts, öffentlicher und insbes auch „gemischtwirtschaftlicher Unternehmen" (dazu ausf Rn 670 ff).

109 **aa) Grundrechtsschutz von juristischen Personen aus dem EU-Ausland.** Das BVerfG hat die Grundrechtsfähigkeit von EU-ausländischen juristischen Personen unter Hinweis auf das allgemeine Diskriminierungsverbot aus Art. 18 AEUV bejaht (**▶ Klausurenkurs Fälle Nr 2, 3 und 5**). Dabei lehnte das BVerfG unter Verweis auf den klaren Wortlaut eine erweiterte Auslegung des Begriffes „inländisch" ab und begründete seine Entscheidung mit dem Anwendungsvorrang des Unionsrechts[303]. Allerdings betrifft dies lediglich Unternehmen mit Sitz im Ausland. Inländisch sind Unternehmen mit Sitz bzw tatsächlichem Aktionsraum im Inland[304], also auch solche die unter einer fremden Rechtsform (dazu bereits Rn 76) firmieren. Zu den von Art. 19 Abs. 3 GG erfassten juristischen Personen gehören auch die nach deutschem Recht gegründeten Töchter ausländischer Unternehmen[305].

110 **bb) Deutschengrundrechte und EU-Ausländer.** Offen blieb allerdings die Frage des Grundrechtsschutzes natürlicher Personen aus dem EU-Ausland[306]. Die Lösung über Art. 2 Abs. 1 GG wäre europarechtlich zulässig. Verbietet das Europarecht eine Diskriminierung, überlässt es nämlich regelmäßig dem nationalen Recht die Wahl der Mittel und „kontrolliert" nur das Ergebnis[307]. Gleichwohl erscheint es vor dem Hintergrund der Entscheidung zu Art. 19 Abs. 3 GG überzeugender, von dieser Behelfskonstruktion abzusehen und auch die Deutschengrundrechte unmittelbar auf EU-Ausländer anzuwenden[308].

111 **cc) Juristische Personen des öffentlichen Rechts, öffentliche und gemischtwirtschaftliche Unternehmen in Privatrechtsform.** Ohne dass dies nach dem Wortlaut des Art. 19 Abs. 3 GG zwingend wäre, wird juristischen Personen des öffentlichen

302 *Scholz*, in: MDHS, Art. 12 Rn 108 ff; *Jarass*, in: Jarass/Pieroth, GG, Art. 12 Rn 13.
303 BVerfG, NJW 2011, 3428, 3430 f; vgl hierzu *Dreier*, in: Dreier, GG, Art. 19 Abs. 3 Rn 83 ff.
304 BVerfGE 21, 207, 209; NJW 2002, 1485; *Kingreen/Poscher* Rn 210.
305 *Jarass*, in: Jarass/Pieroth, GG, Art. 19 Rn 22.
306 Vgl BVerfG v. 4.11.2015 – 2 BvR 282/15.
307 S. zum entsprechenden Problem bei der unionsrechtlichen Fundierung der Klagebefugnis des § 42 Abs. 2 VwGO *Ruthig*, BayVBl 1997, 289, 291.
308 So auch *Jarass*, GG, Art. 19 Rn 12; s. auch *Classen*, Grundrechte § 3 Rn 15. Schon vor der Entscheidung *Breuer*, in: Isensee/Kirchhof (Hrsg.), Handbuch des Staatsrechts VI, § 147 Rn 21; *Giegerich*, Die Verfassungsbeschwerde an der Schnittstelle von deutschem, internationalem und supranationalem Recht, in: Grabenwarter ua (Hrsg.), Allgemeinheit der Grundrechte und Vielfalt der Gesellschaft, 1994, 101, 124 f.

Rechts (Körperschaften, Anstalten oder Stiftungen) der Grundrechtsschutz nicht zuerkannt, soweit sie gesetzlich zugewiesene und geregelte öffentliche Aufgaben wahrnehmen[309]. Die Wahrnehmung öffentlicher Aufgaben durch öffentlichrechtliche Organisationseinheiten lasse sich nicht als vermittelter Ausdruck der freien Entfaltung natürlicher Personen und damit als Wahrnehmung ursprünglicher Freiheitsrechte begreifen (Wesensargument/Lehre vom personalen Substrat). Zusätzlich wird das Konfusionsargument herangezogen, wonach eine Parallelität von Grundrechtsbindung und -berechtigung ausgeschlossen ist. Dies wird auf die Einheiten der mittelbaren Staatsverwaltung erstreckt, so dass sich auch die öffentlichrechtlichen berufsständigen Kammern nicht auf Grundrechte berufen können, da sie gegenüber den Mitgliedern grundrechtsverpflichtet sind (dazu Rn 56). Die Rechtsprechung hat es auf privatrechtliche Organisationsformen des Staates (zu den öffentlichen Unternehmen Rn 680 ff) und schließlich gemischt-wirtschaftliche Unternehmen erstreckt[310]. Im Vattenfall-Urteil hat das BVerfG, vor allem aus europarechtlichen Gründen, demgegenüber die Grundrechtsfähigkeit eines von einem ausländischen Staat beherrschten Unternehmens bejaht[311]; dies bietet durchaus Anlass über eine grundsätzliche Neuausrichtung der Dogmatik zur Grundrechtsfähigkeit öffentlicher Unternehmen nachzudenken[312] (ausf Rn 691 ff).

c) Reichweite der Grundrechtsbindung

Grundrechte binden nach Art. 1 Abs. 3 GG Gesetzgebung, vollziehende Gewalt und **112**
Rechtsprechung. Bei der Grundrechtsbindung der Exekutive sind verschiedene Organisations- und Handlungsformen zu unterscheiden; allerdings ist mittlerweile eine umfassende Grundrechtsbindung auch im Bereich des privatrechtlichen Handelns anerkannt. Grundrechtsgebunden sind damit sämtliche Aufsichtsbehörden, aber auch die öffentlichrechtlichen Kammern (zu Fragen der Verwaltungsorganisation Rn 170 ff). Besonderer Begründung bedarf die Grundrechtsbindung nichtstaatlicher Institutionen[313].

Gegen Berufsausübungsregelungen in Gestalt von Satzungen von Kammern in **Fall 8 (Rn 99)** bestehen grundsätzlich keine verfassungsrechtlichen Bedenken[314], solange diese Satzungen auf gesetzlicher Grundlage ergehen. In dieser muss das zulässige Ausmaß von Beschränkungen der Berufsausübungsfreiheit umso deutlicher vorgegeben werden, je empfindlicher Berufsangehörige in ihrer freien beruflichen Betätigung beeinträchtigt werden[315]. Gerade die herkömmlichen Beschränkungen der Werbefreiheit sind aber nach Ansicht der Rechtsprechung für eine eigen-

309 BeVerfGE 21, 362 f; 75, 192 ff; s. näher *Rammert*, in: MDHS, Art. 19 Abs. 3 Rn 45 ff. Zu Ärztekammern BVerfGE, NJW 1997, 1634.

310 Grundlegend die Fraport-Entscheidung BVerfGE 128, 226, 246 f = NJW 2011, 1201; dazu *Herdegen*, in: MDHS, Art. 1 Abs 3 GG Rn 54 ff; *Sachs*, in: Sachs, Grundgesetz, Art. 19 Rn 110 ff; *Gurlit*, NZG 2012, 249.

311 BVerfGE 143, 246 = NJW 2017, 217; dazu *Berkemann*, DVBl 2017, 793; *Ludwigs*, NVwZ-Beil. 2017, 3; *Roller*, ZUR 2017, 277; *Shirvani*, DÖV 2017, 281. Gestützt hat sich das BVerfG auf die Europarechtsfreundlichkeit des Grundgesetzes, vor allem aber auch die Niederlassungsfreiheit (Art. 54 Abs. 1 iVm Art. 49 Abs. 1 S. 2 AEUV) und das Recht auf wirksame Beschwerde (Art. 13 iVm Art. 1 1 ZP 1 EMRK).

312 Dazu näher *Ludwigs/Friedmann*, NVwZ 2018, 22.

313 Ausf *Schnapp/Kaltenborn*, JuS 2000, 937.

314 Vgl BVerfGE 71, 162, 172 f; *Jarass*, in: Jarass/Pieroth, GG, Art. 12 Rn 30 mwN.

315 BVerfGE, NJW 1996, 3067.

verantwortliche Ordnung durch Berufsverbände geeignet, ohne dass es zusätzlicher inhaltlicher Vorgaben bedarf. Neue Rechtsprobleme stellten sich bei der Übertragung weiterer (staatlicher) Aufgaben auf die Selbstverwaltungsorgane, wie sie zB in § 124b HwO[316] bundesgesetzlich zugelassen wird. Unproblematisch ist dagegen die bloße Entgegennahme von Anzeigen (vgl etwa § 1 Abs. 2 RP-ZuVO Gewerberecht). Ebenfalls an den Grundrechten zu messen sind Maßnahmen der Bundesregierung, insbes im Bereich staatlicher Informationstätigkeit. Allerdings wird von der Rechtsprechung der Gesetzesvorbehalt eingeschränkt[317]. Dies betrifft einerseits die sog. „Fiskalgeltung" der Grundrechte, aber auch die Grundrechtsbindung öffentlicher Unternehmen (dazu näher Rn 691 ff).

d) Die Grundrechtsprüfung: Schutzbereich, Eingriff und Rechtfertigung

113 Die Abwehrfunktion der Grundrechte prägt in den meisten Fällen die Grundrechtsprüfung[318]. Grundrechte gewähren keinen absoluten Schutz. Sofern ein Verhalten in den typischerweise eher weit gefassten Schutzbereich eines Grundrechts fällt (zum sachlichen Schutzbereich vgl die einzelnen Grundrechte, zum persönlichen Schutzbereich Rn 108 ff), ist jede staatliche Beeinträchtigung des Schutzbereichs, die sich als Eingriff darstellt rechtfertigungsbedürftig. Im Rahmen der jeweiligen Grundrechtsschranken muss sich der Eingriff dabei insbes als verhältnismäßig erweisen. Gerade beim zentralen Wirtschaftsgrundrecht der Berufsfreiheit gelten aber in mehrfacher Hinsicht Besonderheiten. Einerseits hat das BVerfG mittels der Dreistufentheorie (Rn 120 ff) die Verhältnismäßigkeitsprüfung ausdifferenziert, vor allem aber wurden die „faktisch-mittelbaren" Grundrechtseingriffe in die Berufsfreiheit zu einem Dauerbrenner der verfassungsrechtlichen Diskussion.

Der klassische Grundrechtseingriff in Form staatlicher Rechtsakte (Gesetz und Verwaltungsakt), die unmittelbar gegenüber dem Betroffenen ergehen und in Form einer Regelung Rechtsverbindlichkeit beanspruchen, erwies sich nicht zuletzt angesichts der Ausdifferenzierung der staatlichen Handlungsformen als zu eng. Es wurde sogar die Forderung erhoben, „das gesamte sog. 'informale' Handeln, die 'weichen' Formen, die Vorgänge mit Auslandsberührung und die vielfältigen Realakte grundrechtlich systematisch neu zu vermessen"[319]. Die Probleme hängen wesentlich mit der Rechtsfigur des Eingriffes als des „unentbehrlichen Systemelementes" der Grundrechtsdogmatik[320] zusammen, der trotz der mittlerweile jahrzehntelangen Diskussion um die „faktisch-mittelbaren Grundrechtseingriffe" immer noch nicht geklärt ist[321]. Allerdings hat das BVerfG seine häufig kritisierte Glykol-Rechtsprechung zu den staatlichen Informationseingriffen im Bereich des Art. 12 GG mittlerweile aufgegeben (s. Rn 118 f). Da im öffentlichen Wirtschaftsrecht weiterhin der (adressatenbezogene) Verwaltungsakt dominiert, bedarf es nur selten einer Auseinandersetzung mit dem Eingriffsbegriff. Zugleich hat sich die Diskussion um das staatliche Informationshandeln auf die Ebene des einfachen Rechts verlagert, vgl **Fall 10**

316 Danach können die Länder die Entscheidung über die Zulassung zum Handwerk über die Altgesellenregelung und die übrigen Ausnahmetatbestände auch auf die Handwerkskammern übertragen.

317 Anders allerdings für Warnungen der Bundesregierung, die der staatsleitenden Tätigkeit zugeordnet wurden BVerwGE 82, 76, 79 ff. S. auch die Entscheidungen zur Warnung der Bundesregierung vor Jugendsekten, BVerfGE 105, 79 = NJW 2002, 2626 und vor glykolverseuchtem Wein, BVerfGE 105, 252 = NJW 2002, 2621.

318 Stellvertretend für die ganz hM *Herdegen*, in MDHS, Art. 1 Abs. 3 GG Rn 30 ff; *Kingreen/Poscher*, Grundrechte Rn 253 ff.

319 *Schmidt-Aßmann*, FS Redeker (1993), 225, 238.

320 *Bethge*, VVDStRL 57 (1998), 10, 11.

321 Ausf *Michael/Morlok* Rn 492 ff.

(Rn 101, 119). Dabei werden die nationalen Grundrechtsstandards durch das Unionsrecht verdrängt, sofern – wie insbes beim bankaufsichtsrechtlichen „Naming and shaming" – die Vorschriften eine unionsrechtliche Grundlage haben (dazu Rn 134).

2. Die Berufsfreiheit (Art. 12 GG)

Art. 12 GG sichert „die Freiheit des Bürgers, jede Betätigung, für die er sich geeignet glaubt, als Beruf zu ergreifen"[322] und schützt damit nach der Rechtsprechung ein **einheitliches Grundrecht der Berufsfreiheit**[323]. Diese hat das BVerfG zum zentralen „Baustein" seiner Wirtschaftsverfassung entwickelt[324]. Träger des Grundrechts sind nach dem Wortlaut **alle Deutschen** (s. zu EU-Bürgern und Unternehmen Rn 108 f). Da sich aus Art. 12 GG **kein Schutz vor Konkurrenz** ableiten lässt (s. zur Wettbewerbsfreiheit Rn 117), sind die meisten Vorschriften des öffentlichen Wirtschaftsrechts auch nicht drittschützend. Auch gegen **staatliche Konkurrenz** schützen Grundrechte nur ausnahmsweise (ausf Rn 693 ff). Strukturiert werden Eingriff und Rechtfertigung durch die Dreistufentheorie bzw das Verhältnismäßigkeitsprinzip (s. Rn 120 ff). **114**

a) Schutzbereich

aa) Beruf und Gewerbe. Die sachliche Reichweite dieses Schutzes wird durch den Begriff des Berufes bestimmt. Die Berufsfreiheit umfasst nach der Definition des Bundesverfassungsgerichts „jede Tätigkeit, die auf Dauer angelegt ist und der Schaffung und Aufrechterhaltung einer Lebensgrundlage dient"[325]. Angesichts der Weite dieses Begriffes ist insbes die Ausübung eines Gewerbes zentraler Bestandteil der Berufsfreiheit, wie das BVerfG im grundlegenden „Apothekenurteil" nachdrücklich betont hat[326]. Jedes Gewerbe im Sinne der GewO ist ein Beruf im Sinne von Art. 12 GG, der insoweit auch die „Berufsbilder" schützt, die das einfache Recht ausdifferenziert[327]. Die Garantie der Berufsfreiheit beschränkt sich allerdings nicht auf traditionell bzw **rechtlich fixierte, typische Berufe**, sondern überlässt es grundsätzlich der Dispositionsbefugnis des Grundrechtsträgers, sein Berufsbild selbst festzulegen[328]. Von der Berufsfreiheit werden schließlich auch solche Tätigkeiten erfasst, die der Verwaltung oder bestimmten Personen vorbehalten sind, also Spielbankmonopole[329], aber auch die landesrechtliche Regelungen, die die Durchführung des Rettungsdienstes den Hilfsorganisationen vorbehalten[330]. **115**

Problematischer ist die Frage, inwieweit **verbotene Tätigkeiten** in den Schutzbereich des Art. 12 GG fallen[331]. Nach der Rechtsprechung werden solche Tätigkeiten von **116**

322 BVerfGE 30, 292, 334.
323 BVerfGE 7, 377, 402; 33, 303, 336; 103, 172, 183.
324 BVerfGE 4, 7, 13 ff; 50, 290, 336, 361 ff.
325 BVerfGE 97, 228, 252; s. auch *Jarass*, in: Jarass/Pieroth, GG, Art. 12 Rn 5.
326 BVerfGE 7, 377.
327 Vgl zum Spielhallenbetreiber BVerfG, NWvZ 2017, 1111.
328 BVerfGE 7, 377, 397; 78, 179, 193.
329 BVerfGE 102, 197, 200; *Kingreen/Poscher*, Rn 958; *Brüning*, JZ 2009, 29, 31 f.
330 BVerfGE 126, 112; ausf *Ruthig*, NZBau 2016, 3 mwN; aktuell ist ein Verfassungsbeschwerdeverfahren anhängig (Az. 1 BvR 843/18).
331 Ausf *Voßkuhle*, FS R. Schmidt (2006), 609.

Art. 12 GG nicht geschützt, die „schlechthin verboten sind"[332]. Dies bedarf der Konkretisierung, denn man kann dem einfachen Gesetzgeber nicht die Disposition über die Reichweite des Grundrechtsschutzes überlassen. Es ist deswegen dogmatisch überzeugender, dass man die fragliche Tätigkeit unter den Schutzbereich fasst[333] und erst im Rahmen der Rechtfertigungsprüfung prüft, ob ein staatliches Einschreiten (durch gesetzliche oder behördliche Verbote) gerechtfertigt ist. Zutreffend bringt die Formulierung allerdings umgekehrt zum Ausdruck, dass das Vorhandensein gesetzlicher Regelungen Grundrechtsschutz indiziert. So fällt nicht nur die **„Schwarzarbeit"** unter Art. 12 GG, sondern auch die **Prostitution**, die man nicht erst angesichts der gesetzgeberischen Wertungen in ProstG und ProstSchG nicht mehr als „schlechthin verboten" ansehen kann[334].

Problematisch ist es, wenn man mit dieser Formulierung die „schlechterdings gemeinschädlichen" Berufe aus Art. 12 GG auszuklammern versucht[335]. Bei Berufskillern und Drogenkurieren dürfte dieses auf ungeteilte Zustimmung stoßen. Allerdings erweist sich die Abgrenzung im Zusammenhang mit anderen strafrechtlichen Verbotstatbeständen als schwierig. Obwohl das **Glücksspiel** nach § 284 StGB verboten ist, wird die Veranstaltung von Spiel und Wetten von Art. 12 GG erfasst[336]. Auch bei der kommerziellen **Sterbehilfe** ist der Schutzbereich eröffnet, erst recht nachdem das BVerfG das entsprechende strafrechtliche Verbot für verfassungswidrig erklärt hat[337] (zu den gewerberechtlichen Konsequenzen vgl Rn 258, 323). Selbst Tätigkeiten, die mit der Menschenwürde des Art. 1 Abs. 1 GG kollidieren, lassen sich nicht ohne weiteres aus ihrem Schutzbereich ausklammern. Sieht man mit dem BVerwG im **Betrieb von Laserdromen** einen Verstoß gegen die Menschenwürde[338], ist ihr völliges Verbot aber gerechtfertigt[339], da die Menschenwürde sich jeglicher Abwägung entzieht. Vorzugswürdiger ist jedoch die engere Auffassung, die in derartigen „spielerischen Tabubrüchen" nur dann einen Menschenwürdeverstoß sieht, wenn durch das Spiel eine schlechthin geächtete Emotion erzeugt werden soll oder wenn der Spielende die Grenze zwischen „Spielwelt" und „Alltagswelt" über-

332 BVerfGE 7, 377, 397; 14, 19, 22.

333 Dies entspricht der mittlerweile ganz hM, s. *Jarass*, in: Jarass/Pieroth, GG, Art. 12 Rn 9; *Wieland*, in: Dreier, GG, Art. 12 Rn 43; *Pieroth/Störmer*, GewArch. 1998, 177, 184; *Voßkuhle*, VerwArch. 1996, 395, 409.

334 BVerfG, NVwZ 2009, 905 misst deswegen die Ermächtigung zum Erlass von Sperrbezirksverordnungen in Art. 297 EGStGB ausdrücklich an Art. 12 GG.

335 So in der bundesverfassungsgerichtlichen Judikatur BVerfGE 22, 286, 288; BVerfG, NJW 2000, 857; außerdem *Scholz*, in: MDHS, Art. 12 Rn 36.

336 BVerfGE 117, 276.

337 BVerfG, NJW 2020, 905; krit. *Lang*, NJW 2020, 1562; *Rixen*, BayVBl. 2020, 403.

338 BVerwGE 115, 189, 228 ff. Ein gewerbliches Unterhaltungsspiel, das den Spielern die lustvolle Teilnahme an derartigen – wenn auch nur fiktiven – Handlungen ermögliche, sei wegen der ihm innewohnenden Tendenz zur Bejahung oder zumindest Bagatellisierung der Gewalt und wegen der möglichen Auswirkungen auf die allgemeinen Wertvorstellungen und das Verhalten in der Gesellschaft mit der verfassungsrechtlichen Menschenwürdegarantie unvereinbar. Anders (zu § 118 OWiG) die Deutung des VGH München, NVwZ 1995, 32, 33: „Mit der Wirklichkeit, wie sie sich beim Augenschein darstellte, hat all das nichts zu tun. Zu einer realen Kriegs-, Bürgerkriegs- oder Bandenkampfsituation bietet der Vorgang bei sachlicher Betrachtung keinerlei Assoziation. … unbeschadet der Verwendung neuartiger Lasertechnik im Spielgerät ist der Vorgang in seinem Kern noch am ehesten als eine Art Bewegungs- und Fangspiel zu charakterisieren". Kritik zum Menschenwürdeargument *Jarass*, in: Jarass/Pieroth, GG, Art. 1 Rn 16; *Aubel*, Jura 2004, 255; *Heckmann*, JuS 1999, 986, 990 ff; *Kempen*, NVwZ 1997, 243, 247 f.

339 So zu einem behördlichen Verbot nach der polizei- und ordnungsrechtlichen Generalklausel BVerwGE 115, 189, 228 ff = NVwZ 2002, 598; ausführlich zu öffentlich-rechtlichen Möglichkeiten des Einschreitens *Gröpl/Brandt*, VerwArch. 2004, 223.

schreitet[340]. Da das vage Kriterium der „Gemeinschaftsschädlichkeit" also in den Problemfällen nicht weiterhilft, sollte man besser insgesamt darauf verzichten[341]. Insoweit unterscheidet sich Art. 12 GG vom Gewerbebegriff, bei dem das Tatbestandsmerkmal der Erlaubtheit weiterhin sinnvoll ist (s. Rn 216 ff), weil es den Anwendungsbereich von Gewerbe- und allgemeinem Polizei- und Ordnungsrecht abgrenzt (dazu Rn 323).

bb) Wettbewerbsfreiheit. Die Grundrechte schützen nach wohl allgemeiner Auffassung auch die Freiheit des Einzelnen vor staatlicher Behinderung oder Verzerrung des Wettbewerbs. Das Bundesverfassungsgericht und ihm folgend die überwiegende Literatur und Rechtsprechung verorten die Wettbewerbsfreiheit in Art. 12 GG[342]. Art. 12 Abs. 1 GG sichert in diesem Rahmen die Teilhabe am Wettbewerb nach Maßgabe seiner Funktionsbedingungen[343]; hierzu gehört auch die Freiheit, das Entgelt für berufliche Leistungen auszuhandeln, so dass staatliche Preiskontrollen an Art. 12 GG zu messen sind[344]. **117**

Staatliche Eingriffe in die Wettbewerbsfreiheit können sich vor allem im Zusammenhang mit staatlicher Informationstätigkeit ergeben, die Hinweise oder Warnungen bezüglich einzelner Grundrechtsträger oder Produkte enthält (näher Rn 118)[345], aber auch im Zusammenhang mit der Subventionierung eines Konkurrenten (s. Rn 820 f). Sofern man allerdings eine besondere Schwere des Eingriffs verlangt, ist ihr Anwendungsbereich gering. Diskutiert wird sie ferner im Zusammenhang mit der Auftragsvergabe und der wirtschaftlichen Betätigung des Staates. Die bürokratische Bedeutung der Wettbewerbsfreiheit im klassischen Gewerbe-, aber auch im Regulierungsrecht ist gering, da einfachgesetzliche Schutznormen spezieller sind und die verfassungsrechtliche Wettbewerbsfreiheit verdrängen (s. zum Telekommunikations- und Energierecht Rn 570, 581; Entsprechendes gilt bei kommunalwirtschaftlicher Betätigung, sofern die Vorschriften Drittschutz vermitteln (s. Rn 688 ff).

b) Eingriff und Gesetzesvorbehalt

Angesichts des umfassenden Schutzes der Berufsfreiheit gerät grundsätzlich jedes staatliche Handeln mit Auswirkungen auf die wirtschaftliche Betätigung unter Rechtfertigungsdruck. Neben klassischen Grundrechtseingriffe (durch Gesetz und Verwal- **118**

---

340 So VG Dresden, NVwZ-RR 2003, 848, 849 zum Paintball-Spiel; insofern die Frage ausdrücklich offen lassend und dem Antrag auf vorläufigen Rechtsschutz stattgebend VGH Mannheim, NVwZ-RR 2005, 472, 473 ff. Gegen das Menschenwürdeargument im Zusammenhang mit der regelkonformen Ausgestaltung von Paintball VGH München, GewArch. 2013, 218 (in baurechtlicher Einkleidung).

341 S. auch *Breuer*, in: Isensee/Kirchhof, Handbuch des Staatsrechts, § 171 Rn 68 ff; *Voßkuhle*, VerwArch. 1996, 395, 409.

342 BVerfGE 46, 120, 137 f; 86, 28, 37. Das BVerwG hat sie zunächst als Teil der „wirtschaftlichen Handlungsfreiheit" begriffen (vgl etwa BVerwGE 30, 191, 198; 60, 154, 159 f; 65, 167, 174), hat sich aber später der Auffassung des BVerfG angeschlossen, vgl BVerwGE 71, 183, 189. Eine vermittelnde Ansicht hält Art. 12 GG bei Eingriffen mit berufsregelnder Tendenz für einschlägig und lässt ansonsten das Auffanggrundrecht des Art. 2 Abs. 1 GG eingreifen, vgl etwa *Di Fabio*, in: MDHS, Art. 2 Abs. 1 Rn 27; *Jarass*, in: Jarass/Pieroth, GG, Art. 12 Rn 20. Teilweise wird sie aus Art. 12 und 14 GG hergeleitet, s. etwa *Scholz*, in: MDHS, Art. 12 Rn 123 zur (allgemeinen) Wirtschaftsfreiheit bzw Freiheit der unternehmerischen Betätigung. Für eine Verortung in Art. 2 Abs. 1 GG *Schulte*, DVBl 1988, 512, 515; *Roßmann/Schimm*, TransportR 2001, 381, 382.

343 BVerfGE 105, 252, 265; v. 8.12.2011 – 1 BvR 1932/08.

344 BVerfGE 121, 317, 345.

345 Dazu BVerfGE 105, 252, 265 ff. Dies hat Auswirkungen auf die Wettbewerbsfreiheit, s. *Lindner*, DÖV 2003, 185, 187 ff; *Jarass*, in: Jarass/Pieroth, GG, Art. 12 Rn 18.

tungsakt) sind die „faktisch-mittelbaren" Grundrechtseingriffe getreten (s. schon Rn 113). Dort bedarf die Eingriffsqualität jeweils besonderer Prüfung. Zunächst hat das BVerfG vor allem in den Entscheidungen zu staatlichen Produktinformationen den **Gewährleistungsbereich des Art. 12 GG** beschränkt und damit den Gesetzesvorbehalt relativiert. Es hat diese häufig kritisierte Sonderdogmatik[346] jedoch mittlerweile aufgegeben. Es verlangt nunmehr ein „funktionales Äquivalent" zum klassischen Grundrechtseingriff und sieht diese – wie früher schon das BVerwG – in der Finalität der staatlichen Maßnahme (Abzielen der Information auf die Beeinflussung des Konsumverhaltens)[347]. Der „Engführung" des Gewährleistungsbereichs dient auch das Merkmal der **„objektiv-berufsregelnden Tendenz"**[348]. Diese soll fehlen, wenn die Maßnahme weder auf eine Berufsregelung zielt, noch sich unmittelbar auf die berufliche Tätigkeit auswirkt. Sie wird bejaht bei solchen nicht auf eine Berufsregelung zielenden Maßnahmen, die die Rahmenbedingungen der Berufsausübung verändern und in Folge ihrer Gestaltung in einem so engen Zusammenhang mit der Ausübung des Berufs stehen, dass sie objektiv eine berufsregelnde Tendenz haben[349].

Bejaht wurde sie bei Vorschriften, die im Schwerpunkt Tätigkeiten betreffen, die typischerweise beruflich ausgeübt werden[350]. Fehlt ein solcher Zusammenhang, etwa weil die Besteuerung von Kraftstoffen alle Verbraucher betrifft und die Regelung nicht bestimmte Berufe, sondern den Verbrauch an Biokraftstoff generell beeinflussen soll[351], so wird die Regelung nicht an Art. 12 GG gemessen[352]. Auch die **Pflichtmitgliedschaft in berufsständischen Organisationen** ist nach hM **kein Eingriff in Art. 12 GG**. Die Verbindung zum Beruf ist nach dem BVerfG also „nicht unmittelbar, sondern vielmehr nur locker und mittelbar"[353]. Damit kommt allenfalls ein – regelmäßig gerechtfertigter – Eingriff in die allgemeine Handlungsfreiheit (Art. 2 Abs. 1 GG) in Betracht (dazu unten Rn 141 ff). Von der Rechtsprechung wird auch die **polizeirechtliche Generalklausel** selbst nicht als Eingriff in Art. 12 GG betrachtet, da sie keine objektiv berufsregelnde Tendenz aufweise[354]. Davon zu unterscheiden ist die Frage, inwieweit die polizeirechtli-

346 Zur Glykolwarnung BVerfGE 105, 252, 265; zum Vergaberecht BVerfGE 116, 135, 151 f; 116, 202, 221.

347 BVerfGE 148, 30; zur Bewertung *Wollenschläger*, JZ 2018, 980, 983 f: Abschied vom „Sonderregime Glykol".

348 BVerfGE 13, 181, 186; 97, 228, 253. Zur Deutung als Gewährleistungsbeschränkung *Voßkuhle/Kaiser*, JuS 2009, 313, 314.

349 BVerfGE 13, 181, 186; 97, 228, 254; 111, 191, 213; bejaht wurde sie in BVerfG, NVwZ 2009, 1486, 1487: Bestimmung eines Flughafens als Zollflugplatz; NVwZ 2011, 94: Vorschriften über den Umgang mit gentechnisch veränderten Produkten. S. auch NVwZ 2014, 527: Verbot von Grabsteinen aus Kinderarbeit in kommunaler Satzung; OVG Lüneburg, NVwZ 2017, 728: Verweigerung des Zugangs zu einer kommunalen Einrichtung für Zirkus aus tierschutzrechtlichen Gründen.

350 BVerfGE 97, 228: kostenlose Kurzberichterstattung über Veranstaltungen als (unverhältnismäßiger) Eingriff in Art. 12 GG. In der Klausur sollte man sie immer ansprechen, vgl *Mann/Wörthmann*, JuS 2013, 385, 389.

351 BVerfG, NVwZ 2007, 1168. Ähnlich OVG Münster, MWVBl 2001, 431: Keine objektiv berufsregelnde Tendenz für den Hersteller nicht umweltfreundlicher Stoffe bei Vergabe eines „Umweltengels" an bestimmte Produkte.

352 Krit zu dieser Rspr vor allem *Manssen*, in: MKS, Art. 12 Rn 75 ff.

353 BVerfGE 10, 354, 36; die jüngste Entscheidung BVerfGE 146, 164 ging auf Art. 12 GG nicht ein. Für eine Anwendbarkeit des Art. 12 GG *Manssen*, MKS, Art. 12 GG Rn 78.

354 BVerwG, NVwZ 2002, 598, 602. Diese Begründung ist nicht unproblematisch, da es ja hier nicht um bloße Nebenfolgen einer Maßnahme geht (bei der sonst die objektiv berufsregelnde Tendenz verneint wird), sondern um gezielte Eingriffe in die Berufsfreiheit, die einer objektiven Berufszulassungsschranke zumindest nahekommen. Im Ergebnis spielte dies nach Ansicht des BVerwG keine Rolle. Denn auch wenn man die Generalklausel selbst an Art. 12 GG misst, würden identische Maßstäbe gelten (s. auch BVerwG, NVwZ 2002, 598, 601).

che Generalklausel überhaupt als Ermächtigungsgrundlage herangezogen werden kann. Durch ihre Anwendung auf Einzelfälle darf nicht „der Sache nach das getan werden, was der Gesetzgeber hätte tun müssen, nämlich eine verbreitete neue Erscheinungsform der Berufsausübung zu regeln". Beim Laserdrome (s. zum Sachverhalt schon **Fall 5 Rn 47**)[355] sah das BVerwG diese Voraussetzungen – anders als in dem ausdrücklich in Bezug genommenen älteren Fall zu den Kondomverkaufsautomaten[356] – noch nicht als gegeben an[357]. In seiner zweiten Entscheidung hat das BVerwG allerdings klargestellt, dass jedenfalls bei Verstößen gegen die Menschenwürde ein Einschreiten auf der Grundlage der Generalklausel zulässig bleibt[358].

Die objektiv-berufsregelnde Tendenz ist in **Fall 10 (Rn 101)** gegeben. Selbst wenn es dem Staat mit den Verbraucherinformationen um Gesundheitsschutz geht, besteht jedenfalls bei der Veröffentlichung unternehmensbezogener Daten ein hinreichender Zusammenhang mit der beruflichen Betätigung. Dennoch wäre verfassungsrechtlich eine ausdrückliche Rechtsgrundlage für die Veröffentlichung nicht erforderlich, wenn man in der wahrheitsgemäßen staatlichen Information schon überhaupt keinen Grundrechtseingriff sieht. In der Praxis stellt sich dieses Problem allerdings angesichts der vielfältigen Rechtsgrundlagen für staatliches Informationshandeln kaum noch, so dass im konkreten Fall wegen des Vorrangs des Gesetzes die tatbestandlichen Voraussetzungen zu prüfen sind[359]. Eine Veröffentlichung bedarf jedoch einer gesetzlichen Grundlage. Die Informationsfreiheitsgesetze verlangen einen Antrag und lassen sich wohl nicht für aktive Informationstätigkeiten des Staates heranziehen[360]; jedenfalls wären sie insoweit zu unbestimmt. Als ausdrückliche Rechtsgrundlage für die Informationstätigkeit der Behörde kommt außer dem VIG § 40 Abs. 1 LFGB in Betracht, der jedoch wegen § 40 Abs. 2 LFGB nur subsidiär Anwendung findet. Neuerdings beschäftigen sich die Gerichte eingehend mit dem im Jahr 2012 neu eingeführten § 40 Abs. 1a LFGB, der unter bestimmten Voraussetzungen, insbes bei einem aufgrund der Verstöße zu erwartenden Bußgeld von mehr als 350 €, eine neue Rechtsgrundlage für die Informationstätigkeit der Behörde darstellt (s. Rn 135). 119

c) Rechtfertigung: Die Drei-Stufen-Lehre als Konkretisierung des Verhältnismäßigkeitsprinzips

Der Gesetzesvorbehalt des Art. 12 Abs. 1 S. 2 GG wird entgegen seinem Wortlaut auf die gesamte Berufsfreiheit erstreckt[361]. In materieller Hinsicht bestimmt das Bundesverfassungsgericht die Grenzen staatlicher Eingriffe in Art. 12 GG anhand seiner 120

355 BVerwGE 115, 189 = NVwZ 2002, 598. S. auch OVG Koblenz, NVwZ-RR 1995, 30; VGH München, NVwZ-RR 1995, 32. Krit *Fechner*, JuS 2003, 734, 736; *Kempen*, NVwZ 1997, 243, 247 f jeweils mwN.

356 BVerwGE 10, 164; s. auch OVG Münster, NJW 1988, 787.

357 Ob dies angesichts der Verbreitung dieser und ähnlicher Formen von „Unterhaltung" noch zutrifft, ist fraglich. Das BVerwG ist der Frage freilich ausgewichen, indem es die Frage der Vereinbarkeit des Verbots dem EuGH nach Art. 267 AEUV vorlegte. Indem der EuGH einen Verstoß gegen die Grundfreiheiten verneint hat (s. oben Rn 68), hat er die Problematik ins nationale Verfassungsrecht „zurückverwiesen".

358 BVerwG, GewArch. 2007, 247. S. auch *Schenke*, Polizei- und Ordnungsrecht, Rn 49; *Scheidler*, Jura 2009, 575 mwN. Der (Landes)Gesetzgeber sollte aber eine Regelung schaffen, wenn er am Verbot von Unterhaltungsformen festhalten will, die nicht eindeutig gegen die Menschenwürde verstoßen.

359 Zu § 5 Abs. 1 S. 2 VIG etwa OVG Saarlouis, NVwZ 2011, 632; s. auch *Albers/Ortler*, GewArch. 2009, 225; *Holzner*, NVwZ 2010, 489; *Schink*, DVBl 2011, 253; *Schoch*, ZLR 2010, 121, 136; *ders.*, NJW 2010, 2214, 2246; *Wollenschläger*, VerwArch. 102 (2011), 20.

360 Vgl *Holzner*, NVwZ 2010, 489, 491.

361 BVerfGE 7, 377, 401 f; *Jarass*, in: Jarass/Pieroth, GG, Art. 12 Rn 27.

Drei-Stufen-Lehre, ohne dass es die genaue Abgrenzung dieser Stufen abschließend geklärt oder auch nur in allen Fällen überhaupt herangezogen hätte. Die Stufenlehre lässt sich am besten als konkretisierende Ausprägung des Verhältnismäßigkeitsprinzips begreifen. Deren Raster wird vom *BVerfG* keinesfalls sklavisch befolgt[362], gibt aber für die Fallbearbeitung ein gutes Raster ab.

121 **aa) Objektive Berufswahlbeschränkungen.** Diese sind „nur zulässig, wenn sie zur Abwehr nachweisbarer oder höchstwahrscheinlicher schwerer Gefahren für ein überragend wichtiges Gemeinschaftsgut zwingend geboten sind"[363]. Da dies nur selten der Fall ist, sind objektive Berufswahlbeschränkungen meist unzulässig. Dies gilt insbes für **Bedürfnisprüfungen**[364] und beschränkt auch **staatliche Monopole** auf Ausnahmefälle.

Staatliche Monopole, wie sie etwa das Glücksspielrecht[365] vorsieht, sind zum Schutz vor Ausbeutung der Spielleidenschaft grundsätzlich zulässig[366]; die konkrete Ausgestaltung wurde jedoch zum Musterbeispiel für die von den Gesetzgebern kaum zu bewältigenden Anforderungen an Kohärenz und Folgerichtigkeit der Regelung (s. zum Unionsrecht Rn 69; zum Verfassungsrecht Rn 146 ff; zur Gesetzgebungskompetenz Rn 169). Für die klassischen Monopole im Bereich der Daseinsvorsorge[367], insbes für Post- und Telekommunikationsdienstleistungen, hat der Verfassungsgeber staatliche Monopole in Art. 87f Abs. 2 S. 2 GG ausgeschlossen[368] und als milderes Mittel die „Gewährleistungsverantwortung" für ausreichend erachtet (zum Regulierungsrecht Rn 23, 504). Während die **Bedürfnisprüfungen** bei Gaststätten (s. Rn 410) und Apotheken verfassungswidrig waren, ließ das Bundesverfassungsgericht sie vor allem bei den staatlich gebundenen Berufen[369] als Ausnahmen zu. Auch ein staatliches Monopol stellt eine objektive Berufswahlbeschränkung dar, die strengen Anforderungen genügen muss.

122 Verfassungsrechtlich unproblematisch ist die Zulässigkeit eines generellen Verbotes bei Tätigkeiten, die gegen die **Menschenwürde** verstoßen. Gegen diese kann dann auch auf der Grundlage der **polizei- und ordnungsrechtlichen Generalklausel** eingeschritten werden; allerdings sind die Einzelmaßnahmen an den Vorgaben des

362 S. auch *Breuer*, in: Isensee/Kirchhof, Handbuch des Staatsrechts, § 171 Rn 14 ff; *Jarass*, in: Jarass/Pieroth, GG, Art. 12 Rn 33 ff; *Mann*, in: Sachs (Hrsg.), GG, Art. 12 Rn 125 ff; *Ipsen*, JuS 1990, 634.

363 BVerfGE 102, 197, 214.

364 S. bereits das Apothekenurteil BVerfGE 7, 377, 414 f, 431, 442 f.

365 Vgl dazu den Überblick bei *Ruthig*, in: Hufen/Jutzi/Proelß, Landesrecht RP § 6 Rn 23 ff mwN.

366 S. zum Verbot der gewerblichen Vermittlung von Lotterien über das Internet BVerfG, NVwZ 2008, 1338.

367 Die Diskussion um staatliche Leistungserbringung oder Gewährleistungsverantwortung durch Aufsicht war keineswegs auf das Telekommunikationsrecht beschränkt. Schon seit Anfang des 20. Jahrhunderts gab es eine entsprechende Diskussion um die Regulierung des Energiemarktes s. *Hermes*, Staatliche Infrastrukturverantwortung, 1998, S. 300 ff.

368 Telekommunikationsdienstleistungen sind nach Art. 87f Abs. 2 S. 1 GG als privatwirtschaftliche Tätigkeiten zu erbringen. Dies verpflichtete nicht nur zur Umwandlung des unselbstständigen Sondervermögens „Deutsche Bundespost" in eine private Rechtsform (formelle Privatisierung, dazu Art. 143b Abs. 1 GG), sondern erforderte auch eine materielle Privatisierung (zu den Begriffen vgl Rn 627 ff), ausf *Gersdorf*, in: v. Mangoldt/Klein/Starck, Art. 143b Rn 2 ff; 17 ff.

369 Hierzu gehören etwa Notare, Schornsteinfeger, Technische Überwachungsvereine, Prüfingenieure. Vgl dazu *Jarass*, in: Jarass/Pieroth, GG, Art. 12 Rn 86. S. außerdem zum Linienverkehr BVerfGE 11, 168, 184 f; zum Güterverkehr BVerfGE 40, 196, 218 ff; BVerwGE 64, 70, 72 f.

Art. 12 GG zu messen[370]. Da die Menschenwürde keiner Abwägung zugänglich ist, könnte hier auch der Gesetzgeber nur ein uneingeschränktes Verbot erlassen.

bb) Subjektive Berufswahlbeschränkungen. Beschränkungen die an die Person anknüpfen (zB Befähigungsnachweise, aber auch ganz allgemein das Erfordernis einer Genehmigung zur Aufnahme einer beruflichen Tätigkeit), sind zum Schutz überragender Gemeinschaftsgüter grundsätzlich zulässig[371]. Die Genehmigungserfordernisse sind allerdings als „Kontrollerlaubnisse" (präventive Verbote mit Erlaubnisvorbehalt) auszugestalten: wenn die tatbestandlichen Voraussetzungen vorliegen, hat der Antragsteller einen Anspruch auf Genehmigung[372]. Auch hierbei überlässt es das Bundesverfassungsgericht dem Gesetzgeber, die Gemeinschaftsgüter nach seinen wirtschafts-, sozial- und gesellschaftspolitischen Vorstellungen zu konkretisieren. Von besonderer Relevanz wird diese zweite Stufe bei der gewerberechtlichen Zuverlässigkeitsprüfung (s. Rn 250 ff, 280 ff) und im Zusammenhang mit **Sachkundenachweisen**, also Kenntnissen und Fähigkeiten, die der Gesetzgeber als Voraussetzung für die Zulassung zu einem Beruf verlangt (zur Abgrenzung beider Varianten s. Rn 263). Bei ärztlichen und pharmazeutischen Berufen sind *Sachkundenachweise* zum Schutz der Volksgesundheit grundsätzlich gerechtfertigt[373]. Entsprechendes gilt bei den Geschäftsleitern von Banken (s. Rn 542) und die Sachkundenachweise für das Bewachungsgewerbe nach § 34a Abs. 1 S. 5 GewO[374]. Problematisch sind undifferenzierte Sachkundenachweise im Einzelhandel[375]. 123

In **Fall 11 (Rn 102)** stellt sich daher die Frage, ob die Einführung eines Sachkundenachweises im Gaststättenrecht zulässig wäre[376]. Der Gesundheitsschutz könnte ein legitimes Ziel darstellen. Da allerdings die bisherige Regelung nicht zu Gefahren für die Volksgesundheit geführt hat, bestehen Zweifel an der Erforderlichkeit[377]. Soweit man den Sachkundenachweis auf grundlegende betriebswirtschaftliche oder auch steuerrechtliche Kenntnisse ausweitet, diente er allenfalls dem Schutz der Gastwirte vor sich selbst. Deswegen wäre ein solcher Sachkundenachweis wohl verfassungswidrig. Der bisher in § 4 Abs. 1 Nr 4 GastG vorgesehene Unterrichtungsnachweis hat sich als ausreichend erwiesen, ist aber – als reine Teilnahmebestätigung („Sitzschein") – seinerseits als keineswegs übermäßig belastende Maßnahme mit Art. 12 GG vereinbar[378]. 124

370 Die Generalklausel als solche ist grundsätzlich mit dem Gesetzesvorbehalt vereinbar, auch soweit sie im Ergebnis Eingriffe in die Berufsausübungsfreiheit legitimiert; allerdings stellt sich die Frage, inwieweit der Gesetzgeber bei bekannten Phänomenen konkrete Regelungen treffen muss, dazu BVerwGE 115, 189 = NVwZ 2002, 598; enger BVerwG, GewArch. 2007, 247. S. auch *Ruthig/Hendler/Hufen/Jutzi*, Landesrecht RP § 4 Rn 38, 192 f.

371 BVerfGE 13, 97, 107; 103, 172, 183.

372 Dazu *Manssen*, in: v. Mangoldt/Klein/Starck, Art. 12 GG Rn 159 mwN; *Ossenbühl*, VerwArch. 1995, 187; 200 ff.

373 BVerfGE 80, 1, 24; BVerwGE 68, 69, 72.

374 Als Klausurfall *Ruthig/Lehr*, JuS 2007, 932. Diese bezieht sich allerdings auf das Bewachungspersonal, nicht den Gewerbetreibenden selbst, s. auch *Marcks*, in: Landmann/Rohmer, GewO, § 34a Rn 30; *Ennuschat*, in: Tettinger/Wank/Ennuschat, GewO, § 34a Rn 37 ff; *Schönleiter*, GewArch. 2003, 1, 3.

375 BVerfGE 13, 97, 117; 54, 301, 303.

376 Zur entsprechenden, seit Jahren andauernden Diskussion insbes *Michel/Kienzle/Pauly*, GastG § 4 Rn 69 mwN.

377 S. dazu auch *Michel/Kienzle/Pauly*, GastG, § 9 Rn 69 mwN; *Stober*, GewArch. 1987, 225.

378 *Michel/Kienzle/Pauly*, GastG, § 9 Rn 69.

125 Eine Sonderstellung nimmt insoweit das **Handwerksrecht** ein. Das Bundesverfassungsgericht hielt über Jahrzehnte trotz der Gegenstimmen in der Literatur an der **Verfassungsmäßigkeit des großen Befähigungsnachweises** fest[379]. Es ging davon aus, dass der Meisterzwang als subjektive Zulassungsschranke im Interesse der Erhaltung des Leistungsstandes und der Leistungsfähigkeit des Handwerks und der Sicherung des Nachwuchses für die gesamte gewerbliche Wirtschaft als überragend wichtigen Gemeinschaftsgütern gerechtfertigt sei, sofern nur die Ausnahmetatbestände grundrechtsfreundlich und damit entsprechend großzügig gehandhabt würden. Mit der Handwerksnovelle 2004 hat der Gesetzgeber diese Begründung ausgewechselt, so dass der damit verbundene „Paradigmenwechsel“[380] die Frage aufwirft, ob die bisherige Begründung für die Verfassungsmäßigkeit des Meisterzwanges auch nach der Novelle noch überzeugen kann. Die erheblichen Zweifel, die das *BVerfG* formulierte[381], betrafen unmittelbar nur das frühere Recht. Die Forderung nach einer vollständigen Abschaffung des Meisterzwanges ist aber auch nach der Novelle keineswegs verstummt[382].

Die Frage, ob Mittelstandsschutz ein legitimer Zweck für Berufszulassungsregeln sein kann, stellt sich nicht mehr in der gleichen Schärfe. In der Novelle begründet der Gesetzgeber die besonderen Zulassungserfordernisse des Handwerksrechts vor allem mit den Gefahren für Dritte[383], allerdings auch mit der sozialpolitisch erwünschten Ausbildungsleistung des Handwerks[384]. Entsprechend sahen die Verwaltungsgerichte keine Anhaltspunkte für einen Verstoß der novellierten HwO gegen höherrangiges Recht[385]. Diese hat jedoch bei näherer Hinsicht zu neuen verfassungsrechtlichen Problemen geführt. Selbst wenn man beide Ziele – Gefahrenabwehr, aber durchaus auch die Ausbildungsleistung – als Rechtfertigungsgründe anerkennt, muss sich nunmehr jedes einzelne Handwerk an diesen neuen gesetzgeberischen Maßstäben messen lassen; dies gilt gerade auch für die Erweiterung der Meisterpflicht auf traditionelle Handwerke (dazu Rn 148). Außerdem wurde das neue Konzept keineswegs konsequent umgesetzt (zu Bedenken unter dem Aspekt des Art. 3 GG unten Rn 147). Im Schrifttum wurde für eine Ausweitung des Anwendungsbereiches der HwO auf das Reisegewerbe[386] und eine einschränkende Auslegung der Ausnahmebestimmungen[387] plädiert. Demgegenüber geht die Rspr von der Verfassungsmäßigkeit der aktuellen Regelungen aus (s. ausf unten Rn 458). Das BVerfG prüfte allerdings – in seiner Entscheidung zum früheren Recht – unter dem Aspekt der Verhältnismäßigkeit die Frage, ob der Gesetzgeber seine Ziele angesichts des Konkurrenzdrucks aus dem EU-Ausland überhaupt erreichen könne[388]. Damit wird im Ergebnis die sonst

379 Grundlegend BVerfG 13, 97, 110 ff; bestätigend BVerfG, GewArch. 1991, 137; NVwZ 2001, 187 f und 189 f.

380 *Kormann/Hüpers*, GewArch. 2004, 353; s. auch BT-Drucks. 15/1206 S. 21 f; *Müller*, NVwZ 2004, 403. Allerdings ist dieser nur ein teilweiser, da der Gesetzgeber neben der Gefährlichkeit bestimmter Tätigkeiten in der Tradition des bisherigen Handwerksrechts auch die Ausbildungsleistung des Handwerks als Grund für die Sonderregelung ansieht.

381 BVerfG, GewArch. 2006, 71 (72 f); dazu *Dürr*, GewArch. 2007, 18; *Leisner*, GewArch. 2006, 393; *Rieger*, DÖV 2006, 685.

382 Besonders deutlich das 16. Hauptgutachten der Monopolkommission, BT-Drucks., 16/2460 S. 87 ff.

383 So insbes der Entwurf der Regierungsfraktionen, s. BT-Drucks. 15/1206; vgl auch *Müller*, NVwZ 2004, 403, 404.

384 Zu statistischen Angaben BT-Drucks. 15/1206, S. 20.

385 BVerwGE 149, 265, 277 ff; VGH Mannheim, GewArch. 2019, 153.

386 S. dazu schon die 1. Aufl. und ebenso *Laubinger*, FS Frotscher (2007), S. 497, 527. Den entsprechenden Änderungsvorschlag des Bundesrates während der Handwerksnovelle 2003 (vgl BT-Drucks. 15/1481 S. 10) hatte die damalige Bundesregierung nicht aufgegriffen, s. BT-Drucks. 15/1481, S. 19 f.

387 *Kormann/Hüpers*, GewArch. 2004, 353, 355; *Baumeister*, GewArch. 2007, 310.

388 Speziell zu diesem Aspekt der Entscheidung *Frenz*, JZ 2007, 343; *Gundel*, DVBl 2007, 269.

unter dem Aspekt des Art. 3 Abs. 1 GG diskutierte Frage der „Inländerdiskriminierung" bei den Freiheitsgrundrechten verortet (s. dazu unten Rn 151).

cc) Berufsausübungsregelungen. Diese regelmäßig mildeste Form des Eingriffes lässt sich durch „vernünftige Erwägungen des Gemeinwohls" legitimieren[389]. Seinem sachlichen Umfang nach erstreckt sich der grundrechtliche Schutz „auf den Beruf in all seinen Aspekten"[390]. Dabei setzt Art. 12 GG dem Gesetzgeber nur wenige Schranken. Der Gesetzgeber darf dabei Zweckmäßigkeitserwägungen anstellen und hat vor allem bei der Festlegung arbeits-, sozial- und wirtschaftspolitischer Ziele einen weiten Gestaltungsspielraum[391]. Die **Beispiele** reichen von **Ladenschlussvorschriften**[392], den Vorgaben des Lebensmittelrechts für den Lebensmitteleinzelhandel und Gaststätten bis hin zu den **Rauchverboten in Gaststätten** (ausführlich ▶ **Klausurenkurs Fall Nr 2**). **126**

Im Hinblick auf die Schutzpflicht aus Art. 2 Abs. 2 GG sind diese jedenfalls auf gesetzlicher Grundlage zulässig[393]. Wird von der gesetzlichen Regelung der Nichtraucherschutz jedoch durch Ausnahmeregelungen relativiert, wie es in den meisten Bundesländern geschehen ist[394], muss sie diese Entscheidung auch folgerichtig weiterverfolgen (s. zum Gesichtspunkt der Systemgerechtigkeit Rn 146)[395]. Nachdem allerdings die Verfassungsgerichte unter deutlich stärkerer Betonung der gesetzgeberischen Einschätzungsprärogative Ausnahmeregelungen für Einraumgaststätten und die Zeltgastronomie ausdrücklich gebilligt und weitere Ausnahmen für nicht verfassungsrechtlich gefordert erachtet haben[396], dürften die verfassungsrechtlichen Fragen für die Praxis geklärt sein[397].

Die Berufsausübungsfreiheit schließt also auch die **Außendarstellung** von Gewerbetreibenden ein, soweit sie auf die Förderung des beruflichen Erfolges gerichtet ist. **Staatliche Werbebeschränkungen** sind also Eingriffe in die Freiheit der Berufsaus- **127**

---

389 S. etwa BVerfGE 7, 377, 405 f; 93, 362, 369; 103, 1, 10.

390 BVerfGE 97, 228, 253.

391 BVerfGE 81, 156, 186.

392 Vgl dazu am Beispiel von Rheinland-Pfalz *Ruthig*, in: Hufen/Jutzi/Proelß, Landesrecht RP § 6 Rn 19 ff.

393 Anders verhielte es sich ohne eine ausdrückliche gesetzliche Regelung mit behördlichen Auflagen zum Schutz der Gäste nach § 5 Abs. 1 Nr 1 GastG (Schutz der Gesundheit), vgl *Metzner*, GastG § 5 Rn 35.

394 Lediglich Bayern hatte mit dem Gesundheitsschutzgesetz (GSG) v. 20.12.2007 (BayGVBl S. 919) ein striktes, vom BVerfG ausdrücklich gebilligtes (s. BVerfG, NJW 2008, 2701; dazu *Bäcker*, DVBl 2008, 1179), Rauchverbot eingeführt. Dieses wurde dann zunächst gelockert (zur Verfassungsmäßigkeit dieser Regelung BVerfG, NVwZ 2010, 38), anschließend jedoch in dem durch einen Volksentscheid beschlossenen neuen GSG v. 23.7.2010 (BayGVBl S. 314) wiederhergestellt; zu dessen Verfassungsmäßigkeit BVerfG, NVwZ 2010, 1289. Zur Verfassungskonformität des nunmehr strengsten Rauchverbotes im Saarland SaarlVerfGH, NVwZ-RR 2011, 517.

395 Im Zusammenhang mit den Einraumkneipen argumentierte BVerfG, NJW 2008, 2406 Rn 142 ff mit der Verhältnismäßigkeit, hinsichtlich der Unzulässigkeit von Raucherräumen in Diskotheken in BW mit Art. 3.

396 RhPfVerfGH, NVwZ 2010, 1095; zur zwischenzeitlichen bayerischen Regelung BVerfG, NVwZ 2010, 38; bestätigend BayVerfGH, NVwZ-RR 2011, 517. Zur Einbeziehung von Shisha-Kneipen und Erlebnisgastronomie in das Rauchverbot BVerfG, NVwZ 2011, 294; s. aber auch BerlVerfGH, GewArch. 2008, 410 f; SaarlVerfGH, NVwZ-RR 2010, 951, die das Rauchverbot im Rahmen einer Folgenabwägung vorläufig ausgesetzt hatten; anders insoweit BayVerfGH, NVwZ-RR 2010, 946.

397 SaarlVerfGH, NVwZ-RR 2011, 517. Allerdings ergeben sich zivilrechtliche Probleme. Vgl zum Schadenersatzanspruch des Pächters einer Gaststätte wegen Umsatzeinbußen BGH v. 13.7.2011 – XII ZR 189/09.

übung[398]. Während sich **objektbezogene Werbebeschränkungen**, wie sie für jugendgefährdende Schriften bzw Medien, Heilmittel (§ 11 Nr 12 HwG) und Tabakwerbung (§ 22 Abs. 2 TabakG) gelten, in der Regel als unproblematisch darstellen, hat sich zu den **Grenzen der branchenspezifischen Werbebeschränkungen**, vor allem im Bereich der freien Berufe, eine umfangreiche Kasuistik entwickelt[399].

128 Daraus ergibt sich für die Lösung von **Fall 8 (Rn 99)**[400] Folgendes: Werbeverbote und Werbeeinschränkungen stellen auch für freie Berufe Berufsausübungsregelungen dar[401]. Sie sollen als Teil der Berufsordnung mit dazu beitragen, dass der Berufsstand seine Aufgaben ordnungsgemäß erfüllt. Dem Apotheker ist die Sicherstellung der Arzneimittelversorgung der Bevölkerung überantwortet (§ 1 Abs. 1 ApG). Die Bevölkerung soll darauf vertrauen dürfen, dass der Apotheker – obwohl auch Gewerbetreibender – sich nicht von Gewinnstreben beherrschen lässt, sondern seine Verantwortung im Rahmen der Gesundheitsberufe wahrnimmt. In diesem Sinne sollen die Werbeverbote dem Arzneimittelfehlgebrauch entgegenwirken und die ordnungsgemäße Berufsausübung stärken. Insbes soll das Vertrauen der Bevölkerung in die berufliche Integrität der Apotheker erhalten und gefördert werden. Die Werbeverbote für verschreibungspflichtige Arzneimittel gem. § 10 HeilmittelwerbeG sind daher verfassungskonform. Die angeführten Gründe rechtfertigen aber nicht den Ausschluss der Werbung für das frei verkäufliche (nicht apothekengebundene) Sortiment. In seinen Werbemethoden lässt sich auch kein „unkollegiales Verhalten“ sehen. Mit den entsprechenden Ausführungen hat das Landesberufsgericht die Tragweite von Art. 12 Abs. 1 S. 1 GG verkannt. Konkurrenzschutz und Schutz vor Umsatzverlagerungen sind keine legitimen Zwecke, die Einschränkungen in der Berufsausübung rechtfertigen können. Weder genießen die sonstigen ortsansässigen Apotheker aus Art. 12 Abs. 1 GG Schutz vor den werbeaktiven Konkurrenten[402], noch darf dies aus dem herkömmlichen Berufsbild gefolgert werden, weil das Berufsbild des Apothekers nicht Selbstzweck ist, sondern nur zum Schutz der Volksgesundheit entwickelt und aufrechterhalten worden ist[403]. Damit steht das Verbot der Werbung für das frei verkäufliche Apothekensortiment nicht mit der Verfassung in Einklang, die zwar Werbeverbote zur Sicherung der Integrität des Berufsstandes und des Vertrauens der Bevölkerung in die freien Berufe grundsätzlich für gerechtfertigt hält, aber in den konkreten Fällen zu einer zunehmenden Lockerung entsprechender Beschränkungen geführt hat. Die sich in einigen bundesverfassungsgerichtlichen Entscheidungen abzeichnende Differenzierung zwischen dem **Internetauftritt** und sonstigen Werbebeschränkungen[404] überzeugt dagegen nicht.

---

398 BVerfGE 85, 248, 256 mwN; 94, 372, 389; 95, 173, 181; *Ruthig*, in: Gounalakis (Hrsg.), Handbuch Electronic Business, § 5 Rn 52; *Mann*, in: Sachs, GG, Art. 12 Rn 79. Art. 5 GG wurde vom BVerfG im Zusammenhang mit solchen berufsbezogenen Regelungen bisher nicht geprüft, s. BVerfGE 94, 372 ff; s. auch *Bethge*, in: Sachs, GG, Art. 5 Rn 25a. Anders für bestimmte „meinungsbildende“ Formen der Wirtschaftswerbung in Zeitschriftenanzeigen BVerfGE 102, 347, 359; 107, 275, 280 und – selbstverständlich für die Anpreisung von Produkten in einem Buch, vgl BVerfG, NJW-RR 2007, 1680.

399 Vgl BVerfGE 85, 248; 94, 372; w.N. etwa bei *Ruffert*, in: Epping/Hillgruber, Art. 12 GG Rn 110 ff; *Mann*, in: Sachs, GG, Art. 12 Rn 72 ff.

400 BVerfGE 94, 372.

401 Da sie die Aufnahme einer Tätigkeit nicht in Frage stellen, handelt es sich auch dann nicht um Berufswahlbeschränkungen, wenn sie in besonderer Weise die „Newcomer“ betreffen, vgl *Frotscher/Kramer*, Rn 145.

402 BVerfGE 34, 252, 256; 55, 261, 269.

403 BVerfGE 34, 252, 256; 55, 261, 269.

404 BVerfG, NJW 2003, 2818 hatte eine fachgerichtliche Entscheidung zur ärztlichen Werbung deswegen aufgehoben, weil sie nicht ausreichend berücksichtige, „dass es sich … um eine im Internet als passive Darstellungsplattform geschaltete Selbstpräsentation handelt. Internetwerbung wird typi-

d) Zur Vertiefung: Betriebs- und Geschäftsgeheimnisse und staatliche Informationserteilung

Gerade im öffentlichen Wirtschaftsrecht sehen sich Unternehmen vielfältigen **Informationsansprüchen** ausgesetzt, die jedenfalls die Gefahr eines **Eingriffs in Betriebs- und Geschäftsgeheimnisse** mit sich bringen. Der Schutz von Betriebs- und Geschäftsgeheimnissen wird herkömmlich in Art. 12 GG verortet[405]. Richtigerweise liegt der (erste) Eingriff bereits in der Datenerhebung und nicht erst in der „Verbreitung“ von Geschäftsgeheimnissen[406]. Da es verfassungsrechtlich allerdings keinen absoluten Schutz unternehmensbezogener Daten gibt[407], hat der Gesetzgeber einen erheblichen Gestaltungsspielraum bei ihrer Ausgestaltung[408]. Nachdem das BVerfG seine Rechtsprechung zur Begrenzung des Gewährleistungsbereichs des Art. 12 GG bei der staatlichen Verbreitung zutreffender Informationen aufgegeben hat, unterliegen behördliche Maßnahmen uneingeschränkt dem Gesetzesvorbehalt. Im Gesetz erfolgt die Abwägung der relevanten Rechtspositionen. Auch die voraussetzungslosen Informationsansprüche bieten dann – etwa mittels der Berücksichtigung von Betriebs- und Geschäftsgeheimnissen – Raum, um die grundrechtlichen Belange der betroffenen Unternehmen zu würdigen[409]. Die Verfassung als Rahmenordnung determiniert nicht die Feinjustierung des Verhältnisses zwischen Offenbarungspflichten und Geheimnisschutz. Die konkrete Ausgestaltung der Schutzstandards ist also weniger „Verfassungsvollzug“ als vielmehr das Ergebnis einer rechtspolitischen Entscheidung[410], zunehmend aber auch unionsrechtlich determiniert. Daher haben im richtliniengeprägten TK- und Energierecht[411] genauso wie im unionsrechtlich determinierten Finanzmarkaufsichtsrecht[412] die unionsrechtlichen Maßstäbe Vorrang. 129

Als Teilgewährleistung insbesondere der unternehmerischen Freiheit (Art. 16 GRCh) werden auch Geschäftsunterlagen und Geschäftsgeheimnisse geschützt, um so die Erhaltung markt-

---

scherweise von solchen Patienten zur Kenntnis genommen, die nicht unaufgefordert durch Werbung beeinflusst werden, sondern sich selbst aktiv informieren“. Ähnlich BVerfG, NJW 2003, 3470, wo es einem Zahnarzt gestattet wurde, nicht nur mit seinen Hobbies, sondern auch der Kenntnis des örtlichen Dialekts zu werben.

405 BVerfGE 115, 205, 230; BVerwGE 127, 282, 285; BeckRS 2006, 22998; *Wollenschläger*, in: Schmidt/Wollenschläger § 2 Rn 41; für einen Schutz über Art. 14 GG *Berg*, GewArch. 1996, 177, 178; *Gurlit*, DVBl 2003, 1119, 1123; für eine Kombination aus Art. 12 und 14 GG BVerwG, NVwZ 2004, 105, 107; NVwZ 2004, 745, 746; BayVBl. 2010, 414 (416); *Wolff*, NJW 1997, 98 (98 ff).

406 Konsequenterweise qualifizierte daher auch das BVerwG in seiner „Transparenzlistenentscheidung“ nicht erst die Veröffentlichung der Transparenzlisten, sondern schon das vorgeschaltete Auskunftsverfahren als Beeinträchtigung der unternehmerischen Betätigungsfreiheit, BVerwGE 71, 183, 189 und 197.

407 Anders beim absolut geschützten Kernbereich privater Lebensgestaltung, dazu *Ruthig*, FS Schenke (2011), 495 ff.

408 Dazu *Schoch*, IFG, Einl Rn 47. Insbes die Einführung voraussetzungsloser Ansprüche auf Zugang zu amtlichen Informationen ist – soweit dieser nicht unionsrechtlich determiniert ist – eine rechtspolitische Entscheidung. Das GG formt insbes auch keine übergreifende Informationsordnung, dazu *Kugelmann*, DÖV 2005, 851, 855.

409 Vgl auch VG Stuttgart, GewArch. 2009, 459; zur Frage eines in camera-Verfahrens BVerwG, NVwZ 2011, 233.

410 *Schoch*, IFG, 2. Aufl. 2016, § 6 Rn 9; *Ruthig*, in: Baur/Salje/Schmidt-Preuß, Regulierung in der Energiewirtschaft, § 59 Rn 36.

411 Näher *Ruthig*, in: Baur/Salje/Schmidt-Preuß, Regulierung in der Energiewirtschaft, § 59 Rn 20 ff.

412 Dazu zuletzt zu Art. 54, MiFID EuGH, v. 19.6.2018 – C-15/16 – BaFin/Baumeister, NJW 2018, 2615; Gurlit, NZG 2018, 1097; Herz, NJW 2018, 2601.

wirtschaftlich erarbeiteter Wettbewerbsvorteile sicherzustellen. Für Eingriffe gilt der Gesetzesvorbehalt (Art. 52 GRCh). Als Belange des Gemeinwohls, die einen Eingriff in die Berufsfreiheit, insbesondere in die unternehmerische Freiheit, rechtfertigen können, hat der EuGH zB den Schutz der Menschenrechte, den Umweltschutz, den Schutz der Volksgesundheit, den Verbraucherschutz und die Herstellung des Binnenmarktes anerkannt. Gleichwohl zeigten sich in der praktischen Handhabung deutliche Unterschiede (s. Rn 132).

130 **aa) Betriebs- und Geschäftsgeheimnisse.** Betriebs- und Geschäftsgeheimnisse fallen in den Schutzbereich des Art. 12 GG, es wurde aber bereichsspezifisch unterschiedlich definiert, was sie umfassen. Grundsätzlich sind dies alle auf ein Unternehmen bezogenen Tatsachen und Vorgänge, die nicht offenkundig, sondern nur einem begrenzten Personenkreis zugänglich sind und an deren Nichtverbreitung der Geheimnisinhaber ein berechtigtes Interesse hat[413]. Dazu gehören insbes das technische und kaufmännische Know-how eines Unternehmens. Nunmehr findet sich erstmals eine Legaldefinition in § 2 Nr 1 GeschGehG. Das Gesetz betrifft zwar nicht unmittelbar die im öffentlichen Wirtschaftsrecht relevanten Konstellationen, da öffentlichrechtliche Geheimhaltungsvorschriften gem. § 1 Abs. 2 GeschGehG Vorrang haben. Allerdings spricht dies nicht ohne weiteres gegen die Erstreckung der Neudefinition auf das Informationsfreiheitsrecht[414].

131 **bb) Verfahrensunabhängige Informationsansprüche.** Seitdem 1990 mit dem Umweltinformationsgesetz (UIG) erstmals in Deutschland „voraussetzungslose" Jedermann-Ansprüche auf Information eingeführt wurden, hat sich die Rechtslage erheblich ausdifferenziert[415]. Mit Blick auf die Gesetzgebungskompetenz versteht man sie als Verfahrensrecht, so dass Bund und Länder jeweils eigene Vorschriften erlassen haben. Seit 2006 gibt es das **Informationsfreiheitsgesetz (IFG)** des Bundes. Auf dem Gebiet des Wirtschaftsrechts wird das **Verbraucherinformationsgesetz (VIG)** relevant, das den freien Zugang zu gesundheitsbezogenen Verbraucherinformationen öffentlicher Stellen im Lebensmittel- und Futtermittelbereich und seit 2012 auch für Verbraucherprodukte iSd Produktsicherheitsgesetzes gewährt. Die Gesetze beruhen regelungstechnisch darauf, dass gegenüber Behörden ein voraussetzungsloser Informationsanspruch gewährt wird, der allerdings in bestimmten Fällen, unter anderem bei berechtigten Interessen Privater, wieder eingeschränkt wird[416]. Daneben treten die speziellen **presserechtlichen Auskunftsansprüche** nach den Landespressegesetzen und – gegenüber

---

413 BVerwG, NVwZ 2011, 1012, 1014; *Gurlit*, NZG 2014, 1161, 1164. Neben den subjektiven Geheimhaltungswillen muss aber auch die Möglichkeit einer nachteiligen Beeinflussung der Wettbewerbsposition des Unternehmens treten, was im Einzelfall zu bestimmen ist.

414 So BT-Drucks. 19/4724, 23; *Wiebe*, NVwZ 2019, 1705, 1796. Zum Geschäftsgeheimnisgesetz *Partsch/Rump*, NJW 2020, 118; zur Relevanz der zugrunde liegenden Richtlinie 2016/943/EU v. 8.6.2016 des Europäischen Parlamentes und des Rates über den Schutz vertraulichen Know-hows und vertraulicher Geschäftsinformationen (Geschäftsgeheimnisse) vor rechtswidrigem Erwerb sowie rechtswidriger Nutzung und Offenlegung (ABl. L 157, 1) für das öffentliche Recht *Goldhammer*, NVwZ 2017, 1809; für eine Orientierung am Begriff auch für das Informationsverwaltungsrecht auch *Alexander*, in: Köhler/Bornkamm/Feddersen, UWG, 38. Aufl. 2020, § 1 Rn 31.

415 Vgl den Überblick bei *Schoch*, IFG, Einl Rn 1 ff. Zur Rechtsprechungspraxis zum IFG *ders.*, NVwZ 2017, 97; s. auch *Gurlit*, ZRP 2015, 16.

416 Dies hat zur Konsequenz, dass der IFG-Anspruch nicht durch spezielle Normen grundsätzlich ausgeschlossen wird, vgl OVG Berlin-Brandenburg, NVwZ 2018, 1886 zur Anwendbarkeit auf (abgeschlossene) Vergabeverfahren.

Bundesbehörden – als verfassungsunmittelbarer Anspruch aus Art. 5 Abs. 1 GG[417]. Einen allgemeinen grundrechtlichen Anspruch auf Informationszugang gibt es demgegenüber nicht[418]. Davon zu unterscheiden sind die (punktuellen) **aus Art. 12 GG bzw. Art. 19 Abs. 4 GG ableitbaren, verfahrensbezogenen Informationsansprüche**[419]. Diese Vorschriften sind allerdings in ihrer Gesamtheit weniger ein Ausdruck gesetzgeberischer Systematik als Reaktion auf entsprechende Skandale[420].

Einen solchen voraussetzungslosen Informationsanspruch betrifft **Fall 9 (Rn 100)**[421]. Nach § 1 Abs. 1 IFG hat B grundsätzlich einen Anspruch auf Zugang zu amtlichen Informationen gegenüber Behörden des Bundes, zu denen unter Zugrundelegung des funktionellen Behördenbegriffes auch die BaFin zu fassen ist[422]. Dieses Informationszugangsrecht wird in §§ 3, 4 IFG bei besonderen öffentlichen Geheimhaltungsinteressen und in §§ 5, 6 IFG zum Schutz Dritter ausgeschlossen. Im vorliegenden Fall stellt § 9 KWG eine durch Rechtsvorschrift geregelte Geheimhaltungspflicht iSv § 3 Nr 4 IFG dar, die bei Vorliegen der Voraussetzungen des § 9 Abs. 1 KWG zum Ausschluss des Informationszugangsrechts führt. Nach § 9 Abs. 1 S. 1 KWG dürfen die im Rahmen der Aufsicht bekanntgewordenen Betriebs- und Geschäftsgeheimnisse, deren Geheimhaltung im Interesse des Instituts oder eines Dritten liegt, nicht unbefugt offenbart oder verwertet werden. Unter die Geschäfts- und Betriebsgeheimnisse sind auch die hier von B geforderten Unterlagen seines Kreditinstituts zu fassen (s. Rn 130). Allerdings ist an dieser Stelle zu berücksichtigen, dass die Maßstäbe des Geheimnisschutzes sich hier im Ergebnis aus dem Unionsrecht (hier Art. 54 MiFID I) ergeben[423]. Vertraulichkeit wird deswegen nur gewährt, wenn die Offenbarung nicht offenkundiger Informationen eine konkrete Gefahr für die Beeinträchtigung von Interessen des informationsübermittelnden Unternehmens oder Dritter oder für die Funktionsfähigkeit der Finanzmarktaufsicht bedeutet. Außerdem unterliegt der Geheimnisschutz zeitlichen Beschränkungen. 132

cc) Behördliche Informationsbefugnisse. Die gesetzlichen Regelungen zu voraussetzungslosen Informationsansprüchen für jedermann erlauben der Behörde allerdings keine proaktive Öffentlichkeitsarbeit. Vielmehr bedarf es hierfür einer ausdrücklichen Rechtsgrundlage, wie sie sich zB in § 6 Abs. 1 VIG findet; die Regelung des § 11 IFG bleibt dahinter zurück[424]. Der – weit auszulegende – Informationsanspruch nach § 2 Abs. 1 S. 1 Nr 1 VIG beschränkt sich nicht auf produktbezogene Informationen[425], allerdings lässt § 6 Abs. 1 VIG nur die Bekanntgabe von Tatsachen zu, so dass auf dieser Rechtsgrundlage insbes keine Bewertungsportale eingerichtet werden können[426]. Da die Antragsteller kein besonderes Auskunftsinteresse geltend 133

417 BVerwGE 146, 56 = NVwZ 2013, 100; NVwZ 2015, 1388. S. auch *Schoch*, IFG, Einl Rn 78; *Cornils*, DÖV 2013, 657, 660; *Kloepfer*, FS Battis (2014), 597.

418 Zur entsprechenden Diskussion *Schoch*, IFG, Einl Rn 295 ff.

419 BVerfG, NVwZ 2011, 113 zum Auskunftsanspruch zur Durchsetzung der Chancengleichheit im „Genehmigungswettbewerb“ um Linienverkehrsgenehmigungn; zu Auskunftsanspruch von Wettbewerbern gegenüber Steuerbehörden auch BFH, NVwZ 2012, 911.

420 S. nur den Überblick bei *Schoch*, IFG, Einl Rn 375 ff.

421 Vgl VGH Kassel, NVwZ 2010, 1036; *Gurlit*, NZG 2014, 1161.

422 *Gurlit*, NZG 2014, 1161, 1162.

423 EuGH v. 19.6.2018, Rs. C-15/16, NJW 2018, 2615 (BaFin/Baumeister); dazu *Gurlit*, NZG 2018, 1097; *Herz*, NJW 2018, 2601.

424 Zur Kritik *Schoch*, IFG, § 11 Rn 64; Gesetz hält nicht, was die Gesetzesbegründung erwarten ließ.

425 BVerwG, NJW 2020, 1155.

426 Vgl zu Gastroampeln *Holzner*, GewArch. 2016, 95.

machen müssen, fungieren der Gedanke des Rechtsmissbrauchs (dazu Rn 135) sowie die Betriebs- und Geschäftsgeheimnisse als (im Rahmen der Abwägung grundsätzlich überwindbare) Grenze.

134 **dd) Naming and Shaming.** Mittlerweile werden Informationen über behördliche Sanktionen gegenüber Unternehmen, die aufgrund eines bestimmten Fehlverhaltens verhängt worden sind, aber auch gezielt als Instrument indirekter Verhaltenssteuerung bzw der Rechtsdurchsetzung eingesetzt. Vorschriften über das sog. „Naming and shaming" sehen die Veröffentlichung von Maßnahmen und Sanktionen auf der Internetseite der Aufsichtsbehörde vor. Sie finden sich, ausgehend vom Lebensmittelrecht, mittlerweile in vielen Bereichen des öffentlichen Wirtschaftsrechts (exemplarisch für die Finanzmarktaufsicht §§ 60b ff KWG; §§ 123 ff WpHG). Soweit die entsprechenden Ermächtigungen auf europäischem Sekundärrecht beruhen, sind sie an den europäischen Grundrechten zu messen[427]. Nur bei wenigen, europarechtlich nicht veranlassten oder über die sekundärrechtlichen Mindestanforderungen hinausgehenden Vorschriften bleibt Raum für eine Prüfung am Maßstab der deutschen Grundrechte (zB § 109 Abs. 2 WpHG). Der vielfach bemühte Vergleich mit dem mittelalterlichen Pranger ist genauso polemisch wie plastisch: Das Ausmaß der Sanktionswirkung hängt vollständig von der Reaktion der Öffentlichkeit ab und ist behördlich nicht mehr steuerbar[428].

135 **Fall 10a (Rn 101):** Der Gesetzgeber hat in § 40 Abs. 1a LFGB eine ausdrückliche Rechtsgrundlage für die Veröffentlichung einzelner Verstöße (unterhalb der Schwelle von Gesundheitsgefahren) geschaffen. Diese dürfte sich gegenüber dem VIG als spezieller darstellen[429]. Gegen die Vorschrift, die auf der VO 178/2002 basiert, wurden europa- und verfassungsrechtliche Bedenken erhoben. Die Vereinbarkeit mit dem Unionsrecht hat der EuGH allerdings bestätigt[430]. Die verfassungsrechtlichen Bedenken richten sich insbesondere gegen die in § 40 Abs. 1a LFGB vorgesehene zwingende Veröffentlichungspflicht wie auch

---

427 § 60b KWG etwa dient der Umsetzung der RL 2013/36/EU (Capital Requirements Directive, CRD IV-Richtlinie). Die unionsrechtliche Zulässigkeit ist aufgrund der Auswirkungen auf die Berufs- bzw unternehmerische Freiheit (Art. 15, 16 GRCh) sowie das Persönlichkeitsrecht (Art. 7, 8 GRCh) der Betroffenen umstritten; krit zum bankenrechtlichen Naming and Shaming in monographischer Form *Irmscher*, Öffentlichkeit als Sanktion, 2019; vgl auch *Spoerr*, in: Assmann/Schneider/Mülbert (Hrsg.), Wertpapierhandelsrecht, 7. Aufl. 2019, § 123 Rn 7.

428 Zum Begriff des Prangers bereits *Schmieszek/Langner*, WM 2014, 1893. Diese „Breitenwirkung" erweckt unter Verhältnismäßigkeitsgesichtspunkten Bedenken, vgl *Irmscher*, Öffentlichkeit als Sanktion, 2019, S. 285. Da die neueren Vorschriften die Veröffentlichung vor Bestandskraft der zugrundeliegenden Maßnahme oder Sanktion vorsehen (§ 60c Abs. 1 KWG; § 60d Abs. 1 KWG; § 123 Abs. 3 WpHG; § 124 Abs. 1 WpHG), stellt sich zudem die Frage nach der Vereinbarkeit mit der Unschuldsvermutung (Art. 48 Abs. 1 GRCh; dazu *Irmscher*, S. 300 ff). Im Raum steht ferner die Frage eines Verstoßes gegen die ne bis in idem-Garantie (Art. 50 GRCh), da das Naming and shaming durch das tatbestandliche Anknüpfen an andere Sanktionen akzessorisch ausgestaltet ist und es auf diesem Wege zu einer Doppelsanktionierung aufgrund ein und desselben Verhaltens kommen kann; dazu und ausführlich zum Ganzen demnächst *Neurath*, Das Naming and shaming im europäischen Finanzmarktrecht, Diss., Mainz 2020.

429 Zur problematischen Abgrenzung zum Anwendungsbereich von § 6 Abs. 1 VIG *Gurlit*, ZRP 2015, 16.

430 Insbesondere die auch § 40 Abs. 1 LFGB betreffende Frage, ob die in der Vorschrift genannten Veröffentlichungsrechte der Behörde bei Mängeln unterhalb der Schwelle zur Gesundheitsgefährdung mit der VO 178/2002 zu vereinbaren sind, hat der EuGH verneint und dem Verbraucherschutz Vorrang eingeräumt, vgl EuGH v. 11.4.2013, Rs. C-636/11 – *„Berger"* = NVwZ 2013, 1002.

gegen die Bestimmtheit der Vorschrift im Hinblick auf die fehlenden transparenten Parameter für die Höhe des zu verhängenden Bußgeldes[431]. Im Ergebnis überwiegt das Veröffentlichungsinteresse. Beim Rechtsschutz ist zu beachten, dass die Behörde nach § 5 Abs. 2 S. 1 VIG über einen Antrag durch VA entscheiden muss. In **Fall 10b (Rn 101)** bestehen hinsichtlich der Auskunftsberechtigung des V keine Zweifel; allerdings wird mit dem Rechtsmissbrauch ein zentraler Versagungsgrund ins Spiel gebracht. Die Gerichte prüften die Regelung am nationalen Verfassungsrecht, obwohl dieses durch die KontrollVO verdrängt wird. Diese normiert eine Verschwiegenheitspflicht für die Verbreitung von Informationen, die den Schutz geschäftlicher Interessen eines Unternehmers unterläuft, sofern an der Verbreitung kein überwiegendes öffentliches Interesse besteht, Art. 8 Abs. 3 lit. b) der KontrollVO[432]. Rechtsmissbräuchlich nach § 4 Abs. 4 Satz 1 VIG sind lediglich überflüssige (vgl § 4 Abs. 4 S. 2 VIG) oder querulatorische Begehren, so dass selbst die Nutzung der Informationen für eine private Kampagne gegen das Unternehmen sich nicht als rechtsmissbräuchlich darstellt[433].

ee) Schutz von Betriebs- und Geschäftsgeheimnissen im Prozess. Im gerichtlichen Verfahren geht die Regelung des § 99 VwGO typischerweise von einem Vorrang des Geheimnisschutzes aus. Ohne Berücksichtigung der entsprechenden Unternehmensdaten[434] wiederum wäre das Gericht zu einer Überprüfung der behördlichen Entscheidung nicht in der Lage, was dem Gebot effektiven Rechtsschutzes widerspricht. Auch hier haben die unionsrechtlichen Vorgaben allerdings in weitem Umfang das deutsche Verfassungsrecht verdrängt; teilweise hat der Gesetzgeber reagiert (s. zum Energie- und TK-Recht unten Rn 530)[435]. 136

3. Die Eigentumsgarantie (Art. 14 GG)

Die Eigentumsgarantie ist neben der Berufsfreiheit die zweite **wesentliche Grundentscheidung der Wirtschaftsverfassung**. Eigentum umfasst alles, was einfachrechtlich zu einem bestimmten Zeitpunkt als Eigentum definiert wird[436] und hierbei 137

431 S. hierzu ausführlich VGH Mannheim, NVwZ 2013, 1022, 1024 ff mwN; *Möstl*, GewArch. 2015, 1.

432 VO (EU) Nr 2017/625 über amtliche Kontrollen und andere amtliche Tätigkeiten zur Gewährleistung der Anwendung des Lebens- und Futtermittelrechts und der Vorschriften über Tiergesundheit und Tierschutz, Pflanzengesundheit und Pflanzenschutzmittel, ABl. Nr L 95/1, ber. ABl. 2017 Nr L 137/40, ABl. 2018 Nr L 48/44 und ABl. 2018 Nr L 322/85; zu den rechtlichen Fragen näher *Becker*, LMuR 2020, 57.

433 VGH Mannheim, BeckRS 2019, 33951; VGH München, BeckRS 2020, 6798; OVG Münster, LMuR 2020, 92; zweifelnd OVG Koblenz, LMuR 2020, 90.

434 Nach § 99 VwGO begrenzt der Geheimnisschutz bereits die Vorlageverpflichtung der Behörde; die Berechtigung einer Zurückhaltung der Informationen wird im sog. in-camera-Verfahren, dh in einem Zwischenverfahren überprüft. Dieser Grundsatz gilt nach bisherigem Recht auch dann, wenn das Zwischenverfahren wie im Anwendungsbereich von TKG und EnWG abweichend von § 99 Abs. 2 VwGO nicht vor einem anderen Gericht geführt wird. Liegen also Betriebs- und Geschäftsgeheimnisse vor, unterfallen diese für das spätere Hauptsacheverfahren einem Verwertungsverbot, s. etwa § 84 Abs. 2 S. 3 EnWG. Anders nunmehr § 138 Abs. 2 TKG: vgl näher *Attendorn/Geppert*, in: Beck'scher TKG-Kommentar, § 138 Rn 20 ff.

435 Zu verfassungsrechtlichen Bedenken gegen § 99 VwGO s. bereits *Schenke*, in: Bonner Kommentar zum Grundgesetz, Art. 19 IV GG Rn 711 f. Ausführlich *ders.*, in: Kluth/Rennert, Entwicklungen im Verwaltungsprozess, 2008, S. 117 ff. Ausf zur unionsrechtlichen Dimension *Ruthig*, in: Baer/Salje/Schmidt-Preuß, Regulierung in der Energiewirtschaft, § 58 Rn 20 ff.

436 BVerfGE 58, 300, 336.

nicht nur das privatrechtliche Eigentum, sondern auch öffentlichrechtliche Rechtspositionen, wenn sie „auf nicht unerheblichen Eigenleistungen ... beruhen und seiner Existenzsicherung dienen“[437]. Die Schutzbereiche von Art. 12 und 14 GG berühren sich. Nach der gängigen Abgrenzung schützt die Berufsfreiheit die berufliche Tätigkeit, also den Erwerb, Art. 14 GG demgegenüber das Erworbene. Überschneidungen ergeben sich vor allem wegen des ungeklärten Verhältnisses von Art. 12 GG und dem nach der Rechtsprechung von BGH und BVerwG von Art. 14 GG mitumfassten **Recht am eingerichteten und ausgeübten Gewerbebetrieb**[438]. Das BVerfG betont, zuletzt im Urteil zum Atomausstieg, dass ein solcher Schutz jedenfalls nur den konkreten Bestand an Rechten und Gütern erfasse, die verfassungsrechtliche Gewährleistung also nicht mit dem Recht am eingerichteten und ausgeübten Gewerbebetrieb iSv § 823 Abs. 1 übereinstimmt[439].

138 Die Bedeutung des Art. 14 GG als Abwehrrecht ist im wirtschaftsverwaltungsrechtlichen Kontext freilich gering. Vielmehr werden gerade im Kontext des öffentlichen Wirtschaftsrechts die Grenzen des Eigentumsschutzes relevant. So schützt Art. 14 GG nicht die in der Zukunft liegenden (Umsatz- und Gewinn-)Chancen[440], erst recht nicht, wenn sie sich nur als mittelbare Folge einer bestehenden gesetzlichen Regelung ergeben[441]. Art. 14 GG gewährt auch **keinen Konkurrenzschutz**, also auch nicht im Verhältnis zum Staat. Auch bei der Netzregulierung wird vor allem die Gemeinwohlbindung des Eigentums relevant[442].

139 **Staatliche Genehmigungen** fallen nicht in den Schutzbereich des Art. 14 GG. Sie sind nicht mit den sonstigen öffentlichrechtlichen Rechtspositionen vergleichbar, die von Art. 14 GG geschützt werden, da sie gerade nicht auf eigener Leistung beruhen[443]. Selbst wenn man die aus der Genehmigung resultierenden Nutzungsmöglichkeiten dem Eigentumsrecht zurechnet, bietet Art. 14 GG hinsichtlich der beruflichen Nutzung des Eigentums jedenfalls keinen weitergehenden Schutz als die Berufsfreiheit[444]. Lediglich bei der Zuteilung von Frequenznutzungsrechten (s. dazu Rn 556 ff) sind die Versteigerungserlöse nicht nur „Preis für Freiheitsausübung“, sondern dienen der Ermittlung des leistungsfähigsten Bieters. Insoweit kann man sie als dessen Gegenleistung für die Einräumung eines (befristeten) Nutzungsrechts ansehen und – ähnlich wie die Rechtsposition eines Mieters oder Pächters – dem Eigentumsschutz der Verfassung unterwerfen[445]. Da Art. 14 GG nur solche öffentlichrechtlichen Positionen schützt, die auf eigener Leistung beruhen, fallen **Wirtschaftssubventionen**, die

437 BVerfGE 97, 271, 284.
438 BGHZ 111, 349, 356; BVerwGE 95, 341, 351.
439 BVerfGE 143, 246 Rn 240; s. auch *Huber/Unger*, in: Schoch Kap 3 Rn 99.
440 BVerfGE 102, 197, 211; *Wendt*, in: *Sachs*, GG, Art. 14 Rn 44.
441 BVerfG, NVwZ 2002, 1232 zum Verlust des faktischen Monopols des TÜV bei der Prüfung überwachungsbedürftiger Anlagen. Zu den Warnhinweisen auf Zigaretten BVerfGE 95, 173, 187 f.
442 S. zum früheren Energierecht *Papier*, FS Selmer (2004), 459 (474 ff).
443 BVErfGE 143, 246 Rn 231.
444 BVerfGE 143, 20 Rn 146, wo der eigentumsrechtliche Schutz der Spielhallengenehmigung deswegen auch offen gelassen wurde.
445 Dazu näher *Martini*, WiVerw 2011, 3, 19 ff mwN. Folgt man dem, stellt der Widerruf einer Frequenzzuteilung eine Inhalts- und Schrankenbestimmung dar, da die Zuteilung von vornherein mit der Pflicht zur gesetzeskonformen Nutzung verbunden ist. Zu den Emissionszertifikaten vgl *Burgi*, RdE 2004, 29 ff.

regelmäßig eine solche gerade ersetzen, nicht in den Schutzbereich des Art. 14 GG[446]. Umstritten ist allerdings, inwieweit sich aus den Grundrechten ein Schutz vor der Subventionierung von Konkurrenten ableiten lässt (s. näher Rn 820 f).

4. Die allgemeine Handlungsfreiheit (Art. 2 Abs. 1 GG)

a) Der Anwendungsbereich im öffentlichen Wirtschaftsrecht

Neben den Grundrechten aus Art. 12 und 14 GG spielt das Auffanggrundrecht des Art. 2 Abs. 1 GG nur ausnahmsweise eine Rolle; die allgemeine Handlungsfreiheit kommt zur Anwendung, wenn es an der berufsregelnden Tendenz einer Regelung fehlt, wie es die Rechtsprechung beispielsweise hinsichtlich der **Pflichtmitgliedschaft in einer Kammer** annimmt (Rn 141). Da die Schranke der „verfassungsmäßigen Ordnung" weite Einschränkungsmöglichkeiten eröffnet, ist das von Art. 2 Abs. 1 GG gewährte Schutzniveau regelmäßig erheblich geringer. Außerdem ist Art. 2 Abs. 1 GG Grundlage für die **Transformierung objektivrechtlicher Bestimmungen** wie des Rechtsstaats- und des Sozialstaatsprinzips in subjektivrechtliche Ansprüche des Bürgers, wie sie sich jedenfalls in Konsequenz der Elfes-Rechtsprechung ergibt[447]. Hierzu gehören beispielsweise das Bestimmtheitsgebot und vor allem der Grundsatz des Vertrauensschutzes. Diese Prinzipien werden im Gewerbe- und vor allem dem allgemeinen Verwaltungsrecht näher konkretisiert[448]. Aber vor allem bei gesetzlichen Regelungen stellt sich die Frage nach Übergangsfristen. Ebenso kommt Art. 2 Abs. 1 GG im Zusammenhang mit den **Rechtspositionen Nichtgewerbetreibender** in Betracht. So liegt in den Ladenschlussvorschriften nicht nur ein Eingriff in die Berufsausübungsfreiheit der betroffenen Gewerbetreibenden, sondern auch eine Beeinträchtigung der allgemeinen Handlungsfreiheit der Kunden[449]. **140**

b) Die Pflichtmitgliedschaft in berufsständischen Organisationen

Art. 2 Abs. 1 GG wird nach der Rechtsprechung insbesondere im Zusammenhang mit der Pflichtmitgliedschaft relevant, wie sie die berufsständischen Kammern vorsehen. Das geltende Recht kennt neben den Industrie- und Handelskammern sowie den Handwerkskammern (s. näher unten Rn 205 ff) vor allem Kammern für die freien Berufe[450]. Kennzeichen aller Regelungen ist die Pflichtmitgliedschaft der im Kammergebiet ansässigen Freiberufler oder Gewerbetreibenden. Das BVerfG hat deren Verfassungsmäßigkeit am Beispiel der IHK bejaht[451]. Die Pflichtmitgliedschaft be- **141**

446 BVerfGE 72, 175, 195.

447 BVerfGE 6, 32, 37. Es ist allerdings umstritten, ob der im Zusammenhang mit rückwirkenden Regelungen zu gewährende Vertrauensschutz über Art. 2 Abs. 1 GG oder über die spezielleren Grundrechte der Art. 12 und 14 GG transformiert wird. Im praktischen Ergebnis macht dies keinen Unterschied.

448 Dies gilt insbes im Zusammenhang mit Rücknahme und Widerruf von Genehmigungen.

449 BVerfGE 13, 230, 233.

450 Zur Selbstverwaltung der Wirtschaft ausführlich *Kelber*, Grenzen des Aufgabenbereichs einer Körperschaft des öffentlichen Rechts unter verfassungsrechtlichen Gesichtspunkten am Beispiel der Handwerkskammer, 1998; *Kluth*, Funktionale Selbstverwaltung, 1997; *Tettinger*, Kammerrecht, 1997. S. auch speziell zum Demokratieprinzip *Hendler*, Selbstverwaltung als Ordnungsprinzip, 1984, S. 302 ff; *Emde*, Die demokratische Legitimation der funktionalen Selbstverwaltung, 1991.

451 BVerfGE 146, 164 = NJW 2017, 2744.

schränkt sich allerdings nicht auf die Pflicht zur Beitragszahlung; Kammern regeln in weitem Umfang auch die Berufsausübung der Mitglieder (zur Grundrechtsbindung schon Rn 56, 111); Berufsgerichte ahnden entsprechende Verstöße.

Die Pflichtmitgliedschaft greift nach der Rechtsprechung weder in Art. 12 GG (dazu oben Rn 118) noch in die Meinungsfreiheit des Art. 5 Abs. 1 GG[452] ein, auch die negative Vereinigungsfreiheit des Art. 9 Abs. 1 GG erstreckt sich nicht auf öffentlichrechtliche Vereinigungen wie die Kammern[453]. Eine Rechtfertigung ist möglich aufgrund eines formell und materiell mit der Verfassung in Einklang stehenden Gesetzes[454], so dass die Pflichtmitgliedschaft im Ergebnis vor allem dem Verhältnismäßigkeitsgrundsatz entsprechen muss. „In der zwingenden Beteiligung der sachnahen Betroffenen an den sie berührenden Entscheidungen“[455], liegt ein legitimer Zweck. Die Erforderlichkeit ist ebenfalls zu bejahen, da ein milderes Mittel wie zB die Vertretung durch Verbände nicht genauso effektiv ist. Aufgrund des relativ schwachen Eingriffs bestehen auch keine Zweifel an der Zumutbarkeit für die betroffenen Mitglieder. Dies gilt nach der Rechtsprechung selbst in den Fällen der Doppelmitgliedschaft[456]. Deswegen ist die Pflichtmitgliedschaft in berufsständischen Kammern verfassungskonform.

142 **Fall 8 (Rn 99)** Zu den freien und gleichzeitig „verkammerten“ Berufen gehört auch der selbstständige Apotheker, obwohl er ein Handelsgewerbe (§ 1 Abs. 2 HGB) betreibt. A ist also Pflichtmitglied in der Landesapothekerkammer, der auch die Überwachung des beruflichen Verhaltens der Mitglieder obliegt. Die Pflichtmitgliedschaft beruht auf den einschlägigen gesetzlichen Regelungen, hier § 2 Abs. 1 Nr 4 HBKG BW. Sie ist nach dem Gesagten verfassungsgemäß (vgl Rn 141). Verstöße gegen Berufspflichten werden durch Berufsgerichte als Gerichte für besondere Sachgebiete im Sinne von Art. 101 Abs. 2 GG geahndet[457]. Sie stehen neben den allgemeinen Gerichten, so dass ihre Entscheidungen nicht von den allgemeinen Gerichten, etwa den Verwaltungsgerichten, überprüft werden können. Ihre gesetzliche Grundlage findet die Berufsgerichtsbarkeit in den entsprechenden Landesgesetzen, hier den §§ 55 ff BWHBKG, der Berufsgerichtsordnung und der Berufsordnung der Landesapothekerkammer. Im berufsgerichtlichen Verfahren kann eine der gesetzlich vorgese-

---

452 Das BVerwG prüfte bei der Frage der Verfassungsmäßigkeit von Pflichtmitgliedschaften die Meinungsfreiheit der Kammermitglieder, verneinte aber einen Eingriff, da es dem einzelnen Kammermitglied trotz der Zwangsmitgliedschaft jederzeit möglich sei, eine abweichende Meinung sowohl intern als auch nach außen zu äußern, BVerwG, NJW 1998, 3510.

453 BVerfGE 146, 164 Rn 78 ff mwN. Begründen lässt sich dies mit einem Vergleich zu der positiven Vereinigungsfreiheit. Art. 9 GG schützt in Form der positiven Vereinigungsfreiheit nur privatrechtliche Zusammenschlüsse, nicht aber die Gründung einer staatlichen Vereinigung. Insofern kann gerade die negative Vereinigungsfreiheit nicht weiter gehen als die positive. Zu weiteren Argumenten wie die Entstehungsgeschichte und dem Element der Freiwilligkeit des Zusammenschlusses siehe *Kluth*, NVwZ 2002, 298, 299. Die in der Literatur zunehmend vertretene Gegenauffassung geht zurück auf *Hesse*, Grundzüge des Verfassungsrechts, 20. Aufl. 1999, Rn 414; *Scholz*, Koalitionsfreiheit als Verfassungsproblem, 1971, 270 ff, s. auch *ders.*, in: MDHS, Art. 9 Rn 88 ff. [Dezember 2015].

454 Vgl grundlegend zur Dogmatik des Art. 2 Abs. 1 GG das Elfes-Urteil, BVerfGE 6, 31, 37.

455 Zitat nach BVerfGE 107, 59, 92. Damit umschreibt es die Rechtfertigung jeglicher Form mittelbarer Staatsverwaltung;

456 BVerwG, DVBl 2002, 206 f. Zu einer solchen Doppelmitgliedschaft kommt es insbes bei IHK und Handwerkskammern, s. dazu *Kormann/Hüpers*, GewArch. 2004, 353, 356.

457 BVerfGE 18, 241; s. auch *Ruthig*, in: Kopp/Schenke, VwGO § 40 Rn 35 mwN. Als staatliche Gerichte unterliegen sie aber allen verfassungsrechtlichen Anforderungen an Organisation und Verfahren in der Gerichtsbarkeit; dazu gehören zB die Unabhängigkeit und Neutralität der Richter (Art. 92, 97, 101 Abs. 1 GG) ebenso wie der Anspruch auf rechtliches Gehör (Art. 103 Abs. 1 GG) und das Gebot eines fairen und effektiven Verfahrens (Art. 20 Abs. 3 GG, Art. 6 Abs. 1 EMRK).

henen berufsgerichtlichen Maßnahmen verhängt werden. Diese allerdings sind nicht an Art. 2 Abs. 1 GG, sondern an Art. 12 GG zu messen[458].

Bei der IHK stellt sich angesichts der heterogenen Mitgliederstruktur die Lage allerdings differenzierter dar als die Entscheidung des BVerfG glauben lässt. Bei ihr handelt es sich vor dem Hintergrund der in § 1 IHKG genannten Aufgaben weniger um „berufsständische Selbstverwaltung" als um Wirtschaftsförderung und Interessenvertretung[459]. Gemeinsame Interessen vertritt die IHK angesichts ihrer heterogenen Mitgliederstruktur viel weniger als die anderen Kammern, was trotz der Einschätzungsprärogative des Gesetzgebers unter dem Gesichtspunkt der Verhältnismäßigkeit verfassungsrechtliche Bedenken aufwirft. Jedenfalls muss mit der Pflichtmitgliedschaft nicht nur das „Recht des Mitglieds auf die Unterlassung von Aufgabenüberschreitungen"[460], sondern auch die „demokratische Binnenorganisation"[461] der Kammern korrespondieren. Problematisch ist es jedoch, wenn einer Zwangsmitgliedschaft gerade keine mitgliedschaftlichen Rechte korrespondieren. So unterliegen die sog. Kleinunternehmer zwar der Pflichtmitgliedschaft in der Handwerkskammer, sie haben aber weder das aktive noch das passive Wahlrecht zu den Kammervertretungen. Jedenfalls sollte der Gesetzgeber bei der IHK die rudimentären Regelungen ergänzen (ausführlich ▸ **Klausurenkurs Fall Nr 3**)[462]. **143**

Die allgemeine Handlungsfreiheit schützt aber auch im Rahmen des Rechts auf freie Entfaltung davor, von Kammern ungerechtfertigt in Anspruch genommen zu werden (status negativus), gewährt also einen **Anspruch** darauf, dass sich die entsprechenden Organisationen auf ihren **gesetzlichen Aufgabenbereich** beschränken. Dies schließt insbesondere ein allgemeinpolitisches Mandat aus und gewährt dem Mitglied die Befugnis, diesen Anspruch auch gerichtlich durchzusetzen (ausführlich ▸ **Klausurenkurs Fall Nr 3**)[463]. Die Begründung einer Pflichtmitgliedschaft verlangt zugleich die Flankierung mit Mitgliedschaftsrechten, die dem „Zwangsmitglied" die Möglichkeit zur demokratischen Partizipation an kammerinternen Entscheidungen geben. **144**

Satzungsmäßiges Kontrollorgan ist die Vollversammlung, das demokratisch legitimierte Hauptorgan der Kammer[464]. Der Gesetzgeber konnte diese zwar trotz des insoweit irreführenden Namens als Repräsentativorgan ausgestalten[465] und diesem die Kontrolle des Präsidiums

458 Vgl exemplarisch BVerfG, NJW 2011, 3147 zu berufsgerichtlichen Maßnahmen der Landesapothekerkammer BW.

459 Dazu der ausf begründete Nichtannahmebeschluss BVerfG, NVwZ 2002, 335, 337.

460 BVerfG, NVwZ 2004, S. 93.

461 *Huster/Rux*, in: Epping/Hillgruber, GG, Art. 20 Rn 111.

462 Dies gilt insbes für die Wahl zur als Repräsentativorgan ausgestalteten „Vollversammlung", s. schon *Emde*, Die demokratische Legitimation der funktionalen Selbstverwaltung, 1991, S. 435 f.

463 BVerfGE 38, 281, 298; BVerwGE 64, 115 (Steuerberaterkammer); 64, 298 (Ärztekammer); 74, 254 (Handwerkskammer) 107, 169; 112, 69 (IHK).

464 S. zur IHK OVG Münster, NVwZ 2003, 1526.

465 Dazu *Groß*, in: Kluth, Handbuch des Kammerrechts, 2. Aufl., § 7 Rn 15. § 5 Abs. 3 S. 1 IHKG überlässt die Regelung im Einzelnen der Wahlordnung der IHK. Auch hier wäre der Gesetzgeber zu einer detaillierten Regelung aufgefordert, wie sie sogar schon landesrechtliche Vorläuferregelungen enthielten, dazu *Will*, Funktionale Selbstverwaltung der Wirtschaft, 2010, S. 418 f. Aus der Zusammenfassung in Wahlgruppen (vgl § 5 Abs. 3 S. 2 IHKG) folgt außerdem ein unterschiedlicher Erfolgswert der Stimmen bei der Wahl zur Vollversammlung, was ebenfalls mit den Anforderungen des Demokratieprinzips nicht vereinbar ist.

übertragen. Grundsätzlich stehen daher auch die für die Kontrolle unerlässlichen Informationsrechte der Vollversammlung als Gesamtorgan zu[466]. Deren Befugnisse kann daher ein einzelnes Mitglied auch nicht im Wege der Prozessstandschaft geltend machen[467]. Diese gesetzliche Regelung ist nach der Rechtsprechung abschließend, was aber vor dem Hintergrund des Demokratieprinzips in doppelter Hinsicht problematisch ist[468]. Bereits bei der Vollversammlung überzeugt es nicht, dass nur das Gesamtorgan die entsprechenden Befugnisse geltend machen kann, da es gerade keine „Fraktionen" gibt und damit Minderheiten ihre Rechte nicht durchsetzen können. Zum Schutz der Minderheitsmeinung muss man daher jedenfalls den Mitgliedern der Vollversammlung die entsprechenden Befugnisse zuerkennen[469]. Schwieriger zu beantworten ist die Frage, ob dies für alle Mitglieder gelten muss. Insoweit leitet das BVerwG aus dem weiten gesetzgeberischen Spielraum bei der Ausgestaltung der funktionalen Selbstverwaltung ab, dass ohne ausdrückliche gesetzliche Regelung das einzelne **Mitglied keine organschaftlichen Befugnisse** hat[470]. Überzeugender ist es jedoch, angesichts des verfassungsrechtlichen Junktims von Zwangsmitgliedschaft und Partizipationsbefugnissen jedenfalls bestimmte Mindestbefugnisse des einzelnen Mitglieds zu fordern bzw eine Zwangsmitgliedschaft ohne jegliche Möglichkeit zur Partizipation an den Entscheidungsprozessen der Kammer als unverhältnismäßig anzusehen[471].

5. Der Gleichheitssatz

145 Art. 3 Abs. 1 GG verbietet wesentlich Gleiches ungleich, und gebietet, wesentlich Ungleiches entsprechend seiner Eigenart ungleich zu behandeln. Grundsätzlich ist die Auswahl der Sachverhalte Sache des Gesetzgebers. Er muss aber eine sachgerechte Auswahl treffen. Sein Spielraum ist abhängig von „der Eigenart des konkreten Sachverhalts, der geregelt werden soll"[472]. Daraus folgt aber weder ein genereller Anspruch auf Chancengleichheit noch auf schematische Gleichbehandlung.

a) Anforderungen an den Gesetzgeber: Kohärenzgebot und Systemgerechtigkeit

146 Eine Ausprägung des Art. 3 GG ist der **Gesichtspunkt der Systemgerechtigkeit**. Dieser wird verstanden als Ausprägung der im Gleichheitssatz enthaltenen Verpflichtung auf Konsequenz, Folgerichtigkeit und Regelhaftigkeit einer vom Gesetzgeber

466 S. auch BVerwGE 120, 255.

467 Vgl BVerfGE 70, 324, 342 f für den Abgeordneten. Ausf *Groß*, Das Kollegialprinzip in der Verwaltungsorganisation, S. 319 mwN.

468 Zu dessen Bedeutung näher *Emde*, Die demokratische Legitimation funktionaler Selbstverwaltung, 1991. Dem steht nicht entgegen, dass BVerfGE 107, 59 davon ausgeht, dass das Demokratiegebot außerhalb der unmittelbaren Staatsverwaltung offen sei für andere, insbes vom Erfordernis lückenloser personeller demokratischer Legitimation aller Entscheidungsbefugten abweichende Formen der Organisation und Ausübung von Staatsgewalt.

469 Ebenso OVG Münster, NVwZ 2003, 1526; *Groß*, in: Kluth, Handbuch des Kammerrechts, 2. Aufl., § 7 Rn 101; aA BVerwGE 120, 255. Nicht ohne weiteres übertragbar die Entscheidung BGH, NJW-RR 2001, 996, 997 zur BRAO. Dort ist die erforderliche Unterrichtung und Information der Kammerversammlung zu erteilen (vgl § 73 Abs. 2 Nr 7 BRAO).

470 BVerwGE 120, 255 = NVwZ 2004, 1253 zum Anspruch auf Einsichtnahme in die Rechnungsprüfung; aA die Vorinstanz OVG Münster, NVwZ 2003, 1526. Zum gesetzgeberischen Spielraum BVerfGE 107, 59.

471 Allgemein zur Bedeutung von Ausgleichsregelungen bei Freiheitsverkürzung durch staatlichen Zwang *Huster/Rux*, in: Epping/Hillgruber (Hrsg.), GG, 2. Aufl. 2013, Art. 20 Rn 197. S. zur Berücksichtigung von Mitwirkungsrechten bei der Prüfung der Verhältnismäßigkeit der Zwangsmitgliedschaft auch *Kluth*, Funktionale Selbstverwaltung, 1997, S. 456 f.

472 Beispielhaft BVerfGE 112, 314 ff.

getroffenen Regelung[473]. Ausgangspunkt der verfassungsrechtlichen Beurteilung ist schon wegen den **funktionellen Grenzen der Verfassungsgerichtsbarkeit** das **vom Gesetzgeber gewählte (und innerhalb der verfassungsrechtlichen Wertungen frei wählbare) System**[474]. Auf dieser Grundlage ist zu prüfen, ob die gesetzliche Regelung in einem inneren Widerspruch zu der Gesamtkonzeption des Regelungssystems steht, dem sie angehört. Grundsätzlich hat der Gesetzgeber bei der Auswahl der Sachverhalte, an die er unterschiedliche Rechtsfolgen knüpft, einen großen Spielraum. Der Gesetzgeber kann also durch eine Regelung bestimmte Unterschiede erst schaffen. Hat er sich aber für ein bestimmtes System entschieden, wird die Kontrolle innerhalb des vom Gesetzgeber gewählten Systems intensiver[475]. Vor allem wird der Gesetzgeber verpflichtet, diejenigen Sachverhalte gleich zu behandeln, die sich nach den **Wertungen der betreffenden Grundkonzeption** als gleich darstellen[476], dh er muss innerhalb dieses Systems konsequent regeln[477] und Abweichungen jedenfalls sachlich begründen[478]. Dies gilt insbesondere dann, wenn nicht Untersysteme auf ihre Wertungskonsistenz mit einem Obersystem überprüft werden sollen und die Verfassungsgerichtsbarkeit zwangsläufig an ihre funktionellen Grenzen stößt, sondern wenn es sich um **„kleinräumige Binnenkritik"** handelt (vgl auch ▶ **Klausurenkurs Fall Nr 2**).

Die Rechtsprechung ist uneinheitlich. Das BVerfG hat mehrfach betont, dass eine solche Systemwidrigkeit als Durchbrechung des vom Gesetzgeber selbst statuierten Regelungssystems einen Verstoß gegen den Gleichheitssatz indizieren könne[479]. In der Entscheidung zum Rauchverbot in Gaststätten hat es die Verfassungswidrigkeit hinsichtlich der Regelung zu den Diskotheken in BW, die von der Lockerung des gaststättenrechtlichen Rauchverbotes ausgenommen waren, ausdrücklich auf Art. 3 GG gestützt[480]. In anderen Entscheidungen hat das BVerfG zwar nicht allein die Systemwidrigkeit als Indiz ausreichen lassen, aber jedenfalls verlangt, dass für die Durchbrechung des vom Gesetzgeber gewählten Systems plausible Gründe sprechen müssen bzw dass ein innerer Zusammenhang zwischen den vorgefundenen Verschiedenheiten und der differenzierenden Regelung besteht[481].

Ein gutes **Beispiel** zur Illustration liefert das novellierte **Handwerksrecht**. Der Ge- **147**
setzgeber hat von seinem Gestaltungsspielraum Gebrauch gemacht und den Schutzzweck des Handwerksrechts erheblich modifiziert (s. bereits Rn 125), muss sich jetzt aber an diesem selbstgewählten System festhalten lassen. Werden die Zulassungsbe-

473 Dazu *Starck*, in: v. Mangoldt/Klein/Starck, GG, Art. 3 Rn 44 ff; *Degenhart*, Systemgerechtigkeit und Selbstbindung des Gesetzgebers als Verfassungspostulat, 1976, 49 ff et passim; krit *Hufen*, Grundrechte§ 9 Rn 21; *Kischel*, AöR 124 (1999), 174 ff.

474 *Starck*, in: v. Mangoldt/Klein/Starck, GG, Art. 3 Rn 49.

475 S. insbes die Entscheidungen zum Nichtraucherschutz in Gaststätten, vgl BVerfG, NJW 2008, 2409; RhPfVerfGH, NVwZ 2009, 244. Vgl auch schon zu den Vorschriften über die Niederlassung von Rechtsanwälten BVerfG, NJ 1996, 195: Der Gesetzgeber hätte den Besonderheiten in den neuen Bundesländern, auf die er eine vorübergehende Ausnahmevorschrift gestützt hatte auch durch das mildere Mittel des Konkurrenzschutzes nur vor westdeutschen Anwälten Rechnung tragen können. S. zu den unterschiedlichen Maßstäben auch *Jarass*, in: Jarass/Pieroth, GG, Art. 3 Rn 18 ff.

476 *Degenhart*, Systemgerechtigkeit und Selbstbindung des Gesetzgebers als Verfassungspostulat, 1976, S. 52 f.

477 *Osterloh*, in: Sachs, GG, Art. 3 Rn 91.

478 BVerfG 20, 374, 377; *Heun*, in: Dreier, GG, Art. 3 Rn 37; *Osterloh*, in: Sachs, GG, Art. 3 Rn 103.

479 BVerfGE 34, 103, 115 mwN.

480 BVerfG, NJW 2008, 2409 Rn 142 ff.

481 BVerfGE 71, 39, 78.

schränkungen nunmehr vor allem mit den Gefahren für Dritte gerechtfertigt, müssen sich auch die einzelnen Regelungen an dieser Grundentscheidung messen lassen. Dies führt gleich in mehrfacher Hinsicht zu verfassungsrechtlichen Bedenken.

Hier könnte man bereits die Unterscheidung des Gesetzgebers zwischen den besonders gefahrgeneigten Handwerken in Anlage A und den sonstigen Handwerken als eine unzulässige Typisierung ansehen, soweit bestimmte (ebenfalls gefahrgeneigte) Tätigkeiten in die Anlage B1 aufgenommen wurden[482]. Auch die Rückführung bestimmter Handwerke in die Anlage A (dazu Rn 458) ist an Art. 3 Abs. 1 GG zu messen. Allerdings steht dem Gesetzgeber ein weiter Gestaltungsspielraum zu. Dieser ist auch insoweit nicht überschritten, als der Gesetzgeber auch am Ausbildungspotential des Handwerks als Rechtfertigungsgrund für subjektive Zulassungsvoraussetzungen grundsätzlich festgehalten und deswegen bestimmte Handwerke unabhängig von ihrer Gefährlichkeit als zulassungspflichtige Handwerke ausgestaltet hat.

148 Innerhalb des vom Gesetzgeber gewählten Systems, also hinsichtlich der Regelungen für das (weiterhin der Meisterpflicht unterfallende) gefahrgeneigte Handwerk, steigen die Anforderungen an die Kohärenz. Einerseits hält der Gesetzgeber wegen der Gefährlichkeit dieser Handwerke am Meisterzwang fest, andererseits hat er diese Regelung durch Ausnahmen verwässert. Erst recht steigen die Anforderungen an die Begründung, wenn – wie bei der letzten Novelle (dazu Rn 457) – die Meisterpflicht wieder ausgeweitet wird.

Verwässert wird der Regelungsansatz durch die sog. Altgesellenregelung in § 7b HwO[483]. Diese hebt in der Ausgestaltung, die sie im Gesetzgebungsverfahren gefunden hat[484], für die meisten Handwerke den eigentlich vom Gesetzgeber weiterhin für erforderlich gehaltenen Meisterzwang faktisch auf, was nicht nur die Geeignetheit der Regelung zur Erreichung der vom Gesetzgeber erstrebten Zwecke insgesamt in Frage stellt, sondern zusätzlich die Frage aufwirft, was es dann überhaupt rechtfertigt, bestimmte Handwerke wiederum aus der Altgesellenregelung auszunehmen (zu den Einzelheiten s. Rn 473 f). Soweit der Gesetzgeber (auch) auf die Ausbildungsleistung abgestellt hat, liegt ein Systembruch darin, dass Altgesellen zwar ein Handwerk betreiben, aber nur unter bestimmten Voraussetzungen ausbilden dürfen[485]. Vor allem aber ist die Beibehaltung einiger bisheriger Regelungen systemwidrig, da sie sich nur als Vorschriften zum Schutz des Berufsstandes der Handwerker verstehen lassen und damit im Widerspruch zu den veränderten Zielen des Gesetzgebers (insbesondere Kundenschutz) stehen. Dies gilt für die Freistellung bestimmter Nebenbetriebe (die bisher nur als unwesentliche Beeinträchtigung des Berufsstandes angesehen wurden)[486] und vor allem für die Beschränkung der Vorschriften auf das stehende Gewerbe, also die Freistellung vom Meisterzwang bei der Erbringung entsprechender Leistungen im Reisegewerbe. Hier führt die Beschränkung der HwO auf das stehende Gewerbe angesichts der großzügigen Auslegung des § 55 Abs. 1 Nr 1 GewO durch die Rechtsprechung (s. unten Rn 461) dazu, dass praktisch jedes Handwerk ohne Eintragung in die Handwerksrolle ausgeübt werden kann, wenn nur bestimmte Modalitäten der Vertragsanbahnung berücksichtigt werden. Diese Differenzierung ist mit dem primären Zweck

---

482 Zu Beispielen für entsprechende gefahrgeneigte Tätigkeiten *Müller*, NVwZ 2004, 403, 408.

483 Danach kann die Zulassungsprüfung durch eine mehrjährige Praxis ersetzt werden. Diese Ausnahme ist nur dann sachgerecht, wenn die bloße Praxiserfahrung eine hinreichend wirksame Gefahrenabwehr vermittelt, wie die bei der Meisterprüfung zusätzlich nachzuweisenden fundierten theoretischen Kenntnisse und die Ausbildungseignung; zweifelnd *Müller*, NVwZ 2004, 403, 410.

484 Vgl zur Entstehungsgeschichte der Vorschrift *Müller*, NVwZ 2004, 403, 410 mwN.

485 Zu den Befürchtungen, dass angesichts der Altgesellenregelung nur noch wenige Handwerker den großen Befähigungsnachweis ablegen, s. BT-Drucks. 15/1481, S. 9; außerdem *Stober*, GewArch. 2003, 292, 297 ff; *Müller*, NVwZ 2004, 403, 410.

486 S. auch (die Frage im Ergebnis offen lassend) *Kormann/Hüpers*, GewArch. 2004, 353, 362.

der Handwerksordnung, die seit der Novellierung in erster Linie der Gefahrenabwehr dienen soll, nicht mehr zu vereinbaren[487].

Dennoch müssen, anders als es erste Stellungnahmen zur novellierten Handwerksordnung und die ersten Urteile zum Nichtraucherschutz nahelegten, solche **Systembrüche** keineswegs zwangsläufig zur Verfassungswidrigkeit führen. Angesichts des von der Rechtsprechung zu respektierenden Gestaltungsspielraums ist es dem Gesetzgeber nicht ohne weiteres verwehrt, von einem selbst normierten System abzuweichen. Andernfalls zwänge man den Gesetzgeber zu einem „Alles oder nichts" und verhinderte differenzierte Lösungen[488]. Allerdings bleiben dem Gesetzgeber regelmäßig mehrere Möglichkeiten, um auf einen Gleichheitsverstoß zu reagieren. Das BVerfG beschränkt sich auf die Feststellung des Verfassungsverstoßes und verpflichtet den Gesetzgeber, diesen innerhalb einer gewissen Frist zu beseitigen. 149

Allerdings führt nach zutreffender Ansicht der Aspekt der Systemgerechtigkeit jedenfalls zu einer **Begründungspflicht** und daher im Ergebnis zur Umkehr der Argumentationslast[489]. Das Begründungsgebot ist nach der Rechtsprechung des BVerfG[490] besonders gewichtig, wenn der Gesetzgeber von einem selbst gewählten Grundsatz abweicht. 150

Diesen Anforderungen hat er im Handwerksrecht nicht genügt. Jedenfalls aber können die vom Gesetzgeber angeführten Begründungen in tatsächlicher Hinsicht überprüft werden, was vor allem den Ausschluss des „Reisehandwerks" betrifft. Diesen hatte die Bundesregierung in ihrer Gegenäußerung zu den Vorschlägen des Bundesrates damit begründet, dass im Reisegewerbe nur handwerklich wenig aufwendige Tätigkeiten ausgeübt würden[491], was aber nicht den tatsächlichen Verhältnissen entspricht[492].

b) Besonderheiten bei Unionsrechtsbezug: Die sog. Inländerdiskriminierung

Die Einwirkungen des Unionsrechts auf das öffentliche Wirtschaftsrecht führen zu verfassungsrechtlichen Folgeproblemen, wenn sie sich auf binnenmarktbezogene Sachverhalte beschränken. Im Ergebnis werden dann Inländer strengeren Vorschriften unterworfen als EU-Ausländer (sog. Inländerdiskriminierung[493]). Das **Primär-** 151

---

487 Kritisch dazu auch *Honig/Knörr*, HwO, § 1 Rn 27; *Hüpers*, GewArch. 2004, 230.

488 Genau darin sah das Minderheitsvotum in der Entscheidung zum Nichtraucherschutz die Schwachstelle: Dieser Ansatz versage dem Gesetzgeber einen ausbalancierten und differenzierten Nichtraucherschutz und zwinge mit dem absoluten Rauchverbot zu einer unverhältnismäßigen Extremlösung, die die Gefahr paternalistischer Bevormundung provoziere, s. auch *Gröschner*, ZG 2008, 400; *Ruthig*, in: Hufen/Jutzi/Proelß, Landesrecht RP § 6 Rn 6. Großzügiger die späteren Entscheidungen zu Ausnahmeregelungen, vgl BVerfG, NVwZ 2010, 38; RhPfVerfGH, NVwZ 2010, 1095. Zur Einbeziehung von Shisha-Kneipen und Erlebnisgastronomie in das Rauchverbot BVerfG, NVwZ 2011, 294.

489 *Starck*, in: v. Mangoldt/Klein/Starck, GG, Art. 3 Rn 45; ähnlich *Pieroth*, Rückwirkung und Übergangsrecht. Verfassungsrechtliche Maßstäbe für intertemporale Gesetzgebung, 1981, S. 155. Vgl auch *Degenhart*, Systemgerechtigkeit, S. 23. Krit zu diesem Ansatz *Kischel*, AöR 124, 174 ff.

490 BVerfG 20, 374, 377; vgl auch *Dürig/Scholz*, in: MDHS, GG, Art. 3 Rn 316 ff.

491 BT-Drucks. 15/1481, S. 19 f.

492 S. nur *Dürr*, GewArch. 2011, 8; *Laubinger*, FS Frotscher (2007), 497, 498.

493 *Weis*, NJW 83, 2721, 2725; *Bleckmann*, GRUR Int 86, 172, 182; *Spätgens*, FS v. Gamm (1990), 201; *König*, Das Problem der Inländerdiskriminierung, AöR 118, 591, 597; *Lackhoff/Raczinski*, Umgekehrte Diskriminierung, EWS 1997, 109, 116; speziell zum Handwerksrecht *Micker/Lindenberg*, VR 2001, 253.

recht erfasst diese Fälle nicht[494]. Es kommt auch nicht zu einer mittelbaren Erstreckung der unionsrechtlichen Maßstäbe, da die Unionsrechtswidrigkeit nicht zur Nichtigkeit der entsprechenden Vorschriften des nationalen Rechts, sondern lediglich zu deren Nichtanwendbarkeit in Fällen mit Unionsrechtsbezug führt, sie im Übrigen also unverändert bestehen lässt (s. oben Rn 41). Soweit das Unionsrecht Inlandssachverhalte nicht erfasst, verlagert sich das Problem also in das nationale Recht.

152 Es stellt sich die Frage der Vereinbarkeit der **Inländerdiskriminierung** mit dem nationalen Verfassungsrecht, insbesondere dem **Diskriminierungsverbot des Art. 3 Abs. 1 GG**. Allerdings prüft die Rechtsprechung zunächst alternative Lösungen. So hat das BVerwG, sicherlich unter dem Eindruck der EuGH-Rechtsprechung zum Reinheitsgebot, eine weite Auslegung der Ausnahmevorschriften verlangt[495].

153 Den Verstoß gegen Art. 3 Abs. 1 GG könnte man darin sehen, dass die exakt gleichen Tätigkeiten ausgeübt, vom Gesetzgeber jedoch unterschiedlich behandelt werden[496]. Schon früh wurde diese Frage im Wettbewerbsrecht gestellt[497], sie betrifft aber gerade auch das Öffentliche Wirtschaftsrecht, soweit dessen Anforderungen, insbesondere die Erlaubnispflicht, auf Inländer beschränkt werden. Die hM in Deutschland lehnt dies ab, da man hinsichtlich des Vergleichsmaßstabes nur Vorschriften desselben Normgebers heranziehen könne[498]. Dieser – etwa im Verhältnis einzelner Landesgesetzgeber zueinander[499] – allgemein anerkannte Grundsatz sei auf den Fall übertragbar, dass derselbe Normgeber im einen Fall „fremdbestimmt" handele, also nur Europäisches Recht umsetze, wozu er unionsrechtlich verpflichtet ist[500]. Dieser Auffassung ist grundsätzlich zuzustimmen. Andernfalls räumt man im Ergebnis dem europäischen Normgeber eine Angleichungskompetenz ein, die weit über die vertraglich eingeräumten Kompetenzen der Union hinausreicht[501] und erstreckt auch die Kognitionsbefugnis des EuGH – bzw spiegelbildlich die Vorlageverpflichtung nach Art. 267 Abs. 3 AEUV – auf diese Sachverhalte[502]. In einem solchen Fall liegt also auch darin kein Gleichheitsverstoß, dass Deutsche in Sachverhal-

---

494 EuGH v. 27.10.1982, Rs. C-35 und 36/82 – *„Morson"*, Rn 11 ff, Slg. 1982, 3723, 3735 f; EuGH v. 16.2.1995, Rs. C-29–35/94 – *„Aubertin"* ua, Slg. 1995, I-301 = GewArch. 1995, 195 zum Friseurhandwerk.

495 BVerwGE 123, 82 = NJW 2005, 1736 m. Bespr. *Schmidt*, NJW 2005, 3617.

496 So für Österreich der östVerfGH, EuZW 2001, 219. Ausf hierzu und zum Vergleich mit dem deutschen Recht *Diefenbach*, GewArch. 2001, 353.

497 Dort beschäftigten sich die Zivilgerichte schon früh mit der Frage, inwieweit die Anwendung strengerer innerstaatlicher Grundsätze gegen Art. 3 GG verstößt, s. (verneinend) BGH, GRUR 1985, 886; offengelassen in BGH, WRP 96, 284, 285; s. auch *Baumbach/Hefermehl*, Einl. UWG Rn 629 zum UWG aF. Das Wettbewerbsrecht selbst wurde mittlerweile harmonisiert, so dass sich das Problem unterschiedlicher wettbewerbsrecthlicher Anforderungen nicht mehr stellt. Es bleibt allerdings die Frage, wie der Verstoß gegen eine „inländerdiskriminierende" Vorschrift als Wettbewerbsverstoß zu ahnden ist.

498 Zum Handwerksrecht s. schon BVerwG, GewArch. 1970, 129, 139; ferner BVerwG, NVwZ-RR 1999, 498, 499.

499 BVerfGE 10, 354, 371; *Heun*, in: Dreier, GG, Art. 3 Rn 57 f.

500 *Fastenrath*, JZ 1987, 175; *Koenig*, AöR 118 (1993), 591, 599; *Papier*, JZ 1999, 260. Dies gelte auch bei einer Transformation von sekundärem Unionsrecht in deutsches Recht, vgl *Fastenrath*, JZ 1987, 177.

501 VGH Mannheim, NJW 1996, 72, 74.

502 S. dazu mwN *Gundel*, DVBl 2007, 269, 274.

ten mit Unionsrechtsbezug anders behandelt werden als in rein nationalen Sachverhalten[503].

Allerdings können unabhängig von Art. 3 GG die **tatsächlichen Erfahrungen mit dem Schutzniveau des Unionsrechts** dazu führen, dass Einschätzungsspielräume des Gesetzgebers sich verringern, weil auch für die rein nationalen Sachverhalte die Erforderlichkeit einer Regelung zweifelhaft wird. Dies gilt insbesondere dort, wo das BVerfG dem Gesetzgeber die Pflicht auferlegt, eine gesetzliche Regelung nach einem gewissen Zeitraum zu überprüfen. In diesem Zusammenhang spielt auch der **Gesichtspunkt der Systemgerechtigkeit** eine Rolle (dazu oben Rn 146 ff). Diese Grundsätze gelten auch dann, wenn der Gesetzgeber das System nicht mehr autonom, sondern unter Einbeziehung des Unionsrechts entwickelt. Bei einem solchen Ansatz ändert sich der Prüfungsmaßstab, es erhöht sich die Darlegungslast des Gesetzgebers, wenn er eine Ungleichbehandlung rechtfertigen will[504]. Allerdings verlagert sich die Argumentation dabei stärker auf Art. 12 GG. Die Verhältnismäßigkeit der Maßnahme wird angesichts der hohen Anforderungen an die Rechtfertigung subjektiver Zulassungsschranken dann fraglich, wenn sich die unionsrechtlich vorgegebene Regelung auch in der Praxis bewährt und sich die strengere Regelung der Binnensachverhalte als möglicherweise nicht erforderlich herausstellt[505]. 154

Besonders deutlich zeigt sich dies am Recht der **Sportwetten**, wo das BVerfG einen zudem strafbewehrten Ausschluss gewerblicher Wettangebote durch private Wettanbieter nur dann als zumutbar ansah, wenn das bestehende Wettmonopol auch in seiner konkreten Ausgestaltung der Vermeidung und Abwehr von Spielsucht und problematischen Spielverhalten dient[506]. Allein die Etablierung eines staatlichen Wettmonopols sichert die Bekämpfung der Wettsucht und problematischer Spielverhalten dann nicht, wenn das tatsächliche Erscheinungsbild vielmehr dem der wirtschaftlich effektiven Vermarktung einer grundsätzlich unbedenklichen Freizeitbeschäftigung gleicht. Die breit angelegte Werbung und die über den Deutschen Lotto- und Totoblock bundesweit koordinierten Veranstaltungen von „Oddset" wurden den eigentlichen Zielvorgaben des staatlichen Wettmonopols daher nicht gerecht. Im Ergebnis prüfte das BVerfG also das Gesamtkonzept des Gesetzgebers auf seine Stimmigkeit bzw Systemgerechtigkeit. Ein weiteres Beispiel findet sich im **Handwerksrecht**. Je weiter aus unionsrechtlichen Gründen Ausbildung und Berufserfahrung im Ausland anerkannt wurden, desto häufiger wurde die Frage aufgeworfen, ob allein der Ausbildungsort eine solche Ungleichbehandlung rechtfertige[507]. Nachdem das BVerfG diese Frage in seiner Entscheidung von 2001 noch ausdrücklich offengelassen hatte[508], benannte es das seines Erachtens bestehende Problem in der Entscheidung von

503 Es stellt also auch keine an Art. 3 GG zu messende Inländerdiskriminierung dar, wenn Deutsche, die ihre Berufsausbildung im Ausland erworben haben, anders behandelt werden als solche, die ihre Ausbildung in Deutschland absolviert haben, wie es im Handwerksrecht geschieht, s. VGH Mannheim, GewArch. 1993, 252; 1994, 68; VGH München, GewArch. 2001, 422; 2002, 431; *Honig/Knörr*, HwO, § 9 Rn 9 mwN.

504 Dieser Argumentationslinie folgt auch – vor der Handwerksnovelle 2004 – VGH Mannheim, NVwZ-RR 1998, 646, 647: An den Zielsetzungen des Normgebers habe sich trotz der späteren Aufweichungen des Meisterzwanges nichts geändert. Seit der Novelle 2004 ist dies anders, so dass auch der VGH wohl zur Verfassungswidrigkeit gelangen müsste.

505 S. dazu schon Voraufl. Rn 125; ausführlich *Gundel*, DVBl 2007, 269, 274 ff.

506 BVerfGE 115, 276 = NJW 2006, 1261.

507 S. etwa *Beaucamp*, DVBl 2004, 1458, 1462. Ähnlich auch *Schilling*, JZ 1994, 8, 14; *Früh*, GewArch. 2001, 58, 60; *Czybulka*, NVwZ 2003, 164, 170, 172; aA VGH Mannheim, GewArch. 2004, 21, 25; *Stober*, GewArch. 2003, 393, 399.

508 BVerfG, NVwZ 2001, 187.

2005 mit aller Deutlichkeit. „Die spürbare Konkurrenz aus dem EU-Ausland" lasse bereits an der Eignung der Maßnahme zweifeln, jedenfalls aber stehe die Zumutbarkeit der Maßnahme in Zweifel[509]. Mit dieser Aussage freilich ging es über den vorgestellten Ansatz hinaus. Hier ging es nicht um eine Binnenkritik des gesetzgeberischen Modells unter Einbeziehung der Erfahrungen mit unionsrechtlich überformten Sachverhalten, sondern um die Frage, ob sich der Sonderweg des nationalen Gesetzgebers angesichts der ausländischen Konkurrenz noch aufrechterhalten lasse. Das BVerfG lehnte zwar eine gesonderte Prüfung des Art. 3 Abs. 1 GG ausdrücklich ab[510], kam aber im Ergebnis zu exakt denselben Ergebnissen wie bei einer Anwendung des Art. 3 Abs. 1 GG auf die sogenannte Inländerdiskriminierung: Überall dort nämlich, wo es für Sachverhalte mit Binnenmarktrelevanz weniger belastende Regeln gibt, sind strengere nationale Anforderungen im Ergebnis unzumutbar; dass es jedenfalls nicht wirklich auf die tatsächlichen Auswirkungen der Konkurrenz ankommt, belegen die vagen Ausführungen, es stünden „zumindest in den grenznahen Gebieten deutsche Handwerker in ernsthafter Konkurrenz mit Handwerkern aus anderen EU-Staaten"[511]. Würde man diesen Ansatz konsequent weiterverfolgen, bliebe von den bisher zu Recht betonten Gestaltungsspielräumen des nationalen Gesetzgebers nichts mehr übrig. Eine solche Homogenisierung der rechtlichen Verhältnisse ist aber nicht Aufgabe des BVerfG. Selbstverständlich steht es dem Gesetzgeber aber frei, eine „Inländerdiskriminierung" zum **Anlass für Gesetzesänderungen** zu nehmen[512].

155 Zumeist reicht es aber schon aus, wenn das BVerfG sich wie die europäischen Gerichte[513] stärker mit den **tatsächlichen Verhältnissen und den Auswirkungen einer Regelung** als mit den in der Entstehungsgeschichte zum Ausdruck gebrachten Regelungsabsichten des Gesetzgebers beschäftigt. Der bislang deutlichste Fall ist die Entscheidung des BVerfG zu den Sportwetten[514], in der das BVerfG bis in die Einzelheiten der vom EuGH vorgezeichneten Argumentationslinie folgte.

Das BVerfG stellte im Zusammenhang mit den Sportwetten weniger auf die gesetzgeberischen Intentionen als darauf ab, inwieweit die gesetzlichen Regelungen tatsächlich zu einer Eindämmung der Spielsucht führten[515]. Diese Entwicklung hin zu einer stärkeren Einbeziehung der tatsächlichen Verhältnisse ist keineswegs neu. Ein frühes, auf die EMRK bezogenes Beispiel stellt der Umgang des BVerfG mit der Feuerwehrabgabe Baden-Württemberg (der höchstwahrscheinlich einzigen männerdiskriminierenden Vorschrift) dar[516]. Um einen Widerspruch zwischen GG und EMRK zu vermeiden, folgte das BVerfG in seiner Argumentation und vor allem hinsichtlich der Einbeziehung statistischen Materials zur Überprüfung der Tatsachengrundlagen des gesetzgeberischen Konzepts der Entscheidung des EGMR[517] und gab gleichzeitig eine jahrzehntelange Praxis der Vorprüfungsausschüsse auf. Spätere Fälle betreffen die faktische

509 BVerfG, GewArch. 2006, 71.
510 BVerfG, GewArch. 2006, 71.
511 BVerfG, GewArch. 2006, 71.
512 So war im Handwerksrecht die Einführung der sog. Altgesellenregelung die gesetzgeberische Reaktion auf die EuGH-Rechtsprechung zu den EU-Ausländern, s. BT-Drucks. 15/1206, S. 28 f.
513 S. zu dieser unterschiedlichen Haltung der deutschen und der europäischen Gerichte *Classen*, JZ 1996, 921, 924 ff. Man mag die Anknüpfung an die „Statistik als Auslegungsmethode" kritisieren, andererseits hat schon im Apothekenurteil auch das BVerfG im Wege der Beweiserhebung die Folgen einer Aufhebung der Bedürfnisprüfung untersucht, s. *Breuer*, in: Isensee/Kirchhof, Handbuch des Staatsrechts, § 171 Rn 24.
514 BVerfGE 115, 276 = NJW 2006, 1261.
515 BVerfGE 115, 276.
516 BVerfG, NJW 1995, 1733.
517 EGMR, VBlBW 1994, 402 ff m. Anm. *Olbrich*; s. dazu *Bleckmann*, EuGRZ 1995, 387; *Bausback*, BayVBl 1995, 737. Grundlegend zur (mittelbaren) Bedeutung von EMRK und der Rechtsprechung des EGMR für die Auslegung der Grundrechte BVerfG, NJW 2004, 3407.

Diskriminierung von Frauen durch prima facie geschlechtsneutrale Regelungen[518]. Außerdem zieht das BVerfG die EMRK und die dazu ergangenen Entscheidungen des EGMR zur Konkretisierung des Rechtsstaatsprinzips oder Willkürverbotes heran[519]. Der Rekurs auf die EGMR-Rechtsprechung im Rahmen verfassungsrechtlicher Überlegungen wird allerdings überall dort entbehrlich, wo diese Maßstäbe auf die Ebene der GRCh verlagert werden.

c) Anforderungen an das Verwaltungsverfahren

Die zentralen Aspekte der Anwendung des Art. 3 Abs. 1 GG im öffentlichen Wirtschaftsrecht lassen sich nach materiellen Anforderungen an den Inhalt einer Entscheidung und formellen Verfahrensanforderungen differenzieren. In materieller Hinsicht determiniert Art. 3 GG das der Verwaltung eingeräumte Ermessen, wird also als ermessensleitender Gesichtspunkt relevant[520]. Dies gilt nicht nur bei der Subventionsvergabe, sondern ganz allgemein beim Erlass von Verwaltungsakten. Bei eigener Teilnahme des Staates am Wettbewerb ergibt sich aus dem Gleichheitssatz lediglich ein Anspruch auf „hoheitliche Respektierung der wettbewerblichen Ausgangslage"[521], nicht auf ein bestimmtes Verhalten des sich am Wirtschaftsverkehr beteiligenden Staates. **156**

aa) Anspruch auf Begünstigung. Während sich ein Anspruch auf Genehmigungserteilung im öffentlichen Wirtschaftsrecht bereits aus Art. 12 GG ergibt, der eine Bedürfnisprüfung ausschließt (dazu Rn 115), spielt der Gleichheitssatz überall da eine Rolle, wo gesetzliche Regelungen fehlen. Dies gilt insbesondere für die Leistungsverwaltung, so dass sich aus Art. 3 Abs. 1 GG zB im Subventionsrecht ein Anspruch auf Förderung ergeben kann (dazu Rn 791, 795 ff). Im Marktrecht folgt der Anspruch bereits aus dem einfachen Recht (dazu näher Rn 377 ff), genauso wie im Recht der kommunalen Einrichtungen. Allerdings führt Art. 3 GG bei Ermessensentscheidungen nur ausnahmsweise zu einer Ermessensreduktion auf Null[522]. **157**

bb) Anspruch auf diskriminierungsfreie Verfahrensgestaltung. Aus dem allgemeinen Gleichheitssatz des Art. 3 GG, aber auch aus der Teilhabefunktion des Art. 12 GG lässt sich ein Anspruch auf diskriminierungsfreie Beteiligung an Verwaltungsverfahren zur Entscheidung von Knappheits- und damit auch Konkurrenzsituationen ableiten. Dies wird bei so unterschiedlichen Konstellationen relevant wie der Zulassung zu Märkten im Gewerberecht, im Telekommunikationsrecht aber auch der Subventionsvergabe und verpflichtet den Gesetzgeber zur Einführung entsprechender Verfahrensvorschriften. Sofern der Vorbehalt des Gesetzes eine solche Konkretisierung nicht verlangt, wird man jedenfalls aus der prozeduralen Dimension des Grundrechtsschutzes eine Pflicht zur Aufstellung und Veröffentlichung von Verfahrensgrundsätzen durch die Verwaltung ableiten können[523]. **158**

---

518 Vgl *Jarass*, in: Jarass/Pieroth, GG, Art. 3 Rn 96.

519 BVerfGE 74, 358, 370; 111, 307, 317; dazu auch *Cremer*, EuGRZ 2004, 683, 686 ff; *Oeter*, VVDStRL 66 (2007), 361, 378 ff; *Papier*, EuGRZ 2006, 1, 2 f.

520 BVerfGE 69, 161 (169); ausf *Schenke/Ruthig*, in: Kopp/Schenke, § 114 Rn 6, 41.

521 *Ipsen*, VVDStRL 25 (1967), 257, 303; s. auch *Schliesky*, Öffentliches Wirtschaftsrecht, S. 103.

522 *Schenke/Ruthig*, in: Kopp/Schenke, § 114 Rn 6.

523 Dazu *Wollenschläger*, Verteilungsgerechtigkeit S. 336 ff; zustimmend *Schoch*, NVwZ 2016, 257, 265.

Dabei darf nicht übersehen werden, dass dieser grundrechtliche Anspruch häufig von unionsrechtlichen Diskriminierungsverboten überlagert wird, insbesondere bei Wirtschaftssubventionen sowie im europäisierten Regulierungsrecht. Dort ergibt sich ein durchaus konkreterer Anspruch auf diskriminierungsfreie Verfahrensgestaltung zB aus den TK-Richtlinien und den einfachgesetzlichen Umsetzungsvorschriften des TKG[524]. Am weitesten ausdifferenziert wurden diese Grundsätze in den Vergaberichtlinien. Aber auch im Anwendungsbereich der Grundfreiheiten begründet der EuGH entsprechende Anforderungen (s. Rn 50).

159 **cc) Materielle Konzeptpflichten.** Aus Art. 3 GG lassen sich – jedenfalls außerhalb des Steuerrechts und seinem Gebot der Lastengleichheit – kaum materielle Maßstäbe für Ansprüche gegen die Verwaltung ableiten, auch nicht im Bereich der Leistungsverwaltung. So sieht man beispielsweise die Grenzen der Gestaltungsbefugnis beim Anspruch auf Zugang zu kommunalen Einrichtungen allein im Willkürverbot[525]; erst recht wird im Subventionsrecht aus Art. 3 Abs. 1 GG (in Verbindung mit Verwaltungsvorschriften oder entsprechender Verwaltungspraxis) zwar ein Anspruch auf Subventionierung abgeleitet (s. näher Rn 795), aber kein Anspruch auf die Aufstellung eines **„Vergabekonzepts“**, also darauf, dass die Behörde die hierbei anzulegenden Kriterien vorab, etwa in Verwaltungsvorschriften festlegt. Die Rechtsprechung hält eine Konkretisierung von Auswahlkriterien und Verfahren zwar für „begrüßenswert“[526], verneint aber eine entsprechende Rechtspflicht zur abstrakten Festlegung von „Vergabekriterien“. Allerdings wird dies den Anforderungen an Transparenz und Diskriminierungsfreiheit sowie dem Kohärenzgebot kaum gerecht; letztlich reduziert sich auch die gerichtliche Kontrolldichte, so dass neben Art. 3 und 12 GG auch Art. 19 Abs. 4 GG relevant wird[527]. Über diese aus Art. 3 GG abgeleiteten Konzeptpflichten geht das europäisch determinierte Regulierungsrecht hinaus. Nach § 2 Abs. 3 Nr 1 TKG soll durch die Regulierungskonzepte die Vorhersehbarkeit (und damit die Rechtssicherheit) der Regulierung erreicht werden (dazu Rn 515).

160 Außerdem verlangt die Rechtsprechung bisweilen ein **„Eingriffskonzept“**, sofern – wie regelmäßig auch im öffentlichen Wirtschaftsrecht – ein Einschreiten im Ermessen der Behörde steht. Art. 3 Abs. 1 GG beschränkt als gesetzliche Ermessensgrenze die Handlungsmöglichkeiten der Behörden hinsichtlich des „Ob“ und des „Wie“. Liegt eine Vielzahl von Verstößen vor, ist es ihr verwehrt willkürlich vorzugehen oder sich gar darauf zu beschränken, einen Einzelfall herauszugreifen[528]. Auch wenn sie nach Zweckmäßigkeitsgesichtspunkten zwischen mehreren Rechtsfolgen wählen kann, gebietet Art. 3 Abs. 1 GG, das Ermessen in gleichgelagerten Fällen gleichmäßig auszuüben. Hierauf muss die Begründung der Entscheidung eingehen[529]. Teilwei-

---

524 S. näher *Ruthig*, in: Arndt/Scherer/Fetzer, TKG, § 61 Rn 1, 13 ff.

525 VGH München, BayVBl 2011, 23; NVwZ-RR 2017, 113.

526 VGH München, GewArch. 1996, 477, 478; VGH Mannheim, NVwZ-RR 1992, 132, 134 „neigt“ in bestimmten Fällen immerhin dazu, die Aufstellung eines Konzeptes für geboten zu erachten; näher dazu *Wollenschläger*, Verteilungsverfahren, 2010, S. 335 ff.

527 Zur Fundierung von Konzeptpflichten in Art. 3 Abs. 1 GG *Wollenschläger*, Verteilungsverfahren, 2010, S. 86 f. Zur Begründung von Konzeptpflichten einerseits aus §§ 24, 29 VwVfG und andererseits Art. 19 Abs. 4 GG sowie Art. 20 GG *Herzmann*, VerwArch. 104 (2013), 430, 436 ff. Zu den prozessualen Fragen *Schenke/Ruthig*, in: Kopp/Schenke, § 114 Rn 43.

528 BVerwG, NVwZ 2014, 1583 mwN.

529 Allerdings macht das Nichteinschreiten gegenüber Dritten ein Einschreiten noch nicht rechtswidrig, s. OVG Koblenz, NVwZ-RR 2002, 351 zu § 16 IfSG.

se verlangen die Gerichte aber weitergehend, dass bereits im Vorfeld „ein im Lichte der Anforderungen der Art. 3 Abs. 1 GG und Art. 12 Abs. 1 GG tragfähiges Konzept entwickelt wird, aus dem sich entnehmen lässt, unter welchen Voraussetzungen und in welcher zeitlichen Reihenfolge" gegen Gewerbetreibende vorgegangen wird; ein solches Eingriffskonzept kann sich zB an Marktpräsenz, Umsatz oder Gewinn orientieren[530]. Einen „Gleichheitsanspruch auf Fehlerwiederholung", dh eine Selbstbindung an eine rechtswidrige Verwaltungspraxis kann es allerdings nicht geben[531].

6. Sonstige verfassungsrechtliche Gewährleistungen

a) Die Unverletzlichkeit der Wohnung (Art. 13 GG)

Nach der Rechtsprechung des BVerfG und der hM schützt das Grundrecht des Art. 13 **161**
GG auch Betriebs- und Geschäftsräume, allerdings in abgeschwächter Form. Relevant wird dies im Zusammenhang mit den behördlichen Betretungsrechten, wie sie § 29 GewO (s. Rn 336) und vergleichbare Vorschriften vorsehen. Im Interesse eines wirksamen Schutzes hat das Bundesverfassungsgericht den **Schutzbereich** des Art. 13 GG auf **Arbeits-, Betriebs- und Geschäftsräume** erstreckt[532]; dennoch werden an die Zulässigkeit von Eingriffen und Beschränkungen im Sinne des Art. 13 Abs. 1 GG je nach der Nähe der Örtlichkeiten zur räumlichen Privatsphäre unterschiedlich hohe Anforderungen gestellt. **Behördliche Befugnisse zum Betreten von Betriebsräumen** fallen daher zwar in den Schutzbereich des Art. 13 Abs. 1 GG, sind aber nach der Rechtsprechung dann kein Fall des Art. 13 Abs. 7 GG[533], wenn sie auf einer gesetzlichen Grundlage beruhen, das Betreten einem erlaubten Zweck dient und für dessen Erreichung erforderlich ist, das Gesetz Zweck, Gegenstand und Umfang des Betretens erkennen lässt und das Betreten auf Zeiten beschränkt wird, in denen die Räume normalerweise für die betriebliche Nutzung zur Verfügung stehen[534]. Die Betretungsrechte bedürfen jedoch einer gesetzlichen Grundlage und sind aus verfassungsrechtlichen Gründen eng auszulegen[535].

530 Exemplarisch zum Einschreiten gegen Online-Glückspielangebote VGH Mannheim, GewArch. 2016, 247; anders allerdings (soweit eine Verpflichtung zum Einschreiten besteht) die Revisionsinstanz BVerwG, NVwZ 2018, 895. Den wahrscheinlich wichtigsten Anwendungsfall finden „Eingriffskonzepte" im Bereich des bauordnungsrechtlichen Einschreitens gegen Schwarzbauten, dazu *Schenke/Ruthig*, in: Kopp/Schenke, VwGO § 114 Rn 43 mwN; auch dort für eine bloße Willkürkontrolle BVerwG, BauR 1999, 734.

531 So schon *H. P. Ipsen*, Grundrechte, Bd. 2 (1954) S. 111, 148; BVerfGE 9, 213 Rn 31; 50, 142 Rn 59; 57, 29 Rn 23; BVerfG (K), NVwZ 1994, 475 Rn 13; vgl auch BVerwG, GewArch. 2007, 247 Rn 25.

532 Ständige Rechtsprechung seit BVerfGE 32, 54, 68 ff; s. auch BVerfG, NVwZ 2007, 1049 = GewArch. 2007, 206. Es handelt sich daher bei der Erforderlichkeit auch hier um einen voll gerichtlich überprüfbaren unbestimmten Rechtsbegriff, s. *Marcks*, in: Landmann/Rohmer, GewO, § 29 Rn 7; *Ennuschat*, in: Tettinger/Wank/Ennuschat, GewO, § 29 Rn 15 ff.

533 Am besten lässt sich dies damit erklären, dass der geringere Schutz von Geschäftsräumen gegen behördliche Kontrollen auf der Entscheidung des Wohnungsinhabers basiert, sie der Öffentlichkeit zugänglich zu machen und insoweit weniger an Privatsphäre in Anspruch zu nehmen, vgl *Ruthig*, JuS 1998, 506 (510); zustimmend *Jarass*, in: Jarass/Pieroth, GG, Art. 13 Rn 4. In der Literatur wird eine Schutzbereichslösung allerdings überwiegend abgelehnt, s. etwa *Lübbe-Wolff*, DVBl 1993, 763, 764; *Voßkuhle*, DVBl 1994, 611, 613; *Wolff*, GewArch. 2007, 231.

534 BVerfGE 97, 228, 266; NVwZ 2007, 1049.

535 Grundsätzlich zu den Voraussetzungen des Betretungsrechts BVerfGE 32, 54 Rn 53 ff; zu § 17 Abs. 2 HwO BVerfG, NVwZ 2007, 1049; dazu *Maiwald*, GewArch. 2007, 208; *Wolff*, GewArch. 2007, 231. Zu den Kontrollrechten zur Durchsetzung von Urheberrechten (§ 54g UrhG) BVerfG v. 10.4.2008 – 1 BvR 848/08; zu § 52 Abs. 2 BImSchG VG Ansbach, Urt. v. 17.1.2007 – 11 K 06.02673.

Insoweit hat das BVerfG in seiner Kammerentscheidung zu § 17 Abs. 2 HwO den Grundrechtsschutz verstärkt. Auf Grundlage von § 17 Abs. 2 HwO dürfen die Handwerkskammern die Geschäftsräume nur zur Prüfung der Eintragungsvoraussetzungen betreten. „Einzutragende" Gewerbetreibende sind ausschließlich diejenigen, deren Eintragung in die Handwerksrolle auch tatsächlich in Betracht kommt, weil sie sämtliche Eintragungsvoraussetzungen erfüllen können. Steht also fest, dass eine Eintragung nicht in Betracht kommt, weil der Gewerbetreibende beispielsweise die persönlichen Voraussetzungen nicht erfüllt und auch keinen Antrag auf Erteilung einer Ausnahmebewilligung nach §§ 8, 9 HwO gestellt hat, so besteht auch kein Betretungsrecht nach dem „zu dem in Absatz 1 bezeichneten Zweck"[536].

b) Kommunale Selbstverwaltungsgarantie (Art. 28 Abs. 2 GG)

162 Art. 28 Abs. 2 S. 1 GG und die entsprechenden landesverfassungsrechtlichen Regelungen gewährleisten das Recht der Gemeinden, sämtliche Angelegenheiten der örtlichen Gemeinschaft im Rahmen der Gesetze in eigener Verantwortung zu regeln. Nach dem Grundsatz der Allzuständigkeit besteht eine Vermutung für die Aufgabenzuständigkeit der Gemeinde[537]. Im Rahmen der Erfüllung dieser Aufgaben darf sich die Gemeinde daher auch wirtschaftlich und mit Gewinnerzielungsabsicht[538] betätigen (dazu unten Rn 688 ff). Nach überwiegender und zutreffender Ansicht[539] kann sie sich dabei aber gegenüber dem Staat nicht auf die Wirtschaftsgrundrechte der Art. 12 GG und Art. 14 GG berufen (zum Grundrechtsschutz öffentlicher und gemischt-wirtschaftlicher Unternehmen s. Rn 685 ff). Umgekehrt ist vielmehr die Gemeinde Adressat der Grundrechte, auch von wirtschaftlichen Konkurrenten (s Rn 710 zur von Art. 12 GG umfassten Wettbewerbsfreiheit). Art. 28 Abs. 2 GG begründet aber auch eine Verpflichtung zur Aufrechterhaltung und Wahrnehmung kommunaler Aufgaben[540]. Aus Art. 28 Abs. 2 GG lässt sich aber entgegen der Auffassung des BVerwG kein Verbot der Aufgabe bisheriger Aufgaben ableiten (zum Marktgewerbe Rn 386 f)[541].

Teilweise wird aus der Garantie der Befassung mit den Angelegenheiten der örtlichen Gemeinschaft auf eine entsprechende Beschränkung der wirtschaftlichen Tätigkeit auf den örtlichen Zuständigkeitsbereich geschlossen[542]. Eine gebietsüberschreitende kommunale Wirtschaftstätigkeit ist jedenfalls dann zulässig, wenn die Tätigkeit örtlich radiziert ist, sie also in den Wor-

---

536 BVerfG, GewArch. 2007, 206 mwN zur bisherigen (weiteren) Auslegung der Vorschrift durch die Verwaltungsgerichte; s. auch *Dürr*, DVBl 2008, 1356; *Schmitz*, GewArch. 2009, 237; *Wolff*, GewArch. 2007, 231.

537 *Dreier*, in: Dreier, GG, Art. 28 Rn 104; *Schmidt-Aßmann*, FS Sendler (1991), S. 121, 130 f.

538 *Gern*, Deutsches Kommunalrecht, Rn 718; *Pagenkopf*, GewArch. 2000, 177 mwN *Michel*, Die Zulässigkeit überörtlicher kommunaler Wirtschaftstätigkeit im Bereich der Wasserversorgung, 2007 (Diss. Mainz 2006), S. 49. Als alleiniger oder die Tätigkeit dominierender Aspekt ist die Ausrichtung auf eine Gewinnerzielung allerdings nicht mit der verfassungsrechtlichen Aufgabenzuweisung an die Gemeinden vereinbar, s. nur BVerfGE 61, 82 (107); BVerwGE 39, 329 (334); VerfGH RP, NVwZ 2001, 801, 803.

539 Vgl etwa *Storr*, Der Staat als Unternehmer, S. 187; *Dreier*, in: Dreier, GG, Art. 28 Rn 82; *Schmidt-Aßmann*, FS Ulmer (1997), 1015, 1022. Deutlich *Berg*, GewArch. 1990, 225, 228: „Es gibt keine Gewerbefreiheit der öffentlichen Hand."

540 BVerfGE 79, 127 ff; BVerfG, NVwZ 2009, 1305; BVerwGE 123, 159, 165; *Katz*, NVwZ 2010, 405; *Tomerius/Breitkreuz*, DVBl 2003, 426, 428 f; *Winkler*, JZ 2009, 1169.

541 So aber am Beispiel der Privatisierung des Offenbacher Weihnachtsmarkts BVerwG, NVwZ 2009, 1305.

542 *Schliesky*, Öffentliches Wirtschaftsrecht, S. 114 f; *Ehlers*, DVBl 1998, 497, 504.

ten des Bundesverfassungsgerichts in der örtlichen Gemeinschaft wurzelt oder auf sie einen spezifischen Bezug hat[543]. Außerdem müssen die berechtigten Interessen der von der Gebietsüberschreitung betroffenen Gemeinde gewahrt bleiben[544]. Soweit dafür eine gesetzliche Grundlage gefordert wird, sind solche Expansionsklauseln mittlerweile in das Gemeindewirtschaftsrecht mehrerer Länder aufgenommen worden[545] (s. auch Rn 706).

c) Infrastrukturgewährleistungen

Im Zusammenhang mit der Privatisierung früherer staatlicher Monopole im Eisenbahn- und Telekommunikationssektor wurden in den Art. 87e, f GG Grundentscheidungen aufgenommen. Über den Auftrag zur Privatisierung hinaus bedeutet dies auch die Zuweisung materieller Verwaltungskompetenzen, von denen der Bund durch die Einrichtung der Bundesnetzagentur Gebrauch gemacht hat (s. näher Rn 188). Vor allem aber wurde die Gewährleistungsverantwortung des Staates verfassungsrechtlich verankert. So hat er nach Art. 87f Abs. 1 flächendeckend angemessene und ausreichende Telekommunikationsdienstleistungen zur Verfügung zu stellen; da dieser Auftrag nicht nur Eingang in die Regulierungsziele des § 2 TKG, sondern auch der telekommunikationsrechtlichen Einzelregelungen, etwa im Bereich der Frequenzvergabe, gefunden hat, spielt Art. 87f GG in der Rechtsanwendung vor allem normintern bei der Auslegung der telekommunikationsrechtlichen Vorschriften eine Rolle. Die Gewährleistungsverantwortung legitimiert aber auch die besonderen Anforderungen des TKG an die Eignung und Sachkunde potentieller Anbieter[546]. **163**

V. Gesetzgebungskompetenzen

1. Kompetenzen der EU

Auch die EU kann nur gesetzgeberisch tätig werden, soweit ihr das Primärrecht eine entsprechende Gesetzgebungsbefugnis einräumt; es gilt das Prinzip der begrenzten Einzelermächtigung (Art. 5 Abs. 1 S. 2, Abs. 2 EUV): Entsprechend betont auch Art. 288 Abs. 1 AEUV, dass die Gesetzgebungsorgane der Union (nur) „für die Ausübung der Zuständigkeiten der Union" tätig werden, Die wichtigste, zugleich sehr weit verstandene Kompetenz ist die Rechtsangleichungskompetenz zur Verwirklichung des Binnenmarkts (Art. 114 AEUV; ausf ▸ **Klausurenkurs Fall Nr 1**)[547]. **164**

Für den Binnenmarkt mit Waren ist diese Kompetenz lex specialis, auch zu Art. 193 AEUV (Umweltschutz)[548]; Art. 114 AEUV ist allerdings kein Kompetenztitel für die Verwirklichung der Personenfreizügigkeit (vgl Art. 114 Abs. 2 AEUV); Rechtsvorschriften zu Dienstleistungen können daher nur auf Art. 53 Abs. 1 AEUV iVm Art. 62 AEUV gestützt werden. Dort ist nur das Instrument der Richtlinie vorgesehen. Im Bereich des Art. 114 AEUV kommen sowohl

543 BVerfGE 79, 127, 152.
544 Vgl nur OLG Düsseldorf, NVwZ 2000, 714, 715; *Brüning*, DVBl 2004, 1451, 1452; *Sollondz*, LKV 2003, 297, 303; *Schulz*, BayVBl 1998, 449, 451; *Kühling*, NJW 2001, 177 ff; *Gern*, NJW 2002, 2593 ff; aA *Becker*, DÖV 2000, 1032 ff; *Heintzen*, NVwZ 2000, 743 ff.
545 Art. 87 Abs. 2 BayGO; § 107 Abs. 3 GO-NRW; § 116 Abs. 3 GO LSA; § 71 Abs. 4 ThürKO.
546 S. auch *Wollenschläger*, Verteilungsgerechtigkeit, 2010, S. 421 f.
547 Dazu ausf *Streinz*, Europarecht Rn 993 ff.
548 *Streinz*, Europarecht Rn 993.

Richtlinien wie Verordnungen in Betracht; die Kommission muss die Wahl der Rechtsform VO also ausdrücklich begründen. Allerdings spielte diese Grenze in der Praxis bisher keine Rolle. Die Einführung strengerer nationaler Bestimmungen auf Basis des Art. 114 Abs. 5 unterliegt, anders als die Beibehaltung einschränkender Voraussetzungen, bestimmten Vorgaben, die kumulativ erfüllt sein müssen, damit „nationale Alleingänge" zulässig sind[549].

2. Bundeskompetenzen: Das Recht der Wirtschaft seit der Föderalismusreform

165 Der Bund hat in weitem Umfang die konkurrierende Gesetzgebungskompetenz für das **Recht der Wirtschaft**, Art. 74 Abs. 1 Nr 11 GG. Der Begriff des „Rechts der Wirtschaft" ist weit auszulegen[550]. Einige zentrale Bereiche sind im Klammerzusatz beispielhaft genannt. Nicht zum Recht der Wirtschaft gezählt werden solche Bereiche, die unter andere Kompetenztitel des Art. 74 GG fallen (zB Art. 74 Abs. 1 Nr 1 GG für Rechtsanwälte, Art. 74 Abs. 1 Nr 19 GG für Heilberufe) oder einen näheren Bezug zu Landeskompetenzen aufweisen; Letzteres betrifft vor allem die Abgrenzung vom Recht der Gefahrenabwehr (s. auch Rn 167 ff)[551]. Die Bundeskompetenz für das Recht der Wirtschaft wurde bei der Novellierung des Art. 74 Abs. 1 Nr 11 GG im Rahmen der **Föderalismusreform** eingeschränkt.

Das „Recht der Wirtschaft" erstreckt sich auf alle das wirtschaftliche Leben und die wirtschaftliche Betätigung regelnden Normen, insbes natürlich auf ihre klassische Ausprägung, das Gewerberecht[552]. Ebenfalls zum Recht der Wirtschaft gehören das im Klammerzusatz erwähnte Energiewirtschaftsrecht sowie das Bankrecht; für das **Telekommunikationsrecht** ist Art. 74 Abs. 1 Nr 7 GG die speziellere Regelung. Auch die Regelungsgegenstände werden weit gefasst. So können gefahrenabwehrrechtliche Vorschriften des Bundes auch dann auf Nr 11 (Recht der Wirtschaft) gestützt werden, wenn sie der Gefahrenabwehr bzw -vorsorge in spezifischen Wirtschaftsbereichen dienen[553]. Die Gesetzgebungsbefugnis des Bundes beschränkt sich allerdings nicht auf solche Gesetze, die die Rechtsbeziehungen der in Art. 74 Abs. 1 Nr 11 GG einzeln aufgeführten Wirtschaftszweige regeln. Vielmehr kann der Bund ganz allgemein Gesetze erlassen, die ordnend und lenkend in das Wirtschaftsleben eingreifen[554].

Mit der Föderalismusreform wurden „das Recht des Ladenschlusses der Gaststätten, der Spielhallen, der Schaustellung von Personen, der Messen, der Ausstellungen und der Märkte" in die **ausschließliche Zuständigkeit der Länder** überführt[555]. Von diesen Kompetenzen haben die Länder allerdings nur teilweise Gebrauch gemacht (s. zum Gaststättenrecht Rn 410; zum Marktrecht Rn 349, 362). Bis zum Erlass von Landesgesetzen gelten die **bisherigen Regelungen als Bundesgesetze fort**, Art. 125a GG. Die scheinbar klare Regelung führt zu einigen Folgeproblemen. Ausgeschlossen ist zunächst die Änderung eines bisherigen Bundesgesetzes durch ein Land[556]. Die Länder könnten daher die bisherige bundesrechtliche Regelung nicht

---

549 *Korte*, in: Calliess/Ruffert, AEUV Art. 114 Rn 101 ff.
550 BVerfGE 8, 143, 145; 28, 119, 146; 55, 274, 308. Auf dieses weite Verständnis stützt sich auch die Bundeskompetenz für das Vergaberecht, vgl BVerfGE 116, 202, 215 f.
551 S. auch *Seiler*, in: Epping/Hillgruber, GG, Art. 74 Rn 32.
552 Allerdings ist der verfassungsrechtliche Gewerbebegriff weiter als derjenige der GewO, so dass der Bund auch Regelungen für berufliche Tätigkeiten treffen kann, die nicht der GewO unterliegen, vgl *Maunz*, in: MDHS, Art. 74 Rn 139 ff mwN.
553 *Degenhart*, in: Sachs, GG, Art. 74 Rn 52.
554 Vgl BVerfG, NJW 1981, 329, 332.
555 Vgl den Überblick bei *Höfling/Rixen*, GewArch. 2008, 1.
556 *Degenhart*, in: Sachs, GG, Art. 125a Rn 6.

modifizieren, ohne sie – wenn auch gleichlautend – neu zu erlassen[557]. Davon unabhängig können sie solche Regelungen treffen, die selbstständig neben die bisherigen Regelungen treten. Dies betrifft etwa die Vorschriften über Sperrzeiten sowie die in die Landesnichtraucherschutzgesetze aufgenommenen Rauchverbote. Allerdings kann auch der Bund die bisherigen Regelungen ändern; verwehrt ist ihm lediglich eine grundlegende Neukonzeption[558]. Praktisch wurde dies bei der unionsrechtlich geforderten Erstreckung der Genehmigungsfiktion (vgl § 6a Abs. 2 GewO) auf Verfahren nach § 33a Abs. 1, § 69 Abs. 1 und das GastG[559] relevant.

Im Wege der **Annexkompetenz** können mit wirtschaftsrechtlichen Vorschriften solche Normen verbunden werden, die der Aufrechterhaltung der öffentlichen Sicherheit und Ordnung dienen. Diese Annexkompetenz des Bundes gerät leicht in Konflikt mit der allgemeinen Gesetzgebungskompetenz der Länder aus Art. 70 Abs. 1 GG, die gerade das Recht der öffentlichen Sicherheit und Ordnung als eine ihrer wichtigsten Ausprägungen umfasst. Entsprechend stellt sich überall dort, wo nunmehr die Länder für wirtschaftsrechtliche Regelungen zuständig sind, die Frage nach der **Abgrenzung von speziellen bundesrechtlichen Gesetzgebungskompetenzen**. Dies betrifft zum einen die Abgrenzung zwischen dem Gaststättenrecht und dem in der konkurrierenden Gesetzgebungskompetenz verbliebenen Gewerberecht (s. dazu unten Rn 410), aber auch weiteren Bundeskompetenzen, insbesondere für den **Jugendschutz** (öffentliche Fürsorge iSv Art. 74 Nr 7 GG), **Arbeitsschutz** (Art. 74 Abs. 1 Nr 12 GG), **Gesundheitsschutz** und den **Lärmschutz** (Art. 74 Abs. 1 Nr 24 GG). Dies verdeutlicht das Beispiel der **Landesnichtraucherschutzgesetze**, soweit sie das Rauchen in Gaststätten verbieten (ausf ► **Klausurenkurs Fall Nr 2**)[560]. Vergleichbare Abgrenzungsfragen stellen sich bei Maßnahmen gegen Alkoholmissbrauch in einem LGastG[561]. Abgrenzungsschwierigkeiten wirft die Landeskompetenz für das Gaststättenrecht vor allem hinsichtlich der Abgrenzung vom Reisegewerbe auf; die beim Bund verbliebene Kompetenz für das Reisegewerbe schließt auch das Reisegaststättengewerbe ein (dazu Rn 410 ff). 166

3. Recht der Wirtschaft und Ordnungsrecht

Besonderer Aufmerksamkeit bedarf die Abgrenzung zwischen Recht der Wirtschaft und dem allgemeinen Gefahrenabwehrrecht der Länder. Selbst dann, wenn der Bund keine speziellen Regelungen erlassen hat, gilt der **Grundsatz der Gewerbefreiheit**. 167

557 *Degenhart*, in: Sachs, GG, Art. 125a Rn 6; s. auch schon BVerfGE 111, 10, 30 – Entscheidung zum Ladenschluss.

558 Zum Ladenschlussrecht BVerfG, NJW 2004, 2363, 2364; s. auch *Uhle*, in: MDHS, Art. 125a Rn 40 ff.

559 Für die Möglichkeit einer solchen Anpassung BT-Drucks. 16/13190, S. 5; *Jarass*, in: Jarass/Pieroth, GG, Art. 125 a Rn 7; *Ennuschat*, in: Tettinger/Wank/Ennuschat, § 6a Rn 13; dagegen *Storr*, in: Pielow, GewO, Komm., § 6a Rn 5; *Glaser*, DÖV 2013, 133; *Weißenberger*, DÖV 2012, 385. Krit zur Regelungssystematik des § 42a VwVfG, der die Genehmigungsfiktion nicht selbst anordne, sondern von einer gesetzlichen Regelung abhängig mache, *Abromeit/Droste*, DÖV 2013, 133.

560 S. zu den möglichen Kompetenztiteln *Rossi/Lenski*, NJW 2006, 2657 ff; *Siekmann*, NJW 2006, 3382 ff. BayVerfGH, NVwZ 1999, 553 prüfte – angesichts des Gegenstandes des Popularklageverfahrens das Lebensmittelrecht. BVerfG, NJW 2008, 2409 Rn 97 ff.

561 Die insoweit nach § 5 Abs. 1 Nr 1 GastG zulässigen Auflagen gegen „viel Alkohol für wenig Geld" (VGH Koblenz, NVwZ-RR 2011, 441) können daher genauso auf der Grundlage eines LGastG ergehen.

Wegen § 1 GewO kann der Zugang zum Gewerbe[562] aus kompetenzrechtlichen Gründen nur durch ein Bundesgesetz eingeschränkt werden. Die Landesgesetzgeber können folglich nur Genehmigungsvorbehalte einführen, soweit sie durch die GewO dazu ermächtigt werden (s. zB §§ 33b, 71a GewO). Infolge der Föderalismusreform ist allerdings die Reichweite dieses Grundsatzes problematisch geworden.

168 Erst recht könnten landesrechtliche Regelungen nicht auf die **polizei- und ordnungsrechtliche Generalklausel** gestützt werden, die auch unter kompetenzrechtlichen Gesichtspunkten relevant wird (zu den grundrechtlichen Fragen bereits Rn 126, zum Gewerberecht ausführlich unten Rn 320 ff). Eine Auslegung des Polizei- und Ordnungsrechts als generelle Zulassungsschranke verstieße gegen die bundesrechtliche Regelung des § 1 GewO[563]. Allerdings ist es den Ländern nicht verwehrt, die Art und Weise des Betriebes eines Gewerbes zu normieren, solange solche Regelungen nicht einer generellen Zulassungsschranke oder Ermächtigung zur Gewerbeuntersagung gleichkommen[564]. Insbesondere kann gegen **einzelne Formen der Gewerbeausübung** mit polizei- und ordnungsrechtlichen Mitteln vorgegangen werden, solange nicht die Ausübung des Gewerbes als solche in Frage gestellt, sondern lediglich die Art und Weise der Gewerbeausübung beschränkt wird[565]. Soweit allerdings die Gesetzgebungskompetenz für das Recht der Wirtschaft auf die Bundesländer übergegangen ist (s. zum Spielrecht Rn 169 f und zum Gaststättenrecht Rn 410), entschärft sich die Problematik, indem beispielsweise landesrechtliche Maßnahmen gegen den Alkoholmissbrauch in Gaststätten nunmehr unabhängig davon zulässig sind, ob man sie dem Gewerbe- oder dem Ordnungsrecht zuordnet[566].

169 Von besonderer Relevanz ist die Kompetenzabgrenzung zwischen Bund und Ländern im Bereich des **Glücksspielrechts**. Traditionell wurden zwei Materien unterschieden, das gewerberechtliche Spielrecht der §§ 33c ff GewO und das Recht der Spielbanken, Sportwetten und Lotterien. Die Unterscheidung, die der Bundesgesetzgeber in § 33h GewO zu konkretisieren versuchte, fußte im Wesentlichen darauf, dass man Erstere dem Kompetenztitel Art. 74 Abs. 1 Nr 11 GG (Recht der Wirtschaft) zuordnete, während Glücksspiel traditionell zur (polizei- und ordnungsrechtlichen) Gesetzgebungskompetenz der Länder gezählt wurde, weil es sich um eine „nicht erlaubte Tätigkeit" handelte[567].

Seit der Sportwetten-Entscheidung des BVerfG[568] wird auch das Sportwetten- und Lotterierecht[569] dem Recht der Wirtschaft zugeordnet[570]. Entsprechendes hat für das Spielbankrecht zu

562 Gewerbefreiheit lässt sich daher präziser als Gewerbezulassungsfreiheit umschreiben, s. *Stober*, Besonderes Wirtschaftsverwaltungsrecht, S. 23; *Vollmöller*, in: Schmidt/Vollmöller, § 8 Rn 3.
563 S. OVG Weimar, LKV 2003, 191.
564 BVerwGE 38, 209, 213.
565 BVerwG, NJW 2002, 598, 601; BVerwGE 38, 209, 213; OVG Magdeburg v. 24.4.2006, 2 M 174/06; s. auch *Ruthig*, Landesrecht RP § 4 Rn 193.
566 S. auch *Höfling/Rixen*, GewArch. 2008, 1, 6.
567 Vgl zum Spielbankrecht BVerfGE 28, 119; bestätigend BVerfGE 102, 197; krit zu dieser Argumentation *Pieroth/Störmer*, GewArch. 1998, 177, 178 f).
568 BVerfG, NJW 2006, 1261 – *„Oddset"*. Krit zu dieser nicht näher begründeten und in ihrer Reichweite unklaren Rechtsprechungsänderung *Ennuschat*, in: Tettinger/Wank/Ennuschat, GewO § 33h Rn 4 mwN.
569 Für Letzteres wohl BVerfG, GewArch. 2009, 26, 27.
570 *Ennuschat*, in: Pielow, GewO, § 33h, Rn 1, 6.

gelten[571]. Eine Länderkompetenz ergibt sich auf diesen Gebieten daraus, dass der Bund entsprechende Regelungen jedenfalls bisher nicht erlassen hat[572]. Die Vorschrift des § 33h GewO wird daher zur Öffnungsklausel: Die Länder können alle nicht von der GewO erfassten Formen des Spiels bzw Glücksspiels regeln. Sie haben von ihrer Gesetzgebungskompetenz vor allem durch den Glücksspielstaatsvertrag Gebrauch gemacht[573]. Dessen Regelungen waren wiederholt Gegenstand von Verfahren vor EuGH und BVerfG (dazu schon oben Rn 63, 69).

VI. Organisation der Wirtschaftsverwaltung

Fall 12: Aus den Kreisen der Wirtschaft wird vorgeschlagen, die Aufsicht über Finanzdienstleistungen – genauso wie ihr Vorbild in Großbritannien – in eine privatrechtliche Organisation (AG) zu überführen. Das bisherige Modell einer rechtsfähigen bundesunmittelbaren Anstalt des öffentlichen Rechts im Geschäftsbereich des Bundesministeriums der Finanzen (BaFin) habe sich nicht bewährt. Wäre eine solche Privatisierung zulässig? Die Bundesbank wiederum schlägt vor, die Finanzdienstleistungsaufsicht bei ihr zu bündeln und die BaFin aufzulösen. **170**

Fall 13: Angesichts der Konsolidierung im deutschen Bankensektor wittert das Unternehmen U AG seine Chance als Newcomer und beantragt bei der BaFin die Erteilung einer Bankerlaubnis. **171**

a) Wie wird die BaFin verfahren, wenn sie die Erlaubnisvoraussetzungen als gegeben ansieht?
b) Was kann U unternehmen, wenn die BaFin den Antrag ablehnt?
c) Das Geschäft der U AG boomt, so dass sie angesichts des Geschäftsvolumens von über 30 Mrd. EUR bald durch Aufsichtsbeschluss der EZB als „bedeutendes Institut" eingestuft wird, das der „direkten Aufsicht" der EZB unterliegt. Kann sich U gegen den Beschluss wehren, wenn sie der Auffassung ist, die Einstufung als bedeutendes Institut sei trotz des Geschäftsvolumens aus besonderen Umständen gem. Art. 6 Abs. 4 UAbs. 2 SSM-VO ausgeschlossen?
d) Als der EZB Zweifel an der ordnungsgemäßen Geschäftsführung kommen, weist sie die BaFin an, sich die Geschäftsräume der U AG einmal genauer anzuschauen. U steht auf dem Standpunkt, dass die EZB die Prüfungen nun schon selbst durchzuführen habe und nicht die BaFin vorschicken könne.

Fall 14: Die EBA beobachtet schon seit einiger Zeit Missstände bei der deutschen Großbank D, die nicht nur in erheblicher Weise Grundsätze des europäischen Bankenrechts verletzen, sondern auch das ordnungsgemäße Funktionieren und die Integrität des Finanzsystems in der Union gefährden. **172**

a) Nachdem die BaFin einer Empfehlung der EBA, in der die zu treffenden Maßnahmen zur Beseitigung der Missstände enthalten waren, nicht nachgekommen ist, erlässt die EBA eine Untersagungsverfügung gegenüber D.

---

571 Vgl *Pieroth/Störmer*, GewArch. 1998, 177, 179 f; so schon *Voßkuhle/Bumke*, Rechtsfragen der Sportwette, 2002, S. 50; *Tettinger*, DVBl 2000, 868, 874; *Ennuschat*, in: Tettinger/Wank/Ennuschat, GewO, § 33h, Rn 4; aA *Dietlein*, in: Dietlein/Hecker/Ruttig, Glücksspielrecht, 2008, Art. 70 ff, 123 ff Rn 7: weiterhin originäre Landeskompetenz.

572 BVerfG, NJW 2006, 1261 (Rn 96).

573 Vgl dazu den Überblick bei *Ruthig*, in: Hufen/Jutzi/Proelß, Landesrecht RP § 6 Rn 23 ff.

b) Außerdem werden auf Vorschlag der EBA abstrakt-generell gefasste technische Standards in Form einer Verordnung erlassen, die die Arbeitsabläufe und Zusammenarbeit der zuständigen Behörden der Mitgliedstaaten und der EBA koordinieren. Hierin ist auch das Datenformat geregelt, in welchem die nationalen Behörden ihre Informationen an die EBA abzuliefern haben.
c) Welche Rechtsschutzmöglichkeiten haben D und BaFin gegen die beiden Maßnahmen?

173 Der **Vollzug der Normen des öffentlichen Wirtschaftsrechts** obliegt in den meisten Fällen staatlichen **Behörden** (vgl Rn 174 ff). Daneben gibt es Fälle der mittelbaren Staatsverwaltung, in denen die Aufgaben öffentlichrechtlich organisierten **Kammern** übertragen worden sind (Rn 205 ff). Die Gestaltungsbefugnisse der Gesetzgeber werden vor allem durch die Verfassung determiniert. Vor allem im Bereich des sog. Regulierungsrechts lässt sich die Verwaltung allerdings ohne **Einbeziehung der europäischen Ebene** nicht mehr angemessen umschreiben. Aufgrund der verfahrensrechtlichen Autonomie der Mitgliedstaaten greift das Unionsrecht zwar grundsätzlich nicht in die Verwaltungsorganisation ein; auch bei dem mittelbaren Vollzug von Unionsrecht bleibt es daher zunächst bei dieser Zuständigkeitsverteilung (s. aber zur **Überlagerung des Verwaltungsorganisationsrechts im Verwaltungsverbund** unten Rn 181 ff).

1. Verwaltungsorganisation in Deutschland

a) Grundsatz: Verwaltungszuständigkeit der Bundesländer

174 Aus der verfassungsrechtlichen Regelung der Verwaltungskompetenzen in den Art. 83 ff GG ergibt sich zunächst einmal, dass die **Zuständigkeit der Länder** sich nicht nur auf den **Vollzug ihrer eigenen Gesetze (Art. 30 GG)**, sondern grundsätzlich auch auf die **Ausführung der Bundesgesetze** erstreckt. Sofern also nicht einer der im GG enumerativ aufgezählten Fälle der sog. Bundesauftragsverwaltung vorliegt (s. zu Art. 85 GG unten Rn 175), vollziehen die Länder Bundesgesetze als **eigene Angelegenheit**, dh sie unterliegen lediglich einer Rechtsaufsicht des Bundes (Art. 84 Abs. 3 GG)[574]. Grundsätzlich regeln die Länder auch die **Einrichtung der Behörden und das Verwaltungsverfahren**, Art. 84 Abs. 1 S. 1 GG[575].

b) Die Bundesauftragsverwaltung

175 Auch die Bundesauftragsverwaltung ist Teil der Landesverwaltung. Die oberste Bundesbehörde hat jedoch die **Rechts- und Fachaufsicht** (Art. 85 Abs. 4 GG) und nach näherer Maßgabe des Art. 85 Abs. 3 GG auch ein **Weisungsrecht gegenüber dem Land**[576]. Wichtigster Anwendungsfall der Bundesauftragsverwaltung im öffentlichen

574 Zur Abgrenzung von Rechts- und Fachaufsicht s. *Maurer*, Staatsrecht I, § 18 Rn 12 ff; *Maurer*, AVerwR, § 22 Rn 44 ff, § 23 Rn 18 ff.

575 Seit der Föderalismusreform kann allerdings der Bund diese Fragen gem. Art. 84 Abs. 1 S. 2 GG ohne Zustimmung des Bundesrates regeln; die Länder haben nach Satz 3 und 4 das Recht zur Abweichungsgesetzgebung. Zu dieser *F. Kirchhof*, in: MDHS, Art. 84 GG Rn 53 ff.

576 Die Weisungsbefugnis im Rahmen der Auftragsverwaltung wird jedenfalls durch die entsprechende Gesetzgebungskompetenz des Bundes begrenzt, BVerfGE 102, 167; außerdem durch die Wahrnehmungskompetenz der Länder, BVerfGE 104, 249; *Trute*, in: v. Mangoldt/Klein/Stark, GG, Art. 85 Rn 21 ff.

Wirtschaftsrecht ist nach Art. 85 GG iVm Art. 104a Abs. 3 S. 2 GG die Vergabe überwiegend vom Bund finanzierter Subventionen.

c) Die unmittelbare und mittelbare Bundesverwaltung

Zur **unmittelbaren Bundesverwaltung** (Art. 86 GG) gehören außer den eher seltenen Fällen, in denen die Bundesregierung bzw ein Minister Verwaltungsaufgaben wahrnehmen, etwa über Bundessubventionen zu entscheiden (s. Rn 773), vor allem die organisatorisch selbstständigen **Bundesoberbehörden**. Zu diesen zählen alle unmittelbar den Bundesministerien unterstellten Behörden ohne Verwaltungsunterbau und mit örtlicher Zuständigkeit für das gesamte Bundesgebiet[577]. Der Bund kann durch die Einrichtung einer solchen Behörde also eine eigene Verwaltungskompetenz begründen und gleichzeitig die Verwaltungskompetenz der Länder ausschließen[578]. Wichtigstes Beispiel hierfür sind im Bereich des öffentlichen Wirtschaftsrechts die Bundesnetzagentur (s. Rn 188 f) sowie das Bundesamt für Wirtschaft und Ausfuhrkontrolle (BAFA), das außer für die außenwirtschaftlichen Aufgaben vor allem für bestimmte Aufgaben der Wirtschafts- und Energieförderung zuständig ist[579]. Alternativ kann der Bund **Körperschaften, Anstalten und Stiftungen des öffentlichen Rechts** als Träger der mittelbaren Bundesverwaltung errichten. Beispiel hierfür sind die Bundesbank, die Bundesanstalt für Finanzdienstleistungsaufsicht (s. Rn 197) sowie die berufsständischen Kammern. Grundsätzlich kann der Bund zwischen beiden Organisationsformen wählen. **176**

Die Einführung der Bundesverwaltung ist in einigen wenigen Fällen verfassungsrechtlich vorgeschrieben (**obligatorische Bundesverwaltung**). Nach Art. 87f Abs. 2 S. 2 GG müssen die Hoheitsaufgaben des Bundes im Bereich des Postwesens und der Telekommunikation in bundeseigener Verwaltung ausgeführt werden; eine ähnliche Regelung findet sich in Art. 87e Abs. 1 S. 1 GG für die Aufsicht über die Schienenwege. In beiden Fällen war nach wohl herrschender Auffassung der einfache Gesetzgeber verfassungsrechtlich auf den **Organisationstyp der selbstständigen Bundesoberbehörde** festgelegt. Aus dem Wortlaut der Art. 86 S. 1, 87 Abs. 3 S. 1 GG, die begrifflich zwischen bundeseigener Verwaltung und bundesunmittelbaren juristischen Personen des öffentlichen Rechts unterscheiden, sei abzuleiten, dass „bundeseigene Verwaltung" keine rechtliche Verselbstständigung gestatte[580]. **177**

Soweit – wie für die Regulierung der Energiemärkte und die Finanzmarktaufsicht, aber auch andere Bereiche der Wirtschaftsaufsicht – eine solche spezielle Regelung fehlt, kann der Bund unter den Voraussetzungen des Art. 87 Abs. 3 GG (sog. **fakultative Bundesverwaltung**) eigene Behörden wie die BNetzA, aber auch eine Bundes- **178**

---

577 BVerfGE 14, 197, 211; s. auch *Diederichsen*, in: Schmidt/Vollmöller § 3 Rn 39 ff. Verwaltungsbehörden mit eigenem Unterbau, die nach Art. 87 Abs. 3 S. 2 GG unter engen Voraussetzungen zulässig sind, wurden bisher auf dem Gebiet des öffentlichen Wirtschaftsrechts nicht eingerichtet.

578 BVerfGE 14, 197, 210; 104, 238, 247.

579 Vgl dazu die Homepage www.bafa.de.

580 *Gersdorf*, in: MKS, Art. 87 Rn 102; *Uerpmann*, in: v. Münch/Kunig, GG, Bd. 3, Art. 87f Rn 13; *Lerche*, in: MDHS, Art. 87f Rn 100 f, 110; *Hermes*, in: Dreier, GG Bd. III, Art. 86 Rn 23, 25; *Ruffert/Schmidt*, in: Säcker, TKG, § 116 Rn 8; *Gramlich*, CR 1998, 463, 464; s. ferner *Windthorst*, CR 1998, 340, 342, der die Schaffung einer Obersten Bundesbehörde vorschlug.

anstalt wie diejenige für Finanzdienstleistungsaufsicht (BaFin) als Träger der mittelbaren Bundesverwaltung einrichten.

Dazu muss ihm die Gesetzgebungskompetenz zustehen. Sowohl für die Regulierung des Strom- und Gasmarktes als auch für die Finanzmarktaufsicht folgt eine solche aus Art. 74 Abs. 1 Nr 11 GG. Entsprechendes würde eigentlich auch für eine Gewerbeaufsichtsbehörde gelten. Aus dem Begriff der selbstständigen Bundesoberbehörde und einem Vergleich mit Art. 87 Abs. 2 und Abs. 1 GG leitet das BVerfG aber weiter ab, dass eine solche Behörde nur für Aufgaben errichtet werden darf, die der Sache nach für das ganze Bundesgebiet von einer Oberbehörde ohne Mittel- und Unterbau und ohne Inanspruchnahme der Länder – außer für reine Amtshilfe – wahrgenommen werden können[581]. Damit zieht Art. 87 Abs. 3 S. 1 GG der Begründung einer Verwaltungszuständigkeit auch insofern eine Grenze, als nur bestimmte Sachaufgaben zur zentralen Erledigung geeignet sind. Bei der Einführung einer bundeseinheitlichen Bankenaufsicht durch das KWG 1961 war diese Frage der Hauptstreitpunkt[582]. Während das BVerfG dies dort bejahte, wäre es bei der allgemeinen Gewerbeaufsicht sicherlich nicht der Fall. So ließe sich die Kontrolle vor Ort ohne einen Unterbau nicht effektiv wahrnehmen. Für die Beteiligung der Bundesbank an der Aufsicht ist Art. 88 GG, nicht Art. 87 Abs. 3 S. 1 GG, einschlägig.

179 Dabei ist der Bundesgesetzgeber nicht auf die Organisationsformen des öffentlichen Rechts beschränkt. Eine ausdrückliche Regelung für „bundeseigene Verwaltung" in privatrechtlicher Form findet sich in Art. 87d Abs. 1 S. 2 GG[583]. Angesichts des weiten organisatorischen Spielraums des Bundes[584] ist deshalb in Art. 87 Abs. 3 GG lediglich eine beispielhafte Aufzählung der möglichen (öffentlichrechtlichen) Organisationsformen zu sehen, die privatrechtliche Organisationsformen nicht ausschließt[585]. Aus der Verfassung wird allerdings ein „Prinzip der quantitativen Begrenzung" entnommen, so dass die öffentlichrechtliche Organisationsform der Regelfall zu bleiben hat[586].

180 Im **Fall 12 (Rn 170)** würde eine Organisationsprivatisierung der BaFin also nicht an Art. 87 Abs. 3 GG scheitern. Selbstverständlich bedürfte sie einer gesetzlichen Grundlage; ein besonderer sachlicher Grund, der eine solche rechtfertigen würde, ist allerdings schwer vorstellbar, bietet doch gerade die gewählte Anstaltsform die notwendige Flexibilität (s. etwa zur Möglichkeit von Vergütungen außerhalb des für Behörden geltenden Besoldungsrechts § 10 Abs. 2 FinDAG). Sie wäre allerdings auch an den weiteren Vorgaben des Art. 87 Abs. 3 GG zu messen, so dass etwa ein organisatorischer „Unterbau" auch bei einer privat-

---

581 Vgl zuletzt BVerfG, NJW 2009, 171 (atomrechtliches Standortzwischenlager).

582 Die Verfassungsmäßigkeit wurde von BVerfGE 14, 197 ff bejaht. Im Bereich der Versicherungsaufsicht wurde bereits 1901 das Kaiserliche Aufsichtsamt für Privatversicherung mit Sitz in Berlin geschaffen, ausf zur Geschichte *Langheid*, in: Münchener Kommentar zum VVG, 2010, Systematische Einführung in das Aufsichtsrecht, Rn 4 ff.

583 Anders die Deutung des Art. 87d Abs. 1 S. 2 GG bei *Horn*, in: v. Mangoldt/Klein/Starck, GG, Art. 87d Abs. 1 Rn 11, der entgegen dem Sprachgebrauch der hM die private Organisationsform nicht als Unterfall der Bundeseigenverwaltung, sondern als Alternative zu dieser begreift.

584 BVerfGE 63, 1 (34).

585 *Hermes*, in: Dreier, GG, Art. 87 Rn 79; *Ibler*, in: MDHS, Art. 87 Rn 262; *Ehlers*, Verwaltungshandeln in Privatrechtsform, S. 15 ff; *Ossenbühl*, VVDStRL 29 (1971), 137, 166 f. Stärker die Grenzen betonend *Burgi*, in: MKS, Art. 87 Abs. 3 Rn 106; *Pieroth*, in: Jarass/Pieroth, GG, Art. 87 Rn 2, 15. Zur Frage eines Umkehrschlusses aus Art. 87f vgl *Sachs*, in: Sachs, GG, Art. 87 Rn 69.

586 Ausf *Ehlers*, Verwaltung in Privatrechtsform, S. 117 f; *Burgi*, Funktionale Privatisierung, S. 212 ff mwN.

rechtlich organisierten Finanzdienstleistungsaufsicht ausgeschlossen wäre[587]. Ob die Eingliederung der Bankenaufsicht in die Bundesbank mit dem Grundgesetz vereinbar wäre, wäre ebenfalls nach Art. 87 Abs. 3 GG zu beurteilen. Denn Art. 88 GG ist Maßstab für die Übertragung zentralbankspezifischer Aufgaben; die Zuständigkeiten der Bankenaufsicht – insbesondere §§ 32 ff, 44 ff KWG – weisen keinen unmittelbaren Bezug zur Währungssicherung auf. In der Praxis lassen sich die Aufgaben der Bankenaufsicht nicht von einer zentralen Behörde ausführen[588]. Daher ist Art. 87 Abs. 3 S. 2 GG als Prüfungsmaßstab heranzuziehen[589].

2. Unabhängige Regulierungsbehörden und -agenturen im Verwaltungsverbund

a) Vom mitgliedstaatlichen zum kooperativen Vollzug

Wie bereits angedeutet, werden die dargestellten Organisationsstrukturen des nationalen Rechts in zentralen Bereichen von europäischen Vorgaben überlagert. Die Referenzgebiete des Telekommunikations- und Energierechts, aber in der aktuellen Entwicklung vor allem auch das Bankaufsichtsrecht, sind hierfür anschauliche Beispiele. Zugleich sind Kommission und europäische Agenturen in vielfältiger Weise in die Verwaltungsorganisation eingebunden. Es ist traditionell vor allem die **Kommission**, die nach Art. 17 Abs. 1 S. 5 EUV auf europäischer Ebene exekutive Aufgaben wahrnimmt (zB in der Beihilfenkontrolle – s. Rn 960 ff, aber auch dem Telekommunikations- und Energierecht – s. Rn 183, 578), und insoweit einen kontinuierlichen Aufgabenzuwachs zu verzeichnen hat. Daneben treten unter unterschiedlicher Bezeichnung seit den 1970er Jahren Exekutivorgane (Agenturen) mit eigener Rechtspersönlichkeit, Leitung, Verwaltungspersonal und Haushalt unterhalb der Vertragsorgane. Die Kommission selbst unterscheidet zwischen den sog. **Exekutiv- und Regulierungsagenturen**[590]. An die Spitze der Entwicklung hat sich das Bankaufsichtsrecht gestellt. Hier übernahm zunächst 2011 die EBA (European Banking Authority) eine „Aufsicht über die Aufsicht“ (vgl Rn 198 ff), 2014 übernahm die EZB (Europäische Zentralbank) im Rahmen der Bankenunion originäre Aufsichtsaufgaben gegenüber den beaufsichtigten Instituten (dazu näher Rn 191 ff).[591] 181

Insgesamt verschieben sich die Gewichte innerhalb des Verwaltungsverbundes. Im Telekommunikations-, aber auch im Energierecht entwickelten sich komplexe **Struk-** 182

587 *Burgi*, in: v. Mangoldt/Klein/Starck, GG, Art. 87 Abs. 3 Rn 108.

588 Bei der BaFin wurde dieses Problem durch die Kooperation mit der Bundesbank nach § 7 KWG gelöst, die der BaFin bei der laufenden Überwachung den notwendigen Unterbau verschafft, s. dazu nur *Höfling*, Gutachten F zum 68. DJT, 2010, S. 47.

589 Ausführlich *Häde*, JZ 2001, 105, 109 ff auch zu weiteren Reformmodellen für die Bankenaufsicht.

590 S. den Überblick bei *Kirchhof*, in: MDHS, Art. 83 Rn 75 ff; *Ruffert*, in: Callies/Ruffert, AEUV Art. 298 Rn 3 ff. S. auch die Kommissionsmittelung zu den Rahmenbedingungen für die europäischen Regulierungsagenturen, KOM(2002) 718 endg. grundlegend *Groß*, EuR 2005, 54 mit umfangreichen Beispielen zu den schon damals vorhandenen Regulierungsagenturen.

591 Diese unterscheidet sich von den Regulierungsagenturen ieS davon, dass sie selbst als Währungshüterin ein Primärorgan ist (vgl insbes Art. 13 Abs. 1 UAbs. 2, 6. Spstr. EUV sowie Art. 263 Abs. 1 S. 1 AEUV) und ihre (potentiellen) Aufgaben bereits primärrechtlich anerkannt sind, Art. 127 AEUV. Wird sie jedoch wie eine Regulierungsagentur mit weiteren Aufgaben betraut, gelten zumindest vergleichbare Grundsätze wie für Regulierungsagenturen; dazu ausf *Ruthig*, ZHR 178 (2014), 443 mwN.

turen eines institutionalisierten Kooperationsverwaltungsrechts. Diese Verbund- bzw Netzwerkstrukturen[592] lassen sich mit der traditionellen Unterscheidung zwischen direktem und indirektem Vollzug[593] kaum noch angemessen umschreiben[594]. Die Einbindung ausländischer nationaler Regulierungsbehörden und vor allem der Kommission (und europäischer Gremien bzw Agenturen) in das nationale Verwaltungsverfahren geht über Informations- und Beteiligungsrechte hinaus. Es entwickeln sich Einwirkungs- und Kontrollbefugnisse, die stark an die Rechts- oder gar Fachaufsicht erinnern, wie sie im Verhältnis der Behördenhierarchie nach deutschem Verwaltungsrecht zu beobachten ist. Sicherlich ist die Entwicklung noch nicht am Ende. Möglicherweise führen sie zu Formen der Mischverwaltung, die erst noch der dogmatischen Aufarbeitung bedürfen[595].

Die **primärrechtliche Zulässigkeit** dieser Aufgabenübertragung wurde vor allem in der deutschen Literatur angezweifelt[596]. Man berief sich vor allem auf die Meroni-Rechtsprechung[597], in der der EuGH schon in den fünfziger Jahren der Übertragung von Kompetenzen weg von der Kommission enge Grenzen zog. Allerdings lassen sich die Fälle schon angesichts der veränderten primärrechtlichen Ausgangslage nur bedingt vergleichen. Seit dem Lissabonvertrag setzt das Primärrecht, insbesondere in Art. 263 Abs. 4 AEUV, die Existenz von „vom Unionsgesetzgeber geschaffenen Einrichtungen und sonstigen Stellen" voraus, „denen Befugnisse zum Erlass von für natürliche und für juristische Personen verbindlichen Rechtsakten auf spezifischen Gebieten eingeräumt wurden"[598]. Damit ist freilich noch nicht über die Zulässigkeit der Hochzonung auf die europäische Ebene entschieden. Anders als das deutsche Verfassungsrecht enthält der AEUV keine speziellen Vorgaben zu den Verwaltungskompetenzen, so dass man an die Gesetzgebungszuständigkeiten (insbes Art. 114 AEUV anknüpfen kann. Allerdings bleibt der Vollzug des Unionsrechts grundsätzlich Aufgabe der Mitgliedstaaten (vgl Art. 4 Abs. 3 UAbs. 2 EU, Art. 197 und Art. 291 Abs. 1 AEUV), so dass der direkte Vollzug zwar die Ausnahme darstellt, aber möglich ist. Der EuGH hat in der Leerverkaufsentscheidung ausführlich zur Zulässigkeit unionaler Verwaltungskompetenzen Stellung genommen und diese für grundsätzlich zulässig erachtet[599]. Damit war die Verwaltungskompetenz auch für die Bankenunion geklärt[600]. Das

592 *Ruffert*, in: Fehling/Ruffert, Regulierungsrecht, § 3 Rn 44; *Pache*, VVDStRL 66 (2007), 106, 132 ff.

593 Näher dazu *Kirchhof*, in: MDHS, Art 83 Rn 63 ff.

594 S. dazu am Beispiel des Energierechts *Weiß*, in: Baur/Salje/Schmidt-Preuß, Regulierung in der Energiewirtschaft, Kap. 40, Rn 1 ff; zum Telekommunikationsrecht *Britz*, EuR 2006, 46, 51 ff; *Ladeur/Möllers*, DVBl 2005, 525.

595 Zu den problematischen Aspekten s. nur den Überblick bei *Britz*, in: Fehling/Ruffert, § 21 Rn 54 ff.

596 *Wolfers/Voland*, BKR 2014, 177; *Dinov*, EuR 2013, 593; *Kämmerer*, NVwZ 2013, 830; *Sacarcelik*, BKR 2013, 353; *Schuster*, EuZW-Beilage 2014, 3; *Erikson*, Einheitlicher Bankenaufsichtsmechanismus (EAM), Wissenschaftlicher Dienst des Deutschen Bundestages, Infobrief PE 6–3010–005/13, S. 13 ff.

597 EuGH vom 13.6.1958, Rs. C-9/56 – *„Meroni I"*, Slg. 1958, 1, 36 ff; EuGH vom 13.6.1958, Rs. C-10/56 – *„Meroni II"*, Slg. 1958, 51, 75 ff; dazu auch *Callies*, in: Callies/Ruffert, Art. 13 EUV Rn 58 f; bzgl Regulierungsagenturen *Ruffert*, in: Callies/Ruffert Art. 298 AEUV Rn 5; zur europäischen Finanzmarktaufsicht *Ohler*, in: Ruffert, Europäisches Sektorales Wirtschaftsrecht § 10 Rn 105 f; zur weiterhin kontroversen Diskussion der Reichweite der Meroni-Doktrin insbes die Diskussion im Energierecht, vgl *Ludwigs*, in: Ruffert, Europäisches Sektorales Wirtschaftsrecht, § 5 Rn 134 ff mwN.

598 So die Formulierung in EuGH vom 22.1.2014, Rs. C-270/12 – *„Vereinigtes Königreich gegen EP und Rat"*, Rn 81 = NJW 2014, 1359 („Leerverkaufsentscheidung").

599 EuGH v. 22.1.2014, Rs. C-270/12 – *„Leerverkaufsentscheidung"*, NJW 2014, 1359.

600 Ausf dazu *Ruthig*, ZHR 178 (2014), 443. Diese Erwägungen aus der Leerverkaufsentscheidung lassen sich auf den neugeschaffenen Einheitlichen Abwicklungsmechanismus (SRM) übertragen, vgl dazu auch *Ferran*, European Banking Union: Imperfect, but it can work, University of Cambridge Legal Studies Research Paper Series No. 30/2014, S. 19 ff.

BVerfG hielt diese Kompetenzübertragung für verfassungskonform[601], bezeichnete aber das Modell der unabhängigen Regulierungsbehörde als „prekär" (dazu näher Rn 42).

Gleichwohl bedeutet diese **„organisatorische" Zentralisierung** nur auf den ersten Blick einen Verlust nationalen Einflusses; da die **nationalen Behörden in die internen Entscheidungsstrukturen eingebunden** sind. Am deutlichsten zeigt sich dies bei der **europäischen Bankaufsichtsbehörde EBA**. Deren zentrales Entscheidungsgremium ist der „Rat der Aufseher", in dem nur die Leiter der nationalen Bankaufsichtsbehörden stimmberechtigt sind (vgl Art. 40 Abs. 1 lit. b EBA-VO), während die „europäischen" Mitglieder – ein Vorsitzender und je ein Vertreter von EZB, ESRB, Europäischer Kommission und den beiden anderen Regulierungsagenturen ESMA und EIOPA – lediglich eine beratende Funktion haben. Insoweit wurde also die Organisation der Level 3-Ausschüsse auf die Agenturen übertragen[602]. Auch bei der **EZB** ist (als Konsequenz der primärrechtlichen Regelung der Organe in Art. 13 EUV, Art. 129 Abs. 1, 282 AEUV) Beschlussorgan der Rat, der sich aus dem Direktorium der EZB sowie den Präsidenten der nationalen Zentralbanken der Mitgliedstaaten zusammensetzt[603]. Intern ist jedoch zunächst das *Supervisory Board* zuständig, das als „Aufsichtsgremium"[604] die Planung und Ausführung der Aufsichtsaufgaben übernimmt. Es besteht aus einem Vorsitzenden, einem Stellvertretenden Vorsitzenden, der aus dem Kreis der Mitglieder des Direktoriums der EZB ausgewählt wird, vier Vertretern der EZB sowie Vertretern nationaler Aufsichtsbehörden[605]. Selbst die direkte Aufsicht der EZB (s. dazu unten Rn 193 f) obliegt nach Art. 3 SSM-Rahmen-VO „gemeinsamen Aufsichtsteams" unter Beteiligung der nationalen Aufsichtsbehörden. Außerhalb der Finanzmarktaufsicht haben die Mitgliedstaaten entsprechende Initiativen der Kommission weitgehend verhindert. Zwar wurde im **Energierecht** die Zusammenarbeit durch die **Europäische Energieagentur (ACER)**[606] institutionalisiert (s. auch die Regelung in § 57 EnWG). Diese hat außerhalb des Regimes für grenzüberschreitende Infrastrukturen kaum Entscheidungsbefugnisse[607], sondern kann lediglich unverbindliche Stel- **183**

601 BVerfG, NJW 2019, 3204; dazu *Ruffert*, JuS 2019, 1033; *Wemhörner*, NVwZ 2020, 342.

602 S. auch *Ruthig*, in: Ziekow/Seok, Der Staat als Wirtschaftssubjekt und Regulierer, 2013, 43 ff.

603 Art. 129 Abs. 1, 283 Abs. 1 AEUV, weiteres Beschlussorgan ist das Direktorium, die Beziehung zwischen beiden Beschlussorganen legt Art. 12 Protokoll (Nr 4) über die Satzung des europäischen Systems der Zentralbanken und der Europäischen Zentralbank fest.

604 Vgl zum Aufsichtsgremium Art. 26 VO (EU) Nr 1014/2013 des Rates vom 13.10.2013 zur Übertragung besonderer Aufgaben im Zusammenhang mit der Aufsicht über Kreditinstitute auf die Europäische Zentralbank, ABl. EU v. 29.10.2013, L 287/63 (SSM-VO); dieses Gremium dient auch der Trennung von der geldpolitischen Funktion; es kann ein Schlichtungsausschuss befasst werden, wenn die Trennung von Aufsichtsaufgaben und Geldpolitik in Frage steht, s. Art 25 SSM-VO.

605 Vgl Art. 26 Abs. 1 UAbs. 1 SSM-VO, die aktuelle Zusammensetzung ist abrufbar unter https://www.bankingsupervision.europa.eu/organisation/governance/html/index.de.html; handelt es sich bei der von einem Mitgliedstaat benannten nationalen Aufsichtsbehörde nicht um eine nationale Zentralbank, so kann der Vertreter dieser zuständigen Behörde in Begleitung eines Vertreters der jeweiligen Zentralbank teilnehmen, Art. 26 Abs. 1 UAbs. 2 SSM-VO.

606 VO (EG) Nr 713/2009 des Europäischen Parlaments und des Rates v. 13.7.2009 zur Gründung einer Agentur für die Zusammenarbeit der Energieregulierungsbehörden, ABl. v. 4.8.2009, L 211/6. S. auch *Däuper*, in: Danner/Theobald, Energierecht, Einführung in das Europäische Energierecht Rn 55 ff; *Ludwigs*, in: Baur/Salje/Schmidt-Preuß, Regulierung in der Energiewirtschaft, § 39 Rn 39 ff; *Weiß*, in: Baur/Salje/Schmidt-Preuß, Regulierung in der Energiewirtschaft, § 40 Rn 42 ff.

607 S. aber Art. 7 Abs. 1 VO (EG) Nr 713/2009: „Die Agentur trifft Einzelfallentscheidungen in technischen Fragen, soweit dies in der Richtlinie 2009/72/EG, der Richtlinie 2009/73/EG, der Verordnung (EG) Nr 714/2009 oder der Verordnung (EG) Nr 715/2009 vorgesehen ist".

lungnahmen abgeben. Gestärkt wurde auch hier die Rolle der Kommission, die verbindliche Leitlinien für die Regulierung erlassen und deren Einhaltung in einem aufsichtsrechtlichen Kontrollverfahren durchsetzen kann[608]. Für das Telekommunikationsrecht ist anstelle der zunächst geplanten Agentur lediglich ein beratendes **Gremium Europäischer Regulierungsstellen für elektronische Kommunikation (GEREK)** ohne eigene Rechtspersönlichkeit entstanden, das die European Regulators Group (ERG) ersetzen und die Arbeit der nationalen Regulierer besser koordinieren soll[609]. Allerdings verblieben die zentralen Kompetenzen bei der Kommission. Das Herzstück der Kooperation zwischen Bundesnetzagentur und Kommission bzw GEREK ist das **Konsolidierungsverfahren gem. § 12 Abs. 2 TKG** (dazu Rn 190, 578).

184 Mit der Zuständigkeit verlagert sich auch der **Rechtsschutz** gegen Verwaltungshandeln. Verwaltungshandeln nationaler Behörden kontrollieren die nationalen Gerichte, gegenüber den Unionsorganen und Agenturen gewähren die europäischen Gerichte Rechtsschutz, so lange dieser nicht ausdrücklich den nationalen Gerichten übertragen wird[610]. Dies schließt auch nationalen **Rechtsschutz gegenüber vorbereitenden Maßnahmen nationaler Behörden** aus[611]. Zugleich haben EuG und EuGH Gelegenheit die **Maßstäbe des unionalen Verwaltungsrechtsschutzes** weiter zu entwickeln[612]. Besondere Probleme bereitet gerade deutschen Verfahrensbeteiligten der für die europäischen Gerichte geltende Beibringungsgrundsatz, der sich auch auf das nationale Recht erstreckt.

b) Die „Unabhängigkeit" von Regulierungsbehörden als sektorenübergreifendes Konzept

185 Während die materiellen Bestimmungen des öffentlichen Wirtschaftsrechts vor allem in seinen Kerngebieten seit langem richtliniengeprägt sind, bedarf mittlerweile auch die These von der verwaltungsverfahrensrechtlichen und verwaltungsorganisatorischen Autonomie der Mitgliedstaaten der Korrektur. Diese Entwicklung lässt sich unter dem Begriff der „Unabhängigkeit" von Regulierungsbehörden zusammenfassen. Allerdings enthalten die einschlägigen Richtlinien mittlerweile **klare unionsrechtliche Vorgaben**. Im Bereich der Netzregulierung folgt das Unionsrecht dem **Modell einer unabhängigen, von ministeriellen Weisungen freigestellten Verwaltungseinheit**[613], das „in den Independent Agencies des US-amerikanischen Wirtschaftsre-

---

608 Ausf *Weiß*, in: Baur/Salje/Schmidt-Preuß, Regulierung in der Energiewirtschaft, Kap. 40 Rn 45 ff.

609 VO (EG) Nr 1211/2009 zur Errichtung des neuen Gremiums Europäischer Regulierungsstellen für elektronische Kommunikation (GEREK), ABl. EU v. 18.12.2009, L 337/1. Zu den weiter reichenden ursprünglichen Plänen der Kommission, Vorschlag einer RL zur Änderung des EG-Rechtsrahmens zur elektronischen Kommunikation v. 13.11.2007, KOM(2007) 697 endg; in der Diskussion ist aber etwa eine Kompetenzerweiterung des GEREK zur Annahme der Anmeldung des Betreibens eines Telekommunikationsnetzes, s. das Gesetzgebungsverfahren 2013/0309/COD.

610 Dazu und allg. zur „internationalen Zuständigkeit" *Ruthig*, in: Kopp/Schenke, VwGO, § 40 Rn 37c. Zur Bankenunion auch EuGH v. 19.12.2018, Rs. C-219/17 – *„Berlusconi ua/Banca d'Italia ua"*, EuZW 2019, 128; *Thiele*, GewArch. 2015, 157, 159.

611 EuGH v. 19.12.2018, Rs. C-219/17 – *„Berlusconi ua/Banca d„Italia ua"*, EuZW 2019, 128; s. auch *Gurlit*, WM 2020, 57, 66.

612 Überblick über die Entscheidungen zur Bankenunion bei *Gurlit*, WM 2020, 57, 67.

613 Vgl für die Telekommunikation Art. 3, 3a RahmenRL, für den Energiesektor Art. 35 Abs. 3 S. 2 RL 2009/72/EG und Art. 39 Abs. 4 S. 2 RL 2009/73/EG; dazu jüngst *Bauer/Seckelmann*, DÖV 2014, 951, 956 f mwN.

gulierungsrechts seine klassische Ausprägung gefunden hat"[614]. Dies gilt auch für die Finanzmarktaufsicht[615], obwohl diese Fragen in Deutschland eher wenig erörtert wurden[616]. Ganz im Gegenteil war die Weisungsunabhängigkeit der Bundesbank ein zentrales Argument gegen die zeitweise erwogene Übertragung der Finanzmarktaufsicht auf die Bundesbank[617].

Auf unionaler Ebene hat das Modell einer „offenen, effizienten und unabhängigen europäischen Verwaltung" in Art. 298 Abs. 1 AEUV ausdrücklich Anerkennung gefunden, ohne dass es näher definiert wird[618]. Es lässt sich aber an die sekundärrechtlichen Maßstäbe anknüpfen[619]. Dabei ist zwischen einer funktionellen und der sog. „politischen" Unabhängigkeit zu differenzieren. **186**

Die **funktionelle Unabhängigkeit** verlangt die Trennung der Regulierung als staatlicher Funktion von der Leistungserbringung bzw der Unternehmensverwaltung in der Telekommunikation[620] sowie von den Stellen, die über Einsprüche gegen Entscheidungen der Regulierungsbehörden entscheiden[621]. Diese Vorgaben basieren auf den ursprünglichen Vorgaben in Art. 3 Abs. 2 S. 1 RahmenRL. Mit ihnen war zunächst keine Aussage zur Stellung der Regulierungsbehörde im allgemeinen Staatsgefüge verbunden[622]. Nach dem geltenden Recht muss sie aber „unabhängig von allen politischen Stellen selbstständige Entscheidungen treffen" können[623]. Diese **politische Unabhängigkeit** beschreibt die Entscheidungsautonomie der Behörde, dh die Frage der organisatorischen Abkopplung der Behörde von Exekutive und Legislative sowie damit einhergehend ihre Fähigkeit, eine eigene Regulierungspolitik zu entwickeln und durchzusetzen[624]. Damit werden ministerialfreie Räume geschaffen[625], ganz nach US-amerikanischem Vorbild, für das eine weitreichende Autonomie von Verwaltungsbehörden als der „4. Gewalt"

614 *Schneider*, ZHR 164 (2001), 513, 514. Zum Vergleich *Ludwigs*, DV 2011, 41 und schon zum alten Recht *Oertel*, Die Unabhängigkeit der Regulierungsbehörde nach §§ 66 ff TKG, S. 279 ff; *Ulmen/Gump*, CR 1997, 396, 398 ff.

615 Vgl Art. 4 Abs. 4 der RL 2013/36/EU („CRD IV-Richtlinie") sowie Erwägungsgrund 41 VO Nr 1093/2010 („EBA-VO") sowie Art. 19 VO Nr 1024/2013 („SSM-VO"). Zur „Unabhängigkeit" der BaFin bereits *Dechent*, NVwZ 2015, 767.

616 S. allerdings *Höfling*, Gutachten F zum 68. DJT, 2010, S. 43 ff; *H. Schäfer*, Bankenaufsichtsrecht in Deutschland, dem Vereinigten Königreich und den Vereinigten Staaten, 2011, S. 130 ff. Vgl aber auch die politische Forderung nach „operativer Unabhängigkeit" gem. Grundsatz 2 des Baseler Ausschusses für Bankenaufsicht, Grundsätze für eine wirksame Bankenaufsicht. Zur Entwicklung in Frankreich *Epron*, Le statut des autorités de régulation et la séparation des pouvoirs, RFDA 2011, 1007.

617 *Höfling*, Gutachten F zum 68. DJT, 2010, S. 51 f mwN. Davon zu unterscheiden war die Frage, inwieweit möglicherweise das Unionsrecht eine Freistellung der Bundesbank von zusätzlichen Aufgaben fordert, s. dazu *Höfling*, Gutachten F zum 68. DJT, 2010, S. 49; *Seidel*, EuR 2000, 861, 877.

618 Konzeptionell sind auch diese vom US-amerikanischen Vorbild geprägt. *Ruffert*, in: Callies/Ruffert, AEUV Art. 298 Rn 3; zum Einfluss der USA auf das gesamte Regulierungsrecht bereits Rn 24.

619 Zum Ganzen ausf *Ruthig*, ZHR 178 (2014), 443, 466 ff.

620 S. auch *Fetzer/Groß*, in: Arndt/Fetzer/Scherer, TKG, § 116 Rn 10.

621 Dies sind in Deutschland die Verwaltungsgerichte, sodass dieser Aspekt der Unabhängigkeit unproblematisch gewährleistet ist.

622 Zur Zulässigkeit der Weisungsgebundenheit nach damaligem Recht *v. Danwitz*, DÖV 2004, 977, 979.

623 Zusätzlich werden Haushaltsautonomie und eine Begrenzung der Möglichkeit einer Amtsenthebung verlangt, vgl dazu die Neufassung des § 4 BNetzAG durch Art. 2 des G zur Neuregelung energiewirtschaftsrechtlicher Vorschriften, BT-Drucks. 17/6072.

624 Zu dieser Definition bereits *Trute*, in: Trute/Spoerr/Bosch, TKG § 66 Rn 11; *Oertel*, Die Unabhängigkeit der Regulierungsbehörde, S. 187; *Schmidt*, DÖV 2005, 1025 (1028).

625 *Ludwigs*, DV 2011, 41, 44.

seit seinen Anfängen charakteristisch ist[626]. Dieses Vorbild hat vor allem den Bereich des europäisierten Regulierungsrechts auch konzeptionell so stark geprägt, dass Teile der Literatur schon früh die Unabhängigkeit und damit zusammenhängend die Unzulässigkeit jedenfalls von Einzelweisungen geradezu als – verfassungsrechtlich durchaus bedenkliches – Charakteristikum des Regulierungsrechts betrachteten[627]. Die Weisungsfreiheit der BNetzA ist in Art. 35 Abs. 3 S. 2 RL 2009/72/EG und Art. 39 Abs. 4 S. 2 RL 2009/73/EG für die Regulierung von Strom und Gas sowie nach Art. 3 Abs. 3a RahmenRL für das Telekommunikationsrecht ausdrücklich vorgeschrieben. Weisungen, und damit auch Einzelweisungen nach dem Vorbild der „Ministererlaubnis" in § 42 GWB, sind nach herrschender Auffassung jedoch das zwingende verwaltungsorganisatorische Korrelat parlamentarischer Demokratie[628]. Verfassungsrechtliche Bedenken standen auch hinter dem „bewussten Schweigen" des Gesetzgebers bei der Richtlinienumsetzung. Weder in den Einzelgesetzen noch im BNetzAG[629] wird die „politische" Unabhängigkeit angesprochen[630]. Allerdings sind die entsprechenden **Richtlinienbestimmungen unmittelbar anwendbar**[631]. Erst recht unzulässig wäre eine „Ministererlaubnis" entsprechend § 42 GWB, um unmittelbar eine Beschlusskammerentscheidung zu korrigieren[632]. Davon zu unterscheiden, und von den Vorgaben der Richtlinie nicht erfasst, ist die Möglichkeit der Einflussnahme des Präsidenten auf die Entscheidung der Beschlusskammer. Im Ergebnis hielt das BVerfG diese **unionsrechtlich determinierte Weisungsunabhängigkeit** für **verfassungsrechtlich zulässig** (s. dazu Rn 187).

c) Gesetzliche Steuerung und Kontrolle unabhängiger Verwaltungsbehörden als Problem des Demokratieprinzips?

187 Das „europäische Verständnis von Unabhängigkeit" beschränkt sich jedoch keineswegs auf diese Weisungsunabhängigkeit. Wie die Entscheidung des EuGH zu § 9a TKG gezeigt hat,[633] betrifft das europäische Verständnis von Unabhängigkeit sehr wohl auch das **Verhältnis zwischen der Behörde und** der **Legislative**. So darf der Gesetzgeber zum einen keine der Behörde gem. Unionsrecht überlassenen Detailfragen regeln, muss an sie ggf aber auch – positiv – Standardisierungsspielräume delegieren, die die Behörde ihrerseits durch „rules" ausfüllen kann. Nach dem europäischen Konzept wird zwar die Steuerung der Behörde durch die gesetzlichen Vorga-

---

626 S. auch *Eisenblätter*, Regulierung in der Telekommunikation, 2000, 151 ff; *Masing*, AöR 2003, 558, 584 ff; *Schladebach/Schönrock*, VerwArch. 2002, 100, 127 f. Aus dem US-amerikanischen Schrifttum *Breyer/Stewart/Sunstein/Spitzer*, Administrative Law and Regulatory Policy, S. 77 ff; *Breger/Edles*, Adm. L. Rev. 52 (2000), 1111; *Strauss*, Colum. L. Rev. 84 (1994), 573.

627 S. *Oertel*, Die Unabhängigkeit der Regulierungsbehörde nach §§ 66 ff TKG, 2000, S. 397 ff; *Schneider*, ZHR 164 (2000), 513, 514; *Franzius*, EuR 2002, 660, 682 in Fn 141; *Oster*, Normative Ermächtigungen im Regulierungsrecht, 2010, S. 137 ff.

628 S. *Pieroth*, JuS 2010, 473 und zu Möglichkeiten der Einschränkung bei der funktionalen Selbstverwaltung BVerfGE 107, 59.

629 Vgl Art. 2 des G zur Neuregelung energiewirtschaftsrechtlicher Vorschriften, BT-Drucks. 17/6072.

630 Die Regelungen beschränken sich auf die haushaltsrechtliche Autonomie und die Stellung des Präsidenten. Die Zulässigkeit von Weisungen wird nur mittelbar angesprochen. § 61 EnWG und § 117 TKG regeln nicht die Zulässigkeit von Weisungen, sondern normieren lediglich für allgemeine bzw sämtliche Weisungen Publikationspflichten, dazu *Pielow*, DÖV 2005, 1017, 1019; aA *Neveling*, ZNER 2005, 263. Auch bei der gleichlautenden Regelung in § 52 GWB geht man von der Zulässigkeit von Einzelweisungen aus, s. *Nägele*, in: Frankfurter Kommentar zum Kartellrecht, § 51 Rn 5.

631 AA für das Telekommunikationsrecht *Gurlit*, in: Säcker, TKG, § 132 Rn 6: es habe mit einer „faktischen Unabhängigkeit" sein Bewenden.

632 *Fetzer/Groß*, in: Arndt/Fetzer/Scherer, TKG, § 116 Rn 7.

633 EuGH v. 3.12.2009, Rs. C-424/07 – *„Kommission/Deutschland"*, Slg. 2009, I-11431 = NVwZ 2010, 370; dazu *Körber*, MMR 2010, 123; *Ufer*, K&R 2010, 100 ff.

ben zurückgenommen; zugleich wird die geringere Kontrolle durch die Exekutive unionsrechtlich durch parlamentarische Kontrollrechte ersetzt, wie sie auf nationaler Ebene erst noch etabliert werden müssen[634]. Schließlich wirft die Frage nach Unabhängigkeit aber immer auch die Frage nach der **gerichtlichen Kontrolldichte** auf (dazu näher im Zusammenhang mit dem sog. Regulierungsermessen Rn 529). Insgesamt wird die Diskussion um eine „politische" Unabhängigkeit zu einer solchen um die Neujustierung der Gewaltenteilung. Diese Konzeption sah sich in Deutschland erheblichen **verfassungsrechtlichen Bedenken** ausgesetzt, die aber jedenfalls nicht genügen, um in der Einrichtung unabhängiger Regulierungsbehörden eine Kompetenzüberschreitung der Union zu sehen[635]. Mit der Entscheidung zur Bankenaufsicht dürften sich auch die Bedenken gegen die unionalen Vorgaben für nationale Behörden erledigt haben. In der Sache überzeugt die Argumentation des BVerfG allerdings nicht. Diese Rechtsstellung als „aus Sicht des Demokratiegebots prekär"[636] zu bezeichnen, obwohl damit – wie auch das Gericht betont – vor allem eine Verlagerung von Kontrollbefugnissen von der Regierung auf das Parlament verbunden ist, ist sowohl gegenüber dem Unionrecht wie gegenüber der ältesten Demokratie der Welt, aus deren (allgemeinem) Verwaltungsorganisationsrecht das Konzept der independent regulatory agency stammt, nicht angemessen. Man muss vielmehr die Weisungsunabhängigkeit gegenüber der Exekutive zusammen betrachten mit der gestärkten parlamentarischen Kontrolle, die sich in der deutschen Praxis freilich erst noch etablieren muss. Aus diesem Blickwinkel aber wirkt viel eher die sich in der Weisungsbefugnis artikulierende starke Stellung der Regierung – gerade auch gegenüber dem Parlament – wie ein demokratietheoretisch fragwürdiges Relikt monarchistister Staatsorganisation.

3. Die Bundesnetzagentur

Vor allem im Energiewirtschafts- und Telekommunikationsrecht wurden die Aufga- 188
ben der Regulierung der **Bundesnetzagentur** für Elektrizität, Gas, Telekommunikation, Post und Eisenbahnen (BNetzA) zugewiesen. Diese Bundesoberbehörde im Geschäftsbereich des Bundesministeriums für Wirtschaft, § 1 S. 2 BNetzAG[637], nimmt gem. § 116 Abs. 1 S. 1 TKG bzw § 54 Abs. 1 EnWG die ihr ua nach diesen Gesetzen zugewiesenen Aufgaben wahr. Während das Telekommunikationsrecht uneingeschränkt in die Verwaltungskompetenz des Bundes fällt, bleiben im Energiewirtschaftsrecht bestimmte Aufgaben nach § 54 Abs. 2 EnWG den Landesregulierungsbehörden vorbehalten.

---

634 Dazu im Zusammenhang mit der Datenschutzaufsicht (vgl § 14 BDSG und die Spezialvorschriften) *Ruthig*, in: Schenke/Graulich/Ruthig, Sicherheitsrecht des Bundes, 2. Aufl. 2019, Einf Rn 29 ff.

635 BVerfG, NJW 2019, 3204; dazu auch *Forsthoff*, EuZW 2019, 977; *Ruffert*, JuS 2019, 1033; *Wemhörner*, NVwZ 2020, 342.

636 So BVerfG, NJW 2019, 3204 LS 3 und Rn 138 unter Verweis auf entsprechende Stimmen des Schrifttums.

637 Gesetz über die Bundesnetzagentur für Elektrizität, Gas, Telekommunikation, Post und Eisenbahnen (BEGTPG), das als Art. 2 des Zweiten Gesetzes zur Neuregelung des Energiewirtschaftsrechts v. 7.7.2005 (BGBl. I S. 1970) erlassen wurde. Mit Wirkung v. 13.7.2005 wurde dadurch die Regulierungsbehörde für Telekommunikation und Post (RegTP), die als Aufsichts- bzw Regulierungsbehörde mit Wirkung v. 1.1.1998 an die Stelle des aufgelösten Bundesministeriums für Post und Telekommunikation getreten war, in „Bundesnetzagentur für Elektrizität, Gas, Telekommunikation, Post und Eisenbahnen" umgewandelt und ihre Zuständigkeit auf weitere Sektoren erstreckt. S. auch *Ruffert/Schmidt*, in: Säcker, TKG, § 117 Rn 5.

Wichtigstes Organ der BNetzA ist der **Präsident**, der gem. § 3 Abs. 1 BNetzAG die BNetzA leitet und nach außen vertritt[638]. Der Präsident erlässt die Geschäftsordnung, die der Bestätigung des Ministeriums bedarf. Der Präsident ist nicht nur Dienstvorgesetzter. Über seine Funktion als Behördenleiter hinaus hat ihn das TKG in bedenklicher Weise in die Entscheidungspraxis eingebunden, indem der Präsidentenkammer zentrale Aufgaben zugewiesen werden[639]. Weitere Organe sind der **Beirat** (§ 5 BNetzAG), der sich aus je 16 Vertretern von Bundestag und Bundesrat zusammensetzt und für den Bereich des Energierechts der Länderausschuss (§ 8 BNetzAG), der der Abstimmung zwischen BNetzA und den nach § 54 Abs. 2 EnWG partiell zuständigen Landesbehörden dient, s. § 60a EnWG. Insoweit sind die landesrechtlichen Regelungen teilweise besser an das Unionsrecht angepasst. In Rheinland-Pfalz etwa übt die sog. **Regulierungskammer** „ihre Tätigkeit im Rahmen der Gesetze unabhängig, insbesondere von allen politischen Stellen und in eigener Verantwortung aus"; ihre Mitglieder „entscheiden unabhängig und sind nur dem Gesetz unterworfen"[640]. Zudem ist es ihnen ausdrücklich untersagt, „Weisungen von Regierungsstellen oder anderen öffentlichen Einrichtungen einzuholen oder entgegenzunehmen"[641]. Der Landesgesetzgeber verweist dabei ausdrücklich auf die unionsrechtlichen Vorgaben, verbunden mit dem Hinweis, dass diese sowohl vom Bund als auch den Ländern umzusetzen seien[642].

189 Charakteristikum der BNetzA sind die nach kartellrechtlichem Vorbild eingerichteten **Beschlusskammern**, deren Zuständigkeit in den jeweiligen Einzelgesetzen geregelt ist. Ihre organisatorische Unabhängigkeit und das „justizähnlich ausgestaltete"[643] Verfahren gelten als „Baustein" eines Regulierungsverwaltungsrechts[644] und Umsetzung der unionsrechtlich geforderten „Unabhängigkeit". Sie entscheidet wie ein Gericht „auf Grund öffentlicher mündlicher Verhandlung", § 135 Abs. 3 S. 1 TKG[645]. Gleichwohl sind die gesetzlichen Regelungen rudimentär und bedürfen der Ergänzung durch das VwVfG[646]. Als unselbstständiger Bestandteil einer Behörde sind sie

638 Der Präsident und die beiden Vizepräsidenten als seine ständigen Vertreter (vgl § 3 Abs. 2 BNetzAG) werden auf Vorschlag des Beirates (vgl § 5 BNetzAG) von der Bundesregierung und vom Bundespräsidenten ernannt. Sie stehen in einem auf fünf Jahre befristeten öffentlichrechtlichen Amtsverhältnis zum Bund, das allerdings mehrfach verlängert werden kann (§§ 3, 4 BNetzAG). Inkompatibilitätsregeln (§ 5 BNetzAG) sollen für die personelle Unabhängigkeit sorgen. S. ausführlich *Geppert*, in: Beck'scher Kommentar zum TKG, § 116 Rn 26 ff; 33 ff.

639 Krit *Gurlit*, in: Säcker, TKG, § 132 Rn 14; *Heun*, CR 2003, 485, 496. Vergleichbare Aufgaben wurden ihm nach dem EnWG nicht übertragen. Auch das Bundeskartellamt, an dessen Beschlusskammerverfahren sich die Regelung des TKG orientierte, kennt keine vergleichbare Position.

640 § 2 Abs. 1 S. 1 bzw 2 des Gesetzes zur Einrichtung einer Regulierungskammer Rheinland-Pfalz v. 16.10.2013, GVBl S. 355.

641 § 2 Abs. 2 des Gesetzes; zu ähnlichen Vorschriften aus anderen Bundesländern s. *Bauer/Seckelmann*, DÖV 2014, 951, 957.

642 LT-Drucks. 16/2433, S. 1, 7.

643 BR-Drucks. 80/96, S. 51; s. auch *Ulmen/Gump*, CR 1997, 401.

644 Dazu *Gurlit*, in: Säcker, TKG, vor § 132 Rn 1 ff.

645 S. auch *Attendorn/Geppert*, in: Beck'scher Kommentar zum TKG, § 135 Rn 17. Damit ist aber keine Bindung an das Ergebnis der mündlichen Verhandlung gemeint, sondern die Durchführung nachträglicher schriftlicher Anhörungen gestattet, vgl BVerwG, NVwZ 2010, 527 LS 1; *Gurlit*, in: Säcker, TKG, § 135 Rn 35.

646 Für das Verwaltungsverfahren gelten, soweit die Beschlusskammern gem. § 132 Abs. 1 S. 2 TKG durch Verwaltungsakt entscheiden, die §§ 9 ff VwVfG, soweit sich in den §§ 132 ff TKG keine spezielleren Regelungen finden. Vgl dazu *Gurlit*, in: Säcker, TKG, vor § 132 Rn 6 ff mit Beispielen zu den (direkt oder entsprechend) anwendbaren Bestimmungen des VwVfG: Befangenheitsvorschriften (§ 20 f VwVfG), Amtsermittlungsgrundsatz (§ 24 VwVfG), Akteneinsichtsrecht (§ 29 VwVfG).

Ausschüsse iS von §§ 88 ff VwVfG[647], die sich durch Willensbildung nach dem Kollegialprinzip, organisatorische Verfestigung und durch die Mindestzahl von drei Mitgliedern auszeichnen. Deshalb finden für ihr (Binnen-)Verfahren mangels eigenständiger Regelung in TKG und EnWG die §§ 89 ff VwVfG unmittelbare Anwendung[648].

Während nach § 59 EnWG Entscheidungen grundsätzlich von den Beschlusskammern getroffen werden, ergibt sich deren beschränkte Zuständigkeit im Telekommunikationsrecht aus der enumerativen und abschließenden Regelung des § 132 Abs. 1 TKG. Das TKG enthält eine weitere Besonderheit. Zentrale Kompetenzen werden der Beschlusskammer „in der Besetzung mit dem Präsidenten ... und den beiden Vizepräsidenten" nach § 132 Abs. 3 TKG übertragen. Dies ist mit einer ungewöhnlichen Stärkung des Behördenleiters verbunden. Weitergehende Regelungen über Organisation und Geschäftsverteilung innerhalb der Beschlusskammern finden sich in EnWG und TKG nicht. Abgesehen von der gesetzlich begründeten Zuständigkeit der Präsidentenkammer entscheidet das Ministerium über die Bildung der Beschlusskammern, § 132 Abs. 3 TKG iVm § 3 Abs. 1 S. 3 BNetzAG. Über deren Zuständigkeiten wiederum entscheidet der Präsident durch die Geschäftsordnung, die gem. § 3 Abs. 1 S. 1 BNetzAG der Bestätigung durch das Bundesministerium bedarf[649]. Die Binnenstruktur der BNetzA folgt dem hierarchischen Aufbau, so dass die Umsetzung eines Mitgliedes der Beschlusskammer möglich ist. Grundsätzlich unterliegen Behördenmitarbeiter auch dem Weisungsrecht des Präsidenten (zu ministeriellen Weisungen s. Rn 187). Dieser muss allerdings die Zuständigkeiten der Beschlusskammern respektieren und darf Einzelweisungen nicht zum Inhalt einer Entscheidung erlassen, mit denen er diese faktisch an sich zieht[650]. Damit wäre beispielsweise eine Weisung des Präsidenten an die zuständige Beschlusskammer, durch Festlegung nach § 29 EnWG die Netzzugangsentgelte abzusenken, schon aus diesem Grund rechtswidrig. Für die gerichtliche Klärung solcher Fragen wird ein Organstreitverfahren in Betracht gezogen, in dem die Verletzung mitgliedschaftlicher Rechte gerügt werden kann[651].

Dass sich Telekommunikationsrecht im Verwaltungsverbund vollzieht, wird bereits, **190**
wenn auch etwas versteckt, am Regulierungsziel des § 2 Abs. 2 Nr 4 TKG deutlich, der in Umsetzung des Art. 7 Rahmenrichtlinie ein allgemeines **Kooperationsgebot** für die nationalen Regulierungsbehörden untereinander sowie mit der Kommission beinhaltet. Bei der letzten Novelle wurde dieser Verbund weiter verstärkt und institutionell um das 2009 neu geschaffene Gremium Europäischer Regulierungsstellen für elektronische Kommunikation (GEREK) ergänzt (s. Rn 183). GEREK besteht aus den Leitern oder einem hochrangigen Vertreter der nationalen Regulierungsbehörden und soll auf eine einheitliche Regulierungspraxis in ganz Europa hinarbeiten. Das Gremium fungiert weiter als Beratungs- und Diskussionsforum, erhielt aber auch die Möglichkeit, das nationale Marktregulierungsverfahren im Rahmen des Konsolidierungsverfahrens nach Art. 7 RahmenRL zu kommentieren (vgl zu den Aufgaben Art. 3 der VO). Das Herzstück dieser Kooperation ist das Konsolidierungsverfahren gem. § 12 Abs. 2 TKG[652], das auf das Berücksichtigungs- und das Vetoverfahren nach Art. 7 RahmenRL zurückgeht[653]. Sein Anwendungsbereich wurde auf die Regu-

647 *Ziekow*, VwVfG, § 14 Rn 16; *Fetzer/Groß*, in: Arndt/Fetzer/Scherer, TKG, § 132 Rn 9; *Gurlit*, in: Säcker, TKG, § 132 Rn 4.
648 *Gurlit*, in: Säcker, TKG, vor § 132 Rn 18 mwN.
649 Zu den Einzelheiten *Attendorn*, in: Beck'scher TKG-Kommentar, § 123 TKG Rn 6 ff.
650 Zum Parallelproblem im TK-Recht *Gurlit*, in: Säcker, TKG, § 132 Rn 7 mwN.
651 Ausführlich dazu *Groß*, Das Kollegialprinzip in der Verwaltungsorganisation, 1999, S. 315 ff.
652 Dazu *Geers*, in: Arndt/Fetzer/Scherer, JKG, § 12 Rn 14 ff.
653 Ausf *Kühling*, in: Ruffert, Europäisches Sektorales Wirtschaftsrecht, § 4 Rn 64 ff.

lierungsverfügungen nach § 13 TKG erstreckt, um so den Bedenken der Kommission gegen die bisherige Ausgestaltung des Marktregulierungsverfahrens Rechnung zu tragen.

Die Kommission kann außerdem durch **allgemeine Harmonisierungsempfehlungen** auf der Grundlage von Art. 19 RahmenRL auf eine Vereinheitlichung der Regulierungspraxis in den verschiedenen Mitgliedstaaten hinwirken. Diese sind als Handlungsform rechtlich unverbindlich. Nach Art. 19 Abs. 2 UAbs. 2 S. 2 RahmenRL ist ihnen „weitestgehend Rechnung [zu] tragen" und der EuGH zieht sie regelmäßig zur Auslegung der Richtlinien heran[654]. Beispiele sind die NGA-Empfehlung[655] und die Empfehlung zu den Terminierungsentgelten[656]. In eng begrenzten und als besonders harmonisierungsbedürftig angesehenen Bereichen wie der Nummerierung (vgl Art. 10 Abs. 4 RahmenRL) kommen auch **Harmonisierungsentscheidungen** (Beschlüsse iSv Art. 288 Abs. 4 AEUV) in Betracht[657].

4. Die Bankenaufsicht in der europäischen Bankenunion

a) Die EZB als Bankaufsichtsbehörde

191 Die Übertragung zentraler Aufsichtsaufgaben auf die EZB im Rahmen der Bankenunion[658] stellt den bisherigen Höhepunkt einer Aufgabenverlagerung auf die europäische Ebene dar. Art und Weise der Zusammenarbeit, Aufgaben- und Zuständigkeitsverteilungen ergeben sich für diese Mechanismen grundsätzlich aus einem Zusammenspiel der Art. 4 und 6 der SSM-VO[659], die durch eine RahmenVO der EZB auf der Grundlage von Art. 6 Abs. 7 SSM-VO ergänzt wird[660]. Diese komplizierte Regelung kann nicht verhehlen, dass sie das Ergebnis eines politischen Kompromisses ist. Art. 4 SSM-VO begründet eine umfassende Zuständigkeit der EZB für die Beaufsichtigung „*sämtlicher* in den teilnehmenden Mitgliedstaaten niedergelassenen Kreditinstitute". Hieraus hat der EuGH abgeleitet, dass den nationalen Behörden keine originären Kompetenzen verblieben sind[661]. Diese Zuständigkeit beschränkt sich auf die

---

654 Vgl EuGH v. 24.4.2008, Rs. C-55/06 – *„Arcor"*, Rn 94, Slg. 2008, I-2931.

655 Empfehlung 2010/572/EU der Kommission v. 20.9.2010 über den regulierten Zugang zu Zugangsnetzen der nächsten Generation (NGA), ABl. L 251/35.

656 Empfehlung der Kommission vom 7.5.2009 über die Regulierung der Festnetz- und Mobilfunk-Zustellungsentgelte in der EU, ABl. L 124/67.

657 Dazu und zum Komitologieverfahren *Kühling*, in: Ruffert, Europäisches Sektorales Wirtschaftsrecht, § 4 Rn 77 ff.

658 Die Idee einer Bankenunion geht zurück auf den van-Rompuy-Bericht von 2012 und basiert auf den drei Säulen von einheitlicher Bankenaufsicht, Einlagensicherung und Restrukturierung. Zur Entwicklung *Binder*, ZBB 2013, 297.

659 Verordnung Nr 1023/2014 des Rates v. 15.10.2013 zur Übertragung besonderer Aufgaben im Zusammenhang mit der Aufsicht über Kreditinstitute auf die Europäische Zentralbank, ABl. L 287/63. Ausführliche Darstellung bei *Lackhoff*, Single Supervisory Mechanism, 2017.

660 Verordnung der Europäischen Zentralbank v. 16.4.2014 zur Einrichtung eines Rahmenwerks für die Zusammenarbeit zwischen der Europäischen Zentralbank und den nationalen zuständigen Behörden und den nationalen benannten Behörden innerhalb des einheitlichen Aufsichtsmechanismus, EZB/2014/17 (SSM-Rahmen VO).

661 EuGH v. 8.5.2019, Rs. C-450/17 P – *„Landeskreditbank BW/EZB"*, Rn 37 ff, EuZW 2019, 559; zuvor schon EuG, EuZW 2017, 461 (m. Anm. Tröger); krit dazu *Gurlit*, WM 2020, 51, 59, 64 ff; *Kämmerer*, ZBB 2017, 317, 321. Auch BVerfG, NJW 2019, 3204 Rn 178 argumentierte im Rahmen der verfassungsrechtlichen Zulässigkeit der Kompetenzübertragung zentral mit dem jedenfalls praktisch der nationalen Aufsicht verbliebenen Umfang der Aufsicht.

im Einzelnen aufgezählten Aufgaben, die jedoch alle wesentlichen Bereiche erfassen[662]. Im Ergebnis lassen sich **drei Kooperationsformen** unterscheiden**: die direkte Aufsicht, die indirekte Aufsicht sowie die sog. „gemeinsamen Verfahren"**. Letztere betreffen die Marktzugangskontrolle, dh alle Zulassungs- und Inhaberkontrollverfahren (einschließlich des Verfahrens des Entzugs der Bankerlaubnis[663]) unabhängig von der Größe des Instituts (vgl Art. 4 lit a und c iVm Titel V SSM-Rahmen-VO).

Dieses *gemeinsame Verfahren* illustriert **Fall 13a (Rn 171):** Nach Art. 4 Abs. 1 lit. a) SSM-VO ist ua die Zulassung eines Kreditinstituts Aufgabe der EZB; allerdings bleibt die nationale Behörde nach Maßgabe des Art. 14 SSM-VO in dieses „gemeinsame Verfahren" einbezogen. Danach wird der Antrag auf Zulassung bei der BaFin gestellt. Diese prüft ihn inhaltlich. Erfüllt der Antragsteller „alle Zulassungsbedingungen des einschlägigen nationalen Rechts", übermittelt sie der EZB einen Beschlussentwurf. Die EZB wiederum erteilt als „zweite Stufe" des Verfahrens durch Beschluss die Zulassung[664]. Auch dieser wird dem Antragsteller von der nationalen Behörde mitgeteilt, Art. 14 Abs. 4 SSM-VO. Da es sich gleichwohl um einen europäischen Beschluss handelt, würde Rechtsschutz vor den europäischen Gerichten gewährt werden; allerdings hat U als begünstigtes Unternehmen grundsätzlich keinen Anlass zur Klage[665]. Es bleibt abzuwarten, inwieweit die europäischen Gerichte eine Konkurrentenklage zulassen[666]. Im Ergebnis wirft diese Form des „Entscheidungsverbunds" gleichwohl erhebliche und erst noch zu klärende Rechtsschutzprobleme auf. Dies gilt insbesondere dann, wenn die BaFin die Zulassungsvoraussetzungen als nicht gegeben ansieht und daher – anders als beim Inhaberkontrollverfahren nach Art. 15 SSM-VO – der EZB keinen Beschlussentwurf übermittelt, sondern selbst den Antrag nach Art. 14 Abs. 2 S. 2 SSM-VO ablehnt. In **Fall 13b (Rn 171)** stellt sich daher die Frage, was U in einem solchen Fall unternehmen kann. Es handelt sich bei der Ablehnungsentscheidung wohl um einen Verwaltungsakt der BaFin, gegen den nach allgemeinen Regeln Rechtsschutz vor den deutschen Verwaltungsgerichten eröffnet ist. Mit einer erfolgreichen Verpflichtungs- oder Leistungsklage auf Vorlage an die EZB[667] ist allerdings nicht viel gewonnen, da die EZB gleichwohl die Bankerlaubnis verweigern könnte. U müsste also zunächst vor den nationalen Gerichten die BaFin auf Erstellung eines Beschlussentwurfes verklagen und danach ggf vor dem EuG gegen den anschließenden Ablehnungsbescheid der EZB vorgehen. Schon damit drohte eine erhebliche, mit dem Gebot effektiven Rechtsschutzes nicht vereinbare Verfahrensverzögerung. Schon im Ausgangsverfahren müsste das nationale Gericht strittige Fragen der Auslegung des richtliniengeprägten Bankaufsichtsrechts in einem Vorabentscheidungsverfahren klären lassen. Problematisch wird diese Konstruktion aber vor allem dann, wenn das nationale Gericht die Entscheidung der BaFin bestätigt; dagegen stünde nur die Urteilsverfassungsbeschwerde offen, mit der das Unterlassen einer Vorlage geltend gemacht werden könnte. Der Grundsatz der Rechtsschutzeffektivität verlangt des- 192

662 Nach Erwägungsgrund (28) SSM-VO sind dies im Ergebnis die Überwachung der Zahlungsdienste, der Verbraucherschutz, die Geldwäschebekämpfung und die Aufsicht von Zweigstellen von Banken mit Sitz in Drittländern.

663 Insoweit sind mehrere Verfahren anhängig, dazu *Harz*, EuZW 2019, 13, 14 mwN.

664 Vgl Art. 14 Abs. 2–4 SSM-VO sowie Art. 76–78 SSM-RahmenVO; s. demgegenüber *Neumann*, EuZW-Beilage 2014, 9, 11, die von einem Akt der nationalen Behörde ausgeht.

665 Denkbar ist allenfalls Rechtsschutz gegen aus Sicht des Unternehmens nicht berechtigte Nebenbestimmungen.

666 Ausf zur Frage des Drittschutzes im europäischen Finanzmarktaufsichtsrecht *Gerhardus*, Konkurrentenschutz im europäischen und nationalen Bankaufsichtsrecht, 2013 (Diss. Mainz 2012), S. 57 ff.

667 Abhängig davon, ob man dem Beschlussentwurf Verwaltungsaktsqualität zuerkennt, ist auch an eine Leistungsklage zu denken.

wegen auch in diesem Fall die Rechtsschutzkonzentration in einem Verfahren[668]. Dies kann nur das Verfahren vor dem EuG sein, da nationale Gerichte Unionsorgane ja nicht verpflichten können[669]. Da es keine europäische „Verpflichtungsklage“ gibt[670] und die EZB insoweit auch keine Ablehnungsentscheidung getroffen hätte, kommt nur eine Untätigkeitsklage in Betracht, mit der festgestellt wird, dass die EZB verpflichtet war, den Beschluss zu erlassen[671]. Jedenfalls steht die ablehnende Entscheidung der BaFin einer solchen Entscheidung nicht entgegen[672].

193 Bei der **(laufenden) Überwachung der Geschäftstätigkeit** wird zwischen direkter und indirekter Aufsicht unterschieden. Für die **direkte Aufsicht** enthalten die Art. 9 ff der SSM-VO **umfangreiche Aufsichts- und Untersuchungsbefugnisse.** Die EZB soll aber nur die „bedeutenden“ Institute „direkt“ beaufsichtigen[673], während die „weniger bedeutenden“ lediglich ihrer „indirekten Aufsicht“ unterliegen, Art. 6 Abs. 5 SSM-VO (s. Rn 185). Für die Einstufung eines Instituts als bedeutend liefert Art. 6 Abs. 4 SSM-VO eine Kombination materieller Kriterien. Entscheidend für die Frage, wer die Aufsicht im Einzelfall übernimmt, ist jedoch der „Aufsichtsbe-

---

668 Strukturell ist der Fall mit dem Rechtsschutz bei der Verweigerung der Zustimmung einer Drittbehörde zu einem beantragten Verwaltungsakt zu vergleichen, wie er sich früher im Zusammenhang mit der Verweigerung des kommunalen Einvernehmens stellte. Sofern die zuständige Genehmigungsbehörde dieses nicht ersetzen kann, kann direkt auf Erteilung der das Verfahren abschließenden Maßnahme geklagt werden, vgl dazu *Schenke*, in: Kopp/Schenke, VwGO, § 68 Rn 14. Dies lässt sich dogmatisch wohl am überzeugendsten mit dem Gedanken des (im vorliegenden Fall jedenfalls nicht unmittelbar anwendbaren) § 44a VwGO begründen; das BVerwG stützt seine Auffassung (den VA-Charakter der Verweigerung des kommunalen Einvernehmens nach § 36 BauGB abzulehnen) aber gerade auf den Grundsatz der Rechtsschutzeffektivität, s. dazu näher *Schenke*, in: Kopp/Schenke, VwGO, Anh § 42 Rn 82.

669 Vgl dazu *Ruthig*, in: Kopp/Schenke, VwGO, § 40 Rn 37c; aA *Thiele*, GewArch. 2015, 159: Konzentration des Rechtsschutzes beim nationalen Gericht. Eine solche Konzentration hätte aber eine andere rechtliche Gestaltung vorausgesetzt. Man hätte die Prüfung der Erlaubnisvoraussetzungen durch die EZB nach dem Vorbild zB der telekommunikationsrechtlichen Veto-Entscheidung (dazu Rn 190) als internen Mitwirkungsakt ausgestalten können, sodass Rechtsschutz vor den nationalen Gerichten (gegen die dann nach außen wirkende Entscheidung der nationalen Behörde) zu gewähren wäre. Der EuGH geht überdies im Zusammenhang mit den Inhaberkontrollverfahren davon aus, dass ein komplementärer Rechtsschutz vor nationalen Gerichten gegenüber vorbereitenden Handlungen schon deswegen ausscheide, weil den nationalen Behörden keine eigenen Entscheidungsbefugnisse verblieben, EuGH v. 9.12.2018, Rs. C-219/17 – *„Berlusconi ua/Banca d„Italia ua“*, Rn 48 ff, EuZW 2019, 128; entgegen *Gurlit*, WM 2020, 56, 66 bedarf es mangels Bindungswirkung der Vorlage auch grundsätzlich keiner inzidenten Überprüfung der nationalen Maßnahme. Allerdings hat das EuG auch zu prüfen, inwieweit es im Rahmen des Verfahrens vor der nationalen Behörde zu Verfahrensverstößen gekommen ist.

670 Das Unionsrecht kennt in der Tradition des frz. Prozessrechts nur die „Anfechtung“ der Ablehungsentscheidung (Nichtigkeitsklage) und die Feststellung der Rechtswidrigkeit einer Unterlassung (Untätigkeitsklage), vgl *Dörr/Lenz*, Europäischer Verwaltungsrechtsschutz, 2006, Rn 89, 202. Die Unionsgerichte sind bei einer begründeten Nichtigkeitsklage auf die Kassation beschränkt, eine Anweisung zu bestimmten Maßnahmen ist nicht möglich, vgl *Dörr*, in: Grabitz/Hilf/Nettesheim, AEUV, Art. 263 Rn 197 ff sowie EuG v. 18.9.1996, Rs. T-22/96 – *„Langdon/Kommission“*, Rn 17, Slg. 1996, II-1009.

671 Zur Sachentscheidung bei der Untätigkeitsklage *Dörr*, in: Sodan/Ziekow, EVR, Rn 98 mwN.

672 Ungeachtet der Frage, inwieweit europäische Gerichte an die Bestandskraft eines nationalen Verwaltungsakts gebunden sind, ergibt sich dies aus allgemeinen Grundsätzen und ist zB auch in der erwähnten baurechtlichen Konstellation anerkannt (wenn das kommunale Einvernehmen gegenüber dem Bauherrn durch VA verweigert wird), s. dazu *Söfker*, in: Ernst/Zinkahn/Bielenberg/Krautzberger, BauBG, § 36 Rn 25 mwN.

673 Dabei kann sich die EZB bei der Vorbereitung und Durchführung der Aufsichtsbeschlüsse der nationalen Behörden bedienen, vgl Art. 6 Abs. 3 SSM-VO sowie die Art. 6 Abs. 7 lit. b SSM-VO konkretisierenden Art. 90 ff SSM-VO.

schluss" der EZB nach Teil IV der SSM-Rahmen-VO, in dem die EZB das Institut als bedeutend einstuft. Sie kann nach Art. 6 Abs. 5 (b) SSM-VO auch bei weniger bedeutsamen Instituten die Aufsicht an sich ziehen. Insbesondere in einem solchen Fall stellt sich die Frage des Rechtsschutzes des betroffenen Instituts.

In **Fall 13d (Rn 171)** hat die EZB einen solchen Aufsichtsbeschluss erlassen, gegen den die Nichtigkeitsklage vor dem EuG (Art. 263 Abs. 1, 4 AEUV iVm Art. 256 AEUV) zulässig ist; U ist als Adressat der Regelung klagebefugt. U rügt, dass die Einstufung als bedeutend unabhängig von der Prüfung der tatsächlichen Umstände des Einzelfalls erfolgt sei und auf einer fehlerhaften Auslegung des Art. 6 Abs. 4 SSM-VO sowie des ihn ausfüllenden Art. 70 Abs. 1 SSM-RahmenVO beruhe. Da sich die EZB an den Kriterien der SSM-VO für die Einstufung als bedeutend orientierte, müssten die – eng zu verstehenden – Ausnahmekriterien vorliegen[674]. Da für das EU-Prozessrecht nicht der Amtsermittlungsgrundsatz gilt, entschied das EuG insoweit nach Beweislastgrundsätzen. Es bleibt abzuwarten, wie die Gerichte den umgekehrten Fall behandeln, dass ein Institut abweichend vom Regelfall als bedeutend eingestuft wird. In **Fall 13e (Rn 171)** hat die EZB nach Art. 12 SSM-VO die Befugnis zu einer Überprüfung vor Ort. Sie wird allerdings auch bei der direkten Aufsicht von den nationalen Behörden „unterstützt", Art. 6 Abs. 3 SSM-VO[675]. Fraglich ist jedoch, ob die Ausführung einer Maßnahme gänzlich den nationalen Behörden übertragen werden kann. Dies erscheint insofern problematisch, als Art. 6 Abs. 3 SSM-VO nur eine Unterstützung „gegebenenfalls und unbeschadet der Verantwortung und Rechenschaftspflicht der EZB für die ihr durch diese Verordnung übertragenen Aufgaben" zulässt. Daher ist in einem solchen Fall die BaFin nicht zu verbindlichen Maßnahmen im Außenverhältnis befugt[676]. Aus unionsrechtlicher Perspektive wäre eine solche Übertragung überdies wohl schwerlich mit den Meroni-Grundsätzen vereinbar[677]. 194

Bei der **indirekten Aufsicht** bleiben die nationalen Behörden „für die Annahme aller einschlägigen Aufsichtsbeschlüsse verantwortlich" (Art. 6 Abs. 6 SSM-VO). Sie haben nach Art. 6 Abs. 6 UAbs. 2 die Befugnisse nach dem nationalen Aufsichtsrecht. Die EZB übt allerdings auch hier „die Aufsicht über das Funktionieren des Systems" (Art. 6 Abs. 5 lit. c SSM-VO) aus. Dazu kann sie nicht nur nach Art. 6 Abs. 5 lit. a (allgemeine oder einzelfallbezogene) Weisungen treffen und Informationen von den nationalen Behörden anfordern (Art. 6 Abs. 5 lit. e). Sie verfügt vielmehr auch in diesen Fällen über die Untersuchungsbefugnisse nach Art. 10 bis 13 SSM-VO (vgl Art. 6 Abs. 5 lit. d und Art. 6 Abs. 6 UAbs. 2 SSM-VO). 195

674 Ausf zum Verfahren *Lackhoff*, SSM, 2017 Rn 678 ff.

675 Dies gilt auch für Prüfungen vor Ort, Art. 12 Abs. 4 SSM-VO, Art. 90 Abs. 1 lit. b) SSM-Rahmen-VO. Neben diese Unterstützung tritt die Durchführung von Vollstreckungsmaßnahmen, die nach Art. 12 Abs. 5 SSM-VO im Rahmen der Amtshilfe erfolgen. Vgl näher zu den Untersuchungsbefugnissen *Lackhoff*, SSM, 2017 Rn 772 ff.

676 Vgl den Regierungsentwurf zum BRRD-Umsetzungsgesetz, BT-Drucks. 18/2575, S. 197: „Der neue Absatz 5a [des § 44 KWG] stellt klar, dass die Bundesanstalt und die Deutsche Bundesbank die Befugnisse des § 44 nur in den Fällen ausüben dürfen, in denen die Bundesanstalt Aufsichtsbehörde ist. Die EZB verfügt zur Wahrnehmung der ihr übertragenen Aufgaben nach Artikel 4 Absatz 1 der Verordnung (EU) Nr 1024/2013 gegenüber CRR-Kreditinstitute gemäß Artikel 12 der Verordnung (EU) Nr 1024/2013 über entsprechende eigene Befugnisse."

677 Dazu *Ferran/Babis*, The Single Supervisory Mechanism, Legal Studies Research Paper Series, University of Cambridge 10/2013, S. 11 Fn 54 unter Verweis auf EuGH v. 26.5.2005, Rs. C-301/02 – *„Tralli"*, Slg. 2005, I-4071; *Wymeersch*, The European Banking Union, a first analysis, Financial Law Institute Ghent University Working Paper Series WP 2012–07, 11, Fn 35.

196 Die SSM-VO regelt allerdings nicht die materiellrechtlichen Anforderungen an Aufsichtsmaßnahmen, also zB auch nicht die Frage, unter welchen Voraussetzungen eine Bankerlaubnis zu erteilen ist (ausf dazu Rn 542 ff). Die meisten europäischen Vorgaben finden sich (noch) in Richtlinien, die sich nur an Mitgliedstaaten richten und daher auch von einer europäischen Behörde nicht angewandt werden können. Art. 4 Abs. 3 UAbs. 1 S. 2 SSM-VO sieht in diesem Fall daher die **Anwendung der nationalen Vorschriften durch die EZB** vor und bereichert das Kooperationsverwaltungsrecht um eine neue und erwartungsgemäß in der deutschen Diskussion als unions- und verfassungswidrig eingestufte[678] Variante. Diese hat auch eine prozessuale Dimension, müssen doch auch die europäischen Gerichte bei der Überprüfung unionaler Beschlüsse das zugrundeliegende nationale Recht anwenden und auslegen.

b) Die Bundesanstalt für Finanzdienstleistungsaufsicht (BaFin)

197 Die in der nationalen Kompetenz verbliebenen Aufgaben[679] liegen in der Zuständigkeit der **Bundesanstalt für Finanzdienstleistungsaufsicht (BaFin)**. Diese Bundesbehörde ist eine **rechtsfähige Anstalt des öffentlichen Rechts**, die der Rechts- und Fachaufsicht des Bundesministeriums der Finanzen untersteht, § 2 FinDAG. Sie fasst seit 2002 die **„Allfinanzaufsicht"** unter einem Dach zusammen (s. unten Rn 497)[680].

Organe der BaFin sind nach § 5 ff FinDAG Präsident und Vizepräsident sowie der Verwaltungsrat. Organisatorisch ist die BaFin weit weniger selbstständig als es die Rechtsform der rechtsfähigen Anstalt hätte erwarten lassen[681]. Sie besitzt keine Satzungshoheit (vgl § 5 Abs. 3 FinDAG) und auch ihre Geschäftsordnung bedarf der Genehmigung (s. § 6 Abs. 2 S. 3 FinDAG). Die sich kontinuierlich wandelnden Tätigkeitsschwerpunkte lassen sich den Tätigkeitsberichten entnehmen[682]. Bei der Finanzdienstleistungsaufsicht kooperiert die BaFin mit der Bundesbank, s. §§ 7, 44 KWG[683].

c) Die EBA: „Aufsicht über die Aufsicht"

198 Seit dem 1.1.2011 gehört zu den sog. Regulierungsagenturen für den Bereich der gesamteuropäischen Bankenaufsicht die **EBA (European Banking Authority)**[684]. Mit

---

678 Dazu *Peuker*, JZ 2014, 764, 771; krit auch *Kaufhold*, DV 2016, 339, 366; *Martini/Weinzierl*, NvwZ 2017, 177, 182; s. ferner *Müller-Graff*, EuZW 2018, 101, 107; *Gurlit*, WM 2020, 56, 66.

679 Das KWG wurde an die modifizierten Zuständigkeiten angepasst und spricht an den entscheidenden Stellen jetzt von „Aufsichtsbehörde" statt von „Bundesanstalt". Die Zuständigkeitsverteilung innerhalb des SSM wird in § 1 Abs. 5 KWG-E aufgegriffen, wobei jeweils die BaFin oder die EZB als „Aufsichtsbehörde" iSd KWG gilt.

680 Vgl Gesetz über die Bundesanstalt für Finanzdienstleistungsaufsicht (Finanzdienstleistungsgesetz – FinDAG) idF der Bekanntmachung v. 22.4.2002, BGBl. I, S. 1310. Zur Allfinanzaufsicht und ihrem britischen Vorbild s. *Binder*, WM 2001, 2230; *Hagemeister*, WM 2002, 173; *Stern*, FS Selmer (2004), 519.

681 S. auch *Hagemeister*, WM 2002, 1773, 1775. Zum Begriff der Anstalt *Maurer*, AVerwR, § 23 Rn 48 ff.

682 Abrufbar unter http://www.bafin.de.

683 S. dazu die Richtlinie zur Durchführung und Qualitätssicherung der laufenden Überwachung der Kredit- und Finanzdienstleistungsinstitute durch die Deutsche Bundesbank (AufsichtsRL) in der Fassung der Bekanntmachung v. 21.2.2008.

684 Vgl die Verordnung (EU) Nr 1093/2010 des Europäischen Parlaments und des Rates v. 24.11.2010 zur Errichtung einer Europäischen Aufsichtsbehörde (Europäische Bankaufsichtsbehörde), zur Änderung des Beschlusses Nr 716 und zur Aufhebung des Beschlusses 2009/78/EG der Kommission, ABl. L 331 v. 15.12.2010, S. 12 ff. Hinzu kommen vergleichbare Behörden für die Wertpapier- und

dem europäischen System für Finanzaufsicht ESFS wurden auf Vorschlag des Larosière-Berichts die früheren Level 3-Ausschüsse des Lamfalussy-Verfahrens[685] durch europäische Regulierungsagenturen für die Banken-, Wertpapier- und Versicherungsaufsicht ersetzt. Für jede dieser Agenturen wurde eine eigene Verordnung erlassen, deren Regelungen sich allerdings bis in die Details hinein gleichen[686]. Sie sollen einen Beitrag zur Festlegung qualitativ hochwertiger gemeinsamer Regulierungs- und Aufsichtsstandards leisten[687]. Sie sollen aber auch zur Effizienz der Aufsicht beitragen und für eine einheitliche Verwaltungspraxis sorgen. Insoweit hat sie nach Art. 21 Abs. 2 EBA-VO eine „führende Rolle". Diese Position wurde auch durch die Übertragung von Aufsichtsaufgaben auf die EZB formal nicht angetastet[688]. Sie beschränkt sich allerdings auf eine „Aufsicht über die Aufsicht"[689] mit eigenen Entscheidungsbefugnissen nach dem Vorbild eines aufsichtsbehördlichen Selbsteintrittsrechts[690].

Bei der Novellierung der ESA-Verordnungen 2019 wurden einige Klarstellungen und Ergänzungen vorgenommen, weitergehende Reformvorschläge der Kommission allerdings nicht umgesetzt[691]. Im Hinblick auf die Kapitalmarktaufsicht wird das Prinzip der „Aufsicht über die

---

Marktaufsicht („ESMA – European Securities and Markets Authority") sowie die Versicherungsaufsicht und betriebliche Altersvorsorge („EIOPA – European Insurance and Occupational Pensions Authority"); s. den Überblick *Baur/Boegl*, BKR 2011, 177; *Lehmann/Manger-Nestler*, EuZW 2010, 87, 88 ff.

685 Zu diesem Verfahren, das seit 2001 die Vorstellungen von Finanzmarktregulierung entscheidend prägte, *Ohler*, in: Ruffert, Europäisches Sektorales Wirtschaftsrecht, 2. Aufl. 2020, § 10 Rn 56 f: Selbstbeschränkung des EU-Gesetzgebers auf (ausfüllungsbedürftige) Rahmengesetzgebung auf der 1. Stufe, dann Konkretisierung durch die Kommission auf der 2. Stufe und auf der 3. Stufe Stellungnahmen und Empfehlungen „unabhängiger" Ausschüsse, in denen vor allem die nationalen Aufsichtsbehörden vertreten sind.

686 Diese wurden am 24.11.2010 in einer Sammelrichtlinie um gezielte Änderungen an den bestehenden Finanzdienstleistungsrichtlinien ergänzt, um ein reibungsloses Funktionieren der neuen Aufsichtsstrukturen zu gewährleisten, vgl Richtlinie 2010/78/EU des Europäischen Parlaments und des Rates v. 24.11.2010 zur Änderung der Richtlinien 98/26/EG, 2002/87/EG, 2003/6/EG, 2003/41/EG, 2003/71/EG, 2004/39/EG, 2004/109/EG, 2005/60/EG, 2006/48/EG, 2006/49/EG und 2009/65/EG im Hinblick auf die Befugnisse der Europäischen Aufsichtsbehörde (Europäische Bankenaufsichtsbehörde), der Europäischen Aufsichtsbehörde (Europäische Aufsichtsbehörde für das Versicherungswesen und die betriebliche Altersversorgung) und der Europäischen Aufsichtsbehörde (Europäische Wertpapier- und Marktaufsichtsbehörde) – ABl. L 331/120 v. 15.12.2010; Grundlage war der Kommissionsvorschlag KOM(2009) 576 vom 26.10.2009.

687 Hierzu gibt sie Stellungnahmen für die Organe der Union ab, erlässt Leitlinien und Empfehlungen und arbeitet Entwürfe für technische Standards aus, die sich auf die in Art. 1 Abs. 2 EBA-VO genannten Gesetzgebungsakte stützen.

688 Indem die EZB nach der in der SSM-VO gewählten Konstruktion im Rahmen ihrer Zuständigkeit an die Stelle der nationalen Aufsichtsbehörden tritt, untersteht sie insoweit ebenfalls der „Aufsicht" durch die EBA. Auch deren Rolle als „Standard Setter" und für die Entwicklung des Single Rulebook zuständige Behörde wurde nicht angetastet. Allerdings muss – wie schon im Verhältnis zu den nationalen Behörden – die Reichweite einer solchen „Aufsicht über die Aufsicht" erst noch geklärt werden. In der Praxis wird es kaum zu erwarten sein, dass sich das Kooperationsverhältnis zwischen EZB und EBA im Sinne einer strengen Behördenhierarchie entwickelt. Näher dazu *Gurlit*, EuZW-Beilage 2014, 14; *Ruthig*, ZHR 178 (2014), 443, 469 mwN.

689 Zum Begriff der „Aufsicht über die Aufsicht" *Walla*, BKR 2012, 265, 266.

690 Ausführlicher dazu *Ruthig*, in: Ziekow/Seok, Der Staat als Wirtschaftssubjekt und Regulierer, 2013, S. 45, 67.

691 VO (EU) Nr 2019/2175 des Europäischen Parlaments und des Rates v. 18.12.2019 zur Änderung der VO (EU) Nr 1093/2010 zur Errichtung einer Europäischen Aufsichtsbehörde (Europäische Bankenaufsichtsbehörde), der VO (EU) Nr 1094/2010 zur Errichtung einer Europäischen Aufsichtsbehörde (Europäische Aufsichtsbehörde für das Versicherungswesen und die betriebliche Altersversorgung),

Aufsicht" zunehmend durchbrochen. Die ESMA übt die direkte Aufsicht über die Ratingagenturen[692] und das Register für OTC-Derivate aus.[693] Ab dem 1.1.2022 wird sie auch die direkte Aufsicht über die Datenbereitstellungsdienstleister[694] sowie kritische Referenzwerte und deren Administratoren übernehmen.

199 **Fall 14a (Rn 172):** Die Rechtmäßigkeit der Untersagungsverfügung gegenüber D setzt zunächst eine Ermächtigungsgrundlage für die Maßnahme voraus. Eine solche ergibt sich aus Art. 8 Abs. 2 lit. f) EBA-VO, wonach die EBA die Befugnis zum Erlass von an Finanzinstitute gerichtete Beschlüssen hat, wenn Unionsrecht verletzt wird (Art. 17), als Maßnahme im Krisenfall (Art. 18) sowie im Fall der Streitschlichtung (Art. 19). Die BaFin hat es versäumt, gegenüber D entsprechende Maßnahmen zu erlassen, damit diese das unionale Finanzmarktaufsichtsrecht einhält. Dies stellt eine Verletzung des Unionsrechts dar, so dass die EBA Maßnahmen nach Art. 17 Abs. 6 EBA-VO treffen kann[695]. Voraussetzung für eine solche Maßnahme ist jedoch, neben der Einhaltung der materiellrechtlichen Vorgaben (Erforderlichkeit der Maßnahme und unmittelbare Anwendbarkeit der verletzten Normen auf das Finanzinstitut), dass vor dem Erlass die Kommission gem. Art. 17 Abs. 4 EBA-VO eine förmliche Stellungnahme abgegeben hat, in der die zuständige Behörde aufgefordert wird, die zur Einhaltung des Unionsrechts erforderlichen Maßnahmen zu ergreifen. Da eine solche Stellungnahme der Kommission nicht vorliegt, ist die Untersagungsverfügung (formell) rechtswidrig[696]. Dieses Beispiel zeigt, dass ein Einschreiten der EBA angesichts seiner Voraussetzungen sogar ein schwerfälligeres Instrument darstellt als ein Vertragsverletzungsverfahren der Kommission[697].

200 Darüber hinaus erhält die EBA in Art. 8 Abs. 2 lit. a) EBA-VO die Befugnis zum **Entwurf technischer Regulierungsstandards** in den in Art. 10 EBA-VO genannten Fällen. Ziel dieser Standards ist die Harmonisierung des Rechtsstandes in Europa („single rule book")[698]. Bei technischen Regulierungsstandards handelt es sich um delegierte Rechtsakte der Kommission gem. Art. 290 AEUV, die die von Rat und Parlament erlassenen Rechtsakte mit Gesetzescharakter modifizieren oder ergänzen können (dazu schon Rn 91).

201 Rechtsgrundlage für den Entwurf von technischen Standards durch die EBA ist in **Fall 14b (Rn 172) Art.** 8 Abs. 2 lit. a) EBA-VO. Hierfür gibt es zunächst formelle Rechtmäßigkeitsanforderungen. So muss die EBA vor der Übermittlung ihrer Entwürfe an die Kommission grundsätzlich ein Anhörungsverfahren und eine Kosten-Nutzen-Analyse durchführen

---

der VO (EU) Nr 1095/2010 zur Errichtung einer Europäischen Aufsichtsbehörde (Europäische Wertpapier- und Marktaufsichtsbehörde), der VO (EU) Nr 600/2014 über Märkte für Finanzinstrumente, der VO (EU) Nr 2016/1011 über Indizes, die bei Finanzinstrumenten und Finanzkontrakten als Referenzwert oder zur Messung der Wertentwicklung eines Investmentfonds verwendet werden, und der VO (EU) 2015/847 über die Übermittlung von Angaben bei Geldtransfers, ABl. 2019 L 334, 1.

692 Art. 14 ff. Rating-VO iVm Art. 8 Abs. 1 lit. l ESMA-VO. Dazu ausf *Bauerfeind*, Die Regulierung von Ratingagenturen unter der aufsichtlichen Abkehr von externen Ratings in der europäischen Bankenaufsicht, 2019 (Diss Mainz).

693 Art. 6 EMIR-VO iVm Art. 8 Abs. 1 lit. j.) ESMA-VO.

694 Art. 4 Nr 2 lit. a), i) VO (EU) 2019/2175.

695 Vgl hierzu auch *Lehmann/Manger-Nestler*, ZBB 2011, 2, 14.

696 Die EBA hat ausweislich Art. 17 Abs. 6, letzter HS EBA-VO auch die Befugnis zum Erlass von Untersagungsverfügungen.

697 Zu einer möglichen Durchsetzung eines Anspruchs auf Einschreiten vgl *Bierschenk/Dechent*, EuZW 2016, 572.

698 *Baur/Boegl*, BKR 2011, 177, 182.

(Art. 10 Abs. 1 UAbs. 3 S. 1 EBA-VO). Der Entwurf muss von der Kommission innerhalb von drei Monaten gebilligt, mittels Verordnung oder Beschluss von dieser angenommen und im Amtsblatt der Europäischen Union veröffentlicht werden (Art. 10 Abs. 4 EBA-VO). Darüber hinaus muss die Kommission dem Parlament und dem Rat den erlassenen technischen Regulierungsstandard mitteilen, welche hiergegen Einwände erheben können (Art. 13 Abs. 1 EBA-VO). In materieller Hinsicht dürfen gem. Art. 290 Abs. 1 AEUV nur Rechtsakte ohne Gesetzescharakter mit allgemeiner Geltung zur Ergänzung oder Änderung bestimmter nicht wesentlicher Vorschriften des betreffenden Gesetzgebungsaktes erlassen werden. Sie sind ferner nur zulässig, wenn Ziele, Inhalt, Geltungsbereich und Dauer der Befugnisübertragung ausdrücklich im entsprechenden Gesetzgebungsakt festgelegt worden sind, Art. 290 Abs. 2 AEUV. Ähnlich wie im nationalen Recht gilt auf Unionsebene auch der Gedanke der Wesentlichkeitstheorie, wonach die wesentlichen Aspekte eines Bereichs dem Gesetzgebungsakt vorbehalten sind und eine Befugnisübertragung für sie deshalb ausgeschlossen ist (Art. 290 Abs. 2 S. 2 AEUV)[699]. Der von der EBA vorgelegte Entwurf umfasst die Arbeitsabläufe und Zusammenarbeit zwischen den zuständigen Behörden der Mitgliedstaaten und der EBA. Es werden somit vornehmlich Regelungen für den Ablauf der Arbeitsprozesse aufgestellt. Weiterhin werden Vorgaben gemacht, in welchem Datenformat die nationalen Behörden die gesammelten Informationen an die EBA abzuliefern haben. Da die in der Verordnung enthaltenen Regelungen somit rein technischer Art sind und die übrigen Voraussetzungen vorliegen, sind sowohl der Entwurf durch die EBA als auch die Verordnung selbst rechtmäßig.

Diese Kompetenzen werfen auch die Frage nach dem **Rechtsschutz** auf, bei dem das speziell in der VO geregelte Beschwerdeverfahren und die Klagemöglichkeiten vor dem EuG zusammenkommen[700]. Gegen die Untersagungsverfügung kann die D Bank Beschwerde gem. Art. 60 EBA-VO einlegen[701]. Über die zulässige Beschwerde entscheidet ein bei der EBA eingerichteter Beschwerdeausschuss (Art. 58 f EBA-VO) innerhalb von zwei Monaten nach deren Einreichung. Die Beschwerde hat gem. Art. 60 Abs. 3 EBA-VO keine aufschiebende Wirkung, der Beschwerdeausschuss kann aber den Vollzug vorübergehend aussetzen. Wird die Beschwerde der D Bank zurückgewiesen, so kann gegen den Beschluss des Beschwerdeausschusses gem. Art. 61 EBA-VO im Einklang mit Art. 263 AEUV Nichtigkeitsklage erhoben werden. 202

699 Diesen Anforderungen kommt die EBA-VO dadurch nach, dass sie in Art. 10 Abs. 1 Unterabs. 2 bestimmt, dass technische Regulierungsstandards ausschließlich technischer Art sind und keine strategischen oder politischen Entscheidungen beinhalten dürfen. Auch wird ihr Inhalt durch die Gesetzgebungsakte, auf denen sie beruhen, begrenzt.

700 Durch die Beschwerde wird eine Rechtsschutzlücke geschlossen, da bisher nicht ausreichend Rechtsschutz gegen Maßnahmen von Europäischen Agenturen vorhanden war. Vgl hierzu *Saurer*, EuR 2010, 51. Zugleich ist die Einrichtung eines Beschwerdeausschusses Konsequenz der „Unabhängigkeit" der EBA, die eine Rechtsaufsicht der Kommission ausschließt, vgl *Bierschenk/Dechent*, EuZW 2016, 572, 573.

701 Diese ist statthaft, da es sich bei der Maßnahme um einen Beschluss der EBA handelt, der gemäß den Artikeln 17, 18 oder 19 erlassen worden ist. Die Beschwerde muss gem. Art. 60 Abs. 2 EBA-VO innerhalb von zwei Monaten nach dem Tag der Bekanntgabe des Beschlusses oder innerhalb von zwei Monaten ab dem Tag der Veröffentlichung, sofern eine Bekanntgabe nicht erfolgte, schriftlich bei der EBA eingelegt werden. Als juristische Person ist die D-Bank gem. Art. 60 Abs. 1 EBA-VO auch beteiligtenfähig.

203 Auch in **Fall 14a (Rn 172)** hat D gegen die Anordnung der EBA zunächst Beschwerde zu erheben[702]. Hält der Ausschuss die Beschwerde für begründet, wird er die Angelegenheit an die zuständige Stelle der EBA zurückverweisen. Diese ist an den Beschluss des Beschwerdeausschusses gebunden und trifft einen geänderten Beschluss zu der betreffenden Angelegenheit (Art. 60 Abs. 5 EBA-VO). Andernfalls kann gegen die Beschwerdeentscheidung Nichtigkeitsklage erhoben werden. Zuständig ist hierbei für Klagen natürlicher oder juristischer Personen das Gericht (Art. 256 Abs. 1 AEUV). D ist als juristische Person auch zur Klageerhebung iSd Art. 61 Abs. 2 EBA-VO iVm Art. 263 Abs. 4 AEUV berechtigt. Bei dem Beschluss des Beschwerdeausschusses handelt es sich um eine Handlung einer „Einrichtung oder sonstigen Stelle" der Union, so dass die EBA selbst Klagegegner ist. D ist als Adressat der Untersagungsverfügung auch klagebefugt im Sinne des Art. 263 Abs. 4, 1. Alt. AEUV. Auch die BaFin kann gegen die an die D Bank gerichtete Untersagungsverfügung Beschwerde einlegen. Gem. Art. 60 Abs. 1 EBA-VO ist die Beschwerde der zuständigen Behörde statthaft, wenn sie sich „gegen einen gemäß den Artikeln 17, 18 und 19 getroffenen Beschluss der Behörde" richtet. Der Beschluss muss demnach nicht unmittelbar an die BaFin gerichtet sein, wie dies die zweite Variante des Art. 60 Abs. 1 EBA-VO voraussetzt[703]. Im Rahmen der ersten Variante ist auch nicht erforderlich, dass die BaFin unmittelbar und individuell von der Untersagungsverfügung betroffen ist. Den Beschluss des Beschwerdeausschusses kann auch die BaFin im Klageweg nach Art. 61 EBA-VO iVm Art. 263 AEUV anfechten[704]. Gegen die technischen Regulierungsstandards in **Fall 14b (Rn 172)** kann nur im Wege der Nichtigkeitsklage gem. Art. 263 EBA-VO vorgegangen werden, da es sich um Akte der Kommission und keine beschwerdefähigen Beschlüsse der EBA iSd Art. 60 Abs. 1 EBA-VO handelt. Im Rahmen der Klagebefugnis müssten die erhöhten Anforderungen des Art. 263 Abs. 4 AEUV erfüllt sein. In Betracht kommt die Einordnung von technischen Regulierungsstandards als „Rechtsakte mit Verordnungscharakter" iSd Art. 263 Abs. 4, 3. Var. AEUV[705], da die Verordnung nicht im Wege eines Gesetzgebungsverfahrens nach Art. 289 AEUV, sondern von der Kommission erlassen worden ist. Die Klagebefugnis ist jedoch für die D zu verneinen, da sie nicht unmittelbar von den technischen Regulierungsstandards betroffen ist. Diese richten sich unmittelbar nur an die BaFin. Anders könnte dies allerdings zu werten sein, falls auf europäischer Ebene unternehmensbezogene Pflichten, etwa nach dem Vorbild der MaRisk, erlassen werden.

d) Ausblick: Der Einheitliche Bankenabwicklungsmechanismus (SRM)

204 Als nächster Schritt in die Bankenunion der Eurozone wurde Anfang 2015 ein **Einheitlicher Bankenabwicklungsmechanismus (Single Resolution Mechanism – SRM)** zur Koordinierung der Sanierung und Abwicklung von Kreditinstituten geschaffen[706]. Er knüpft an den SSM an und etabliert – gestützt auf Art. 114 AEUV –

702 Der Beschwerdeausschuss ist ein gemeinsames Gremium der EBA, der ESMA und der EIOPA, vgl Art. 58 Abs. 1 EBA-VO; zum Verfahren näher *Bierschenk/Dechent*, EuZW 2016, 572.

703 Anders wohl *Lehmann/Manger-Nestler*, ZBB 2011, 2, 18.

704 Gem. § 1 Abs. 1 FinDAG handelt es sich bei der BaFin um eine rechtsfähige Anstalt des öffentlichen Rechts. Sie ist somit als juristische Person (des öffentlichen Rechts) und Adressat des gegen sie gerichteten Beschlusses des Beschwerdeausschusses auch parteifähig und klagebefugt iSd Art. 263 Abs. 4 AEUV.

705 Was unter „Rechtsakte mit Verordnungscharakter" zu verstehen ist, ist äußerst umstritten. Vgl hierzu *Cremer*, in: Calliess/Ruffert, EUV/AEUV, 4. Aufl. 2011, Art. 263 Rn 54 ff.

706 Verordnung (EU) Nr 806/2014 des Europäischen Parlaments und des Rates vom 15.7.2014 zur Festlegung einheitlicher Vorschriften und eines einheitlichen Verfahrens für die Abwicklung von Kreditinstituten und bestimmten Wertpapierfirmen im Rahmen eines einheitlichen Abwicklungsmechanismus und eines einheitlichen Abwicklungsfonds sowie zur Änderung der Verordnung EU Nr 1093/

eine europäische Abwicklungsbehörde (Single Resolution Board – SRB) mit Sitz in Brüssel, die Abwicklungspläne für die EZB-Institute und grenzüberschreitende Gruppen ausarbeitet und deren Abwicklungsfähigkeit bewertet. Das Abwicklungsverfahren wird ausgelöst, wenn nach Auffassung der EZB bzw des SRB ein Institut ausfällt oder auszufallen droht und keine anderweitigen Abhilfemaßnahmen ersichtlich sind. Das SRB arbeitet dann ein Abwicklungskonzept aus und legt es der Kommission vor, die wiederum zusätzlich den Rat einschalten kann. Wird das Abwicklungskonzept gebilligt, weist das SRB die nationale Abwicklungsbehörde an, die im Abwicklungskonzept vorgesehenen Abwicklungsinstrumente anzuwenden[707]. Es bestehen entsprechende Überwachungsrechte des SRB und Berichtspflichten der nationalen Behörden, subsidiär ein Selbsteintrittsrecht des SRB.[708]

5. Selbstverwaltung der Wirtschaft durch Kammern

Zur **mittelbaren Staatsverwaltung** gehören die als Körperschaft des öffentlichen Rechts organisierten berufsständischen Kammern. Diese gibt es nicht nur für die freien Berufe (s. schon oben Rn 99, 112, 205 ff zur Apothekerkammer), sondern auch im Bereich des Handwerks- und Gewerberechts (Handwerks- sowie Industrie- und Handelskammern). Gemeinsam ist diesen die Pflichtmitgliedschaft (zur verfassungsrechtlichen Zulässigkeit Rn 141 ff)[709]. Die Einzelheiten, insbes zu den Aufgaben und Organen, ergeben sich aus den einschlägigen Gesetzen, zB IHKG und §§ 90 ff HwO. **205**

Um **freiwillige Zusammenschlüsse** handelt es sich dagegen bei den sog. Handwerksinnungen (§§ 52 ff HwO), die der Aufsicht der Handwerkskammer unterstehen, § 75 S. 1 HwO. Zu ihren Pflichtaufgaben gehört die Mitwirkung an der Berufsausbildung, aber auch die Durchführung der von der Handwerkskammer erlassenen Vorschriften und Anordnungen (s. im Einzelnen § 61 Abs. 2 HwO). Auch die Innungen nehmen diese Aufgaben in hoheitlicher Form wahr[710], so dass Streitigkeiten zwischen Innung und Handwerker ebenfalls von § 40 VwGO erfasst werden[711]. Auch die Innungen haben das Grundrecht des Art. 12 GG zu beachten. Problematisch ist bei den Innungen als öffentlichrechtlich ausgestalteten Rechtsträgern das Nebeneinander

---

2010, ABl. L 225/1 v. 30.7.2014; auch diese Verordnung stützt sich auf Art. 114 AEUV, s. dazu und zur Bedeutung des „Leerverkauf-Urteils" bereits oben Fn. 528; instruktiv zum SRM *Ferran*, European Banking Union: Imperfect, but it can work, University of Cambridge Legal Studies Research Paper Series No. 30/2014, S. 11 ff (auch zur komplexen Zuständigkeits- und Verfahrensstruktur).

707 Vgl zum Verfahren Art. 18, zu den Instrumenten Art. 22 ff Verordnung (EU) Nr 806/2014 (SRM-VO) sowie die Richtlinie 2014/59/EU des Europäischen Parlaments und des Rates vom 15.5.2014 zur Festlegung eines Rahmens für die Sanierung und Abwicklung von Kreditinstituten und Wertpapierfirmen und zur Änderung der Richtlinie 82/891/EWG des Rates, der Richtlinien 2001/24/EG, 2002/47/EG, 2004/25/EG, 2005/56/EG, 2007/36/EG, 2011/35/EU, 2012/30/EU und 2013/36/EU sowie der Verordnungen (EU) Nr 1093/2010 und (EU) Nr 648/2012 des Europäischen Parlaments und des Rates, ABl. L 173/190 v. 12.6.2014 (BRRD).

708 Vgl Art. 29 SRM-VO.

709 Zur Unionsrechtskonformität OVG Koblenz, LKRZ 2010, 477; OVG Lüneburg, GewArch. 2009, 370. Der EuGH misst die Regelungen der Kammern aber auch am europäischen Wettbewerbsrecht (Art. 101 AEUV), vgl EuGH v. 19.2.2002, Rs. C-309/99 – *„Wouters"*, Slg. 2002, I-1577; s. auch *Breuer*, in: Isensee/Kirchhof, Handbuch des Staatsrechts, § 171 Rn 8.

710 BVerfGE 68, 193, 208. Ausführlicher zu den Innungen *Frotscher/Kramer*, Rn 618 ff; *Detterbeck/Will*, Die Handwerksinnungen in der staatlichen dualen Ordnung des Handwerks, 2003.

711 S. auch *Frotscher/Kramer*, Rn 629; *Honig/Knörr*, HwO, § 58 Rn 12. Wer die Aufnahmevoraussetzungen erfüllt, hat einen Anspruch auf Aufnahme, s. § 58 Abs. 3 HwO. Die Entscheidung über die Aufnahme in die Innung bzw deren Verweigerung stellt sich als Verwaltungsakt dar.

von öffentlichen Aufgaben und Interessenvertretung[712], das es so bei den anderen Berufsorganisationen nicht gibt. Rein privatrechtliche **Interessenvertretungen**, denen keine öffentlichen Aufgaben übertragen sind, stellen die Wirtschaftsverbände dar, zB der Bundesverband der deutschen Industrie und der Zentralverband des deutschen Handwerks.

206 Ausfluss des Selbstverwaltungsrechts ist die **Satzungshoheit**[713]. Die Mitglieder können sich gegenüber der Kammer auf ihre Grundrechte berufen; auch die Grundfreiheiten können einschlägig sein (s. dazu ▶ **Klausurenkurs Fall Nr 3**). Dabei folgt bereits aus dem Gesetzesvorbehalt, dass sie nur **innerhalb des gesetzlich festgelegten Aufgabenbereichs** tätig sein dürfen. Angesichts der weiten Formulierung (vgl zB „Belange der gewerblichen Wirtschaft" nach § 1 Abs. 1 IHGK) ergeben sich daraus jedenfalls für Stellungnahmen der Kammern kaum Grenzen. Auch allgemein wirtschaftspolitische Fragen gehören dazu, sofern diese einen hinreichenden örtlichen Bezug, dh nachvollziehbare Auswirkungen auf den Kammerbezirk haben[714].

Zentrale Aufgabe ist nicht nur die Beratung der Mitglieder[715], sondern auch die Interessenvertretung nach außen. Die Kammern sind nicht nur zur Abgabe von Stellungnahmen berechtigt, sondern können sich grundsätzlich auch an privatrechtlichen Dachverbänden[716] und privatrechtlichen Gesellschaften zur Förderung der örtlichen Wirtschaft beteiligen[717]. Eine wirtschaftliche Betätigung allein zur Erzielung von Einnahmen ist den Kammern dagegen nicht gestattet[718]. Streitigkeiten zwischen einer Kammer und ihren Mitgliedern beschäftigen regelmäßig die Gerichte, vor allem hinsichtlich der Kammerbeiträge. Außerdem kann die Einhaltung der Aufgaben mittels einer Feststellungsklage überprüft werden[719]. Darüber hinausgehende Innenrechtsstreitigkeiten zwischen Mitgliedern und Kammerorganen sind nach der Rechtsprechung des BVerwG jedoch unzulässig[720]. Die Befugnisse beschränken sich grundsätzlich auf Mitglieder[721].

712 Vgl *Frotscher/Kramer*, Rn 622.

713 Zur Delegation von Rechtssetzungsbefugnissen (am Beispiel der Notarkassen) BVerfG, NJW 2005, 45.

714 BVerwG, NVwZ-RR 2010, 882 m. Aufs. *Möllering*, GewArch. 2011, 56; VGH Kassel, NVwZ-RR 2009, 469, 471 f; weiter noch die Formulierung in BVerwGE 112, 69, 74.

715 Zur Möglichkeit der Rechtsberatung s. *Schöbener*, GewArch. 2011, 49.

716 BVerwGE 74, 254 zur Mitgliedschaft der Handwerkskammern im „Deutscher Handwerkskammertag" und dem „Zentralverband des Deutschen Handwerks".

717 BVerwGE 112, 69, 76 f.

718 Zum Versuch, den Kammern überall dort, wo ihre wirtschaftliche Betätigung in Konkurrenz zu ihren Mitgliedern tritt, Grenzen nach dem Vorbild des kommunalen Wirtschaftsrechs aufzuerlegen, *Pautsch*, GewArch. 2020, 48 ff.

719 St. Rspr, vgl nur BVerwG, NVwZ-RR 2010, 882; OVG Koblenz, LKRZ 2010, 477; s. auch *Frotscher/Kramer*, Rn 26 ff. Da die Beitragspflicht der Mitglieder nicht von der Einhaltung dieser Grenzen abhängt (vgl OVG Koblenz, LKRZ 2010, 477), können diese Fragen nicht inzident gerügt werden, wenn sich ein Mitglied gegen den Beitragsbescheid wendet.

720 Zur Frage eines Einsichtsrechts in Unterlagen BVerwGE 120, 255; dazu *Rickert*, GewArch. 2004, 369; *Schöbener*, GewArch. 2008, 329.

721 Zur Ablehnung einer Auskunftspflicht, wenn die Voraussetzungen einer Eintragung in die Handwerksrolle offensichtlich fehlen BVerwG, NVwZ-RR 2011, 314.

§ 3 Das Gewerberecht

I. Grundstrukturen und Grundbegriffe

1. Gewerberecht als Grundmodell des öffentlichen Wirtschaftsrechts

Das Gewerberecht ist **genauso traditionsreich** (zur historischen Entwicklung s. Rn 11 f) **wie aktuell**. § 1 Abs. 1 GewO stellt den Grundsatz der „Gewerbefreiheit" an den Beginn des Gesetzes. Die Zielrichtung der GewO war aber schon immer eine doppelte. Sie verbürgt seit 150 Jahren die heute verfassungsrechtlich garantierte Berufsfreiheit für die erfassten Tätigkeiten und sogar die Gleichberechtigung von Mann und Frau[1], dient aber auch als rechtsstaatlicher Rahmen für die Gefahrenabwehr[2]. Das Gewerberecht übernimmt zugleich die **Funktion eines „Allgemeinen Teils"** des öffentlichen Wirtschaftsrechts. Nicht nur im Gaststätten- und Handwerksrecht (dazu §§ 4–5), sondern auch im sog. Regulierungsrecht (§ 6) finden sich die aus der Gewerbeordnung vertrauten Grundstrukturen, etwa die Differenzierung zwischen anzeige- und genehmigungspflichtigem Gewerbe und gewerberechtliche Grundbegriffe wie Gewerbsmäßigkeit und Zuverlässigkeit. Auch im Gewerbenebenrecht werden dann die Ermächtigungsgrundlagen der GewO herangezogen, wenn es an spezialgesetzlichen Vorschriften fehlt (s. näher Rn 453). Zugleich werden die **Einflüsse des Unions-, des Verfassungs- sowie des Allgemeinen Verwaltungsrechts** auf das öffentliche Wirtschaftsrecht im Gewerberecht besonders anschaulich. 207

Dies betrifft zum einen die in § 2 des Lehrbuchs vor die Klammer gezogenen Fragen der Vereinbarkeit gewerberechtlicher Vorschriften mit Verfassungs- und Unionsrecht und nicht zuletzt die Anpassung an die Dienstleistungsrichtlinie: Für die **grenzüberschreitende Erbringung von Dienstleistungen** wurde in § 4 GewO[3] die Anwendbarkeit der gewerberechtlichen Anzeige- und Genehmigungserfordernisse eingeschränkt. Insoweit haben sich die früheren Klassiker zum Gewährleistungsgehalt der Grundfreiheiten bis auf wenige Ausnahmen ins einfache Recht verlagert (s. näher Rn 237 ff). Gleichwohl wird zu Recht die Frage aufgeworfen, inwieweit die GewO nach 150 Jahren „fit für die digitale Zukunft" ist[4]. Gerade die Vorschriften zum Reisegewerbe, mit denen der Gesetzgeber im 19. Jahrhundert auf das „fahrende Volk" reagierte, erweisen sich nicht zuletzt vor dem Hintergrund des zivilrechtlichen Schutzes bei Haustür- und Fernabsatzgeschäften als problematisch.

Das Gewerberecht liefert aber nicht nur in den universitären Schwerpunkten auch plastische Fälle für die juristische Ausbildung. Wichtiger als Detailwissen ist dabei die Kenntnis dieser Grundstrukturen, die – neben dem Prozessrecht – den **„Einstieg"** 208

---

1 Vgl § 11 Abs. 1 GewO 1869: Das Geschlecht begründet in Beziehung auf die Befugnis zum selbständigen Betrieb eines Gewerbes keinen Unterschied. Damit wurde erstmals in der Geschichte des deutschen Rechts die Gleichheit von Mann und Frau hinsichtlich der Befugnis zum selbständigen Betrieb eines Gewerbes festgeschrieben und Frauen die gewerbebezogene Geschäftsfähigkeit sowie Postulationsfähigkeit verliehen.

2 Grundsätzlich zu dieser Funktion BVerwG, NJW 1977, 772: „besonderes Ordnungsrecht … zur Wahrung der öffentlichen Sicherheit und Ordnung".

3 Dieser wurde eingefügt durch das Gesetz zur Umsetzung der Dienstleistungs-RL im Gewerberecht und in weiteren Rechtsvorschriften (DlRLUG) v. 17.7.2009, BGBl. I S 2091 und ist seit dem 28.12.2009 in Kraft.

4 Vgl nur *Ennuschat/Plogmann*, GewArch. 2019, 273.

in die Fallbearbeitung liefern. Der Erfolg einer Klausur hängt maßgeblich davon ab, dass gewerberechtliche Grundbegriffe (insbes der Gewerbebegriff und die Unzuverlässigkeit) und die einschlägigen Ermächtigungsgrundlagen erkannt und die Schnittstellen zum allgemeinen Verwaltungsrecht (s. Rn 313 f, 355 f, 443 f), zum Verwaltungsvollstreckungsrecht (s. Rn 324 ff), aber auch zum Polizei- und Ordnungsrecht (s. Rn 320 ff) gesehen werden.

2. Das Regelungskonzept der GewO

a) Gewerbearten

209 Systematisch unterscheidet die GewO drei **Gewerbearten**. Die Einteilung in **stehendes-, Reise- und Marktgewerbe** (Titel II – IV) knüpft an die Art und Weise der Ausübung des Gewerbes an. Nach der Systematik der GewO enthält **jeder Titel eine in sich abgeschlossene Regelung**, so dass Vorschriften in einem Titel nur für das entsprechende Gewerbe anwendbar sind, sofern das Gesetz nicht ausdrücklich etwas anderes bestimmt. So ist beispielsweise der Rückgriff auf die für den Titel II geltenden zentralen Vorschriften der §§ 14, 35 GewO bei einem erlaubnisfreien Reisegewerbe nicht möglich; es bedurfte paralleler Regelungen in §§ 55c, 59 GewO. Auch das – eigentlich in die Kompetenz der Landesgesetzgeber abgewanderte – Marktgewerbe „dispensiert" von den meisten Vorschriften der Titel II und III. Regelungslücken sind dadurch ausgeschlossen, dass zum stehenden Gewerbe alle gewerblichen Tätigkeiten zählen, die nicht Reise- oder Marktgewerbe sind.

b) Erlaubnisfreies und zulassungspflichtiges Gewerbe

210 § 1 GewO geht davon aus, dass Aufnahme und Fortsetzung der gewerblichen Betätigung grundsätzlich frei sind und keiner gesetzlichen Beschränkung unterliegen. Liegt also ein Gewerbe vor, ist dessen Ausübung **ohne staatliche Genehmigung** gestattet, solange nicht ausdrücklich etwas anderes bestimmt ist. **Gewerberechtliche Erlaubnispflichten sind allerdings trotz dieses Leitbildes keineswegs die Ausnahme**. Art. 12 GG (und der Grundsatz der Gewerbefreiheit nach § 1 GewO) verlangen jedoch, dass **Erlaubnispflichten ausdrücklich normiert** werden und **beim Vorliegen der gesetzlichen Voraussetzungen ein Anspruch auf die Erteilung einer Erlaubnis** besteht (s. schon Rn 123).

Erlaubnispflichten bestehen für bestimmte Formen des stehenden Gewerbes (**§§ 30–34i GewO**) und das Reisegewerbe (**§§ 55 ff GewO**). Sie finden sich auch in Sondergesetzen. Vom erlaubnisbedürftigen **zu unterscheiden ist das sog. überwachungsbedürftige Gewerbe nach § 38 GewO**. Dort bleibt es bei der bloßen Anzeigepflicht nach § 14 GewO, allerdings prüft die Behörde unverzüglich nach Eingang der Anzeige die Zuverlässigkeit des Gewerbetreibenden, § 38 Abs. 1 S. 1 GewO. Die Gewerbefreiheit des § 1 GewO[5] beschränkt sich auf das „Ob", dh die Aufnahme der Tätigkeit sowie die (Pflicht zur) Beendigung gewerberechtlicher Tätigkeit. Das „Wie" also die Art und Weise der Betätigung, wird davon nicht erfasst (zu den Auswirkungen auf die Zulässigkeit polizeirechtlicher Maßnahmen bzw landesrechtlicher Regelungen s. unten Rn 320 f). Von vornherein nicht unter die Gewerbefreiheit fallen strafrechtlich verbotene

5 Ausf *Ehlers*, in: Ehlers/Fehling/Pünder, § 17 Rn 29 ff.

Tätigkeiten (dazu unten Rn 323). Gegen diese kann daher auf polizeirechtlicher Grundlage eingeschritten werden.

Für die praktische Lösung eines Falles liegt nicht nur in der Klausur die **entscheidende Weichenstellung in der Zuordnung zum genehmigungsfreien oder genehmigungsbedürftigen Gewerbe**, da von dieser das behördliche Handlungsinstrumentarium abhängt. **211**

Beim erlaubnisfreien Gewerbe hat die Behörde – beim Vorliegen der Tatbestandsvoraussetzungen – die Möglichkeit einer **Untersagung der Ausübung des Gewerbes wegen Unzuverlässigkeit**, zB gem. § 35 GewO. Diese Untersagung ergeht durch Verwaltungsakt, gegen den sich der Betroffene mit Widerspruch bzw Anfechtungsklage wehren kann. Als Verwaltungsakt kann sie nach dem LVwVG vollstreckt werden. Daneben kann auch die Pflicht zur Gewerbeanzeige durchgesetzt werden (s. unten Rn 276); diese Konstellation dient als „Aufhänger" für die Frage, ob eine Tätigkeit überhaupt ein Gewerbe darstellt. Wird eine **erforderliche Erlaubnis beantragt**, besteht schon aus verfassungsrechtlichen Gründen ein Anspruch auf die Genehmigung, wenn die Voraussetzungen (bzw keine Versagungsgründe) vorliegen. Entscheidet die Behörde nicht rechtzeitig über eine beantragte Genehmigung, kann diese in den Fällen des § 6a GewO fingiert werden[6]. Wurde eine Erlaubnis erteilt, muss diese aufgehoben werden, bevor gegen die weitere Ausübung des Gewerbes vorgegangen werden kann. Teilweise bestehen Sondervorschriften für **Rücknahme und Widerruf,** die die allgemeinen Vorschriften der §§ 48, 49 LVwVfG ergänzen und tlw verdrängen. Eine Erlaubnis kann außerdem mit Nebenbestimmungen versehen werden, entweder aufgrund ausdrücklicher Regelung oder nach § 36 Abs. 1 LVwVfG[7]. **Ohne Erlaubnis** dürfen genehmigungspflichtige Gewerbe nicht ausgeübt werden, so dass die Behörde zum Einschreiten berechtigt ist, zB zur Untersagung der Fortsetzung des Betriebes nach § 15 Abs. 2 GewO. Dies gilt nicht nur, wenn überhaupt keine Erlaubnis beantragt wurde, sondern auch wenn diese seitens der Behörde aufgehoben worden ist.

c) Gewerberechtliche Schlüsselbegriffe

Schon dieser kurze Überblick ließ erkennen, dass gewerberechtliche Schlüsselbegriffe dieses Rechtsgebiet prägen. Der **Begriff des Gewerbes** entscheidet über die Anwendbarkeit der Gewerbeordnung, aber zugleich auch über die Abgrenzung zwischen Gewerbe- und Polizeirecht. **Gewerbetreibende** sind in der Praxis überwiegend juristische Personen. Die **Unzuverlässigkeit** entscheidet über die Zulässigkeit einer Gewerbeuntersagung (eben wegen mangelnder Zuverlässigkeit) zB nach § 35 GewO, ist aber auch der Hauptgrund für die Versagung einer Erlaubnis. Diese gewerberechtlichen Schlüsselbegriffe werden genauso wie zentrale Fragen des Verwaltungsverfahrens „vor die Klammer" gezogen. Sowohl der Begriff des Gewerbes als auch der der Unzuverlässigkeit sind unbestimmte Rechtsbegriffe, die der vollen gerichtlichen Überprüfung unterliegen[8]. **212**

6 Dazu *Bernhardt*, GewArch. 2009, 100 ff; *Jäde*, UPR 2009, 169 ff.

7 Da es sich bei gewerberechtlichen Genehmigungen immer um gebundene Entscheidungen handelt, ist nur § 36 Abs. 1 LVwVfG einschlägig.

8 Dazu näher *Schenke/Ruthig*, in: Kopp/Schenke, VwGO § 114 Rn 23.

3. Der Begriff des Gewerbes

213 **Fall 15:** Handelt es sich in den folgenden Fällen um Gewerbe?

a) K betreibt einen sog. „Swingerclub". Dieser soll grundsätzlich jedem interessierten Erwachsenen offen stehen. Auf die Altersgrenze und die Art des Clubs wird am Eingang deutlich hingewiesen.
b) Der gemeinnützige Touristenverein „Naturfreunde eV" betreibt ein Naturfreundehaus. Die Angebote vor allem zur Kinder- und Jugenderholung richten sich primär an sozial schwache Bevölkerungsgruppen und kinderreiche Familien. Speisen und Getränke werden zwar über dem Einkaufspreis, aber sehr günstig angeboten. Trotz erheblicher Landeszuschüsse macht das Haus Verluste.
c) Studentin S versteigert auf den entsprechenden Online-Plattformen Flohmarktartikel, die sie bei Eltern und Verwandten auf dem Dachboden findet.
d) K vermietet auf einem ihm gehörenden, ca. 12 ha großen Freizeitplatz ca. 1200 Standplätze an Dauercamper. Die Standplätze werden nur für den Sommer zum Preis von 500 EUR vermietet. Jeder Standplatz hat Anschluss an die Strom- und Wasserversorgung, es gibt auf dem Gelände mehrere Dusch- und Toilettenanlagen sowie einen Verkaufskiosk[9].
e) K betreibt einen Hofladen, in dem er überwiegend ökologisch erzeugte landwirtschaftliche Produkte aus der Eigenproduktion verkauft. Sein Laden ist täglich 4 Stunden geöffnet.
f) K bietet eine Schülerbetreuung mit Hausaufgabenhilfe an. Die Eltern zahlen dafür pro Nachmittag 20 EUR.
g) S ist Diplom-Sozialpädagoge und betreibt ein Büro für soziale Dienstleistungen. In diesem Rahmen ist er hauptberuflich als sog. Berufsbetreuer für über 20 Personen aus allen Amtsgerichtsbezirken des Landkreises selbstständig tätig (zu den Aufgaben eines Betreuers vgl § 1901 BGB). Hierfür wird er nach dem Vormunds- und Betreuervergütungsgesetz vergütet (§ 1836 Abs. 1 S. 2, 3 BGB). Die zuständige Gewerbeaufsichtsbehörde ist der Auffassung, er müsse ein Gewerbe anmelden. Ist dies zutreffend? Ändert sich an der Beurteilung etwas, wenn es sich um den zugelassenen Rechtsanwalt R handelt?
h) M vermietet ein Zimmer seiner schön gelegenen Wohnung regelmäßig über verschiedene Online-Vermittlungsportale an Gäste, die hierin eine günstige Alternative zu traditionellen Hotels und Ferienwohnungen sehen. Er orientiert sich an den von den Vermittlungsportalen aufgrund der lokalen Erfahrungswerte vorgeschlagenen Preisen und erzielt so monatlich ein Zusatzeinkommen von ca 500 EUR. Um das Frühstück müssen sich die Gäste selber kümmern, sie dürfen dazu aber seine Küche nutzen.

214 Die Anwendbarkeit des Gewerberechts setzt voraus, dass die entsprechende Tätigkeit gewerbsmäßig ausgeübt wird. Die **Definition** dieses gewerberechtlichen Schlüsselbegriffs wurde von der Rechtsprechung entwickelt. Gewerbe ist **jede erlaubte, auf Gewinnerzielung gerichtete, selbstständige und auf Dauer angelegte Tätigkeit, die nicht Urproduktion, freier Beruf oder die Verwaltung eigenen Vermögens ist**[10]. Es lassen sich also neben den vier **„positiven" Elementen der Gewerbsmäßigkeit** (Erlaubtheit, Gewinnerzielungsabsicht, Selbstständigkeit, Dauerhaftigkeit) drei **„negative" Merkmale der sog. Gewerbsfähigkeit** (Ausschluss von Urproduktion, frei-

9 BVerwG, NJW 1977, 772.

10 Vgl die grundlegende Entscheidung des BVerwG, NJW 1977, 772. So oder ähnlich die allgemeine Auffassung in Rechtsprechung und Literatur. S. dazu *Eisenmenger*, in: Landmann/Rohmer, GewO, § 1 Rn 3 ff mwN.

en Berufen und der Verwaltung eigenen Vermögens) unterscheiden[11]. Diese Merkmale müssen **kumulativ** vorliegen. Anders als im Handels- und Steuerrecht führt im Gewerberecht deswegen auch nicht allein die Größe oder die Rechtsform eines Unternehmens zur Bejahung der Gewerbsmäßigkeit[12]. Angesichts der Konkretisierungen durch die Rechtsprechung geht man einhellig davon aus, dass der Begriff den Anforderungen des Bestimmtheitsgrundsatzes genügt[13]. Verständlich wird die anhand einer Vielzahl von Fällen konkretisierte Definition des Gewerbebegriffes vor allem aus ihrer **Funktion** heraus, über die Anwendung des Gewerberechts zu entscheiden.

Als **unbestimmter (aber voll justitiabler) Rechtsbegriff** passt er sich dynamisch **215** den gesellschaftlichen und wirtschaftlichen Entwicklungen an. Der Begriff muss offen genug sein, um „die Vielgestaltigkeit der gewerblichen Entwicklung"[14] auch für die Zukunft zu erfassen und andererseits bestimmt genug, um – freilich aus ganz unterschiedlichen Gründen – bestimmte Tätigkeiten aus dem Anwendungsbereich des Gewerberechts herauszunehmen. Diese unterfallen entweder – wie die freien Berufe – einem eigenen Rechtsregime oder unterliegen – wie vor allem sämtliche als nicht erlaubt aus dem Gewerbebegriff ausgesonderten Tätigkeiten – der Kontrolle der allgemeinen Polizei- und Ordnungsbehörden (s. unten Rn 323 f). Gleichzeitig ist er flexibel genug, um den **Besonderheiten des Einzelfalles** Rechnung zu tragen, so dass vor einer allzu schematischen Anwendung der im Folgenden gelieferten Beispiele zu warnen ist. Gleichermaßen sind pauschale Hinweise auf den vermeintlichen „Typus" des Gewerbetreibenden abzulehnen. Vor allem beim Ausscheiden von Bagatellfällen, für den diese sog. Gesamtbildlehre entwickelt wurde[15], ist Vorsicht geboten: dafür sind die Einzelmerkmale maßgeblich. Vor allem Dauerhaftigkeit und Gewinnerzielungsabsicht werden sich in solchen Fällen regelmäßig verneinen lassen. Der Gewerbebegriff gilt nicht nur für die GewO und die gewerberechtlichen Nebengesetze (vor allem GastG und HwO)[16], sondern insbesondere auch für TKG und KWG (dazu unten Rn 537, 544); die handels- und steuerrechtlichen Begriffe sind teilweise weiter.

Über die Anwendbarkeit der Gewerbeordnung entscheidet allerdings nicht allein diese Definition des Gewerbes. In § 6 GewO hat der Gesetzgeber für eine Vielzahl äußerst heterogener Tätigkeiten ausdrücklich die (Nicht)Anwendbarkeit der GewO vorgeschrieben. Die Vorschrift ist zwar teilweise deklaratorisch[17], kann aber nicht pauschal zur Konturierung des Gewerbebegrif-

---

11 *Ehlers*, in: Ehlers/Fehling/Pünder, § 18 Rn 12; s. auch *Frotscher/Kramer*, Rn 336 ff; *Schliesky*, S. 227 f.

12 Dazu *v. Ebner*, GewArch. 1977, 281; ausf zum steuerrechtlichen Begriff *Friauf*, in: Friauf, GewO, § 1 Rn 7c ff.

13 S. näher *Friauf*, in: Friauf, GewO, § 1 Rn 13 ff mwN auch zu den vereinzelten Gegenstimmen.

14 So bereits die Entwurfsbegründung des Gesetzes von 1869; dazu BVerfG, NJW 1977, 772.

15 *Fröhler*, NJW 1963, 279, 281; *Ennuschat*, in: Tettinger/Wank/Ennuschat, GewO, § 1 Rn 3 f; *Korte*, in: Schmidt/Wollenschläger, § 9 Rn 31; krit im Hinblick auf die Bestimmtheit des Maßstabs auch *Frotscher/Kramer* Rn 347.

16 Zur Einheitlichkeit des gewerberechtlichen Begriffes s. *Friauf*, in: Friauf, GewO, § 1 Rn 15 ff. Der Gewerbebegriff findet auch außerhalb des Wirtschaftsverwaltungsrechts Verwendung, ohne dass dem notwendigerweise eine einheitliche Begriffsbestimmung zugrunde liegt (s. zur unterschiedlichen Funktion des Begriffes im Gewerbe- und im Steuerrecht BVerwG, NJW 1977, 772). Auch der bauplanungsrechtliche Gewerbebegriff ist nicht im Sinne der GewO auszulegen, s. *Battis/Krautzberger/Löhr*, BauGB, § 35 Rn 31. Die folgende Darstellung beschränkt sich auf das Gewerberecht.

17 S. *Friauf*, in: Friauf, GewO, § 1 Rn 4; ausf die Kommentierungen des § 6. § 6 sollte schon nach der Begründung zum Entwurf von 1869 nicht den Gewerbebegriff definieren, s. *Friauf*, in: Friauf, GewO, § 1 Rn 10b.

fes herangezogen werden[18]. So wird die Anwendbarkeit der GewO ausdrücklich auf die Tätigkeit von (eigentlich zu den freien Berufen gehörenden) Apothekern erstreckt. Umgekehrt wurde die Tätigkeit von Prostituierten ausdrücklich vom Anwendungsbereich der GewO ausgenommen, so dass sich insoweit die Diskussion um die Gewerbsmäßigkeit des „ältesten Gewerbes der Welt" erledigt hat (s. ausf unten Rn 217 f).

a) Erlaubtheit des Gewerbes

216 Erlaubt und damit grundsätzlich auch als Gewerbe ausübbar ist eine **Tätigkeit, die nicht generell gegen geltendes Verfassungsrecht oder Strafgesetze verstößt**[19]. Dieses Merkmal soll also bestimmte Verhaltensweisen aus dem Gewerberecht verbannen und gleichzeitig die Anwendbarkeit des allgemeinen Polizei- und Ordnungsrechts eröffnen; schon wegen dieser Funktion ist es unverzichtbar[20]. Es ist gleichzeitig von Verboten in der GewO, etwa der Durchführung bestimmter Tätigkeiten als Reisegewerbe (dazu Rn 337 ff), zu unterscheiden. Während sich mittels dieses Kriteriums eindeutig strafbares Verhalten wie die „gewerbsmäßige" Hehlerei, aber auch die Ausübung verbotenen Glücksspiels (§ 284 StGB)[21] ohne Probleme aus dem Gewerbebegriff ausklammern und damit der Kontrolle der allgemeinen Gefahrenabwehrbehörden überstellen lassen, stellt sich immer wieder die Frage, inwieweit Tätigkeiten, die nicht ausdrücklich verboten sind, als **sozial unwertig** aus dem Gewerbebegriff herausfallen können. Dies soll dann der Fall sein, wenn sie „den allgemein anerkannten sittlichen und moralischen Wertvorstellungen zuwiderlaufen"[22]. Da diese nach Ansicht des BVerfG dem Schutz des Art. 12 GG unterfallen (s. bereits Rn 116) und die verfassungsrechtlichen Wertungen das Gewerberecht prägen, erscheint dies problematisch[23]. Weil viele ursprünglich als sozial unwertig qualifizierte Tätigkeiten seit langem als Gewerbe anerkannt sind, wie etwa **Astrologie, Wahrsagerei** und ähnliche gegen Entgelt angebotene Tätigkeiten[24], ist die praktische Relevanz dieser Frage eher gering (s. zur Kommerzialisierung der Sexualität Rn 218 f). Es verbleiben lediglich die **Verstöße gegen die Menschenwürde des Art. 1 Abs. 1 GG**. Solche Betätigungen, die insgesamt gegen die Menschenwürde verstoßen[25], fallen bereits aus dem Gewerbebegriff heraus, so dass ein Einschreiten auf der Grundlage des Polizei- und Ordnungsrechts möglich ist. Dogmatisch überzeugt der Ansatz, allerdings begegnet die Subsumtion der konkreten Fälle unter die Menschenwürde erheblichen Bedenken (zu Laserdromen Rn 116 und zu den Peep-

---

18 OVG Lüneburg, GewArch. 2013, 315; *Marcks*, in: Landmann/Rohmer, GewO, § 6 Rn 2.

19 Ausf *Kahl*, in: Landmann/Rohmer, GewO, Einl Rn 38 mwN.

20 Für einen Verzicht auf dieses Tatbestandsmerkmal aber *Friauf*, in: Friauf, GewO, § 1 Rn 28.

21 Davon zu unterscheiden ist allerdings die Frage der Gewerbsmäßigkeit der Annahme von Sportwetten, die spätestens seit der Entscheidung EuGH, NVwZ 2010, 1409 zu bejahen ist, s. auch *Schönleiter*, GewArch. 2011, 67, 70.

22 BVerwG, GewArch. 1993, 196, 197; 1998, 41; *Ennuschat*, in: Tettinger/Wank/Ennuschat, GewO, § 1 Rn 41 ff; *Eisenmenger*, in: Landmann/Rohmer, GewO, § 1 Rn 16 ff; *Ziekow*, § 10 Rn 8.

23 Dazu *Ehlers*, in: Ehlers/Fehling/Pünder, § 18 Rn 13; *Vollmöller*, in: Schmidt/Vollmöller, § 8 Rn 6.

24 BVerwGE 22, 286 gegen die frühere Rechtsprechung.

25 Im Fall des VG Neustadt, NVwZ 1993, 98 wurde der generelle Menschenwürdeverstoß verneint, so dass das Gericht die Untersagung der Ausübung einzelner nicht genehmigter Tätigkeiten nach § 15 Abs. 2 GewO prüfte. Demgegenüber wurde gegen die Laserdrome auf der Grundlage des Polizeirechts eingeschritten.

Shows Rn 218)[26]. Es ist primär die Aufgabe des Gesetzgebers über Zulässigkeit oder Unzulässigkeit bestimmter Gewerbe zu entscheiden; der schillernde Begriff der sozialen Unwertigkeit kann dies nicht leisten, auch nicht, wenn man ihn mit zweifelhaften Menschenwürdeargumenten anreichert[27].

Hinsichtlich der **kommerziellen Suizidbegleitung** hatte der Gesetzgeber eine solche Regelung zu treffen versucht; allerdings ist § 217 StGB verfassungswidrig (s. oben Rn 116). Damit ist es nunmehr ausgeschlossen, diese als schlechthin verboten zu qualifizieren[28]. Der Gesetzgeber ist zu einer (differenzierten) Regelung aufgerufen; unabhängig davon ist aber nunmehr auch ein polizeirechtliches Einschreiten ausgeschlossen (zum Verhältnis zwischen Gewerbe- und Polizeirecht unten Rn 320).

Besonders intensiv diskutiert wurde die Frage der „sozialen Unwertigkeit" im Zusammenhang mit der **Kommerzialisierung der Sexualität**. Die Ausübung der **Prostitution**, aber auch der Betrieb eines Bordells fielen nach früher praktisch einhelliger Auffassung als „sozial unwertige Tätigkeit" aus dem Gewerbebegriff und damit auch der Gewerbeaufsicht heraus. Allerdings handelt es sich beim Begriff der Gewerbsmäßigkeit nicht um eine moralische oder ethische Kategorie, sondern einen gefahrenabwehrrechtlichen Rechtsbegriff. Dieser ist, so auch das BVerwG[29], auszulegen vor dem Hintergrund grundrechtlicher Gewährleistungen sowie der gewandelten Moralvorstellungen der Allgemeinheit, wie sie sich insbesondere in Wertentscheidungen des Gesetzgebers widerspiegeln (zu den Prostitutionsgesetzen und ihren Konsequenzen für das öffentliche Recht auch Rn 116, 261, 436[30]). Die **Grenze** der Freiheitsausübung des Einzelnen sei erst erreicht, wenn „durch ein Verhalten, das nicht mit Strafe bedroht ist, **schutzwürdige Belange der Allgemeinheit** berührt werden, was insbesondere dann der Fall ist, wenn es nach außen in Erscheinung tritt" und dadurch Jugendliche in ihrer Entwicklung gestört oder Dritte belästigt werden[31]. Sofern ein solcher Öffentlichkeitsbezug fehlt, ist es nicht Aufgabe des Gewerberechts, die Sittlichkeit zu fördern oder den Einzelnen zu einem herrschenden Moralvorstellungen entsprechenden Verhalten zu erziehen[32]. Aus systematischen Gründen ist zudem zu beachten, dass das Gesetz zwischen Gewerbsmäßigkeit und Unsittlichkeit differenziert und Letztere bei genehmigungsbedürftigen Gewerben als Versagungsgrund ausgestaltet ist (vgl zu § 33a Abs. 2 S. 1 GewO Rn 305; zu § 4 Abs. 1 Nr 1 GastG Rn 436; **217**

26 Zur Argumentation mit der Menschenwürde BVerwGE 64, 274, 279; mit tlw abweichender Begründung (vorherrschende Moralvorstellungen) BVerwGE 84, 314, 318. Ausdrücklich abweichend für großstädtische Vergnügungsviertel bereits OVG Hamburg, GewArch. 1987, 298.

27 Ebenso *Ehlers*, in: Ehlers/Fehling/Pünder, § 18 Rn 13. Gerade die Peep-Show-Entscheidung belegte, dass das Menschenwürdeargument (erst) dann auftauchte, als sich Moralvorstellungen diversifiziert hatten, s. dazu *Marcks*, in: Landmann/Rohmer, GewO, § 33a Rn 19 ff.

28 So aber bisher das gewerberechtliche Schrifttum und die Rechtsprechung, vgl noch die 4 Aufl.; *Marcks*, in: Landmann/Rohmer, GewO, § 14 Rn 17a mwN. VG Hamburg, BeckRS 2009, 31346. Das BVerfG hat dem Gesetzgeber keine Übergangsfrist eingeräumt (vgl BVerfG, NJW 2020, 905 LS 1).

29 Vgl nur die Nichtannahmeentscheidung BVerfG, NVwZ 2009, 909; grundlegend (zum Swingerclub) BVerwG, NVwZ 2003, 603; außerdem mwN zum Meinungsstand *Marcks*, in: Landmann/Rohmer, GewO, § 14 Rn 15d; *Gurlit*, VerwArch. 2006, 409, 425 f; *dies.*, GewArch. 2008, 426, 427.

30 Den Aspekt der kommerziellen Ausnutzung des Sexualtriebs zentral betonend das 2. Peepshow-Urteil, BVerwGE 314, 318 f.

31 BVerwG, NVwZ 2003, 603, 604.

32 Gegen ein Abstellen auf demoskopische Umfragen (zu Peep-Shows) auch BVerwG, NJW 1996, 1423 (allerdings im revisionsrechtlichen Zusammenhang nur bedingt aussagekräftig).

s. nunmehr auch die Konkretisierung der Zuverlässigkeit für das Prostitutionsgewerbe in § 15 ProstSchG)[33]. Grundsätzlich scheitert damit auch die Einstufung der Prostitution als Gewerbe also nicht am Merkmal der Erlaubtheit[34]. Für die persönliche Ausübung der Prostitution spielt diese Frage keine Rolle mehr, da diese gem. § 6 Abs. 1 S. 1 GewO nF ausdrücklich vom Anwendungsbereich der GewO ausgenommen wird (s. auch BT-Drucks. 18/8556 S. 104). Diese Freistellung erfasst aber gerade nicht das sog „Prostitutionsgewerbe". Insoweit knüpft der Gesetzgeber an die tradierte Differenzierung zwischen Prostitution und „gewerblichen Nebenleistungen"[35] an, qualifiziert aber auch deren früher als „sozial unwertig" eingestuften Formen wie den Betrieb eines Bordells als Gewerbe, für die in § 12 ProstSchG eine spezialgesetzliche Erlaubnispflicht besteht (s. aber zum Einschreiten nach § 15 Abs. 2 GewO gegen unerlaubte Prostitutionsstätten Rn 315), die jedoch das allgemeine Gewerberecht nicht verdrängt[36].

218 **Fall 15a (Rn 213)**[37]**:** Damit ist erst recht die kommerzielle Ausnutzung sexueller Bedürfnisse im Grundsatz nicht sozial verwerflich; auf die wenig überzeugende Abgrenzung von zulässigen „gewerblichen Nebenleistungen"[38] kann daher verzichtet werden. Im Betreiben eines **Swingerclubs**[39] liegt also ein Gewerbe, auf das die GewO und das GastG anwendbar sind; er unterliegt grundsätzlich nicht dem ProstSchG[40]. Die danach beim Ausschank alko-

33 Dies betont auch BVerwG, NVwZ 2003, 603; s. ferner *Ennuschat*, in: Tettinger/Wank/Ennuschat, GewO, § 1 Rn 47.

34 *Marcks*, in: Landmann/Rohmer, GewO, § 14 Rn 15a; *Gurlit*, VerwArch. 97 (2006) 409, 423; *Pöltl*, VBlBW 2003, 181, 189. Im Ergebnis nahmen deshalb die meisten Bundesländer eine Gewerbeanzeige von Prostituierten entgegen, s. dazu *Martinez*, in: Pielow, GewO, § 14 Rn 8.

35 Vgl nur BVerwG, GewArch. 1974, 201 zum Betreiben eines „Dirnenwohnheims".

36 Zum Gesetz zum Schutz von in der Prostitution tätigen Personen v. 21.10.2016, BGBl. I, S. 2372 (Prostituiertenschutzgesetz –ProstSchG) vgl BT-Drucks. 18/8556, S. 1 f, 58 ff. Davon zu unterscheiden ist die Anwendung gewerberechtlicher Anforderungen im besonderen Gewerberecht, vgl zur Unzuverlässigkeit für das Betreiben eines Prostitutionsgewerbes aus allgemeinen Gründen (neben § 15 ProstSchG) OVG Münster, BeckRS 2020, 291.

37 BVerwG, NVwZ 2003, 603; s. auch *Haferkorn*, GewArch. 2002, 145, 146 ff; *Pauly/Brehm*, GewArch. 2000, 50, 58 f.

38 Vgl nur BVerwG, GewArch. 1974, 201 zum Betreiben eines „Dirnenwohnheims".

39 Vergleichbare Maßstäbe sind auch in den übrigen Fällen anzulegen, vgl bereits zuvor zum Darkroom VG Stuttgart, GewArch. 1998, 291. Dies gilt auch für die Peep-Shows; insoweit aA *Pielow*, in: Pielow, GewO, § 1 Rn 167: es sei entscheidend, dass die Tänzerinnen durch die fehlende Interaktionsmöglichkeit als mit den Gästen entpersonalisiert und zum bloßen „Schauobjekt" herabgewürdigt würden. Ob allerdings die alternativen Gestaltungsmöglichkeiten (dazu *Ennuschat*, in: Tettinger/Wank/Ennuschat, GewO, § 33a Rn 47 ff) wirklich im Interesse der Darstellerinnen sind, ist mehr als zweifelhaft. Letztlich handelt es sich hier (genauso wie in den Laserdrome-Fällen) um eine simplifizierte Interpretation der Objektformel.

40 Eine Erlaubnis nach § 12 iVm § 2 Abs. 6 ProstSchG ist erforderlich, soweit sexuelle Dienstleistungen iSv § 2 Abs 1 ProstSchG gegen Entgelt angeboten werden. Insoweit ergeben sich Abgrenzungsschwierigkeiten, sofern der Swingerclub auch von Prostituierten frequentiert wird. Mit dem Begriff des „Prostitutionsgewerbes" sollen nach der Gesetzesbegründung im Ergebnis „alle Betriebsarten und Geschäftsmodelle gewerblicher Tätigkeit im Bereich sexueller Dienstleistungen mit Ausnahme der eigentlichen Tätigkeit als Prostituierte oder Prostituierter" erfasst werden, insbesondere „Tätigkeiten im organisatorischen Umfeld genauso wie im Bereich der Anbahnung der Prostitution, wie zB die Vermittlung sexueller Dienstleistungen, verschiedene Tätigkeiten der Kundenakquise, Veranstaltertätigkeiten, Fahr- und Begleitdienste sowie das Bereitstellen einer räumlichen Infrastruktur einschließlich von Nebenleistungen" (BT-Drucks. 18/8556 S. 58). Es genügt also für die Erlaubnispflicht, wenn hier mit Wissen des Betreibers Prostituierte tätig werden, vgl die Gesetzesbegründung (BT-Drucks. 18/8556 S. 62 – ausdrücklich zur Anbahnungsgaststätte) und *Marcks*, in: Landmann/Rohmer, GewO,

holischer Getränke (vgl Rn 419) erforderliche Erlaubnis kann nicht mit dem Argument verweigert werden, es werde der Unsittlichkeit Vorschub geleistet. Dies wäre allerdings dann der Fall, wenn Dritte gegen ihren Willen mit Erscheinungsformen der Sexualität in Kontakt geraten oder der Jugendschutz nicht gewährleistet ist, was im konkreten Fall aber durch die deutlichen Hinweise am Eingang und entsprechende Kontrollen ausgeschlossen wird.

b) Gewinnerzielungsabsicht

Gewinnerzielungsabsicht ist „das planmäßige Streben, mehr zu erwirtschaften, als zur Deckung der betrieblichen Kosten erforderlich ist“[41]. Die Erzielung tatsächlichen Gewinns ist dafür also unerheblich, solange subjektiv ein solches Gewinnstreben vorhanden ist[42]. Zweck dieses Tatbestandsmerkmals ist die Ausklammerung gemeinnütziger Betätigung, aber auch bestimmter Bagatellfälle aus dem Gewerbebegriff. Im Regelfall reicht die bloße Kostendeckungsabsicht daher nicht[43]. Gewinn ist andererseits jeder wirtschaftliche Vorteil, der zu einem Überschuss über die eigenen Aufwendungen führt[44]. Gewinnerzielungsabsicht kann also auch bei isoliert betrachtet kostenlosen Angeboten vorliegen, wenn diese den Gewinn an anderer Stelle steigern[45]. 219

Fall 15b (Rn 213)[46]**:** Deswegen fehlt dem Betrieb des Naturfreundehauses die Gewerbsmäßigkeit, da es trotz staatlicher Zuschüsse noch defizitär arbeitet[47]. Bereits die Tatsache, dass Speisen und Getränke günstiger als üblich angeboten werden, ist ein Indiz für die fehlende Gewinnerzielungsabsicht. 220

Die wohl hM stellt auch dann allein auf dieses Kriterium der Gewinnerzielungsabsicht ab, wenn zu einer **außerwirtschaftlichen Zwecksetzung** religiöser, sozialer oder sonst ideeller bzw gemeinnütziger Art die **Gewinnerzielungsabsicht als Nebenzweck** hinzutritt[48]. Umgekehrt führt die wohltätige Absicht nicht zum Entfallen der Gewerbsmäßigkeit, wenn die Tätigkeit gerade auf die Erzielung von Überschüssen gerichtet ist, die anschließend – mittelbar – zu gemeinnützigen Zwecken eingesetzt werden sollen. Für die Gewinnerzielungsabsicht ist der Zweck der späteren Gewinnverwendung nicht relevant[49]. Dies gilt auch bei der **wirtschaftlichen Betätigung der öffentlichen Hand** (s. dazu und zur Abgrenzung von nichtwirtschaftlichen 221

---

§ 14 Rn 15g. Bei einem von wechselnden Besuchern frequentierten Swingerclub dürfte es schwierig werden, dem Betreiber die Kenntnis nachzuweisen bzw allzu umfangreiche Kontrollpflichten abzuverlangen.

41 *Sprenger-Richter*, in: Robinski, Gewerberecht, B Rn 13.

42 BVerwG, NVwZ 1986, 296.

43 *Eisenmenger*, in: Landmann/Rohmer, GewO, § 1 Rn 24.

44 VG Stuttgart, NVwZ-RR 2009, 560.

45 Etwa das kostenlose Zurverfügungstellen eines bewachten Parkplatzes für Kaufhauskunden, *Marcks*, in: Landmann/Rohmer, GewO, § 34a Rn 14.

46 Zum Naturfreundehaus AG Radolfzell, NVwZ-RR 1998, 233 f; zum Eintrittskartenverkauf OLG Hamm, GewArch. 1994, 168.

47 AG Radolfzell, NVwZ-RR 1998, 233, 234.

48 Trotz eines anderweitigen Hauptzweckes liegt also immer ein Gewerbe vor, wenn die Gewinnerzielung zumindest einen Nebenzweck darstellt, s. *Ennuschat*, in: Tettinger/Wank/Ennuschat, GewO, § 1 Rn 18 f.

49 *Ennuschat*, in: Tettinger/Wank/Ennuschat, GewO, § 1 Rn 22.

Unternehmen Rn 702 ff)[50]. Ausklammern lassen sich allenfalls Bagatellfälle, etwa eine kommunale „Wühlkiste“ zum Verkauf von Kleidung und Hausrat[51].

c) Dauerhaftigkeit

222 Die Gewerbeordnung ist **nicht für Bagatellfälle** gedacht. Hierzu zählen nach hM **bloß gelegentlich ausgeübte Tätigkeiten**, bei denen noch keine solche Intensität erreicht wird, dass diese eine gewerberechtliche Überwachung rechtfertigen könnte[52]. Deswegen ist eine gewisse Nachhaltigkeit des Gewinnstrebens erforderlich, die natürlich bei einer dauerhaft ausgeübten Tätigkeit zu bejahen ist. Eine ununterbrochene Tätigkeit ist jedoch nicht erforderlich, es genügt vielmehr die **Wiederholungs- bzw Fortsetzungsabsicht**. Bei einmaligen Tätigkeiten hat man die Gewerbsmäßigkeit dann bejaht, wenn es sich um eine umfangreiche Tätigkeit handelt, etwa der Abwicklung eines industriellen Großvorhabens oder der Errichtung eines großen Gebäudes[53], aber auch bei großen Vereinsfesten[54]. Rechtfertigen lässt sich diese Differenzierung nur vor dem Hintergrund des Zweckes des Merkmals, dass (nur) Bagatellfälle ausscheiden sollen.

223 **Fall 15c/d/h (Rn 213):** Diese Grundsätze gelten auch bei der Versteigerung auf Online-Plattformen. Vor allem bei „Powersellern“ liegt die erforderliche Dauerhaftigkeit vor[55], gelegentliche Online-Versteigerungen von Gegenständen des persönlichen Gebrauchs erfüllen umgekehrt den Tatbestand der Dauerhaftigkeit nicht; jedenfalls handelte es sich dann um die Verwaltung eigenen Vermögens. In Fall **15c** kommt es damit wohl entscheidend auf den Umfang der Aktivitäten an. Wenn sie sich die Waren nur bei Verwandten besorgt, dürfte es sich noch nicht um ein dauerhaft betriebenes Gewerbe handeln, auch wenn sie ihre Versteigerungen über einen längeren Zeitraum durchführt. Umgekehrt liegt bei einem saisonal betriebenen Campingplatz das Merkmal der Dauerhaftigkeit vor[56]. Sogar die Vermietung von Liegestühlen, die sich auf Sommerwochenenden mit schönem Wetter beschränkt, ließ die Rspr ausreichen[57]. Unproblematisch liegt Dauerhaftigkeit in **Fall 15h** vor, wenn M das Zimmer ganzjährig bei Airbnb anbietet (s. aber zur Abgrenzung von der Verwaltung eigenen Vermögens unten Rn 230). Daneben stellt sich auch die Frage, inwieweit die Online-Plattformen selbst dem (deutschen) Gewerberecht unterfallen (s. Rn 396 ff).

d) Selbstständigkeit

224 Grundsätzlich muss ein Gewerbetreibender selbstständig sein. Er wird also **auf eigene Rechnung**, in eigener Verantwortung und **unter eigenem Namen**[58] tätig. Dieses

---

50 *Marcks*, in: Landmann/Rohmer, GewO, § 14 Rn 20.
51 S. dazu *Pfeifer/Fischer*, GewArch. 2002, 232, 233.
52 *Sprenger-Richter*, in: Robinski, Gewerberecht, B Rn 39.
53 BVerwG, NJW 1981, 1665, 1666.
54 *Michel/Kienzle*, GastG, § 1 Rn 12; aA *Friauf*, in: Friauf, GewO, § 1 Rn 67.
55 Insoweit kann auch auf die zum Unternehmerbegriff des § 14 BGB entwickelte Abgrenzung zurückgegriffen werden. Zur gebotenen einheitlichen Auslegung vgl auch OLG Hamm, MMR 2010, 608. Bejaht wird die Unternehmereigenschaft jedenfalls bei mehr als 200 Versteigerungen pro Jahr.
56 Dieser Fall ist gleichzeitig die Leitentscheidung des BVerwG, NJW 1977, 772; s. auch *Frotscher/Kramer*, Rn 340.
57 BayObLG, GewArch. 1977, 194; *Ennuschat*, in: Tettinger/Wank/Ennuschat, GewO, § 1 Rn 10.
58 Maßgeblich sind die realen Betriebsverhältnisse, so dass ein Strohmann, der lediglich als Gewerbetreibender vorgeschoben wird, um die wahren Betriebsverhältnisse zu verschleiern, nicht Gewerbetreibender im Sinne des § 1 Abs. 1 GewO ist, s. dazu *Pielow*, in: Pielow, GewO, § 1 Rn 163. Davon zu unterscheiden ist die Frage von Maßnahmen (auch) gegen den Strohmann nach § 35 GewO (s. unten).

Kriterium[59] dient vor allem der Abgrenzung von Gehilfen und Stellvertretern[60]. Gewerbetreibende sind deswegen beispielsweise Pächter oder Franchisenehmer[61], die das unternehmerische Risiko tragen. Im Übrigen lässt sich die Frage nur anhand der konkreten Umstände des Einzelfalles beurteilen[62]. Damit entscheidet häufig das Merkmal der Selbständigkeit über die Frage, wer Gewerbetreibender ist und damit zugleich über die Zuordnung der gewerberechtlichen Pflichten (s. ▶ **Klausurenkurs Fall Nr 4**).

e) Keine Urproduktion

Die **Gewinnung roher Naturerzeugnisse** – Land- und Forstwirtschaft sowie Garten- und Weinbau – wird vor allem aus historischen Gründen aus dem Gewerbebegriff herausgenommen[63]. Abgrenzungsprobleme ergeben sich bei der **Direktvermarktung durch den Erzeuger**. 225

Fall 15e (Rn 213): Als Annex zur Urproduktion wird der Verkauf eigener Erzeugnisse solange nicht als Gewerbeausübung qualifiziert, als er nach der Verkehrsanschauung mit der Urproduktion eine Einheit bildet[64]. Der GewO unterliegt die Vermarktung, wenn dieser Rahmen überschritten wird, was insbesondere dann der Fall ist, wenn die Erzeugnisse in einem Ladengeschäft verkauft werden, selbst wenn sich dieses auf dem Hof befindet (**„Hofladen“**)[65]. Auch die Lagerung von Obst über mehrere Monate und der anschließende Verkauf sind keine Urproduktion mehr[66]. Keine Urproduktion liegt erst recht bei solchen Tätigkeiten vor, die in keinem Zusammenhang mit der eigentlichen Urproduktion stehen, etwa der **Zimmervermietung auf dem Bauernhof** oder der Nutzung eines Wiesengrundstückes als **Campingplatz** (s. schon **Fall 15d**). 226

f) Kein freier Beruf

Ebenfalls nicht unter den Gewerbebegriff fallen die sog. **„freien Berufe“**. Diese werden weder in der GewO noch in anderen Gesetzen allgemein gültig definiert[67]. Nach der Rspr ist darauf abzustellen, ob es sich um eine **wissenschaftliche, künstlerische oder schriftstellerische Tätigkeit** höherer Art oder eine **Dienstleistung höherer Art** 227

---

59 Dazu, dass die genannten Tatbestandsmerkmale im Einzelfall abzuwägen sind und es auf das „Gesamtbild“ ankommt, s. *Eisenmenger*, in: Landmann/Rohmer, GewO, § 1 Rn 9.

60 *Friauf*, in: Friauf, GewO, § 1 Rn 70.

61 BGH, GewArch. 2000, *Marcks*, in: Landmann/Rohmer, GewO, § 14 Rn 43.

62 *Eisenmenger*, in: Landmann/Rohmer, GewO, § 1 Rn 11. Exemplarisch die Diskussion um Tankstellenpächter *Friauf*, in: Friauf, GewO, § 1 Rn 75. Zur Frage der Scheinselbständigkeit *Paschke*, GewArch. 2003, 22.

63 *Marcks*, in: Landmann/Rohmer, GewO, § 14 Rn 21.

64 Dies gilt auch für die Viehzucht, auf die sich allerdings gem. § 6 GewO einige Vorschriften der GewO erstrecken; so schränkt § 67 Abs. 1 Nr 3 GewO das zulässige Sortiment von Wochenmärkten ein. Zum Hintergrund der Regelung des § 6 *Marcks*, in: Landmann/Rohmer, § 6 Rn 70 ff.

65 VG Schleswig, NVwZ-RR 1999, 308. Entsprechendes gilt auch für Verkaufsstände, die jedenfalls dann Gewerbeausübung darstellen, wenn die Erzeugnisse von verschiedenen Produktionsorten an verschiedenen Verkaufsständen weiterverkauft werden, s. VG Schleswig, GewArch. 2001, 373.

66 OVG Koblenz, GewArch. 1991, 147, 148.

67 Eine Definition findet sich in § 1 Abs. 2 PartGG sowie in § 18 Abs. 1 Nr 1 S. 2 EStG. Derartige Definitionen haben für das Gewerberecht allenfalls Indizfunktion, vgl OVG Lüneburg, GewArch. 2013, 315 mwN. In § 2 Abs. 2 BRAO und in § 2 Abs. 3 BNotO wird allerdings ausdrücklich geregelt, dass es sich nicht um eine gewerbliche Tätigkeit handelt.

handelt, die eine höhere Bildung, dh grundsätzlich ein abgeschlossenes Hochschul- oder Fachhochschulstudium erfordert und die persönlich, eigenverantwortlich und fachlich unabhängig im Interesse des Auftraggebers und der Allgemeinheit erbracht wird[68]. Auf die Einschätzung des die Tätigkeit Ausübenden kommt es genauso wenig an wie auf besondere Fähigkeiten oder den „höchstpersönlichen Charakter" der Dienstleistung[69]. Abgrenzungsprobleme stellen sich vor allem bei wissenschaftlicher und künstlerischer Tätigkeit zu der dem Gewerberecht unterfallenden Vermarktung[70].

228 **Beispiele und Fall 15f/g (Rn 213):** Die **Unterrichtstätigkeit** stellt nur dann kein Gewerbe dar, wenn es sich um Dienstleistungen höherer Art handelt, die Ausübung also ein abgeschlossenes Universitäts- oder Fachhochschulstudium voraussetzt. Dies ist beispielsweise bei einem **Repetitorium**, das auf das Examen vorbereitet, der Fall[71], nicht dagegen bei der **Nachhilfe** für Schüler, selbst wenn der Lehrer besondere pädagogische oder sonstige Fähigkeiten behauptet **(Fall 15f)**[72]. Als Gewerbe einzustufen sind der Betrieb einer **Yogaschule**[73] sowie die Tätigkeit eines **Softwareentwicklers**[74] oder **Unternehmensberaters**[75]. **Kein Gewerbe** ist demgegenüber die Tätigkeit eines **Übersetzers**, die entweder als schriftstellerisch einzuordnen ist oder jedenfalls eine qualifizierte Ausbildung erfordert[76]. In einigen Fällen – insbes bei **Rechtsanwälten, Ärzten und Wirtschaftsprüfern** – hat der Gesetzgeber selbst die Zuordnung zu den freien Berufen geregelt. Der Betrieb einer **Apotheke** ist dagegen eine (teilweise spezialgesetzlich geregelte) Gewerbetätigkeit[77]. Auch ein Berufsbetreuer iSd § 1897 Abs. 6 BGB übt keinen freien Beruf, sondern ein Gewerbe aus, da zwar wie bei den freien Berufen die persönliche Tätigkeit im Vordergrund steht, diese aber keine höhere Bildung erfordert **(Fall 15g)**[78]. Auch wenn diese Tätigkeit von einem zugelassenen Rechtsanwalt ausgeübt wird, ist sie von der Anwaltstätigkeit abtrennbar und als Gewerbe einzustufen[79].

g) Keine Verwaltung eigenen Vermögens

229 Auch die Verwaltung eigenen Vermögens wird nicht als Gewerbeausübung angesehen, soweit sie sich in einem angemessenen und üblichen Rahmen hält. Nach der Rechtsprechung sollen damit solche Betätigungen von der gewerberechtlichen Regulierung freigestellt werden, welche die Schutzzwecke der GewO nicht oder nur ge-

68 BVerwG, GewArch. 2008, 301.
69 So aber der Bund-Länder-Ausschuss Gewerberecht für die Prostitution, vgl *Schönleiter/Stenger*, GewArch. 2007, 320, 322; dagegen mit Recht *Gurlit*, GewArch. 2008, 426, 428.
70 Vgl *Ehlers*, in: Ehlers/Fehling/Pünder, § 18 Rn 24; *Korte*, in: Schmidt/Wollenschläger, § 9 Rn 29.
71 OVG Münster, GewArch. 1969, 181, 182.
72 OVG Lüneburg, GewArch. 2002, 293; VG Gelsenkirchen: Urteil vom 18.3.2011 – 7 K 1531/10. Dabei handelt es sich auch nicht um Unterrichtswesen iSv § 6 GewO, soweit es nicht landesrechtlich geregelt ist, BVerwGE 78, 6, 10; *Sydow*, in: Pielow, GewO, § 6 Rn 22 ff; aA *Repkewitz*, in: Friauf, GewO, § 6 Rn 58 ff.
73 OVG Münster, NVwZ-RR 2001, 737.
74 OVG Lüneburg, GewArch. 2012, 361; *Pielow*, in: Pielow, GewR, § 1 Rn 176.
75 VG Minden vom 4.3.2009 – 3 K 1892/08; *Pielow*, in: Pielow, GewR, § 1 Rn 176; aA *Haake*, GewArch. 2010, 60.
76 VG Darmstadt, GewArch. 1996, 476 f; *Ennuschat*, in: Tettinger/Wank/Ennuschat, GewO, § 1 Rn 67.
77 Allerdings gelten dafür wegen der besonderen Überwachungsbedürftigkeit des Arzneimittelhandels tlw Spezialvorschriften, weshalb § 6 S. 1 GewO einen Teil der gewerberechtlichen Bestimmungen für nicht anwendbar erklärt, dazu ausf *Marcks*, in: Landmann/Rohmer, GewO, § 6 Rn 5 ff.
78 BVerwG, NJW 2008, 1974; OVG Lüneburg, GewArch. 2008, 34 ff; *Mann*, NJW 2008, 121 ff.
79 BVerwG, NJW 2013, 2214.

ringfügig berühren[80]. Dieses Kriterium führt also eine Art „Bagatellschwelle" ein, unterhalb derer eine Einbindung in den gewerberechtlichen Ordnungsrahmen nicht erforderlich ist[81]. Je stärker und häufiger aber Dritte und Arbeitnehmer mit der auf Erwerb gerichteten Tätigkeit in Berührung kommen, desto eher besteht das Bedürfnis nach einer staatlichen Kontrolle der Zuverlässigkeit des Gewerbetreibenden.

Fall 15h (Rn 213): Entscheidend ist dabei für die Abgrenzung das Gesamtbild der Tätigkeit. Die Vermietung von Wohnraum liefert hier anschauliche Beispiele. Das BVerwG differenzierte danach, ob sich die Betätigung „im Privaten" abspielt; eine die Gewerbsmäßigkeit begründende Tätigkeit nach „außen" sah es allerdings weniger im Umfang der Vermietung als in deren Regelmäßigkeit[82]. Damit ist die (langfristige) **Vermietung eigener Wohnungen** grundsätzlich die Verwaltung eigenen Vermögens, selbst wenn es sich um eine Vielzahl von Wohnungen handelt. Andererseits ist der **Ankauf von Wohnungen**, die renoviert und weitervermietet werden, jedenfalls dann als Gewerbe einzustufen, wenn zu diesem Zweck regelmäßig Arbeitnehmer beschäftigt werden[83]. Auch der **Betrieb eines Campingplatzes** auf einem eigenen Grundstück ist mehr als nur die Verwaltung eigenen Vermögens **(Fall 15d)**. Grenzfälle ergeben sich bei der **kurzfristigen Vermietung von Ferienimmobilien**. Auch hier dürfte die Grenze zur Unerheblichkeit regelmäßig überschritten werden, vor allem, wenn sie mit Zusatzleistungen (Strandkorb- und Schwimmbadnutzung, Endreinigung) verbunden ist. Ein wichtiges Indiz für die Gewerbsmäßigkeit kann auch eine umfangreiche Werbung sein[84]. Neue Formen der **„Sharing Economy"** wie die Zimmervermietung über Airbnb **(Fall 15h)** werden auch hier zu einer besonderen Herausforderung[85]; die Abgrenzung muss im Einzelfall anhand der dargestellten Kriterien erfolgen. So ist einerseits die kurzfristige Vermietung der eigenen Wohnung bei Abwesenheit wohl unstreitig als Verwaltung eigenen Vermögens zu qualifizieren, während die dauerhafte Vermittlung von kurzfristigen Unterkunftsmöglichkeiten erst recht beim Einsatz von Personal eine gewerbliche Nutzung darstellt. 230

4. Der Gewerbetreibende

a) Juristische Personen und Personengesellschaften als Gewerbetreibende

Die sich aus dem Gewerberecht ergebenden Pflichten, angefangen mit der Pflicht zur Anzeige des Gewerbes nach § 14 GewO, über die Pflicht, eine Genehmigung zu beantragen bis hin zur Verpflichtung, den Verfügungen der Aufsichtsbehörde Folge zu leisten, richten sich an denjenigen, der das Gewerbe betreibt (s. bereits zum Merkmal der Selbstständigkeit Rn 224). Gewerbetreibende können nicht nur **natürliche**, sondern auch **juristische Personen** (zu Personengesellschaften Rn 233) sein, sofern das Gesetz nicht ausdrücklich etwas anderes bestimmt. Gewerbetreibende ist dann die 231

80 BVerwG, GewArch. 1993, 193, 197; s. auch VGH Mannheim, GewArch. 1995, 339; VG Schleswig, GewArch. 2002, 292, 293; *Frotscher/Kramer*, Rn 346.
81 Grundsätzlich dazu am Beispiel der Vermietung von Ferienwohnungen BVerwG, NVwZ 1993, 775, 776.
82 BVerwG, NVwZ 1993, 775, 776; s. auch VG Schleswig, NVwZ-RR 2002, 837; *Windoffer*, LKV 2016, 337, 338.
83 VGH Mannheim, GewArch. 1995, 339.
84 Zu den genannten Kriterien im Einzelnen VG Schleswig, GewArch. 2002, 292, 293.
85 S. auch *Ludwigs*, NVwZ 2917, 1646, 1650.

Gesellschaft[86]. Die Gewerbefreiheit des § 1 GewO gilt auch für ausländische juristische Personen[87]. Ihnen kann lediglich die Fortsetzung des Gewerbes untersagt werden, wenn ihre Rechtsfähigkeit im Inland nicht anerkannt wird, s. § 15 Abs. 2 S. 2 GewO. Ein **nichtrechtsfähiger Verein** kann demgegenüber nur dann Gewerbetreibender sein, wenn das Gesetz es (wie § 2 Abs. 1 S. 2 GastG) ausdrücklich zulässt.

Dass sich die Gewerbsfähigkeit nicht auf natürliche Personen beschränkt, zeigt sich an einzelnen Vorschriften. So nennt § 2 Abs. 2 S. 2 GastG ausdrücklich den nichtrechtsfähigen Verein als möglichen Inhaber einer Gaststättenerlaubnis, § 1 Abs. 1 S. 1 HwO gestattet das Betreiben eines Handwerks ausdrücklich natürlichen und juristischen Personen sowie (schon seit 1965) Personengesellschaften. Auch aus § 15 Abs. 2 S. 2 GewO, der die Verhinderung der Fortsetzung des Betriebs einer ausländischen juristischen Person zum Gegenstand hat, folgt im Umkehrschluss, dass die im Inland anerkannten juristischen Personen schon nach einfachem Recht selbstverständlich ein Gewerbe betreiben können[88]. Insofern kann nur der Gesetzgeber in den Grenzen des verfassungsrechtlich Zulässigen die Gewerbeausübung durch juristische Personen beschränken; allerdings geht der Gesetzgeber auch bei solchen Gewerben, bei denen es auf persönliche Zuverlässigkeit und Sachkunde ankommt, gerade den umgekehrten Weg[89].

232 Wenn eine **juristische Person nach deutschem Recht** (GmbH, AG) oder eine **Europäische Aktiengesellschaft**[90] das Gewerbe betreibt, ist dies allgemein anerkannt. Sie selbst ist zur Gewerbeanzeige nach § 14 GewO verpflichtet[91], muss ihr Gewerbe gegebenenfalls anmelden[92] und ist Adressatin einer Untersagungsverfügung[93] (s. aber auch zur Untersagung der Gewerbeausübung gegenüber Vertretungsberechtigten oder Betriebsleitern nach § 35 Abs. 7a GewO unten Rn 300 f).

Unter Zugrundelegung der Rechtsprechung des EuGH[94] handelt es sich aber auch bei **Gesellschaften, die nach dem Recht eines anderen EU-Staates gegründet wurden**, aber in Deutschland ihren Sitz haben, um inländische juristische Personen. Rechts- und Parteifähigkeit bestimmen sich nach der Gründungstheorie ausschließlich nach dem Recht des Gründungsortes. Die Gründungsfreiheit stellt aber die Akteure nicht von der Anwendung des deutschen Gewerberechts frei. So kann etwa der Adressat einer Untersagungsverfügung wegen Unzuverläs-

---

86 Dass die juristische Person selbst und nicht ihre Organe das Gewerbe betreiben, entspricht der allg. Meinung, s. nur BVerwG, GewArch. 1977, 14; NJW 1993, 1346; *Marcks*, in: Landmann/Rohmer, GewO, § 35 Rn 65.

87 Die frühere Genehmigungspflicht wurde zum 1.10.1984 aufgehoben, s. *Kahl*, in: Landmann/Rohmer, GewO, § 1 Rn 34.

88 Auch die Sondervorschriften für Personengesellschaften in § 15a aF sind 2009 entfallen.

89 Während früher auch bestimmte Erlaubnisse ausdrücklich natürlichen Personen vorbehalten wurden (etwa vor der Novelle 1994 die Versteigerung nach § 34b GewO und bis zur Novelle 2007 die Reisegewerbekarte), wurden entsprechende Vorbehalte mittlerweile aufgehoben.

90 Die Verordnung über die Europäische Aktiengesellschaft (Societas Europaea, SE) v. 8.10.2001, Abl. EG Nr L 294, S. 1 trat am 8.10.2004 in Kraft. S. auch das SE-Ausführungsgesetz BGBl. I 2004, S. 3675.

91 *Marcks*, in: Landmann/Rohmer, GewO, § 14 Rn 54.

92 *Heß*, in: Friauf, GewO, § 14 Rn 9. Es genügt daher auch nicht, wenn der Geschäftsführer einer GmbH selbst in Besitz einer Erlaubnis ist, s. OVG Hamburg, NVwZ-RR 2004, 744. Zur Erforderlichkeit einer neuen Erlaubnis nach der Umwandlung von Gesellschaften s. *Odenthal*, GewArch. 2005, 132.

93 *Heß*, in: Friauf, GewO, § 35 Rn 133. Zur davon zu unterscheidenden Frage der Zuverlässigkeitsprüfung bei juristischen Personen Rn 261 f, 289.

94 Grundlegend EuGH v. 9.3.1999, Rs. C-212/97 – *„Centros"*, Slg. 1999 I-149 = NJW 1999, 2027; EuGH v. 5.11.2002, Rs. C-208/00 – *„Überseering"*, Slg. 2002 I-9919 = GewArch. 2003, 28; EuGH v. 30.9.2003, Rs. C-167/01 – *„Inspire Art"*, Slg. 2003 I-10155 = GewArch. 2003, 472. Ausführlich *Habersack/Verse*, Europäisches Gesellschaftsrecht, 5. Aufl. 2019, § 3 Rn 12 ff, 24.

sigkeit auch nicht mehr mit der gleichen Tätigkeit Geschäftsführer („director") der deutschen Zweigniederlassung einer Limited sein[95]. Dem steht auch die Niederlassungsfreiheit nicht entgegen, indem die Berufung auf Unionsrecht im Gegenteil als rechtsmissbräuchlich angesehen wird, wenn der Gewerbetreibende unter dem „Deckmantel" einer ausländischen Rechtsform das ihm untersagte Gewerbe im Inland weiter auszuüben versucht[96]. Noch ungeklärt sind die gesellschaftsrechtlichen **Auswirkungen des Brexits** auf die nach englischem Recht gegründeten, in Deutschland niedergelassenen Gesellschaften[97]. Diese können sich vorbehaltlich abweichender, derzeit aber nicht absehbarer Vereinbarungen nicht mehr auf die Niederlassungsfreiheit des AEUV berufen, so dass auf sie nach der BGH-Rechtsprechung die Sitztheorie angewandt wird. Würde künftig eine englische Ltd ihren Verwaltungssitz nach Deutschland verlagern, wäre sie hier auf der Grundlage der BGH-Rspr[98] als OHG oder GbR zu qualifizieren. Bei Altgesellschaften ist der Gesetzgeber schon aus Gründen des verfassungsrechtlichen Vertrauensschutzes aufgefordert, jedenfalls übergangsweise die Beibehaltung der bisherigen Rechtsform zu gestatten[99]. Vereinzelt wurde versucht, dieses Ergebnis aus Art. 54 AEUV abzuleiten, der nur verlange, dass die Gründung nach dem Recht eines Mitgliedstaates erfolgt, nicht aber dass die Mitgliedschaft fortbesteht[100]. Davon zu unterscheiden ist allerdings die Frage, inwieweit eine der Ltd. erteilte Erlaubnis auf OHG bzw GbR übergehen kann.

Auch **Personengesellschaften** (OHG, KG, PartG, BGB-Außengesellschaft)[101] können **entgegen der bisher hM**[102] ein Gewerbe betreiben. Über die Frage der Rechtsfä- 233

95 OLG Dresden, NStZ 2006, 533 mit Anmerkung *Mankowski*, EWiR 2006, 337.

96 *Knapp*, DNotZ 2003, 85, 89. Rechtsprechung und Literatur befinden sich diesbezüglich allerdings im Fluss. Unter Ablehnung des Missbrauchscharakters im Ergebnis ähnlich OLG Jena, GewArch. 2006, 259: „untragbar und mit dem Prinzip der Einheit der Rechtsordnung nicht vereinbar"; OVG Münster, BB 2005, 2259, 2260; *Seifert*, RIW 2001, 68, 69. *Marcks*, in: Landmann/Rohmer, GewO, § 35 Rn 75c weist zudem darauf hin, dass eine Lösung über § 35 GewO in Betracht komme, wenn ein „Vorschieben" der ausländischen Gesellschaftsform durch einen unzuverlässigen Gewerbetreibenden im Sinne der Strohmann-Problematik vorliege. AA OLG Oldenburg, GmbHR 2002, 29, das davon ausgeht, dass eine Gewerbeuntersagung gegenüber dem alleingeschäftsführungsbefugten Gesellschafter die Eintragung einer Zweigniederlassung nicht hindere; so auch *Wachter*, ZNotP 2005, 122, 130 f; *Just*, EWiR 2006, 17, 18.

97 Instruktiv dazu *Grzeszick/Verse*, NZG 2019, 1129.

98 Vgl BGHZ 178, 192; 212, 381 = NZG 2017, 347 (Bahamas). Dies gilt unabhängig davon, dass das britische Recht der Gründungstheorie folgt, also seinerseits keine Löschung aus dem Register vornehmen dürfte.

99 Dazu *Grzeszick/Verse*, NZG 2019, 1129, 1136; für eine Übergangsregelung aus rechtspolitischen Gründen *Leible/Galneder/Wißling*, RIW 2017, 718, 724 f.

100 *Hammen*, Der Konzern 2017, 513, 516; *Hirte* FS Pape (2019), 151, 165; *ders*, NJW 2019, 1187, 1193. Demgegenüber wird im gesellschaftsrechtlichen Schrifttum überwiegend die Auffassung vertreten, dass diese Rechtsfolge unmittelbar mit dem Ablauf der im Austrittsvertrag vereinbarten Übergangsregelung eintritt, vgl *Teichmann/Knaier*, IWRZ 2016, 243, 245; *Seeger*, DStR 2016, 1817, 1819 ff.; *Luy*, DNotz 2019, 484, 488.

101 Zur für das deutsche Recht zentralen Unterscheidung zwischen juristischer Person und Personengesellschaften *Ulmer*, in: MünchKomm (BGB), 4. Aufl. 2004, Vor § 705 Rn 12 f; tlw kritisch hierzu *Mülbert*, AcP 199 (1999), 38, 62 ff. Für die Abgrenzung von Handelsgesellschaften und der GbR ist auf die Definition des Ist-Kaufmanns in § 1 Abs. 2 HGB, also vor allem darauf abzustellen, ob das Unternehmen nach Art und Umfang einen in kaufmännischer Weise eingerichteten Geschäftsbetrieb erfordert, vgl *Roth*, in: Koller/Roth/Morck, HGB, § 1 Rn 40 ff. Kleingewerbetreibende haben nach § 2 HGB die Möglichkeit, durch Eintragung in das Handelsregister die Anwendung der handelsrechtlichen Vorschriften zu erreichen; dies gilt auch für die Rechtsform der OHG, s. § 105 Abs. 2 HGB. Im Gewerberecht spielt die Einordnung keine Rolle, wenn man beiden Gesellschaftsformen die Gewerbetreibendeneigenschaft zubilligt.

102 Für diese *Ziekow*, § 10 Rn 55; *Marcks*, in: Landmann/Rohmer, GewO, § 14 Rn 55; *Heß*, in: Friauf, GewO, § 35 Rn 135; *Odenthal*, GewArch. 2005, 132, 133; *Laubinger*, VerwArch. 89 (1998), 145, 176. Eine Ausnahme gilt nach der hM nur dann, wenn gesetzliche Regelungen – wie die genannten

higkeit entscheidet nicht das Gewerbe-, sondern das Gesellschaftsrecht. Damit gelten – **entgegen der gewerberechtlichen Rechtsprechung** – für Personengesellschaften (OHG, KG und BGB-Außengesellschaft) die gleichen Grundsätze wie für juristische Personen. Sie selbst sind die Gewerbetreibenden, die ihr Gewerbe anzeigen bzw anmelden müssen, die aber auch einen **verfassungsrechtlich garantierten Anspruch auf Erteilung** einer entsprechenden Erlaubnis haben[103]. Auch eine Untersagungsverfügung nach § 35 GewO ist nicht gegen die geschäftsführenden Gesellschafter, sondern gegen die Personengesellschaft selbst zu richten[104]. Der Vorteil dieser Lösung liegt beim genehmigungsbedürftigen Gewerbe für die Gesellschaft darin, dass ein neu eintretender Gesellschafter keine neue Erlaubnis beantragen muss, ihm also die Erlaubnis auch nicht aufgrund einer erneuten Prüfung der Genehmigungsvoraussetzungen versagt werden kann[105], während sie zugunsten der bisherigen Gesellschafter weiter besteht. Für die Behörde besteht der Vorteil darin, dass sie vor einer Maßnahme nicht den (möglicherweise nicht angezeigten) aktuellen Bestand der Gesellschafter eruieren muss. Wenn außerdem im Schrifttum behauptet wird, dass die Frage, wer ein Gewerbe betreibt, praktisch vor allem für die Prüfung der Zuverlässigkeit relevant wird[106], spricht auch dies für die hier vertretene Lösung. Gerade bei der Zuverlässigkeitsprüfung zeigte sich schon bisher, dass es weniger auf die rechtliche Konstruktion als auf die tatsächlichen Verhältnisse ankommt[107]. Es besteht daher kein Anlass, bei der GbR beide Fragen miteinander zu verbinden.

Die bisherige Auffassung, nach der bei Personengesellschaften die einzelnen Gesellschafter als Gewerbetreibende anzusehen waren, ist **dogmatisch überholt**. Sie basiert nicht auf gewerberechtlichen Besonderheiten, sondern auf der früheren gesellschaftsrechtlichen Konzeption, mit der der BGH in seiner Grundsatzentscheidung von 2001[108] gebrochen hat. Danach besitzt auch die Außengesellschaft bürgerlichen Rechts „Rechtsfähigkeit, soweit sie durch Teilnahme am Rechtsverkehr eigene Rechte und Pflichten begründet"[109]. Diese gesellschaftsrechtliche Aussage, dass „die Rechtsfähigkeit der OHG, der KG, der PartG, der EWIV und gerade auch der GbR als Grundmodell dieser Gesellschaftsformen (...) keine andere oder geringere als die Rechtsfähigkeit sämtlicher juristischer Personen" ist[110], gilt auch für das öffentliche Recht, so-

---

gaststätten- und handwerksrechtlichen Bestimmungen – ausdrücklich etwas anderes vorsehen. Wie hier allerdings *Ehlers*, in: Ehlers/Fehling/Pünder, § 18 Rn 30; *Fetzer*, in Steiner/Brinktrine, § 6 Rn 223; *Korte*, in: Schmidt/Wollenschläger, § 9 Rn 10.

103 Dass ein solcher Anspruch aus Art. 12 GG folgt, ist unbestritten. Dass aber auch die GbR selbst nach Art. 19 Abs. 3 GG grundrechtsfähig ist, hat das BVerfG – mit Bezug auf Art. 14 GG – unter Bezugnahme auf die BGH-Rechtsprechung ausdrücklich anerkannt, s. BVerfG, NJW 2002, 3533.

104 Dazu (als Klausurfall) *Ruthig*, LKRZ 2014, 388; aA *Marcks*, in: Landmann/Rohmer, GewO, § 35 Rn 64 mwN. Ergeht dennoch ein Bescheid gegen die Gesellschaft kann sie diesen gerichtlich angreifen. Die Klage ist zugleich begründet, vgl VGH Mannheim, GewArch. 2014, 29.

105 AA bisher für die sachbezogenen Ablehnungsgründe des § 4 Abs. 1 Nr 3 GastG *Metzner*, GastG, § 2 Rn 20.

106 So schon *Odenthal*, GewArch. 1991, 206, 208.

107 S. bereits zum Kommanditisten BVerwG, GewArch. 1965, 269; *Laubinger*, GewArch. 1998, 146, 176.

108 BGHZ 146, 341 = NJW 2001, 1056; dazu *Ulmer*, in: MünchKomm (BGB), Vor § 705 Rn 9 ff; *Habersack*, BB 2001, 477; *Hadding*, ZGR 2001, 712; *Reiff*, VersR 2001, 515; *Wertenbruch*, NJW 2002, 324, 328 ff. S. auch schon *Mülbert*, AcP 199 (1999), 38, 43 ff.

109 BGHZ 146, 341 (LS a). Diese Formulierung ist insoweit missverständlich, als die (Außen-)GbR bereits mit ihrer Entstehung eigene Rechte hat, s. *Habermeier*, in: Staudinger, BGB, Vorbem. zu §§ 705–740, Rn 12.

110 So die Zusammenfassung bei *Hadding*, ZGR 2001, 712, 718.

weit der Gesetzgeber nicht ausdrücklich etwas anderes vorsieht[111]. Die nach der Grundsatzentscheidung des BGH ergangene **gewerberechtliche Rechtsprechung** hat eine Anknüpfung an die Entscheidung gleichwohl bisher abgelehnt[112] und dies im Wesentlichen damit begründet, „dass die persönl. Zuverlässigkeit einer GbR nicht geprüft werden kann" als auch damit, „dass die GewO den Begriff des Gewerbetreibenden nicht durch eine entsprechende Aufzählung, wie sie zB in § 1 Abs. 1 HwO enthalten ist, auf Personengesellschaften erstreckt"[113]. Außerdem wurde aus der Fassung der Formulare für die Gewerbeanzeige abgeleitet, dass sie „den Inhalt der Anzeigepflicht nach § 14 GewO mit unmittelbarer Gesetzeskraft konkretisieren"[114]. Auch im **gewerberechtlichen Schrifttum** wurde diese Entscheidung entweder ignoriert[115] oder es wurde behauptet, sie bezöge „sich nur auf die zivilrechtlichen Aspekte der rechtlichen Einordnung der GbR und nicht auf die spezifischen Aspekte der Gefahrenabwehr, die für die Anwendung des Gewerberechts kennzeichnend sind", so dass es bei der bisherigen Auffassung zu bleiben habe[116]. Der Bund-Länder-Ausschuss lehnte die neue Rechtsprechung „von vornherein" ab und stützte sich im Wesentlichen darauf, dass „die personelle Zusammensetzung bei dieser Gesellschaftsform zu flüchtig" und „das Gewerberecht als Sonderpolizeirecht in hohem Maße von personenbezogenen Aspekten" geprägt sei[117]. Das erste Argument ist kein spezifisch gewerberechtliches und steht in klarem Widerspruch zur BGH-Entscheidung, auf deren Grundlage sich das Regel-Ausnahme-Verhältnis umgedreht hat. Die personenbezogenen Verhältnisse betreffen vor allem die Prüfung der Zuverlässigkeit. Dies wiederum ist kein Problem von Personengesellschaften, sondern in gleicher Weise auch der juristischen Personen. Auch bei denen muss die Zuverlässigkeitsprüfung jedenfalls teilweise an das Verhalten natürlicher Personen anknüpfen (vgl Rn 264 f). Insoweit zeigt auch die Neufassung des Reisegewerberechts, dass der Gesetzgeber auch in anderen Fällen die personenbezogenen Aspekte nicht mehr für ausreichend erachtete, um diese Fälle abweichenden Regelungen zu unterwerfen[118].

Ausgenommen von diesen Grundsätzen ist die sog. **Innengesellschaft**. Eine bloße Innengesellschaft liegt idR dann vor, wenn ein Ehegatte im Gewerbebetrieb eines anderen mitarbeitet, ohne selbst nach außen aufzutreten[119]. Allerdings ist dann auch der **234**

111 S. auch zum Baurecht OVG Bautzen, NJW 2002, 1361. Für die Frage der Fähigkeit der BGB-Gesellschaft, selbst Trägerin von Rechten und Pflichten zu sein, kommt es „nicht darauf an, ob das maßgebliche materielle Recht – positiv – vorsieht, dass die Vereinigung Rechte und Pflichten begründen kann, sondern ob sich den materiellen Regelungen – negativ – entnehmen lässt, dass dies nicht der Fall sein soll". Zur BGB-Gesellschaft als Schuldnerin von Erschließungsbeiträgen VG Schleswig, NVwZ 2004, 372. Für die umgekehrte Lösung (ausnahmsweise Anerkennung nur dann, wenn – wie in § 1 Abs. 1 HwO – die Fähigkeit der Personengesellschaft, Trägerin gewerberechtlicher Rechte und Pflichten zu sein, ausdrücklich anerkannt ist), *Marcks*, in: Landmann/Rohmer, GewO, § 14 Rn 55a.

112 So VGH München, GewArch. 2004, 479, 480; OVG Berlin-Brandenburg v. 26.6.2007, 1 B 14.05; OVG Lüneburg, NVwZ-RR 2009, 103; VGH Mannheim, VBlBW 2012, 472; GewArch. 2014, 29. Zweifelnd allerdings BVerwGE 153, 99 (Rn. 29).

113 VGH Mannheim, GewArch. 2014, 29 bezeichnet die Frage deswegen als „in der gewerberechtlichen Rechtsprechung" geklärt.

114 So aber VGH München, GewArch. 2004, 479, 480.

115 *Marcks*, in: Landmann/Rohmer, GewO, § 14 Rn 55. Ebenso für das GastG *Metzger*, GastG, § 2 Rn 17; *Michel/Kienzle/Pauly*, GastG, § 2 Rn 24 ff.

116 *Heß*, in: Friauf, GewO, § 14 Rn 39 unter Berufung auf *v. Ebner*, GewArch. 1974, 213, der die Konstruktion einer eigenen Rechtspersönlichkeit für die Personengesellschaft im Gewerberecht für überflüssig und fehlerhaft hält. S. auch *Odenthal*, GewArch. 2005, 132, 133.

117 S. dazu *Schönleiter/Stenger/Zerbe*, GewArch. 2008, 242.

118 Auch dort wurde nämlich die frühere Reisegewerbekartenpflicht von unselbstständig Tätigen gerade mit diesem höchstpersönlichen Aspekt begründet, s. VGH München, GewArch. 2005, 110; *Ennuschat*, in: Tettinger/Wank/Ennuschat, GewO, § 55 Rn 34.

119 Ausführlicher zur Abgrenzung *Schmidt*, Gesellschaftsrecht, S. 1284 ff.

mitarbeitende Ehegatte nicht selbst Gewerbetreibender[120], so dass lediglich der nach außen auftretende Ehegatte als Gewerbetreibender anzusehen ist.

b) Stellvertretung im Gewerberecht

235 Seit ihrem In-Kraft-Treten enthält die Gewerbeordnung in den §§ 45 ff Bestimmungen, die die **Ausübung eines Gewerbes durch Stellvertreter** ermöglichen. Stellvertreter ist derjenige, der ein Gewerbe bzw einen Teil desselben im Namen und für Rechnung des Inhabers, aber im Übrigen im Außenverhältnis selbstständig betreibt[121]. Stellvertretung kann auf rechtsgeschäftlicher oder gesetzlicher Grundlage erfolgen, zB beim Insolvenzverwalter, Nachlassverwalter und bei der Testamentsvollstreckung. Der Stellvertreter muss in seiner Person die materiellen Voraussetzungen des jeweiligen Gewerbes (insbes Zuverlässigkeit, gegebenenfalls aber auch Sachkundenachweise) erfüllen, nicht aber die formellen. Damit ist insbesondere keine neue Erlaubnis erforderlich.

Nach § 45 GewO ist die Gewerbeausübung durch Stellvertreter grds. zulässig, auch nach dem Tod des Gewerbetreibenden ist die Fortführung des stehenden Gewerbes für den überlebenden Ehegatten oder Lebenspartner nach § 46 GewO gestattet. Für die meisten nach der GewO zulassungspflichtigen Gewerbe bedarf die Stellvertretung nach § 47 GewO einer ausdrücklichen behördlichen Zulassung[122]. Die §§ 45 ff GewO werden durch Spezialregelungen (zB §§ 9, 10 GastG) ergänzt bzw modifiziert[123].

c) Die Strohmannproblematik

236 Von einem Strohmann spricht man im Gewerberecht dann, wenn der Gewerbetreibende zur Verschleierung der tatsächlichen Verhältnisse im Auftreten nach außen und gegenüber der Behörde einen anderen, den Strohmann, als „Aushängeschild" vorschiebt[124]. „Strohmann" kann auch eine juristische Person sein[125]. Der gewerberechtlich „Verantwortliche" ist deswegen der Hintermann. Sinn dieser Konstruktion ist allerdings die Einbeziehung des Hintermannes in den gewerberechtlichen Ordnungsrahmen, nicht die Entlassung des Strohmannes[126]. Beide können also Adressat von Maßnahmen der Gewerbeaufsicht sein (zu einem Beispiel unten Rn 280, 287).

Ist der Hintermann unzuverlässig, ergibt sich daraus zwingend auch die Unzuverlässigkeit des Strohmannes, da er einem unzuverlässigen Hintermann die gewerbliche Betätigung ermög-

---

120 *Marcks*, in: Landmann/Rohmer, GewO, § 14 Rn 57.

121 S. BVerwG, GewArch. 1961, 59; *Marcks*, in: Landmann/Rohmer, GewO, § 45 Rn 4.

122 Diese steht im Ermessen der Behörde, die bei ihrer Entscheidung insbes Art. 12 GG zu berücksichtigen hat, s. *Ennuschat*, in: Tettinger/Wank/Ennuschat, GewO, § 47 Rn 10 f mwN.

123 Vgl *Marcks*, in: Landmann/Rohmer, GewO, § 45 Rn 2; zum GastG unten Rn 410 ff.

124 BVerwGE 65, 12, 13; BVerwG, NJW 1977, 1250; NVwZ 2004, 103, 104; VGH München, GewArch. 2003, 120; *Marcks*, in: Landmann/Rohmer, GewO, § 35 Rn 71.

125 Ebenso *Korte*, in: Schmidt/Wollenschläger, § 9 Rn 11; ausf *Marcks*, in: Landmann/Rohmer, GewO, § 35 Rn 73 ff. Auch wenn es sich um eine juristische Person aus der EU handelt, schließt die zitierte Rechtsprechung des EuGH – EuGH, Urt. v. 9.3.1999, Rs. C-212/97 – *„Centros"*, Slg. 1999 I-149 = NJW 1999, 2027 – es nicht aus, „gegenüber der Gesellschaft selbst als auch gegenüber den Gesellschaftern" einzuschreiten, „wenn diese sich mittels der Errichtung der Gesellschaft ihren Verpflichtungen gegenüber inländischen privaten oder öffentlichen Gläubigern entziehen wollen". Zu Indizien für eine solche Scheingründung auch VG Leipzig, GewArch. 1997, 149, 150, allerdings noch auf der Grundlage der Sitztheorie.

126 BVerwGE 65, 12; BVerwG, NVwZ 2004, 103, 104.

licht[127]. Im Bereich des erlaubnispflichtigen Gewerbes rechtfertigt bereits die Existenz eines Strohmannverhältnisses die Annahme der Unzuverlässigkeit der beteiligten Personen, da sie sich über die für den Hintermann bestehende Erlaubnispflicht hinwegsetzen[128]. Ob tatsächlich ein Strohmannverhältnis vorliegt oder lediglich als „Minus" einem unzuverlässigen Dritten maßgeblicher Einfluss gewährt wird, muss im Einzelfall unter sorgfältiger Ermittlung des gesamten Sachverhalts festgestellt werden, wobei konkrete Tatsachen und nicht bloße Zweifel und Vermutungen vorliegen müssen. Die Beweislast hierfür liegt bei der Behörde[129]. Abgrenzungsprobleme stellen sich vor allem bei der Einschaltung juristischer Personen[130].

5. Die grenzüberschreitende Gewerbeausübung von EU-Ausländern

Fall 16: Der Österreicher Ö mit Wohnsitz in Graz zieht mit seinem umgebauten Bus durch ganz Europa, um Altgold anzukaufen. Er verfügt weder über die nach österreichischem Recht erforderliche Genehmigung zum Ankauf von Gold, die man ihm entzogen hat, nachdem er mehrfach Kunden betrogen habe, noch hat er seine Tätigkeit in Deutschland angezeigt oder gar genehmigen lassen. **237**

a) Kann gegen Ö eingeschritten werden, wenn er in Mainz Gold ankauft, ohne dass er dies angezeigt hat oder über eine (deutsche) Erlaubnis verfügt?
b) Ändert sich an der Beurteilung etwas, wenn er einmal im Monat in Mainz in den Geschäftsräumen des G tätig wird, der ihm gegen eine Miete von 50 EUR einen Tisch in seinem Versandhandelsshop zur Verfügung stellt?
c) Wie wäre der Fall zu beurteilen, wenn Ö auf ausdrücklichen Wunsch einiger Kunden nach Deutschland kommt, die im Urlaub seine Annonce in österreichischen Tageszeitungen gesehen hatten oder wenn ihm diese das Gold per Post nach Österreich schicken?
d) Würde sich an der Beurteilung etwas ändern, wenn es sich um den deutschen D handelte, der nur deswegen nach Österreich übersiedelte, weil ihm die deutschen Behörden die erforderliche Erlaubnis versagt hatten?

§ 4 GewO befreit die gewerbliche Tätigkeit von einer Erlaubnispflicht, Anzeigepflicht und anderen gewerberechtlichen Voraussetzungen, sofern es sich um Dienstleistungen handelt, die **von einer Niederlassung in einem anderen Mitgliedstaat der EU oder des EWR** erbracht werden[131]. Selbstverständlich beschränkt sich § 4 GewO auf diejenigen Bereiche, für die eine Gesetzgebungskompetenz des Bundes **238**

---

127 Zum GastG BVerwGE 65, 12; instruktiver Fall VG Schleswig vom 4.7.2019 – 12 B 18/19.
128 OVG Münster, NVwZ-RR 1992, 415.
129 VGH München, GewArch. 2003, 120.
130 Als Klausurfall s. *Ruthig/Wirth*, Jura 2007, 468, 472 f.
131 Die Vorschrift basiert auf der Dienstleistungsrichtlinie, die das Gebrauchmachen von den Grundfreiheiten erleichtern sollte. Überblick über das Gesetz bei *Schönleiter*, GewArch. 2009, 384. Damit ist ein Rückgriff auf die Grundfreiheiten ausgeschlossen. Die Umsetzung in § 4 GewO war ganz offensichtlich von der Überlegung getragen, dass Rechtfertigungsversuche zur Beibehaltung generalpräventiver Regelungen der Gewerbeordnung einer Prüfung durch den EuGH nicht standhalten würden, vgl *Mann*, GewArch. 2010, 93, 94. Da der Gesetzgeber über die Richtlinie hinausgehen konnte, kommt es nunmehr auch nicht mehr darauf an, ob Art. 16 Abs. 2 DLR absolute Verbote enthält (so zB *Schmidt-Kessel*, in: Schlachter/Ohler, Europäische Dienstleistungsrichtlinie, Art. 16, Rn 52 und 54; *Calliess*, DVBl 2007, 336, 342 f; *Korte*, DVBl 2009, 489, 492 ff) oder lediglich die Vermutung aufstellt, dass eine Rechtfertigung nach Art. 16 Abs. 3 DLR zwar im Regelfall ausscheidet (vgl Europäische Kommission, Handbuch zur Umsetzung der Dienstleistungsrichtlinie, 2007, 7.1.3.4. und wohl auch die Begründung zum Gesetzentwurf, BT-Drucks. 16/12784, 11), aber im Einzelfall durchaus denkbar sein könnte.

besteht. Die in Art. 74 Abs. 1 Nr 11 GG ausgeklammerten Materien, also vor allem auch das gesamte Marktrecht des Titels IV, werden daher nicht erfasst[132]. Im Übrigen erklären sich „Lücken" des § 4 GewO daraus, dass Art. 2 Abs. 2 DLR selbst, auf den § 4 GewO ausdrücklich verweist, bestimmte Bereiche, etwa Finanzdienstleistungen, Glücksspiele und das Bewachungsgewerbe, ausnimmt[133].

239 In der **Fallbearbeitung** sind die Voraussetzungen des § 4 GewO vor denjenigen der möglicherweise verdrängten Bestimmungen zu prüfen, sofern der Sachverhalt dazu Anlass gibt (s. auch Rn 241, 247, 249). Zusätzlich ist zu beachten, dass § 4 GewO nur Ausnahmen normiert, also voraussetzt, dass die GewO auf die entsprechende Dienstleistung überhaupt anwendbar ist, vor allem aber, dass deutsche Gewerbeaufsichtsbehörden überhaupt zuständig sind. Gerade weil die Kontrollbefugnisse der Behörden im Tätigkeitsland eingeschränkt wurden, wird die Verwaltungskooperation zwischen den Mitgliedstaaten umso wichtiger sein; die §§ 8a ff VwVfG liefern dabei den auf Art. 21 und 28–35 DLR beruhenden, hier nicht näher darzustellenden rechtlichen Rahmen[134].

a) Einschränkung der Anzeige- und Genehmigungspflichten

240 Für das stehende Gewerbe entfällt das Erfordernis einer **Gewerbeanzeige** nach § 14 GewO[135]. Sie wird auch nicht durch andere Anzeigepflichten ersetzt; die spezielle Anzeigepflicht für grenzüberschreitende Dienstleistungen nach § 13a GewO betrifft nur solche reglementierten Berufe, für die Sachkundenachweise gefordert werden; im Bereich der GewO gilt dies außer für Vermittlungs- und Beratungstätigkeiten in der Finanzbranche (§§ 34c ff GewO) insbes für das private Sicherheitsgewerbe (§ 34a GewO)[136]. Außerdem betrifft § 4 GewO vor allem das **Reisegewerbe (§ 55 GewO)**, bei dem er auch den größten praktischen Anwendungsbereich haben dürfte. Für dieses, das ja gerade nicht von einer „Niederlassung" aus erbracht wird, passt die Formulierung des § 4 GewO freilich nicht so recht. Hier wird man vor dem Hintergrund der Grundfreiheiten das Fehlen einer inländischen Niederlassung so zu interpretieren haben, dass der Betreffende jedenfalls nicht in das deutsche Wirtschaftsleben integriert ist (s. schon Rn 70 ff)[137].

---

132 Dort stellt sich gegebenenfalls die Frage nach einer unmittelbaren Anwendung der DLR, wenn die Länder deren Vorgaben nicht Rechnung getragen haben.

133 Weitere Einschränkungen ergeben sich aus dem Verweis auf Art. 17 DLR, dazu *Storr*, in: Pielow, GewO, § 4 Rn 27.

134 Vgl *Schliesky/Schulz*, DVBl 2010, 601.

135 Insoweit war umstritten, ob dieses Erfordernis – das ja nach deutschem Recht nicht Voraussetzung der Aufnahme der Tätigkeit ist – überhaupt von der DLR erfasst wird; dies bejahend *Korte*, NVwZ 2007, 501, 507; *Mann*, GewArch. 2010, 93; aA *Schmidt-Kessel*, in: Schlachter/Ohler, Dienstleistungsrichtlinie, Art. 16 Rn 55. Die Bundesregierung stellte nur darauf ab, dass ein Verstoß gegen die „Anzeigepflicht" als OWi geahndet werden kann, s. dazu BT-Drucks. 16/13190; *Storr*, in: Pielow, GewO, § 4 Rn 23. Die Anzeigepflicht bleibt bestehen, soweit das Gewerbe unter Art. 2 Abs. 2 und Art. 17 DLR fällt, s. auch *Marcks*, in: Landmann/Rohmer, GewO, § 14 Rn 36.

136 *Schönleiter*, in: Landmann/Rohmer, GewO, § 13a Rn 2. Die Regelung geht nicht auf die DLR, sondern die BerufsqualifikationsRL zurück.

137 Problematisch wird dies allerdings dann, wenn er auch im Ausland über keine Niederlassung verfügt; im Zweifel wird man den stärksten Bezug aber zum Recht des gewöhlichen Aufenthalts herstellen können; im Ergebnis muss man also auch für das Reisegewerbe die „Niederlassung" bestimmen; unklar die Kritik an dieser Auffassung bei *Korte*, in: Schmidt/Wollenschläger, § 9 Rn 47.

Fall 16a/c (Rn 237): Im Ergebnis bedarf Ö in der Ausgangskonstellation keiner deutschen Erlaubnis. Es kommt insoweit auch nicht darauf an, ob er seine Tätigkeit in Österreich legal anbieten kann. Dabei erfasst die Freistellung im Ergebnis über den Wortlaut des § 4 GewO hinaus auch das Erfordernis einer Ausnahmegenehmigung nach § 56 GewO[138]. Irrelevant ist auch, inwieweit ihm diese Tätigkeit in seinem Herkunftsland gestattet ist. Eine Interpretation des § 4 GewO im Sinne eines Herkunftslandprinzips[139] scheitert am klaren Wortlaut, selbst wenn man Art. 16 DLR im Einklang mit den primärrechtlichen Grundsätzen des Herkunftslandprinzips dahingehend auslegen könnte, dass „es zwingende Voraussetzung des Art. 16 DLR sei, dass der Dienstleistungserbringer eine zumindest ähnliche Dienstleistung in seinem Herkunftsland rechtmäßig anbieten kann“[140]. Ö unterliegt auch nicht der Anzeigepflicht des § 55c GewO. Da seine Tätigkeit in **Fall 16c (Rn 237)** auf Veranlassung seiner deutschen Kunden jedenfalls nicht unter den Begriff des Reisegewerbes fällt (s. näher Rn 343 ff), käme allenfalls eine Gewerbeanzeige nach § 14 GewO in Betracht, die jedoch nach den dargelegten Bagatellgrenzen (vgl Rn 222) von der Praxis wohl nicht verlangt würde. 241

b) Umgehungsverbote

Um zu vermeiden, dass Gewerbetreibende nur deswegen von einem anderen Mitgliedstaat aus tätig werden, um sich der Anwendbarkeit des deutschen Gewerberechts zu entziehen, schränkt § 4 Abs. 2 GewO für den Fall der Umgehung die Anwendbarkeit des Abs. 1 ein[141]. Dies ist insbesondere der Fall, wenn sich die Niederlassung im Ausland befindet, die Tätigkeit aber vorwiegend in Deutschland ausgeübt wird, vgl § 4 Abs. 2 S. 2 GewO. 242

Die Bedeutung der Umgehungsklausel wird wohl erst durch den EuGH abschließend zu klären sein[142]. Außer dem klaren **Fall 16d (Rn 237)**, dass ein deutscher Gewerbetreibender gerade deswegen ins Ausland „flüchtet“, weil er bereits in Konflikt mit den deutschen Behörden geraten ist, sind angesichts der großzügigen EuGH-Rechtsprechung (vgl bereits oben zur Gründung von Gesellschaften nach ausländischem Recht Rn 232) deutliche Grenzen gezogen[143]. Verfügt also ein Unternehmen sowohl über inländische wie über ausländische Niederlassungen, ist allein die Abwicklung einer Leistung über die ausländische Niederlassung nicht rechtsmissbräuchlich, selbst wenn dies (nur) zu dem Zweck geschehen sollte, Anforderungen des deutschen Gewerberechts zu vermeiden. 243

c) Begriff der Niederlassung

Die Anwendbarkeit des § 4 GewO hängt entscheidend davon ab, ob der Gewerbetreibende über eine Niederlassung in Deutschland verfügt. Definiert wird der **Niederlas-** 244

138 Art. 16 Abs. 2 lit. b DLR hat die Pflicht, im Aufnahmestaat eine Genehmigung einzuholen, ausdrücklich als unzulässig eingestuft, ohne hiervon Ausnahmen zuzulassen. Darauf, dass der EuGH primärrechtlich präventive Kontrollerlaubnisse dann für zulässig hielt, wenn sich eine laufende Überwachung im Hinblick auf schwerwiegende Schadensrisiken als ungeeignet erweisen würde (EuGH v. 3.10.2000, Rs. C-58/98 – *„Josef Corsten“*, Slg. 2000, I-7919 = EuZW 2000, 763), kommt es daher nicht an.

139 So aber VG Neustadt, GewArch. 2011, 117.

140 So die Begründung in VG Neustadt, GewArch. 2011, 117, 119.

141 Dazu *Storr*, in: Pielow, GewO, § 4 Rn 30 ff; *Schönleiter*, GewArch. 2009, 384, 386.

142 Vollzugsprobleme sieht auch *Storr*, in: Pielow, GewO, § 4 Rn 35.

143 S. auch – unter Hinweis auf die Maßstäbe von EuGH v 3.12.1974 – Rs 33/74, Rn 13 – *„van Binsbergen“*; *Storr*, in: Pielow, GewO, § 4 Rn 31.

sungsbegriff in § 4 Abs. 3 GewO einheitlich für das gesamte Gewerberecht[144]. Dieser Begriff wurde dem Unionsrecht entnommen[145] und ist daher anhand der EuGH-Rechtsprechung zu konkretisieren, die im Übrigen auch für IPR[146] und internationales Prozessrecht[147] maßgeblich ist. Da der Begriff den bisherigen Niederlassungsbegriff in § 42 GewO aF ersetzt, ist er nicht nur im Rahmen des § 4 GewO, sondern auch in anderem Zusammenhang heranzuziehen, insbes zur Abgrenzung von Reise- und stehendem Gewerbe bei von einer (Zweig)Niederlassung aus erbrachten Leistungen (dazu Rn 344). Bei einem Rekurs auf die Rechtsprechung zum bisherigen gewerberechtlichen Niederlassungsbegriff ist Vorsicht geboten[148].

245 Durch eine restriktive Interpretation der Zweigniederlassung[149] gelangte die Rechtsprechung in den Grenzfällen zur Anwendung des Reisegewerberechts und damit der Genehmigungsbedürftigkeit. Im Anwendungsbereich des § 4 Abs. 1 GewO verschieben sich allerdings die Konsequenzen; eine großzügig(er)e Anerkennung von Zweigniederlassungen eröffnet hier überhaupt erst den Anwendungsbereich des deutschen Gewerberechts. Verfügt der Gewerbetreibende nämlich (auch) über eine deutsche Niederlassung, handelt es sich um eine vom Inland aus erbrachte Dienstleistung, so dass die Voraussetzungen einer Einschränkung der Anzeigepflicht gem. § 4 Abs. 1 S. 2 GewO nicht vorliegen. Der Begriff ist jedenfalls richtlinienkonform nach den Maßstäben des EuGH auszulegen. Eine Niederlassung liegt jedenfalls dann vor, wenn die Tätigkeit auf unbestimmte Zeit und mittels einer festen Einrichtung ausgeübt wird. Allein die Kontinuität und regelmäßige Wiederholung einer Tätigkeit führen jedoch nach der Rechtsprechung des EuGH nicht zur Qualifizierung als Niederlassung[150]. Der EuGH hat sich zunehmend vom zeitlichen Moment entfernt und stellt – bezogen auf die Abgrenzung von Niederlassungs- und Dienstleistungsfreiheit (vgl schon Rn 72) – auf eine „Verwurzelung" des Gewerbetreibenden im Aufnahmestaat ab[151]. Dennoch ist die Konkretisierung nicht immer einfach, wie **Fall 16b (Rn 237)**[152] zeigt. Wenn ein Gewerbetreibender lediglich temporär fremde Geschäftsräume, oder dort gar wie hier nur

---

144 Bei der Novelle wurde die bisherige Legaldefinition der *gewerblichen Niederlassung* in § 42 Abs. 2 GewO aF aufgehoben.

145 § 4 Abs. 3 GewO nF übernimmt die Definition der *Niederlassung* aus Art. 4 Nr 5 Dienstleistungsrichtlinie, vgl BT-Drucks. 16/12784 S. 14.

146 In diesem Zusammenhang schon *Ruthig*, Vollmacht und Rechtsschein im IPR, 1996, S. 155.

147 Jedenfalls im internationalen Prozessrecht kann aber auch eine Scheinniederlassung den Niederlassungsgerichtsstand begründen, s. EuGH, v. 9.12.1987, Rs. C-218/86 – *„Schotte./.Parfums Rothschild"*, Slg 1987, 4905; s. auch *Ruthig*, Vollmacht und Rechtsschein im IPR, S. 187.

148 Für einen Rückgriff auf die bisherige Definition allerdings VG München v. 14.3.2011 – M 16 K 11.875, 16 K 11.875; *Schönleiter*, GewArch. 2009, 384, 386; zum alten Begriff der gewerblichen Niederlassung *Marcks*, in: Landmann/Rohmer, GewO, § 4 Rn 32 ff.

149 Dazu, dass eine nur gelegentliche Inanspruchnahme nicht genügt vgl *Marcks*, in: Landmann/Rohmer, GewO, § 42 Rn 6; *Ennuschat*, in: Tettinger/Wank/Ennuschat, GewO, § 4 Rn 20 f. Nach der (bisherigen) deutschen Judikatur war entscheidend darauf abzustellen, dass in den angemieteten Räumlichkeiten keine Betriebseinrichtung vorgehalten wird, s. insbes VG Meiningen Urteil v. 14.7.2009 – 5 K 196/09, Rn 31; s. auch OLG Hamm, GewArch. 1982, 130 für die regelmäßige Anmietung des Nebenzimmers einer Gaststätte in einem Kurort.

150 EuGH v. 11.12.2003, Rs. C-215/01 – *„Bruno Schnitzer"*, Rn 28, Slg. 2003, I-14847 = NJW 2004, 435; s. auch *Kugelmann*, EuZW 2005, 327, 328 f.

151 *Schönleiter*, GewArch. 2009, 384, 386.

152 Obergerichtliche Entscheidungen von OVG Lüneburg NVwZ-RR 2010, 971; OVG Magdeburg, NVwZ-RR 2011, 472; OVG Weimar, GewArch. 2011, 127; s. auch OLG Frankfurt v. 26.11.2010 – 25 U 65/09. Aus der Fülle verwaltungsgerichtlicher Entscheidungen s. nur VG Düsseldorf v. 15.2.2011 – 3 K 6790/09; VG Minden v. 25.3.2009 – 3 K 224/09; VG München v. 14.3.2011 – M 16 K 11.875.

kleine Verkaufsflächen anmietet, ist es fraglich, ob dies bereits zur „Verwurzelung" in dem betreffenden Land genügt. Hier verneinte die Rechtsprechung regelmäßig das Vorliegen einer Niederlassung mit der Begründung, dass in den angemieteten Räumlichkeiten keine Betriebseinrichtung vorgehalten wird[153]. Der EuGH stellt demgegenüber allgemeiner darauf ab, inwieweit der Gewerbetreibende „über eine Infrastruktur verfügt, die es ihm erlauben würde, in stabiler und kontinuierlicher Weise einer Erwerbstätigkeit nachzugehen"[154]. Im vorliegenden Zusammenhang würde aber wohl auch der EuGH berücksichtigen, dass ein zu weiter Niederlassungsbegriff dem Ö die Vorteile der europäischen Dienstleistungsfreiheit nehmen würde. Vergleichbare Schwierigkeiten stellen sich im **Baugewerbe**, wenn während der Tätigkeit für mehrere Monate oder gar Jahre auf der Baustelle Betriebseinrichtungen vorgehalten oder zB auch Subunternehmer beschäftigt werden; die Dauer der Tätigkeit allein führt hier nicht dazu, dass eine Niederlassung vorliegt[155].

d) Die Zuständigkeit deutscher Behörden für ein Einschreiten

Der Frage nach der Anwendbarkeit des deutschen Gewerberechts in Sachverhalten mit grenzüberschreitendem Bezug ist eigentlich die Frage nach der Zuständigkeit vorgelagert. Diese Frage der internationalen örtlichen Zuständigkeit wird in der GewO nicht geregelt und in der deutschen gewerberechtlichen Diskussion typischerweise ausgeblendet[156]. Selbst die Umsetzung der DLR beschränkte sich auf Vorgaben zu den Anzeige- und Genehmigungspflichten und äußerte sich zur Möglichkeit eines Einschreitens gegen unzuverlässige Gewerbetreibende etwa nach § 35 GewO nicht. Nach den allgemeinen Grundsätzen[157] sind deutsche Behörden jedenfalls dann nicht zuständig, wenn keine deutsche Behörde örtlich zuständig ist. Für das Wirtschaftsverwaltungsrecht knüpft die Zuständigkeit aber an den Ort der Niederlassung an. Bei ausländischen Niederlassungen lässt sich so eine Zuständigkeit deutscher Behörden also idR nicht begründen[158]. Dies gilt sowohl für die Grundnorm des § 3 Abs. 1 Nr 1–3 VwVfG wie auch für die Zuständigkeit zur Erteilung einer Reisegewerbekarte nach § 61 GewO[159]. Soweit Niederlassung bzw gewöhnlicher Aufenthalt in Deutschland 246

153 S. insbes VG Meiningen v. 14.7.2009 – 5 K 196/09, Rn 31.

154 EuGH v. 30.9.2003, Rs. C-224/01 – *„Köbler"*, Slg. 2003, I-10239.

155 EuGH v. 11.12.2003, Rs. C-215/01 – *„Bruno Schnitzer"*, GewArch. 2004, 62 Rn 30 f stufte ein Bauunternehmen, das über einen Zeitraum von 9 Monaten in Deutschland arbeitete, als Dienstleister ein und hielt sogar einen Zeitraum von mehreren Jahren für akzeptabel. Auch wenn der EuGH in anderen Fällen andere Maßstäbe angelegt hat (s. dazu BT-Drucks. 16/12 784 S. 14) dürfte beim Baugewerbe regelmäßig das Vorliegen einer Niederlassung zu verneinen sein; s. dazu auch *Marcks*, in: Landmann/Rohmer, GewO, § 4 Rn 38.

156 Hierzu *Ruthig*, in: Gounalakis, § 14 Rn 78. Als Ausnahme der Beitrag von *Eichler*, K&R 2001, 144, 146 f, der es zumindest für zweifelhaft hält, dass für die Tätigkeit der ausländischen Internet-Apotheke „die Vorschriften des AMG und des Heilmittelwerbegesetzes (HwG) nach den Grundsätzen des internationalen öffentlichen Rechts überhaupt zur Anwendung kommen dürfen". Insgesamt gilt die Problematik der staatlichen Regelungsmacht für Sachverhalte mit Auslandsberührung zu Recht als „wenig elaboriert", s. *Menzel*, Internationales Öffentliches Recht, 2010, S. 405.

157 Diese im Internationalen Privatrecht entwickelten Anknüpfungsgrundsätze lassen sich auch auf öffentlichrechtliche Konstellationen anwenden; ausführlicher *Ruthig*, in: Gounalakis, § 14 Rn 53 ff.

158 *Germann*, Gefahrenabwehr und Strafverfolgung im Internet, 2000, S. 365.

159 Diese verdrängt die § 3 VwVfG entsprechenden landesrechtlichen Vorschriften, also vor allem auch deren Abs. 1 Nr 4, s. auch *Marcks*, in: Landmann/Rohmer, GewO, § 35 Rn 187. Die sachliche Zuständigkeit wird gem. § 155 Abs. 2 GewO von den Ländern geregelt, vgl den Überblick bei *Marcks*, in: Landmann/Rohmer, GewO, § 35 Rn 185.

fehlen, könnte man daraus also bereits die Unzuständigkeit deutscher Behörden und die Unanwendbarkeit der GewO ableiten. Allerdings wird etwa in § 35 Abs. 7 S. 2 GewO und bei § 59 GewO lückenschließend auf den Ort rekurriert, wo die Tätigkeit (in Deutschland) regelmäßig ausgeübt wird. Aber auch dann sind jedenfalls Korrespondenzdienstleistungen nicht erfasst (näher zum E-Commerce Rn 396 ff). Zieht man außerdem § 3 Abs. 1 Nr 4 VwVfG heran[160], ließe sich jegliche Gewerbeausübung mit Auswirkungen auf Deutschland erfassen[161].

247 Die Konsequenzen lassen sich anhand des Beispielsfalles illustrieren: In **Fall 16c (Rn 237)** wäre nach dieser weitesten Auffassung sogar eine Leistung auf Initiative deutscher Kunden erfasst, obwohl es gerade vor dem Hintergrund der Dienstleistungsfreiheit nicht ohne weiteres überzeugt, die Genehmigungsbedürfnisse auch darauf auszudehnen. Allerdings werden auch von der deutschen Praxis einmalige Dienstleistungen von kurzer Dauer sowie – als Ausfluss eines „ins Inland hineinwirkenden Gewerbebetriebes" – auch Werbemaßnahmen und Informationsgespräche, Warenauslieferung und Montagearbeiten als nicht „gewerbsmäßig" betrachtet, wenn sie im Verhältnis zur Gesamttätigkeit nur von untergeordneter Bedeutung sind[162]. Soweit § 4 GewO Genehmigungsbedürfnisse sowieso einschränkt, spielen diese Fragen keine Rolle mehr; sie bleiben jedoch für die nicht von § 4 GewO erfassten Bereiche, etwa das Sicherheitsgewerbe, relevant[163]. Auch in **Fall 16a (Rn 237)** beantwortet § 4 GewO nicht die Frage, ob und nach welchen Vorschriften gegen Ö eingeschritten werden kann, wenn etwa Anhaltspunkte für unlautere oder gar betrügerische Geschäftspraktiken bestehen. Allerdings hätte man hier einen Anhaltspunkt für eine Zuständigkeit am Ort, wo ein Einschreiten erforderlich ist, in § 61 GewO, der diese Fälle gerade nicht unter die örtliche Zuständigkeit am Ort der Gewerbeausübung fasst, so dass ein Einschreiten auch am Ort der Tätigkeit nach § 3 Abs. 1 Nr 2 VwVfG möglich wäre[164]. Allerdings müsste dies mit der DLR vereinbar sein.

248 Soweit ein Einschreiten auf gewerberechtlicher Grundlage ausscheiden sollte, kann bei konkreten Gefahren **auf der Grundlage des allgemeinen Polizei- und Ordnungsrechts** eingeschritten werden (s. auch für die Fälle ohne Auslandsberührung Rn 320). Hier gilt für die örtliche Zuständigkeit das sog. **Auswirkungsprinzip**.

Maßgeblich war schon nach § 22 Abs. 1 S. 1 prPVG der Ort, „an dem die dem polizeilichen Schutz unterstellten Rechtsgüter verletzt oder gefährdet werden"[165], also wo die polizeiliche Aufgabe wahrzunehmen ist bzw wo der Anlass für die Amtshandlung auftritt, wie es § 3 Abs. 1 Nr 4 VwVfG formuliert[166]. Im Polizei- und Ordnungsrecht ist diese Zuständigkeit – anders als in der allgemeinen Vorschrift des § 3 VwVfG – nicht subsidiär.

---

160 So *Schönleiter*, in: Landmann/Rohmer, GewO, § 61 Rn 6.

161 Der öOGH verlangt demgegenüber zu § 51 öGewO, dass relevante Teile der Gewerbetätigkeit einen Bezug zum Inland haben, s. OGH v. 25.2.1992 – 4 Ob 23/92; dazu und zu den Konsequenzen für den e-commerce s. *Traudtner/Hohn*, ecolex 2000, 480. In Deutschland spricht die systematische Zusammenschau der Zuständigkeitsvorschriften gerade wegen der ausdrücklichen Regelung einer Abweichung vom Niederlassungsprinzip in § 35 Abs. 7 S. 2 GewO allerdings systematisch gegen die ergänzende Heranziehung der allgemeinen Grundsätze.

162 *Marcks*, in: Landmann/Rohmer, GewO, § 14 Rn 35.

163 So auch BT-Drucks. 16/12784, S. 12 f.

164 S. auch *Schönleiter*, in: Landmann/Rohmer, GewO, § 61 Rn 2.

165 S. dazu schon PrOVGE 61, 145; *Drews/Wacke/Vogel/Martens*, Gefahrenabwehr, 9. Aufl. 1986, S. 106 f sowie mit Bezug zum Internet *Germann*, Gefahrenabwehr und Strafverfolgung im Internet, S. 366; *Ruthig*, in: Gounalakis, § 14 Rn 32 ff.

166 Zur identischen Auslegung dieser Begriffe s. *Drews/Wacke/Vogel/Martens*, Gefahrenabwehr, 9. Aufl. 1986, S. 107.

Sofern man nicht schon eine gewerberechtliche Zuständigkeit bejaht, kann in **Fall 16a (Rn 237)** gegen Ö in Mainz jedenfalls aufgrund der allgemeinen polizei- und ordnungsrechtlichen Befugnisse eingeschritten werden, die im Einzelfall bis zur (vorläufigen) Untersagung der Tätigkeit reichen können. Lediglich dann, wenn Ö in Mainz Räumlichkeiten anmietet **(Fall 16b)**, könnte es sich um eine Niederlassung handeln (dazu Rn 244), so dass es sich um stehendes Gewerbe handeln würde, das dann nach § 14 GewO anzuzeigen wäre und nach § 35 Abs. 7 S. 1 GewO untersagt werden könnte[167]. Besondere Probleme ergeben sich gerade für dieses Auswirkungsprinzip bei Dienstleistungen über das Internet (s. Rn 396 ff). 249

6. Die gewerberechtliche Unzuverlässigkeit

a) Der Begriff und seine Funktion

Es gilt allgemein der Grundsatz, dass ein Gewerbetreibender die für sein Gewerbe erforderliche Zuverlässigkeit besitzen muss[168]. Der Begriff der Unzuverlässigkeit zieht sich als **gewerberechtlicher Schlüsselbegriff**[169] durch das gesamte Rechtsgebiet, findet sich aber auch in anderen Vorschriften. Unzuverlässig ist **derjenige Gewerbetreibende, der nach dem Gesamteindruck seines Verhaltens nicht die Gewähr dafür bietet, dass er sein Gewerbe künftig ordnungsgemäß betreiben wird**[170]. Diese Formulierung bringt zum Ausdruck, dass es auf das konkret ausgeübte Gewerbe („sein Gewerbe" – Grundsatz der Gewerbespezifik) und die Umstände des konkreten Einzelfalles ankommt. Trotz der Gewerbetypik und des Einzelfallbezuges der Unzuverlässigkeitsprüfung lassen sich Fallgruppen unterscheiden, die es auf den konkreten Sachverhalt anzuwenden gilt (dazu näher Rn 255 ff), die aber nicht isoliert betrachtet werden können (dazu Rn 253 f). Die Entscheidung über die Zuverlässigkeit unterliegt der **vollen gerichtlichen Kontrolle**[171]. 250

Teilweise wird der Begriff im Gesetz durch Regelbeispiele konkretisiert (vgl zB §§ 34a Abs. 1 S. 4, Abs. 1a S. 6, 34b Abs. 4 Nr 1, 34c Abs. 2 Nr 1 GewO; § 4 Abs. 1 Nr 1 GastG; § 15 ProstSchG[172]); bei der zentralen Vorschrift des § 35 GewO (s. dazu Rn 280 ff) hat der Gesetzgeber angesichts der Fülle denkbarer Konstellationen auf Konkretisierungen verzichtet. Für die Auslegung des Begriffes der Unzuverlässigkeit (s. Rn 250) spielt es keine Rolle, ob es sich um anzeige- oder genehmigungspflichtiges Gewerbe handelt. Es unterscheiden sich lediglich die Konsequenzen aus der Unzuverlässigkeit. Beim anzeigepflichtigen Gewerbe kann (nur) gegen unzuverlässige Gewerbetreibende mittels einer Gewerbeuntersagung eingeschritten werden (s. Rn 280 ff), beim genehmigungspflichtigen Gewerbe ist die Genehmigung bei Unzuverlässig-

---

167 *Marcks*, in: Landmann/Rohmer, GewO, § 14 Rn 33; *Krajewski*, NVwZ 2009, 929, 930.

168 S. auch *Laubinger/Repkewitz*, VerwArch. 89 (1998), 145, 146.

169 *Laubinger/Repkewitz*, VerwArch. 89 (1998), 145, 148; *Leisner*, GewArch. 2008, 225.

170 BVerwG, GewArch. 1971, 277; BVerwGE 65, 1 = NVwZ 1982, 503, seitdem stRspr. Ebenso einhellig das Schrifttum, s. zB *Marcks*, in: Landmann/Rohmer, GewO, § 35 Rn 29; *Brüning*, in: Pielow, GewO, § 35 Rn 19. Näher zur Zuverlässigkeit *Laubinger/Repkewitz*, VerwArch. 89 (1998), 146, 337, 609; *Eifert*, JuS 2004, 565; *Schaeffer*, WiVerw 1982, 100; *Hösch*, JA 1995, 148; *Scheitler*, GewArch. 2015, 102.

171 BVerwGE 28, 202; DÖV 2005, 118; *Schenke/Ruthig*, in: Kopp/Schenke, VwGO, § 114 Rn 23, 37d mwN; *Schenke*, Verwaltungsprozessrecht, Rn 751, 769 mwN; ebenso *Marcks*, in: Landmann/Rohmer, GewO, § 35 Rn 29b; *Ennuschat, in:* Tettinger/Wank/Ennuschat, GewO, § 35 Rn 27; *Brüning*, in: Pielow, GewO, § 35 Rn 24; *Laubinger/Repkewitz*, VerwArch. 89 (1998), 145, 158.

172 Dazu, dass auch hier vom gewerberechtlichen Unzuverlässigkeitsbegriff auszugehen ist OVG Münster, BeckRS 2020, 2911.

keit zu versagen oder – wenn der Betreffende unzuverlässig wird – nachträglich zu widerrufen (s. Rn 314).

251 Wegen der Schwere der an das Unzuverlässigkeitsurteil anknüpfenden Folgen ist schon beim Begriff der Unzuverlässigkeit der **Zusammenhang mit Art. 12 GG** zu beachten. Die Eignung des Gewerbetreibenden ist nach dem Willen des Gesetzgebers die Voraussetzung dafür, dass er ein Gewerbe ausüben darf. Angesichts der an das Unzuverlässigkeitsurteil anknüpfenden Rechtsfolgen handelt es sich um eine subjektive Zulassungsschranke, die sich an den verfassungsrechtlichen Vorgaben (Erforderlichkeit zum Schutz besonders wichtiger Gemeinschaftsgüter, s. Rn 123) messen lassen muss[173]. Aus diesem Grund ist der Begriff der Zuverlässigkeit bereichsspezifisch, dh bezogen auf das konkrete Gewerbe, auszulegen[174].

252 Mit dem Begriff der Unzuverlässigkeit sind gleichzeitig **zentrale verwaltungsprozessuale Weichenstellungen** verbunden. Diese hängen mit der Struktur des Begriffes zusammen. Wie die Definition zum Ausdruck bringt, wird aus den vorliegenden Tatsachen auf die künftige Eignung geschlossen; es handelt sich also um eine **Prognoseentscheidung**. Gleichzeitig können im Verlauf des Verfahrens tatsächliche Änderungen eintreten. Es stellt sich die Frage nach der **gerichtlichen Kontrolldichte** genauso wie die nach dem **maßgeblichen Zeitpunkt** (s. ausf im Zusammenhang mit der Gewerbeuntersagung unten Rn 292 ff).

b) Gesamtbild und Tatsachengrundlage

253 Abzustellen ist bei der Prüfung der Zuverlässigkeit auf das **Gesamtbild** des Verhaltens[175], so dass häufig erst aus der Kombination mehrerer Umstände auf die Unzuverlässigkeit geschlossen werden kann und die Bedeutung eines einzelnen Aspektes (auch bei der Bewertung von Gerichtsurteilen) nicht überschätzt werden darf. Die in das Gesamtbild einfließenden Tatsachen müssen auch nicht notwendigerweise auf den konkreten Gewerbebetrieb bezogen sein[176] und nicht einmal zwingend überhaupt mit der Gewerbeausübung zusammenhängen. Es reicht, dass sie **Rückschlüsse auf das berufliche Verhalten** des Betreffenden im Zusammenhang mit dem konkreten Gewerbe zulassen[177]. Teilweise enthält die GewO **Vermutungsregeln**, wonach insbes bei Wirtschaftsstraftaten die mangelnde Zuverlässigkeit vermutet wird (vgl Rn 259). Derartige Vermutungstatbestände **indizieren die Unzuverlässigkeit**; sie können nur (im konkreten Einzelfall) widerlegt werden, wenn besondere Umstände ein Abweichen von der Regelvermutung begründen[178]. Solche Gründe können etwa gegeben sein, wenn die Straftat aus einer besonderen, sich nicht wiederholenden Situ-

---

173 S. auch *Leisner*, GewArch. 2008, 225, 226 ff.

174 Ausf dazu *Laubinger/Repkewitz*, VerwArch. 89 (1998), 145, 148 f.

175 VGH Kassel, GewArch. 1995, 158: Straftaten und Ordnungswidrigkeiten etwa können zeigen, dass er es mit der Wahrheit nicht so genau nimmt. Zum Pelztierhändler vgl VGH Kassel, GewArch. 1991, 28; *Laubinger*, VerwArch. 92 (2001), 165 f.

176 *Marcks*, in: Landmann/Rohmer, GewO, § 35 Rn 33; *Ennuschat*, in: Tettinger/Wank/Ennuschat, GewO, § 35 Rn 29.

177 BVerwG, GewArch. 1961, 166.

178 VGH München, GewArch. 2013, 35; *Ennuschat*, in: Tettinger/Wank/Ennuschat, GewO, § 34d Rn 63 f; *Schönleiter*, in: Landmann/Rohmer, GewO, § 34f Rn 99.

ation heraus begangen worden ist[179]. Bei der Zuverlässigkeitsprüfung ist (wie bei der polizeirechtlichen Verantwortlichkeit) ein **Verschulden unerheblich**[180].

Wie beispielsweise § 35 Abs. 1 S. 1 GewO ausdrücklich bestätigt muss sich die Unzuverlässigkeit aus **Tatsachen in der Vergangenheit** ableiten lassen. Die Tatsachenkenntnis der Behörde kann sich aus **früheren gewerbeaufsichtlichen Verfahren** ergeben, in welchem dem Gewerbetreibenden die Ausübung eines Gewerbes untersagt oder eine Gewerbeerlaubnis entzogen worden war. Allerdings ist zu prüfen, ob sich die damals maßgeblichen Tatsachen (noch) auf das nunmehr betroffene Gewerbe auswirken[181]. Auch bei Straftaten ist die Annahme der Unzuverlässigkeit nicht ausgeschlossen, wenn die die Unzuverlässigkeit begründende Tathandlung bereits einige Jahre zurückliegt, selbst wenn keine Anhaltspunkte dafür vorliegen, dass der Betroffene in der Zwischenzeit erneut strafrechtlich in Erscheinung getreten ist[182]. Ist der Gewerbetreibende wegen entsprechender **Straftaten bzw Ordnungswidrigkeiten** verurteilt bzw mit einer Geldbuße belegt worden, hat auch dies grundsätzlich in die Prognoseentscheidung der Behörde einzufließen. Bei abgeschlossenen Verfahren normiert § 35 Abs. 3 GewO eine Bindung der Gewerbeaufsichtsbehörden va hinsichtlich der Tatsachenfeststellungen und der Schuldfrage[183]. Diese beschränkt sich auf Strafurteile und die ihnen in der Norm gleichgestellten gerichtlichen Entscheidungen (insbes Strafbefehl, §§ 407 ff StPO). Kenntnis erhält die Behörde von diesen Verurteilungen durch die Einholung eines Führungszeugnisses nach § 31 BZRG; insoweit sind die Verwertungsverbote des § 51 BZRG zu beachten[184]. Die Bedeutung dieser Bindungswirkung ist allerdings begrenzt. Auch bei **rechtskräftigen Strafurteilen** muss die Behörde anhand der tatsächlichen Feststellungen des Strafgerichts eine **eigene Prognoseentscheidung über die (künftige) Zuverlässigkeit** treffen, kann sich also nicht allein auf den Urteilsspruch stützen[185]; auch eine günstige Sozialprognose im Rahmen der Strafaussetzung zur Bewährung oder einer frühzeitigen Haftentlassung führen deswegen nicht ohne weiteres zur Zuverlässigkeit[186]. Abweichungen zugunsten des Gewerbetreibenden sind unabhängig von § 35 Abs. 3 GewO zulässig[187]. Andere, nicht im Gesetz genannte Entscheidungen, haben keine Bindungswirkung. Dies **254**

179 *Marcks*, in: Landmann/Rohmer, GewO, § 34c, Rn 78.

180 BVerwGE 24, 38; 65, 1. Dazu ausf *Marcks*, in: Landmann/Rohmer, GewO, § 35 Rn 30 mwN; *Ennuschat, in:* Tettinger/Wank/Ennuschat, *GewO, § 35 Rn 34.*

181 *Marcks*, in: Landmann/Rohmer, GewO, § 35 Rn 36.

182 VG Gießen v. 18.1.2008, 8 E 314/07.

183 Näher zur Bindungswirkung *Brüning*, in: Pielow, GewO, § 35 Rn 85 ff Nr 3 bindet die Behörde außerdem an die Prognoseentscheidung des Strafgerichts, ob eine Gewerbeuntersagung erforderlich ist, um die Begehung erheblicher rechtswidriger Taten iSd § 70 StGB durch den Gewerbetreibenden zu verhindern. Die praktische Bedeutung dürfte begrenzt sein, da der Schutz der Allgemeinheit iSd § 35 GewO schon unterhalb der strafrechtlich relevanten Ebene ansetzt, *Ennuschat, in:* Tettinger/Wank/Ennuschat, GewO, § 35 Rn 192.

184 Abzustellen für die Berechnung ist auf den Zeitpunkt des Erlasses des Widerspruchsbescheids, vgl BVerwG, GewArch. 1995, 377; GewArch. 1997, 242; *Marcks*, in: Landmann/Rohmer, GewO, § 35 Rn 41.

185 BVerwG, GewArch. 1997, 242; *Marcks*, in: Landmann/Rohmer, GewO, § 35 Rn 37. Allerdings kann eine Strafaussetzung zur Bewährung Anhaltspunkte dafür bieten, dass aufgrund der günstigen strafrechtlichen Sozialprognose auch mit einer Unzuverlässigkeit im gewerberechtlichen Sinne zukünftig nicht zu rechnen ist, vgl BVerwG, GewArch. 1987, 352.

186 BVerwG, GewArch. 1987, 351; 1999, 72; *Brüning*, in: Pielow, GewO, § 35 Rn 21.

187 *Ennuschat, in:* Tettinger/Wank/Ennuschat, GewO, § 35 Rn 189.

gilt insbesondere für die **Einstellungsentscheidung der Staatsanwaltschaft nach §§ 153 ff und § 170 Abs. 2 StPO**[188]. Tatsachen aus **laufenden Strafverfahren** können bei der Prognoseentscheidung berücksichtigt werden[189]. Gleiches gilt für solche Straftaten, die von der Staatsanwaltschaft nicht verfolgt werden[190].

c) Unzuverlässigkeit beim Verstoß gegen gewerbebezogene Vorschriften

255 Zum ordnungsgemäßen Betreiben des Gewerbes gehört als Mindestvoraussetzung die Einhaltung der dafür einschlägigen Vorschriften und Berufspflichten, um Gefahren für Kunden und die Allgemeinheit auszuschließen. Dies gilt erst, wenn die Nichteinhaltung dieser Verpflichtungen straf- oder ordnungswidrigkeitenrechtlich sanktioniert ist. Die **illegale Beschäftigung von Ausländern** ohne Arbeitserlaubnis begründet stets die Unzuverlässigkeit[191]. Auch wiederholte Verstöße eines Gewerbetreibenden gegen **Vorschriften des Jugendschutzes**[192] bzw ein (kontinuierlicher) Verstoß gegen die Bestimmungen des **LadÖffnG**[193] oder gemeindlich festgesetzte Sperrzeiten[194]. Problematisch ist es, wenn man aus Verstößen gegen das Zivil- bzw Wettbewerbsrecht die Unzuverlässigkeit ableitet, was allenfalls bei nachhaltigen Verstößen bejaht wird[195].

256 Die Unzuverlässigkeit ist auch zu bejahen, wenn das Gewerbe **ohne die erforderliche Genehmigung** betrieben wird. Soweit für das ausgeübte Gewerbe weitere Erlaubnisse erforderlich sind, sind diese – soweit nicht ausnahmsweise von einer Konzentrationswirkung auszugehen ist[196] – grundsätzlich getrennt zu betrachten. Allerdings kann ein solcher Verstoß auch die Unfähigkeit offenbaren, das andere (oder sogar jedes Gewerbe) ordnungsgemäß zu betreiben.

Beispiel: G stellt in seiner Gaststätte Spielautomaten mit Gewinnmöglichkeit auf, was erlaubnispflichtig ist (s. § 33c GewO), verstößt also gegen einschlägige Bestimmungen, wenn er eine solche Genehmigung nicht beantragt. Dies kann die Unzuverlässigkeit begründen. Allerdings hat in Konsequenz des Verhältnismäßigkeitsgrundsatzes die Behörde zunächst gem. § 25 VwVfG den G aufzufordern, eine Genehmigung zu beantragen[197]. Davon zu unterscheiden ist die Frage, ob ihm auch die gaststättenrechtliche Zuverlässigkeit fehlt; dies kann der Fall sein, wenn er kontinuierlich gegen andere Erlaubnispflichten nach der GewO oder zB dem

188 *Marcks*, in: Landmann/Rohmer, GewO, § 35 Rn 148 mwN.

189 VGH Kassel, GewArch. 1993, 157; *Marcks*, in: Landmann/Rohmer, GewO, § 35 Rn 42.

190 OVG Münster, NJW 2015, 3387; zur Unzuverlässigkeit bei einer großen Zahl von Anzeigen wegen Warenbetrugs VGH München, BeckRS 2014, 53252.

191 BVerwGE 42, 68; 61, 32. Dies gilt erst recht, wenn der Verdacht auf weitere Straftaten besteht, vor allem Zuhälterei und Menschenhandel, s. auch VGH München, GewArch. 2004, 491, 492.

192 VG Gießen, LKRZ 2013, 342: Tabakwarenabgabe unter Verstoß gegen § 10 Abs. 1 JuSchG; VG Neustadt, GewArch. 2007, 496.

193 S. auch OVG Hamburg, NVwZ-RR 1992, 234. Selbst wenn man die „Schaffung gesunder Wettbewerbsverhältnisse" als Hauptzweck des Gesetzes sieht (zum Zweck des LadÖffnG *Ruthig*, in: Landesrecht RP, § 6 Rn 11), schließt dies – anders als bei Vorschriften des privaten Wettbewerbsrechts (dazu *Marcks*, in: Landmann/Rohmer, GewO, § 35 Rn 62) – die Berücksichtigung im Rahmen des § 35 GewO nicht aus.

194 Vgl OVG Münster v. 20.08.2018 – 4 B 485/18.

195 Dazu *Korte*, in: Schmidt/Wollenschläger, § 9 Rn 53; *Guckelberger*, Jura 2007, 598, 603.

196 Beispiele finden sich zB beim Verhältnis der Spielhallenerlaubnis nach § 33i GewO zum Glücksspielrecht; vgl am Beispiel von § 15 Abs. 2 S. 2 LGlüG RP *Ruthig*, in: Landesrecht RP, § 6 Rn 29.

197 Vgl *Hösch*, Fälle und Lösungen zum Wirtschaftsverwaltungsrecht, 2001, Fall 2.

ProstSchG verstößt. Vergleichbare Fragen stellen sich bei der erweiterten Gewerbeuntersagung (zu § 35 Abs. 1 S. 2 GewO s. unten Rn 299).

Breiten Raum nehmen in der Praxis **Verstöße gegen steuer- und sozialversicherungsrechtliche Verpflichtungen** ein[198]. Während das BVerwG die Unzuverlässigkeit zunächst allein aus der Tatsache ableitete, dass es dem Gewerbetreibenden „an dem für die Ausübung seines Gewerbes erforderlichen Willen fehlt, seine öffentlichen Berufspflichten zu erfüllen"[199], sieht es in entsprechenden Verstößen nur noch dann einen Fall der Unzuverlässigkeit, wenn sie sich über einen nicht unerheblichen Zeitraum erstrecken und eine nicht unerhebliche Summe umfassen[200]. Gleichwohl lässt die Rechtsprechung – in Abhängigkeit von der Betriebsgröße[201] – im Ergebnis relativ geringe Beträge genügen[202]. Außerdem genügt bereits die Nichtabgabe von Steuererklärungen zur Begründung der Unzuverlässigkeit[203]. Gleiches gilt bei der Zahlung von „Schwarzlöhnen"[204]. Dabei besteht bei einer rigiden Handhabung durchaus die Gefahr, dass Gewerberecht zum Sanktionsinstrument für das Steuer- und Abgabenrecht mutiert[205]. **257**

Straftaten, die im Rahmen der Gewerbeausübung begangen werden, können schon bei einmaligen Verstößen die Unzuverlässigkeit begründen, zB wenn es in Ausübung eines Bewachungsgewerbes nach § 34a GewO zu gravierenden **Körperverletzungen** kommt[206]. Entsprechendes gilt für **Drogendelikte**. Schon die bloße **Duldung des Rauschgifthandels** in den Geschäftsräumen kann genügen, um die Unzuverlässigkeit zu begründen[207]. Der Verdacht muss sich dann jedoch auf konkrete Umstände stützen. Solange damit kein Verstoß gegen strafrechtliche Vorschriften verbunden ist, kann allein aus dem Umstand, dass ein Gewerbetreibender Utensilien anbietet, die zum Drogenkonsum benutzt werden können, nicht die Unzuverlässigkeit abgeleitet werden[208]. Verkauft er allerdings Kräutermischungen, die erfahrungsgemäß als Alternative zu illegalen Drogen konsumiert werden an Jugendliche, begründet dies auch dann die Unzuverlässigkeit, wenn ausdrücklich darauf hingewiesen wird, dass sie nicht zum menschlichen Verzehr geeignet sind[209]. Handelt es sich allerdings lediglich um Eigenkonsum von Drogen, so ist zu beachten, dass dieser in bestimmten Grenzen nicht strafbar ist[210]. Besonders strenge Anforderungen gelten im Gaststättenrecht; hier ist nicht einmal Kenntnis von den Drogendelikten erforderlich, wenn der Gast- **258**

198 Vgl den Überblick bei *Brüning*, in: Pielow, GewO, § 35 Rn 23b.
199 BVerwG, GewArch. 1963, 129, 131.
200 BVerwG, NVwZ 1988, 432; ausf *Laubinger/Repkewitz*, VerwArch. 89 (1998), 145, 151 f.
201 *Heß*, in: Friauf, GewO, § 35 Rn 63; s. auch OVG Lüneburg, NVwZ-RR 2008, 142; *Hahn*, GewArch. 1999, 355, 358.
202 BVerwG, GewArch. 1999, 1 ließ dies bei Rückständen von umgerechnet ca. 2500 € offen; viele Verwaltungsvorschriften lassen eine entsprechende Summe ausreichen. Bejaht wurde die Unzuverlässigkeit bei Rückständen von umgerechnet 4500 €, s. VGH Kassel, GewArch. 1983, 263.
203 VGH München v. 18.2.2013 – 22 ZB 13.106.
204 OVG Münster, BeckRS 2016, 41708; *Brüning*, in: Pielow, GewO, § 35 Rn 23c.
205 Krit zur Rechtspraxis *Heß*, GewArch. 2009, 89; s. auch *Brüning*, in: Pielow, GewO, § 35 Rn 23c.
206 OVG Münster, GewArch. 2016, 388.
207 BVerwG, NJW 1979, 772; OVG Münster v, 17.12.2019 – 4 A 2160/16.
208 VGH München, NVwZ-RR 1998, 233; s. auch als Klausurfall *Ruthig/Wirth*, Jura 2007, 468.
209 OVG Münster, NJW 2015, 3387.
210 BVerwGE 90, 145.

wirt diese bei Beachtung der ihm obliegenden besonderen Aufsichtspflicht hätte haben müssen[211].

d) Verstöße gegen Strafvorschriften ohne unmittelbaren Zusammenhang mit dem Gewerbe

259 Bei Straftaten ohne unmittelbaren Zusammenhang mit der Gewerbeausübung ist zu differenzieren. **Verfehlungen von geringerem Gewicht und ohne Tätigkeitsbezug** sind gerade angesichts der schweren Folgen entsprechender gewerbebehördlicher Maßnahmen vor dem Hintergrund des Art. 12 GG im Regelfall unbeachtlich[212]. **Straßenverkehrsdelikte** sind zB grundsätzlich nur für straßenverkehrsbezogene Gewerbe wie etwa das Taxengewerbe relevant[213]. Anders verhält es sich bei **Eigentums- und Vermögensdelikten**[214]. Diese lassen regelmäßig gewerbeübergreifend bzw. gewerbeunspezifisch den Schluss zu, dass der Gewerbetreibende auch für das Betreiben eines Gewerbes nicht die erforderliche Zuverlässigkeit bietet. Dies wird teilweise in den Vorschriften ausdrücklich normiert. So enthalten zB die §§ 34a Abs. 1 S. 1 Nr 4b, 34c Abs. 2 Nr 1, 34d Abs. 2 Nr 1, 34f Abs. 2 Nr 1 GewO eine **Regelvermutung**, wonach ua derjenige die erforderliche Zuverlässigkeit idR nicht besitzt, der wegen Diebstahls, Unterschlagung, Erpressung, Betrugs, Untreue, Geldwäsche, Urkundenfälschung, Hehlerei, Wuchers oder einer Insolvenzstraftat rechtskräftig verurteilt worden ist.

e) Fehlende wirtschaftliche Leistungsfähigkeit

260 Eng mit der Nichterfüllung steuer- und sozialversicherungsrechtlicher Pflichten hängt die **allgemeine wirtschaftliche Leistungsfähigkeit** zusammen. Bei einzelnen, kapitalträchtigen Gewerben ist der Schluss von fehlender Finanzkraft auf die Unzuverlässigkeit **gesetzlich vorgesehen**[215]. Inwieweit wegen des Fehlens der erforderlichen Geldmittel auch bei anderen Gewerben die Gefahr besteht, dass der Gewerbetreibende nicht zu einer ordnungsgemäßen Betriebsführung in der Lage ist, ist umstritten[216]. Dies ist jedenfalls dann der Fall, wenn es keine Anzeichen für Besserung gibt und ein **Sanierungskonzept** fehlt[217]. Auf ein Verschulden oder einen „Charaktermangel"[218] kommt es nicht an.

---

211 BVerwGE 81, 74; OVG Münster, BeckRS 2019, 33476.

212 Eine Vielzahl geringfügiger Delikte, zumal über einen relativ kurzen Tatzeitraum, sollen allerdings nach der Rspr in einer Gesamtschau eine solche nahe legen, s. VGH München, NJW 1986, 3221, 3222.

213 VGH Kassel, NJW 1982, 2459; *Ennuschat*, in: Tettinger/Wank/Ennuschat, GewO, § 35 Rn 38.

214 BVerwG, GewArch. 1972, 189: Diebstahl, Betrug, Unterschlagungen eines Antiquitätenhändlers; *Laubinger/Repkewitz*, VerwArch. 89 (1998), 145, 150 mwN; krit zur Gefahr einer Überdehnung *Leisner*, GewArch. 2008, 225, 231.

215 Für die wirtschaftliche Leistungsfähigkeit gibt es bei bestimmten anzeigepflichtigen Tätigkeiten ausdrückliche Regelungen, die die wirtschaftliche Leistungsfähigkeit zur Voraussetzung für die Gewerbeerteilung machen (vgl zB § 34 Abs. 1 S. 3 Nr 2, § 34a Abs. 1 S. 3 Nr 2, § 34b Abs. 4 Nr 2, § 34c Abs. 2 Nr 2 GewO).

216 Dazu, dass nicht bei allen Gewerben die fehlende finanzielle Absicherung eine Gefährdung der Allgemeinheit mit sich bringt, s. *Heß*, in: Friauf, GewO, § 35 Rn 62; *Ennuschat*, in: Tettinger/Wank/Ennuschat, GewO, § 35 Rn 63 ff; weitergehend *Marcks*, in: Landmann/Rohmer, GewO, § 35 Rn 48.

217 BVerwGE 65, 1, 4; *Laubinger*, VerwArch. 92 (2001), 153; ausf *Marcks*, in: Landmann/Rohmer, GewO, § 35 Rn 48.

218 OVG Weimar, GewArch. 2006, 472.

Zur Frage, inwieweit das Vorlegen eines Sanierungskonzepts die Unzuverlässigkeit entfallen lässt (dies spielt insbes im gerichtlichen Verfahren eine Rolle, s. Rn 292 ff), hat sich eine umfangreiche Kasuistik entwickelt[219]. Grundsätzlich setzt ein erfolgversprechendes Sanierungskonzept voraus, dass mit den Gläubigern eine Ratenzahlungsvereinbarung geschlossen und der Tilgungsplan eingehalten wird. Die bloße Bekundung der Bereitschaft, ein solches vorzulegen, genügt jedenfalls bei einem bereits lange dauernden steuerlichen Fehlverhalten nicht. In diesem Zusammenhang ist zu beachten, dass gem. § 12 GewO während eines laufenden Insolvenzverfahrens (selbstverständlich) eine Untersagung der Weiterführung des Betriebes aufgrund einer durch Überschuldung herbeigeführten Unzuverlässigkeit nicht in Betracht kommt[220]; ist das Verwaltungsverfahren jedoch vor Eröffnung des Insolvenzverfahrens beendet, hat das Insolvenzverfahren keinen Einfluss mehr auf die Rechtmäßigkeit der Untersagung[221].

f) Förderung der Unsittlichkeit

Zu den klassischen Unzuverlässigkeitsgründen gehört es, wenn der Gewerbetreibende der Unsittlichkeit Vorschub leistet; dies ist im GastG ausdrücklich normiert (s. zu § 4 Abs. 1 Nr 1 GastG Rn 433 ff) und hat dort sicherlich den wichtigsten Anwendungsfall. Hinter diesem Begriff stehen „die dem geschichtlichen Wandel unterworfenen sozialethischen Wertvorstellungen, die in der Rechtsgemeinschaft als Ordnungsvoraussetzung anerkannt sind“[222]. Dieser Wandel lässt sich an den Aktivitäten des Gesetzgebers ablesen (zum ProstG Rn 116; zur Erlaubtheit des Gewerbes Rn 216 f). Im Ergebnis wird das Merkmal der Unsittlichkeit zu einem Vehikel des Jugendschutzes bzw des Schutzes der Entscheidung des Einzelnen, mit entsprechenden Inhalten nicht gegen seinen Willen in Kontakt zu kommen[223]. Die Unzuverlässigkeit ist allerdings dann gegeben, wenn der Gesetzgeber bestimmte Erscheinungsformen weiterhin als Straftat oder Ordnungswidrigkeit verfolgt, wie es beispielsweise bei der ausländerrechtlich unzulässigen Prostitutionsausübung[224] oder bei der Prostitution im Sperrbezirk[225] der Fall ist. Die Unzuverlässigkeit kann auch dadurch begründet wer- **261**

---

219 Zusammenfassend VGH München v. 25.6.2013 – 22 ZB 13.1102 Rn 18 mwN; NJW 2011, 2822, 2823.

220 Näher VGH München v. 3.4.2007 – 22 C 07.332. Zu § 12 S. 2 GewO s. VG Neustadt a.d. Weinstraße v. 15.1.2013 – 4 L 1076/12.NW.

221 Näher VGH München v. 3.4.2007, 22 C 07.332. Zu § 12 S. 2 GewO s. VG Neustadt a.d. Weinstraße, B. v. 15.1.2013 – 4 L 1076/12.NW. Zum maßgeblichen Beurteilungszeitpunkt bei § 12 GewO BVerwGE 152, 39.

222 BVerwGE 84, 314, 317 f zur Peepshow.

223 So auch *Ziekow*, § 10 Rn 8 mwN.

224 OVG Berlin, NVwZ-RR 2002, 739; VG Gießen, GewArch. 2004, 432.

225 BVerwG, NVwZ 2005, 597. Das ProstG lässt landesrechtliche Vorschriften und Anordnungen, die auf der Grundlage von Art. 297 EGStGB ergangenen Verordnungen beruhen, unberührt (vgl § 12 Abs. 1 ProstG), OVG Greifswald, BeckRS 2018, 39831. Auch die Verfassung verbietet es nicht, die Prostitutionsausübung in bestimmten Erscheinungsformen und damit einhergehenden sozialtypischen Begleiterscheinungen durch die Festsetzung von Sperrbezirken auf der Grundlage des Art. 297 EGStGB zu begrenzen, vgl BVerfG, NVwZ 2009, 905; aA *Gurlit/Oster*, GewArch. 2006, 361. Nach der Rspr kann eine SperrbezirksVO nur erlassen werden, „wenn die Eigenart des betroffenen Gebietes durch eine besondere Schutzbedürftigkeit und Sensibilität, zB als Gebiet mit hohem Wohnanteil sowie Schulen, Kindergärten, Kirchen und sozialen Einrichtungen gekennzeichnet ist … und wenn eine nach außen in Erscheinung tretende Ausübung der Prostitution typischerweise damit verbundene Belästigungen Unbeteiligter und ‚milieubedingte Unruhe‘, wie zum Beispiel das Werben von Freiern und anstößiges Verhalten gegenüber Passantinnen und Anwohnerinnen, befürchten lässt“. Hierfür genügt eine abstrakte Gefahr „für den öffentlichen Anstand oder den Schutz der Jugend“, vgl

den, dass sich der Gewerbetreibende selbst unsittlich verhält, wie etwa bei der sexuellen Belästigung von Kundinnen[226]. Verstößt der Gewerbetreibende demgegenüber gegen Erlaubnispflichten nach dem ProstSchG, kann dies wegen des Verstoßes gegen gewerbespezifische Vorschriften die Unzuverlässigkeit begründen (s. Rn 255), es macht die Ausübung des Prostitutionsgewerbes aber nicht unsittlich.

g) Sonstige Tatsachen

262 Auch aus sonstigen Tatsachen kann sich die Unzuverlässigkeit ergeben. Dies gilt insbesondere bei übermäßigem **Alkoholkonsum** (vgl zB § 4 Abs. 1 Nr 1 GastG; dazu Rn 435). Allerdings sind Sinn und Zweck der Gewerbeaufsicht zu beachten. Es kann, etwa bei der Frage, inwieweit die **Verbreitung neonazistischen Gedankenguts** die Unzuverlässigkeit begründet, nicht um eine Bestrafung der Gesinnung gehen, sondern allenfalls darum, drohende strafbare Handlungen zu verhindern, die sich etwa aus den einschlägigen Vorstrafen bzw laufenden Ermittlungen ergeben können[227]. Auch die Mitgliedschaft in einer nicht verbotenen Partei, die verfassungswidrige Ziele verfolgt, allein genügt nicht, um die Unzuverlässigkeit zu begründen[228].

h) Zuverlässigkeit und Sachkunde

263 Besondere Probleme ergeben sich bei der Frage, ob zur Zuverlässigkeit auch eine bestimmte **Sachkunde** bzw die intellektuelle oder physische Eignung für das betreffende Gewerbe gehört. Die Zuverlässigkeit umfasst zunächst alle persönlichen Voraussetzungen einschließlich hinreichender Sach- und Fachkunde sowie der körperlichen und geistigen Eignung[229]. Allerdings kann sich aus der Systematik des jeweiligen Gesetzes etwas anderes ergeben, wenn die persönlichen Voraussetzungen der Tätigkeitsausübung näher ausdifferenziert sind und dabei zwischen Sachkunde und Zuverlässigkeit unterschieden wird. Verselbstständigte Elemente, insbesondere die persönliche Sachkunde, entfallen vor allem dann als Element der Zuverlässigkeitsprüfung, wenn sie durch spezielle Prüfungen nachgewiesen werden mussten[230]. Aber auch dann, wenn ausdrückliche Regelungen fehlen, darf über das Zuverlässigkeitserfordernis kein besonderer Sachkundenachweis eingeführt werden[231]. Dies gilt umso mehr, als Sachkundenachweise sich gerade beim Einzelhandel als verfassungswidrig erwiesen (dazu bereits Rn 123).

BVerwG, GewArch. 2015, 258; anders (konkrete Gefahr) die Vorinstanz VGH Kassel v. 31.1.2013 – 8 A 1245/12. Zu zeitlichen Beschränkungen der Straßenprostitution in einer SperrbezirksVO OVG Koblenz v. 22.6.2016 – 7 C 11054/15.OVG.

226 Vgl zu einem Fitnessstudio VG München v. 12.3.2007, M 16 K 06.896.

227 VGH München, GewArch. 1994, 239; *Laubinger/Repkewitz*, VerwArch. 89 (1998), 145, 157; s. auch VG Schleswig, NJW 2001, 387 (zum Gaststättenrecht).

228 Anders bei der Übernahme leitender Funktionen. Dazu und allg. zur Relevanz von Art. 21 GG bei der (waffenrechtlichen) Unzuverlässigkeit BVerwG, BeckRS 2019, 20166; s. auch *Schenke/Ruthig*, in: Kopp/Schenke, § 114 VwGO Rn 39.

229 Daher muss zB ein Schwimmlehrer schwimmen können, s. BVerwG, NJW 1961, 1834.

230 Dazu *Eifert*, JuS 2004, 565, 567 mwN. Ausführlich *Marcks*, in: Landmann/Rohmer, GewO, § 35 Rn 58 ff; *Laubinger*, VerwArch. 89 (1998), 145, 155.

231 S. auch *Laubinger/Repkewitz*, VerwArch. 89 (1998), 145, 155. Für Unzuverlässigkeit beim Fehlen grundlegender Kenntnisse *Korte*, in: Schmidt/Wollenschläger, § 9 Rn 57.

i) Vertiefung: Persönlicher Anknüpfungspunkt der Unzuverlässigkeitsprüfung

Anknüpfungspunkt der Unzuverlässigkeitsprüfung kann ein Verhalten des Gewerbetreibenden selbst, aber auch das Verhalten einer anderen Person sein, das dem Gewerbebetrieb zugerechnet wird. Dies sind **Betriebsleiter** und **Stellvertreter (§ 45 GewO)**[232], aber möglicherweise auch **sonstige Dritte**. 264

Gegen Vertretungsberechtigte bzw Betriebsleiter kann nach § 35 Abs. 7a GewO ein eigenes Untersagungsverfahren durchgeführt werden, das allerdings akzessorisch zum Hauptverfahren ist und eine Untersagung gegen den Gewerbetreibenden voraussetzt[233]. Dem Inhaber werden also Verfehlungen des Stellvertreters direkt angelastet, ohne dass es auf seine eigene Unzuverlässigkeit ankommt[234], die aber auch im Beschäftigen eines unzuverlässigen Stellvertreters bestehen kann. Bei sonstigen Dritten erfolgt keine Zurechnung deren Verhaltens; es kann sich jedoch die Unzuverlässigkeit des Gewerbetreibenden selbst daraus ergeben, dass er einem unzuverlässigen Dritten maßgeblichen Einfluss einräumt und nicht willens oder in der Lage ist, diesen Einfluss auszuschalten[235].

Diese Grundsätze gelten auch für die Prüfung der **Zuverlässigkeit juristischer Personen oder Personengesellschaften**. Diese ist selbst Gewerbetreibende und so sind die Unzuverlässigkeitsgründe der juristischen Person zuzurechnen (etwa Steuerschulden, Nichtabführen von Sozialversicherungsbeiträgen etc)[236]. Überall dort, wo Anknüpfungspunkt notwendigerweise das Verhalten natürlicher Personen ist (Beispiel Alkohol- oder Drogensucht), kommt es (nur) auf die Vertretungsberechtigten an, nicht auf die übrigen Gesellschafter, die nicht nach außen in Erscheinung treten. Deswegen spielt beispielsweise das Fehlverhalten eines nicht vertretungsberechtigten GmbH-Gesellschafters für die Frage der Zuverlässigkeit der GmbH als Gewerbetreibenden keine Rolle (s. Rn 264, 288). 265

Die Beurteilung hat aber nicht nur die rechtlichen, sondern auch die tatsächlichen Verhältnisse einzubeziehen. Ist eine GmbH beispielsweise so strukturiert, dass der unzuverlässige Alleingesellschafter maßgeblichen Einfluss auf die Geschäftsführung ausübt, begründet dies die gewerberechtliche Unzuverlässigkeit der juristischen Person, ohne dass es auf die Frage ankäme, ob der Geschäftsführer seinerseits unzuverlässig ist[237]. Allerdings ist davon wiederum die Frage zu unterscheiden, welche Konsequenzen aus dem persönlichen Fehlverhalten gezogen werden müssen[238]. Ob man der Gesellschaft das Verhalten ihrer Vertretungsberechtigten unmittelbar

232 Dazu *Marcks*, in: Landmann/Rohmer, GewO, § 35 Rn 66 ff.

233 Zu den Einzelheiten *Marcks*, in: Landmann/Rohmer, GewO, § 35 Rn 191 ff.

234 *Heß*, in: Friauf, § 35 Rn 93 zu § 35; ausf *Marcks*, in: Landmann/Rohmer, GewO, § 35 Rn 66 ff.

235 Zu dieser Konstellation, die häufig zwischen Ehepartnern eintritt, zuletzt OVG Lüneburg, GewArch. 2008, 124. Siehe schon BVerwGE 9, 222; zu einem Beispiel (keine Zurechnung des Verhaltens von selbstständigen Zeitschriftenwerbern gegenüber dem Vertreiber) näher VGH Mannheim, GewArch. 1973, 286; ferner VGH München, GewArch. 2003, 120; 1965, 76. Ausführlich auch *Ruthig/Wirth*, Jura 2007, 468; *Dickersbach*, WiVerw 1982, 65, 72; *Marcks*, in: Landmann/Rohmer, GewO, § 35 Rn 71.

236 OVG Lüneburg, NVwZ-RR 2008, 142; *Ehlers*, in: Ehlers/Fehling/Pünder, § 18 Rn 57; *Marcks*, in: Landmann/Rohmer, GewO, § 35 Rn 65; aA VGH München, GewArch. 1975, 61; OVG Koblenz, GewArch. 1981, 333; *Dickersbach*, WiVerw 1982, 72, die immer auf natürliche Personen abstellen wollen.

237 So ist es durchaus denkbar, dass die Auswechslung eines vertretungsberechtigten Gesellschafters nicht ausreicht, um die Zuverlässigkeit der juristischen Person wieder herzustellen und somit eine Volluntersagung auszusprechen ist; vgl zum Gaststättenrecht VGH Mannheim v. 8.11.2004, 6 S 593/04.

238 VGH Mannheim, GewArch. 1974, 93; *Marcks*, in: Landmann/Rohmer, GewO, § 35 Rn 65.

zurechnet oder Letztere als mit der Leitung beauftragte Personen ansieht, ist im Ergebnis irrelevant[239].

7. Zuständigkeit und Verfahren

a) Sachliche und örtliche Zuständigkeit

266 Soweit nichts anderes bestimmt ist, entscheidet das **Landesrecht** über die Zuständigkeiten, § 155 Abs. 2 GewO[240]. Handelt die sachlich unzuständige Behörde, ist der VA nach allgemeinen Grundsätzen rechtswidrig, aber nicht nichtig[241]. Aus der **GewO** ergibt sich teilweise die **örtliche Zuständigkeit (vgl zB §§ 35 Abs. 7, 61 GewO)**. Zuständig ist nach gewerberechtlichen Grundsätzen regelmäßig die Behörde am Ort der Niederlassung oder – (nur) beim Fehlen einer solchen – die Behörde, in deren Bezirk das Gewerbe ausgeübt wird oder werden soll. Unterhält der Gewerbetreibende neben der Hauptniederlassung weitere Zweigniederlassungen oder Zweigstellen im Zuständigkeitsbereich anderer Behörden, so wird das Verhältnis dieser Zuständigkeiten zueinander in § 35 Abs. 7 GewO nicht geregelt; es gelten also die allgemeinen Vorschriften, insbes das Prinzip des ersten Aufgriffs, § 3 Abs. 2 VwVfG[242]. Wenn die GewO – beispielsweise in § 14 GewO – keine eigenen Regelungen trifft, ergibt sich auch die örtliche Zuständigkeit aus dem Landesrecht[243]. Fehler bei der örtlichen Zuständigkeit führen ebenfalls nur zur Rechtswidrigkeit; entsprechende Fehler können überdies nach § 46 VwVfG geheilt werden, wenn keine andere Entscheidung in der Sache hätte ergehen können[244].

Für die Vollstreckung ist nach § 35 Abs. 7 S. 3 GewO neben der Erlassbehörde auch jede (sachlich zuständige) Behörde zuständig, in deren Bezirk das Gewerbe ausgeübt wird oder werden soll[245].

b) Einheitliche Stelle

267 Zur Erleichterung des Kontakts mit den Gewerbeaufsichtsbehörden wird in § 6b GewO[246] die Möglichkeit eröffnet, den Kontakt mit Aufsichtsbehörden über eine sog. „einheitliche Stelle“ abzuwickeln.

Als Regelung des Verwaltungsverfahrens fällt die Umsetzung des § 6b GewO in die Zuständigkeit der Bundesländer (s. schon allgemein Rn 174), die dabei sehr heterogene Zuständigkeits-

---

239 *Ehlers*, § 18 Rn 57. Für Zurechnungslösung *Frotscher/Kramer*, Rn 367; *Marcks*, in: Landmann/Rohmer, GewO § 35 Rn 65, 67. Für die Qualifikation als Leiter *Laubinger*, VerwArch. 1998, 145, 162.

240 Regelmäßig sind daher die unteren Verwaltungsbehörden zuständig, teilweise neben der Gewerbeaufsichtsbehörde alternativ die IHK, s. *Stenger*, GewArch. 2007, 448, 452.

241 *Marcks*, in: Landmann/Rohmer, § 35 Rn 186,

242 Insbes kommt auch der Behörde am Sitz der Hauptniederlassung keine Priorität zu, vgl zum Ganzen *Marcks*, in: Landmann/Rohmer, § 35 Rn 187 mwN.

243 *Marcks*, in: Landmann/Rohmer, § 35 Rn 94; abweichend *Ennuschat*, in: Tettinger/Wank/Ennuschat, GewO § 14 Rn 70: Behörde, in deren Bezirk der anzeigepflichtige Vorgang stattfindet.

244 *Marcks*, in: Landmann/Rohmer, § 35 Rn 190.

245 *Marcks*, in: Landmann/Rohmer, § 35 Rn 188.

246 Eine parallele Vorschrift findet sich in § 5b HwO sowie für den Anwendungsbereich des GastG in den landesrechtlichen Zuständigkeitsverordnungen, vgl etwa für Bayern § 2 Abs. 3 GastV der VO v. 9.2.2010 (GVBl. S. 103).

konzepte verfolgt haben[247]. Zuständig sind teilweise die Kommunen, aber auch Kammern, Landesmittelbehörden oder Ministerien sowie Anstalten und Private. Dem Antragsteller bleibt überlassen, ob er sich an eine einheitliche Stelle wenden will. Ihre Einschaltung verschiebt nicht die Zuständigkeiten für die Entscheidung, sie nimmt lediglich Anträge entgegen und erteilt Auskunft über Zuständigkeiten und anwendbare Vorschriften (§ 71b Abs. 1 VwVfG)[248]. Die zuständige Behörde muss sich insoweit das Verhalten der einheitlichen Stelle zurechnen lassen, was insbesondere für den Fristlauf bei der Genehmigungsfiktion relevant wird. Das Verfahrensrecht wurde in §§ 71a ff VwVfG zusammengefasst, die eine Modellfunktion auch für die im gewerberechtlichen Kontext einschlägigen Landesverwaltungsverfahrensgesetze übernahmen.

c) Genehmigungsfiktion

§ 6a GewO normiert für verschiedene genehmigungsbedürftige Gewerbe, vor allem das Reisegewerbe (§ 55 Abs. 2 GewO)[249], eine **Genehmigungsfiktion**. Diese wurde im Zusammenhang mit der Umsetzung der Dienstleistungsrichtlinie eingeführt, gilt aber unterschiedslos **auch für inländische Gewerbetreibende**. Die Genehmigungsfiktion entfaltet die gleiche Wirkung wie eine Genehmigung. Der Antragsteller ist also so zu behandeln, als sei er im Besitz der entsprechenden Erlaubnis; es spielt auch keine Rolle, ob die Erlaubnis hätte erteilt werden dürfen, die fingierte Erlaubnis also rechtswidrig ist. Für Rücknahme und Widerruf gelten die allgemeinen Vorschriften (► **Klausurenkurs Fall Nr 4** Rn 103). **268**

Die Modalitäten der Genehmigungsfiktion ergeben sich aus § 42a VwVfG. Wird über einen Antrag auf Erteilung einer Erlaubnis nicht entschieden, gilt diese nach Ablauf von 3 Monaten als erteilt, vgl § 42a VwVfG[250]. Die Frist beginnt nach § 42a Abs. 1 S. 1 VwVfG mit Eingang der vollständigen Unterlagen bzw der behördlichen Mitteilung über die Vollständigkeit[251] zu laufen und kann nach § 42a Abs. 2 S. 3 VwVfG einmal verlängert werden. Der Antragsteller hat demnach nicht nur Anspruch auf eine Bestätigung der Fiktionswirkung nach § 42a VwVfG, ihm ist vielmehr zB auch eine Reisegewerbekarte auszustellen. Nicht erfasst werden andere Erlaubnisse, etwa die Ausnahmeerlaubnis nach § 56 Abs. 2 S. 3 GewO.

---

247 S. näher *Luch/Schulz*, GewArch. 2010, 225; ausf zu den mit der Umsetzung verbundenen Rechtsfragen *Eisenmenger*, NVwZ 2008, 1191 ff; *Dürr*, GewArch. 2008, 25; *Hatje*, NJW 2007, 2357 ff; *Windoffer*, NVwZ 2007, 495; *Ziekow*, GewArch. 2007, 179, 181 f.

248 Dass es sich dabei nur um einen orientierenden Überblick handelt, ergibt sich aus § 71b Abs. 2 VwVfG, der die Auskunftspflicht der zuständigen Behörde regelt.

249 Erfasst werden außerdem das Versteigerergewerbe (§ 34b Abs. 1, 3, 4 GewO), das Immobilienmakler-, Bauträger- und Baubetreuergewerbe (§ 34c Abs. 1 S. 1 Nr 1, 3 und 4 GewO). Problematisch ist die Bundesgesetzgebungskompetenz für die Einführung der Genehmigungsfiktion beim Gaststätten- und Marktgewerbe (dazu oben Rn 165).

250 § 42a regelt allgemein die Genehmigungsfiktion, überlässt die Entscheidung über ihre Anwendbarkeit aber dem jeweiligen besonderen Verwaltungsrecht; für das Gewerberecht entscheidet § 6a GewO über die Reichweite; vgl *Bernhardt*, GewArch. 2009, 100; *Cancik*, DÖV 2011, 1; *Guckelberger*, DÖV 2010, 109; *Uechtritz*, DVBl 2010, 684.

251 Zu den vollständigen Unterlagen gehört nach OVG Hamburg, GewArch. 2011, 120 nicht das polizeiliche Führungszeugnis, weil es nach § 30 Abs. 5 BZRG der Behörde unmittelbar übersandt wird: Bestätigt die Behörde die Vollständigkeit der Antragsunterlagen, kann sie fehlende Unterlagen zwar nachfordern, damit aber den Lauf der Frist nicht mehr beeinflussen, s. OVG Hamburg aaO.

II. Die Kontrolle des stehenden Gewerbes

1. Anzeige der Aufnahme eines stehenden Gewerbes (§ 14 GewO)

269 **Fall 17:** Die „Scientology Kirche eV“ wirbt für ihre Tätigkeit durch den Verkauf von Büchern und Broschüren und sogenannter Elektrometer. Außerdem veranstaltet sie Seminare zu deutlich die Selbstkosten übersteigenden Preisen. Die zuständige Behörde fordert die Gemeinschaft in einem mit Rechtsmittelbelehrung versehenen Bescheid auf, ihrer Anzeigepflicht nach §§ 1, 14 GewO nachzukommen. S ist dagegen der Auffassung, kein Gewerbe auszuüben. Der Verkauf ihrer Produkte und Dienstleistungen verfolge vielmehr den ausschließlichen Zweck, höhere Bewusstseins- und Erlösungsstufen zu erreichen[252]. Wie ist die Rechtslage?

270 **Fall 18:** P meldete in Mainz folgendes Gewerbe als Hauptniederlassung an: „Mobile Pkw- und Lkw-Aufbereitungstätigkeit, Waschservice sowie Fahrdienstleistungen“. Überprüfungen ergaben, dass das Gebäude unter der angegebenen Anschrift eine einzige Baustelle war, so dass gewerbliche Tätigkeiten weder tatsächlich festzustellen, noch überhaupt möglich gewesen wären. Am 24.1.2006 nahm die Gewerbeaufsichtsbehörde daher von Amts wegen die Abmeldung des Gewerbes des P vor. P macht geltend, dass für seine gewerbliche Niederlassung ein Handy und die Anbringung eines Briefkastens für Posteingänge ausreichen würden. Ein solcher sei vorhanden gewesen. Wie wird das VG entscheiden?

271 **Fall 19:** Der Geschäftsführer der V GmbH zeigte bei der zuständigen Behörde die Tätigkeit „Vermittlung von Sportwetten an konzessionierte ausländische Wettanbieter (Primebet)“ an. Primebet International Ltd. ist ein von der Gaming Authority of Malta lizensiertes Unternehmen. Noch am selben Tag schickte die Behörde die Gewerbeanmeldung unbestätigt zurück und begründete dies im Begleitschreiben damit, dass es sich bei Primebet um keinen im Bereich des Landes zugelassenen Veranstalter handele. Veranstaltung und Vermittlung von Wetten ohne behördliche (Landes-)Erlaubnis seien verboten und nach § 284 StGB strafbar. Ausländische Genehmigungen entfalteten in Deutschland keine Legitimationswirkung für Sportwettangebote, weder zugunsten des ausländischen Veranstalters selbst noch der im Inland für diesen tätigen Vermittler. Kann V gerichtlich einen „Gewerbeschein“ erstreiten?

a) Umfang der Anzeigepflicht

272 Nach § 14 GewO muss derjenige, der den selbstständigen Betrieb eines stehenden Gewerbes oder den Betrieb einer Zweigniederlassung oder einer unselbstständigen Zweigstelle anfängt, diese der für den betreffenden Ort zuständigen Behörde anzeigen. Die Anzeigepflicht soll der zuständigen Behörde die **Überwachung** der Gewerbeausübung ermöglichen[253], sie dient aber auch **statistischen Zwecken**, vgl § 14 Abs. 6 GewO. Die **anzeigepflichtigen Umstände** ergeben sich aus § 14 Abs. 1 S. 2 Nr 1–3 GewO. Hierzu gehören insbes Beginn und Aufgabe des Betriebes[254]. Die An-

---

252 BVerwG, GewArch. 1995, 152; s. auch BVerwG, GewArch. 1998, 416; OVG Hamburg, GewArch. 1994, 15; OVG Bremen, GewArch. 1997, 290. Zur richtigen Klageart OVG Bremen, NVwZ-RR 1997, 408; VGH Mannheim, GewArch. 1995, 339; OVG Hamburg, DVBl 1994, 413.

253 Zum bisherigen Recht *Frotscher*, NVwZ 1996, 33, 34 f.

254 Eingeschränkt wurden die Anzeigepflichten des Automatenaufstellers hinsichtlich einzelner Verkaufsautomaten. Nach einer zweifelhaften Ansicht soll dies allerdings nicht die Anzeigeerfordernisse hinsichtlich nach altem Recht angezeigter Automaten betreffen, s. AG Velbert, GewArch. 2013, 124.

zeigepflicht des § 14 betrifft **nur das stehende Gewerbe** (zum Begriff des Gewerbes s. Rn 213 ff; zur Abgrenzung von anderen Gewerbeformen s. Rn 344 f), ist aber unabhängig von der Genehmigungsbedürftigkeit, auch wenn sich diese aus Spezialgesetzen ergibt und erst recht unabhängig von der Genehmigungsfähigkeit[255]. Außerdem steht sie neben etwaigen Anzeigepflichten nach Spezialgesetzen, zB dem § 6 TKG (dazu unten Rn 536 ff).

Die aktuelle Fassung der Vorschrift geht im Wesentlichen zurück auf die Änderungen 2007, mit denen erstmals umfangreiche, 2019 an das europäische Datenschutzrecht angepasste Vorgaben zum Datenschutz eingeführt wurden[256]. Indem nach § 14 Abs. 5 S. 2 GewO der Zugang zu den Grunddaten (Name, betriebliche Anschrift und angezeigte Tätigkeit des Gewerbetreibenden) für jedermann eröffnet wird, wandelt sich insoweit das Gewerberegister in Richtung eines öffentlichen Registers. Im Übrigen dürfen die erhobenen Daten nur zum Zweck der Gewerbeüberwachung eingesetzt werden (Grundsatz der Zweckbindung, § 14 Abs. 5 S. 1 GewO); die Zulässigkeit der Datenübermittlung ist in den Absätzen 6 bis 14 geregelt. §§ 11, 150 GewO enthalten die Vorschriften zur Datenverarbeitung und zum datenschutzrechtlichen Auskunftsanspruch.

Die **Gewerbeanzeige** ist eine **einseitig empfangsbedürftige Willenserklärung**[257], **273**
die gem. § 130 Abs. 3 BGB mit Zugang bei der Behörde wirksam wird. Innerhalb von drei Tagen muss die zuständige Behörde nach § 15 Abs. 1 GewO den Empfang der Anzeige bestätigen. Diese Bestätigung („Gewerbeschein") besteht lediglich aus einer Kopie der Anmeldung und macht keinerlei Aussagen über die Gewerbs- oder gar Rechtmäßigkeit der beantragten Gewerbeausübung. Mangels Regelungsgehalts handelt es sich daher nicht um einen Verwaltungsakt[258]. In der Praxis dient das Verfahren der Gewerbeanzeige vor allem der Klärung der Gewerbsmäßigkeit (insbes Selbstständigkeit[259]) der Tätigkeit. Typische Klausurkonstellationen sind die **Aufforderung zur Abgabe einer Gewerbeanzeige** (**Fall 17** und dazu Rn 276 f) und sozusagen spiegelbildlich der Streit um eine **Löschung von Amts wegen (Fall 18)**. In jüngster Zeit spielte aber auch die Frage eine Rolle, inwieweit die Behörde zur **Verweigerung der Entgegennahme der Anzeige** berechtigt ist, wenn sie die Gewerbsmäßigkeit verneint (**Fall 19** und dazu Rn 279).

Im Zentrum steht die Prüfung der Gewerbsmäßigkeit. In **Fall 18 (Rn 270)** fehlt es dagegen **274**
an einer gewerblichen Betätigung. Die bloße Anbringung eines Briefkastens oder Schildes genügt hierfür nicht und ist demnach weder anzeigepflichtig noch anzeigetauglich[260]. Daher kann die zuständige Behörde das Gewerbe von Amts wegen abmelden. Ändert sich dagegen

---

255 OVG Münster, BeckRS 2019, 30660 zum Verhältnis zur Erlaubnispflicht gem § 34a GewO.

256 Vgl Art. 9 des Zweiten MittelstandsentlastungsG v. 7.9.2007, BGBl. I, S. 2246. Zur aktuellen Fassung vgl Art. 81 Zweites Datenschutzanpassungs- und Umsetzungsgesetz EU v. 20.11.2019, BGBl. I, S. 1672.

257 OVG Münster, GewArch. 1964, 29; VGH München, GewArch. 1985, 298; *Marcks*, in: Landmann/Rohmer, GewO, § 14 Rn 61.

258 VGH Mannheim, VBlBW 2007, 471; VGH München, NVwZ-RR 2007, 388 f.

259 Dazu *Marcks*, in: Landmann/Rohmer, GewO, § 14 Rn 40.

260 VGH München, GewArch. 2007, 158 f. Selbst wenn S tatsächlich einige Zeit lang ein Gewerbe betrieben, dieses aber schließlich aufgegeben hätte, wäre er zur Anzeige der Betriebsaufgabe iSd § 14 Abs. 1 S. 2 Nr 3 GewO verpflichtet gewesen, welche die Behörde bei Untätigbleiben bzw erfolgloser Aufforderung des S ebenfalls von Amts wegen hätte vornehmen können, sofern sie objektive Anhaltspunkte für eine endgültige Gewerbebeendigung gehabt hätte.

nur die rechtliche Beurteilung, etwa zur Gewerbsmäßigkeit von Photovoltaikanlagen (s. schon Rn 230), ist eine Gewerbeabmeldung nicht erforderlich[261]. Im **Fall 19 (Rn 271)** spielt es für die Anzeigepflicht keine Rolle, inwieweit die Vermittlung von Sportwetten für ausländische Anbieter überhaupt zulässig ist. Da es sich jedenfalls nicht um eine schlechthin verbotene Tätigkeit handelt (s. zu diesem Tatbestandsmerkmal bereits Rn 216), ist die Gewerbsmäßigkeit zu bejahen.

275 Sind juristische Personen Gewerbetreibende, sind sie selbst zur Anzeige verpflichtet, die Vorstände und Geschäftsführer handeln als Vertreter[262]. Auch Minderjährige können entsprechend § 12 Nr 2 VwVfG iVm § 107 BGB die Anzeige wirksam vornehmen[263].

b) Die Aufforderung zur Abgabe der Gewerbeanzeige

276 Die Behörde überwacht die Erfüllung der Anzeigepflicht, zB durch stichprobenweise Überprüfung von Werbeanzeigen oder Mitteilungen über Handelsregistereintragungen in den Tageszeitungen. Erlangt sie auf diese Weise Kenntnis von der Tätigkeit, entbindet dies den Gewerbetreibenden nicht von der Anzeigepflicht. In der Praxis fordert die Behörde den Gewerbetreibenden zur Abgabe der Anzeige auf. Nach hM handelt es sich bei dieser **Aufforderung zur Gewerbeanzeige** um einen Verwaltungsakt[264]. Der Regelungsgehalt wird darin gesehen, dass die Aufforderung verbindlich die Verpflichtung aus § 14 GewO konkretisiere. Dies scheint im Widerspruch zur allgemein anerkannten These zu stehen, dass es sich bei bloßen Hinweisen auf eine bestimmte Rechtslage nach allgemeinen Grundsätzen um Realakte handele[265]. Dennoch sieht die Praxis ein Bedürfnis für diese Konstruktion. Die Annahme eines Verwaltungsakts ermöglicht dessen anschließende Vollstreckung, insbesondere die **Festsetzung von Zwangsgeldern** auf der Grundlage des LVwVG[266]. Die für den Erlass eines Verwaltungsakts erforderliche Ermächtigungsgrundlage wird aus Sinn und Zweck des § 14 GewO abgeleitet[267]. Ein Verstoß gegen die Anzeigepflichten stellt außerdem eine **Ordnungswidrigkeit** dar[268].

277 Die Behörde hat in **Fall 17 (Rn 269)** ausdrücklich durch VA entschieden, so dass es auf die allgemeine Frage, ob eine solche Aufforderung Regelungscharakter hat, nicht ankommt. Um zu vermeiden, dass die behördliche Aufforderung in Bestandskraft erwächst und auch

---

261 Vgl auch *Schönleiter*, GewArch. 2011, 67, 69.

262 *Ennuschat*, in: Tettinger/Wank/Ennuschat, GewO, § 14 Rn 82.

263 *Ennuschat*, in: Tettinger/Wank/Ennuschat, GewO, § 14 Rn 76.

264 *Marcks*, in: Robinski, Gewerberecht, F Rn 16; *Ennuschat*, in: Tettinger/Wank/Ennuschat, GewO, § 14 Rn 88; *Frotscher/Kramer*, Rn 351; *Vollmöller*, in: Schmidt/Vollmöller, Öffentl. Wirtschaftsrecht, § 8 Rn 20.

265 *P. Stelkens/U. Stelkens*, in: Stelkens/Bonk/Sachs, VwVfG, § 35 Rn 83.

266 Dazu *Heß*, in: Friauf, GewO, § 14 Rn 59. Allgemein zu dieser Titelfunktion *P. Stelkens/U. Stelkens*, in: Stelkens/Bonk/Sachs, VwVfG, § 35 Rn 39 f.

267 BVerwG, NVwZ 1993, 775 mwN; OVG Hamburg, NVwZ-RR 2017, 876; VGH Mannheim, GewArch. 1995, 339; OVG Münster, DÖV 1996, 520; OVG Bremen, NVwZ-RR 1997, 408.

268 § 146 Abs. 3 iVm § 146 Abs. 2 Nr 2 GewO; außerdem kommt eine Ordnungswidrigkeit nach § 8 Abs. 1 Nr 1 des Gesetzes zur Bekämpfung der Schwarzarbeit und illegalen Beschäftigung vom 23. Juli 2004 (BGBl. I S. 1842) in Betracht.

im Rahmen einer Feststellungsklage Tatbestandswirkung entfaltet[269], muss Scientology die Aufforderung anfechten. Andernfalls kann die Behörde Vollstreckungsmaßnahmen zur Durchsetzung der Anmeldepflicht einleiten. Weitere gewerberechtliche Folgen hat die Weigerung allerdings nicht. Da es sich bei § 14 GewO um eine bloße Ordnungsvorschrift handelt und die Ausübung des Gewerbes gerade nicht von der Anzeigeerstattung abhängig ist, berechtigt ein Verstoß gegen § 14 GewO die Behörde nicht dazu, die weitere Ausübung des Gewerbes zu verhindern[270]; damit scheidet auch eine Gewerbeuntersagung wegen Unzuverlässigkeit aus. Will Scientology die Genehmigungsfreiheit feststellen lassen, müsste sie uU neben der Anfechtungs- eine Feststellungsklage erheben[271].

c) Verweigerung der Bestätigung der Gewerbeanzeige

Nach § 15 Abs. 1 GewO ist der Empfang der Anzeige innerhalb von drei Tagen zu bescheinigen. Dieser „Gewerbeschein" enthält also keine Aussage zur Rechtmäßigkeit der Tätigkeit oder gar eine Genehmigung. Es kann auch nicht Aufgabe der Behörde sein, innerhalb von 3 Tagen die für die Gewerbeausübung bestehenden Anforderungen zu prüfen. Ist die Anzeige allerdings unvollständig oder genügt sie den Erfordernissen des § 14 Abs. 4 GewO nicht, kann die Behörde sie zurückweisen und den Antragsteller zur Abgabe einer ordnungsgemäßen Anzeige auffordern[272]. Weitergehende „Versagungsgründe" enthält das Gesetz nicht, so dass die Behörde die Anmeldung eigentlich auch nicht zurückweisen darf, wenn nach ihrer Ansicht die Gewerbsmäßigkeit fehlt[273]. **278**

Selbst wenn also in **Fall 18 (Rn 270)** der Sachverhalt bereits zum Zeitpunkt der Anzeige bekannt gewesen wäre, hätte die Behörde die Gewerbeanzeige nach zutreffender Ansicht nicht zurückweisen können. In **Fall 19 (Rn 271)** ist zu fragen, wie der Anspruch auf Erteilung eines „Gewerbescheins" gerichtlich durchgesetzt werden kann. Da es sich nicht um einen VA handelt, ist die allgemeine Leistungsklage einschlägig[274]. Allerdings könnte das Rechtsschutzbedürfnis für eine solche Klage fehlen, weil angesichts der Rechtsauffassung der Be- **279**

---

269 *Schenke*, in: Kopp/Schenke, VwGO, § 43 Rn 26. Die – ohnehin angreifbare – „Ehrenmanntheorie" des BVerwG greift nicht. Sie ist auf das Verhältnis der Feststellungsklage zur allgemeinen Leistungsklage beschränkt und soll sich ua daraus rechtfertigen, dass eine Umgehung von Vorverfahren und Klagefristen nicht zu befürchten ist, dazu *Hufen*, Verwaltungsprozessrecht, § 18 Rn 10.

270 BGH, GewArch. 1964, 55; *Heß*, in: Friauf, GewO, § 14 Rn 59; *Marcks*, in: Landmann/Rohmer, GewO, § 14 Rn 9.

271 Es ist keinesfalls sicher, dass das Rechtsschutzziel – Feststellung der fehlenden Anzeigepflicht – allein mit der Anfechtungsklage erreicht werden kann: Möglicherweise hebt das VG die Aufforderung nur deshalb auf, weil sie an einem unheilbaren formellen Mangel leidet, ohne über das Bestehen der materiellen Anzeigepflicht zu entscheiden. Allg. zur Klage auf Feststellung der Verpflichtung zur Anzeige und dem Feststellungsinteresse wegen drohender Ordnungswidrigkeitenverfahren VG Lüneburg, NVwZ-RR 1998, 427.

272 *Marcks*, in: Landmann/Rohmer, GewO, § 15 Rn 6.

273 VGH München, NVwZ-RR 2007, 388: aA *Ennuschat*, in: Tettinger/Wank/Ennuschat, GewO, § 15 Rn 10. Für die Möglichkeit der Zurückweisung jedenfalls bei Offensichtlichkeit *Marcks*, in: Landmann/Rohmer, GewO, § 15 Rn 6.

274 VGH Mannheim, VBlBW 2007, 471; VG Bremen v. 18.12.2008 – 5 K 2267/05; ausf VG Stuttgart v. 1.12.2005 – 4 K 3339/05 mit dem zutreffenden Hinweis, dass auch die Ablehnung keine Regelungsnatur hat; s. dazu auch *Schenke/R. Schenke*, in: Kopp/Schenke, VwGO, Anh. § 42 Rn 40 ff mwN; *Heß*, in: Friauf, GewO, § 15 Rn 4; aA (VA) *Marcks*, in: Landmann/Rohmer, GewO, § 15 Rn 7; differenzierend *Ennuschat*, in: Tettinger/Wank/Ennuschat, GewO, § 15 Rn 8: VA (nur) dann, wenn die Bestätigung unter Hinweis auf vermeintliche Versagungsgründe verweigert wird.

hörde weder mit einem Ordnungswidrigkeiten- noch einem Verwaltungsverfahren auf Durchsetzung der Anzeigepflicht zu rechnen ist[275]. Begründet wäre die Klage, wenn V einen Anspruch auf die Bestätigung hat und dieser nicht bereits erfüllt worden ist. Der Anspruch ist gegeben, aber durch das Schreiben der Behörde bereits erfüllt, da – außer der Schriftform – keine weiteren Anforderungen an die Bestätigung gestellt werden. Das Schreiben lässt erkennen, dass eine Gewerbeanzeige eingegangen ist und auch, welchen Inhalt diese hatte. Damit ist den Anforderungen genügt[276]. Dies schließt selbstverständlich die Möglichkeit nicht aus, dass die Behörde den Gewerbetreibenden in demselben Schreiben auf ihre Rechtsansicht hinweisen kann[277]. Die rechtlich unzutreffende Würdigung des Sachverhalts durch die Behörde (vgl zu den Maßstäben Rn 277) spielt keine Rolle. Die Klage ist unbegründet.

2. Die Gewerbeuntersagung wegen Unzuverlässigkeit (§ 35 GewO)

280 **Fall 20:** Nachdem ihrem Ehemann M bestandskräftig die Ausübung seines Gewerbes untersagt worden war, zeigte F ihrerseits ein entsprechendes Gewerbe an, das ihr anschließend ebenfalls untersagt wurde. Während des Prozesses stellte sich heraus, dass F sich überhaupt nicht um das Geschäft gekümmert hatte. Dieses wurde vielmehr weiterhin von M geführt, der gegenüber den Kunden, aber auch im Verhältnis zu Behörden und Finanzamt unter eigenem Namen auftrat[278]. Ändert sich etwas an der Beurteilung, wenn F den Geschäftsleiter G mit der Führung der Geschäfte beauftragt, sich dieser ebenfalls als unzuverlässig erweist, aber während des gerichtlichen Verfahrens von F wieder entlassen wird?

281 **Fall 21:** T wird das Führen seiner Tankstelle in Mainz nach § 35 GewO untersagt.

a) Begründet wurde die Gewerbeuntersagung mit seinen kritischen Äußerungen zu den Zuständen im Mainzer Rathaus. Während des anschließenden gerichtlichen Verfahrens bringt die Stadt zutreffend vor, dass G bei der Ausübung seines Gewerbes seit vielen Jahren umfangreiche Betrügereien begangen hatte. Ist die Gewerbeuntersagung rechtmäßig?
b) Variante: Eine vorherige Anhörung des T zur Untersagungsverfügung fand nicht statt; auch die Gründe, wegen derer die zuständige Behörde – im Ergebnis zu Recht – von der Unzuverlässigkeit des T ausging, wurden ihm nicht mitgeteilt.
c) Variante: Ändert sich an der Beurteilung von Var. a) etwas, wenn sich die Betrugsfälle erst nach dem Abschluss des Verwaltungsverfahrens ereignet hätten?

282 **Fall 22:** Das Gelände seiner Tankstelle hat sich zunehmend zu einem Treffpunkt für Jugendliche, aber leider auch zu einem Umschlagplatz für Drogen entwickelt. Als sich auch noch seine bisherige Lebensgefährtin von ihm getrennt hat, spricht T in zunehmendem Maße dem Alkohol zu und kümmert sich nicht um die „Geschäfte", die auf seinem Tankstellengelände abgewickelt wurden und ihn seiner Meinung nach auch nicht zu interessieren brauchten. Daraufhin wurde ihm der weitere Betrieb seines Gewerbes gem. § 35 GewO untersagt.

a) Zum Zeitpunkt der letzten mündlichen Verhandlung hatte T seine privaten Probleme wieder im Griff, woran seine neue Freundin, aktives Mitglied im „Bund gegen Alkohol"

---

275 Dazu VGH München, NVwZ-RR 2007, 388; BVerwG v. 22.5.2007 – 6 B 17/07.
276 VGH München, NVwZ-RR 2007, 388 f.
277 BVerwG v. 22.5.2007 – 6 B 17/07.
278 BVerwG, NVwZ 2004, 103.

maßgeblichen Anteil hatte. Außerdem konnte T durch Überwachungskameras und regelmäßige Kontrollen den Drogenhandel unterbinden. Wie ist die Rechtslage?

b) Ändert sich an der Rechtslage etwas, wenn T schon vor der mündlichen Verhandlung beim VG, die 13 Monate nach dem Erlass der Untersagungsverfügung stattfand, bei der zuständigen Behörde beantragt hatte, ihm die Ausübung seines Gewerbes wieder zu gestatten?

Fall 23: Gegen die Untersagung hat T keinen Widerspruch erhoben, er setzt allerdings seine Tätigkeit fort. Was kann die Behörde tun[279]? **283**

Die Gewerbeuntersagung gem. § 35 GewO gehört zu den zentralen Vorschriften des Gewerberechts. Bei solchen Gewerben, die nach dem Grundmodell der GewO erlaubnisfrei ausgeübt werden dürfen und deswegen lediglich nach § 14 GewO angezeigt werden müssen, sieht § 35 GewO als Korrelat zur Gewerbefreiheit zwingend die Untersagung der weiteren Ausübung des Gewerbes vor, wenn der Gewerbetreibende unzuverlässig ist. Die Gewerbeuntersagung ist Verwaltungsakt. Die **Voraussetzungen einer schlichten Gewerbeuntersagung** sind also (a) die Ausübung eines bloß anzeigepflichtigen stehenden Gewerbes (zur Gewerbsmäßigkeit s. Rn 213 ff, zum Begriff des stehenden Gewerbes Rn 209, 272 ff, (b) die Unzuverlässigkeit des Gewerbetreibenden oder einer mit der Leitung des Betriebes beauftragten Person (dazu Rn 288 ff) und – selbstverständlich – (c) die Erforderlichkeit der Maßnahme. Obwohl die Gewerbeuntersagung dem Schutz der Allgemeinheit und der Beschäftigten dient, ist § 35 Abs. 1 S. 1 GewO **nicht drittschützend**[280]. Damit besteht weder ein Anspruch auf Einschreiten gegen den Gewerbetreibenden, noch kann eine Gewerbeuntersagung von Dritten angefochten werden. **284**

a) Ausübung eines erlaubnisfreien, stehenden Gewerbes

§ 35 GewO ist immer anwendbar, wenn ein **stehendes, nicht erlaubnispflichtiges** Gewerbe ausgeübt wird. **285**

Von entscheidender Bedeutung für den Anwendungsbereich der Vorschrift ist wie häufiger bei der GewO die Gesetzessystematik. § 35 GewO steht im Abschnitt über das stehende Gewerbe[281]. § 35 Abs. 8 S. 1 GewO macht ferner deutlich, dass sie zurücktritt, sofern besondere Untersagungs- und Rücknahmevorschriften bestehen. Verdrängt wird § 35 GewO daher durch die Vorschriften über Rücknahme und Widerruf[282], so dass ein genehmigtes Gewerbe nicht nach § 35 GewO untersagt werden kann (zum Verhältnis zu § 15 Abs. 2 GewO und § 16 Abs. 3 HwO s. Rn 315, 504; s. auch ▸ **Klausurenkurs Fall Nr 7**). Die Beachtung dieser Systematik ist klausurentscheidend!

---

279 *Marcks*, in: Landmann/Rohmer, GewO, § 35 Rn 171 f; *Ennuschat*, in: Tettinger/Wank/Ennuschat, GewO, § 35 Rn 199 f; *App*, GewArch. 1999, 55.

280 S. näher *Ennuschat*, in: Tettinger/Wank/Ennuschat, GewO, § 35 Rn 133 ff. Umstritten ist lediglich der Drittschutz zugunsten der Beschäftigten (*Ennuschat*, in: Tettinger/Wank/Ennuschat, GewO, § 35 Rn 135).

281 Damit ist selbstverständliche Voraussetzung, dass das fragliche Gewerbe überhaupt den Vorschriften der GewO unterliegt. S. zu Einzelfragen *Marcks*, in: Landmann/Rohmer, GewO, § 35 Rn 12 ff.

282 Dies erfasst die besonderen Vorschriften des Gewerberechts, aber auch die §§ 48, 49 VwVfG, s. *Marcks*, in: Landmann/Rohmer, GewO, § 35 Rn 195 mwN.

286 Für die Gewerbeuntersagung genügt es, wenn das Gewerbe zum **Zeitpunkt der Einleitung des Untersagungsverfahrens** tatsächlich ausgeübt wird[283]. Nach § 35 Abs. 1 S. 3 GewO kann ein Untersagungsverfahren fortgesetzt werden, wenn der Gewerbebetrieb nach seiner Einleitung aufgegeben wird. Allerdings kann uU die Erforderlichkeit der Untersagungsverfügung zweifelhaft sein[284].

287 **Fall 20 (Rn 280):** Diese Fragen werden gerade auch im Zusammenhang mit der sog. Strohmannproblematik relevant (dazu Rn 236). In einem solchen Fall kann eine Untersagungsverfügung auch an den Hintermann gerichtet werden, sofern dieser das Gewerbe tatsächlich betreibt. Die Maßnahme gegen den Strohmann setzt aber eine nach außen gerichtete Betätigung des Strohmanns voraus, namentlich dadurch, dass die Geschäfte in seinem Namen abgewickelt werden und ihn rechtlich binden sollen. Andernfalls liegt kein Strohmannverhältnis vor. In **Fall 20** war deswegen die Gewerbeuntersagung gegenüber F, die nicht als „Strohfrau" nach außen aufgetreten ist und deswegen kein Gewerbe betrieben hat, rechtswidrig; die Tatsache, dass sie eine entsprechende Gewerbeanmeldung abgegeben hatte, reicht nicht[285]. Die Untersagungsverfügung war nur gegen den tatsächlichen Inhaber zu richten. Demgegenüber ist sie in der **Variante zu Fall 20** selbst Gewerbetreibende und muss sich das Verhalten ihres Betriebsleiters zurechnen lassen.

b) Tatsachen, die die Unzuverlässigkeit des Gewerbetreibenden oder eines Betriebsleiters begründen

288 § 35 Abs. 1 S. 1 GewO setzt ferner voraus, dass Tatsachen vorliegen, aus denen sich die Unzuverlässigkeit des Gewerbetreibenden oder einer mit der Leitung des Gewerbebetriebes beauftragten Person ergibt. Eine Definition enthält § 35 GewO genauso wenig wie Regeltatbestände, bei denen von der Unzuverlässigkeit auszugehen ist. **Unzuverlässig** ist nach der bereits vorgestellten, allgemein anerkannten und auch für § 35 GewO geltenden Formel der Rechtsprechung derjenige Gewerbetreibende, der nach dem Gesamteindruck seines Verhaltens nicht die Gewähr dafür bietet, dass er sein Gewerbe künftig ordnungsgemäß betreiben wird (s. ausführlich Rn 250 ff). Die die Unzuverlässigkeit begründenden Umstände müssen entweder **in der Person des Gewerbetreibenden**[286] **oder eines Betriebsleiters** vorliegen. Betriebsleiter ist derjenige, der einen Betrieb aufgrund seiner Stellung im Betrieb tatsächlich leitet. Aus dem Verhalten Dritter kann nur dann auf die Unzuverlässigkeit geschlossen werden, wenn der Gewerbetreibende einem unzuverlässigen Dritten maßgeblichen Einfluss auf die Geschäftsführung einräumt oder jedenfalls nicht willens oder in der Lage ist, einen solchen Einfluss zu unterbinden, so dass er sich selbst als unzuverlässig erweist (s. schon Rn 264 f).

283 BVerwG, NJW 2004, 103; GewArch. 1995, 117; GewArch. 1982, 302; *Ennuschat*, in: Tettinger/Wank/Ennuschat, GewO, § 35 Rn 14 ff; *Marcks*, in: Landmann/Rohmer, GewO, § 35 Rn 25. Weitergehend OVG Münster, GewArch. 1991, 383; *Laubinger/Repkewitz*, VerwArch. 89 (1998), 145, 160: Es reicht aus, wenn das Gewerbe zum Zeitpunkt des Erlasses des Widerspruchsbescheides ausgeübt wird. Nach Ansicht von BVerwG, NJW 1993, 1346 genügen konkrete Vorbereitungsmaßnahmen wie etwa Beschaffung von Betriebsräumen oder Einstellung von Personal.

284 *Laubinger/Repkewitz*, VerwArch. 89 (1998), 145, 160.

285 BVerwG, NJW 2004, 103, 104.

286 Bei juristischen Personen werden diesen die Umstände in der Person ihrer gesetzlichen Vertreter direkt zugerechnet, s. für die allg. Meinung BVerwG, NJW 1993, 1346; *Marcks*, in: Landmann/Rohmer, GewO, § 35 Rn 65 mwN; *Scheidler*, GewArch. 2005, 445 ff.

Bei der Unzuverlässigkeit handelt es sich um einen unbestimmten Rechtsbegriff, der als solcher der **vollen gerichtlichen Überprüfung** unterliegt (s. Rn 250); die Behörde hat keinen Beurteilungsspielraum. Im Zusammenhang mit der gerichtlichen Überprüfung stellen sich zugleich viele verwaltungsprozessuale Standardprobleme, insbesondere des Nachschiebens von Gründen und des maßgeblichen Zeitpunkts. 289

Fall 21a (Rn 281)[287]**:** Da die Kritik des Gewerbetreibenden an der Stadtverwaltung nicht die Unzuverlässigkeit begründet, war die ursprüngliche Gewerbeuntersagung rechtswidrig, da die Begründung den Tenor (Gewerbeuntersagung) nicht rechtfertigen konnte. Auf eine entsprechende Anfechtungsklage hin wäre sie aufzuheben. Allerdings hat die Behörde weitere Tatsachen nachgetragen, aus denen sich die Unzuverlässigkeit ergibt. Hier spricht man vom **Nachschieben von Gründen**[288]. Nach hM ist ein solches Nachschieben nur zulässig, solange es einen VA nicht „in seinem Wesen" verändert oder die Rechtstellung des Betroffenen beeinträchtigt. Von einer solchen Wesensänderung wird allerdings ausgegangen, wenn die Gründe, auf die eine gewerberechtliche Untersagungsverfügung gestützt ist, nachträglich völlig ausgewechselt werden[289]. Dennoch steht bei gebundenen Entscheidungen der dolo agit-Grundsatz der Aufhebung eines Verwaltungsakts entgegen, bei dem feststeht, dass er im Ergebnis nicht zu beanstanden ist[290]. Im Beispielsfall wird es daher nicht zu einer gerichtlichen Aufhebung des Verwaltungsaktes kommen. Dies erscheint auch sachgerecht, da die Behörde jederzeit das Gewerbe wegen Unzuverlässigkeit untersagen könnte und somit G nicht schutzwürdig ist. 290

Fall 21b (Rn 281)[291]**:** Davon zu unterscheiden ist das **Nachholen einer fehlenden Begründung**, das neben der unterlassenen Anhörung (§ 28 VwVfG) den wichtigsten Fall einer formell rechtswidrigen Untersagungsverfügung darstellt. Bei formellen Fehlern ist zunächst die Heilungsmöglichkeit nach § 45 VwVfG zu prüfen, die noch bis zum Abschluss der letzten Tatsacheninstanz erfolgen kann. Selbst dann, wenn es nicht zu einer Heilung gekommen ist, schließt § 46 VwVfG bei verfahrensfehlerhaften Verwaltungsakten den Beseitigungsanspruch aus[292]. Damit scheidet in **Fall 21b** eine Aufhebung der Gewerbeuntersagung aus, wenn T tatsächlich unzuverlässig war. 291

Die Zuverlässigkeitsprüfung stellt eine **Prognoseentscheidung** dar, die auf Tatsachen beruht, die sich während des Verfahrens ändern können. In fast allen Fällen, mit denen sich die Gerichte zu beschäftigen hatten[293], stellte sich daher die Frage, inwieweit eine dem Gewerbetreibenden **günstige Veränderung der tatsächlichen Ver-** 292

287 *Schenke*, Verwaltungsprozessrecht, Rn 727, 831.

288 In diesem Fall liegt also eine den Anforderungen des § 39 VwVfG genügende Begründung vor, die lediglich in der Sache unzutreffend ist, s. *Schenke*, Verwaltungsprozessrecht, Rn 811.

289 S. dazu *Schenke/R. Schenke*, in: Kopp/Schenke, VwGO, § 113 Rn 65 f.

290 *Schenke/R. Schenke*, in: Kopp/Schenke, VwGO, § 113 Rn 77. Das ändert aber nichts daran, dass ein VA mit einer inhaltlich fehlerhaften Begründung jedenfalls so lange rechtswidrig ist, bis die Verwaltung eine fehlerfreie rechtliche Begründung nachgeschoben hat und diese bis dahin bestehende Rechtswidrigkeit gem. § 113 Abs. 1 S. 4 VwGO bei berechtigtem Interesse gerichtlich festgestellt werden kann.

291 Vgl *Schenke*, Verwaltungsprozessrecht, Rn 726, 830.

292 S. *Maurer*, AVerwR, § 10 Rn 41 ff; *Schenke/R. Schenke*, in: Kopp/Schenke, VwGO, § 113 Rn 55 ff. Nach hM kann bei berechtigtem Interesse die Rechtswidrigkeit des ursprünglichen Verwaltungsakts festgestellt werden, s. *Schenke*, DÖV 1986, 317; dem folgend *Hufen*, DVBl 1988, 75; *Ule/Laubinger*, VerwVerfR, § 58 Rn 25.

293 *Laubinger/Repkewitz*, VerwArch. 89 (1998), 145, 163.

hältnisse im gerichtlichen Verfahren zu berücksichtigen ist. Die Beantwortung dieser Frage führt aus dem Gewerberecht heraus zu dem im verwaltungsprozessrechtlichen Kontext erörterten **Problem des sog. maßgeblichen Zeitpunkts**[294].

Folgt man der gefestigten Rechtsprechung des BVerwG, handelt es sich nicht um eine prozessrechtliche Frage, sondern um eine solche des materiellen Rechts[295]. Sofern das materielle Recht keine ausdrücklich abweichende Regelung enthält, ist das zum Zeitpunkt der letzten Behördenentscheidung geltende Recht maßgeblich[296]. Von diesem Grundsatz wird allerdings bei den sogenannten Verwaltungsakten mit Dauerwirkung, zu denen auch die Gewerbeuntersagung gehört[297], eine Ausnahme gemacht. Bei diesen sind spätere Veränderungen der Sach- und Rechtslage grundsätzlich zu berücksichtigen, können also zur Rechtswidrigkeit des ursprünglich rechtmäßig erlassenen Verwaltungsakts führen. Im vorliegenden Fall weicht **§ 35 Abs. 6 GewO** von dieser Grundregel ab und macht die Wiedergestattung der Gewerbeausübung von einem an die Behörde zu richtenden, schriftlichen Antrag abhängig[298]; es handelt sich dabei um eine – deswegen auch nicht analogiefähige – Ausnahme[299]. Sofern die Gewerbeuntersagung nicht angegriffen wurde oder das entsprechende Verfahren bereits abgeschlossen ist, ist der Antrag auf **Wiedergestattung** mit der Verpflichtungsklage zu verfolgen[300]. Die (umstrittene) Auslegung des § 35 Abs. 6 GewO entscheidet aber auch über die **Konsequenzen der Einführung des Wiedergestattungsverfahrens für den Rechtsschutz gegen die Gewerbeuntersagung**.

293 **Fall 22 (Rn 282)**[301]**:** Sofern der Gewerbetreibende ursprünglich unzuverlässig war und keinen Antrag nach § 35 Abs. 6 GewO gestellt hat, ist seine Anfechtungsklage abzuweisen, weil die materiellrechtlichen Voraussetzungen einer Wiedererteilung nicht gegeben sind **(Fall 22a)**. Gerade dieser Fall bestätigt daher die Ausgangsthese, dass die Entscheidung vom materiellen Recht und nicht (abstrakt) vom Prozessrecht getroffen wird. Fraglich ist,

294 Zu dieser Problematik ausf *Schenke*, Verwaltungsprozessrecht, Rn 782 ff; s. auch *Hufen*, Verwaltungsprozessrecht, § 24 Rn 7 ff; *Ule/Laubinger*, VerwVerfR, § 61 Rn 20 ff; *Laubinger/Repkewitz*, VerwArch. 89 (1998), 145, 194.

295 Besonders deutlich bereits BVerwG, NVwZ 1991, 360: „§ 113 Abs. 1 S. 1 VwGO gibt für die Beantwortung nach dem anzuwendenden Recht, dh genauer: der Frage, ob die Rechtmäßigkeit des angefochtenen Verwaltungsakts nach der Rechtslage zum Zeitpunkt der letzten Verwaltungsentscheidung oder nach der Rechtslage im Zeitpunkt der gerichtlichen Entscheidung zu beurteilen ist, Durchgreifendes nicht her. Er setzt dieser Frage vielmehr nur den prozessualen Rahmen." Dazu und zu den Gegenauffassungen *Schenke*, Verwaltungsprozessrecht, Rn 784 ff; *Ehlers*, in: Ehlers/Schoch, Rechtsschutz im Öffentlichen Recht, § 22 Rn 88; aA insbes *Hufen*, Verwaltungsprozessrecht, § 24 Rn 7, der zwar dem materiellen Recht Vorrang einräumt, aber in den Fällen, in denen es an einer ausdrücklichen Regelung fehlt, eine „prozessuale Faustregel" annimmt.

296 S. auch BVerfG, NVwZ 2004, 103. Für diesen Fall kommen daher fast alle Auffassungen zum gleichen Ergebnis, s. nur *Hufen*, Verwaltungsprozessrecht, § 24 Rn 8.

297 BVerwG, GewArch. 1991, 110; *Ehlers*, in: Ehlers/Fehling/Pünder, § 18 Rn 67; *Hess*, in: Friauf, GewO, § 35 Rn 152; aA *Mager*, Der maßgebliche Zeitpunkt für die Beurteilung der Rechtswidrigkeit von Verwaltungsakten, 1994, S. 108 f.

298 Der Gesetzgeber wollte keine materielle Regelung treffen, insbes muss die Behörde beweisen, dass der Betreffende noch unzuverlässig ist, vgl BT-Drucks. 7/111, 6; OVG Lüneburg, NVwZ-RR 2011, 31.

299 Daher lassen sich die folgenden Überlegungen insbes nicht auf § 15 Abs. 2 GewO übertragen; ebenso *Ehlers*, in: Ehlers/Fehling/Pünder, § 18 Rn 67; aA lediglich *Aßfalg*, GewArch. 1988, 219, 220 f. Auf den Antrag auf Neuerteilung einer Erlaubnis (nach Rücknahme oder Widerruf der früheren Erlaubnis) ist § 35 GewO (und damit auch Abs. 6) nicht anzuwenden, s. auch *Ehlers*, in: Ehlers/Fehling/Pünder, § 18 Rn 54.

300 VGH München, NJW 2011, 2822; s. auch *Hufen*, Verwaltungsprozessrecht, § 24 Rn 11.

301 Vgl BVerwG, NJW 1982, 503; *Schenke*, Verwaltungsprozessrecht, Rn 727 ff, 831 f.

ob dies auch dann gilt, wenn ein solcher Antrag vorliegt und der Gewerbetreibende tatsächlich mittlerweile wieder zuverlässig geworden ist. § 35 Abs. 6 GewO regelt diesen Fall nicht ausdrücklich[302]. Wenn man die Vorschrift als Regelung des maßgeblichen Zeitpunkts[303] oder als verfahrensrechtliche Regelung versteht, die neben dem Antrag auch die Durchführung eines Verwaltungsverfahrens zur Voraussetzung der Wiedergestattung macht, ist auch in **Fall 22b** die Anfechtungsklage abzuweisen[304]. Überzeugender ist es allerdings, in diesem Fall davon auszugehen, dass das Gesetz lediglich ein Antragserfordernis statuieren wollte, um der Behörde eine dauernde Überprüfung ihrer einmal ausgesprochenen Gewerbeuntersagung zu ersparen, wie dies bei Dauerverwaltungsakten eigentlich erforderlich ist[305]. Bei einer solchen Interpretation können die neu aufgetauchten Tatsachen **entgegen der Rechtsprechung des BVerwG** noch im Rahmen der Anfechtungsklage berücksichtigt werden[306]; nach dieser Auffassung ist die Anfechtungsklage also begründet. Dies ist insofern sachgerecht, als § 35 Abs. 6 GewO nicht das Gericht, sondern die Behörde entlasten soll, indem sie ihre Gewerbeuntersagung nicht von Amts wegen einer laufenden Überprüfung zu unterziehen hat. Der Entlastung dient es auch, wenn auf Antrag des Gewerbetreibenden nach der Jahresfrist des Abs. 6 das Gericht im Ausgangsverfahren über die Wiederaufnahme mitentscheiden kann. Hinzu kommt, dass aus verfassungsrechtlichen Gründen einem Antrag beim Vorliegen besonderer Gründe auch schon vor Ablauf der Jahresfrist stattzugeben ist[307]. Es stünde dazu in einem wertungsmäßigen Widerspruch, dem Gewerbetreibenden gleichwohl die Durchführung eines erneuten Verwaltungsverfahrens zuzumuten.

War die ursprüngliche Gewerbeuntersagung rechtswidrig, stellt sich die Frage, ob auch **für den Gewerbetreibenden ungünstige Veränderungen** noch nachträglich angeführt werden können. **294**

Fall 21c (Rn 281): Von der Rechtsprechung wurde dies bejaht[308]. Die Literatur kritisierte daran, dass der Grundsatz der Waffengleichheit verletzt werde, indem dem Betroffenen die Anführung der für ihn günstigen Tatsachen verwehrt, andererseits aber der Behörde die Beibringung weiterer ungünstiger Tatsachen erlaubt werde. Diese Kritik trifft die hier vertretene Auffassung (die die Berücksichtigung sämtlicher späterer Veränderungen erlaubt) nicht, ist aber auch vom gegenteiligen Standpunkt der Rechtsprechung aus nicht überzeugend. Genau wie in den Fällen des Nachschiebens von Gründen wird hier in Wahrheit ein neuer Verwaltungsakt erlassen, der unter erleichterten Voraussetzungen zum Gegenstand des gericht- **295**

302 S. aber VGH München, NVwZ 2011, 613: Verpflichtungsklage auf Wiedergestattung. Diese hätte dann in der Tat Auswirkungen auf einen (prozessual verstandenen) maßgeblichen Zeitpunkt, s. *Hufen*, Verwaltungsprozessrecht, § 24 Rn 11.

303 So *Ehlers*, in: Ehlers/Fehling/Pünder, § 18 Rn 67: der Vorschrift sei der Rechtsgedanke zu entnehmen, dass es auf den Zeitpunkt der letzten behördlichen Entscheidung ankomme und die laufende Sachaufklärung nicht dem Gericht aufgebürdet werden solle; aA VGH München, NJW 2011, 2822, 2823: letzte mdl Verhandlung.

304 BVerwG, NVwZ 1982, 503; NVwZ-RR 2007, 621; s. auch *Scheidler*, VBlBW 2010, 271.

305 Dies folgt bereits aus dem Übermaßverbot, das wiederum nicht ausschließt, dass der Gesetzgeber diesen Anspruch auf Aufhebung beschränkt, s. *Schenke/R. Schenke*, in: Kopp/Schenke, VwGO § 113, Rn 44; *Käß*, BayVBl. 2009, 681.

306 Ausf *Schenke*, WiVerw 1988, 145, 166 ff; zusammenfassend *Schenke*, Verwaltungsprozessrecht, Rn 801.

307 BVerfG-K, GewArch. 1995, 242 f; BVerwG, GewArch. 1991, 110, 111; *Ehlers*, § 18 Rn 67.

308 OVG Lüneburg, NVwZ 1985, 185; s. auch VGH Kassel, DÖV 1998, 394; *Laubinger/Repkewitz*, VerwArch. 89 (1998), 145, 169; ablehnend *Mager*, NVwZ 1996, 134; *Marcks*, in: Landmann/Rohmer, GewO, § 35 Rn 22.

lichen Verfahrens wird, so dass der Gewerbetreibende nicht schutzwürdig ist[309]. Der Rechtsgedanke des § 35 Abs. 6 GewO greift hier nicht ein.

c) Verhältnismäßigkeit der Maßnahme

296 Nach § 35 Abs. 1 S. 1 GewO setzt die Gewerbeuntersagung voraus, dass sie zum **Schutz der Allgemeinheit oder der im Betrieb Beschäftigten** erforderlich ist. Diese Regelung ist Ausfluss des Verhältnismäßigkeitsgrundsatzes[310]. Die Behörden müssen deswegen prüfen, ob die Rechtsgütergefährdung nicht durch andere, den Gewerbetreibenden **weniger belastende Maßnahmen** abgewehrt werden kann. Zu denken ist an Abmahnungen, Auflagen, Kontrollen und vor allem Teiluntersagungen (s. auch ▶ **Klausurenkurs Fall Nr 7**). Für diese Abwägung gelten identische Grundsätze wie im allgemeinen Polizeirecht[311]. Die Entscheidung muss ferner dem Grundsatz der Verhältnismäßigkeit im engeren Sinn Rechnung tragen. Selbst wenn andere Möglichkeiten zur Beseitigung der Gefährdung nicht gegeben sind, darf eine Gewerbeuntersagung nicht ausgesprochen werden, wenn die Maßnahme außer Verhältnis zum angestrebten Erfolg stünde. Da aber in der Regel der Schutzzweck des § 35 Abs. 1 S. 1 GewO dem Interesse des Gewerbetreibenden an der Betriebsfortführung vorgeht, scheitert eine Gewerbeuntersagung regelmäßig nicht an der Verhältnismäßigkeit im engeren Sinne[312].

d) Rechtsfolgen

297 Zwingende Rechtsfolge der Unzuverlässigkeit ist nach dem Wortlaut des **§ 35 Abs. 1 S. 1 GewO die (vollständige oder teilweise) Untersagung des ausgeübten Gewerbes**[313]. Bei dieser handelt es sich um einen Verwaltungsakt, der nach den allgemeinen Regeln vollstreckt werden kann (s. Rn 324 ff).

298 Wenn also im **Fall 23 (Rn 283)** T das Gewerbe trotz einer Untersagungsverfügung weiterführt, kann die Behörde den VA nach den Vorschriften des LVwVG vollstrecken. Die Untersagung nach Abs. 1 stellt dabei den notwendigen Grundverwaltungsakt dar[314]. Dieser

---

309 OVG Lüneburg, GewArch. 1994, 110, 111. S. dazu ausf *Laubinger*, VerwArch. 89 (1998), 145, 169. Dem Gewerbetreibenden bleibt allerdings die Möglichkeit, analog § 113 Abs. 1 S. 4 VwGO gerichtlich feststellen zu lassen, dass die Untersagungsverfügung bis zum Eintritt der Unzuverlässigkeit rechtswidrig gewesen ist.

310 *Marcks*, in: Landmann/Rohmer, GewO, § 35 Rn 78.

311 BVerwGE 23, 280; *Marcks*, in: Landmann/Rohmer, GewO, § 35 Rn 78.

312 Zwischen der Auffassung, die eine solche separate Prüfung der Verhältnismäßigkeit im engeren Sinne ausschließt – BVerwG, GewArch. 1982, 303, 304; 1991, 226; 1995, 114; *Heß*, in: Friauf, GewO, § 35 Rn 44 f – und der Gegenauffassung in der Literatur – *Ennuschat*, in: Tettinger/Wank/Ennuschat, GewO, § 35 Rn 122 – bestehen Unterschiede allenfalls in krassen Ausnahmefällen. S. dazu *Marcks*, in: Landmann/Rohmer, GewO, § 35 Rn 79; *Vollmöller*, in: Schmidt/Vollmöller, § 8 Rn 31.

313 BVerwGE 23, 280, 286 f; *Ehlers*, in: Ehlers/Fehling/Pünder, § 18 Rn 61. S. auch *Dickersbach*, WiVerw 1982, 68; zu Verfahrensfragen *Barbey*, WiVerw 1982, 28.

314 Dies war früher streitig, als § 35 Abs. 5 GewO aF die Verhinderung der Gewerbeausübung durch geeignete Maßnahmen ermöglichte. Es war umstritten, ob diese Schließungsverfügung nach Abs. 5 bereits eine Vollstreckungsmaßnahme oder erst der Grundverwaltungsakt war, s. näher *Ehlers*, in: Ehlers/Fehling/Pünder, § 18 Rn 65; *Ennuschat*, in: Tettinger/Wank/Ennuschat, GewO, § 35 Rn 199. Diese Unklarheiten hat der Gesetzgeber durch die Streichung beseitigt (s. auch BT-Drucks. 13/9109, S. 15.

muss vollziehbar sein; indem T auf die Einlegung des Widerspruchs verzichtet hat, wurde der VA nach einem Monat gem. § 70 VwGO bestandskräftig. Wenn der Gewerbebetrieb während des laufenden Verfahrens aufgegeben wird, kann das Verfahren fortgesetzt werden, § 35 Abs. 1 S. 3 GewO.

Daneben besteht die Möglichkeit einer **Ausweitung der Untersagung gem. § 35 Abs. 1 S. 2 GewO**. Maßnahmen nach Satz 2 setzen angesichts der systematischen Stellung dieser Vorschrift immer voraus, dass dem Betreffenden in demselben Verfahren zumindest „auch" ein tatsächlich betriebenes Gewerbe nach Maßgabe des Satzes 1 untersagt wird[315]. Zur Verhinderung einer Umgehung[316] kann die Gewerbeuntersagung auch auf die **Tätigkeit als Vertretungsberechtigter** erstreckt werden, § 35 Abs. 1 S. 2 GewO. Als besonders problematisch stellt sich angesichts der Intensität des damit verbundenen Eingriffes in Art. 12 GG die Ausweitung der Untersagung gem. § 35 Abs. 1 S. 2 GewO auf **andere bzw sämtliche Gewerbe dar**. Das verfassungsrechtlich erforderliche Korrektiv besteht hier aber nicht allein in einer entsprechend restriktiven Auslegung des Verhältnismäßigkeitsgrundsatzes auf der Rechtsfolgenseite[317], sondern in dem Umstand, dass für diese weiteren Gewerbe eine eigenständige Unzuverlässigkeitsprognose zu treffen ist[318]. Im Ergebnis allerdings ist die Rechtsprechung gleichwohl verfassungsrechtlich problematisch. Sie verlangt keine Anhaltspunkte dafür, dass der Gewerbetreibende diese Gewerbe in Zukunft auch tatsächlich auszuüben beabsichtigt[319] und schließt insbes bei der Verletzung steuerlicher oder sozialversicherungsrechtlicher Pflichten und einschlägiger Straftaten (insbes Vermögensdelikte und Insolvenzstraftaten) auf die generelle Unzuverlässigkeit[320]. 299

e) Die Gewerbeuntersagung gegenüber Vertretungsberechtigten bzw Betriebsleitern

Wurde gegenüber dem Gewerbetreibenden eine Untersagung ausgesprochen, kann eine **eigenständige Untersagung nach § 35 Abs. 7a GewO gegenüber Vertretungsberechtigten bzw Betriebsleitern** erfolgen; diese kann sich sowohl auf selbstständige wie unselbstständige künftige Tätigkeiten erstrecken (vgl auch ► **Klausurenkurs Fall Nr 5**). Dieses Verfahren ist akzessorisch, setzt also jedenfalls voraus, dass gegenüber dem Gewerbetreibenden selbst ebenfalls ein Verfahren geführt wird[321]. Es kann 300

---

315 *Heß*, in: Friauf, GewO, § 35 Rn 87; *Marcks*, in: Landmann/Rohmer, GewO, § 35 Rn 87; *Ennuschat*, in: Tettinger/Wank/Ennuschat, GewO, § 35 Rn 149. Nach *Dickersbach*, WiVerw 1982, 79 soll allerdings ausnahmsweise eine isolierte Gewerbeuntersagung gem. § 35 Abs. 1 S. 2 GewO zulässig sein, wenn der Gewerbetreibende das bisherige Gewerbe ernsthaft und endgültig aufgegeben hat, aber auch in Bezug auf andere Gewerbe unzuverlässig ist; dagegen *Marcks*, in: Landmann/Rohmer, GewO, § 35 Rn 89.

316 Vgl die Begründung BT-Drucks. 7/111, S. 5; s. auch *Marcks*, in: Landmann/Rohmer, GewO, § 35 Rn 85.

317 Auf diesen Umstand aber zu Recht hinweisend OVG Münster, GewArch. 1978, 162; 1981, 165; *Ziekow*, § 10 Rn 94.

318 *Marcks*, in: Landmann/Rohmer, GewO, § 35 Rn 90 ff.

319 BVerwG, NVwZ 1997, 278; s. auch mwN *Marcks*, in: Landmann/Rohmer, GewO, § 35 Rn 92.

320 S. die N bei *Marcks*, in: Landmann/Rohmer, GewO, § 35 Rn 95.

321 BVerwGE 100, 187, 191 f; OVG Münster, GewArch. 1998, 113; *Ehlers*, in: Ehlers/Fehling/Pünder, § 18 Rn 62. Nach der Rspr kann es aber auch dann noch eingeleitet werden, wenn der Gewerbetreibende selbst seine Tätigkeit schon aufgegeben hat, aA *Ehlers*, in: Ehlers/Fehling/Pünder, § 18 Rn 62.

allerdings unabhängig vom Ausgang dieses Verfahrens fortgesetzt werden. Über den Verweis auf Abs. 1 S. 3 kann es auch dann fortgesetzt werden, wenn die Tätigkeit als Geschäftsleiter nach Einleitung des Verfahrens beendet wird.

301 In der **Variante zu Fall 20**[322] **(Rn 280)** könnte daher außer gegenüber F auch ein Verfahren gegenüber G eingeleitet werden. Die Vorschrift wurde gerade auf den Fall zugeschnitten, dass dem Gewerbetreibenden die Unzuverlässigkeit eines Dritten zugerechnet wird und zu befürchten ist, dass dieser seine unselbstständige Tätigkeit fortsetzen wird. Fraglich ist, ob es auch nach seinem Ausscheiden fortgesetzt werden kann. Wird die Tätigkeit erst nach Abschluss des Verwaltungsverfahrens aufgegeben, greift § 35 Abs. 7a S. 3 iVm Abs. 1 S. 3 GewO nicht ein[323]. Es gilt dann der Grundsatz, dass, wenn die Gewerbeuntersagungsbehörde von einer Aufgabe des Betriebs des Gewerbes oder der Geschäftsführertätigkeit erst im Gerichtsverfahren Kenntnis erhält, eine auf das Untersagungsverfahren bezogene „Fortsetzungsentscheidung" im Sinne des § 35 Abs. 1 S. 3 GewO nicht mehr möglich ist; an deren Stelle tritt dann im Gerichtsverfahren als zulässige behördliche Entscheidung die ausdrückliche oder konkludente Bekundung, an der bereits erlassenen Gewerbeuntersagungsverfügung in der Fassung des Widerspruchsbescheides festhalten zu wollen[324].

3. Die Zulassung (erlaubnispflichtiger) gewerblicher Tätigkeiten (§§ 30–34e GewO)

302 **Fall 24:** Der Bundesligaverein Mainz 05 e.V. („M") gründet eine Security 05 GmbH („S-GmbH"). Die S-GmbH soll bei Bundesligaspielen und sonstigen Veranstaltungen in der O-Arena von M die Einlass- und Personenkontrollen sowie die Durchsuchungen der ankommenden Besucher des Stadions übernehmen und für die Aufrechterhaltung der Ordnung und die Sicherheit der Besucher im Stadion verantwortlich sein. Für andere Unternehmen darf die S-GmbH nicht tätig werden. Nach jedem Spiel stellt die S-GmbH dem Verein eine Rechnung. Außerdem wird zwischen dem Verein und der GmbH ein Gewinnabführungsvertrag geschlossen.

a) Gestützt auf § 15 Abs. 2 GewO untersagt die Stadt der S-GmbH die Ausübung des Bewachungsgewerbes.
b) S verfügt zwar über eine Genehmigung, hat aber Probleme mit dem Personal. Sie beschäftigt unter anderem A, ein Mitglied der Mainzer Hooligan-Szene, der nach Auffassung der Polizei zum gewaltbereiten Kern gehört, auch wenn ihm bisher noch keine Beteiligung an Straftaten nachgewiesen werden konnte und die Verfahren nach § 170 Abs. 2 StPO eingestellt worden waren. B war lange Jahre Mitglied einer mittlerweile in einem vereinsrechtlichen Verfahren verbotenen Rockerbande, hatte sich aber auf die Tätigkeit als Kassenwart beschränkt und war nie als gewaltbereit aufgefallen.

303 **Fall 25:** I betreibt ein Internetcafé. Dazu hat er einen abgedunkelten Raum eingerichtet, in dem sein Kumpel K Computer aufstellt. Diese verfügen über einen Internetzugang und werden, wie mehrfache Kontrollen ergeben haben, von den Kunden fast ausschließlich für Online-Spiele genutzt, darunter vor allem auch solche mit Gewinnmöglichkeit.

322 Vgl den gaststättenrechtlich eingekleideten Klausurfall *Ruthig/Wirth*, Jura 2007, 468, 471 ff.
323 BVerwG, GewArch. 1982, 301; mit ausführlicher Begr. *Marcks*, in: Landmann/Rohmer, GewO, § 35 Rn 98.
324 VGH Kassel, GewArch. 2004, 303.

a) Beispiele für erlaubnispflichtige Gewerbe

Die GewO statuiert Erlaubnisvorbehalte **für bestimmte Formen des stehenden Gewerbes**, um dadurch Gefahren für die Allgemeinheit abzuwehren. Diese können nicht nur von der Person des Gewerbetreibenden, etwa seiner Unzuverlässigkeit, ausgehen, sondern uU auch von der örtlichen Lage bzw räumlichen Beschaffenheit des Gewerbebetriebes. 304

Zu prüfen ist dann zunächst, ob die konkrete Tätigkeit erlaubnispflichtig ist, was nicht nur voraussetzt, dass sie von der entsprechenden Norm erfasst wird, sondern auch, dass sie gewerbsmäßig ausgeübt wird[325]. Die jeweiligen Vorschriften konkretisieren dann die Anforderungen an die Zuverlässigkeit durch Regelbeispiele und ergänzen sie durch weitere Anforderungen. Differenziert zu betrachten ist dabei die Anwendbarkeit der Erlaubnispflichten auf EU-Ausländer, denn nicht alle Konstellationen werden von der Dienstleistungsrichtlinie erfasst (s. schon Rn 240). Die Erteilung der Erlaubnis setzt außer der **Zuverlässigkeit des Antragstellers**, geordnete Vermögensverhältnisse, den Abschluss einer Berufshaftpflichtversicherung und teilweise einen Sachkundenachweis voraus. Diese Erlaubnispflichten sind daher weniger gewerbe- als unions- und verfassungsrechtlich problematisch[326]. Dies gilt insbesondere für die Sachkundeerfordernisse sowie die Frage der Anerkennung ausländischer Nachweise (s. schon oben Rn 74 zum Finanzanlagevermittler). Sofern nach § 34a Abs. 1 S. 5 GewO Nachweise erbracht werden müssen, kann dies gem. § 13b GewO auch durch Nachweise aus dem EU-Ausland erfolgen. Aus verfassungsrechtlichen Gründen darf es allerdings keine Bedürfnisprüfung geben. **Sachkundenachweise** sind auf das Erforderliche zu beschränken (s. schon Rn 121 f), werden aber insbes für das Bewachungs- und Versicherungsgewerbe gesetzlich gefordert.

Die Erlaubnispflichten unterliegen einem stetigen Wandel. Im Rahmen der **gewerberechtlichen Deregulierung** sind traditionelle Erlaubnispflichten entweder völlig entfallen oder enger gefasst worden, wie sich besonders deutlich am **Zurschaustellen von Personen (§ 33a GewO)** zeigt. Nach § 33a Abs. 2 Nr 2 GewO ist die Erlaubnis insbes dann zu versagen, wenn die Schaustellungen den guten Sitten zuwiderlaufen (zum Begriff s. unten Rn 436; zur Relevanz beim Gewerbebegriff oben Rn 216 ff)[327]. Allerdings ging insoweit – genauso wie für das **Recht der Spielhallen (§ 33i GewO)**[328] – die Gesetzgebungskompetenz auf die Länder über (s. dazu und zur Fortgeltung der bisherigen Regelung Rn 165). Für andere Gewerbe wiederum hat der Gesetzgeber die Erlaubnispflicht neu begründet oder ausgedehnt. So hat man beim **Be-** 305

325 Zu einem Beispiel VG Hannover, v. 23.1.2008, 11 A 4135/06: Aufstellen von Spielgeräten in einem Vereinsheim zur Unterhaltung der Mitglieder.

326 S. als Klausurfall *Ruthig/Lehr*, JuS 2007, 932 ff; zur Neufassung des § 34a GewO *Ennuschat*, in: Tettinger/Wank/Ennuschat, GewO, § 34a Rn 1 ff; *Schönleiter*, GewArch. 2003, 1. Zum Unterrichtungsnachweis auch *Marcks*, in: Landmann/Rohmer, GewO, § 34a Rn 26 ff. Zur Vereinbarkeit der Erlaubnispflicht mit Art. 12 GG OLG Düsseldorf, GewArch. 1998, 199; zur Unvereinbarkeit eines generellen Sachkundenachweises mit Art. 12 GG s. *Ehlers*, in: Ehlers/Fehling/Pünder, § 18 Rn 45 sowie oben Rn 123.

327 Zur Erlaubnisbedürftigkeit und -fähigkeit von Stripteaseveranstaltungen s. BVerwGE 71, 29; NVwZ 1990, 668. Zu den sog. Erotikmessen VG Karlsruhe, Urteil vom 12. September 2013 – 3 K 496/12 –, juris.

328 Daneben wurde in § 24 GlüV eine glücksspielrechtliche Erlaubnispflicht eingeführt. Über das Verhältnis beider zueinander entscheidet das Landesrecht; vgl für RP (Konzentrationswirkung der gewerberechtlichen Erlaubnis nach § 33i GewO) *Ruthig*, in: Hufen/Jutzi/Proelß, § 6 Rn 29; ohne die Anordnung einer Konzentrationswirkung ergehen zwei neben einander tretende Erlaubnisse, vgl dazu zur Rechtslage in Bayern VGH München v. 26.3.2014 – 22 ZB 14.221.

wachungsgewerbe (§ 34a GewO) die Erlaubnispflicht mehrfach verschärft[329]. Weitere Beispiele: die Tätigkeit des Versteigerers (§ 34b GewO), der Makler, Bauträger und Baubetreuer (§ 34c GewO), aber auch die Tätigkeit der **Versicherungsvermittler** (§ 34d GewO)[330] und **Finanzanlagevermittler** (§ 34f GewO)[331].

306 In **Fall 24a (Rn 302)**[332] könnte es sich um Bewachungsgewerbe handeln. Bewachung ist eine auf den Schutz des Lebens oder Eigentums fremder Personen vor Eingriffen Dritter gerichtete Tätigkeit. Hierzu gehört die Tätigkeit von Stadionordnern, wie schon der Wortlaut der Vorschrift zeigt, indem nach § 34a Abs. 1a S. 2 Nr 5 GewO ein besonderer Sachkundenachweis für leitende Mitarbeiter verlangt wird, die bei „Bewachungen von zugangsgeschützten Großveranstaltungen" eingesetzt werden. Zum Bewachungsgewerbe gehören zB auch Detektive, deren Tätigkeit sich nicht auf die passive Beobachtung beschränkt, sondern auch dem aktiven Schutz des Eigentums des Auftraggebers vor dem Abhandenkommen durch Diebstahl dient[333]. Nicht erfasst werden solche Tätigkeiten, bei denen eine kontinuierliche Überwachung nicht geschuldet ist. Dies gilt für Parkhäuser[334], sog. Haushüter-Agenturen[335], aber auch das sog. „Homesitting". Problematisch ist in **Fall 24a** allerdings die Gewerbsmäßigkeit. In der konkreten Ausgestaltung dürfte die Gewinnerzielungsabsicht fehlen (zu dieser Rn 219 ff), so dass die Gewerbeuntersagung rechtswidrig war. Gewinnerzielungsabsicht kann allerdings auch bei – isoliert betrachtet – kostenlosen Angeboten vorliegen, wenn diese den Gewinn an anderer Stelle steigern. Würde der Verein die Bewachung selbst durchführen, könnte man, ähnlich wie bei bewachten Parkplätzen (dazu Rn 220) die Gewinnerzielungsabsicht mit dem Argument begründen, dass der Verein mit der Gewährleistung eines sicheren Umfelds während der Fußballspiele sein Interesse an Gewinnerzielung durch die Einnahmen des Spiels fördert. Allerdings stellt – anders als in dem Parkhausfall – die Ordnertätigkeit gerade keine echte Zusatzleistung dar, sondern in erster Linie die Erfüllung einer vertraglichen

---

329 Vgl das Gesetz zur Änderung bewachungsrechtlicher Vorschriften v. 4.11.2016 (BGBl. I 2456; dazu BT-Drucks. 18/8558) und das Zweite Gesetz zur Änderung bewachungsrechtlicher Vorschriften v. 29.11.2018 (BGBl. I 2666); diese betreffen v.a. die Einführung eines Bewacherregisters (§ 11b GewO). Überblick bei *Eisenmenger*, NVwZ 2018, 1768; *Miller*, NVwZ 2019, 1637; zur Forderung nach einem Spezialgewerberecht für Sportgroßveranstaltungen *Graef/Raffiqpoor*, NWVBl 2016, 133.

330 Zum Gesetz zur Neuregelung des Versicherungsvermittlerrechts v. 19.12.2006, BGBl. I, S. 3232 s. *Schönleiter*, GewArch. 2007, 265, der dies als die „umfangreichste und einschneidenste gewerberechtliche Neuregelung der letzten Jahrzehnte nach Einführung des Gaststättengesetzes" einordnet (aaO, S. 266). Zur Verfassungsmäßigkeit von § 34e GewO BVerfG, NJW 2007, 2537.

331 Die entsprechenden, seit 1.1.2013 geltenden Regelungen gehen zurück auf das Gesetz zur Neuregelung des Finanzanlagenvermittler- und Vermögensanlagenrechts vom 6.12.2011 (BGBl. I, S. 2481 ff; vgl BT-Drucks. 17/6051 S. 43 ff; *Glückert*, GewArch. 2012, 465; *Schulze-Werner*, GewArch. 2012, 102). Sie sollten unter dem Eindruck der Finanzkrise den „grauen Kapitalmarkt" regeln. Allerdings soll die Aufsicht zum 1.1.2021 in die Zuständigkeit der BaFin überführt und die §§ 34f und § 34h GewO durch inhaltlich weitgehend identische Regelungen im WpHG abgelöst werden. Das Bundeskabinett hat den Gesetzentwurf am 11.3.2020 beschlossen, vgl. BT-Drucks. 19/18794.

332 Fall nach VG Gelsenkirchen v. 27.09.2016 – 19 K 5500/15; zum Begriff des Bewachungsgewerbes *Marcks*, in: Landmann/Rohmer, GewO, § 34a Rn 4 ff.

333 S. dazu BVerwG, NVwZ-RR 2000, 424; OVG Lüneburg, GewArch. 1999, 415; OLG Köln, NVwZ-RR 1994, 390; BayObLG, GewArch. 1982, 128; *Marcks*, in: Landmann-Rohmer, GewO, § 34a Rn 8.

334 Dort wird regelmäßig eine Haftung für Schäden und Verlust ausgeschlossen, also ein reiner Einstellvertrag geschlossen, s. *Marcks*, in: Landmann/Rohmer, GewO, § 34a Rn 11; *Ennuschat*, in: Tettinger/Wank/Ennuschat, GewO, § 34a Rn 15.

335 Diese sind nicht zu einer dauernden Kontrolle verpflichtet, sondern suchen ein Grundstück nur für kurze Zeit auf, um Briefkästen zu leeren etc, s. *Ennuschat*, in: Tettinger/Wank/Ennuschat, GewO, § 34a Rn 16; aA *Stollmann*, NWVBl. 1992, 421, 423.

Nebenpflicht. Der Gesetzgeber jedenfalls hat sich im Zusammenhang mit der Erweiterung der Sachkundenachweise des Bewachungsgewerbes auf Ordnerdienste von Sportveranstaltungen nicht mit der Frage auseinandergesetzt, ob seine „gewerberechtliche Lösung" die überwiegend eigenen Ordnerdienste der Vereine überhaupt erfasst[336].

Weitere Erlaubnispflichten betreffen die **Spielgeräte und Spiele mit Gewinnmöglichkeit**, die erlaubnisbedürftig, aber auch erlaubnisfähig sind, soweit sie nicht § 284 StGB unterfallen (dazu bereits Rn 116)[337]. Das Gesetz unterscheidet das **Aufstellen von Spielgeräten (§ 33c GewO) und anderen Spielen mit Gewinnmöglichkeit (§ 33d GewO). Internetspiele mit Gewinnmöglichkeit** („virtuelle Spielothek") können nicht nach § 33c GewO zugelassen werden, da es sich nicht um Spielgeräte handelt[338]. Von der an den Aufsteller adressierten Erlaubnis ist die Bauartzulassung bzw Unbedenklichkeitsbescheinigung nach § 33e GewO zu unterscheiden[339]. **307**

§ 33c GewO betrifft „Spielgeräte, die mit einer den Spielausgang beeinflussenden technischen Vorrichtung ausgestattet sind und die die Möglichkeit eines Gewinnes bieten". Diese muss einen für den Spielausgang ausschlaggebenden Einfluss auf den Spielerfolg ausüben, also mit einem Zufallsgenerator ausgestattet sein[340]. Andere Spiele iS des § 33d GewO sind daher solche, die dieses Merkmal nicht aufweisen, dh vor allem Geschicklichkeitsspiele und solche Glücksspiele, die nicht unter § 284 StGB fallen[341]. § 33d GewO kann daher neben den nicht technisch ausgerüsteten Spielen (zB Dartspiele, Kartenspiele) auch Spielautomaten mit technischen Einrichtungen erfassen, deren Selbstlauf aber durch den Spieler überwunden werden kann[342]. Unter dem Begriff **„Fun Games"**[343] werden Spielgeräte mit schnellen Spielabläufen zusammengefasst, bei denen hohe Einsätze erbracht werden müssen, aber auch hohe Gewinnaussichten bestehen, so dass ein starker Spielanreiz entsteht. Mittlerweile haben diese Geräte durch Änderung des Spielablaufes, wie etwa die Ausdehnung der Spielfrequenzen und die Einrichtung einer „Pausenfunktion", ihren bloßen Unterhaltungscharakter verloren und müssen daher als Geldspielgeräte und somit genehmigungspflichtig nach § 33c Abs. 1 S. 1, 2 GewO angesehen werden[344]. Der Gesetzgeber hat ferner angesichts der Gefahren, die von diesen Geräten ausgehen, reagiert und in § 6a SpielV[345] solche Spiele verboten, die „als Gewinn Berechtigun-

336 Zum Fehlen der Gewerbsmäßigkeit bei vereinseigenen Ordnerdiensten *Müller-Eiselt*, GewArch. 2014, 232, 234.

337 Ausführlich *Hahn*, GewArch. 2007, 89.

338 VG Halle v. 4.8.2004, 1 B 25/04.

339 Fehlt eine solche, sind die entsprechenden Geräte von vornherein nicht erlaubnisfähig, s. auch VGH München, GewArch. 2005, 119.

340 BVerwGE 115, 179, 181 f. Nicht tatbestandsmäßig sind solche Geräte, die den erspielten Gewinn nur anzeigen, nicht aber selbsttätig ausschütten, so dass sie vom Gewerbetreibenden selbst in bar ausgezahlt werden müssen, vgl OVG Bautzen v. 4.10.2007, 3 BS 128/06.

341 Vgl auch § 33h Nr 3 GewO. Diese betreffen geringwertige Gegenstände. Einen unangemessen hohen Verlust im Sinne von § 33e Abs. 1 S. 1 GewO wird man jedenfalls bei mehr als 100 EUR pro Stunde annehmen können, s. auch *Ennuschat*, in: Tettinger/Wank/Ennuschat, GewO, § 33e Rn 12 mwN.

342 BVerwGE 115, 179, 182.

343 Siehe näher BR-Drucks. 655/05 v. 30.8.2005; VG Stuttgart v. 19.3.2007, 18 K 2541/07. Ferner *Wallau*, GewArch. 2004, 301. Zu Münzschiebern („Twistern") näher OVG Hamburg, GewArch. 2005, 82.

344 Dies gilt umso mehr, wenn der Spielablauf die Möglichkeit bietet, die bisher erbrachten Einsätze in weiteren Spielen zurückzugewinnen (sog. „Punktespeicherfunktion"), s. OVG Hamburg, GewArch. 2005, 252. Hierdurch werden Spielanreiz und Risikobereitschaft gerade noch besonders gesteigert.

345 Die Verordnung über Spielgeräte und andere Spiele mit Gewinnmöglichkeiten (Spielverordnung), v. 6.2.1962, neugefasst zum 27.1.2006, BGBl. I, S. 280, beruht auf § 33f Abs. 1 GewO. Dazu *Hahn*, GewArch. 2007, 89, 89 ff; *Kim*, ZfWG 2006, 1 ff; zu § 6a SpielV s. auch OVG Münster, GewArch. 2007, 386; VGH Kassel, GewArch. 2007, 290.

gen zum Weiterspielen sowie sonstige Gewinnberechtigungen oder Chancenerhöhungen anbieten" oder nach dem jeweiligen Spielergebnis „Gewinne ausgegeben, ausgezahlt, auf Konten, Geldkarten oder ähnliche zur Geldauszahlung benutzbare Speichermedien aufgebucht" werden. Darunter fallen auch solche Fun Games, die mit gegen Geld zu erwerbenden Spielmarken, sog. **Token**[346], bespielt werden bzw solche als „Gewinn" ausschütten.

308 **Unterhaltungsspiele ohne Gewinnmöglichkeit**, also zB Tischfußballautomaten, Flipper und andere Spielautomaten[347], sind als solche nicht erlaubnispflichtig, konnten aber nach früherem Recht dazu führen, dass es sich um eine nach § 33i Abs. 1 S. 1 GewO **erlaubnispflichtige Spielhalle** oder ein ähnliches Unternehmen handelt[348]. Eine solche Erlaubnispflicht für solche Betriebe, die nur Spiele ohne Gewinnmöglichkeit aufstellten, stellte nach Ansicht der EU-Kommission einen unverhältnismäßigen Eingriff in Art. 9 DLR dar[349]. Nunmehr beschränkt sich der Spielhallenbegriff auf das Aufstellen von Spielgeräten iSv § 33c Abs. 1 S. 1 GewO und die Veranstaltung anderer Spiele iSv § 33d Abs. 1 S. 1 GewO. Eine Einrichtung wird durch die Aufstellung von Spielgeräten immer dann zur Spielhalle, wenn die Bewirtung der Gäste in den Hintergrund gedrängt[350] und der Raum von den Spielgeräten bzw anderen Spielen geprägt wird und dadurch eine typische Spielhallenatmosphäre entsteht[351]. Ein weiteres aktuelles Beispiel aus dem Umfeld des Spielrechts liefern Laserdrome und Paintball. Sofern man dieses Spiel nicht von vornherein als gegen die Menschenwürde verstoßend aus dem Gewerberecht ausklammert (s. schon Rn 216), handelt es sich um die (gewerberechtlich nicht erlaubnispflichtige) Veranstaltung **anderer Spiele ohne Gewinnmöglichkeit**[352]; zu den auf die Länder übergegangenen Gesetzgebungskompetenzen vgl Rn 165 ff.

---

346 Mit der Umrüstung der Geräte auf die Bespielbarkeit mit Geldersatzmarken versuchten die Betreiber, den Charakter als Geldspielgeräte und damit die Erlaubnispflichtigkeit zu umgehen. Die Rspr hat dem einen Riegel vorgeschoben, vgl BVerwG, NVwZ 2006, 660; NVwZ 2007, 1092.

347 *Ennuschat*, in: Tettinger/Wank/Ennuschat, GewO, § 33i Rn 29 f; *Liesching/Knupfer*, MMR 2003, 439, 440.

348 § 33i Abs. 1 S. 1 Alt. 3 GewO aF. Der Anwendungsbereich der Vorschrift wurde in Reaktion auf ein Vertragsverletzungsverfahren der Kommission reduziert. Nicht mehr erfasst sind Spiele ohne Gewinnmöglichkeit. Außerdem ist zu beachten, dass auch insoweit die Gesetzgebungskompetenz auf die Bundesländer übergegangen ist, vgl BT-Drucks. 17/10961, S. 12 f; *Reeckmann*, in: Pielow, GewO, § 33i Rn 17; *Schramm*, GewArch. 2013, 244.

349 Dazu BT-Drucks. 17/10961, S. 12; *Reeckmann*, in: Pielow, GewO, § 33i Rn 17.

350 Zur rechtlichen „Aufspaltung" von Mischbetrieben in zwei selbstständig zu betrachtende Betriebe s. BayObLG, GewArch. 1992, 231. Gerade bei Gaststätten fehlt der Spielhallencharakter, wenn sie lediglich einzelne Spielgeräte zur Unterhaltung ihrer Gäste aufgestellt haben, vgl OVG Koblenz, GewArch. 1968, 277. Andererseits lassen ergänzende gastronomische Angebote (unentgeltlicher Begrüßungskeks, Kaffee zum Selbstkostenpreis) den Spielhallencharakter nicht entfallen, OVG Hamburg, GewArch. 2005, 255.

351 *Buchholz*, GewArch. 2000, 457, 458; s. auch schon BVerwG, GewArch. 1983, 135; *Orlob*, GewArch. 1884, 255. Dies kann immer nur anhand der konkreten Umstände des Einzelfalles beurteilt werden, VGH Mannheim, GewArch. 1986, 160; *Buchholz*, GewArch. 2000, 457, 459.

352 Insbes lassen sie sich nicht als Spielgerät im Sinne von § 33c GewO einordnen, s. zu den Laserdromen OVG Koblenz, NVwZ-RR 1995, 30, 31; aA LG Stuttgart, NJW-RR 1994, 427, 428 mit der die Wortlautgrenze überschreitenden Auslegung, dass Aufstellen im Sinne der Vorschrift keine feste Verankerung erfordere, sondern es zulasse, dass die Spielgeräte im „Umhergehen" benutzt werden.

Hinweise zu Fall 25 (Rn 303)[353]**:** Bei dem Internetcafé des I könnte es sich um eine Spielhalle handeln. Dies setzt zum einen voraus, dass die Räumlichkeiten ausschließlich bzw überwiegend der Aufstellung von Spielgeräten oder der Veranstaltung anderer Spiele dienen und eine typische Spielhallenatmosphäre aufweisen. Die Spielhallenatmosphäre kann man angesichts der Abdunkelung wohl bejahen. Allerdings besteht das Charakteristikum eines Internetcafés gerade darin, dass die aufgestellten Computer keinem bestimmten Zweck eindeutig zugeordnet werden können. Zudem hat der Gesetzgeber bei der Neuregelung explizit Internetcafés aus § 33i GewO herausnehmen wollen[354]. Aus der Sicht eines Nutzers und damit auch nach Sinn und Zweck des § 33i GewO – Vermeidung einer übermäßigen Ausnutzung des Spieltriebs – macht es jedoch andererseits keinen Unterschied, ob es sich um einen nur zum Spielen geeigneten Automaten oder um einen multifunktionellen PC handelt[355]. Gleichwohl müssen nach dem Wortlaut Spielgeräte „aufgestellt" bzw andere Spiele „veranstaltet" werden, so dass es – auch für eine Erlaubnispflicht des K nach § 33c oder § 33d GewO – nicht ausreichen kann, wenn sich Nutzer übers Internet in solche Spiele einloggen können. Das Ergebnis folgt im Übrigen auch daraus, dass sowohl nach den einschlägigen Vorschriften des TelemedienG sowie nach den allgemeinen Grundsätzen des Polizei- und Ordnungsrechts derjenige, der lediglich den Zugang zu Internetinhalten vermittelt, nicht für rechtswidrige Internetinhalte verantwortlich gemacht werden kann[356]. Das Risiko, dass andere die Einrichtung rechtswidrig nutzen, hat er nicht zu tragen[357]. Dies wäre ansonsten eine auch vor dem Hintergrund der Berufsfreiheit (Art. 12 GG) unangemessene Ausdehnung seiner gewerberechtlichen Verantwortlichkeit. Für denjenigen, der sogar nur ein Café betreibt, in der ein anderer einen Computer zum Einloggen zur Verfügung stellt, kann erst recht nichts anderes gelten. Dies gilt ungeachtet der speziellen Vorschriften des TelemedienG umso mehr, als nicht notwendigerweise der Betreiber der Spielhalle iSd § 33i GewO auch Aufsteller bzw Veranstalter sein muss[358], sodass ein weiterer Gewerbetreibender (§§ 33c, 33d GewO) dazwischentritt und potentiell – etwa bei jugendgefährdenden Inhalten auf den PCs – auch erfolgsversprechender belangt werden könnte. 309

b) Die gewerberechtliche Erlaubnis

Der verfassungsrechtliche Hintergrund prägt die Auslegung all dieser Vorschriften über Erlaubnispflichten (s. Rn 123). Es sind **regelmäßig „gebundene" Erlaubnisse**, die Behörde ist also zur Erlaubniserteilung verpflichtet, wenn die gesetzlichen Voraussetzungen vorliegen. Rechtsschutz erlangt der Betroffene über eine Verpflichtungsklage bzw einen Verpflichtungswiderspruch. Im Zentrum der Prüfung steht re- 310

353 BVerwG, NVwZ 2005, 961; als Vorinstanzen OVG Berlin, MMR 2003, 204; VG Berlin, GewArch. 2002, 427; vgl auch *Hahn*, GewArch. 2007, 89, 93 f; *Liesching/Knupfer*, MMR 2003, 439; *Lober*, MMR 2002, 730; *Schönleiter*, GewArch. 2005, 413, 414.

354 Dazu BT-Drucks. 17/10961, S. 12; *Reeckmann*, in: Pielow, GewO, § 33i Rn 17.

355 S. auch *Tappe/Glaser*, Jura 2007, 456, 460. Auch die Rechtsprechung geht davon aus, dass bei normzweckorientierter Betrachtungsweise schon auf Grund der bloßen Nutzungsmöglichkeit von Computerspielen ein Gefahrenpotential ausgeht, weil diese Computerspiele vor allem auf Minderjährige eine gewisse Anziehungskraft ausüben, s. BVerwG, NVwZ 2005, 961; OVG Berlin, MMR 2003, 204, 205; MMR 2004, 707; zustimmend *Liesching/Knupfer*, MMR 2003, 439, 442; auch nach der Novelle noch *Reeckmann*, in: Pielow, GewO, § 33i Rn 17; enger demgegenüber VG Berlin, MMR 2002, 767.

356 S. dazu den Überblick über die Verantwortlichkeit von Providern bei *Schenke*, Polizei- und Ordnungsrecht, Rn 393 ff.

357 Auch dazu im allgemeinen polizei- und ordnungsrechtlichen Kontext *Schenke*, Polizei- und Ordnungsrecht, Rn 247.

358 *Reeckmann*, in: Pielow, GewO, § 33i Rn 18.

gelmäßig auch beim genehmigungspflichtigen Gewerbe die **Zuverlässigkeit** des Gewerbetreibenden. Teilweise wird die Zuverlässigkeitsprüfung in den jeweiligen Vorschriften näher konkretisiert. Bei Unzuverlässigkeit ist die Genehmigung zwingend zu versagen.

311 **Fall 24b (Rn 302):** § 34a GewO stellt nicht nur Anforderungen an den Gewerbetreibenden selbst und an Leitungspersonen, sondern auch an das Wachpersonal (§ 34a Abs. 1a GewO). Dabei gelten dann auch die allgemeinen Grundsätze (s. Rn 253 ff), so dass die Erkenntnisse zu A verwertet werden dürfen und zu seiner Unzuverlässigkeit führen; B war Mitglied in einer nunmehr verbotenen Rockerbande, was zwar keinen Bezug zum konkreten Gewerbe aufweist, aber nach § 34a Abs. 1 S. 4 Nr 1 GewO grundsätzlich die Unzuverlässigkeit begründet. Allerdings könnte sich diese Regelvermutung widerlegen lassen. Gegen seine Unzuverlässigkeit könnte man anführen, dass er sich lediglich im Hintergrund um die wirtschaftlichen Belange gekümmert hatte. Allerdings stellt die Rechtsprechung an ein Abweichen von Regelvermutungen für die Unzuverlässigkeit hohe Anforderungen. Die Stellung als Kassenwart ist für einen Verein besonders wichtig und erweckt auch im Außenverhältnis keineswegs den Eindruck, dass man sich von den Aktivitäten des Vereins distanziert. Dies spricht eher gegen seine Zuverlässigkeit.

312 Teilweise handelt es sich um **raumgebundene** Erlaubnisse, weil sie Anforderungen an die Betriebsräume statuieren (so zB § 33i Abs. 2 Nr 2 GewO für die Spielhalle; s. auch zur gaststättenrechtlichen Erlaubnis Rn 437 ff). Das **Kriterium der Beschaffenheit der Räume** zielt auf die Sicherheit von Besuchern und Personal ab, betrifft also insbes feuerpolizeiliche Anforderungen, sanitäre Einrichtungen, Belüftung etc. Daneben ist allerdings auch die Versagung der Spielhallenerlaubnis im Hinblick auf die **Lage der Räume** möglich. Die Lage der Räume betrifft die Anforderungen an die Gewerberäume im Hinblick auf ihre Umgebung[359].

Solche Gefahren sind dann gegeben, wenn nach den Erfahrungen der für die öffentliche Sicherheit und Ordnung zuständigen Stellen die örtliche Lage des Betriebes geeignet ist, die Begehung strafbarer Handlungen zu fördern[360]. Diese Prognose kann aber nicht allein auf ein „kriminalitätsgeneigtes Umfeld" gestützt werden. Genauso wie im vergleichbaren Fall des § 4 Abs. 1 Nr 3 GastG erstreckt sich die Prüfung nicht auf die Umgebung, sondern beschränkt sich auf den Betrieb und die dafür vorgesehenen Räume. Der Versagungsgrund liegt also nur vor, wenn aufgrund des polizeiwidrigen Umfelds auch die Betriebsräume selbst nicht den polizeilichen Anforderungen entsprechen[361]. Hinsichtlich der Anforderungen an die Lage der Räume stellt sich regelmäßig die Frage nach dem Verhältnis zur Baugenehmigung. So kann eine Spielhalle die ausgewogene gewerbliche Nutzungsstruktur der Umgebung beeinträchtigen[362]. Nach der Rechtsprechung entfaltet die in einer Baugenehmigung enthaltene Feststellung der Vereinbarkeit des Vorhabens einschließlich der genehmigten Nutzung mit den öffentlichrechtlichen

359 VG Düsseldorf, GewArch. 1982, 331; *Ennuschat*, in: Tettinger/Wank/Ennuschat, GewO, § 33i Rn 55.

360 BVerwG, NVwZ 2003, 602; VGH München, GewArch. 2002, 471.

361 BVerwG, NVwZ 2003, 602; tlw anders die Vorinstanz VGH München, GewArch. 2002, 471.

362 Auch solche Aspekte können grundsätzlich für § 33i Abs. 2 Nr 2 GewO von Bedeutung sein, s. BVerwG, GewArch. 1993, 374, 375; *Ennuschat*, in: Tettinger/Wank/Ennuschat, GewO, § 33i Rn 62 mwN. Zu den baurechtlichen Grenzen von Spielhallen, die Vergnügungsstätten im Sinne der BauNVO darstellen und daher von vornherein dort ausgeschlossen sind, wo die einzelnen Baugebiete der BauNVO Vergnügungsstätten nicht erwähnen, s. *Ennuschat*, in: Tettinger/Wank/Ennuschat, GewO, Vor §§ 33c Rn 15 ff mwN.

Vorschriften insofern Bindungswirkung, als es um Rechtsfragen geht, deren Beurteilung in die originäre Regelungskompetenz der Bauaufsichtsbehörde fällt oder zumindest zu ihr den stärkeren Bezug hat[363]. Wurde eine Baugenehmigung (häufig in Gestalt einer Nutzungsänderung) also erteilt, können bauplanungs- und bauordnungsrechtliche Gründe auf der Grundlage des § 33i Abs. 2 Nr 2 GewO dem Antragsteller nicht (noch einmal) entgegengehalten werden[364].

Eine Erlaubnis kann mit **Nebenbestimmungen** versehen werden, wenn dies durch die speziellen Vorschriften (vgl etwa §§ 33a Abs. 1 S. 1, 33c Abs. 1 S. 3, 33i Abs. 1 S. 2 GewO) oder § 36 Abs. 1 LVwVfG zugelassen ist[365]. Aus dem Umstand, dass spezialgesetzlich nur Auflage und Befristung genannt sind, wird geschlossen, dass hinsichtlich anderer Nebenbestimmungen § 36 Abs. 1 LVwVfG anwendbar ist[366]. Folgt man hM und BVerwG[367] ist gegen Nebenbestimmungen grundsätzlich die Anfechtungsklage die einschlägige Klageart. **313**

c) Erlöschen der Erlaubnis, insbesondere durch Widerruf

Als Verwaltungsakt ist die Erlaubnis so lange die Grundlage für die Ausübung des Gewerbes, bis sie erloschen ist oder widerrufen wurde. Eine **Gewerbeerlaubnis** ist regelmäßig **personengebunden**. Daraus folgt, dass die Erlaubnis nicht übertragbar ist, sondern mit dem Tod des Inhabers bzw der Auflösung der juristischen Person[368] erlischt. Weitere Erlöschensgründe sind Rücknahme und Widerruf sowie Verzicht[369]. **Raumgebundene Erlaubnisse** (wie etwa die Spielhallenerlaubnis) erlöschen auch bei wesentlichen Veränderungen der genehmigten Räumlichkeiten oder einem Wechsel der Betriebsstätte. Für den Widerruf gelten die allgemeinen Vorschriften der §§ 48 f VwVfG. Der Widerruf der Erlaubnis ist als solcher nicht vollstreckungsbedürftig, sondern verlangt vom Gewerbetreibenden die Einstellung seines nicht (mehr) genehmigten Betriebes. Er ist allerdings auch nicht mit Zwangsmitteln durchsetzbar, sondern ermächtigt die Behörde dazu, einen Gewerbebetrieb, der dann ohne die erforderliche Genehmigung betrieben wird, auf der Grundlage von § 15 Abs. 2 GewO zu schließen (s. Rn 315). **314**

Beispiel: Betreibt A mit der erforderlichen Erlaubnis nach § 33i GewO eine Spielhalle und duldet er in seinen Räumen den Vertrieb von Betäubungsmitteln, kann eine Untersagung nicht auf § 35 GewO gestützt werden, s. § 35 Abs. 8 S. 1 GewO. Die Behörde muss vielmehr die Spielhallenerlaubnis widerrufen. Da es in § 33i GewO keine Spezialregelung gibt, sind die allgemeinen Vorschriften anwendbar, konkret der Widerrufsgrund des § 49 Abs. 2 S. 1 Nr 3 VwVfG[370]; gem. § 49 Abs. 2 S. 2 VwVfG gilt auch die Frist des § 48 Abs. 4 VwVfG[371]. Die

---

363 BVerwG, GewArch. 1996, 240, 241; VGH München, GewArch. 2002, 471.

364 Ebenso VGH München, GewArch. 2002, 471.

365 Ausführlich *Schulze-Werner*, GewArch. 2004, 9. S. auch *Marcks*, in: Landmann/Rohmer, GewO, § 33a Rn 10 ff; § 33i Rn 21 ff.

366 *Marcks*, in: Landmann/Rohmer, GewO, § 33a Rn 13.

367 BVerwGE 60, 269; NVwZ 2001, 429; *Schenke*, Verwaltungsprozessrecht, Rn 287 ff mwN.

368 Zur Erlaubnispflicht bei der Umgründung von Gesellschaften *Odenthal*, GewArch. 2005, 132. Für Stellvertretung und Fortführung des Gewerbes gibt es in den §§ 45–47 GewO spezielle Regelungen.

369 Kein Verzicht auf eine Erlaubnis liegt in der Gewerbeanmeldung, s. OVG Koblenz v. 5.7.2005, GB 10673/05.

370 Dieser setzt voraus, dass die Unzuverlässigkeitsgründe, auf die sich die Untersagung stützt, nachträglich eingetreten sind, vgl VGH Mannheim, GewArch. 1989, 166; *Ehlers*, in: Ehlers/Fehling/Pünder, § 18 Rn 75.

371 Zu den dortigen Problemen siehe *Kopp/Ramsauer*, VwVfG, § 48 Rn 146 ff.

Behörde entzieht die Genehmigung, wenn sie diese nach der jetzigen Sachlage gem. § 33i Abs. 2 Nr 1 iVm § 33c Abs. 2 GewO wegen Unzuverlässigkeit des A nicht hätte erteilen dürfen. Ein Widerruf der Erlaubnis ist nur möglich, wenn mildere Mittel wie Auflagen nicht ausreichen. Gegen einzelne Verstöße, etwa die Duldung Jugendlicher unter Verstoß gegen § 6 Abs. 1 JuSchG, kann auf der Grundlage des POG eingeschritten werden (s. unten Rn 321).

d) Einschreiten gegen nicht erlaubte (aber erlaubnispflichtige) Betriebe

315 Wird ein Gewerbe ohne die erforderliche Erlaubnis betrieben, kann die **Fortsetzung des Betriebes gem. § 15 Abs. 2 GewO untersagt** werden[372]. Die Vorschrift setzt also die Genehmigungsbedürftigkeit des ausgeübten Gewerbes voraus; bei bloß anzeigepflichtigen Gewerben kommt eine Verhinderung der Fortsetzung des Betriebes nach § 15 Abs. 2 GewO nicht in Betracht. Maßgeblicher Zeitpunkt für die Beurteilung der Rechtmäßigkeit eines Einschreitens gem. § 15 Abs. 2 S. 1 GewO ist die letzte mündliche Tatsachenverhandlung und nicht die Sach- und Rechtslage im Zeitpunkt der letzten Behördenentscheidung[373] (zu den Gründen für die Abweichung von § 35 GewO s. Rn 292 ff).

§ 15 Abs. 2 GewO ist nicht nur auf das **nach der GewO genehmigungsbedürftige (stehende) Gewerbe** anwendbar[374], sondern auch in allen Fällen, in denen Spezialgesetze keine Vorschriften zur Gewerbeuntersagung enthalten. Dies betrifft verschiedenste Spezialmaterien[375] und vor allem auch das GastG, so dass im Anwendungsbereich des Bundesgesetzes die Fortsetzung des Betriebes gem. § 31 GastG iVm § 15 Abs. 2 GewO verhindert werden kann (s. Rn 453). Allerdings setzt dies voraus, dass es sich überhaupt um eine (gewerbliche) Tätigkeit handelt, die nicht vom Anwendungsbereich der GewO ausgenommen ist, wie es insbes für **heilberufliche Tätigkeiten** der Fall ist. Damit kann zB gegen das Piercen unter Betäubung nicht auf der Grundlage des § 15 Abs. 2 GewO eingeschritten werden[376]. Im Zusammenhang mit der **Prostitution** ist zu unterscheiden: Während das Gewerberecht auf die persönliche Ausübung der Prostitution nach § 6 Abs. 1 S. 1 GewO keine Anwendung findet, kann gegen sog. Prostitutionsstätten nach dem ProstSchG nach § 15 Abs. 2 GewO eingeschritten werden[377]. Besondere Schwierigkeiten stellen sich an der **Schnittstelle zwischen Bundes- und Landeskompeten-**

---

372 Auf § 15 Abs. 2 GewO ist demnach auch die Entfernung von einzelnen Spielgeräten zu stützen, die von einem Gewerbetreibenden aufgestellt und betrieben werden, ohne dass sie von seiner Gewerbeerlaubnis nach §§ 33c ff GewO umfasst sind. Es handelt sich insoweit um eine teilweise Untersagung des Gewerbes, so dass die Anwendbarkeit des allgemeinen Polizei- und Ordnungsrechtes gesperrt ist; vgl VG Stuttgart v. 19.3.2007, 18 K 2541/07; OVG Koblenz, GewArch. 2007, 38; VGH Kassel, GewArch. 2005, 255.

373 BVerwG, NVwZ 2005, 961; *Marcks*, in: Landmann/Rohmer, GewO, § 15 Rn 17; *Ennuschat*, in: Tettinger/Wank/Ennuschat, GewO, § 15 Rn 35; *Diefenbach*, GewArch. 1991, 281; *Hahn*, GewArch. 2005, 393; aA *Aßfalg*, GewArch. 1988, 219, 220 f.

374 Dies folgt aus der systematischen Stellung in Titel II. Für das Reisegewerbe gilt § 60d GewO, für das Marktgewerbe § 70a GewO.

375 Dies gilt insbes für das Personenbeförderungsrecht: VGH Mannheim, DÖV 1993, 438 zur Mitnahme von Begleitpersonen bei Tiertransporten nach dem PBefG; OVG Lüneburg, NVwZ-RR 1996, 371 zur geschäftsmäßigen Beförderung von Patienten zwischen Wohnung und Arzt; OVG Weimar, LKV 2003, 191.

376 Vgl zum Piercing VGH Kassel, GewArch. 2000, 198 f; aA VG Gießen, GewArch. 1999, 164 f. Rechtsgrundlage für ein Einschreiten ist damit das Polizei- und Ordnungsrecht, s. auch *Jahn*, JuS 2002, 173.

377 Zur Differenzierung vgl BT-Drucks. 18/8556 S. 104. Zum Einschreiten nach § 15 Abs. 2 GewO VGH München, BeckRS 2019, 5561 (gegen den Vermieter einer mit seinem Wissen zur Ausübung der Prostitution genutzten Wohnung); s. auch OVG Münster, BeckRS 2019, 15270.

zen, insbes **Glückspielrecht**. Es ist umstritten, aber im Ergebnis nur auf der Grundlage des jeweiligen Landesrechts zu entscheiden, inwieweit § 9 Abs. 1 Satz 3 Nr 3 GlüStV als Rechtsgrundlage für ein Einschreiten in Betracht kommt[378]; andernfalls greift § 15 Abs. 2 GewO[379]. Eigene Vorschriften enthalten nicht nur die HwO, sondern auch das – aus der GewO „herausgewanderte" – BImSchG in § 20. Ein Einschreiten auf der Grundlage von § 15 Abs. 2 GewO scheidet immer auch dann aus, wenn die Erlaubnispflicht im konkreten Fall aus unionsrechtlichen Gründen entfällt (vgl zum Bewachungsbewerbe ▶ **Klausurenkurs Fall Nr 5**).

Bei der Schließungsverfügung ist vor allem der **Grundsatz der Verhältnismäßigkeit** zu beachten, so dass eine völlige Schließung nur als ultima ratio in Betracht kommt. Milderes Mittel kann eine **Teilschließung** sein, die ebenfalls auf § 15 Abs. 2 S. 1 GewO gestützt werden kann. Beide setzen voraus, dass **Auflagen** nicht ausreichen. Eine Betriebsuntersagung wäre unter diesen Umständen nur dann rechtmäßig, wenn konkrete Anhaltspunkte dafür erkennbar sind, dass Auflagen nicht ausreichend sind, zB weil der Antragsteller angekündigt hat, sie nicht einzuhalten. **316**

Die Entscheidung nach § 15 Abs. 2 S. 1 GewO ist ein **Verwaltungsakt**. § 15 Abs. 2 GewO ist allerdings nur die Rechtsgrundlage für die Schließungsverfügung, nicht für anschließende Vollstreckungsmaßnahmen[380]. Wird der auf § 15 Abs. 2 GewO gestützte Verwaltungsakt nicht befolgt, kann er **auf der Grundlage des LVwVG vollstreckt** werden (dazu Rn 324 ff). **317**

Da die Schließungsverfügung keine Maßnahme der Verwaltungsvollstreckung ist, haben Widerspruch und Anfechtungsklage gem. § 80 Abs. 1 VwGO aufschiebende Wirkung[381]. Ein Anspruch Dritter auf Einschreiten bzw jedenfalls eine fehlerfreie Ermessensentscheidung über ein Einschreiten ist nur im Zusammenhang mit drittschützenden Vorschriften denkbar. Drittschutz vermitteln Erlaubnispflichten, die tatbestandlich an den Schutz der Nachbarschaft anknüpfen (zB §§ 33a Abs. 2 Nr 2; 33i Abs. 1 GewO)[382].

e) Sonderfall: Zulässigkeit einer Maßnahme nach § 15 Abs. 2 GewO bei bloß formeller Illegalität?

Häufig stellt sich auch in der Praxis das Problem, ob es für das behördliche Vorgehen eine Rolle spielt, wenn ein Gewerbe zwar **ohne die erforderliche Erlaubnis** betrieben wird (also formell illegal ist), die materiellen Genehmigungsvoraussetzungen aber vorliegen[383]. Nach dem Wortlaut des § 15 Abs. 2 S. 1 GewO ist einzige Voraussetzung der Betrieb eines zulassungspflichtigen Gewerbes ohne die erforderliche Zulassung. Allerdings handelt es sich um eine Ermessensentscheidung, bei der insbes **318**

378 Befürwortend VGH München, BeckRS 2013, 59847; ebenso OVG Lüneburg, GewArch. 2017, 80; *Lachner/Pautsch*, WiVerw 2016, 203, 211.

379 In Rheinland-Pfalz, vgl OVG Koblenz, BeckRS 2019, 33588.

380 S. dazu *Marcks*, in: Landmann/Rohmer, GewO, § 15 Rn 18 mwN; *Ennuschat*, in: Tettinger/Wank/Ennuschat, GewO, § 15 Rn 33.

381 Die Behörde müsste also gem. § 80 Abs. 2 S. 1 Nr 4 VwGO die sofortige Vollziehung anordnen, um zu verhindern, dass während der Dauer des Rechtsstreits der Betrieb fortgesetzt wird, vgl VGH Kassel, GewArch. 1994, 116; VGH Mannheim, GewArch. 1990, 253, 254.

382 VGH Kassel, GewArch. 1992, 344; *Leisner*, in: Pielow, § 15 Rn 45 f. Näher zum Drittschutz *Wahl/Schütz*, in: Schoch/Schneider/Bier, VwGO, § 42 Abs. 2 Rn 209 ff.

383 Dieses Problem stellt sich nicht nur in der Gewerbeordnung, sondern auch in anderen Rechtsgebieten wie zB bei Abrissverfügungen im Baurecht, wird aber nicht einheitlich gelöst. Zum Versuch der Entwicklung einheitlicher Kriterien *Kischel*, DVBl 1996, 185.

der Grundsatz der Verhältnismäßigkeit zu beachten ist. Die Lösung dieses Problems ist deswegen **umstritten**. Nach einer Ansicht genügt die formelle Illegalität für ein auf § 15 Abs. 2 GewO gestütztes Einschreiten[384]. Die wohl überwiegende Rechtsprechung und Literatur halten bei der nur formalen Rechtswidrigkeit eine Stilllegungsverfügung jedenfalls dann für unzulässig, wenn die Genehmigung entweder schon beantragt ist oder alsbald beantragt werden wird und ausreichende Wahrscheinlichkeit besteht, dass die Voraussetzungen für die Erteilung der Erlaubnis vorliegen bzw dem Antrag mit Sicherheit stattgegeben werden müsste[385]. Entsprechendes soll gelten, wenn der Gewerbetreibende einen Antrag auf Genehmigung gestellt hatte, dieser aber nicht beschieden oder erkennbar zu Unrecht abgelehnt wurde[386]. Wenn ein Gewerbetreibender sich allerdings dauerhaft weigert, eine nach Ansicht der Behörde erforderliche Genehmigung zu beantragen, ist die Schließungsverfügung die einzige Möglichkeit der Behörde, eine Klärung des Sachverhaltes zu erreichen[387]. In einem solchen Fall kann eine Schließungsverfügung also auch dann ergehen, wenn es sich um ein nur formell illegales Gewerbe handelt. Im Übrigen wären Schließungsverfügungen bei bloß formeller Illegalität jedoch unverhältnismäßig und damit rechtswidrig.

Diese differenzierte Sicht verdient angesichts des Art. 12 GG Zustimmung. Daher dürfen auch die Anforderungen an die materielle Prüfung nicht überspannt werden[388]. Der Verhältnismäßigkeitsgrundsatz verlangt außerdem ein gestuftes Vorgehen: Zunächst ist der Gewerbetreibende dazu aufzufordern, einen Antrag zu stellen. Erst wenn dieser weiterhin ausbleibt, ist die Behörde als ultima ratio zum Einschreiten nach § 15 Abs. 2 GewO berechtigt. Zu weitgehend erscheint es allerdings, von der Behörde zu verlangen, dass sie sogar mit einem Bußgeldverfahren auf das Stellen eines Genehmigungsantrags hinwirkt[389]. Nicht überzeugend ist es in diesem Zusammenhang, wenn das BVerwG bei Klagen gegen erledigte Untersagungen das Fortsetzungsfeststellungsinteresse verneint[390].

f) Feststellende Verwaltungsakte

319 Im Zusammenhang mit dem Streit um die gewerberechtliche Genehmigungspflicht bedienen sich die Behörden häufig auch des **feststellenden Verwaltungsakts**. Auch dieser bedarf einer Rechtsgrundlage[391]. Angesichts der nur rudimentären Regelung des Verwaltungsverfahrens im Zusammenhang mit dem genehmigungsbedürftigen Gewerbe sieht die Rechtsprechung in den Vorschriften über die Genehmigungsbedürftigkeit zugleich die gesetzliche Grundlage für einen feststellenden Verwaltungsakt des Inhalts, dass eine konkrete Tätigkeit genehmigungsbedürftig ist.

---

384 VGH Kassel, GewArch. 1997, 76; *Heß*, in: Friauf, GewO, § 15 Rn 27; *Kischel*, DVBl 1996, 185.

385 S. *Marcks*, in: Landmann/Rohmer, GewO, § 15 Rn 15 mwN; ähnlich im Ergebnis auch *Laubinger/Repkewitz*, VerwArch. 89 (1998), 337, 357 f.

386 VGH München, GewArch. 1986, 65, 66.

387 S. näher *Laubinger/Repkewitz*, VerwArch. 89 (1998), 337, 357 f. S. aber auch zur Möglichkeit eines feststellenden Verwaltungsakts hinsichtlich der Genehmigungsbedürftigkeit *Metzner*, GastG, § 31 Rn 18.

388 *Marcks*, in: Landmann/Rohmer, GewO, § 15 Rn 15; *Leisner*, in: Pielow, GewO, § 15 Rn 38 f. Die Rspr verlangt teilweise, dass eindeutig feststeht, dass ein Anspruch auf Erlaubniserteilung besteht, vgl zur glückspielrechtlichen Untersagung OVG Lüneburg, NVwZ-RR 2018, 725; s. auch VGH Mannheim, NVwZ 1987, 338; VGH Kassel, NVwZ-RR 1987, 222.

389 So aber *Marcks*, in: Landmann/Rohmer, GewO, § 15 Rn 15; wie hier VGH Mannheim, GewArch. 1993, 203, 204; *Ennuschat*, in: Tettinger/Wank/Ennuschat, GewO, § 15 Rn 26.

390 BVerwG, BeckRS 2013, 54140.

391 Grundlegend BVerwGE 72, 265; s. auch BVerwG, NVwZ 1991, 267 zu § 34c Abs. 1 Nr 1 GewO.

4. Gewerberecht und allgemeines Polizeirecht am Beispiel des genehmigungsbedürftigen Gewerbes

a) Einschreiten gegen einzelne Formen der Gewerbeausübung

Das Verhältnis von Gewerberecht und allg. Ordnungsrecht wird bei der Fallbearbeitung in mehrfacher Hinsicht relevant und hat einen verfassungsrechtlichen Hintergrund. Zunächst handelt es sich um ein **Problem der Gesetzgebungszuständigkeit**[392]. Eine Auslegung des Polizei- und Ordnungsrechts als generelle Zulassungsschranke verstieße gegen die bundesrechtliche Regelung des § 1 GewO[393]; soweit auch das Gewerberecht in die Kompetenz der Länder fällt, ist zu differenzieren (s. schon Rn 168), Schranken ergeben sich aber auch aus dem **grundrechtlichen Gesetzesvorbehalt**. Durch die Anwendung der Generalklausel auf Einzelfälle darf daher nicht „der Sache nach das getan werden, was der Gesetzgeber hätte tun müssen, nämlich eine verbreitete neue Erscheinungsform der Berufsausübung zu regeln"[394]. Damit kann die Ausübung eines (erlaubten) Gewerbes nicht auf der Grundlage der polizeirechtlichen Generalklausel untersagt werden (zum Einschreiten gegen gewerberechtlich unzulässige Tätigkeiten s. Rn 323 ff). **320**

Ohne Verstoß gegen § 1 GewO kann auf der Grundlage des Polizei- und Ordnungsrechts gegen **einzelne Erscheinungsformen der Gewerbeausübung** vorgegangen werden, solange diese nicht die Ausübung des Gewerbes als solche in Frage stellen, sondern lediglich die Art und Weise der Gewerbeausübung beschränken[395]. Entsprechend steht das Gewerberecht einem **Einschreiten gegen Dritte** auf polizeilicher Grundlage (zB Personenkontrolle in den Geschäftsräumen) nicht entgegen[396]. **321**

Insbes fungiert das Polizeirecht als „verlängerter Arm" solcher öffentlichrechtlichen Vorschriften, die keine eigenständigen Befugnisse zum Einschreiten vermitteln. Dies gilt insbes für den **Jugendschutz**. Gem. § 6 Abs. 1 JuSchG darf Personen unter 18 Jahren die Anwesenheit in öffentlichen Spielhallen oder ähnlichen, vorwiegend dem Spielbetrieb dienenden Räumen nicht gestattet werden[397]. Hier kann zunächst auch auf der Grundlage des POG (Verstoß gegen JuSchG als Verstoß gegen die öffentliche Sicherheit) gegen einzelne Verstöße vorgegangen, aber die Spielhalle nicht geschlossen werden. Dies würde zunächst einen Widerruf der Spielhallenerlaubnis nach der GewO voraussetzen (s. Rn 314). Die bundesverwaltungsgerichtliche Rechtsprechung lässt ein Einschreiten auf der Grundlage der polizeirechtlichen Generalklausel auch dann zu, wenn das entsprechende Verhalten zum Gegenstand von Auflagen gemacht werden kann[398]. Demgegenüber wird (im gaststättenrechtlichen Kontext) die **Durchsetzung von Rauchverboten** nach Landesnichtraucherschutzgesetzen mit der polizeirechtlichen Generalklausel abgelehnt. Dem Betreiber könnten auf der Grundlage von § 5 Abs. 1 S. 1 Nr 1 GastG

---

392 Dieses stellt sich allerdings nicht soweit die Gesetzgebungskompetenz für das Recht der Wirtschaft auf die Länder übergegangen ist (s. Rn 174).

393 S. zuletzt OVG Weimar, LKV 2003, 191. Zur kompetenzrechtlichen Bedeutung der Abgrenzung schon Rn 170.

394 Der Bund-Länder-Ausschuss hält auch weiterhin die polizeirechtliche Generalklausel für anwendbar, weil es insgesamt in der Bundesrepublik nur eine sehr kleine Zahl solcher Angebote gebe, s. *Schönleiter/Stenger*, GewArch. 2007, 320.

395 BVerwGE 38, 209, 213; BVerwG, NJW 2002, 598, 601; NVwZ-RR 2010, 636.

396 S. dazu BVerwGE 121, 345 = JZ 2005, 458 mit Anm. *Herme*.

397 Näher zu den jugendschutzrechtlichen Fragen des Betriebs von Internetcafés *Liesching/Knupfer*, MMR 2003, 439, 443 ff. Der Begriff der Spielhalle nach dem JuSchG und § 33i GewO ist identisch.

398 Zu § 33i GewO BVerwG, GewArch. 1995, 111; s. auch NVwZ-RR 2010, 636.

nachträgliche Auflagen erteilt werden, was den Rückgriff auf die polizeirechtliche Generalklausel versperre[399]. Hier ist daher zu differenzieren. Der Polizei sind lediglich vorläufige Maßnahmen zu gestatten, wenn sie etwa bei einer Kontrolle auf Verstöße gegen die entsprechenden Vorschriften stößt. Diese kann nicht nur die konkreten Verstöße abstellen, sondern (soweit dies erforderlich ist) auch eine vorläufige Schließung anordnen[400]. Endgültige Maßnahmen können demgegenüber nur auf der Grundlage des Gewerberechts getroffen werden.

322 Auch in diesen Konstellationen sind die **Grenzen** der Anwendbarkeit der polizeirechtlichen Generalklausel, vor allem hinsichtlich des **Tatbestandes der öffentlichen Ordnung**, zu beachten (s. dazu ausführlicher im Zusammenhang mit dem Gaststättenrecht Rn 436).

b) Einschreiten gegen gewerberechtlich unzulässige Tätigkeiten

323 Die kompetenzrechtlichen Bedenken stellen sich nicht beim Einschreiten gegen solche **Tätigkeiten, die aus dem Anwendungsbereich des Gewerberechts herausfallen**, weil sie „schlechthin verboten" sind (dazu Rn 216 ff). Gegen diese kann daher auf der Grundlage der polizeirechtlichen Generalklausel eingeschritten werden.

Dies gilt nach der Rechtsprechung zB für die Laserdrome[401]. Bejaht man hier einen Menschenwürdeverstoß (s. Rn 216) und nimmt man außerdem an, dass Art. 1 Abs. 1 GG unmittelbare Drittwirkung zukommt, verstößt der Betrieb gegen die öffentliche Sicherheit (Art. 1 Abs. 1 GG als Teil der Rechtsordnung)[402]. Der Anwendung der Generalklausel steht hier auch nicht der Gesetzesvorbehalt entgegen, weil der Gesetzgeber bei Verstößen gegen Art. 1 Abs. 1 GG keinen Gestaltungsspielraum hätte. Sofern die gewerberechtlich unzulässige Tätigkeit allerdings nicht die gesamte Tätigkeit ausmacht, sich beispielsweise die Zurschaustellung von Personen nicht auf den „Zwergenweitwurf" beschränkt, muss hiergegen auf gewerberechtlicher Grundlage vorgegangen werden[403]. Gegenüber der kommerziellen Suizidbegleitung ist ein polizeirechtliches Einschreiten infolge der Nichtigkeit der entsprechenden Strafvorschrift aber nunmehr ausgeschlossen (s. schon Rn 116, 216).

5. Die Vollstreckung gewerberechtlicher Verwaltungsakte

324 **Fall 26:** Nachdem am Tag zuvor ein polizeibekannter Dealer mit 40g Heroin auf dem Weg in die Spielhalle des K festgenommen worden war, wurde bei der anschließenden Durchsuchung durch Beamte des zuständigen Gewerbeaufsichtsamts auf der Toilette der Spielhalle ein 23jähriger Deutscher angetroffen, der sich gerade eine Heroinspritze setzen wollte. Er gab an, in den letzten 3 Wochen mehrfach Heroin in den Geschäftsräumen des K gekauft zu haben, wobei die Übergabe des Rauschgifts überwiegend in der Toilette erfolgt sei. Die Bediensteten widerriefen daraufhin mündlich die Spielhallenerlaubnis des K. Als dieser sie beschimpfte und zu erkennen gab, dass er sich nicht um den Widerruf kümmern werde, ließen

399 VGH Kassel, DÖV 2012, 609; VGH Mannheim, GewArch. 2013, 217; VG Regensburg vom 19.12.2013 – Rn 5 S 13.1958 –, juris. Als Klausurfall (Hessen) *Krausnick/Schnitzer*, LKRZ 2013, 218.

400 OVG Koblenz, NVwZ-RR 1999, 244.

401 BVerwG, GewArch. 2007, 247 als abschließende Entscheidung zur auf die polizeiliche Generalklausel gestützten Untersagungsverfügung. S. auch *Marcks*, in: Landmann/Rohmer, GewO § 33i Rn 12a.

402 So BVerwGE 115, 189, 199; *Ruthig*, Landesrecht RP, § 4 Rn 31; *Schenke*, Polizei- und Ordnungsrecht Rn 59a. Auf eine Verletzung der öffentlichen Ordnung stellen dagegen ab OVG Münster, DÖV 2001, 217 als Vorinstanz zu BVerwGE 115, 189; OVG Koblenz, NVwZ-RR 1995, 30; ausf *Aubel*, Jura 2004, 255.

403 VG Neustadt, NVwZ 1993, 98, 100.

die Beamten das Schloss der Eingangstür durch einen Schlüsseldienst auswechseln. War dies rechtmäßig?

Gewerbeuntersagung (§ 35 Abs. 1 GewO) und Stilllegungsverfügung nach § 15 Abs. 2 GewO, aber auch die Aufforderung zur Abgabe einer Gewerbeanzeige (dazu Rn 276) sind Verwaltungsakte, die bei Nichtbefolgung grundsätzlich vollstreckt werden können[404]. Unter dem Gesichtspunkt des **Verhältnismäßigkeitsprinzips** bestünden Bedenken, den Gewerbetreibenden in all diesen Fällen durch die unvermittelte Betriebsschließung vor vollendete Tatsachen zu stellen. Andererseits kann der Schutz der Allgemeinheit eine solche Maßnahme erfordern. Die Austarierung dieser Belange wird nicht im Gewerberecht vorgenommen, sondern im Rahmen der **Verwaltungsvollstreckung** auf der Grundlage des jeweiligen **Landesverwaltungsvollstreckungsgesetzes (LVwVG)**. **325**

a) Die einzelnen Zwangsmittel

Zwangsmittel sind nach den LVwVGen Zwangsgeld (mit evtl. anschließender Zwangshaft), Ersatzvornahme und unmittelbarer Zwang; die Gesetze regeln auch mit Unterschieden im Detail die Anforderungen an das Vollstreckungsverfahren. **Zwangsgeld**, die im Gewerberecht häufigste Form der Vollstreckung, ist die Auferlegung einer Zahlungsverpflichtung, um den Vollstreckungsschuldner zu dem gewünschten Verhalten zu bewegen[405]. Die Verhängung eines Zwangsgeldes bedarf nach den meisten LVwVGen (zB § 64 Abs. 2 rh.-pf. LVwVG) einer (ausdrücklichen) schriftlichen Festsetzung als gesonderter Vollstreckungsakt (mit Einräumung einer Zahlungsfrist). In die Bemessung der konkreten Höhe fließen die Wichtigkeit des von der Verwaltung verfolgten Zweckes, die Intensität des Widerstandes des Betroffenen und seine wirtschaftliche Lage bzw seine wirtschaftlichen Interessen an einem rechtswidrigen Zustand ein[406]. Die Möglichkeit zur Verhängung von Zwangsgeldern und Bußgeldern aufgrund der Ordnungswidrigkeitentatbestände stehen unabhängig nebeneinander. **Ersatzvornahme** ist die Vornahme einer vertretbaren Handlung durch die Behörde (sog. Selbstvornahme) oder durch einen mit der Ausführung Beauftragten (sog. Fremdvornahme) anstelle und auf Kosten des an sich zur Vornahme der Handlung Verpflichteten[407]. **Unmittelbarer Zwang** ist die Einwirkung auf Personen oder Sachen durch körperliche Gewalt, sonstige Hilfsmittel oder auch Waffen. Die Anwendung von unmittelbarem Zwang setzt voraus, dass Ersatzvornahme oder Zwangsgeld nicht zum Ziel führen oder untunlich sind, § 65 Abs. 1 rh.-pf. LVwVG. Schon deswegen scheidet diese Form der Vollstreckung im Wirtschaftsverwaltungsrecht regelmäßig aus[408]. **326**

---

404 Dazu *App*, GewArch. 1999, 55. Näher zum Vollstreckungsrecht *Maurer*, AVerwR, § 20; s. auch *Horn*, Jura 2004, 447 ff; 597 ff; *Werner*, JA 2000, 902.

405 Vgl § 64 rh.-pf. VwVG, wo nicht zwischen der Vollstreckung vertretbarer und unvertretbarer Handlungen unterschieden wird. Zu den tlw divergierenden Regelungen der anderen Bundesländer s. den Überblick bei *Engelhardt/App/Schlatmann*, VwVG, § 11 Rn 11.

406 Vgl *Engelhardt/App/Schlatmann*, VwVG, § 11 Rn 8 mwN.

407 S. beispielsweise § 63 rh.-pf. VwVG.

408 Außerdem ist zwischen dem „Ob" des Einsatzes von unmittelbarem Zwang und den zulässigen Zwangsmitteln zu unterscheiden (dazu *Baumeister*, in: Schenke/Graulich/Ruthig, Bundessicherheitsrecht, VwVF § 12 Rn 3); die Ausübung unmittelbaren Zwangs ist damit im Ergebnis bestimmten Beamten, insbes den Polizeibehörden, vorbehalten.

327 Die Vollstreckung erfolgt regelmäßig in einem mehraktigen (gestreckten) Vollstreckungsverfahren. Dem vollstreckbaren Grundverwaltungsakt folgt die **Androhung** eines Zwangsmittels[409], seine **Festsetzung**[410] und abschließend seine **Anwendung**. Die Androhung eines Zwangsmittels ist Verwaltungsakt[411] und damit mit den allgemeinen Rechtsmitteln angreifbar[412]. Widerspruch und Anfechtungsklage haben auch bei der Androhung keine aufschiebende Wirkung[413]. Damit kommt für den Rechtsschutz regelmäßig ein **Antrag auf Anordnung der aufschiebenden Wirkung** (§ 80 Abs. 5 S. 1 VwGO) in Betracht.

b) Das Verhältnis von Zwangsvollstreckung und Grundverfügung

328 Die Vollstreckung bedarf grundsätzlich einer **(vollstreckungsfähigen) Grundverfügung**. Nach allgemeinen Grundsätzen des Vollstreckungsrechts[414] kann ein Verwaltungsakt nur dann zwangsweise durchgesetzt werden, wenn er unanfechtbar ist, ein Rechtsbehelf keine aufschiebende Wirkung hat oder wenn die sofortige Vollziehung angeordnet ist.

Die **Rechtmäßigkeit des Grundverwaltungsaktes** ist damit keine Voraussetzung für die Rechtmäßigkeit des Zwangsmittels. Es können im Vollstreckungsrechtsschutz nur solche Einwendungen berücksichtigt werden, die sich gegen die Art und Weise der Vollstreckung richten. Einwendungen, die die Grundverfügung betreffen, können nur im direkten (Anfechtungs-)Verfahren gegen diese geltend gemacht werden. Andernfalls könnte auch eine bestandskräftige Grundverfügung vom Vollstreckungsschuldner immer wieder zum Gegenstand eines gerichtlichen Verfahrens gemacht werden. Dieser Grundsatz des Verwaltungsvollstreckungsrechts hat Auswirkungen auf die Anfechtbarkeit des Grundverwaltungsaktes. Rechtswidrig ist die Verwaltungsvollstreckung nicht schon dann, wenn die Grundverfügung rechtswidrig ist, sondern erst, wenn diese Grundverfügung rückwirkend gemäß § 113 Abs. 1 S. 1 VwGO aufgehoben wurde. Damit liegt in der Vollstreckung eines Verwaltungsaktes keine Erledigung des Grundverwaltungsakts.

c) Die Vollstreckung ohne zugrundeliegende Grundverfügung (sofortiger Vollzug)

329 Neben diesem mehraktigen Verfahren gibt es den **sofortigen Vollzug**[415]. Dabei wird ein Zwangsmittel zur Durchsetzung der Herausgabe einer Sache oder einer Handlung,

---

409 Diese erfolgt grds. mit Fristsetzung und kann mit dem Verwaltungsakt verbunden werden, s. § 66 rh.-pf. VwVG; Überblick über die anderen landesrechtlichen Vorschriften bei *Troidl*, in: Engelhardt/App/Schlatmann, § 13 Rn 17.

410 Einzelne LVwVGe erwähnen die Festsetzung ausdrücklich nur im Falle der Verhängung eines Zwangsgeldes (vgl § 64 Abs. 2 S. 1 rh.-pf. VwVG). Dies schließt aber auch bei den anderen Zwangsmitteln eine vorherige Festsetzung nicht aus (vgl OVG Koblenz, NVwZ 1986, 762; NVwZ 1994, 715). Im Interesse der Rechtsklarheit steht es der Behörde frei, auch hier eine gesonderte ausdrückliche Festsetzung vorzunehmen, die dann den Charakter eines feststellenden Verwaltungsakts hat. Eine von der Androhung abweichende Festsetzung ist rechtswidrig, *Maurer*, AVerwR, § 20 Rn 22.

411 BVerwG, NVwZ 1998, 393, 394; *Schenke*, in: Kopp/Schenke, VwGO, Anh § 42 Rn 32; *Erichsen/Rauschenberg*, Jura 1998, 31, 38.

412 Zum Vorrang der §§ 42 f VwGO vor § 767 ZPO s. BVerwGE 27, 141; VGH Kassel, NVwZ-RR 1989, 507.

413 Vgl § 80 Abs. 2 S. 1 Nr 3 VwGO iVm § 20 rh.-pf. AGVwGO; dazu OVG Koblenz, GewArch. 1996, 489.

414 S. zB § 2 LVwVG Rh.-Pf.

415 Die Terminologie des VwVG, der LVwVG und der polizeirechtlichen Vorschriften ist in diesem Bereich nicht einheitlich, so dass Vorsicht bei der Verwendung des Begriffes angebracht ist, *Engelhardt/App/Schlatmann*, VwVG, § 6 Rn 22; *Maurer*, AVerwR, § 20 Rn 25.

Duldung oder eines Unterlassens eingesetzt, ohne dass diesem Einsatz ein Grundverwaltungsakt vorausgegangen ist[416].

Im **Fall 26 (Rn 324)** handelt es sich um sofortigen Vollzug. Die Schließung wurde ohne vorhergehenden Grundverwaltungsakt vorgenommen, der nicht schon im Widerruf der Spielhallenerlaubnis, sondern erst in der Untersagungsverfügung zu sehen wäre (s. Rn 314). Es fehlten im Übrigen auch die Androhung mit Fristsetzung sowie eine ausdrückliche Festsetzung des Zwangsmittels. Die Rechtmäßigkeit des sofortigen Vollzugs hängt zum einen davon ab, ob die gesetzlichen Voraussetzungen gegeben sind[417], zum anderen aber von der Rechtmäßigkeit der sog. hypothetischen Grundverfügung, hier also der Betriebsschließung gem. § 15 Abs. 2 GewO. Diese wiederum setzt voraus, dass der Betrieb ohne die erforderliche Genehmigung betrieben wurde, was angesichts der zuvor vorhandenen Erlaubnis nur dann der Fall ist, wenn die Spielhallenerlaubnis in rechtmäßiger Weise zurückgenommen wurde und die Rücknahmeentscheidung zumindest sofort vollziehbar ist. Davon ist nach dem Sachverhalt auszugehen; insbes bedurfte der Sofortvollzug des Widerrufs gem. § 80 Abs. 3 S. 2 VwGO keiner besonderen Begründung. Grundsätzlich kann beim Widerruf einer Erlaubnis eine Schließungsverfügung erst ergehen, wenn der Betrieb trotz Widerruf der Erlaubnis aufrechterhalten wird. Es wird aber für zulässig gehalten, in der Widerrufsverfügung zugleich die sofortige Schließung des Betriebes anzuordnen[418]. 330

Die **Rechtsnatur** des sofortigen Vollzugs ist umstritten. Für die Annahme eines Verwaltungsaktes könnte der Umstand sprechen, dass beim sofortigen Vollzug alle Vollstreckungsakte – auch jene, die für sich genommen unstreitig den Charakter eines Verwaltungsaktes hätten – zeitlich in einem Akt zusammenfallen. Auch hat der sofortige Vollzug gegenüber dem Betroffenen willensbeugenden oder willensbrechenden, mithin zumindest konkludent befehlenden Charakter. Gegen die Annahme eines Verwaltungsaktes spricht jedoch der Umstand, dass in den Fällen, in denen der Betroffene nicht erreichbar ist, eine Bekanntgabe nicht erfolgen kann, mithin ein adressatenloser Verwaltungsakt „konstruiert" werden müsste, was den allgemeinen Regeln des Verwaltungsverfahrensrechts (§ 41 VwVfG) zuwiderläuft[419]. Hier macht – anders als bei den polizei- und ordnungsrechtlichen Standardmaßnahmen – die Annahme einer mit der Ausübung tatsächlicher Gewalt einhergehenden Duldungsverfügung vollstreckungsrechtlich gerade keinen Sinn[420]. 331

Die Notwendigkeit des Eingreifens setzt die überwiegende Wahrscheinlichkeit voraus, dass der Zweck der Maßnahme auf normalem Wege, dh bei Durchlaufen des mehraktigen Verfahrens, nicht erreicht werden könnte[421]. Die Behörde hat bei ihrer 332

416 So § 6 Abs. 2 VwVG und weitgehend wortgleich die LVwVG; § 61 Abs. 2 rh.-pf. LVwVG schließt jedoch das Zwangsgeld aus.

417 S. für Rheinland-Pfalz § 61 Abs. 2 VwVG.

418 Zum Parallelproblem im Gaststättenrecht s. *Metzner*, GastG, § 15 Rn 66.

419 Dies wird daran deutlich, dass die Vertreter der Gegenauffassung behaupten müssen, man habe für den „sondertypischen Verwaltungsakt" etwa der unmittelbaren Ausführung die Vorschriften über die Wirksamkeit des Verwaltungsakts „so zu lesen, dass ‚bekanntgegeben' durch ‚vorgenommen' ersetzt wird", s. *Köhler*, BayVBl. 1999, 582, 584. Zur herrschenden Meinung auch *Maurer*, AVerwR, § 20 Rn 26; *Schenke*, Polizei- und Ordnungsrecht, Rn 566 f.

420 Zu dieser Titelfunktion des Verwaltungsakts *Stelkens/Stelkens*, in: Stelkens/Bonk/Sachs, VwVfG, § 35 Rn 39 f.

421 *Engelhardt/App*, VwZG, § 6 Rn 24.

Einschätzung keinen Beurteilungsspielraum und der Begriff ist verwaltungsgerichtlich voll überprüfbar[422].

333 Diese Voraussetzungen lagen im **Fall 26 (Rn 324)** vor. Eine gegenwärtige Gefahr ist gegeben, wenn die Einwirkung des schädigenden Ereignisses bereits begonnen hat. Außerdem verwirklicht sowohl Duldung des Rauschgifthandels als auch Weiterführen der Spielhalle ohne die erforderliche Genehmigung zumindest den Tatbestand einer Ordnungswidrigkeit. Erforderlich ist weiter, dass die Behörde Anhaltspunkte dafür hatte, dass K dem Widerruf der Spielhallenerlaubnis nicht Folge leisten würde. Auch dies ist der Fall. Damit hat K zwar die Möglichkeit, beide Maßnahmen, dh sowohl den Widerruf der Gewerbeerlaubnis als auch die Schließungsverfügung, anzugreifen und prozessual beide Anträge im Wege einer objektiven Klagehäufung in Form der sog. Stufenklage zu verbinden[423]. Das Gericht wird hier aber sowohl den Widerruf der Erlaubnis als auch die Zwangsschließung als rechtmäßig ansehen.

6. Auskunft und Nachschau (§ 29 GewO)

334 Insbes in all den Fällen, in denen eine Gewerbetätigkeit nicht genehmigungsbedürftig ist, ist die Behörde darauf angewiesen, sich die Informationen, die vom Betroffenen ja nicht in einem Antragsverfahren vorgelegt werden müssen, selbst zu besorgen. Hierfür enthält § 29 GewO eine Rechtsgrundlage.

Erfasst werden das erlaubnispflichtige Gewerbe, das überwachungsbedürftige Gewerbe nach § 38 GewO und vor allem auch die Gewerbetreibenden, gegenüber denen Untersagungsverfahren nach § 35 GewO eröffnet wurden. Gem. § 61a Abs. 1 GewO gilt diese Vorschrift für das Reise- und gemäß § 71b Abs. 1 GewO auch für das Marktgewerbe. § 29 Abs. 4 GewO erstreckt sich auch auf solche Personen, bei denen Tatsachen die Annahme rechtfertigen, dass ein erlaubnispflichtiges, überwachungsbedürftiges oder untersagtes Gewerbe ausgeübt wird.

a) Auskunft

335 Die Auskunftspflicht setzt ein konkretes Informationsbegehren voraus, das als Verwaltungsakt ergehen kann[424] und deshalb ebenfalls vollstreckt werden kann. Die Erforderlichkeit der Auskunft hängt vom jeweiligen Auskunftszweck ab. Während sich aus dem Auskunftszweck ergibt, dass in den Fällen des Abs. 1 Nr 1–3 GewO Auskünfte auch dann zulässig sind, wenn es keine konkreten Anhaltspunkte für ein Fehlverhalten gibt, sind beim bloß anzeigepflichtigen Gewerbe Auskünfte „ins Blaue" unzulässig[425], weil ein Untersagungsverfahren bereits eröffnet sein muss.

b) Nachschaurechte

336 § 29 Abs. 2 S. 1 GewO räumt den Behörden das Recht zum Betreten der Geschäftsräume während der Geschäftsöffnungszeiten ein, um dort Prüfungen und Besichti-

422 OVG Münster, DÖV 1964, 682; OVG Berlin, NVwZ-RR 2000, 649; *Engelhardt/App/Schlatmann*, VwVG, § 6 Rn 24.
423 Zur Stufenklage als Unterfall des § 44 VwGO s. *Schenke*, in: Kopp/Schenke, VwGO, § 44 Rn 1.
424 BVerwG, NVwZ 2012, 1123 zu § 5a Abs. 1 S. 1 Nr 1 AEG; *Meßerschmidt*, in: Pielow, GewO, § 29 Rn 11.
425 S. *Ennuschat*, in: Tettinger/Wank/Ennuschat, GewO, § 29 Rn 19.

gungen vorzunehmen. Dabei ist den verfassungsrechtlichen Vorgaben, vor allem des Art. 13 GG, Rechnung zu tragen (s. schon Rn 161). Nicht auf § 29 Abs. 2 S. 1 GewO zu stützen (und kein Eingriff in Art. 13 GG) sind behördliche Kontrollen der vom Gewerbetreibenden angebotenen Waren[426].

III. Das Reisegewerbe (§§ 55 ff GewO)

Fall 27: S braucht Geld für ihre Weihnachtsgeschenke und ist deswegen sehr erfinderisch. Bedürfte S für die folgenden Tätigkeiten einer Genehmigung? Was könnte die Behörde tun, wenn sie eine solche benötigt, aber nicht hat? **337**

a) Sie geht wie seit Jahren regelmäßig mit ihrer Frauen-Combo auf Tournee und spielt auf Weihnachtsfeiern und anderen Veranstaltungen.
b) Sie verkauft in Mainz verschiedene Zeitschriften sowie Lotterielose, die sie ihren Kunden an der Haustür anbietet. Würde sich etwas an der Beurteilung ändern, wenn sie als Angestellte der Z-GmbH arbeitet?
c) Sie wird Tupper-Beraterin.
d) Sie mietet sich einen Verkaufsstand, den sie jeden Tag auf dem Campus der Uni aufstellt. Ihre Wraps sind bald der Renner für die Mittagspause.
e) Sie überlegt sich, ob sie nicht besser ihren Verkaufsstand auf die Adventszeit beschränken und dafür neben den Wraps auch Glühwein verkaufen sollte. Alternativ überlegt sie, dieses Angebot auf den nach dem rheinland-pfälzischen Landesrecht festgesetzten Weihnachtsmarkt zu verlagern. Ändert sich etwas an der Beurteilung, wenn der Markt nicht festgesetzt wurde, sondern als kommunale Einrichtung betrieben wird?

Fall 28: Nachdem S die Reisegewerbekarte für die Zeitschriftenwerbung bekommen hat, feiert sie dieses Ereignis ausgiebig, wird freilich bei einer Verkehrskontrolle erwischt und anschließend rechtskräftig wegen einer Trunkenheitsfahrt verurteilt. Darauf widerruft die Behörde ihre Reisegewerbekarte. **338**

a) Was kann S dagegen tun? Könnte sie gerichtliche Hilfe in Anspruch nehmen, da sie auf die Einnahmen dringend angewiesen ist?
b) Nachdem die Behörde erfahren hat, dass S jetzt Staubsauger verkaufen möchte, aber diese nicht bedienen kann, untersagt sie ihr nach § 35 Abs. 1 S. 2 GewO die Ausübung jeglicher Gewerbe.

1. Erscheinungsformen des Reisegewerbes

a) Die gesetzliche Definition

Nach der **Legaldefinition des § 55 Abs. 1 GewO** betreibt ein Reisegewerbe, wer gewerbsmäßig[427] ohne vorhergehende Bestellung außerhalb seiner gewerblichen Niederlassung oder ohne eine solche zu haben, eine der in den Nrn 1 und 2 genannten Tä- **339**

---

426 *Kunig*, Jura 1992, 476, 481. Werden bei behördlichen Kontrollen Beschlagnahmen durchgeführt, greifen diese erst recht nicht in den Schutzbereich des Art. 13 GG ein, s. BVerfG, NJW 1995, 2839 ff.

427 Die Frage der Gewerbsmäßigkeit beurteilt sich nach den allgemeinen Grundsätzen. Durch das 2. MittelstandsEntlastungsG wurde die Reisegewerbekartenpflicht für unselbstständig Tätige 2007 abgeschafft.

tigkeiten ausübt. Das Reisegewerbe ist – anders als das stehende Gewerbe – nach § 55 Abs. 2 GewO grundsätzlich genehmigungspflichtig; in der Terminologie der GewO wird die Erlaubnis als Reisegewerbekarte bezeichnet.

Die Genehmigungspflicht ist auf das höhere Schutzbedürfnis der Verbraucher aufgrund der „Flüchtigkeit" der Geschäftskontakte mit den Gewerbetreibenden zurückzuführen (s. dazu ausf die Erläuterungen zu den Tatbestandsmerkmalen in Rn 343 ff). In §§ 55a, 55b GewO werden bestimmte Tätigkeiten von der Reisegewerbekartenpflicht befreit und umgekehrt in § 56 GewO ausdrücklich von der Erbringung im Reisegewerbe ausgeschlossen. Auch diese Vorschriften spiegeln im Rückblick die gewandelten tatsächlichen Verhältnisse und gesetzgeberischen Konzepte wider. So wurde beispielsweise der Betrieb „rollender Läden" in § 55a Abs. 1 Nr 9 GewO von der Reisegewerbekartenpflicht freigestellt, um die Versorgung im ländlichen Raum zu verbessern (zu diesen ► **Klausurenkurs Fall Nr 4**)[428].

340 Die häufigste Variante des Reisegewerbes besteht im (gewerblichen) **Anbieten von Waren und Dienstleistungen**. Waren sind alle beweglichen Sachen, die geeignet sind, zum Gegenstand des Handelsverkehrs zu werden. Außer dem Verkauf wird auch der Ankauf erfasst. Erfasst ist auch das **Aufsuchen von Bestellungen** auf Leistungen. Einen typischen Anwendungsfall stellt die **Verkaufspräsentation** in wechselnden Räumlichkeiten dar, bei der die Gäste zum Vertragsabschluss aufgefordert und entsprechende Angebote entgegen genommen werden[429].

341 In Nr 2 regelt § 55 Abs. 1 GewO die Reisegewerbeeigenschaft des sog. **Schaustellergewerbes**. Sie soll nach der Gesetzesbegründung vor allem solche Tätigkeiten erfassen, die Schausteller auf Volksfesten oder ähnlichen Veranstaltungen anbieten[430]. Sofern eine Tätigkeit diese Anforderungen nicht erfüllt, ist sie von der Reisegewerbekartenpflicht freigestellt; insbesondere kann dann die Erlaubnispflicht nicht als Anbieten von Dienstleistungen unter Nr 1 gefasst werden[431].

342 **Fall 27 (Rn 337):** Tätigkeiten, die weder § 55 Abs. 1 Nr 1 noch Nr 2 GewO unterfallen, gelten nicht als Reisegewerbe. Dies gilt beispielsweise für **Unterhaltungsmusik**, die grundsätzlich nicht als künstlerische Betätigung eingestuft wird und daher dem Gewerbebegriff unterfällt. Gleichwohl handelt es sich nicht um ein Reisegewerbe, da es sich zwar um eine unterhaltende Tätigkeit handelt, die jedoch nicht nach Schaustellerart erbracht wird[432]. Insoweit ist die Tätigkeit als stehendes Gewerbe zu qualifizieren, da Titel II als Auffangtatbestand fungiert, wenn die beiden anderen Gewerbearten nicht einschlägig sind[433]. Der Gewerbebegriff und vor allem die **Abgrenzung zur Kunst** werden auch in anderen Fällen relevant. Wenn ein Künstler gelegentlich im Atelier entstandene Werke an der Haustür ver-

---

428 Vgl zu den gesetzgeberischen Motiven BT-Drucks. 10/1125, S. 1. Das Sortiment entspricht demjenigen eines Wochenmarktes. Die Definition der Lebensmittel ergibt sich aus § 2 Abs. 2 LFGB iVm Art. 2 VO (EG) 178/2002. Waren des täglichen Bedarfs sind Gegenstände des regelmäßig wiederkehrenden Bedarfs, bei denen ein sich ständig erneuerndes Anschaffungsbedürfnis besteht (zB Haushaltswaren, Alltagskleidung), vgl *Ennuschat*, in: Tettinger/Wank/Ennuschat, GewO, § 67 Rn 19.

429 Der Inhaber der Räumlichkeiten betreibt dabei kein Reisegewerbe, kann aber – etwa der Veranstalter eines nicht nach § 69 GewO festgesetzten Flohmarkts – der Anzeigepflicht nach § 14 GewO unterliegen, s. auch VGH Mannheim, GewArch. 1994, 473; *Marcks*, in: Landmann/Rohmer, GewO § 14, Rn 39.

430 BT-Drucks. 10/1125, S. 17.

431 *Schönleiter*, in: Landmann/Rohmer, GewO, § 55 Rn 75.

432 *Schönleiter*, in: Landmann/Rohmer, GewO, § 55 Rn 24.

433 *Schönleiter*, in: Landmann/Rohmer, GewO, § 55 Rn 12.

kauft, muss dies als Annex zu seiner künstlerischen Betätigung angesehen werden, so dass kein Reisegewerbe vorliegt[434].

Fall 27b (Rn 337): Angesichts des weiten Warenbegriffes wird auch der Vertrieb von Presseerzeugnissen (Zeitschriften) an der Haustür erfasst, obwohl es sich um eine Beschränkung der Pressefreiheit handelt[435]. Dies ergibt sich jedenfalls im Umkehrschluss aus § 55a Abs. 1 Nr 10 GewO, der nur das Feilbieten auf öffentlichen Straßen, Wegen oder Plätzen von der Reisegewerbekartenpflicht ausnimmt[436]. Bestimmte Waren und Dienstleistungen dürfen im Reisegewerbe nicht angeboten werden. Dies gilt etwa für Lotterielose (§ 56 Abs. 1 Nr 1 lit. h GewO) und den Handel mit Edelmetallen (Nr 2 lit. a). Nach Sinn und Zweck der Vorschriften des Reisegewerberechts muss sich die Tätigkeit auch auf ein bestimmtes Gebiet erstrecken. Deswegen ist gem. der Ausnahmevorschrift in § 55a Abs. 1 Nr 3 GewO keine Reisegewerbekarte erforderlich, wenn der Gewerbetreibende sich auf seine Tätigkeit in der Gemeinde seines Wohnsitzes (oder seiner gewerblichen Niederlassung) beschränkt und die Gemeinde nicht mehr als 10 000 Einwohner zählt; in **Fall 27b** greift diese Ausnahmevorschrift nicht. Erfasst ist aber nur die selbstständige Ausübung des Reisegewerbes, so dass S in der **Variante von Fall 27b** keine Reisegewerbekarte benötigt. Allerdings bedarf Z einer Reisegewerbekarte; S muss eine Abschrift mitführen, § 60c Abs. 2 GewO.

b) Ohne vorhergehende Bestellung

Erforderlich ist außerdem, dass der Gewerbetreibende **ohne vorherige Bestellung** tätig wird. Davon ist immer dann auszugehen, wenn **er unangemeldet zum Kunden und nicht der Kunde zu ihm** kommt[437]. Die mit der Erlaubnispflicht verbundene präventive Kontrolle der Zuverlässigkeit des Reisegewerbetreibenden soll den Kunden in der für das Reisegewerbe charakteristischen Gefährdungslage vor spontanen, unüberlegten und unter Druck zustande gekommenen Geschäftsabschlüssen schützen[438]. 343

Daher wird auch eine sogenannte **provozierte Bestellung** nicht als vorherige Bestellung des Kunden gewertet, weil auch in diesem Fall die Initiative zum Vertragsschluss vom Gewerbetreibenden ausgehe[439]. Allerdings genügt als „Provokation“ nicht jede Form der Werbung, wenn der Kunde daraufhin aber aus freier Entscheidung heraus die Geschäftsräume des Feilbietenden aufsucht. Keine provozierte Bestellung liegt deswegen in einem **Zeitungsinserat**

---

434 *Ehlers*, in: Ehlers/Fehling/Pünder, § 18 Rn 73; *Schönleiter*, in: Landmann/Rohmer, GewO, § 55 Rn 22.

435 *Schönleiter*, in: Landmann/Rohmer, GewO, § 55 Rn 61; ausf (noch nach altem Recht) *Gatawis*, GewArch. 2002, 400; zu den Grenzen dieser Privilegierung vgl LG Berlin, BeckRS 2014, 08806 (Anbringen von Siegeln auf Schriftstücken als Dienstleistung und nicht mehr Feilbieten von Druckerzeugnissen).

436 Das Feilbieten auf öffentlichen Straßen fällt nicht unter den Gemeingebrauch, weil kein Fall von „Verkehr“ vorliegt; auch aus den Grundrechten (Stichwort: kommunikativer Gemeingebrauch) ergibt sich nichts anderes, VG Karlsruhe, NJW 2002, 160 zur Pressefreiheit; ausf *Steiner*, in: Steiner, Besonderes Verwaltungsrecht, V 130 ff.

437 VGH Mannheim, GewArch. 1995, 159, 160. Zum Begriff der vorherigen Bestellung *Ratzke*, GewArch. 2014, 73.

438 Dazu anschaulich OLG Frankfurt v. 26.11.2010 – 25 U 65/09 Rn 30 f.

439 *Ennuschat*, in: Tettinger/Wank/Ennuschat, GewO, § 55 Rn 25 ff. S. auch BVerfG, GewArch. 2007, 294.

oder dem Verteilen von Handzetteln[440]. Die Gefahr einer Überrumpelung lässt sich in einem solchen Fall kaum annehmen. Intensiv diskutiert wurde dies an den Fällen des Goldankaufs in den Räumlichkeiten eines „Agenturpartners"[441].

c) Außerhalb der Niederlassung

344 Allerdings ist der Zweck des Reisegewerberechts maßgeblich auch darin zu sehen, dass der reisende Gewerbetreibende „schwerer greifbar" ist als ein Händler mit ständiger gewerblicher Niederlassung vor Ort[442]. Um Reisegewerbe handelt es sich also nur, wenn die Leistungen **außerhalb der eigenen Niederlassung, bzw ohne eine solche zu haben**, angeboten werden; ob es also eine Niederlassung gibt, ist ohne Bedeutung[443]. Dieses Merkmal dient der **Abgrenzung zum stehenden Gewerbe**. Zu dieser Abgrenzung hat sich deswegen ausgehend von der Definition der Niederlassung bzw Zweigniederlassung eine umfangreiche Kasuistik entwickelt, die allerdings an den unionsrechtlichen Niederlassungsbegriff des § 4 Abs. 3 GewO angepasst werden muss (s. schon oben Rn 244). Danach stellt allein das Vorhalten betriebsnotwendiger Infrastruktur, zB eines Büros noch keine Niederlassung dar[444], ohne dass dies allerdings den Anwendungsbereich des Reisegewerberechts verschieben dürfte.

345 **Fall 27 (Rn 337):** Bei einem Verkaufsstand bzw einem Imbisswagen, der über einen längeren Zeitraum an Ort und Stelle bleibt, handelt es sich, anders als bei einem Verkaufswagen, der ständig bestimmte Orte nach festem Zeitplan aufsucht und an den Halteplätzen jeweils kurzfristig verweilt, um stehendes Gewerbe (**Fall 27d**); wird der Stand allerdings nur für ein paar Wochen betrieben (**Fall 27e**) handelt es sich um Reisegewerbe. Auch bei den sog. Wanderlagern (dem vorübergehenden Vertrieb von einer festen Verkaufsstelle) gehen die Behörden davon aus, dass bis zu einer Dauer von 6 Wochen noch keine feste Niederlassung vorliegt[445]; bei einem Wanderlager tritt gem § 56a GewO neben die Reisegewerbekartenpflicht eine besondere Anzeigepflicht für öffentlich angekündigte Veranstaltungen. Besondere Probleme wirft die Abgrenzung vom Handwerk auf, die nach der verfassungsgerichtlichen Rechtsprechung maßgeblich auf diesem Kriterium basiert[446]; es kommt darauf an, ob die Ausführung einer Leistung auch dann noch Reisegewerbe darstellt, wenn erhebliche Vorarbeiten in einer Niederlassung erforderlich sind (s. dazu Rn 461). Keinen Zweifeln unterliegt es, dass die Tupperberaterin (**Fall 27c**)[447] außerhalb einer gewerblichen Niederlas-

---

440 BGH, GewArch. 1990, 97; OLG Jena, NJW-RR 2009, 975; *Ennuschat*, in: Tettinger/Wank/Ennuschat, GewO, § 55 Rn 27; aA OVG Lüneburg, GewArch. 2009, 415; OLG Frankfurt, NJW 1992, 246, 247.

441 Es kam entscheidend darauf an, inwieweit die Wertungen des § 56 GewO (Verbot des Goldankaufs im Reisegewerbe) bei der Auslegung des § 55 GewO und damit der Abgrenzung von stehendem und Reisegewerbe zu berücksichtigen sind, vgl OVG Lüneburg, NVwZ-RR, 2010, 971; OVG Berlin-Brandenburg, GewArch. 2010, 248; OVG Magdeburg, NVwZ-RR 2011, 472. Das im Hintergrund stehende öffentliche bzw generalpräventive Interesse sollte nach einer Auffassung in den Schutzzweck des Tatbestandsmerkmals „ohne vorherige Bestellung" einfließen. Dieser Ansicht lassen sich allerdings systematische Argumente entgegenhalten, vgl OVG Weimar, GewArch. 2011, 127.

442 VG Düsseldorf v. 15.2.2011 – 3 K 6790/09 mit dem Hinweis auf die gewerbepolizeiliche Bedeutung der Vorschriften des Reisegewerberechts; OLG Frankfurt v. 26.11.2010 – 25 U 65/09 juris Rn 31; *Schönleiter*, in: Landmann/Rohmer, GewO, § 55 Rn 50.

443 Vgl auch *Ennuschat*, in: Tettinger/Wank/Ennuschat, GewO, § 55 Rn 28.

444 Ausf zu diesen Fragen *Korte*, in: Friauf, GewO, § 55 Rn 73 ff.

445 *Schönleiter*, in: Landmann/Rohmer, GewO, § 55 Rn 46.

446 BVerfG, NVwZ 2001, 189. Dort hat sie allerdings eine ganz andere Funktion, s. Rn 461.

447 VGH Mannheim, NVwZ-RR 1997, 702.

sung tätig wird; die Wohnung der jeweiligen Gastgeberin, in der die Heimvorführungen stattfinden, kann nicht etwa als gewerbliche Niederlassung gelten. Es kommt also entscheidend darauf an, ob S ohne vorhergehende Bestellung (§ 55 Abs. 1 Nr 1 GewO) tätig wird. Dies ist zu verneinen (s. Rn 343), so dass keine Reisegewerbekartenpflicht besteht[448].

d) Reisegewerbekartenfreie Tätigkeiten

Der Gesetzgeber hat in den §§ 55a, 55b GewO aus unterschiedlichen Gründen Ausnahmen von der Genehmigungspflicht vorgesehen. Dies betrifft einerseits den Vertrieb bestimmter Produkte (§ 55a Abs. 1 Nr 2, 5, 10 für bestimmte Eigenerzeugnisse, Milch und Zeitschriften), andererseits gegenüber solchen Kunden, die „im Rahmen ihres Geschäftsbetriebes" aufgesucht werden (§ 55b Abs. 1 GewO), aber mit den „rollenden Läden" (nicht ortsfesten Verkaufsstellen) nach § 55a Abs. 1 Nr 9 GewO) auch die Versorgung vor allem der ländlichen Bevölkerung mit Lebensmitteln. **346**

Auch in **Fall 27d**, Rn 337 kommt eine Reisegewerbekartenfreiheit in Betracht. § 55a Abs. 1 Nr 9 GewO erfasst nach seinem Wortlaut auch Verkaufsstände, die regelmäßig (an bestimmten Wochentagen oder auch täglich) am gleichen Ort zum Verkauf von Lebensmitteln und anderen Waren des täglichen Bedarfs aufgeschlagen werden. Fasst man darunter der Systematik des Hs. 2 entsprechend auch den offenen Ausschank von Alkohol[449], hat der Gesetzgeber die Regelung offensichtlich nicht mit § 1 Abs. 2 GastG abgestimmt, der bestimmte Reisegaststätten der Erlaubnispflicht unterwirft. **347**

Weitere Fälle dienen der **Vermeidung von Mehrfachkontrollen**. Ist eine gewerberechtliche **Erlaubnis für das stehende Gewerbe** erteilt worden und wurde in diesem Verfahren die Zuverlässigkeit geprüft, kann grundsätzlich auch für den nichtstationären Bereich von der Zuverlässigkeit ausgegangen werden[450]. Insoweit wird nach § 55a Abs. 1 Nr 7 GewO auf eine Duplizierung der Zuverlässigkeitsprüfung verzichtet. **348**

Die Regelungen sind unübersichtlich. Sie erfassen insbes die Erlaubnispflichten der §§ 34d ff GewO; entsprechendes gilt unter den im Gesetz genannten Voraussetzungen für Vermittlung und den Abschluss von Versicherungs- und Bausparverträgen (Nr 6) sowie die gebundenen Finanzanlagenvermittler und -berater (Nr 8), die gerade keiner Erlaubnis für das stehende Gewerbe bedürfen[451]. Ein weiterer Anwendungsfall für Nr 7, das Anbieten typisch gaststättenrechtlicher Leistungen, die nach der Regelungssystematik der GewO von Titel III erfasst werden (dazu näher Rn 414; zur Beschränkung der auf die Länder übergegangenen Gesetzgebungskompetenz für das Gaststättenrecht auf das stehende Gewerbe bereits Rn 165)[452].

---

448 VGH Mannheim, NVwZ-RR 1997, 702; aA unter Berufung auf den Schutzzweck der Norm *Ziekow*, § 10 Rn 73; *Ennuschat*, in: Tettinger/Wank/Ennuschat, GewO, § 55 Rn 18 f.

449 *Schönleiter*, in: Landmann/Rohmer, GewO, § 55a Rn 58.

450 S. auch *Stenger*, GewArch. 2007, 488, 450.

451 Zum systematischen Verhältnis der Nr 7 zu Nr 6 und 8 s. *Schönleiter*, in: Landmann/Rohmer, GewO, § 55a Rn 37, 54a.

452 Die frühere Regelung des § 13 GastG, die die Anwendbarkeit des Titels III auf Reisegaststätten ausschloss ist aufgehoben worden. Sofern das Landesrecht allerdings auf eine Erlaubnis verzichtet, bleibt es bei der Reisegewerbekartenpflicht, vgl *Stollenwerk*, GewArch. 2011, 186 mwN. Dies gilt auch dann, wenn nach Landesrecht aufgrund einer Anzeige eine Zuverlässigkeitsprüfung erfolgt (aA Stollenwerk, aaO, S. 187 für die Regelung in Thüringen).

349 Besonderer Aufmerksamkeit bedarf bei der **Teilnahme an Messen, Ausstellungen und Märkten** iSd Titels IV das Verhältnis von Reisegewerbekarte und den sog. „Marktprivilegien" (s. dazu Rn 368 f). Schon aufgrund der Systematik der GewO hat die Festsetzung einer solchen Veranstaltung ua zur Folge, dass die Vorschriften des Titels III keine Anwendung finden[453]. Danach entfällt bei einer Teilnahme an einem nach Titel IV festgesetzten Markt die Reisegewerbekartenpflicht (s. auch Rn 369).

Dies gilt für gaststättenspezifische Leistungen nur eingeschränkt. Speisen und alkoholfreie Getränke können zum Verzehr an Ort und Stelle auf festgesetzten Märkten nach § 68a GewO ohne Reisegewerbekarte angeboten werden[454]; in den anderen Fällen, also vor allem für den Alkoholausschank, gelten die allgemeinen (gaststättenrechtlichen) Vorschriften; nach § 1 Abs. 2 GastG unterliegt der Alkoholausschank im Reisegewerbe also weiterhin dem GastG[455]. Es stellt sich allerdings in **Fall 27e**, Rn 337 die Frage, welche Auswirkungen das Inkrafttreten eines Landesmarktgesetzes hat[456]. Geht man davon aus, dass ein Landesmarktgesetz diese Folge nicht auslösen kann[457], läge ein Fall des Reisegewerbes vor. Überzeugender ist jedoch die gegenteilige Auffassung. Wenn aufgrund der Föderalismusreform das bisher „einfachgesetzliche Trennungsprinzip" der GewO „Verfassungsrang" erhielt und über die Gesetzgebungskompetenz entscheidet, sollte es damit sicherlich nicht seiner praktischen Bedeutung beraubt werden. Für diese Auffassung sprechen aber auch systematische Gründe. Das Marktrecht ist gerade keine Spezialform des Reisegewerbes, sondern eine eigenständige Form der Gewerbeausübung. Auch die Schutzbedürfnisse unterscheiden sich. Wer den Markt gezielt aufsucht, rechnet mit der Kontaktaufnahme durch die Gewerbetreibenden. Daher bedarf im Ergebnis auch die Teilnahme an landesrechtlich festgesetzten Märkten keiner Reisegewerbekarte. Fehlt es wie in der **Variante von Fall 27e**, Rn 337 an jeglicher Festsetzung, wird der Fall kompliziert. § 55a Abs. 1 Nr 9 GewO (s. oben Rn 346) ist für diesen Fall jedenfalls nicht gedacht. Auch § 55a Abs. 1 Nr 7 GewO fände keine Anwendung, da die marktrechtliche Zulassung durch den Veranstalter gerade keine Erlaubnis in diesem Sinne darstellt[458]. Es greift allenfalls die Ausnahmeregelung des § 55a Abs. 1 Nr 1 GewO[459], die das Feilbieten von Waren „gelegentlich der Veranstaltung von Messen, Ausstellungen, öffentlichen Festen oder aus besonderem Anlass mit Erlaubnis der zuständigen Behörde" von der Erlaubnispflicht freistellt, sofern sie vom festgelegten Gegenstand der Veranstaltung umfasst werden. Diese erwähnt Märkte gerade nicht, so dass man den Weihnachtsmarkt als „öffentliches Fest" qualifizieren könnte. Diese dienen „der allgemeinen Verlustierung"[460], was eher für das Münchener Oktoberfest als den Weihnachtsmarkt passt. Möglich bleibt die Freistellung nach § 55a Abs. 2 GewO, die insbes auf nicht fest-

453 Ein „Verwandter" der Veranstaltungen des Titels IV, das Volksfest (§ 60b GewO), wurde genau aus diesem Grund außerhalb des Marktrechts geregelt. Es bleibt bei der Reisegewerbekartenpflicht, auch wenn § 60b Abs. 2 GewO bestimmte Vorschriften des Titel IV für anwendbar erklärt. Auch bei unterhaltenden Tätigkeiten auf Spezial- und Jahrmärkten bleibt die Reisegewerbekartenpflicht unberührt, § 68 Abs. 3 2. Hs GewO.

454 Sofern Speisen im Weitergehen verzehrt werden, greift die Sonderregelung des § 68a GewO nicht, so dass sie (soweit sie von der Festsetzung des Marktes erfasst sind) von den Marktprivilegien erfasst werden.

455 S. bereits *Metzner*, GastG § 1 Rn 140.

456 Für Rheinland-Pfalz das Landesgesetz über Messen, Ausstellungen und Märkte (LMAMG) v. 3.4.2014, GVBl 2014, S. 40; dazu den Überblick bei *Ruthig*, in: Hufen/Jutzi/Proelß, Landesrecht RP § 6 Rn 10 ff.

457 So *Bickenbach*, LKRZ 2014, 265, 268.

458 S. zur Beschränkung des Anwendungsbereichs auf Erlaubnisse für das stehende Gewerbe auch *Schönleiter*, in: Landmann/Rohmer, GewO, § 55 Rn 43.

459 Dies war bisher der eigentliche Anwendungsfall der Nr 1, s. dazu *Schönleiter*, in: Landmann/Rohmer, GewO, § 55 Rn 8.

460 Gemeint sind zB Schützenfeste, Jubiläumsfeste und Kirchweihen, vgl *Schönleiter*, in: Landmann/Rohmer, GewO, § 55a Rn 9.

gesetzte Veranstaltungen abzielt und nicht nur die einzelnen Beschicker erfasst[461]. Indes könnte die Reisegewerbekartenpflicht unter der Voraussetzung der Nr 7 entfallen, soweit eine gaststättenrechtliche Erlaubnis besteht, wie sie für den Alkoholausschank bundesrechtlich möglich ist (s. auch Rn 410). Insgesamt zeigt dieser tatsächlich einfach gelagerte Fall besonders anschaulich den systematisch wenig befriedigenden Regelungszustand des Reisegewerberechts.

2. Die Reisegewerbekarte

a) Allgemeines

Die Reisegewerbekarte benötigt derjenige, der ein Reisegewerbe (s. Rn 337 ff) ausübt, **350**
sofern dieses nicht ausnahmsweise von der Erlaubnispflicht freigestellt ist (Rn 346). Nach allgemeinen Grundsätzen (s. Rn 231 ff) können auch juristische Personen und Personengesellschaften ein Reisegewerbe betreiben[462]. Bei der Reisegewerbekarte handelt es sich um die Erlaubnis zur Ausübung des Reisegewerbes, also einen Verwaltungsakt, der nach § 55 Abs. 3 GewO mit Nebenbestimmungen versehen werden kann. Nach § 60c Abs. 1 GewO ist die Reisegewerbekarte (zur Vorlagepflicht abhängig Beschäftigter vgl Abs. 2) mitzuführen; andernfalls kann trotz Vorliegens einer Reisegewerbekarte nach § 60c Abs. 1 S. 1 GewO die vorläufige Einstellung der Gewerbetätigkeit verlangt werden. Die Reisegewerbekarte wird durch die Behörde am Wohnsitz des Gewerbetreibenden erteilt und gilt für das gesamte Bundesgebiet, sofern sie nicht durch Auflagen gem. § 55 Abs. 3 GewO räumlich beschränkt wird.

Sofern die Erlaubnispflicht nicht gegeben ist, unterliegt die Tätigkeit nach § 55c **351**
GewO der Anzeigepflicht. Für sog. **Wanderlager** wird in § 56a GewO eine zusätzliche Anzeigepflicht statuiert, die eine Reisegewerbekarte aber nicht entbehrlich macht[463].

b) Die Erteilung der Reisegewerbekarte

Voraussetzung für die Erteilung der Erlaubnis ist die persönliche **Zuverlässigkeit** des **352**
Antragstellers, § 57 GewO. Für diese gelten die allgemeinen Grundsätze (Rn 250 ff); da die Mobilität des Reisegewerbetreibenden sowohl die behördliche Überwachung als auch die Durchsetzung von (Verbraucher-)Ansprüchen erschwert, ist nach der Rspr ein im Vergleich zum stehenden Gewerbe **strengerer Maßstab** anzulegen[464].

So ist insbes die **Täuschung über den Warenwert** im Reisegewerbe ein möglicher Unzuverlässigkeitsgrund[465]. Die Unzuverlässigkeit kann sich aber nicht daraus ergeben, dass der Betreffende zunächst ein **Reisegewerbe ohne die erforderliche Erlaubnis betrieben** hat[466]. Für die Zuverlässigkeitsprognose kommt es nämlich nicht auf Verstöße in der Vergangenheit als

461 Vgl *Schönleiter*, in: Landmann/Rohmer, GewO, § 55a Rn 61 ff.
462 Seit der Änderung durch das 2. Mittelstandsentlastungsgesetz v. 7.9.2007 (BGBl. I S. 2246) beschränkt sich die Reisegewerbekartenpflicht im Einklang mit dem Gewerbebegriff auf die selbstständige Tätigkeit.
463 S. dazu *Schönleiter*, in: Landmann/Rohmer, GewO § 56a Rn 49. Die dortigen Ausführungen zur Veranstaltung von Wanderlagern durch juristische Personen sind durch die Gesetzesnovelle überholt.
464 *Schönleiter*, in: Landmann/Rohmer, GewO, § 57 Rn 5; VG Neustadt, GewArch. 2012, 317, 318.
465 *Rossi*, in: Pielow, GewO § 57 Rn 2.
466 AA zum Betrieb einer Spielhalle ohne erforderliche Erlaubnis OVG Hamburg, GewArch. 1992, 424, 425.

solche an, sondern allenfalls darauf, ob die Verstöße in der Vergangenheit auch für die Zukunft ein ähnliches Verhalten erwarten lassen (Prognosecharakter). Derjenige, der sich – wenngleich hier auf dringendes Anraten seines Rechtsanwalts – auf seine Rechtstreue besonnen und einen Erlaubnisantrag gestellt hat, bringt deswegen sogar eher zum Ausdruck, dass er aufgrund dieses Gesinnungswandels in Zukunft die erforderliche Zuverlässigkeit besitzt (s. Rn 250 ff). Im Übrigen gelten die allgemeinen Grundsätze. Insbesondere hinsichtlich der **Sachkunde** dürfen keine allzu großen Anforderungen gestellt werden. Es ist daher in **Fall 28b** (Rn 338) unerheblich, ob S Staubsauger bedienen kann[467].

353 Die **Zulässigkeit von inhaltlichen Beschränkungen und Nebenbestimmungen** (Auflagen, Befristungen) beurteilt sich nach § 55 Abs. 3 GewO. Danach müssen sie zum Schutz von Allgemeinheit und Verbrauchern erforderlich sein. Erforderlich sind sie nur dann, wenn ansonsten die Erlaubnis versagt werden müsste[468]. Ein Beispiel könnte die Auflage darstellen, bei der Veranstaltung von Bungee-Jumping und anderen gefährlichen Fun-Sportarten im Reisegewerbe regelmäßig ein Prüfgutachten vorzulegen[469]. Sofern durch Nebenbestimmungen nach § 55 Abs. 3 GewO der Schutz der Allgemeinheit und Verbraucher gewahrt werden kann, wäre eine Versagung der Erlaubnis rechtswidrig. Unzulässig wäre demgegenüber eine Verwaltungspraxis, die Reisegewerbekarte generell zu befristen[470].

Eine inhaltliche Beschränkung kann sich auf den Ort der Tätigkeit oder auf Art oder Umfang der von § 55 Abs. 1 Nr 1 und Nr 2 GewO erfassten Tätigkeiten beziehen. Allerdings wird die Reisegewerbekarte gerade nicht für bestimmte, konkret bezeichnete Waren erteilt. In **Fall 27e**, Rn 337 ist es daher der S überlassen, das konkrete Warensortiment festzulegen. Die Grenzen des Angebotes ergeben sich allerdings aus dem Gesetz.

354 Von den Verboten des § 56 GewO können Rechtsverordnungen von Bundes- und Landesregierung Ausnahmen vorsehen. Vor allem aber eröffnet § 56 Abs. 2 S. 3 GewO die Erteilung einer **Befreiung**, wenn „sich aus der Person des Antragstellers oder aus sonstigen Umständen keine Bedenken ergeben". Dies wird allgemein unter Berufung auf den Wortlaut („kann") als Ermessensentscheidung interpretiert[471]. Da mit einem solchen Verbot jedoch erheblich in die Berufsfreiheit des Art. 12 GG eingegriffen wird, müssen derartige Ausnahmevorschriften grundsätzlich großzügig ausgelegt werden. Daher hat ein zuverlässiger Gewerbetreibender grundsätzlich einen Anspruch auf Erteilung einer Ausnahmegenehmigung, die ihm nicht allein aus generalpräventiven Gründen verweigert werden darf[472].

c) Widerruf

355 Für den Widerruf einer Reisegewerbekarte enthält die GewO keine speziellen Vorschriften, so dass die **§§ 48, 49 VwVfG** zur Anwendung kommen. Häufig ist die einschlägige Vorschrift § 49 Abs. 2 S. 1 Nr 3 VwVfG, indem es sich um **nachträglich**

---

467 BVerwG, GewArch. 1982, 298; Examensklausur BY, BayVBl. 1995, 702.

468 S. auch *Schönleiter*, GewArch. 1984, 317, 319.

469 VGH Mannheim, GewArch. 1994, 421; *Schönleiter*, in: Landmann/Rohmer, GewO, § 55 Rn 113; *Kempen*, NVwZ 2000, 1115.

470 *Schönleiter*, in: Landmann/Rohmer, GewO, § 55 Rn 6. Dies gilt umso mehr, als der Gesetzgeber 1984 die generelle Befristung von Reisegewerbekarten aufgehoben hat.

471 S. nur *Schönleiter*, in: Landmann/Rohmer, § 56 GewO Rn 110; *Rossi*, in: Pielow, GewO § 56 Rn 21.

472 Vgl auch BVerwGE 123, 82 = NJW 2005, 1736 zu Ausnahmegenehmigungen nach § 9 Abs. 7 VorlBierG (Ausnahmen vom Reinheitsgebot).

eingetretene Tatsachen handelt, aufgrund derer die Behörde berechtigt wäre, die Genehmigung nicht zu erteilen. Außerdem muss ohne den Widerruf das öffentliche Interesse gefährdet sein.

Hierfür reicht es nicht aus, dass der Widerruf im öffentlichen Interesse liegt, vielmehr muss er zur Abwehr einer Gefährdung des öffentlichen Interesses, dh zur Beseitigung oder Verhinderung eines sonst unmittelbar drohenden Schadens für den Staat, die Allgemeinheit oder für wichtige Gemeinschaftsgüter erforderlich sein[473]. Eine solche konkrete Gefährdung bejaht die Rspr angesichts der Schutzwecke des Reisegewerbes regelmäßig.

Eine andere häufige Konstellation ist der **Verstoß gegen eine rechtswidrige, aber** 356
bestandskräftige Auflage (§ 49 Abs. 2 S. 1 Nr 2 VwVfG). Die Lösung ist umstritten. Nach der einen Auffassung darf nur eine auch inhaltlich rechtmäßige Auflage zur Begründung eines Widerrufs herangezogen werden[474]. Nach der Gegenauffassung kann wegen der Bestandskraft die Rechtswidrigkeit der Auflage nicht mehr geltend gemacht werden[475]; auch nach dieser Auffassung ist aber die Rechtswidrigkeit bei der Ermessensausübung zu berücksichtigen. Beide Auffassungen kommen deswegen zumeist zum gleichen Ergebnis.

Widerspruch bzw Klage gegen den Widerruf haben aufschiebende Wirkung, so dass ohne 357
Anordnung des sofortigen Vollzuges der Betreffende sein Gewerbe zunächst weiter ausüben kann (siehe **Fall 28a**, Rn 338).

d) Betreiben eines Gewerbes ohne die erforderliche Reisegewerbekarte

Die Ausübung eines Reisegewerbes ohne die erforderliche Erlaubnis kann von der 358
Behörde untersagt werden. **§ 60d GewO** enthält die Parallelvorschrift zu § 15 Abs. 2 GewO, so dass sich vergleichbare Probleme stellen, insbes bzgl eines Einschreitens bei bloß formeller Illegalität[476]. Zur Klärung von Zweifelsfällen werden auch hier feststellende Verwaltungsakte eingesetzt (s. bereits zum stehenden Gewerbe Rn 319). Mit dem Hinweis, dass mit dem Reisegewerberecht ein „generelles Schutzziel verfolgt, nicht aber der einzelne Verbraucher geschützt“ wird, wird ein Anspruch auf Einschreiten von der wohl hM abgelehnt[477]. Keine Ansprüche auf Einschreiten bestehen für Konkurrenten.

---

473 BVerwG, NVwZ 1984, 102; VGH Mannheim, NVwZ-RR 1989, 540.

474 *Erichsen/Brügge*, Jura 1999, 496, 498.

475 OVG Münster, NVwZ 2012, 671, 672, 675; *Kopp/Ramsauer*, VwVfG, § 49 Rn 38a; *Sachs*, in: Stelkens/Bonk/Sachs, VwVfG, § 49 Rn 49.

476 Da nach § 60c Abs. 1 S. 1 GewO sogar beim Vorliegen einer Reisegewerbekarte die vorläufige Einstellung der Gewerbetätigkeit bis zum Herbeischaffen der Reisegewerbekarte verlangt werden, kann man wohl erst recht beim Fehlen einer Reisegewerbekarte eine (vorläufige) Einstellung der Tätigkeit verlangen.

477 *Schönleiter*, in: Landmann/Rohmer, GewO, § 60d Rn 10. Diese Differenzierung zwischen dem Schutz des Einzelnen und der Allgemeinheit ist abzulehnen. Allerdings besteht lediglich ein formell subjektives öffentliches Recht auf fehlerfreie Ermessensausübung: eine ausnahmsweise Ermessensreduktion auf Null halten daher auch für denkbar *Rossi*, in: Pielow, GewO, § 60d Rn 5; *Ennuschat*, in: Tettinger/Wank/Ennuschat, GewO, § 60d Rn 10 f.

IV. Die Zulassung von Märkten (§§ 64 ff GewO)

359 **Fall 29:** Die kath. Pfarrjugend möchte wie jedes Jahr ihr traditionelles Sommerfest durchführen, um die chronisch leere Jugendkasse etwas aufzufüllen. Dazu werden auf den Straßen um die Kirche Tische und Bänke aufgestellt, Speisen und Getränke zum Selbstkostenpreis verabreicht sowie kleine, selbstgebastelte Geschenkartikel verkauft. Verschiedene Gruppen präsentieren Bühnenshows, bei denen jedoch die pfarreieigene Verstärkeranlage nicht eingesetzt werden kann, da sie gerade defekt ist. Nachdem die protestantische und für ihre Sittenstrenge bekannte Juraprofessorin P in der Nachbarschaft eingezogen ist, will man dieses Jahr aber auf Nummer sicher gehen und fragt den Jurastudenten S, ob man für diese Veranstaltung irgendwelche Genehmigungen brauche.

360 **Fall 30:** Z möchte an Allerheiligen eine „Dessous- und Erotikmesse" durchführen, bei der im Rahmenprogramm Models die neuesten Modelle vorführen sollen. Die Veranstaltung soll in einer Messehalle in Mainz stattfinden.

a) Welche Genehmigungen muss Z einholen?
b) Die zuständige Behörde lehnt die Zulassung dieser Veranstaltung zum einen ab, weil es Z wegen seiner rechtskräftigen Verurteilung als Zuhälter an der nötigen Zuverlässigkeit fehle, zum anderen, weil eine solche Veranstaltung dem Charakter des Feiertags nicht entspreche. Ist dies rechtmäßig?

361 **Fall 31:** Schausteller S möchte mit seinem Glühweinstand am „Christkindlsmarkt" teilnehmen, der vom 1. bis 23.12. von der Gemeinde G veranstaltet wird und als Markt gem. § 69 Abs. 1 GewO festgesetzt ist. G hat die Anbieter in Gruppen aufgeteilt und dabei 5 Glühweinstände vorgesehen. 3 Monate vor der Durchführung des Marktes teilt ihm die Gemeinde mit, es hätten sich mehr Bewerber gemeldet, als Standplätze zur Verfügung stehen. Den Zuschlag habe Mitbewerber M bekommen, der schon seit 20 Jahren am Christkindlsmarkt teilnehme und deshalb seit Generationen seine Fans in der Gemeinde habe. Nach erfolglosem Widerspruchsverfahren erhebt S drei Wochen vor dem Markt Klage beim zuständigen VG.

a) Wie wird das Gericht entscheiden, wenn der Markt in der Zwischenzeit bereits stattgefunden hat?
b) Als sich abzeichnet, dass sein Antrag abgelehnt werden wird, stellt S Antrag auf vorläufigen Rechtsschutz. Das Gericht führt aus, dass im Rahmen der hier gebotenen summarischen Prüfung allein maßgeblich sei, dass freie Stellplätze nicht vorhanden seien. Die Frage, inwieweit dem S ein Zulassungsanspruch zustehen könnte, müsse dem Hauptsacheverfahren vorbehalten bleiben[478].
c) S führt während des Verfahrens an, dass er sich auch mit einem „halben" Stand zufrieden gebe. Die Gemeinde müsse die Standfläche aller Anbieter entsprechend reduzieren und so der doppelten Anzahl von Glühweinständen eine Zulassung ermöglichen. Hat S damit Recht[479]?
d) Könnte S in dem Verfahren geltend machen, dass er als Einwohner nach den Vorschriften des Kommunalrechts bevorzugt zu berücksichtigen sei? Könnte sich der französische Schausteller F auf seine Dienstleistungsfreiheit berufen[480]?

478 BVerfG, NJW 2002, 3691.
479 VGH München, NVwZ-RR 2003, 837.
480 VGH Mannheim, GewArch. 2001, 420; *Hösch*, GewArch. 1996, 402, 406; *Frotscher/Kramer*, Rn 348.

e) Gem. ihrer Marktsatzung ist der Christkindlsmarkt der Gemeinde G als gewerberechtliche Veranstaltung festzusetzen. Gleichwohl betreibt G den Christkindlsmarkt als kommunale Einrichtung. S ist Gemeindefremder und besitzt zudem keine Reisegewerbekarte, weswegen man ihm die Zulassung verweigert. Hat S einen Anspruch auf Festsetzung des Marktes?

f) Die Gemeinde G überträgt durch eine zeitlich unbeschränkte Verfügung die Durchführung des Christkindlsmarkts auf die neu gegründete Christkindlsmarkt-Kommission e.V. Dieser gehören neben Vertretern der Gemeindeverwaltung und dem Vorstand der örtlichen Vereine die Gemeindepfarrer beider großen Konfessionen sowie zwei Vertreter des Schaustellergewerbes an, die sich auch selbst um die Zulassung bewerben. Gegenüber wem müsste S seinen Anspruch auf Zulassung geltend machen? Könnte er gegen die Beteiligung der Schaustellerkollegen an der Kommission vorgehen[481]?

1. Anwendungsbereich der Vorschriften

Titel IV der GewO behandelt mit Messen, Ausstellungen und Märkten den dritten Regelungskomplex der Gewerbeordnung. Historisch geht er zurück auf die Marktregale, die es den Städten im Mittelalter erlaubten, Märkte zu veranstalten, über die sie ihre Gerichtsbarkeit ausübten und für die sie Steuern erheben konnten, für die sie aber auch den Beschickern die sogenannte „Marktfreiheit", dh Teilnahmefreiheit, gewährten. Zu dieser historischen Dimension kommt die Einschätzung des Gesetzgebers, der von einer geringeren Überwachungsbedürftigkeit derartiger Veranstaltungen ausging, da die Veranstaltung jedenfalls für einen gewissen Zeitraum ortsfest und von einem Veranstalter koordiniert wird, an dessen Zuverlässigkeit besondere Anforderungen gestellt werden können, sofern es sich nicht ohnehin um eine Gemeinde handelt. Ist aus historischem Blickwinkel diese „Marktfreiheit" eine eher fortschrittliche Konkretisierung der Berufsfreiheit[482], so sieht sich ihre eher rudimentäre gesetzliche Ausgestaltung zunehmend verfassungs- und europarechtlichen Einwänden ausgesetzt (s. vor allem zu den Zulassungsentscheidungen Rn 377 ff). 362

Mit der Föderalismusreform ist auch die Zuständigkeit für das Marktgewerbe auf die Länder übergegangen. Bisher hat nur Rheinland-Pfalz ein eigenes Gesetz erlassen[483], das im Wesentlichen dem bundesrechtlichen Vorbild folgt. Allerdings ist der Landesgesetzgeber dabei nicht an die etablierten Veranstaltungen gebunden und kann weitere Veranstaltungen festsetzungsfähig machen[484].

a) Festsetzungsfähige Veranstaltungen

Die §§ 64 ff GewO enthalten einen abschließenden Katalog der festsetzungsfähigen Veranstaltungen und konkretisieren diesen im Interesse der Rechtsklarheit durch ent- 363

---

481 OVG Koblenz, NVwZ 1982, 379; VGH Mannheim, GewArch. 2001, 420, VG Freiburg, NVwZ-RR 2002, 139; VGH München, NVwZ-RR 1999, 197; VG Stuttgart, GewArch. 2002, 200.

482 Bei näherer Betrachtung gilt dies aber erst seit der Novellierung 1976. Vorher stand die Zulassung im Ermessen der Behörde. Auch das Institut der behördlichen Festsetzungsentscheidung (gegen die der Rechtsschutz ausgeschlossen war) sollte vor allem die Abwicklung der historisch überkommenen Marktrechte erleichtern; ausf dazu *Schönleiter*, in: Landmann/Rohmer, GewO, § 69 Rn 1 f.

483 Landesgesetz über Messen, Ausstellungen und Märkte (LMAMG) v. 3.4.2014, GVBl 2014, S. 40. Dazu den Überblick bei *Ruthig*, in: Hufen/Jutzi/Proelß, Landesrecht RP § 6 Rn 10 ff.

484 So etwa § 8 LMAMG RP für Floh- und Trödelmärkte; zur Einstufung dieser Märkte als Spezialmarkt s. *Ennuschat*, in: Tettinger/Wank/Ennuschat, GewO, § 68 Rn 21.

sprechende Legaldefinitionen. Traditionell dienen Märkte der **Versorgung mit Gütern**, nicht Unterhaltungszwecken. Es lassen sich ferner solche Veranstaltungen unterscheiden, die sich an gewerbliche Interessenten richten und solche, die überwiegend auf private Kunden abzielen. Gemeinsam ist allen erfassten Veranstaltungen, dass es nicht nur einen Veranstalter, sondern außerdem eine **„Vielzahl" von Anbietern** bzw Ausstellern gibt, die jedenfalls überwiegend Gewerbetreibende sein müssen.

An gewerbliche Kunden richten sich Messen (§ 64 GewO) und Großmärkte (§ 66 GewO), während sich die sonstigen Marktformen (Ausstellung, Wochenmarkt, Spezial- und Jahrmarkt gem. §§ 65, 67 f GewO) an private Endverbraucher richten. Andererseits war es gerade das Bestreben des Gesetzgebers, durch die Typisierung auch die Entwicklung neuer Marktformen nicht zu behindern. Eine gewisse Auffangfunktion nehmen deswegen der Begriff des Spezialmarktes und vor allem derjenige des Jahrmarktes ein[485]. Die Definitionsmerkmale ergeben sich aus den jeweiligen Legaldefinitionen, die freilich immer nach Sinn und Zweck des Marktrechts zu interpretieren sind. Deswegen lässt sich beispielsweise auch bei einer „Regionalausstellung", die die in einem Wirtschaftsgebiet vorhandenen Angebote widerspiegeln soll, eine Beschränkung auf nur örtliche Anbieter nicht rechtfertigen[486]. Märkte mit einer begrenzten Angebotspalette (zB Briefmarken, Antiquitäten oder auch Gebrauchtwagen) werden häufig als Spezialmärkte festgesetzt; auch eine „Erotikmesse" (**Fall 30** Rn 360) stellt einen solchen Spezialmarkt dar[487]. Eine Sonderstellung nehmen die Volksfeste iSv § 60b GewO ein, bei denen – anders als auf traditionellen Märkten – unterhaltende Angebote einer Vielzahl von Anbietern im Vordergrund stehen[488]. Volksfeste sind im Titel III geregelt, können nach § 60b Abs. 2 GewO aber festgesetzt werden. Umgekehrt gelten für Unterhaltungsangebote auf Spezial- und Jahrmärkten nach § 68 Abs. 3 GewO bestimmte Vorschriften des Reisegewerbes[489].

364 Vom Marktgewerbe zu unterscheiden sind **private gewerbliche Veranstaltungen**, selbst wenn Veranstalter für diese häufig Bezeichnungen wie Messe, Ausstellung oder Markt verwenden; diese sind gesetzlich nicht geschützt und damit nicht den nach §§ 64 ff GewO abgehaltenen Veranstaltungen vorbehalten. Da ihnen die Marktprivilegien nicht zugute kommen, finden die Vorschriften über das Reisegewerbe Anwendung (s. Rn 209). Ebenfalls nicht erfasst werden von der GewO sämtliche **nichtgewerblichen Veranstaltungen** wie private Floh- oder Gebrauchtwagenmärkte, für die deswegen lediglich die allgemeinen Vorschriften des Polizei- und Ordnungsrechts und die Sonn- und Feiertagsgesetze der Länder gelten[490].

---

485 S. dazu *Schönleiter*, in: Landmann/Rohmer, GewO, § 68 Rn 1.

486 Vgl BVerwG, GewArch. 1987, 124; enger *Schönleiter*, in: Landmann/Rohmer, GewO, § 65 Rn 5b. Der Streit um die Zuordnung zu einer bestimmten Marktform hängt häufig damit zusammen, dass – anders als auf Ausstellungen und Messen – auf Jahrmärkten nach § 71 GewO kein Eintrittsgeld erhoben werden darf.

487 VG Stuttgart, GewArch. 1998, 115.

488 Vgl *Schönleiter*, in: Landmann/Rohmer, GewO, § 68 Rn 4 ff. Auf einem festgesetzten Volksfest dürfen daher nur volksfesttypische Waren angeboten werden; andere gewerbliche Leistungen iSv § 55 Abs. 1 Nr 1 GewO sind unzulässig.

489 Die entsprechende Tätigkeit bedarf also der Reisegewerbekarte und insbes der Erlaubnis für Spielgeräte und Spielhallen im Reisegewerbe nach § 60a Abs. 2 und 3 GewO; s. auch *Schönleiter*, in: Landmann/Rohmer, GewO, § 68 Rn 22. Der Grund hierfür liegt in der besonderen Überwachungsbedürftigkeit solcher Einrichtungen.

490 Grundlegend die Entscheidung BVerwGE 79, 118 zu privaten Automärkten; s. auch *Schönleiter*, in: Landmann/Rohmer, GewO, vor § 64 Rn 7a.

Hinweise zu Fall 29 (Rn 359): Bei der Veranstaltung der kath. Pfarrgemeinde könnte es sich um einen Jahrmarkt handeln. Voraussetzung dafür ist allerdings nach § 68 Abs. 2 GewO, dass eine Vielzahl von Anbietern Waren feilbietet, was hier nicht der Fall ist. Ebenso wenig wird die Legaldefinition des Volksfestes (§ 60b Abs. 1 GewO) erfüllt. Eine Festsetzung nach § 69 GewO scheidet damit aus. Dies macht die Durchführung aber selbstverständlich nicht unzulässig. Zu prüfen wäre vielmehr, inwieweit andere gewerberechtliche Erlaubnisse erforderlich sind. So wäre an eine gaststättenrechtliche Erlaubnis zu denken. Auch diese setzt aber die Gewerbsmäßigkeit voraus, an der es wohl fehlt[491]. Eine Genehmigungsbedürftigkeit könnte sich allerdings aus dem Straßenrecht ergeben, wonach der Gebrauch der Straße über den Gemeingebrauch hinaus der Erlaubnis bedarf[492]. **365**

b) Veranstalter

Jeder Markt hat einen Veranstalter, der seine Festsetzung zu beantragen hat, anschließend aber auch eine diskriminierungsfreie Teilnahme der Marktbeschicker ermöglichen muss (zu § 70 GewO unten Rn 377 ff). Dieser muss – anders als jedenfalls die Mehrzahl der Marktbeschicker – kein Gewerbetreibender sein[493]. In vielen Fällen treten **Kommunen als Veranstalter** traditioneller Märkte auf, vor allem der Wochenmärkte und Jahrmärkte, zu denen auch die Weihnachtsmärkte gehören können[494] (s. **Fall 31** Rn 361). Sofern Veranstalter eines Marktes oder Volksfestes eine Gemeinde ist, hat sie ein Wahlrecht zwischen der behördlichen Festsetzung nach § 69 GewO und der Widmung zur kommunalen Einrichtung (s. Rn 391 ff). **366**

Auch **Private** können solche Märkte veranstalten, wie es zB bei der Frankfurter Buchmesse[495] der Fall ist. Ebenso ist eine „Privatisierung" vormals durch die Kommune veranstalteter Märkte denkbar (zur Frage möglicher Grenzen Rn 394). Ein Privater ist allerdings keineswegs zwangsläufig der Veranstalter. Häufig schaltet die Gemeinde Private bei der Vorbereitung oder Durchführung ein, tritt aber im Außenverhältnis selbst als Veranstalter auf. Die rechtlichen Anforderungen an die Einschaltung eines solchen Verwaltungshelfers beurteilen sich einerseits nach kommunalrechtlichen, andererseits aber auch nach unionsrechtlichen Grundsätzen (s. Rn 384, 394). **367**

c) Die Marktprivilegien

Die Festsetzung befugt den Veranstalter zur Durchführung und befreit – soweit nichts anderes bestimmt ist – Veranstalter und Marktbeschicker zugleich von den Vorschriften des Titels II sowie des Titels III (Reisegewerbe); s. aber zum Warenvertrieb auf **368**

491 Wenn das Fest nur einmal im Jahr durchgeführt wird, fehlt es wohl an der Dauerhaftigkeit (s. aber zum Erfordernis einer Gestattung nach § 12 GastG für den Ausschank alkoholischer Getränke unten Rn 420), außerdem am Merkmal der Gewinnerzielungsabsicht, da die Speisen und Getränke zum Selbstkostenpreis angeboten werden sollen. Der Umstand, dass die Gewinne einem „guten Zweck" (hier der Jugendkasse) zufließen sollen, würde demgegenüber die Gewerbsmäßigkeit nicht ausschließen.

492 S. als Beispiel § 41 Abs. 1 S. 1 LStrG RP.

493 S. auch *Schönleiter*, in: Landmann/Rohmer, GewO, § 69 Rn 8.

494 *Ennuschat*, in: Tettinger/Wank/Ennuschat, § 68 Rn 18; ebenso käme allerdings eine Festsetzung als Spezialmarkt in Betracht, s. *Koopmann/Schmidt*, in: Pielow, GewO, § 68 Rn 11; *Schönleiter*, in: Landmann/Rohmer, GewO, § 68 Rn 9.

495 *Schönleiter*, in: Landmann/Rohmer, GewO, § 64 Rn 1.

Volksfesten schon Rn 341. Dies folgt aus dem der GewO zugrundeliegenden „Trennungsprinzip“ (dazu oben Rn 209). Die Festsetzung ersetzt daher nicht sonstige Anzeige- oder Genehmigungserfordernisse[496], insbes des Feiertagsrechts, des Straßen- und Wegerechts sowie des Baurechts; selbstverständlich kann das sonstige Recht an die Festsetzung des Marktes anknüpfen.

369 Im **Fall 30a (Rn 360)** bedürfen daher weder die Marktteilnehmer noch der Veranstalter einer Erlaubnis nach § 33a GewO für die Schaustellung von Personen[497]; anderes gilt wegen § 70a Abs. 3 GewO nur für die Erlaubnispflicht des Versteigerers nach § 34b GewO. In den Fällen des § 70a Abs. 2 wird nur auf die entsprechenden Versagungsgründe verwiesen, aber gerade nicht an eine vorhandene Erlaubnis angeknüpft[498]. Allerdings bedürfte die Erotikmesse einer Erlaubnis nach dem Sonn- und Feiertagsrecht. Aus kompetenzrechtlichen Gründen muss der Landesgesetzgeber selbst eine Regelung treffen und kann die Befreiung auch nicht ohne Konkretisierung der für Ausnahmen geltenden Maßstäbe auf die für die Festsetzung nach § 69a Abs. 1 Nr 3 GewO zuständige Behörde übertragen; daher verbietet sich eine Auslegung der Festsetzung als landesrechtliches Marktprivileg[499]. Wenn das Landesrecht eine Befreiung nicht zulässt, kann ein Markt daher nicht festgesetzt werden (dazu unten Rn 376). Problematisch ist das **Verhältnis zum Gaststättenrecht**. Die Regelung des § 68a GewO zur Verabreichung von Speisen und alkoholfreien Getränken auf Märkten läuft weitgehend leer, seit sich die Genehmigungspflicht nach GastG auf den Alkoholausschank beschränkt[500]. Ihre eigentliche Funktion besteht darin, dass § 68a GewO eine Erweiterung des Angebotes der primär auf Warenabsatz ausgerichteten Märkte gestattet. Der Alkoholausschank zeigt aber gerade die Grenze der „Marktprivilegien“, denn „[i]m Übrigen“ (also auch für Alkoholika) verweist § 68a S. 2 GewO auf die „allgemeinen Vorschriften“. Es bedarf der Alkoholausschank also iE auch auf einem festgesetzten Markt einer gaststättenrechtlichen Erlaubnis (s. Rn 410).

2. Die Festsetzung eines Marktes

a) Rechtsnatur der Festsetzung und Rechtsschutz

370 Nach Maßgabe der §§ 69 Abs. 1, 69a Abs. 1 GewO hat der Veranstalter einen **Rechtsanspruch auf Festsetzung**, wenn die Veranstaltung einer der in §§ 64–68,

496 *Ennuschat*, in: Tettinger/Wank/Ennuschat, GewO, § 69 Rn 12.

497 Da jedenfalls die Marktbeschicker keiner Genehmigung nach § 33a GewO bedürften (vgl *Schönleiter*, in: Landmann/Rohmer, GewO, § 69 Rn 33; s. auch Rn 355), erscheinen weitergehende Genehmigungserfordernisse für den Veranstalter jedenfalls zweifelhaft, vgl auch *Schönleiter*, in: Landmann/Rohmer, GewO, § 69 Rn 22; *Ennuschat*, in: Tettinger/Wank/Ennuschat, GewO, § 69 Rn 32; anders *Schliesky*, S. 260.

498 Diese Prüfung erfolgt nicht separat, sondern im Rahmen der Entscheidung über die Zulassung, s. *Storr*, in: Pielow, GewO § 70a Rn 19. Allerdings wird nach dem Wortlaut auch eine vorhandene Erlaubnis für das stehende Gewerbe nicht auf die Tätigkeit auf einem festgesetzten Markt erstreckt (hier für eine korrigierende Auslegung *Schönleiter*, in: Landmann/Rohmer, GewO, § 70a Rn 6).

499 BVerwG, NVwZ 1991, 1079; GewArch. 1995, 117; OVG Weimar, DÖV 1996, 965; OVG Hamburg, DÖV 1992, 220; VGH Kassel, GewArch. 1998, 242; OVG Koblenz, LKRZ 2012, 65; VG Gießen, GewArch. 2012, 262; aA OVG Münster, GewArch. 1990, 279; *Schönleiter*, in: Landmann/Rohmer, GewO, § 69a Rn 4a; *Ennuschat*, in: Tettinger/Wank/Ennuschat, GewO, § 69a Rn 33. Darauf reagierte der Landesgesetzgeber in Rheinland-Pfalz mit einem landesrechtlichen Marktprivileg in § 12 Abs. 2 LMAMG. Dieses hätte allerdings kein eigenes Marktgesetz verlangt, sondern sich in das FeiertG integrieren lassen, s. dazu *Bickenbach*, LKRZ 2014, 265, 269 f.

500 Sie erfasst insoweit nur noch die entgeltliche Abgabe von Kostproben alkoholischer Getränke, s. *Ennuschat*, in: Tettinger/Wank/Ennuschat, GewO, § 68a Rn 2, 12.

60b GewO[501] bestimmten Definitionen entspricht, öffentliche Interessen nicht entgegenstehen und der Veranstalter zuverlässig ist, s. § 69a GewO[502]. Die Festsetzung nach § 69 Abs. 1 GewO ist ein **Verwaltungsakt**[503]. Sie darf nach § 69a Abs. 2 1. Hs. GewO mit **Auflagen** verbunden werden, soweit dies zum Schutz von Veranstaltungsteilnehmern oder zur Abwehr von erheblichen Gefahren für die öffentliche Sicherheit und Ordnung erforderlich ist. Unzulässig ist deswegen beispielsweise die Auflage, vor der Veranstaltung ein Teilnehmerverzeichnis vorzulegen[504]. Umgekehrt wird der Veranstalter durch die Festsetzung eines Marktes zur Durchführung dieser Veranstaltung verpflichtet (§ 69 Abs. 2 GewO). Will er einen festgesetzten Markt nicht mehr durchführen, muss er dies anzeigen (§ 69 Abs. 3 GewO). Er darf grundsätzlich **keine Eintrittsgelder** für den Besuch von Volksfesten, Wochen- und Jahrmärkten verlangen (vgl § 71 GewO).

Ein Veranstalter kann seinen Festsetzungsanspruch mit der Verpflichtungsklage **371**
durchsetzen. Problematisch ist dagegen der **Rechtschutz Dritter, insbes von Anbietern und Ausstellern**. Nach einer ersten Auffassung liegt lediglich gegenüber dem Veranstalter ein begünstigender Verwaltungsakt vor, während im Verhältnis zur Allgemeinheit nur ein Organisationsakt angenommen wird[505]. Nach der zutreffenden Gegenansicht ist die Rechtsnatur einer Maßnahme nicht relativ, sondern absolut zu bestimmen. Deshalb liegt (auch gegenüber den Teilnehmern) ein Verwaltungsakt vor[506]. Im Ergebnis scheidet eine Verpflichtungsklage von potentiellen Teilnehmern gegen die Ablehnung einer Festsetzung dennoch aus. Da ihnen die Marktprivilegien nur reflexartig zugute kommen, fehlt ihnen die Klagebefugnis gem. § 42 Abs. 2 VwGO[507]. Damit gibt es nur wenige gerichtliche Entscheidungen, die sich mit der Festsetzung eines Marktes befassen.

Potentiellen Marktbeschickern steht gegenüber einer Gemeinde kein subjektives öffentliches Recht darauf zu, dass sie einen Markt veranstaltet bzw eine entsprechende Festsetzung beantragt[508]. Ungeachtet der Frage, ob dem BVerwG zu folgen ist, wenn es aus Art. 28 Abs. 2 GG einen Anspruch auf Fortführung kommunaler Einrichtungen entnimmt, lässt sich dieser Gedanke jedenfalls nicht auf die Festsetzung von Märkten übertragen[509]. Lediglich Nachbarn können im Wege der Anfechtungsklage gegen die Festsetzung eines Marktes vorgehen, wenn sie gel-

501 Die Festsetzungsfähigkeit des Volksfestes ergibt sich aus dem Verweis in § 60b Abs. 2 GewO. Hinter der Regelung standen weniger verbraucher- als standespolitische Interessen (vgl BT-Drucks. 7/4846 S. 3). Der entscheidende Unterschied ist die grundsätzliche Reisegewerbekartenpflicht auf Volksfesten (mit Ausnahme der Privilegierung nach § 55a Abs. 1 Nr 1 GewO; s. auch *Rossi*, in: Pielow, GewO § 60b Rn 13).

502 BVerwG, GewArch. 1987, 124; OVG Hamburg, GewArch. 1986, 129.

503 Ebenso *Ehlers*, in: Ehlers/Fehling/Pünder, § 18 Rn 78; *Hösch*, GewArch. 1996, 402, 403. Dies gilt auch dann, wenn eine Gemeinde selbst Veranstalter ist und nach Landesrecht eine kommunale Behörde für die Festsetzung zuständig ist, s. VGH Kassel, GewArch. 2003, 426; *Frotscher/Kramer*, Rn 427.

504 OVG Koblenz, NVwZ 1988, 1148.

505 *Fuchs*, in: Robinski, L Rn 34; *Schönleiter*, in: Landmann/Rohmer, GewO, § 69 Rn 25 ff.

506 *Maurer*, AVerwR, § 21 Rn 69; *Frotscher/Kramer*, Rn 427; *Ehlers*, in: Ehlers/Fehling/Pünder, § 18 Rn 76; für Allgemeinverfügung *Ennuschat*, in: Tettinger/Wank/Ennuschat, GewO, § 69 Rn 25; *Wirth*, GewArch. 1986, 46, 48 f.

507 Ebenso *Korte*, in: Schmidt/Wollenschläger, § 9 Rn 132.

508 OVG Koblenz, GewArch. 1992, 237.

509 Dazu VG Wiesbaden v. 25.11.2011 – 7 K 239/11.WI mit dem Hinweis, dass im konkreten Fall der Antragsteller auch gar nicht zum Kreis der privilegierten Einwohner gehörte.

tend machen, durch den von der Veranstaltung ausgehenden Lärm in ihren Rechten betroffen zu sein; insoweit kommt § 69a Abs. 1 Nr 3 GewO drittschützende Wirkung zu[510]. Daher kann die Festsetzung aus diesen Gründen angegriffen bzw eine Verbindung mit Auflagen (§ 69a Abs. 2 GewO) begehrt werden[511]. Außerdem verleiht § 69 Abs. 2 GewO den potentiellen Beschickern ein subjektives Recht auf Durchführung gegen den Veranstalter[512].

372 Davon zu unterscheiden ist der **Rechtsschutz von Konkurrenten** des Veranstalters. Nach herkömmlicher Auffassung fehlt ihnen im Ergebnis die Klagebefugnis, da die Festsetzung nicht in ihre Rechte eingreift. Dabei wird man allerdings zu unterscheiden haben. Auch die Rechtsprechung erkennt nunmehr an, dass bei der Auswahl des einen Markt festsetzenden Hoheitsträgers zwischen mehreren Bewerbern sehr wohl ein Anspruch auf ermessensfehlerfreie Entscheidung besteht und dass dabei auch grundrechtliche Positionen eine Rolle spielen können[513]. Im Ergebnis verzahnt sich das Marktrecht aber mit anderen Bereichen des öffentlichen Wirtschaftsrechts: Ist die Gemeinde selbst Veranstalterin, kann sich ein Anspruch aus dem kommunalen Wirtschaftsrecht ergeben (dazu allg Rn 702 ff)[514]. Soweit der Markt zugunsten eines privaten Veranstalters festgesetzt wird, handelt es sich um eine Dienstleistungskonzession (dazu allg. Rn 1057)[515]. Mit der Umsetzung der Konzessionsrichtlinie ist insoweit der Vergaberechtsschutz eröffnet (dazu Rn 1115 ff).

b) Versagungsgründe

373 Die Versagungsgründe entsprechen dem vertrauten Schema des Gewerberechts. Insbes muss der Antragsteller die **erforderliche Zuverlässigkeit** besitzen (§ 69a Abs. 1 Nr 2 GewO). Diese fehlt, wenn hinreichende Anhaltspunkte dafür bestehen, dass der Gewerbetreibende nach dem Gesamteindruck seines bisherigen Verhaltens bei der Durchführung der Veranstaltung die öffentliche Sicherheit oder Ordnung verletzen, namentlich Rechtsgüter der Allgemeinheit oder Einzelner gefährden wird[516].

374 Im **Fall 30b (Rn 360)** ist angesichts der einschlägigen rechtskräftigen Verurteilung von der Unzuverlässigkeit auszugehen[517]. Allerdings ist diese Bestimmung – wie auch sonst – nicht drittschützend, so dass eine auf die Unzuverlässigkeit gestützte Konkurrentenklage unzulässig ist[518].

375 Außerdem darf die Festsetzung **öffentlichen Interessen nicht widersprechen** (§ 69a Abs. 1 Nr 3 GewO). Der Begriff „öffentliches Interesse" wird durch die beiden Bei-

---

510 BVerwG, DÖV 1987, 539; OVG Hamburg, DÖV 1992, 220; *Schönleiter*, in: Landmann/Rohmer, GewO, § 69 Rn 30; *Ennuschat*, in: Tettinger/Wank/Ennuschat, GewO, § 69a Rn 24.

511 *Ennuschat*, in: Tettinger/Wank/Ennuschat, § 69a Rn 17.

512 *Pielow*, in: Pielow, GewO, § 69 Rn 49.

513 S. dazu BVerwG v. 29.08.2011 – 8 B 52.11, 8 B 52/11. Ein entsprechendes Auswahlermessen muss die Gemeinde auch ausüben, wenn ein privater Veranstalter zu einer gemeindlichen Veranstaltung in Konkurrenz tritt, dazu HessVGH, GewArch. 2004, 482, 483; *Wagner*, in: Friauf, § 69 GewO Rn 9.

514 S. zu einer auf die kommunalwirtschaftsrechtliche Subsidiaritätsklausel gestützten Konkurrentenklage bei Festsetzung zugunsten einer Gemeinde OVG Magdeburg v. 19.5.2005 – 1 L 40/04.

515 OVG Berlin-Brandenburg, NVwZ-RR 2011, 293; OLG Naumburg, NZBau 2002, 235; *Ehlers*, in: Ehlers/Fehling/Pünder, § 18 Rn 77; Ziekow § 10 Rn 78.

516 BVerwGE 36, 288; NVwZ 1982, 503.

517 VG Stuttgart, GewArch. 1998, 115.

518 OVG Münster, GewArch. 1985, 382, 383.

spiele in Nr 3 konkretisiert, aber nicht abschließend umschrieben. Insbes lässt sich in Nr 3 auch das Erfordernis einer Auswahlentscheidung verorten: Die Festsetzung kann gegen das öffentliche Interesse verstoßen, wenn der vorgesehene Ort zum fraglichen Zeitpunkt von einem anderen Veranstalter (Gemeinde oder Privater) bereits genutzt wird[519]. Dem öffentlichen Interesse widerspricht eine Festsetzung zugunsten eines bestimmten Veranstalters für einen längeren Zeitraum oder gar auf Dauer, da diesem ansonsten eine monopolähnliche Stellung gegenüber konkurrierenden anderen Veranstaltern eingeräumt würde[520]. Zusätzliche Probleme treten auf, wenn verschiedene Bewerber im Zusammenhang mit der Festsetzung eines Marktes konkurrieren[521]. Vor allem aber geht es um den **Schutz von Teilnehmern** vor (konkreten und unmittelbar drohenden) Gefahren für Leben und Gesundheit, soweit hierfür nicht Auflagen ausreichen. Wichtiger ist die „sonstige erhebliche **Störung der öffentlichen Sicherheit oder Ordnung**". Dieser Begriff deckt sich mit dem allgemeinen Polizeirecht[522] und umfasst deswegen ua und vor allem die geschriebene Rechtsordnung. Praktisch relevant werden die Lärmschutzvorschriften aber auch das öffentliche Sachenrecht.

Die Anforderungen an den Lärmschutz ergeben sich aus den anlagenbezogenen Vorschriften des BImSchG und den verhaltensbezogenen Vorschriften des LImSchG. Angesichts des weiten Anlagebegriffes ist ein Markt für die Dauer der Festsetzung eine (genehmigungsfreie) Anlage iSd § 22 Abs. 1, 3 Abs. 5 Nr 1 BImSchG[523]. Landesrechtliche Vorschriften schützen sowohl vor Störungen der Nachtruhe als auch vor erheblichen Belästigungen zB durch Tongeräte. Soll die festzusetzende Veranstaltung an einem Ort stattfinden, der gleichzeitig eine öffentliche Einrichtung im Sinne des Kommunalrechts ist, etwa ein Marktplatz oder eine Festwiese[524], kann die Veranstaltung nur festgesetzt werden, wenn sie ihrer Art nach von der kommunalrechtlichen Widmung erfasst wird.

Im **Fall 30b (Rn 360)** könnte ein Verstoß gegen das allgemeine Arbeitsverbot nach dem einschlägigen **FeiertagsG** gegeben sein. Unabhängig vom konkreten Charakter der angebotenen Waren und Leistungen liegt bei einem begriffsnotwendig auf Warenumsatz gerichteten Markt eine typisch werktägliche Veranstaltung vor; dies gilt auch für Trödel-, Gebrauchtwagen- und Sammlermärkte[525]. Ohne landesrechtliche Ausnahmeregelung sind daher Märkte an Sonntagen unzulässig; die Festsetzung als Markt kann diese nicht ersetzen (s. schon Rn 369). Zusätzlich ist zu beachten, dass das BVerfG den absoluten Schutz „stiller **376**

519 BVerwG, GewArch. 2006, 164; OVG Lüneburg, NVwZ-RR 2008, 776.
520 OVG Koblenz, GewArch. 1987, 338.
521 S. auch VG Augsburg, GewArch. 2005, 83; VG Frankfurt v. 11.5.2005, 7 E 1325/02M. Zur Zulässigkeit einer Kommunalisierung auch VG Minden v. 26.4.2007, 3 K 660/06.
522 OVG Münster, GewArch. 1984, 24; *Ennuschat*, in: Tettinger/Wank/Ennuschat, GewO, § 69a Rn 18 mwN.
523 *Ennuschat*, in: TWE § 69a GewO Rn 25. Für die nicht genehmigungsbedürftigen Anlagen ist es gerade typisch, dass die Einhaltung der Lärmschutzvorschriften in einem anderen, insbes dem baurechtlichen Verfahren geprüft wird. Zur Prüfung im Rahmen einer marktrechtlichen Festsetzung VG Köln, NWVBl. 2009, 233; s. auch *Ennuschat*, in: TWE § 69a GewO Rn 25 ff.
524 Beispiele (mit kommunalem Veranstalter) bei VG Karlsruhe, GewArch. 2004, 417; VG Mainz, GewArch. 2004, 418; VG Oldenburg, GewArch. 2004, 419. S. auch *Ennuschat*, in: Tettinger/Wank/Ennuschat, GewO, § 69 Rn 3 f.
525 Zum Flohmarkt BVerwG, GewArch. 1991, 302; VG Neustadt, LKRZ 2010, 25, 26 f; OVG Koblenz, LKRZ 2012, 65 f. Zur Erotikmesse VG Stuttgart, GewArch. 1998, 115. An dieser Beurteilung ändert sich nichts, wenn die Veranstaltung in einer Halle durchgeführt wird, s. VG Hannover, GewArch. 1995, 341, 342.

Feiertage" eingeschränkt hat[526]. Die Erotikmesse **(Fall 31)** verstößt jedenfalls nicht generell gegen die öffentliche Ordnung. Dies folgt bereits daraus, dass sie nicht generell als „unsittlich" eingestuft werden kann (zu diesem Tatbestandsmerkmal des Gewerbebegriffes Rn 261) und jedenfalls daraus, dass die Norm einen „erheblichen" Verstoß verlangt[527].

3. Das Recht auf Teilnahme an festgesetzten Veranstaltungen

377 Wird ein Markt festgesetzt, besteht „Marktfreiheit". Jeder, der zum Teilnehmerkreis einer festgesetzten Veranstaltung gehört, hat nach § 70 Abs. 1 GewO ein Recht auf Teilnahme und kann im Einzelfall nur aus sachlichen Gründen ausgeschlossen werden. Der Teilnehmerkreis kann durch **Teilnahmebestimmungen** konkretisiert werden (s. Abs. 2)[528], die ihrerseits diskriminierungsfrei sein müssen[529]. Vor allem aber kann ein einzelner Bewerber (der eigentlich zum Teilnehmerkreis gehört) **aus sachlich gerechtfertigten Gründen ausgeschlossen** werden, § 70 Abs. 3 GewO. Hierbei handelt es sich um eine Ermessensentscheidung, die einer Begründung bedarf, um dem Betroffenen einen angemessenen Rechtsschutz zu gewährleisten[530] (s. ausf am Beispiel eines Weihnachtsmarktes ▸ **Klausurenkurs Fall Nr 6**). Die weitaus meisten Entscheidungen zum Marktgewerbe betreffen die Frage nach den Grenzen des Teilnahmeanspruchs. Damit wird das Marktgewerbe zu einem gesetzlich ausgestalteten Verteilungsverfahren[531]. Die unbestreitbare grundrechtliche Relevanz solcher Verteilungsverfahren verlangt „eine dem Grundrechtsschutz angemessene Verfahrensgestaltung"[532]. Dies beeinflusst die Vergabekriterien (s. ausf ▸ **Klausurenkurs Fall Nr 6**), bedingt aber vor allem auch ein für alle Bewerber einheitliches, vorher festgelegtes und deshalb gerichtlich überprüfbares Verfahren.

a) Vergabekriterien in Knappheitssituationen

378 In der Praxis wird die Entscheidung über die Vergabe von Standplätzen regelmäßig zu einem Beispielsfall einer **staatlichen Verteilungsentscheidung in Knappheitssituationen** (s. Rn 106). Dies ist vor allem darauf zurückzuführen, dass es – ganz im Einklang mit der Rechtsprechung des BVerfG etwa zu Studienplätzen – einen grundrechtlichen Anspruch auf Kapazitätserweiterung auch im Marktrecht nicht gibt[533], sich damit aber zugleich der Zulassungsanspruch in einen Anspruch auf Teilhabe an einem transparenten und diskriminierungsfreien Vergabeverfahren wandelt.

---

526 BVerfG v. 27.10.2016 – 1 BvR 458/10.

527 VG Stuttgart, GewArch. 1998, 115.

528 Zum fließenden Übergang zwischen Abs. 1 und 2 s. *Ennuschat*, in: Tettinger/Wank/Ennuschat, GewO, § 70 Rn 14 f.

529 Insoweit übernimmt § 70 Abs. 2 GewO die Funktion des kartellrechtlichen Diskriminierungsverbots des § 26 Abs. 2 GWB, dazu *Schönleiter*, in: Landmann/Rohmer, GewO, § 70 Rn 9. Dazu, dass die Veranstalter von Märkten bzw Messen ihrerseits an § 26 Abs. 2 GWB gebunden sein können s. OLG Koblenz, GewArch. 1989, 346 (Dürkheimer Wurstmarkt) sowie OLG Düsseldorf, WRP 1987, 734 (Art Cologne).

530 Zu treffen ist die Auswahlentscheidung durch den Veranstalter, zu dessen Gunsten der Markt festgesetzt wurde, s. VG Stuttgart, NVwZ 2007, 614.

531 Zum Begriff des Verteilungsverfahrens ausf *Wollenschläger*, Verteilungsverfahren, 2010, 2 ff.

532 BVerfG, NJW-RR 2003, 203 zur Ausschreibung von Notarstellen.

533 OVG Hamburg, GewArch. 1987, 303, 305.

In **Fall 31a (Rn 361)**[534] besteht daher kein Anspruch auf Erweiterung des Festplatzes. Der Platzmangel ist als Grenze des Teilnahmeanspruches ausdrücklich geregelt. § 70 Abs. 3 GewO ist eine Berufsausübungsregel, die in ihrer Wirkung sogar partiell einer Berufswahlbeschränkung gleichkommt, soweit Kommunen für bestimmte Marktformen ein Veranstaltungsmonopol besitzen. Da der generalklauselartige Begriff des „sachlichen Grundes" durch eine jahrzehntelange Rechtsprechung konkretisiert wurde, liegt darin nach üM kein Verstoß gegen das Bestimmtheitsgebot[535]. Aus systematischen Gründen ist dieser Tatbestand allerdings eng auszulegen; er modifiziert zwar den Grundsatz der Marktfreiheit, hebt ihn jedoch nicht auf[536]. Der Veranstalter hat aber auch hinsichtlich der Verteilung der Standplätze auf verschiedene Arten von Bewerbern einen Gestaltungsspielraum. Deswegen ist es nicht zu beanstanden, wenn beispielsweise bei einem kleineren Jahrmarkt nur ein Autoskooter zugelassen wird[537]. Es ist aber genauso zulässig, dass der Veranstalter dadurch auf die Ausgewogenheit der Angebote achtet, dass er bei den Kontingenten nach Angebotsgruppen differenziert und zB die Zahl der Glühweinstände beschränkt[538] (auch dazu näher ► **Klausurenkurs Fall Nr 6**). 379

Das Gesetz nennt allerdings keine Kriterien für die Auswahlentscheidung. Denkbar sind ganz unterschiedliche **Auswahlkriterien**, die allerdings nicht ohne weiteres den Anforderungen an ein transparentes und diskriminierungsfreies Verfahren[539] gerecht werden: 380

- Prioritätsgrundsatz
- Losentscheid
- rollierendes System
- Ortsansässigkeit
- Keine Zulassung zweier Ehegatten
- „bekannt und bewährt"
- Attraktivität des Angebots für das Publikum

Unzulässig sind rein „formelle" Ansätze: Der **Prioritätsgrundsatz** überzeugt nicht, weil er die Chancengleichheit nicht sicherstellt und bei begrenzten Kontingenten dem Teilhabeanspruch nicht gerecht wird[540]. Dem **Losentscheid** fehlt die Ausrichtung am Kriterium inhaltlicher Gerechtigkeit[541]. Das **„rollierende System"** führt jedenfalls dann, wenn der Kreis der Bewerber nicht auf Jahre gleich bleibt, ebenfalls zu Proble- 381

534 Zum Sachverhalt s. VGH München, NVwZ-RR 2003, 837; grundlegend BVerwG, NVwZ 1984, 585 = GewArch. 1984, 265; s. auch OVG Lüneburg, GewArch. 2002, 428; VG Schleswig, NVwZ-RR 1999, 308.

535 VGH Mannheim, GewArch. 1979, 335; *Schönleiter*, in: Landmann/Rohmer, GewO, § 70 Rn 12; *Ennuschat*, in: Tettinger/Wank/Ennuschat, GewO, § 70 Rn 26; aA *Roth*, WuV 1985, 56, 57 f.

536 BVerwG, NVwZ 1984, 585.

537 OVG Lüneburg, NJW 2003, 531.

538 VGH München, NVwZ-RR 2003, 837.

539 Zu dieser Forderung bereits *Schmitz*, GewArch. 1977, 76, 79.

540 Jedenfalls darf der Prioritätsgrundsatz nicht zum alleinigen Kriterium werden, s. VGH Mannheim, GewArch. 1979, 335. Für eine Anwendung des Prioritätsgrundsatzes allerdings VGH München, GewArch. 1982, 236; auch die amtl. Begründung stellte auf dieses Merkmal ab, s. BT-Drucks. 7/3859, S. 16.

541 Zu Recht ablehnend deswegen *Ennuschat*, in: Tettinger/Wank/Ennuschat, GewO, § 70 Rn 52 f; *Schönleiter*, in: Landmann/Rohmer, GewO, § 70 Rn 23; aA allerdings OVG Lüneburg, NVwZ-RR 2006, 177 sowie im Nachgang BVerwG, NVwZ-RR 2006, 786.

men[542]. Deswegen können verfahrensrechtliche Kriterien allenfalls ergänzend neben den materiellen Auswahlkriterien zur Anwendung kommen[543].

382 Auch die angesprochenen materiellen Kriterien begegnen Bedenken. Weder die **Ortsansässigkeit**[544] noch der Umstand, dass bereits ein **Ehegatte** zugelassen wurde[545], können sachgerechte Kriterien darstellen. **„Bekannt und bewährt"** ist genauso wie **„Attraktivität"** ein grundsätzlich sachbezogenes Kriterium, das freilich in seiner konkreten Anwendung die Chancengleichheit von Alt- und Neubewerbern sicherstellen muss, so dass nicht ausschließlich auf das Merkmal „bekannt und bewährt" abgestellt werden kann, da es Neubewerber, die sich diesen Status erst verdienen müssten, ausschließt. Die Rechtsprechung verlangt daher, dass Neubewerbern jedenfalls „in einem erkennbaren zeitlichen Turnus" eine Zulassungschance eingeräumt wird[546]. Gerade das **Merkmal der Attraktivität** zeigt die Problematik inhaltlicher Kriterien. In bestimmten Bereichen, etwa bei Fahrgeschäften, haben sich bestimmte Standards entwickelt, die es schwer machen, das attraktivere Angebot herauszufinden. Außerdem kommt es für die Attraktivität eines Angebots auf das Urteil der Besucher an, so dass dem Veranstalter jedenfalls ein gewisser Beurteilungsspielraum eingeräumt werden muss. Deswegen kommt in der Praxis häufig eine **Kombination** verschiedener Kriterien zum Einsatz. Dennoch lässt sich auch so keine völlige Gleichbehandlung erreichen. Bekannte Bewerber werden dadurch bevorzugt, dass lediglich ein bestimmter Anteil an Plätzen für Newcomer reserviert wird[547] oder zwischen diesen eine Rangliste erstellt wird, die für die Reihenfolge auf der „Nachrückerliste" auf die Zahl der vergeblichen Bewerbungen in den Vorjahren abstellt[548]. Feste Grundsätze haben sich in der Rechtsprechung freilich bisher nicht entwickelt, die Praxis bevorzugt weiterhin in weitem Umfang die Stammbeschicker.

b) Konsequenzen für das Verwaltungsverfahren

383 Die grundrechtliche Relevanz verlangt „eine dem Grundrechtsschutz angemessene Verfahrensgestaltung", dh ein für alle Bewerber „einheitliches, willkürfreies und nachvollziehbares Auswahlverfahren"[549]. Gleichwohl hat das der Auswahlentscheidung vorgelagerte „Vergabeverfahren" bisher noch nicht die gebührende Aufmerksamkeit gefunden[550]. Schon im Vorfeld muss ein Vergabekonzept entwickelt[551] und

542 VGH Mannheim, GewArch. 1979, 335, 336.
543 Dazu auch *Heitsch*, GewArch. 2004, 225, 229.
544 VGH Mannheim, GewArch. 2001, 420. Das Merkmal der Ortsansässigkeit kann auch nicht aus der GemO abgeleitet werden, deren Anwendung im Zusammenhang mit einem nach der GewO festgesetzten Markt bereits an Art. 31 GG scheitert.
545 BVerwG, NVwZ 1984, 585, 586.
546 Grundlegend BVerwG, NVwZ 1984, 585; s. auch OVG Lüneburg, NJW 2003, 531; VG Schleswig, NVwZ-RR 1999, 308. Dazu muss auch ein Stammbeschicker mit dem Risiko der Nichtzulassung belastet werden, s. VG Gießen, GewArch. 2005, 340.
547 Zu einem Beispiel OVG Münster, GewArch. 1991, 229.
548 Dazu VGH München, NVwZ-RR 2003, 837.
549 OVG Rheinland-Pfalz, Beschluss v. 26.8.2008 – 6 B 10876/08.OVG.
550 S. aber VGH München, NVwZ-RR 2003, 771; *Kupfer*, Staatliche Verteilungslenkung, S. 227 f; *Wollenschläger*, Verteilungsverfahren, 2010, S. 335 ff.
551 S. dazu OVG Lüneburg NVwZ-RR 2006, 177, 178; VG Oldenburg, NVwZ-RR 2005, 127; *Wagner*, in: Friauf, GewO, § 70 Rn 53; verneinend OVG Koblenz, LKRZ 2008, 477; VGH München, GewArch. 1996, 477, 478.

bekannt gemacht werden. Empfehlenswert, wenngleich weder gewerberechtlich noch (bei kommunalen Veranstaltern) kommunalrechtlich geboten, ist die Aufstellung schriftlicher Vergaberegeln[552]. Erforderlich ist jedenfalls eine vorherige Ausschreibung[553] und damit verbunden die Bekanntgabe der beabsichtigten Vergabekriterien. Abzuleiten sind diese Ansprüche aus Art. 12 GG und Art. 3 GG[554] sowie den Grundfreiheiten. Die Rechtsprechung geht davon aus, dass unterlegene Bewerber jedenfalls einen Anspruch auf Bescheidung haben[555]. Als belastender Verwaltungsakt bedarf eine solche Ablehnungsentscheidung auch der **Begründung** (s. § 39 Abs. 1 VwVfG)[556]. Diese muss insbesondere erkennen lassen, nach welchen Gesichtspunkten die Auswahl erfolgt ist und auf welche tatsächlichen und rechtlichen Überlegungen die Behörde ihre Ermessensentscheidung gestützt hat. Ansonsten ist die Ablehnung rechtswidrig[557].

Die unionsrechtlichen Anforderungen werden in **Fall 31d** (Rn 361) relevant. Einschlägige **384**
Grundfreiheit ist nach der Schwerpunktformel des EuGH bei Verkaufsständen die Warenverkehrsfreiheit, sonst auch die Dienstleistungsfreiheit; dies gilt auch dann, wenn Veranstalter ein Privater ist[558]. Soweit ausländische Anbieter nicht wegen ihrer Herkunft ausgeschlossen werden, begegnet es auch keinen Bedenken, wenn sie bei der Verteilung knapper Ressourcen diskriminierungsfrei, aber eben nicht bevorzugt berücksichtigt werden. Damit entsprechen die Voraussetzungen denjenigen des § 70 Abs. 3 GewO, der eine Anknüpfung an den Wohnsitz nicht zulässt. Die Dienstleistungsfreiheit vermittelt genauso wenig wie die Grundrechte einen Anspruch auf Kapazitätserweiterung[559]. § 70 Abs. 3 GewO ist damit unionsrechtskonform. Die Beschränkung auf lokale Anbieter ist im Marktrecht grundsätzlich nicht zulässig (dazu Rn 363).

c) Rechtsschutzfragen

aa) Rechtsnatur der Rechtsbeziehungen zwischen Veranstalter und Marktteilnehmer und Rechtsweg. Besondere Schwierigkeiten kann der **Rechtsschutz der nicht zugelassenen Bewerber** bereiten. Da der Veranstalter eines Marktes nicht notwendigerweise ein Hoheitsträger ist, stellt sich die Frage nach der Einordnung der entsprechenden Rechtsbeziehungen, die gleichzeitig über den Rechtsweg entscheiden. Die Zulassungsentscheidung ist vom Veranstalter zu treffen, zu dessen Gunsten die Festsetzung erfolgt ist[560]; damit richtet sich auch der Zulassungsanspruch immer gegen den Veranstalter. Gleichzeitig machen die §§ 69 f GewO dieses Verhältnis nicht not- **385**

552 OVG Lüneburg, NVwZ 1983, 49, 51; VGH Mannheim, NVwZ-RR 2001, 159, 160; VG Mainz, GewArch. 2004, 418, 419.

553 VG Köln, NVwZ-RR 2009, 327; *Braun*, NVwZ 2009, 747, 748 mit europarechtlicher Begründung (Dienstleistungskonzession); allgemeiner *Dornhauser*, NVwZ 2010, 931, 934.

554 S. auch *Wollenschläger*, Verteilungsverfahren, 2010, 324 ff.

555 Vgl VG Mainz, GewArch. 2004, 418.

556 VGH München, NVwZ-RR 2003, 837; *Frotscher/Kramer*, Rn 435. Der Begründungsmangel kann nach § 45 Abs. 1 Nr 2, Abs. 2 VwVfG geheilt werden.

557 VGH München, NVwZ-RR 2003, 837; VG Neustadt, GewArch. 2003, 339.

558 *Ehlers*, in: Ehlers/Fehling/Pünder, § 18 Rn 86. Unabhängig von der Frage der Drittwirkung der Grundfreiheiten folgt dies daraus, dass § 70 GewO unionsrechtskonform auszulegen ist.

559 *Becker*, JuS 2000, 348, 351.

560 VG Stuttgart, NVwZ 2007, 614.

wendigerweise zu einem öffentlichrechtlichen[561]. Sofern es sich bei dem Veranstalter um einen **Hoheitsträger** handelt, stellen sich die Rechtsbeziehungen grundsätzlich als öffentlichrechtlich dar, es sei denn, dieser gestaltet sie ausdrücklich privatrechtlich aus[562]. Bei einem **privaten Veranstalter** stellen sich – trotz des gewerberechtlichen Teilnahmeanspruches aus § 70 GewO, der auch den privaten Veranstalter verpflichtet – die Rechtsbeziehungen zwischen Veranstalter und Marktteilnehmer als privatrechtlich dar[563]. Besondere Probleme wirft damit die Veranstaltung des Marktes **durch einen Hoheitsträger mit den Mitteln des Privatrechts** auf.

386 Die hM legt dabei die Zweistufentheorie zugrunde. Auch bei privatrechtlicher Abwicklung des Leistungsverhältnisses (etwa dann, wenn mit den Marktbeschickern privatrechtliche Verträge abgeschlossen werden), soll sich die Zulassungsentscheidung (das „Ob") nach dem öffentlichen Recht richten, so dass der Verwaltungsrechtsweg gegeben ist[564]. Damit ist auch in **Fall 31a–d (Rn 361)** der Anspruch auf Teilnahme an einem festgesetzten Markt, der sich gegen eine Gemeinde als Veranstalter richtet, vor den Verwaltungsgerichten geltend zu machen. Fehlt es an einer ausdrücklichen Entscheidung über das „Ob" und werden von der Gemeinde lediglich privatrechtliche Verträge abgeschlossen, so ist zu differenzieren. In der Tat ist dann eine Klage vor dem VG auf Abschluss eines entsprechenden Vertrages nicht möglich[565]; möglich bleibt jedoch eine entsprechende Feststellungsklage. Davon wiederum ist die materiellrechtliche Frage zu unterscheiden, inwieweit der Veranstalter die Zuteilungsentscheidung auf einen Dritten übertragen darf. Wird die Durchführung des Marktes wie in **Fall 31f** (Rn 361) auf eine Kommission bzw eine Veranstaltungs-GmbH übertragen, muss zunächst diese „Einschaltung" rechtlich qualifiziert werden[566]. Fungiert die Gemeinde dagegen weiterhin als Veranstalter, so kann sie sich eines Privaten als Verwaltungshelfer bedienen[567]; allerdings darf diesem die Entscheidung über die Vergabe nicht übertragen werden[568]. Insoweit muss auf der Grundlage der hM die Vergabe zwingend zweistufig ausgestaltet werden[569]. Allenfalls dann, wenn die Gemeinde weiterhin bestimmenden Einfluss auf die Durchführung des Festes hat, kann ein vor den Verwaltungsgerichten zu verfolgender „Verschaffungsanspruch" gegenüber der Gemeinde angenommen werden[570]. Bei einer echten (materi-

---

561 VG Neustadt, GewArch. 2008, 361, vor allem auch mit dem Hinweis auf das vergaberechtliche Parallelproblem, s. BVerwG, NVwZ 2007, 820; insbes ist in der Festsetzung keine Beleihung zu sehen, vgl *Ehlers*, in: Ehlers/Fehling/Pünder, § 18 Rn 87; *Hilderscheid*, GewArch. 2008, 54; aA *Hösch*, GewArch. 1996, 402, 405. Für eine solche Beleihung fehlen sowohl die rechtlichen Voraussetzungen (insbes eine Rechtsgrundlage) als auch das Bedürfnis. Es ist auch sonst nichts Ungewöhnliches, dass in einem Rechtsstreit rechtswegfremde Vorfragen zu entscheiden sind.

562 *Ruthig*, in: Kopp/Schenke, VwGO, § 40 Rn 16; *Ehlers*, in: Ehlers/Fehling/Pünder, § 18 Rn 88.

563 Ebenso *Schönleiter*, in: Landmann/Rohmer, GewO, § 70 Rn 27; *Wagner*, in: Friauf, GewO, § 70 Rn 61.

564 VGH Mannheim, GewArch. 1979, 335; VGH Kassel, NVwZ-RR 1994, 650, 651; *Schönleiter*, in: Landmann/Rohmer, GewO, § 70 Rn 27; aA OVG Koblenz, NVwZ 1987, 519; ausf *Hilderscheid*, GewArch. 2008, 54, 61.

565 VG Neustadt, GewArch. 2008, 361; dazu schon vorher *Ruthig*, NZBau 2005, 497 ff.

566 S. hierzu näher *Frotscher/Kramer*, Rn 461 f; *Hösch*, GewArch. 1996, 402; *Lässig*, NVwZ 1983, 18.

567 BVerwG, NVwZ 1991, 59; VGH Mannheim, DÖV 2010, 147 (Leitsatz); VGH München, GewArch. 1999, 197 f; VG Augsburg, GewArch. 2000, 200.

568 VG Stuttgart, GewArch. 2008, 302.

569 *Ennuschat*, in: Tettinger/Wank/Ennuschat, GewO, § 70 Rn 65 f; *Schalt*, GewArch. 1991, 409; krit dazu *Hilderscheid*, GewArch. 2008, 54, 61.

570 Allerdings stellt sich die Frage, inwieweit hier im Marktrecht ein Rechtsschutzbedürfnis besteht, verneinend *Ehlers*, in: Ehlers/Fehling/Pünder, § 18 Rn 87. Im Kommunalrecht wird ein solcher von der hM bejaht, vgl *Ehlers*, Jura 2012, 849, 853 f.

ellen) Privatisierung, besteht lediglich ein Anspruch gegenüber dem Privaten, der dann auf dem Zivilrechtsweg zu verfolgen wäre.

bb) Die in Betracht kommenden Klagearten. Die Zulassung eines Teilnehmers durch einen hoheitlich handelnden Veranstalter stellt einen Verwaltungsakt dar. Damit ist im Falle der Ablehnung Verpflichtungsklage zu erheben. Erledigt sich der Antrag durch das Verstreichen des Termins, ist die Fortsetzungsfeststellungsklage einschlägig. Besonderheiten ergeben sich, falls (aus Raumgründen oder wegen des Konzeptes des Veranstalters) eine Zulassung des abgelehnten Bewerbers voraussetzt, dass ein anderer Teilnehmer ausgeschlossen wird. **387**

Im **Fall 31a (Rn 361)** ist daher die Fortsetzungsfeststellungsklage statthaft[571]. Dies gilt unabhängig davon, ob Rechtsschutz vor Erledigung durch eine Verpflichtungsklage oder möglicherweise durch eine Kombination von Anfechtungs- und Verpflichtungsklage gewährt wird. Diese Frage ist umstritten. Für die Fälle der Konkurrentenverdrängungsklage (Mitbewerberklage), in denen also mehr Anträge gestellt wurden als Standplätze zur Verfügung stehen[572], hält die hM die Verpflichtungsklage für nicht ausreichend, sondern verlangt zusätzlich die Anfechtung der Genehmigung eines Konkurrenten[573]. Selbst dann, wenn die Zahl der Konkurrenten überschaubar und dem unterlegenen Antragsteller bekannt ist, stößt diese Forderung auf Bedenken, da offen und für den unterlegenen Antragsteller irrelevant ist, welcher der positiv beschiedenen Konkurrenten an seiner Stelle weichen muss. Erst recht gilt dies, wenn – wie bei den Glühweinständen – dem unterlegenen Bewerber nicht einmal bekannt ist, ob nicht möglicherweise doch ein weiterer Glühweinstand zugelassen werden kann[574]. Sofern allerdings die Entscheidungen mitgeteilt wurden, ist eine Anfechtung erforderlich, um die formelle Bestandskraft dieser Verwaltungsakte zu vermeiden[575]. Auch die Nichteinhaltung der Zuständigkeiten innerhalb der Gemeinde kann gerügt werden[576]. Leidet die Verteilungsentscheidung an einem Begründungsmangel (s. zu den Begründungspflichten oben Rn 383), hat der unterlegene Mitbewerber jedenfalls einen Anspruch auf erneute Verbescheidung[577]. **388**

Aus Zeitgründen werden viele Rechtsstreitigkeiten im **Verfahren des vorläufigen Rechtsschutzes** ausgetragen, da eine Entscheidung in der Hauptsache häufig zu spät käme. Da Rechtsschutz in der Hauptsache über eine Verpflichtungsklage gewährt wird, handelt es sich um ein Verfahren nach § 123 VwGO. Der Rechtsschutz scheitert angesichts des Art. 19 Abs. 4 GG nicht schon daran, dass die Kapazitäten erschöpft sind[578] (s. auch ► **Klausurenkurs Fall Nr 6**). **389**

---

571 S. auch OVG Lüneburg, NVwZ 2003, 531 zu einem Autoskooter auf einem Volksfest.

572 Zu den verschiedenen Fallgruppen von Konkurrentenklagen und der Terminologie m. umfangreichen N. zum Meinungsstand s. *R. Schenke*, in: Kopp/Schenke, VwGO, § 42 Rn 45 ff; s. auch *Schenke*, Verwaltungsprozessrecht, Rn 276.

573 BVerwG, DVBl 2000, 1614; OVG Berlin, DVBl 1991, 1266; OVG Magdeburg, DVBl 1996, 162; VGH Mannheim, NVwZ-RR 1993, 291.

574 Zu dem hier dem Veranstalter eingeräumten Gestaltungsspielraum s. VGH München, NVwZ-RR 2003, 837.

575 S. näher *R. Schenke*, in: Kopp/Schenke, VwGO, § 42 Rn 48; zu dem Versuch, einen einheitlichen „Verteilungsverwaltungsakt" zu konstruieren s. *Pöcker*, DÖV 2003, 193.

576 VGH München, NVwZ-RR 2003, 771; VGH Mannheim, NVwZ-RR 1992, 90.

577 S. auch VG Mainz, GewArch. 2004, 418.

578 BVerfG, NJW 2002, 3691, 3692. Anders zuvor beispielsweise OVG Bautzen, NVwZ-RR 1999, 500.

390 In **Fall 31 (Rn 361)** kann das Gericht daher nicht allein auf die Erschöpfung der Platzkapazität abstellen. Auch im Verfahren des vorläufigen Rechtsschutzes ist deswegen eine entsprechende Verpflichtung des Veranstalters auszusprechen. Dem stehen weder gewerberechtliche Gründe noch das sog. Verbot der Vorwegnahme der Hauptsache entgegen[579].

4. Märkte und Volksfeste als kommunale Einrichtungen

391 Die Gemeinde kann einen Markt auch als kommunale Einrichtung nach der Gemeindeordnung betreiben (zB das Münchener Oktoberfest[580]) oder sich sogar auf die Erteilung von Sondernutzungserlaubnissen nach dem Landesstraßenrecht beschränken[581]. Das Marktrecht und das Recht der kommunalen Einrichtungen unterscheiden sich in einem wesentlichen Punkt. Während § 70 GewO eine diskriminierungsfreie Vergabe der Standplätze fordert und dabei eine Berücksichtigung der Ortsansässigkeit gerade ausschließt, räumen die Gemeindeordnungen aller Bundesländer den Einwohnern und bestimmten gleichgestellten Gewerbetreibenden bzw juristischen Personen einen Bevorzugungsanspruch ein[582]. Dieser kann – soweit ihn die Gemeinde bei der konkreten Widmung überhaupt gewährt – mit den gewerberechtlichen Grundsätzen der Teilnahmefreiheit kollidieren. Das Verhältnis beider stellt sich wie folgt dar: Soweit es sich um einen **festgesetzten Markt** handelt, verdrängt § 70 GewO die landesrechtlichen Bestimmungen über die Zulassung zu kommunalen Einrichtungen[583]. An diesem Verhältnis ändert sich grds. (also vorbehaltlich expliziter Konkurrenzregelungen) auch nichts, wenn die Länder von ihrer Gesetzgebungskompetenz im Marktgewerbe Gebrauch machen[584]. Damit kommt ungeachtet der Ausgestaltung der Widmung der kommunalrechtliche Bevorzugungsanspruch nicht zur Anwendung. Verzichtet die Gemeinde auf eine gewerberechtliche Festsetzung des Marktes wird das Kommunalrecht nicht durch das Gewerberecht überlagert[585]. Es greift also der Bevorzugungsanspruch, sofern sich nicht aus der Ausgestaltung der Widmung ergibt, dass die Gemeinde auch Nichteinwohner in gleicher Weise in den Kreis der Nutzungsberechtigten einbezieht[586].

392 In **Fall 31d (Rn 361)** kann sich S daher nicht auf einen kommunalrechtlichen Zulassungs- bzw Bevorzugungsanspruch berufen. Allerdings muss auch dann die Gemeinde die kommu-

579 VG Gelsenkirchen v. 27.7.2007, 7 L 776/07; v. 19.6.2007, 7 L 340/07; bestätigt von OVG Münster v. 13.7.2007, 4 B 1001/07.

580 VGH München, NVwZ 1982, 120; NVwZ-RR 1999, 574 f; NVwZ-RR 2000, 779.

581 S. dazu *Heitsch*, GewArch. 2004, 225, 230; *Meßmer*, GewArch. 2002, 409. Dabei lassen sich zwei Modelle unterscheiden. Entweder erteilen die Kommunen jedem einzelnen Bewerber für einen Standplatz eine Sondernutzungserlaubnis, oder sie erteilen dem Veranstalter eine Sondernutzungserlaubnis, der dann seinerseits aufgrund privater Verträge die Teilnehmer „zulässt". Krit insbes zur letzten Variante *Schalt*, GewArch. 2002, 137, 139 ff.

582 Dazu beispielsweise Art. 21 BayGO, § 10 GemO BW; § 14 GemO RP.

583 OVG Lüneburg, GewArch. 2005, 258; VGH Mannheim, GewArch. 2001, 420; *Hösch*, GewArch. 1996, 402, 406.

584 Für Rheinland-Pfalz bedeutet dies etwa, dass bei Beantragung einer Festsetzung nach LMAMG das aus der Festsetzung nach § 11 LMAMG folgende Teilnahmerecht (§ 15 LMAMG) entscheidet.

585 *Frotscher/Kramer*, Rn 459 f; *Becker/Sichert*, JuS 2000, 144, 145; aA *Pitschas*, BayVBl. 1982, 641, 644; im Ergebnis ähnlich *Fastenrath*, NWVBl. 1992, 51, 54.

586 S. auch *Spannowsky*, GewArch. 1995, 265, 268.

nalrechtlichen Vorgaben vor allem zu den Zuständigkeiten einhalten. Hinsichtlich der Standplatzvergabe haben sich die gewerberechtlichen und die kommunalrechtlichen Grundsätze angenähert, die ja in beiden Fällen grundrechtlichen Vorgaben genügen müssen[587]. Dies gilt für die Zuverlässigkeit[588], aber auch das Verfahren. So ist es nicht nur zulässig, sondern zur Sicherstellung der Chancengleichheit von Bewerbern geboten, dass ein zweistufiges Vergabeverfahren durchgeführt wird, also zunächst interessierte Gewerbetreibende dazu aufgefordert werden, sich innerhalb einer bestimmten (Ausschluss-)Frist zu bewerben, bevor dann aus dem Kreis der Bewerber die zuzulassenden Beschicker ausgewählt werden[589]. Zusätzlich stellt sich bei kommunalen Einrichtungen die Frage, inwieweit das **Einwohnerprivileg der Gemeindeordnungen** europarechtskonform ist[590]. Der EuGH sieht in allen nationalen Vorschriften, die eine Residenzpflicht als Voraussetzung für die Aufnahme einer selbstständigen Tätigkeit begründen, eine Beschränkung der Dienstleistungsfreiheit[591]. Sie ist nur zu rechtfertigen, wenn sich der mit dem Einwohnerprivileg verfolgte Zweck als „zwingender Grund des Allgemeininteresses" und als verhältnismäßig erweist[592]. Ein derartiges Allgemeininteresse kann allenfalls angenommen werden, wenn die **kommunale Einrichtung einen besonderen Ortsbezug** aufweist, indem etwa durch eine Ausstellung des lokalen Kunsthandwerks die örtliche Wirtschaft gefördert oder speziell die Einwohnerschaft als Besucherkreis angesprochen werden soll. Bei Großveranstaltungen wie dem Münchener Oktoberfest ist dieser Ortsbezug zweifelhaft[593].

Aus dem Marktrecht folgt grds. kein Anspruch darauf, dass eine Veranstaltung auch nach der GewO festgesetzt wird. Ein solcher Anspruch kann auch nicht damit begründet werden, dass nur bei einer solchen Festsetzung die Marktprivilegien greifen und zB die Reisegewerbekartenpflicht entfallen lassen (s. schon oben Rn 368). Dies gilt grundsätzlich auch in **Fall 31e** (Rn 361). Allerdings besteht die Besonderheit darin, dass sich die Gemeinde in ihrer Satzung selbst zur Festsetzung verpflichtet hat. Insoweit könnte man aus der Satzung einen Anspruch auf Festsetzung ableiten. **393**

Die (internen) Zuständigkeiten ergeben sich bei der **Gemeinde als Veranstalterin** selbst dann aus dem Kommunalrecht, wenn es sich (auch) um einen nach § 69 GewO festgesetzten Markt handelt. **394**

Daher ist davon auszugehen, dass die Festlegung der allgemeinen Vergaberichtlinien nach Organzuständigkeiten dem Gemeinde- bzw Stadtrat obliegt, während die konkrete Vergabe eine **Angelegenheit der „laufenden Verwaltung"** darstellt und daher der Bürgermeister zuständig ist, was eine Delegation an einen Ausschuss nicht ausschließt (siehe auch Rn 395 zu **Fall 31e**)[594]. Allerdings wäre eine völlige Übertragung der Kompetenzen auf einen Beirat, der

587 VGH München, NVwZ-RR 1999, 574 mN zur stRspr zum Oktoberfest.

588 Zum Erfordernis der Zuverlässigkeit VGH München, NVwZ-RR 1999, 574.

589 VGH München, NVwZ-RR 2000, 779.

590 Ausf zu dieser Frage *Spannowsky*, GewArch. 1995, 265 ff; *Fastenrath*, NWVBl. 1992, 51 ff. Da das Kriterium der Ortsansässigkeit nicht nach der Staatsangehörigkeit differenziert, handelt es sich nicht um eine Diskriminierung, sondern um eine Maßnahme gleicher Wirkung, s. Rn 58.

591 EuGH v. 3.12.1974, Rs. 33/74 – *„van Binsbergen"*, Slg. 1974, 1299, 1309; dazu *Fastenrath*, NWVBl. 1992, 51, 55; *Donhauser*, NVwZ 2010, 931, 936. S. auch zu differenzierenden Gebühren EuGH v. 16.1.2003, Rs. C-388/01 – *„Kommission/Italien"*, Slg. 2003, I-721 = NVwZ 2003, 459; *Behr*, LKV 2005, 104.

592 EuGH v. 3.12.1974, Rs. 33/74 – *„van Binsbergen"*, Slg. 1974, 1299, 1309.

593 *Becker*, JuS 2000, 348, 351; *Fastenrath*, NWVBl. 1992, 51, 56; *Spannowsky*, GewArch. 1995, 265, 273.

594 OVG Saarlouis, NVwZ-RR 2010, 972; VG Neustadt v. 31.8.2009 – 4 L 857/09; VG Oldenburg, NVwZ-RR 2005, 127.

sich ausschließlich aus Nicht-Gemeinderatsmitgliedern zusammensetzt und auf die die Gemeinde durch Richtlinien oder Weisungen keinen Einfluss mehr hat, unzulässig, da es der Gemeinde verwehrt ist, „neben den gesetzlich vorgesehenen Organen weitere Entscheidungsträger zu schaffen"[595]. Ein Verstoß gegen diese sachliche Zuständigkeitsverteilung ist daher auch nicht gem. §§ 45, 46 VwVfG heilbar, da sich die Heilung gem. § 45 Abs. 1 Nr 4, 5 VwVfG ebenso wie die Unbeachtlichkeit nach § 46 VwVfG nur auf die örtliche Zuständigkeit bezieht. Soweit die Gemeinde weiterhin maßgeblichen Einfluss im Sinne von Mitwirkungs- und Weisungsrechten hat, handelt es sich weiterhin um eine öffentliche Einrichtung, so dass der Anspruch auf Zulassung gegen die Gemeinde zu richten ist[596]. Da allerdings auf die Beibehaltung einer öffentlichen Einrichtung kein Anspruch besteht, kann eine Gemeinde die Durchführung eines bisher als öffentliche Einrichtung durchgeführten Volksfestes grundsätzlich auch privatisieren[597].

395 In **Fall 31e (Rn 361)** bedeutet allein die Übertragung auf eine Kommission noch keine Privatisierung, sofern die Kommission die Aufgaben der Gemeinde zwar als rechtlich selbstständige, faktisch aber abhängige natürliche oder juristische Person vornimmt und damit als bloße Verwaltungshelferin einzuordnen ist[598]. Davon ist zB dann auszugehen, wenn die Gemeinde normativ die wesentlichen Grundsätze der Vergabe festlegt und die Kommission bloßes Ausführungsorgan ist, nicht aber, wenn die Kommission über die Zulassung selbstständig entscheidet. Für die Selbstständigkeit könnte vorliegend sprechen, dass eine zeitlich unbeschränkte Übertragung erfolgt ist und sich die Gemeinde damit ihrer Aufgabe und damit auch ihrer Grundrechtsbindung langfristig entledigen will. Allerdings bedürfte es ungeachtet der Frage der Grenzen der Privatisierung jedenfalls deutlicher Anhaltspunkte, dass die Gemeinde eine Privatisierung des Weihnachtsmarktes vornehmen will, die vorliegend in der bloßen Übertragung der Durchführung nicht zu sehen sind. Die Verpflichtungsklage auf Zulassung ist daher gegen die Gemeinde G zu richten, die passivlegitimiert ist. Die Zusammensetzung der Kommission und damit der Ablauf des konkreten Vergabeverfahrens verstoßen aber gegen § 20 Abs. 1 Nr 1 LVwVfG. Nach dieser Vorschrift darf in einem Verwaltungsverfahren nach § 9 LVwVfG nicht für eine Behörde tätig werden, wer selbst Beteiligter des Verwaltungsverfahrens ist. Auch bei der Vergabeentscheidung handelt es sich um ein Verwaltungsverfahren im Sinne des § 9 LVwVfG, da das Verfahren auf den Erlass eines VA, nämlich die Zulassung oder Ablehnung zum Weihnachtsmarkt, gerichtet ist, so dass § 20 LVwVfG im Fall Anwendung findet. Die Unparteilichkeit wird durch die Zusammensetzung der Kommission gerade nicht gewahrt, wenn zwei Vertreter des Schaustellergewerbes, die gem. § 13 Abs. 1 Nr 1 Alt. 1 LVwVfG Beteiligte sind, „mit am Entscheidungstisch sitzen"[599]. Ein solcher Verfahrensfehler führt gem. § 44 Abs. 3 Nr 2 LVwVfG nicht zur Nichtigkeit des erlassenen Bescheids, bedingt aber möglicherweise die Rechtswidrigkeit gem. § 46 LVwVfG, da nicht offensichtlich ist, dass die Verletzung der Verfahrensvorschrift die Entscheidung in der Sache nicht beeinflusst hat.

---

595 VGH München, NVwZ-RR 2004, 599, 600; NVwZ 1999, 1122 ff.

596 VGH Mannheim, GewArch. 2001, 420; OVG Koblenz, NVwZ 1982, 379, 380 f.

597 VG Freiburg, NVwZ-RR 2002, 139; VGH Kassel, DÖV 2008, 607. Zu weitgehend das aus Art. 28 Abs. 2 GG abgeleitete Privatisierungsverbot für einen „kulturell, sozial und traditionsmäßig bedeutsamen" Weihnachtsmarkt, dazu BVerwG, NVwZ 2009, 1305; krit dazu *Donhauser*, NVwZ 2010, 931, 933 f; *Kahl/Weißenberger*, LKRZ 2010, 81; *Schoch*, DVBl 2009, 1533; zu Grenzen der Privatisierung von Volksfesten allerdings auch schon vorher einzelne Stimmen in der Literatur, s. *Gröpl*, GewArch. 1995, 367; *Hösch*, GewArch. 1996, 402; *Schalt*, GewArch. 2002, 137, 140.

598 VG Freiburg, NVwZ-RR 2002, 139.

599 VG Stuttgart, GewArch. 2002, 200.

V. Gewerbeordnung und E-Commerce

Fall 32: Airbnb ist ein 2008 im kalifornischen Silicon Valley gegründeter Community-Marktplatz für die Buchung und Vermietung von kurzfristigen Unterkünften. Für Unterkünfte außerhalb der USA bietet Airbnb Ireland diese Dienstleistungen an. Über eine elektronische Plattform wird gegen Entgelt eine Geschäftsbeziehung zwischen potentiellen Mietern und gewerblichen oder nichtgewerblichen Vermietern angebahnt, die kurzfristige Beherbergungsleistungen anbieten. In den AGB weist das Unternehmen ausdrücklich darauf hin, dass es keine Vermittlungstätigkeiten übernehme, sondern lediglich Kontakte zwischen potentiellen Vertragspartnern herstelle. Die Nutzer schließen jeweils einen Vertrag mit Airbnb Ireland über die Nutzung dieser Plattform sowie mit der Airbnb Payments UK für die über diese Plattform abgewickelten Zahlungen. Vermietern bietet Airbnb Irleand verschiedene Zusatzleistungen an, außerdem hat Airbnb Ireland ein System eingerichtet, über das der Vermieter und der Mieter eine Bewertung hinterlassen können. **396**

1. Gewerberecht und digitaler Wandel

Der digitale Wandel hat längst auch die gewerbliche Tätigkeit erfasst. Die Würdigungen der Gewerbeordnung aus Anlass ihres 150. Geburtstages stellten deswegen die Frage, inwieweit das Gewerberecht auf diese Entwicklung vorbereitet ist[600]. Die Diskussion ist freilich nicht neu, sondern wurde bereits vor 20 Jahren intensiv geführt, als das Internet noch in den Kinderschuhen steckte, aber es sich abzeichnete, dass Waren und Dienstleistungen im Internet, einem vermeintlichen „Raum ohne Grenzen" angeboten und bestellt werden könnten. Das Internet symbolisierte in dieser Anfangsphase geradezu paradigmatisch die **„Überschreitung nationaler Grenzen und die Schwierigkeiten staatlicher Regulierung"**[601]. Es wurde aber weder zu einem rechtsfreien Raum, noch entwickelte sich eine eigene Rechtsordnung. Zivilrecht und Internationales Privatrecht klärten zunächst die Grundlagen des E-Commerce: Wann nämlich ein Vertrag abgeschlossen wird (Willenserklärung per „Mausklick") und welchem Recht er dann unterliegt, wenn Leistungserbringer und -empfänger sich nicht in demselben Staat aufhalten. Zusätzlichen Klärungsbedarf bringt der Einsatz künstlicher Intelligenz mit sich, wenn immer häufiger Algorithmen „eigenständig" über den Abschluss eines Geschäfts entscheiden. Online-Sachverhalte unterliegen nicht nur den Vorschriften des Zivilrechts, sondern auch dem öffentlichen Recht. Man könnte also geneigt sein, für das „Internetgewerbe" einen **„Titel V"** in der Gewerbeordnung zu fordern[602]. Immerhin haben sich mancherlei kritisch betrachtete Erscheinungsformen von Gewerbetätigkeit, auf die die GewO mit dem Reisegewerberecht reagierte, an die „virtuelle Haustür" verlagert. Die Sharing Economy beschert uns weitere, neue Geschäftsmodelle, auf deren Gefahrenpotentiale das Recht reagiert. Dem regulatorischen Zugriff auf Online-Sachverhalte setzt allerdings das Unionsrecht deutliche Grenzen, insbes durch die Dienstleistungsrichtlinie (dazu schon Rn 238 ff), aber gerade auch die E-Commerce-RL 2000/31/EG (dazu Rn 402 ff). Eine besondere Aktuali- **397**

600 S. dazu insbes *Ennuschat/Plogmann*, GewArch. 2019, 273.
601 *Trute*, VVDStRL 57 (1998), 213, 220. S. auch *Ruthig*, in: Gounalakis, § 5 Rn 1 ff; zu den Konsequenzen für das Wirtschaftsverwaltungsrecht *ders.*, aaO § 14 Rn 2.
602 S. dazu schon *Schönleiter*, in: Robinski, K Rn 5.

tät hat diese Diskussion anhand neuer Dienstleistungen und der EuGH-Rechtsprechung zu Uber und Airbnb gefunden (dazu schon Rn 223). Im Ergebnis kann man die **Anwendbarkeit des deutschen Gewerberechts** nicht einfach unterstellen. Vielmehr sind zwei Fragen zu unterscheiden. Zunächst ist zu untersuchen, inwieweit eine gewerberechtliche Vorschrift überhaupt **auf das konkrete Internetangebot** anwendbar ist. Anschließend ist zu untersuchen, ob das deutsche Gewerberecht **auf die Internettätigkeit ausländischer Anbieter** erstreckt werden kann. Ausgeblendet bleiben im Folgenden Aspekte des Jugendschutzes und vor allem des Datenschutzrechtes.

Der Gesetzgeber erwähnt Online-Vertriebsformen nur ausnahmsweise. Ausdrücklich einbezogen werden sie zB in § 34d Abs. 1 S. 4 Nr 2 GewO bei der Versicherungsvermittlung und -beratung. Gleichwohl sind die gewerberechtlichen Grundstrukturen und gerade der offene Gewerbebegriff in der Lage, auf neue Entwicklungen zu reagieren und können auch „virtuelle" Formen der Gewerbeausübung erfassen. Einschlägig sind weder das Markt- noch das Reisegewerberecht, so dass auf den Titel II zurückzugreifen ist[603]. Verfassungsrechtliche Argumente lassen sich gegen eine solche Erstreckung des Gewerberechts auf Internetsachverhalte jedenfalls nicht anführen[604], allenfalls *rechtspolitische:* Die Befürchtung, dass sich das Gewerberecht als Bremse für den Fortschritt und Nachteil für den Wirtschaftsstandort Deutschland erweist. Solche Bedenken beschränken sich aber gerade nicht auf den Electronic Commerce[605]. Von der Praxis werden „virtuelle" Geschäftsmodelle in der Diskussion regelmäßig als aliud akzeptiert und von der Anwendung der allgemeinen Regeln ausgenommen (s. zum Beispiel der Online-Versteigerung Rn 398). Jedenfalls ist es in Grenzfällen die genuine Aufgabe des Gesetzgebers, die zumindest „ähnlichen" Erscheinungsformen von Online-Geschäften zu berücksichtigen, wie es in anderen Bereichen durchaus geschehen ist (s. Rn 401). Im Rahmen einer gesetzlichen Regelung mag er dann auch das Verbraucherschutzregime des Fernabsatzrechts für ausreichend oder vorzugswürdig halten[606]. Zivil- und öffentliches Recht fungieren insoweit in der Tat als „wechselseitige Auffangordnungen", unter dem Einfluss des Unionsrechts aber häufig auch als komplementäre Durchsetzungsregime (dazu schon Rn 29 ff).

2. GewO und Online-Angebote

a) Online-Auktionen

398 Ein anschauliches und in der Anfangsphase auch gewerberechtlich viel diskutiertes Beispiel waren die **Online-Auktionen**, bei denen man überwiegend die Anwendbarkeit des § 34b GewO verneinte[607]. Begründet wurde dies häufig mit dem pauschalen

603 Ebenso *Ennuschat/Plogmann*, GewArch. 2019, 273.

604 AA allerdings *Stögmüller*, K&R 1999, 391, 393. Die Anwendung der Versteigerungsvorschriften auf Internetangebote führe zu einem Verstoß gegen Art. 3 GG, da sie gegenüber anderen Absatzformen des Internets benachteiligt werden. Die sachlichen Gründe, die diese unterschiedliche Behandlung rechtfertigen, sind aber die Gleichen wie bei den nichtvirtuellen Absatzformen.

605 Dies gilt etwa für das Versteigerungsgewerbe. In der einschlägigen Kommentarliteratur auch der Hinweis, man solle prüfen, ob man § 34b GewO nicht ersatzlos streichen könne, s. dazu *Schönleiter*, in: Landmann/Rohmer, GewO, § 34b Rn 60; s. auch *Heiderhoff*, MMR 2001, 640; *Krugmann*, NVwZ 2001, 651. Angesichts dessen verwundert es natürlich nicht, wenn eine „Ausdehung" auf Online-Angebote kritisch betrachtet wird.

606 Zu diesem Aspekt zu Recht *Merten*, GewArch. 2006, 55, 58.

607 Vgl *Schönleiter*, in: Landmann/Rohmer, GewO, § 34b Rn 60; *Ennuschat*, in: Tettinger/Wank/Ennuschat, GewO, § 34b Rn 7; *Höfling*, in: Friauf, GewO, § 34b Rn 11b ff (Stand März 2001); *Bullinger*, WRP 2000, 253, 254 f; *Hösch*, GewArch. 2002, 257; *Huppertz*, MMR 2000, 65; *Merten*, GewArch. 2006, 55, 57; *Rüßmann/Reich*, K&R 2000, 116; *Schönleiter*, GewArch. 2000, 49 f; *Stögmüller*, K&R

Hinweis, die Vorschriften passten nicht für Versteigerungen im Internet[608]. Entscheidend war aber zunächst einmal, ob es sich überhaupt um eine Versteigerung iSd § 34b GewO handelt. Erschwert wurde die Diskussion dadurch, dass weder § 34b GewO noch die VerstV eine Definition enthielten und die gewerberechtliche Literatur dieser Frage angesichts der recht klaren Situation bei herkömmlichen Präsenzversteigerungen keine Aufmerksamkeit geschenkt hatte. Der BGH definierte als Versteigern (iSv § 156 BGB) eine zeitlich und örtlich begrenzte Veranstaltung, bei der eine Mehrzahl von Personen dazu aufgefordert wird, eine Sache oder ein Recht „in der Weise zu erwerben, dass diese Personen im gegenseitigen Wettbewerb, ausgehend von einem Mindestgebot, Vertragsangebote (Preisangebote) in Form des Überbietens dem Versteigerer gegenüber abgeben, der das höchste Gebot im eigenen oder fremden Namen annimmt“[609]. Entscheidend ist dabei das gegenseitige Überbieten[610], nicht dass dies bei gleichzeitiger Anwesenheit an einem bestimmten Ort geschieht[611]. Vor allem aber muss der **Vertragsschluss durch Zuschlag** des Versteigerers[612] erfolgen, was der BGH für eBay-Versteigerungen verneinte[613].

Die damalige Diskussion zeigt besonders anschaulich die Schwierigkeiten einer historischen, aber auch teleologischen Argumentation: Die historische Argumentation, also der Hinweis darauf, dass dem Gesetzgeber „seinerzeit das Phänomen der Internetauktionen nicht bekannt“ war[614], ist genauso offensichtlich wie irrelevant, da es gerade die Aufgabe des Rechts ist, auf

---

1999, 391; *Wimmer-Leonhardt*, JR 2005, 353; aA *Gaul*, WM 2000, 1783, 1786 f; *Klinger*, DVBl 2002, 814. Erstmals den Bund-Länder Ausschuss Gewerberecht beschäftigte die Frage bereits 1996, vgl *Fuchs/Demmer*, GewArch. 1997, 60, 63.

608 *Schönleiter*, in: Landmann/Rohmer, GewO, § 34b Rn 60; *Wimmer-Leonhardt*, JR 2005, 353, 353 (Fn 10); *Rüßmann/Reich*, K&R 2000, 116. Als Beleg wurde angeführt, dass sich insbesondere die Vorgaben der VerstV, etwa die Pflicht aus § 4 VerstV, eine Besichtigung der Ware zu ermöglichen und das Versteigerungsverbot an Sonn- und Feiertagen nach § 5 VerstV gar nicht einhalten ließen bzw keinen Sinn machten. Ein besonders schönes Beispiel lieferte § 14 VerstV aF, wonach während der Versteigerung keine geistigen Getränke verabreicht werden durften. Auch der Verordnungsgeber war anlässlich der Novellierung der VerstV der Ansicht, dass „[das] auf regionalen Strukturen aufbauende gewerberechtliche Instrumentarium der Versteigererverordnung … grundsätzlich nicht geeignet [erscheint], um auf einem räumlich nicht fassbaren grenzüberschreitenden Gebiet wie dem Internet durch Gewerbeämter vollziehbare Regelungen zu schaffen“, BR-Drucks. 147/03, S. 13 f; zur Novellierung *Kopp*, GewArch. 2003, 400.

609 Zu dieser Definition s. BGHZ 138, 339, 342 = NJW 1998, 2350; KG, NJW 2001, 3272; *Schönleiter*, in: Landmann/Rohmer, GewO, § 34b Rn 6a.

610 *Schönleiter*, in: Landmann/Rohmer, GewO, § 34b Rn 6a; s. auch OLG Oldenburg, GewArch. 1990, 171.

611 Dazu *Höfling*, in: Friauf, GewO, § 34b Rn 11d. Jedenfalls wäre im „virtuellen Raum“ des Internet die Interessenlage vergleichbar, s. auch LG Hamburg, MMR 1999, 678, 679.

612 BGHZ 138, 339, 342 = NJW 1998, 2350. Der Zuschlag ist die Willenserklärung des Auktionators, mit der dieser das Gebot eines Bieters annimmt. Nach § 7 VerstV darf dieser Zuschlag erst nach dreimaligem Wiederholen des Höchstgebotes erteilt werden.

613 BGH, NJW 2005, 52. 54: Ein Zuschlag nach § 156 BGB sei nicht vorgesehen, es handele sich vielmehr lediglich um eine vom Anbieter gesetzte Frist gem. § 148 BGB für die Annahme des Angebots durch den Meistbietenden. Der Vertrag komme somit nicht durch „einen Zuschlag, unmittelbar durch Zeitablauf, zu Stande, sondern durch die Abgabe des Höchstgebots, mit dem der Bekl. das befristete Angebot des Kl. annahm“. S. auch *Merten*, GewArch. 2006, 55, 57 f. Zivilrechtlich stand die Entscheidung im Gegensatz zur früheren Auffassung zum Anwendungsbereich des Widerrufsrechts, s. dazu die Anmerkung von *Spindler*, MMR 2005, 40 mwN; einige Untergerichte hatten das Vorliegen einer Versteigerung deswegen bejaht, vgl LG Hamburg, MMR 1999, 678, 679; LG Wiesbaden, GewArch. 2000, 253; s. auch *Krugmann*, NVwZ 2001, 651, 654.

614 KG, NJW 2001, 3271, 3272 f; ebenso *Schönleiter*, in: Landmann/Rohmer, GewO, § 34b Rn 60. Eingeführt wurde sie mit dem Gesetz zur Beseitigung der Missstände im Versteigerergewerbe v. 7.8.1933 (RGBl. I, S. 974).

solche Konstellationen zu reagieren, die der historische Gesetzgeber nicht im Blick hatte. Insbes das KG ergänzte die historischen daher um teleologische Argumente, die es der gewerberechtlichen Literatur entnahm[615]. Zum gewerberechtlichen Auktionsbegriff gehöre neben dem Höchstgebotsprinzip auch das typische „Hochschaukeln" der Angebote durch gegenseitiges Überbieten, das den Versteigerungsteilnehmer in mancher Hinsicht, insbes wegen des Zeitdrucks, unter dem die Gebote in klassischen Versteigerungen abgegeben werden, als besonders schutzbedürftig … erscheinen lässt". Genau daran fehle es, so das KG, bei den Internetversteigerungen[616]. Spätestens in Zeiten schneller und dauerhafter Internetverbindungen überzeugt dies nicht mehr. Ebenfalls spielt es keine Rolle, dass es an einem „persönlichen" Eingreifen des Auktionators fehlt[617]. Umgekehrt begründet die Internetauktion durch die fehlende unmittelbare Inspektionsmöglichkeit und die Anonymität des virtuellen Raumes sogar besondere Gefahren[618]. Teleologische Gründe können den Versteigerungsbegriff nicht erweitern. Aber es darf bezweifelt werden, dass es der BGH nicht mit der gleichen Selbstverständlichkeit akzeptiert hätte, wenn ein Versteigerer für eine herkömmliche Präsenzversteigerung die allgemeinen Geschäftsbedingungen von eBay kopiert und einen Geschäftsschluss unmittelbar zwischen Anbieter und Ersteigerer konstruiert hätte.

b) Online-Vermittlungsplattformen

399 Aktuell diskutiert wird die Erlaubnispflicht von **Online-Vermittlungsplattformen für Unterkünfte**[619]. Eine solche könnte sich aus § 34c Abs. 1 S. 1 Nr 1 GewO ergeben, soweit es sich um eine Vermittlung von „Wohnraum" handelt. Nach seinen AGB will Airbnb die Vertragspartner lediglich „in Verbindung bringen", ihnen also lediglich einen Kontakt verschaffen, damit sie von sich aus (und unabhängig von Airbnb) einen Vertrag schließen können. Allerdings orientieren sich die Servicegebühren am Mietzins und ist es gerade Charakteristikum des gewerberechtlichen Vermittlungsbegriffes, dass er jede auf Vertragsschluss zielende Tätigkeit erfasst. Damit sind Vermittlungsplattformen nicht von vornherein der Erlaubnispflicht entzogen; leider hat der Gesetzgeber die Gelegenheit nicht genutzt, bei der Novellierung solche neuen Erscheinungsformen von Vermittlungstätigkeiten in die Überlegungen einzubeziehen und die Vorschrift klarer zu fassen.

400 **Fall 32 (Rn 396):** Airbnb könnte daher eine erlaubnispflichtige Tätigkeit als Wohnraumvermittler nach § 34c Abs. 1 Nr 1 GewO wahrnehmen. Systematisch differenziert die GewO zwischen der Vermittlung von Unterkünften im Fremdenverkehr und sonstigen Formen, ohne dass es auf die Dauer der Vermietung ankommt[620]. Hieraus wird tlw abgeleitet,

---

615 KG, NJW 2001, 3271; s. auch *Ennuschat*, in: Tettinger/Wank/Ennuschat, GewO, § 34b Rn 1 f.; Bund-Länder-Ausschuss „Gewerberecht", GewArch. 1997, 60, 63.

616 KG, NJW 2001, 3271, 3272 f: „Lebensnah ist … davon auszugehen, dass es sich für die Mehrzahl der Bieter angesichts der Telefongebühren und des damit verbundenen Zeitaufwandes verbieten dürfte, die Abgabe von Angeboten anderer Bieter ständig zu überprüfen und darauf prompt zu reagieren. Damit findet schon kein auf augenblicks- und situationsbedingten Entschlüssen der Bieter beruhendes direktes Überbieten statt, das aber den praktischen Ablauf von Versteigerungen charakterisiert …".

617 So aber *Martini*, in: Pielow, GewO, § 34b Rn 22.

618 Vgl *Lindenberg*, Internetauktionen im Gewerbe- und Lauterkeitsrecht, 2007, S. 60 ff.

619 Dazu *Ennuschat/Plogmann*, GewArch. 2020, 273, 275; *Ludwigs*, NVwZ 2017, 1646, 1650 mwN; *Windoffer*, LKV 2016, 337.

620 § 38 Abs. 1 Nr 4 GewO nennt die Unterkunftsvermittlung im Zusammenhang mit der Tätigkeit von Reisebüros, vgl dazu *Schönleiter*, in: Landmann/Rohmer, GewO, § 38 Rn 26 ff.

dass die kurzfristige Vermietung (nur) unter § 34 Abs. 1 Nr 1 GewO fällt, wenn der Bezug zum Fremdenverkehr fehlt. Überzeugender ist es allerdings, den Begriff des Wohnens im Sinne einer auf Dauer angelegten Haushaltsführung zu interpretieren[621], so dass alle Formen der Vermittlung eines „Hotelersatzes" und damit die Tätigkeit von Airbnb schon deswegen aus dem Tatbestand der Wohnraumvermittlung herausfallen. Allerdings besteht dann jedenfalls eine Anzeigepflicht nach § 14 GewO. Getrennt zu prüfen ist die Frage nach der Einordnung der Tätigkeit der Vermieter als Gewerbe (s. dazu schon Rn 223).

Während im Gewerberecht nur das demnächst ausgegliederte Recht der **Finanzanlagenvermittlung** (vgl Rn 306) ausdrücklich auf Online-Sachverhalte eingeht, finden sich spezifische **Regelungen für Online-Dienste im Finanzmarktaufsichts- sowie Glücksspielrecht**. In § 4 Abs. 4 GlüStV findet sich ein Verbot des Online-Glücksspiels, das mit dem besonderen Gefahrenpotential des „anonymen" Internet begründet wurde, aber mit dem GlüStV 2021 entfällt[622]. Auf die besonderen Gefahrenpotentiale von Online-Angeboten stellen auch die Vorschriften ab, die sich vor allem für den Wertpapierhandel speziell mit algorithmenbasierten Geschäftsmodellen beschäftigen[623], insbes dem Hochfrequenzhandel[624]. In den meisten Fällen stellt sich allerdings wie im Gewerberecht die Frage, wie sich technikgestützte Geschäftsmodelle mit den vorhandenen Vorschriften erfassen lassen. Dies gilt beispielsweise für das sog. Robo-Advisory. Dessen Kernbestandteil ist ein Algorithmus, der auf Basis der Angaben aus einem Fragenkatalog zu den Verhältnissen und Zielen des Nutzers ein Musterportfolio erstellt bzw eine Finanzempfehlung abgibt[625]. Allgemein spricht man von **FinTechs**, dh technologiegestützten Innovationen, „die neue Geschäftsmodelle, Anwendungen, Prozesse oder Produkte hervorbringen und die Finanzmärkte und -institute sowie die Art und Weise, wie Finanzdienstleistungen erbracht werden, erheb- 401

621 Dazu *Drasdo*, NJW-Spezial 2018, 545; *Ludwigs*, NVwZ 2017, 1646, 1651. Dies verlangt allerdings keine bestimmte Dauer, wohl aber, dass es sich um den Mittelpunkt privater Lebensgestaltung handelt; so wurden die sog. Mitwohnzentralen als die realwirtschaftlichen Vorbilder ebenfalls unter den Begriff der Wohnraumvermittlung gefasst, vgl *Marcks*, in: Landmann/Rohmer, GewO, § 34c Rn 17.

622 Über den GlüStV haben die Ministerpräsidentinnen und Ministerpräsidenten am 12.3.2020 eine Einigung erzielt, die sich aktuell im Notifizierungsverfahren bei der Kommission befindet; vgl https://www.landtag.nrw.de/portal/WWW/dokumentenarchiv/Dokument/MMV17-3157.pdf. Demgegenüber findet die GewO nach § 33h Nr 3 GewO keine Anwendung, s. auch *Ennuschat*, in: Pielow, GewO § 33h Rn 56 mwN.

623 § 80 Abs. 2 S. 1 WpHG definiert den algorithmischen Handel als den Handel mit Finanzinstrumenten dergestalt, „dass ein Computeralgorithmus die einzelnen Auftragsparameter automatisch bestimmt, ohne dass es sich um ein System handelt, das nur zur Weiterleitung von Aufträgen zu einem oder mehreren Handelsplätzen, zur Bearbeitung von Aufträgen ohne die Bestimmung von Auftragsparametern, zur Bestätigung von Aufträgen oder zur Nachhandelsbearbeitung ausgeführter Aufträge verwendet wird." Auch die Wertpapierbörsen müssen in ihren Börsenordnungen Bestimmungen über die Kennzeichnung algorithmisch generierter Aufträge erlassen (§ 16 Abs. 2 Nr 3 BörsG).

624 Dieser steht in Deutschland seit 2013 unter spezieller staatlicher Aufsicht nach dem Hochfrequenzhandelsgesetz (G zur Vermeidung von Gefahren und Missbräuchen im Hochfrequenzhandel v. 7. 5. 2013, BGBl. I Nr 23 S. 1162. Hochfrequenzhandel ist dadurch gekennzeichnet, dass ein Handelssystem mit hoher Geschwindigkeit und hoher Anzahl Aufträge sendet oder aktualisiert und zeitlich bedingte Informationsunterschiede zwischen Marktteilnehmern ausgenutzt werden, vgl zur Definition § 1 Abs. 1 a Nr 4 lit. d KWG und § 2 Abs. 8 Nr 2 lit. d, Abs. 44 WpHG.

625 Je nach Ausgestaltung kann es sich dabei um Anlageberatung iSv § 1 Abs. 1 a S. 2 Nr 1 a KWG, § 2 Abs. 8 Nr 10 WpHG, aber auch um Anlagevermittlung (§ 1 Abs. 1 a S. 2 Nr 1 KWG, § 2 Abs. 8 Nr 4 WpHG) handeln.

lich beeinflussen könnten"[626]. Sie haben schon jetzt erhebliche Auswirkungen auf die Geschäftsmodelle traditioneller Intermediäre wie der Geschäftsbanken. Der zunehmende Einsatz „künstlicher Intelligenz" wird diese disruptiven Tendenzen verstärken.

Ein Charakteristikum online-basierter Geschäftsmodelle besteht gerade darin, dass neue Intermediäre auftreten, die sich mit dem bisherigen Aufsichtsrecht nicht oder nicht angemessen regulieren lassen. Dies betraf zunächst die entsprechenden Zahlungsdienste. Diese wurden einem eigenen Regelungsregime unterworfen, einem „Bankrecht light", das der Erkenntnis geschuldet war, dass die Anforderungen der Bankenaufsicht den Marktzutritt neuer Intermediäre verhindert hätten und das rigide System der Bankerlaubnis für diese Geschäftsformen auch nicht erforderlich ist. Im Ergebnis wurde so neben dem Kreditgeschäft im weiteren Sinne (vgl § 1 Abs. 1 KWG) und dem Effektengeschäft, dh Dienstleistungen mit Bezug zu Kapitalanlagen und Kapitalmärkten (§ 1 Abs. 1a KWG, § 2 Abs. 4 WpHG), das Zahlungsgeschäft etabliert, also die Ermöglichung unbarer Geldtransaktionen (§ 1 Abs. 1 ZAG). Allerdings gelingt es dem Aufsichtsrecht kaum, mit den tatsächlichen Entwicklungen Schritt zu halten. Die Komplexität der Entwicklung zeigt sich besonders plastisch am sogenannten Social Trading, dem „Web-2.0-Gegenpol" zur klassischen Geldanlage. Die Kunden (Follower) der Plattform verknüpfen ihr eigenes Portfolio mit einem oder mehreren Referenzportfolien. Handelsentscheidungen des entsprechenden Traders (Signalgebers) werden dann auch automatisiert für den Kunden ausgeführt. So kann der Kunde der Handels- bzw. Anlagestrategie des oder der Trader(s) folgen, die seiner Ansicht nach am erfolgreichsten sind. Das Weltwirtschaftsforum qualifiziert soziale Handelsnetzwerke als Disruptoren, die „entstanden sind, um kostengünstige, anspruchsvolle Alternativen zu traditionellen Vermögensverwaltern anzubieten". Sie tragen zu einer breiteren Kundenbasis bei und ermöglichen es den Kunden, mehr Kontrolle über ihre Vermögensverwaltung zu haben und stellen damit nicht nur „eine greifbare Bedrohung für die traditionellen Praktiken der Vermögensverwaltungsbranche dar", sondern auch eine Herausforderung für das Aufsichtsrecht.

3. Online-Dienste und deutsches öffentliches Wirtschaftsrecht

a) Niederlassung in Deutschland

402 Sofern Online-Angebote von den speziellen Erlaubnistatbeständen überhaupt erfasst werden, ist die Frage zu beantworten, ob die Angebote auch dem deutschen Recht unterliegen. Dies ist in der „virtuellen" Welt des Internet im Regelfall eine komplexe Frage. Ausgangspunkt sind jedoch auch hier die allgemeinen Grundsätze: Die **behördliche Zuständigkeit** ist grundsätzlich jedenfalls immer dann gegeben, wenn der Gewerbetreibende in Deutschland über eine Niederlassung verfügt (s. schon Rn 246). Auch für die „virtuellen" Internetangebote gilt dieser Grundsatz, wie § 3 Abs. 1 TMG nF ausdrücklich bestätigt. Das die Zuständigkeit begründende **Recht am Ort der Niederlassung** entscheidet dann auch über die anzuwendenden materiellen Vorschriften. Dies führt einerseits dazu, dass Online-Angebote deutscher Unternehmen auch der deutschen Gewerbeaufsicht unterliegen, dass aber gleichzeitig aus dem Ausland stammende Angebote regelmäßig nicht vom deutschen Gewerberecht erfasst werden.

626 COM (2018) 109 final, S. 3 (dort Fn. 1); http://www.fsb.org/what-we-do/policy-development/additional-policy-areas/monitoring-of-FinTech. Die Definition geht zurück auf Untersuchungen des Financial Stability Board (FSB) zu den Auswirkungen dieser Entwicklung auf die Finanzmarktstabilität, die es im Juli 2017 der G20 als Bericht vorlegte, vgl http://www.fsb.org/what-we-do/policy-development/additional-policy-areas/monitoring-of-fintech.

Ersteres folgt aus § 3 Abs. 1 TMG, der das Herkunftslandsprinzip der RL 2000/31/EG dahingehend umsetzt, dass das deutsche Recht für in Deutschland niedergelassene Diensteanbieter auch dann gilt, wenn die Dienstleistungen in einem anderen Staat innerhalb des Geltungsbereichs der RL erbracht werden[627]. Jedenfalls kommt es für die „Lokalisierung" eines Internetauftritts weder auf die technischen Ressourcen und den Serverstandort[628], noch auf solche „räumlichen" Verbindungen, die beim Speichern von Internet-Inhalten regelmäßig ohne Wissen des Anbieters hergestellt werden, an. Eine Internetdomain unter dem Top-Level „.de" kann allerdings ein Anhaltspunkt für eine (Schein)Niederlassung sein[629]. Bestehen mehrere Niederlassungen ist allerdings diejenige maßgeblich, wo sich der Mittelpunkt der geschäftlichen Betätigung des Anbieters in Bezug auf den fraglichen Dienst befindet (Erwägungsgrund 19 der RL 2000/31/EG).

b) Auswirkungsprinzip und Dienste der Informationsgesellschaft

Nicht erst unter dem Einfluss des Internets gibt es die Tendenz, die Zuständigkeit deutscher Aufsichtsbehörden auf gewerbliche Tätigkeiten auszuweiten, die sich auf den deutschen Markt auswirken. Prominent findet sich eine entsprechende Regelung im (internationalen) Kartellrecht[630], aber auch im Bereich der Bankenaufsicht folgt man diesem **Auswirkungsprinzip** (dazu näher Rn 546). Auch das Gefahrenabwehrrecht wird vom Grundsatz beherrscht, dass (überall) dort eingeschritten werden kann, wo der Anlass für ein Einschreiten gegeben wird. Entsprechend wurde auch für den Verbraucherschutz am Tatbestandsmerkmal des „Ausrichtens" einer Webseite das Auswirkungsprinzip konkretisiert bzw ausgedehnt. Der EuGH hält Sprache und Währung für geeignete Anhaltspunkte[631]. **403**

Grundsätzlich sind allerdings nach § 4 TMG, der insoweit die **E-Commerce-Richtlinie 2000/31/EG** umsetzt, „Dienste der Informationsgesellschaft" im Rahmen der Gesetze zulassungs- und anmeldefrei. Dies bedeutet, dass es keine spezielle Genehmigungspflicht für Online-Angebote geben darf, dass andererseits aber eine Anwendung der allgemeinen (gewerberechtlichen) Vorschriften nicht von vornherein ausgeschlossen ist. **Dienste der Informationsgesellschaft** sind solche, die – in der Regel entgeltlich und auf individuellen Abruf ihrer Empfänger – **elektronisch** (mittels einer Plattform) **und im Fernabsatz** (ohne gleichzeitige Anwesenheit der Beteiligten) erbracht werden[632]. Insoweit hat die jüngste EuGH-Rechtsprechung einige Grundsatzfragen geklärt. **404**

---

627 Dies gilt auch für das öffentliche Recht; nicht überzeugend unter Berufung auf das Territorialitätsprinzip *Müller-Broich*, Telemediengesetz, 2012, § 3 Rn 8. Die in Bezug genommenen Ausführungen BT-Drucks. 17/6098 S. 18 betreffen nicht § 4 Abs. 1 TMG, sondern Absatz 2.

628 Teilweise abweichend *Arndt/Köhler*, EWS 2001, 102, 105 mwN.

629 S. auch *Leible/Müller*, NJW 2011, 495.

630 Vgl § 185 Abs. 2 GWB (§ 130 Abs. 2 GWB aF) für das Verfahren des BKartA; für das Kartellprivatrecht ergibt sich das Auswirkungsprinzip aus Art. 6 Abs. 3 lit. a Rom II-VO; näher dazu *Immenga*, in: Münchener Kommentar zum BGB, 7. Aufl. 2018 IntWettbR/IntKartellR Rn 64 ff.

631 EuGH v. 7.12.2010 – Rs C-585/08, C-144/09 – *„Peter Pammer/Reederei Karl Schlüter GmbH & Co. KG"* und *„Hotel Alpenhof GesmbH/Oliver Heller"*, EuZW 2011, 98; s. auch tlw krit zu den Beispielen *Leible/Müller*, NJW 2011, 495, 496 f; *Wilke*, EuZW 2015, 13.

632 Vgl die Definition in Art. 1 Abs. 1 lit b RL 2015/1335 v. 20.5.2019 über ein Informationsverfahren auf dem Gebiet der technischen Vorschriften und der Vorschriften für die Dienste der Informationsgesellschaft. Beide Tatbestandsmerkmale werden in Anhang I der RL (EU) 2015/1535 bereits spezifisch konkretisiert.

405 In **Fall 32 (Rn 396)**[633] stellt sich die Frage, inwieweit Airbnb einen solchen **Dienst der Informationsgesellschaft** iSv Art. 2 lit. A RL 200/13/EG erbringt. Die genannten Tatbestandsmerkmale sind offensichtlich gegeben. Allerdings hatte der EuGH im Zusammenhang mit der Vermittlung von Verkehrsdienstleistungen den Anwendungsbereich der Vorschrift eingeschränkt[634] und solche Dienstleistungen von der Privilegierung ausgenommen, die „integraler Bestandteil" einer rechtlich anders einzustufenden Dienstleistung sind. Bei Uber hatte er einen derartigen Konnex zwischen der Vermittlungsleistung und der Erbringung der Verkehrsdienstleistung bejaht. Airbnb erbringt seine Vermittlungstätigkeit allerdings unabhängig von der eigentlichen Vermietung der Unterkunft; der entscheidende Mehrwert liegt gerade in der Bündelung verschiedener Angebote und den Zusatzleistungen. Außerdem nimmt Airbnb auf die Miethöhe keinen unmittelbaren Einfluss, sondern informiert lediglich über die durchschnittlichen Marktpreise. Damit unterliegt Airbnb Ireland nur den irischen Vorschriften; deutsches Gewerberecht ist nach § 4 Abs. 2 TMG auch dann nicht anwendbar, wenn es sich um Kunden bzw Mietobjekte aus Deutschland handelt[635]. Damit besteht keine Erlaubnispflicht (s. aber zu § 34c GewO schon Rn 399 f).

§ 4 Das Gaststättenrecht

406 **Fall 33:** P betreibt ein sog. Partybike. Während die Fahrgäste auf den Außenseiten des Gefährts sitzen und es durch die Betätigung der Pedale gemeinschaftlich in Bewegung setzen, schenkt P über die in der Mitte angebrachte Theke alkoholische Getränke, vor allem in Form von Bier aus. Bedarf er einer gaststättenrechtlichen Genehmigung?

407 **Fall 34:** Die siebzehnjährige G erbt von ihrem Vater V die Schank- und Speisewirtschaft „Zum goldenen Lamm". Die Gaststätte liegt in einem allgemeinen Wohngebiet, Parkplätze sind auf dem Grundstück nicht vorhanden. Testamentarisch hatte V die befreundete T als Testamentsvollstreckerin eingesetzt. T führt die Gaststätte nach dem Tod des V weiter, ohne irgendwelche Genehmigungen zu beantragen. Wie ist die Rechtslage?

408 **Fall 35:** Nachdem sie volljährig geworden ist, übernimmt G selbst die Leitung der Gaststätte, ein gutbürgerliches Lokal mit Alkoholausschank, welches über einen angrenzenden Saal verfügt, den ihr Vater höchstens einmal im Monat für Auftritte einer Rentner-Combo genutzt hatte. Sie erhält eine eigene Erlaubnis zum Betrieb einer Schank- und Speisewirtschaft ohne Betriebseigentümlichkeiten.

a) Nach einigen Wochen bringt G frischen Wind in die Gaststätte und zielt auf ein deutlich jüngeres Publikum ab. Sie ändert die Speisekarte und führt wöchentlich Partyveranstaltungen in dem Saal durch, die sich bis 1.00 Uhr nachts hinziehen und wegen des Andrangs zunehmend zu Parkplatzproblemen führen. Den alten Tanzsaal gestaltet sie mit einer neuen Beleuchtung und Lichtorgel nach dem Geschmack ihres Publikums um. Die

633 Zu einem französischen Fall EuGH v. 19.12.2019 – Rs C-390/18 – *„Airbnb Ireland"*, MMR 2020, 171 Rn 44 ff.

634 EuGH v. 20.12.2017 – Rs C-434/15 – *„Associon Profesionel Elite Taxi"*, MMR 2018, 144 Rn 40.

635 So auch ausdrücklich BT-Drucks. 17/6098 S. 18 zum Ausschluss der Anwendbarkeit des deutschen öffentlichen Rechts auf ausländische Angebote. Im französischen EuGH-Fall waren die französischen Vorschriften schon deswegen nicht anwendbar, weil sie nicht notifiziert worden waren.

zuständige Behörde widerruft daraufhin die Gaststättenerlaubnis nach § 15 Abs. 3 Nr 1 GastG. War dies rechtmäßig? Spielt es eine Rolle, wenn die Behörde zunächst über ein Jahr lang das neue Konzept duldet, weil sie davon ausgeht, die Änderung sei gaststättenrechtlich irrelevant?

b) Die Behörde erteilt auf Antrag der G eine neue Erlaubnis für das geänderte Betriebskonzept und stuft die Gaststätte als Diskothek ein. Nachbar N ist über den Lärm entsetzt und klagt gegen die neue Gaststättenerlaubnis. Würde es für seine Klage eine Rolle spielen, wenn die G auch eine Baugenehmigung erhalten hätte, die ihr die Nutzung der Räumlichkeiten als Vergnügungsstätte erlaubt?

c) G beschränkt sich wieder auf den typischen Gaststättenbetrieb. Auf erneute Beschwerde des N hin wird durch eine Auflage zur Gaststättenerlaubnis die Betriebszeit auf 20.00 Uhr beschränkt. G hält ihre Gaststätte trotzdem weiterhin bis 22.00 Uhr offen, weil sie davon ausgeht, die zeitliche Begrenzung werde nicht durch öffentliche Bedürfnisse gerechtfertigt und sei deswegen rechtswidrig. Außerdem verletze es sie in ihren Grundrechten, wenn sie auf das lukrative Abendgeschäft verzichten müsse. Wie ist die Rechtslage?

Fall 36: M eröffnet in der Stadt S ein muslimisches Restaurant und verzichtet aus religiösen Gründen auf den Ausschank alkoholischer Getränke. Einige Wochen nach Eröffnung erhält er einen schriftlichen, ordnungsgemäß begründeten Bescheid der zuständigen Stadtverwaltung, in dem ihm die Weiterführung der Gaststätte untersagt wird. Zur Begründung wird angeführt, dass M schon deswegen nicht die erforderliche Zuverlässigkeit besitze, weil er sich um die gewerberechtlichen Vorschriften nicht gekümmert und den Betrieb nicht ordnungsgemäß angezeigt habe. Außerdem habe M ohne gaststättenrechtliche Erlaubnis alkoholische Getränke verkauft. Zwar werde im Lokal kein Alkohol ausgeschenkt, er verkaufe aber Bier in Flaschen an solche Kunden, die seine Speisen mit nach Hause nehmen. Ist der Bescheid rechtmäßig? **409**

I. Gaststättenrecht als Gewerberecht

Das Gaststättenrecht gehört zu den traditionell bedeutsamsten gewerberechtlichen Nebengesetzen. Ursprünglich war es als erlaubnispflichtiges (stehendes) Gewerbe in § 33 GewO 1869 geregelt, hat sich aber mit dem GastG 1930 (RGBl. I S. 146) aus der GewO „herausentwickelt". Die darin zur Bekämpfung des Alkoholismus vorgesehene Bedürfnisprüfung[1] war nicht mit der Berufsfreiheit des Art. 12 GG vereinbar (s. schon oben Rn 121)[2]. Gleichwohl konnte sich der Bundestag über mehrere Legislaturperioden nicht auf eine Neukonzeption verständigen[3]. Erst 1970 fand man einen Kompromiss „zwischen gewerbepolizeilichen Erwägungen einerseits und marktwirt- **410**

1 Die GewO-Novelle v. 23.7.1879 (RGBl. S. 267) ermächtigte die Landesregierungen, die Erlaubniserteilung von einer Bedürfnisprüfung abhängig zu machen. Durch Notgesetz v. 24.2.1923 (RGBl. S. 146) wurden der Nachweis eines Bedürfnisses für eine Gaststätte und die Zuverlässigkeitsprüfung als Voraussetzungen für die Erteilung einer Gaststättenerlaubnis eingeführt. Diese Anforderungen wurden durch das GastG 1930 weiter verschärft. Ausführlich zum GastG 1930 *Müller*, GewArch. 1970, 241.

2 BVerwGE 1, 48, 50 ff; 269, 272 ff. Die Argumentation des Bundesverwaltungsgerichts entsprach im Wesentlichen der späteren des Bundesverfassungsgerichts, erfasste allerdings nicht die Bedürfnisprüfung bei ausländischen Gastwirten (Art. 12 GG als Deutschengrundrecht!), die erst mit dem GastG 1970 entfiel; vgl auch *Frotscher/Kramer*, Rn 493; *Michel/Kienzle/Pauly*, GastG, Einl Rn 1, 13.

3 Zur weiteren Entwicklung *Michel/Kienzle/Pauly*, GastG, Einl Rn 4 ff.

schaftlichen Überlegungen andererseits"[4]. Neben die Bekämpfung des Alkoholmissbrauchs trat der Schutz der Gäste und Beschäftigten gegen Ausbeutung, Gefahren für Leben, Gesundheit und Sittlichkeit sowie der Schutz von Umwelt und Allgemeinheit vor den von einem Gaststättenbetrieb ausgehenden Gefahren und Belästigungen[5]. Mit der Novelle 2005[6] trat die klassische Funktion der Bekämpfung des Alkoholmissbrauchs wieder in den Vordergrund, indem die Erlaubnisbedürftigkeit nur noch an den Alkoholausschank anknüpft (s. Rn 419). Seit der Föderalismusreform fällt es in die **Zuständigkeit der Länder**[7]. Diese haben etwa zur Hälfte eigene Gesetze erlassen und dabei teilweise das Gestattungsmodell durch Anzeigeverfahren mit besonderer Zuverlässigkeitsprüfung ersetzt[8]. In den übrigen Bundesländern gilt das **GastG als Bundesgesetz** fort, Art. 125a GG (s. dazu schon Rn 165). Nur dieses wird im Folgenden dargestellt.

Nach überwiegender Auffassung beschränkt sich die Landeskompetenz auf das stehende Gaststättengewerbe[9]. Beim Reisegewerbe ist die Rechtslage allerdings unübersichtlich. Soweit in § 1 Abs. 2 GastG zentrale Formen der „Reisegaststätten" geregelt werden (dazu Rn 414), behält das GastG – was der Gesetzgeber, als er nur § 13 GastG aufgehoben hat, offensichtlich nicht bedacht hat[10] – dauerhaft einen Anwendungsbereich. Auf seiner Grundlage haben Gastwirte daher selbst in den Ländern mit eigenem Gaststättengesetz einen Anspruch auf Gestattung nach § 1 Abs. 2 GastG iVm § 12 GastG, die eine Reisegewerbekarte entbehrlich macht (s. bereits Rn 349). Weitere gaststättenspezifische Regelungen finden sich in Titel III der GewO. Angesichts der Abgrenzungsschwierigkeiten sollte der Bundesgesetzgeber besser eine einheitliche Regelung für „Reisegaststätten" in der GewO treffen.

II. Die Anwendbarkeit des GastG – Der Gaststättenbegriff

411 Nach § 1 Abs. 1 GastG unterhält ein Gaststättengewerbe, wer **im stehenden Gewerbe** (vgl Rn 414 f) eine **Schank- oder Speisewirtschaft** betreibt. Auf ein solches ist das GastG anwendbar, das dann weiter zwischen genehmigungs- und nicht genehmigungsbedürftigem Gastgewerbe differenziert (s. Rn 419 ff).

4 *Müller*, GewArch. 1970, 241.

5 Vgl dazu *Michel/Kienzle/Pauly*, GastG, Einl Rn 13; *Diederichsen*, in: Schmidt/Vollmöller, § 10 Rn 1.

6 Gesetz zur Umsetzung von Vorschlägen zu Bürokratieabbau und Deregulierung aus den Regionen v. 21.6.2005, BGBl. I 2005, S. 1666; s. hierzu *Dübbers/Jo*, NVwZ 2006, 301. Mit dem Zweiten Gesetz zum Abbau bürokratischer Hemmnisse, insbesondere in der mittelständischen Wirtschaft v. 7.9.2007, BGBl. I 2007, 2246 wurden weitere Vorschriften aufgehoben. Zur umfassenden Novellierung des Bundesgesetzes kam es infolge des Wegfalls der Bundesgesetzgebungskompetenz nicht mehr; zum Entwurf *Böhme*, GewArch. 2006, 185 ff.

7 Dogmatisch handelt es sich um einen nur teilweise spezialgesetzlich geregelten Fall des stehenden Gewerbes. Dies ist deshalb von Bedeutung, weil sich auch die Länderkompetenz nur auf das stehende Gewerbe erstreckt. Auch wenn die meisten Landesgesetze auf das Definitionsmerkmal des „stehenden" Gewerbes verzichten (anders § 1 Abs. 1 GastG Saar), verweisen sie für Reisegaststätten auf Titel III der Gewerbeordnung.

8 Ein eigenes LGastG haben Brandenburg, Bremen, Baden-Württemberg, Hessen, Niedersachsen, Saarland, Sachsen, Sachsen-Anhalt und Thüringen. Zu Anzeigeverfahren vgl § 2 Abs. 1 BbgGastG; § 3 SaarlGastG; § 2 Abs. 1 ThürGastG.

9 S. zur Auffassung des Gesetzgebers BT-Drucks. 16/11622 S. 7; abweichend *Klement*, in: Schmidt/Wollenschläger § 11 Rn 10; *Dürr*, GewArch. 2009, 286.

10 Vgl BT-Drucks. 16/4391 S. 38.

1. Gewerbsmäßigkeit und die Ausnahmen

Voraussetzung ist grundsätzlich die **Gewerbsmäßigkeit** der Tätigkeit (s. ausf Rn 213 ff). Gaststättenspezifische Probleme stellen sich insbesondere im Zusammenhang mit der Gewinnerzielungsabsicht. Es genügt wie auch sonst eine **mittelbare Gewinnerzielungsabsicht**[11]. Diese ist gegeben, wenn Speisen und Getränke zur Gewinnung von Kunden unentgeltlich verabreicht werden[12] oder eine ansonsten defizitäre Veranstaltung durch Alkoholausschank gefördert wird[13]. An der Gewerbsmäßigkeit fehlt es, wenn der (entgeltliche) Ausschank im Zusammenhang mit der Urproduktion steht, etwa beim Winzerausschank von selbst erzeugten Weinen[14]. **412**

Auf das Erfordernis der Gewerbsmäßigkeit wird in § 23 GastG verzichtet und der Anwendungsbereich des GastG auf den **Ausschank alkoholischer Getränke durch Vereine und Gesellschaften** ausgedehnt, die kein Gewerbe betreiben. Diese Vorschrift lässt sich nur vor dem Hintergrund des traditionell zentralen Schutzzweckes des Gesetzes (Schutz vor Alkoholmissbrauch) verstehen. Umgekehrt wird die Anwendbarkeit des GastG in § 25 unabhängig von der Gewerbsmäßigkeit bei bestimmten Erscheinungsformen ausgeschlossen. Hierzu gehören **Betriebskantinen**, Einrichtungen von Militär und Polizei[15] sowie gastgewerbliche Leistungen „anlässlich" der **Beförderung von Reisenden** in Luftfahrzeugen, Bahnen, Schiffen und Reisebussen. **413**

2. Stehendes Gewerbe und Reisegewerbe mit ortsfester Betriebsstätte

§ 1 Abs. 1 GastG setzt ferner die **Ausübung eines stehenden Gewerbes** iS des Titels II der GewO voraus. Allerdings **erweitert § 1 Abs. 2 GastG den Anwendungsbereich** der Vorschriften auf das **Reisegewerbe mit ortsfester Betriebsstätte**, die auf gewisse Dauer benutzt wird, da sich solche Einrichtungen nicht wesentlich von stehenden Gewerbebetrieben unterscheiden. Eine Betriebsstätte ist ortsfest, wenn sie zumindest zeitweise mit Grund und Boden verbunden ist bzw trotz Fortbestehens der Beweglichkeit jedenfalls für eine gewisse Dauer am selben Platz steht[16]. **414**

Es fehlt dagegen an der Ortsfestigkeit, wenn das Fahrzeug ständig zwischen mehreren Orten pendelt und am jeweiligen Aufenthaltsort nur für kurze Zeit verbleibt (zB Eisverkäufer, „Bauchladenhändler"[17]). Erfasst werden demgegenüber Bierzelte, aber auch fahrbare Imbissbuden, die regelmäßig an einem bestimmten Platz aufgestellt werden. Wegen § 1 Abs. 2 GastG bleibt in diesen Fällen das GastG anwendbar, so dass weiterhin nach § 1 Abs. 2 GastG iVm § 12 GastG eine Gestattung erteilt werden kann[18], was diesen Konstellationen besser gerecht wird als das Reisegewerberecht. Dieses wird daher nur beim Fehlen einer ortsfesten Betriebs-

11 BVerwG, GewArch. 1962, 212; s. auch VGH Mannheim, GewArch. 2000, 33.
12 OVG Münster, GewArch. 1961, 212, 213; *Ehlers*, in: Ehlers/Fehling/Pünder, § 20 Rn 12.
13 Zu Beispielen *Ehlers*, in: Ehlers/Fehling/Pünder, § 20 Rn 12 (Abiturfeier); *Ziekow*, § 12 Rn 7 (Jura-Party).
14 VGH Mannheim, VBlBW 1989, 107; NuR 1996, 601. Der Zukauf von mehr als 10% fremden Weines und die gleichzeitige Abgabe von Speisen führen allerdings zur Gewerbsmäßigkeit, s. auch *Metzner*, GastG, § 1 Rn 8; *v. Ebner*, GewArch. 1990, 366.
15 Vgl *Pöltl*, GewArch. 2004, 184, 185.
16 Insofern weist der Begriff Parallelen zum bauordnungsrechtlichen Begriff der baulichen Anlage auf, s. etwa zur baurechtlichen Genehmigungspflicht für eine „Gulaschkanone" VG Dessau, LKV 2002, 589.
17 OVG Lüneburg, NdsVBl. 1997, 158; OLG Köln, NVwZ 1992, 100.
18 S. auch *Stollenwerk*, GewArch. 2011, 186.

stätte relevant. Im Ergebnis ist der genehmigte Betrieb einer Reisegaststätte reisegewerbekartenfrei (§ 55a Abs. 1 Nr 7 GewO)[19], wobei allerdings § 56 Abs. 1 Nr 3 b) Hs 2 GewO die Abgabe alkoholischer Getränke einschränkt[20].

415 In **Fall 33 (Rn 406)**[21] bestehen an der Gewerbsmäßigkeit keine Zweifel. Es könnte sich jedoch um Reisegewerbe handeln. Das Partybike wird von dem Betreiber an seiner gewerblichen Niederlassung zur Vermietung vorgehalten, eine Bewirtung der Fahrgäste erfolgt indes erst während der Fahrt, also gerade nicht von einer ortsfesten Betriebsstätte iSv § 1 Abs. 2 GastG aus. Gegen die Einordnung als Reisegewerbe spricht jedoch, dass auf die Niederlassung abzustellen ist, an der die Leistung insgesamt angeboten wird[22] und dass die Leistung jedenfalls auf vorhergehende Bestellung erfolgt (Rn 343); damit handelt es sich um stehendes Gewerbe[23]. Allerdings könnte die Privilegierung des § 25 GastG greifen (s. Rn 413). Die Besonderheit der Party-Bikes besteht jedoch darin, dass hier nicht die Beförderungsleistung, sondern eindeutig der Alkoholausschank im Vordergrund steht, so dass man angesichts des Schutzzweckes des GastG eine teleologische Reduktion des § 25 GastG erwägen könnte. Allerdings führte dies zu erheblichen Abgrenzungsschwierigkeiten, so dass im Interesse der Rechtssicherheit eine einheitliche Auslegung und von Art. 12 GG im Zweifel eine enge Auslegung geboten ist. Daher ist wegen § 25 GastG im vorliegenden Fall eine gaststättenrechtliche Genehmigung nicht erforderlich. P bedarf daher keiner Genehmigung nach dem GastG, wohl aber einer straßenrechtlichen Sondernutzungserlaubnis[24].

3. Allgemeine Zugänglichkeit des Betriebes

416 Weitere Voraussetzung für die Anwendbarkeit des GastG ist die **Zugänglichkeit des Betriebes für „jedermann oder bestimmte Personenkreise"**, wie sich aus § 1 Abs. 1 und 2 GastG entnehmen lässt. Es genügt also, dass ausschließlich Angehörige einer bestimmten, aber zahlenmäßig nicht überschaubaren Personengruppe (etwa Vereinsmitglieder, Fahrgäste, Theater- oder Kinobesucher etc) Zutritt haben[25]. Die allgemeine Zugänglichkeit ist auch dann gegeben, wenn Eintrittsgelder oder Eingangskontrollen vorgesehen sind. Um Gaststättengewerbe handelt es sich daher zB auch bei einem „Raucherclub"[26]. Mit diesem Kriterium sollen lediglich rein private

19 Ausdrücklich auch die Gesetzesbegründung, BT-Drucks. 16/4391 S. 38. Eine Reisegewerbekarte ist nach § 55a Abs. 1 Nr 7 GewO dann nicht erforderlich, wenn bereits eine anderweitige Ausübungserlaubnis für das Gewerbe vorliegt. Eine solche Erlaubnis kann dann auch eine nach dem GastG bzw nach Landesrecht erteilte Gaststättenerlaubnis bzw Gestattung sein (zB erstreckt § 1 Abs. 1 BremGastG die Erlaubnis auf Reisegaststätten). Wenn das Landesrecht eine solche nicht vorsieht, bleibt es bei der Reisegewerbekartenpflicht, s. auch *Stollenwerk*, GewArch. 2011, 186, 187.

20 Teilweise wird die Vorschrift für verfassungswidrig erachtet, vgl *Klement*, in: Schmidt/Wollenschläger, § 11 Rn 82; dem folgend *Ehlers*, in: Ehlers/Fehling/Pünder, § 12 Rn 13. Unabweisbar ist dies, sofern man entgegen der hM eine Bundeskompetenz für das Reisegewerbe verneint (*Klement*, in: Schmidt/Wollenschläger § 11 Rn 9).

21 Vgl hierzu den Sachverhalt von OVG Münster v. 15.12.2009 – 11 B 1616/09; außerdem *Klenner*, NZV 2011, 234.

22 *Rossi*, in: Pielow, GewO § 55 Rn 10.

23 Ebenso *Klenner*, NZV 2011, 234, 236.

24 BVerwG, NVwZ 2012, 1623. Insoweit zweifelnd *Siegel*, NVwZ 2013, 479, 480.

25 *Metzner*, GastG, § 1 Rn 68.

26 VG München, GewArch. 2008, 258. Zur Bewirtung von „Freunden" VGH München, BayVBl. 2004, 565; *Metzner*, GastG, § 1 Rn 67 mwN.

Geselligkeiten aus dem Anwendungsbereich des GastG genommen werden, wie beispielsweise Hochzeits- oder Geburtstagsfeiern, aber beispielsweise auch ein Staatsempfang[27].

4. Betriebstypen

Eine **Gaststätte** muss sich einem der in § 1 Abs. 1 Nr 1 und 2 GastG genannten Betriebstypen zuordnen lassen (zur Abgrenzung von der Betriebsart Rn 428 f). Das Gesetz unterscheidet die Schankwirtschaft (Nr 1) und die Speisewirtschaft (Nr 2)[28]. Ein Betrieb kann durchaus mehreren Betriebstypen angehören, sehr oft als Schank- und Speisewirtschaft. Dieses Kriterium dient der **Abgrenzung vom Lebensmittelverkauf**, bei dem die erworbenen Speisen und Getränke gerade nicht an Ort und Stelle verzehrt werden, hat aber mit der Einschränkung der gaststättenrechtlichen Erlaubnispflicht auf den Alkoholausschank viel an praktischer Bedeutung verloren. 417

An einer Abgabe zum Verzehr an Ort und Stelle fehlt es zB bei Tankstellen, selbst wenn einzelne Kraftfahrer die Zeit des Auftankens dazu nutzen, ein an der Tankstelle erworbenes Getränk oder Brötchen direkt zu verzehren[29]. Bei Imbissständen, die keine Stehtische aufgestellt haben, hängt das Vorliegen einer Gaststätte nach der Rechtsprechung vom Sortiment ab. Danach sollen Speiseeis[30] und Käsebrötchen[31] üblicherweise im Weitergehen, Fischbrötchen dagegen an Ort und Stelle verzehrt werden[32].

III. Die Erlaubnispflicht

Nach § 2 Abs. 1 S. 1 GastG erfordert der Betrieb einer Gaststätte grundsätzlich eine Erlaubnis. Vor dem Hintergrund des Art. 12 GG ist die Gaststättenerlaubnis als **präventives Verbot mit Erlaubnisvorbehalt** zu interpretieren. Daher darf eine Erlaubnis nur aus den in § 4 GastG abschließend genannten Gründen versagt werden. Die Gaststättenerlaubnis wird gem. § 3 Abs. 1 GastG für bestimmte Betriebsarten (Rn 428 ff) und nur für bestimmte Räume erteilt. Die Erlaubnis bedarf nach § 3 Abs. 1 S. 2 GastG der Schriftform; eine mündlich erteilte Erlaubnis wäre nach § 44 Abs. 1 VwVfG nichtig. Sofern von ihr nicht Gebrauch gemacht wird, erlischt sie nach näherer Maßgabe des § 8 GastG[33]. 418

27 BayObLG, NVwZ-RR 1993, 244.

28 2005 wurde § 1 Abs. 1 Nr 3 GastG aF gestrichen, der die Erlaubnispflichtigkeit von Beherbergungsbetrieben regelte. Es ist umstritten, ob die Landesgesetzgeber einen solchen Typus wieder einführen dürften. Dies wird man zu vermeinen haben, so ua der Bund-Länder-Ausschuss, s. *Schönleiter/Stenger*, GewArch. 2007, 320, 324; aA *Höfling/Rixen*, GewArch. 2008, 1.

29 *Metzner*, GastG, § 1 Rn 46. S. auch BayObLG, DÖV 1998, 161.

30 *Michel/Kienzle/Pauly*, GastG, § 1 Rn 57.

31 VG Würzburg, GewArch. 1997, 164.

32 OVG Münster, GewArch. 1984, 130. S. auch VG Weimar, ThürVBl. 2003, 63 zum Verkauf von Brötchen mit Thüringer Bratwurst und Klopsen: keine Gaststätte.

33 BVerwG, NVwZ 1987, 1081. Zur Vereinbarkeit solcher Vorschriften mit Art. 12 GG bereits BVerwGE 40, 153.

1. Reichweite der Erlaubnispflicht

a) Die Abgrenzung von erlaubnisfreiem und erlaubnispflichtigem Gaststättengewerbe

419 Obwohl nach § 2 Abs. 1 GastG zum Betrieb einer Gaststätte weiterhin **grundsätzlich eine Erlaubnis erforderlich** ist, wurde mit der Novelle 2005 der Umfang der Erlaubnisfreiheit deutlich reduziert. Im Ergebnis bedürfen damit im Umkehrschluss zu § 2 Abs. 2 Nr 1 GastG nF nur noch **Schank- und Speisegaststätten, die alkoholische Getränke verabreichen**, einer Erlaubnis. Vom Ausschank alkoholfreier Getränke gehen demgegenüber nach Einschätzung des Gesetzgebers keine besonderen gaststättenrechtlichen Gefahren, insbesondere hinsichtlich des Jugendschutzes, aus[34]. Entsprechendes gilt nach **§ 2 Abs. 2 Nr 3 GastG** für die Abgabe von Speisen, da der lebensmittelrechtliche Hygieneschutz auch ohne eine solche gewährleistet werden kann[35]. Gem. **§ 2 Abs. 2 Nr 2 GastG** ist auch das unentgeltliche Verabreichen von Kostproben erlaubnisfrei; dies erfasst auch alkoholische Getränke. **Historisch gewachsene Ausnahmen** vom Erfordernis einer Erlaubnis trotz Alkoholausschankes gibt es in §§ 14, 26 GastG für **Straußwirtschaften**[36].

420 In **Fall 36 (Rn 409)**[37] könnte es sich um ein erlaubnisfreies Gaststättengewerbe handeln. M bietet grundsätzlich nur Speisen und alkoholfreie Getränke zum unmittelbaren Verzehr an (§ 2 Abs. 2 Nr 1, 3 GastG). Fraglich ist aber, ob die Abgabe alkoholischer Getränke in Form von Flaschenbier auf die Erlaubnisfreiheit gem. § 2 Abs. 2 Nr 1 GastG Auswirkungen hat. Dazu müsste es sich bei dem Verkauf der alkoholischen Getränke um ein – weiterhin erlaubnispflichtiges – „Verabreichen" im Sinne des § 1 GastG handeln. Ein solches setzt aber voraus, dass der Wirt die entsprechenden Speisen und Getränke zum Verzehr an Ort und Stelle abgibt. Dies ist jedoch gerade nicht der Fall, da die alkoholischen Getränke ausnahmslos an Kunden verkauft werden, die zu Hause essen möchten. Das Gesetz differenziert klar zwischen der Abgabe im Sinne von § 7 Abs. 2 GastG und dem Verabreichen. Diese Form des „Gassenschankes" führt daher nicht zur Genehmigungspflicht[38].

b) Gaststättenrechtliches Nebengewerbe

421 Für die Erlaubnispflicht nach dem GastG ist es grundsätzlich unerheblich, ob es sich um ein Haupt- oder **Nebengewerbe** handelt[39]. Auch ein Nebengewerbe bedarf unabhängig von der Tätigkeit im Hauptbetrieb (und deren etwaiger Erlaubnispflicht nach anderen Vorschriften) einer Erlaubnis nach § 1 Abs. 1 GastG.

Werden also beispielsweise in einer Spielhalle alkoholische Getränke ausgeschenkt, ist hierfür neben der Genehmigung nach § 33i GewO eine gaststättenrechtliche Erlaubnis erforderlich, selbst wenn der Getränkeausschank lediglich eine untergeordnete Rolle spielt. Die gaststätten-

34 BT-Drucks. 15/4231, S. 34; vgl auch *Dübbers/Jo*, NVwZ 2006, 301, 302.

35 *Pöltl*, GewArch. 2005, 353, 356; BT-Drucks. 15/4231, S. 34.

36 In den Strauß- oder Besenwirtschaften kommen selbst erzeugte Weine und Apfelweine zum Ausschank, vgl *Gornig/Deutsch*, GewArch. 1997, 8.

37 Vgl die Fallbesprechung von *Ruthig/Wirth*, Jura 2007, 468.

38 Dazu näher *Ruthig/Wirth*, Jura 2007, 468, 469; aA *Pöltl*, GewArch. 2005, 353, 356. Mit der Aufweichung des Begriffs des „Verabreichens" wäre andernfalls auch die gaststättenrechtliche Erlaubnispflicht von Kiosken und Tankstellen verbunden, die ebenfalls alkoholische Getränke zum Mitnehmen verkaufen.

39 *Metzner*, GastG, § 1 Rn 82.

rechtliche Genehmigung kann aber auch nicht wegen des Spielhallencharakters verweigert werden. Dass Beherbergungsbetriebe selbst nicht mehr genehmigungsbedürftig sind, ließ daher nicht die Erlaubnispflicht der Abgabe von Speisen und Getränken entfallen; insoweit ist aber auch der Ausschank alkoholischer Getränke nach § 2 Abs. 2 Nr 4 GastG erlaubnisfrei.

c) Vorläufige und vorübergehende Ausübung des Gaststättengewerbes

Als **Sonderformen der Erlaubnis** kennt das Gesetz die vorläufige Gaststättenerlaubnis nach § 11 GastG und die sog. Gestattung nach § 12 GastG. Die vorläufige Erlaubnis nach § 11 GastG soll eine möglichst nahtlose Übernahme einer Gaststätte ermöglichen[40]. Soll ein genehmigungsbedürftiges Gaststättengewerbe aus besonderem Anlass und nur vorübergehend ausgeübt werden, bietet **§ 12 GastG** die Möglichkeit, dies unter – gegenüber den Regelungen des § 2 GastG – erleichterten Voraussetzungen auf Widerruf zu gestatten. Insofern handelt es sich bei der Gestattung nach § 12 GastG im Rechtssinn um nichts anderes als um eine **Erlaubnis** nach § 2 GastG, die lediglich unter **vereinfachten Voraussetzungen** und **mit zeitlich begrenzter Wirkung** erteilt wird. Diese besonderen Anlässe sind nicht primär gastronomischer Art, sondern Annex zu Tagungen, Sport- oder sonstigen Festveranstaltungen. **422**

Beispiele sind Kirchweih[41], Karnevalsveranstaltungen[42], Vereinsfeste[43], aber auch das Weinfest eines Winzers[44]. Die Erleichterungen können auch die Anforderungen zum Schutz der Allgemeinheit betreffen. Dies gilt nach der Rechtsprechung insbesondere bei Veranstaltungen, die „wegen ihrer Herkömmlichkeit, ihrer Bedeutung für die örtliche Gemeinschaft oder ihrer sozialen Adäquanz" eine Sonderstellung einnehmen[45].

2. Gaststättengenehmigung als personengebundene Erlaubnis

Wer ein Gaststättengewerbe betreiben will, bedarf nach § 2 Abs. 1 S. 1 GastG der Erlaubnis. **Träger einer gaststättenrechtlichen Erlaubnis** können neben natürlichen Personen ebenso juristische Personen sein (s. zum allgemeinen Gewerberecht bereits Rn 231 ff). Als personengebundene Erlaubnis ist sie **an die Person des antragstellenden Gewerbetreibenden gebunden**, kann also nicht auf einen Dritten übertragen werden. Wird durch einen Dritten eine Erlaubnis für die Weiterführung einer Gaststätte beantragt, sind die Erteilungsvoraussetzungen insgesamt, auch hinsichtlich der Anforderungen an die sachlichen Gegebenheiten, neu zu überprüfen. Die frühere Genehmigung entfaltet insoweit auch hinsichtlich der räumlichen Verhältnisse keine Bindungswirkung[46]. Allerdings macht § 10 GastG für die **Weiterführung einer Gaststätte nach dem Tod des Inhabers** hiervon Ausnahmen. **423**

---

40 Sie steht im pflichtgemäßen Ermessen der Behörde, kann also davon abhängig gemacht werden, dass die Erteilung der endgültigen Erlaubnis wahrscheinlich ist, s. VGH Mannheim, NVwZ-RR 1991, 64.

41 VG Bayreuth v. 2.2.2012 – B 2 K 11.482.

42 OVG Koblenz, NVwZ-RR 2004, 485.

43 OVG Koblenz, NJW 1982, 1301; VGH München v. 24.3.2011 – 22 ZB 10.3014.

44 OVG Koblenz, GewArch. 1982, 33: jedenfalls dann, wenn es primär um den Absatz von Flaschenweinen und nicht um die Förderung des Weinkonsums innerhalb der Betriebsräume geht.

45 Zu einer als „sehr selten" eingestuften und aus dem Anwendungsbereich der Freizeitlärm-Richtlinie herausgenommenen Karnevalsveranstaltung im Rheinland OVG Koblenz, NVwZ-RR 2004, 485; zur Kirchweih VG Bayreuth v. 2.2.2012 – B 2 K 11.482.

46 *Metzner*, GastG, § 4 Rn 2.

424 Im **Fall 34 (Rn 407)** bedürfte daher G eigentlich einer neuen (weil personengebundenen) Erlaubnis, da die ihrem Vater erteilte Erlaubnis mit dessen Tod erloschen ist. Für den Erbfall gelten allerdings Besonderheiten: Nach § 10 GastG dürfen bestimmte Personen **ohne eine neue Konzessionierung** eine Gaststätte nach dem Tod des Inhabers weiterführen[47]. Dies gilt außer für **Ehegatten** und **Lebenspartner**[48] auch für **minderjährige Erben, Nachlassverwalter und Testamentsvollstrecker**. Nach § 10 S. 3 GastG ist der Erlaubnisbehörde die Weiterführung des Gaststättengewerbes unverzüglich anzuzeigen. G hatte daher als minderjährige Erbin das Recht, die Gaststätte nach § 10 GastG weiterzuführen; es muss lediglich innerhalb einer Frist von 6 Monaten der Unterrichtungsnachweis nach § 4 Abs. 1 Nr 4 GastG erbracht werden, sonst ist die Erlaubnis nach § 15 Abs. 3 Nr 7 GastG zu widerrufen. Sobald G volljährig wird, bedarf sie einer eigenen gaststättenrechtlichen Genehmigung, wie sie in **Fall 35 (Rn 408)** auch beantragt und erteilt worden ist. Auf das Weiterführungsrecht der G kommt es in **Fall 34** nicht an, da gleichzeitig Testamentsvollstreckung angeordnet wurde, für die § 10 GastG gem. S. 2 unabhängig von der Minderjährigkeit der Erbin eingreift. Die Gaststätte durfte daher durch den Testamentsvollstrecker als Stellvertreter für die G weitergeführt werden (nach § 10 S. 2 GastG sogar über einen Zeitraum von zehn Jahren). Voraussetzung für die erleichterte Weiterführung eines Gaststättengewerbes nach § 10 GastG ist allerdings, dass dem Erblasser eine Genehmigung erteilt und diese nicht bestandskräftig zurückgenommen oder widerrufen worden ist[49]. Ist zum Zeitpunkt des Todes des Betreibers ein Widerrufsverfahren anhängig, können die in § 10 GastG genannten Personen in dieses Verfahren eintreten bzw die Widerrufsverfügung auch noch selbst während der Rechtsmittelfristen anfechten[50].

a) Der Betreiber als grundsätzlich Erlaubnispflichtiger

425 Der Erlaubnispflicht unterliegt der **Betreiber einer Gaststätte**. Dies ist bei einer Schank- bzw Speisewirtschaft derjenige, der Getränke bzw Speisen im Sinne des § 1 Abs. 1 Nr 1 u 2 GastG verabreicht. Das Verabreichen wird hierbei demjenigen zugerechnet, der hinsichtlich dieser Tätigkeit als Gewerbetreibender anzusehen ist[51], was in bestimmten Konstellationen nicht einfach zu bestimmen ist, sich aber danach richtet, wer diese Tätigkeit selbstständig ausübt. Bei Franchise-Unternehmen ist dies der Franchise-Nehmer[52]. Bei einem Seminarhaus[53] bedarf demgegenüber der Betreiber der Erlaubnis, auch wenn die Küche von einem Fremdunternehmen betrieben wird.

47 Ausführlich *Schildmann*, GewArch. 1996, 366; zur umstrittenen rechtsdogmatischen Einordnung der Weiterführung *Metzner*, GastG, § 10 Rn 4 ff.

48 Voraussetzung ist lediglich, dass Ehe oder Lebenspartnerschaft zum Zeitpunkt des Todes noch bestehen. Weder ein Getrenntleben oder Scheidungsverfahren etc noch der Güterstand oder die erbrechtliche Stellung des Ehegatten spielen eine Rolle. Auch eine spätere Wiederverheiratung oder neue Verpartnerung hat auf das Weiterführungsrecht keinen Einfluss, vgl *Michel/Kienzle/Pauly*, GastG, § 10 Rn 4.

49 Nicht erforderlich ist also die Aufnahme des Betriebes durch den Erblasser.

50 BVerwG, NJW 1983, 776; VGH Mannheim, GewArch. 1987, 63. Zum Verhältnis von bisheriger Erlaubnis und Weiterführungsbefugnis s. *Metzner*, GastG, § 10 Rn 16 f.

51 *Michel/Kienzle/Pauly*, GastG, § 1 Rn 43.

52 Dem Franchise-Geber, der nicht nach außen in Erscheinung tritt, kann deswegen auch keine Erlaubnis erteilt werden, s. *Michel/Kienzle/Pauly*, GastG, § 1 Rn 20; *Pinegger*, GewArch. 1999, 463.

53 *Pauly/Brehm*, GewArch. 2000, 50, 58. Die „Mietköchin" wird aufgrund eines zivilrechtlichen Vertrages mit dem Seminarhausbetreiber tätig, ist also idR keine Arbeitnehmerin. Dennoch erbringt sie ihre Leistungen nach dem Gesamtbild ihrer Tätigkeit nicht selbstständig, s. auch *Michel/Kienzle/Pauly*, GastG, § 1 Rn 20.

b) Die Stellvertretung

Der Inhaber der gaststättenrechtlichen Genehmigung hat daher die Gaststätte auch selbst zu betreiben. Andernfalls bedarf er nach § 9 GastG einer **Stellvertretungserlaubnis**. Dem Inhaber (also nicht dem Stellvertreter) wird die Erlaubnis erteilt, den Betrieb durch einen bestimmten, konkret zu bezeichnenden Stellvertreter zu führen[54]. Sie ist akzessorisch zur Inhabererlaubnis, erlischt also mit Letzterer. Für den Stellvertreter begründet die Stellvertretungserlaubnis eine öffentlich-rechtliche Rechtsstellung. Er ist gegenüber der Behörde für die ordnungsgemäße Führung des Betriebs verantwortlich[55] und kann auch die erforderlichen Erklärungen abgeben bzw Rechtshandlungen vornehmen. Auch juristische Personen können Stellvertreter sein[56], nicht jedoch die (gesetzlichen) Vertreter bzw Organe einer juristischen Person, die selbst Gaststätteninhaberin ist[57]. Auch **Insolvenz- und Nachlassverwalter** sowie **Testamentsvollstrecker** können Stellvertreter iSv § 9 GastG sein[58]. 426

Im **Fall 34 (Rn 407)** betreibt also T als Testamentsvollstreckerin die Gaststätte. Sie tut dies in fremdem Namen und auf fremde Rechnung, ist also Stellvertreterin im Sinne von § 9 GastG. Da das Gesetz ihr die Weiterführung gestattet (s. oben Rn 426), ist sie jedoch vom Erfordernis der Stellvertretungserlaubnis befreit, da sich diese Rechtsposition schon aus dem Gesetz ergibt[59]. 427

3. Gaststättenerlaubnis als betriebsartbezogene Genehmigung

Die Gaststättenerlaubnis bezieht sich ferner (nur) auf eine bestimmte Betriebsart. Die Betriebsart bestimmt sich nicht nur nach dem Betriebstypus im Sinne von § 1 Abs. 1 GastG, sondern differenziert weiter nach der Art und Weise der Betriebsgestaltung. Die Bindung der gaststättenrechtlichen Erlaubnis an eine bestimmte Betriebsart beruht vor allem auf der Erwägung, dass je nach Betriebsart die nach § 4 Abs. 1 S. 1 Nr 1–3 GastG zu stellenden Anforderungen unterschiedlich sein können[60]. Eine solche besondere (und damit genehmigungsbedürftige) Betriebsart liegt also dann vor, wenn sie vom Normaltyp oder dem ursprünglich genehmigten Fall in einer Art und Weise abweicht, die unter dem Gesichtspunkt der Erlaubnisvoraussetzungen des § 4 GastG relevant ist, etwa weil sie erhebliche Belästigungen der Nachbarn erwarten lässt, § 4 Abs. 1 S. 1 Nr 3 GastG[61]. 428

Da das GastG keine Regelungen über Betriebsarten enthält, haben sich in der Verwaltungspraxis eine Reihe von **Typisierungen** entwickelt[62]. Neben der „Schank- und Speisewirtschaft ohne Betriebseigentümlichkeit" werden nach dem Gesamtgepräge 429

54 Allerdings muss der Gaststätteninhaber auch für eine sorgfältige Auswahl und Überwachung des Stellvertreters einstehen. Eine Verletzung dieser Pflicht ist auch für die Beurteilung seiner eigenen Zuverlässigkeit von Bedeutung, VGH Mannheim, GewArch. 1978, 32; *Michel/Kienzle/Pauly*, GastG, § 9 Rn 6.
55 OVG Koblenz, GewArch. 1983, 31; *Metzner*, GastG, § 9 Rn 16.
56 *Michel/Kienzle/Pauly*, GastG, § 9 Rn 4.
57 *Metzner*, GastG, § 9 Rn 19.
58 *Metzner*, GastG, § 9 Rn 11; *Michel/Kienzle/Pauly*, GastG, § 9 Rn 3; s. auch BVerwGE 32, 316, 320.
59 *Michel/Kienzle/Pauly*, GastG, § 9 Rn 5.
60 BVerwG, NVwZ-RR 2003, 603; *Metzner*, GastG, § 3 Rn 5.
61 *Diederichsen*, in: Schmidt/Vollmöller, § 10 Rn 19; *Diefenbach*, GewArch. 1992, 249.
62 Ausführlicher Katalog bei *Michel/Kienzle/Pauly*, GastG, § 3 Rn 15.

des jeweiligen Betriebes beispielsweise Trinkhalle, Eiscafé[63] oder Diskothek unterschieden. Da es keinen Typenzwang gibt, ist auch eine Kombination verschiedener Betriebsarten möglich. Bedeutsam wird die genaue Definition der Betriebsart bei Veränderungen der Gaststätte nach Genehmigungserteilung. Eine Änderung der Betriebsart ist nicht mehr von der bisherigen Genehmigung gedeckt, so dass der Inhaber eine neue Gaststättenerlaubnis beantragen muss, wenn sich der Charakter seiner Einrichtung wandelt. Unterlässt er dies, kann die Behörde unmittelbar mittels einer Betriebsschließung vorgehen (s. Rn 453).

430 Ein Beispiel für die Änderung der Betriebsart liefert **Fall 35a (Rn 408)**. Während es sich ursprünglich um eine „Schank- und Speisewirtschaft ohne Betriebseigentümlichkeiten handelte"[64], hat die Gaststätte durch die veränderte Einrichtung und das Unterhaltungsprogramm den Charakter einer Diskothek angenommen. Dies berechtigt die Behörde grundsätzlich zum Widerruf der Erlaubnis nach § 15 Abs. 3 Nr 1 GastG. Im Einzelnen hat sich dazu eine umfangreiche Kasuistik entwickelt. Bei Tanzveranstaltungen kommt es auf die Häufigkeit an; bei einer Gaststätte ohne besondere Betriebseigentümlichkeit ist nach der Rechtsprechung die Durchführung von jährlich nicht mehr als 12 Tanz-/Musikveranstaltungen im größten Gaststättenraum durch die Erlaubnis gedeckt[65]. Auch in einem Swingerclub sieht das BVerwG eine besondere Betriebsart[66]. Entsprechendes gilt für sog. „Dunkelraum"-Restaurants[67]. Bezeichnungen wie Künstler-Café, Club oder auch Nachtlokal weisen dagegen keine Besonderheiten auf, die eine Einstufung als besondere Betriebsart rechtfertigen.

4. Der Raumbezug der Gaststättenerlaubnis

431 Aus § 3 Abs. 1 GastG folgt, dass sich eine Gaststättenerlaubnis nur auf konkrete, in der Genehmigung genau und einzeln bezeichnete Räume bezieht. Damit kann raumbezogenen Besonderheiten in der Genehmigung Rechnung getragen werden (zu den entsprechenden Versagungsgründen s. Rn 437 ff).

IV. Die Versagung einer Gaststättenerlaubnis

432 Auf die Erteilung einer Gaststättenerlaubnis besteht ein Anspruch, sofern kein Versagungsgrund nach § 4 GastG vorliegt. Gleichzeitig hat der Antragsteller einen Anspruch auf Verbescheidung. Am Bescheidungsinteresse fehlt es allenfalls dann, wenn feststeht, dass der Gewerbetreibende von der Genehmigung aus tatsächlichen oder rechtlichen Gründen keinen Gebrauch machen kann[68]. Die Möglichkeit der Versa-

63 BVerwG, GewArch. 1987, 333. In einem Eiscafé dürfen keine warmen Speisen abgegeben werden. Wird eine Speisegaststätte ohne Betriebseigentümlichkeiten in ein Eiscafé umgewandelt, handelt es sich nicht nur um eine Reduktion des bisherigen Betriebes (und damit ein partielles Nichtausnutzen der Genehmigung), sondern um eine erlaubnisbedürftige Änderung der Betriebsart, s. *Michel/Kienzle/Pauly*, GastG, § 3 Rn 15; aA VGH Mannheim, GewArch. 1974, 92.

64 Daran ändert sich auch dann nichts, wenn gelegentlich Tanzveranstaltungen durchgeführt werden, s. KreisG Gera, DÖV 1991, 702; *Kienzle*, GewArch. 1992, 111.

65 BVerwG, NVwZ-RR 1989, 14, 15.

66 BVerwG, NVwZ 2003, 603.

67 Dazu näher *Pöltl*, NVwZ 2004, 831.

68 VGH München, GewArch. 2004, 491; *Metzner*, GastG, § 4 Rn 6. In einem solchen Fall ist die Behörde befugt, aber nicht verpflichtet, einen Antrag abzulehnen, vgl BVerwGE 42, 115.

gung der Erlaubnis nach § 4 Abs. 1 S. 1 Nr 1 GastG begründet für Dritte kein subjektives Abwehrrecht[69].

1. Der Versagungsgrund der persönlichen Unzuverlässigkeit (§ 4 Abs. 1 S. 1 Nr 1 GastG)

Die Erlaubnis muss versagt werden, wenn Tatsachen die Annahme rechtfertigen, dass **433**
der Antragsteller nicht zuverlässig ist. Unzuverlässig ist ein Gewerbetreibender, der nach dem Gesamteindruck seines Verhaltens nicht die Gewähr dafür bietet, dass er sein Gewerbe künftig ordnungsgemäß betreiben wird. In § 4 Abs. 1 S. 1 Nr 1 GastG wurde diese **Grunddefinition des Gewerberechts** (s. Rn 250 ff) um **Regelbeispiele bzw Fallgruppen** ergänzt. Diese sind nicht abschließend, sie ergänzen lediglich die Grunddefinition um gaststättentypische Besonderheiten.

So führt die „Ausbeutung Unerfahrener, Leichtsinniger oder Willensschwacher" im Interesse eines eigenen Vermögensvorteils, etwa durch Lockpreise, zur Unzuverlässigkeit[70]. Gefordert wird vor allem die Einhaltung der gaststättenbezogenen Vorschriften, so dass zB beharrliche Verstöße gegen das Rauchverbot[71] die Unzuverlässigkeit begründen. Gleichzeitig wird nach der Rechtsprechung zwischen den einzelnen Betriebsarten[72] und der konkreten Lage des Betriebes[73] differenziert, wobei keine zu hohen Anforderungen an die „Betriebsbezogenheit" gestellt werden dürfen. Ferner lässt das Gesetz mit Blick auf Alkoholmissbrauch, Glücksspiel, Hehlerei und Unsittlichkeit ein „Vorschubleisten" genügen. Der Wirt muss also nicht gezielt ein entsprechendes Verhalten der Gäste fördern. Es reicht, wenn er ein **günstiges Umfeld** für das missbilligte Verhalten schafft[74].

Die persönliche Zuverlässigkeit des Gastwirts fehlt auch dann, wenn **unzuverlässi-** **434**
gen Dritten Einfluss auf die Führung des Betriebs eingeräumt oder ein solcher nicht unterbunden wird[75]. So muss er sich insbesondere auch eine in Auftrag gegebene Werbung Dritter für eine Veranstaltung zurechnen lassen[76]. Außerdem nimmt das GastG den Wirt in mehrfacher Hinsicht für das **Verhalten seiner Gäste** in die Pflicht. Die Rechtsprechung verlangt zur Unterbindung krimineller Handlungen Dritter massive Anstrengungen des Gastwirts[77] und eine intensive Zusammenarbeit mit der Polizei[78] bis hin zu einer Schließung des Betriebes[79].

---

69 BVerwGE 80, 259, 260; GewArch. 1998, 254, 354.

70 OVG Hamburg, GewArch. 1987, 65: Lockpreis von 3 DM, wenn sonst Getränkepreise von bis zu 800 DM verlangt werden. S. auch *Michel/Kienzle/Pauly*, GastG, § 4 Rn 13 mwN aus der – überwiegend älteren – Rechtsprechung.

71 S. auch VG Sigmaringen, NVwZ-RR 2008, 613 = GewArch. 2009, 373.

72 BVerwG, DÖV 1973, 822; GewArch. 1975, 388; anders noch BVerwGE 10, 338.

73 BVerwG, GewArch. 1975, 132; s. auch OVG Hamburg, NVwZ-RR 1992, 245 („St. Pauli").

74 Zur Zuverlässigkeitsprüfung bei juristischen Personen schon Rn 265. Auch das Vorliegen eines Strohmannverhältnisses (s. Rn 236) begründet die Unzuverlässigkeit des Hintermannes, s. VG Gießen, NJOZ 2005, 2121; offengelassen bei BVerwG, NJW 1982, 559.

75 BVerwG, GewArch. 1966, 124.

76 VG Augsburg v. 2.3.2012 – Au 5 S 12.306.

77 Die Rspr verlangt beispielsweise die Einschaltung eines Sicherheitsdienstes, wenn eigenes Personal eines Problems nicht mehr Herr werden kann (OVG Koblenz, GewArch. 1996, 489), sowie Erkundigungen über eingestellte Aushilfskräfte auch bei deren früheren Arbeitgeber (VGH München, GewArch. 2001, 172).

78 VGH München, GewArch. 2001, 374.

79 OVG Koblenz, NVwZ-RR 1997, 223 (Drogenhandel in Diskothek); VGH Mannheim, GewArch. 1993, 335.

a) Alkoholmissbrauch

435 Angesichts der ordnungspolitischen Zielsetzungen des GastG ist es geradezu selbstverständlich, dass **Alkoholismus** bei einem Gastwirt[80] ebenso die persönliche Unzuverlässigkeit begründet wie vor allem die Steigerung des Alkoholkonsums von Gästen. Unzuverlässig kann also auch ein Gastwirt sein, der mit Partykonzepten wirbt, die auf einen ungehemmten Alkoholkonsum abzielen[81]. Zur Möglichkeit der Erteilung von Auflagen gem. § 5 Abs. 1 Nr 1 GastG (zB Untersagung der Ballermannparties) siehe Rn 445.

b) Der Unsittlichkeit Vorschub leisten

436 Ein weiterer, praktisch häufiger, aber in der Anwendung auch problematischer Versagungsgrund ist nach § 4 Abs. 1 S. 1 Nr 1 GastG dann gegeben, wenn der Gewerbetreibende befürchten lässt, er werde der Unsittlichkeit Vorschub leisten. Maßstab für die Auslegung des Tatbestandsmerkmals sind „die dem geschichtlichen Wandel unterworfenen sozialethischen Wertvorstellungen, die in der Rechtsgemeinschaft als Ordnungsvorstellungen anerkannt sind"[82]. Dabei ist zwischen der Frage der Gewerbsmäßigkeit und der Unsittlichkeit zu unterscheiden (s. dazu ausf Rn 261).

Insoweit muss auch das Gaststättenrecht den gewandelten Verhältnissen Rechnung tragen. Die Streichung des Tatbestandes der **Förderung der Prostitution** (§ 180a StGB aF) und die Regelung des „Prositutionsgewerbes" durch das ProstSchG (s. Rn 217) beeinflussen auch die Möglichkeit einer gaststättenrechtlichen Erlaubnis für ein Bordell[83] oder einen Swingerclub[84], sofern ausgeschlossen ist, dass Unbeteiligte gegen ihren Willen damit konfrontiert werden. Im Ergebnis genügt es, den Zutritt von Jugendlichen durch entsprechende Kontrollen zu verhindern und schon im Eingangsbereich eindeutig auf den Charakter der Gaststätte hinzuweisen. Diese Anforderungen können mittels Auflagen durchgesetzt werden[85]. Die Verweigerung der Gaststättenerlaubnis wegen Förderung der Unsittlichkeit wird sich (anders als eine Entziehung der Erlaubnis bei beharrlichen Verstößen) kaum noch rechtfertigen lassen.

2. Raumbezogene Versagungsgründe

437 Die gaststättenrechtliche Erlaubnis kann außerdem aus raumbezogenen Gründen verweigert werden. Während § 4 Abs. 1 S. 1 Nr 2 GastG die (ordnungsrechtlichen) Anforderungen an Betriebs- und Arbeitnehmerräume enthält, betrifft Nr 3 die Nutzung der Räume im Hinblick auf ihre Lage und auf die Verwendung der Räume für die Zwecke des Gaststättengewerbes. Erstere werden vor allem durch die auf der Grundlage von Abs. 3 zu erlassenden Rechtsverordnungen konkretisiert. Die Anforderun-

80 Vereinzelte Fälle übermäßigen Alkoholgenusses seitens des Gastwirtes stellen noch keine Trunksucht dar, wohl aber regelmäßiges Trinken oder Trinken in relativ oft wiederkehrenden Konfliktsituationen, *Michel/Kienzle/Pauly*, GastG, § 4 Rn 12.

81 Vgl VGH München, NVwZ-RR 2008, 26; *Guckelberger*, LKV 2008, 385; *Korden*, GewArch. 2000, 11.

82 *Diefenbach*, GewArch. 1992, 249, 252.

83 BVerwG, NVwZ 2009, 909; zur „Anbahnungsgaststätte" VGH München, NVwZ 2003, 603; BeckRS 2013, 55735. S. zur Unsittlichkeit mit Bezug auf das GastG *Lehmann*, NVwZ 2009, 888.

84 BVerwG, NVwZ 2003, 603; zu Saunen VGH München, GewArch. 2004, 491; VGH Kassel, NVwZ-RR 2003, 720; zu Darkrooms VG Stuttgart, GewArch. 1998, 291, 292.

85 S. auch *Caspar*, NVwZ 2002, 1322, 1327.

gen nach Nr 3 zum Schutz der Umgebung und der Allgemeinheit korrespondieren mit den bauplanungsrechtlichen Anforderungen[86].

a) Eignung der Räumlichkeiten

Im Rahmen der Nr 2 können alle Bestimmungen des besonderen Ordnungsrechts relevant werden, einschließlich der bauordnungsrechtlichen oder gesundheitspolizeilichen Vorschriften, sofern sie sich nur auf den beabsichtigten Gewerbebetrieb beziehen. Erforderlich ist eine normative Regelung, so dass die zuständigen Behörden nicht in der Lage sind, unter Rückgriff auf den Tatbestand der öffentlichen Sicherheit und Ordnung eigenständige Anforderungen aufzustellen. Ebenfalls in diesen Zusammenhang gehören die besonderen **Anforderungen an einen barrierefreien Zugang** in Nr 2a[87]. **438**

b) Anforderungen zum Schutz der Allgemeinheit

Raumbezogene Versagungsgründe können sich einerseits aus den bauplanungsrechtlichen, vor allem aber den immissionsschutzrechtlichen Anforderungen ergeben. Mit dem Verweis auf das BImSchG knüpfen § 4 Abs. 1 S. 1 Nr 3 und § 5 Abs. 1 Nr 3 GastG an die **schädlichen Umwelteinwirkungen** des § 3 Abs. 1 BImSchG an. Allerdings dürfen beispielsweise die Regelungen der TA-Lärm auf Freiluftgaststätten nicht schematisch angewendet werden[88]. Da der Begriff der schädlichen Umwelteinwirkungen im Sinne des BImSchG auch auf den Schutz der Nachbarschaft abzielt[89], begründet er die Klagebefugnis für Dritte. **439**

Allerdings kommt in solchen Fällen, in denen eine volle Betriebszeit mit den in § 4 Abs. 1 S. 1 Nr 3 GastG geschützten Belangen nicht vereinbar ist, nicht ohne weiteres die Verweigerung der Erlaubnis in Betracht. Es kann und muss vielmehr die **Betriebszeit verkürzt** werden. Dies ergibt sich daraus, dass die Gaststättenerlaubnis ua für eine bestimmte Betriebsart zu erteilen ist (§ 3 Abs. 1 S. 1 GastG) und sich diese Betriebsart ua nach den Betriebszeiten bestimmt (§ 3 Abs. 1 S. 2 GastG)[90].

c) Das Verhältnis von baurechtlichem und gaststättenrechtlichem Verfahren

Das vorhaben- und grundstücksbezogene Prüfprogramm des baurechtlichen Verfahrens überschneidet sich mit den Versagungsgründen nach § 4 Abs. 1 S. 1 Nr 2 und Nr 3 GastG, die an die **Lage und Beschaffenheit der Räumlichkeiten** anknüpfen. Es bedarf im Interesse der **Widerspruchsfreiheit** und Verlässlichkeit der Rechtsordnung der **Abstimmung** beider Entscheidungen. Dabei ist zu differenzieren: Wird – wie es in der Praxis wohl der Regelfall sein dürfte – zuerst eine baurechtliche Genehmigung erteilt, stellt sich die Frage nach deren Bindungswirkung für das gaststätten- **440**

---

86 S. auch *Michel/Kienzle/Pauly*, GastG, § 4 Rn 1.

87 Diese wurden durch das Gesetz zur Gleichstellung behinderter Menschen und zur Änderung anderer Gesetze (BGG), BGBl. I 2002, 1467 eingeführt, s. dazu auch *Pöltl*, GewArch. 2003, 231. Im Zusammenhang mit dem barrierefreien Zugang wurde durch § 13 Abs. 1 S. 1 Nr 2 BGG ein Verbandsklagerecht eingeführt; vgl zu den Bedenken des Bundesrates BR-Drucks. 928/01 (Beschluss), S. 7 f.

88 VG Stuttgart, GewArch. 2001, 299.

89 VGH Kassel, NVwZ-RR 1997, 159; OVG Koblenz, GewArch. 1998, 209. Ausführlich zum gaststättenrechtlichen Nachbarschutz *Metzner*, GastG, § 4 Rn 334 ff mwN; *R. Schenke*, in: Kopp/Schenke, VwGO, § 42 Rn 108.

90 VGH München, GewArch. 2013, 132.

rechtliche Verfahren. Die Baugenehmigung enthält ua die verbindliche Feststellung, dass – neben der Errichtung – die bestimmungsgemäße Nutzung des Vorhabens rechtmäßig ist[91]. Nach gefestigter Rechtsprechung ist die Entscheidung der Baurechtsbehörde insoweit bindend, als es um Rechtsfragen geht, deren Beantwortung in deren originäre Zuständigkeit fällt oder zumindest zu dieser den stärkeren Bezug hat. Damit hat sich vor allem die Frage der bauplanungsrechtlichen Zulässigkeit einer Gaststätte praktisch ins Baurecht verlagert[92]. Der Vorrang der Baubehörde besteht allerdings nicht im gesamten Anwendungsbereich des § 4 Abs. 1 Nr 3 GastG, sondern steht spezifisch gewerberechtlichen Erwägungen nicht entgegen[93]. Dabei ist auch die Reichweite der Prüfungskompetenz der Baurechtsbehörde zu beachten, die sich nicht auf gewerberechtliche Fragen erstreckt[94].

441 Ebenso ist im gaststättenrechtlichen Konzessionsverfahren die behördliche Prüfung (nur) dann auf die genuin gaststättenrechtliche Frage beschränkt, wenn die Bauaufsichtsbehörde über die maßgebliche bauordnungsrechtliche Frage bereits bestandskräftig entschieden hat[95].

442 In **Fall 35b (Rn 408)** steht also mit der für die Errichtung eines Bauvorhabens (hier: Diskothek) erteilten Baugenehmigung bindend fest, dass sich die von der bestimmungsgemäßen Nutzung des Bauvorhabens typischerweise ausgehenden Immissionen im Rahmen der § 4 Abs. 1 Nrn 2, 3 GastG halten[96]. Nachbar N müsste sich also (auch) gegen die Baugenehmigung wenden, sofern diese nicht bereits bestandskräftig geworden ist. Gegen die gaststättenrechtliche Genehmigung könnte dies nicht geltend gemacht werden.

V. Nebenbestimmungen zur Erlaubnis

1. Gesetzliche Vorbehalte für Nebenbestimmungen

443 Als gebundener Verwaltungsakt kann die Gaststättenerlaubnis gem. § 36 Abs. 1 LVwVfG mit Nebenbestimmungen versehen werden, soweit dies gesetzlich zugelassen ist. Darüber hinaus kann bei behebbaren Mängeln der Verhältnismäßigkeitsgrundsatz es gebieten, eine beantragte Erlaubnis nicht zu versagen, sondern beispielsweise unter der (aufschiebenden) Bedingung der Mängelbeseitigung zu erteilen[97]. In bestimmten Konstellationen ist eine Befristung zulässig (§§ 3 Abs. 2, 9, 11 Abs. 1

---

91 Vgl BVerwGE 80, 259, 261; 84, 11, 13 f. Zur Rechtslage vor Erteilung der Baugenehmigung, OVG Berlin-Brandenburg, NJOZ 2012, 629.

92 Ist eine Baugenehmigung für eine Gaststätte erteilt worden, so kann die Versagung der Gaststättenerlaubnis im Hinblick auf die örtliche Lage nur noch auf solche grundstücksbezogenen Umstände gestützt werden, die nicht bereits im Baugenehmigungsverfahren zu prüfen waren, s. auch OVG Koblenz, NVwZ 1982, 122.

93 VGH Mannheim, GewArch. 2001, 432.

94 Die Reichweite der Entscheidungsbefugnis der Bauaufsichtsbehörde bestimmt sich nach der jeweiligen Landesbauordnung; vgl BVerwGE 85, 251, 258 ff; 74, 315, 324 ff; VGH München, NVwZ 1994, 304. Steht allerdings fest, dass eine gaststättenrechtliche Erlaubnis nicht erteilt werden kann, fehlt für die Baugenehmigung das Sachbescheidungsinteresse, s. VGH München, NVwZ 1994, 304.

95 VG Darmstadt, GewArch. 2002, 435.

96 VG Gießen, NVwZ-RR 2001, 739; BVerwGE 80, 259; s. auch BVerwG, NVwZ 1992, 569; *Winkler*, Jura 2006, 276.

97 Vgl auch BVerwG, NVwZ-RR 1997, 222.

S. 2, 12 Abs. 1 GastG). § 8 GastG enthält einen Fall einer auflösenden Bedingung; die Erlaubnis erlischt, wenn von ihr nicht innerhalb eines Jahres Gebrauch gemacht worden ist. Unter **Widerrufsvorbehalt** steht zum einen die zudem befristete **vorläufige Erlaubnis (§ 11 GastG)** sowie die **vorübergehende Gestattung (§ 12 GastG)** (s. bereits oben Rn 422).

2. Insbesondere Auflagen

Besondere Relevanz kommt der Möglichkeit zu, „jederzeit" also sowohl bei Genehmigungserteilung wie auch nachträglich Auflagen zu erteilen. § 5 GastG ist insoweit **lex specialis gegenüber § 36 Abs. 2 Nr 4 LVwVfG**. Solche Maßnahmen haben grundsätzlich Vorrang vor Rücknahme und Widerruf einer Erlaubnis, beispielsweise auch zur Durchsetzung der Nichtraucherschutzgesetze[98]. Die Möglichkeit zur „Auflagenerteilung" besteht auch bei solchen Gaststättenbetrieben, die keiner Erlaubnis bedürfen (§ 5 Abs. 2 GastG). Technisch handelt es sich dann allerdings nicht um Nebenbestimmungen, sondern um eigenständige (belastende) Verwaltungsakte. 444

Auflagen dienen entweder dem (internen) **Schutz von Gästen und Beschäftigten** (§ 5 Abs. 1 Nr 1–2 GastG) oder dem externen **Schutz der Nachbarschaft**, zum einen vor schädlichen Umwelteinwirkungen und zum anderen vor sonstigen erheblichen Nachteilen, Gefahren oder Belästigungen. In allen Fällen verlangen sie das Vorliegen einer konkreten Gefahr[99] für die im Einzelnen genannten Rechtsgüter[100]. 445

Dies gilt zB für Auflagen zur **Eindämmung des Alkoholkonsums**. Eine Gefährdung der Gäste im Sinne von § 5 Abs. 1 Nr 1 GastG ist auch dann gegeben, wenn der Gaststättenbetreiber dem Alkoholmissbrauch Vorschub leistet. Dies ist nicht nur der Fall, wenn gegen gesetzliche Verbote für besondere Fallkonstellationen verstoßen wird (zB § 6, § 20 Nr 2 GastG, § 9 Abs. 1 Nr 1, 2 JuSchG), sondern unter bestimmten Voraussetzungen auch bei grundsätzlich erlaubtem Alkoholgenuss. Allein aus dem Bestreben, den Gewinn einer Bar zu steigern, kann auch bei bestimmten Partykonzepten (zB Flatratepartys[101] oder Partys mit nicht kostendeckenden Preisen[102]) noch nicht ohne weiteres der Schluss auf ein Vorschubleisten des Alkoholmissbrauchs gezogen werden. Hinzukommen müssen konkrete Anhaltspunkte, die eine Gefahrenprognose rechtfertigen[103]. Einer an einem Fußballstadion gelegenen Gaststätte kann die Auflage erteilt werden, im Umfeld eines Spieles alkoholische Getränke nur bis zu 3% Alkoholgehalt (Leichtbier) auszuschenken, wenn tatsächliche Anhaltspunkte dafür bestehen, dass alkoholisierte Fußballfans Straftaten begehen oder Passanten oder Anwohner anpöbeln[104].

---

98 Zu einem Beispiel VG München, GewArch. 2008, 258: Anordnung von Hinweisen auf das Rauchverbot und der Entfernung von Aschenbechern. S. auch VGH Mannheim, ESVGH 63, 154 (= GewArch. 2013, 217).

99 BVerwG, GewArch. 1995, 34; *Ehlers*, in: Ehlers/Fehling/Pünder, § 20 Rn 47.

100 Insoweit unterscheiden sich diese Fälle von Anträgen auf Sperrzeitverkürzung nach § 18 GastG iVm den landesrechtlichen Vorschriften. Dabei handelt es sich um echte Ausnahmevorschriften, so dass nicht die Ablehnung der Sperrzeitverkürzung mit konkreten Gefahren zu rechtfertigen ist, sondern ein öffentliches Bedürfnis für Sperrzeitverkürzung dargetan werden muss, vgl VG Neustadt (Weinstraße), GewArch. 2011, 413; s. auch BVerwGE 101, 157.

101 VGH München, NVwZ-RR 2008, 26.

102 Vgl VG Hannover GewArch. 2007, 388: 10 Cent pro Wodka; einschränkend VG Neustadt (Weinstraße), GewArch. 2013, 169.

103 S. zum Erfordernis tatsächlicher Anhaltspunkte VGH Kassel, GewArch. 2009, 253 (Preiskonzept allein genügt nicht); s. auch *Guckelberger*, LKV 2008, 386, 389 f; *Schröder/Führ*, NVwZ 2008, 145.

104 VGH Mannheim, NJW 2005, 238 insbes zur Gefahrenprognose; VG Stuttgart, GewArch. 2003, 430.

446 Als Rechtsgrundlage für eine solche Auflage kommt in **Fall 35c (Rn 408)** § 5 Abs. 1 Nr 3 GastG in Betracht. Auszugehen ist davon, dass jede Gaststätte mit unvermeidbarem Lärm verbunden ist. Ein Einschreiten der Behörde setzt daher voraus, dass der Lärm bei Berücksichtigung aller Umstände des Einzelfalls das den Anwohnern zumutbare Maß übersteigt[105]. Es genügt aber nicht jede Belästigung, sondern es muss sich vielmehr um erhebliche Nachteile handeln[106]. Ist dies der Fall, begründet § 5 Abs. 1 Nr 3 GastG dem geschützten Personenkreis gegenüber eine Amtspflicht der Behörde zum Einschreiten[107]. Dies erscheint im **Fall 35c** eher zweifelhaft, so dass gerade auch aufgrund des erheblichen Eingriffs in die Grundrechte des G (Art. 12, 14 GG) von der Rechtswidrigkeit der nachträglichen Auflage auszugehen ist.

VI. Rücknahme und Widerruf einer Gaststättenerlaubnis (§ 15 GastG)

1. Die gaststättenrechtliche Regelung in § 15 GastG

447 Nach § 15 Abs. 1 GastG ist die Gaststättenerlaubnis zurückzunehmen, wenn nachträglich bekannt wird, dass bei ihrer Erteilung Versagungsgründe im Sinne von § 4 Abs. 1 Nr 1 GastG vorlagen, nach § 15 Abs. 2 GastG ist sie zu widerrufen, wenn solche Versagungsgründe nachträglich auftreten. Damit sind die Rechtsfolgen zwingend. Im Falle der nachträglichen Feststellung der Unzuverlässigkeit bietet das Gesetz keine Handhabe für mildere Maßnahmen[108]. Außerdem kann die Behörde nach § 15 Abs. 3 GastG die Erlaubnis in den dort genannten Fällen widerrufen. Dies betrifft nicht nur die unbefugte Änderung der Betriebsart, die Verwendung anderer als der zugelassenen Räumlichkeiten und die Nichteinhaltung sonstiger inhaltlicher Beschränkungen der Erlaubnis, sondern gem. § 15 Abs. 3 Nr 2 GastG insbesondere auch den Verstoß gegen Auflagen.

Für das Verwaltungsverfahren gelten ergänzend die §§ 9 ff LVwVfG[109]. Dies gilt insbesondere für die Anhörung (§ 28 LVwVfG) und die Begründungspflicht aus § 39 LVwVfG. Soweit ein Verfahren anhängig ist, können Weiterführungsberechtigte (s. § 10 GastG) in das Verfahren eintreten, s. Rn 320. Auch der Widerruf muss schriftlich erfolgen[110].

2. Die Anwendbarkeit der allgemeinen Vorschriften

448 Die §§ 48, 49 LVwVfG sind nach allgemeinen Grundsätzen anwendbar, soweit die speziellere Regelung des § 15 Abs. 1 GastG nicht abschließend ist. **§ 49 LVwVfG** wird durch die Vorschriften des § 15 Abs. 2 und 3 GastG **insgesamt ver-**

105 OVG Koblenz, GewArch. 1983, 98. Zur Bestimmtheit der Auflage OVG Münster, NVwZ-RR 2014, 38.
106 VGH Kassel, GewArch. 1979, 24.
107 BVerwGE 11, 331. Die Pflicht zum Einschreiten setzt keine Gefahr im polizeilichen Sinne voraus; es genügt, dass durch den Gaststättenbetrieb eine erhebliche Beeinträchtigung des Wohlbefindens des geschützten Personenkreises verursacht wird, BVerwGE 31, 15, 19.
108 S. auch VG Schleswig, NJW 2001, 387.
109 *Michel/Kienzle/Pauly*, GastG, § 4 Rn 93.
110 Ein solches Schriftformerfordernis kann sich aus dem Landesrecht ergeben (zB § 20 OBG NW). Jedenfalls bedürfte der Widerruf wegen des Urkundserfordernisses für die Erlaubnis (§ 3 Abs. 1 GastG, Gaststättenverordnungen der Länder) als actus contrarius ebenfalls der Schriftform.

drängt[111], **bei § 48 LVwVfG** ist **zu differenzieren**. Hinsichtlich der Unzuverlässigkeit (§ 4 Abs. 1 Nr 1 GastG) schließt § 15 Abs. 1 GastG die Rücknahme nach § 48 LVwVfG aus. Allerdings lässt § 15 Abs. 1 GastG die sonstigen Rücknahmegründe unberührt. Diese unterliegen daher § 48 LVwVfG[112].

Daher soll § 48 LVwVfG bei Unzuverlässigkeit des Gastwirts dann anwendbar sein, wenn die Versagungsgründe nach § 4 Abs. 1 Nr 1 GastG bereits bei Erlaubniserteilung bekannt waren, die Behörde hieraus jedoch zu Unrecht die Zuverlässigkeit des Gastwirts abgeleitet hat[113]. Die Anwendung des § 48 LVwVfG wird weiterhin für den Fall vertreten, dass sich ein Weiterführungsberechtigter (s. Rn 423 f) als unzuverlässig erweist[114]. Jedenfalls besteht dann für eine analoge Anwendung des § 15 Abs. 1 GastG[115] kein Bedürfnis, zumal für diese Konstellation auch noch der Widerruf nach § 15 Abs. 2 GastG möglich ist[116]. Die Jahresfrist des § 48 Abs. 4 LVwVfG gilt nicht bei Rücknahme und Widerruf nach § 15 Abs. 1 und 2 GastG, wohl aber beim Widerruf nach § 15 Abs. 3 GastG[117]. In **Fall 35a (Rn 408)** stellt sich somit das allgemeine verwaltungsrechtliche Problem des Beginnes dieser Jahresfrist. Stellt man auf die bloße Tatsachenkenntnis ab, so wäre die Jahresfrist abgelaufen und ein Widerruf nicht mehr möglich. Für eine solche Auslegung spricht vor allem der Wortlaut des § 48 Abs. 4 LVwVfG. Gleichwohl muss nach der Rspr die Behörde auch Kenntnis von der Rechtswidrigkeit und den für den Widerruf relevanten Tatsachen haben[118]. **449**

VII. Das Einschreiten gegen das erlaubnisfreie Gaststättengewerbe

Im Rahmen des erlaubnisfreien Gaststättengewerbes gem. § 2 Abs. 2 GastG verlagert sich die Aufgabe der Gewerbeaufsicht auf eine repressive Kontrolle. Die Freistellung von der Gaststättenerlaubnis befreit aber weder von der Einhaltung der sonstigen gewerberechtlichen Vorschriften noch von der Anzeigepflicht gem. § 14 GewO. Die Verweisung des § 31 GastG führt zu den Vorschriften des anzeigepflichtigen (stehenden) Gewerbes in der GewO und damit zur **Gewerbeuntersagung wegen Unzuverlässigkeit** (§ 31 GastG iVm **§ 35 GewO**). Ein milderes Mittel im Vergleich zur Untersagung des Gaststättengewerbes gem. § 31 GastG iVm § 35 GewO stellt die **Möglichkeit des Erlasses von Auflagen nach § 5 Abs. 2 GastG** dar[119]. Auch die Auskunfts- und Nachschaurechte gem. § 22 GastG finden auf das erlaubnisfreie Gaststättengewerbe Anwendung[120]. **450**

---

111 BVerfG, NVwZ-RR 1994, 880; GewArch. 1998, 254; BVerwGE 81, 74; VGH Mannheim, GewArch. 1987, 132. S. aber zum Rückgriff auf § 49 VwVfG infolge der Neuregelung durch das LGastG VG Gießen, NVwZ-RR 2014, 267.
112 VGH München, GewArch. 80, 303; *Metzner*, GastG, § 15 Rn 39.
113 *Kienzle*, GewArch. 1983, 281, 284.
114 *Metzner*, GastG, § 10 Rn 15.
115 So aber *Frotscher/Kramer*, Rn 514 ff.
116 Zum Ganzen *Metzner*, GastG, § 10 Rn 15 ff.
117 *Metzner*, GastG, § 15 Rn 49.
118 BVerwGE 70, 356; differenzierend *Kopp/Ramsauer*, VwVfG, § 48 Rn 152 ff.
119 VGH München, GewArch. 2011, 85: Untersagung des Verkaufs über die Straße während der Nachtzeit.
120 BT-Drucks. 15/4231, S. 35.

451 In **Fall 36 (Rn 409)** handelt es sich um ein erlaubnisfreies Gaststättengewerbe. Rechtsgrundlage für den Bescheid könnte daher § 31 GastG iVm § 35 GewO sein. Voraussetzung hierfür wäre, dass M unzuverlässig ist. Eine Unzuverlässigkeit des M ergibt sich im vorliegenden Fall allerdings nicht bereits aus einem Verstoß gegen die Anzeigepflicht aus § 14 GewO. Diese Anzeige dient nämlich allein gewerbepolizeilichen Gründen der Überwachung (§ 14 Abs. 1 S. 3 GewO), die als „Korrelat zur Gewerbefreiheit" das subjektiv-öffentliche Recht auf Zulassung und Fortsetzung des Gewerbes nicht beschränkt[121]. Daher handelt sich bei § 14 GewO nur um eine sog. „wertneutrale Ordnungsvorschrift", deren Verletzung allein ohne weitere (Begleit-)Umstände nicht zur Unzuverlässigkeit des Gewerbetreibenden führt (s. auch Rn 256). Da M nicht unzuverlässig ist, ist die Untersagung rechtswidrig.

452 Während beim erlaubnispflichtigen Gaststättengewerbe nach § 4 Abs. 1 Nr 2, 3 GastG über die Baugenehmigung hinaus **raumbezogene Anforderungen** gestellt werden können (s. oben Rn 437 ff), besteht diese Möglichkeit beim erlaubnisfreien Gewerbe nicht. Der Gesetzgeber hat dies mit der Deregulierung bewusst in Kauf genommen[122].

VIII. Die Schließung einer Gaststätte

453 Wird ein Gaststättengewerbe ohne die erforderliche Erlaubnis betrieben, kann die **Fortsetzung des Betriebes durch § 31 GastG iVm § 15 Abs. 2 GewO verhindert** werden. Ohne Erlaubnis wird eine Gaststätte betrieben, wenn der Betrieb ohne eine solche aufgenommen wurde, die Erlaubnis widerrufen wurde, diese erloschen ist[123] oder der Betrieb so umgestaltet wird, dass er nach § 3 Abs. 1 GastG einer neuen Erlaubnis bedarf. Ist eine Erlaubnis nicht erforderlich (s. oben Rn 418 ff), kann unter den Voraussetzungen des § 31 GastG iVm § 35 GewO die **Gewerbeausübung wegen Unzuverlässigkeit untersagt** werden.

Besonders relevant ist die Frage der **Gaststättenschließung im Zusammenhang mit dem Widerruf der Gaststättenerlaubnis**. Dieser ist als solcher nicht vollstreckungsbedürftig, sondern verlangt vom Gaststättenbetreiber die Einstellung seines nicht (mehr) genehmigten Betriebes. Er ist allerdings auch nicht mit Zwangsmitteln durchsetzbar[124]. Für die zwangsweise Durchsetzung gelten die allgemeinen gewerberechtlichen Grundsätze (näher Rn 325 ff). Nach dem Widerruf der Genehmigung kann die Behörde eine Gaststätte, die dann ohne Genehmigung betrieben wird, auf der Grundlage von § 31 GastG iVm § 15 Abs. 2 GewO schließen. Diese Untersagungsverfügung ist keine Maßnahme der Verwaltungsvollstreckung, sondern der zu vollstreckende Grundverwaltungsakt[125]. Sie kann aber bereits mit der Widerrufsverfügung verbunden werden[126]. In einem solchen Fall muss der Gastwirt beide Maßnahmen angreifen und kann beide Anträge im Wege einer objektiven Klagehäufung gem. § 44 VwGO in Form der sog. Stufenklage verbinden.

121 S. auch *Marcks*, in: Landmann/Rohmer, GewO, § 14 Rn 8.
122 *Pöltl*, GewArch. 2005, 353, 359.
123 Sie erlischt durch Nichtausübung (§ 8 GastG), Fristablauf oder den Tod des Berechtigten sowie Rücknahme und Widerruf.
124 *Michel/Kienzle/Pauly*, GastG, § 15 Rn 21.
125 BVerwG, GewArch. 1982, 201; VGH Mannheim, GewArch. 1986, 163; *Metzner*, GastG, § 31 Rn 19.
126 *Metzner*, GastG, § 15 Rn 66. Da diese Rechtsfolge (Anordnung der sofortigen Betriebseinstellung) die regelmäßige Folge eines Widerrufs der Erlaubnis darstellt, ist sie nach § 39 Abs. 2 Nr 2 VwVfG nicht zu begründen, so auch VGH Mannheim, GewArch. 1992, 81. VGH Kassel, DÖV 1996, 973 sieht hierin einen Fall des intendierten Ermessens.

§ 5 Das Handwerksrecht

Fall 39: H will von seinem Vater einen Betrieb des Installateur- und Heizungsbauerhandwerks übernehmen, in dem er schon seit fünf Jahren als Geselle mitgearbeitet hat. 454

a) H ist mehrfach an der Meisterprüfung wegen fehlender Kenntnisse im Bereich „Gasinstallation" gescheitert. Gibt es für ihn eine Möglichkeit, doch noch den Betrieb seines Vaters fortzuführen, der mittlerweile schon 70 geworden ist und sich gerne zur Ruhe setzen möchte?
b) Sein Vater hat nur eine kleine Rente und er selbst würde ansonsten arbeitslos. H beschließt schließlich den Betrieb einfach im bisherigen Umfang weiterzuführen, ohne sich weiter um den lästigen Behördenkram zu kümmern. Was wird die Behörde tun?
c) H hat einen qualifizierten Betriebsleiter eingestellt. Allerdings läuft sein Betrieb weiterhin nicht sehr gut und es fallen erhebliche Schulden an. Er führt dann auch keine Kammerbeiträge mehr ab. Die Handwerkskammer hält ihn deswegen für unzuverlässig und nicht mehr geeignet, den Betrieb weiterzuführen. Was wird sie veranlassen?
d) Aufgrund dieser Entwicklung hatte die Handwerkskammer dem H die Löschung aus der Handwerksrolle angekündigt. H unternahm zunächst nichts, nach Eintritt der Unanfechtbarkeit besserte sich seine Situation allerdings überraschend. Er konnte dank einiger Großaufträge und des großen Engagements seines Betriebsleiters seine Schulden abtragen. Kann er gegen die Löschung vorgehen?

Fall 40: Das Unternehmen U bietet im Internet Reifen an. Wenn sich ein Kunde zum Kauf entschließt, kann er einen bestimmten Händler H in seiner Nähe anklicken, an den dann die Reifen geliefert werden. Das Vertragsverhältnis kommt allerdings mit U zustande. H tritt beim Verkauf als Vertreter des U auf und übernimmt das Aufziehen des Reifens auf die Felge und Montage der Räder am Auto, ohne in die Handwerksrolle eingetragen zu sein, obwohl Anlage A zur Handwerksordnung in Nr 41 den Reifenmechaniker aufführt. Mit der Durchführung beauftragt H zwei Vollzeitangestellte, die innerhalb von einer Woche eingearbeitet werden. Für die Kunden fallen für das Aufziehen der Reifen keine separaten Kosten an. Die Handwerkskammer ist der Auffassung, H müsse sich eintragen lassen. Wie ist die Rechtslage? 455

Fall 41: L betreibt einen Lebensmittelmarkt, in dem unter anderem eine Servicetheke frische Fleisch- und Wurstwaren anbietet. Der Markt verwendet vorzerlegte und portionierte Fleischstücke, die teilweise im Markt zu Fleischspießen, Frikadellen und Hackfleisch verarbeitet werden. Die meisten Wurstwaren werden allerdings im Markt nur aufgeschnitten. Der Umsatz macht etwa 4% des Marktes aus. An der Fleischtheke werden eine Vollzeit- und fünf Teilzeitkräfte beschäftigt. 456

I. Die Entwicklung der HwO bis zur Reform von 2004

Das Handwerksrecht gehört zu den traditionsreichsten Bereichen des deutschen Gewerberechts[1]. Die Anfänge gehen zurück auf das mittelalterliche Zunftwesen. Zünfte verstanden sich in der ständischen Gesellschaft als universelle Lebensgemeinschaften, geleitet von den Grundsätzen der Solidarität und Gleichheit. Vor allem in den 457

1 Ausführlicher zur historischen Entwicklung *Ruthig*, in: Ruffert, Europäisches Sektorales Wirtschaftsrecht, § 3 Rn 4 ff mwN.

freien Reichsstädten übernahmen sie zunehmend öffentliche Aufgaben und waren so im städtischen Gemeinwesen schließlich unentbehrlich. Die rechtliche Konsequenz war im 12. bzw 13. Jhdt die hoheitliche Einführung des Zunftzwangs. Mit den sog. Zunftrollen entwickelten die Zünfte ein umfassendes und autonomes Binnenrecht, das die Einkaufs-, Produktions- und Verkaufsbedingungen erfasste. Handwerk war ein stark, aber autonom durch das Handwerk selbst reglementierter Beruf. Diese Schranken fielen zwar zunächst mit dem Ende des Alten Reiches, es begann aber ein langer und schließlich erfolgreicher Kampf des Handwerks um die Wiederherstellung des früheren Zustandes. Selbst die Gewerbefreiheits-Direktiven der Besatzungsmächte nach dem Zweiten Weltkrieg verhinderten nicht, dass der Deutsche Bundestag 1953 über alle Parteigrenzen hinweg das Handwerksrecht wieder aus der GewO herauslöste und in der Handwerksordnung (HwO) am sogenannten Großen Befähigungsnachweis festhielt. In der Folgezeit schlug das Pendel zunächst in umgekehrter Richtung aus, auch wenn den Empfehlungen der Deregulierungskommission aus dem Jahr 1991, den Meisterbrief nur noch als Voraussetzung für die Lehrlingsausbildung beizubehalten, nicht gefolgt wurde[2]. Bereits 1998[3] wurde die Zahl der zulassungspflichtigen Handwerke von 127 auf 94 reduziert. Mit der („großen und kleinen“) **Handwerksnovelle 2004**[4] erfolgten die massivsten Veränderungen des deutschen Handwerksrechts seit 1953. Der Gesetzgeber hat die Zahl der zulassungspflichtigen Handwerke weiter auf 41 reduziert, was zahlenmäßig eher von geringer Auswirkung war[5]. Diese Entscheidung wurde mit Wirkung vom 14.2.2020 teilweise korrigiert und durch eine Änderung der Anlagen A und B1 für zwölf davor zulassungsfreie Handwerke die **Zulassungspflicht wieder eingeführt**[6]. Begründet wurde dies teilweise mit deren Gefahrgeneigtheit aber auch mit ihrer traditionellen Bedeutung als immaterielles Kulturgut (zB Orgelbauer)[7].

458 Erhebliche Veränderungen ergaben sich hinsichtlich der **persönlichen Anforderungen an die Eintragungsfähigkeit**. Seit 1935 durfte nur derjenige in die Handwerksrolle eingetragen werden, der selbst den sogenannten „Großen Befähigungsnach-

---

2 Vgl den Zweiten Bericht der Deregulierungskommission, GewArch. 1991, 296, 298; *Hufen*, NJW 1994, 2913, 2921. In den 1990er Jahren wurde die Möglichkeit zur Erbringung von Leistungen in anderen Handwerken und zur Erlangung einer Ausnahmebewilligung erweitert, vgl das Gesetz zur Änderung der Handwerksordnung, anderer handwerksrechtlicher Vorschriften und des Berufsbildungsgesetzes (BGBl. I 1993, S. 2256). Dazu *Honig*, GewArch. 1994, 227; *Schwappach*, GewArch. 1993, 441.

3 Zweites Gesetz zur Änderung der Handwerksordnung und anderer handwerksrechtlicher Vorschriften v. 25.3.1998 (BGBl. I 1998, S. 596); Bekanntmachung der Neufassung v. 24.9.1998 (BGBl. I 1998, S. 3074); zur Novelle 1998 *Czybulka*, NVwZ 1998, 136; *Kolb*, GewArch. 1998, 217; *Schwanneke/Heck*, GewArch. 1998, 305.

4 Am 30.12.2003 ist das Gesetz zur Änderung der Handwerksordnung und zur Förderung von Kleinunternehmen v. 24.12.2003 (BGBl. I 2003, S. 2933) und am 1.1.2004 das Dritte Gesetz zur Änderung der Handwerksordnung und anderer handwerksrechtlicher Vorschriften v. 24.12.2003 (BGBl. I 2003, S. 2934) in Kraft getreten. Dazu *Kormann/Hüpers*, GewArch. 2004, 353, 404; *Schwanecke/Heck*, GewArch. 2004, 129.

5 Diese machen aber weiterhin rund 90% der Betriebe, 83% der Beschäftigten und 90% der Lehrlinge aus, s. *Kormann/Hüpers*, GewArch. 2004, 353.

6 Viertes Gesetz zur Änderung der Handwerksordnung und anderer handwerksrechtlicher Vorschriften v. 6.2.2020 (BGBl. I 2020, S. 142). Dazu gehören neben einigen traditionellen Handwerksberufen vor allem Handwerke aus der Baubranche, zB Fliesenleger, Estrichleger, Parkettleger und Rolladen- und Sonnenschutztechniker. Zu den Bedenken *Burgi*, WuV 2018, 181.

7 Ausführlich zu den verfassungs- und unionsrechtlichen Fragen *Burgi*, WiVerw 2019, 142.

weis", die Meisterprüfung, erfolgreich abgelegt hatte. Insoweit hat sich jedoch, trotz aller gegenteiligen Beteuerungen, eine **Abkehr vom traditionellen Typus des Handwerksmeisters** vollzogen. Faktisch wurde der Meisterzwang auch für das weiterhin zulassungspflichtige Handwerk beseitigt.

Dies ergibt sich durch das Zusammenspiel verschiedener Regelungen. Nachdem schon vorher juristischen Personen der Betrieb eines Handwerks gestattet war, hat die Novelle 2004 das **Inhaberprinzip aufgegeben** (dazu unten Rn 471 ff). Damit kann praktisch jedermann in die Handwerksrolle eingetragen werden, sofern er einen Betriebsleiter beschäftigt, der den Befähigungsnachweis erbracht hat. Es besteht also nur noch ein mittelbarer Zusammenhang zwischen Meisterprüfung und der Eintragung in die Handwerksrolle. Gleichzeitig wurde der Zusammenhang zwischen Meisterprüfung und Handwerksausübung über die **Möglichkeit zu Ausnahmebewilligungen** (§§ 8, 9 HwO) hinaus in der sog. **Altgesellenregelung** des § 7b HwO vollends gelockert[8]. Mit der Novelle wurden den bisherigen verfassungsrechtlichen Bedenken eine ganze Reihe weiterer hinzugefügt (ausf Rn 125, 147 f; zum Kammerrecht Rn 141 f). BVerwG[9] und Oberverwaltungsgerichte[10] gehen allerdings in Anlehnung an die alten Judikate des BVerfG von der Verfassungsmäßigkeit der novellierten Handwerksordnung aus. Indem das BVerfG fast ein Jahr nach ihrer Abschaffung im Dezember 2005 erhebliche Bedenken an der Verfassungsmäßigkeit der Altregelung äußerte, ohne eindeutig erkennen zu lassen, wie es vor diesem Hintergrund die Neuregelung beurteilte, hat es keinesfalls dazu beigetragen, die verfassungsrechtlichen Grundsatzfragen zu klären[11]. Die früheren unionsrechtlichen Bedenken sind durch die auf § 9 HwO gestützte EU/EWR-HwV beseitigt (dazu Rn 477; zur Niederlassungsfreiheit Rn 77).

II. Das zulassungspflichtige Handwerk (Anlage A)

1. Die Eintragung in die Handwerksrolle

Kernstück des Handwerksrechts ist die sog. **Handwerksrolle**, das nach § 6 Abs. 1 HwO von der zuständigen Handwerkskammer geführte Verzeichnis, in das die selbstständigen Handwerker eines Bezirks mit dem von ihnen zu betreibenden Handwerk eingetragen sind. Die Eintragung hat konstitutive Wirkung[12]. Gemäß § 1 Abs. 1 HwO ist nur den in der Handwerksrolle Eingetragenen der **selbstständige Betrieb eines zulassungspflichtigen Handwerks** gestattet. 459

8 Obwohl der Gesetzgeber auch in der Altgesellenregelung einen Anwendungsfall der Ausnahmebewilligung sieht, geht angesichts der geringen Anforderungen, die diese Vorschrift aufstellt, der Ausnahmecharakter verloren, vgl *Honig/Knörr*, HwO, § 7b Rn 2. Ausgenommen bleiben nur sechs Handwerksberufe (Schornsteinfeger sowie Gesundheitshandwerke), die insgesamt weniger als 5% der Handwerksbetriebe ausmachen. Auch bei diesen genügt allerdings die Einstellung eines entsprechend qualifizierten Betriebsleiters.

9 BVerwG, GewArch. 2004, 488, 489; GewArch. 2012, 39.

10 VGH München, GewArch. 2007, 125 mwN; OVG Koblenz, GewArch. 2013, 126; OVG Münster, GewArch. 2010, 250.

11 BVerfG, GewArch. 2006, 71, 72 f. Die Entscheidung muss nach *Dürr*, GewArch. 2007, 18 „mehr als rechtspolitischer Versuchsballon denn als Beitrag zur Rechtsklarheit aufgefasst werden".

12 Über die Eintragung wird eine Bescheinigung, die sog. Handwerkskarte (§ 10 Abs. 2 HwO), ausgestellt. Die Eintragung in die Handwerksrolle entfaltet auch über das Handwerksrecht hinaus Tatbestandswirkung, etwa für die Sozialversicherungsträger, s. BSG, GewArch. 1967, 60; GewArch. 1968, 278; vgl auch *Honig/Knörr*, HwO, § 6 Rn 4; *Falk*, KrV 1990, 59.

Die Erlaubnis erstreckt sich nach § 5 HwO auf bestimmte **Leistungen in anderen Handwerken** und vor allem auf die **Ausübung verwandter zulassungspflichtiger Handwerke** (§ 7 Abs. 1 S. 2 HwO). Sie ist auch nach der Handwerksnovelle personen-, nicht betriebsbezogen[13]. Die Inhaber eines Handwerksbetriebes (oder eines handwerksähnlichen Gewerbes) sowie Gesellen, Arbeitnehmer mit abgeschlossener Berufsausbildung und Lehrlinge gehören nach § 90 Abs. 2 HwO einer der örtlichen **Handwerkskammern** an (zu den Aufgaben vgl § 91 HwO; allg. zu den berufsständigen Kammern oben Rn 141 ff). Verfassungsrechtlich bedenklich ist die Einbeziehung der Kleinunternehmer in die Zwangsmitgliedschaft ohne die Einräumung von Mitwirkungsrechten[14]. Von den Handwerkskammern zu unterscheiden sind die **Handwerksinnungen** (§§ 52 ff HwO)[15].

2. Die sachlichen Voraussetzungen der Eintragung (Eintragungsbedürftigkeit)

a) Stehendes Gewerbe

460 Gemäß § 1 Abs. 1 HwO setzt die Eintragungsbedürftigkeit voraus, dass es sich um ein stehendes Gewerbe handelt. Der **Gewerbebegriff** des § 1 Abs. 1 HwO ist mit demjenigen der GewO identisch (dazu oben Rn 214 ff), die ausdrückliche Nennung der Selbstständigkeit in § 1 Abs. 1 HwO[16] deklaratorisch.

Ein Gewerbe muss vor allem auch mit Gewinnerzielungsabsicht betrieben werden. Daran fehlt es idR bei sozialen Einrichtungen wie Behindertenwerkstätten oder Arbeitsloseneinrichtungen[17]. Nicht mit Gewinnerzielungsabsicht am Markt tätig werden auch die internen Abteilungen, die zB in einem Konzern Aufgaben des Facility-Management wahrnehmen und dazu handwerkliche Arbeiten durchführen[18]. Auch Unternehmen der öffentlichen Hand können der HwO unterfallen, sofern sie am Markt tätig werden[19]. Abgrenzungsprobleme zur freiberuflichen Tätigkeit stellen sich beim Kunsthandwerk[20], das aber weitgehend nicht mehr dem Meisterzwang unterliegt. Keinen Einfluss auf die Einordnung als selbstständige Tätigkeit hat der Umstand, dass der Handwerker als Subunternehmer auftritt (s. auch **Fall 40 [Rn 463]**)[21].

461 Es muss sich außerdem um ein **stehendes Gewerbe** handeln, so dass auch nach der Novelle weiterhin nicht nur das Markt-, sondern vor allem auch das **Reisegewerbe** ausgenommen sind, obwohl Letzteres verfassungsrechtlich nicht haltbar ist (s. zum Gleichheitsverstoß Rn 147) und überdies zu Vollzugsproblemen führt[22].

---

13 So zum früheren Recht auch VGH Mannheim, NVwZ-RR 2002, 113. Damit kommt eine Löschung in der Handwerksrolle im Hinblick auf eine einzelne Betriebsstätte nicht in Betracht.

14 Diese gehören zwar auch der Handwerkskammer an, haben dort aber (vgl §§ 96 f HwO) weder das aktive noch das passive Wahlrecht, s. auch *Schwannecke/Heck*, GewArch. 2004, 129, 140. Zu den daraus resultierenden verfassungsrechtlichen Bedenken schon Rn 146.

15 Vgl schon oben Rn 205 und ausführlich *Frotscher/Kramer*, Rn 743 ff.

16 Dazu und zur Abgrenzung von der Scheinselbstständigkeit s. *Thiel*, in: Honig/*Knörr/Thiel*, HwO, § 1 Rn 30 ff.

17 S. auch *Thiel*, in: *Honig/Knörr/Thiel*, HwO, § 1 Rn 22 f; krit *Ehlers*, in: Ehlers/Fehling/Pünder, § 19 Rn 18.

18 *Leisner*, GewArch. 2019, 383, 385; krit dazu *Schmitz*, WiVerw 2019, 174, 180 f.

19 Die Vorschrift des § 2 Nr 1 HwO ist deklaratorisch, s. auch *Thiel*, in: Honig/Knörr, HwO, § 2 Rn 2.

20 Ausf BSG, NJW 1999, 1990; *Honig/Knörr*, HwO, § 1 Rn 16 ff; *Ehlers*, in: Ehlers/Fehling/Pünder, § 19 Rn 16.

21 *Honig/Knörr*, HwO, § 1 Rn 40.

22 Zur Nichteinbeziehung des Reisegewerbes kritisch *Schwannecke/Heck*, GewArch. 2004, 129, 134 und die Stellungnahme der Bundesländer im Gesetzgebungsverfahren, s. BR-Drucks. 382/1/03, S. 8; zweifelnd auch OLG Jena, NJW-RR 2009, 975; aA OVG Münster, GewArch. 2010, 249. Zu Abgrenzungsschwierigkeiten und den damit zusammenhängenden Vollzugsproblemen *Dürr*, GewArch. 2011, 8.

Reisegewerbe liegt dann vor, wenn die Leistung außerhalb einer gewerblichen Niederlassung und ohne vorhergehende Bestellung des Kunden erbracht wird (s. auch Rn 339 ff). An das Erfordernis der Niederlassung sind zwar keine allzu hohen Anforderungen zu stellen, sogar ein (mobiler) Telefonanschluss kann genügen[23], aber die praktisch größere Bedeutung hat sowieso die zweite Variante, die Leistungserbringung ohne vorhergehende Bestellung[24]. Folgt man insoweit der großzügigen Auslegung des BVerfG und lässt auch eine spätere Erbringung der Leistung zu, sofern nur der erste Kontakt auf Initiative des Handwerkers zustande kam[25], kann praktisch jedes Handwerk als Reisegewerbe und damit ohne Befähigungsnachweis erbracht werden[26] (▸ **Klausurenkurs Fall Nr 8**). Da die HwO nur auf das stehende Handwerk anwendbar ist, hat hier die großzügige Interpretation des § 55 Abs. 1 Nr 1 GewO – anders als bei der Abgrenzung von Reisegewerbe und dem nach § 14 GewO nur anzeigepflichtigen stehenden Gewerbe – keine Ausdehnung des Verbraucherschutzes, sondern eine Aushöhlung des Meisterprinzips und damit eine Beseitigung des vom Gesetzgeber weiterhin für erforderlich erachteten Schutzes vor den von der Erbringung solcher Leistungen ausgehenden Gefahren zur Folge, die nicht dadurch geringer werden, dass sie im Reisegewerbe erbracht werden[27]. Dies spräche für eine Erstreckung der HwO auf das Reisegewerbe (zu den verfassungsrechtlichen Bedenken schon Rn 147). De lege lata ist eine Anwendung der HwO neben den §§ 55 ff GewO allerdings aus systematischen Gründen ausgeschlossen[28].

b) Zulassungspflichtiges Handwerk

Eintragungspflichtig sind nur die in Anlage A aufgeführten Handwerke, bei denen der Gesetzgeber annimmt, dass von ihrer Ausübung besondere Gefahren für die Gesundheit oder das Leben Dritter ausgehen[29]. Diese **Positivliste** hat abschließenden Charakter, andere als die genannten Handwerke können nicht in die Handwerksrolle eingetragen werden[30]. Mit der Novelle 2004 wurde eine Vielzahl von Handwerksberufen aus der Anlage A in die neue Anlage B1 der sog. zulassungsfreien Handwerke über- **462**

23 OVG Lüneburg, GewArch. 2004, 32 = NVwZ-RR 2004, 27 (ohne SV); BVerfG, NVwZ 2001, 189.

24 Vgl *Hüpers*, GewArch. 2004, 230, 231.

25 Vgl BVerfG, NVwZ 2001, 189, 190: Es entspreche „weder dem Zweck des § 55 Abs. 1 Nr 1 GewO noch vernünftigen Gründen des Gemeinwohls, diese Vorschrift derart restriktiv auszulegen, dass ein Aufsuchen einer Bestellung auf Leistung nicht anzunehmen ist, wenn die Leistung erst zu einem späteren Zeitpunkt erbracht wird". Zuvor hatte sich vor allem der VGH Mannheim um eine restriktivere Interpretation bemüht, s. GewArch. 1995, 159; 475 unter ausdrücklicher Aufgabe von *ders.*, GewArch. 1973, 159.

26 Zum Zimmererhandwerk OVG Münster, GewArch. 2004, 32. Kritisch dazu *Honig/Knörr*, HwO, § 1 Rn 27; *Hüpers*, GewArch. 2004, 230. Zu Versuchen einer einschränkenden Auslegung *Korte*, GewArch. 2010, 265.

27 Zutreffend deswegen die Abgrenzungsversuche von VGH Mannheim, GewArch. 1995, 159 (dann kein Reisegewerbe, wenn die entscheidenden Vorarbeiten – im konkreten Fall die Herstellung eines kompletten Dachstuhles – an einer Niederlassung erbracht werden). S. auch *Laubinger*, FS Frotscher (2007), 497.

28 Vgl insbes den Wortlaut von § 1 Abs. 1 HwO („stehendes"). Für ein Nebeneinander bei gefahrengeneigten Handwerken aber *Korte*, in: Schmidt/Wollenschläger, § 9 Rn 94; ausführlicher *ders.*, GewArch. 2010, 265, 268 ff.

29 Allerdings wurde die Orientierung an der Gefahrgeneigtheit im Gesetzgebungsverfahren wieder gelockert und entgegen ursprünglicher Pläne auch das Bäcker- und das Friseurhandwerk in der Anlage A belassen. Diese Handwerke sind sicherlich nicht in der gleichen Weise gefahrgeneigt, allerdings können sie überdurchschnittliche Ausbildungszahlen vorweisen. S. auch *Frotscher/Kramer*, Rn 534: „gute Lobbyarbeit".

30 Nach § 1 Abs. 3 HwO kann die Anlage A durch den Verordnungsgeber umgestaltet werden, die Neuaufnahme weiterer Gewerbe in die Anlage A bedürfte allerdings (anders als ihre Streichung) der Entscheidung des Gesetzgebers, s. schon BVerwG, GewArch. 1994, 199, 200.

führt (zum zulassungsfreien Handwerk und dem handwerksähnlichen Gewerbe s. unten Rn 493 f).

463 Im **Fall 39 (Rn 454)** möchte H ein grundsätzlich eintragungspflichtiges Gewerbe betreiben (Anl. A Ziff. 24). Entsprechendes gilt für die Tätigkeit eines Reifenmechanikers **(Fall 40, Rn 455)** und Fleischers **(Fall 41, Rn 456)**. Damit sind in allen drei Fällen die weiteren Eintragungsvoraussetzungen zu prüfen.

c) Wesentliche Tätigkeit

464 Wie sich aus § 1 Abs. 2 HwO ergibt, besteht die Eintragungspflicht auch dann, wenn nicht ein komplettes Handwerk nach der Anlage ausgeübt wird, sofern es sich um **wesentliche Tätigkeiten** handelt (s. näher ► **Klausurenkurs Fall Nr 7**). Wesentliche Tätigkeiten sind solche, die nicht nur fachlich zu dem betreffenden Handwerk gehören, sondern gerade den Kernbereich dieses Handwerks ausmachen und ihm sein essentielles Gepräge verleihen[31]. Nach diesen Grundsätzen stellt etwa das Verlegen von Dachsteinen und Dachziegeln eine wesentliche Leistung des Dachdeckers dar[32]. Die als unwesentliche Tätigkeiten aus der Eintragungspflicht herausgenommenen Formen der Handwerksausübung werden in § 1 Abs. 2 S. 2–3 HwO näher konkretisiert[33]. Dadurch wird die positive Definition des S. 1 um eine – nicht abschließende – Negativliste ergänzt[34]. Liegen diese Negativkriterien (Anlernzeit, Nebensächlichkeit) vor, spricht man vom sog. Minderhandwerk, das weder dem Meisterzwang noch der Eintragungspflicht unterliegt, also in den Anwendungsbereich der GewO fällt. Freilich ist die Regelung kompliziert, nicht immer durchdacht und Grundlage einer nicht in allem überzeugenden Einzelfallkasuistik[35]. Sie ist vor dem Hintergrund des Art. 12 GG eher einschränkend auszulegen und jedenfalls keiner teleologischen Extension zugänglich.

465 Dies zeigt exemplarisch **Fall 41 (Rn 456)**[36]. Für die Eintragungspflicht kommt es darauf an, inwieweit der Betrieb der Fleischtheke eine wesentliche Tätigkeit des Fleischerhandwerks darstellt. Unproblematisch ist dies anzunehmen bei der Herstellung von Würsten und Pasteten[37]; weniger eindeutig, wenn, wie im Sachverhalt, Fleischstücke nur zugeschnitten, mariniert oder zu Hackfleisch verarbeitet werden. Allerdings wird von der Rechtsprechung der

---

31 BVerwGE 149, 265 = NVwZ 2014, 1241; NJW-RR 1992, 472; zur Vereinbarkeit mit dem Bestimmtheitsgrundsatz BVerwGE 140, 276.

32 OVG Münster, GewArch. 2010, 249; s. auch OVG Lüneburg, NVwZ-RR 2005, 173 (Autolackiererei); VG Bremen, GewArch. 2011, 83 (Friseur).

33 Dazu *Honig/Knörr*, HwO, § 1 Rn 48 ff; *Schulze*, GewArch. 2003, 283. Sie kodifizieren maßgeblich die Ausführungen von BVerfG, NVwZ 2001, 187; dazu *Mirbach*, NVwZ 2001, 161.

34 Dazu näher *Kormann/Hüpers*, GewArch. 2004, 353, 354 f.

35 S. auch *Leisner*, in: BeckOK HwO, § 1 Rn 49. Zu verfassungsrechtlichen Bedenken hinsichtlich dieser Regelungen auch *M. Müller*, NVwZ 2004, 403, 409; *Kormann/Hüpers*, GewArch. 2004, 353, 361 f.

36 VGH Mannheim, GewArch. 2019, 152; GewArch. 1994, 292; ebenso VG Sigmaringen, GewArch. 2018, 204; VG Schleswig, GewArch. 2017, 247; *Schmitz*, GewArch. 2018, 356; gegen Eintragungspflicht *Detterbeck*, GewArch. 2018, 264. Offengelassen bei *Ehlers*, in: Ehlers/Fehling/Pünder § 19 Rn 22.

37 Zur Herstellung von Fladenbrot als wesentliche Tätigkeit des Bäckerhandwerks VG Saarland, GewArch. 2005, 157.

Verkauf von Frischfleisch uneingeschränkt als wesentliche Tätigkeit begriffen[38]. Als nicht wesentliche Tätigkeiten wurden demgegenüber das Aufstellen von Grabmalen im Verhältnis zum Handwerk eines Steinmetzes[39] sowie die Installation von Satellitenempfangsanlagen oder das Anbringen verkaufter Beleuchtungskörper[40] angesehen. Auch in **Fall 40 (Rn 455)**[41] ist § 1 Abs. 2 HwO zu prüfen. H lernt seine Mitarbeiter in einer Woche an, so dass die zeitliche Grenze der Nr 1 nicht überschritten wird. Da das Reifenaufziehen auch nicht das durchaus komplexe Berufsbild eines Vulkaniseurmeisters wesentlich prägt (vgl § 1 Abs. 2 S. 2 Nr 2 HwO), handelt es sich nach der gesetzlichen Regelung ebenfalls nicht um eine wesentliche Tätigkeit. Allerdings könnte eine teleologische Reduktion des § 1 Abs. 2 S. 2 HwO bei gefährlichen Minderhandwerken in Betracht kommen[42]. Beim Reifenaufziehen könnte man ein besonderes Gefährdungspotential für Leben und Gesundheit in Verbindung mit den Gefahren des Straßenverkehrs bejahen[43], während es sich andererseits um eine Tätigkeit handelt, die viele Autofahrer selbst vornehmen, ohne dass es zu Problemen kommt. Die oberverwaltungsgerichtliche Rechtsprechung[44] lehnte eine teleologische Reduktion ab. Der Gesetzgeber habe verschiedene Gesetzeszwecke verfolgt und mit dem Kriterium der Gefahrgeneigtheit keine Ausdehnung der Zulassungspflicht verbinden wollen. In der Tat ist dem Gesetzgeber insoweit ein Beurteilungs- und Gestaltungsspielraum zuzugestehen. Aber vor allem wegen Art. 12 GG muss eine teleologische Extension der Vorschrift ausscheiden.

Die **Kumulation** mehrerer, bei isolierter Betrachtung unwesentlicher Tätigkeiten ist **466**
nach § 1 Abs. 2 S. 3 HwO nur zulässig, solange sie nicht insgesamt für das betreffende Handwerk wesentlich werden[45]. Angesichts der verfassungsrechtlichen Bedenken gegen die Herauslösung gefahrengeneigter „Nebentätigkeiten" aus dem Handwerksrecht (dazu oben Rn 147) muss man diese Kriterien wohl verfassungskonform so auslegen, dass es sich bei solchen Leistungen, die gerade die „Gefährlichkeit" des entsprechenden Handwerks begründen, nicht um Minderhandwerk handelt[46].

d) Handwerksmäßiger Betrieb

Weiter ist erforderlich, dass der Gewerbebetrieb handwerksmäßig betrieben wird, s. **467**
§ 1 Abs. 2 HwO. Dieses Merkmal wurde vom Gesetzgeber bewusst nicht näher konkretisiert, der „dynamische Handwerksbegriff" sollte offen für neue wirtschaftliche und technische Entwicklungen bleiben[47]. Es dient seit der Konturierung des Merk-

---

38 So VGH Mannheim, GewArch. 2019, 152 unter Verweis auf die frühere Entscheidung (GewArch. 1994, 292) und ohne nähere Prüfung von § 1 Abs 2 Nr 2 HwO. In einer derart weiten Auslegung dürfte eine unverhältnismäßige Beschränkung der Berufsfreiheit liegen; zur Relevanz von Art. 12 GG *Huber/Unger*, in: Schoch, Kap 4 Rn 282.

39 OVG Lüneburg, NVwZ-RR 2010, 639.

40 BVerfG, NVwZ 2001, 187.

41 OLG Bamberg, GewArch. 2009, 39; LG Itzehoe, GewArch. 2008, 40. Ausf *Baumeister*, GewArch. 2007, 310 ff.

42 Dafür vor allem *Kormann/Hüpers*, GewArch. 2004, 353, 355; krit dazu *Baumeister*, GewArch. 2007, 310.

43 Anders für das Steinmetzhandwerk unter Hinweis auf den Entstehungsprozess der Novelle 2004 OVG Lüneburg, NVwZ-RR 2010, 639.

44 OVG Lüneburg, NVwZ-RR 2010, 639; VGH Mannheim, GewArch. 2006, 126, 128.

45 Zu dieser im Vermittlungsausschuss eingefügten Vorschrift s. *Kormann/Hüpers*, GewArch. 2004, 353, 354.

46 Gegen eine solche Lösung allerdings *Baumeister*, GewArch. 2007, 310, 320.

47 *Frotscher/Kramer*, Rn 546; *Honig/Knörr*, HwO, § 1 Rn 43 mwN. Zum dynamischen Charakter des Handwerksbegriffs schon *Fröhler*, GewArch. 1964, 145.

mals der wesentlichen Tätigkeit vor allem der Abgrenzung vom **Industriebetrieb**[48], die allerdings angesichts des Paradigmenwechsels keineswegs mehr unumstritten ist[49].

Diese erfordert nach der Rechtsprechung eine umfassende Betrachtung der Gesamtstruktur des Unternehmens[50], die sich angesichts der fließenden Übergänge immer schwieriger gestaltet. Anhaltspunkte für eine industrielle Betriebsweise sind weder die Betriebsgröße[51] noch die fehlende persönliche Mitarbeit des Inhabers oder Betriebsleiters oder der Einsatz von Maschinen[52], sondern vor allem die Frage der Arbeitsteilung. Wenn der Produktionsvorgang in viele Einzelschritte zerlegt wird, die jeweils schnell erlernt werden können oder überhaupt keine Ausbildung erfordern, spricht dies für die industrielle Fertigung[53]. Damit werden weiterhin vor allem Kleinbetriebe als nichtindustriell eingestuft[54].

e) Die erfassten Betriebsformen (Haupt-, Neben-, Hilfsbetrieb)

468 Im Normalfall wird ein Handwerk in Form eines Hauptbetriebes ausgeübt[55]. Die Eintragungspflicht wird aber in § 2 Nr 2–3 HwO auch auf bestimmte sog. Nebenbetriebe ausgeweitet. Ein **Nebenbetrieb**, der einem gewerblichen oder nichtgewerblichen Hauptbetrieb zugeordnet sein kann (s. § 2 Nr 3 HwO), zeichnet sich dadurch aus, dass er gegenüber dem Hauptbetrieb eine abgrenzbare Einheit bildet und auch nach außen (Absatz an Dritte) ein gewisses Maß an Selbstständigkeit besitzt[56]. Auch die Nebenbetriebe sind in die Handwerksrolle einzutragen, es sei denn, es handelt sich um einen unerheblichen Nebenbetrieb. Die Erheblichkeit ist nach den Vorgaben des § 3 Abs. 2 HwO zu beurteilen. Abzustellen ist allein auf die durchschnittliche Arbeitszeit[57].

469 Entsprechendes gilt für die sogenannten **Hilfsbetriebe** nach § 3 Abs. 3 Nr 1 HwO, die im Unterschied zu den Nebenbetrieben nicht selbstständig gegenüber dem Kunden auftreten. Ein solcher liegt beispielsweise vor, wenn ein Gastwirt Fleischprodukte selbst herstellt, sie aber lediglich in seiner Gastwirtschaft verwendet und nicht auch an Kunden verkauft[58]. Dieser ist von der Eintragungspflicht ausgenommen, auch wenn wesentliche Tätigkeiten eines zulassungspflichtigen Handwerks verrichtet werden, ohne dass es auf den Umfang der Tätigkeit ankommt. Entsprechendes gilt für die landwirtschaftliche Direktvermarktung, solange dort nicht die handwerkliche Tätig-

---

48 Vgl zur kaum überschaubaren Kasuistik *Honig/Knörr*, HwO, § 1 Rn 64 ff.

49 *Ziekow*, § 11 Rn 6 sieht bereits in der Unterscheidung zwischen handwerklicher und industrieller Produktion einen Verstoß gegen Art. 3 Abs. 1 GG: „Gefahr ist Gefahr".

50 S. etwa BVerwG, GewArch. 1994, 474.

51 Vgl BVerwG, GewArch. 2003, 79; *Honig/Knörr*, HwO, § 1 Rn 65.

52 Am Beispiel des Maschineneinsatzes in einer Großbäckerei s. etwa VG Halle, GewArch. 2001, 421.

53 Lediglich ein Indiz stellt der Maschineneinsatz dar, der sich auch im Handwerk zunehmend verbreitet hat, s. VGH Mannheim, GewArch. 1993, 418; *Honig/Knörr*, HwO, § 1 Rn 69. Tlw überholt BVerwGE 58, 217, 225.

54 S. auch den Beispielsfall bei *Frotscher/Kramer*, Rn 554 f.

55 Zur Problematik der selbstständig arbeitenden und eintragungspflichtigen Zweigbetriebe s. *Honig/Knörr*, HwO, § 6 Rn 14 ff; *Fiege*, GewArch. 2001, 409.

56 Grundlegend BVerwGE 58, 93. S. auch *Honig/Knörr*, HwO, § 3 Rn 13.

57 S. näher *Schwannecke/Heck*, GewArch. 2004, 129, 135. Die durchschnittliche Jahresarbeitszeit beträgt bei Handwerkern ca. 1664 Stunden. Erheblich ist stets ein Nebenbetrieb mit zwei Vollzeitbeschäftigten. Der bisherige zusätzliche Umsatzbezug entfiel bei der Novellierung.

58 OLG Koblenz, GewArch. 1981, 14; *Bulla*, in: Schmidt/Vollmöller, § 10 Rn 49.

keit den Unternehmensschwerpunkt bildet[59] (s. auch ▶ **Klausurenkurs Fall Nr 7**). Praktisch bedeutsam und in § 3 Abs. 3 Nr 2 b–c HwO näher geregelt ist die Durchführung von Reparaturarbeiten. Zugelassen werden insbes unentgeltliche Reparatur- und Installationsarbeiten, was zB auch pauschal abgegoltene Wartungsverträge erfasst[60].

Im **Fall 41 (Rn 456)** handelt es sich bei der Fleischtheke um einen handwerklichen **Nebenbetrieb**, der mit einem Handelsunternehmen verbunden ist (§ 2 Nr 3 3. Alt. HwO) und grundsätzlich den Vorschriften der HwO unterliegt. Beim Verkauf von vorzerlegten und portionierten Fleischstücken, die verzehrfertig sind und teilweise zu Fleischspießen, Frikadellen und Hackfleisch verarbeitet werden, handelt es sich aber nicht um Tätigkeiten, die das zulassungspflichtige Fleischerhandwerk prägen. Sie sind allein betrachtet und auch in ihrer Gesamtheit nur unwesentliche Tätigkeiten, weshalb die Fleischtheke kein Betrieb eines zulassungspflichtigen Handwerks ist (§ 1 Abs. 2 HwO)[61]. 470

3. Die persönliche Eintragungsfähigkeit

a) Eintragung mit qualifizierter Betriebsleitung

Handelt es sich nach diesen Grundsätzen um ein eintragungsbedürftiges Handwerk, stellt sich die Frage nach der Eintragungsfähigkeit. Der „Inhaber eines Betriebes eines zulassungspflichtigen Handwerks“ wird nach § 7 Abs. 1 S. 1 HwO dann in die Handwerksrolle eingetragen, „wenn der Betriebsleiter die Voraussetzungen für die Eintragung in die Handwerksrolle erfüllt“. Betriebsleiter ist derjenige, der in einem Handwerksbetrieb für die fachliche Ausgestaltung und im technischen Ablauf die Verantwortung trägt[62]. Eintragungsvoraussetzung in der Person des Betriebsleiters ist – wie bisher – vor allem das Ablegen der Meisterprüfung in dem zu betreibenden oder einem verwandten Handwerk, § 7 Abs. 1a HwO. 471

Das herkömmliche Handwerksrecht sah die Eintragung des Handwerksmeisters vor, also des Inhabers des sog. Großen Befähigungsnachweises. Formell hat sich § 7 Abs. 1 HwO von diesem Inhabergrundsatz verabschiedet, indem hinsichtlich der persönlichen Qualifikation nunmehr auf den „Betriebsführer“ abgestellt wird. Dies schließt aber selbstverständlich nicht aus, dass der Inhaber als „Betriebsleiter“ die Eintragungsvoraussetzungen in eigener Person erfüllt[63]. An die Stelle der Meisterprüfung[64] können aber auch andere, nach Abs. 2 oder Abs. 2a als gleichwertig anerkannte Prüfungen treten, insbes Ingenieursabschlüsse und solche aus dem Bereich des EWR, die durch Rechtsverordnung als gleichwertig anerkannt wurden.

59 *Honig/Knörr*, HwO, § 3 Rn 33. Die Weiterverarbeitung seiner Erzeugnisse durch den Landwirt ist nicht mehr Urproduktion und damit nicht generell von der GewO ausgenommen.

60 *Honig/Knörr*, HwO, § 3 Rn 28.

61 So auch *Detterbeck*, GewArch. 2018, 264: Im Zentrum des Fleischerhandwerks stehe die Gewinnung von Fleisch und die Herstellung von Fleisch- und Wurstwaren. Anders VGH Baden-Württemberg, GewArch. 2019, 153 und VG Sigmaringen, GewArch. 2018, 204: Die Qualitätskontrolle und ständige Überwachung des Fleisches gehörten zum Kernbereich des Fleischerhandwerks.

62 Der Betriebsleiter muss den gleichen Einfluss haben wie im traditionellen Handwerksrecht der selbstständige Handwerksmeister, also insbesondere ein Weisungsrecht gegenüber den Beschäftigten, s. auch *Honig/Knörr*, HwO, § 7 Rn 26 ff.

63 *Honig/Knörr*, HwO, § 7 Rn 4.

64 Näher zu den Anforderungen *Ehlers*, in: Ehlers/Fehling/Pünder, § 11 Rn 42.

472 Wenn ein entsprechender Betriebsleiter vorhanden ist, kann **jede natürliche oder juristische Person oder Personengesellschaft** als Inhaber des Handwerksbetriebes in die Handwerksrolle eingetragen werden.

Auch bei den Personengesellschaften sind also Zuordnungssubjekt nicht (mehr) die haftenden Gesellschafter, sondern die Personengesellschaft als solche[65], die deshalb auch eingetragen wird[66]. Trotzdem sind nicht alle Fragen der Handwerkstätigkeit von Personengesellschaften geklärt. Wenn sich mehrere Handwerksbetriebe zu einer Arbeitsgemeinschaft zusammenschließen, handelt es sich um eine GbR, die eintragungsfähig ist, soweit es sich um eine Außengesellschaft handelt. Es ist aber zu fragen, ob diese auch eingetragen werden muss, wenn die einzelnen Gesellschafter ihrerseits in die Handwerksrolle eingetragen sind.

b) Die Eintragung von Altgesellen (§ 7b HwO)

473 In fast allen zulassungspflichtigen Handwerken[67] ist die Eintragung in die Handwerksrolle nach § 7 Abs. 7 iVm § 7b HwO auch ohne einen als Meister qualifizierten Betriebsleiter erreichbar. Voraussetzung ist nach der sog. Altgesellenregelung die **Gesellenprüfung** oder eine entsprechende Facharbeiterprüfung in dem angestrebten Handwerk sowie eine anschließende, mindestens **sechsjährige Berufspraxis** (davon mindestens vier Jahre in leitender Stellung). Die „leitende Stellung" (zur Legaldefinition s. § 7b Abs. 1 Nr 2 HwO[68]) wird durch Arbeitszeugnisse, Stellenbeschreibungen oder Ähnliches nachgewiesen. Sie muss sich qualitativ deutlich von den Tätigkeiten von Durchschnittsgesellen abheben.[69] Es wird vermutet, dass sie auch die erforderlichen betriebswirtschaftlichen, kaufmännischen und rechtlichen Kenntnisse vermittelt, § 7b Abs. 1a HwO[70]. Altgesellen dürfen nicht automatisch, sondern nach § 22b Abs. 2 Nr 2 lit b) iVm § 45 Abs. 3 HwO nur dann **Lehrlinge ausbilden**, wenn sie zusätzlich durch Teil IV der Meisterprüfung die erforderlichen arbeits- und berufspädagogischen Fähigkeiten nachgewiesen haben. Das Verfahren entspricht demjenigen der Ausnahmebewilligung nach § 8 HwO.

474 Keine Aussage macht die HwO dazu, ob sich auf diese Altgesellenregelung auch derjenige berufen kann, der sich erfolglos an einer Meisterprüfung versucht hat. In **Fall 39a (Rn 454)** scheitert die Eintragung (noch) an der fehlenden sechsjährigen Berufserfahrung, so dass auch der Nachweis der entsprechenden leitenden Stellung (durch ein Zeugnis seines Vaters) nicht ausreicht. An dieser Regelung zeigt sich aber das Paradox der Novelle. Ginge man davon aus, dass H durch das Nichtbestehen der Meisterprüfung unter Beweis gestellt hat, dass er die erforderlichen Kenntnisse nicht besitzt, müsste man ihm eigentlich die Eintragung als

65 Dies ergibt sich aus der BGH-Rechtsprechung zur Teilrechtsfähigkeit von Personengesellschaften. Ungenau daher *Honig/Knörr*, HwO, § 7 Rn 9.

66 So auch – abweichend von der früheren Rechtslage – die Anlage D I Nr 3; vgl auch VGH Mannheim, NVwZ-RR 2002, 113; *Marcks*, in: Landmann/Rohmer, GewO, § 14 Rn 55a.

67 Ausgenommen sind nach § 7b Abs. 1 HwO nur die Schornsteinfeger und die Gesundheitshandwerke nach Nr 12, 33–37 der Anlage A zur HwO.

68 S. dazu näher *Schwannecke/Heck*, GewArch. 2004, 129, 133 f.

69 VGH München, GewArch. 2014, 315.

70 Dabei handelt es sich nicht um eine gesetzliche Fiktion, sondern um eine widerlegbare Vermutung, so dass die zuständige Behörde zur Überprüfung berechtigt ist und den Antragsteller eine Darlegungslast trifft, s. auch *Schwannecke/Heck*, GewArch. 2004, 129, 133. Zu den Nachweisproblemen VG Ansbach, GewArch. 2005, 346; krit dazu *Sydow*, GewArch. 2005, 346.

Altgeselle verweigern. Andererseits werden dadurch solche Gesellen begünstigt, die sich schon gar nicht um eine Fortbildung zum Meister bemühen. Man wird die Vorschrift also wohl so interpretieren müssen, dass die Eintragung als Altgeselle geringere Anforderungen als die Meisterprüfung stellt und damit das Nichtbestehen der Prüfung der Eintragung nicht ohne weiteres entgegensteht[71].

c) Ausnahmebewilligungen (§ 8 HwO)

Die Eintragung in die Handwerksrolle kann auch aufgrund einer Ausnahmebewilli- 475
gung erfolgen, wenn die Ablegung der Meisterprüfung zum Zeitpunkt der Antragstellung oder danach eine **unzumutbare Härte** darstellen würde, der Antragsteller aber die notwendigen Kenntnisse und Fertigkeiten nachweisen kann. Es geht keinesfalls darum, unqualifizierten Bewerbern allein aus sozialen oder wirtschaftlichen Gründen den Zugang zur selbstständigen Handwerksausübung zu gewähren[72]. Erst recht ist angesichts der primär gefahrenabwehrrechtlichen Zielsetzung des novellierten Rechts eine enge Auslegung dieser Vorschrift geboten[73]. Durch die weitgehende Aufweichung des Meisterzwanges hat diese Ausnahmebewilligung freilich jegliche Berechtigung verloren.

Dies zeigt sich auch an **Fall 39a (Rn 454)**: Ein Geselle kann über die Altgesellenregelung 476
ohne das komplizierte Verfahren des § 8 Abs. 3 HwO seine Eintragung erreichen. Außerdem könnte H durch die Einstellung eines qualifizierten Betriebsleiters die Fortführung des Unternehmens sichern, nachdem das Inhaberprinzip gefallen ist. Er müsste also gar nicht mehr eine Meisterprüfung ablegen, so dass sich die Frage nach der Zumutbarkeit eigentlich gar nicht mehr stellt. Allerdings wäre dem H unabhängig von diesen Alternativen eine Ausnahmebewilligung zu verweigern: Die Rechtsprechung geht davon aus, dass das Nichtbestehen der Meisterprüfung einer Ausnahmebewilligung nach § 8 HwO entgegensteht[74]. Modifiziert wurde bei der Novelle das Ehegatten- bzw Erbenprivileg des § 7 Abs. 8 aF HwO, das die Weiterführung eines Betriebes zulässt, wenn „unverzüglich" ein entsprechend qualifizierter Betriebsleiter eingestellt wird (zur entsprechenden Regelung im Gaststättenrecht oben Rn 423 f). Einen weiteren Anwendungsfall scheint die Ausnahmebewilligung insoweit zu haben, als die Beschäftigung eines Betriebsleiters gestattet wird, der selbst nicht die handwerksrechtlichen Eintragungsvoraussetzungen erfüllt. Im **Fall 41 (Rn 456)** ist es also denkbar, die Fleischertheke aufgrund einer Ausnahmebewilligung nach § 8 HwO mit einer Fleischereifachverkäuferin zu betreiben[75].

---

71 So auch *Günther*, GewArch. 2011, 189, 191, der sogar bei mehrfachem Nichtbestehen von einer Verpflichtung der Behörde zur Erteilung einer Ausübungsberechtigung ausgeht. AA dagegen *Schwannecke/Heck*, GewArch. 2004, 129, 135.

72 S. schon BVerwG, NJW 1959, 1698; s. auch *Honig/Knörr*, HwO, § 8 Rn 9.

73 *Ziekow*, § 11 Rn 4. Vgl zu der gebotenen Einhaltung der Voraussetzungen der Ausnahmebewilligung auch VGH München v. 2.2.2006, 22 ZB 05.2111; zur Verfassungsmäßigkeit VGH Mannheim, NVwZ-RR 2013, 309.

74 Grundlegend VGH München, GewArch. 1962, 176; s. auch VG Stuttgart, GewArch. 2004, 35; *Honig/Knörr*, HwO, § 8 Rn 25 f.

75 Vgl. dazu den Sachverhalt von VG Schleswig, GewArch. 2017, 247.

d) Besonderheiten für EU-Ausländer (§ 9 HwO)

477 War das Handwerksrecht zunächst ein anschauliches Beispiel für die Liberalisierung des öffentlichen Wirtschaftsrechts durch die „Destruktivität" der Grundfreiheiten[76], so sind seine Anforderungen in Richtlinien, vor allem der BerufsanerkennungsrRL (dazu schon Rn 38)[77] konkretisiert und in die auf Grundlage von § 9 HwO erlassene EU/EWR-HwVO integriert worden. Dabei ist zwischen der Niederlassung in Deutschland und der grenzüberschreitenden Dienstleistungserbringung (dazu Rn 478) zu unterscheiden. Wer sich in Deutschland **als Handwerker niederlassen** und ein zulassungspflichtiges Handwerk ausüben will und seine Fähigkeit zur verantwortlichen Führung eines Handwerksbetriebes in einem anderen Mitgliedstaat unter Beweis gestellt hat, erhält eine **Ausnahmebewilligung zur Eintragung in die Handwerksrolle**. Die Regelungen finden sich in § 2 ff EU/EWR HwV[78].

Diese Regelung knüpft an den Ausbildungsort an, sie erfasst also auch „Ausbildungsausländer" deutscher Staatsangehörigkeit[79], nicht jedoch EU-Ausländer, die ihre Qualifikation in Deutschland erworben haben[80]. Auch diese Regelung gilt für juristische Personen[81]. Die Gründe für eine Anerkennung sind Berufserfahrung (§ 2 EU/EWR HwV) sowie ausländische Ausbildungs- und Befähigungsnachweise (§§ 3 f EU/EWR HwV). Die erforderliche Bescheinigung wird gem. § 9 Abs. 1 S. 2 iVm § 8 Abs. 4 HwO auf Antrag von der höheren Verwaltungsbehörde erteilt. Die Einzelheiten hinsichtlich der Qualifikationsvoraussetzungen ergeben sich aus der EU/EWR-HandwerksVO[82]. Allerdings bleibt diese Vorschrift insoweit hinter der Berufsanerkennungsrichtlinie zurück, als sie eine Bescheinigung nur bei selbstständiger Tätigkeit ermöglicht. Insoweit kommt allerdings eine unmittelbare Anwendung der Richtlinie in Betracht[83] (s. dazu auch ▸ **Klausurenkurs Fall Nr 8**).

478 Die **grenzüberschreitende Dienstleistungserbringung** (s. schon zur Dienstleistungsfreiheit Rn 80) regelt der Abschnitt 2 der EU/EWR HwV (§§ 7–9). Diese Vorschriften beruhen auf Titel II der Berufsanerkennungsrichtlinie[84]. Es erfolgt **keine Eintragung in die Handwerksrolle**. Die Dienstleistungserbringung ist dem Aufnahmestaat anzuzeigen und diese Anzeige jährlich zu erneuern (vgl § 8 EU/EWR HwV). Auf die Anzeige hin wird lediglich die Anwendbarkeit der Regelungen und das Vorliegen der erforderlichen Bescheinigungen geprüft[85]. Gegen ausländische Dienstleis-

---

76 So – im Zusammenhang mit den freien Berufen – der Vorwurf von Henssler, AnwBl 2009, 1, 2.

77 RL 2005/36/EG vom 7.9.2005 über die Anerkennung von Berufsqualifikationen, ABl. L 255, 22. Diese erfasst nicht nur die Niederlassung, sondern verdrängt in ihrem Anwendungsbereich die Dienstleistungsrichtlinie, vgl näher *Ruthig*, in: Ruffert, Europäisches sektorales Wirtschaftsrecht, § 3 Rn 45 mwN.

78 Ausf dazu *Ruthig*, in: Ruffert, Europäisches sektorales Wirtschaftsrecht, § 3 Rn 67 ff.

79 BVerwG, GewArch. 1998, 470; *Honig/Knörr*, HwO, § 9 Rn 10 ff; *Beaucamp*, DVBl 2004, 1458, 1460; *Honig*, NVwZ 2003, 172, 175.

80 OVG Lüneburg, GewArch. 1999, 79; *Honig*, NVwZ 2003, 172, 175.

81 Auf der Grundlage der EuGH-Rechtsprechung müssen sich diese Unternehmen nicht umgründen, es genügt vielmehr, wenn sie nach der Rechtslage im Gründungsstaat Rechtsfähigkeit aufweisen. Allgemein zu juristischen Personen als Gewerbetreibende s. Rn 181 ff.

82 EU/EWR Handwerks-Verordnung v. 20.12.2007, BGBl. I, S. 3075; s. dazu ausführlich *Stork*, GewArch. 2008, 177. Es liegt kein Verstoß gegen Art. 3 Abs. 1 GG vor, soweit sich Anforderungen in vergleichbaren Fällen für Deutsche nach § 7b HwO richten, BVerwGE 140, 276; BVerwG, NVwZ 2014, 1241.

83 Dazu VG Mainz, GewArch. 2009, 167.

84 Ausf dazu *Ruthig*, in: Ruffert, Europäisches sektorales Wirtschaftsrecht, § 3 Rn 45 ff.

85 Näher *Ruthig*, in: Ruffert, Europäisches sektorales Wirtschaftsrecht, § 3 Rn 50 ff. Anders nur bei den sog. Gesundheitshandwerken (aaO Rn 56).

tungshandwerker kann auch nicht auf der Grundlage der HwO eingeschritten werden[86].

Besonders relevant ist daher die Abgrenzung zwischen Dienstleistungsfreiheit und Niederlassung. Nach Art. 5 Abs. 2 UAbs. 2 BerufsanerkennungsRL wird „der vorübergehende und gelegentliche Charakter der Erbringung von Dienstleistungen ... im Einzelfall beurteilt, insbesondere anhand der Dauer, der Häufigkeit, der regelmäßigen Wiederkehr und der Kontinuität der Dienstleistung". Diese Kriterien stammen erkennbar aus der Rechtsprechung des EuGH zur Dienstleistungsfreiheit, so dass an diese angeknüpft werden kann[87]. Es kommt also – genauso wie nach Art. 4 Nr 5 DienstleistungsRL[88], der in § 4 Abs. 3 GewO umgesetzt wurde[89] – auf das Vorhandensein einer inländischen Niederlassung an. Dabei wird eher im Sinne einer Gesamtbetrachtung auf die „Verwurzelung" des Gewerbetreibenden im Aufnahmestaat abgestellt. Wird die berufliche Tätigkeit insgesamt überwiegend im Inland erbracht, sind die Niederlassungsregeln anzuwenden, selbst wenn der Dienstleister formal im Ausland residiert[90]. Gestaltet allerdings ein ausländischer Handwerker seine Tätigkeit als Reisegewerbe im Sinne der Gewerbeordnung aus, ist er auch von einer Anzeigepflicht freigestellt[91]. Da es sich beim Reisehandwerk nicht um einen reglementierten Beruf handelt, weil die HwO ja nicht greift, gelten die allgemeinen, in der GewO umgesetzten Anforderungen der Dienstleistungsrichtlinie: Nach § 4 GewO bedarf die entsprechende Tätigkeit in Deutschland weder einer Reisegewerbekarte noch einer Gewerbeanzeige nach § 14 GewO (s. schon Rn 240).

III. Die Überwachung des zulassungspflichtigen Handwerks

1. Die Zuständigkeitsverteilung zwischen Handwerkskammer und Verwaltungsbehörde

Gewerbetreibende, die in die Handwerksrolle eingetragen sind oder eingetragen werden müssen, unterliegen der Betriebsüberwachung und sind zur Erteilung von Auskünften und zur Duldung von Überprüfungen verpflichtet (s. § 17 HwO)[92]. Diese Befugnisse entsprechen dem allgemeinen Gewerberecht (s. Rn 250 ff). Bei der Aufsicht über das zulassungspflichtige Handwerk wirken Handwerkskammer und die nach Landesrecht zuständige Verwaltungsbehörde zusammen. Da die Handwerkskammer die Handwerksrolle führt, kommt ihr im Zusammenhang mit Eintragung und Löschung die Verfahrensleitung zu. Einem Eintragungs- bzw Löschungsverfahren kann der Bürger genauso wie einem Bußgeldverfahren[93] mittels eines **Feststellungsantra-** 479

86 Vgl näher *Ruthig*, in: Ruffert, Europäisches sektorales Wirtschaftsrecht, § 3 Rn 57 ff. Es kommt lediglich im Einzelfall ein Einschreiten auf der Grundlage des allgemeinen Polizei- und Ordnungsrechts in Betracht.

87 *Stork*, GewArch. 2011, 291.

88 RL 2006/123/EG vom 12.12.2006 über Dienstleistungen im Binnenmarkt, Abl. L 376, 36.

89 Dazu vgl BT-Drucks. 16/12784, S. 14; s. schon Rn 239.

90 EuGH v. 17.6.1997, Rs. 70/95 – *„Sodemare"*, Slg. 1997, S. I-3395; EuGH v. 2.12.1974, Rs. 33/74 – *„van Binsbergen"*, Slg. 1974, S. 1299.

91 *Ruthig*, in: Ruffert, Europäisches sektorales Wirtschaftsrecht, § 3 Rn 48. Auch die zur Umsetzung der BerufsanerkennungsRL eingefügte Anzeigepflicht des § 13a GewO greift nicht. Sie gilt zwar für die reglementierten Berufe iSd BerufsausübungsRL, setzt allerdings tatbestandlich voraus, dass die „Aufnahme oder Ausübung nach deutschem Recht einen Sachkunde- oder Unterrichtungsnachweis" verlangt, wie es beim Reisegewerbe gerade nicht der Fall ist.

92 S. VG Würzburg, GewArch. 2005, 259.

93 Zur verfassungsrechtlich geforderten Zulässigkeit des Feststellungsantrages trotz angekündigten Bußgeldverfahrens BVerfG, NVwZ 2003, 856. Ausgeschlossen ist die Feststellungsklage nach allgemeinen Grundsätzen nur, wenn sie dem Betreffenden keinen Vorteil mehr bringt. Dies ist erst nach

ges zuvorkommen. Auch in einem solchen Fall ist die Handwerkskammer die **richtige Beklagte**, jedenfalls bei einem Streit um die Eintragungsfähigkeit eines Betriebsinhabers in die Handwerksrolle (§ 7 HwO) oder um das Bestehen der Löschungsvoraussetzungen (§ 13 HwO)[94]. Auch die Erteilung von **Ausnahmegenehmigungen nach §§ 7b, 8, 9 HwO** wurde in allen Bundesländern auf die Handwerkskammern übertragen[95]. Nach § 5b HwO können sämtliche Verfahren nach der HwO über eine **einheitliche Stelle** abgewickelt werden (s. schon Rn 267).

480 Die **Untersagung eines Betriebes** nach § 16 Abs. 3 S. 1 HwO erfolgt demgegenüber durch die nach Landesrecht zuständige Verwaltungsbehörde. Allerdings ist die Handwerkskammer zwingend anzuhören, vgl § 16 Abs. 3 S. 2 HwO[96] (s. auch ▸ **Klausurenkurs Fall Nr 8**). Bei Meinungsverschiedenheiten entscheidet die zuständige Behörde in eigener Verantwortung, so dass deren Rechtsträger auch Adressat eines entsprechenden Feststellungsantrags ist[97].

2. Die Eintragung

a) Das Verfahren der Eintragung

481 Entscheidend für die Berechtigung zum Ausüben eines zulassungspflichtigen Handwerks ist also der Eintrag in die Handwerksrolle. Dieser erfolgt durch die Handwerkskammer auf Antrag oder von Amts wegen. Die Eintragung ist personenbezogen, es erfolgt also keine erneute Eintragung, wenn im Bezirk derselben Kammer eine weitere Betriebsstätte desselben Handwerks eröffnet wird[98]. Geprüft werden nur die handwerksrechtlichen Voraussetzungen, insbes nicht die Zuverlässigkeit (zu den Konsequenzen s. Rn 491 f). Liegen die Eintragungsvoraussetzungen zum Zeitpunkt der Antragstellung vor, besteht ein **Anspruch auf Eintragung**. Die Handwerkskammer darf diese auch nicht gestützt auf eine Prognose über die künftige Entwicklung verweigern[99].

482 Eingeleitet wird das Eintragungsverfahren im Regelfall durch die Anzeige nach § 16 Abs. 2 HwO. Das Verfahren ist **zweistufig** ausgestaltet[100], der eigentlichen Eintragung geht nach § 11 HwO zwingend[101] die **Mitteilung über die Eintragungsabsicht** voraus. Diese Mitteilung enthält die rechtsverbindliche Entscheidung über die Eintra-

---

dem rechtskräftigen Abschluss eines Bußgeldverfahrens hinsichtlich der Feststellung für die Vergangenheit der Fall, s. OVG Lüneburg, NVwZ-RR 2005, 173. Zur Zulässigkeit der Feststellungsklage während eines laufenden OWi-Verfahrens auch VG Hamburg, GewArch. 2004, 307.

94 VGH Mannheim, GewArch. 2004, 430. Zur Klage (auch) gegen den Träger der Verwaltungsbehörde OVG Lüneburg, GewArch. 2009, 212.

95 Die Befugnis hierfür ergibt sich aus § 124b S. 1 HwO. Davon haben mittlerweile alle Bundesländer Gebrauch gemacht, vgl auch die Antwort der Bundesregierung BT-Drucks. 17/7279, 43.

96 Zu den Konsequenzen (Rechtswidrigkeit der Untersagung) VG Arnsberg, GewArch. 2007, 426; offengelassen von VGH Mannheim, GewArch. 2006, 126.

97 VGH Mannheim, GewArch. 2004, 430; VGH Kassel, GewArch. 1990, 412. Offengelassen von BVerwG, GewArch. 1981, 166; aA VG Hamburg, GewArch. 2004, 307.

98 BVerwG, GewArch. 1988, 96.

99 Für eine „vorbeugende Nichteintragung" besteht keine Rechtsgrundlage, s. BVerwG, GewArch. 1995, 164.

100 Vgl *Ehlers*, in: Ehlers/Fehling/Pünder, § 19 Rn 66 ff.

101 Nach der hM muss diese Mitteilung nur bei einer Eintragung von Amts wegen erfolgen, s. *Honig/Knörr*, HwO, § 11 Rn 4; aA *Ehlers*, in: Ehlers/Fehling/Pünder, § 19 Rn 66.

gungsbedürftigkeit und ist deswegen selbst Verwaltungsakt[102]. Anschließend erfolgt die eigentliche **Eintragung**. Auch diese ist ein Verwaltungsakt, dessen Regelungswirkung in der Gestattung des selbstständigen Betriebes eines zulassungspflichtigen Handwerks (vgl § 1 Abs. 1 HwO) und der Begründung der Mitgliedschaft in der Handwerkskammer (§ 90 Abs. 2 HwO) liegt[103].

Beide Maßnahmen und die Ablehnung der Eintragung können auf dem Verwaltungsrechtsweg angegriffen werden. Lässt der Gewerbetreibende die Mitteilung nach § 11 HwO bestandskräftig werden, fehlt es für eine Klage gegen die Eintragung regelmäßig an der Klagebefugnis[104]. Ist der Gewerbetreibende Mitglied einer Industrie- und Handelskammer, steht auch dieser ein Anfechtungsrecht zu (§ 12 HwO), nicht jedoch etwaigen Konkurrenten, da die Vorschriften der HwO nicht dem Schutz anderer Handwerker dienen[105]. Wurde ein Antrag bestandskräftig abgelehnt, kann nach § 15 HwO erst nach Ablauf eines Jahres und nur im Falle einer wesentlichen Änderung der Voraussetzungen ein erneuter Antrag gestellt werden[106].

b) Maßnahmen der höheren Verwaltungsbehörde bei Unterlassen der Anmeldung

Gegen einen nicht eingetragenen, aber eintragungspflichtigen Handwerksbetrieb **483**
kann entweder ein Bußgeldverfahren oder ein Verfahren auf Betriebsuntersagung nach § 16 Abs. 3 HwO eingeleitet werden[107]. Beim Streit um die Eintragungsbedürftigkeit muss der Betroffene auch hier nicht den Erlass eines Bußgeldbescheides oder ein Untersagungsverfahren abwarten, sondern kann schon vorher Feststellungsklage erheben[108].

3. Löschung aus der Handwerksrolle

Liegen die Eintragungsvoraussetzungen nicht vor, kann die Eintragung durch die **484**
Handwerkskammer von Amts wegen oder auf Antrag gelöscht werden, § 13 Abs. 1 HwO. Den Antrag kann der Handwerker bzw für den Fall, dass das Handwerk nicht handwerksmäßig betrieben wird, auch die Industrie- und Handelskammer stellen. Außerdem muss die Handwerksrolleneintragung auch gelöscht werden, wenn eine auf das betreffende Handwerk gerichtete **Gewerbeuntersagung** nach § 35 GewO ausgesprochen wurde[109]. Deren Bestandskraft braucht dabei nicht abgewartet zu werden; vorläufige Vollziehbarkeit genügt[110]. Das Verfahren der Löschung aus der Handwerksrolle ist angesichts der damit verbundenen einschneidenden Folgen streng formalisiert. Die Löschung erfolgt grundsätzlich wie die Eintragung **zweistufig**. Zu-

102 Allgemeine Auffassung, s. BVerwGE 12, 75; *Ehlers*, in: Ehlers/Fehling/Pünder, § 19 Rn 68; *Honig/Knörr*, HwO, § 12 Rn 3; abweichend nur *Wehr*, BayVBl 2000, 197, 203.
103 *Ehlers*, in: Ehlers/Fehling/Pünder, § 19 Rn 67. Zur konstitutiven Wirkung der Eintragung bereits oben Rn 331.
104 *Ehlers*, in: Ehlers/Fehling/Pünder, § 19 Rn 68.
105 AA hinsichtlich der Gewerbezulassung *Miebach*, JuS 1987, 956, 957.
106 Diese Vorschrift ist verfassungsrechtlich bedenklich (s. *Ehlers*, in: Ehlers/Fehling/Pünder, § 19 Rn 64), hat aber in der Praxis anscheinend keine Bedeutung, vgl *Honig/Knörr*, HwO, § 15 Rn 4.
107 Eine zwingende Rangfolge gibt es nicht, s. VGH Kassel, GewArch. 1985, 67.
108 *Honig/Knörr*, HwO, § 16 Rn 32 ff. S. auch BVerfG, NVwZ 2003, 856 zur Zulässigkeit einer vorläufigen Feststellung im Verfahren nach § 123 VwGO.
109 BVerwG, NVwZ-RR 1992, 547; VG Schleswig, NVwZ-RR 2000, 19.
110 VG Ansbach, GewArch. 1976, 227.

nächst erfolgt die **Mitteilung der beabsichtigten Löschung** (§ 13 Abs. 3 HwO), anschließend die **Löschung** selbst.

485 Schon die **Ankündigung** ist wegen der mit der späteren Löschung verbundenen Konsequenzen **Verwaltungsakt**[111], obwohl nach allgemeinen Grundsätzen die Ankündigung eines Verwaltungsakts mangels Regelungswirkung gerade keinen Verwaltungsakt darstellt[112]. Der Sinn dieser Konstruktion besteht im Handwerksrecht darin, die rechtliche Auseinandersetzung um die von der Handwerkskammer beabsichtigte Löschung dem tatsächlichen Löschungsvorgang vorzuschalten, so dass die Gefahr vermieden wird, Löschungen aufgrund von Einwendungen des Betreffenden wieder rückgängig machen zu müssen. Damit wird die Verlässlichkeit der in der Handwerksrolle vorgenommenen Eintragungen und Löschungen gewährleistet[113]. Allerdings erwächst die Löschungsankündigung nicht in materieller Bestandskraft. Eine unanfechtbar gewordene Löschungsankündigung steht beim Vorliegen der Voraussetzungen der Wiedereintragung des Betreffenden in die Handwerksrolle also nicht im Wege[114].

Der maßgebliche Zeitpunkt für die Beurteilung der Rechtmäßigkeit dieser Mitteilung (als materiellrechtliche Frage s. oben Rn 292) folgt daraus, dass sich die Ankündigung auf eine zukünftige Maßnahme bezieht. Daher kommt es für die Entscheidung grundsätzlich auf die tatsächlichen Verhältnisse im Zeitpunkt der letzten mündlichen Verhandlung vor dem Tatsachengericht an[115]. Dies ist letztlich Ausfluss der Berufsfreiheit, die auch die Verwaltungspraxis zu § 13 HwO maßgeblich prägt. Eine Löschung von Amts wegen scheidet wegen der schwierigen Abgrenzung regelmäßig aus, wenn sich ein Unternehmen zum Industriebetrieb gewandelt hat[116]. Kein Löschungsantrag ist erforderlich, wenn ein Handwerk generell aus der Anlage A gestrichen wurde. Es wird von Amts wegen in das Verzeichnis nach § 19 HwO übernommen, wenn es in die Anlage B aufgenommen wurde.

486 Verwaltungsakt ist auch die in Vollzug einer Löschungsankündigung erfolgte **Löschung aus der Handwerksrolle**[117], genauso wie die **Aufforderung zur Rückgabe** der Handwerkskarte. Obwohl sich die entsprechende Pflicht als automatische Folge der Löschung schon aus § 13 Abs. 4 HwO ergibt, macht die Annahme eines Verwaltungsakts hier deswegen Sinn, weil dieser Grundlage der Verwaltungsvollstreckung sein kann[118].

487 Im **Fall 39d (Rn 454)**[119] kann H daher auch gegen die Löschung mit Widerspruch und Anfechtungsklage vorgehen[120]. Im Verhältnis zur Löschungsankündigung nach § 13 HwO

111 BVerwGE 88, 122; VGH Mannheim, NVwZ-RR 2002, 113; aA *Wehr*, BayVBl 2000, 197, 203 f; hinterfragend auch *Maurer*, AVerwR, § 9 Rn 8.
112 *Schenke*, VerwArch. 72 (1981), 185, 194, 200; *Schwarz*, in: Fehling/Kastner/Störmer, VwVfG, § 35 Rn 95.
113 BVerwG, NVwZ 1983, 673.
114 OVG Münster, BB 1956, 670; *Honig/Knörr*, HwO, § 13 Rn 21.
115 BVerwG, NVwZ 1983, 673; s. auch zur Mitteilung nach § 11 HwO BVerwGE 34, 56, 59.
116 VG Köln, GewArch. 2002, 483; *Honig/Knörr*, HwO, § 13 Rn 6.
117 VGH Mannheim, NVwZ-RR 1992, 473, 474; *Ehlers*, Handwerksrecht, Rn 79; differenzierend danach, ob die Löschung vorher angekündigt worden ist, *Kopp/Ramsauer*, VwVfG, § 35 Rn 103 mwN.
118 VGH Mannheim, GewArch. 1965, 248.
119 VGH Mannheim, GewArch. 1992, 66.
120 Das Ergebnis – Angreifbarkeit – ist unstreitig, nicht dagegen der prozessuale Lösungsweg. Nach einer Ansicht handelt es sich um eine Vollstreckungsgegenklage nach § 173 S. 1 VwGO iVm § 767 ZPO, s. *Honig/Knörr*, HwO, § 13 Rn 17 mwN. Diese Auffassung übersieht jedoch, dass im Verwal-

stellt die Löschung selbst, insoweit vergleichbar einer Vollstreckungsmaßnahme, lediglich eine Vollzugsmaßnahme dar. Gegen die Löschung können deswegen nur noch nachträglich entstandene Umstände vorgebracht werden[121]. H kann also geltend machen, dass die Voraussetzungen einer Eintragung in die Handwerksrolle wieder vorliegen. Eine Löschung wäre daher rechtswidrig, seine Klage begründet.

4. Betriebsuntersagung

Wird der selbstständige Betrieb eines Handwerks entgegen den Vorschriften der HwO ausgeübt, weil der Inhaber nicht in die Handwerksrolle eingetragen ist oder der Betrieb nicht vorschriftsgemäß geleitet wird, kann die nach Landesrecht zuständige Behörde von Amts wegen oder auf Antrag der Handwerkskammer dem Handwerker die Fortsetzung des Betriebes nach § 16 Abs. 3 HwO untersagen. Diese Entscheidung steht nach dem Wortlaut der Vorschrift im Ermessen der Behörde. Bei bloß formeller Rechtswidrigkeit, wenn also die Eintragungsvoraussetzungen vorliegen, wäre eine Untersagungsverfügung allerdings unverhältnismäßig und rechtswidrig (ausf ▸ **Klausurenkurs Fall Nr 8**). Fehlen jedoch die sachlichen Voraussetzungen für die Eintragung (materielle Rechtswidrigkeit), ist das Ermessen in der Regel auf Null reduziert, der Betrieb soll untersagt werden[122]. Untersagt wird allerdings nur die Ausübung eines konkreten Handwerksbetriebes, nicht die Ausübung des Handwerks schlechthin[123] (zur Möglichkeit der Gewerbeuntersagung unten Rn 491). **488**

Auch in **Fall 39b (Rn 454)**[124] wird die Behörde eine Betriebsuntersagung in Betracht ziehen. Diese ist allerdings nur dann rechtmäßig, wenn die Eintragungsvoraussetzungen in der Person des H nicht vorliegen. Die alleinige Verfahrensherrschaft liegt bei der Behörde (vgl § 16 Abs. 7 HwO; s. auch ▸ **Klausurenkurs Fall Nr 7**), auch das bisherige Antragsrecht der Handwerkskammer wurde beseitigt[125]. Allerdings wurde in der Sache die Position der Handwerkskammer im Verwaltungsverfahren gestärkt[126]. Handwerkskammern sowie Industrie- und Handelskammern sind nach § 16 Abs. 3 HwO bereits im behördlichen Untersagungsverfahren zu beteiligen. Die Untersagung ist also nur rechtmäßig, wenn Handwerkskammer und IHK in einer gemeinsamen Erklärung[127] mitgeteilt haben, dass sie die Voraussetzungen einer Untersagung für gegeben erachten. Können Handwerkskammer und IHK sich nicht einigen, sieht Abs. 4 ein Schlichtungsverfahren vor. Als Rechtsbehelf gegen die gemeinsame Erklärung oder gegen die Entscheidung der Schlichtungskommission kann die Behörde die Entscheidung der obersten Landesbehörde herbeiführen (Abs. 7), ebenso kann **489**

---

tungsprozessrecht bei Klagen gegen Verwaltungsakte sowie deren Vollstreckung keine Lücken bestehen, die unter Rückgriff auf die zivilprozessualen Klagen im Zusammenhang mit der Vollstreckung von Urteilen zu schließen wären, s. näher *Schenke*, in: Kopp/Schenke, VwGO, § 167 Rn 14 ff mwN. Entsprechendes gilt auch für die „vollstreckungsähnliche" Löschung. Vor der Löschung ist nach *Ehlers*, in: Ehlers/Fehling/Pünder, § 19 Rn 79, Fn 325 die Leistungs- bzw Feststellungsklage statthaft.

121 VGH Mannheim, GewArch. 1992, 66, 67.
122 *Ehlers*, in: Ehlers/Fehling/Pünder, § 19 Rn 72; *Frotscher/Kramer*, Rn 551.
123 BVerwG, GewArch. 1993, 117.
124 VG Sigmaringen, GewArch. 1992, 340.
125 Vgl VGH Mannheim, GewArch. 2004, 430; *Honig/Knörr*, HwO, § 16 Rn 17 f.
126 VGH Mannheim, GewArch. 2004, 430; *Müller*, NVwZ 2004, 403, 406.
127 S. dazu VG Arnsberg, GewArch. 2005, 486. Zum Schlichtungsverfahren bei gegenläufigen Erklärungen *Detterbeck*, HwO, § 16 Rn 9 ff.

die Behörde bei noch ausstehender Erklärung oder Entscheidung bei Gefahr im Verzug eine vorläufige Untersagung aussprechen (Abs. 8).

5. Betriebsschließung

490 Als Verwaltungsakt kann die Betriebsuntersagung zwangsweise durchgesetzt werden, wenn der Gewerbetreibende sie nicht beachtet. Hier gelten also entsprechende Grundsätze wie bei einer Gewerbeuntersagung nach der Gewerbeordnung (s. oben Rn 325 ff)[128]. Außer der **Versiegelung** der Betriebsstätte kommen „andere geeignete Maßnahmen", insbes die Verhängung eines **Zwangsgeldes** in Betracht[129].

6. Die ergänzende Anwendung des Gewerberechts

491 Da auch das Handwerk stehendes Gewerbe ist, sind ergänzend Vorschriften der GewO anwendbar. Dies gilt insbes für die Pflicht zur **Gewerbeanzeige nach § 14 GewO**, die neben die Pflicht zur Anzeige bei der zuständigen Handwerkskammer nach § 16 Abs. 2 HwO tritt[130]. Die Handwerksordnung enthält keine spezielle Regelung für den Fall der Unzuverlässigkeit von Handwerker oder Betriebsleiter. Damit ist § 16 Abs. 3 HwO keine Sondervorschrift iSd § 35 Abs. 8 GewO[131], eine **Untersagung nach § 35 GewO** also neben der Betriebsuntersagung nach § 16 Abs. 3 HwO möglich[132]. Nach hM führt die Gewerbeuntersagung nach § 35 GewO auch zur Löschung in der Handwerksrolle[133], da diese den Zweck hat, jederzeit Auskunft über die tatsächlich ein Handwerk ausübenden selbstständigen Betriebe zu geben[134]. Allerdings beeinflusst sie die persönlichen Voraussetzungen zur Eintragung in die Handwerksrolle nicht. Nach einer Wiedergestattung des Gewerbes (§ 35 Abs. 6 GewO) ist der Betreffende also wieder in die Handwerksrolle einzutragen.

492 Im **Fall 39c (Rn 454)**[135] kommt eine Gewerbeuntersagung nach § 35 Abs. 1 S. 1 GewO in Betracht, weil ungeordnete Vermögensverhältnisse den H als ungeeignet erscheinen lassen.

---

128 Aus dem Umstand, dass in § 16 Abs. 9 HwO die dem § 35 Abs. 5 GewO aF entsprechende „Betriebsschließung" beibehalten wurde, ergibt sich nichts Anderes. Die Betriebsschließung ist lediglich eine Maßnahme der Vollstreckung. Es ist also neben der Betriebsuntersagung nicht ein weiterer (dann nach dem einschlägigen LVwVG zu vollstreckender) Verwaltungsakt, die Betriebsschließung, erforderlich. Dies war auch schon die hM zu § 35 Abs. 5 GewO aF, welcher sich der Gesetzgeber durch seine Streichung angeschlossen hat, s. auch *Marcks*, in: Landmann/Rohmer, GewO, § 35 Rn 171 f.

129 *Honig/Knörr*, HwO, § 16 Rn 37. Sofern das Landesverwaltungsvollstreckungsrecht dies zulässt, kann schon die Betriebsuntersagung mit der Androhung eines Zwangsgeldes verbunden werden, VG Chemnitz, GewArch. 1999, 250.

130 Bei der Gewerbeanmeldung ist auch die Handwerkskarte vorzulegen, § 16 Abs. 1 HwO. Dabei handelt es sich aber lediglich um eine Ordnungsvorschrift, an deren Verletzung keine rechtlichen Konsequenzen geknüpft sind, s. *Honig/Knörr*, HwO, § 16 Rn 10.

131 S. auch *Ehlers*, in: Ehlers/Fehling/Pünder, § 19 Rn 74, der allerdings (unzutreffend) auf den Mangel einer dem § 35 Abs. 8 GewO vergleichbaren Vorschrift im Handwerksrecht abstellt.

132 So auch, aber ohne nähere Begründung *Honig/Knörr*, HwO, § 16 Rn 39 f mwN.

133 BVerwG, NVwZ-RR 1992, 547; *Ehlers*, in: Ehlers/Fehling/Pünder, § 19 Rn 76.

134 BVerwGE 34, 56, 62; BVerwG, NVwZ-RR 1992, 547.

135 BVerwG, GewArch. 1992, 339.

Die Handwerkskammer ist hierfür nicht zuständig, sie kann ein solches Verfahren lediglich anregen[136] (s. auch ► **Klausurenkurs Fall 7**).

IV. Zulassungsfreies Handwerk und handwerksähnliche Gewerbe (Anlage B)

Auch das Betreiben eines zulassungsfreien Handwerks nach Anlage B1 oder eines handwerksähnlichen Gewerbes (Anlage B2) als stehendes Gewerbe ist der zuständigen Handwerkskammer anzuzeigen, § 18 HwO[137]. Hierfür wird neben der Handwerksrolle ein weiteres Verzeichnis geführt (§ 19 HwO). Für Eintragung und Löschung gelten nach § 20 HwO die Vorschriften über die Handwerksrolle entsprechend. Allerdings hat die Eintragung keine konstitutive Wirkung. Die Zulässigkeit der Ausübung einer nicht zulassungspflichtigen Tätigkeit ist daher nicht von der Eintragung abhängig. Deswegen ist eine Untersagung des Betriebes nach § 16 HwO ausgeschlossen, da diese Vorschrift nicht in § 20 HwO genannt ist[138]. 493

Bei zulassungsfreien Handwerken können nicht nur die bisher erworbenen Meistertitel weitergeführt werden. Es kann weiterhin auf freiwilliger Basis der Meistertitel erworben und als Qualitätssiegel geführt werden. Diese Möglichkeit wurde sogar auf das handwerksähnliche Gewerbe ausgeweitet, dem bisher der Zugang zum Meisterbrief verschlossen war. Dennoch sind weder Meister- noch Gesellenprüfung Berufszugangsvoraussetzung. Diese Berufe können vielmehr von jedermann ohne den Nachweis einer entsprechenden Ausbildung ausgeführt werden[139]. 494

§ 6 Grundzüge einer sektorenspezifischen Regulierung

I. Einführung

1. Referenzgebiete und Rechtsgrundlagen

Bestimmte, für das Gemeinwesen zentrale wirtschaftliche Betätigungen unterliegen einem strikteren Rechtsregime als dem „liberalen" Gewerberecht. Dies gilt insbes für die hier behandelten Referenzgebiete **Telekommunikation, Energie und Finanz- bzw Bankdienstleistungen**. Diese „exekutivische Aufrüstung"[1] rechtfertigt sich durch das öffentliche Interesse an der Funktionsfähigkeit dieser systemrelevanten 495

136 *Honig/Knörr*, HwO, § 16 Rn 27; die Behörde hat dieser Anregung nicht zu folgen, die Handwerkskammer ist weder klagebefugt, noch hat sie einen Anspruch auf Beiladung.
137 S. auch zum Erfordernis der handwerklichen Betriebsform VGH Mannheim, GewArch. 2008, 249; *Mirbach*, GewArch. 2005, 366.
138 *Honig/Knörr*, HwO, § 19 Rn 2.
139 S. auch *Kormann/Hüpers*, GewArch. 2004, 404.

1 So treffend der Begriff bei *Durner*, VVDStrRL 70 (2011), 398, 413 in Fn 66.

Wirtschaftszweige bzw ökonomisch betrachtet, durch die erhöhte Gefahr von Marktversagen (s. schon oben Rn 19, 85 f im Zusammenhang mit der Kapitalverkehrsfreiheit). Vor allem in den USA hat sich in diesem Zusammenhang der Begriff der „regulated industries" eingebürgert. Auch das Unionsrecht wendet ihnen besondere Aufmerksamkeit zu. Auch wenn der Begriff des Regulierungsrechts umstritten ist und in seiner systembildenden Kraft nicht überschätzt werden darf, so lassen sich gleichwohl sektorübergreifende **gemeinsame Grundgedanken und Strukturen** feststellen[2], die es im folgenden darzustellen gibt.

Die **Auswahl der hier behandelten drei Referenzgebiete** ist nicht nur der aus Raumgründen notwendigen Beschränkung geschuldet, sondern inhaltlich zu rechtfertigen. Die ausgeklammerten Teilbereiche des Post-, Eisenbahn- und Verkehrsrechts sind stark vom Vorbild des Telekommunikationsrechts geprägt und in vielem noch weniger entwickelt. Demgegenüber hat das Finanzmarktaufsichtsrecht, aus dem vorliegend nur die Bankenaufsicht dargestellt wird, längst den klassisch-liberalen gewerberechtlichen Ansatz durch eine intensive Kontrolle von Geschäftstätigkeit und -organisation ersetzt[3]. Bereits nach der Aufgabenbeschreibung in § 6 Abs. 2 KWG handelt es sich nicht nur um eine besondere Gewerbeaufsicht im Interesse der Sicherheit der den Instituten anvertrauten konkreten Vermögenswerte und der ordnungsgemäßen Durchführung der Bankgeschäfte; Bankenaufsicht dient auch dem gesamtwirtschaftlichen Interesse an einem funktionierenden Finanzsystem als wesentlicher Bedingung für die Funktionsfähigkeit einer modernen Volkswirtschaft[4]. Die damit gerechtfertigte „erhöhte" Überwachungsintensität, die nicht nur konkrete Anforderungen an bestimmte Bankgeschäfte, sondern auch die Geschäftsorganisation stellt, macht nach dem hier vertretenen Ansatz das Bankaufsichtsrecht zu einem Teil des Regulierungsrechts[5]. Spätestens mit der Finanzkrise wurde das Bankaufsichtsrecht zur erheblich über die klassische Gewerbeaufsicht hinausreichenden Systemkontrolle[6]. Seine Einbeziehung erscheint aber gerade dann reizvoll, wenn man die Unterschiede zu den „Netzwirtschaften" betont[7]. So gehört die Entgeltregulierung nicht zum aktuellen Rechtsregime des Bankenaufsichtsrechts[8], ist aber auch im Bereich der Netzregulierung auf

2 So der Titel des Abschnitts bei *Ziekow*, § 13; s. auch *Berringer*, Regulierung als Erscheinungsform der Wirtschaftsaufsicht, S. 81 f.

3 S. *Röhl*, in: Fehling/Ruffert, Regulierungsrecht, § 18 Rn 53 ff.

4 S. nur *Fischer*, in: Boos/Fischer/Schulte-Mattler, KWG, Einl Rn 62.

5 Diese vor allem in Deutschland intensiv betriebene und in ihrer Bedeutung häufig überschätzte (öffentlichrechtliche) Diskussion um Regulierungsrecht und die Einbeziehung des Finanzmarktaufsichtsrechts darf allerdings nicht mit der bankrechtlichen Diskussion um die Differenzierung zwischen „Regulation" und „Supervision" gleichgesetzt werden; dazu ausf *Ruthig*, in: Ziekow/Seok, Der Staat als Wirtschaftssubjekt und -regulierer, 2013, S. 43, 53 f.

6 So zutreffend *Röhl*, in: Fehling/Ruffert, Regulierungsrecht, § 18 Rn 56. Der unionsweite Rechtsrahmen (sog. „level playing field") mit den entsprechenden Eingriffsbefugnissen unionaler Behörden soll gerade Marktversagen durch Aufsichtsarbitrage, Fehlanreize durch implizite Staatsgarantien und „parteiische" Entscheidungen der nationalen Aufsichtsbehörden verhindern, vgl Erwägungsgrund (9) KapitaladäquanzVO. Letzteres wurde gerade bei den sog. „bail-outs" offenbar. Das Abwicklungsregime fungiert somit auch zugleich als besonderes Beihilfenaufsichtsrecht.

7 Auch *Röhl*, in: Fehling/Ruffert, Regulierungsrecht, § 18 Rn 42 f erkennt trotz der Betonung der Unterschiede und der Ablehnung des hier vertretenen (weiten Regulierungsbegriffs) ausdrücklich den Beitrag an, den das Finanzmarktrecht zur Weiterentwicklung des „eigentlichen" Regulierungsrechts liefern kann.

8 Es gibt einerseits mit der Zinsregulierung ein historisches Beispiel, vgl die Ermächtigung in § 23 KWG 1961 zur Zinsregulierung; die letzte Zinsverordnung wurde erst 1967 aufgehoben, vgl die Verordnung über die Aufhebung der Zinsverordnung und von Bestimmungen über die Kosten für Teilzahlungsfinanzierungskredite und Kleinkredite v. 21.3.1967, BGBl. I S. 352. Andererseits taucht regelmäßig die Forderung auf, die Entgelte der Banken stärker zu regulieren.

dem Rückzug. Die Finanzmarktaufsicht lässt sich auch nicht in einen Gegensatz zur „Netzregulierung als Wettbewerbsregulierung" stellen. Schon das KWG 1961 basierte ganz maßgeblich auf dem Gedanken der Wettbewerbssicherung[9], erst recht ist das europäische Recht ganz von der Öffnung der (nationalen) Märkte aber auch der Stabilisierung der Finanzmärkte[10] beherrscht.

a) Regulierungsrecht als richtliniengeprägtes Recht

Gemeinsamkeiten zwischen den Referenzgebieten sind maßgeblich auf die **systembildenden europäischen Einflüsse** zurückzuführen. Sektorenübergreifend lassen sich in den Richtlinien europäische Konzepte erkennen, die jedenfalls nach Vorstellung der Kommission zum „Standardmodell europäischer Verwaltung" werden[11]. **496**

Der für das **Telekommunikationsrecht** derzeit noch maßgebliche EU-Rechtsrahmen für elektronische Kommunikation von 2002 besteht aus fünf Richtlinien[12]. Die Rahmenrichtlinie sollte einen einheitlichen, inhaltlich geschlossenen und systematisch aufgebauten Rechtsrahmen für alle elektronischen Kommunikationsdienste und -netze aufstellen. Die in diesem „allgemeinen Teil" enthaltenen Grundsätze wurden in den anderen vier Richtlinien in umfangreiche Detailregelungen umgesetzt. Die Kernpunkte des Richtlinienpaketes waren sein **technologieneutraler Ansatz**[13] sowie die **Flexibilisierung der Regulierung**, insbes durch die Beschränkung auf einzelne Märkte und die marktmächtigen Unternehmen (sektorspezifische und asymmetrische Re-

---

9 Vgl nur *Fischer*, in: Boos/Fischer/Schulte-Mattler, KWG, Einf. Rn 14 f und insbes den Bericht der Wettbewerbs-Enquête, BT-Drucks. V/3500, S. 1. Insofern liegt bei aller Unterschiedlichkeit der Instrumente auch der von *Röhl*, in: Fehling/Ruffert, Regulierungsrecht, § 18 Rn 35 als konstitutiv für den Regulierungsbegriff geforderte Wettbewerbsbezug vor; s. auch *Fehling/Ruffert*, in: *dies*., Regulierungsrecht, § 23 Rn 11; *Bartsch*, ZRP 2009, 101; *Pitschas*, FS Frotscher (2007), 855, 858.

10 S. dazu, dass die Funktionsfähigkeit des Kapitalmarkts neben dem Anlegerschutz das zentrale Anliegen des Kapitalmarktrechts und der dazu ergangenen Richtlinien ist, auch *Bumke*, Die Verwaltung 2008, 235 mwN.

11 In diese Richtung schon *Durner*, VVDStrRL 70 (2011), 398, 413.

12 RL 2002/21/EG v. 7.3.2002 über einen gemeinsamen Rechtsrahmen für elektronische Kommunikationsnetze und -dienste (Rahmenrichtlinie), ABl. EG L 108 v. 24.4.2002, S. 33; RL 2002/19/EG v. 7.3.2002 über den Zugang zu elektronischen Kommunikationsnetzen und zugehörigen Einrichtungen sowie deren Zusammenschaltung (Zugangsrichtlinie), ABl. EG L 108 v. 24.4.2002, S. 7, RL 2002/20/EG v. 7.3.2002 über die Genehmigung elektronischer Kommunikationsnetze und -dienste (Genehmigungsrichtlinie), ABl. EG L 108 v. 24.4.2002, S. 21, RL 2002/22/EG v. 7.3.2002 über den Universaldienst und Nutzerrechte bei elektronischen Kommunikationsnetzen und -diensten (Universaldienstrichtlinie), ABl. EG L 108 v. 24.4.2002, S. 51 und RL 2002/58/EG v. 12.7.2002 über die Verarbeitung personenbezogener Daten und den Schutz der Privatsphäre in der elektronischen Kommunikation (Datenschutzrichtlinie für elektronische Kommunikation), ABl. EG L 201 v. 31.7.2002, S. 37; geändert durch RL 2009/140/EG v. 25.11.2009 zur Änderung der Richtlinie 2002/21/EG über einen gemeinsamen Rechtsrahmen für elektronische Kommunikationsnetze und -dienste, der Richtlinie 2002/19/EG über den Zugang zu elektronischen Kommunikationsnetzen und zugehörigen Einrichtungen sowie deren Zusammenschaltung und der Richtlinie 2002/20/EG über die Genehmigung elektronischer Kommunikationsnetze und -dienste, Abl. EU L 337/37 v. 18.12.2009. Die „Better Regulation"-Richtlinie (RL 2009/140/EG, ABl. EU 2009 Nr L 337, S. 37) änderte die Rahmen-, Zugangs- und Genehmigungsrichtlinie und die „Citizens Rights"-Richtlinie (RL 2009/136/EG, ABl. EU 2009 Nr L 337, S. 11) die Universaldienst- und Datenschutzrichtlinie. Neu erlassen wurde die RL (EU) 2018/1972 v. 11.12.2018 über den europäischen Kodex für die elektronische Kommunikation, ABl. L 321/36 v. 17.12.2018, sie ersetzt diesen Rechtsrahmen durch den „Europäischen Kodex für die elektronische Kommunikation" und ist bis zum 21.12.2020 in nationales Recht umzusetzen (vgl Art. 124 Abs. 1).

13 Vgl Art. 2 lit. a der RahmenRL sowie ihren Erwägungsgrund 5: Angesichts der Verschmelzung von Telekommunikation, Medien und Informationstechnologien sollte für alle Übertragungsnetze und -dienste ein einheitlicher Rechtsrahmen gelten.

gulierung, s. dazu unten Rn 576). Das **Reformpaket vom 25.11.2009** bestand aus Änderungsrichtlinien und der VO (EG) Nr 1211/2009 zur Errichtung des neuen Gremiums Europäischer Regulierungsstellen für elektronische Kommunikation (**GEREK**). Der **Europäische Kodex für elektronische Kommunikation (EKEK)** überarbeitet diesen Rechtsrahmen und soll vor allem den Netzausbau forcieren[14].

Für das **Energiewirtschaftsrecht** finden sich die wesentlichen unionsrechtlichen Vorgaben in den „Beschleunigungsrichtlinien", der **Elektrizitätsrichtlinie** 2003/54/EG sowie der **Gasrichtlinie** 2003/55/EG[15]. Auch dieser Rechtsrahmen wurde 2009 durch das Dritte Binnenmarktpaket Energie mit der Änderung der beiden Richtlinien, zwei Verordnungen zum Elektrizitäts- bzw Erdgasbinnenmarkt sowie einer neuen Verordnung zur Gründung einer Agentur für die Zusammenarbeit der Regulierungsbehörden (**ACER**) umfangreich geändert[16]. Dessen Vorgaben betrafen neben der Entflechtung vor allem Vorschriften zur Gewährleistung der Versorgungssicherheit und des Netzausbaus. Die Richtlinie (EU) 2019/692 sollte die Marktregeln des sogenannten Dritten Binnenmarktpaketes im Gasbereich auf Verbindungsleitungen mit Drittstaaten ausweiten und war bis 24.2.2020 in nationales Recht umzusetzen. Im Bereich der Elektrizität wurden das 4. Binnenmarktpaket (RL) erlassen, das bis Ende 202 in nationales Recht umzusetzen ist und unter dem Stichwort Clean Air die Energiepolitik des nächsten Jahrzehnts prägen soll[17].

Nicht in der gleichen Weise konsolidiert, und in ihren Regelungen kaum noch überschaubar sind die Richtlinien zur **Bankenaufsicht**. Bis heute prägend wirkte die 2. Bankrechtskoordinierungsrichtlinie[18], die ab 1992 den „Europäischen Pass" einführte[19]. Mit der Umsetzung von Basel III und der Schaffung des neuen Aufsichtsrechts nach der Krise trat neben eine Konsolidierungsrichtlinie (KapitaladäquanzRL bzw Capital Requirements Directive, „CRD IV"[20]) erst-

14 Ausf zum neuen Rechtsrahmen *Kühling*, in: Ruffert, Europäisches Sektorales Wirtschaftsrecht, § 4 Rn 18 ff.

15 RL 2003/54/EG v. 26.6.2003 über gemeinsame Vorschriften für den Elektrizitätsbinnenmarkt und zur Aufhebung der Richtlinie 96/92/EG – Erklärungen zu Stilllegungen und Abfallbewirtschaftungsmaßnahmen, ABl. EG L 176 v. 15.7.2003, S. 37; RL 2003/55/EG v. 26.6.2003 über gemeinsame Vorschriften für den Erdgasbinnenmarkt und zur Aufhebung der Richtlinie 98/30/EG, ABl. EG L 176 v. 15.7.2003, S. 57; s. außerdem RL 2004/67/EG v. 26.4.2004 über Maßnahmen zur Gewährleistung der sicheren Erdgasversorgung, ABl. EG L 127 v. 29.4.2004, S. 92; VO (EG) Nr 1228/2003 v. 26.6.2003 über die Netzzugangsbedingungen für den grenzüberschreitenden Stromhandel, ABl. EG L 176 v. 15.7.2003, S. 1.

16 RL 2009/72/EG des Europäischen Parlaments und der Rates vom 13. Juli 2009 über gemeinsame Vorschriften für den Elektrizitätsbinnenmarkt und zur Aufhebung der Richtlinie 2003/54/EG, ABl. L 211 vom 14.8.2009, S. 55, Richtlinie 2009/73/EG des Europäischen Parlaments und des Rates vom 13. Juli 2009 über gemeinsame Vorschriften für den Erdgasbinnenmarkt und zur Aufhebung der Richtlinie 2003/55/EG, ABl. L 211 vom 14.8.2009, S. 94; Verordnung (EG) Nr 715/2009 über die Bedingungen für den Zugang zu den Erdgasfernleitungsnetzen und zur Aufhebung der Verordnung (EG) Nr 1775/2005; Verordnung (EG) Nr 714/2009 über die Netzzugangsbedingungen für den grenzüberschreitenden Stromhandel und zur Aufhebung der Verordnung (EG) Nr 1228/2003; Verordnung (EG) Nr 713/2009 des Europäischen Parlamentes und des Rates zur Gründung einer Agentur für die Zusammenarbeit der Energieregulierungsbehörden (ACER).

17 Im Zentrum steht die RL (EU) 2019/944 v. 5.6.2019 mit gemeinsamen Vorschriften für den Elektrizitätsbinnenmarkt und zur Änderung der Richtlinie 2012/27/EU, ABl. L 158 S. 125, ber. 2020 ABl. L 15 S. 8. Vgl den Überblick bei *Ludwigs*, in: Ruffert, Europäisches Sektorales Wirtschaftsrecht, § 5 Rn 15.

18 Zweite RL 89/646/EWG v. 15.12.1989 zur Koordinierung der Rechts- und Verwaltungsvorschriften über die Aufnahme und Ausübung der Tätigkeit der Kreditinstitute und zur Änderung der Richtlinie 77/780/EWG, ABl. EG L 386 v. 30.12.1989, S. 1.

19 Vgl Art. 18 der 2. BKRiL sowie deren Erwägungsgrund 20.

20 RL 2013/36/EU v. 26.6.2013 über den Zugang und die Tätigkeit von Kreditinstituten und die Beaufsichtigung von Kreditinstituten und Wertpapierfirmen, zur Änderung der Richtlinie 2002/97/EG und zur Aufhebung der Richtlinien 2006/48/EG und 2006/49/EG, ABl. L 176 v. 27.6.2013, S. 338.

mals eine Verordnung (KapitaladäquanzVO bzw Capital Requirements Regulation, „CRR“[21]), was zumindest einen partiellen Abschied vom Umsetzungsinstrument der Richtlinie bedeutet. Diese Rechtsakte bilden neben dem Tertiärrecht und den Guidelines der ESAs nun den Kern des materiellen Aufsichtsrechts. Die Einführung der Bankenunion betraf nicht das materielle Bankaufsichtsrecht, bedeutete aber gleichwohl einen aufsichtsrechtlichen Paradigmenwechsel[22].

b) Rechtsgrundlagen des nationalen Regulierungsrechts

Im Mittelpunkt aller drei Rechtsgebiete steht jeweils ein zentrales Bundesgesetz, das **Telekommunikationsgesetz (TKG)**, das **Energiewirtschaftsgesetz (EnWG)** für das Energierecht im engeren Sinne[23] und für die Bankenaufsicht das **Kreditwesengesetz (KWG)**. Daneben treten zunehmend europäische Verordnungen. Die Gesetze definieren ihren **Anwendungsbereich**. **497**

Im Einklang mit dem verfassungsrechtlichen Begriff (vgl Art. 73 Nr 7 GG)[24] definiert § 3 Nr 22 TKG **Telekommunikation** als den technischen Vorgang des Aussendens, Übermittelns und Empfangens von Signalen mittels Telekommunikationsanlagen. Diese Definition ist offen genug, um die Einbeziehung neuer technischer Übertragungswege zu ermöglichen; auch „das Internet“ ist ein Telekommunikationsnetz nach § 3 Nr 27 TKG[25]. Nicht Gegenstand des TKG sind die Kommunikationsinhalte.

Nach § 1 EnWG beschränkt sich das **Energiewirtschaftsrecht** auf die „leitungsgebundene Versorgung mit Elektrizität und Gas“. Die Versorgung umfasst drei Stufen (vgl § 3 Nr 36 EnWG): Energieerzeugung[26], Netzbetrieb und den Vertrieb an den Kunden. Im Hinblick auf die Errichtung bzw Zulassung von Energieanlagen (zum Begriff § 3 Nr 15 EnWG) verzahnen sich die Vorgaben des EnWG mit dem allgemeinen Planungs- und Anlagenzulassungsrecht; die Planung der Netzinfrastruktur ist aber zu einer Aufgabe der BNetzA geworden (dazu Rn 505).

---

21 VO 575/2013 v. 26.6.2013 über Aufsichtsanforderungen an Kreditinstitute und Wertpapierfirmen und zur Änderung der Verordnung (EU) Nr 646/2012, ABl. L 176 v. 27.6.2013, S. 1; dazu Erwägungsgrund 8: „Die Richtlinien (...) haben zwar zu einer gewissen Harmonisierung der Aufsichtsvorschriften der Mitgliedstaaten geführt, bieten aber den Mitgliedstaaten zahlreiche Optionen und Möglichkeiten, strengere Vorschriften als die jener Richtlinien vorzusehen. Daraus ergeben sich Divergenzen zwischen nationalen Rechtsvorschriften, die die grenzüberschreitende Erbringung von Dienstleistungen und der Niederlassungsfreiheit beeinträchtigen können und so das reibungslose Funktionieren des Binnenmarkts behindern“.

22 Näher dazu *Ruthig*, ZHR 178 (2014), 443.

23 Zur Differenzierung und den Gegenständen des Energierechts im weiteren Sinne *Rittner/Dreher*, § 34 Rn 1, 4. Der verfassungsrechtliche Begriff des Energiewirtschaftsrechts umfasst den gesamten Bereich der Herstellung und Verteilung von Energie, einschließlich der Maßnahmen zur Energieeinsparung und Versorgungssicherheit. Die (engere) gesetzliche Definition des Energiewirtschaftsrechts ergibt sich aus der Regelungssystematik des Gesetzes.

24 Bereits im ersten Fernsehurteil (BVerfGE 12, 205, 225 ff) hat das Bundesverfassungsgericht den damaligen Begriff des Fernmeldewesens als „die der Übermittlung von Signalen dienenden funktechnischen Vorgänge“ definiert. Diesen Begriff griff das Bundesverfassungsgericht im sog. Gebührenbeschluss (BVerfGE 28, 66 ff) auf und erstreckte ihn auf den Bereich der Individualkommunikation; vgl außerdem die Direktrufentscheidung BVerfGE 46, 120 ff.

25 Zur Definition der „elektronischen Kommunikationsnetze Art. 2 lit. a RahmenRL; s. auch BT-Drucks. 15/2316 S. 58.

26 Hierzu gehören zB die Kraftwerke mit ihren der Erzeugung unmittelbar gewidmeten Anlageteilen (Turbinen, Generatoren), aber auch die Nebenanlagen, zB Kesseleinrichtungen, Maschinenanlagen, Transport-/Vorratseinrichtungen, Kühlanlagen, vgl *Hellermann*, in: Britz/Hellermann/Hermes, EuWG, § 3 Rn 59. Die Einordnung als Energieanlage wird hinsichtlich der technischen Anforderungen relevant: § 49 EnWG enthält Mindestanforderungen an die Anlagensicherheit, die auf der Grundlage des § 65 EnWG durchgesetzt werden können.

Das **KWG** knüpft an das Betreiben von „Bankgeschäften" an und betrifft damit die eine der 3 Säulen der Finanzmarktaufsicht. Das KWG bleibt auch im Rahmen der Bankenunion für die Beaufsichtigung von Instituten mit Sitz in Deutschland maßgeblich, da es auch von der EZB anzuwenden ist. Lediglich die Zuständigkeiten waren an den „einheitlichen Aufsichtsmechanismus" anzupassen[27]. Eine im Vergleich zum KWG abgestufte Aufsicht übt die BaFin über für das Wirtschaftsleben zunehmend bedeutende Zahlungs- und E-Geld-Institute nach dem *Zahlungsdiensteaufsichtsgesetz (ZAG)* aus. Dies lehnt sich strukturell stark an das KWG an und kennt ebenso Erlaubnis-, Kapitalausstattungs- und Organisationspflichten, die aufgrund spezieller Ermächtigungsrundlagen und einer Generalklausel durchgesetzt werden können[28]. Zum Aufgabenbereich der BaFin gehört außerdem die **Versicherungsaufsicht** nach dem VAG und die **Wertpapieraufsicht**; bei der BörsenG, WpHG und WpÜG ineinandergreifen: Der organisatorische Rahmen für den Börsenhandel mit Wertpapieren einschließlich der Vorschriften über die Börse findet sich im **BörsenG**. Demgegenüber statuiert das **WpHG** umfangreiche Verhaltenspflichten von Emittenten, Wertpapierdienstleistern und Anlegern, die als öffentlichrechtlich qualifiziert[29] und gem. § 6 WpHG von der BaFin überwacht werden. Der Gesetzgeber hatte sich das Ziel gesetzt, ein faires und geordnetes Angebotsverfahren zu schaffen, um dadurch die Information der Wertpapierinhaber und Arbeitnehmer zu verbessern und die rechtliche Stellung von Minderheitsaktionären bei Unternehmensübernahmen zu stärken. Das **WpÜG** (Wertpapiererwerbs- und Übernahmegesetz)[30] soll Rahmenbedingungen für öffentliche Übernahmeangebote und andere öffentliche Angebote zum Erwerb von Wertpapieren von Aktiengesellschaften mit Sitz in Deutschland und Börsennotierung schaffen[31]. Auch diese werden von der BaFin überwacht, § 4 Abs. 1 WpÜG. Einige der früher im WpHG geregelten Pflichten, zB die Verpflichtung von Emittenten zur Veröffentlichung von Ad-hoc-Mitteilungen, ergeben sich nunmehr aus direkt anwendbarem europäischen Sekundärrecht (Art. 17 ff Marktmissbrauchsverordnung)[32].

2. Europäisierte Wirtschaftsregulierung

a) Europäisierung als Publifizierung

498 In allen Referenzgebieten erwies sich **Europäisierung als Publifizierung**. Der europäische Gesetzgeber reagierte mit der **Schaffung oder Verstärkung aufsichtsrechtlicher Befugnisse** nicht nur auf ein Versagen der jeweiligen Märkte, sondern auch der Selbstregulierung, die durch eine staatliche Aufsicht jedenfalls überformt wird (regulierte Selbstregulierung). Eingriffe in die privaten Rechtsbeziehungen können – als ultima ratio – ordnungsrechtlich durch privatrechtsgestaltenden Verwaltungsakt

27 In Konsequenz dessen spricht das KWG seit seiner Anpassnung an die SSM-VO durch das BRRD-Umsetzungsgesetz v. 10.12.2014 (BGBl. I S. 2091, vgl auch BT-Drucks. 18/2575 S. 141, 194), nicht mehr von der Bundesanstalt, sondern von Aufsichtsbehörde und verweist in § 1 Abs. 5 KWG auf die Zuständigkeitsabgrenzung der SSM-VO.

28 Überblick bei *Capser/Terlau*, ZAG-Kommentar, Einleitung, Rn 12 ff.

29 S. *Eisele*, in: Schimansky/Bunte/Lwowski, Bankrechts-Handbuch, § 109 Rn 9.

30 BGBl. I 2001, S. 3822.

31 Zum ökonomischen Hintergrund s. *Ekkenga/Schulz*, in: Ehricke/Ekkenga/Oechsler, WpÜG, Einf. Rn 29 ff. Der Gesetzgeber hatte sich das Ziel gesetzt, ein faires und geordnetes Angebotsverfahren zu schaffen, um dadurch die Information der Wertpapierinhaber und Arbeitnehmer zu verbessern und die rechtliche Stellung von Minderheitsaktionären bei Unternehmensübernahmen zu stärken. „Auslöser" dieser gesetzlichen Initiative war die publikumswirksame Übernahme der Mannesmann AG durch Vodafone im Jahre 2000.

32 Vgl *Assmann*, in: Assmann/Schneider/Mülbert (Hrsg.), Wertpapierhandelsrecht, 7. Auflage 2019, Art. 17 MAR Rn 2.

erfolgen[33]. Typisch für das Regulierungsrecht ist aber gerade der „Mix der Regulierungsstrategien"[34]. Kooperative Elemente und die weiche Steuerung über sog. „soft law", an dessen Entstehung die betroffenen Unternehmen beteiligt sind, spielen daher eine immer größere Rolle (dazu unten Rn 515 ff).

Die Entwicklung zeigt paradigmatisch das EnWG. Noch das EnWG 1998/2003 war von kooperativen Strukturen und deren Kontrolle durch das BKartA geprägt, bei dem die Selbstregulierung im Zentrum stand (verhandelter Netzzugang nach § 6 EnWG 1998 und Verbändevereinbarungen[35]). Aufgrund entsprechender Richtlinienvorgaben wurde das **EnWG 2005** auf ein neues Konzept umgestellt[36]; anschließend wurden die Aufsichtsbefugnisse im **EnWG 2011** weiter gestärkt. In ähnlicher Weise wurde im Börsenrecht „die nahezu hundertjährige Selbstverwaltungsautonomie der Börsen ... zunehmend überlagert bzw verdrängt"[37]. Demgegenüber folgt das Bankenaufsichtsrecht dem Aufsichtsmodell schon seit dem, als Reaktion auf die Bankenkrise 1931 geschaffenen, KWG 1934. Durch die kontinuierliche Erweiterung der Aufsichtsbefugnisse wurde **europäisches Bankrecht zu einem Synonym für Bankaufsichtsrecht**[38]. Die Finanzmarktkrise hat die Bankenaufsicht weiter gestärkt und teilweise der EZB übertragen (s. schon Rn 181). Je dichter das Netz der Aufsichtsnormen gestrickt wird, desto mehr lenkt diese Publifizierung den Blick auf die Grundrechtsbindung des Regulierungsrechts, bei der allerdings das nationale Verfassungsrecht zunehmend in den Hintergrund tritt (s. dazu schon allgemein Rn 41 ff). Eng mit dem Instrumentarium hängt die Frage nach der **Rechtsstellung der Behörden** zusammen. Auch dort wirkt das europäische Verständnis einer „unabhängigen Regulierungsbehörde" (s. zur Verwaltungsorganisation schon Rn 185 ff)[39] systembildend; zunehmend entwickelt sich ein Eigenverwaltungsrecht.

b) Europäisierung als Ökonomisierung

Ein weiteres Charakteristikum aller Referenzgebiete ist nicht nur die Tatsache, dass **499**
Regulierung sich auch ökonomisch rechtfertigen muss[40], sondern auch die von der law and economics-Bewegung in den USA vorbereitete **Ökonomisierung des Lenkungsinstrumentariums** (s. bereits Rn 18 f). Preisregulierung basiert auf effizienzorientierten Regulierungsansätzen (s. zur Anreizregulierung näher unten Rn 584, 588). **Marktmechanismen** werden aber auch, zB bei Frequenzversteigerung und -handel, als staatliche Allokations- bzw Preisbildungsinstrumente eingesetzt. In der Bankenabwicklung kommt das Instrument der Unternehmensveräußerung zur Anwendung, bei dem (überlebensfähige und -würdige) Teile eines abzuwickelnden Instituts unter „kommerziellen Bedingungen" in einem „Vermarktungsprozess" durch

33 S. schon zu § 37 Abs. 1 S. 1 TKG aF BVerwGE 120, 263 = NVwZ 2004, 1365.
34 So *Bumke*, Die Verwaltung 2008, 227, 241 zur Kapitalmarktregulierung mit Beispielen.
35 Dazu §§ 6, 6a EnWG 2003, s. auch *Kühne/Brodowski*, NVwZ 2003, 769.
36 BGBl. I S. 1970, s. auch den Regierungsentwurf, BT-Drucks. 15/3917. Ausführlicher Überblick über die historische Entwicklung und den Einfluss des Unionsrechts bei *Theobald/Theobald*, Energiewirtschaftsrecht, S. 20 ff. S. auch *Breuer*, NVwZ 2004, 520; *Britz*, FS Zezschwitz (2005), 374 ff; *Kühne/Brodowski*, NVwZ 2005, 849; *Säcker*, N&R 2004, 46.
37 *Pitschas*, FS Scholz (2007), 855, 875.
38 *Claussen*, in: ders., Bank- und Börsenrecht, § 1 Rn 98.
39 Vgl nur zur BNetzA *Ludwigs*, DV 2011, 41. Bei der Finanzmarktaufsicht war die verfassungsrechtlich abgesicherte Unabhängigkeit der Bundesbank bisher ein zentrales Argument gegen die Integrierung der Finanzmarktaufsicht in diese, s. nur *Höhns*, Aufsicht über Finanzdienstleister, 2002, S. 276 ff.
40 Grundlegend etwa zur Regulierung von Energienetzen *Bettzüge/Kesting*, in: Baur/Salje/Schmidt-Preuß, Regulierung in der Energiewirtschaft, Kap. 4 Rn 3 ff.

die Abwicklungsbehörde auf andere Marktteilnehmer übertragen werden sollen (dazu unten Rn 510).

c) Europäisierung als Zuständigkeitsverlagerung: Vom transnationalen Verwaltungsakt zu europäischen Regulierungsagenturen

500 Das gesamte Regulierungsrecht ist von dem **Spannungsverhältnis** zwischen der Schaffung eines einheitlichen Binnenmarktes und der parallelen Zuständigkeit nationaler Behörden gekennzeichnet, die ein „level playing field" trotz der Harmonisierung der zugrundeliegenden Rechtsverschriften erschweren. Die Europäisierung des Wirtschaftsrechts führte daher zwangsläufig zur Ausbildung eines Verwaltungsverbunds[41]. Bei jeder Reform des jeweiligen Rechtsrahmens wurden die Verbundstrukturen und zunehmend auch die unionalen Verwaltungskompetenzen gestärkt[42]. Dies zeigte sich besonders deutlich und frühzeitig im Bankenaufsichtsrecht. Mit der Zulassung grenzüberschreitender Bankdienstleistungen wurden schnell die **Grenzen einer rein nationalen Wirtschaftsaufsicht** und der Zwang zur internationalen Kooperation deutlich[43]. Diese verlangt zumindest die gegenseitige **Anerkennung von Hoheitsakten:** Mit dem Europäischen Pass (s. näher unten Rn 552) wurde der **„transnationale Verwaltungsakt"** aus der Taufe gehoben[44]. Zugleich wurden **grenzüberschreitende Verwaltungsbefugnisse** eingeführt. Bis heute hat diese Modellcharakter[45] und steht für eine Entwicklung, die mittlerweile das allgemeine Gewerberecht erreicht hat (s. schon Rn 246 ff).

Seit der Schaffung des Binnenmarktes zum 1.1.1993 können **Banken aus dem EWR** europaweit tätig werden. Durch den **„europäischen Pass"** (single licence) werden die Wirkungen der ausländischen Erlaubnis auf das Inland erstreckt. Es gilt das in § 53b KWG umgesetzte **Herkunftslandprinzip**. Die nationale Erlaubnis zum Betreiben von Bankgeschäften für die von den Richtlinien bestimmten Tätigkeiten berechtigt ein CRR-Kreditinstitut (§ 1 Abs. 3d S. 1 KWG) oder ein Wertpapierhandelsunternehmen (§ 1 Abs. 3d S. 4 KWG) dazu, „ohne Erlaubnis durch die Bundesanstalt über eine Zweigniederlassung oder im Wege des grenzüberschreitenden Dienstleistungsverkehrs im Inland Bankgeschäfte [zu] betreiben oder Finanzdienstleistungen zu erbringen, wenn das Unternehmen von den zuständigen Stellen des Herkunftsstaats zugelassen worden ist, die Geschäfte durch die Zulassung abgedeckt sind und das Unternehmen von den zuständigen Stellen nach den Vorgaben der Richtlinien beaufsichtigt wird" (§ 53b Abs. 1 S. 1 KWG). Grundlage war die 2. Bankrechtskoordinierungsrichtlinie, die als „EG-Grundgesetz der

41 Zu dieser Entwicklung *Ruffert*, DÖV 2007, 761 ff; zum Begriff vor allem *Schmidt-Aßmann*, in: ders./Schöne-Haubold, Der Europäische Verwaltungsverbund – Formen und Verfahren der Verwaltungszusammenarbeit in der EU, 2005, S. 1 ff; ausf – allerdings ohne Einbeziehung der im Folgenden behandelten Referenzgebiete – *Siegel*, Entscheidungsfindung im Verwaltungsverbund, 2009, S. 223 ff.

42 Über den Bereich der einzelnen Sektoren hinaus geht die Zusammenarbeit von Kartell-, Regulierungs- und Verbraucherschutzbehörden im „Europäischen Wettbewerbsnetz" auf der Grundlage der VO 1/2003, dazu *Kahl*, DV 2009, 463, 466 ff; *Kersten*, VVDStrL 69 (2010), 288, 303 f mwN. Auch steht dort die Kommission als zentrale Hüterin des Wettbewerbs im Zentrum.

43 S. nur *Schmidt-Aßmann*, EuR 1996, 270, 300 f.

44 Zu diesem Begriff *Neßler*, Europäisches Richtlinienrecht wandelt deutsches Verwaltungsrecht, 1994; *ders.*, NVwZ 1995, 863; *Schmidt-Aßmann*, EuR 1996, 270, 300 ff; *Wenander*, ZaöRV 2011, 755; s. auch *Sydow*, Verwaltungskooperation in der Europäischen Union, 2004, S. 138 ff; *Ruffert*, DV 2001, 435; krit *Becker*, Debil 2001, 855.

45 So schon *Schlag*, Grenzüberschreitende Verwaltungsbefugnisse im EG-Binnenmarkt, 1998. S. 250.

Banken" bezeichnet wurde[46]. Die Anerkennung des ausländischen Aufsichtsrechts war möglich, weil Mindeststandards durch Richtlinien (bzw schon damals den Baseler Prozess) festgesetzt und die Kooperation zwischen nationalen Bankaufsichtsbehörden intensiviert wurden. Zwar bleibt die Entscheidung eine nationale, ihre „grenzüberschreitenden Wirkungen im gesamten unionalen Verwaltungsraum"[47] gehen aber einher mit einer Verwaltungskooperation im Vorfeld der Entscheidung unter Beteiligung von Kommission bzw europäischen Agenturen[48].

Diese Kooperation wurde in §§ 7a ff KWG auf eine gesetzliche Grundlage gestellt[49]. Sie erfolgt innerhalb des Europäischen Systems der Finanzaufsicht (ESFS) für die Bankenaufsicht maßgeblich unter der Koordinierung der EBA (vgl nur Art. 8 EBA-VO). Damit tritt auch auf horizontaler Ebene eine immer stärkere Verflechtung der nationalen Behörden im Verwaltungsverbund ein, deren Kooperation über einzelne Amtshilfemaßnahmen deutlich hinausgeht (neben einer Aufsicht auf zusammengefasster Basis ist etwa die gänzliche Übertragung der individuellen Aufsicht eines Instituts auf eine Aufsichtsbehörde im EU-Ausland möglich, § 8c Abs. 3 KWG, 28 EBA-VO)[50]. Auch in der laufenden Aufsicht findet sich der transnationale Verwaltungsakt (Art. 113 Abs. 4 KapitaladäquanzRL, s. auch § 8a Abs. 3 S. 1 KWG)[51]. Soweit nunmehr die EZB für die Erlaubniserteilung zuständig ist (zu den Kompetenzen der EZB bereits oben Rn 191 f), spielt die Rechtsfigur des transnationalen Verwaltungsakts insofern keine Rolle mehr, als ein EU-Beschluss ohnehin unionsweit gilt (zu den Auswirkungen auf das Konzept des europäischen Passes s. Rn 552).

Weitergehend lässt sich eine **Tendenz zur Zentralisierung von Aufgaben bei europäischen Behörden** beobachten. Dies gilt insbesondere im Bereich der *Bankenaufsicht,* nicht nur für Zulassung und Inhaberkontrollverfahren, sondern auch für die laufende Aufsicht über bedeutende Kreditinstitute durch die EZB (s. schon Rn 193 f). Vor allem die ESMA übernimmt immer mehr Aufgaben in der Wertpapieraufsicht. Weniger ausgeprägt war dies bisher im **Energie- und Telekommunikationsrecht**. Allerdings wurden auch dort die unionalen Kompetenzen erweitert. Im Energierecht sind weitreichende Kompetenzen zur Umsetzung der ehrgeizigen Klimaziele bei der Kommission angesiedelt, diese treten aber neben die genuin energie(wirtschafts)-rechtlichen Befugnisse der mitgliedstaatlichen Behörden und entwickeln sich zu einem eigenständigen Energieumweltrecht[52]. Zum Energie(wirtschaftsrecht) im hier skizzierte Sinn gehörten die auf Art. 194 Abs. 1 lit. b) AEUV gestützten Befugnisse auf dem Gebiet der Energieversorgungssicherheit, die in zwei Verordnungen zur Risikovorsorge gipfelten[53]. Allerdings wurden auch der Regulierungsbehörde ACER 501

46 RiL des Rates zur Koordinierung der Rechts- und Verwaltungsvorschriften über die Aufnahme und Ausübung der Tätigkeit der Kreditinstitute v. 15.12.1989, ABl. EG v. 30.12.1989 Nr L 386. Näher zum europäischen Pass *Royla*, Grenzüberschreitende Finanzmarktaufsicht in der EG, 2000, S. 49 f; *Schnyder*, Europäisches Banken- und Versicherungsrecht, Rn 84; zu den von der RL 2000/12/EG bestimmten Tätigkeiten *Marwede*, in: Boos/Fischer/Schulte-Mattler, KWG, § 53b Rn 21 ff; *Schnyder*, Europäisches Banken- und Versicherungsrecht, Rn 95.

47 *Ruffert*, in: Fehling/Ruffert, Regulierungsrecht, § 3 Rn 38.

48 S. vor allem *Sydow*, Verwaltungskooperation in der Europäischen Union, 2004, S. 150 ff; s. auch *Menzel*, Internationales Öffentliches Recht, 2010, S. 406 f.

49 Dazu *Lindemann*, in: Boos/Fischer/Schulte-Mattler, KWG, § 8 Rn 13 ff.

50 *Lindemann*, in: Boos/Fischer/Schulte-Mattler, KWG, § 8 Rn 10 f bezeichnet dies als „aufsichtsrechtlich geradezu revolutionär".

51 Dazu *Lindemann*, in: Boos/Fischer/Schulte-Mattler, KWG, § 8a Rn 16.

52 S. den Überblick bei *Ludwigs*, in: Ruffert, Europäisches Sektorales Wirtschaftsrecht, § 5 Rn 16 ff.

53 VO (EU) 2017/1938 v. 25.10.2017 über Maßnahmen zur Gewährleistung der sicheren Gasversorgung und zur Aufhebung der Verordnung (EU) Nr 994/2010; VO (EU) 2019/941 über die Risikovorsorge im Elektrizitätssektor und zur Aufhebung der Richtlinie 2005/89/EG.

(dazu s. schon Rn 183) in Art. 2 lit. C der VO (EU) 1019/942 Entscheidungsbefugnisse übertragen[54], die die Rolle der nationalen Regulierungsbehörden modifizieren. Von zentraler Bedeutung sind aber auch hier die im jüngsten Gesetzgebungspaket weiter gestärkten Aufsichts- und Vetobefugnisse der Kommission[55]. Dies hat das Energierecht mit dem TK-Recht gemein, wo praktisch alle Regulierungsentscheidungen der nationalen Behörden dem Veto-Verfahren der Kommission unterliegen (s. unten Rn 190). Außerdem wird die Frequenznutzung durch die Harmonisierungsentscheidungen der Kommission unter Einbeziehung des Frequenzausschusses maßgeblich vorgeprägt[56]. Insoweit werden auf der Grundlage von Art. 28 EKEK künftig auch die Koordinationsmechanismen im Rahmen der Frequenznutzung ausgebaut.

3. Ziele staatlicher Regulierung

502 Traditionell wird die Schaffung von Wettbewerb als zentrale und letztlich dafür entscheidende Aufgabe angesehen, dass man von Regulierungsrecht sprechen kann. In der Tat besteht eine zentrale Aufgabe des Regulierungsrechts darin, durch Netzzugangsregulierung Wettbewerb auch dort zu ermöglichen, wo **natürliche Monopole** den Aufbau paralleler Strukturen von Wettbewerbern technisch oder wirtschaftlich unmöglich machen. Gleichwohl lässt es sich nicht auf diese Aufgabe verkürzen. Gerade der US-amerikanische Regulierungsbegriff macht deutlich, dass es nicht nur um staatliche Intervention bei **Marktversagen** (economic regulation), sondern auch um die Verwirklichung anderer Ziele, etwa den **Verbraucher- und Umweltschutz**, geht (social regulation)[57]. Sie lassen sich auch nicht als Gegensätze begreifen; so hängen Wettbewerbs- und Verbraucherschutz eng miteinander zusammen. Wenn dagegen vor allem der Zusammenhang zwischen Regulierungs- und Kartellrecht betont wird[58], so basiert dies auf einem ordoliberalen Vorverständnis von Funktion und Grenzen staatlicher Intervention in bestimmte Märkte, das in dieser Form weder TKG noch EnWG zugrunde liegt.

Diese durchaus konfligierenden Regulierungsziele sind besonders detailliert in § 2 Abs. 2 TKG ausdifferenziert[59]. Nach gängiger Lesart ist die Sicherstellung eines chancengleichen Wettbewerbs der wesentliche Zweck des TKG. Die sich aus diesem Regulierungsziel ergebende Förderverpflichtung und die entsprechenden Instrumente stellen nicht nur den entscheidenden Unterschied zu kartellrechtlichen Maßnahmen dar, sondern prägen auch das Verständnis von Regulierungsrecht. An der Spitze des Zielkatalogs stehen in Nr 1 die Wahrung der Interessen der Nutzer sowie die Wahrung des Telekommunikationsgeheimnisses.

---

54 Zu den Aufgaben der EU-Energieagentur s. den Überblick bei *Ludwigs*, in: Ruffert, Europäisches Sektorales Wirtschaftsrecht, § 5 Rn 144 ff.

55 Ausf zum bisherigen Recht *Ludwigs*, in: Bauer/Salje/Schmidt-Preuß, Kap. 31.

56 Vgl Art. 4 der Frequenzentscheidung (Entscheidung Nr 676/2002/EG des EP und des Rates v. 7.3.2002 über einen Rechtsrahmen für die Funkfrequenzpolitik in der Europäischen Gemeinschaft). Diese wurde auf die Binnenmarktkompetenz des Art. 114 AEUV gestützt.

57 Als Einführung in die Grundlagen der „economic regulation“ s. *Viscusi/Vernon/Harrington*, Economics of Regulation and Antitrust, 4. Aufl., 2005, S. 295 ff.

58 S. auch *Kühling*, Sektorspezifische Regulierung in den Netzwirtschaften, S. 20.

59 S. zum Telekommunikationsrecht *Ruthig*, in: Arndt/Fetzer/Scherer, TKG, § 2 Rn 6; zum Kapitalmarktrecht *Bumke*, Die Verwaltung 2008, 227, 235.

a) Schaffung von Wettbewerb

Die Schaffung von Wettbewerb als Grundvoraussetzung des Funktionierens von Märkten wird in § 2 Abs. 2 Nr 2 TKG[60] und § 1 Abs. 2 EnWG ausdrücklich als Regulierungsziel formuliert, gilt aber auch für das Finanzmarktrecht, wobei stets von „chancengleichem" bzw „wirksamem" und „unverfälschtem" Wettbewerb die Rede ist. Funktionierender Wettbewerb verlangt aber daneben auch die **Schaffung von Transparenz** als Grundvoraussetzung des Marktes. In der Schaffung von Transparenz besteht das zentrale Anliegen des Kapitalmarktrechts[61]. Die Durchsetzung dieser Pflichten obliegt einer „marktoptimierenden Wirtschaftsaufsicht"[62]. **503**

In den einzelnen Sektoren unterscheiden sich weniger die Ziele als die jeweils eingesetzten Instrumentarien. Im leitungsgebundenen Telekommunikations- und Energiewirtschaftsrecht stellt die Netzzugangsregulierung das zentrale Instrument zur Herstellung von Wettbewerb dar (s. hierzu unten Rn 571 ff). Eine ähnliche Figur findet sich aber mit dem für den Marktzutritt von Zahlungsinstituten essentiellen Zugang zu Zahlungssystemen in § 7 ZAG auch im Finanzaufsichtsrecht[63]. Die Schaffung von Markttransparenz dient ebenfalls dem Wettbewerb und dem Verbraucherschutz. Im Bankaufsichtsrecht bestehen zahlreiche sich bereits unmittelbar aus dem Gesetz ergebende Anzeige-, Melde- und Berichtspflichten zur Nachvollziehbarkeit der Einhaltung der aufsichtsrechtlichen Vorschriften durch die Institute, die durch entsprechende Informationsrechte der BaFin bzw der EZB ergänzt werden (dazu unten Rn 511). Zu unterscheiden sind turnusmäßige Informationspflichten wie etwa Eigenkapital- (Art. 99 KapitaladäquanzVO) und Liquiditätsmeldungen (Art. 415 KapitaladäquanzVO) sowie ad-hoc-Meldepflichten (s. insbes den zentralen § 24 KWG oder Art. 395 Abs. 5 aE KapitaladäquanzVO bei Überschreiten der Großkreditobergrenze)[64]. Der Schaffung von Transparenz dienen aber auch als „formelles Seitenstück der Zugangsregulierung"[65] die Vorschriften über die Entflechtung (sog. Unbundling) in den §§ 6–10 EnWG und §§ 40 f TKG. Vertikal integrierte Energieversorgungsunternehmen, also solche, die kumulativ mit dem Netzbetrieb entweder eine Tätigkeit auf dem Gebiet der Energieerzeugung oder des Energievertriebes wahrnehmen (s. zur Definition § 3 Nr 38 EnWG), müssen nach § 7 Abs. 1 EnWG ihren Netzbetrieb in eine rechtlich selbstständige Gesellschaft ausgliedern. Zusätzlich fordern die §§ 8 ff EnWG die operationelle, informationelle und buchhalterische Entflechtung. Mit § 40 TKG besitzt die BNetzA auch für den Bereich der Telekommunikation eine Rechtsgrundlage für die Entflechtung vertikal integrierter Unternehmen; diese ist bei der Kommission zu beantragen und als ultima ratio auf die Fälle beschränkt, in denen mit dem „normalen" Regulierungsinstrumentarium wirksamer Wettbewerb nicht hergestellt werden konnte. Demgegenüber soll die strukturelle Separierung nach § 7 TKG[66] verhindern, dass Unternehmen, die auf einem anderen Sektor tätig werden, wo sie „besondere oder ausschließliche Rechte ... besitzen", die damit verbundene Marktmacht für

60 Dazu *Ruthig*, in: Arndt/Fetzer/Scherer, TKG, § 2 Rn 7.

61 Zu diesem Regelungsansatz etwa *Hecker*, Marktoptimierende Wirtschaftsaufsicht, 2007, S. 69 ff.

62 Zum Kapitalmarktrecht *Hecker*, Marktoptimierende Wirtschaftsaufsicht, 2007, S. 75 f. S. auch *Ritter/Dreher*, § 33 Rn 62 ff.

63 Dazu *Zahrte*, in: Casper/Terlau, ZAG, § 7 Rn 1 ff.

64 Die Einzelheiten sind in nationalen und unionalen untergesetzlichen Normen geregelt, s. zudem den Überblick bei *Braun*, in: Boos/Fischer/Schulte-Mattler, KWG, § 44 Rn 1 ff sowie § 24 Rn 12 ff.

65 *Kühling*, Sektorspezifische Regulierung in den Netzwirtschaften, 2004, S. 337; *Frotscher/Kramer*, § 19 Rn 508 ff.

66 Ein solches Unternehmen muss entweder seine Telekommunikationssparte in eine rechtlich selbstständige Gesellschaft ausgliedern (§ 7 Nr 1 TKG) oder jedenfalls getrennt Buch führen (§ 7 Nr 2 TKG). Für vertikal integrierte Unternehmen enthält § 24 TKG die Befugnis der BNetzA, für bestimmte Tätigkeiten im Zusammenhang mit Zugangsleistungen die getrennte Rechnungsführung; zu den Einzelheiten *Scherer*, in: Arndt/Fetzer/Scherer, TKG, § 24 Rn 5 ff.

einen Einstieg in den Telekommunikationssektor nutzen[67]. Die entsprechenden Pflichten lassen sich mit einer auf die Generalklausel des § 65 Abs. 1 EnWG bzw § 126 TKG gestützten Verfügung durchsetzen. Auch im Bankrecht wurden mit dem „Trennbankengesetz"[68] Entflechtungsvorschriften für bedeutende Kreditinstitute geschaffen. Danach sind besonders risikoanfällige Geschäfte in ein wirtschaftlich, organisatorisch und rechtlich eigenständiges „Finanzhandelsinstitut" (§ 25f Abs. 1 KWG) auszugliedern (vgl § 3 Abs. 2–4 KWG)[69]. Auf der Grundlage von § 25f Abs. 7 KWG kann die BaFin die entsprechenden Anordnungen treffen, Dies ist die gesetzgeberische Reaktion auf das „too-big-to-fail"-Problem; systemrelevante Banken können aufgrund ihrer Bedeutung für die Volkswirtschaften auf staatliche Rettung hoffen. Sie stellen dadurch nicht nur ein Risiko für den Staatshaushalt dar, sondern haben zugleich einen Wettbewerbsvorteil gegenüber anderen Instituten. Dass Förderung von Wettbewerb und Verbraucherschutz keineswegs einen Gegensatz darstellen, zeigt sich auch im Bankaufsichtsrecht: Erweiterte Transparenzpflichten bei Kontoführungsentgelten und Überziehungskrediten (als typische Verbraucherschutzvorschriften) sollen zu einem verbesserten Wettbewerb auf dem Privatkundenmarkt führen[70].

b) Sicherstellung der Versorgung

504 Im Rahmen der privatisierten **Daseinsvorsorge** hat der Staat eine Gewährleistungsverantwortung und kann private Anbieter zur Sicherstellung der Grundversorgung mit bestimmten, gemeinwohlorientierten Dienstleistungen verpflichten. Für die Energiewirtschaft hat er dies mit der **Grundversorgungspflicht nach §§ 36 ff EnWG** getan. Danach wird für jedes Netzgebiet ein Grundversorger bestimmt, der gem. § 36 Abs. 1 S. 1 EnWG zur Versorgung von Haushaltskunden auf der Grundlage vorher veröffentlichter Allgemeiner Bedingungen verpflichtet ist. Eine vergleichbare Funktion übernimmt das **Universaldienstemodell der §§ 78 ff TKG**[71], das dann eingreift, wenn die Grundversorgung nicht mehr vom Markt gewährleistet wird. Bisher hat es keine praktische Rolle gespielt.

Universaldienstleistungen sind nach der gesetzlichen Definition in § 78 Abs. 1 TKG ein Mindestangebot an Telekommunikationsdienstleistungen „für die Öffentlichkeit, für die eine bestimmte Qualität festgelegt ist und zu denen alle Endnutzer unabhängig von ihrem Wohn- und

---

67 Als Beispiel galten gerade die Energieversorgungsunternehmen, bei denen allerdings solche Sonderrechte zunehmend abgebaut wurden, vgl *Fetzer*, in: Arndt/Fetzer/Scherer, TKG, § 7 Rn 12. Weitere Beispiele sind Rundfunk, Schienenverkehr und kommunale Unternehmen.

68 Gesetz zur Abschirmung von Risiken und zur Planung und Sanierung und Abwicklung von Kreditinstituten und Finanzgruppen v. 7.8.2013, BGBl. I, 3090; s. auch den Vorschlag der Kommission für eine VO über strukturelle Maßnahmen zur Erhöhung der Widerstandsfähigkeit von Kreditinstituten in der Union, COM(2014) 43 final.

69 Dazu *Fischer/Boegl*, in: Schimansky/Bunte/Lwowski, Bankrechts-Handbuch, § 125 Rn 109 f.; *Möslein*, BKR 2013, 397; *van Kann/Rosak*, NZG 2013, 572.

70 S. Erwägungsgrund 4 RL 2014/92/EU.

71 S. dazu insbes *Voßkuhle*, VVDStRL 62 (2003), 266, 287; zu den verfassungsrechtlichen Grundlagen *Möstl*, in: MDHS, Art. 87f Rn 80 ff. Das Modell basiert auf dem „common carrier"-Prinzip des britischen Common Law, das beispielsweise bei Fähren bestimmten Anbietern die Pflicht zur diskriminierungsfreien Zugangsgewährung auferlegte und sie dafür mit Haftungserleichterungen entschädigte, s. auch *Kress*, Fed. Comm. L.J. 49 (1997), 551, 585 f; zu Inhalt und Herkunft dieses Begriffes s. ausf *Pohl*, Universaldienst in der Telekommunikation, 1998, 35 ff; *Windthorst*, Der Universaldienst im Bereich der Telekommunikation, 1998; *ders.*, CR 1998, 340, 343 ff mwN; s. ferner *Kubicek*, CR 1997, 1. In den USA ist es seit 1934 in § 1 des Communication Act enthalten, geht aber insofern über das europäische Universaldienstemodell hinaus, als es nicht nur eine flächendeckende Versorgung garantiert, sondern auch die Berücksichtigung sozialer bzw öffentlicher Belange ermöglicht.

Geschäftsort zu einem erschwinglichen Preis Zugang haben müssen und deren Erbringung für die Öffentlichkeit als Grundversorgung unabdingbar geworden ist“[72]; eine Optimalversorgung ist nicht geboten[73]. § 78 Abs. 2 TKG enthält einen abschließenden Katalog der erfassten Dienste. Der im Vorfeld der TKG-Novelle 2012 intensiv diskutierte Anspruch auf Breitbandinternet ist nicht ausdrücklich aufgenommen worden. Eine deutliche Ähnlichkeit weist das Konzept des „Jedermann-Kontos“ im Bankrecht auf; umgesetzt wurde in § 31 Abs. 1 ZKG ein Anspruch auf Abschluss eines Basiskontos, der landesrechtliche Regelungen über einen Kontrahierungszwang öffentlich-rechtlicher Sparkassen verdrängt hat[74].

Von besonderer Relevanz ist gerade im Bereich der Netzregulierung der Infrastrukturausbau. Gerade weil die Zugangsregulierung den Zugang zu fremder Infrastruktur eröffnet und angesichts der immensen Kosten lässt sich ein solcher Ausbau allein durch den Wettbewerb nicht mehr erreichen. Damit rechtfertigt die staatliche Gewährleistungsverantwortung einen regulatorischen Zugriff auf den Netzausbau, der freilich auch die grundrechtliche Position der Infrastrukturbetreiber berücksichtigen muss und vor allem angesichts des Gesetzesvorbehalts eine ausdrückliche Rechtsgrundlage fordert[75] (s. auch ▶ **Klausurenkurs Fall Nr 11**). **505**

Mit dem Netzausbauplan (§§ 12a ff EnWG) hat das Energierecht ein solches differenziertes Instrumentarium geschaffen, das der Gesetzgeber um komplexe Beschleunigungsmöglichkeiten für die Planfeststellungsverfahren ergänzt hat[76]. Für den Bereich der Telekommunikation hatte der Gesetzgeber mit den „Regulierungsferien“ des § 9a TKG aF einen Anreiz für den Ausbau des von der Deutschen Telekom AG (DTAG) geplanten Hochgeschwindigkeitsglasfasernetzes (VDSL) schaffen wollen, aber dadurch gegen Unionsrecht verstoßen, dass er Abwägung zwischen den verschiedenen Regulierungszielen nicht der Regulierungsbehörde überlassen hat[77]. § 2 Abs. 2 Nr 5 TKG betont die Bedeutung von Investitionen und von Investitionssicherheit für das Funktionieren von Telekommunikationsmärkten und erhebt dies zum Regulierungsgrundsatz. Dieser erlaubt die Berücksichtigung des Investitionsrisikos bei der Ausgestaltung der Zugangsverpflichtungen und durch angemessene Risikoprämien in der Entgeltregulierung; zu diesem Zweck kann die BNetzA nach § 15a Abs. 2 TKG in Form von Verwaltungsvorschriften Risikobeteiligungsmodelle entwickeln[78]. Durch das DigiNetzG[79] wurden die Vorschriften zu

---

72 *Koenig/Kühling/Rasbach*, Energierecht, S. 139 ff. S. auch zur sog. Ersatzversorgung gem. § 38 EnWG, aaO S. 144 f.

73 Vgl *Cornils*, in: BeckOK TKG, § 78 Rn 18 ff.

74 *Biesok*, WM 2020, 77. Richtet sich der Anspruch auf Abschluss eines Basiskontos gegen eine Sparkasse, ist er auf dem Verwaltungsrechtsweg geltend zu machen, vgl *Ruthig*, in: Kopp/Schenke, VwGO § 40 Rn 16. Zum Zahlungskontengesetz allg. *Gondert/Huneke*, VuR 2016, 323. Zum Kontrahierungszwang vgl BT-Drucks. 18/7204, 80; krit im Vorfeld des ZKG: *Günther*, WM 2014, 1369, 1370 ff.

75 Näher dazu am Beispiel des Netzausbaus (schon zum bisherigen Recht) *Ruthig*, in: Baur/Salje/Schmidt-Preuß, Regulierung in der Energiewirtschaft, Kap. 91 Rn 11 ff; 52 ff.

76 Zu den jüngsten Ergänzungen *Franke/Karrenstein*, EnWZ 2019, 195.

77 EuGH v. 3.12.2009 – C-424/07 *„Kommission/Deutschland“*, NVwZ 2010, 370. Dazu *Körber*, MMR 2010, 123; *Ufer*, K&R 2010, 100. Die Entscheidung betraf also nur die Kompetenzfrage. § 9a TKG wurde deswegen aufgehoben. Daher wurde an der Entscheidung auch kritisiert, dass die Freistellung der BNetzA von einer Bevormundung des Gesetzgebers vor allem auch die Einflussnahmemöglichkeiten der Kommission wahre, *Körber*, MMR 2010, 123. Dies trifft im Ergebnis zu, ist aber nicht Ergebnis der EuGH-Entscheidung, sondern liegt in der Konsequenz der Ausgestaltung des Telekommunikationsrechts als „Kooperationsverwaltungsrecht“.

78 Überblick über die Förderung des Ausbaus neuer Infrastrukturen im Rahmen der TKG-Novelle bei *Körber*, MMR 2011, 215.

79 Gesetz zur Erleichterung des Ausbaus digitaler Hochgeschwindigkeitsnetze v. 4.11.2016 (BGBl. I S. 2473); dazu *Kühling/Bulowski*, N&R 2017, 19; *Leitzke/Berg*, N&R 2016, 141; *Ufer*, MMR 2016, 12.

Wegerechten und Mitnutzungsrechten im TKG ergänzt, um den Breitbandausbau zu beschleunigen. Allerdings fehlen Möglichkeiten, um TK-Unternehmen unmittelbar zum Netzausbau zu verpflichten (s. allerdings zu Netzausbaupflichten im Rahmen der Frequenzvergabe Rn 560).

c) Verbraucher- bzw Kundenschutz

506 Der Verbraucherschutz hat sich umfassend als Regulierungsziel etabliert. Er findet sich ausdrücklich in § 1 Abs. 1 EnWG und § 2 Abs. 1 Nr 1 TKG, lässt sich aber der Aufgabenbeschreibung des § 6 KWG (insbes Anlegerschutz) entnehmen[80]. Dem Schutz der Verbraucher dient nicht nur die Entgeltregulierung. Konkrete Aufgaben oder gar Befugnisse ergeben sich aus den Regulierungszielen nicht. Sie finden sich aber in allen einschlägigen Rechtsvorschriften. Auf nationaler Ebene bestehen eine Fülle konkreter Vorgaben zum Verbraucherschutz und zu seiner Institutionalisierung (auch zu Schlichtungsstellen für Verbraucherbeschwerden s. §§ 111a ff EnWG; § 4b FinDAG).

Unionsrechtliches Beispiel sind etwa die Verbrauchwarnungen der EBA nach Art. 9 Abs. 3 EBA-VO (s. auch Art. 1 Abs. 5 lit. f EBA-VO). Während das EnWG den Kundenschutz grundsätzlich dem UWG überlässt, enthält das TKG in den §§ 43a ff und §§ 66a ff umfangreiche Einzelvorschriften. Diese liefern ein gutes Beispiel für das Aufbrechen der traditionellen Rechtsweggrenzen im „modernen" Regulierungsrecht, so dass zu Recht von der „privatrechtsgestaltenden Bedeutung des Regulierungsrechts" gesprochen wird[81]. § 44 Abs. 1 gewährt bei Verletzungen des TKG einen (zivilrechtlichen) Schadensersatzanspruch, Abs. 2 eröffnet die Möglichkeit einer Verbandsklage. Für das öffentliche Recht stellt sich die Frage, inwieweit solche Verbraucherschutzvorschriften (auch) von der Regulierungsbehörde durchgesetzt werden können (zur Bedeutung der Generalklauseln unten Rn 595).

d) Die rechtliche Bedeutung von Regulierungszielen und -grundsätzen

507 Die Rechtsfiguren der Regulierungsziele und -grundsätze gießen das europäische Verständnis einer nur begrenzt durch final strukturierte Normen gesteuerten Eingriffsverwaltung in Gesetzesform und bereiten deswegen der deutschen Dogmatik nicht unerhebliche Schwierigkeiten. **Regulierungsziele** prägen maßgeblich die Auslegung der einzelnen Bestimmungen des TKG. Die Regulierungsgrundsätze des Abs. 3 konkretisieren diese Ziele und begrenzen dabei zugleich die behördlichen Gestaltungsspielräume. Dies hat **Konsequenzen für die Entscheidungspraxis und die Maßstäbe der gerichtlichen Kontrolle**[82]: Die BNetzA muss in der Begründung der konkreten Maßnahme deren Übereinstimmung mit den Regulierungszielen darlegen, ohne sich auf allgemeine Hinweise beschränken zu können. Indem allerdings häufig die möglicherweise widerstreitenden Regulierungsziele zum Ausgleich gebracht werden müssen[83], handelt es sich um eine Abwägungsentscheidung[84], die ähnlich wie im

---

80 Auch die BaFin hat diesen Aspekt seit den 1970er Jahren berücksichtigt, vgl *Fischer*, in: Boos/Fischer/Schulte-Mattler, KWG, Einf Rn 64 ff; s. dazu *Reifner*, VuR 2011, 410.

81 *Säcker*, in: Säcker, TKG, Einl I Rn 6 in Fn 19.

82 Dazu näher *Schenke/Ruthig*, in: Kopp/Schenke, VwGO, § 114 Rn 33.

83 So ausdrücklich auch das BVerwG, vgl grundlegend BVerwGE 130, 39 Rn 28; s. ferner BVerwG v. 11.12.2013 – 6 C 23.12 Rn 15.

84 So auch die Steuerungswirkung der „regulatory objectives" im britischen Finanzmarktaufsichtsrecht, vgl FSMA explainatory note 35: „the objectives do not in themselves impose specific statutory duties or functions on the Authority. Rather (...) to carry out its general functions insofar as possible in a way which is compatible with the objectives and which, taking into account any need to balance the objectives as a whole, it considers most appropriate to their fulfilment".

Bau- und Umweltrecht der gerichtlichen Kontrolle nur bedingt zugänglich ist. Allerdings beweist gerade diese Parallele den Ansatzpunkt für die gerichtliche Kontrolle. Insbes gilt auch der **Grundsatz der Konfliktbewältigung**. Im Ergebnis ist damit jede Regulierungsverfügung, die sich mit den einschlägigen Regulierungsgrundsätzen nicht auseinander setzt, schon deswegen rechtswidrig. Zugleich folgt aus einer möglichen Verletzung von Regulierungsgrundsätzen die **Klagebefugnis** des jeweils geschützten Personenkreises (s. unten zum sog. Regulierungsermessen und seiner gerichtlichen Kontrolle Rn 529).

II. Verwaltungs- und verwaltungsprozessuale Grundlagen

Fall 42: Da die Bankenkrise vor allem durch die laxe Kreditvergabepraxis US-amerikanischer Banken verursacht wurde, möchte die BaFin in Deutschland ähnliche Probleme von vornherein ausschließen. **508**

a) Sie veröffentlicht ein Rundschreiben mit sehr detaillierten Vorgaben zur ordnungsgemäßen Geschäftsorganisation iSv § 25a Abs. 1 KWG. In dem Rundschreiben heißt es weiter: „Die Anforderungen des Rundschreibens sind von allen Instituten im Sinne von § 1 Abs. 1b KWG beziehungsweise im Sinne von § 53 Abs. 1 KWG zu beachten". Ferner soll dem Rundschreiben bei Prüfungen „Rechnung getragen werden" (Rn 1.5). Das Rundschreiben wurde auf der Homepage der BaFin veröffentlicht und außerdem mit einem Anschreiben an sämtliche Kreditinstitute verschickt. Im Anschreiben heißt es: „Die neuen Anforderungen der MaRisk treten zum 1.10.2020 in Kraft". Die B-Bank ist der Auffassung, dass diese Anforderungen völlig überzogen seien und möchte von Ihnen wissen, ob sie hiergegen rechtliche Schritte unternehmen könne.
b) Die BaFin beauftragt die Bundesbank mit einer Betriebsprüfung bei der kleinen genossenschaftlichen G-Bank auf der Grundlage der MaRisk nach § 44 Abs. 1 S. 2 KWG. Sie soll sich auf die Ordnungsmäßigkeit der Geschäftsorganisation beziehen, insbes auf die Aufbau- und Ablauforganisation des Kreditgeschäfts. Für den Fall, dass Mängel der Organisation festgestellt werden sollten, sollte die Prüfung sich weiterhin darauf beziehen, ob die G bereits Maßnahmen zur Beseitigung dieser Mängel eingeleitet hat und ob diese Maßnahmen geeignet sind, die Mängel auszuräumen. Die G-Bank hält dies für Schikane, da es nach der Finanzkrise wohl Wichtigeres gebe, als eine kleine Bank zu beaufsichtigen.
c) Da die B-Bank das Rundschreiben als unverbindlich betrachtet, werden die entsprechenden Vorgaben nicht eingehalten. Die BaFin erlässt eine Anordnung nach § 25b Abs. 4 S. 1 KWG, in der der Bank aufgegeben wird, künftig die (näher bezeichneten) Vorgaben der MaRisk einzuhalten. Könnte die BaFin in dieser Anordnung auch über die Anforderungen der MaRisk hinausgehen?
d) Da die B-Bank die MaRisk offensichtlich ignoriert, wird der Geschäftsleiterin G der B-Bank ein als „Bescheid" tituliertes Schreiben übersandt, in dem ihr angedroht wird, man werde nach § 36 II 1 KWG ihre Abberufung als Geschäftsleiterin verlangen, wenn nicht umgehend die erforderlichen Maßnahmen zur Verbesserung der Risikokontrolle getroffen würden. G fragt Rechtsanwalt R, ob und wie sie gegen dieses Schreiben vorgehen solle.

Fall 43: Die Beschlusskammer 7 der BNetzA legte, gestützt auf § 29 EnWG, Rahmenbedingungen für Ausgleichsleistungen im Gassektor fest (GABi Gas). Danach waren die Marktgebietsverantwortlichen (bisher: Bilanzkreisnetzbetreiber) verpflichtet, in die Bilanz- **509**

kreisverträge bestimmte, in der Anlage 1 zur Festlegung aufgenommene Bedingungen aufzunehmen. Im Verlauf dieses Verfahrens, in dem die Bundesnetzagentur ihre Vorstellungen zu einem Grundmodell im Internet zur Stellungnahme veröffentlichte, äußerte sich auch das Unternehmen U, das selbst kein Bilanznetzbetreiber war. U möchte anschließend gegen die Festlegung gerichtlich vorgehen, insbes gegen das in der Festlegung beschriebene Modell einer zentralen Beschaffung der Regelenergie, die in den Gasmarkt eingreife und ihr die Grundlage ihres Geschäftsmodells entziehe, da die von ihr angebotenen Leistungen künftig ausschließlich den Marktgebietsverantwortlichen vorbehalten würden, was dazu führe, dass die von ihr getätigten Investitionen in Speicheranlagen im Nachhinein entwertet würden. Prüfen Sie die Zulässigkeit eines Rechtsmittels!

1. Gegenstände und Instrumente

a) Präventive Kontrolle von Marktzutritt, Marktverhalten und Organisation

510 Versteht man Regulierung als **dauerhaft angelegte staatliche Marktintervention** (s. schon Rn 24, 495), so lassen sich die Kontrolle des Marktzutritts und des Marktverhaltens unterscheiden. Die **Marktzugangskontrolle** erfolgt durch Anzeige- und Genehmigungsverfahren (zu einem Beispiel ▸ **Klausurenkurs Fall Nr 10**). Das Regulierungsrecht befasst sich aber auch mit dem Marktaustritt. So ist teilweise mit Genehmigungen eine Betriebspflicht verbunden (vgl § 11 EnWG)[85], die einen „unkontrollierten" Marktaustritt verhindert. Das Bankaufsichtsrecht sieht spezielle Regelungen vor, indem die Insolvenz systemrelevanter Banken nicht mehr den allgemeinen zivilrechtlichen Vorschriften, sondern vielmehr im Sanierungs- und Abwicklungsgesetz (SAG)[86] einem speziellen Abwicklungsregime mit entsprechenden Behördenbefugnissen (zum SRM bereits oben Rn 204) unterworfen wird[87]. Die **Preisregulierung als klassisches Herzstück einer Marktverhaltenskontrolle**[88] wird zunehmend ergänzt bzw verdrängt durch die Zugangsregulierung. Viele Vorschriften befassen sich mit der **Geschäftsorganisation**. Im KWG etwa erlauben es die §§ 25a ff KWG, die als Pflicht des Kreditinstituts ausgestalteten Anforderungen an eine ordnungsgemäße Geschäftsorganisation gegenüber einem einzelnen Unternehmen durchzusetzen. Genau wie im allgemeinen Gewerberecht lassen sich daran anknüpfend die behördlichen Instrumente entwickeln, die zugleich auch die Rechtsschutzkonstellationen prägen.

Diese Kontrolle ist wie im sonstigen öffentlichen Wirtschafsrecht grundsätzlich eine präventive. Die Eingriffsbefugnisse vor allem im Rahmen der Marktverhaltensaufsicht knüpfen typischerweise an (konkrete) Gefahren an (s. insbes zu den Generalklauseln unten Rn 595 ff). Dieser „polizeirechtliche" Ansatz wird bisweilen durch die Regelungstechnik verdeckt; so wird – nach dem Vorbild des Umweltrechts – vor allem bei KWG und EnWG mit Betreiber- bzw Ver-

85 Dazu *Ruthig*, in: Baur/Salje/Schmidt-Preuß, Regulierung in der Energiewirtschaft, Kap. 91 Rn 34.

86 Gesetz zur Sanierung und Abwicklung von Instituten und Finanzgruppen v. 10.12.2014, BGBl. I S. 2091. Dies geht zurück auf die RL 2014/59/EU v. 15.5.2014 zur Festlegung eines Rahmens für die Sanierung und Abwicklung von Kreditinstituten und Wertpapierfirmen, ABl. L 173 v. 12.6.2014, S. 190.

87 S. dazu den Überblick bei *Wojcik/Ceyssens*, EuZW 2014, 893.

88 Vgl *Pierce/Gellhorn*, Regulated Industries, S. 99 ff; zur Herausbildung der Entgeltregulierung im Telekommunikationsrecht s. ausf *Gramlich*, in: Heun (Hrsg.), Handbuch Telekommunikationsrecht, I Rz 1 ff.

haltenspflichten gearbeitet. Selbstverständlich ist der Gesetzgeber innerhalb der von der Verfassung gesetzten Grenzen auch zu Vorsorgemaßnahmen berechtigt, etwa zu Vorkehrungen für die Versorgungssicherheit im EnWG[89].

b) Informationsgenerierung

Die intensive Kontrolle auch des Marktverhaltens setzt voraus, dass die Behörde über **511** die entsprechenden Informationen verfügt[90]. Regulierungsrecht ist daher in besonderer Weise „Informationsverwaltungsrecht". Neben den bereits aus der GewO bekannten **Nachschau- und Betretungsrechten** (oben Rn 204)[91], gibt es umfassende **gesetzliche Anzeige-, Melde- und Berichtspflichten**[92]. Außerdem bestehen Ermächtigungsgrundlagen für behördliche Auskunftsverlangen, um eine weitergehende Sachverhaltsaufklärung zu ermöglichen. Grundsätzlich setzen diese einen „Anfangsverdacht" der Behörde voraus, wie er sich zB aus den Meldungen ergibt. Dies schließt allerdings – wie in **Fall 42b (Rn 508)**[93] nicht grundsätzlich aus, dass anlasslose Routineprüfungen auch bei kleineren Unternehmen durchgeführt werden; dies gilt auch für das allgemeine Auskunftsrecht nach § 127 TKG[94]. Aufgrund der ständig steigenden Komplexität der regulierungsrechtlichen Regelungsmaterien stellt sich zunehmend auch die Frage, inwiefern die zuständige Behörde auf Dritte (Verwaltungshelfer, Beliehene) oder andere Behörden im Verwaltungsverbund zurückgreifen kann. Bereits etabliert hat sich hingegen die Zusammenarbeit der BaFin mit der Bundesbank (§ 7 KWG) und die Beauftragung von Wirtschaftsprüfern zur Vornahme von Prüfungen nach § 44 ff KWG. Stärkere Aufmerksamkeit müssen künftig auch die Regelungen zum Datenaustausch mit anderen Behörden, insbes auch den Kartell- und Strafverfolgungsbehörden, finden.

2. Handlungsformen

Die regulierungsrechtlichen Handlungsformen sind überwiegend aus dem allgemei- **512** nen Gewerberecht vertraut. Auch hier spielt der **Verwaltungsakt** eine entscheidende Rolle. Zum einen in Form der Genehmigungsentscheidung, die auch weitere Möglichkeiten der Behörde zu einem Einschreiten – durch Auflagen, Rücknahme und Widerruf bzw das Einschreiten gegen nicht genehmigte Tätigkeiten – determiniert (s. bereits zum Gewerberecht Rn 211). Daneben gibt es Einzelfallanordnungen, die selbstverständlich einer Rechtsgrundlage bedürfen, die sich in Generalklauseln und Spezialermächtigungen finden. Auch **schlichtes Verwaltungshandeln** spielt eine erhebliche Rolle, auch wenn hier – etwa bei Warnungen – die gesetzlichen Regelungen tlw einen VA vorsehen. Typisch für das Regulierungsrecht ist der **Bedeutungszuwachs generell-abstrakter Handlungsformen**. Dies ist kein Zufall, sondern die Konse-

89 Näher dazu *Ruthig*, in: Baur/Salje/Schmidt-Preuß, Regulierung in der Energiewirtschaft, Kap. 91 Rn 14 ff zum Begriff der Sicherheitsvorsorge.
90 S. dazu ausf *Fehling*, in: ders./Ruffert, Regulierungsrecht, § 20 Rn 117 ff.
91 Vgl etwa § 115 Abs. 1 S. 3 TKG, § 69 EnWG, § 44 Abs. 1 S. 3 KWG.
92 S. den Überblick über Berichtspflichten der Institute und Informationsbeschaffungsbefugnisse der BaFin bei *Braun*, in: Boos/Fischer/Schulte-Mattler, § 44 Rn 1 ff.
93 VG Frankfurt, Urt. v. 29.10.2009 – 1 K 704/09.
94 *Meyer-Sebastian*, in: Beck'scher TKG-Kommentar, § 127 Rn 14.

quenz aus der veränderten Rechtsstellung „unabhängiger" Regulierungsbehörden, die ihrer Steuerung durch den Gesetzgeber Grenzen setzt. Einzelfallentscheidungen sind weniger gesetzlich determinierbar als nach unserem Verständnis, wie besonders deutlich die EuGH-Entscheidung zu den telekommunikationsrechtlichen „Regulierungsferien" (§ 9a TKG aF)[95] zeigte. Den entscheidenden Verstoß gegen das Unionsrecht sah der EuGH darin, dass die Abwägung zwischen den verschiedenen Regulierungszielen dem Gesetzgeber und nicht der Regulierungsbehörde übertragen worden war[96]. **Notwendiges Korrelat von Entscheidungsspielräumen** ist die Schaffung von **Transparenz und Vorhersehbarkeit**; hierbei spielt die „Normsetzung" durch untergesetzliche Rechtsvorschriften bzw Verwaltungsvorschriften und Rundschreiben eine besondere Rolle. § 15a TKG hat mit dem Regulierungskonzept eine weitere Form von Verwaltungsvorschriften gesetzlich geregelt (s. Rn 515). Die mit der Einräumung von „Normsetzungskompetenzen" einhergehende Unabhängigkeit führt gleichzeitig zu einer Selbstbindung. Dieses „rulemaking" dient allerdings nicht nur der behördlichen Entscheidungsstufung, sondern auch der Legitimation eines auf Wissens- und Maßstabsgenerierung angelegten Verfahrens durch Partizipation[97].

a) Verwaltungsakte

513 Das im jeweiligen Referenzgebiet eingesetzte Instrumentarium wird stark vom Gesetzgeber determiniert. Im Mittelpunkt steht weiterhin der Veraltungsakt. So ist das Beschlusskammerverfahren nach dem TKG von einem **Verwaltungsaktsgebot** geprägt. Auch im EnWG steht der VA im Mittelpunkt, so ergehen **Auskunftsverlangen** nach § 69 EnWG ausdrücklich als VA[98]. Der im EnWG verwendete Begriff der Entscheidung entspricht genauso wie die Verfügung des § 63 GWB dem Verwaltungsakt iSv § 35 VwVfG[99]. In anderen Fällen ist die Rechtsnatur einer Maßnahme nicht ohne weiteres klar, lässt sich aber nach allgemeinen Grundsätzen bestimmen (zu Beispielen Rn 514, 516).

514 **Fall 43 (Rn 509)[100]:** Dies gilt beispielsweise für die sog. **Festlegung nach § 29 EnWG**. Nach dieser Vorschrift trifft die Regulierungsbehörde Entscheidungen über die Bedingungen und Methoden für den Netzanschluss oder den Netzzugang durch Genehmigung gegen-

95 Mittels dieser hatte der Gesetzgeber einen Anreiz für den Ausbau des von der Deutschen Telekom AG (DTAG) geplanten Hochgeschwindigkeitsglasfasernetzes (VDSL) schaffen wollen. Der (infolge der Unionsrechtswidrigkeit sowieso nicht mehr anwendbare) § 9a TKG wurde im TKG 2012 wieder gestrichen.

96 EuGH v. 3.12.2009 – C-424/07 *„Kommission/Deutschland"*, NVwZ 2010, 370. Dazu *Körber*, MMR 2010, 123; *Ufer*, K&R 2010, 100.

97 Kennzeichnend ist in allen Referenzgebieten die Beteiligung der Öffentlichkeit im Verfahren des rulemaking, s. dazu *Neshkova*, Public Administration Review 2014, 64 ff; zu den Konsequenzen für den Rechtsschutz (Verfahrenskontrolle des rulemaking-Prozesses) *Seidenfeld*, Texas LR 90 (2011), 332; *Türk*, ELJ 2013, 126. Ausf zur EU-Ebene die auf Veranlassung von Parlament und Kommission erstellte Studie *Senden/Brink*, Checks and Balances of Soft EU-Rule-Making, 2012 sowie *Curtin/Hofmann/Mendes*, ELJ 2013, 1.

98 BGHZ 172, 368 = NVwZ-RR 2008, 315 m. zust. Anm. *Rottnauer*, EWiR 2008, 305; BGH, N&R 2008, 36 m. Anm. *Blohm*; dazu auch *Ruthig*, ZWeR 2010, 219.

99 BGH, NVwZ-RR 2008, 315, Rn 22; *Storr*, in: Loewenheim/Meessen/Riesenkampff, Kartellrecht Bd. 2 GWB, 2006, § 63 Rn 5.

100 BGH v. 5.10.2010 – EnVR 52/09, RdE 2011, 59; Vorinstanz OLG Düsseldorf v. 23.9.2009 – VI-3 Kart 25/08 (V), 3 Kart 25/08.

über einem einzelnen Unternehmen oder durch Festlegung gegenüber einem Netzbetreiber, einer Gruppe von oder allen Netzbetreibern. Diese beanspruchen Verbindlichkeit, können jedoch nicht als Rechtsnorm qualifiziert werden und sind daher Allgemeinverfügung[101]. Problematisch war hier die Reichweite der Regelungswirkung. Obwohl die Maßnahme einheitlich als Festlegung erging, differenzierte das OVG und lehnte die Regelungswirkung hinsichtlich der Anlage 2 ab, da die BNetzA schon in ihrer Begründung deutlich gemacht habe, dass dieses Modell keine Rechtsverbindlichkeit beanspruche. Lediglich faktisch werde dies dazu führen, dass mittelbar auch U betroffen sei. Der BGH sah dies in einer Gesamtschau der GaBi Gas anders. Jedenfalls aber sei für die Auslegung von Willensäußerungen der Verwaltung gemäß der im öffentlichen Recht entsprechend anwendbaren Auslegungsregel des § 133 BGB nicht der innere, sondern allein der erklärte Wille maßgebend, wie ihn der Empfänger bei objektiver Würdigung verstehen konnte[102]. In der Sache nahm der BGH also einen einheitlichen VA an und qualifizierte die Frage einer (mittelbar-faktischen?) Betroffenheit des U zutreffend als Frage der Klagebefugnis, nicht jedoch der Rechtsnatur (zum Rechtsschutz vgl Rn 528).

b) Administrative Normsetzung und Verwaltungsvorschriften

Befugnisse zum Erlass von Rechtsverordnungen durch die Regulierungsbehörde[103] finden sich mittlerweile in allen Referenzgebieten. Dies gilt nicht nur für das EnWG, sondern auch für das TKG (§§ 41a, 45n TKG) und zunehmend auch das KWG. Behördliches „rulemaking“ vollzieht sich allerdings nicht nur in Form der Verordnung, sondern auch von Verwaltungsvorschriften. Vor dem Hintergrund der Verwaltungsrechtsdogmatik ist dies problematisch: Verwaltungsvorschriften gehören dem Innenrecht an und sind deswegen im Außenverhältnis weder für den Bürger noch für die Gerichte verbindlich[104]. Sie sind, um mit dem BVerfG zu sprechen, „Gegenstand, nicht jedoch Maßstab gerichtlicher Kontrolle“[105]. Nehmen die Gerichte ihre Kontrolle eines Sachverhaltes unter Verweis auf Verwaltungsvorschriften zurück, verletzten sie damit, so das BVerfG, zugleich den Anspruch auf Gewährung effektiven Rechtsschutzes aus Art. 19 Abs. 4 GG. Für einen Rechtsschutz unmittelbar gegen Verwaltungsvorschriften ist umgekehrt eigentlich kein Raum[106]. Hat man Verwaltungsvorschriften für die herkömmliche Steuerung der Verwaltung zu Recht als „Notkompetenz“[107] bezeichnet, so wird sie gerade im von behördlichen Entscheidungsspielräu- 515

101 BGH, NVwZ 2009, 195; *Burgi*, DVBl 2006, 269, 274; aA zuvor vor allem *Britz*, in: dies./Hellermann, EnWG, § 29 Rn 10, 12 f; *dies.*, RdE 2006, 1, 4 f.

102 BGH v. 5.10.2010 – EnVR 52/09 Rn 12 unter Verweis auf BVerwGE 41, 305, 306; 60, 223, 228 f.

103 Das KWG ermächtigt in den meisten Fällen Bundesregierung oder Bundesfinanzministerium, allerdings ermöglicht eine Verordnung auf der Grundlage des Art. 80 Abs.1 S. 4 eine Subdelegation auf die BaFin, von der in weitem Umfang Gebrauch gemacht wurde, s. die Verordnung zur Übertragung von Befugnissen zum Erlass von Rechtsverordnungen auf die Bundesanstalt für Finanzdienstleistungsaufsicht v. 13.12.2002, BGBl. I S. 3 (BAFinBefuGV) idF des G v. 7.8.2013 (BGBl. I S. 3154).

104 Besonders deutlich wird dies in der (älteren) Literatur betont, vgl *Ossenbühl*, Verwaltungsvorschriften und Grundgesetz, 1968, S. 108, 118 mwN.

105 BVerfGE 78, 214, 227; NVwZ 2011, 1062 Rn 69.

106 Nach der bundesverwaltungsgerichtlichen Rechtsprechung sind allein verwaltungsintern bindende und steuernde Verwaltungsvorschriften keine Rechtsvorschriften iSv § 47 Abs. 1 Nr 2 VwGO. Ihnen fehle die für eine Rechtsvorschrift charakteristische Außenwirkung, BVerwGE 75, 109; 94, 335; vgl näher *Schenke*, in: Kopp/Schenke, VwGO, § 47 Rn 29; *Hufen*, Verwaltungsprozessrecht, § 19 Rn 22.

107 *Isensee*, Die typisierende Verwaltung, 1976, 171.

men geprägten Regulierungsrecht zum unverzichtbaren Standardinstrument. Es stellt sich in besonderer Weise die Frage, ob solche Spielräume Raum für eine über den Einzelfall hinausgehende Konkretisierung lassen oder vielleicht sogar umgekehrt eine solche gebieten. Traditionell bezeichnet man die zentralen Beispielsfälle als normkonkretisierend[108]. In der Literatur werden sie daher tlw neben Rechtsverordnungen und Satzungen zu den „normativen Handlungsformen" gezählt[109]. Die normkonkretisierende Verwaltungsvorschrift ist also „kein Bastard in der seriösen Familie der Rechtsquellen, sondern legitimes Kind der dogmatischen Figur des Beurteilungsspielraums"[110]. Zugleich stellt sich die Frage nach dem Rechtsschutz, der nicht vorschnell mit der Frage einer Bindungswirkung gleichgesetzt werden darf[111]. Die plastische Formulierung des BVerfG, Verwaltungsvorschriften seien „Gegenstand, nicht jedoch Maßstab gerichtlicher Kontrolle"[112], bedarf daher der Konkretisierung und zugleich im richtliniengeprägten Regulierungsrecht der Anpassung an die unionalen Maßstäbe des effektiven Rechtsschutzes.

Eine ausdrückliche Regelung findet sich mit den **Regulierungskonzepten in § 15a TKG.** Nach § 2 Abs. 3 Nr 1 TKG (Art. 8 Abs. 5 lit. a der Rahmen-RL) hat die Regulierungsbehörde die Vorhersehbarkeit ihrer Regulierung durch einheitliche, über einen längeren Zeitraum beizubehaltende Regulierungskonzepte zu fördern[113]. § 15a Abs. 1 und 2 TKG ermächtigen zum Erlass entsprechender Verwaltungsvorschriften[114]. Deren besondere Bedeutung kommt nicht zuletzt darin zum Ausdruck, dass die Durchführung des Konsultations- und Konsolidierungsverfahrens nach § 12 vorgesehen ist[115]. Sie werden regelmäßig als normkonkretisierend zu interpretieren sein, da § 15a TKG insbes auf die Bereiche verweist, in denen der BNetzA ein Beurteilungsspielraum bzw Regulierungsermessen zusteht, vor allem dort wo sie wie in § 15a Abs. 2 TKG Grundsatzentscheidungen zum Gegenstand haben[116]. Auch im Bereich des Energierechts könnte man § 29 EnWG als Rechtsgrundlage für (normkonkretisierende) Verwaltungsvorschriften ansehen (s. unten Rn 572). Von besonderer Bedeutung sind Verwaltungsvorschriften in der Finanzmarktaufsicht. § 103 Abs. 2 VAG ermächtigt die BaFin zur Veröffentlichung ihrer „Rechts- und Verwaltungsgrundsätze" auf dem Gebiet des Versicherungsaufsichtsrechts, setzt diese also voraus, ohne weitere Vorgaben zu regeln. Für den Bereich der Bankaufsicht fehlt zwar eine vergleichbare allgemeine „Ermächtigungsnorm", dennoch sind sie gerade dort traditionell die zentrale „Handlungsform". Die BaFin wendet sich in **Rundschreiben, Mitteilungen, Verlautbarungen** uä, die zutreffenderweise als Verwaltungsvorschriften quali-

108 Damit ist der behördliche Beurteilungsspielraum nicht nur die Grundlage normkonkretisierender Verwaltungsvorschriften, vgl *Peine*, Allg. Verwaltungsrecht, Rn 56; *Bull/Mehde*, Allgemeines Verwaltungsrecht mit Verwaltungslehre, Rn 239.

109 *Möstl*, in: Erichsen/Ehlers, Allgemeines Verwaltungsrecht, 13. Aufl., 2005 § 18 Rn 1, 4.

110 *Di Fabio*, Risikoentscheidungen im Rechtsstaat, S. 464.

111 Dazu, dass es sich durchgesetzt hat, auch bei subjektivrechtlicher Relevanz des „internen" Verwaltungshandelns Rechtsschutz zu gewähren, vgl *Hufen*, Fehler im Verwaltungsverfahren, Rn 489, 491.

112 BVerfGE 78, 214, 227; NVwZ 2011, 1062 Rn 69.

113 Ausf zu möglichen Gegenständen *Kühling*, JZ 2012, 341, 342. Diese sollen nach § 15a Abs. 1 die grundsätzlichen Strategien, Methoden und Maßnahmen für die Marktdefinition und Marktanalyse nach § 10 f TKG sowie die Regulierungsverfügungen für einen bestimmten Zeitraum beschreiben. Nach § 15a Abs. 2 TKG soll sich die BNetzA auch im Zusammenhang in Bezug auf „neue und verbesserte Infrastrukturen" der Regulierungskonzepte bedienen.

114 Zur Rechtsnatur der Regulierungskonzepte *Ruthig*, in: Arndt/Fetzer/Scherer, TKG, § 2 Rn 20. Allerdings ist nach der Begründung des Gesetzentwurfes die Wahl dieser Handlungsform nicht verbindlich, vgl BT-Drucks. 17/5707 S. 43, 57.

115 Vgl *Kühling*, JZ 2012, 341, 347.

116 *Ruthig*, in: Arndt/Fetzer/Scherer, § 2 TKG, Rn 20; *Kühling*, JZ 2012, 341, 346.

fiziert werden[117], an die zu beaufsichtigenden Institute (selten auch an ein einzelnes Institut) und teilen diesen mit, wie nach Ansicht der BaFin die gesetzlichen Anforderungen – insbes die unbestimmten Rechtsbegriffe – zu konkretisieren sind. Allerdings wurde für einige der umstrittenen Konstellationen im Zusammenhang mit der Geschäftsorganisation ausdrücklich der Erlass von Verordnungen vorgesehen und damit auch auf die Bedenken zum Einsatz „normkonkretisierender" Verwaltungsvorschriften reagiert[118].

In jedem Fall ist aber die Rechtsnatur der Maßnahme im Einzelfall zu klären. In **Fall 42a (Rn 508)** könnte der Wortlaut des Rundschreibens „Die Anforderungen des Rundschreibens *sind* von allen Instituten *zu beachten*" für eine Regelungswirkung sprechen. Außerdem ist dem Inhalt bei Prüfungen Rechnung zu tragen, so dass das Rundschreiben auch im Verhältnis zu Dritten (Wirtschaftsprüfern) Geltung beansprucht. Gleichwohl handelt es sich wohl nicht um eine Allgemeinverfügung; wenn dies beabsichtigt ist, versieht die BaFin die Schreiben mit Rechtsbehelfsbelehrung und stellt sie zu[119]. Zugleich tritt das Rundschreiben „in Kraft", was wiederum an eine Rechtsverordnung erinnert. Es fehlt für eine solche aber sowohl an einer Ermächtigungsgrundlage wie an den formellen Voraussetzungen ihres Erlasses. Im Ergebnis handelt es sich daher im Regelfall um Verwaltungsvorschriften. Sie übernehmen verschiedene Funktionen. Teilweise sind sie lediglich norminterpretierend, wenn sie zB die Bankgeschäfte des § 1 KWG konkretisieren[120]. Im vorliegenden Fall geht ihre Funktion freilich über eine reine Norminterpretation hinaus. Auch wenn die gesetzliche Regelung bei der letzten Novelle umfangreicher geworden ist, lässt sich dem Gesetz gerade nicht entnehmen, was als „ordnungsgemäße Geschäftsorganisation" iSv § 25a Abs. 1 KWG zu betrachten ist[121]. Dieser Begriff braucht genauso wie der des Risikomanagements eine – über eine Norminterpretation hinausgehende Konkretisierung. In der Konsequenz des oben zu normkonkretisierenden Verwaltungsvorschriften Gesagten, muss man die MaRisk daher als „normkonkretisierend" erachten. Gleichwohl haben **Rechtsprechung und hM bislang bei Rundschreiben eine Bindungswirkung generell abgelehnt**[122]. Es stehe den Instituten frei, sich der Rechtsauffassung der BaFin anzuschließen oder nicht, auch wenn sie in der Praxis den Verlautbarungen im Allgemeinen folgen, um ein aufsichtsrechtliches Einschrei- 516

117 Dazu näher *Ruthig*, in: Schenke/Seok, Probleme der Rechtssetzung in Korea und Deutschland, 2019, S. 66, 70, 75; s. auch *Gurlit*, ZHR 2014, 862, 892 ff; *Sedlak*, Bankenaufsicht über Geschäftsorganisation, 2014, S. 170 ff (Diss. Mainz 2013). Zu abweichenden Ansätzen vgl *Möllers*, NZG 2010, 285, 289; *ders.*, FS Buchner (2009), 649, 654: sekundäre Rechtsquellen; *Fekonja*, BaFin-Verlautbarungen, 2014, S. 91 ff: Rechtsform sui generis mit „präsumptiver Verbindlichkeit". Vgl außerdem für eine „atypische faktische Bindungswirkung" *Langen*, in: Schwennicke/Auerbach, KWG, § 25a Rn 8; *Reischauer/Kleinhans*, Anhang 1 zu § 25a AT 1 Tz. 1 Rn 2; *Michael*, VersR 2010, 141; *Bürkle*, VersR 2009, 866, 868; *Tormyn*, Die Rundschreibenpraxis des Bundesaufsichtsamtes für das Versicherungswesen, 5.

118 Dies gilt insbes für die Mindestanforderungen an das Risikomanagement (MaRisk), für die nunmehr in § 25a Abs. 4 KWG eine Verordnungsermächtigung vorgesehen ist, vgl dazu *Braun*, in: Boos/Fischer/Schulte-Mattler, KWG/CRR-VO, 5. Aufl. 2016, KWG § 25a Rn 87. Ausf zu den mit ihrer Rechtsnatur als Verwaltungsvorschrift verbundenen Rechtsfragen und zur Forderung nach Ersetzen durch eine Verordnung *Sedlak*, Bankenaufsicht über Geschäftsorganisation, S. 183 ff.

119 Vgl *Sedlak*, Bankenaufsicht über Geschäftsorganisation, 2014, S. 162; *Michael*, VersR 2010, 141, 142 für die Versicherungsaufsicht.

120 Dies gilt beispielsweise für das BaFin-Merkblatt – Hinweise zum Tatbestand des Einlagengeschäfts (Stand: August 2011), das § 1 Abs. 1 S. 2 Nr 1 KWG interpretiert. Dazu BGH, BKR 2013, 256; NZG 2013, 814.

121 Dazu auch mwN *Sedlak*, Bankenaufsicht über Geschäftsorganisation, 2014, S. 151.

122 BGH, NZG 2008, 300, 308; VGH Kassel, WM 2007, 392, 393 f; *Gurlit*, ZHR 2014, 862, 894 ff; ausführlich zur Rechtsnatur der MaRisk (BA) *Sedlak*, Bankenaufsicht über Geschäftsorganisation, 2013, S. 158 ff, 180–182.

ten zu vermeiden[123]. Insoweit entfalten die Rundschreiben zumindest „mittelbare Regelungs- bzw Bindungswirkung“[124]. Im Ergebnis ist daher zwischen der Bindungswirkung und der Frage der Zulässigkeit des Rechtsschutzes zu trennen. Da ihr das Abwarten von aufsichtsrechtlichen Maßnahmen nicht zugemutet werden kann, kann die B-Bank unmittelbar gegen das Rundschreiben vorgehen[125]. In Betracht kommen die allgemeine Leistungs-[126] und Feststellungsklage wenn man sie als Verwaltungsvorschriften, Realhandeln oder Rechtsverordnung zu qualifizieren hat[127]. Die Unzumutbarkeit des Abwartens ist dann eine Frage des Feststellungsinteresses. Im konkreten Fall ist eine Feststellungsklage, sofern sie sich auf ein konkretes Rechtsverhältnis bezieht, zulässig[128]. Darüber hinaus ist vorbeugender Rechtsschutz zur Abwehr bevorstehender Aufsichtsmaßnahmen denkbar[129].

517 Davon zu unterscheiden ist die Frage, ob sich die Behörde überhaupt der Handlungsform **Verwaltungsvorschrift** bedienen durfte. Dabei muss der rechtliche Rahmen berücksichtigt werden, der nunmehr teilweise den Erlass einer Rechtsverordnung vorsieht. Soweit eine Verwaltungsvorschrift zulässig ist, stellt sich die Frage ihrer Bindungswirkung. Die vom BVerwG aufgestellten Voraussetzungen für die **Bindungswirkung normkonkretisierender Verwaltungsvorschriften** sind streng[130]. Die Qualifikation als normkonkretisierend scheitert aber gerade nicht an diesen[131], sondern viel grundsätzlicher daran, dass Beurteilungsspielräume der BaFin nach herkömmlicher Deutung generell abgelehnt werden[132]. Allerdings werden auch hier die nationalen von den unionsrechtlichen Maßstäben verdrängt. Auch die MaRisk geht ausdrücklich davon aus, dass europarechtliche Vorgaben in der Verwaltungsvorschrift „umgesetzt“ werden (A.T. 1.2 und 1.3). Wenn man die Verbindlichkeit verneint, kann es sich nicht um eine ordnungsgemäße „Umsetzung“ von Unionsrecht

---

123 *Fülbier*, in: Boos/Fischer/Schulte-Mattler, KWG, § 6 Rn 15; *Fett*, WM 1999, 613, 615.

124 Vgl *Bruchner/Fischbeck*, in: Schimansky/Bunte/Lwowski, Bankrechts-Handbuch, § 42 Rn 47; *Achsnich/Teichmann*, in: Herzog/Mülhausen, Geldwäschebekämpfung und Gewinnabschöpfung, 2006, § 29 Rn 51; ein ähnliches Phänomen taucht beim sog. „Gefährderanschreiben“ auf, dazu OVG Lüneburg, NJW 2006, 391.

125 Dies gilt nicht zuletzt überall dort, wo Rundschreiben als Auslegungshilfe für § 266 StGB herangezogen wurden, vgl *Schmitt*, BKR 2006, 125, 128; zum Ganzen *Fett*, WM 1999, 613, 617 f; vgl auch VG Berlin, WM 1987, 370, 372. AA *Fülbier*, in: Boos/Fischer/Schulte-Mattler, KWG, § 6 Rn 24.

126 *Fett*, WM 1999, 613, 618; *Pitschas*, WM 2000, 1121, 1129.

127 § 47 VwGO scheidet aus, da es sich jedenfalls nicht um eine Rechtsverordnung eines Landes handelt. Zum Rechtsschutz gegen Rechtsverordnungen des Bundes s. BVerfGE 115, 81, 95 ff; BVerwGE 111, 276, 278 f; BVerwG, NVwZ 2002, 1505; *Schenke*, in: Kopp/Schenke, VwGO, § 43 Rn 8 ff.

128 Kein konkretes Rechtsverhältnis in diesem Sinne, sondern die Klärung einer abstrakten Rechtsfrage wäre die Feststellung, dass das Rundschreiben rechtswidrig und damit nicht anwendbar ist. Vielmehr besteht das Rechtsverhältnis darin, dass die B aufgrund des Rundschreibens (faktisch) verpflichtet ist, bestimmte dort vorgesehene Anforderungen an das Risikomanagement umzusetzen. Der Feststellungsantrag ist daher darauf zu richten, dass sie hierzu nicht verpflichtet ist. Dabei wird die Rechtmäßigkeit des Rundschreibens inzident überprüft, vgl *Schenke*, in: Kopp/Schenke, VwGO § 43, Rn 8 ff.

129 *Fett*, WM 1999, 613, 619; *Pitschas*, WM 2000, 1121, 1130.

130 BVerwGE 107, 338, 342;110, 338, 344 f. Die Materie muss ein hohes Maß an technisch-wissenschaftlichem Sachverstand voraussetzen, Zuständigkeit und das Verfahren des Erlasses von Verwaltungsvorschriften in einer Art und Weise geregelt sein, die für eine besondere Richtigkeitsgewähr sorgen und daher die Rücknahme der gerichtlichen Kontrolldichte rechtfertigen, es bedarf einer Veröffentlichung und vor allem einer gesetzlichen Ermächtigungsgrundlage, BVerwGE 110, 216, 219.

131 Ausführlich dazu *Sedlak*, Bankenaufsicht über Geschäftsorganisation, 2014, S. 170 ff, der lediglich die erforderliche gesetzliche Rechtsgrundlage vermisst, die § 25a KWG in der Tat nicht enthält.

132 Vgl *Sedlak*, Bankenaufsicht über Geschäftsorganisation, 2014, S. 179 ff; *Gurlit*, ZHR 2014, 862, 894 ff.

handeln; dann müsste sie zwingend in eine Rechtsverordnung überführt werden[133]. Soweit allerdings die Rundschreiben Guidelines von EBA und EZB umsetzen, die ebenfalls rechtlich unverbindlich sind, wird man eher davon ausgehen müssen, dass die unionalen Maßstäbe für die Normkonkretisierung in rechtlich unverbindlichen Handlungsformen auf nationale Verwaltungsvorschriften „durchschlagen".

In diesem Zusammenhang stellt sich auch die Frage, inwieweit die BaFin selbst an ihre Rundschreiben gebunden ist und insbes, ob sie über die in den MaRisk niedergelegten „Mindestanforderungen" hinausgehende Einzelfallmaßnahmen zur Durchsetzung der gesetzlichen Pflichten erlassen kann **(Fall 42c, Rn 508)**[134]. Grds ist es zum einen gerade Sinn der Rundschreiben der BaFin, den Instituten die aufsichtliche Herangehensweise mitzuteilen und so Vorhersehbarkeit und Vertrauensschutz zu generieren[135]. Jedoch befinden sich die Institute bei Beachtung der Vorschriften der MaRisk nicht nur faktisch „auf der sicheren Seite" (sog. *safe harbour*-Prinzip). Die MaRisk führen jedenfalls nach Ansicht von Teilen des Schrifttums zu einer Selbstbindung der BaFin dergestalt, dass sie ihr Entschließungsermessen zum Einschreiten dann nicht ausübt, wenn die Vorschriften der MaRisk befolgt werden[136]. Da sie sich allerdings bei Vorliegen sachlicher Gründe und entsprechender Revision davon wieder lösen kann und die MaRisk selbst schon dynamisch ausgestaltet ist, ist der Gleichheitsanspruch bzw Vertrauensschutz im Ergebnis jedenfalls erheblich eingeschränkt. 518

Im **Fall 42d (Rn 508)** zeigen sich die praktischen Konsequenzen des Nichtbefolgens von Rundschreiben: Es werden weitere Maßnahmen angedroht. Diesem Schreiben kommt aus zwei Gründen Regelungswirkung zu, weshalb sie in der Rechtsprechung und Teilen der Literatur als **Verwaltungsakt** behandelt wird[137]: Zum einen enthält sie das – zumindest indirekte – Gebot zu einem bestimmten Verhalten bzw zur Unterlassung eines bestimmten Verhaltens. Dieses besteht darin, die Anforderungen des § 25a KWG und der MaRisk umzusetzen. Zum anderen kommt ihr belastende Rechtswirkung in Form der Erfüllung einer Voraussetzung für ein Abberufungsverlangen nach § 36 Abs. 2 KWG zu. Daher ist mit Widerspruch und Anfechtungsklage gegen die Androhung der Abberufung vorzugehen. Der entscheidende Grund für die damit verbundene Vorverlagerung des Rechtsschutzes liegt darin, dass es weder dem Institut noch den Geschäftsführern zuzumuten ist, die Abberufungsentscheidung abzuwarten (vgl zur parallelen Problematik bei der Androhung der Löschung in der Handwerksrolle oben Rn 484 ff). 519

3. Rechtsschutz

a) Öffentlichrechtliche Streitigkeiten

Rechtsschutzfragen strukturieren, wie auch sonst im öffentlichen Wirtschaftsrecht, auch im Regulierungsrecht die Fallbearbeitung. Grds ist für die daraus resultierenden Streitigkeiten – sofern es keine Sonderzuweisungen gibt – nach § 40 VwGO der **Ver-** 520

133 So unter Verweis auf die umweltrechtlichen Parallelfälle *Sedlak*, Bankenaufsicht über Geschäftsorganisation, 2014, S. 183.
134 Dazu ausf *Fekonja*, BaFin-Verlautbarungen, S. 170 ff.
135 S. nur *Hannemann/Schneider/Hanenberg*, MaRisk, S. 17 f.
136 Vgl *Fekonja*, BaFin-Verlautbarungen, S. 178; *Sedlak*, Bankenaufsicht über Geschäftsorganisation, 2014, S. 166 f.
137 VGH Kassel, WM 2007, 392; VG Frankfurt am Main, NJW 2004, 1059; *Fischer*, in: Boos/Fischer/Schulte-Mattler, KWG, § 36 Rn 57; aA VG Berlin, WM 1992, 1059, 1061 ff; *Szagunn/Haug/Ergenzinger*, KWG, § 36 Rn 19; *Beck/Samm*, KWG, § 36 Rn 59.

waltungsrechtsweg gegeben. Dies ist im Telekommunikationsrecht, bei der Genehmigung nach § 4 EnWG und überwiegend bei Streitigkeiten um bankaufsichtsrechtliche Maßnahmen der BaFin der Fall.

Besonderheiten sind insbes beim Widerspruchsverfahren zu beachten. So ist zB im **Telekommunikationsrecht** nach § 137 Abs. 2 TKG ein Widerspruchsverfahren gegen Beschlusskammerentscheidungen ausgeschlossen. Widerspruch und Klage gegen Entscheidungen der Bundesnetzagentur haben keine aufschiebende Wirkung, § 137 Abs. 1 TKG. Soweit ein Widerspruch vorgeschrieben ist, ist Widerspruchsbehörde gem. § 73 Abs. 1 S. 1 Nr 2 VwGO die BNetzA selbst. Auch im **Bankaufsichtsrecht** schließt § 49 KWG die aufschiebende Wirkung von Widerspruch und Klage aus. Widerspruchsbehörde ist dort, wiederum wegen § 73 Abs. 1 S. 1 Nr 2 VwGO, die BaFin.

521 **Abdrängende Sonderzuweisungen** finden sich außer in § 48 Abs. 4 WpÜG[138] insbes für das **Energierecht in § 75 EnWG**. Dogmatisch sind solche Sonderzuweisungen, wie sie politisch auch für das Telekommunikationsrecht gefordert wurden[139], wenig überzeugend[140]. Sie ändern im Übrigen nichts daran, dass die Rechtsstreitigkeiten schon aufgrund der Anforderungen der Richtlinien an effektiven Rechtsschutz[141] verwaltungsprozessualen Grundsätzen zu folgen haben. Dies gilt insbes auch für den Drittschutz. Auch für diese Verfahren gilt der verwaltungsprozessuale Untersuchungsgrundsatz, vgl zB § 82 Abs. 1 EnWG.

b) Die Sonderzuweisung im Energierecht: Die Beschwerde nach § 75 EnWG

522 Gegen „Entscheidungen der Regulierungsbehörde" ist nach **§ 75 EnWG** die **Beschwerde** zulässig. Die §§ 75 ff EnWG enthalten also ein Sonderprozessrecht, das eine an sich verwaltungsrechtliche Materie den Zivilgerichten zuweist. Die Beschwerde ist zwar § 63 GWB nachgebildet, beide folgen aber im Wesentlichen dem Prüfungsaufbau einer verwaltungsgerichtlichen Klage[142] (zu einem Beispiel ▶ **Klausurenkurs Fall Nr 12**).

Die Beschwerde ist gegen die Regulierungsbehörde zu richten[143]. Ausschließlich **zuständig** ist gemäß § 75 Abs. 4 EnWG das für den Sitz der Regulierungsbehörde zuständige Oberlandesgericht; in den Fällen des § 51 Abs. 1 EnWG das für den Sitz der Bundesnetzagentur zuständige OLG Düsseldorf[144]. Die **Form- und Fristerfordernisse** ergeben sich aus § 78 EnWG; bei un-

---

138 Dabei ist nach dem WpÜG dem Beschwerdeverfahren ein Widerspruchsverfahren vorangeschaltet, § 41 WpÜG.

139 S. Entschließung des BR v. 14.5.2004, BR-Drucks. 379/1/04; Entschließung des BT v. 27.5.2004, BT- Drucks. 15/3218.

140 Für rechtspolitisch verfehlt hält diese Kritik das verwaltungsrechtliche Schrifttum, s. *Gurlit*, in: Berliner Kommentar zum TKG, § 137 Rn 8 mwN; *Ruthig*, in: Arndt/Scherer/Fetzer, TKG, § 2 Rn 15 ff; *Holznagel*, MMR 2003, 513; *Knauff*, VerwArch. 2007, 382, 395 ff; *Röhl*, JZ 2006, 831, 836. Zuletzt war die Sonderzuweisung im Hinblick auf das Akteneinsichtsrecht Thema, vgl BGH, Beschl. v. 27.11.2013 – III ZB 59/13.

141 Vgl dazu und zum Verhältnis zu Art. 19 Abs. 4 GG *Ruthig*, in: Baur/Salje/Schmidt-Preuß, Regulierung in der Energiewirtschaft, Kap. 58 Rn 45 ff.

142 S. auch *Gussone*, in: Danner/Theobald, Energierecht, § 75 EnWG Rn 4: „dem Grunde nach um eine Klage in einem verwaltungsrechtlichen Verfahren".

143 *Salje*, EnWG, § 75 Rn 6.

144 Werden die Aufgaben der Regulierungsbehörde nach § 54 Abs. 2 EnWG von der Landesregulierungsbehörde wahrgenommen, ist für die örtliche Zuständigkeit des Beschwerdegerichts nach § 75 Abs. 4 EnWG deren Sitz maßgeblich, auch wenn sich das betreffende Land für die Wahrnehmung der in seine Zuständigkeit fallenden Regulierungsaufgaben im Wege der Organleihe der Bundesnetz-

terlassener oder fehlerhafter Rechtsmittelbelehrung (vgl zum Erfordernis einer solchen § 73 EnWG) gilt § 78 Abs. 1 S. 1 VwGO analog[145]. Die Beschwerde hat im Regelfall **keine aufschiebende Wirkung**, s. dazu § 76 Abs. 1 S. 1 EnWG. Allerdings gibt es auch hier **vorläufigen Rechtsschutz**. Nach § 77 Abs. 3 S. 4 iVm S. 1 Nr 2 EnWG ist die aufschiebende Wirkung der Beschwerde insbes dann anzuordnen, wenn an der Rechtmäßigkeit der angefochtenen Verfügung ernstliche Zweifel bestehen. Von der Beschwerde nach § 75 EnWG zu unterscheiden sind die – den Landgerichten zugewiesenen – zivilrechtlichen Streitigkeiten nach § 102 EnWG[146].

aa) Statthaftigkeit. Die Rechtsschutzkonstellationen entsprechen der VwGO. 523
„Entscheidungen" im Sinne dieser Vorschrift sind Verwaltungsakte iSv § 35 VwVfG. Die Beschwerde ist nach **§ 75 Abs. 1 EnWG** daher als **Anfechtungsbeschwerde** gegen Entscheidungen der Regulierungsbehörde möglich. Gemäß § 75 Abs. 3 EnWG ist eine **Verpflichtungsbeschwerde** gegen die Unterlassung einer beantragten Entscheidung zulässig, wenn der Antragssteller einen Rechtsanspruch geltend macht[147]. Zulässig ist darüber hinaus eine **Fortsetzungsfeststellungsbeschwerde**. Auch wenn § 75 EnWG diese nicht regelt, ist sie nach § 83 Abs. 2 S. 2 EnWG vorgesehen[148]. Grundsätzlich wird wie bei der verwaltungsprozessualen Fortsetzungsfeststellungsklage vorausgesetzt, dass ohne das erledigende Ereignis eine Anfechtungs- oder Verpflichtungsbeschwerde zulässig gewesen wäre. Eine Erledigung liegt nicht vor, solange der mit der Verfügung erstrebte Erfolg noch nicht endgültig eingetreten ist. Die Regelungswirkung kann auch dann fortdauern, wenn durch das freiwillige Befolgen des Verwaltungsaktes keine irreversiblen Verhältnisse geschaffen werden, weil die Behörde andernfalls nicht in der Lage wäre, Folgenbeseitigungsansprüche abzuwehren[149]. Auch eine **Drittanfechtungsbeschwerde** muss grundsätzlich zulässig sein[150] und wirft nur die Frage der Beschwerdebefugnis auf.

Die Verpflichtungsbeschwerde ist nach § 75 Abs. 3 S. 1 EnWG gegen Ablehnungsbescheide zulässig, aber auch als Untätigkeitsbeschwerde gemäß § 75 Abs. 3 S. 2 EnWG, wenn die Regulierungsbehörde den Antrag auf Erlass einer Entscheidung ohne zureichenden Grund in angemessener Frist nicht beschieden hat. Nicht mit der Beschwerde angegriffen werden können verfahrensleitende Maßnahmen wie bloße Auskünfte, Anhörungen oder Abmahnungen. Rechtsschutz wird entsprechend § 44a VwGO grundsätzlich nur mit den die Sachentscheidung betreffenden Rechtsmitteln gewährt[151]. Ausnahmen gelten auch hier für Beweiserhebungen nach § 68 Abs. 2 EnWG, Beschlagnahmeanordnungen nach § 70 EnWG und insbes auch für Auskunftsverlangen und Überprüfungsanordnungen nach § 69 EnWG[152].

---

agentur bedient, s. BGHZ 176, 256, 258 ff; *Franke*, in: Baur/Salje/Schmidt-Preuß, Regulierung in der Energiewirtschaft, Kap. 36 Rn 10.

145 *Gussone*, in: Danner/Theobald, Energierecht, § 75 EnWG Rn 7.

146 Dazu *Hilzinger*, in: Baur/Salje/Schmidt-Preuß, Regulierung in der Energiewirtschaft, Kap. 53 Rn 4 ff.

147 BGH, NVwZ-RR 2008, 315; zur entsprechenden Differenzierung im GWB vgl *Storr*, in: Loewenheim/Meessen/Riesenkampff, Kartellrecht Bd. 2 GWB, 2006, § 63 Rn 10 ff; *Schmidt*, in: Immenga/Mestmäcker, GWB, § 63 Rn 8.

148 *Hanebeck*, in: Britz/Hellermann/Hermes, EnWG, § 75 Rn 11.

149 BGH, NVwZ-RR 2008, 315.

150 S. dazu *Bien*, ZNER 2007, 295 in Auseinandersetzung mit deren Zulassung in der Fusionskontrolle durch BGHZ 169, 370.

151 *Storr*, in: Loewenheim/Meessen/Riesenkampff, Kartellrecht Bd. 2 GWB, 2006, § 63 Rn 6.

152 BGH, NVwZ-RR 2008, 315; zu den Parallelen zu § 44a VwGO *Ruthig*, ZWeR 2010, 219, 225.

524 Trotz des Wortlauts von § 75 beschränkt sich der Rechtsschutz aber nicht auf Entscheidungen bzw Verwaltungsakte. Auch wenn das EnWG eine **allgemeine Leistungsbeschwerde** nicht ausdrücklich nennt, ist sie doch – ebenso wie im Kartellverwaltungsverfahren[153] – immer dann statthaft, wenn nur durch sie ein lückenloser Rechtsschutz gewährleistet werden könnte[154]. Dadurch wird eine einheitliche Zuweisung der Rechtsstreitigkeiten zu einer Gerichtsbarkeit erreicht. Wie beim Rechtsschutz nach dem GWB erfasst die abdrängende Sonderzuweisung des § 75 EnWG den Rechtsschutz insgesamt; für verwaltungsgerichtliche „Restkompetenzen" ist kein Raum[155].

525 Würde man in **Fall 43 (Rn 509)** also mit dem OLG Düsseldorf die Entscheidungsqualität verneinen, wäre eine solche allg. Leistungsbeschwerde, insbes auch eine vorbeugende Unterlassungsbeschwerde zu prüfen[156]. Würde man den Rechtsschutz nach § 75 EnWG demgegenüber auf Verwaltungsakte beschränken und eine Leistungsbeschwerde für unzulässig halten, wäre in solchen Fällen der Verwaltungsrechtsweg eröffnet[157]. Nicht von der Rechtswegzuweisung erfasst sind allerdings allg. Informationsansprüche. Sofern zB gegen die BNetzA der Informationsanspruch nach § 1 Abs. 1 S. 1 IFG geltend gemacht wird, sind gegen eine ablehnende Entscheidung der Behörde gem. § 9 Abs. 4 IFG Widerspruch und Verpflichtungsklage nach der VwGO zulässig. Dies schließt eine Leistungsbeschwerde nach § 75 EnWG aus[158].

526 **bb) Beschwerdeberechtigung (Abs. 2) und Beschwer.** Gemäß § 75 Abs. 2 EnWG sind nur **die am Verfahren Beteiligten** beschwerdebefugt. Auch wenn dies auf das rein formelle Kriterium der Beteiligung abzustellen scheint, gelten die gleichen Grundsätze wie bei § 42 Abs. 2 VwGO: Entweder handelt es sich dabei um eine notwendige Beteiligung nach § 66 Abs. 2 Nr 3 EnWG, die eine subjektive Rechtsposition verlangt, oder die Rspr fordert neben der einfachen Beiladung zusätzlich eine materielle Beschwer um die Beschwerdebefugnis zu bejahen[159]. Entsprechend der kartellrechtlichen Beschwerde und den verwaltungsprozessualen Grundsätzen genügt es, wenn das Bestehen des Rechts möglich erscheint und nicht offensichtlich ausgeschlossen ist. Diese Voraussetzungen sind nicht erfüllt, wenn die materiellen Vorschriften nach dem gesetzgeberischen Willen ausschließlich dem öffentlichen Inte-

---

153 BGHZ 117, 209, 210 f; dazu *Schmidt*, in: Immenga/Mestmäcker, GWB, § 63 Rn 5.

154 BGH v. 19.6.2007, KVZ 35/06; s. auch *Salje*, EnWG, § 75 Rn 19.

155 *Schmidt*, in: Immenga/Mestmäcker, GWB, § 63 Rn 1.

156 Dazu ausf OLG Düsseldorf v. 23.9.2009 – VI-3 Kart 25/08 (V), 3 Kart 25/08 unter I 2 der Entscheidungsgründe.

157 So konsequenterweise beim Rechtsschutz gegen eine Mitteilung der BNetzA VG Köln v. 12.2.2014 – 1 L 1311/13 unter nicht überzeugender Berufung auf BGH v. 19.6.2007 – KVZ 35/06. Das Urteil des BGH in der dortigen Konstellation (s. auch die Vorinstanz OLG Düsseldorf v. 2.11.2006, VI-3 Kart 284/06) erkannte kein Bedürfnis für eine allg. Leistungsbeschwerde an, da der Rechtsweg bereits in zweifacher Hinsicht bestand: Zum einen standen Schadensersatzansprüche gegen Dritte in Rede, die nach § 102 EnWG vor den Zivilgerichten geltend zu machen sind und zum anderen ging es um die Durchsetzung eines Auskunftsanspruchs nach § 1 I Abs. 1 IFG, der den Verwaltungsgerichten zugewiesen ist.

158 OLG Düsseldorf v. 2.11.2006, VI-3 Kart 285/06 (V), 3 Kart 285/06 (V). Vgl allg. *Ruthig*, in: Kopp/Schenke, VwGO, § 40 Rn 28.

159 Dazu *Schneider*, in: Fehling/Ruffert, Regulierungsrecht, § 22, Rn 12 mwN.

resse dienen[160]. Die im Verhältnis zum TK-Verfahren im Ergebnis restriktivere Rechtsprechung des BGH zum drittschützenden Charakter der EnWG-Vorschriften ist allerdings fragwürdig[161] und bedarf der Anpassung an die unionsrechtlichen Maßstäbe.

Auch die **nicht förmlich am Verfahren Beteiligten**, die durch einen Verwaltungsakt der Regulierungsbehörde belastet werden, können beschwerdebefugt sein. Nach der Rechtsprechung[162] ist dies insbes der Fall, wenn eine Beteiligung zwar beantragt wurde, diese aber „allein aus verfahrensökonomischen Gründen abgelehnt worden ist und er geltend machen kann, durch die Entscheidung unmittelbar und individuell betroffen zu sein"[163]. Die Formulierung erklärt sich daraus, dass das deutsche Kartellrecht, aus dem dieser Ansatz stammt, an das europäische Recht, also die Maßstäbe der Individualnichtigkeitsklage nach Art. 263 Abs. 4 AEUV (dazu Rn 93) angepasst wurde[164]. Dogmatisch überzeugender wäre freilich für das EnWG der Rekurs auf die VwGO. In der Sache allerdings sind die Unterschiede zwischen § 42 Abs. 2 VwGO und Art. 263 Abs. 4 AEUV überschaubar[165]. 527

Damit scheidet auch in **Fall 43** (Rn 509) die Beschwerdebefugnis des U nicht von vornherein aus. Allerdings hatte U keinen Beiladungsantrag gestellt, sondern lediglich im Verfahren eine Stellungnahme abgegeben. Auch in diesem Fall ließ der BGH die Beschwerdebefugnis nicht an dem fehlenden Antrag, sondern der seiner Ansicht nach fehlenden individuellen Betroffenheit scheitern. Insoweit argumentierte er verfassungsrechtlich mit Art. 12 und 14 GG, auch wenn hier vor allem unionsrechtliche Maßstäbe heranzuziehen wären (s. dazu allgemein Rn 92). Im Ergebnis kommt es daher nicht mehr auf die Frage der Beteiligung am Verwaltungsverfahren, sondern nur noch auf die materielle Beschwer an, die Voraussetzung einer notwendigen Beiladung bzw der Drittbetroffenheit. Damit ist endgültig der Gleichlauf zwischen § 42 Abs. 2 VwGO und § 75 Abs. 2 EnWG erreicht. 528

c) Gerichtliche Kontrolldichte

aa) Das sog. Regulierungsermessen. Gerade weil sich Regulierungsrecht als Materie darstellt, für die sozusagen aus der Natur der Sache heraus besonderer Sachverstand und „Regulierungsermessen" der Behörde charakteristisch sein sollen, stellt sich die Frage nach der gerichtlichen Kontrolldichte[166]. In der Konsequenz haben 529

---

160 Vgl *Storr*, in: Loewenheim/Meessen/Riesenkampff, Kartellrecht Bd. 2 GWB, 2006, § 63 Rn 10 f.

161 *Schneider*, in: Fehling/Ruffert, Regulierungsrecht, § 22, Rn 14.

162 Zusammenfassend BGH, RdE 2011, 59. S. auch *Hilzinger*, in: Baur/Salje/Schmidt-Preuß, Regulierung in der Energiewirtschaft, Kap. 56 Rn 39 ff.

163 BGH, NJW 2007, 607; *Hilzinger*, in: Baur/Salje/Schmidt-Preuß, Regulierung in der Energiewirtschaft, Kap. 56 Rn 39.

164 Vgl zu diesem Zusammenhang die Materialien zu § 62 Abs. 2 GWB, BT-Drucks. 13/9720, S. 44. Diese Grundsätze knüpfen an die Kartellrechtsprechung zur Fusionskontrolle an, vgl dazu BGHZ 169, 370, Rn 11, 18 ff; *Neef*, GRUR 2008, 30; *Rößner/Schalast*, WuW 2007, 589.

165 S. dazu schon *Ruthig*, in: Kluth/Rennert, Entwicklungen im Verwaltungsprozessrecht, 2008, S. 35, 38, 42.

166 Zusammenfassend *Schenke/Ruthig*, in: Kopp/Schenke, VwGO, § 114 Rn 33; ausf zum EnWG *Pielow*, in: Baur/Salje/Schmidt-Preuß, Regulierung in der Energiewirtschaft, Kap. 57 Rn 7 ff. Grundlegend in der Literatur *Masing*, Gutachten D, Deutscher Juristentag 2006, S. 152 ff; s. auch *Schneider*, in: Fehling/Ruffert, Regulierungsrecht, 2010, § 22 Rn 16 ff; *Eifert*, ZHR 2010, 449; 451 ff; *Knauff*, VerwArch. 2007, 382, 401 ff; *Oster*, Normative Ermächtigungen im Regulierungsrecht, 2010 je-

bundesverwaltungsgerichtliche Entscheidungen zum Telekommunikationsrecht aus dem Erfordernis einer umfassenden Abwägungsentscheidung eine Beschränkung der gerichtlichen Kontrolldichte abgeleitet[167]. Für das Energierecht folgte das OLG Düsseldorf im Zusammenhang mit einem behördlichen Auskunftsverlangen diesem Ansatz[168]. Der BGH trat dem zunächst entgegen. Auch Erforderlichkeit und Zweckmäßigkeit des Auskunftsverlangens unterlägen „im Hinblick auf die Bestimmung des § 83 Abs. 5 EnWG" der uneingeschränkten richterlichen Kontrolle[169]. Diese deutliche Ablehnung eines Regulierungsermessens hat der BGH mittlerweile aufgegeben und in bestimmten Fällen ohne nähere dogmatische Aufarbeitung zumindest eine „besondere Nähe zum Regulierungsermessen" festgestellt[170]. Das BVerwG wiederum hat seinen Ansatz weiterentwickelt. Es unterscheidet auch im TK-Recht zwischen Regulierungsermessen und (bloßen) Beurteilungsspielräumen[171] und stellt bei der Prüfung auf Wortlaut und Telos der jeweiligen konkreten Vorschrift ab. Vor allem aber konturiert es die Grenzen, die es immer detaillierter nach dem Vorbild der Abwägungsfehlerlehre entwickelt[172]. Danach ist zwischen Abwägungsausfall, Abwägungsdefizit und -fehleinschätzung bzw -disproportionalität zu unterscheiden und auf die allgemeinen Grundsätze des § 114 VwGO zu deren gerichtlicher Kontrolle zurückgreifen[173]. Grundlage für die materielle Überprüfung der behördlichen Entscheidung ist deren Begründung[174]. Im Einklang mit den Grundsätzen des Planungsrechts folgt hieraus aber auch die Tatsachenfrage, dass sich die Regulierungsbehörde in der Begründung ihrer Entscheidung lediglich mit Belangen auseinandersetzen muss, die für die Behörde bei ihrer Entscheidung als abwägungsbeachtlich erkennbar sind. Allerdings bedarf es hier noch einer dogmatischen Aufarbeitung der unionsrechtlichen Einflüsse: die Bedeutung der Regulierungsgrundsätze nach § 2 Abs. 3 TKG und vor allem auch die Reichweite der Selbstbindung infolge der Regulierungskonzepte (§ 15a Abs. 1–2 TKG) oder Einzelauskünften nach § 15a Abs. 4 TKG ist weniger anhand nationaler Maßstäbe für administrative Letztentscheidungsbefugnisse als an uni-

---

weils mwN. Krit demgegenüber *Attendorn*, Die Regulierungsbehörde als freier Marktgestalter und Normsetzer?, 2008; *Burgi*, DVBl 2006, 269, 274 ff; *Gärditz*, NVwZ 2009, 1005, 1010 f; *Ludwigs*, JZ 2009, 290, 294.

167 Vgl insbes BVerwGE 130, 39; 131, 41, 48, NVwZ 2009, 653; NVwZ 2011, 563. Zu § 21 TKG schon vorher *Röhl*, Die Regulierung der Zusammenschaltung, 2002, S. 191 ff.

168 OLG Düsseldorf, NJW-RR 2006, 1353, 1354 f in der Entscheidung, die BGH, NVwZ-RR 2008, 315 zugrunde lag; zustimmend *Börner*, RdE 2006, 166; *Britz*, in: Fehling/Ruffert, Regulierungsrecht, 2010, § 9 Rn 156. S. auch *Herzmann*, in: Britz/Hellermann/Hermes, EnWG, § 112a Rn 11.

169 BGHZ 172, 368 Rn 40 unter Verweis auf die kartellrechtliche Rechtsprechung, insbes BGH, NJW 1968, 1037; dazu *Ruthig*, ZWeR 2010, 219, 223 f; *Blohm*, N&R 2009, 40, 42. Die Formulierung, möglicherweise nicht jedoch der Maßstab weichen hier zwischen § 83 Abs. 5 EnWG und § 71 Abs. 5 GWB einerseits und § 114 VwGO andererseits ab; für Gleichlauf allerdings *Britz*, in: Fehling/Ruffert, Regulierungsrecht, 2010, § 9 Rn 156.

170 BGH, RdE 2014, 276 Rn 28; BGH, RdE 2014, 495 Rn 24.

171 BVerwG, NVwZ 2011, 563 Rn 31.

172 Vgl BVerwG, NVwZ 2011, 563 (bei Abweichen von Kommissionsempfehlung im Rahmen der Marktanalyse); ausf *Ruthig*, in: Arndt/Fetzer/Scherer, TKG, § 2 Rn 13 ff.

173 Weitgehend parallele Grundsätze gelten für Ermessens- und Beurteilungsspielräume (s. *Schenke/Ruthig*, in: Kopp/Schenke, VwGO, § 114 Rn 23 f), aber beispielsweise auch für die Kontrolle planerischer Abwägungsentscheidungen im Normenkontrollverfahren, s. *Schenke/R. Schenke*, in: Kopp/Schenke, VwGO, § 47 Rn 113 ff.

174 BVerwG, NVwZ 2014, 1229. Dieser muss zu entnehmen sein, dass die Behörde die erforderliche Abwägung in nicht zu beanstandender Weise vorgenommen hat.

onalen Vorgaben zu entwickeln, die sich am Konzept der unabhängigen Regulierungsbehörde und dem in Art. 4 RahmenRL/Art. 47 GRCh enthaltenen Gebot effektiven Rechtsschutzes sowie dem Recht auf gute Verwaltung nach Art. 41 GRCh orientieren müssen (s. auch ▶ **Klausurenkurs Fall Nr 9**). Im Kern basiert die Bindung an Regulierungsziele und -grundsätze, wie sie sich keineswegs auf die Netzregulierung beschränkt, auf dem Verwaltungsrecht des UK und ist dort Grundlage der gerichtlichen Überprüfung nach den Common Law Grundsätzen der guten Verwaltung, die unionsrechtlich in Art. 41 GRCh verankert sind[175]. Insoweit ist davon auszugehen, dass sich die Diskussion von der verfassungsrechtlichen Diskussion um die „normative Ermächtigungslehre" wegbewegt und der EuGH auch zur Kontrolldichte Stellung nehmen wird.

bb) Beschränkung der Beurteilungsgrundlage durch den Schutz von Betriebs- und Geschäftsgeheimnissen im gerichtlichen Verfahren. Zu einer deutlich stärkeren Einschränkung des Rechtsschutzes als durch die Beschränkung der gerichtlichen Kontrolldichte kommt es allerdings durch die prozessrechtlichen Regelungen zum Schutz von Betriebs- und Geschäftsgeheimnissen, die nicht nur in der Entgeltregulierung regelmäßig relevant werden. Nach § 99 VwGO begrenzt der Geheimnisschutz bereits die Vorlageverpflichtung der Behörde; die Berechtigung einer Zurückhaltung der Informationen wird im sog. In-camera-Verfahren, dh in einem Zwischenverfahren, überprüft. Für die Vorlage- und Auskunftspflichten enthalten § 138 TKG und § 84 EnWG Modifikationen des In-camera-Verfahrens[176]. Werden im Zwischenverfahren Unterlagen als Geschäftsgeheimnisse eingestuft, unterliegen sie einem Verwertungsverbot, vgl § 84 Abs. 2 S. 3 EnWG. Während sich in Deutschland BVerwG und BVerfG zunächst um die materielle Reichweite des Geheimnisschutzes stritten[177], hielt der EuGH das Verwertungsverbot für nicht richtlinienkonform. Vielmehr hat er aus Art. 4 der RahmenRL abgeleitet, „dass die Stelle, die zur Entscheidung über Rechtsbehelfe gegen die Entscheidungen der nationalen Regulierungsbehörde berufen ist [in Deutschland das zuständige Gericht], über sämtliche für die Prüfung der Begründetheit eines Rechtsbehelfs nötigen Informationen verfügen muss, einschließlich etwaiger vertraulicher Informationen, die die Regulierungsbehörde beim Erlass der Entscheidung, die Gegenstand des Rechtsbehelfs ist, berücksichtigt hat. Diese Stelle hat jedoch die vertrauliche Behandlung der betreffenden Angaben zu gewährleisten und dabei die Erfordernisse eines effektiven Rechtsschutzes zu beachten und die Wahrung der Verteidigungsrechte der am Rechtsstreit Beteiligten sicherzu- 530

175 *Wade/Forsyth*, Administrative Law, 10. Aufl., S. 732 f; zur gerichtlichen Kontrolle auch *Henderson*, Judicial Review and FSMA, Judicial Review 2001, 255. Diese Prinzipien gelten auch für das Finanzmarktaufsichtsrecht; auch dort findet sich eine Differenzierung zwischen regulatory objectives und „principles of good administration", vgl *Henderson*, in: Blair (Hrsg.), The Financial Services and Markets Act 2000, Rn 12.02. Angesichts des Art. 41 GRCh lassen sich solche Überlegungen auf das (europäisierte) Verwaltungsrecht übertragen; zur Bedeutung des Art. 41 GRCh am Beispiel des europäischen Behilferechts *Klein*, Auswirkungen der Europäischen Grundrechtecharta auf die Verfahrensrechte der Drittbeteiligten im europäischen Beihilfeverfahren, 2018 S. 118 ff (Diss. Mainz 2017).

176 Ausf *Ruthig*, in: Baur/Salje/Schmidt-Preuß, Regulierung in der Energiewirtschaft, Kap. 58 Rn 45 ff; *Fetzer/Groß*, in: Arndt/Fetzer/Scherer § 138 Rn 5 ff.

177 Noch zum TKG 1996 BVerwGE 118, 352, 358 und dagegen BVerfGE 115, 205.

stellen"[178]. Während § 138 TKG in Abs. 2 dementsprechend novelliert worden ist[179], hat das EnWG die bisherige Regelung unverändert beibehalten. Dies genügt den europäischen Maßstäben effektiven Rechtsschutzes nicht, so dass auf dort entwickelte Grundsätze zurückzugreifen ist[180].

III. Die Regulierung des Marktzutritts

531 **Fall 44:** Die Agrargenossenschaft A hat eine Biogas-Anlage errichtet und betreibt mit dem anfallenden Gas ein Blockheizkraftwerk. Den Strom möchte A nicht an die großen Stromerzeuger, sondern unmittelbar an Haushaltskunden verkaufen. A zeigt dies formlos bei der BNetzA an. Nachdem trotz Aufforderung keinerlei Nachweise für Leistungsfähigkeit und Zuverlässigkeit erbracht wurden, untersagt die BNetzA die weitere Lieferung von Strom. Wie ist die Rechtslage?

532 **Fall 45:** Im Zuge einer Beschleunigung des Breitbandausbaus sollen von der BNetzA entsprechende Frequenzen versteigert werden, wofür die BNetzA das nach dem TKG vorgesehene Verfahren einleitet. Die BNetzA gibt 2 Monate vor der geplanten Versteigerung den zugelassenen Bewerbern die Versteigerungsbedingungen bekannt und fügt eine Rechtsmittelbelehrung bei. Diese enthalten unter anderem detaillierte Ausbauverpflichtungen: Vorgeschrieben werden neben einer Versorgungsverpflichtung von mind. 98% der Haushalte in jedem Bundesland bis zum 31.12.2022 mit einer Übertragungsrate von mindestens 100 Mbit/s spezifische Versorgungspflichten an fahrgaststarken Bahnstrecken, Bundesautobahnen und Bundesstraßen, die zwischen 2022 und 2024 zu erfüllen sind. Außerdem sind bis Ende 2022 1000 „5G-Basisstationen" und 500 Basisstationen mit mindestens 100 Mbit/s in „weißen Flecken" in Betrieb zu nehmen.

a) Dagegen wendet sich Bewerber B, einer der großen Mobilfunkanbieter. Dieser hält die mit extremen Kosten verbundenen Ausbauverpflichtungen für unverhältnismäßig und rechtswidrig. Könnte er gegen die Versteigerungsbedingungen gerichtlich vorgehen?
b) Das im Verfahren nicht zum Zug gekommene italienische Unternehmen U hält das gesamte Versteigerungsverfahren für unions- und verfassungswidrig. Könnte K die Zuteilung der Frequenzen an das Unternehmen B mit diesen Überlegungen gerichtlich angreifen, auch wenn ihr der Verwaltungsakt über die Durchführung des Versteigerungsverfahrens ordnungsgemäß bekannt gemacht worden war und sie ihn im Vorfeld nicht angefochten hatte?

533 **Fall 46:** Das Studentenwerk Mainz verwaltet eine gemeinnützige Stiftung mit einem Volumen von über 1 Mio EUR, die bedürftigen Studenten zinslose Darlehen gewährt, die mit

---

178 EuGH v. 13.7.2006 – Rs. C-438/04, Slg 2006, I-6675 – *„Mobistar"*. Art. 4 der RahmenRL lautet wie folgt: „Die Mitgliedstaaten sorgen dafür, dass es auf nationaler Ebene wirksame Verfahren gibt, nach denen jeder Nutzer oder Anbieter elektronischer Kommunikationsnetze und/oder -dienste, der von einer Entscheidung einer nationalen Regulierungsbehörde betroffen ist, bei einer von den beteiligten Parteien unabhängigen Beschwerdestelle Rechtsbehelf gegen diese Entscheidung einlegen kann. Diese Stelle, die auch ein Gericht sein kann, muss über den angemessenen Sachverstand verfügen, um ihrer Aufgabe gerecht zu werden. Die Mitgliedstaaten stellen sicher, dass den Umständen des Falles angemessen Rechnung getragen wird und wirksame Einspruchsmöglichkeiten gegeben sind".

179 Zuvor schon die unionsrechtskonforme Auslegung von BVerwGE 127, 282, 293.

180 Näher dazu *Ruthig*, in: Baur/Salje/Schmidt-Preuß, Regulierung in der Energiewirtschaft, Kap. 59 Rn 48 ff.

selbstschuldnerischen Bürgschaften zu besichern sind. Nach ihren Vergaberichtlinien beträgt die Höhe der Darlehen, auf deren Gewährung kein Rechtsanspruch besteht, bis zu 5000 EUR, in Ausnahmefällen bis zu 10 000 EUR. Die Laufzeit ist auf höchstens zwei Jahre begrenzt. Bei nicht rechtzeitiger Rückzahlung ist die Darlehenssumme mit 7 Prozent zu verzinsen. Nachdem die Stiftung darauf aufmerksam gemacht worden war, dass angesichts der über 100 gewährten Einzeldarlehen die Grenze zum erlaubnispflichtigen Kreditgeschäft im Sinne des KWG überschritten sei, wandte sich das Studentenwerk an die BaFin und beantragte die Feststellung, dass die Stiftung trotz des beabsichtigten Geschäftsvolumens nicht dem KWG unterliege. Wie ist die Rechtslage? Wie wird die BaFin entscheiden, wenn es sich tatsächlich um das unerlaubte Betreiben von Bankgeschäften handelt?

1. Entwicklungslinien: Von der Bedürfnisprüfung zu staatlichen Allokationsentscheidungen

Die Konstitutionalisierung des öffentlichen Wirtschaftsrechts bedeutete in den 1950er Jahren den Abschied von der sog. Kontingentgenehmigung, also einer Bedürfnisprüfung als Instrument der Marktzutrittsregulierung[181] in Form einer „monopolsichernden Marktzutrittsschranke“[182]. Im Bankaufsichtsrecht wurde auf der Grundlage des KWG 1939 sogar bei der Errichtung von Zweigstellen eine Bedürfnisprüfung durchgeführt, die jedoch das BVerwG als Verstoß gegen Art. 12 GG qualifizierte[183]. Erhalten blieb sie allerdings im Energierecht. Noch nach § 3 Abs. 2 Nr 2 EnWG 1998 durfte die Genehmigung versagt werden, wenn „die beantragte Versorgungstätigkeit zu ungünstigeren Versorgungsbedingungen für die betroffenen Abnehmer insgesamt führen würde oder sich für das verbleibende Gebiet des bisherigen Versorgers erhebliche Nachteile ergeben würden“. Auch die Bezeichnung der Genehmigung als Lizenz in § 6 TKG 1996[184] dürfte außer auf die englische Fassung letztlich auch auf diese historischen Wurzeln zurückzuführen sein. Unvermeidbar und damit verfassungs- und unionsrechtlich zu rechtfertigen ist die Zugangsbeschränkung nur bei sog. natürlichen Monopolen, bei denen eine Duplizierung der entsprechenden Leistungen technisch oder wirtschaftlich keinen Sinn macht. Dort mutiert die Zulassungsentscheidung zur staatlichen Allokation knapper Güter (s. schon Rn 19). Ein anschauliches Beispiel liefert das Frequenznutzungsregime (dazu unten Rn 554). **534**

Sofern Genehmigungsbedürfnisse erhalten blieben, sollen sie wie im allg. Gewerberecht (s. schon Rn 210) eine präventive **Prüfung der persönlichen und sachlichen Voraussetzungen** ermöglichen. Ein solches Überwachungsbedürfnis sieht der Gesetzgeber insbes bei **Finanzdienstleistern**[185], wo Genehmigungserfordernisse über die klassischen Konstellationen der Bankgeschäfte hinaus immer stärker ausgeweitet wurden. Außerdem können Nebenbestimmungen nähere **Vorgaben über die Ausgestaltung der Tätigkeit** machen oder eine **Betriebs- oder Versorgungspflicht** konkretisieren. Versorgungspflichten, die als Ansatzpunkt für die Konkretisierung in einer Erlaubnis dienen könnten, gibt es im Energie- wie im Telekommunikationsrecht **535**

181 S. dazu ausf *Kühling*, Sektorspezifische Regulierung in den Netzwirtschaften, 2004, S. 168 ff.
182 S. auch *Spoerr*, in: Trute/Spoerr/Bosch (Hrsg.), TKG, Vor § 6 Rn 9.
183 BVerwG, NJW 1959, 590, 592.
184 S. dazu insbes *Spoerr/Deutsch*, DVBl 1997, 300, 305 f.
185 Zur Definition *Schäfer*, in: Boos/Fischer/Schulte-Mattler, KWG, § 1 Rn 115 ff.

(s. § 2 Abs. 1 EnWG sowie § 61 Abs. 4 Nr 4 TKG): Im **Energiewirtschaftsrecht** ist der Betrieb eines Energieversorgungsnetzes genehmigungspflichtig, was einerseits mit den besonderen Anforderungen an die technische Sicherheit, aber auch im Interesse der Versorgungssicherheit zu rechtfertigen ist.

2. Anzeigepflichten

a) Telekommunikationsunternehmen (§ 6 TKG)

536 Das TKG folgt dem **Modell der genehmigungsfreien, aber anzeigepflichtigen Tätigkeit** und orientiert sich daher an der allg. gewerberechtlichen Anzeigepflicht nach § 14 GewO[186]. Die Anzeige soll der Regulierungsbehörde nicht nur die Führung eines Verzeichnisses der Betreiber öffentlicher Telekommunikationsnetze und gewerblicher Telekommunikationsdienste ermöglichen, sondern vor allem auch die Überwachung ihrer Tätigkeit auf dem Markt und die Auferlegung von Verpflichtungen nach dem TKG[187]. Wer gewerblich öffentliche Telekommunikationsnetze betreibt oder gewerblich Telekommunikationsdienste für die Öffentlichkeit erbringt, muss gem. § 6 Abs. 1 TKG die Aufnahme, Änderung oder Beendigung seiner Tätigkeit bzw Änderungen seiner Firma unverzüglich bei der Regulierungsbehörde melden (zu europäischen Reformvorschlägen aber Rn 501).

Nach dem **technologieneutralen Ansatz** des TKG sind **Telekommunikationsnetze** nach näherer Maßgabe des § 3 Nr 27 TKG „sämtliche Einrichtungen bzw Ressourcen, die der Übertragung von Signalen dienen", also zB auch Stromnetze, wenn sie auch zur Datenübertragung genutzt werden. Es kommt nicht auf die Größe eines Netzes an. Damit handelt es sich etwa auch bei einem WLAN-Hotspot um ein Telekommunikationsnetz. Betreiber ist dasjenige Unternehmen, „das ein öffentliches Kommunikationsnetz bereitstellt oder zur Bereitstellung hiervon befugt ist"[188]. **Telekommunikationsdienste** bestehen in der Übertragung von Signalen, ohne dass es auf Art und Inhalt der übertragenen Informationen ankommt. Angesichts des technologieneutralen Ansatzes des TKG versteht sich von selbst, dass vom Begriff der Telekommunikation im Sinne von § 3 Nr 22 TKG auch der Zugang zum Internet erfasst wird. Von der Anzeigepflicht erfasst ist nur das *Erbringen* der Dienstleistung, das nach einer Mitteilung der BNetzA dann nicht vorliegt, wenn der Anbieter lediglich räumlich und zeitlich begrenzt die Mitbenutzung eines von einem anderen erbrachten Dienstes gestattet und insoweit an der Dienstleistungserbringung lediglich mitwirkt. Dies ist zB bei einem WLAN-Angebot in Hotels, Restaurants und Ladengeschäften der Fall. Das Angebot an den Kunden stellt idR kein eigenständiges Erbringen dar, sondern ist lediglich eine „Mitwirkung an der Erbringung von Telekommunikationsdiensten" (vgl § 3 Nr 6 b TKG) eines Dritten (dh des Netzbetreibers bzw TK-Diensteanbieters, der den eigentlichen Telekommunikationsanschluss bereitstellt. Dieses Angebot fällt daher nicht unter die Meldepflicht, allerdings kann die Mitwirkung telekommunikationsrechtliche Verpflichtungen begründen (zB nach § 88 TKG: – Wahrung des TK-Geheimnisses)[189]. Die Frage des Vorhandenseins eines **Anbieters** wird beispielsweise bei der Internettelefonie **(Voice**

---

186 Vgl auch die Regierungsbegründung, BT-Drucks. 15/2316, S. 98. Dabei bleibt die Anzeigepflicht nach § 14 GewO von der telekommunikationsrechtlichen Regelung unberührt, s. BT-Drucks. 15/2316, S. 60.

187 S. auch die Regierungsbegründung, BR-Drucks. 755/03, S. 82.

188 Das TKG definiert den Begriff des Betreibers selbst nicht, so dass auf Art. 2 lit. c ZugangsRL zurückzugreifen ist; s. auch *Fetzer*, in: Arndt/Fetzer/Scherer, TKG, § 117 Rn 90 mwN.

189 Vgl Anwendungshilfe der BNetzA (Amtsblatt BNetzA 4/2015 S.1140); s. auch *Mayen*, in: Scheurle/Mayen, TKG, § 6 Rn 3 f.

over IP) relevant. Während die Anbieter von Software, mittels derer man eine Verbindung zwischen zwei Rechnern herstellt (IP-zu-IP) keine Telekommunikationsdiensteanbieter sind, ist dies bei Angeboten, die für Übertragung aus dem Internet in das herkömmliche Festnetz und umgekehrt sorgen, anders. Außerdem gibt es eine Reihe von, teilweise durch den EuGH geklärten, Abgrenzungsfragen zu den inhaltsbezogenen Angeboten, die in Deutschland grundsätzlich dem TMG unterliegen. Während Telefondienste wie Skype als elektronische Kommunikationsdienste eingeordnet werden, sind E-Mail-Dienste wie G-mail von der Anmeldepflicht ausgenommen[190]. Entsprechende Einordnungsfragen stellen sich auch im Zusammenhang mit dem autonomen Fahren[191]. Bei der Umsetzung des EKEG bis Ende 2020 werden diese Fragen allerdings neu geregelt werden. Über die Frage der Anzeigepflicht hinaus stellt das TKG für alle Diensteanbieter Anforderungen an die Beachtung des Fernmeldegeheimnisses (§§ 88 ff TKG), den Datenschutz (§§ 91 ff TKG) und die öffentliche Sicherheit (§§ 108 ff TKG). Gerade bei Voice over IP-Anbietern ergeben sich dann Herausforderungen in Form der technischen und wirtschaftlichen Erfüllbarkeit dieser telekommunikationsrechtlichen Nebenpflichten[192].

Allerdings betrifft die Anzeigepflicht nur **gewerbliche, an die Öffentlichkeit gerichtete Angebote**. Beide Begriffe sind im TKG nicht definiert, zeigen aber die Verbindung zu den allg. gewerberechtlichen Grundsätzen. Der Begriff der Gewerblichkeit orientiert sich weitgehend an demjenigen der GewO (s. oben Rn 214 ff), auch der Öffentlichkeitsbegriff ist angesichts des Zweckes des TKG und ähnlich wie zB im Gaststättenrecht (s. oben Rn 416) weit zu verstehen. **537**

Erforderlich ist für die Gewerbsmäßigkeit die Erlaubtheit, Dauerhaftigkeit und Selbstständigkeit der Tätigkeit sowie insbes die **Gewinnerzielungsabsicht**. Die Gewinnerzielungsabsicht kann wie im Gewerberecht auch bei für den Kunden kostenlosen Angeboten gegeben sein, etwa wenn die Dienste werbefinanziert sind[193]; an der fehlenden Gewinnerzielungsabsicht würde also auch das WLAN-Angebot eines Gastwirts nicht scheitern, das er für die Kunden „kostenlos", aber in der Erwartung von Umsatzsteigerungen anbietet. Anders als nach der hM im Gewerberecht (s. Rn 219 ff) soll bereits die Kostendeckungsabsicht genügen[194]. Bereits aus dem Zweck des TKG ergibt sich, dass **auch Freiberufler, Behörden, Parteien, Bildungs-, Kultur- und Sozialeinrichtungen** erfasst sind, sofern sie die genannten Tatbestandsmerkmale erfüllen, also insbes mindestens mit Kostendeckungsabsicht arbeiten. Dies ist schon dann zu bejahen, wenn die Betriebskosten als Beitrag auf die einzelnen Nutzer aufgeteilt werden (zB im Rahmen der Zahlung entsprechender Mitgliedsbeiträge). Öffentlich ist ein Angebot, das sich an einen unbestimmten Personenkreis richtet[195]. Dabei ist die Öffentlichkeit von der **geschlossenen Be-**

---

190 Zu Skype EuGH v. 5.6.2019, Rs C-142/18, MMR 2019, 517; zu G-mail EuGH v. 3.6.2019, Rs C-193/18 – *„Google/Bundesrepublik Deutschland"*, NJW 2019, 2597; s. auch *Ludwigs/Huller*, NVwZ 2019, 1099.

191 Dazu *Stender-Vorwachs/Steege*, MMR 2018, 212.

192 Besonders deutlich wird dies bei der kostenlosen Vorhaltung von Notrufdiensten und den entsprechenden Informationsübermittlungspflichten nach § 108 TKG, dazu *Eckhardt*, in: Beck'scher TKG-Kommentar, § 108 Rn 15; *Bergmann/Schaper*, MMR 2013, 230.

193 Ebenso die EuGH-Rspr zur Entgeltlichkeit im Zusammenhang mit der Providerhaftung, vgl EuGH v. 5.9.2016, Rs. C-484/14 – *„Mc Fadden/Sony Music"*, NJW 2016, 3503; zu den Haftungsfragen *Jaeschke*, MMR 2017, 221; zur Haftung ungesicherter Netzwerke bei Urheberrechtsverletzungen BGH, GRUR 2018, 1044.

194 *Fetzer*, in: Arndt/Fetzer/Scherer, TKG, § 6 Rn 23; *Gosse*, in: Säcker, TKG, § 6 Rn 25; s. auch schon BT-Drucks. 15/2316, S. 60.

195 Nach der Begründung des Regierungsentwurfs zu § 6 TKG ist unter Öffentlichkeit jeder unbestimmte Personenkreis zu verstehen; s. BT-Drucks. 15/2316, S. 60. S. auch *Gosse*, in: Säcker, TKG, § 6 Rn 26; ausf *Säcker*, in: Säcker, TKG, § 3 Rn 50 ff.

nutzergruppe abzugrenzen[196], die jedoch angesichts des weiten Begriffes der Öffentlichkeit eng zu interpretieren ist. Ähnlich wie im Gaststättenrecht (s. Rn 416) dürfte es daher ausreichen, wenn es sich um Angehörige einer bestimmten, aber zahlenmäßig nicht überschaubaren Personengruppe, zB die Mitglieder eines Vereins oder die Kunden eines Unternehmens handelt. Damit wird man von einer geschlossenen Benutzergruppe nur noch bei Nutzern sprechen können, die entweder alle einer juristischen Person oder zumindest verbundenen Unternehmen (§ 17 AktG) zugerechnet werden.

538 Die Anzeige hat gem. § 6 Abs. 2 TKG bestimmte Angaben zu enthalten. Der Umfang der Meldepflicht entspricht weitgehend § 14 Abs. 4 GewO und ist eine Umsetzung des Art. 3 Abs. 3 GenehmigungsRL. Sofern sie vollständig ist, wird gem. § 6 Abs. 3 TKG durch die BNetzA innerhalb von einer Woche die Vollständigkeit der Meldung und gleichzeitig die Tatsache bescheinigt, „dass dem Unternehmen die durch dieses Gesetz oder aufgrund dieses Gesetzes eingeräumten Rechte zustehen". Dies entspricht dem „Gewerbeschein" des § 15 GewO.

b) Anzeige der Energiebelieferung von Haushaltskunden (§ 5 EnWG)

539 Während nach § 3 EnWG 1998 die Aufnahme der Energieversorgung insgesamt genehmigungsbedürftig war[197], ist die Belieferung von Haushalten mit Energie nach § 5 EnWG 2005 nur noch anzeigepflichtig. Die Anzeigepflicht erstreckt sich wie bei § 14 GewO auf Aufnahme und Beendigung des Betriebes sowie die Änderung der Firma. Eine Besonderheit gegenüber § 14 GewO und § 6 TKG besteht darin, dass bei der Betriebsaufnahme das Vorliegen der personellen, technischen und wirtschaftlichen Leistungsfähigkeit sowie der Zuverlässigkeit der Geschäftsleitung nachzuweisen ist, § 5 S. 3 EnWG. Hält die Regulierungsbehörde diese Voraussetzungen nicht für gegeben, kann sie die weitere Geschäftstätigkeit wegen Unzuverlässigkeit untersagen, § 5 S. 4 EnWG (s. auch ▶ **Klausurenkurs Fall Nr 11**). Allerdings erweist sich dieses Regime als rechtliche Schranke bei einer weiteren Dezentralisierung von Strommärkten[198].

540 Im **Fall 44 (Rn 531)** war daher A, als er die Belieferung von Haushaltskunden begann, nicht nur zur Anzeige gegenüber der BNetzA verpflichtet[199], sondern gem. § 5 S. 3 EnWG auch zum Erbringen der Nachweise über wirtschaftliche Leistungsfähigkeit und Zuverlässigkeit. Fraglich ist jedoch, ob die **Nichterfüllung der Nachweispflicht** bereits die von der BNetzA ausgesprochene Betriebsuntersagung rechtfertigte. Der Wortlaut des § 5 S. 4 EnWG spricht dafür, dass es für die Zulässigkeit der Untersagung auf die tatsächlichen Umstände, nicht die Frage des Nachweises ankommt. Dafür spricht auch die Funktion des Anzeigeerfordernisses und der Vergleich mit der Anzeigepflicht nach § 14 GewO. Dort ist allgemein anerkannt, dass ihre Verletzung eine Gewerbeuntersagung nicht rechtfertigt (s. Rn 257). Selbst wenn § 5 S. 3 EnWG eine Mitwirkungsobliegenheit begründet, dürfen nachteilige Schlüsse aus der Nichtvorlage der Unterlagen im Rahmen der Beweiswürdigung (vgl § 26 Abs. 2

---

196 S. dazu *Schütz*, in: Beck'scher TKG-Kommentar, § 6 Rn 46 ff. Dass dies auch nach neuem Recht gilt, ergibt sich aus einer systematischen Auslegung der einzelnen Vorschriften, die auf die Öffentlichkeit rekurrieren (s. aaO Rn 47).

197 Diese Genehmigung war nach dem Vorbild des Gewerberechts, in dem das Energierecht auch seine Wurzeln hat, ein präventives Verbot mit Erlaubnisvorbehalt; s. *Tüngler*, JuS 2001, 739, 741.

198 Vgl dazu *Overkamp/Schings*, EnWZ 2019, 3.

199 Ausgenommen ist lediglich die Belieferung von Haushaltskunden innerhalb geschlossener Haushaltsnetze.

VwVfG) erst gezogen werden, wenn die Behörde sich um eine Durchsetzung der Vorlagepflicht bemüht hat. Folgt man den zu § 14 GewO entwickelten Grundsätzen, dann ergibt sich aus der Vorschrift zugleich eine Ermächtigungsgrundlage für einen Verwaltungsakt, mit dem zur Vorlage der Unterlagen aufgefordert wird. Im **Fall 44 (Rn 531)** war die Betriebsuntersagung daher rechtswidrig.

3. Genehmigungspflichten

a) Betrieb eines Energieversorgungsnetzes (§ 4 EnWG)

Die **Aufnahme des Betriebs eines Energieversorgungsnetzes** bedarf gem. § 4 Abs. 1 EnWG der Genehmigung. Energieversorgungsnetze sind nach § 3 Nr 16 EnWG „Elektrizitätsversorgungsnetze und Gasversorgungsnetze über eine oder mehrere Spannungsebenen oder Druckstufen"; sie dienen also der Energieverteilung (vgl § 3 Nr 20, 37 EnWG), die von der Energielieferung an Letztverbraucher zu unterscheiden ist. Genehmigungsbedürftig ist also nur noch der Netzbetrieb, nicht die Versorgung[200]. Von § 4 EnWG ebenfalls nicht erfasst sind **Errichtung und Betrieb von Energieanlagen**[201]. 541

Nach allg. wirtschaftsverwaltungsrechtlichen Grundsätzen handelt es sich um eine **gebundene Entscheidung**, die nur bei fehlender personeller, technischer oder wirtschaftlicher Leistungsfähigkeit sowie bei Unzuverlässigkeit des Antragstellers verweigert werden darf. Zuständig für die Genehmigungserteilung sind nach § 4 Abs. 1 EnWG die **Landesregulierungsbehörden**. Obwohl die Genehmigung an den Betrieb eines Energieversorgungsnetzes anknüpft, handelt es sich um eine **höchstpersönliche Genehmigung**. Dies folgt schon daraus, dass die Leistungsfähigkeit und Zuverlässigkeit eines bestimmten Betreibers überprüft wird; mittelbar bestätigt wird dies durch § 4 Abs. 3 EnWG, der für einzelne Fälle einen Übergang der Genehmigung im Wege der Rechtsnachfolge vorsieht. Das EnWG enthält keine speziellen Vorschriften zu **Nebenbestimmungen** und **Rücknahme bzw Widerruf**, so dass insoweit uneingeschränkt die allg. **Vorschriften des jeweiligen LVwVfG** anwendbar sind[202]. Transportnetzbetreiber bedürfen außerdem der **Zertifizierung** nach § 4a ff EnWG, die als selbstständige Entscheidung der Regulierungsbehörde vor allem der Kontrolle der Entflechtungsvorgaben (s. § 4a Abs. 3 EnWG 2011) und der Gefährdung der Versorgungssicherheit durch den Aufkauf von Transportnetzbetreibern dient[203], was die Einbindung der Kommission in das Zertifizierungsverfahren erklärt. Für Betreiber aus Drittstaaten enthält § 4b besondere Voraussetzungen. Es handelt sich um einen Verwaltungsakt, für dessen Widerruf, Erweiterung und nachträgliche Ergänzung um Auflagen § 4d EnWG eine spezielle Regelung enthält.

---

200 S. auch *Ziekow*, § 15 Rn 9.

201 Insoweit regeln die §§ 43 ff EnWG das Planfeststellungsverfahren für Hochspannungsfreileitungen von mind. 100 kV und Gasversorgungsleitungen mit einem Durchmesser von mehr als 300 mm; im Übrigen ergeben sich die Anforderungen aus dem Anlagenzulassungsrecht, vor allem dem BImSchG.

202 Wurde eine Genehmigung erteilt, kann diese mangels speziellerer Regelungen im EnWG nach den §§ 48, 49 LVwVfG aufgehoben werden. Soweit nach bisherigem Recht eine Genehmigung nicht erforderlich war, muss diese auch nicht nachträglich beantragt werden. In diesem Fall tritt die Betriebsuntersagung nach § 4 Abs. 2 EnWG an die Stelle von Rücknahme und Widerruf.

203 Dazu *Schmidt-Preuß*, in: Baur/Salje/Schmidt-Preuß, Regulierung in der Energiewirtschaft, Kap. 89 Rn 12 ff.

b) Kredit- und Finanzdienstleistungsinstitute (§§ 1, 32–38 KWG)

542 § 32 Abs. 1 KWG stellt den Betrieb eines Bank- oder Finanzdienstleistungsinstituts unter **Genehmigungsvorbehalt**. Danach bedarf der Erlaubnis, wer „im Inland gewerbsmäßig oder in einem Umfang, der einen in kaufmännischer Weise eingerichteten Geschäftsbetrieb erfordert, Bankgeschäfte betreiben oder Finanzdienstleistungen erbringen will". Diese darf nur aus einem der in § 33 Abs. 1–2 KWG genannten Gründen versagt werden. Die Bankerlaubnis folgt damit schon seit dem KWG 1934 als besondere Form der Gewerbeaufsicht[204] den auch im allg. Gewerberecht geltenden Grundsätzen für erlaubnispflichtige Tätigkeiten. Wie im allg. Gewerberecht besteht beim Vorliegen der Tatbestandsvoraussetzungen ein **Anspruch auf Erteilung der Erlaubnis** (vgl § 33 Abs. 3 KWG). Die **Genehmigungsvoraussetzungen** konkretisieren und erweitern die aus dem Gewerberecht vertrauten Kriterien der Zuverlässigkeit und (finanziellen) Leistungsfähigkeit. So muss beispielsweise nach § 33 Abs. 1 Nr 1d KWG bei einem CRR-Kreditinstitut ein **Startkapital** von 5 Mio. € vorhanden sein[205]. Die **Zuständigkeit der EZB** für die Genehmigungserteilung (s. dazu ausf Rn 191 ff) lässt diese Genehmigungsvoraussetzungen unverändert, denn auch die EZB entscheidet über den Zulassungsantrag auf der Grundlage des nationalen Rechts, Art. 4 Abs. 3 UAbs. 1 S. 2 SSM-VO. **Nebenbestimmungen** sind gem. § 32 Abs. 2 KWG grundsätzlich zulässig[206]. Inhaber der Erlaubnis können natürliche oder juristische Personen sein, wobei allerdings § 2b Abs. 1 KWG den Betrieb eines Kreditinstituts in der Rechtsform des Einzelkaufmanns untersagt[207]. Die Erlaubnis erlischt automatisch, wenn von ihr nicht innerhalb eines Jahres Gebrauch gemacht wird, § 35 Abs. 1 KWG. Ferner kann sie unter den Voraussetzungen des § 35 Abs. 2 KWG bzw soll sie nach § 35 Abs. 2a KWG aufgehoben werden. Auch die **Geschäftsleiter** müssen nicht nur persönlich zuverlässig (§ 33 Abs. 1 S. 1 Nr 2 KWG), sondern auch fachlich geeignet sein, § 33 Abs. 1 S. 1 Nr 4 KWG[208].

543 **aa) Die geschäftsbezogene Anknüpfung der Erlaubnispflicht (§ 1 Abs. 1, 1a KWG).** Erlaubnispflichtig sind die in **§ 1 Abs. 1 S. 2 KWG** genannten Bankgeschäfte[209]. Zentrale Bankgeschäfte sind ua das in § 1 Abs. 1 S. 2 Nr 1 KWG legaldefinierte **Einlagengeschäft** (also die Annahme von Geldern)[210] und das **Kreditgeschäft** nach

204 *Rittner/Dreher*, § 32 Rn 39.

205 Die Anforderungen an andere Institute differieren. Zusätzlich sind die Anforderungen an Eigenkapitalausstattung und Liquidität zu beachten; s. mwN den Überblick bei *Rittner/Dreher*, § 32 Rn 57 ff.

206 In Betracht kommen werden in erster Linie die im Gesetz ausdrücklich genannten Auflagen, s. dazu *Fischer*, in: Boos/Fischer/Schulte-Mattler, KWG, § 32 Rn 49. Wie für die vergleichbaren Konstellationen nach dem EnWG werden unter den Voraussetzungen des § 36 Abs. 1 VwVfG auch aufschiebende Bedingungen für zulässig gehalten, die die Einhaltung der gesetzlichen Zulassungsvoraussetzungen sicherstellen sollen, s. *Fischer*, in: Boos/Fischer/Schulte-Mattler, KWG, § 32 Rn 52.

207 Damit stellt sich auch hier die Frage einer Erlaubnis für Personengesellschaften, wobei es sich allerdings immer um eine Personenhandelsgesellschaft handeln wird. Obwohl diese nach § 124 HGB unter ihrer Firma Rechtsgeschäfte abschließen und selbst Träger von Rechten sein kann, geht die hM unter Berufung auf die Regierungsbegründung und ebenso die Praxis der Bankenaufsicht davon aus, dass alle persönlich haftenden Gesellschafter eine Erlaubnis besitzen müssen, s. *Fischer*, in: Boos/Fischer/Schulte-Mattler, KWG, § 32 Rn 24.

208 Zu den personenbezogenen Anforderungen an die Erlaubniserteilung vgl auch den Überblick bei *H. Schäfer*, Bankenaufsichtsrecht in Deutschland, dem Vereinigten Königreich und den Vereinigten Staaten, 2011, S. 150 ff.

209 Zu den nicht erlaubnispflichtigen Finanzunternehmen s. § 1 Abs. 3 KWG.

210 Ausf auch zu den Abgrenzungen *Fülbier*, in: Boos/Fischer/Schulte-Mattler, KWG, § 1 Rn 32 ff.

Nr 2. Im Katalog der erlaubnispflichtigen Finanzdienstleistungen findet sich aber zB auch das Kryptoverwahrgeschäft (§ 1 Abs. 1a S. 2 Nr 6 KWG)[211]. Die Erlaubnispflicht wird bereits dann ausgelöst, wenn auch nur eines der genannten Geschäfte betrieben wird, während nach dem sog. **Universalbankprinzip**[212] grundsätzlich alle von der Erlaubnis umfasst sind, sofern die Erlaubnis nicht nach § 32 Abs. 2 S. 2 KWG auf einzelne Geschäfte beschränkt wurde (bzw der Erlaubnisantrag sich auf bestimmte Geschäfte beschränkte). Neben den Bankgeschäften können auch **Nichtbankgeschäfte** betrieben werden. Für die Institutseigenschaft ist es dabei unerheblich, ob diese Geschäfte die Bankgeschäfte überwiegen, so dass die entsprechenden Unternehmen auch dann insgesamt der Bankenaufsicht unterstehen, wenn die Bankgeschäfte sich als Hilfsgeschäfte darstellen[213].

Das Betreiben von Bankgeschäften (und nicht erst die Erlaubnis) macht das Unternehmen zum Kreditinstitut im Sinne von § 1 Abs. 1 KWG. Die Bezeichnung Kreditinstitut geht zurück auf die Verordnung des Reichspräsidenten über die Spar- und Girokassen sowie die kommunalen Giroverbände und kommunalen Kreditinstitute vom 5. August 1931 (RGBl. I S. 429) und fand von dort Eingang in das KWG 1934. **Kreditinstitut** ist nach dem weiten deutschen Verständnis des § 1 KWG jedes Institut, das nur eines der im Katalog des Abs. 1 genannten Geschäfte betreibt[214]. Damit geht der Anwendungsbereich des KWG über denjenigen des unionalen Bankrechts hinaus, das nur Unternehmen, die Einlagen entgegennehmen und Kredite gewähren als **„CRR-Kreditinstitut"** iSd § 1 Abs. 3d KWG bezeichnet[215]. Auf diese Institute (und damit auch Geschäfte) beschränkt sich die Zuständigkeit der EZB (Art. 4 Abs. 1 lit. a SSM-VO)[216]. Mit dem Begriff **Finanzdienstleistungsinstitut** wurde in § 1 Abs. 1a KWG ein neuer Typus von Unternehmen definiert; die Regelung ist wie Absatz 1 aufgebaut. Der Katalog der in § 1 Abs. 1a KWG legaldefinierten Finanzdienstleistungen, umfasst die typischen Dienstleistungen von Finanzintermediären. Hierunter fällt zB die Anlagevermittlung (Nr 1) und die Finanzportfolioverwaltung (Nr 3). Mit der Einführung wurde von Seiten des Gesetzgebers auf die zunehmende Erbringung von Finanzdienstleistungen durch nicht institutionelle Anbieter reagiert, die vormals keiner Finanzaufsicht unterlagen, da sie weder Banken noch Versicherungen sind[217]. Demgegenüber unterliegen die **Finanzunternehmen** nach § 1 Abs. 3 KWG zwar der Aufsicht der BaFin, bedürfen jedoch nicht der Erlaubnis[218].

Die erfassten Bank- bzw Finanzdienstleistungsgeschäfte müssen gewerbsmäßig oder in einem Umfang betrieben werden, der einen kaufmännischen Geschäftsbetrieb erfordert. Da die **Gewerbsmäßigkeit** geringere Anforderungen stellt[219], hat die zweite **544**

211 Vertiefend *Rennig*, BKR 2020, 23 ff. Die Vorschrift dient der Umsetzung der 5. Geldwäscherichtlinie, vgl BT-Drucks. 19/13827, S. 109. Der Gesetzgeber reagiert aber auch auf die Digitalisierung der Geschäftsmodelle.

212 *Stober*, BT, § 50 II.

213 *Fülbier*, in: Boos/Fischer/Schulte-Mattler, KWG, § 1 Rn 28.

214 Vgl zu deutschem Recht BVerwG, WM 2009, 1553, 1555. Zu den unterschiedlichen Begriffen des deutschen und europäischen Rechts schon *U. H. Schneider*, DB 1991, 1865, 1869.

215 S. Art. 4 Abs. 1 UAbs. 1 KapitaladäquanzVO. Dieser Begriff trat an die Stelle des früheren „Einlagenkreditinstituts".

216 S. a. die Gesetzesbegründung BT-Drucks. 18/2575, S. 196.

217 *Brogl*, in: Reischauer/Kleinhans (Hrsg.), KWG Kommentar, Ergänzungslieferung Juli 2019, § 1 Rn 183.

218 *Fülbier*, in: Boos/Fischer/Schulte-Mattler, KWG, § 1 Rn 165.

219 Der Gesetzgeber wollte mit der Einfügung des Begriffs „gewerbsmäßig" gerade solche Fälle erfassen, in denen der Umfang der Geschäftstätigkeit keine Anforderungen an die Einrichtung eines in kaufmännischer Weise organisierten Geschäftsbetriebes stellt, s. auch VGH Kassel v. 12.12.2007, 6 TG 1743/07.

Variante in der Praxis kaum Bedeutung (s. aber Rn 545). Bankgeschäfte werden dann gewerbsmäßig betrieben, wenn der Betrieb auf gewisse Dauer angelegt ist und Gewinnerzielungsabsicht vorliegt, es gilt also der allgemeine Gewerbebegriff[220]. Auch die Tatsache, dass es sich um Geschäfte „im Freundes- und Bekanntenkreis" handelt, schließt die Gewerbsmäßigkeit nicht aus[221]. Zudem setzt das Betreiben von Bankgeschäften ein **Handeln in eigenem Namen** voraus[222]. Auf die Art und Weise des Vertriebs kommt es dagegen nicht an[223].

545 Im **Fall 46 (Rn 533)**[224] vergibt das Studentenwerk Darlehen und betreibt damit ein Bankgeschäft; ähnliches gilt auch für die sog. „Bürgerdarlehen", die Bürger zweckgebunden für die Finanzierung kommunaler Projekte gewähren. Hier handelt es sich um ein genehmigungspflichtiges Einlagengeschäft der Gemeinde[225]. Dass es sich wohl nur um ein Hilfsgeschäft handelt, spielt genauso wenig eine Rolle wie die Tatsache, dass mit der Darlehensvergabe öffentliche Aufgaben erfüllt werden[226]. Entscheidend ist allein die Frage der Gewerbsmäßigkeit, an der es jedoch fehlt, da die Darlehen zinslos vergeben werden. Gleichwohl wäre das Studentenwerk dann ein Kreditinstitut, wenn das Erfordernis nach einem kaufmännisch eingerichteten Geschäftsbetrieb **objektiv** besteht[227]. Davon geht die Verwaltungspraxis jedenfalls dann aus, wenn mehr als 100 Einzeldarlehen bestehen oder angestrebt werden[228].

546 **bb) Der Inlandsbezug und Internet-Sachverhalte.** Schließlich müssen die **Bankgeschäfte im Inland betrieben** werden. Abzustellen ist dabei im Einklang mit den für das Gewerberecht allg. geltenden Grundsätzen (s. schon Rn 246) für die Lokalisierung des Angebots auf den **Sitz des Unternehmens**, s. auch § 53 Abs. 1 S. 1 KWG.

Problematisch ist das Tatbestandsmerkmal beim grenzüberschreitenden Geschäftsverkehr ohne inländische Präsenz, also vor allem bei **Onlineangeboten**. Stellt man auch dort auf den Sitz ab (sog. institutsbezogener Ansatz), so bedarf diese Tätigkeit keiner Erlaubnis[229]. Die BaFin hingegen verlangt eine Genehmigung auch dann, wenn sich das Angebot „zielgerichtet an den

---

220 VGH Kassel v. 12.12.2007, 6 TG 1743/07; VG Frankfurt, WM 2005, 503, 506; *Fülbier*, in: Boos/Fischer/Schulte-Mattler, KWG, § 1 Rn 18.

221 BVerwG, BKR 2011, 208, 210.

222 Davon abzugrenzen ist die bloße Durchführung für andere, zB im Rahmen outgesourcter Aufgaben. Liegt dabei offene Stellvertretung vor, fordert die BaFin im Grundsatz keine Banklizenz, s. Rn 14 des Rundschreibens des BaKred 11/2001 zur Auslagerung von Bereichen auf ein anderes Unternehmen v. 6.12.2001; *Fülbier*, in: Boos/Fischer/Schulte-Mattler, KWG, § 1 Rn 23.

223 Dies kann durch Zweigstellen, an der Haustür, per Post oder über das Internet erfolgen; zu Letzterem *Koch/Maurer*, WM 2002, 2453, 2481 ff.

224 VG Berlin, NJW-RR 1997, 808.

225 Dazu *Prehn*, DÖV 2011, 174, ausf S. 181 ff zur Gewerbsmäßigkeit; s. auch *Erting*, NVwZ 2009, 1339.

226 Für ein ungeschriebenes Tatbestandsmerkmal allerdings am Beispiel der sog. Bürgerdarlehen *Erting*, NVwZ 2009, 1339, 1344; dagegen zu Recht auch *Prehn*, DÖV 2011, 174, 177.

227 Hierfür spielt der Umfang der Geschäfte eine Rolle und können die Anzahl der Geschäfte, Umsatz, Anlagekapital, Ertrag, Anzahl der Mitarbeiter, Einrichtungen des Unternehmens und Inanspruchnahme von Kredit als Kriterien herangezogen werden, s. BGH, WM 1960, 935; BVerwG, GewArch. 1981, 70; *Fülbier*, in: Boos/Fischer/Schulte-Mattler, KWG, § 1 Rn 20.

228 VG Berlin, NJW-RR 1997, 808, 810. Zu den Anforderungen an das Einlagengeschäft s. *Prehn*, DÖV 2011, 174, 177.

229 S. VGH Kassel, BKR 2005, 160 m. Anm. *Hanten*; *Marwede*, in: Boos/Fischer/Schulte-Mattler, KWG, § 53 Rn 158 ff; dort ausf zum Meinungsstand in Rspr und Lit. in den Rn 122 ff.

Markt wendet, um gegenüber Unternehmen und/oder Personen, die ihren Sitz oder gewöhnlichen Aufenthalt im Inland haben, wiederholt und geschäftsmäßig Bankgeschäfte oder Finanzdienstleistungen anzubieten" (sog. vertriebsbezogener Ansatz)[230]. Es ist zwar richtig, dass ein solches Auswirkungsprinzip nach dem Vorbild des § 130 Abs. 2 GWB völkerrechtlich grundsätzlich zulässig ist und sich mit Anleger- und Kundenschutz auch eine hinreichend enge Verbindung begründen lässt[231]. Die entscheidende Frage ist jedoch, ob das geltende Recht eine solche vorsieht. Dagegen spricht schon der Wortlaut des § 33 Abs. 1 S. 1 Nr 6 KWG, der die Versagung der Erlaubnis vorschreibt, wenn das Institut seine Hauptverwaltung nicht im Inland hat; die Ausnahmen in den §§ 53 ff KWG sind abschließend. Dahinter steht aber auch das gewerberechtliche Verständnis von einer ausschließlichen Zuständigkeit der Aufsichtsbehörde am Sitz des Unternehmens, der vorbehaltlich anderweitiger gesetzlicher Regelungen auch zum Ansatzpunkt „kollisionsrechtlicher" Erwägungen zu nehmen ist (s. zu § 35 Abs. 7 GewO schon Rn 246).

cc) Entscheidungen nach § 4 KWG. § 4 KWG berechtigt die BaFin zur Feststellung, ob ein Unternehmen generell vom Anwendungsbereich des KWG erfasst ist. In einer erweiternden Auslegung dieser Regelung beinhaltet sie ferner die Befugnis zu der Feststellung, ob ein dem KWG unterliegendes Unternehmen verbotene Geschäfte iSv § 3 KWG betreibt[232], nicht jedoch zur Feststellung einzelner sich aus dem KWG ergebenden Verpflichtungen. 547

dd) Befreiung nach § 2 Abs. 4 KWG. Vor allem infolge der sehr weit reichenden und ständig erweiterten Bank- und Finanzdienstleistungsgeschäfte sowie der Erweiterung um das (bloß) gewerbsmäßige Betreiben (s. Rn 544) werden auch solche Unternehmen von den Erlaubnispflichten erfasst, für die kein Interesse an einer vollumfänglichen Unterwerfung unter die KWG-Vorschriften besteht[233]. Es besteht daher gleichzeitig das Bedürfnis nach einer Flexibilisierung der Überwachung. Zu diesem Zweck kann die BaFin gem. § 2 Abs. 4 KWG im Einzelfall bestimmen, „dass auf ein Institut die §§ 1a, 2c, 10 bis 18, 24, 24a, 25, 25a bis 25e, 26 bis 38, 45, 46 bis 46c und 51 Absatz 1 dieses Gesetzes insgesamt nicht anzuwenden sind, solange das Unternehmen wegen der Art der von ihm betriebenen Geschäfte insoweit nicht der Aufsicht bedarf". Dazu gehören also auch die Vorschriften über die Erlaubnispflicht. Dennoch bleibt ein freigestelltes Unternehmen Institut und hat die übrigen Vorschriften des KWG einzuhalten. Eine Befreiung kann nicht nur mit **Auflagen**, sondern auch mit einem **Widerrufsvorbehalt** versehen werden. Außerdem ist die **Rücknahme** der Entscheidung möglich, wenn gegen die Auflagen verstoßen wird oder etwa weitere Bankgeschäfte ohne Erlaubnis aufgenommen werden[234]. Von einer Befreiung zu unterscheiden sind die **gesetzlichen Ausnahmen in den § 2 Abs. 1 bis 3 und 6 bis 10 KWG**. Diese bestimmen, welche Unternehmen nicht als Institute iSd § 1 Abs. 1b KWG gelten und/oder in welchem Umfang sie KWG-Vorschriften anzuwenden haben. 548

---

230 Merkblatt – Hinweise zur Erlaubnispflicht nach § 32 Abs. 1 KWG in Verbindung mit § 1 Abs. 1 und Abs. 1a KWG von grenzüberschreitend betriebenen Bankgeschäften und/oder grenzüberschreitend erbrachten Finanzdienstleistungen v. 1.4.2005 (veröffentlicht auf der Homepage); ebenso VG Frankfurt, WM 2004, 1917; WM 2005, 503, 512 (Vorlage an den EuGH); BKR 2007, 341; *Ohler*, EuZW 2006, 691, 693.

231 *Ohler*, WM 2002, 162, 165 ff; *ders.*, EuZW 2006, 691, 693; *Rögner*, WM 2006, 745, 748.

232 VG Köln v. 2.3.2004, 14 K 1607/02; *Fülbier*, in: Boos/Fischer/Schulte-Mattler, KWG, § 4 Rn 2.

233 Vgl dazu näher und mwN *Fülbier*, in: Boos/Fischer/Schulte-Mattler, KWG, § 4 Rn 37 ff.

234 BVerwG, WM 1971, 1255.

549 Im **Fall 44 (Rn 531)**[235] liegen Bankgeschäfte vor, so dass eine Feststellung nach § 4 KWG ausscheidet. Allerdings kommt für das Studentenwerk die Erteilung einer Ausnahme in Betracht, auf die jedoch – anders als auf eine Entscheidung nach § 4 – kein Anspruch besteht. Maßgebliche **Kriterien** für die Befreiung können Art der Geschäfte, der Kundenkreis (zB nur eigene Gesellschafter) und Risiken für Dritte sein. Auf den Umfang der Geschäfte kommt es nach dem Wortlaut der Vorschrift nicht an. In der bisherigen **Verwaltungspraxis** hat die BaFin eine Freistellung nach Absatz 4 im Allgemeinen eingeräumt[236], wenn das Unternehmen Bankgeschäfte nur als Hilfs- oder Nebengeschäft von untergeordneter Bedeutung betreibt. Auch bei einer rechtlich selbstständigen Stiftung, die nur gemeinnützige Zwecke verfolgt, ging die BaFin davon aus, dass diese einer Aufsicht nicht bedarf[237]. Trotz der teilweisen Freistellung bleibt das Unternehmen Institut und hat die übrigen KWG-Vorschriften einzuhalten.

550 ee) **Maßnahmen bei nicht erlaubtem Betreiben von Bankgeschäften oder Finanzdienstleistungen.** Werden Bankgeschäfte oder Finanzdienstleistungen ohne die erforderliche Erlaubnis betrieben, kann die BaFin nach § 37 Abs. 1 KWG nicht nur die **sofortige Einstellung der Geschäfte** verlangen[238], sondern auch die unverzügliche **Abwicklung** anordnen. Das Ermessen verdichtet sich grundsätzlich zu einer Pflicht zum Einschreiten[239]. Die Anordnung zur unverzüglichen Abwicklung kann dabei ohne Rücksicht auf die zivilrechtlichen Rechtsverhältnisse ergehen, ohne allerdings diese unmittelbar umzugestalten[240]. Das BVerwG hat zwischen der Anordnung nach § 37 KWG „im aufsichtsrechtlichen Verhältnis" der BaFin zu dem betroffenen Unternehmen und der zivilrechtlichen Wirksamkeit getrennt[241].

551 Im **Fall 46 (Rn 533)** stellt sich daher die Frage, ob auch die Rückzahlung der ausgezahlten Darlehen durch die Studenten angeordnet werden müsste, wenn es nicht zu einer Ausnahmeregelung gekommen wäre. Das VG Frankfurt ging von einem intendierten Ermessen aus, so dass im Fall des Vorliegens der Tatbestandsvoraussetzungen die Abwicklung auch regelmäßig geboten ist[242]. Allerdings könnte sich im vorliegenden Fall daraus etwas anderes ergeben, da die Darlehen an Studierende erteilt wurden, die darauf angewiesen sind. Es stellt sich also die Frage, ob dieser besondere Aspekt und allg. das Anlegerinteresse bei der Rücknahmeentscheidung zu berücksichtigen ist. Das BVerwG hat dies unter Hinweis auf den fehlenden subjektivrechtlichen Schutz der bankaufsichtsrechtlichen Vorschriften verneint[243], letztlich um ein „Schattenbanksystem" zu vermeiden. Im Fall der Bürgerdarlehen hat die BaFin allerdings auf eine Anordnung der sofortigen Rückzahlung verzichtet[244]. Al-

---

235 VG Berlin, NJW-RR 1997, 808.

236 S. dazu *Fülbier*, in: Boos/Fischer/Schulte-Mattler, KWG, § 4 Rn 41 mwN.

237 VG Berlin, NJW-RR 1997, 808, 810.

238 Vgl auch BVerwG, NZG 2011, 114 zur Abwicklungsuntersagung betreffend bestimmte Portfoliogeschäfte gegenüber einer GbR. Zur erheblichen praktischen Bedeutung solcher Untersagungsverfügungen s. *Fischer*, in: Boos/Fischer/Schulte-Mattler, KWG, § 37 Rn 1. Erfasst werden nicht nur die ohne Erlaubnis nach § 32 KWG betriebenen, sondern auch nach § 3 KWG verbotene Geschäfte.

239 Zur Einstellungsverfügung BVerwGE 122, 29, 49; ebenso Urt. v. 22.4.2009, BVerwG 8 C 2.09; offengelassen für die Rückzahlungsanordnung von BVerwG, BKR 2011, 208.

240 BVerwG, BKR 2011, 208; die Vorinstanz VGH Kassel, WM 2009, 1889 qualifizierte demgegenüber die Anordnung nach § 37 KWG als privatrechtsgestaltenden Verwaltungsakt.

241 BVerwG, BKR 2011, 208, 210; s. auch *Mai*, BKR 2011, 199.

242 S. nur VG Frankfurt, Urt. v. 21.2.2008, Rs 1 E 5085/01.

243 BVerwG, BKR 2011, 208, 210; anders die Vorinstanz VGH Kassel, WM 2009, 1889, 1893.

244 Dazu *Prehn*, DÖV 2011, 174, 179.

lerdings stellt sich weiter die Frage, ob die BaFin an der Anordnung deshalb gehindert ist, weil das Verbot des § 32 KWG wohl nicht zur Nichtigkeit der zivilrechtlichen Verträge führt (s. bereits Rn 33).

ff) Exkurs: Der Binnenmarkt für Finanzdienstleistungen. Ein in seinem Heimatland zugelassenes CRR-Kreditinstitut bzw Wertpapierhandelsunternehmen kann sich gem. § 53b Abs. 1 S. 1 KWG **in Deutschland ohne Erlaubnis des Aufnahmemitgliedstaats niederlassen und alle Geschäfte ausüben, die nach seinem Heimatrecht zulässig** sind (sog. europäischer Pass). Die Errichtung von Zweigstellen[245] ausländischer Banken ist lediglich (gegenüber der Heimatbehörde) anzeigepflichtig[246]. Dagegen gilt der europäische Pass nicht für die Gründung von rechtlich selbstständigen Tochterunternehmen im EWG-Ausland. In diesem Fall kommt das Recht des Aufnahmestaates voll zur Anwendung. Die Regelungen sind europarechtskonform auszulegen, insbes wirkt Art. 49 AEUV als Beschränkungsverbot. Der europäische Pass berechtigt ein zugelassenes Kreditinstitut zudem, in einem anderen Mitgliedstaat im Rahmen der **Dienstleistungsfreiheit** tätig zu werden; dafür bestehen ebenfalls Anzeigepflichten (Art. 39 KapitaladäquanzRL bzw § 24a Abs. 3 KWG). Die Anzeige ist jeweils bei der Behörde des Heimatmitgliedstaats zu erstatten und berechtigt im Falle der Zweigstellenerrichtung erst nach Ablauf der der zuständigen Behörde des Aufnahmemitgliedstaats zustehenden zweimonatigen Vetofrist (§ 53b Abs. 2 KWG) zur Erbringung der Bankgeschäfte bzw Finanzdienstleistungen. Die grenzüberschreitende Dienstleistungserbringung hingegen ist bereits nach Vornahme der Anzeige zulässig[247]. Deutsche Institute, die grenzüberschreitend tätig werden möchten, haben dagegen gem. § 24a Abs. 3 S. 4 KWG zumindest die Unterrichtung der Behörde des Aufnahmestaats (oder entsprechend den Ablauf dieser Frist) abzuwarten[248]; ein Vetorecht besteht indes auch hier nicht. 552

An diesem System ändert sich im SSM – auch bei Vorhandensein einer EZB-Erlaubnis – abgesehen von den Mitteilungspflichten der Behörden ggü der EZB nichts. Bzgl bedeutender Institute steht jedoch der EZB das Vetorecht bei Zweigstellenerrichtung zu (Art. 11 Abs. 3 SSM-RahmenVO). Dieses Verfahren weist somit eine gewisse Ähnlichkeit zum Zulassungsverfahren nach Art. 14 SSM-VO, 73 ff SSM-RahmenVO auf, was insofern die Grenze zwischen den Instrumenten Genehmigungs- und Anzeigeverfahren verwischt (s. den Unterschied der Zweigstellenanzeige zur Anzeige nach § 14 GewO, dazu oben Rn 272 ff). Damit besitzt insofern auch der von der EZB ausgestellte „europäische Pass" keine größere Reichweite als der bisherige[249].

245 Art. 4 Abs. 1 Nr 17 KapitaladäquanzVO definiert Zweigstelle als Betriebsstelle, die einen rechtlich unselbständigen Teil eines Instituts bildet.

246 Dies folgt aus Art. 35 KapitaladäquanzRL bzw der jeweiligen Umsetzungsnorm des Heimatmitgliedstaats; für deutsche Institute, die im EWR-Ausland Zweigstellen errichten wollen, ist in diesen Fällen § 24a Abs. 1 KWG einschlägig.

247 *Vahldiek*, in: Boos/Fischer/Schulte-Mattler, KWG, § 53b Rn 80.

248 Vgl auch *Braun*, in: Boos/Fischer/Schulte-Mattler, KWG, § 24a Rn 43. Dies bedeutet iE eine Schlechterstellung deutscher Institute.

249 Die Kongruenz ergibt sich bereits aus dem Wortlaut des Art. 4 Abs. 1 SSM-VO („Zulassung zur Aufnahme der Tätigkeit eines Kreditinstituts in einem teilnehmenden Mitgliedstaat"). Über die Tätigkeit in anderen Mitgliedstaaten wird damit trotz Vorliegen eines unionsrechtlichen Beschlusses nichts ausgesagt (vgl auch Art. 78 Abs. 5 SSM-RahmenVO), weswegen die allgemeinen Vorschriften greifen.

Auch die Beaufsichtigung der laufenden Geschäftstätigkeit der Zweigstellen obliegt primär der Aufsichtsbehörde des Herkunftslandes (Art. 49 KapitaladäquanzRL). Die Behörden des Herkunftsstaats bleiben bis zur weiteren Koordinierung mit der Überwachung der Liquidität der Zweigniederlassung eines Kreditinstituts in Zusammenarbeit mit der zuständigen Behörde des Aufnahmestaats beauftragt (zu den Einzelheiten Art. 50 ff KapitaladäquanzRL. Rechtsgrundlage für die Beaufsichtigung von Zweigstellen deutscher Kreditinstitute durch die BaFin im EU-Ausland ist dabei das KWG. Das Recht des Aufnahmestaates muss entsprechende Duldungspflichten vorsehen wie sie § 53b Abs. 6 KWG für den umgekehrten Fall der Prüfung durch ausländische Behörden enthält. Zu beachten ist insbes, dass sich § 24a KWG (bzw Art. 35 ff KapitaladäquanzRL) nur auf CRR-Kreditinstitute und Wertpapierhandelsunternehmen erstreckt, sodass andere Institute diesen Anzeigepflichten nicht unterliegen. Der Gedanke eines europäischen Passes wurde auf andere Bereiche der Finanzmarktdienstleistungsaufsicht übertragen, namentlich auf die Wertpapierfirmen (Art. 34, 35 MiFID II).

553 Diese Grundsätze gelten nicht für **Unternehmen aus Drittstaaten**. Unionsrechtlich sind die Mitgliedstaaten verpflichtet, auf Zweigstellen von Kreditinstituten mit Sitz in einem Drittstaat für die Aufnahme und Ausübung ihrer Tätigkeiten keine Bestimmungen anzuwenden, welche diese günstiger stellen würden als die Zweigstellen von Banken mit Sitz in der Union. Daher unterliegen Kreditinstitute und deren Zweigstellen aus Drittstaaten grundsätzlich der Aufsicht und der Genehmigungspflicht nach dem KWG. Ob und inwieweit dies auch ohne physische Präsenz in Deutschland gilt, ist allerdings umstritten (s. schon Rn 546)[250].

c) Die Frequenzvergabe als Beispiel einer staatlichen Allokationsentscheidung

554 Da der Vorrat an nutzbaren Frequenzen begrenzt ist und gleichzeitig die Einsatzmöglichkeiten ständig zunehmen, werden Frequenzen zu einer potentiell knappen Ressource, deren Nutzung der staatlichen Koordinierung und Steuerung bedarf: Jede Frequenznutzung erfordert eine vorherige Zuteilungsentscheidung, soweit im TKG nichts anderes bestimmt ist, § 55 Abs. 1 S. 1 TKG. Für die Frequenzzuteilung gibt es nach § 55 Abs. 2 und 3 TKG zwei Varianten: die Allgemein- und die Einzelzuteilung. Die **Allgemeinzuteilung** nach Abs. 2 regelt die Benutzung einer Frequenz durch die Allgemeinheit oder Teile derselben und ist der gesetzliche Regelfall; es handelt sich um eine Allgemeinverfügung iSv § 35 S. 2 VwVfG.

Anknüpfungspunkt des § 55 TKG ist der Begriff der Frequenznutzung[251]. Nach § 3 Nr 9 TKG setzt Nutzung die *Ausstrahlung oder Abstrahlung* elektromagnetischer Wellen voraus; mangels Frequenznutzung ist also keine Frequenzzuteilung erforderlich, wenn sich die Verwendung der Frequenz nur innerhalb eines Gerätes vollzieht und keine elektromagnetischen Wellen freigesetzt werden. Die eigentliche Frequenzzuteilung ist eingebettet in die staatliche Frequenzplanung und -überwachung. **§ 52 Abs. 1 TKG bildet die Zentralnorm** dieses Abschnittes Fre-

250 Bei inländischen Repräsentanzen ausländischer Institute, die in ihrem Herkunftsstaat befugt sind Bankgeschäfte oder Finanzdienstleistungen zu erbringen, ist die Anzeige der Absicht der Errichtung bzw des Vollzugs der Absicht gegenüber BaFin und Bundesbank ausreichend (§ 53a S. 1, 2 KWG). Eine Repräsentanz darf allerdings keine Bankgeschäfte oder Finanzdienstleistungen oder auch nur Teilakte derselben erbringen.

251 Die Funktechnik nutzt die Ausbreitung elektromagnetischer Wellen zur Übertragung von Nachrichten. Diese lassen sich in verschiedene Frequenzen unterteilen. Frequenzen sind physikalische Merkmale von Schwingungen. Die Anzahl von Schwingungen in einer bestimmten Zeit wird als Frequenz bezeichnet und in Hertz gemessen.

quenzordnung und enthält in komprimierter Form die **vollständige Systematik der Frequenzregulierung**, von den Zielen, die mit der Frequenzregulierung erreicht werden sollen, bis hin zu den dazu eingesetzten Mitteln. Danach werden die Frequenzbereichszuweisung, die Aufstellung des Frequenzplans nach § 54 TKG[252], die eigentliche Frequenzzuteilung sowie die Überwachung der Frequenznutzungen unterschieden. Mit der Better-Regulation-Richtlinie 2009 wurde das Frequenznutzungsregime weiter flexibilisiert. Bei der nunmehr anstehenden Novelle werden sich erhebliche weitere Änderungen ergeben.

Eine **Einzelzuteilung** nach § 55 Abs. 3 TKG erfolgt (nur) dann, wenn aus Gründen der effizienten und störungsfreien Frequenznutzung eine Allgemeinzuteilung nicht möglich ist[253]. § 55 Abs. 5 TKG enthält eine abschließende Aufzählung der **Voraussetzungen für den Erlass einer Frequenzzuteilung**. Die Frequenzzuteilung erweist sich als Berufszulassungsschranke und muss sich an den Vorgaben des Unionsrechts und ggf des Art. 12 GG messen lassen. Liegen die gesetzlichen Voraussetzungen vor, hat der Einzelne einen Anspruch auf ihre Zuteilung[254]. Insoweit übernimmt die Frequenzzuteilung eine ähnliche Funktion wie die bereits vorgestellten Genehmigungstatbestände im EnWG und TKG: Sie ermöglichen eine präventive Kontrolle von Zuverlässigkeit, (wirtschaftlicher) Leistungsfähigkeit und Sachkunde eines Anbieters[255], die sich hinter dem rechtstechnisch nicht überzeugenden Verweis des § 55 Abs. 4 TKG auf Anhang B der Richtlinie 2002/20/EG verbergen. Allerdings benachteiligen die von der BNetzA aufgestellten **Anforderungen an die Darlegungen und Nachweise zur finanziellen Leistungsfähigkeit der Bewerber** kleine und mittlere Unternehmen[256]. 555

aa) Das Verteilungsverfahren bei Frequenzknappheit. In Fällen der Frequenzknappheit wird die Frequenzzuteilung zur staatlichen Allokationsentscheidung nach Maßgabe der §§ 55 Abs. 3 ff, 61 TKG. Art. 7 Abs. 3 GenehmigungsRL 2009 verlangt, dass die Zuteilung von Frequenzen generell auf objektiven, transparenten, nichtdiskriminierenden und angemessenen Kriterien beruht, schreibt jedoch kein bestimmtes Vergabeverfahren vor[257]. Sie kann also auf Antrag eines Interessenten nach dem Prioritätsgrundsatz erfolgen, sofern ausreichend Frequenzen zur Verfügung stehen. Ist allerdings Frequenzknappheit zu besorgen, vergibt die Regulierungsbehörde 556

252 Beim früher als Frequenz*nutzungs*plan bezeichneten Frequenzplan handelt es sich um eine Verwaltungsvorschrift, s. BT-Drucks. 17/5707 S. 129; die FrequenznutzungsplanaufstellungsVO mit ihren umfangreichen, an das Aufstellungsverfahren eines Bebauungsplans erinnernden Beteiligungsrechten wurde aufgehoben.

253 S. zur Allgemeinzuteilung nach § 55 Abs. 2 *Marwinski*, in: Arndt/Scherer/Fetzer, TKG, § 52 Rn 10 f.

254 Ausdrücklich auch BVerwG, NVwZ 2009, 1558, 1559. Dies ergibt sich auch aus Art. 5 Abs. 2 GenehmigungsRL (2002/20/EG).

255 BVerwG v. 4.6.2015 – 6 B 1.15.

256 Darin sah BVerfG, NVwZ 2014, 1226 allerdings keinen Verfassungsverstoß, sofern es um die Versorgung des ganzen Bundesgebiets geht.

257 S. auch *Ruthig*, in: Arndt/Fetzer/Scherer, TKG, § 61 Rn 1. Allerdings steht das Unionsrecht einem Einsatz des Versteigerungsverfahrens auch nicht entgegen, vgl *Koenig*, K&R 2001, 41; *Storr*, K&R 2002, 67, 72. In den anderen EU-Mitgliedstaaten wurde teilweise das Versteigerungsverfahren eingeführt (Frankreich, Polen, Österreich, Vereinigtes Königreich), tlw aber auch am Ausschreibungsverfahren (beauty contest) festgehalten, s. auch *Kämmerer*, NVwZ 2002, 161, 165; ausf *Sokol*, Va. J.L. & Tech, 6 (2001), 17.

die entsprechenden Frequenzen in einem zweistufigen Vergabeverfahren[258]. Auf der ersten Stufe (Konzeptphase) wird über die Frage des „Wie“ der Vergabe entschieden, bevor dann das eigentliche Vergabeverfahren stattfindet. In der Praxis entscheidet die Präsidentenkammer (§ 132 Abs. 3 TKG) zuvor über die Eröffnung des Verfahrens und fordert potentielle Antragsteller auf, innerhalb einer festgelegten Frist Anträge auf Frequenzzuteilung bei der Regulierungsbehörde zu stellen[259]. Nach Ablauf der Antragsfrist überprüft sie, ob tatsächlich Frequenzknappheit vorliegt.

557 Die **Konzeptphase** beginnt mit der Anordnung der **Durchführung eines Vergabeverfahrens nach § 55 Abs. 10 S. 1 TKG**. Mit dieser[260] verwandelt sich der Anspruch auf Einzelzuteilung von Frequenzen (§ 55 Abs. 3 S. 1, Abs. 5 S. 1 TKG) in einen Anspruch auf chancengleiche Teilnahme am Vergabeverfahren[261]. Zulässig ist die Durchführung eines Vergabeverfahrens daher schon wegen Art. 12 GG nur, wenn auch tatsächlich Frequenzknappheit vorliegt. Eine solche kann sich entweder aus der bereits feststehenden Tatsache eines Antragsüberhangs oder aus der Prognose einer mangelnden Verfügbarkeit von Frequenzen ergeben[262].

Ein **Beurteilungsspielraum** steht der Regulierungsbehörde bei der Feststellung als solcher nach Ansicht des BVerwG nicht zu, was sich vor allem aus der Grundrechtsrelevanz der Maßnahme ergibt[263]. Die Vergabeanordnung mit der Frequenzversteigerung als Regelfolge stelle sich, so das BVerwG, „als eine objektive Berufszulassungsschranke dar, die nur als Konsequenz einer durch Frequenzbewirtschaftung zu bewältigenden Knappheitssituation mit Art. 12 Abs. 1 GG vereinbar ist“[264]. Allerdings ist auch der Einsatz des Versteigerungsverfahrens in den Knappheitssituationen grundrechtlich geboten. Liegt nämlich Frequenzknappheit vor, ist die Ermessensentscheidung („kann“) der Bundesnetzagentur infolge der Grundrechtsbindung (Art. 12 Abs. 1, Art. 3 Abs. 1 GG) und des unionsrechtlichen Diskriminierungsverbotes (Art. 5 Abs. 2 UAbs. 2, Art. 7 Abs. 3 GenehmigungsRL) regelmäßig im Sinne des Erlasses einer Vergabeanordnung vorgeprägt[265].

558 Auf der Grundlage einer erneuten **Anhörung „der betroffenen Kreise“** entscheidet die Bundesnetzagentur über die **Wahl des Versteigerungs- oder des Ausschreibungsverfahrens**, § 61 Abs. 1 S. 2 TKG.

---

258 S. näher *Marwinski*, in: Arndt/Fetzer/Scherer, TKG, § 55 Rn 45 ff.

259 Dieser Schritt ist allerdings nach § 55 Abs. 9 TKG nicht zwingend geboten, s. BVerwG v. 23.3.2011 – 6 C 6.10, 6 C 6/10 Rn 21.

260 Damit untrennbar verbunden ist die Entscheidung, welche Frequenzen in eine gemeinsame Versteigerung überhaupt einbezogen werden, die jedoch jedenfalls nicht isoliert angegriffen werden kann, s. dazu BVerwG v. 23.3.2011 – 6 C 6.10, 6 C 6/10 Rn 17.

261 BVerwG v. 23.3.2011 – 6 C 6.10, 6 C 6/10 Rn 13.

262 BVerwG v. 26.1.2011 – BVerwG 6 C 2.10; v. 23.3.2011 – 6 C 6.10, 6 C 6/10. Die BNetzA kann auch eine „künstliche“ Knappheit hervorrufen. Dies ergibt sich insbes daraus, dass die Regulierungsbehörde bei der Zuteilung von Frequenzen dafür Sorge tragen muss, dass der Frequenzzuteilungsempfänger ein ausreichend großes Frequenzspektrum erhält, um seine beabsichtigten Nutzungen auch tatsächlich in einem wirtschaftlich sinnvollen Rahmen ausüben zu können, s. *Marwinski*, in: Arndt/Fetzer/Scherer, TKG, § 55 Rn 47.

263 BVerwG v. 23.3.2011 – 6 C 6.10, 6 C 6/10 Rn 19; ähnlich *Schulz*, Lizenzvergabe bei Frequenzknappheit, 2003, S. 59 ff. Einen Entscheidungsspielraum bejahten wegen des prognostischen Gehalts der Entscheidung OVG Münster, DVBl 2009, 51, 54; *Grzeszik*, ZUM 1997, 911, 915 f; *Wollenschläger*, Verteilungsgerechtigkeit, 2010, S. 433.

264 BVerwG v. 23.3.2011 – 6 C 6.10, 6 C 6/10 Rn 21.

265 BVerwG v. 26.1.2011 – BVerwG 6 C 2.10, Rn 25 mwN.

Nicht zulässig sind also die sonstigen denkbaren Verteilungsverfahren, der Prioritätsgrundsatz und die Lotterie (dh ein Losverfahren)[266]. Für die Entscheidung zwischen den beiden zulässigen Verfahren räumt das Gesetz der BNetzA kein Ermessen ein[267]. Vielmehr hat nach § 61 Abs. 2 S. 1 TKG das Versteigerungsverfahren Vorrang, falls es nicht ausnahmsweise zur Erreichung der Regulierungsziele nicht geeignet ist[268]. Dennoch nimmt das BVerwG auf der Tatbestandsseite eine Einschätzungsprärogative an, diese rechtfertige sich „aus der Notwendigkeit, zur Bestimmung der Geeignetheit bzw Ungeeignetheit des Versteigerungsverfahrens in eine komplexe Abwägung der Regulierungsziele einzutreten, was die Gewichtung und den Ausgleich gegenläufiger öffentlicher und privater Belange einschließt"[269]. Gleichzeitig jedoch leitet das BVerwG aus den nicht als abschließend zu verstehenden Regelbeispielen des § 61 Abs. 2 S. 2 TKG, in denen die Versteigerung ausnahmsweise ungeeignet sei, das Erfordernis einer Abgrenzung des sachlich und räumlich relevanten Marktes nach dem Bedarfsmarktkonzept (vgl auch § 10 TKG) ab. Die gesetzliche Regelung sei „als ein qualifizierter Prüfauftrag in dem Sinne zu verstehen, dass die Bundesnetzagentur die Verfahrensart in den angesprochenen Fallkonstellationen mit Blick auf die Sicherstellung der Regulierungsziele einer detaillierten Eignungsprüfung zu unterziehen hat"[270].

Außerdem muss die BNetzA die **Mindestvoraussetzungen** festlegen, die ein Antrag- 559
steller erfüllen muss (§ 61 Abs. 4 S. 2 Nr 1–4 TKG) sowie die **Modalitäten der Versteigerung**, das Auktionsdesign (s. näher Rn 562 f). Zu diesem gehört auch die Frage einer Mindestausstattung, aber auch von Bietrechtsbeschränkungen[271]. Nach § 61 Abs. 3 S. 2 Nr 4 TKG bestimmt die Bundesnetzagentur vor Durchführung eines Vergabeverfahrens auch die **Frequenznutzungsbestimmungen**. Insoweit sind Ausbau- und Roamingverpflichtungen denkbar (dazu Rn 560). Beim Roaming nutzen die Kunden anderer Anbieter die Netzinfrastruktur, um so Versorgungsengpässe zu minimieren. Diese sind als Instrument der Marktregulierung in § 21 Abs. 2 Nr 4 TKG ausdrücklich genannt, was aber keine Sperrwirkung für entsprechende Nutzungsbedingungen oder Auflagen darstellt[272].

Eine solche Festlegung stellt auch die Ausbauverpflichtung in **Fall 45a (Rn 532)**[273] dar. Als 560
möglichen Inhalt der Frequenznutzungsbestimmungen nennt die Vorschrift ausdrücklich

266 Beide bedeuten praktisch einen Verzicht auf eine Auswahlentscheidung, da Leistungsfähigkeit und Sachkunde des Unternehmens als Auswahlkriterium keine Rolle spielen. Vor allem von einer Lotterie werden Interessenten angezogen, die die Frequenz nicht selbst nutzen, sondern veräußern wollen; dies ist wirtschaftlich durch eine Übertragung von Unternehmensanteilen selbst dann möglich, wenn das Recht zur Übertragung der Frequenz beschränkt wird und ein Sekundärmarkt nicht existiert. S. zur ökonomischen Bewertung näher *Felder*, Frequenzallokation in der Telekommunikation, 2004, S. 115 ff.

267 BVerwG v. 23.3.2011 – 6 C 6.10, 6 C 6/10 Rn 27.

268 Das ist zB zum einen der Fall, wenn schon Auswahlverfahren durchgeführt wurden, zum anderen, wenn gesetzlich begründete Ansprüche wie zB Polizeifunk oder Ansprüche von Betreibern von Rundfunksendeanlagen auf Zuteilung von Frequenzen vorgehen. Ausdrücklich ausgeschlossen wurde seine Anwendung für die zur Übertragung von Rundfunk vorgesehenen Frequenzen, § 61 Abs. 2 S. 3 TKG. Zu einer weiteren Variante – Entscheidung für eine befristete Verlängerung bisheriger Frequenzzuteilungen, um später ein gesamtes Spektrum neu vergeben zu können, s. VG Köln v. 17.11.2010 – 21 K 5862/09.

269 BVerwG v. 23.3.2011 – 6 C 6.10, 6 C 6/10 Rn 27 mwN.

270 BVerwG v. 23.3.2011 – 6 C 6.10, 6 C 6/10 LS 2 und Rn 28 ff; s. auch *Hahn/Hartl/Dorsch*, in: Scheuerle/Mayen, TKG § 55 Rn 20 f.

271 Obiter dazu BVerwG v. 23.3.2011 – 6 C 6.10, 6 C 6/10 Rn 36 ff.

272 Vgl auch auch VG Köln, BeckRS 2020, 6478. Näher zu den Roamingverpflichtungen *Rossi/Sandhu*, MMR 2019, 90.

273 S. auch VG Köln, BeckRS 2020, 6478.

den Versorgungsgrad bei der Frequenznutzung und seine zeitliche Umsetzung[274]. Allerdings stellt sich die Frage, ob sich B bereits jetzt gegen die Ausbauverpflichtungen wenden kann, obwohl noch nicht feststeht, dass ihm überhaupt eine Frequenz zugeteilt werden wird. Dies ist ein Problem der Klagebefugnis. Da die Bedingungen den bereits zugelassenen Unternehmen mitgeteilt werden, sind diese Adressaten der Regelung. Allerdings stellt sich die Frage, ob sie das Unternehmen bereits (gegenwärtig) betrifft. Insoweit müsste man darauf abstellen, dass das Unternehmen sich schon jetzt auf die Ausbauverpflichtungen einstellen muss und – so trägt es B auch vor – die finanziellen Risiken zu tragen hat. Es ist sogar gerade der Sinn der Vorschrift, dass Bewerber möglichst frühzeitig erkennen sollen können, welchen Inhalt eine Frequenzzuteilung besitzen wird, insbes welche Verpflichtungen für den Zuteilungsinhaber damit verbunden sind. Deshalb werden die Ausbauverpflichtungen bereits aufgrund dieses Verwaltungsakts rechtsverbindlich und nicht erst als Nebenbestimmungen der Zuteilungsentscheidung (näher zu dieser Differenzierung Rn 565). Damit steht auch § 44a VwGO dem isolierten Vorgehen nicht entgegen und ist die Klagebefugnis zu bejahen. Da die Entscheidung durch die Beschlusskammer ergeht, ist ein Vorverfahren nach § 137 Abs. 2 TKG entbehrlich. Im Rahmen der Begründetheitsprüfung spricht das BVerwG bei der Festlegung dieser Vergabebedingungen der BNetzA einen gerichtlich nur eingeschränkt überprüfbaren Ausgestaltungsspielraum auf der Rechtsfolgenseite zu. Die gerichtliche Kontrolle ist also darauf beschränkt, ob die Bundesnetzagentur – von der Einhaltung der Verfahrensbestimmungen abgesehen – von einem richtigen Verständnis der gesetzlichen Begriffe ausgegangen ist, den erheblichen Sachverhalt vollständig und zutreffend in den Blick genommen hat und bei der eigentlichen Bewertung im Hinblick auf die in § 61 Abs. 3 S. 2 TKG ausdrücklich hervorgehobenen Kriterien widerspruchsfrei und plausibel argumentiert und insbes das Willkürverbot nicht verletzt hat[275]. Bezugspunkt der Bestimmung des Versorgungsgrades ist der gesetzliche Zweck im Sinne des § 1 TKG, flächendeckend angemessene und ausreichende Dienstleistungen zu gewährleisten[276]. Trotz des eingeschränkten Überprüfungsspielraums müssen die Ausbauverpflichtungen jedenfalls mit den Regulierungszielen des § 2 TKG in Einklang stehen. Daher ist sehr wohl eine gerichtliche Kontrolle denkbar (allgemein schon Rn 529). Im Ergebnis dürfte es ausgeschlossen sein, die mit der Versteigerung verfolgten Ausbaustrategien gerichtlich zu überprüfen. Andererseits lässt es sich gut vertreten, von der BNetzA jedenfalls eine genauere Analyse der wirtschaftlichen Machbarkeit zu verlangen.

561 Nachdem in der Konzeptphase die Bedingungen festgelegt wurden, erfolgt die eigentliche Vergabe[277], die mit der Bekanntmachung der Verfahrensart und der Modalitäten der Vergabe beginnt. Beim Versteigerungsverfahren steht mit Abschluss der Versteigerung der erfolgreiche Bewerber fest, (nur) beim Ausschreibungsverfahren hat die

274 Dazu BVerwG, Urteil vom 22.6.2011 – 6 C 40.10 –, juris (Rn 41); ferner BVerwG, Urteil vom 10.10.2012 – 6 C 36.11 –, juris (Rn 30).

275 BVerwG, Urteil vom 10.10.2012 – 6 C 36.11 (Rn 38). Zugleich löse der Umstand, dass die betreffende Verwaltungsentscheidung mit einem Eingriff in Grundrechte, insbes dasjenige aus Art. 12 Abs. 1 GG, verbunden ist, kein Verbot einer Letztentscheidungsermächtigung aus, vgl BVerwG, Urteil vom 22.6.2011 – 6 C 40.10 –, juris (Rn 15 ff); zu § 61 Abs. 4 S. 1 TKG ebenso BVerwG, Urteil vom 23.3.2011 – 6 C 6.10 –, juris (Rn 38); zur Verfassungsmäßigkeit BVerfG, Beschluss vom 22.4.2014 – 1 BvR 2160/11 –, juris (Rn 22).

276 BVerwG, Urteil vom 10.10.2012 – 6 C 36.11 (Rn 30); *Hahn/Hartl/Dorsch*, in: Scheurle/Mayen (Hrsg.), TKG, 3. Aufl. 2018, § 61, Rn 33. Ihre Verbindlichkeit hängt gerade nicht davon ab, dass sie von Bewerbern individuell zugesagt werden, aA insoweit *Fetzer*, MMR 2018, 63, 67.

277 Ausf dazu *Wollenschläger*, Verteilungsgerechtigkeit, 2010, S. 437 ff.

BNetzA eine Auswahlentscheidung zu treffen[278]. Während die vorbereitenden Entscheidungen einer Beschlusskammer übertragen sind, erfolgt die abschließende Frequenzzuteilung außerhalb des Beschlusskammerverfahrens (§ 61 Abs. 1 S. 3 TKG).

bb) Insbes: Versteigerung als Verwaltungsverfahren. Bisher noch nicht höchstrichterlich geklärt sind die Anforderungen an die Versteigerungsbedingungen. Wie beim Überblick über das Verfahren deutlich wurde, ersetzt die Versteigerung ein staatliches Vergabeverfahren nicht, sie wird vielmehr zu dessen integralem Bestandteil und ist daher Ausdruck einer **Ökonomisierung des Verwaltungsverfahrens** nach US-amerikanischem Vorbild (s. schon Rn 18). Die ökonomische Logik beruht auf der Erwartung des Gesetzgebers, das effizienteste Unternehmen werde auch die größte Zahlungsbereitschaft aufweisen[279]. Das zentrale rechtliche Problem ist in der Frage zu sehen, inwieweit das Versteigerungsverfahren sich als geeignetes *Verwaltungs*verfahren zur Allokation knapper Güter darstellt[280]. **562**

Die Regelung in § 61 TKG entspricht im Wesentlichen § 11 TKG aF, auf dessen Grundlage vor allem die Versteigerung der UMTS-Lizenzen 2001 für knapp 50 Mrd. EUR. durchgeführt worden war. Die damalige Kritik betraf primär finanzverfassungsrechtliche Aspekte, das Verhältnis von Versteigerungserlös und den Grundsätzen für Verwaltungsgebühren und vor allem die Verteilung der Versteigerungserlöse[281]. Im Zentrum muss demgegenüber Art. 12 GG stehen, wie die Entscheidungen des BVerwG zur Verfahrensgestaltung deutlich gemacht haben. Der Anspruch auf Frequenzerteilung und damit Marktzutritt wird – wie in anderen Knappheitssituationen auch – zum **Anspruch auf Beteiligung an einem transparenten, nichtdiskriminierenden Vergabeverfahren** (s. schon Rn 106). Es ist also auch zu fragen, ob eine „staatliche Zuteilung durch Versteigerung" mit den Anforderungen des Art. 12 GG an ein solches transparentes und nichtdiskriminierendes Verfahren zu vereinbaren ist. Nach der Numerus clausus-Rechtsprechung[282] müssen *leistungs*bezogene Verteilungskriterien angelegt werden, was angesichts der hinter dem Verfahren stehenden ökonomischen Logik grundsätzlich bejaht werden kann. Im Ergebnis richten sich die Einwände daher nicht gegen die Versteigerung als solche, sondern allein gegen die konkrete Ausgestaltung der Verfahren, insbes bei der UMTS-Versteigerung 2001. Die Versteigerungsbedingungen waren schon deswegen diskriminierend, weil sie bereits durch die Zahlungsbedingungen kleinere und mittlere Unternehmen benachteiligten[283]. Außerdem war das Verfahren zur Ermittlung des effizientesten Anbieters bereits deswegen nicht geeignet, weil die konkrete Ausgestaltung einen Verdrängungswettbewerb zuließ[284], der erneut die kleineren Anbieter diskriminierte.

278 Zu den Kriterien vgl § 61 Abs. 6 S. 2 TKG.

279 BT-Drucks. 13/3609, S. 39 zum TKG 1996; BR-Drucks. 755/03 S. 109 zur Novelle 2004. Dazu mwN *Ruthig*, in: Arndt/Scherer/Fetzer, TKG, § 61 Rn 2 ff; *Storr*, K&R 2002, 67, 70.

280 Ausf mwN *Ruthig*, in: Arndt/Scherer/Fetzer, TKG, § 61 Rn 4 ff mwN; *Martini*, Der Markt als Instrument hoheitlicher Verteilungslenkung, 2008, S. 283 ff; ferner *S. Bumke*, Frequenzvergabe nach dem Telekommunikationsgesetz, 2006; *Hess*, Das Versteigerungsverfahren nach dem Telekommunikationsgesetz, 2003; *Leist*, Versteigerungen als Regulierungsinstrument, 2004; *Schulz*, Lizenzvergabe bei Frequenzknappheit, 2003. S. auch als Fallbearbeitung (Hausarbeit) *Holznagel/Schulz*, NWVBl. 2003, 400.

281 In letztgenanntem Punkt teilte das BVerfG die verfassungsrechtlichen Bedenken nicht, vgl BVerfG, NJW 2002, 2020.

282 BVerfGE 33, 303 (338); 43, 291 (314, 324); s. auch mit Blick auf § 11 TKG aF *Scherer*, NJW 1996, 2953 (2958).

283 *Ruthig*, in: Arndt/Fetzer/Scherer, TKG, § 61 Rn 13; s. auch *Franzius*, EuR 2002, 660, 667.

284 Dazu näher *Ruthig*, in: Arndt/Fetzer/Scherer, TKG, § 61 Rn 5 mwN; *Martini*, Der Markt als Instrument hoheitlicher Verteilungslenkung, 2008, S. 360 ff.

563 Da ein **Versteigerungsverfahren** jedenfalls nicht generell zur Erreichung des verfolgten Zweckes ungeeignet ist[285], konzentriert sich die verfassungsrechtliche Prüfung auf den **Wesentlichkeitsvorbehalt**. Der Gesetzgeber begnügte sich damit, „das Versteigerungsverfahren" vorzuschreiben und es der Regulierungsbehörde zu überlassen, „Regeln über die Durchführung des Versteigerungsverfahrens im Einzelnen" aufzustellen, s. § 61 Abs. 5 S. 1 TKG. Das Gesetz schreibt auch keine bestimmte Versteigerungsform vor[286], sondern legt lediglich allgemein fest, dass sie „objektiv, nachvollziehbar und diskriminierungsfrei sein und die Belange kleiner und mittlerer Unternehmen berücksichtigen" muss. Dies wirft die Frage nach dem Gesetzesvorbehalt auf[287]. Allerdings wäre es dem Gesetzgeber kaum möglich, das Versteigerungsdesign einer konkreten Auktion festzulegen. Auch unionsrechtlich ist ein entsprechender Gestaltungsspielraum gefordert. Allerdings bedarf es zum Ausgleich zumindest verfahrensmäßiger Absicherungen. § 61 Abs. 5 TKG lässt sich zumindest im Wege **verfassungs- und unionsrechtskonformer Auslegung** um entsprechende **Verfahrensanforderungen** ergänzen[288]. Die bisherige Praxis[289] genügt diesen Vorgaben nur teilweise. Das BVerwG problematisierte die – im konkreten Verfahren nicht entscheidungserhebliche – Verfahrensfrage allerdings nicht, sondern verwies lediglich auf den (zutreffenden) Umstand, dass „in § 61 Abs. 5 S. 1 TKG [...] ein Ausgestaltungsspielraum – auf der Rechtsfolgenseite der Norm – zwingend angelegt" sei[290].

564 **cc) Rechtsschutz nach Abschluss des Versteigerungsverfahrens.** In den meisten Fällen wird sich der Rechtsschutz **gegen die Zuteilungsentscheidung** nach § 55 Abs. 1 TKG richten. Der **Rechtsschutz unterlegener Mitbewerber** folgt den allg. Grundsätzen für den Konkurrentenrechtsschutz in Knappheitssituationen, der nach der Rechtsprechung aus einer **Kombination von Anfechtungs- und Verpflichtungsklage** besteht[291]. Schwierige Abgrenzungsfragen ergeben sich allerdings aus der **Abschichtung des Verfahrens durch Zwischenentscheidungen**[292]. Auch diese ergehen durch die Beschlusskammer und damit wegen § 132 Abs. 2 TKG als grundsätzlich der Bestandskraft fähiger Verwaltungsakt. Ausgangspunkt der Überlegungen ist § 44a VwGO; im Ergebnis ist zu differenzieren.

---

285 S. *Ruthig*, in: Arndt/Scherer/Fetzer, TKG, § 61 Rn 6.

286 Zu den unterschiedlichen Erscheinungsformen etwa *Martini*, Der Markt als Instrument hoheitlicher Verteilungslenkung, 2008, S. 313 ff; aus ökonomischem Blickwinkel *Felder*, Frequenzallokation in der Telekommunikation, 2002, S. 185 ff zur Auktionstheorie und S. 291 ff zu den konkreten Fragen der Versteigerung von Frequenzen.

287 Bedenken unter dem Blickwinkel des Gesetzesvorbehalts bei *Martini*, Der Markt als Instrument hoheitlicher Verteilungslenkung, 2008, S. 446 f, 662 f; *Wollenschläger*, Verteilungsgerechtigkeit, 2010, S. 427.

288 *Ruthig*, in: Arndt/Scherer/Fetzer, TKG, § 61 Rn 15.

289 Die Versteigerungsbedingungen wurden schon für die ersten Versteigerungsverfahren vom damaligen Bundesministerium für Post und Telekommunikation konkretisiert und für die folgenden Versteigerungen im Wesentlichen unverändert übernommen. S. zum ersten Versteigerungsverfahren nach § 11 TKG aF die vom damaligen Bundesministerium für Post und Telekommunikation entwickelten Versteigerungsregeln, ABl. BMPT Nr 17 v. 17.7.1996, S. 948; dazu *Ruhle/Geppert*, MMR 1998, 175; *Hahn*, in: Scheuerle/Mayen, TKG, § 11 Rn 43 ff.

290 BVerwG v. 23.3.2011 – 6 C 6.10, 6 C 6/10 Rn 37.

291 Ebenso für § 61 TKG *Wegmann*, in: Säcker, TKG, § 61 Rn 48; zu den Konsequenzen für den Eilrechtsschutz, s. Rn 53 f; ausf auch zur Kritik an der Rechtsprechung bei *R. Schenke*, in: Kopp/Schenke, VwGO, § 42 Rn 48.

292 S. dazu am Beispiel der UMTS-Versteigerung *Ehlers*, K&R 2001, 10; *Sachs*, K&R 2001, 20.

Sofern mit der Zwischenentscheidung bereits **verbindliche Teilentscheidungen** ge- 565
troffen werden, wie es etwa bei der Festlegung der Ausbauverpflichtungen der Fall ist (s. schon Rn 560), können diese bereits im Vorfeld angegriffen werden; es ist zugleich ausgeschlossen, sie nach der Zuteilung einer Frequenz isoliert anzugreifen. Selbstständig angreifbar sind **Verfahrenshandlungen**, durch die Beteiligte oder Dritte in ihrer Rechtsposition schon endgültig betroffen werden, wie sich in direkter oder analoger Anwendung des § 44a S. 2 VwGO ergibt[293]. Dies gilt beispielsweise für die **Ablehnung einer Beteiligung** am Anhörungsverfahren[294], aber insbes auch für die Entscheidung der Regulierungsbehörde über den Ausschluss eines Bewerbers vom Vergabeverfahren nach § 61 Abs. 3 TKG[295]. Entsprechendes gilt aber auch für die **Entscheidung, überhaupt ein Vergabeverfahren durchzuführen**, die daher durch ein Unternehmen, das einen Zuteilungsantrag gestellt hat, angegriffen werden kann[296]. Mit dieser wandelt sich nämlich der vorherige Zuteilungsanspruch in einen bloßen Teilhabeanspruch um (s. Rn 106).

Allerdings stellt sich die Frage, ob dies auch für die Festlegung des Versteigerungsde- 566
signs gelten kann. Hervorgerufen wird das Problem durch die Handlungsform. Sie ergehen als Verwaltungsakte, die überdies infolge der Bekanntmachung gegenüber den Verfahrensbeteiligten bestandskräftig werden, obwohl Verfahrensvorschriften „an sich" Normqualität haben und deswegen nicht der Bestandskraft fähig sind[297]. Dennoch lassen sich die Probleme angemessen lösen: Allein der VA-Charakter schließt es nämlich nicht aus, sie mit der im Schrifttum herrschenden Meinung und **entgegen der Rechtsprechung des BVerwG als Verfahrenshandlungen iSv § 44a VwGO** einzustufen[298]. Sie treffen weder eine vorläufige Regelung des Gesamtkomplexes der Frequenzvergabe noch eine endgültige, bindende Teilentscheidung. Als solche sind sie der abschließenden Zuschlagsentscheidung vorgeschaltet[299] und können daher nach allg. Grundsätzen gem. § 44a VwGO unabhängig von ihrer Rechtsnatur grundsätzlich nur zusammen mit der abschließenden Entscheidung angefochten werden. Hierfür sprechen Gründe der Effektuierung des Rechtsschutzes. Es soll verhindert werden, dass ein Verwaltungsverfahren durch Rechtsbehelfe unnötig verzögert wird, obwohl noch offen ist, ob der Betroffene überhaupt im Ergebnis von der Entscheidung beschwert ist[300]. Gerade bei den Verfahrensregeln zeigen sich überdies die Kon-

---

293 *Schenke*, in: Kopp/Schenke, VwGO, § 44a Rn 2, 8.

294 *Schenke*, in: Kopp/Schenke, VwGO, § 44a Rn 4a mwN.

295 Ebenso *Geppert*, in: Beck'scher TKG-Kommentar, § 11 Rn 35; *Manssen*, in: Manssen, Telekommunikations- und Multimediarecht, § 11 TKG Rn 21.

296 Insofern überzeugend BVerwG v. 23.3.2011 – 6 C 6.10, 6 C 6/10.

297 So werden sie zB auch im US-amerikanischen Telekommunkationsrecht im Wege des *rulemaking* erlassen. Der Erlass einer Rechtsverordnung bedürfte einer gesetzlichen Grundlage; in Betracht käme aber auch ihr Erlass als Verwaltungsvorschrift. Allg. verfahrensrechtliche Anforderungen an die untergesetzliche (exekutive) Normsetzung entwickelt aus dem Vergleich mit den USA *Pünder*, Exekutive Normsetzung in den Vereinigten Staaten von Amerika und der Bundesrepublik Deutschland, 1995, S. 293 f.

298 *Ruthig*, in: Arndt/Fetzer/Scherer, TKG, § 61 Rn 20; (zum früheren Recht) *Ehlers*, K&R 2001, 1, 10; *Sachs*, K&R 2001, 13, 20; aA BVerwG, NVwZ 2009, 1558: *Müller-Terpitz*, K&R 2002, 75. Dass es für die Anwendung des § 44a VwGO auf die Rechtsnatur der „Verfahrenshandlung" nicht ankommt, erkennt auch das BVerwG an, s. auch BVerwGE 115, 373.

299 *Spoerr*, in: Trute/Spoerr/Bosch, TKG, § 10 Rn 10 beurteilt dies richtigerweise unabhängig von der Verwaltungsaktqualität.

300 *Schenke*, in: Kopp/Schenke, VwGO, § 44a Rn 1 mwN.

sequenzen erst während des Versteigerungsverfahrens, so dass im Vorfeld hypothetische Szenarien durchgespielt werden müssten. Das rein formalistische Gegenargument des BVerwG, der Gesetzgeber habe mit der Übertragung der Verfahrensentscheidungen auf die Beschlusskammer „diese (Zwischen-)Entscheidungen der Bundesnetzagentur zugleich qualitativ höherwertig ausgestaltet als die abschließende Sachentscheidung“[301], überzeugt nicht.

567 Diese Fragen stellen sich in **Fall 45b (Rn 532)**. Grundsätzlich ist der Rechtsschutz des bei der Versteigerung nicht zum Zug gekommenen Konkurrenten U unproblematisch, sofern er selbst eine Frequenzzuteilung begehrt[302]; insbes das Gebot der diskriminierungsfreien Frequenzvergabe ist drittschützend; auf die Frage, ob er sich auf Art. 12 GG berufen kann (dazu Rn 109), kommt es deswegen im Rahmen der Klagebefugnis nicht an. Nach der – in dieser Konstellation nicht überzeugenden – Auffassung des BVerwG scheitert der Rechtsschutz allerdings hier daran, dass die Versteigerungsbedingungen hätten vorab angegriffen werden müssen und nach Ablauf der Rechtsbehelfsfristen bestandskräftig geworden sind[303]. Damit könnte ein Rechtsmittel gegen die Zuteilungsentscheidung nicht mehr das Versteigerungsdesign angreifen, so dass die Rügen des U nicht durchgriffen, was unter dem Aspekt des effektiven Rechtsschutzes fragwürdig ist und dem EuGH hätte vorgelegt werden müssen. Überzeugender ist eine Anwendung von § 44a VWGO, die zur Konsequenz hat, dass die Rechtsmittelfristen erst mit der Endentscheidung zu laufen beginnen und noch angegriffen werden können. Geht man allerdings davon aus, dass die Wahl des Versteigerungsverfahrens grundsätzlich mit höherrangigem Recht vereinbar ist (s. Rn 562 f), könnte sich U nur gegen das konkrete Versteigerungsdesign wenden. Allerdings räumt das BVerwG der BNetztA auch bei der Festlegung der Versteigerungsregeln gem. § 61 Abs. 5 S. 1 TKG einen Ausgestaltungsspielraum auf der Rechtsfolgenseite ein[304]. Dieser schlösse es allerdings nicht aus, diesen nach den vom BVerwG entwickelten Maßstäben zu überprüfen (dazu allg. im Kontext des Regulierungsermessens oben Rn 529). Gerade weil beim Versteigerungsdesign verschiedene Aspekte ineinander greifen, sollte man die BNetzA dazu verpflichten, die Auswirkungen des geplanten Designs auf die konkrete Wettbewerbssitutation vorab zu prüfen[305].

568 **dd) Rücknahme und Widerruf.** Von besonderer Bedeutung ist der **Widerruf einer Frequenzzuteilung bei Nichtnutzung**[306]. Nach § 63 Abs. 1 TKG kann die Frequenzzuteilung ua widerrufen werden, wenn die Frequenz länger als ein Jahr nicht im Sinne des mit der Zuteilung verfolgten Zwecks genutzt worden ist. § 63 Abs. 1 TKG normiert ein zweckgebundenes Nutzungsgebot. Bei Nichtaufnahme der Nutzung kann

---

301 BVerwG, NVwZ 2009, 1558, 1561.

302 Für die Unzulässigkeit eines isolierten Angreifens nur der Zuteilungsentscheidung *Hahn/Hartl/Dorsch*, in: Scheuerle/Mayen, TKG, § 55 Rn 102.

303 Dazu *Hufeld*, JZ 2002, 871, 878; *Müller-Terpitz*, K&R 2002, 75. Die BNetzA wartete schon bei der UMTS-Versteigerung die Bestandskraft der Festlegung der Versteigerungsbedingungen ab, bevor das Verfahren fortgesetzt wurde. Geht man außerdem davon aus, dass die BNetzA auch durch eine Klage gegen die Versteigerungsbedingungen nicht an der Fortsetzung des Verfahrens gehindert ist (so *Hahn/Hartl/Dorsch*, in: Scheuerle/Mayen, TKG, § 61 Rn 8), ist das isolierte Angreifen der Versteigerungsbedingungen von vornherein nicht erfolgreich.

304 BVerwG v. 22.6.2011, 6 C 40/10; krit auch *Attendorn*, NVwZ 2012, 135.

305 Zu dieser komplexen Beurteilung ausf *Hahn/Hartl/Dorsch*, in: Scheuerle/Mayen, TKG, § 61 Rn 47 ff, die allerdings hieraus die Freistellung von gerichtlicher Kontrolle ableiten.

306 Dazu VG Köln v. 25.4.2007, 21 K 3675/05; OVG Münster: Urteil v. 30.6.2009 – 13 A 2069/07.

daher genauso wie bei der nachträglichen Nutzungseinstellung eine Frequenzzuteilung widerrufen werden, um einem Brachliegen von Frequenzen zu begegnen. Dies wiederum entspricht dem Gebot zur Sicherstellung einer effizienten Frequenznutzung, welches gem. §§ 2 Abs. 2 Nr 7, 52 Abs. 1 TKG eines der Ziele staatlicher Regulierung darstellt. Außerdem kann nach § 49 Abs. 2 Nr 3 VwVfG ein rechtmäßiger begünstigender Verwaltungsakt, auch nachdem er unanfechtbar geworden ist, ganz oder teilweise mit Wirkung für die Zukunft widerrufen werden, wenn die Behörde aufgrund nachträglich eingetretener Tatsachen berechtigt wäre, den Verwaltungsakt nicht zu erlassen, und wenn ohne den Widerruf das öffentliche Interesse gefährdet würde. Als solche nachträglich eingetretene Tatsache kommt die mangelnde wirtschaftliche Leistungsfähigkeit in Betracht. Fraglich ist jedoch, inwieweit der § 49 VwVfG im vorliegenden Fall überhaupt anwendbar ist. Das Verhältnis von § 63 TKG zu § 49 VwVfG ergibt sich aus § 63 Abs. 2 TKG. Die allg. Widerrufsbestimmungen sind daher auf solche Sachverhalte nicht anwendbar, die bereits unter die speziellen telekommunikationsrechtlichen Widerrufsgründe fallen, ohne deren Voraussetzungen zu erfüllen[307]. Da die Entscheidung über die Frequenzzuteilung bzw -versagung erst nach Abschluss des Vergabeverfahrens erfolgt, ist sie nicht den Beschlusskammern vorbehalten, so dass uU ein Widerspruchsverfahren durchzuführen ist, weil § 137 Abs. 2 TKG nicht einschlägig ist[308]. S. auch ▶ **Klausurenkurs Fall Nr 10.**

IV. Zugangsregulierung und Preisregulierung in EnWG und TKG

Fall 47: B betreibt eine Großbäckerei und wird seit 1971 von dem überregionalen Energieversorger E mit Elektrizität in der Niederspannungsebene versorgt. Als B expandierte, stieg auch der Strombedarf. B verlangt daher von E Anschluss an das Mittelspannungsnetz, was ihr eine jährliche Ersparnis von Stromkosten in Höhe von 10 000 € bringe. E verweigerte den Anschluss mit der Begründung, der bestehende Netzanschluss sei bei Verlegung eines weiteren Anschlusskabels ausreichend, um den Mehrbedarf zu decken, außerdem könne man der B keine Sondervorteile gegenüber anderen Kunden gewähren; der Richtwert von mindestens 350 kVA für den Anschluss eines Letztverbrauchers an die Mittelspannungsebene werde von B nicht erreicht. Hat B einen Anspruch auf Anschluss an das Mittelspannungsnetz? 569

Fall 48: Bei den Unternehmen im Festnetzbereich herrscht Unmut über die hohen Entgelte, welche die Mobilfunkunternehmen für die Zustellung von Anrufen in ihre Netze verlangen (Terminierungsentgelte). 570

a) Die BNetzA möchte sich der Beschwerden annehmen. Was kann Sie tun?
b) Aufgrund einer Marktdefinition und Marktanalyse (§§ 10, 11 TKG) legt die BNetzA nach einem ordnungsgemäßen Verfahren nach § 12 TKG fest, dass die Mobilfunknetzbetreiber A, B, C, D auf dem Markt der Anrufzustellung über beträchtliche, nämlich 100%ige Marktmacht verfügen. Auf der Grundlage dieser Festlegungen ergehen sodann durch die zuständige Beschlusskammer gegenüber A bis D, wiederum nach Durchfüh-

307 So *Ruthig*, in: Arndt/Fetzer/Scherer, TKG, § 63 Rn 4; vgl auch Regierungsbegründung, BT-Drucks. 15/2316, S. 110.

308 S. auch *Ellinghaus*, in: Arndt/Fetzer/Scherer, TKG, § 137 Rn 19; *Ruthig*, in: Arndt/Fetzer/Scherer, TKG, § 63 Rn 24; *Wegmann*, in: Säcker, TKG, § 61 Rn 49.

rung eines Verfahrens nach §§ 12, 13 TKG, Regulierungsverfügungen über die Zugangsverpflichtung nach § 21 TKG. Welche Rechtsschutzmöglichkeiten hat A?

c) *Variante:* Die Präsidentenkammer stellt im Verfahren nach § 12 TKG fest, dass keines der Unternehmen über beträchtliche Marktmacht verfügt und sieht deshalb vom Erlass von Regulierungsverfügungen ab. Die Kommission verzichtet auf ein Veto. Die DTAG, die als größter Festnetzanbieter von diesen Terminierungsentgelten betroffen ist und der Kunde K der DTAG fragen, ob sie diese Feststellungen vor nationalen oder europäischen Gerichten angreifen können.

1. Zugangs- und Entgeltregulierung als ökonomisches Herzstück des Regulierungsrechts

571 Der zentrale Baustein zur Förderung von Wettbewerb im Regulierungsrecht ist die Zugangsregulierung. Funktionierender Wettbewerb kann einerseits dadurch entstehen, dass die Marktteilnehmer zwischen einer Mehrzahl alternativer Anbieter wählen können, die jeweils ihre eigenen Infrastrukturen nutzen. Beispiel hierfür ist der Mobilfunkmarkt. Andererseits ist in bestimmten Märkten bzw bei sog. natürlichen Monopolen die Duplizierung von Infrastrukturen technisch unmöglich oder wirtschaftlich unvernünftig. Dies gilt insbes im Bereich des Festnetzes. Wenn die vorhandenen Leitungskapazitäten ausreichen, macht es ökonomisch wenig Sinn, parallele Netzinfrastrukturen aufzubauen und weitere Kabel zu verlegen. An die Stelle des sog. **Infrastrukturwettbewerbs** muss hier der **Dienstewettbewerb** treten. Die Zugangsregulierung umfasst dabei die Frage, wer unter welchen Voraussetzungen Zugang zum Netz zu gewähren und zu welchen Bedingungen dies zu geschehen hat. Vor allem stellt sich die Frage der Vergütung der Zugangsleistungen. Zugangs- und Entgeltregulierung sind daher miteinander verzahnt.

2. Regulierung des Netzzugangs nach dem EnWG

572 Kernstück der Netzregulierung nach dem EnWG ist die Verpflichtung der Netzbetreiber, jedermann diskriminierungsfrei zu vorab veröffentlichten Bedingungen **Zugang zum Netz** zu gewähren, § 20 EnWG. Dies ist die Antwort des Gesetzgebers auf die oligopolistische Struktur der Strom- und Gasnetze, die darauf zurückzuführen (und gleichzeitig damit zu legitimieren) ist, dass es sich um ein natürliches Monopol handelt[309]. Dieses ist gekennzeichnet durch hohe Fix- und vor allem Investitionskosten, die gleichzeitig irreversibel sind, da das Netz nicht zu anderen Zwecken genutzt werden könnte. Obwohl in einem liberalisierten Markt grundsätzlich die Marktteilnehmer privatrechtlich die Zugangsbedingungen aushandeln, vollzog sich mit dem EnWG 2005 der „Paradigmenwechsel **vom verhandelten zum regulierten Netzzugang**"[310].

Das Gesetz enthält hierzu in den §§ 20–24 EnWG gemeinsame Grundsätze, die in den §§ 25–28a EnWG um Sondervorschriften für Gasversorgungsnetze ergänzt wurden. Die Details sind aber nicht im Gesetz, sondern in den beiden Zugangsverordnungen für das Strom- bzw Gasnetz

309 BT-Drucks. 15/3917 S. 51. S. auch *Kühling*, Sektorspezifische Regulierung in den Netzwirtschaften, 2004, S. 35 ff; *Ziekow*, § 15 Rn 17.

310 *Theobald/Theobald*, Energiewirtschaftsrecht, S. 222.

geregelt[311]. Während die Rechtsverordnungen die materiellrechtlichen Voraussetzungen regeln, liefert § 29 EnWG die Grundlage für den Erlass von Regulierungsentscheidungen im Einzelfall[312]. Außerdem können auf der Grundlage des § 29 Abs. 1 EnWG von der BNetzA die Methoden reguliert werden, nach denen die Anschluss- und Zugangsbedingungen sowie die Entgelte zu bestimmen sind[313]. Die rechtlichen Beziehungen basieren auf Verträgen, s. § 20 Abs. 1a EnWG[314]. Zuständig ist „die Regulierungsbehörde". Deren Aufgaben nimmt gem. § 54 EnWG die BNetzA wahr, soweit nicht eine der in Abs. 2 genannten Zuständigkeiten der Landesregulierungsbehörde (dazu oben Rn 188) begründet ist. Diese sind zuständig für Energieversorgungsunternehmen mit weniger als 100 000 Kunden soweit diese nicht über Landesgrenzen hinweg tätig wurden.

Berechtigter kann jedermann sein, wobei praktisch bedeutsam vor allem der Zugangsanspruch von Stromlieferanten sein dürfte; anspruchsverpflichtet sind die Betreiber von Energieversorgungsnetzen (s. § 3 Nr 4 EnWG), also Elektrizitäts- (s. § 3 Nr 2 EnWG) und Gasversorgungsnetzen (s. § 3 Nr 6 EnWG). Zur Durchsetzung des Anspruches sieht das Energiewirtschaftsrecht einen **Kontrahierungszwang** vor (§§ 24 Abs. 1, 25 Abs. 1 StromNZV, § 3 Abs. 2 GasNZV), der nach § 102 EnWG vor dem Landgericht durchzusetzen ist[315]. Daneben kann aber auch die Regulierungsbehörde einschreiten. Rechtsgrundlagen finden sich sowohl im Rahmen der Missbrauchsaufsicht nach § 30 Abs. 2 EnWG wie gestützt auf die allg. Eingriffsbefugnis des § 65 EnWG, die nach Abs. 4 neben § 30 Abs. 2 EnWG anwendbar ist. Ein **Anspruch auf Einschreiten der Regulierungsbehörde** kann gem. § 75 Abs. 4 EnWG vor dem OLG geltend gemacht werden. Die zivilgerichtliche Durchsetzung des Zugangsanspruches gegenüber dem Energieversorger und der Anspruch auf Einschreiten gegenüber der Behörde stehen nebeneinander[316]. **573**

Voraussetzung des Netzzuganges ist der **Netzanschluss**. Während der Netzzugang ein Nutzungsrecht an einem fremden Leitungssystem ermöglicht, ist der Netzanschluss die technische Anbindung an ein Leitungsnetz bzw von Netzen untereinander. § 17 EnWG statuiert in Abs. 1 einen umfassenden Netzanschlussanspruch und normiert in Abs. 2 die formellen und materiellen Anforderungen an eine Ablehnung[317]. Als speziellerer Anspruch von Letztverbrauchern enthält § 18 EnWG eine allg. Anschlusspflicht. Spezielle **Vorschriften über den privilegierten Netzanschluss** finden sich in § 8 Abs. 1 EEG und § 4 Abs. 1 KWKG. **574**

---

311 Verordnung über den Zugang zu Elektrizitätsversorgungsnetzen (Stromnetzzugangsverordnung) v. 25.7.2005, BGBl. I, S. 2243; Verordnung über den Zugang zu Gasversorgungsnetzen (Gasnetzzugangsverordnung) v. 25.7.2005, BGBl. I, S. 2210.

312 BT-Drucks. 15/3917 S. 61; *Britz/Herzmann*, in: Britz/Hellermann/Hermes, EnWG § 29 Rn 1 ff. Die Festlegung wird von der hM als Allgemeinverfügung betrachtet, vgl BGH, ZNER 2008, 228; zur Anwendbarkeit des § 48 VwVfG auf ihre Aufhebung OLG Düsseldorf, RdE 2020, 131. Für eine teilweise Qualifikation als (normkonkretisierende) Verwaltungsvorschrift *Britz/Herzmann*, in: Britz/Hellermann/Hermes, EnWG § 29 Rn 15 mwN.

313 *Britz/Herzmann*, in: Britz/Hellermann/Hermes, EnWG, § 29 Rn 5 ff.

314 S. im Einzelnen *Koenig/Kühling/Rasbach*, Energierecht, S. 56 ff.

315 S. BT-Drucks. 15/3917 S. 46; *Koenig/Kühling/Rasbach*, Energierecht, S. 58 f. Ausf *Kühling/el Barudi*, DVBl 2005, 1470, 1474 f auch zur Frage, inwieweit im Gasbereich von einem gesetzlichen Schuldverhältnis auszugehen ist.

316 Ebenso *Ziekow*, § 15 Rn 29.

317 Dazu *Buntscheck*, WuW 2006, 30.

575 Im **Fall 47 (Rn 569)**[318] könnte B als Letztverbraucher (§ 3 Nr 25 EnWG) einen Netzanschlussanspruch nach § 17 EnWG haben. Über die Art und Weise des Anschlusses entscheidet der Antragsteller. Der Netzbetreiber darf den Anschluss nur verweigern, wenn er aus betriebsbedingten oder sonstigen wirtschaftlichen oder technischen Gründen nicht möglich oder unzumutbar ist, § 17 Abs. 2 EnWG. Allerdings gibt es in § 18 EnWG eine spezielle Regelung für Betreiber von Energieversorgungsnetzen für Gemeindegebiete, in denen sie Energieversorgungsnetze zur allg. Versorgung von Letztverbrauchern betreiben. Danach ist E grundsätzlich zur Gleichbehandlung der angeschlossenen Letztverbraucher verpflichtet und darf einzelnen Kunden nicht wesentliche Sondervorteile zuwenden. Diese Regelung schränkt allerdings das Wahlrecht des B nicht ein; vor allem ist die technisch mögliche Versorgung in einer niedrigeren Spannungsebene kein Argument gegen ein wirtschaftlich begründetes Anschlussbegehren an ein anderes Netz.

3. Die Zugangsregulierung im TKG

a) Die Flexibilisierung staatlicher Kontrolle: Sektorspezifische und asymmetrische Marktregulierung

576 § 9 Abs. 1 TKG enthält das „regulatorische Konzentrat" des TKG. Es ist gekennzeichnet durch die **Flexibilisierung der Interventionsschwelle**. Die Marktregulierung beschränkt sich auf Märkte, auf denen kein wirksamer Wettbewerb besteht (**„sektorspezifische Regulierung"**). Gleichzeitig werden marktbeherrschende Unternehmen weitergehenden Verpflichtungen unterworfen als andere Unternehmen (**„asymmetrische Regulierung"**). Die sich heraus ergebenden Verpflichtungen sind „Bestandteil eines flexiblen und dynamischen Regulierungsrahmens"[319].

577 Marktregulierung verläuft in einem regulatorischen **„Dreischritt"**[320] **aus Marktdefinition, Marktanalyse und Verpflichtungsentscheidung (Drei-Kriterien-Test)**. „Die Stufen eins (Marktabgrenzung) und drei (Marktanalyse) beantworten arbeitsteilig die Frage, ob Wettbewerbskräfte für die Marktauftrittsstrategie eines bzw mehrerer Unternehmen(s) hinsichtlich bestimmter Telekommunikationsleistungen und innerhalb bestimmter Räume derart bedeutungslos sind, dass sich dieses bzw diese Unternehmen in beträchtlichem Umfang unabhängig von Wettbewerbern, Kunden und letztlich Verbrauchern verhalten kann bzw können. In diese Untersuchung eingeschoben wird eine Stufe zwei, mit der die Frage beantwortet wird, ob die sachlich und räumlich abgegrenzten Telekommunikationsmärkte überhaupt für eine Regulierung nach dem zweiten Teil des TKG in Betracht kommen, dh, ob die Anwendung des Wettbewerbsrechts nicht ausreicht, um dem Marktversagen entgegenzuwirken"[321].

---

318 BGH, RdE 2009, 336; *Hartmann*, in: Theobald/Kühling, EnWG, § 17 Rn 35 ff. Anders zuvor LG Nürnberg-Fürth, RdE 2007, 325.

319 *Trute*, in: Trute/Spoerr/Bosch, TKG, Einl II Rn 40.

320 Vgl die Begründung zum Gesetzentwurf, BT-Drucks. 15/2316, S. 61; s. auch *Geers*, in: Arndt/Fetzer/Scherer, TKG, § 9 Rn 7 ff.

321 *Geers*, in: Arndt/Fetzer/Scherer, TKG, § 9 Rn 7. § 11 Abs. 1 TKG 2012 betont ausdrücklich, dass es sich bei Marktdefinition und -analyse um zwei zu unterscheidende Stufen handelt, s. auch BT-Drucks. 17/5707 S. 51.

Im **Fall 48a (Rn 570)** muss daher zunächst eine **Marktanalyse** durchgeführt werden. Für die Auswahl der möglicherweise zu regulierenden Märkte nennt § 10 Abs. 2 TKG die entscheidenden Kriterien. Bei der Marktabgrenzung nach § 10 Abs. 1 TKG verfügt die BNetzA nach der Rspr des BVerwG über einen Beurteilungsspielraum, bei dem sich, so das BVerwG, die gerichtliche Kontrolle „darauf erstrecken, aber auch begrenzen muss, ob die Behörde die gültigen Verfahrensbestimmungen eingehalten hat, von einem richtigen Verständnis des anzuwendenden Gesetzesbegriffs ausgegangen ist, den erheblichen Sachverhalt vollständig und zutreffend ermittelt hat und sich bei der eigentlichen Beurteilung an allgemeingültige Wertungsmaßstäbe gehalten, insbes das Willkürverbot nicht verletzt hat“[322]. Allerdings werden die relevanten Märkte unter „weitestgehender Berücksichtigung der Empfehlung der Kommission“ festgelegt. Danach verbleiben lediglich ein einziger Endkundenmarkt (Zugang von Privat- und Geschäftskunden zum öffentlichen Telefonnetz an festen Standorten) und weitere sechs Vorleistungsmärkte. Ihrer Rechtsnatur nach ist eine solche Empfehlung für die Mitgliedstaaten als Adressaten unverbindlich[323]. Dennoch entfaltet sie eine Vermutung dafür, dass die in ihr aufgeführten Märkte – vorbehaltlich der Marktanalyse (§ 11 TKG) – regulierungsbedürftig sind[324]. Im vorliegenden Fall sind die Terminierungsentgelte in Mobilfunknetzen in der Empfehlung enthalten. Angesichts des Beurteilungsspielraums dürfte sich eine Marktanalyse kaum angreifen lassen, die auf der Grundlage der Kommissionsempfehlung ergeht[325]. Der Markt für Terminierungsentgelte in einzelnen Mobilfunknetzen kann daher reguliert werden, sofern kein wirksamer Wettbewerb besteht, § 11 Abs. 1 S. 1 TKG. Dies ist dann nicht der Fall, wenn ein **Unternehmen mit beträchtlicher Marktmacht** vorhanden ist. Ob ein Unternehmen über eine solche verfügt, ist nach den Marktanalyse-Leitlinien, die nach Art. 16 Abs. 1 RahmenRL, § 11 Abs. 1 S. 4 TKG von der Bundesnetzagentur weitestgehend zu berücksichtigen sind, anhand verschiedener Kriterien zu ermitteln. Ein wesentlicher Indikator für Marktmacht sind danach die Marktanteile des betreffenden Unternehmens. Dieser beträgt bei der Zustellung in das eigene Netz 100%. **578**

Kommt die Bundesnetzagentur zum Ergebnis, dass eine beträchtliche Marktmacht vorliegt und wirksamer Wettbewerb nicht besteht, legt sie den marktbeherrschenden Unternehmen die daran anknüpfenden Verpflichtungen durch **Regulierungsverfügung** (s. § 13 Abs. 1 S. 1 TKG) auf. Diese Verpflichtungen reichen von verschiedenen Maßnahmen der Zugangs- und Entgeltregulierung bis zur sog. Besonderen Missbrauchsaufsicht (§ 42 TKG). **579**

Wenn § 13 Abs. 3 TKG anordnet, dass die Verpflichtungsentscheidungen „mit den Ergebnissen des Verfahrens nach §§ 10 und 11 als **einheitlicher Verwaltungsakt**“ ergehen, verzichtet der Gesetzgeber auf eine Umsetzung des Dreischrittes in ein gestuftes Verwaltungsverfahren. Damit konzentriert sich auch der **Rechtsschutz** auf die Verpflichtungsentscheidung. Eine isolierte Anfechtung der Marktanalyseentscheidung ist unabhängig von ihrer Rechtsnatur[326] aus-

---

322 BVerwGE 131, 41, Rn 21; zur Überprüfung der Feststellung beträchtlicher Marktmacht s. dort Rn 32 ff; BVerwG, NVwZ 2011, 563. S. schon BT-Drucks. 15/2316 S. 61; vgl außerdem *Ziekow*, § 14 Rn 20 ff; *Ladeur/Möllers*, DVBl 2005, 525, 533.

323 S. auch *Geers*, in: Arndt/Fetzer/Scherer, TKG, § 10 Rn 8.

324 Unabhängig davon führen die Befugnisse der Kommission im Konsolidierungsverfahren (§ 12 Abs. 2 Nr 1–3 TKG und Art. 7 der RahmenRL) und ihr Veto-Recht dazu, dass sich nationale Regulierungsbehörden kaum über diese hinwegsetzen werden; s. schon *Klotz*, MMR 2003, 495, 496: „faktisch bindender Charakter“.

325 Eine Fehleinschätzung der Bundesnetzagentur in Bezug auf den Regelungsgehalt der Empfehlung, soweit er für die Abgrenzung des relevanten Marktes erheblich ist, kann zu einer Überschreitung der Grenzen des Beurteilungsspielraums führen, BVerwG, NVwZ 2011, 563 LS 2.

326 Vgl *Gurlit*, in: Säcker, TKG, § 13 Rn 37: Realakt.

geschlossen, andererseits muss in jedem Fall einer Verpflichtungsentscheidung die „Entscheidung“ über Marktdefinition und Marktanalyse erneut inzident geprüft werden[327] (s. ausf ▶ **Klausurenkurs Fall Nr 9**). Verfahrensrechtlich ist dieser Dreischritt durch die Notwendigkeit der Anhörung der „interessierten Parteien“ (**Konsultierungsverfahren nach § 12 Abs. 1 TKG**) und durch die Kooperation zwischen Bundesnetzagentur und Kommission, GEREK und anderen nationalen Regulierungsbehörden (**Konsolidierungsverfahren nach § 12 Abs. 2 TKG**) weiter ausdifferenziert. Dies erfasst auch die abschließende Regulierungsverfügung.

b) Zugangsregulierung und Entgeltregulierung als Kontrollmechanismen gegenüber marktmächtigen Unternehmen

580 Das Zugangsregime findet sich in den §§ 16 ff TKG. **„Herzstück“ der Zugangsregulierung**[328] ist die Anordnung (abstrakter) **Zugangsverpflichtungen nach § 21 TKG**[329]. Ihrer Umsetzung im Einzelfall dient die Zusammenschaltungsanordnung nach § 25 TKG. Diese ersetzt die Willenserklärungen der Parteien und ist somit ein privatrechtsgestaltender Verwaltungsakt[330]. Gem. § 25 Abs. 5 TKG kann in ihr auch das Zusammenschaltungsentgelt festgelegt werden. Allerdings liegt der gestuften Zugangsregulierung das **Konzept „regulierter Selbstregulierung“**[331] zugrunde. Danach kann die BNetzA nur dann marktbeherrschende Unternehmen zur Zusammenschaltung verpflichten und Teilnehmernetzbetreibern auch ohne beträchtliche Marktmacht Zusammenschaltungsverpflichtungen auferlegen (s. näher § 18 TKG), wenn es zu keiner Einigung zwischen den Unternehmen kommt[332].

581 Im **Fall 48b (Rn 570)**[333] kann A als Adressat der Maßnahme gegen die Regulierungsverfügung klagen. Angesichts des Beurteilungsspielraums der BNetzA (s. schon Rn 529) kann aber praktisch nur die Auferlegung der konkreten Regulierungsverpflichtung überprüft werden; insoweit wäre im Übrigen auch ein durch die entsprechenden Anordnungen (potentiell) begünstigtes Unternehmen klagebefugt[334]. Die isolierte Anfechtung der Festlegung als marktmächtiges Unternehmen ist wegen § 13 Abs. 3 TKG ausgeschlossen; danach ergeht die Regulierungsverfügung zusammen mit den Ergebnissen des Marktdefinitions- und Marktanalyseverfahrens als einheitlicher VA, der dann auch nur insgesamt angegriffen wer-

---

327 Krit gegen diese Lösung *Ladeur*, DVBl 2005, 525, 529.

328 *H. Jochum*, MMR 2005, 161.

329 Die – praktisch sehr wichtigen – weiteren Verpflichtungen (Diskriminierungsverbot § 19 TKG, Transparenzgebot § 20 TKG, Verpflichtung zu getrennter Rechnungsführung § 24 TKG) flankieren diese „Kernverpflichtungen“ des § 21 TKG.

330 *Scherer*, in: Arndt/Fetzer/Scherer, TKG, § 25 Rn 20; *Geppert/Schütz*, in: Beck'scher TKG-Kommentar, § 25 Rn 65. S. schon zu § 37 Abs. 1 S. 1 TKG aF BVerwGE 120, 263 = NVwZ 2004, 1365.

331 Vgl auch *Franzius*, EuR 2002, 660, 669. § 3 Nr 32 TKG definiert Zugang als „Bereitstellung von Einrichtungen oder Diensten für ein anderes Unternehmen unter bestimmten Bedingungen zum Zweck der Erbringung von Telekommunikationsdiensten“. Nach dieser Definition betrifft Zugang nur das Verhältnis zwischen Netzbetreibern, nicht die Endkundenbeziehungen.

332 Das Gesetz gliedert das Verfahren weiter auf. Grundsätzlich besteht für alle Betreiber öffentlicher Telekommunikationsnetze eine Verhandlungspflicht über die Zusammenschaltung, § 16 TKG. Sofern solche Zusammenschaltungsvereinbarungen (zivilrechtliche Verträge) abgeschlossen werden, erledigt sich das Anordnungsverfahren.

333 S. zur Rechtsnatur der Verpflichtungsentscheidung schon nach altem Recht BVerwGE 120, 263 = NVwZ 2004, 1365. Zum Rechtsschutz gegen Regulierungsverfügungen *Gurlit*, in: Säcker TKG, § 13 Rn 44 ff.

334 BVerwG, NVwZ 2008, 575 zur Verpflichtungsklage auf Auferlegung weitergehender Verpflichtungen.

den kann[335]. Schwieriger zu beurteilen ist allerdings der **Fall 48c (Rn 570)**, in dem die Regulierungsbehörde bereits keine beträchtliche Marktmacht festgestellt und die Kommission dies auch nicht beanstandet hat. Angesichts des Beurteilungsspielraums der Regulierungsbehörde und weil zwar die Auferlegung einer Regulierungsverpflichtung auch dem Schutze Dritter diene, nicht aber das Marktdefinitionsverfahren, verneinte das BVerwG insoweit bereits die Klagebefugnis[336]. Nach Ansicht des EuG[337] scheidet aber auch Rechtsschutz gegen das Unterlassen der Kommission aus, da dieses für die nationale Regulierungsbehörde nicht verbindlich sei und die Klägerin nicht unmittelbar belaste. Es kann aber nicht überzeugen, den Betroffenen hier völlig rechtsschutzlos zu stellen. Jedenfalls dann, wenn die Regulierungsbehörde – etwa weil sie sich mit der Marktdefinition der Kommission überhaupt nicht auseinander gesetzt hat – die Grenzen ihres Beurteilungsspielraums überschritten hat, muss das betroffene Unternehmen die Möglichkeit von Rechtsschutz haben (s. auch ▶ **Klausurenkurs Fall Nr 9**).

4. Grundzüge der Entgeltregulierung

Preisregulierung ist die **Beeinflussung der unternehmerischen Preisgestaltung durch staatliche Maßnahmen**[338]. Da sich das Marktversagen bei Märkten, die von einer monopolistischen bzw oligopolistischen Anbieterstruktur geprägt sind, vor allem in der Preisgestaltung äußert, markierte die Entgeltregulierung historisch den Beginn des Regulierungsrechts[339]. Die Vorschriften über die Entgeltregulierung galten seit dem TKG 1996 als Kernstück der Liberalisierung des Telekommunikationsmarktes. Sie dienen zum einen der Verwirklichung eines chancengleichen und funktionsfähigen Wettbewerbs und damit, vor allem in der Anfangsphase einer Demonopolisierung, dem Schutz der Neuunternehmen, zum anderen dem Schutz der Verbraucher vor überhöhten Entgelten (s. beispielhaft § 27 Abs. 1 TKG). Im EnWG hat sie erst mit dem EnWG 2005 die zivilgerichtliche Missbrauchskontrolle abgelöst[340]. Nach § 23a EnWG unterliegen Netznutzungsentgelte der ex ante-Regulierung. Gleichwohl ist das Regulierungsrecht insgesamt durch eine **Reduktion der staatlichen Kostenkontrolle** gekennzeichnet. Dies gilt insbes für Endkundenentgelte, die im Telekom- 582

335 Zum Rechtsschutz gegen eine unterlassene Veto-Entscheidung der Kommission EuG, Beschluss v. 22.2.2008, Rs. T-295/06 – *„Base./.Kommission"*. Zum Konsolidierungsverfahren und dem Rechtsschutz *Geers*, in: Arndt/Fetzer/Scherer, TKG, § 12 Rn 14 ff; s. auch *Gurlit*, in: Säcker, TKG, § 12 Rn 52 ff.

336 BVerwG CR 2010, 722; 2012, 313 Rn 32; *Gurlit*, in: Säcker, TKG, § 12 Rn 50.

337 Zur Klagebefugnis bei unterlassener Marktdefinition BVerwG, NVwZ 2008, 575, 576 f; krit hierzu *Ufer*, N&R 2008, 91, 92; *Schütze*, K&R Beiheft 3/2008, 18, 19 – beide jeweils unter Berufung auf EuGH v. 21.2.2008, Rs. C-426/05 – *„Tele2"*; allg. *Geers*, in: Arndt/Fetzer/Scherer, TKG, § 13 Rn 19 ff; *Gurlit*, in: Säcker, TKG, § 13 Rn 47 ff; *Geppert/Attendorn*, in: Beck'scher TKG-Kommentar, § 21 Rn 278 ff; *Scherer*, NJW 2004, 3001, 3004; zum Rechtsschutz von Endnutzern *Thomaschki/Neumann*, in: Säcker, TKG, § 21 Rn 17.

338 Dies geschieht in der Tat in erster Linie durch staatliche Ge- und Verbote, s. auch *Berringer*, Regulierung als Erscheinungsform der Wirtschaftsaufsicht, 2004, S. 128; allerdings wäre eine generelle Beschränkung auf staatliche „Ge- und Verbote" angesichts der zunehmenden Bedeutung von Realakten zu eng.

339 Kurzer Überblick über das US-amerikanische Recht bei *Schorkopf*, JZ 2008, 20, 22 f; ausf *Masing*, AöR 128 (2003), 558. Bei der staatlichen Leistungserbringung tritt an ihre Stelle die Festlegung der öffentlichrechtlichen Gebühren, s. *Trute*, FS Brohm (2002), 169, 173.

340 Näher dazu *Chatzinerantzis*, in: Baur/Salje/Schmidt-Preuß, Regulierung in der Energiewirtschaft, Kap. 75 Rn 1 ff; in Fn 250 Kap. 59.

munikationsrecht nur ansatzweise und im Energierecht überhaupt nicht reguliert werden. Sie spielt vor allem für die Vorleistungsentgelte eine Rolle, setzt aber die Durchführung einer Marktanalyse voraus (s. unten Rn 586). Moderne Entgeltregulierung lässt sich auf bestimmte, in den USA entwickelte Grundmodelle zurückführen[341], die hier nur gestreift werden können[342].

Die Ökonomie hat ein gespaltenes Verhältnis zur Preisregulierung, besteht doch gerade auf einem regulierten Markt die besondere Gefahr überhöhter Preise[343]. Andererseits entscheidet gerade die Preisgestaltung im Zusammenhang mit Zugangsleistungen in besonderer Weise über die Entwicklung der entsprechenden Wirtschaftszweige. Sind Entgelte zu gering, verringern sich die Investitionen in die Infrastruktur und vor allem die Innovationsleistungen. Werden Entgelte zu hoch festgesetzt, behindern sie den Wettbewerb und begünstigen marktmächtige Unternehmen. Dies gilt insbes im Verhältnis zu vertikal integrierten Unternehmen, die sowohl Vorleistungen wie Endkundenleistungen erbringen, was sowohl im Energie- wie im Telekommunikationsrecht bei den marktbeherrschenden Unternehmen der Fall ist. Probleme ergeben sich insbes dann, wenn die Differenz zwischen den Vorleistungsentgelten und den eigenen Endkundenentgelten nicht ausreicht, um auch einem Konkurrenten einen angemessenen Gewinn zu ermöglichen (s. die Legaldefinition der sog. **Preis-Kosten-Schere** in § 28 Abs. 2 Nr 2 TKG). Daher sind die **Methoden der Preisbildung** und die **Frage der gerichtlichen Kontrolldichte** von besonderer Bedeutung. Im Bereich des TKG nimmt das BVerwG einen Beurteilungsspielraum an[344], im Bereich des EnWG hat die Bundesregierung im Wege der Rechtsverordnung nach § 24 S. 2 Nr 4 EnWG so detaillierte Vorgaben zur Berechnung der Netznutzungsentgelte gemacht, dass sich die Netzbetreiber die Entgelte praktisch selbst errechnen können[345]. Eine zivilgerichtliche Billigkeitskontrolle regulierter Infrasturkturentgelte nach § 315 BGB ist aus unionsrechtlichen Gründen ausgeschlossen[346].

a) Grundlagen der Preisbildung

583 **aa) Kosten der effizienten Leistungserbringung.** Sieht man die Aufgabe der Preisregulierung darin, die Gewinne eines Monopolisten zu begrenzen, so liegt es nahe, die entstandenen Kosten zum Ausgangspunkt zu nehmen und dem Monopolisten zusätzlich einen angemessenen Gewinn zu ermöglichen. Da allerdings dieser Ansatz den unwirtschaftlich handelnden Monopolisten begünstigt, hat es sich durchgesetzt, nicht auf die tatsächlich entstandenen Kosten, sondern auf die „Kosten der effizienten Leistungserbringung“ abzustellen, s. § 21 Abs. 2 EnWG, § 31 Abs. 2 TKG.

---

341 Lesenswert insbes die Zusammenfassung von *Posner*, Economic Analysis of Law, 7. Aufl. 2007, S. 370 ff.

342 Ausf zum Energierecht *Baur/Salje/Schmidt-Preuß*, Regulierung in der Energiewirtschaft Kap. 75 ff; zum TK-Recht *Eifert*, Ehlers/Fehding/Pünder, § 24 Rn 74 ff.

343 Dies ist insbes eine zentrale These der sog. capture theory, die davon ausgeht, dass von der staatlichen (Preis)Regulierung vor allem die regulierten Unternehmen profitieren. Sie wurde in den USA entwickelt von *Stigler*, The Theory of Economic Regulation, Bell Journal of Economics and Management Science, 1971, 1.

344 BVerwG, NVwZ 2012, 1047 unter Berufung auf EuGH v. 24.4.2008 – Rs. C-55/06 – *„Arcor“*, Slg. 2008, I-2931; *Groebel/Seifert*, in: Säcker, TKG, § 30 Rn 29a; ausf (und im Ergebnis einen Beurteilungsspielraum ablehnend) *Kühling*, in: Beck'scher TKG-Kommentar, § 32 Rn 41 ff.

345 *Rittner/Dreher*, § 34 Rn 94; zu den Einzelheiten s. BGH v. 14.8.2008, KVR 27/07 ua.

346 Dies ergibt sich bereits aus den entsprechenden Richtlinien, vgl EuGH v. 9.11.2017, Rs. C-489/15, EnWZ 2018, 73 zu Wegeentgelten im Eisenbahnverkehr; v. 21.11.2019, Rs. C-379/18 – *„Deutsche Lufthansa AG/Land Berlin“* zu Flughafenentgelten. Überholt damit BGH, NJW 2012, 3093 sowie BVerfG, NJW 2017, 3507 zur Billigkeitskontrolle im Bereich der Netznutzungsentgelte im Energiesektor.

Diejenigen Kosten, die **tatsächlich durch die Netznutzung entstehen**[347], spielen wegen der niedrigen Grenzkosten in den Netzinfrastrukturen kaum eine Rolle. Entscheidend sind die **nicht leistungsbezogenen Netz- bzw Kapitalkosten**, die sich aus dem Wertverzehr eines Kapitalgutes und einer angemessenen Verzinsung zusammensetzen[348]. Noch schwieriger ist die Frage zu beantworten, was im Vergleich zu den von einem Anbieter angeführten Kosten die Kosten einer effizienten Leistungserbringung sind; nach dem **(ökonomischen) Effizienzbegriff** liegt die interne bzw produktive Effizienz dann vor, wenn die Produktionskosten für eine gegebene Outputmenge minimal sind. Da auf die Größe des Unternehmens abgestellt wird, erhalten kleinere Bewerber uU höhere Entgelte als das (größere) marktbeherrschende Unternehmen[349].

bb) Anreizregulierung. Einfacher zu handhaben ist für die Regulierungsbehörde die sog. Anreizregulierung. Hier erhält der Anbieter vorher festgelegte Entgelte, die – nach einer Bestimmung der effizienten Kosten zu Beginn einer Regulierungsperiode – von der tatsächlichen Kostenentwicklung abgekoppelt sind. Dadurch wird der Anreiz geliefert, durch möglichst effiziente Leistungserbringung (und Kostensenkung) den Gewinn zu erhöhen[350]. **584**

b) Formen staatlicher Preisregulierung

Bei der Entgeltregulierung lässt sich zwischen der vorherigen (ex ante) und der nachträglichen (ex post) Entgeltregulierung differenzieren. Den stärksten Eingriff in den Markt und die Vertragsautonomie stellt sicherlich die **ex-ante-Genehmigung von Entgelten** dar, die es der Regulierungsbehörde gestattet, im Voraus die Preise festzusetzen, die der Anbieter für eine bestimmte Leistung verlangen darf, § 23a EnWG. Daneben gibt es die sog. **ex-post-Kontrolle**, die missbräuchliches Verhalten im Nachhinein zu unterbinden versucht und ihr Grundmodell in den kartellrechtlichen Vorschriften der §§ 19, 20 GWB findet. Indem allerdings auch bei der nachträglichen Entgeltregulierung die Behörde Entgelte anordnen kann (s. § 38 Abs. 4 S. 2 TKG), geht auch diese Variante über die traditionelle kartellrechtliche Missbrauchsaufsicht hinaus. **585**

aa) Das TK-Recht: Die Genehmigung von Entgelten für Zugangsleistungen (§ 30 ff TKG). Im Zentrum steht aus den dargestellten Gründen die Entgeltregulierung für Zugangsleistungen. Hier ist die ex post-Regulierung der Regelfall, auch wenn die Norm umgekehrt ansetzt. Nach Abs. 1 ist die ex ante-Regulierung als Regelverfahren vorgesehen für die Entgelte der nach § 21 TKG einem Betreiber mit erheblicher Marktmacht auferlegten Zugangsleistungen; auch hier kann sich die BNetzA auf eine ex post-Regulierung beschränken, wenn dies zur Erreichung der Regulierungsziele ausreicht. Für andere Zugangsleistungen ist bereits nach dem Gesetz eine ex post-Kontrolle vorgesehen, § 30 Abs. 2 TKG. Mit der **Anzeige mit Untersagungsvorbe-** **586**

347 Zu diesen „langfristigen zusätzlichen Kosten der Leistungsbereitstellung" s. *Fetzer*, in: Arndt/Fetzer/Scherer, TKG, § 31 Rn 26 ff.
348 Vgl *Fetzer*, in: Arndt/Fetzer/Scherer, TKG, § 31 Rn 30 ff.
349 *Winzer*, in: Beck'scher TKG-Kommentar, § 32 Rn 15 ff.
350 Zu den Vor- und Nachteilen am Beispiel des TKG *Höffler*, in: Arndt/Fetzer/Scherer, TKG, § 32 Rn 5 ff. Zum EnWG *Chatzinerantzis*, in: Baur/Salje/Schmidt-Preuß, Regulierung in der Energiewirtschaft, Kap. 70 Rn 61 ff.

halt (§ 38 Abs. 1 TKG) wurde eine Zwischenkategorie geschaffen[351]. Die entsprechenden Entgelte können nicht erst nachträglich überprüft, sondern vor ihrer Einführung (bis zum Abschluss der Überprüfung) untersagt werden. Für die Genehmigungserteilung sieht § 32 TKG zwei Verfahren vor. Zum einen kann eine Einzelgenehmigung „auf der Grundlage der auf die einzelnen Dienste entfallenden Kosten der effizienten Leistungsbereitstellung" (§ 32 Nr 1 TKG) erfolgen, zum anderen ist eine Genehmigung nach dem sog. Price-Cap-Verfahren nach Maßgabe von § 34 TKG möglich (§ 32 Nr 2 TKG).

Während sich die ex ante-Genehmigung an den Kosten effektiver Leistungserbringung orientiert, soll die nachträgliche Kontrolle lediglich Preismissbrauch iSv § 28 TKG verhindern. Nachdem zunächst das Ausgangsentgeltniveau ermittelt wurde, legt die BNetzA basierend auf der zu erwartenden gesamtwirtschaftlichen Preissteigerungsrate einerseits und den zu erwartenden Produktivitätsfortschritten andererseits (vgl § 34 Abs. 3 TKG) die „Marktgrößen für die durchschnittlichen Änderungsraten der Entgelte" fest, § 32 Nr 2 TKG. Beispiel einer Price-Cap-Regulierung ist eine prozentuale Absenkung der Preise infolge der Effektivitätssteigerungen aufgrund technischen Fortschrittes, aber auch der anzustrebenden Rationalisierungsmaßnahmen bei früheren Monopolisten. Diese ist eine Form der Anreizregulierung. Bei der Novelle 2012 wurde allerdings klargestellt, dass sich nach den Vorgaben der ZugangsRL die Entscheidung über das gewählte Modell der Entgeltregulierung im Ermessen der BNetzA steht, die hierüber in der Regulierungsverfügung zu entscheiden hat. Die gesetzgeberische Wertung ist also nicht zwingend; sie kann lediglich zu einer verstärkten Begründungspflicht führen, wenn die BNetzA davon abweicht[352].

587 **Genehmigungsfähig** sind nur solche Entgelte, die die Kosten einer effizienten Leistungsbereitstellung nicht überschreiten, § 31 Abs. 1 S. 1 TKG. Mit dem TKG 2012 wurde die Möglichkeit der Berücksichtigung der Kosten des Netzausbaus ausdrücklich geregelt (vgl § 30 Abs. 3 S. 2–3 TKG); umstritten ist die Frage inwieweit auch die Kosten für die Frequenzzuteilung berücksichtigt werden können[353].

588 **bb) Das Energierecht.** Im Energiewirtschaftsrecht werden Verbraucherentgelte überhaupt nicht mehr reguliert, Netzzugangsentgelte unterliegen nach § 23a EnWG grundsätzlich der Genehmigungspflicht[354]. Die Genehmigung ist zu erteilen, wenn die Anforderungen des EnWG und der dazu ergangenen Verordnungen **(StromNEV und GasNEV)**[355] eingehalten werden. Die ARegV[356] folgt dem Prinzip der **Anreizregulierung**. Es wird nicht mehr allein auf die individuelle Kostensituation des einzelnen Betreibers, sondern auf die Kosten effizienter Netzbetreiber abgestellt[357]. Eine

351 S. auch *Schneider*, in: Fehling/Ruffert, Regulierungsrecht, § 8 Rn 36.

352 Dazu *Eifert*, in: Ehlers/Fehling/Pünder, § 23 Rn 79.

353 Vgl *Fetzer*, in: Arndt/Fetzer/Scherer, TKG, § 31 Rn 56.

354 Vgl näher *Britz*, RdE 2006, 1; *Becker*, ZNER 2005, 190 ff; *Büdenbender*, DVBl 2006, 197. Überblick über die Rechtsprechung bei *Missling*, RdE 2008, 7.

355 Verordnung über die Entgelte für den Zugang zu Elektrizitätsversorgungsnetzen (Stromnetzentgeltverordnung) v. 25.7.2005, BGBl. I S. 2243 idF v. 21.7.2014, BGBl. I S. 1066; Verordnung über die Entgelte für den Zugang zu Gasversorgungsnetzen (Gasnetzentgeltverordnung) v. 25.7.2005, BGBl. I S. 2197 idF v. 14.8.2013, BGBl. I S. 3250.

356 Verordnung über die Anreizregulierung der Energieversorgungsnetze (Anreizregulierungsverordnung) v. 29.10.2007, BGBl. I S. 2529 idF v. 21.7.2014, BGBl. I S. 1066.

357 Ausgangspunkt ist allerdings nach § 6 ARegV die Prüfung der individuellen Kostensituation, für die jedoch nicht auf die bestandskräftigen „letzten" Entgeltgenehmigungen nach § 23a EnWG, sondern die höchstrichterliche Rechtsprechung abzustellen ist, BGH v. 28.6.2011 – EnVR 34/10.

besondere, in Spezialgesetzen näher geregelte Herausforderung stellen die Kosten der „Energiewende" dar, dh diejenigen Kosten, die zurechenbar durch die Integration dezentraler Anlagen zur Erzeugung erneuerbarer Energie verursacht werden[358].

c) Marktmechanismen zur Preisbestimmung: der Frequenzhandel

Der Handel mit Frequenznutzungsrechten nutzt genauso wie der Handel nach dem **589**
Treibhausgas-Emissionshandelsgesetz (TEHG) die **Steuerungs- und Preisbildungsinstrumente des Marktes für die staatliche Allokation knapper Güter**[359]. Damit setzt sich der vor allem mit der Zulassung der Frequenzversteigerung verfolgte Trend zu einer Ökonomisierung des Telekommunikations- bzw Verwaltungsrechts fort. Die wirtschaftlich wichtigste Variante stellt eigentlich die kurzfristige Überlassung von Frequenzen (das sog. Frequenzleasing) dar, das in den USA den zentralen Bestandteil des Spectrum Trading ausmacht[360]. Hinzu kommt in § 62 TGK nF die gemeinsame Nutzung von Frequenzen (Frequenzpooling). Angesichts des innovativen Charakters der Vorschrift sind ihre rudimentäre Ausgestaltung und das weitgehende Schweigen der Regierungsbegründung[361] erstaunlich.

V. Die laufende Überwachung der Geschäftstätigkeit mittels Generalklauseln

Fall 49: Die T AG und die mit ihr verbundenen Unternehmen verfügen auf dem Markt für **590**
den Zugang von Privat- und Geschäftskunden zum öffentlichen Telefonnetz an festen Standorten über beträchtliche Marktmacht. Auf dem benachbarten (unregulierten) Markt für Verbindungsleistungen steht T ua mit solchen Anbietern in Wettbewerb, deren Leistungen von Endkunden durch Betreibervorauswahl („Pre-Selection") oder Voreinwahl („Call-by-Call") in Anspruch genommen werden. Zu diesen Anbietern gehört Wettbewerber W. Dieser verlangt von der BNetzA, der T zu untersagen, gegenüber Endkunden, mit denen sie nur einen Vertrag über einen Telefonanschlusstarif abgeschlossen hat, bei Beendigung des Tarifs andere Tarife zu bewerben als einen Telefonanschlusstarif. Zum anderen, dass der T aufgegeben wird, ihr sämtliche Endkunden zu bezeichnen, die von der Tarifbeendigung betroffen sind und über eine Preselection auf W verfügen.

---

358 Vgl insbes die stufenweise Einführung bundesweit einheitlicher Übertragungsnetzentgelte auf der Grundlage des Gesetzes zur Modernisierung der Netzentgeltstruktur (NEMoG) v. 17.7.2017, BGBl. I 2017, 2503.

359 Vgl näher *Göddel/Geppert*, in: Beck'scher TKG-Kommentar, § 62 Rn 2; *Ruthig*, in: Arndt/Scherer/Fetzer, TKG, § 62 Rn 1. Zur novellierten RRL *Holznagel*, K&R 2010, 761 (764); *Klotz/Brandenberg*, MMR 2010, 147 (150). Zum bisherigen Recht und den ökonomischen Grundlagen *Bumke*, Frequenzvergabe nach dem Telekommunikationsgesetz. Unter besonderer Berücksichtigung der Integration ökonomischer Handlungsrationalität in das Verwaltungsverfahren, 2006; *Binzel*, Frequenzhandel in Deutschland und Großbritannien, 2006, S. 132 ff; *Franzius*, EuR 2002, 660 (665); *Wissmann/Kreitlow*, K&R 2003, 257; ausf *Stumpf/Nett/Martins/Ellinghaus/Scherer/Vogelsang*, Eckpunkte zur Ausgestaltung eines möglichen Handels mit Frequenzen, 2002.

360 Dazu *Spies*, MMR 2003, 230.

361 BT-Drucks. 17/5707; S. 74 weist lediglich auf den erweiterten Anwendungsbereich hin, äußert sich aber ansonsten nicht.

591 **Fall 50:** Im Zuge der Energiewende wird im Pfälzer Wald ein großer Windpark geplant. Das Leitungsnetz reicht nicht, um den Strom aufzunehmen. Kann die BNetzA den Leitungsnetzbetreiber zum Netzausbau verpflichten?

592 **Fall 51:** Anleger A erlitt einen Schaden, da er sein Geld bei einer Bank angelegt hatte, die keinem Sicherungssystem für Einlagen angehört. Nach der Einleitung des Insolvenzverfahrens gegen die Bank klagt A gegen die Bundesrepublik Deutschland. Diese habe durch ihr Bundesaufsichtsamt die Aufsicht fehlerhaft ausgeführt. Die Bundesrepublik verweist auf § 4 Abs. 4 FinDAG, wonach die zum 1.5.2002 gegründete Bundesanstalt für Finanzdienstleistungsaufsicht genauso wie das vorher zuständige Bundesaufsichtsamt für das Kreditwesen ihre Aufsicht nur im öffentlichen Interesse wahrnehme. Besteht ein Staatshaftungsanspruch?

1. „Besondere" Missbrauchsaufsicht in TKG und EnWG

593 Die **laufende Überwachung der Geschäftstätigkeit** ist im Telekommunikations- wie im Energierecht[362] von einem Nebeneinander von „kartellrechtlichem" und „gewerberechtlichem" Ansatz geprägt. Einerseits enthalten die §§ 30 ff EnWG und § 42 TKG Bestimmungen über eine **Missbrauchsaufsicht**, die sich am **kartellrechtlichen Vorbild der §§ 19, 20 GWB** orientieren[363] und zum Einschreiten gegen missbräuchliches Verhalten ermächtigen[364]. Diese Regelungen gehen den Generalklauseln der §§ 126 Abs. 3 TKG und § 65 Abs. 2 EnWG vor[365].

Ein solcher Missbrauch liegt nach der **Vermutung des § 42 Abs. 1 S. 2 TKG** insbes dann vor, wenn andere Unternehmen unmittelbar oder mittelbar unbillig behindert oder ihre Wettbewerbsmöglichkeiten ohne sachlich gerechtfertigten Grund erheblich beeinträchtigt werden. Dieser Grundsatz wird durch die Vermutungen des § 42 Abs. 2 und 3 TKG konkretisiert. Die Regulierungsbehörde wird entweder von Amts wegen oder auf Antrag tätig (zur Antragsbefugnis s. § 42 Abs. 4 S. 6 TKG). Eine ähnliche Vorschrift enthält § 30 EnWG. Allerdings ist dessen Anwendungsbereich erheblich weiter als derjenige des § 42 TKG, da das Regime der Netzanschluss- und Netzzugangsregulierung nach dem EnWG anders als die parallelen Normen des

362 Dazu *Moser*, RdE 2007, 343.

363 Vgl BT-Drucks. 15/2316 S. 71.

364 Während aus kartellrechtlichem Blickwinkel der Charakter als Spezialgesetz – „besondere Missbrauchsaufsicht" – betont wird (*Säcker*, in: Säcker, TKG, Einl I Rn 39 ff; *Salje*, EnWG, § 30 Rn 1), übernimmt § 42 TKG innerhalb der Systematik der telekommunikationsrechtlichen Marktregulierung den Charakter einer Generalklausel, s. *Gersdorf*, in: Säcker, TKG, § 42 Rn 5 ff. Ob mit der Verneinung des § 42 TKG aber – so ausdrücklich der Leitsatz von BVerwG, NVwZ 2007, 1321 – automatisch auch der Anwendungsbereich der „allgemeinen" Missbrauchsaufsicht nach GWB eröffnet ist, bedürfte näherer Prüfung.

365 S. ausdrücklich § 65 Abs. 4 EnWG für das Missbrauchsverfahren nach § 30 EnWG. Das Verhältnis zwischen § 42 TKG und § 126 TKG wird zunächst einmal vom Anwendungsbereich der Missbrauchsaufsicht bestimmt. Aus der systematischen Stellung im Teil 2 ergibt sich, dass Maßnahmen nach § 42 TKG zwar nicht als einheitlicher VA nach § 13 TKG ergehen, sie aber sehr wohl die Durchführung eines Marktanalyseverfahrens voraussetzen, BVerwG, NVwZ 2007, 1321 mit krit Anmerkung *Jochum*, K&R 2007, 174. Ausf – auch zu möglichen systematischen Gegenargumenten – *Ellinghaus*, in: Arndt/Fetzer/Scherer, TKG, § 42 Rn 13 f; krit zur Praxistauglichkeit der derzeitigen Ausgestaltung *Ellinghaus*, CR 2007, 698. Daher verbleibt für § 42 TKG neben den spezielleren Maßnahmen der Netzzugangs- und Entgeltregulierung kaum ein Anwendungsbereich (zu Beispielen *Kühling/Elbracht*, Die Verwaltung 2007, 545, 571 f).

TKG keine speziellen Ermächtigungsgrundlagen enthält. Diese sind vielmehr in § 30 EnWG zusammengefasst, der die zentralen **Befugnisse in den Regelbeispielen des § 30 Abs. 2 S. 3 EnWG** konkretisiert. Adressat der Missbrauchsaufsicht sind nur Betreiber von Energieversorgungsnetzen[366]. Inhaltlich erstreckt sich das Missbrauchsverfahren ausschließlich auf die Vorschriften des EnWG über Netzanschluss und Netzzugang, die auf Grund dieser Vorschriften ergangenen Rechtsverordnungen sowie die nach § 29 Abs. 1 EnWG festgelegten oder genehmigten Bedingungen und Methoden für Netzanschluss und Netzzugang[367].

In **Fall 49** (Rn 590) wird die BNetzA auf den Antrag des W der T das verlangte Verhalten nur auferlegen bzw untersagen, wenn die Voraussetzungen des § 42 TKG vorliegen. Das in Betracht kommende Diskriminierungsverbot und damit die widerlegliche Vermutung des § 42 Abs. 2 TKG ist allerdings nur betroffen, wenn T sich „den Zugang zu seinen intern genutzten oder zu seinen am Markt angebotenen Leistungen zu günstigeren Bedingungen oder zu einer besseren Qualität ermöglicht" als anderen Unternehmen. Dazu ist – nunmehr bestätigt durch das BVerwG[368] – ein funktionaler Bezug zwischen der Vorleistung des verpflichteten Unternehmens und dem vom Wettbewerber auf der Grundlage dieser Leistung gestalteten Endprodukts notwendig. Die Nutzung der Leistungen lediglich zur erfolgreicheren Werbung, die eben nicht die Erbringung eigener Dienstleistungen betrifft, ist demnach auch nicht von der Missbrauchsvermutung des § 42 Abs. 2 TKG erfasst. Dem steht auch Unionsrecht nicht entgegen, hier Art. 10 der Zugangsrichtlinie (s. Rn 496), dessen Umsetzung Abs. 2 dient. Auch außerhalb des Anwendungsbereichs von § 42 Abs. 2 TKG kann eine Ungleichbehandlung bei Vorleistungen missbräuchlich iS von § 42 Abs. 1 TKG sein[369]. Offen gelassen wurde die Frage, ob sich über § 42 Abs. 2 TKG neben einem Anspruch auf Gleichbehandlung bei Bedingungen und Qualitäten („Wie") auch der eigentliche Zugangsanspruch („Ob") durchsetzen lässt[370]. 594

2. Generalklauseln

Daneben kennen TKG, EnWG und KWG auch „allgemeine" **Generalklauseln** nach dem **Vorbild des Gewerbe- bzw Polizeirechts**. **§ 126 Abs. 3 TKG** eröffnet die Möglichkeit eines Einschreitens, wenn ein Unternehmen „seine Verpflichtungen nach diesem Gesetz oder auf Grund dieses Gesetzes nicht erfüllt". Die Vorschrift erlaubt ausdrücklich die Untersagung der Tätigkeit und wird von weiteren Maßnahmen flankiert, die letztlich den Verhältnismäßigkeitsgrundsatz konkretisieren und die Gewerbeuntersagung als ultima ratio erscheinen lassen[371]. Ausdrücklich nach dem Vorbild 595

366 *Salje*, EnWG, § 30 Rn 6 f.

367 *Antweiler/Nieberding*, NJW 2005, 3673.

368 BVerwG, NVwZ 2013, 799 m. Bespr. *Bergmann*; s. auch *Ellinghaus*, in: Arndt/Fetzer/Scherer, TKG, § 42 Rn 30, 36; aA *Roth*, in: Scheuerle/Mayen, TKG, § 42 Rn 51 ff.

369 Bedeutung hat dies vor allem für die Beweislast. In diesem Fall müssten allerdings die Voraussetzungen für das Vorliegen eines Missbrauchs von demjenigen nachgewiesen werden, der sich auf einen Missbrauch beruft. Anders als bei § 42 Abs. 2 TKG und § 20 GWB fällt die Beweislast für diese Tatbestandsmerkmale gerade nicht auf das marktmächtige Unternehmen zurück, vgl *Roth*, in: Scheuerle/Mayen, TKG, § 42 Rn 76 f, 85.

370 BVerwG, NVwZ 2013, 799, 800, Rn 10; für einen Zugangsanspruch *Schütz*, in: Beck'scher TKG-Kommentar, § 42 Rn 104, 106; *Ellinghaus*, in: Arndt/Fetzer/Scherer, TKG, § 42 Rn 30, 36; aA *Roth*, in: Scheuerle/Mayen, § 42 Rn 51 ff; diff. im Sinne einer Spezialität der Zugangsverpflichtung nach § 25 TKG *Gersdorf*, in: Säcker, TKG, § 42 Rn 15 ff, 45.

371 S. auch *Graulich*, in: Arndt/Fetzer/Scherer, TKG, § 126 Rn 198 ff.

des § 126 TKG[372] hat die Regulierungsbehörde auch nach § 65 EnWG ein Anordnungsrecht, mit dem konkrete Verbots- (Abs. 1) bzw Gebotsverfügungen (Abs. 2) erlassen werden können[373], um die Einhaltung des EnWG sowie darauf gestützte Rechtsvorschriften[374] bzw Rechtsverordnungen zu gewährleisten. Für das **Bankaufsichtsrecht** findet sich die erst 1998 eingeführte Generalklausel in § 6 Abs. 3 KWG. Diese hat nicht nur potentielle Lücken geschlossen, sondern zugleich den Eingriffszeitpunkt im Vergleich mit den Spezialermächtigungen nach vorne verlagert, da die Spezialermächtigungen (mindestens) eine **konkrete Gefahr** verlangen[375].

Danach kann die Bundesanstalt „im Rahmen der ihr gesetzlich zugewiesenen Aufgaben gegenüber den Instituten und ihren Geschäftsleitern Anordnungen treffen, die geeignet und erforderlich sind, um Verstöße gegen aufsichtsrechtliche Bestimmungen zu unterbinden oder um Missstände in einem Institut zu verhindern oder zu beseitigen, welche die Sicherheit der dem Institut anvertrauten Vermögenswerte gefährden können oder die ordnungsgemäße Durchführung der Bankgeschäfte oder Finanzdienstleistungen beeinträchtigen". Erforderlich ist nach § 6 Abs. 3 KWG ein Verstoß gegen aufsichtsrechtliche Bestimmungen „oder" ein **Missstand** iS des Gesetzes, dh eine erhebliche, nachhaltige Abweichung vom Standard, welcher auch soft law-Vorschriften erfasst[376]. Allerdings bedarf es zum Einschreiten aufgrund eines Missstandes weiterer schutzgutbezogener Voraussetzungen, die sich mit den Kategorien des Polizeirechts erfassen lassen: die Missstände müssen einem Institut anvertraute Vermögenswerte „gefährden können" bzw die Durchführung der Bankgeschäfte oder Finanzdienstleistungen „beeinträchtigen". Damit genügt zum Schutz von Vermögenswerten bereits das Vorliegen einer **abstrakten Gefahr**, wohingegen es einer tatsächlichen **Störung** der ordnungsgemäßen Geschäftsabläufe bedarf[377]. **Adressat** der Maßnahme sind das Institut und die Geschäftsleiter, wobei zumindest aus dem Verhältnismäßigkeitsgrundsatz folgt, dass diese auch für die Missstände verantwortlich sein müssen. Auf dieser „gewerbepolizeilichen" Grundlage können Verwaltungsakte aber entsprechend den allgemeinen Grundsätzen **auch als schlicht-hoheitliche Maßnahmen** (Realakte) ergehen[378]. Bei der laufenden Aufsicht arbeiten BaFin und Bundesbank zusammen, § 7 KWG. Allerdings werden die aufsichtsrechtlichen Maßnahmen nach § 7 Abs. 2 S. 4 KWG von der BaFin getroffen.

---

372 Vgl *Wende*, in: Berliner Kommentar zum Energierecht, § 65 Rn 5.

373 Das Verhältnis der beiden Absätze zueinander und ihr Verhältnis zu den spezielleren Ermächtigungsgrundlagen ist schwierig. Zu Recht hatte der Bundesrat (s. dazu *Salje*, EnWG, § 64 Rn 4) gefordert, sie zusammenzufassen und den Charakter des § 65 EnWG als Auffangtatbestand deutlicher zu formulieren.

374 Ob unter „Rechtsvorschriften" auch Verwaltungsakte fallen, ist str, dagegen *Wende*, in: Berliner Kommentar zum EnWG, § 65 Rn 12 unter Verweis auf die Funktion, ein bereits bestehendes Verbot auf einen bestimmten Sachverhalt zu konkretisieren; aA *Hanebeck*, in: Britz/Hellermann/Hermes, § 65 Rn 4; *Salje*, EnWG, § 65 Rn 12; *Theobald/Wank*, in: Danner/Theobald, EnWG, § 65 Rn 2.

375 Vgl dazu *Albert*, in: Reischauer/Kleinhans, KWG, § 6 Rn 47 angefügt; ähnliche Vorschriften finden sich in § 3 Abs. 5 BörsenG, § 6 Abs. 1 WpHG, § 4 Abs. 1 WpÜG sowie § 298 Abs. 1 VAG; vgl zur wertpapierhandelsrechtlichen Parallelvorschrift *Döhmel*, in: Assmann/Schneider/Mülbert, Wertpapierhandelsrecht, 7. Aufl. 2019, § 6 WpHG Rn 1.

376 Vgl *Schäfer*, in: Boos/Fischer/Schulte-Mattler, KWG, § 6 Rn 35; dass „Missstand" keine Verletzung aufsichtsrechtlicher *Rechts*vorschriften verlangt, belegt bereits der Wortlaut des § 6 Abs. 3 KWG, der zwei Alternativen aufweist; zur Definition näher *Beck/Samm*, KWG, § 6 Rn 49.

377 S. *Schäfer*, in: Boos/Fischer/Schulte-Mattler, KWG, § 6 Rn 50.

378 S. *Schäfer*, in: Boos/Fischer/Schulte-Mattler, KWG, § 6 Rn 61; aA *Ohler*, in: Ehlers/Fehling/Pünder, § 32 Rn 64. Mit allgemeinen Grundsätzen der Abgrenzung von Aufgaben- und Befugnisnormen nicht vereinbar sind demgegenüber Bestrebungen, schlicht-hoheitliches Handeln auch auf der Grundlage der Aufgabennorm des Abs. 1 zuzulassen, s. zu dieser Kontroverse *Beck/Samm*, KWG, § 6 Rn 36 ff.

Bei der **Anwendung der Generalklauseln** gelten die **allg. Grundsätze**. Insbes treten sie hinter den spezielleren Vorschriften zurück. Dies folgt bereits aus dem **Vorrang des Gesetzes**. Sie sind also nicht generell eng auszulegen[379], sondern wie ihr polizeirechtliches Vorbild einzelfallbezogen in Abhängigkeit insbes von den gefährdeten Rechtsgütern und der diesen drohenden Gefahren[380]. 596

Die **spezielleren Ermächtigungsgrundlagen** in der telekommunikationsrechtlichen Netzzugangs- und Entgeltregulierung schließen daher sowohl einen Rückgriff auf § 42 TKG wie auf § 126 TKG aus[381]. Der Anwendungsbereich des § 126 TKG ist auch deswegen eng, da er nicht nur dann verdrängt wird, wenn Sonderregelungen greifen, sondern – ähnlich wie die polizeirechtliche Generalklausel – auch dann, wenn der entsprechende Sachverhalt vom Regelungsbereich einer spezielleren Vorschrift zwar erfasst wird, im Einzelfall aber deren Voraussetzungen nicht erfüllt sind[382]. Vor allem aber wird er auch durch die Vorschriften über Rücknahme bzw Widerruf einer Frequenzzuteilung verdrängt[383]. Davon zu unterscheiden ist aber die Frage, inwieweit anstelle einer Aufhebung der Frequenzzuteilung mildere Maßnahmen gefordert sein können und diese dann auf § 126 Abs. 1–2 TKG gestützt werden können[384]. Auch § 65 Abs. 2 EnWG tritt im Einklang mit allg. Grundsätzen hinter die Spezialermächtigungen zurück[385]. Entsprechendes gilt – entgegen der im bankaufsichtlichen Schrifttum vertretenen Auffassung – auch für das KWG[386]. Ansonsten liefen die Voraussetzungen der immer häufiger eingeführten speziellen Vorschriften leer.

Vor allem aber müssen die weiteren **verfassungsrechtlichen Vorgaben** beachtet werden. Dies gilt für den **Grundsatz der Verhältnismäßigkeit,** aber auch den **Vorbehalt des Gesetzes.** Genauso wie Eingriffe in die Berufsfreiheit auf der Grundlage der polizeirechtlichen Generalklausel nicht nur aus kompetenzrechtlichen Gründen problematisch sind (s. schon Rn 168 f), ist auch der Anwendungsbereich der regulierungsrechtlichen „Generalklauseln" beschränkt. 597

Im **TKG** wird der Verhältnismäßigkeitsgrundsatz durch ein **gestuftes Verfahren** konkretisiert. Zunächst ist das Unternehmen nach § 126 Abs. 1 TKG zur Stellungnahme und Abhilfe aufzufordern. Erst wenn dies keinen Erfolg hat, kann die Regulierungsbehörde die erforderlichen Maßnahmen anordnen und schließlich, wenn auch dies nicht fruchtet, eine Untersagung der Tätigkeit aussprechen. Zuständig ist im Fall des § 126 TKG „die Bundesnetzagentur", es ist also gerade kein Beschlusskammerverfahren durchzuführen. Ein gestuftes Verfahren wie im TKG ist im EnWG nicht vorgesehen, gleichwohl ist selbstverständlich eine Verhältnismäßigkeitsprüfung durchzuführen[387]. § 65 Abs. 1 und 2 EnWG sprechen allerdings lediglich davon, dass

379 So aber zur Vorgängervorschrift des heutigen § 6 Abs. 1 WpHG *Weber*, NJW 2004, 3674, 3678 f.

380 Zu diesem „beweglichen" System des Polizeirechts zB *Schenke*, Polizei- und Ordnungsrecht, Rn 77.

381 *Meyer-Sebastian*, in: Beck'scher TKG-Kommentar, § 126 Rn 4.

382 Ebenso *Meyer-Sebastian*, in: Beck'scher TKG-Kommentar, § 126 Rn 4.

383 VG Köln v. 25.4.2007, 21 K 3675/05 Rn 92.

384 Dazu *Petersen*, MMR 2006, 515.

385 *Hanebeck*, in: Britz/Hellermann/Hermes, EnWG, § 65 Rn 3; aA *Antweiler/Nieberding*, NJW 2005, 3676, 3674 (die offensichtlich von einer parallelen Anwendbarkeit ausgehen).

386 Ebenso *Ohler*, in: Ehlers/Fehling/Pünder, § 32 Rn 62; die Frage als nicht entscheidungserheblich offenlassend BVerwG, NJW-RR 2007, 492; s. auch *Binder*, WM 2006, 2114, 2118. In der Kommentarliteratur geht man davon aus, dass der BaFin das gesamte Arsenal von Maßnahme zur Verfügung steht, die von informellen Maßnahmen über Prüfungen bis hin zu den allg. Maßnahmen nach § 6 Abs. 3 KWG und schließlich den schwerer wiegenden Maßnahmen reichen, die in einzelnen Vorschriften vorgesehen sind, *Braun*, in: Boos/Fischer/Schulte-Mattler, KWG, § 25a Rn 50.

387 So ist zB bei einer Anordnungsverfügung zu beachten, dass das Unternehmen in seiner wirtschaftlichen Entscheidungsfreiheit eingeschränkt wird, vgl *Wende*, in: Berliner Kommentar zum Energierecht, EnWG, § 65 Rn 16.

ein entsprechendes Verhalten abzustellen ist, decken also bereits nach ihrem Wortlaut keine völlige Untersagung der Geschäftstätigkeit. Auch Rügen bzw Verweise lassen sich nach allg. Grundsätzen nicht auf die Generalklauseln stützen[388]. Dies gilt auch für das Bankaufsichtsrecht, wo allerdings der Gesetzgeber eine Fülle von Ermächtigungsgrundlagen geschaffen hat. So sieht das KWG spezielle Eingriffsbefugnisse für Krisensituationen vor, zum einen Maßnahmen in besonderen Fällen (§§ 45 ff KWG), sowie Maßnahmen gegenüber Kreditinstituten bei Gefahren für die Stabilität des Finanzsystems (§ 48t KWG). Erstere reichen bis zur Schalterschließung bzw Einstellung des Kundenverkehrs (§ 46g Abs. 1 Nr 2 KWG) und der Stellung des Insolvenzantrages (§ 46b KWG). Auch für die Abberufung von Geschäftsführern (§ 36 KWG) gibt es spezielle Vorschriften.

598 In **Fall 50 (Rn 591)** kann die Netzausbauverpflichtung aus verschiedenen Gründen nicht auf die Generalklausel gestützt werden. Mit § 65 Abs. 2a EnWG hat der Gesetzgeber eine speziellere Vorschrift erlassen, die der BNetzA eine ausdrückliche Befugnis zur Durchsetzung von Netzausbauverpflichtungen einräumt, diese aber an bestimmte Voraussetzungen knüpft[389]. Grundlage ist ein Netzentwicklungsplan, der von allen Übertragungsnetzbetreibern gemeinsam erstellt wird und alle in den nächsten zehn Jahren erforderlichen Maßnahmen zur bedarfsgerechten Optimierung, Verstärkung und zum Ausbau des Netzes enthalten muss. Hält die BNetzA die vorgesehenen Maßnahmen für nicht ausreichend, kann (und hat) sie auf eine Ergänzung des Entwurfs hinzuwirken, § 12c Abs. 1 S. 2 EnWG. Die „Ersatzvornahme" durch die BNetzA erfolgt durch ein Ausschreibungsverfahren. Eine solche spezielle Rechtsgrundlage war auch aus verfassungsrechtlichen Gründen erforderlich, so dass vor Einführung dieser Vorschrift lediglich die Instandhaltung der Netze auf der Grundlage der Generalklausel des § 65 Abs. 2 EnWG durchgesetzt werden konnte.

599 Ferner stellt sich in all diesen Konstellationen die Frage, inwieweit es einen **Anspruch auf Einschreiten** gegen die Regulierungsbehörde geben kann, was vor allem im Energiewirtschaftsrecht bisher kaum eine Rolle spielte[390]. Im Kartellrecht haben Dritte keinen Rspr auf Tätigwerden des Bundeskartellamts[391]; diese können allenfalls selbst (auf dem Zivilrechtsweg) tätig werden[392]. Dass sich diese Rspr nicht auf das Regulierungsrecht übertragen lässt[393], folgt für das **Missbrauchsverfahren** bereits aus § 42 Abs. 4 S. 6 TKG und § 31 EnWG, die ein Antragsrecht ausdrücklich vorsehen. Entsprechendes gilt nach § 66 EnWG für einen Antrag auf Einleitung von **Aufsichtsmaßnahmen nach § 65 EnWG**, so dass dieses Verhalten mit der Verpflichtungsbeschwerde auch gerichtlich überprüft werden kann[394]. Ein Anspruch auf Einschreiten besteht auch im Rahmen des § 126 TKG, obwohl dort kein Antragsrecht vorgesehen ist.

---

388 S. zum Versicherungsaufsichtsrecht BVerwG, VersR 2000, 707 unter Hinweis auf die Parallele zu § 35 GewO; s. aber auch VG Frankfurt, NJW 2004, 1059 zum KWG.

389 Vgl dazu *Turiaux*, in: Kment, EuWG, § 65 Rn 25 ff. Krit *Kment*, ZVglRWiss 112 (2013), 123, 133 f.

390 S. zum Drittschutz im Energierecht *Peters*, Rechtsschutz Dritter im Rahmen des EnWG, 2007.

391 BGH, ZIP 2001, 807. Gerade die Hinweise des BGH auf die Rspr des EuGH zur Fusionskontrolle zeigen allerdings, dass diese Argumentation verkürzt ist: wenn man der Behörde ein Ermessen einräumt, kann dieses nach allg. Grundsätzen auch reduziert werden. Die eigentliche Frage ist aber, ob die Möglichkeit der Rechtsverletzung des Dritten besteht.

392 BGH, NVwZ 1984, 265 – Internord.

393 AA *Salje*, EnWG, § 65 Rn 31.

394 *Hanebeck*, in: Britz/Hellermann/Hermes, EnWG, § 65 Rn 9; aA *Wende*, in: Berliner Kommentar zum Energierecht, EnWG, § 65 Rn 24 ua mit der fragwürdigen Begründung, es fehle „(a)nders als bei § 32 [sic]" an einem Antragsrecht.

Das Ermessen der Behörde verdichtet sich zu einem Anspruch auf Einschreiten (**Ermessensreduktion auf Null**), wenn drittschützende Vorschriften missachtet und die geschützten Belange von Wettbewerbern oder Endverbrauchern[395] mehr als nur geringfügig berührt werden[396]. Für eine entsprechende Klage (bzw Beschwerde) fehlt insbes auch nicht das **Rechtsschutzbedürfnis**. Hier müssen dieselben Grundsätze gelten wie auch in den sonstigen Fällen, in denen Klagen auf ein Einschreiten der Behörde neben gleichgerichteten, uU sogar weiterreichenden zivilrechtlichen Ansprüchen unmittelbar gegen die „Störer" stehen[397].

Im **Fall 47 (Rn 569)** könnte B also einen eventuellen Anschlussanspruch nicht nur gerichtlich gegenüber E geltend machen, sondern auch von der Regulierungsbehörde ein Einschreiten verlangen. Wird der Netzanschluss zu Unrecht verweigert, so ist dies missbräuchlich, wie sich aus § 31 Abs. 1 S. 2 EnWG ergibt, der auf die Vorschriften des Netzanschlusses (Abschnitt 2) verweist. Nicht erfasst wären aber Ansprüche auf Netzanschluss, die auf das EEG oder das KWKG gestützt werden. Diese können von der Regulierungsbehörde auch nicht mit einer Verfügung nach § 65 Abs. 2 EnWG durchgesetzt werden[398]. **600**

3. Aufsicht im öffentlichen Interesse? – Amtshaftung und Ansprüche auf Einschreiten

Rechtswidrige Aufsichtsmaßnahmen können Haftungsansprüche auslösen, für die im deutschen Recht vor allem die Amtshaftung nach § 839 BGB iVm Art. 34 GG einschlägig ist. Während eine solche Haftung im Telekommunikations- und Energierecht bisher (noch) keine Rolle spielte, lieferte das Bankenaufsichtsrecht schon in den siebziger Jahren spektakuläre Fälle für die Amtshaftung[399]. In Reaktion darauf hat der Gesetzgeber in § 4 Abs. 4 FinDAG (aber auch in § 4 Abs. 2 WpÜG) im Einklang mit den Vorgängervorschriften in KWG und VAG festgelegt, die staatliche Aufsicht erfolge nur im öffentlichen Interesse, um so die Drittrichtung der entsprechenden Amtspflichten auszuschließen. Nach hM dient der **Anlegerschutz** daher „ausschließlich dem öffentlichen Interesse und ist auf einen objektivierten Schutz des Anlegerpublikums angelegt"[400]. Aufsichtsbefugnisse dienten auch nicht dem Schutz der Entschädigungseinrichtungen[401]. Ein solcher Ausschluss der Drittrichtung ist – entgegen der **601**

395 Bestätigt wird dies im Übrigen durch Art. 12 Abs. 1 ZugangsRL, der insoweit davon spricht, dass „die Verweigerung des Zugangs oder unangemessene Bedingungen mit ähnlicher Wirkung die Entwicklung eines nachhaltig wettbewerbsorientierten Marktes auf Endverbraucherebene behindern oder den Interessen der Endnutzer zuwider laufen würden"; s. auch *Ellinghaus*, CR 2007, 698, 700.

396 Die Formulierung ist angelehnt an die baurechtliche Rechtsprechung zum Anspruch auf Einschreiten gegen genehmigungsfrei gestellte Bauvorhaben. S. dazu mwN *R. Schenke*, in: Kopp/Schenke, VwGO, § 42 Rn 102a; aA *Wende*, in: Berliner Kommentar zum Energierecht, EnWG, § 65 Rn 24.

397 Dazu *Schenke*, in: Kopp/Schenke, VwGO, Vor § 40 Rn 51b unter Hinweis insbes auf das Bau- und Immissionsschutzrecht.

398 *Salje*, EnWG, § 65 Rn 32.

399 BGHZ 74, 144 ff = NJW 1979, 1354; BGHZ 75, 120 ff = NJW 1979, 1879. S. dazu und zum Zusammenhang mit den gefahrenabwehrrechtlichen Wurzeln des Aufsichtsrechts *Schenke/Ruthig*, NJW 1994, 2324, 2325 f.

400 Zuletzt BVerwG, BKR 2011, 208; zur Versicherungsaufsicht VG Frankfurt vom 28.3.2011 – 9 K 566/10.F. In einem solchen Fall ging konsequenterweise VG Frankfurt vom 21.1.2005, 1 E 1863/04 (juris) davon aus, § 4 Abs. 4 FinDAG bringe „für sich genommen bereits zum Ausdruck, dass insoweit subjektiv rechtliche Rechte nicht existieren".

401 BGHZ 181, 12; dazu *Binder*, WM 2010, 145.

hM – allerdings verfassungs- und vor allem auch unionrechtswidrig[402]. Nicht von der Vorschrift erfasst werden allerdings auch nach der Rspr[403] die Ansprüche der beaufsichtigten Unternehmen, für die es im Rahmen der Bankenunion neue Anwendungsfälle geben wird. Denkbar ist insbes, dass ein Antragsteller den **Verzögerungsschaden** geltend macht, der ihm dadurch entsteht, dass die BaFin (zunächst) die Weiterleitung eines Antrages ablehnt (s. Rn 191 ff).

602 Folgt man der hM, scheiden in **Fall 51 (Rn 592)**[404] Haftungsansprüche von vornherein aus. Gegen diese Auffassung wurden von Teilen der Literatur erhebliche verfassungs- und unionsrechtliche Bedenken vorgebracht[405]. Da mittlerweile die meisten Vorschriften unionsrechtlich geprägt sind, überlagern die unionsrechtlichen Maßstäbe – ähnlich wie im Umweltrecht – die tradierte Drittschutzdogmatik des deutschen Rechts. Darauf kommt es im Fall jedoch nicht an, da es jedenfalls eine anderweitige Ersatzmöglichkeit iSv § 839 Abs. 1 S. 2 BGB gibt. Diese liegt darin begründet, dass die umzusetzende Richtlinie die Einrichtung eines Einlagensicherungssystems verlangte, das – ausdrücklich auch für den Fall fehlerhafter Aufsichtsmaßnahmen (vgl Erwägungsgrund 24) – einen der Höhe nach auf 20 000 € begrenzten Entschädigungsanspruch einräumt[406]. Insbes aus diesem Umstand hat der EuGH abgeleitet, dass die jeweiligen Einzelrichtlinien, die die „Rechte der Einleger" als Schutzgut nennen, keinen Drittschutz entfalten[407]. Ein weitergehender Anspruch wurde vom Unionsrecht nicht gefordert. Die Frage, ob unabhängig von einer solchen „anderweitigen Ersatzmöglichkeit" überhaupt ein Amtshaftungsanspruch gegeben sein kann, war nicht entscheidungserheblich. Damit lässt sich die EuGH-Entscheidung jedenfalls nicht für die generelle Unionsrechtskonformität des Ausschlusses von Haftungsansprüchen in § 4 Abs. 4 FinDAG in Anspruch nehmen[408]. Dieses Ergebnis stünde in deutlichem Gegensatz zur nicht nur im Umweltrecht, sondern gerade auch im Finanzmarktaufsichtsrecht zum Ausdruck gekommenen verbraucherschutzfreundlichen Grundhaltung des EuGH. Immerhin führte auch der BGH hilfsweise an, dass das Berufungsgericht die Auffassung der BaFin zur Bewertung der typisch stillen Beteiligung als Einlage bestätigt habe, so dass nach der „Kollegialitätsge-

402 Ausf dazu *Schenke/Ruthig*, NJW 1994, 2324; s. auch *Papier*, in: MDHS, GG Art. 34, Rn 190.

403 Die Rspr geht davon aus, dass diese Vorschrift nichts zur Amtshaftung der überwachten Finanzunternehmen aussagt, BGHZ 162, 49.

404 Fall nach BGH, NJW 2005, 742; EuGH, NJW 2004, 3479 auf Vorlage von BGH, NJW 2002, 2464. Als Vorinstanz OLG Köln, NJW 2001, 2724; in einem schon vorher rechtskräftig abgeschlossenen Parallelverfahren auch LG Bonn, NJW 2000, 815. Zum BGH *von Danwitz*, JZ 2005, 729; *Schwintek*, EWiR 2005, 793; zum EuGH *Pott*, EWiR 2005, 219.

405 Ausf zu § 6 Abs. 4 KWG bzw § 4 Abs. 4 FinDAG *Papier*, in: MünchKomm(BGB), Art. 34 Rn 251 ff; *Schenke/Ruthig*, NJW 1994, 2324 jeweils mwN; dem folgend *Gratias*, NJW 2000, 786, 788.

406 S. dazu Art. 7 Abs. 1 und 6 der RL 94/19/EG v. 30.5.1994 über Einlagensicherungssysteme, ABl. EG L 135 v. 31.5.1994, S. 5.

407 Da in Deutschland ein solches Einlagensicherungssystem zum Zeitpunkt des Schadenseintritts nicht bestand, war A ein entsprechender Staatshaftungsanspruch in Höhe von 20 000 € zuzugestehen. Dieser wurde bereits erstinstanzlich zugesprochen (vgl aus einem Parallelverfahren LG Bonn, EuZW 1999, 732) und war damit nicht Gegenstand der Verfahren. Zusätzlich argumentiert der EuGH damit, dass es bei diesen Richtlinien nur um eine Teilharmonisierung ging und in diesem Zusammenhang „Koordinierung der nationalen Vorschriften über die Haftung der nationalen Behörden gegenüber den Einlegern im Fall einer unzureichenden Aufsicht" als nicht notwendig erschien, s. EuGH v. 12.10.2004, Rs. C-222/02 – *„Peter Paul ua./.Bundesrepublik Deutschland"* = NJW 2004, 3479, 3481, Rn 43.

408 S. aber BGH, NJW 2005, 742 in der abschließenden Entscheidung sowie schon im Vorlagebeschluss BGH, NJW 2002, 2464; als Vorinstanz OLG Köln, NJW 2001, 2724; in einem Parallelverfahren auch LG Bonn, NJW 2000, 815.

richts-Richtlinie" (vgl BGHZ 97, 97, 107) auch ein Verschulden ausscheide. Aber auch die Rspr zur Staatshaftung bei judikativem Unrecht bedarf der Überprüfung.

Die **Reichweite des § 4 Abs. 4 FinDAG** ist alles andere als klar. Im öffentlichrechtlichen Kontext stellt sich vor allem die Frage eines **Anspruchs auf Einschreiten**. Dabei ist zwischen möglichen Ansprüchen von Anlegern und denjenigen von Konkurrenten zu unterscheiden. Soweit öffentlichrechtliche Vorschriften die Belange Privater schützen, haben diese nach allgemeinen Grundsätzen jedenfalls einen **Anspruch auf fehlerfreie Ermessensausübung**, der sich ggf zu einem Anspruch auf Einschreiten verdichten kann. Wenn der Staat die Belange eines Privaten schützt, kann er sich eigentlich nicht darauf berufen, dies geschehe nur im öffentlichen Interesse[409]. Gleichwohl sah der Gesetzgeber jedenfalls im Verbraucherschutz eine Gefährdung seiner „marktwirtschaftskonformen Aufsichtskonzeption" und wollte auch mit der Verbraucherbeschwerde nach § 4b KwG keine subjektiven Rechte begründen[410]. Davon zu unterscheiden ist die Frage subjektiver Rechte von **Konkurrenten**. Selbst wenn man § 4 Abs. 4 FinDAG für nicht anwendbar erachtet, scheinen die allg. (verfassungs- und gewerberechtlichen) Grundsätze gegen einen Drittschutz zu sprechen, gibt es doch gerade keinen Schutz vor Konkurrenz[411]. Da allerdings – ähnlich wie im Bereich des TKG und EnWG – auch das KWG dem Schutz des Wettbewerbs dient (s. Rn 503) und die regulierten Unternehmen als „Anbieter auf einem speziellen, weitgehend rechtlich regulierten" und europarechtlich vorstrukturierten Markt[412] agieren, sind Drittschutzkonstellationen sehr wohl in bestimmten Fällen denkbar[413]. Im Ergebnis entscheiden die jeweiligen Richtlinien über die Reichweite eines möglichen Drittschutzes und überall da, wo künftig die EZB zur zuständigen Behörde wurde, werden sich diese Fragen auf europäischer Ebene stellen. 603

Außerdem stellt sich die Frage zivilrechtlicher Haftungsansprüche. Der BGH sah den Zweck der Regelung ausschließlich im (fiskalisch motivierten) Ausschluss von Amtshaftungsansprü-

---

409 S. besonders deutlich BHGZ 75, 120, 122. Diese Entscheidung zur Bankenaufsicht kann als konsequente Fortsetzung der Entwicklung im (allg.) Polizei- und Ordnungsrecht verstanden werden, s. *Schenke/Ruthig*, NJW 1994, 2324, 2326. Auch dort veranlasste erst die Anerkennung grundrechtlicher Schutzpflichten die hM dazu, einen Anspruch auf polizeiliches Einschreiten überhaupt für möglich zu halten, s. BVerwGE 37, 112, 113. Gegen Drittschutz im Bereich der Versicherungsaufsicht aber schon BVerwGE 61, 59 (64 f).

410 BT-Drucks. 17/10040, S. 13 und vorher schon BGHZ 162, 49; s. auch *Gurlit*, ZHR 177 (2013), 862, 866. Krit *Lenz*, NJW 2010, 29, 31.

411 S. auch schon zur Klage gegen die Zulassung eines Konkurrenzunternehmens für das Versicherungsrecht BVerwG, DVBl 1965, 364.

412 So ausdrücklich BVerfGE 124, 348 = NJW 2010, 35; zu möglichen amtshaftungsrechtlichen Konsequenzen schon *Lenz*, NJW 2010, 29, 31.

413 Zum Konkurrenzschutz ausf *Gerhardus*, Konkurrentenschutz im europäischen und nationalen Bankenaufsichtsrecht, 2013, S. 179 ff. Problematisch ist der Drittschutz auch im Bereich des WpÜG. Vgl zu § 4 Abs. 2 WpÜG OLG Frankfurt NZG, 2004, 243; NZG 2003, 729; NZG 2003, 829 L u. NZG 2003, 1120. S. ferner *Cahn*, ZHR 167 (2003), 262; *Fleischer*, BKR 2004, 339, 343; *Holzborn/Israel*, WM 2004, 1948, 1950; *Ihrig*, ZHR 167 (2003), 315; *Möller*, ZHR 167 (2003), 301; *Schnorbus*, ZHR 166 (2002), 72; *Uechtritz/Wirth*, WM 2004, 410; *Wagner*, NZG 2003, 718. Dort stellt sich insbes die Frage, ob die Gesellschaft, deren Aktien im Wege des Angebotsverfahrens übernommen werden sollen, einen Anspruch auf Einschreiten der BaFin bzw die Möglichkeit des Rechtsschutzes gegen die von der BaFin getroffenen Maßnahmen hat. Besonders deutlich wird dies im Zusammenhang mit den Befreiungstatbeständen des WpÜG, dazu *Oechsler*, in: Ehricke/Ekkenga/Oechsler, WpÜG, § 20 Rn 4; *Bülow*, in: Kölner Kommentar zum WpÜG, § 36 Rn 44.

chen und bejahte – gestützt auf den Anlegerschutzzweck der zugrundeliegenden Richtlinien – im Zusammenhang mit § 823 Abs. 2 BGB den Schutzgesetzcharakter des Genehmigungserfordernisses nach § 32 KWG[414], obwohl eine solche Differenzierung widersprüchlich ist[415].

§ 7 Das Recht der Privatisierung

I. Das Phänomen „Privatisierung"

604 Privatisierung ist kein Rechtsbegriff, sondern ein Phänomen. Im Kern geht es um die Verlagerung der Verantwortung und Erfüllung bestimmter Aufgaben und Angelegenheiten vom staatlichen in den privaten Bereich, zB indem der Staat bestimmte Angelegenheiten Privaten überlässt oder Aufgaben an einen Privaten oder ein privatrechtlich organisiertes Rechtssubjekt[1] überträgt. Die Gründe für eine Privatisierung können vielfältig sein, folgende sind wohl die wichtigsten:

- die Einführung von Wettbewerb in einem Marktsektor um eine größere Wirtschaftlichkeit der Marktversorgung zu erreichen;
- die Stärkung der Wettbewerbsfähigkeit einer öffentlichen Einrichtung;
- der unionsrechtliche Privatisierungsdruck (s. Rn 644);
- der Finanzbedarf des Staates.

Grundsätzlich unterscheidet man zwischen formeller, materieller und funktionaler Privatisierung:

1. Die formelle Privatisierung

605 Die formelle Privatisierung betrifft einen organisationsrechtlichen Sachverhalt; hier wird eine Aufgabe von einer Einheit des öffentlichen Rechts auf eine privatrechtlich organisierte Einrichtung, die der öffentlichen Hand zuzurechnen ist, überführt. Die Aufgabe selbst bleibt aber – bei funktionaler Betrachtung – in der Verantwortung der öffentlich-rechtlich oder privatrechtlich organisierten öffentlichen Hand.

Eine formelle Privatisierung war die Überführung des Sondervermögens Deutsche Bundesbahn in die Deutsche Bahn AG, deren Anteilseigner zu 100% der Bund ist. Die formelle Privatisierung wird Gegenstand des Rechts der öffentlichen Unternehmen (s. Rn 649 ff) sein.

---

414 BGH, NJW 2005, 2703. Dies begründete er damit, dass jeder Anhaltspunkt dafür fehle, dass die Funktion des § 4 Abs. 4 FinDAG über den Ausschluss der Amtshaftung hinausgehen und dem Erlaubniszwang nach § 32 Abs. 1 Satz 1 KWG „den – ihm nach der herkömmlichen, ganz überwiegenden Ansicht [...] zukommenden – Schutzgesetzcharakter im Verhältnis der Betreiber von Bankgeschäften und der Finanzdienstleistungsunternehmen zu ihren Kunden nehmen wollte".

415 So zu Recht *Oechsler*, in: Ehricke/Ekkenga/Oechsler, WpÜG, § 4 Rn 9; anderes *Ihrig*, ZHR 2003, 315, 336.

1 *Storr*, Der Staat als Unternehmer, 2001, S. 89; *Ziekow*, Öffentliches Wirtschaftsrecht, 5. Aufl., 2020, S. 153.

2. Die materielle Privatisierung

Bei der materiellen Privatisierung zieht sich der Staat von einer Aufgabe zurück; die Angelegenheit wird nunmehr Privaten überlassen. Materielle Privatisierung muss nicht zwingend mit der Übertragung einer Verantwortung auf Private verbunden sein; vielmehr kann es sich auch so verhalten, dass sich der Staat zwar aus seiner Verantwortung zurückzieht, eine Verantwortung Privater für die Erfüllung einer Aufgabe aber nicht begründet wird. Es wäre also denkbar, dass sich der Staat einer Aufgabe entledigt, ohne dass sich ein anderer dieser Aufgabe annimmt. **606**

Eine materielle Privatisierung ist die Veräußerung kommunaler Wohnungen. Die Stadt Dresden hat 2006 ihre kommunalen Wohnungen für € 1,7 Mrd. an einen amerikanischen Investor verkauft und war damit schuldenfrei. Der Investor musste bestimmte Sozialpflichten übernehmen (ua lebenslanges Wohnrecht für über 60-Jährige, Verbot der Luxussanierung), über deren Einhaltung mehrere Rechtsstreite geführt wurden.

Ebenso denkbar ist, dass sich der Staat, wenn er die Erfüllung bestimmter Aufgaben und Angelegenheiten dem privaten Bereich überlässt, eine Gewährleistungsverantwortung behält. Das ist Kern des sog. Regulierungsrechts als Privatisierungsfolgenrecht[2]. Die Rahmenbedingungen für Wettbewerb sollen so eingestellt sein, dass bestimmte im Allgemeininteresse liegende Ziele erreicht werden (s. Rn 502 f). Das Regulierungsrecht löst häufig Bereiche monopolisierter Daseinsvorsorge ab. Der Staat gewährleistet durch Regulierung, dass die allgemeine Versorgung in einem Markt im Wettbewerb erfolgt und ein bestimmtes Versorgungsniveau erreicht wird. **607**

Die Gewährleistungsverantwortung des Staates kann auch als Universaldienstleistung konzipiert sein. Dann gewährleistet der Staat, dass flächendeckend Dienstleistungen einer bestimmten Qualität zu tragbaren Preisen angeboten werden (s. Rn 742 f).

3. Die funktionale Privatisierung

Bei der funktionalen Privatisierung bleibt der Staat für eine bestimmte Aufgabe verantwortlich, entledigt sich ihr also nicht, sondern bindet lediglich einen Privaten in die Wahrnehmung der Aufgabenerfüllung ein. Hierfür gehen die öffentliche Hand und ein oder mehrere Private eine **Public-Private-Partnership** (PPP oder ÖPP: Öffentlich-Private-Partnerschaft; in das Grundgesetz neu aufgenommen, aber ohne nähere Spezifizierung: Art. 90 Abs 2 S. 5 GG) ein. Eine PPP (im engeren Sinne) ist eine längerfristige, idR vertraglich geregelte, wirtschaftliche Zusammenarbeit zwischen öffentlicher Hand und Privaten zur gemeinsamen Erfüllung von öffentlichen Aufgaben[3]. Regelmäßig werden die erforderlichen Ressourcen von den Partnern gemeinsam aufgebracht und in einen gemeinsamen Organisationszusammenhang gestellt[4], zB wird ein gemeinsames Unternehmen gegründet, das von der öffentlichen Hand – zu einem gewissen Grade – gesteuert und von Privaten in mehr oder weniger großer Verantwortung geführt wird. Je nach Ausgestaltung von Organisation und staatlicher Verantwortung können grundlegend vier verschiedene Privatisierungsmodelle unter- **608**

---

2 *Stober*, in: FS Scholz, 2007, S. 943, 961.

3 Zur Beschreibung vgl a. *Lammers*, DÖV 2018, 303, 304 f.

4 *Burgi*, Privatisierung öffentlicher Aufgaben – Gestaltungsmöglichkeiten, Grenzen, Regelungsbedarf, Gutachten D für den 67. Deutschen Juristentag, D 37.

schieden werden: das Betriebsführungsmodell, das Betreibermodell, das Konzessionsmodell und das Kooperationsmodell.

609 Beim **Betriebsführungsmodell** wird der Private mit der kaufmännischen und technischen Leitung des Betriebs einschließlich der Wartung und Instandhaltung der Anlagen beauftragt[5]. Gegenüber den Nutzern tritt aber nur die öffentliche Hand auf; der Private führt den Betrieb für die öffentliche Hand; diese bleibt Eigentümerin der Anlagen und Grundstücke, sie kann Weisungen an den Betreiber richten und trägt die Erfüllungsverantwortung (vgl auch ► **Klausurenkurs Fall Nr 12**).

610 Für das **Betreibermodell** ist charakteristisch, dass der Betreiber Planung, Finanzierung, Bau, Lieferung, Betrieb, Instandhaltung und sonstige Wartung übernimmt[6]. Der Private ist in diesem Fall entweder der Eigentümer oder es wird ihm ein Erbbaurecht bestellt. Der Betreiber tritt gegenüber den Nutzern auf, jedoch nur im Namen der öffentlichen Hand. Die Verpflichtung, die öffentliche Aufgabe zu erfüllen, liegt bei der öffentlichen Hand; sie trägt die Erfüllungsverantwortung.

611 Noch mehr Verantwortung kommt dem Privaten im **Konzessionsmodell** zu. Der Konzessionsnehmer soll nicht nur die Pflichten aus dem Betreibermodell übernehmen, sondern die Leistung gegenüber Dritten eigenständig erbringen. Der Private tritt gegenüber den Nutzern im eigenen Namen auf. Deshalb wird der Betreiber das Entgelt für die Leistung, die er für den Nutzer erbringt, auch unmittelbar von diesem einfordern[7]. Dafür kann dem Betreiber das Recht verliehen werden, im eigenen Namen Gebühren hoheitlich zu erheben. Die Erfüllungsverantwortung liegt beim Konzessionsnehmer.

612 Auf der Grundlage eines **Kooperationsmodells** sind öffentliche Hand und Private gemeinsam in einem Unternehmen organisiert, das die gestellten Aufgaben erfüllt (auch **institutionalisierte PPP** oder IÖPP). Die Kommission[8] versteht die institutionalisierte PPP als Zusammenarbeit zwischen öffentlichen und privaten Beteiligten, bei der gemischt-wirtschaftliche Unternehmen (s. Rn 670) gegründet werden, um auf der Grundlage von öffentlichen Aufträgen oder Konzessionen bestimmte Aufgaben wahrzunehmen. Der private Beitrag in einer institutionalisierten PPP besteht – neben der Einbringung von Kapital oder anderen Vermögensgegenständen – in der aktiven Teilnahme an der Ausführung der Aufgabe, die dem gemischt-wirtschaftlichen Unternehmen übertragen wurde, und/oder in der Geschäftsführung der Gesellschaft. Davon zu unterscheiden ist die reine Kapitalbeteiligung eines privaten Investors an einem öffentlichen Unternehmen, wobei Privater und öffentliche Hand eine Aufgabe nicht gemeinsam wahrnehmen.

Beachte: Diese Modelltypen sind nicht abschließend. § 3 Schleswig-Holsteinisches Gesetz über die Zusammenarbeit zwischen Trägern der öffentlichen Verwaltung und Privaten vom 19. Juni 2007, GVOBl. Schl.-H. S. 328, legaldefiniert weiter. Gegenstände vertraglicher Zusam-

5 *Zacharias*, DÖV 2001, 454, 455.
6 *Schoch*, DVBl 1994, 1, 10.
7 *Schaffarzik*, SächsVBl 2006, 225 ff.
8 Mitteilung der Kommission in Bezug auf die Anwendung der gemeinschaftlichen Rechtsvorschriften für öffentliche Aufträge und Konzessionen auf institutionalisierte Öffentlich Private Partnerschaften (IÖPP), C 2007, 6661 v. 5.2.2008.

menarbeit zwischen den Trägern der öffentlichen Verwaltung und Privaten können insbesondere sein:

1. Übernahme der Planung, des Baus, der Finanzierung und des Betriebs einer dem Träger der öffentlichen Verwaltung gegen regelmäßiges Nutzungsentgelt zur Nutzung zu überlassenden Immobilie durch den Privaten,
   a) verbunden mit dem Eigentumsübergang zum Ende der Vertragslaufzeit (Erwerbermodell),
   b) verbunden mit der Option zum Erwerb der Immobilie zum Ende der Vertragslaufzeit (Leasingmodell),
   c) ohne Erwerbsoption zum Ende der Vertragslaufzeit (Mietmodell);
2. Übernahme der Planung, des Neu-, Aus- oder Umbaus oder der Sanierung, der Finanzierung und des Betriebs einer im Eigentum des Trägers der öffentlichen Verwaltung stehenden Immobilie durch den Privaten gegen regelmäßiges Nutzungsentgelt (Inhabermodell);
3. Übernahme von Bauarbeiten und betriebswirtschaftlichen Optimierungsmaßnahmen von bestimmten technischen Anlagen und Anlagenteilen durch den Privaten gegen ein regelmäßiges, zu Beginn der Zusammenarbeit festzulegendes Entgelt (Contractingmodell);
4. Übertragung von Aufgaben eines Trägers der öffentlichen Verwaltung auf eine Gesellschaft zur eigenverantwortlichen Erledigung, an der neben dem Träger der öffentlichen Verwaltung mindestens ein Privater gesellschaftsrechtlich beteiligt ist (Gesellschaftsmodell);
5. Übertragung von Aufgaben eines Trägers der öffentlichen Verwaltung auf einen Privaten zur eigenverantwortlichen Erledigung, verbunden mit der Übertragung oder Einräumung der Befugnis zur Erhebung von zivilrechtlichen Entgelten oder öffentlich-rechtlichen Gebühren (Konzessionsmodell);
6. Mischformen der in Nummer 1 bis 5 genannten Modelle.

II. Rechtsfragen der Privatisierung

1. Privatisierung und Wirtschaftlichkeit

Fall 52: Die kleine sächsische Gemeinde Oderwitz (O) beabsichtigte den Neubau einer Sporthalle. Wegen fehlender Eigenmittel sollte der Neubau – auf Betreiben des Bürgermeisters B – in Kooperation mit dem privaten Investor E auf der Grundlage eines Leasingmodells erfolgen. Im Vertrag, den B für O mit E abschloss, verpflichtete sich E, die Sporthalle für € 2 Mio. zu errichten und für 30 Jahre an O zu vermieten. Das Landratsamt des Landkreises L genehmigte als zuständige Genehmigungsbehörde das Rechtsgeschäft, obwohl – wie der Sächsische Rechnungshof später feststellte – der Vertrag offensichtlich unwirtschaftlich und im Vergleich zu einer Kreditfinanzierung viel zu teuer war. O verklagt L auf Schadensersatz. **613**

Es muss der primäre Zweck jeder Privatisierung sein, Aufgaben im Ergebnis **wirtschaftlicher** zu erfüllen. Darauf zielt § 7 BHO ab: Bei Aufstellung und Ausführung des Haushaltsplans sind die Grundsätze der Wirtschaftlichkeit und Sparsamkeit zu beachten. § 7 Abs. 1 S. 2 BHO verpflichtet die öffentliche Hand zu prüfen, inwieweit staatliche Aufgaben oder öffentlichen Zwecken dienende wirtschaftliche Tätigkeiten durch Ausgliederung und Entstaatlichung oder Privatisierung erfüllt werden können. **614**

Die Vorschrift nimmt Einrichtungen des Bundes – § 7 LHO entsprechend die der Länder – in die Pflicht, jegliches Verwaltungshandeln nach dem Wirtschaftlichkeits- **615** grundsatz auszurichten, um eine bestmögliche Nutzung von Ressourcen zu bewirken. Nach dem Grundsatz der Wirtschaftlichkeit ist die günstigste Relation zwischen dem verfolgten Zweck und den einzusetzenden Mitteln (Ressourcen) anzustreben. Dieser Grundsatz umfasst das **Minimalprinzip** – ein bestimmtes Ergebnis mit möglichst geringem Mitteleinsatz zu erzielen (auch Sparsamkeitsprinzip) – und das **Maximalprinzip** – mit einem bestimmten Mitteleinsatz das bestmögliche Ergebnis zu erzielen (auch Ergiebigkeitsprinzip). Die Wirtschaftlichkeitsuntersuchungen sollen von der Organisationseinheit durchgeführt werden, die mit der Maßnahme befasst ist.

„Ausgliederung", „Entstaatlichung" und „Privatisierung" in § 7 BHO sind keine konturierten juristischen Begriffe und schließen sich auch nicht gegenseitig aus. Ausgliederung meint die Separierung einer Organisationseinheit von einer anderen zur Erfüllung einer bestimmten Aufgabe (formelle Privatisierung, s. Rn 605); Entstaatlichung zielt auf die materielle Aufgabenentledigung der öffentlichen Hand ab. Beide Phänomene lassen sich auch dem Begriff der Privatisierung unterordnen, der generell die Überweisung von öffentlichen Aufgaben aus dem staatlichen in den privaten Raum betrifft.

616 § 7 Abs. 2 BHO konkretisiert die Pflicht zur Wirtschaftlichkeit für alle finanzwirksamen Maßnahmen dahingehend, dass angemessene Wirtschaftlichkeitsuntersuchungen durchzuführen sind. Das betrifft die Einzelwirtschaftlichkeit einer Maßnahme genauso wie die Gesamtwirtschaftlichkeit. Mit dem ÖPP-Beschleunigungsgesetz 2005[9] ist außerdem die Pflicht der Verwaltung eingeführt worden, die mit den Maßnahmen verbundene Risikoverteilung zu berücksichtigen. Denn eine Prüfung, ob die Verwaltung eine Maßnahme selbst durchführen, einen Dritten beauftragen oder eine PPP eingehen soll, wird nur dann erfolgversprechend sein, wenn der finanzielle Wert des Risikotransfers von der öffentlichen Hand auf den Privaten ermittelt wird und beim Kostenvergleich berücksichtigt werden kann[10].

Beispiel *Remanenzkosten:* Wenn Aufgaben auf einen Privaten übertragen werden, kann es sein, dass die öffentliche Hand die Kosten für bisher genutzte Infrastruktur und für eingestelltes Personal weiter zu tragen hat, weil der Private auf eigene Ressourcen und Kapazitäten zurückgreift.

Beispiel *Fortfaitierung:* Um eine günstige kommunalkreditähnliche Finanzierung von ÖPP-Bauprojekten zu ermöglichen, kann vereinbart werden, dass der Private seinen Entgeltanspruch gegen die öffentliche Hand an die Bank abtritt und die öffentliche Hand gegenüber der Bank auf die Einrede des nicht erfüllten Vertrages (§ 320 BGB) im Fall von Qualitätsmängeln verzichtet. Hier ist zu beurteilen, ob der günstigere Kredit bei Einredeverzicht wirtschaftlicher ist.

Beispiel *sale-and-lease-back:* Die öffentliche Hand verkauft ihre Infrastruktur an einen Privaten und least diese von ihm zurück. Hier ist von Bedeutung, ob die Infrastruktur am Ende der Vertragslaufzeit an die öffentliche Hand zurückfällt und ob und welcher Wertverlust bei der öffentlichen Hand zu Buche schlägt. In erhebliche Kritik geraten ist das sog. Cross-Border-Leasing, wenn Leasingnehmer und Leasinggeber in zwei verschiedenen Staaten (Deutschland und USA) ansässig sind und besondere steuerliche Vorteile (in USA) in Anspruch nehmen. Cross-Border-Leasing-Verträge sind nicht selten sehr kompliziert[11] und überfordern Gemeinden. Die

---

9 Gesetz zur Beschleunigung der Umsetzung von Öffentlich Privaten Partnerschaften und zur Verbesserung gesetzlicher Rahmenbedingungen für Öffentlich Private Partnerschaften (ÖPP-Beschleunigungsgesetz) v. 1.9.2005, BGBl. I S. 2676.

10 *Kleinlein/Stein*, in: Bürsch/Funken, Kommentar zum ÖPP-Beschleunigungsgesetz, 2007, Art. 4 Rn 8.

11 ZB 1600seitiger Vertrag in englischer Sprache: OVG Hamburg, NordÖR 2011, 122.

behauptete Risikolosigkeit hat sich in der Vergangenheit nicht immer bewahrheitet. Die amerikanischen Steuerbehörden haben Cross-Border-Leasing als Scheingeschäft beanstandet und damit die erhofften steuerlichen Vorteile versagt.[12]

Das **Interessenbekundungsverfahren** ermöglicht, den Markt nach wettbewerblichen Grundsätzen zu erkunden. Das Ergebnis ist mit staatlichen Lösungsvarianten zu vergleichen, um eine wirtschaftliche Bewertung zu gewährleisten. Das Verfahren zur Vergabe öffentlicher Aufträge wird dadurch nicht ersetzt. Wenn eine private Lösung voraussichtlich wirtschaftlich ist, ist ein Verfahren zur Vergabe öffentlicher Aufträge durchzuführen (s. Rn 1001 f)[13]. **617**

Nach § 7 Abs. 2 S. 3 BHO ist privaten Anbietern in geeigneten Fällen die Möglichkeit zu geben, darzulegen, ob und inwieweit sie staatliche Aufgaben oder öffentlichen Zwecken dienende wirtschaftliche Tätigkeiten nicht ebenso gut oder besser erbringen können. Das Interessenbekundungsverfahren weist privaten Interessenten keine subjektiven Rechte zu, so dass im Fall unterbliebener Marktsondierung kein Anspruch auf Überprüfung im Rechtsweg besteht. **618**

§ 7 BHO baut zwar einen „normativen **Privatisierungsdruck**"[14] auf; dieser darf aber nicht überbewertet werden, weil die Wirtschaftlichkeitsfeststellung eine – gerichtlich grds. nicht überprüfbare – Zweckmäßigkeitsentscheidung ist und die BHO nach überwiegender Auffassung nur das Innenverhältnis der Verwaltungsorganisation und -gebarung regelt. **619**

Fall 52 (Rn 613)[15]: a) Zulässigkeit: Vorliegend ist der Zivilrechtsweg ausweislich der Sonderzuweisung in Art. 34 S. 3 GG iVm § 40 Abs. 2 S. 1 1. HS 3. Alt. VwGO einschlägig. Die sachliche Zuständigkeit des Landgerichts ergibt sich aus den §§ 23 Nr 1, 71 Abs. 2 Nr 2 GVG. Statthafte Klageart ist die Leistungsklage. O muss sich von einem Rechtsanwalt vertreten lassen, § 78 Abs. 1 ZPO. **620**

b) Begründetheit: In Betracht kommt ein Schadensersatzanspruch aus § 839 BGB iVm Art. 34 GG.

aa) Das Leasinggeschäft ist genehmigungspflichtig gewesen, weil es eine Zahlungsverpflichtung begründet hat, die wirtschaftlich einer Kreditaufnahme gleichgekommen ist (vgl § 82 Abs. 5 S. 1 SächsGemO). Der Mitarbeiter des Landratsamts, der die Genehmigung erteilt hat, ist „in Ausübung eines öffentlichen Amtes" tätig geworden; die Tätigkeit des Mitarbeiters wird dem Landratsamt zugerechnet. Das Landratsamt ist im übertragenen Wirkungskreis tätig geworden; Verwaltungsträger und Passivlegitimierter ist deshalb der Landkreis. Das Leasinggeschäft verstößt – auch bei Anerkennung eines Beurteilungs- und Prognosespielraums – offensichtlich gegen den Grundsatz der Wirtschaftlichkeit (§ 72 SächsGemO), weshalb es nicht genehmigungsfähig gewesen ist. Die Nichtbeachtung dieser Voraussetzung ist eine Amtspflichtverletzung.

bb) Die Amtspflicht müsste zumindest auch gegenüber der geschädigten Gemeinde O bestanden haben und ihren Schutz bezweckt haben. Dafür müsste die Gemeinde „Dritter" im amtshaftungsrechtlichen Sinn sein. Zwar ist das Amtshaftungsrecht historisch wie dogmatisch am Staat-Bürger-Verhältnis orientiert; Verwaltungsträger können aber dann „Dritte"

12 BVerwG, DVBl 2011, 501 f.
13 Ausdrücklich Nr 4 VV-BHO zu § 7 BHO.
14 *Schröder*, Verwaltungsrechtsdogmatik im Wandel, 2007, S. 147.
15 BGHZ 153, 198 ff, dazu: *Pegatzky*, NVwZ 2005, 61 ff.

im amtshaftungsrechtlichen Sinne sein, wenn sie der Behörde, die ihre Amtspflicht verletzt, in Wahrnehmung eigener Rechte oder rechtlich geschützter Interessen gegenübertreten[16]. Diese Schutzwirkung gegenüber einer Behörde ist abzulehnen, wenn beide – schädigende und geschädigte – Behörden „arbeitsteilig", gemeinsam eine Aufgabe wahrnehmen. Vorliegend ist L auf repressive Aufsichtsmaßnahmen beschränkt; eine Genehmigungsversagung stellt eine Beeinträchtigung des Selbstverwaltungsrechts der O dar, die der Rechtfertigung bedarf. Eine „Gleichsinnigkeit" von L und O kann deshalb nicht angenommen werden[17].

cc) Der Mitarbeiter von L hat schuldhaft gehandelt. Im Amtshaftungsrecht werden die Anforderungen an ein pflichtgemäßes Verhalten von den persönlichen Kenntnissen und Fertigkeiten des Beamten losgelöst und am Maßstab des „pflichtgetreuen Durchschnittsbeamten" festgemacht. Hier ist zumindest von Fahrlässigkeit auszugehen.

dd) Als Rechtsfolge ist der aus der Amtspflichtverletzung entstandene Schaden zu ersetzen, soweit er in den Schutzbereich der verletzten Amtspflicht fällt. Der Schaden muss adäquat kausal durch die Amtspflichtverletzung herbeigeführt worden sein. Für die Feststellung der Kausalität kommt es darauf an, welchen Verlauf die Dinge bei pflichtgemäßem Handeln genommen hätten und wie sich die Vermögenslage des Betroffenen in diesem Fall darstellen würde. Hier ist der Schaden kausal zur Amtspflichtverletzung.

ee) Fraglich ist, ob sich O ein Mitverschulden anrechnen lassen muss (§ 254 BGB). In der Tat hat der Bürgermeister fahrlässig gehandelt, weil er selbst keine Wirtschaftlichkeitsprüfung vorgenommen hat. Nach OLG Dresden[18] soll dieses Verschulden aber durch das rechtswidrige und schuldhafte Verhalten des für das Landratsamt handelnden Bediensteten im Zuge der Genehmigungserteilung vollständig überlagert worden sein. O habe als kleine Gemeinde mit geringer Verwaltungskraft erwarten dürfen, dass die eingegangenen Verpflichtungen von den Bediensteten des Landratsamts inhaltlich auf ihre Wirtschaftlichkeit überprüft werden. Dem ist entgegenzuhalten, dass sich aus dem Genehmigungsverfahren zwar eine Beratungs- und Schutzpflicht der Aufsichtsbehörde gegenüber den Gemeinden herleiten lässt, diese aber nicht einem (zivilrechtlichen) Beratervertrag gleichzusetzen ist. Denn beim Beratervertrag ist das erhöhte Haftungsrisiko Folge der im Synallagma stehenden Leistungsverpflichtung des Beraters, welche wirtschaftlich durch eine entsprechend hohe Gegenleistungsverpflichtung ausgeglichen wird. Durch ein solches synallagmatisches Austauschverhältnis ist die Beziehung zwischen Aufsichtsbehörde und beaufsichtigter Gemeinde nicht geprägt. Außerdem sind die Organe der Gemeinde in gleicher Weise wie die Aufsichtsbehörde gem. Art. 20 Abs. 3 GG an Gesetz und Recht gebunden, dh auch an die Einhaltung der Haushaltsgrundsätze gem. § 72 SächsGemO, welche die Haushaltswirtschaft der Gemeinde zu Wirtschaftlichkeit und Sparsamkeit verpflichten und sich primär an die Gemeinde richten. Ist eine Gemeinde mangels Verwaltungskraft nicht in der Lage, die Wirtschaftlichkeit eines Vorhabens zu übersehen, kann sie sich nicht allein über das Genehmigungserfordernis exkulpieren. Ihr obliegt es dann, selbst fachkundigen Rat einzuholen. Andernfalls könnte die Gemeinde sogar bei extremen Verstößen gegen den Grundsatz der Wirtschaftlichkeit den entstandenen Schaden beim Rechtsträger der Kommunalaufsichtsbehörde liquidieren. Damit muss sich O ein Mitverschulden anrechnen lassen, adäquat erscheint hälftiges Mitverschulden.

ff) Eine Haftungsverlagerung gem. § 839 Abs. 1 S. 2 BGB auf den Bürgermeister scheidet aus. Zwar kommt eine Schadensersatzpflicht des Bürgermeisters nach § 48 BeamtStG in Betracht, das setzt aber voraus, dass dieser vorsätzlich oder grob fahrlässig gehandelt hat; davon ist nicht auszugehen.

16 Krit *Stelkens*, DVBl 2003, 22, 24 unter Hinweis auf das Finanzausgleichsrecht.
17 Krit *v. Mutius/Groth*, NJW 2003, 1278, 1281.
18 OLG Dresden, SächsVBl 2002, 63, 70.

gg) Es ist nicht ersichtlich, dass O vorsätzlich oder fahrlässig unterlassen hat, den Schaden durch Gebrauch eines Rechtsmittels abzuwenden, § 839 Abs. 3 BGB.

c) Ergebnis: Die Klage ist zulässig und teilweise begründet. Ein Schadensersatzanspruch ist – wegen des Mitverschuldens des Bürgermeisters – zur Hälfte anzuerkennen (vgl ähnlichen Fall ► **Klausurenkurs Fall Nr 14**).

2. Das Kooperationsrechtsverhältnis

Fall 53: Die sächsische Gemeinde O errichtet ein Blockheizwerk und Transportanlagen zur Versorgung des Gemeindegebiets mit Fernwärme. Später schließt sie mit dem Unternehmen B einen Vertrag, in dem sie das Blockheizwerk und die Transportanlagen an B verkauft. Im Kaufvertrag verpflichtet sich B, das Gemeindegebiet mit Wärmeenergie/Warmwasser ganzjährig zu versorgen, mindestens für die Dauer von 15 Jahren. O erlässt daraufhin eine neue Fernwärmesatzung: **621**

§ 1 (1) *Die Gemeinde betreibt durch B ein Fernwärmenetz zur Versorgung mit Wärme als öffentliche Einrichtung. Betreiber B kann andere Unternehmen mit dem Betrieb der Fernwärmeversorgungsanlagen beauftragen.*

(2) *Art und Umfang der Fernwärmeversorgungsanlagen, den Zeitpunkt ihrer Herstellung, Erweiterung und Erneuerung sowie Art und Zustand des Wärmeträgers bestimmt die Gemeinde …*

§ 5 (1) *Jeder Eigentümer eines Grundstücks, das durch eine Straße erschlossen ist, in der sich eine betriebsfertige Fernwärmeleitung befindet, ist verpflichtet, sein Grundstück an die Fernwärme anzuschließen …*

(2) *Die Errichtung von Wärmeerzeugungsanlagen auf anschlusspflichtigen Grundstücken zum Zwecke der Versorgung mit Wärme ist nicht gestattet …*

(3) *Der gesamte auf den an die Fernwärme angeschlossenen Grundstücken anfallende Wärmebedarf ist ausschließlich aus dem Wärmeversorgungsnetz zu decken …*

Eigentümer E hält die Anordnung des Anschluss- und Benutzungszwangs für unzulässig. Was kann er unternehmen?

Anmerkung:

§ 2 Abs. 1 SächsGemO: *„Die Gemeinden erfüllen in ihrem Gebiet im Rahmen ihrer Leistungsfähigkeit alle öffentlichen Aufgaben in eigener Verantwortung und schaffen die für das soziale, kulturelle und wirtschaftliche Wohl ihrer Einwohner erforderlichen öffentlichen Einrichtungen, soweit die Gesetze nichts anderes bestimmen."*

§ 10 Abs. 2 SächsGemO: *„Die Einwohner sind im Rahmen der bestehenden Vorschriften berechtigt, die öffentlichen Einrichtungen der Gemeinde nach gleichen Grundsätzen zu benutzen, und verpflichtet, die Gemeindelasten mitzutragen."*

§ 14 Abs. 1 SächsGemO: *„Die Gemeinde kann bei öffentlichem Bedürfnis durch Satzung für die Grundstücke ihres Gebietes den Anschluß an Anlagen zur Wasserversorgung, Ableitung und Reinigung von Abwasser, Fernwärmeversorgung und ähnliche dem öffentlichen Wohl, insbesondere dem Umweltschutz dienende Einrichtungen (Anschlußzwang) und die Benutzung dieser Einrichtungen, der Bestattungseinrichtungen, der Abfallbeseitigungseinrichtungen und der Schlachthöfe (Benutzungszwang) vorschreiben."*

Grundlage einer PPP ist eine kooperative Rechtsbeziehung zwischen der öffentlichen Hand und einem Privaten. Das **Kooperationsrechtsverhältnis** umfasst sämtliche **622**

Rechtsbeziehungen zwischen dem Privaten und der öffentlichen Hand zu einem konkreten Projekt. Das Rechtsverhältnis soll eine ganzheitliche, systematische Betrachtung der wechselseitigen Rechte und Pflichten unter Berücksichtigung spezifischer Sachstrukturen, der zeitlichen Komponente, der Nebenpflichten und der Obliegenheiten erleichtern. Das Rechtsverhältnis[19] kann gesetzlich, vertraglich oder durch VA, öffentlich-rechtlich und/oder privatrechtlich organisiert sein.

623 Inhalt und Gegenstand einer Regelung – gesetzlich, vertraglich oder durch VA – richten sich nach den **Anforderungen** und **Erwartungen**, die an eine PPP gestellt werden. Regelmäßig werden in Kooperationsrechtsverhältnissen zwischen öffentlicher Hand und Privaten folgende Agenden relevant sein[20]

- der Aufgabenbereich, der von Privaten übernommen werden soll,
- die Handlungsbefugnisse, die Privaten zur Verfügung gestellt werden sollen, sowie die Möglichkeit einer Unterbevollmächtigung; ferner für den Privaten maßgebliche Abwägungsgesichtspunkte und Entscheidungskriterien bei der Erfüllung einer öffentlichen Aufgabe,
- die besonderen Voraussetzungen, die an Private im Rahmen einer Kooperation zu stellen sind (etwa Eignung, Befähigung, technische, finanzielle und fachliche Leistungsfähigkeit),
- das Controlling der öffentlichen Hand, insbesondere Aufsichts-, Einwirkungs- und Überwachungsrechte, ferner Haftungs- und Vergütungsregelungen und Rechenschaftspflichten,
- die Laufzeit des Vertrages,
- Rechtsfragen zu Leistungsstörungen, Auftragsbeendigung, Kündigung, Insolvenz des Privaten, Einritt höherer Gewalt[21].

624 Es gibt kein eigenes **PPP-Gesetz** und keine gesetzlich geregelten PPP-Typen. In Schleswig-Holstein jedoch wurde ein Gesetz über die Zusammenarbeit zwischen Trägern der öffentlichen Verwaltung und Privaten[22] erlassen. Eine gesetzliche Bereitstellung von PPP-Typen müsste kritisch hinterfragt werden, wenn sie Organisationsoptionen beschränken soll und dem Privatisierungsrecht seine Flexibilität nähme. Eine Kooperation zwischen öffentlicher Hand und Privaten muss auf den Einzelfall abgestimmt sein und erfordert deshalb eine differenzierte und angepasste Problembewältigung.

625 Ein Gesetz ist dort sinnvoll, wo ein Bedarf nach verbindlichen Verantwortungszuweisungen, Steuerungs- und Schutzpflichten besteht[23]. Der Gesetzgeber sollte die Rechtsformen, Institute, Verfahren und Organisationstypen als Rahmen bereitstellen,

---

19 *Schulte*, in: Dose/Voigt, Kooperatives Recht, 1995, S. 257 ff; *Gröschner*, DV 1997, 301 ff; *Storr/ Schröder*, Allgemeines Verwaltungsrecht, 2010, S. 52.

20 *Storr*, DÖV 2005, 101, 102.

21 *Bauer*, in: Schuppert, Jenseits von Privatisierung und „schlankem" Staat. Verantwortungsteilung als Schlüsselbegriff eines sich verändernden Verhältnisses von öffentlichem und privatem Sektor, 1999, S. 252, 265.

22 Schleswig-Holsteinisches Gesetz über die Zusammenarbeit zwischen Trägern der öffentlichen Verwaltung und Privaten v. 19.6.2007, GVOBl. Schl.-H. S. 328.

23 *Burgi*, Privatisierung öffentlicher Aufgaben – Gestaltungsmöglichkeiten, Grenzen, Regelungsbedarf, Gutachten D für den 67. Deutschen Juristentag, D 109; vgl a. *Voßkuhle*, VVDStRL 62 (2003), S. 266, 327.

den die Verwaltung benötigt, damit sie ihre Aufgaben und Funktionen in Zusammenarbeit mit Privaten effektiv und bei Einhaltung gewisser Mindeststandards wahrnehmen kann[24]. Dazu hat das Gesetz der Verwaltung die Möglichkeit von Kooperationen anzubieten und den strukturellen Rahmen für Kooperationen vorzugeben.

§ 22 KrWG zB, das 2012 das Krw-/AbfG abgelöst hat, regelt die Möglichkeit einer funktionalen Privatisierung; die öffentliche Hand darf sich Dritter bedienen, kann sich damit aber nicht ihrer Verantwortung entledigen:

„Die zur Verwertung und Beseitigung Verpflichteten können Dritte mit der Erfüllung ihrer Pflichten beauftragen. Ihre Verantwortlichkeit für die Erfüllung der Pflichten bleibt hiervon unberührt und so lange bestehen, bis die Entsorgung endgültig und ordnungsgemäß abgeschlossen ist. Die beauftragten Dritten müssen über die erforderliche Zuverlässigkeit verfügen.“

Freilich regelt die Bestimmung nicht nur eine funktionale Privatisierung: erstens, weil die zur Verwertung und Beseitigung Verpflichteten auch Private sein können (zB private Erzeuger und Besitzer von Abfällen iSv § 7 Abs. 2 KrWG), zweitens, weil „Dritte“ auch Einrichtungen des öffentlichen Rechts sein können. Eine funktionale Privatisierung ist zB auch in § 56 WHG für die Abwasserbeseitigung geregelt.

3. Privatisierung und Verfassung

Staatstheoretisch herleitbare privatisierungsresistente **Staatsaufgaben** gibt es im Verfassungsstaat nicht; Ge- und Verbote müssen im Gesetz geregelt sein. Deshalb könnten im Prinzip selbst Justiz, Polizei und Militär privatisiert werden, was in Teilbereichen auch geschieht. **626**

Privatisierung des Gerichtsvollzieherwesens[25], Bewachung militärischer Liegenschaften durch private Sicherheitsdienste (vgl dazu das UZwGBw); Bw-Fuhrpark.

Das **Grundgesetz** enthält nur vereinzelt Privatisierungsgebote oder Privatisierungsverbote, zB Art. 87e GG für Eisenbahnen und Art. 87f GG für Telekommunikation und Post. Art 90 GG idF 2017 enthält ein formelles Privatisierungsverbot. Nach Abs. 1 „bleibt“ der Bund Eigentümer der Bundesautobahnen und sonstigen Bundesstraßen des Fernverkehrs. „Das Eigentum ist unveräußerlich“. Art. 90 Abs 2 GG erlaubt eine formelle Privatisierung der Angelegenheiten der Verwaltung von Bundesautobahnen, dh der Bund kann sich einer Gesellschaft privaten Rechts bedienen, die aber im unveräußerlichen Eigentum des Bundes verbleiben muss. Eine unmittelbare oder mittelbare Beteiligung Dritter an dieser Gesellschaft und deren Tochtergesellschaften ist ausgeschlossen (Verbot der materiellen Privatisierung). Allerdings ist eine Beteiligung Privater im Rahmen von Öffentlich-Privaten Partnerschaften zulässig, wenn diese nicht Streckennetze, die das gesamte Bundesautobahnnetz oder das gesamte Netz sonstiger Bundesfernstraßen in einem Land oder wesentliche Teile davon umfassen, betreffen.[26] **627**

---

24 *Bauer*, DÖV 1998, 89, 92.

25 Vgl zur Diskussion *Pilz*, Verfassungsrechtliche Grenzen der Privatisierung des Gerichtsvollzieherwesens, DÖV 2009, 102 ff.

26 Näher *Ibler*, in MKS Art 90 Rn 23 ff; *Gröpl*, MDHS Art 90 Rn 42 ff; *Faßbender*, DVBl 2018, 1588 ff.

2013 hat Bremen eine „Privatisierungsbremse" für öffentliche Unternehmen (s. Rn 661 ff) eingeführt. Eine Veräußerung öffentlicher Unternehmen kann nur unter bestimmten Voraussetzungen und nur durch Gesetz und Volksentscheid erfolgen.[27]

628 Aus den **Grundrechten** können Privatisierungsschranken grundsätzlich nicht hergeleitet werden[28]. Durch Privatisierung werden Aufgaben vom staatlichen in den privaten Bereich transferiert. Die Freiheit Privater wird also nicht beschränkt, sondern es wird ihnen mehr Raum für Unternehmenstätigkeiten gegeben. Allenfalls Anforderungen an den Privatisierungsvorgang können aus den Grundrechten entnommen werden (zB Gleichheitsgebot bei Gründung einer PPP; evtl. Schutzpflichten des Staates[29], außerdem Abwehrrechte im Fall einseitiger Aufgabenübertragung). Anders verhält es sich, wenn Hoheitsrechte an Private übertragen werden. Dann kann sich nicht nur die Frage stellen, ob die konkrete Maßnahme des Beliehenen in Grundrechte eingreift, sondern ob der Privatisierungsvorgang an sich grundrechtsrelevant ist[30].

629 Auch aus dem **demokratischen Prinzip** des Art. 20 Abs. 2 GG kann nicht unmittelbar hergeleitet werden, welche Aufgaben dem Staat – als staatliche Aufgaben im engeren Sinne – vorbehalten sind.[31] Ausdrücklich hebt das BVerfG hervor, dass selbst Aufgaben im Bereich der Daseinsvorsorge, wie die Trinkwasserversorgung, nicht allein deshalb zwingend unmittelbar vom Staat selbst erledigt werden müssen, weil sie von wesentlicher Bedeutung für das Allgemeinwohl sind[32].

630 Das BVerwG leitet in seiner sog. Weihnachtsmarkt-Entscheidung[33] aus der **kommunalen Selbstverwaltungsgarantie** Art. 28 Abs. 2 GG eine materielle Privatisierungsschranke ab. Die Gemeinde soll sich von Aufgaben, die zu den Angelegenheiten des örtlichen Wirkungskreises gehören, im Interesse einer wirksamen Wahrnehmung dieses örtlichen Wirkungskreises und „letztlich zum Wohle der Gemeindeangehörigen" nicht entledigen dürfen. Gegebenenfalls müsse sie sich „zumindest Einwirkungs- und Steuerungsmöglichkeiten vorbehalten". Das Gericht will zwischen wirtschaftlicher Betätigung („bei der von vornherein zweifelhaft sein kann, ob es sich um eine Angelegenheit der örtlichen Gemeinschaft handelt") und „öffentlichen Einrichtungen mit kulturellem, sozialem und traditionsbildendem Hintergrund, die schon lange Zeit in der bisherigen kommunalen Alleinverantwortung lagen", unterscheiden.

Diese Rechtsprechung überzeugt nicht: Weder aus dem Wortlaut noch mit systematischen oder teleologischen Argumenten kann eine solche Privatisierungssperre hergeleitet werden. Art. 28 Abs. 2 GG ist eine Organisationsnorm, die den Gemeinden das Recht auf kommunale Selbstverwaltung zuweist; zudem ist kein gegenständlich bestimmter Aufgabenkatalog verfassungs-

---

27 Art. 70 Abs. 2 iVm Art. 42 Abs. 4 Brem LV: Wenn diese Unternehmen bestimmte öffentliche Aufgaben (zB der Daseinsvorsorge s. Rn 735) wahrnehmen und die Bürgerschaft das Gesetz mit weniger als zwei Dritteln ihrer Mitglieder beschlossen hat oder ein Viertel der Mitglieder der Bürgerschaft die Durchführung eines Volksentscheids beantragt oder ein Zwanzigstel der Stimmberechtigten die Durchführung eines Volksentscheides begehrt; krit *Boehme-Neßler*, LKV 2013, 481 ff.

28 BVerfG, NJW 1995, 514 ff.

29 *Schröder*, Verwaltungsrechtsdogmatik im Wandel, 2007, S. 161.

30 Zu Art. 2 Abs. 1 iVm Art. 33 Abs. 4 GG: BVerfG, NJW 2012, 1563, 1564: Privatisierung des Maßregelvollzugs.

31 Zu Art. 2 Abs. 1 iVm Demokratieprinzip vgl BVerfG, NJW 2012, 1563, 1564.

32 BVerfG, NVwZ 2003, 974, 977.

33 BVerwG, NVwZ 2009, 1305 ff.

rechtlich gewährleistet, sondern der örtliche Aufgabenbereich an sich. Folglich kann es auch keine Verpflichtung geben, einzelne Angelegenheiten – wie im konkreten Fall einen Weihnachtsmarkt – als eine kommunale Aufgabe wahrnehmen zu müssen. Auch für die Differenzierung zwischen niedriger zu bewertenden wirtschaftlichen und höher zu bewertenden öffentlichen Einrichtungen „mit kulturellem, sozialem und traditionsbildendem Hintergrund" lässt sich im Grundgesetz kein Argument finden.[34]

Art. 33 Abs. 4 GG hat sich nicht als effektive Privatisierungsschranke erwiesen. Danach ist die Ausübung hoheitsrechtlicher Befugnisse als ständige Aufgabe in der Regel **Angehörigen des öffentlichen Dienstes** zu übertragen. Die Vorschrift soll die Kontinuität und Qualität hoheitlicher Funktionen des Staates sichern. Deshalb unterliegt dem grundgesetzlichen Funktionsvorbehalt nur die ständige Übertragung und Ausübung hoheitlicher Befugnisse. Es kommt darauf an, ob die betreffenden hoheitlichen Aufgaben eine Wahrnehmung durch Berufsbeamte ausweislich bewährter Erfahrung erfordert oder ob dies aufgrund funktioneller Besonderheiten angezeigt ist. Die Übertragung von Hoheitsaufgaben auf Private muss die Ausnahme bleiben und muss durch sachliche Gründe gerechtfertigt sein, die das Regel-Ausnahme-Verhältnis nicht in Frage stellen. In jüngerer Rspr umschreibt das BVerfG die Grenzen in quantitativer und qualitativer Hinsicht: quantitativ dahingehend, dass – rein zahlenmäßig – der Ausnahmefall nicht zum Regelfall werden darf, und qualitativ, dass der Sicherungszweck des Funktionsvorbehalts einer Privatisierung nicht entgegensteht. Deshalb bedarf es für Abweichungen vom Grundsatz des Funktionsvorbehalts eines „besonderen sachlichen Grundes". Dabei spielen auch Erwägungen der Wirtschaftlichkeit und der Verhältnismäßigkeit eine Rolle, rein fiskalische Argumente sollen eine Ausnahme vom Funktionsvorbehalt aber nicht begründen können[35]. **631**

4. Steuerung und Verantwortung

„Steuerung" und „Verantwortung" sind Schlüsselbegriffe des Privatisierungsrechts[36]. **632**
Denn die Befugnis der öffentlichen Hand, zur Erfüllung ihrer Aufgaben die ihr **geeignete Organisation** und am **effektivsten erscheinende Handlungsform** zu wählen, entbindet sie nicht von ihrer Verantwortung für eine Aufgabe. Je bedeutender und gewichtiger die Verantwortung der öffentlichen Hand für eine Aufgabe ist, umso intensiver muss diese die Erfüllung der Aufgabe steuern. Privatisierung ist immer auch mit Steuerungsverlusten verbunden.

Die Weisung ist das effektivste Steuerungsinstrument, weil sie initiativ und unmittelbar ergehen kann und Recht- und Zweckmäßigkeit des Handelns umfasst. Sie führt zur vollen Willensübereinstimmung der unteren Instanzen[37]. Eine Ausgliederung oder eine Einbindung Privater ist häufig mit dem Verlust der Möglichkeit, Weisungen zu erteilen, verbunden; es kommt zu „Einflussknicken"[38]. Selbst in öffentlichen Konzernen, in denen die Steuerung unterer Instanzen über gesellschaftsrechtliche Instrumente (zB Gesellschafterversammlung) erfolgt, kann die

34 Vgl *Kahl/Weißenberger*, LKRZ 2010, 81 ff.
35 BVerfG, NJW 2012, 1563, 1564.
36 *Schröder*, Verwaltungsrechtsdogmatik im Wandel, 2007, S. 192 f; *Schmidt-Aßmann*, Das Allgemeine Verwaltungsrecht als Ordnungsidee, 2. Aufl., 2004, S. 192.
37 *Storr*, Der Staat als Unternehmer, 2001, S. 65.
38 *Huber*, Staatswissenschaften und Staatspraxis 1997, 423, 424.

Einflussnahme oberster Instanzen auf unterste Instanzen durch die mehrfache Vermittlung über Zwischenunternehmen abgeschwächt sein[39].

633 Bei Kooperationen der öffentlichen Hand mit Privaten besteht grundsätzlich die Gefahr,

- dass die öffentliche Hand Kompromisse eingehen muss, die Interessen des Privaten berücksichtigen muss und deshalb das Allgemeinwohl nicht optimal umsetzen kann,
- dass das Gebaren der Kooperation intransparent wird und die Verantwortung für eine konkrete Aufgabe oder auch nur für eine einzelne Entscheidung zwischen öffentlicher Hand und Privaten verwischt (zB bei Entscheidungen in gemeinsamen Gremien),
- dass die öffentliche Hand für Fehlentscheidungen Privater die Verantwortung (Haftung) übernehmen muss[40].

Die öffentliche Hand wird deshalb bei der Privatisierungsplanung ihre konkrete Verantwortung und die des Privaten in einem gemeinsamen Projekt zu analysieren und abzuschichten haben. Die konkrete Verantwortungszuweisung kann in einem Kooperationsvertrag festgelegt werden. Ob und welche Verantwortung die Verwaltung für eine Aufgabe hat, ergibt sich aus dem Gesetz und ist im Übrigen ihrer eigenen Entscheidung anheim gestellt. Nach dem Grad der Verantwortung richtet sich die Anforderung an die Steuerung des Privaten.

5. Privatisierungsrechtlich relevante Verwaltungsrechtsinstitute

634 Das Verwaltungsrecht kennt verschiedene Rechtsinstitute, auf die sich eine funktionale Privatisierung stützen kann: HIER WIRD VERGABERECHT DANN NICHT ANGEWENDET

a) Beleihung

635 Durch eine Beleihung werden einer natürlichen oder einer juristischen Person oder einer Personengemeinschaft des Privatrechts spezifische Verwaltungsaufgaben zur öffentlich-rechtlichen, **hoheitlichen** Wahrnehmung „aus einer Hand“[41] übertragen. Der Beliehene übt die ihm übertragene hoheitliche Aufgabe als eigene Angelegenheit aus und ist Behörde iSv § 1 Abs. 4 VwVfG.

Beispiel: Prüfungsingenieure für Baustatik; Unternehmen, die Straßenbenutzungsgebühren als Autobahnmaut erheben (§ 2 FStrPrivFinG).

636 Die Erfüllung hoheitlicher Aufgaben durch Private erfordert eine Übertragung durch Gesetz oder aufgrund eines Gesetzes[42]. Es muss außerdem eine Staatsaufsicht bestehen und diese muss gesetzlich geregelt sein. Aus Gründen hinreichend demokratischer Legitimation wird regelmäßig eine Fachaufsicht erforderlich sein[43]; eine

39 EuGH v. 11.5.2006, Rs. C-340/04 – *„Carbotermo“*, Rn 39.
40 *Storr*, in: Bauer/Huber/Sommermann, Demokratie in Europa, 2005, S. 411, 415.
41 *Burgi*, in: Ehlers/Pünder, AVerwR, S. 317 in Abgrenzung zur Handlung „im eigenen Namen“.
42 BVerfG, NJW 1987, 2501, 2502; BVerwGE 97, 117, 119.
43 BVerfG, NJW 2012, 1563, 1569.

Rechtsaufsicht kommt nur in Einzelfällen in Betracht, etwa wenn dem Privaten wegen seines Sachverstandes ein Beurteilungsspielraum zugewiesen ist.

b) Verwaltungshilfe

Die **Verwaltungshilfe** ist eine Figur des Amtshaftungsrechts. Letztlich ist jeder Private, der Aufgaben für die Verwaltung wahrnimmt, ein Helfer der Verwaltung. Im Amtshaftungsrecht ist die Kategorisierung aber sinnvoll, wenn es um die Frage geht, ob der Staat oder der Private, der für den Staat Verwaltungsaufgaben wahrnimmt, im Fall fehlerhaften Tätigwerdens einem Dritten gegenüber zu haften hat. Anders als der Beliehene, der selbst Behörde und Beamter im haftungsrechtlichen Sinn des § 839 Abs. 1 BGB ist, wird der Verwaltungshelfer privatrechtlich tätig. Es ist zwischen dem unselbstständigen und dem selbstständigen Verwaltungshelfer zu unterscheiden: **637**

Der **unselbständige Verwaltungshelfer** unterliegt umfassender Weisung der Verwaltung und tritt nach außen grundsätzlich nicht auf. Er nimmt lediglich Hilfsaufgaben für die Verwaltung wahr, ist somit ihr Vollzugshelfer (zB wenn die Ordnungsbehörde ein Abschleppunternehmen ruft, um ein straßenverkehrsrechtswidrig abgestelltes Fahrzeug zu entfernen; wenn Private Gebührenbescheide vorbereiten, ohne diese selbst zu erlassen). Plakativ ist die vom BGH verwendete Metapher des Privaten als „Werkzeug der Verwaltung"[44]. Hier liegt es nahe, dass der Verwaltungsträger, dessen Behörde den Privaten mit der Wahrnehmung von Verwaltungsaufgaben beauftragt hat, für dessen Fehlverhalten nach Art. 34 S. 2 GG zu haften hat (zB das von der Ordnungsbehörde gerufene Abschleppunternehmen beschädigt das zu verbringende Fahrzeug)[45]. **638**

Auch der **selbständige Verwaltungshelfer** erfüllt Aufgaben für die Verwaltung, doch ist er den Behörden nicht (umfassend) weisungsunterworfen und auch sonst unabhängiger als der unselbständige Verwaltungshelfer. Für eine Haftungsverlagerung nach Art. 34 S. 2 GG muss es darauf ankommen, inwiefern der Private in die öffentliche Aufgabenwahrnehmung eingebunden ist: Je stärker der hoheitliche Charakter der Aufgabe in den Vordergrund tritt, je enger die Verbindung zwischen den übertragenen Tätigkeiten und der von der Behörde zu erfüllenden hoheitlichen Aufgabe und je begrenzter der Entscheidungsspielraum des Unternehmers ist, desto näher liegt es, den Privaten im Fall einer rechtswidrigen Handlung als unselbständigen Verwaltungshelfer und Beamten im haftungsrechtlichen Sinne zu erkennen. **639**

c) Konzession

Allgemein wird unter Konzession die Berechtigung verstanden, eine Aufgabe wahrzunehmen, doch wird der Begriff nicht einheitlich gebraucht[46]. Gemeint sein kann die Verleihung eines subjektiven Rechts, eine Zulassung (Genehmigung, Bewilligung, Erlaubnis, vgl § 15 Abs. 2 GewO) oder ein Sondernutzungsrecht (zB § 15 Abs. 3 FStrG). Im Beschaffungswesen meint die Konzession einen entgeltlichen Vertrag, **640**

44 BGHZ 48, 98 ff.

45 BGHZ 121, 161 ff – „Abschleppunternehmen"; vgl a. BGHZ 161, 6 ff; OVG Schleswig, NordÖR 2006, 263 ff – „Gebührenabrechnung für Stadtwerke".

46 *Storr*, in: FS Stober, 2008, S. 417 ff.

mit dem ein Unternehmen mit der Erbringung von Bauleistungen oder Dienstleistungen betraut wird, wobei die Gegenleistung in dem Recht zur Nutzung des Bauwerks oder zur Verwertung der Dienstleistungen bzw in einem dieser Rechte zuzüglich einer Zahlung besteht.[47] Regelmäßig ist die Konzession mit dem Auftrag an den Privaten verbunden, die betreffende Aufgabe nach bestimmten Vorgaben zu erfüllen. Das Betriebsrisiko geht auf ihn über.

641 **Fall 53 (Rn 621)**[48]**:** E könnte die Satzung zu gerichtlicher Überprüfung stellen.

a) Zulässigkeit: In Sachsen ist eine konkrete Normenkontrolle beim OVG nach § 47 Abs. 1 Nr 2 VwGO, § 24 SächsJustizG möglich (in den Ländern, die eine Normenkontrolle gegen Satzungen nicht kennen, ist eine Feststellungsklage, § 43 VwGO, in Betracht zu ziehen). E ist Antragsteller, die Gemeinde O richtige Antragsgegnerin (§ 47 Abs. 2 S. 2 VwGO). Den Antrag kann jede natürliche Person stellen, die geltend machen kann, durch die Rechtsvorschrift oder deren Anwendung in ihren Rechten verletzt zu sein oder in absehbarer Zeit verletzt zu werden (§ 47 Abs. 2 S. 1 VwGO). Der Anschluss- und Benutzungszwang könnte die Vertragsautonomie des E (Art. 2 Abs. 1 GG) und dessen Eigentumsgrundrecht (Art. 14 GG) verletzen. Die Frist beträgt ein Jahr ab Bekanntmachung der Satzung (§ 47 Abs. 2 S. 1 VwGO). Das Rechtsschutzbedürfnis von E ist nicht entfallen, weil Anschluss- und Benutzungszwang fortwirken.

b) Der Normenkontrollantrag wäre begründet, wenn E durch die Fernwärmesatzung in seinen Rechten verletzt werden würde. In Betracht kommt eine Verletzung von § 14 Abs. 1 iVm § 10 Abs. 2 und § 2 Abs. 1 SächsGemO durch die Anordnung des Anschluss- und Benutzungszwangs. Das würde voraussetzen, dass das Blockheizwerk und die Anlagen der Fernwärmeversorgung als „öffentliche Einrichtung" betrieben werden. Es liegt nahe, das Tatbestandsmerkmal der öffentlichen Einrichtung in § 14 SächsGemO wie in § 2 Abs. 1 und § 10 Abs. 2 SächsGemO, dh als eine Einrichtung der Gemeinde, zu verstehen. Das folgt zum einen aus dem gesetzessystematischen Zusammenhang von § 10 und § 14 SächsGemO: Beide Vorschriften befassen sich mit den Rechtsbeziehungen zwischen der Gemeinde und ihren Einwohnern; die durch § 14 SächsGemO ermöglichte Verpflichtung von Grundstücksberechtigten zur Benutzung einer Einrichtung knüpft an § 10 Abs. 2 SächsGemO an, der ein Recht auf Benutzung von öffentlichen Einrichtungen der Gemeinde im Rahmen ihrer Widmung einräumt. Zum anderen wird die Einheitlichkeit des Einrichtungsbegriffs vom Grundsatz der Verhältnismäßigkeit gefordert. Der in der Anordnung des Anschluss- und Benutzungszwangs liegende Eingriff in die Grundrechte der Anschluss- und Benutzungspflichtigen gemäß Art. 2 Abs. 1, Art. 14 Abs. 1 GG ist nur dann verhältnismäßig, wenn der Anschluss- und Benutzungspflicht ein Recht auf Anschluss und Benutzung entspricht[49]. Denn durch den Anschluss- und Benutzungszwang wird eine Abhängigkeit der Pflichtigen von der Einrichtung erzeugt und ihnen insbesondere untersagt, sich anderweitig zu versorgen. Folglich sind die Pflichtigen auf die Deckung ihres existenziell wichtigen Bedarfs angewiesen, dh der Zugang zu der Einrichtung muss rechtlich gesichert sein. Dies ist nur bei öffentlichen Einrichtungen im Sinne von § 2 Abs. 1, § 10 Abs. 2 SächsGemO der Fall, weil hier den Anschluss- und Benutzungspflichtigen unmittelbar gemäß § 10 Abs. 2 SächsGemO ein Anspruch auf Zugang zusteht, dessen Erfüllung zu angemessenen Bedingungen durch die Gemeinde zu gewährleisten ist.

Das bedeutet nicht, dass eine öffentliche Einrichtung im Sinne von § 2 Abs. 1, § 10 Abs. 2 SächsGemO notwendigerweise von der Gemeinde selbst oder einem Unternehmen der Ge-

47 § 105 GWB.
48 OVG Bautzen, SächsVBl 2003, 143 ff.
49 *Tolkmitt*, SächsVBl 2005, 240 ff.

meinde betrieben werden muss; auch ein privates Unternehmen kann Betreiber sein. Wenn es aber zutrifft, dass es eine wesentliche Funktion der öffentlichen Einrichtung ist, durch gesetzliche Zugangsansprüche und korrespondierende Verpflichtungen der Gemeinde den Zugang zu angemessenen Bedingungen zu gewährleisten, kann ein Betrieb in privater Trägerschaft nur dann eine öffentliche Einrichtung der Gemeinde darstellen, wenn diese in der Lage ist, ihren gesetzlichen Verpflichtungen nachzukommen. Die Gemeinde muss den Berechtigten die Benutzung des privaten Betriebs zu angemessenen Bedingungen verschaffen können; es muss ein maßgeblicher Einfluss der Gemeinde auf die wesentlichen betrieblichen Entscheidungen des privaten Unternehmens rechtlich sichergestellt sein.

Sind die Rechtsbeziehungen zwischen dem Privaten und der Gemeinde in einem Betreibervertrag geregelt, muss dieser Vertrag die Verpflichtung des Betreibers enthalten, den Vertragsbeziehungen mit den Benutzungsberechtigten die Anforderungen von § 10 Abs. 2 SächsGemO und der Satzungen der Gemeinde zu Grunde zu legen. Dem Privaten muss ferner ein Kontrahierungszwang auferlegt werden. Die von der Gemeinde vorgegebenen Benutzungsbedingungen sind in den Vertragsbeziehungen mit den Benutzungsberechtigten zu übernehmen. Das Unternehmen muss sich verpflichten, Änderungen des Betriebs, die sich auf die Benutzung auswirken, und Änderungen der Benutzungsbedingungen, etwa der Benutzungsentgelte, nur im Einvernehmen mit der Gemeinde vorzunehmen.

Die rechtswidrige Satzung verletzt auch die Grundrechte (Art. 2 Abs. 1 und Art. 14 GG) des E. Denn aus dem Verhältnismäßigkeitsgrundsatz ist die Verpflichtung herzuleiten, dass die Wahrnehmung des Benutzungsrechts dauerhaft gesichert sein muss, die Einrichtung also funktionsfähig, dh technisch und organisatorisch geeignet ist, um die ihr zugedachte Versorgungsaufgabe zu bewältigen. Wird die öffentliche Einrichtung von einem Privaten betrieben, muss die Gemeinde Vorkehrungen treffen, um einen Ausfall des privaten Betreibers zu verhindern oder bei dessen Ausfall die Versorgung aufrecht erhalten zu können. Das erfordert Vorsorgemaßnahmen der Gemeinde dergestalt, dass sie die Anschluss- und Benutzungspflichtigen auf eine andere öffentliche Einrichtung verweisen oder den Betrieb kurzfristig in eigener Regie oder durch einen neuen Betreiber fortführen kann.

Im vorliegenden Kaufvertrag verpflichtet sich B zwar, das Gemeindegebiet mit Wärmeenergie/Warmwasser ganzjährig zu versorgen, O hat sich aber keinen maßgeblichen Einfluss auf den Versorgungsbetrieb und den Inhalt der Benutzungsverhältnisse vorbehalten. Außerdem fehlt eine Regelung für die Festlegung der Benutzungsentgelte (Fernwärmepreise). O hat sich auch kein Mitbestimmungsrecht in Bezug auf Änderungen des Betriebs und der Benutzungsbedingungen gesichert und keine Maßnahmen zur Gewährleistung der Versorgungssicherheit getroffen. O hat sich aus der Fernwärmeversorgung zurückgezogen; dann ist sie aber auch nicht mehr befugt, Anschluss- und Benutzungszwang vorzuschreiben. Die Anordnung des Anschluss- und Benutzungszwangs ist ungültig, die Fernwärmesatzung vom OVG für unwirksam zu erklären (§ 47 Abs. 5 VwGO) (vgl ähnlichen Fall ▸ **Klausurenkurs Fall Nr 12**).

6. Privatisierung im europäischen Rechtsrahmen

Fall 54: Ein spanisches Gesetz sieht vor, dass Beschlüsse von bestimmten Gesellschaften, **642**
die früher ausschließlich in öffentlicher Hand waren, nun aber privatisiert sind und an denen der spanische Staat beteiligt ist, einer staatlichen Genehmigungspflicht unterliegen, wenn der Gesellschaftszweck geändert werden soll oder die Anteilsstruktur und das zur Folge hat, dass der Anteil der öffentlichen Hand an einem Unternehmen um mindestens 10% verringert wird. Das Gesetz gilt für:

- Telefonica de Espana (Telekom)
- Corporation Bancaria de Espana (Bank)
- Repsol (Erdöl)
- Tabacalera (Tabakherstellung)
- Endesa (Energie)

In der Gesetzesbegründung heißt es, dass das Genehmigungsrecht in Einklang mit Unionsrecht ausgeübt werden soll.

643 Dem Binnenmarktkonzept des AEUV kommt eine Privatisierung in den Mitgliedstaaten grundsätzlich entgegen. Eine offene Marktwirtschaft mit freiem Wettbewerb (Art. 119 AEUV) setzt voraus, dass die Marktteilnehmer wettbewerbsfähig sind, was bei privatisierten Einrichtungen tendenziell eher anzunehmen ist. Privatisierungsverbote enthält der AEUV deshalb nicht.

644 Auch Privatisierungsgebote können aus dem Vertrag nicht unmittelbar abgeleitet werden. Das gilt jedenfalls für die formelle Privatisierung. Für die funktionale und materielle Privatisierung von Bedeutung sind die **Grundfreiheiten** als Diskriminierungs- und Beschränkungsverbote (s. Rn 57 f). Staatliche Maßnahmen, die den Binnenmarkt beschränken, müssen zumindest zwingenden Allgemeinwohlinteressen dienen sowie geeignet und erforderlich sein (s. Rn 62). **Art. 37 AEUV** verpflichtet die Mitgliedstaaten nicht zur Privatisierung ihrer Handelsmonopole; sie haben sie aber so umzuformen, dass jede Diskriminierung in den Versorgungs- und Absatzbedingungen zwischen den Angehörigen der Mitgliedstaaten ausgeschlossen ist. Auch **Art. 106 AEUV** enthält kaum mehr als einen Privatisierungsimpuls[50], soweit eine Privilegierung öffentlicher Unternehmen unter Rechtfertigungszwang gestellt wird.

645 Ob und inwieweit die Union befugt ist, auf der Grundlage von Art. 114 AEUV, Art. 53 Abs. 2 iVm Art. 63 AEUV – unter der Voraussetzung, dass Wettbewerbshemmnisse und Wettbewerbsverzerrungen beseitigt werden sollen[51] – oder der Kompetenzabrundungsklausel in Art. 352 AEUV durch Sekundärrecht Privatisierungen voranzutreiben, ist eine Frage der Reichweite des **Art. 345 AEUV**. Danach lässt der AEUV *„die Eigentumsordnung in den verschiedenen Mitgliedstaaten unberührt"*. Der Regelungsinhalt dieser Bestimmung ist umstritten.

646 Der Wortlaut der Vorschrift scheint für einen **weiten Anwendungsbereich** zu sprechen. Mit „Eigentumsordnung" könnten alle verfassungsrechtlichen Vorschriften über das Privateigentum gemeint sein, insbesondere Enteignung, Sozialisierung und Schranken der Eigentumsnutzung. Einer derart weiten Interpretation steht aber entgegen, dass die Union ohne Befugnis zur Regelung der Eigentumsnutzung einen Binnenmarkt nicht schaffen kann. Das aber ist das vorrangige Ziel der EU (Art. 26 AEUV). Insbesondere die Kommission legt Art. 345 AEUV **eng** aus. Der Union sollen allein wirtschaftspolitisch motivierte Eigentumszuordnungen in öffentlicher oder privater Trägerschaft versagt sein, die Union soll Unternehmen weder privatisieren noch verstaatlichen dürfen[52]. Art. 345 AEUV regle die Neutralität des Vertrages in

---

50 *Burgi*, Funktionale Privatisierung und Verwaltungshilfe, 1999, S. 18.

51 EuGH v. 5.10.2000, Rs. C-376/98 – *„Tabakwerbung"*, Rn 95 f.

52 Mitteilung der Kommission, Leistungen der Daseinsvorsorge in Europa v. 20.9.2000, KOM (2000) 580 endg., Rn 21; *Kingreen*, in: Calliess/Ruffert, EUV/AEUV, 5. Aufl., 2016, Art. 345, Rn 11; *Hailbronner*, NJW 1991, 593, 598.

Bezug auf die Form der Unternehmensorganisation. Auch der EuGH hat wiederholt ausgeführt, dass die in den Mitgliedstaaten bestehende Eigentumsordnung durch Art. 345 AEUV den Grundprinzipien des Vertrages nicht entzogen sein soll[53]. In der Tat wollten die Mitgliedstaaten der Union keine Kompetenz zur formellen Privatisierung oder Verstaatlichung ihrer Unternehmen zuweisen[54] (erst in der Mitte des 20. Jh. hatten einige Mitgliedstaaten – vorneweg Frankreich und Italien – umfangreiche Sozialisierungen durchgeführt).

Die Entstehungsgeschichte legt die Reichweite des Art. 345 AEUV aber nicht auf eine enge Interpretation fest und auch der Wortlaut der Vorschrift stellt nicht auf einen Transfer zwischen privatem und öffentlichem Eigentum ab[55]. Art. 345 AEUV zielt auf *„die Eigentumsordnung"* an den Unternehmen wie sie *„in den verschiedenen Mitgliedstaaten"* besteht. Art. 83 des KS, der 2002 ausgelaufen ist, war deutlicher gefasst: *„Die Errichtung der Gemeinschaft berührt in keiner Weise die Ordnung des Eigentums an den Unternehmen, für welche die Bestimmungen dieses Vertrages gelten"*[56]. Nahe liegt daher eine **funktionale Interpretation**, die die Grundstrukturen der nationalen Eigentumsrechte schützt. Mit Art. 345 AEUV soll nicht die rechtliche Ausgestaltung des Eigentums dem Unionszugriff entzogen werden, sondern das Eigentum an den Unternehmen, wie sie durch die nationale Verfassungsordnung – in Deutschland durch Art. 14 GG – grundsätzlich gewährleistet wird. Art. 345 AEUV untersagt der Union eine Entscheidung über eine Eigentumszuordnung der Unternehmen[57]; Art. 345 AEUV ist aber nicht nur eine Sperre gegen einen formalen Eigentumsentzug durch die Union, auch jeder in materieller Hinsicht gleichgewichtige Eingriff in den Kern der nationalen Eigentumsgarantien ist unzulässig. 647

Allerdings führt Art. 345 AEUV nicht dazu, dass die in den Mitgliedstaaten bestehenden Eigentumsordnungen den Grundprinzipien des AEUV, wie zB der Nichtdiskriminierung, der Niederlassungsfreiheit und der Kapitalverkehrsfreiheit, entzogen sind. Deshalb kann Art. 345 AEUV allein ein Privatisierungsverbot als Eingriff in den freien Kapitalverkehr zwar nicht rechtfertigen, doch kann das Interesse des nationalen Gesetzgebers hinsichtlich einer bestimmten Zuordnung des Eigentums in öffentliche oder private Trägerschaft als zwingender Grund des Allgemeininteresses berücksichtigt werden[58].

Fall 54 (Rn 642)[59]: Vorliegend könnte die Kapitalverkehrsfreiheit (Art. 63 Abs. 1 AEUV) verletzt sein. 648

a) Zunächst ist zu überlegen, ob Art. 345 AEUV den Anwendungsbereich der Kapitalverkehrsfreiheit einschränkt. Der EuGH lehnt das ab. Das lässt sich damit begründen, dass die Kapitalverkehrsfreiheit als spezielle Grundfreiheit den Geltungsbereich des allgemeineren

53 EuGH v. 4.6.2002, Rs. C-367/98 – *„Golden Shares Portugal"*, Rn 48; vgl a. EuGH v. 6.11.1984, Rs. 182/83 – *„Fearon"*, Rn 7; EuGH v. 1.6.1999, Rs. C-302/97 – *„Konle"*, Rn 38.

54 Begründung zum Zustimmungsgesetz, BT-Drs. 2/3440 S. 154.

55 Mitteilung der Kommission, Leistungen der Daseinsvorsorge in Europa v. 20.9.2000, KOM (2000) 580 endg., Rn 22.

56 *Storr*, EuZW 2007, 232, 235.

57 *Schmidt-Preuß*, EuR 2006, 463, 475.

58 EuGH v. 22.10.2013, Rs. C-105/12 – *„Essent"*, Rn 35 und 54.

59 EuGH v. 13.5.2003, Rs. C-463/00 – *„Golden Shares IV"*.

Art. 345 AEUV überlagert. Dafür sprechen auch systematische Argumente: Art. 345 AEUV steht im Teil „Allgemeine und Schlussbestimmungen"; diese Vorschriften sollen die Grundprinzipien des Vertrages nicht beschränken.

b) Dann ist der Schutzbereich zu prüfen: Nach Rspr des EuGH hat die RiL 88/361 mit der Nomenklatur in ihrem Anhang Hinweischarakter für die inhaltliche Bestimmung des Begriffs Kapitalverkehr. Anhang I RiL 88/361 nennt Direktinvestitionen in Form der Beteiligung an einem Unternehmen durch den Erwerb von Aktien und den Erwerb von Wertpapieren auf dem Kapitalmarkt als Kapitalverkehr im Sinne von Art. 63 AEUV. Die Direktinvestition ist insbesondere durch die Möglichkeit gekennzeichnet, sich tatsächlich an der Verwaltung einer Gesellschaft und an deren Kontrolle zu beteiligen.

c) Fraglich ist, ob die Genehmigungspflicht den Kapitalverkehr zwischen den Mitgliedstaaten beschränkt. Die spanische Vorschrift ist geeignet, den Erwerb von Aktien zu verhindern oder zu beschränken oder aber Investoren anderer Mitgliedstaaten davon abzuschrecken, in das Kapital dieser Unternehmen zu investieren.

Die „Keck-Formel" (s. Rn 60) greift nicht. Danach ist die Anwendung nationaler Bestimmungen des Einfuhrmitgliedstaats, die bestimmte Verkaufsmodalitäten beschränken oder verbieten, nicht geeignet, den Handel zwischen den Mitgliedstaaten zu behindern, sofern diese Bestimmungen für alle betroffenen Wirtschaftsteilnehmer gelten, die ihre Tätigkeit im Inland ausüben, und den Absatz der inländischen Erzeugnisse und der Erzeugnisse aus anderen Mitgliedstaaten rechtlich wie tatsächlich in der gleichen Weise berühren. Denn die Anwendung derartiger Regelungen führt nicht dazu, dass der Marktzugang für diese Erzeugnisse im Einfuhrmitgliedstaat versperrt wird oder stärker behindert wird als für inländische Erzeugnisse[60]. Die spanische Genehmigungspflicht gilt zwar für Investitionen von Gebietsansässigen und Gebietsfremden gleichermaßen, doch berührt sie den Erwerb einer Beteiligung und ist daher geeignet, Anleger aus anderen Mitgliedstaaten von solchen Investitionen abzuhalten und damit den Marktzugang zu beeinflussen.

Eine Beschränkung der Kapitalverkehrsfreiheit entfällt nicht, weil die Genehmigung – so die Gesetzesbegründung – in Einklang mit dem Unionsrecht erteilt werden soll. Die Begründung ist weder normativ verbindlich, noch hinreichend konkret. Die Genehmigungspflicht beschränkt deshalb die Kapitalverkehrsfreiheit.

d) Die Genehmigungspflicht könnte gerechtfertigt sein. Der freie Kapitalverkehr kann durch eine nationale Regelung beschränkt werden, wenn diese aus den in Art. 65 Abs. 1 AEUV genannten Gründen oder durch zwingende Gründe des Allgemeininteresses gerechtfertigt ist. Spanien könnte geltend machen, dass es sich einen gewissen Einfluss auf ursprünglich öffentliche und später privatisierte Unternehmen behalten möchte, insbesondere wenn diese Unternehmen Dienstleistungen von allgemeinem Interesse oder von strategischer Bedeutung erbringen.

Dann muss aber nach den einzelnen Unternehmen unterschieden werden: Vorliegend ist nicht erkennbar, dass das Unternehmen Tabacalera, das Tabak herstellt, Dienstleistungen von allgemeinem wirtschaftlichen Interesse erbringt oder strategische Bedeutung hat. Das könnte sich für die Corporation Bancaria de Espana SA, die ein Zusammenschluss von Geschäftsbanken ist und im herkömmlichen Bankensektor tätig ist, anders darstellen. Dann müsste Spanien geltend machen, dass der Bankenverband besondere Aufgaben wahrnimmt, etwa Aufgaben einer Zentralbank, einer Förderbank oder besondere Versorgungsaufgaben wie sie den Sparkassen obliegen. Eine solche Begründung fehlt hier aber. Hingegen erbringen Telefonica de Espana, Repsol und Endesa zweifellos Dienstleistungen von allgemeinem Interesse; insbesondere haben sie die Verpflichtung, die Versorgung mit Erdöl, Elektrizität

60 EuGH v. 10.5.1995, Rs. C-384/93 – *„Alpine Investments"*, Rn 37.

und Telekommunikation auch im Krisenfall zu gewährleisten. Das ist ein Grund der öffentlichen Sicherheit, der eine Beeinträchtigung des freien Kapitalverkehrs rechtfertigen kann.

Die Beschränkung der Kapitalverkehrsfreiheit durch die nationale Genehmigungspflicht für Telefonica de Espana, Repsol und Endesa ist aber nur dann gerechtfertigt, wenn sie geeignet ist, die Verwirklichung des mit ihr verfolgten Zieles zu gewährleisten, und nicht über das hinausgeht, was zur Erreichung dieses Zieles erforderlich ist. Außerdem muss das Gesetz mit dem Grundsatz der Rechtssicherheit vereinbar sein. Das spanische Gesetz ist aber zu unbestimmt: Aus dem Gesetz ergibt sich nicht, nach welchen konkreten objektiven Voraussetzungen eine Genehmigung erteilt oder versagt wird. Der spanischen Verwaltung wird ein besonders weites Ermessen zugewiesen, das schwerwiegende Beeinträchtigungen des freien Kapitalverkehrs ermöglicht und sogar zu dessen Ausschluss führen kann. Damit geht das Gesetz auch über das hinaus, was zur Erreichung des Zieles Versorgungssicherheit erforderlich ist.

e) Eine Rechtfertigung nach Art. 106 Abs. 2 AEUV (s. Rn 735 f) scheidet aus. Denn hierfür hätte Spanien darlegen müssen, weshalb die Erfüllung der im allgemeinen wirtschaftlichen Interesse liegenden Aufgaben gefährdet wäre, wenn die Genehmigungspflicht nicht bestünde. Diese Begründung liegt hier aber nicht vor.

f) In Betracht kommt ferner eine Beeinträchtigung der Niederlassungsfreiheit (Art. 49 AEUV). Das ist primär eine Frage zur Konkurrenz zwischen Art. 49 AEUV und Art. 63 AEUV. Art. 49 Abs. 2 AEUV spricht für die Kapitalverkehrsfreiheit als speziellere Vorschrift, der EuGH scheint beide Vorschriften im Verhältnis der Parallelität zu sehen (vgl aber auch Rn 88). Im Ergebnis ist die Beschränkung der Niederlassungsfreiheit aus den gleichen Gründen wie die Beschränkung der Kapitalverkehrsfreiheit nicht gerechtfertigt.

§ 8 Das Recht der öffentlichen Unternehmen

I. Die öffentlichen Unternehmen

1. Historischer Überblick und Privatisierung

Die Geschichte der staatlichen Unternehmen ist mit jener des Staates eng verbunden. 649
Denn seit es Staaten gibt, existieren auch staatliche Unternehmen. Vor allem der **Merkantilismus** (s. Rn 9) war geprägt von einer ausgiebigen staatlichen Unternehmertätigkeit (Manufakturen), um die absolutistische Prachtherrschaft der Fürsten zu finanzieren. Die staatlichen Unternehmen wurden häufig durch Privilegien vor privater Konkurrenz geschützt. Nach der Einführung der Gewerbefreiheit (1810) waren zunächst die Weichen für eine liberale Wirtschaftsordnung gestellt. Doch schon in der zweiten Hälfte des 19. Jahrhunderts hat die Unternehmertätigkeit der öffentlichen Hand wieder zugenommen, insbesondere im Eisenbahnwesen und im Bergbau.

Bis in die 70er Jahre des 19. Jahrhunderts gab es ein gemischtes System staatlicher und privater Eisenbahnen in Deutschland. Ab 1873 kauften die Bundesstaaten die privaten Eisenbahnen zunehmend auf und gaben neue Streckenverbindungen in Auftrag. Diese Verstaatlichung des Eisenbahnwesens erfolgte zur Wirtschaftsförderung (Ausbau der Infrastruktur), aus militärischen Gründen sowie zur Sicherstellung des für den Eisenbahnbau erforderlichen Finanzbedarfs, weil das erforderliche Kapital von privater Seite nicht allein aufgebracht werden konnte (in der ersten Hälfte der 70er Jahre entfiel ein Viertel aller Nettoinvestitionen auf den Eisenbahnbau). Die Bundesstaaten konnten die Eisenbahnunternehmen lukrativ betreiben. Vor Ausbruch des ersten Weltkrieges stammte über die Hälfte der preußischen Staatseinnahmen aus eigenen Betrieben, nämlich 34% aus den Bahnen und 20% aus anderen Erwerbsbetätigungen[1].

650 **Während des ersten Weltkriegs** ging die öffentliche Hand zunehmend dazu über, private Unternehmen und Betriebe streng zu regulieren (Kriegswirtschaft), aber auch eigene Unternehmen zu gründen und zu betreiben (zB Stickstoffherstellung für Sprengstoff und Aluminiumproduktion). So wurden auf Veranlassung der Kriegsrohstoffabteilung im August 1914 die Kriegsmetall AG, die Kriegschemikalien AG und die Kriegswollbedarf AG gegründet. Dem Reich war es gelungen, während des Krieges nahezu die gesamte deutsche Aluminiumindustrie zu kontrollieren. Zur Versorgung der Stickstoff- und Aluminiumwerke waren neue elektrische Kraftwerke erforderlich, was eine Ausweitung der Reichsbeteiligungen an den Energieunternehmen zur Folge hatte.

651 **Nach dem ersten Weltkrieg** wurden die öffentlichen Unternehmen weitgehend auf eine Friedenswirtschaft umgestellt, nicht aber umfassend privatisiert oder aufgelöst. So wurden zB 1923 in der VIAG als Staatsholding die reichseigenen Deutsche Werke AG (eine Zusammenfassung der Heeres- und Marinebetriebe), Stickstoff- und Aluminiumwerke sowie Elektrizitätswerke gebündelt[2]. Die VEBA (1929) war eine Zusammenführung von PreußenElektra (Energie), Preussag (Bergwerk), Hibernia (Bergwerk) und der Bergwerks-AG Recklinghausen. Außerdem unterhielt das Reich eine Reihe von einflussreichen Banken.

Während sich das **Reich** um eine Trennung von seinen Industriebeteiligungen und eine Aufgabe seiner unmittelbaren Unternehmertätigkeit bemühte – insbesondere wurden Rüstungsbetriebe stillgelegt, auf die Produktion anderer Güter umgestellt oder verkauft –, weitete sich die Unternehmertätigkeit der **Kommunen** in den 20er Jahren erheblich aus. Wegen knapper finanzieller Mittel (Kriegsfolgelasten, allgemeine Wirtschaftskrise, Erzbergersche Finanzreformen) sollten kommunale Unternehmen über die Daseinsvorsorge (s. Rn 735) hinaus verstärkt zur Erwirtschaftung von Gewinnen für den allgemeinen Haushalt beitragen[3].

Zwischen 1933 und 1945 wurde die unternehmerische Tätigkeit des Staates im Zuge der Umstellung der Wirtschaft auf den Krieg wieder erheblich ausgeweitet. Die „Reichswerke Hermann Göring“ beispielsweise, aus denen später die Salzgitter AG hervorgegangen ist, war im Jahre 1944 mit 410 Unternehmen der weltgrößte Konzern[4].

652 **Nach dem zweiten Weltkrieg** kam der Bund in den Besitz der Unternehmen des Reiches (Art. 134 Abs. 1 GG) sowie Preußens (Art. 135 Abs. 6 GG). Seither ist der Bund bemüht, seine Unternehmensbeteiligungen durch Privatisierung abzubauen. In den fünfziger und sechziger Jahren wurden an größeren Unternehmen Preussag, VW, VEBA, in den achtziger und neunziger Jahren VIAG, Salzgitter und Lufthansa ganz oder zum Teil privatisiert. Zudem wurden die bislang als öffentlich-rechtliche Sonderver-

1 *Klein*, Die Teilnahme des Staates am wirtschaftlichen Wettbewerb, 1968, S. 61.
2 *Staudinger*, Der Staat als Unternehmer, 1932, S. 48.
3 *Backhaus*, Öffentliche Unternehmen, 2. Aufl., 1980, S. 173.
4 *Meyer*, Hitlers Holding – Die Reichswerke „Hermann Göring“, 1999, S. 25, 312.

mögen geführte Deutsche Bundespost und Deutsche Bahn in Aktiengesellschaften umgewandelt und Aktien der Deutschen Telekom AG und Deutschen Post AG an der Börse gehandelt. Ferner wurden über die Treuhandanstalt die Staatsunternehmen der DDR privatisiert.

In den vergangenen Jahren – nicht nur, aber auch wegen der globalen **Finanz- und Wirtschaftskrise** seit 2008 – ist es zu einer disparaten Entwicklung öffentlicher Unternehmen gekommen: Zum einen sind einige öffentlich-rechtliche Banken, vor allem Landesbanken, wegen erheblichen Zahlungsausfällen aufgrund von Geldgeschäften im Ausland überschuldet. Zum anderen sah sich der Bund aufgrund der Krise gezwungen, zur Sicherung der Finanzmarktstabilität sog. systemrelevante Unternehmen zu unterstützen und zum Zweck der Neuorganisation zu übernehmen oder sich an ihnen erheblich zu beteiligen (zB Hypo Real Estate und Commerzbank). Der Bund hat hierfür gesetzliche Grundlagen für Enteignungen[5] und ein vereinfachtes squeeze-out[6], also das Herausdrängen privater Anteilsinhaber, geschaffen. 653

Parallel zu dieser Entwicklung ist in einigen Bereichen der Daseinsvorsorge auch eine **Rekommunalisierung** zu beobachten, etwa ein Rückkauf privatisierter Versorgungseinrichtungen (Stadtwerke)[7] durch die Gemeinden, gar Enteignungen von Wohnungsunternehmen werden neuerdings diskutiert.[8] Rekommunalisierung ist sicherlich eine Gegenbewegung zur Privatisierungseuphorie der 90er Jahre – aber nicht nur. Die Gründe für eine Rekommunalisierung sind vielfältig: enttäuschte Erwartungen einer vorangegangen Privatisierung, zB weil sich erhoffte Effizienzgewinne nicht eingestellt haben, die Versorgungssicherheit nicht hinreichend gewährleistet ist oder ganz grundsätzlich eine Reaktion auf die Befürchtung der Bürger, großen Konzernen oder ausländischen Unternehmen „ausgeliefert" zu sein[9]. Rekommunalisierung ist zwar eine Erscheinung heutiger Tage, in rechtlicher Hinsicht aber nur ein Phänomen der öffentlichen Unternehmertätigkeit, für die es eine Rahmenordnung gibt. 654

2. Wirtschaftspolitische Einordnung öffentlicher Unternehmen

In wirtschaftspolitischer Hinsicht ist die Frage nach der öffentlichen Unternehmertätigkeit grundlegend für die Verfassung einer Volkswirtschaft. Gegen eine öffentliche Unternehmertätigkeit werden vor allem vier Argumente in Stellung gebracht[10]: 655

- In dem Maße, in dem die öffentliche Hand wirtschaftlich tätig wird, sind Private davon ausgeschlossen, mithin in ihrer Freiheit beeinträchtigt. Der Staat verzerrt den Wettbewerb zu Lasten privater Konkurrenzunternehmungen **(„Freiheitsargument")**.
- Staatliches Wirtschaften soll sich in der Regel mit der Effizienz von Märkten nicht messen können **(„Effizienzargument")**.

5 Rettungsübernahmegesetz v. 7.4.2009, BGBl. I S. 725, 729.
6 Finanzmarktstabilisierungsbeschleunigungsgesetz v. 17.10.2008, BGBl. I S. 1982, 1986.
7 *Storr*, ÖZW 2011, 2, 4; *Sodan*, LKV 2013, 433 ff.
8 *Kloepfer*, NJW 2019, 1656 ff.
9 *Leisner-Ebensperger*, NVwZ 2013, 1110, 1112; zu beihilfenrechtlichen Fragen: *Koenig*, EU-beihilfenrechtliche Stolpersteine bei der Rekommunalisierung – eine Fallstudie am Beispiel der Wasserwirtschaft, BRZ 2017, 171 ff.
10 Vgl 8. Monopolkommission 1988/1989, BT-Drs. 11/7582, Tz. 66.

- Eine Kumulation von wirtschaftlicher Macht und politischer Entscheidungskompetenz bedroht die „dezentrale Struktur" einer Wirtschaftsordnung und gefährdet die horizontale Gewaltenteilung zwischen Staat und Gesellschaft (**„Demokratieargument"**).
- Eine politische Instrumentalisierung öffentlicher Unternehmen ist eine Art „Dritter Weg" zwischen Marktwirtschaft und Planwirtschaft (**„Argument wettbewerbswirtschaftlicher Klarheit"**).

656 Dem wird entgegengehalten[11], dass öffentliche Unternehmen in einer sozialen Marktwirtschaft unverzichtbar sind, weil sie öffentliche Aufgaben aktiv, gezielt, flächendeckend, sicher und dauerhaft erfüllen können und nicht von Privatautonomie geprägt, sondern dem Gleichheitsgrundsatz verpflichtet sind. Insoweit können sich öffentliche Unternehmen in eine Marktwirtschaft einfügen. Noch heute sind die öffentlichen Unternehmen als Instrumente staatlicher Wirtschaftspolitik in vielen Branchen vertreten:

- Sie sind **Garant für eine Infrastruktur** (Daseinsvorsorge in den Bereichen Energie, Verkehr, Post, Telekommunikation, Sparkassen, Flughäfen);
- sie sind **Wirtschaftsförderer** (Kreditbanken, zB KfW, Tourismusförderungsunternehmen);
- sie sind **Wettbewerbsregulator**, um übermächtige private Marktmacht zu verhindern (teilweise haben sie selbst übermäßige Marktmacht, zB Deutsche Bahn AG; in regulierten Sektoren ist es Aufgabe der Regulierungsbehörde BNetzA, chancengleichen Wettbewerb herzustellen);
- sie verfolgen **kulturelle Ziele** (Museen, Betrieb und Unterhaltung von Ausstellungshallen);
- sie haben **sozialpolitische Aufgaben** (öffentliche Beschäftigungsgesellschaften, Auffanggesellschaften);
- sie fördern besondere **politische Ziele** (Umweltschutz, Frauenförderung, Integration von Langzeitarbeitslosen);
- sie sind generell dem **Gemeinwohl** verpflichtet.

3. Begriffsbestimmung

a) Zum Begriff „Unternehmen"

657 Der Begriff des Unternehmens ist in der Rechtsordnung nicht einheitlich definiert und kann je nach Rechtsgebiet (zB im Kartellrecht, im Haushaltsrecht, im Steuerrecht oder im Unionsrecht) unterschiedliche Bedeutung haben. Allgemein werden drei Begriffstypen unterschieden:

658 Abgestellt werden kann auf **formale Rechtskriterien**, dh auf handels- und gesellschaftsrechtliche Tatbestände. Unternehmen sind danach Handelsgesellschaften und sonstige rechtlich selbständige Unternehmen des Privatrechts oder des öffentlichen Rechts, wenn und soweit es sich um kaufmännisch eingerichtete Gewerbebetriebe handelt. Hierfür ist mindestens ein funktionsfähiges kaufmännisches Rechnungswe-

---

11 ZB Wissenschaftlicher Beirat der Gesellschaft für öffentliche Unternehmen, ZögU 17 (1994), S. 195 ff.

sen vorauszusetzen (Führung von Handelsbüchern [§§ 238, 239 HGB], Führung eines Inventarverzeichnisses und Eröffnungsbilanz [§§ 240, 242 HGB]).

Bei einer **soziologischen Perspektive** wird auf die Gruppe von Menschen abgestellt, **659**
die dem Unternehmen angehören, also auf die Arbeitgeber, die Anteilseigner, das Management und die Arbeitnehmer. Ein „klassisch kapitalistisches Unternehmen" soll jede Institution sein, in der durch das Zusammenwirken der Unternehmensangehörigen vorhandene Probleme gelöst werden können.

Insbesondere der Rechtsprechung des EuGH liegt ein **funktionaler Ansatz** zugrunde: **660**
Der EuGH definiert Unternehmen als **„eine wirtschaftliche Tätigkeit ausübende Einheit, unabhängig von ihrer Rechtsform und der Art ihrer Finanzierung"**[12]. Die funktionale Betrachtungsweise hat eine organisatorische Komponente (Handeln durch eine Einheit), durch die Unternehmen von der Verwaltung abgegrenzt werden, und eine tätigkeitsbezogene Komponente (wirtschaftliche Tätigkeit), für die ein mit privater Unternehmertätigkeit vergleichbares Handeln (Handeln wie ein privates Unternehmen) bedeutsam ist. Im Unionsrecht liegt eine wirtschaftliche Tätigkeit vor, wenn Güter oder Dienstleistungen auf einem Markt angeboten werden[13].

Für ein grundsätzlich funktionales Unternehmensverständnis sprechen folgende Argumente:

- Die Schwierigkeit, unternehmerisches Handeln von anderen Formen wirtschaftsrechtlich relevanter Handlungsinstrumente abzugrenzen (Interventionen, geldmarktpolitische oder finanzpolitische Steuerungen, Subventionen, Bürgschaften, Finanzierungen, etc): Zwar ist der Begriff des „Wirtschaftens" selbst sehr weit (Bedürfnisbefriedigung, Produktion und Verwendung knapper Güter zum Zweck der Erfüllung menschlicher Bedürfnisse), jedenfalls impliziert er aber eine Tätigkeit „auf dem Markt". Während Unternehmen wirtschaftlich werthafte Leistungen am Markt anbieten und einen Preis als Gegenleistung erhalten, wird die öffentlich-rechtlich handelnde Verwaltung durch Steuern, Gebühren und Beiträge finanziert[14]. Allerdings müssen sich Verwaltung und Unternehmen nicht ausschließen. Auch die Verwaltung kann unternehmerisch tätig werden.
- Die Lösung von bestimmten Organisationsformen: Für ein funktionales Unternehmensverständnis kommt es nicht darauf an, ob ein Unternehmen privatrechtlich oder öffentlich-rechtlich organisiert ist, eine juristische Person ist oder als Eigenbetrieb (s. Rn 677) nicht rechtsfähig ist, solange es eine organisatorische Einheit darstellt. Auch der Regiebetrieb (s. Rn 678) ist als Verwaltung bei funktionaler, auf die Tätigkeit abstellender Betrachtung, ein Unternehmen.
- Die Lösung vom Kriterium der Gewinnerzielungsabsicht: Gewinnmaximierung ist bei Privaten nicht immer der alleinige oder generell überwiegende Zweck wirtschaftlicher Betätigung. Vor allem soll nach hA eine bloße Gewinnerzielung durch öffentliche Unternehmen grundsätzlich ausgeschlossen sein (s. Rn 699).
- Die Lösung vom Kriterium der kaufmännischen Unternehmensführung: Allein Buchführungspflichten und Rechnungslegung können für eine Klassifizierung einer Einrichtung als Unternehmen nicht maßgeblich sein, wenn diesem oder ihrem Unternehmensträger die Möglichkeit zukommt, zwischen kaufmännischer und kameralistischer Buchführung zu wählen.

---

12 EuGH v. 23.4.1991, Rs. C-41/90 – *„Höfner und Elser"*, Rn 21; EuGH v. 21.9.1999, Rs. C-219/97 – *„Bokken"*, Rn 67; EuGH v. 19.1.1994, Rs. C-364/92 – *„Eurocontrol"*, Rn 18; EuGH v. 3.3.2011, Rs. C-437/09 – *„AG2R"*, Rn 40.

13 EuGH v. 12.9.2000, Rs. C-180/98 – *„Pavlov"*, Rn 78.

14 Zur Schwierigkeit, „Verwaltung" zu definieren: *Huber*, AVerwR, S. 1 ff.

- Der funktionale Unternehmensbegriff ist zudem bei unionsrechtsrelevanten Sachverhalten verbindlich. Da das europäische Wettbewerbsrecht den maßgeblichen Rechtsrahmen für öffentliche Unternehmen vorgibt, ist eine Orientierung an diesen Maßgaben ohnehin geboten (s. Rn 727 f).

b) Öffentliche Unternehmen

661 Auch für den Begriff der „öffentlichen" Unternehmen finden sich unterschiedliche Ansätze.

662 **Widmung der Öffentlichkeit:** Nach *Otto Mayer*[15] konnte ein privates Unternehmen durch „Verleihung" zu einem öffentlichen Unternehmen werden. Ähnlich findet sich in den Kommunalordnungen der Begriff der „öffentlichen Einrichtung der Gemeinde"[16]; „öffentlich" bezieht sich auf das allgemeine Nutzungsrecht im Rahmen des bestimmungsgemäßen Gebrauchs der Einrichtung (Widmung).

663 **Erfüllung einer öffentlichen Aufgabe:** Öffentlich kann ein Unternehmen sein, wenn es öffentliche Aufgaben (zB der Daseinsvorsorge)[17] wahrnimmt und damit der Allgemeinheit dient. Diesem Öffentlichkeitsbezug liegt keine öffentlich-rechtliche Widmung zugrunde, aber eine Bestimmung des Unternehmers, eine Aufgabe für die Allgemeinheit zu erbringen; das Unternehmen bietet eine öffentliche Leistung an.

So ist etwa der Begriff der „öffentlichen Eisenbahnverkehrsunternehmen" in § 3 Abs. 1 Nr 1 AEG zu verstehen. Diese werden gewerbs- oder geschäftsmäßig betrieben und können von jedermann nach ihrer Zweckbestimmung zur Personen- oder Güterbeförderung genutzt werden.

664 **„Gemeinnützige"** oder „freigemeinwirtschaftliche" Unternehmen erfüllen öffentliche Aufgaben, ohne die Gewinnerzielung als maßgebliches Unternehmensziel zu definieren.

665 **Eigentum und Besitz der öffentlichen Hand:** Ferner findet sich die Definition, ein öffentliches Unternehmen stehe zwingend im Eigentum oder Besitz der öffentlichen Hand[18]. Doch kann für einen funktionalen Unternehmensbegriff nur die instrumentalisierbare Anbindung an die öffentliche Hand maßgeblich sein. Die Eigentums- und Besitzverhältnisse spiegeln nicht unbedingt die Herrschaftsverhältnisse in einem Unternehmen wider. Wenn die öffentliche Hand beispielsweise nur eine Minderheitsbeteiligung an einer Aktiengesellschaft hält, bedeutet das noch nicht, dass sie damit das Unternehmen nicht maßgeblich steuern kann (zB bei Stimmrechtsbeschränkungen).

666 **Beherrschung der öffentlichen Hand:** Vorzugswürdig ist deshalb ein auf den Steuerungseinfluss der öffentlichen Hand abstellender Ansatz[19]. Letztlich muss es darauf ankommen, ob und inwieweit die öffentliche Hand ein Unternehmen instrumentalisieren kann. Erst dann ist eine überzeugende Trennung zu privaten Unternehmen möglich. Eine Steuerung erfolgt unternehmensintern durch unternehmensverfassungsrechtliche Kontroll- und Weisungsmechanismen (durch die Gesellschafterver-

---

15 *Mayer*, Deutsches Verwaltungsrecht, 2. Band, 3. Aufl., 1924, S. 243 f.
16 ZB §§ 14 Abs. 1, 20 Abs. 2 Nr 1 ThürKO.
17 *Scholz/Aulehner*, Archiv PT 1993, 103, 149.
18 *Schmidt-Aßmann*, BB Beilage 34, 1990, 1, 2.
19 *Ziekow*, Öffentliches Wirtschaftsrecht, 5. Aufl., 2020, S. 130.

sammlung, §§ 48 ff GmbHG; durch die Hauptversammlung, §§ 118 ff AktG; durch den Aufsichtsrat, § 111 AktG; durch gesellschaftsvertraglich vereinbarte besondere Weisungsrechte, § 45 GmbHG etc) und durch externe Einflusssicherung (Beherrschungsverträge, §§ 291 ff AktG), wobei eine Beherrschung auch durch eine Kombination mehrerer Instrumente vorstellbar ist.

Dieser funktionale Ansatz liegt auch dem Konzernrecht zugrunde. Im „VEBA/Gelsenberg-Urteil" hat der BGH[20] einen beherrschenden Einfluss der Bundesrepublik Deutschland auf die VEBA angenommen. Obgleich der Bund nur 43,7% der Aktien gehalten hatte, hatte er eine beherrschende Stellung. Der BGH hat einen beherrschenden Einfluss des Landes Niedersachsen auf die Volkswagen AG sogar bei einer 20%-igen Beteiligung angenommen, weil sich das Land aufgrund bestimmter Sonderrechte und anderer Umstände (zB zwei Aufsichtsratsmandate; Erschwerung der Vertretung anderer Aktionäre durch das VW-Gesetz; die Tatsache, dass zumeist weniger als 40% der Aktionäre bei Hauptversammlungen vertreten sind) regelmäßig auf eine Hauptversammlungsmehrheit verlassen konnte[21].

Auf den beherrschenden Einfluss und damit die Fähigkeit der maßgeblichen Steue- **667**
rung stellt schließlich das Unionsrecht in der Legaldefinition für ein öffentliches Unternehmen in der Konzessions-Richtlinie[22] und in der Transparenz-Richtlinie[23] ab.

Dort ist das öffentliche Unternehmen legaldefiniert *als „... jedes Unternehmen, auf das die öffentliche Hand aufgrund Eigentums, finanzieller Beteiligung, Satzung oder sonstiger Bestimmungen, die die Tätigkeit des Unternehmens regeln, unmittelbar oder mittelbar einen beherrschenden Einfluss ausüben kann".*

Beherrschung meint die maßgebliche Leitung, Lenkung und Führung des Unterneh- **668**
mens. Mit dem Kriterium der Beherrschung durch die öffentliche Hand lassen sich öffentliche Unternehmen sachgerecht von privaten Unternehmen unterscheiden. Das Kriterium der Beherrschung nimmt einerseits die Vielfalt der Steuerungseinflussmöglichkeiten auf und gibt andererseits den Maßstab vor, um – zwangsläufig intendierte – Abgrenzungsprobleme zu lösen[24]. Damit ist das öffentliche Unternehmen ein Oberbegriff für die Unternehmen der öffentlichen Hand.

Nach Art. 2 lit. b Transparenz-Richtlinie (RiL 2006/111) wird vermutet, dass ein beherrschender Einfluss ausgeübt wird, wenn die öffentliche Hand unmittelbar oder mittelbar:
- die Mehrheit des gezeichneten Kapitals des Unternehmens besitzt oder
- über die Mehrheit der mit den Anteilen des Unternehmens verbundenen Stimmrechte verfügt oder
- mehr als die Hälfte der Mitglieder des Verwaltungs-, Leistungs- oder Aufsichtsorgans des Unternehmens bestellen kann.

20 BGHZ 69, 334 ff.
21 BGHZ 135, 107 ff; OLG Braunschweig, BB 1996, 1321, 1323.
22 Art. 7 Abs. 4 Richtlinie 2014/23/EU v. 26.2.2014 über die Konzessionsvergabe, ABl L 94 vom 28.3.2014, S. 1.
23 Art. 2 lit. b Richtlinie 2006/111/EG v. 16.11.2006 über die Transparenz der finanziellen Beziehungen zwischen den Mitgliedstaaten und den öffentlichen Unternehmen sowie über die finanzielle Transparenz innerhalb bestimmter Unternehmen, ABl L 318 v. 17.11.2006, S. 17.
24 *Krebs*, in: Schmidt-Aßmann/Hoffmann-Riem, Verwaltungsorganisationsrecht als Steuerungsressource, 1997, S. 347.

c) Eigengesellschaften

669 Eigengesellschaften sind besondere öffentliche Unternehmen, weil sie **ausschließlich von einem öffentlichen Unternehmensträger gesteuert** werden. Die öffentliche Hand ist nicht unbedingt dinglicher Inhaber einer Eigengesellschaft, hat aber die alleinige Steuerungskompetenz an den Unternehmen; sie verfügt über sämtliche Steuerungsinstrumente an dem Unternehmen. Das ist regelmäßig der Fall, wenn der Unternehmensträger alle Anteile hält[25].

d) Gemischt-wirtschaftliche Unternehmen

670 Gemischt-wirtschaftliche Unternehmen sind Unternehmen, an denen **die öffentliche Hand und Private gemeinsam beteiligt** sind. Hierbei handelt es sich oftmals um Gesellschaften in Privatrechtsform, wobei das Eigenkapital zwischen der öffentlichen Hand und Privaten aufgeteilt ist. Allerdings können auch Private an Unternehmen in öffentlich-rechtlichen Rechtsformen beteiligt sein, etwa bei Zweckverbänden oder Anstalten des öffentlichen Rechts. Gemischt-wirtschaftliche Unternehmen sind zugleich öffentliche Unternehmen, wenn die öffentliche Hand das Unternehmen steuern kann.

671 Mit dem „gemischt-wirtschaftlichen Unternehmen" wird eine besondere Form von **„Public-Private-Partnership"** bezeichnet. Denn aus der unternehmerischen Kooperation der öffentlichen Hand mit Privaten ergibt sich eine Reihe von spezifischen Fragen, etwa welche Voraussetzungen an eine derartige Kooperation zu stellen sind, welches Rechtsregime gesellschaftsintern Anwendung finden soll und inwieweit die Gesellschafter auf die besonderen Interessen der Kooperationspartner Rücksicht zu nehmen haben – schließlich hat die öffentliche Hand das Gemeinwohl zu verfolgen, während Private regelmäßig die Mehrung ihres Gewinns im Blick haben – und ob der öffentlichen Hand Sonderrechte zukommen sollen (vgl §§ 394, 395 AktG).

672 An einem **gemischt-öffentlichen Unternehmen** sind mehrere Einrichtungen der öffentlichen Hand gemeinsam beteiligt.

e) Öffentlich-rechtliche Unternehmen

673 Unter einem öffentlich-rechtlichen Unternehmen versteht man ein **öffentlich-rechtlich verfasstes Unternehmen** wie eine Anstalt, eine Körperschaft und eine öffentlich-rechtliche Stiftung, ferner einen Eigen- und einen Regiebetrieb.

674 Eine **Anstalt** ist eine organisatorische Zusammenfassung sachlicher und personeller Mittel, die vom sonstigen Behördenaufbau losgelöst ist und der Erfüllung spezifischer Verwaltungsaufgaben dient. Diejenigen, die die Leistungen der Anstalt im Rahmen der Zweckbestimmung in Anspruch nehmen, sind Benutzer. Zu unterscheiden sind rechtsfähige und nicht-rechtsfähige Anstalten.

Beispiel: Ein kommunales Schwimmbad kann in Form einer nicht-rechtsfähigen Anstalt betrieben werden. Eine rechtsfähige Anstalt ist zB die Kreditanstalt für Wiederaufbau (KfW).

---

25 ZB § 92 Abs. 2 Nr 3 BbgKVerf.

Körperschaften des öffentlichen Rechts sind juristische Personen, die durch die Verfassung selbst, durch oder aufgrund einfachen Gesetzes gebildet werden. Sie sind mitgliedschaftlich strukturiert, vom konkreten Mitgliederbestand jedoch unabhängig. 675

Beispiel: Ein kommunaler Zweckverband (Abwasserentsorgungsverband).

Stiftungen sind Vermögenswerte, die vom Stifter für einen bestimmten Zweck dauernd rechtlich verselbständigt sind. Dabei kann – wie bei den Anstalten – zwischen rechtsfähigen und nicht-rechtsfähigen Stiftungen unterschieden werden. 676

Eigenbetrieb heißt jedes Unternehmen der öffentlichen Hand ohne eigene Rechtspersönlichkeit, das außerhalb der allgemeinen Verwaltung geführt wird[26]. Hierher gehören zB die Bundesbetriebe und Sondervermögen iSd § 26 BHO, aber auch die gemeindlichen wirtschaftlichen Unternehmen ohne eigene Rechtspersönlichkeit. Nach außen sind Eigenbetriebe unselbständige Verwaltungseinheiten. Im Verwaltungsinnenverhältnis beziehen sie eine gewisse verselbständigte Stellung; von der (übrigen) Verwaltung unterscheiden sich Eigenbetriebe durch ihre kaufmännische Führung. Für kommunale Eigenbetriebe ist Näheres in den Kommunalordnungen und in den Eigenbetriebsverordnungen geregelt. 677

Die **Regiebetriebe** sind rechtlich unselbständige Verwaltungseinheiten, dh Abteilungen der Verwaltung. Anders als bei den Eigenbetrieben fehlt ihnen die ökonomische Selbständigkeit. Während Eigenbetriebe als Sondervermögen geführt werden müssen, sind Regiebetriebe auch haushaltsrechtlich nicht verselbständigt. Sie haben kein eigenes Rechnungswesen. 678

Der **Hoheitsbetrieb** ist ein steuerrechtlicher Begriff (zB § 4 Abs. 5 KStG). Hoheitsbetriebe dienen überwiegend der Ausübung öffentlicher Gewalt und sind keine Betriebe gewerblicher Art iSd § 4 Abs. 1 KStG. 679

II. Die verfassungsrechtlichen Rahmenbedingungen für öffentliche Unternehmen

1. Wirtschaftspolitische Neutralität des Grundgesetzes

Das **Grundgesetz** enthält wenige allgemeine und grundlegende Vorschriften zu öffentlichen Unternehmen. Art. 15, 74 Abs. 1 Nr 15, 105 Abs. 1, 106 Abs. 1, 108 Abs. 1, 110 Abs. 1 S. 2, 135 Abs. 6 GG regeln nur besondere Sachverhalte; aus ihnen kann allenfalls entnommen werden, dass öffentliche Unternehmen unter dem Grundgesetz nicht von vornherein unzulässig sind. Die Art. 87d, e und f, 88, 143a und 143b GG betreffen besondere Einrichtungen und Unternehmen und lassen ebenfalls keine darüber hinausgehenden allgemeinen Aussagen zu. 680

Nach ständiger Rechtsprechung des BVerfG gilt, dass das Grundgesetz **„wirtschaftspolitisch neutral"** (s. Rn 4) ist, dh dass sich der Verfassungsgeber nicht ausdrücklich für ein bestimmtes Wirtschaftssystem entschieden hat. Dies ermöglicht dem Gesetzgeber, die ihm jeweils sachgemäß erscheinende Wirtschaftspolitik zu verfolgen, so- 681

26 ZB Art. 88 Abs. 1 BayGO.

fern er dabei das Grundgesetz beachtet[27]. Konkreter ist im **Staatsvertrag zur Schaffung einer Währungs-, Wirtschafts- und Sozialunion** zwischen der Bundesrepublik Deutschland und der DDR vom 18.5.1990 – der allerdings nur den Rang eines einfachen Gesetzes hat – die soziale Marktwirtschaft umschrieben.

Danach zeichnet sich die soziale Marktwirtschaft durch Privateigentum, Leistungswettbewerb, freie Preisbildung und grundsätzlich volle Freizügigkeit von Arbeit, Kapital, Gütern und Dienstleistungen aus. Die gesetzliche Zulassung besonderer Eigentumsformen für die Beteiligung der öffentlichen Hand oder anderer Rechtsträger am Wirtschaftsverkehr soll dadurch nicht ausgeschlossen sein, soweit private Rechtsträger nicht diskriminiert werden. Wirtschaftliche Leistungen sollen aber vorrangig privatwirtschaftlich und im Wettbewerb erbracht werden, unternehmerische Entscheidungen sollen frei von Planvorgaben sein, private Unternehmen und freie Berufe sollen nicht schlechter behandelt werden als staatliche Betriebe, Unternehmen im unmittelbaren oder mittelbaren Staatseigentum sollen nach den Grundsätzen der Wirtschaftlichkeit geführt werden.

682 In Rheinland-Pfalz (Art. 51 Verf. RP) und Thüringen (Art. 38 ThürVerf) hat die soziale Marktwirtschaft unter Berücksichtigung ökologischer Belange **Verfassungsrang**. Das Koordinatensystem für die Wirtschaftsverfassung soll damit der freie Wettbewerb sein, der die möglichst breit gefächerte Chance auf privaten Gewinn ebenso einschließt wie Verlust. Marktwirtschaftlichen Zielen entspricht es, der Privatinitiative dort Vorrang zu geben, wo das gemeinsame Wohl der Einwohnerschaft eine eigene Wirtschaftstätigkeit der öffentlichen Hand nicht erfordert. Freilich ist das Wirtschafts- und Wettbewerbsrecht weitgehend bundesrechtlich geregelt, so dass die landesverfassungsrechtlichen Bestimmungen nur sehr eingeschränkt Bedeutung haben.

2. Öffentliche Unternehmen als Träger von Grundrechten?

a) Keine Gewerbefreiheit der öffentlichen Hand

683 Träger privater Unternehmen genießen den Schutz der Gewerbefreiheit aus Art. 12 Abs. 1 GG iVm Art. 19 Abs. 3 GG (s. Rn 115). Für die öffentliche Hand kann das nicht gelten, weil die Grundrechte „ihrem Wesen nach" (vgl Art. 19 Abs. 3 GG) nicht auf den Staat und seine Einrichtungen Anwendung finden. Die Grundrechte sind nach dem berühmten Diktum *G. Dürigs „Kampfrechte des Individuums"*[28] gegen den Staat. **Der Staat ist nicht Träger, sondern Adressat der Grundrechte** und zwar – wie aus Art. 1 Abs. 3 GG entnommen werden kann – in allen seinen Erscheinungsformen[29]. Es wäre zudem widersprüchlich, wenn der Staat als Grundrechtsverpflichteter zugleich Grundrechtsberechtigter sein könnte. Allein für ausländische öffentliche Unternehmen, deren Anteile von einem EU-Mitgliedstaat gehalten werden, hat das BVerfG wegen der Europarechtsfreundlichkeit des Grundgesetzes eine (eng zu verstehende) Ausnahme gemacht.[30]

---

27 BVerfGE 4, 7, 17 f; zur Deutung dieser Rechtsprechung instruktiv: *Stober*, HdBWUR, S. 144 f.

28 *Dürig*, MDHS, Art. 19 Abs. III, (1977) Rn 36.

29 *Dreier*, in: ders., GG, Art. 1 III, Rn 53, 67 f; *Wollenschläger*, in: Kirchhof/Korte/Magen, Öffentliches Wettbewerbsrecht, 2014, S. 183; *Knauff*, in: Schmidt/Wollenschläger, Kompendium Öffentliches Wirtschaftsrecht, 5. Aufl., 2019, S. 266.

30 BVerfG v. 6.12.2016, 1 BvR 2821/11 (Vattenfall); dazu: *Ludwigs/Friedmann*, NVwZ 2018, 22 f., *Merten*, DÖV 2019, 41 f.

Der Staat kann sich für eine der grundrechtlichen Gewerbefreiheit vergleichbare Freiheitsgewährleistung auch nicht auf **§ 1 GewO** berufen. Soweit man in dieser Bestimmung ein objektives Rechtsprinzip sieht[31], kann ein Rechtssubjekt daraus keine subjektiven Rechte ableiten. Begreift man § 1 GewO als einfach-gesetzliche Ausgestaltung des Art. 12 Abs. 1 GG, bedarf es einer grundrechtsdogmatischen Interpretation des § 1 GewO, weil dem verfassten Staat eine liberale „Freiheit" nicht zukommt. **684**

b) Zum Grundrechtsschutz gemischt-wirtschaftlicher Unternehmen

Obgleich über diese grundrechtsdogmatische Einordnung weitgehend Übereinstimmung besteht, ist zweifelhaft, wie gemischt-wirtschaftliche Unternehmen einzuordnen sind. Insbesondere im früheren Schrifttum ist argumentiert worden, dass die Berücksichtigung der grundrechtlich geschützten Interessen des Privaten ungeachtet der Beteiligung der öffentlichen Hand eine umfassende Grundrechtsfähigkeit des gemischt-wirtschaftlichen Unternehmens erfordere[32]. Ferner wird vorgeschlagen, danach zu unterscheiden, ob das Unternehmen der Ausübung individueller Freiheit dient oder ausschließlich zugewiesene Kompetenzen wahrnimmt.[33] Folgt man dem funktionalen Unternehmensverständnis, muss darauf abgestellt werden, wer das Unternehmen steuert (beherrscht), ob es also der privaten (gesellschaftlichen) oder der öffentlichen (staatlichen) Sphäre zuzuordnen ist[34]. Das erfordert einen gedanklichen **„Durchgriff"** auf diejenigen Personen, die „hinter dem Unternehmen" stehen und die das Unternehmen maßgeblich steuern. Nur wenn Private das Unternehmen leiten und lenken, sich die Beteiligung der öffentlichen Hand gar als bloße Vermögensbeteiligung darstellt, kann eine Grundrechtsfähigkeit des gemischt-wirtschaftlichen Unternehmens angenommen werden[35]. **685**

Beispiel[36]**:** Die Freie und Hansestadt Hamburg hielt 72% der Anteile an den Hamburgischen Elektrizitätswerken. Das BVerfG hat eine Grundrechtsfähigkeit ua deshalb abgelehnt, weil bei diesem Beteiligungsverhältnis davon auszugehen sei, dass die Stadt die Möglichkeit gehabt habe, auf die Geschäftsführung entscheidenden Einfluss zu nehmen. Außerdem seien die HEW insbesondere im Hinblick auf Versorgungspflicht und Versorgungsbedingungen derart stark reglementiert gewesen, dass von einer privatrechtlichen Selbständigkeit nahezu nichts übrig geblieben sei.

Nicht überzeugend ist das BVerwG, das eine Grundrechtsfähigkeit der Deutschen TELEKOM AG bereits wegen ihrer ausschließlich privatwirtschaftlichen Tätigkeit und Aufgabenstellung (Art. 87f Abs. 2 GG) angenommen hat. Es sei unerheblich, dass die DT AG aus dem öffentlich-rechtlichen Sondervermögen Deutsche Bundespost bzw dem öffentlich-rechtlichen Teilsondervermögen Deutsche Bundespost Telekom hervorgegangen ist und trotz der Veräußerung von Aktien an private Investoren (damals) mehrheitlich im Eigentum des Bundes stand[37].

---

31 *Gröschner*, Das Überwachungsrechtsverhältnis, 1992, S. 18 f.

32 *ZB Vollmöller*, in: Schmidt/Vollmöller, Kompendium Öffentliches Wirtschaftsrecht, 3. Aufl., 2007, S. 162.

33 *Remmert*, MDHS, Art. 19 Abs. III, (2009) Rn 69.

34 BVerfG v. 22.2.2011, 1 BvR 699/06.

35 *Wollenschläger*, in: Schmidt/Wollenschläger, Kompendium Öffentliches Wirtschaftsrecht, 5. Aufl., 2019, S. 70.

36 BVerfG v. 16.5.1989 – 1 BvR 705/88.

37 BVerwG, NVwZ 2001, 1399, 1406; bestätigt in BVerwG, NVwZ 2004, 742, 743.

686 Der **Grundrechtsschutz Privater** wird nicht unmittelbar beeinträchtigt, wenn gemischt-wirtschaftlichen Unternehmen die Grundrechtsfähigkeit abgesprochen wird. Der Grundrechtsschutz der privaten Anteilseigner bezieht sich zunächst nur auf ihren jeweiligen Gesellschaftsanteil (Art. 14 GG) und die Frage, inwieweit dieser Grundrechtsschutz auf das Unternehmen, bzw die juristische Person, fortwirkt, die ja ein eigenständiger Rechtsträger ist, ist davon unabhängig nach Art. 19 Abs. 3 GG zu beantworten.

687 Die Vielschichtigkeit möglicher Kooperationen der öffentlichen Hand mit Privaten muss sich in der Dogmatik niederschlagen (s. Rn 671). Es muss zB berücksichtigt werden, dass sich ein Kooperationspartner trotz prinzipieller Beherrschung nicht in jedem Fall durchsetzen kann[38]. Tritt das personale Substrat nicht bei jeder juristischen Person mit der gleichen **Intensität** hervor, wirkt sich diese Differenz auf den Grundrechtsschutz aus. Zwischen beiden Polen – umfassender Grundrechtschutz einerseits und umfassende Grundrechtsbindung andererseits – gibt es **fließende Übergänge**[39].

c) Die Bedeutung der Garantie der kommunalen Selbstverwaltung für kommunale Unternehmen

688 Das Recht der unternehmerischen Betätigung ist für Gemeinden in Art. 28 Abs. 2 GG garantiert. Die Garantie kommunaler Selbstverwaltung (s. Rn 162) gewährleistet den Gemeinden einen grundsätzlich alle Angelegenheiten der örtlichen Gemeinschaft umfassenden Aufgabenbereich sowie die Befugnis zur eigenverantwortlichen Führung der Geschäfte in diesem Bereich. Dies betrifft auch die wirtschaftliche Betätigung der Gemeinden, weil die sogenannte **Daseinsvorsorge** (s. Rn 735) zum überkommenen, typusprägenden Bild der kommunalen Selbstverwaltung gehört. Insbesondere wirtschaftliche Leistungen, deren der Bürger zur Sicherung seiner Existenz bedarf, wie etwa die Wasser- und Energieversorgung, wurden seit jeher den Aufgaben der kommunalen Gebietskörperschaften zugeordnet[40]. Die Verfassungsgeber in Bund und Ländern fanden bereits eine entfaltete kommunale Wirtschaftstätigkeit vor und wollten gerade auch diesen Bereich durch den – für Entwicklungen offenen – Aufgabenbereich der Kommunen geschützt wissen.

689 Allerdings garantiert Art. 28 Abs. 2 GG die wirtschaftliche Betätigung der Gemeinden nur im Rahmen der Gesetze. Dabei hat der Gesetzgeber einen erheblichen Ausgestaltungsspielraum. Diesem sind zwei Grenzen gezogen: Zum unantastbaren **Kernbereich** der kommunalen Selbstverwaltungsgarantie gehört kein gegenständlich bestimmter oder nach feststehenden Merkmalen bestimmbarer Aufgabenkatalog, wohl aber die Universalität des gemeindlichen Wirkungskreises als Rechtsprinzip. Der Gesetzgeber darf dieses Prinzip weder aufheben noch durch schleichenden Aufgabenentzug derart aushöhlen, dass die Gemeinden die Möglichkeit kraftvoller Betätigung verlieren. Das ist nicht schon dann der Fall, wenn die Rahmenbedingungen kommunalen Wirtschaftens verändert werden, zB die Voraussetzungen für gemeindliche Unternehmen verschärft oder kommunale Monopole abgeschafft und Märkte liberalisiert werden.

---

38 BVerfG v. 22.2.2011, 1 BvR 699/06, Rn 52.

39 Ausführlich *Storr*, Der Staat als Unternehmer, 2001, S. 227 f.

40 VerfGH Rheinland-Pfalz, NVwZ 2000, 801 ff.

Schränkt der Gesetzgeber außerhalb des Kernbereichs die kommunalwirtschaftliche Betätigung (**Randbereich**) ein, hat er das Gemeinwohlprinzip und den Verhältnismäßigkeitsgrundsatz (iSe Angemessenheit) zu beachten. Art. 28 Abs. 2 GG enthält ferner den Grundsatz der sog. dezentralen Aufgabenansiedlung, dh dass Angelegenheiten der örtlichen Gemeinschaft grundsätzlich von den Gemeinden zu erfüllen sind. **690**

Dieses Aufgabenverteilungsprinzip hat nur für einen Entzug kommunaler Aufgaben zur Übertragung auf übergeordnete staatliche Einrichtungen Bedeutung, nicht für eine staatlich geregelte Privatisierung von kommunalen Aufgaben (Liberalisierung), zB indem kommunale Monopole aufgebrochen werden, selbst wenn die Folgen für die Gemeinden ähnlich sein mögen. Art. 28 Abs. 2 GG ist ein Organisationsprinzip der öffentlichen Verwaltung.

3. Öffentliche Unternehmen als Adressaten der Grundrechte

a) Grundrechtsbindung

Wie bereits angesprochen, ist der Staat durch Art. 1 Abs. 3 GG in allen seinen Erscheinungsformen an die Grundrechte gebunden. Die Grundrechtsbindung gilt nicht nur für bestimmte Bereiche, Funktionen oder Handlungsformen staatlicher Aufgabenwahrnehmung, sondern „umfassend und insgesamt" wie das BVerfG in der „Fraport-Entscheidung" betont hat[41]: **691**

„Während der Bürger prinzipiell frei ist, ist der Staat prinzipiell gebunden … Demgegenüber handelt der Staat in treuhänderischer Aufgabenwahrnehmung für die Bürger und ist ihnen rechenschaftspflichtig. Seine Aktivitäten verstehen sich nicht als Ausdruck freier subjektiver Überzeugungen in Verwirklichung persönlicher Individualität, sondern bleiben in distanziertem Respekt vor den verschiedenen Überzeugungen der Staatsbürger und werden dementsprechend von der Verfassung umfassend an die Grundrechte gebunden. Sobald der Staat eine Aufgabe an sich zieht, ist er bei deren Wahrnehmung auch an die Grundrechte gebunden, unabhängig davon, in welcher Rechtsform er handelt. Dies gilt auch, wenn er für seine Aufgabenwahrnehmung auf das Zivilrecht zurückgreift. Eine Flucht aus der Grundrechtsbindung in das Privatrecht mit der Folge, dass der Staat unter Freistellung von Art. 1 Abs. 3 GG als Privatrechtssubjekt zu begreifen wäre, ist ihm verstellt."

Diese Grundrechtsbindung betrifft auch gemischt-wirtschaftliche Unternehmen, wenn sie von der öffentlichen Hand beherrscht werden.[42] Nach BVerfG soll das („in der Regel") dann der Fall sein, wenn mehr als die Hälfte der Anteile im Eigentum der öffentlichen Hand sind. Es soll auf zivilrechtliche Wertungen zurückgegriffen werden können[43]. Dafür soll es weniger auf konkrete Einwirkungsbefugnisse als auf die Gesamtverantwortung ankommen. Grundsätzlich nicht maßgeblich ist, ob sich mehrere Träger öffentlicher Gewalt, die an dem Unternehmen beteiligt sind und jeweils Minderheitsgesellschafter sind, verbindlich koordinieren[44]. Denn für die Frage der Grundrechtsbindung muss es darauf ankommen, ob eine Einrichtung der staatlichen oder der gesellschaftlichen (freien) Sphäre zuzuordnen ist. Das muss aber nicht immer so **692**

41 BVerfG v. 22.2.2011, 1 BvR 699/06, Rn 47.
42 So schon BVerwG, NVwZ 1998, 1083; *Wollenschläger*, in: Kirchhof/Korte/Magen, Öffentliches Wettbewerbsrecht, 2014, S. 184.
43 Das BVerfG (v. 22.2.2011, 1 BvR 699/06, Rn 53) verweist auf §§ 16, 17 AktG und Art. 2 Abs. 1 lit. f RiL 2004/109.
44 So aber RiBVerfG *Schluckebier*, Sondervotum, BVerfG v. 22.2.2011, 1 BvR 699/06, Rn 113.

sein: Wenn im konkreten Fall nicht die öffentlichen Mehrheitsgesellschafter, sondern private Minderheitsgesellschafter das gemischt-wirtschaftliche Unternehmen beherrschen, ist eine unmittelbare Grundrechtsbindung abzulehnen. Umgekehrt können auch öffentliche Minderheitsgesellschafter das Unternehmen beherrschen – und zwar in Übernahme einer Gesamtverantwortung –, zB weil die Mehrheit der Aktien im Streubesitz ist und die Hauptversammlung von der öffentlichen Hand dominiert wird[45]. Eine Grundrechtsbindung des gemischt-wirtschaftlichen Unternehmens betrifft die Rechte der privaten Anteilseigentümer nicht unmittelbar.

b) Die Wettbewerbsfreiheit

693 Das Grundrecht der **Wettbewerbsfreiheit** wird aus Art. 12 Abs. 1 GG abgeleitet. Dem Einzelnen kommt die Freiheit zu, sich wirtschaftlich zu betätigen und dabei in Wettbewerb mit Konkurrenten zu treten. Art. 12 GG kommt aber nicht zum Tragen, wenn einem öffentlichen Unternehmen Monopolrechte durch die Verfassung zugewiesen sind (früher zB Exklusivrechte der Deutschen Post AG nach Art. 143b Abs. 2 S. 1 GG)[46]. Außerdem sind weder Marktchancen, Marktanteile oder Marktpositionen durch Art. 12 Abs. 1 GG oder Art. 14 Abs. 1 GG gewährleistet. Ebenso wenig sind Gewinn- und Umsatzerwartungen verfassungsrechtlich geschützte Rechtsgüter. Folglich ändern sich durch das Hinzutreten eines neuen Konkurrenten zwar die allgemeinen wirtschaftlichen Verhältnisse, der Schutzbereich der Freiheitsgrundrechte wird dadurch aber nicht betroffen[47]. Der Staat ist jedoch verpflichtet, alle Wettbewerber gleich zu behandeln[48].

c) BVerwG: Grundrechtseingriff nur bei Monopolisierung und Verdrängungswettbewerb

694 Umstritten ist, inwieweit aus dem grundrechtlichen Schutz der Wettbewerbsfreiheit verfassungsrechtliche Anforderungen für öffentliche Unternehmen folgen. Im *„Bestattungsordner-Fall“*[49] hat das BVerwG grundlegend ausgeführt, dass allein im Hinzutreten des Staates als weiteren Konkurrenten die Wettbewerbsfreiheit nicht tangiert werde: *„Art. 12 Abs. 1 GG schützt nicht vor Konkurrenz, auch nicht vor dem Wettbewerb der öffentlichen Hand; das Grundgesetz garantiert der Privatwirtschaft nicht die Ausschließlichkeit des wirtschaftlichen Handelns“*. Die Wettbewerbsfreiheit könne nicht verletzt werden, weil die öffentliche Hand durch ihre Teilnahme am Wettbewerb – als eine **natürliche Folge jeden Wettbewerbs** – lediglich die Erwerbschancen anderer Unternehmen vermindere. Das BVerwG[50] sieht im Hinzutreten des Staates als Konkurrent lediglich eine weitgehend systemimmanente Verschärfung des marktwirtschaftlichen Konkurrenzdrucks, vor dem Art. 12 Abs. 1 GG nicht bewahrt. Grundrechte würden erst verletzt, wenn die private wirtschaftliche Betätigung **unmöglich gemacht** oder **unzumutbar eingeschränkt** wird, zB bei einem **ruinösen**

45 Zu einer anderen Interpretation *Gurlit*, NZG 2012, 249, 253.
46 BVerfGE v. 7.10.2003, 1 BvR 1712/01.
47 *Huber*, Konkurrenzschutz im Verwaltungsrecht, 1991, S. 299.
48 BVerwGE 97, 79 ff.
49 BVerwGE 39, 329, 336.
50 BVerwG, DVBl 1996, 152, 153 mwN.

Wettbewerb oder bei einer **Monopolisierung**. Außerdem wird angeführt, dass es eines besonderen grundrechtlichen Schutzes nicht bedürfe, weil das Privatrecht und insbesondere das UWG sowie das GWB, ein weit differenzierteres und angemesseneres Regelungssystem für wettbewerbliche Ein- und Missgriffe zur Verfügung stellten.

d) BVerfG: Mangelnde Eingriffsqualität bei marktkonformem Verhalten der öffentlichen Hand

Das BVerfG hat sich noch nicht deutlich dazu geäußert, ob und wie die unternehmerische Tätigkeit der öffentlichen Hand am Grundrecht der Berufsfreiheit Privater gemessen werden soll. In jüngerer Zeit hat es aber wiederholt ausgeführt, dass die Reichweite des Freiheitsschutzes einer unternehmerischen Berufstätigkeit, die am Markt nach den Grundsätzen des Wettbewerbs erfolgt, auch durch die rechtlichen Regeln mitbestimmt wird, die den Wettbewerb ermöglichen und begrenzen. Art. 12 Abs. 1 GG soll *„in diesem Rahmen die Teilhabe am Wettbewerb nach Maßgabe seiner Funktionsbedingungen"* sichern[51]. Insbesondere soll das Grundrecht keinen Anspruch auf Erfolg im Wettbewerb und auf Sicherung künftiger Erwerbsmöglichkeiten gewähren. Vielmehr sollen die Wettbewerbsposition und damit auch der Umsatz und die Erträge dem Risiko laufender Veränderung je nach den Marktverhältnissen unterliegen. 695

Dieser Überlegung folgend hat das BVerfG einen grundrechtsrelevanten Eingriff durch eine staatliche Warnung vor bestimmten Produkten abgelehnt (s. Rn 117). Denn damit werde im Interesse des Wettbewerbs Markttransparenz geschaffen. Anders soll es sich aber verhalten, wenn eine amtliche Information der Öffentlichkeit in ihrer Zielsetzung und ihren mittelbar-faktischen Wirkungen einem Eingriff als funktionales Äquivalent gleichkommt. Das soll zB dann der Fall sein, wenn diese Information *„direkt auf die Marktbedingungen konkret individualisierter Unternehmen zielt, indem sie die Grundlagen der Entscheidungen am Markt zweckgerichtet beeinflusst und so die Markt- und Wettbewerbssituation zum wirtschaftlichen Nachteil der betroffenen Unternehmen verändert."*[52]

e) Wettbewerb als Interaktion: der mittelbare Grundrechtseingriff

Es ist schon zweifelhaft, ob sich diese Rechtsprechung des BVerfG auf die öffentliche Unternehmertätigkeit übertragen lässt. Denn öffentliche Unternehmertätigkeit fördert – anders als staatliche Marktinformationen – nicht die Markttransparenz; vor allem aber ist dem BVerfG – wie auch dem BVerwG – im Grundsätzlichen nicht zu folgen: Wenn Wettbewerb und Markt als Systementscheidungen nicht verfassungsrechtlich vorgegeben sind und die Grundrechte den Staat – anders als Private – nicht berechtigen, sondern verpflichten, kann **öffentliche Konkurrenz nicht mit privater Konkurrenz gleichgestellt werden**[53]. Der Staat übt als Unternehmer auch keinen Beruf aus, um seinen „Lebensunterhalt" zu verdienen. Ihm steht das Privileg der Steuererhebung zu. Daher lässt sich auch der persönlichkeitsrechtliche Kern der Berufsfreiheit als Teil individueller Selbstverwirklichung nicht auf den Staat übertragen. 696

---

51 BVerfG v. 26.6.2002, 1 BvR 558/91; BVerfG v. 21.3.2018, 1 BvF 1/13, Rn 27.
52 BVerfG v. 21.3.2018, 1 BvF 1/13, Rn 28.
53 Vgl a. *Suerbaum*, DV 2007, 29, 48; *Fassbender*, DÖV 2005, 89, 99; *Wollenschläger*, in: Kirchhof/Korte/Magen, Öffentliches Wettbewerbsrecht, 2014, S. 189.

Art. 12 Abs. 1 GG darf auch nicht so verstanden werden, dass Wettbewerb durch den Gesetzgeber erst geschaffen werden soll. Das Grundrecht enthält keine institutionelle Garantie des Wettbewerbs, sondern ein Freiheitsrecht des Bürgers zur Abwehr von staatlichen Eingriffen[54]. Richtig ist, dass sich auch andere (private) Unternehmer auf grundrechtlichen Schutz berufen können und wegen dieser Grundrechtskollision niemand Anspruch auf Erfolg im Wettbewerb haben kann. Art. 12 Abs. 1 GG schützt aber davor, dass die Wettbewerbsstellung Privater nicht durch staatliche Ingerenz beeinträchtigt wird[55]. Folglich sind staatliche Einflussnahmen in den (freien) Wettbewerb grundsätzlich Eingriffe in die Berufsfreiheit Privater.

Die Dogmatik der Wettbewerbsfreiheit muss an der **sozialen Interaktion** ausgerichtet sein. Der Staat greift als Wettbewerbsteilnehmer nicht unmittelbar in die Grundrechte seiner Konkurrenten ein, sondern mittelbar, indem er Angebot oder Nachfrage beeinflusst und so über das Verhalten der Marktgegenseite (Verbraucher) Druck auf private Konkurrenten ausübt[56]. Durch die Konkurrenz der öffentlichen Hand wird private Initiative beschränkt, möglicherweise auch verdrängt. Der Einzelne wird bei der Ausübung seines Berufs beeinträchtigt. Denn wirtschaftliche Konkurrenz erfordert es, auf Konkurrenz reagieren zu müssen. Der Einzelne kann seinen Beruf nicht nach seinen Vorstellungen ausüben bzw nach seinem Gutdünken wirtschaftlich tätig werden. Dabei geht es nicht nur um Erwerbschancen und Gewinnerwartungen, im Vordergrund steht die freie berufliche Betätigung des privaten Unternehmers[57].

Das BVerfG[58] hat aber ausgeführt: *„Die Berufsfreiheit umfaßt das Recht der am Markt Tätigen, die Bedingungen ihrer Marktteilhabe selbst festzusetzen. Insbesondere kann der Anbieter Art und Qualität sowie den Preis der angebotenen Güter und Leistungen selbst festlegen. In gleicher Weise ist aber auch das Recht der Nachfrager geschützt, zu entscheiden, ob sie zu diesen Bedingungen Güter erwerben oder Leistungen abnehmen. Soweit Marktteilnehmer in ihrem Marktverhalten durch gesetzliche Regeln beschränkt werden, ist dies an ihren Grundrechten zu messen, nicht an denen der anderen Marktteilnehmer.“*

Jedoch wird das Marktverhalten Einzelner nicht nur durch gesetzliche Regeln beschränkt, sondern auch durch andere Formen staatlichen Handelns[59]. Darin liegt ja gerade der grundrechtsdogmatische Gewinn der Anerkennung des mittelbaren und faktischen Grundrechtseingriffs: die Dogmatik des Grundrechtseingriffs von formalen Voraussetzungen zu lösen und **funktional äquivalente Maßnahmen** herkömmlichen Eingriffen gleichzustellen. Vorauszusetzen ist, dass diese in der **Zielsetzung** und in ihren **Wirkungen** klassischen (unmittelbaren, hoheitlichen, imperativen) Grundrechtseingriffen gleichkommen[60]. Wenn das BVerfG deshalb an anderer Stelle darauf hingewiesen hat[61], dass *„bei gesetzlichem Einwirken auf Gewinnchancen“* Art. 12 Abs. 1 GG einschlägig sein könnte, gilt das – funktional äquivalent – auch für Maßnahmen durch öffentliche Unternehmen, die mit Privaten in Konkurrenz stehen und so ihre Gewinnchancen schmälern.

697 Für einen mittelbaren oder faktischen Grundrechtseingriff ist vorauszusetzen, dass die relevante Maßnahme dem Staat **zuzurechnen** ist und die Beeinträchtigung priva-

54 *Huber*, ZLR 1994, 241, 257; *Murswiek*, NVwZ 2003, 1 ff; *Fassbender*, DÖV 2005, 89, 99.
55 BVerfGE 86, 28, 37.
56 *Huber*, Konkurrenzschutz im Verwaltungsrecht, 1991, S. 231 f; *Murswiek*, DVBl 1997, 1021 ff.
57 BVerfGE 32, 311, 317; 46, 120, 137.
58 BVerfG v. 17.12.2002, 1 BvL 28/95, Rn 111; BVerfG v. 11.7.2006, 1 BvL 4/00, Rn 78.
59 BVerfG v. 22.2.2011, 1 BvR 699/06, Rn 47.
60 BVerfG v. 11.7.2006, 1 BvL 4/00, Rn 82; BVerfG v. 21.3.2018, 1 BvF 1/13, Rn 28.
61 BVerfG v. 20.11.2003, 1 BvR 1680/03, Rn 15.

ter Freiheit **erheblich**, dh spürbar ist[62]. Dann kann von einem mittelbaren Grundrechtseingriff jedenfalls in folgenden Fallgruppen ausgegangen werden:

- Es liegt ein Fall der **Monopolisierung** oder des **Verdrängungswettbewerbs** vor (herkömmliche Fallgruppe der Rspr insbes. des BVerwG; vgl auch in den Gemeindeordnungen das Verbot für gemeindliche Unternehmen, Betriebe in Landwirtschaft, Handwerk, Handel, Gewerbe und Industrie wesentlich zu schädigen oder aufzusaugen, zB Art. 95 Abs. 2 BayGO);
- das öffentliche Unternehmen nimmt **besondere Wettbewerbsvorteile** in Anspruch (Informationsvorsprünge, Insolvenzunfähigkeit, Steuerprivilegien)[63];
- das öffentliche Unternehmen benachteiligt **gezielt** (final) private Wettbewerber[64];
- darüber hinaus: Die Wettbewerbshandlung eines öffentlichen Unternehmens führt zu einer **spürbaren Behinderung der Ausübung** grundrechtlich geschützter Freiheit **privater Mitbewerber**[65]. Bei im Übrigen gleichbleibenden Marktfaktoren wird die Umsatzeinbuße des privaten Unternehmens nach Hinzutreten eines öffentlichen Unternehmens auf einen Markt ein Indiz für eine grundrechtsrelevante Freiheitsbeschränkung sein.

f) Konsequenzen der Grundrechtsrelevanz öffentlicher Unternehmen

Dieses grundrechtsdogmatische Verständnis führt zu drei wesentlichen Konsequenzen: Erstens ist staatliche Teilnahme am Wettbewerb nur zulässig, wenn sie zum **Nutzen des Gemeinwohls** erfolgt[66] (vgl a. § 65 Abs. 1 Nr 1 BHO). Dem Gesetzgeber kommt bei der Bestimmung des Gemeinwohls ein erheblicher Beurteilungsspielraum zu (s. Rn 705). Seine Entscheidung kann gerichtlich nur dahingehend überprüft werden, ob sie von sachgerechten Erwägungen getragen wird, geeignet ist, den mit ihr verfolgten Zweck zu erreichen und nicht willkürlich ist[67]. Demzufolge kann der Erwerb von Unternehmen oder Unternehmensanteilen selbst dann zulässig sein, wenn die staatliche Beteiligung nur erfolgt, um Arbeitsplätze zu sichern. 698

Beispiel: Die Freie und Hansestadt Hamburg hat im Jahr 2003 10% Gesellschaftsanteile der Beiersdorf AG (Kosmetik, Nivea) erworben, weil sie befürchtet hat, dass ein anderer Investor das Unternehmen zerschlagen und Arbeitsplätze in Hamburg abbauen könnte.

An der Gemeinwohlorientierung fehlt es jedenfalls, wenn lediglich und isoliert Interessen einzelner Privater verfolgt werden. Nach hA soll es der öffentlichen Hand auch untersagt sein, ein Unternehmen allein aus Motiven der **Gewinnerzielung** zu betreiben. Eine Randnutzung soll hingegen zulässig sein, zB um Unternehmenskapazitäten wirtschaftlicher auszulasten[68]. 699

62 *Suerbaum*, DV 2007, 29, 50; *Möstl*, WiVerw 2011, 231 ff.; *Shirvani*, DöV 2011, 865, 870.

63 *Selmer*, in: Stober/Vogel, Wirtschaftliche Betätigung der öffentlichen Hand, 2000, S. 75, 94; vgl a. *Löwer*, VVDStRL 60 (2001), S. 416, 446.

64 *Huber*, in: FS Badura, 2004, 897, 918.

65 *Storr*, Der Staat als Unternehmer, 2001, S. 176.

66 *Knauff*, in: Schmidt/Wollenschläger, Kompendium Öffentliches Wirtschaftsrecht, 5. Aufl., 2019, S. 268.

67 VerfGH Rheinland-Pfalz, NVwZ 2000, 801, 804.

68 *Ziekow*, Öffentliches Wirtschaftsecht, 5. Aufl., 2020, S. 138; *Mann*, JZ 2002, 819, 820 f; *Ehlers*, DVBl 1998, 497, 499; *Köhler*, BayVBl 2000, 1 ff; ausführlich *Scharpf*, Kommunales Unternehmensrecht in Bayern, 2004, S. 102 ff mwN; *Knauff*, in: Schmidt/Wollenschläger, Kompendium Öffentliches Wirtschaftsrecht, 5. Aufl., 2019, S. 268; *Knauff*, Öffentliches Wirtschaftsrecht, 2. Aufl. 2020, S. 214.

Die Unterscheidung zwischen unmittelbarer und mittelbarer Gewinnerzielung überzeugt nicht. Der Gewinn eines öffentlichen Unternehmens kann zur Entlastung der öffentlichen Haushalte beitragen und deshalb dem Gemeinwohl dienen, unabhängig davon ob er unmittelbar oder mittelbar erzielt wurde. Auch das Argument, die Finanzverfassung des Grundgesetzes gehe davon aus, dass der Staat seine Einnahmen über Steuern erzielt, schließt eine erwerbswirtschaftliche Zielrichtung öffentlicher Unternehmen nicht a priori aus[69]. Vor allem aber dürfte der Fall der ausschließlichen Gewinnerzielung nur selten vorliegen, weil ein öffentliches Unternehmen nicht nur Einnahmen erwirtschaftet, sondern auch Güter auf dem Markt anbietet. Schon in der Marktversorgung selbst liegt regelmäßig ein öffentlicher Zweck[70]. Ausdrücklich lässt die BayGO für bestimmte Fälle bloße Gewinnerzielung zu. Grundsätzlich gilt, dass alle Tätigkeiten oder Tätigkeitsbereiche, mit denen die Gemeinde oder ihre Unternehmen an dem vom Wettbewerb beherrschten Wirtschaftsleben teilnehmen, um Gewinn zu erzielen, keinen öffentlichen Zweck verfolgen. Kommunale Unternehmen, die ausschließlich den Zweck haben, Gewinne zu erzielen, dürfen aber fortgeführt werden, wenn sie vor dem 1.9.1998 errichtet oder übernommen wurden[71].

Problematisch ist dagegen § 66 Abs. 2 ThürKO, wonach die Gemeinde Unternehmensbeteiligungen selbst dann weiter halten darf, wenn der öffentliche Zweck später entfallen ist („Fiskalunternehmen"[72]). Diese Regelung bedarf einer verfassungskonformen Auslegung. Sie kann nur insoweit zulässig sein, als es wirtschaftlicher Haushaltsführung nicht entsprechen würde, wenn die Gemeinde unverzüglich nach Wegfall des öffentlichen Zwecks ihre Anteile – sozusagen „um jeden Preis" – veräußern müsste. Es ist ihr nicht versagt, ein günstiges Kaufangebot abzuwarten, auf Dauer muss sie die Beteiligung aber ganz[73] veräußern.

Andere Vorschläge gehen dahin, das **„Wettbewerbsunternehmen"** als eigenständige Kategorie für öffentliche Unternehmen einzuführen; seine Bindung an den öffentlichen Zweck soll gelockert werden, Gewinnerzielung also auch ausdrücklich zugelassen werden[74].

700 Zweitens führt die Grundrechtsrelevanz staatlicher Teilnahme am Wettbewerb zur Anwendbarkeit des **Verhältnismäßigkeitsgrundsatzes**.[75] Dieser Grundsatz setzt insbesondere der Intensität der Teilnahme der öffentlichen Hand am Wettbewerb Grenzen. Je stärker der Staat private Konkurrenz zurückdrängt und damit in die Grundrechte der privaten Wettbewerber eingreift, umso gewichtiger müssen die zu verfolgenden Gemeinwohlziele sein.

701 Schließlich folgt aus der hier vorgestellten grundrechtsdogmatischen Einordnung staatlicher Unternehmertätigkeit, dass der Staat für seine wirtschaftliche Tätigkeit einer **gesetzlichen Grundlage** bedarf (str). Der Gesetzesvorbehalt hat den Zweck, subjektive Rechte zu schützen und die parlamentarische Verantwortung zu stärken. Zwar handelt es sich bei staatlicher Unternehmertätigkeit regelmäßig nicht um gezielte und unmittelbare Eingriffe, sondern um mittelbare Wirkungen staatlichen Han-

---

69 Vgl allgemein die Untersuchung von *Franz*, Gewinnerzielung durch kommunale Daseinsvorsorge, 2005, S. 386 ff.

70 *Storr*, Der Staat als Unternehmer, 2001, S. 128; *Lechleitner*, in: Bungenberg/Danz/Heinrich, Recht und Ökonomik, 2004, S. 223, 237.

71 Art. 87 Abs. 1 S. 3 BayGO.

72 *Leder*, DÖV 2008, 173, 181.

73 Nach § 66 Abs. 2 S. 3 ThürKO soll die Beteiligung langfristig grundsätzlich in eine Minderheitsbeteiligung überführt werden.

74 *Jarass*, Kommunale Wirtschaftsunternehmen im Wettbewerb, 2002, S. 97; *Leder*, DÖV 2008, 173, 181; *Walendy*, Theorie kommunaler Wettbewerbsunternehmen, 2008, S. 223 f.

75 S.a. *Huber/Unger*, in: Schoch, Besonderes Verwaltungsrecht, 2018, 627, 735.

delns. Deshalb soll das Erfordernis einer gesetzlichen Grundlage entfallen, wenn der Geschehensablauf derart komplex ist, dass ihn der Gesetzgeber im Vorfeld nicht hinreichend steuern kann[76]. Der Gegenstand der öffentlichen Teilnahme am Wirtschaftsleben durch eigene Unternehmen ist staatlicher Normierung aber durchaus zugänglich. Der Gesetzgeber kann nicht nur die Aufgabe und die Voraussetzungen staatlichen Handelns normativ festlegen, sondern auch die zulässige Intensität der Teilnahme am Wettbewerb.

In der Tat sind spezifische Voraussetzungen für die Beteiligung der öffentlichen Hand in § 65 BHO und in den gleichlautenden Landeshaushaltsordnungen sowie in den Kommunalordnungen gesetzlich geregelt. Die Bestimmungen enthalten zB Vorgaben für den Aufgabenbereich der Unternehmen, für die Kontrolle durch die öffentliche Hand und für die Besetzung der Organe (s. Rn 703 ff).

4. Zulässigkeitsvoraussetzungen für öffentliche Unternehmensbeteiligungen

Fall 55: Die Stadtwerke-M GmbH, deren Alleingesellschafterin die Stadt M ist, führt für private Auftraggeber Elektroarbeiten aus, ua das Aufstellen und Entfernen von Stromverteilerschränken zur Umwandlung von Stromspannungen für fliegende Bauten auf Messen und Volksfesten. Da sie besonders preisgünstig anbieten kann, sind binnen kurzer Zeit viele Kunden zu den Stadtwerken gewechselt. E., der einen Betrieb des Elektrohandwerks betreibt, sieht darin eine unzulässige Konkurrenz durch die öffentliche Hand. 702

Die Unterschiede in den rechtlichen Voraussetzungen für eine Beteiligung der öffentlichen Hand an Unternehmen, wie sie in den Bundes- und Landeshaushaltsordnungen (§§ 65 ff) sowie in den Kommunalordnungen für Gemeinde und Landkreise geregelt sind, sind zwar zum Teil erheblich, dennoch gibt es übergreifende und gemeinsame Grundanforderungen (vgl auch ► **Klausurenkurs Fall Nr 13**). 703

a) Wirtschaftliche und nicht-wirtschaftliche Unternehmen

Die meisten Kommunalordnungen differenzieren zwischen wirtschaftlichen und nicht-wirtschaftlichen Unternehmen. Damit hat der jeweilige Gesetzgeber eine Vorauswahl über die Zulässigkeit kommunaler Unternehmen getroffen. Während besondere Tatbestandsvoraussetzungen nur für die Unterhaltung wirtschaftlicher Unternehmen gelten sollen, sind die Gemeinden zur Unterhaltung von nicht-wirtschaftlichen Unternehmen entweder **schon gesetzlich verpflichtet** oder deren **Gemeinnützigkeit steht typischerweise im Vordergrund** oder es handelt sich um **Hilfsbetriebe**, die ausschließlich der Deckung des Eigenbedarfs der Gemeinde dienen[77]. Dahinter steht die Überlegung, dass in diesen Fällen weitergehende Voraussetzungen an eine kommunale Unternehmertätigkeit keinen Sinn machen. 704

Die Unterscheidung geht auf *Johannes Popitz* zurück, der vorgeschlagen hatte, unter wirtschaftlichen Unternehmen solche Veranstaltungen zusammenzufassen, die ihrer Art nach auch durch Privatunternehmer mit der Absicht der Gewinnerzielung in den allgemeinen Verkehr ge-

76 BVerfG v. 26.6.2002 – 1 BvR 558/91.
77 Vgl zB § 97 SächsGO.

bracht zu werden pflegen. Davon sollten die Leistungen unterschieden werden, von denen allgemein erwartet wird, dass sie die öffentliche Hand anbietet[78]. Nicht-wirtschaftliche Unternehmen sind – je nach Kommunalordnung – etwa Einrichtungen auf den Gebieten Erziehung, Bildung, Kultur (zB Schulen, Volkshochschulen, Kindertagesstätten, Bibliotheken, Museen), Sport oder Erholung (zB Sportanlagen, botanische Gärten, Bäder), Gesundheits- oder Sozialwesen (Krankenhäuser, Sanatorien, Kurparks), Straßenreinigung oder solche, die Angelegenheiten der Wirtschaftsförderung wahrnehmen[79].

b) Das Erfordernis eines öffentlichen Zwecks

705 Das Erfordernis eines öffentlichen Zwecks (§ 65 Abs. 1 Nr 1 BHO: „wichtiges Interesse des Bundes") ist schon aus verfassungsrechtlichen Gründen geboten, weil Handeln der öffentlichen Hand nur zulässig ist, wenn zumindest mittelbar öffentliche Aufgaben verfolgt werden. Die Festlegung des öffentlichen Zwecks ist vorrangig eine Angelegenheit der Gemeinde (bzw. des Bundes und eines Landes). Dabei kommt ihr ein **weiter Gestaltungsspielraum** zu. Im Grunde soll es sich um „eine Frage sachgerechter Kommunalpolitik"[80] handeln. Die Gerichte sollen nur prüfen, ob die Entscheidungen der Kommune offensichtlich fehlerhaft und eindeutig widerlegbar sind[81]. Dies wird nur äußerst selten der Fall sein.

706 Ein weites Verständnis vom „öffentlichen Zweck" schließt es nicht von vornherein aus, dass ein gemeindliches Unternehmen zum Wohle der Gemeinde Aufgaben außerhalb des Gemeindegebiets erfüllt. Im Hinblick auf Art. 28 Abs. 2 GG müssen die Angelegenheiten der örtlichen Gemeinschaft dort nur „wurzeln" und auf sie einen „spezifischen Bezug" haben[82], was nicht heißt, dass die unternehmerische Tätigkeit auf das Gemeindegebiet beschränkt sein muss (str[83]). In vielen Gemeindeordnungen[84] ist das **Territorialitätsprinzip** sogar ausdrücklich aufgehoben worden. Schließlich ist auch die Wirtschaftlichkeit der Unternehmensführung (Nutzung von Synergieeffekten; Stärkung interkommunaler Finanz- und Verwaltungskraft) ein öffentlicher Belang. Die Gemeindeordnungen sehen besondere Pflichten zur Rücksichtnahme auf andere Gemeinden vor. Diese Verpflichtung folgt schon aus Art. 28 Abs. 2 GG.

In vielen Gemeindeordnungen wird bestimmt, dass der öffentliche Zweck das Unternehmen „rechtfertigen"[85] oder „erfordern"[86] muss (in Nordrhein-Westfalen musste bis Ende 2010 sogar ein dringender öffentlicher Zweck das Unternehmen erfordern[87]). Damit ist den Kommunen eine besondere Begründungslast überantwortet.

78 *Popitz*, Der künftige Finanzausgleich zwischen Reich, Ländern und Gemeinden, 1932, S. 49.
79 Vgl dezidiert: § 107 Abs. 2 GO NRW.
80 BVerwGE 39, 329, 334.
81 *Kluth*, in: Stober/Vogel, Wirtschaftliche Betätigung der öffentlichen Hand, 2000, S. 34; *Suerbaum*, DV 2007, 29, 38.
82 BVerfG 23.11.1988, 2 BvR 1619, 1628/83.
83 Vgl näher *Guckelberger*, BayVBl 2006, 293, 295; *Pünder/Dittmar*, JURA 2005, 760, 761.
84 ZB Art. 87 Abs. 2 BayGO; § 107 Abs. 3 GO NRW.
85 ZB § 71 Abs. 2 Nr 1 ThürKO; § 101 Abs. 1 Nr 1 GO-SH.
86 Art. 87 Abs. 1 Nr 1 BayGO.
87 § 107 Abs. 1 GO NRW aF.

c) Geeignetheit der Aufgabenauslagerung auf Unternehmen

In einigen Gemeindeordnungen[88] ist weitere Voraussetzung, dass die dem Unternehmen zu übertragenden Aufgaben für die Wahrnehmung außerhalb der allgemeinen Verwaltung geeignet sein müssen. Damit soll gewährleistet werden, dass die Kommunen Aufgaben **nicht übermäßig externalisieren** und sich auf die Rolle einer bloßen Holding zurückziehen[89]. Da die kommunale Organisationshoheit Verfassungsrang hat, kommt den Gemeinden auch hier ein Einschätzungsspielraum zu. **707**

d) Art und Umfang des Unternehmens in Abhängigkeit zur Leistungsfähigkeit der Gemeinde und zum voraussichtlichen Bedarf

Wirtschaftliche Unternehmen müssen ferner nach Art und Umfang in einem angemessenen Verhältnis zur Leistungsfähigkeit der Gemeinde und zum voraussichtlichen Bedarf stehen[90]. Die Gemeindeordnungen lassen offen, wessen Bedarf gemeint ist: der der Gemeinde, der der Gesellschaft oder der des Marktes. Wenn man in dieser Voraussetzung eine **Schutzregel für die Gemeinde** sieht, damit diese keine unkalkulierbaren wirtschaftlichen Risiken eingeht und unwirtschaftliche Investitionen unternimmt, ist auf den Bedarf des Marktes abzustellen. Angesichts der ausdrücklichen Aufgabe des Territorialitätsprinzips in vielen Gemeindeordnungen (s. Rn 706) und der Verpflichtung, Gewinn zu erwirtschaften[91], soll die Gemeinde ihr Engagement den Marktgegebenheiten anpassen. **708**

e) Die Subsidiaritätsbestimmung

Alle Gemeindeordnungen sowie § 65 Abs. 1 Nr 1 BHO/LHO enthalten eine sog. Subsidiaritätsbestimmung. Nach den mehr oder weniger gleichlautenden Bestimmungen darf der Zweck **nicht besser oder wirtschaftlicher auf andere Weise erfüllt werden können**. Regelmäßig ist zu prüfen, ob Private eine Aufgabe besser erfüllen können. Der Gemeinde kommt ein Beurteilungsspielraum zu. Dabei gilt, dass das Bedürfnis nach einem krisenfesten, dauerhaften und zuverlässigen Angebot zu sozial gerechtfertigten Bedingungen umso größer ist, je wichtiger eine Leistung für die Bürger ist[92]. In einigen Gemeindeordnungen werden die Gemeinden ausdrücklich dazu verpflichtet, ein Markterkundungsverfahren oder eine Marktanalyse durchzuführen[93]. **709**

Fall 55 (Rn 702)[94]: a) Fraglich ist, ob es sich um eine Verwaltungsrechtsstreitigkeit iSv § 40 Abs. 1 VwGO handelt. Da im vorliegenden Fall ein Unterlassungsanspruch (§ 1004 BGB analog, § 3 UWG; § 823 Abs. 2 BGB iVm der kommunalordnungsrechtlichen Voraussetzung für die Zulässigkeit öffentlicher Unternehmen) geltend gemacht wird, kommt **710**

88 ZB Art. 87 Abs. 1 Nr 3 BayGO.
89 Ausdrücklich: Thüringer Landesregierung, Gesetzentwurf zu einem Dritten Gesetz zur Änderung der Thüringer Kommunalordnung, LT-Drs. 3/333 v. 15.2.2000 und bereits: *Schoch*, DÖV 1993, 377, 383.
90 ZB § 101 Abs. 1 Nr 2 GO-SH.
91 ZB § 109 Abs. 1 S. 2 GO NRW.
92 S.a. Kommission der Europäischen Gemeinschaften, Grünbuch zu den Dienstleistungen von allgemeinem Interesse v. 21.5.2003, KOM (2003) 270 endg., Rn 49 ff.
93 ZB § 71 Abs. 2 Nr 4 S. 3 ThürKO; § 107 Abs. 5 GO NRW; s.a. § 91 Abs. 3 BrbKomVerf.
94 BGH, NJW 2002, 2645 ff; vgl a. *Schlacke*, JA 2002, 48 ff.

es auf das dem Unterlassungsanspruch zugrundeliegende Rechtsverhältnis an. Nach Auffassung des BGH[95] sollen Wettbewerbsverhältnisse von einer Gleichordnung der Marktteilnehmer geprägt sein. Wo der Staat mit Privaten in Wettbewerb tritt und sich damit auf den Boden der Gleichordnung stellt, soll er auf der Ebene des Privatrechts handeln. Dann soll das UWG auf die öffentliche Hand Anwendung finden, selbst wenn dem öffentlichen Unternehmen besondere Privilegien zukommen.

Dieser Ansicht ist entgegenzuhalten, dass das Denken in „Über- und Unterordnungsverhältnissen" sowie „Gleichordnungsverhältnissen" rechtsverhältnistheoretisch überholt ist, weil sich die gegenseitigen Rechtsbeziehungen zwischen zwei Rechtssubjekten erst aus dem Recht selbst ergeben. Das UWG kann nicht schon deshalb Anwendung finden, weil sich die öffentliche Hand und ihre Konkurrenten auf einer „Ebene der Gleichordnung" gegenübertreten; vielmehr sind es das UWG und die anderen einschlägigen Rechtsnormen, die das Rechtsverhältnis erst konstituieren. Zudem steht hier gerade nicht das Verhalten eines öffentlichen Unternehmens im Wettbewerb in Frage (Marktverhalten), sondern, ob das öffentliche Unternehmen am Wettbewerb überhaupt teilnehmen darf (Marktzutritt). Das ist in der Gemeindeordnung geregelt und nach der Sonderrechtstheorie eine Frage des öffentlichen Rechts[96]. Dahingestellt bleiben kann zunächst, ob sich ein Unterlassungsanspruch auch aus dem UWG ergeben kann, weil die Verwaltungsgerichte darüber jedenfalls nach § 17 Abs. 2 GVG zu entscheiden haben.

b) Die statthafte Klageart richtet sich nach dem Klagebegehren. E könnte sich gegen die Stadt wenden, weil diese die Stadtwerke mit dem Geschäftsfeld Elektroarbeiten unterhalten (dann Unterlassungsklage gegen die Stadt) oder gegen die bestimmte Tätigkeit der Stadtwerke-M-GmbH (dann Unterlassungsklage gegen die Stadtwerke oder allgemeine Leistungsklage gegen die Stadt, auf die Stadtwerke-M-GmbH einzuwirken)[97]. Fraglich ist, ob E nach § 42 Abs. 2 VwGO analog klagebefugt ist. Das richtet sich zunächst danach, ob die gemeinderechtlichen Vorschriften über kommunale Unternehmen drittschützende Wirkung haben. Überwiegend wird hierfür auf die jeweilige Subsidiaritätsbestimmung abgestellt. Lediglich das OVG Münster[98] hat § 107 Abs. 1 Nr 1 GO NRW (aF) herangezogen („... ein öffentlicher Zweck die Betätigung erfordert" – und iE einen Drittschutz erkannt). Zur Bestimmung, ob die jeweilige Subsidiaritätsvorschrift drittschützende Wirkung entfaltet, ist die Vorschrift auszulegen. Für einen Drittschutz kann sprechen, wenn (und soweit) in den Subsidiaritätsbestimmungen auf private Dritte ausdrücklich Bezug genommen wird[99]. Auch das Erfordernis einer Marktanalyse kann ein Argument für eine drittschützende Wirkung sein. Ferner ist der Gesetzeszweck zu analysieren, der aus der Gesetzesbegründung herzuleiten ist. Überwiegend wird von den Verwaltungsgerichten eine drittschützende Wirkung aber abgelehnt. So soll zB Art. 87 BayGO nur den Zweck haben, die Kommunen vor den Gefahren überdehnter unternehmerischer Tätigkeit zu schützen und zugleich einer „ungezügelten Erwerbstätigkeit der öffentlichen Hand zu Lasten der Privatwirtschaft" vorbeugen[100]. Nicht aber sollen einzelne Unternehmen vor einem Wettbewerb durch gemeindliche Unternehmen derart geschützt werden, dass ein Verstoß Individualansprüche auf Schadensersatz und Unterlassung begründen kann (von den Gerichten ist als Private schützend zB § 85 Abs. 1 Nr 3

95 BGHZ 66, 229; 67, 81; 82, 375; GmS-OVG, NJW 1988, 2295 f.
96 BVerwGE 39, 329, 337; OVG Münster, NVwZ 2003, 1520, 1521; vgl a. BGH, MDR 1987, 114.
97 *Pünder/Dittmar*, JURA 2005, 760, 765.
98 OVG Münster, NVwZ 2003, 1520 ff; krit *Ziekow*, Öffentliches Wirtschaftsrecht, 5. Aufl., 2020, S. 151 f.
99 ZB § 85 Abs. 1 Nr 3 RP-GO.
100 VGH München, BayVBl 1976, 628, 629.

RP-GO[101] anerkannt; abgelehnt wird dies hingegen für § 102 BaWüGO[102], § 121 Abs. 1 HessGO[103] (vgl inzwischen ausdrücklich § 121 Abs 1b HessGO), § 107 Abs. 1 Nr 3 GO NRW aF[104] und § 101 Abs. 1 Nr 3 SH-GO)[105]. Eine Klagebefugnis kann aber unter Rückgriff auf die Wettbewerbsfreiheit (Art. 12 Abs. 1 GG) begründet werden, jedenfalls wenn man der hier vertretenen Auffassung folgt, dass jede spürbare Wettbewerbsbeeinträchtigung durch öffentliche Unternehmen einen Grundrechtseingriff darstellt.

c) Die Begründetheit der Klage ist von der Entscheidung über die drittschützende Wirkung der Subsidiaritätsbestimmung abhängig. Zieht man als Anspruchsgrundlage den öffentlich--rechtlichen Unterlassungsanspruch nach § 1004 BGB analog heran, muss ein rechtswidriges Handeln der öffentlichen Hand auf dem Gebiet des öffentlichen Rechts vorliegen und der Anspruchssteller muss in seinen Rechten verletzt sein. Zu prüfen ist daher, ob die Tatbestandsvoraussetzungen der jeweiligen Bestimmung in der Gemeindeordnung erfüllt sind. Für das Vorliegen eines öffentlichen Zwecks ist daran zu erinnern, dass der Stadt ein erheblicher Beurteilungsspielraum zukommt und auch Randnutzungen zulässig sind. Für die Installation von Verteilerkästen kann argumentiert werden, dass es sich hier um einen Randbereich der als Daseinsvorsorge anerkannten Energieversorgung handelt. Außerdem sind die Verteilerkästen erforderlich, um Messen und Volksfeste durchführen zu können, für die ein besonderes öffentliches Interesse besteht (vgl §§ 64 ff GewO; aA vertr.[106]). Aus dem Sachverhalt ergibt sich nicht, dass zwischen Art und Umfang des Unternehmens und der Leistungsfähigkeit der Gemeinde unter Berücksichtigung des voraussichtlichen Bedarfs ein Missverhältnis besteht. Hingegen liegen die Voraussetzungen der Subsidiaritätsbestimmung nicht vor, weil der Zweck der konkreten Unternehmenstätigkeit, die Versorgung mit Verteilerkästen, ebenso gut und wirtschaftlich durch einen Privaten erfüllt werden kann. Nach hM sind aber alle drei Voraussetzungen nicht drittschützend. Das ist jedenfalls für das Erfordernis des öffentlichen Zwecks und der hinreichenden Leistungsfähigkeit der Gemeinde allgemein aberkannt[107], str jedoch für die Subsidiaritätsbestimmung. Folgt man der hM, scheitert der öffentlich-rechtliche Unterlassungsanspruch.

d) Dann ist weiter zu prüfen, ob ein Unterlassungsanspruch aus § 8 iVm § 3 UWG in Betracht kommt. Nach § 3 UWG sind unlautere geschäftliche Handlungen unzulässig. Unlauter handelt derjenige, der einer gesetzlichen Vorschrift zuwiderhandelt, die auch dazu bestimmt ist, im Interesse der Marktteilnehmer das Marktverhalten zu regeln, wenn der Verstoß geeignet ist, die Interessen von Verbrauchern, sonstigen Marktteilnehmern oder Mitbewerbern spürbar zu beeinträchtigen (§ 3a UWG). Die Subsidiaritätsvorschriften der Gemeindeordnungen regeln aber nicht das Marktverhalten, sondern den Marktzutritt.[108] Auch ein unmittelbarer Rückgriff auf § 8 iVm § 3 und § 3a UWG ist nicht möglich, weil ein Anspruch hieraus nicht immer schon dann gegeben ist, wenn ein Wettbewerber Vorschriften verletzt, bei deren Einhaltung er aus dem Markt ausscheiden müsste. Als Grundlage deliktsrechtlicher Ansprüche von Wettbewerbern bezwecken § 8 iVm § 3 und § 3a UWG nur den

101 VerfGH RP, NVwZ 2000, 801, 804.

102 BVerwG, DVBl 1996, 152, 153; BVerwGE 39, 329, 336; VGH Mannheim, NJW 1995, 274; VGH Mannheim, NVwZ-RR 2015, 307.

103 LG Kassel v. 19.3.1999, Az. 11 O 4033/99, einen kommunalen Entsorgungsbetrieb betreffend; offengelassen: OLG Frankfurt/M., GRUR 1999, S. 75.

104 BGH, GRUR 2003, 164, 166; das OVG Münster, NVwZ 2003, 1520 f.

105 *Schliesky*, Öffentliches Wettbewerbsrecht, 1997, S. 447.

106 Vgl LG München, GewArch. 1999, 413, 414.

107 AA nur OVG Münster, NVwZ 2003, 1520, 1521, das subjektive Rechte aus dem Zweckerfordernis herleiten will.

108 Vgl auch *Köhler*, in: Köhler/Bornkamm/Feddersen, UWG, 36. Aufl., 2018, § 3a Rn 1.79; *Scharpf*, Kommunales Unternehmensrecht in Bayern, 2004, S. 224; aA *Sack*, BB 2003, 1073, 1076.

Schutz vor unlauteren geschäftlichen Handlungen sowie des unverfälschten Wettbewerbs (vgl § 1 UWG). Unter dem Gesichtspunkt des Wettbewerbsrechts, zu dessen Zielen der Schutz der Freiheit des Wettbewerbs gehört, ist vielmehr jede Belebung des Wettbewerbs, wie sie unter Umständen auch vom Marktzutritt der öffentlichen Hand ausgehen kann, grundsätzlich erwünscht[109] (vgl hierzu auch ▶ **Klausurenkurs Fall Nr 15**).

e) Folgt man der hM, scheitert ein quasi-negatorischer Anspruch aus § 823 Abs. 2 BGB mangels Drittschutz der gemeinderechtlichen Bestimmung aus.

f) Fraglich bleibt, ob ein Unterlassungsanspruch unmittelbar aus Art. 12 Abs. 1 GG hergeleitet werden kann. Folgt man der Rechtsprechung, scheitert dieser schon daran, dass die Stadtwerke im Bereich der Elektroarbeiten weder ein Monopol anstreben, noch sonst private Mitbewerber vom Markt drängen. Die Klage ist dann unbegründet. Der private Konkurrent könnte allenfalls bei der kommunalen Rechtsaufsichtsbehörde ein Einschreiten anregen. Auf ein Tätigwerden der Aufsichtsbehörde hat er aber keinen Anspruch. Wenn man einen weitergehenden Schutzgehalt des Art. 12 Abs. 1 GG annimmt und von einem Grundrechtseingriff bei einer spürbaren Wettbewerbsbeschränkung ausgeht, kommt es darauf an, ob dieser Eingriff gerechtfertigt ist. Dann sind die Bedeutung des zu verfolgenden öffentlichen Zwecks (Gewinnerzielung und wirtschaftliche Unternehmensführung) mit den Interessen des privaten Konkurrenten am Maßstab der Verhältnismäßigkeit und der Schwere des Eingriffs gegeneinander abzuwägen. Zu beachten ist aber folgendes: Der Ausgleich widerstreitender Rechtspositionen ist zunächst Aufgabe des Gesetzgebers. Diesen Ausgleich hat der Gesetzgeber in der Gemeindeordnung geregelt[110]. Daher kommt den gemeindeordnungsrechtlichen Bestimmungen gegenüber den Grundrechten Anwendungsvorrang zu. Unter grundrechtsdogmatischem Blickwinkel entfalten diese drittschützende Wirkung. Folglich ist der (zulässigen) Unterlassungsklage schon deshalb stattzugeben, weil die gemeinderechtlichen Voraussetzungen für die konkrete Tätigkeit (Installation der Verteilerkästen) des öffentlichen Unternehmens nicht vorliegen.

711 Ein Unterlassungsanspruch aus § 8 iVm § 3 und § 3a UWG gegen das Wettbewerbshandeln der öffentlichen Hand kann sich nur ergeben, wenn das öffentliche Unternehmen unlautere geschäftliche Handlungen vornimmt.[111] Dabei gelten für die öffentliche Hand grundsätzlich die gleichen wettbewerblichen Regeln wie für Private (zB das Verbot irreführender geschäftlicher Handlungen nach § 5 UWG, das Verbot, Mitbewerber gezielt zu behindern nach § 4 Nr 4 UWG). In der Rechtsprechung sind ferner vier besondere Fallgruppen entwickelt worden, die als unlauteres Marktverhalten öffentlicher Unternehmen zu qualifizieren sind[112]:

– **„Vorsprung durch Rechtsbruch"** des für die öffentliche Hand besonders geltenden Rechts, soweit das Marktverhalten geregelt ist. Das gilt etwa für die Zweckentfremdung öffentlicher Mittel (zB eine Preisunterbietung wird unter Rückgriff auf öffentliche Mittel finanziert, die der öffentlichen Hand zu anderen Zwecken überlassen wurden)[113];

109 BVerwG, NJW 1995, 2938, 2939; BGH, NJW 2002, 2645 ff.
110 *Huber*, in: FS Badura, 2004, 897, 923 f; *Schliesky*, Öffentliches Wirtschaftsrecht, 4. Aufl., 2013, S. 192.
111 Ablehnend zB OLG Frankfurt a M, Urt. v. 4.2.2016 – 6 U 156/15 (Wetter-App).
112 Zu den Fallgruppen iE: *Storr*, Der Staat als Unternehmer, 2001, S. 506 f; *Huber*, Konkurrenzschutz im Verwaltungsrecht, 1991, S. 340.
113 BGH, GRUR 2003, 164 ff.

- **„Missbrauch amtlicher Autorität“**, zB ist die Ausnutzung amtlicher Informationen oder amtlicher Einflussmöglichkeiten unlauter[114];
- **„Unlautere Verquickung** öffentlicher und erwerbswirtschaftlicher Interessen“. Wenn die öffentliche Hand ihre besondere Rechtsstellung als Hoheitsträger ausnutzt, um ein öffentliches Unternehmen zu fördern. Das ist grundsätzlich noch nicht der Fall, wenn sich die öffentliche Hand Standortvorteile für ihr Unternehmen zu Nutze macht. Eine klare Linie ist in der Rechtsprechung noch nicht zu erkennen: zulässig ist es, wenn ein kommunaler Bestattungsbetrieb im Friedhofsgebäude untergebracht wird und die Stadt auf eine Trennung zur Friedhofsverwaltung hinweist[115]; unzulässig ist es, wenn die Einrichtung eines kommunalen Kfz-Schilderprägebetriebs im Gebäude der Kfz-Zulassungsstelle untergebracht ist, weil private Schilderprägebetriebe wegen der besonderen örtlichen Nähe erhebliche Umsatzeinbußen hinnehmen müssen[116].
- **„Marktstörung“** durch die öffentliche Hand, zB Ausschaltung des Leistungswettbewerbs zB bei Augenoptikern, wenn Brillengestelle durch die gesetzlichen Krankenkassen selbst ausgegeben werden und über 90% der Bevölkerung bei gesetzlichen Krankenkassen versichert sind[117].

5. Öffentlich-rechtliches und privatrechtliches Gesellschaftsrecht

Fall 56: Der Ortsverband der extremistischen Partei P in der Stadt S möchte in der Stadthalle von S einen Parteitag abhalten. Die Stadthalle ist von S errichtet worden, um öffentliche Veranstaltungen wie Messen, Ausstellungen und Kongresse in S durchführen zu können und so die Attraktivität von S zu steigern. Die Stadthalle wird von der „Stadthallen-Betreibergesellschaft mbH“ (SBG) betrieben, einer Eigengesellschaft der S. Die SBG lehnt den Antrag ab. Was ist P zu empfehlen? 712

a) Die Präferenz der öffentlichen Hand für privatrechtliche Gesellschaftsformen

Der Grundsatz der **Formenwahlfreiheit** der Verwaltung ermöglicht es der öffentlichen Hand grundsätzlich, sich innerhalb des gesetzlichen Rahmens privatrechtlicher und öffentlich-rechtlicher Organisations- und Handlungsformen gleichermaßen zu bedienen. Zur Zeit der Weimarer Republik waren Eigengesellschaften oder gemischt-wirtschaftliche Unternehmen auf privatrechtlicher Grundlage noch Ausnahmen[118], inzwischen hat der Staat seine Unternehmen aber überwiegend privatrechtlich organisiert. 713

Diese **Flucht ins Privatrecht** hat verschiedene Gründe: Die Errichtung verselbständigter öffentlich-rechtlicher Organisationen unterliegt dem institutionellen Gesetzesvorbehalt. Sofern das Land den Gemeinden keine entsprechende Rechtsgrundlage bereitstellt 714

114 *Köhler*, in: Köhler/Bornkamm/Feddersen, UWG, 36. Aufl., 2018, § 3a Rn 2.61.
115 BGH, GRUR 2005, 960 ff.
116 BGH, GRUR 2003, 167 ff; vgl a. BGH, GRUR 1987, 118 ff (kommunales Bestattungsunternehmen); abgelehnt in BGH, GRUR 1956, 227 ff (kommunales Reisebüro neben Passamt); OLG Brandenburg, Urt. v. 5.4.2018 – 6 U 50/13.
117 BGHZ 82, 375 ff.
118 Zu den Königsberger „Städtischen Werken GmbH“ instruktiv *Mann*, VR 1996, 230.

vgl für Zweckverbände und Sparkassen des öffentlichen Rechts entsprechende Bestimmungen in den Gemeindeordnungen bzw in den Sparkassengesetzen; einige Länder kennen auch die Organisation des Kommunalunternehmens, eine Anstalt des öffentlichen Rechts (s. Rn 726)

stehen den Gemeinden im öffentlich-rechtlichen Rechtskreis die Regie- und die Eigenbetriebe zur Verfügung. Ihre Nachteile liegen auf der Hand: es sind nicht-rechtsfähige, unselbständige Einrichtungen. Die innerbetriebliche Verfassung der Eigenbetriebe ist durch die Eigenbetriebsverordnung maßgeblich vorgeprägt. Ihre Selbständigkeit beschränkt sich auf eine eigene Haushaltsführung; die Regiebetriebe sind sogar nur Abteilungen der Verwaltung, denen selbst diese ökonomische Selbständigkeit fehlt. Eine Beteiligung Dritter ist nicht möglich.

715 Demgegenüber sind die Aktiengesellschaft und die Gesellschaft mit beschränkter Haftung **unabhängiger**: sie sind rechtsfähig, verfügen über eigene Unternehmensorgane und ihre Organisation kann durch Satzung und Gesellschaftsvertrag individuell im Rahmen des AktG und GmbHG geregelt werden. Auch die Gründung, die Kooperation mit anderen Verwaltungsträgern und mit Privaten sowie der Gesellschafterwechsel sind bei einer Kapitalgesellschaft relativ unkompliziert.

716 Das Kapitalgesellschaftsrecht ist aber nicht spezifisch auf öffentliche Unternehmer zugeschnitten:

- Tatsächlich besteht bei Kapitalgesellschaften eine besondere Gefahr, dass sie sich von ihrem öffentlichen Gesellschafter entfremden und der öffentliche Zweck durch Gewinnmaximierungsstreben überlagert wird oder dass sie eine andere Form der Eigendynamik entfalten[119]. Häufig fehlt es schon an einer hinreichenden Zweckprogrammierung; in den Satzungen und Gesellschaftsverträgen muss nur der Gesellschaftsgegenstand (zB „Vermietung von Wohnraum"), nicht das Unternehmensziel (zB „umfassende Versorgung der Bevölkerung mit attraktivem Wohnraum zu günstigen Preisen") angegeben werden.
- Bei der Aktiengesellschaft – mit Abstrichen auch bei der GmbH – sind die Möglichkeiten einer **Einwirkung** auf die Unternehmensführung und deren Aufsichtsorgane durch die öffentliche Hand beschränkt. Insbesondere hat der Vorstand einer Aktiengesellschaft nach § 76 AktG grundsätzlich unter eigener Verantwortung die Gesellschaft zu leiten und ist daher nicht an Weisungen Dritter gebunden.
- Das **privatrechtliche Gesellschaftsrecht** ist grundsätzlich (s. Rn 723 f) abschließend geregeltes Bundesrecht[120]. Es kann daher durch die Länder nicht modifiziert werden. Zwar kann durch Gesellschaftsvertrag oder Unternehmenssatzung auf die Unternehmensverfassung Einfluss genommen werden, aber nur soweit das durch AktG, GmbHG und andere Regelungen (zB Mitbestimmungsgesetze) zugelassen ist. Diese Regeln sind aber nicht spezifisch auf öffentliche Unternehmen zugeschnitten.
- Die **Kommunalaufsichtsbehörden** können nicht auf die Kapitalgesellschaften durchgreifen, sondern müssen sich an die Gemeinde halten, die über ihre Beteiligung auf das Unternehmen einwirken muss.
- Eine öffentlich-rechtliche Einrichtung kann sich öffentlich-rechtlicher und privatrechtlicher Handlungsformen bedienen; ein privatrechtliches Unternehmen bleibt

119 *Ehlers*, DVBl 1997, 137, 142; *Schoch*, DÖV 1993, 377, 381.
120 *v. Danwitz*, AöR 121 (1995), S. 595, 598.

– sofern keine besondere Beleihung erfolgt – auf privatrechtliche **Handlungsinstrumente** beschränkt. Insbesondere kann das privatrechtlich organisierte Unternehmen – sofern es nicht beliehen wurde – weder Gebühren erheben noch Verwaltungsakte erlassen.

- In steuerlicher Hinsicht können Kapitalgesellschaften keine Hoheitsbetriebe iSd § 4 Abs. 5 KStG sein.
- Eine „inflationäre Nutzung" privatrechtlicher Organisationsformen ist vor Art. 33 Abs. 4 GG problematisch, weil die Ausübung hoheitsrechtlicher Befugnisse als ständige Aufgabe in der Regel Angehörigen des öffentlichen Dienstes zu übertragen ist, die in einem öffentlich-rechtlichen Dienst- und Treueverhältnis stehen[121].

b) Beteiligung der öffentlichen Hand an Unternehmen in Privatrechtsform

Die Haushaltsordnungen und die Kommunalordnungen stellen – weitgehend übereinstimmend – besondere Voraussetzungen für eine Beteiligung der öffentlichen Hand an privatrechtlichen Unternehmen auf. In § 65 BHO ist beispielsweise für eine Beteiligung des Bundes an einem privatrechtlich organisierten Unternehmen geregelt: **717**

- Es soll ein wichtiges Interesse des Bundes vorliegen und der vom Bund angestrebte Zweck soll nicht besser und wirtschaftlicher auf andere Weise erreichbar sein (§ 65 Abs. 1 Nr 1 BHO, s. Rn 722; beachte, dass die entsprechende Voraussetzung in den Gemeindeordnungen allgemein für eine Beteiligung an Unternehmen gilt);
- die Einzahlung soll auf einen bestimmten Betrag begrenzt sein (§ 65 Abs. 1 Nr 2 BHO);
- die öffentliche Hand soll im Aufsichtsrat oder einem entsprechenden Überwachungsorgan einen angemessenen Einfluss erhalten (§ 65 Abs. 1 Nr 3 BHO);
- es soll sichergestellt sein, dass ein Jahresabschluss und der Lagebericht aufgestellt werden (§ 65 Abs. 1 Nr 4 BHO).

Grundsätzlich muss die öffentliche Hand um einen **optimalen Einfluss** in einem Unternehmen bemüht sein. Dafür sprechen mehrere Gründe: So muss die öffentliche Hand im Fall einer Ausgliederung sicherstellen, dass sie **gesetzliche Ansprüche**, zB Leistungs- oder Teilhabeansprüche der Bürger auf Zugang zu öffentlichen Einrichtungen[122], erfüllen kann. Verliert sie nach einer formellen Privatisierung die Möglichkeit, den Zugangsanspruch des Bürgers durchzusetzen, handelt es sich nicht mehr um eine öffentliche Einrichtung. **718**

Fall 56 (Rn 712)[123]: a) P könnte eine Verpflichtungsklage (regelm. eine Verbescheidungsklage; ggf auch Versagungsgegenklage) gegen die Stadt erheben. Dafür wäre der Verwaltungsrechtsweg zu beschreiten. Zwar ist eine Gemeinde bundesrechtlich nicht gehindert, bei der Schaffung und Unterhaltung von Einrichtungen, die dem wirtschaftlichen, sozialen oder kulturellen Wohl ihrer Einwohner dienen, auf privatrechtliche Organisationsformen zurückzugreifen und zB eine selbständige juristische Person des Privatrechts (AG, GmbH) zu gründen, der sie den Betrieb der Einrichtung überträgt. Allerdings ist die Benutzung dieser **719**

121 *Mann*, Die öffentlich-rechtliche Gesellschaft, 2002, S. 52.
122 § 14 ThürKO; *v. Danwitz*, AöR 120 (1995), S. 596, 606.
123 BVerwG, NJW 1990, 134 ff.

Einrichtung damit nicht ausschließlich dem Privatrecht zugeordnet und untersteht deshalb auch nicht von vornherein der Zuständigkeit der ordentlichen Gerichte. Vielmehr gilt nach der Zwei-Stufen-Theorie (s. Rn 809 f), vgl ▸ **Klausurenkurs Fall Nr 12**, dass sich das „Ob" des Zugangs nach öffentlichem Recht und das „Wie" der Ausgestaltung des Benutzungsverhältnisses nach bürgerlichem Recht richtet. Hier geht es um den eigentlichen Zugangsanspruch, wie er zB in § 5 PartG, in § 70 GewO für Volksfeste, Ausstellungen und Märkte (s. Rn 377 f) und in den Gemeindeordnungen geregelt ist. Nach Art. 21 BayGO sind zB alle Gemeindeangehörigen nach den bestehenden allgemeinen Vorschriften berechtigt, die öffentlichen Einrichtungen der Gemeinde zu benutzen.

Der Anspruch gegen S wäre dem Grunde nach auch gegeben. Eine öffentliche Einrichtung liegt vor, wenn sie tatsächlich zu dem von der Gemeinde verfolgten öffentlichen Zwecken (**Zweckbindung**) zur Verfügung steht (**Widmung**) und wenn die Gemeinde die öffentliche Zweckbindung der Einrichtung nötigenfalls gegenüber der privatrechtlichen Betriebsgesellschaft durchzusetzen (**Ingerenzmöglichkeit**) vermag[124]. Daher können auch eine von einer juristischen Person des Privatrechts betriebene Einrichtung eine öffentliche Einrichtung und der Zulassungsanspruch infolgedessen Gegenstand einer Klage vor dem VG sein. Die Stadthalle ist errichtet worden, um Messen, Ausstellungen und Kongresse in S durchzuführen und die Attraktivität von S zum Nutzen der Gesamtwirtschaft zu fördern. Die SBG verwirklicht daher mit dem Betrieb der Stadthalle unmittelbar kommunale Verwaltungszwecke. Die Stadthalle ist der Durchführung öffentlicher Veranstaltungen gewidmet. Hierzu gehört auch die Abhaltung von Parteitagen. Die S ist ferner rechtlich wie tatsächlich in der Lage, die Praxis bei der Vergabe von Räumen durch die SBG zu lenken und zu überwachen, weil es sich um eine Eigengesellschaft handelt. Wenn also bei der Stadthalle von einer öffentlichen Einrichtung auszugehen ist, dann ist der Zulassungsanspruch öffentlich-rechtlicher Art.

Zu beachten ist aber, dass der Zulassungsanspruch nicht vorbehaltlos besteht. Insbesondere bei Kapazitätsbeschränkungen kann und muss die öffentliche Hand das Zulassungswesen regulieren. Dabei ist sie an den Gleichheitsgrundsatz bzw das Gebot der Wettbewerbsneutralität gebunden (Art 3 Abs. 1 GG; hier: Art. 21 Abs. 1 GG iVm Art. 3 Abs. 1 GG, § 5 Abs. 1 S. 1 PartG). Als Verteilungskriterien und -verfahren kommen in Betracht: die Reihenfolge des Eingangs der Zulassungsanträge; das Kriterium „bekannt und bewährt" (insbes. bei öffentlichen Veranstaltungen wie Messen und Volksfeste), wobei auch „Newcomern" eine Zulassungsmöglichkeit eingeräumt sein muss, oder die Vergabe durch Los[125]. Für Parteien kann auf deren Bedeutung abgestellt werden (§ 5 Abs. 1 S. 2 und 3 PartG). Wegen des Parteienprivilegs (Art. 21 Abs. 2 GG) kann dem Zulassungsantrag einer Partei aber nicht entgegengehalten werden, sie verfolge verfassungsfeindliche Ziele. Über Verfassungswidrigkeit und Auflösung einer Partei entscheidet allein das BVerfG. Im Ergebnis heißt das: Wenn für diesen Tag kein anderer Zulassungsantrag zur Nutzung der Stadthalle gestellt ist oder unter Zugrundelegung allgemeiner Differenzierungskriterien anderen Bewerbern kein Vortrittsrecht zukommt, besteht ein Anspruch der P gegen S auf Zulassung zur Stadthalle. Andernfalls ist die Stadt zu verpflichten, unter Beachtung der Rechtsauffassung des Gerichts zu entscheiden und bei ihrer Auswahl sachgerechte Kriterien heranzuziehen.

b) Eine Versagungsgegenklage gegen die SBG vor den Verwaltungsgerichten scheidet nach dem Vorstehenden aus: Zum einen ist Adressat des kommunalen Zulassungsanspruchs die Stadt, die den Anspruch ggf durch Ingerenz gegenüber der SBG durchsetzen muss, zum anderen kann die SBG mangels Beleihung nicht öffentlich-rechtlich handeln. Insbesondere ist die Versagung der Zulassung durch die SBG kein Verwaltungsakt. Unmittelbar gegen die

124 OVG Bautzen, SächsVBl 2003, 143 ff; OVG Bautzen, SächsVBl 2005, 256 ff; vgl auch BVerwG, NVwZ 2005, 963 ff.

125 BVerwG, NVwZ 1984, 585.

SGB könnte P nur auf dem ordentlichen Rechtsweg vorgehen. Ein Zulassungsanspruch der P gegenüber der SBG besteht nur dann, wenn diese einem Kontrahierungszwang unterliegt. Dieser kann sich nach den Grundsätzen des Verwaltungsprivatrechts aus Art. 3 Abs. 1 GG ergeben. Auf das Verwaltungsprivatrecht kann zurückgegriffen werden, weil die SBG ein öffentliches Unternehmen ist. Unter Umständen kommt der P auch ein Anspruch aus dem Nutzungs- und Betreibervertrag zwischen der S und der SBG zu, wenn es sich um einen echten Vertrag zugunsten Dritter (§ 328 Abs. 1 BGB) handelt.

Wenn der Gesetzgeber eine Aufgabe staatlicher Erfüllung zuweist (im hoheitlichen Bereich **„Amtsauftrag"**), ist ein hinreichendes Legitimationsniveau (organisatorisch-personelle und sachlich-inhaltliche Legitimation) sicherzustellen (Art. 20 Abs. 2 GG). Das kann insbesondere bei der Ausübung hoheitlicher Gewalt der Fall sein. Das Demokratieprinzip steht einer Beteiligung nicht-demokratisch legitimierter oder unabhängiger Funktionsträger bei der Ausübung von Staatsgewalt – zB in einem gemischt-wirtschaftlichen Unternehmen – nicht unbedingt entgegen. In seinem Beschluss zum schleswig-holsteinischen Gesetz zur Mitbestimmung der Personalräte hat das BVerfG ausgeführt: in welcher Art und in welchen Fällen eine Beteiligung Dritter zulässig ist, ist unter Würdigung der privaten Interessen (**Schutzzweckgrenze**) und des Amtsauftrages (**Verantwortungsgrenze**) zu bestimmen. Drei Fallgruppen sind zu unterscheiden[126]: **720**

– Für Maßnahmen, die typischerweise nicht oder nur unerheblich Amtsaufgaben gegenüber dem Bürger berühren, soll das Kollegialorgan zumindest an Gesetz und Recht gebunden sein und die Mehrheit der Mitglieder muss zu einem gewissen Grade demokratisch legitimiert sein.
– Für Maßnahmen, die die Wahrnehmung des Amtsauftrags typischerweise nicht nur unerheblich berühren, ist eine „doppelte Mehrheit" erforderlich: Die Mehrheit der Mitglieder eines Kollegialorgans muss uneingeschränkt personell demokratisch legitimiert und die Entscheidung muss von einer Mehrheit der so legitimierten Mitglieder getragen sein.
– Bei Maßnahmen, die schwerpunktmäßig die Erledigung von Amtsaufgaben betreffen, darf das Demokratieprinzip keine substantielle Einschränkung erfahren.

Damit zielt die Frage nach dem **hinreichenden Legitimationsniveau** materiell auf die wahrzunehmende Staatsaufgabe, die dem öffentlichen Unternehmen übertragen wird. Staatsaufgaben können durch die Verfassung ausdrücklich vorgegeben sein oder aus Verfassungsprinzipien abgeleitet werden. Staatsaufgaben können auch durch den parlamentarischen Gesetzgeber festgelegt werden. Eine bestimmte demokratische Legitimation kann wegen der Art und Weise der Aufgabenwahrnehmung geboten sein, weil hoheitliche Gewalt ausgeübt wird und der Rückgriff auf das staatliche Gewaltmonopol erfolgt, dh Entscheidungen autoritativ getroffen werden[127]. **721**

Schließlich bleibt die öffentliche Hand für ihre Beteiligung an einem Unternehmen verantwortlich, was eine entsprechende Kontrolle erfordert.[128] Die „Flucht in das Privatrecht" darf weder dazu führen, dass öffentliche Gewalt nicht mehr vor dem Volk **722**

126 BVerfG v. 24.5.1995 – 2 BvF 1/92.
127 *Britz*, VerwArch 91 (2000), 418, 428.
128 Vgl. BVerfG v. 7.11.2017 – 2 BvE 2/11 sowie *Burgi*, NVwZ 2018, 601 ff zur Deutschen Bahn.

verantwortet werden muss, noch, dass Risiken für die öffentlichen Haushalte nicht mehr rechtzeitig abgewehrt werden können.

Erst vor diesem Hintergrund lässt sich die Frage beantworten, wann der Einfluss der öffentlichen Hand auf den Aufsichtsrat angemessen (zB § 65 Abs. 1 Nr 3 BHO) ist. Dafür kann das Steuerungsoptimierungsgebot vor dem Hintergrund der Verpflichtung zur Haftungsbeschränkung (§ 65 Abs. 1 Nr 2 BHO) herangezogen werden. Der Zweck des Steuerungsoptimierungsgebots liegt (vor allem) darin, die öffentliche Hand vor unwirtschaftlichem Verhalten einer mehr oder weniger autonomen oder fremden Unternehmensführung zu schützen, wie es bei einem gemischt-wirtschaftlichen Unternehmen der Fall sein kann, an dem Dritte maßgeblich an der Unternehmenssteuerung mitwirken. Denn die Beteiligung an einem gemischt-wirtschaftlichen Unternehmen stellt sich für die öffentliche Hand als ein Risiko dar, mangels hinreichender eigener Steuerungskompetenz durch Steuerungseinflüsse Dritter wirtschaftlichen Schaden zu erleiden, weil und soweit sie die Konsequenzen aus dieser Fremdsteuerung tragen muss. Dem Gebot des angemessenen Einflusses im Aufsichtsrat und der Verpflichtung zur Haftungsbeschränkung liegt daher das Prinzip der **Konnexität von Steuerung und Haftung** zugrunde: Je größer das Risiko einer Haftung der öffentlichen Hand ist, umso größer muss ihr Steuerungseinfluss sein. Der Steuerungseinfluss Dritter bei gleichzeitiger Haftungsbeteiligung der öffentlichen Hand bedarf einer Rechtfertigung, wenn die öffentliche Hand einer Haftung für fremdes Handeln ausgesetzt wird. Die Gründe können sich aus der Besonderheit der Aufgabe oder der Erforderlichkeit einer Kooperation ergeben. Bei der Abwägung muss es um eine weitestmögliche Minimierung des Risikos einer potentiellen Haftung gehen. Umgekehrt bedeutet ein hohes Haftungsrisiko, dass die öffentliche Hand umso mehr und intensiver steuern soll[129].

c) Das Verwaltungsgesellschaftsrecht

723 Greift die öffentliche Hand für die Organisation ihrer Unternehmen auf privatrechtliche Organisationsformen zurück, ist sie an das privatrechtliche Rechtsregime gebunden. Dh, dass sie Weisungen an „ihre" Vertreter in den Unternehmensgremien (Hauptversammlung, Gesellschafterversammlung, Aufsichtsrat, Geschäftsführung, Vorstand) nur richten kann, wenn und soweit dies gesellschaftsrechtlich zulässig ist.

Vertreter der öffentlichen Hand können in Hauptversammlungen und Gesellschafterversammlungen weisungsgebunden sein. Ebenso kann der GmbH-Geschäftsführer den Weisungen der Gesellschafterversammlung unterliegen. Nach ganz überwiegender Ansicht sollen die Mitglieder eines obligatorisch zu bestellenden Aufsichtsrats aber nicht weisungsgebunden sein[130].

724 Zwar sehen die Gemeindeordnungen möglichst weitgehende Steuerungsverpflichtungen vor

vgl zB Art. 92–95 BayGO, insbesondere Art. 93 BayGO für die Vertretung der Gemeinde in Privatrechtsform und Art. 95 Abs. 1 BayGO zur Bindung an den öffentlichen Zweck bei der Führung gemeindlicher Unternehmen; für Minderheitsbeteiligungen: Art. 92 Abs. 2; 95 Abs. 1 aE BayGO),

da das Kapitalgesellschaftsrecht als Bundesrecht aber normenhierarchisch über dem Landesrecht und dem Kommunalrecht steht (Art. 31 GG), sind Widersprüche tendenziell dahingehend zu lösen, dass dem Bundesrecht Vorrang zukommt.

---

129 *Storr*, Der Staat als Unternehmer, 2001, S. 79 f.
130 OLG Düsseldorf, DVBl 2001, 1284, 1286; BVerwG, DÖV 2001, 124, 128.

Um öffentlich-rechtliche Steuerungsanforderungen dennoch in privatrechtlich organisierten Unternehmen durchsetzen zu können, wird eine entsprechende Modifizierung gefordert. Ähnlich dem Verwaltungsprivatrecht soll ein **Verwaltungsgesellschaftsrecht** etabliert werden[131]. Denn erstens ist das Gesellschaftsrecht auch an verfassungsrechtliche Vorgaben gebunden und damit einer verfassungskonformen Auslegung – zB den aus dem Demokratieprinzip abzuleitenden Steuerungs- und Kontrollanforderungen – zugänglich und zweitens ist die Ansicht (der hM), dass das bundesrechtliche Gesellschaftsrecht auch für die öffentlichen Unternehmensbeteiligungen abschließend sein soll, zu kritisieren. Denn gerade für öffentliche Unternehmen kennen die BHO und das HGrG spezifische Steuerungsanforderungen (§ 65 Abs. 1 Nr 3, Abs. 6 BHO; vgl a. §§ 53 und 54 HGrG). Eine besondere Bestimmung ist § 394 AktG, die regelt, dass Aufsichtsratsmitglieder, die auf Veranlassung einer Gebietskörperschaft in einen Aufsichtsrat gewählt oder entsandt worden sind, hinsichtlich der Berichte, die sie den Gebietskörperschaften zu erstatten haben, keiner Verschwiegenheitspflicht unterliegen (vgl a. § 395 AktG). Auch die Regeln einer Corporate Social Responsibility öffentlicher Unternehmen können hierzu gezählt werden[132]. 725

d) Das Kommunalunternehmen

In einigen Ländern[133] haben die Gesetzgeber Rechtsgrundlagen für die Kommunen geschaffen, damit diese Kommunalunternehmen als selbständige Unternehmen in der Rechtsform einer **Anstalt des öffentlichen Rechts** errichten können. Damit sollen Vorteile beider Rechtsregime zum Tragen kommen und den Gemeinden der Weg zurück in das öffentliche Recht ermöglicht werden. 726

So können dem Kommunalunternehmen zB nach Art. 89 Abs. 2 BayGO (in Niedersachsen: kommunale Anstalt) einzelne oder alle mit einem bestimmten Zweck zusammenhängende Aufgaben ganz oder teilweise übertragen werden. Dem Kommunalunternehmen ist dann die Verantwortung für die Erbringung einer Aufgabe umfassend zugewiesen. Ferner kann die Gemeinde durch gesonderte Satzung einen Anschluss- und Benutzungszwang zugunsten des Kommunalunternehmens festlegen. Die Gemeinde kann das Kommunalunternehmen sogar ermächtigen, an ihrer Stelle Satzungen zu erlassen.

Das Kommunalunternehmen wird von einem Vorstand in eigener Verantwortung geleitet. Der Vorstand vertritt das Kommunalunternehmen nach außen. Die Geschäftsführung des Vorstands wird von einem Verwaltungsrat überwacht, der auch über grundlegende Angelegenheiten des Kommunalunternehmens zu entscheiden hat (Art. 90 BayGO). Grundsätzlich haftet die Gemeinde für die Verbindlichkeiten des Kommunalunternehmens unbeschränkt, soweit nicht Befriedigung aus dessen Vermögen zu erlangen ist (Gewährträgerschaft). Das Kommunalunternehmen besitzt Dienstherrenfähigkeit und übt öffentlich-rechtliche Verwaltungstätigkeit aus. Die Kommunalaufsicht erstreckt sich unmittelbar auf das Kommunalunternehmen.

---

131 *v. Danwitz*, AöR 120 (1995), 596, 625; *Krebs*, DV 29 (1996), 309, 320.

132 *Mann/Schnuch*, DÖV 2019, 417 ff.

133 ZB Art. 89 BayGO; § 141 NKomVG, § 106a GO SH; § 86a GO-RP (hierzu: *Storr*, NordÖR 2005, 94 ff).

III. Die europarechtlichen Rahmenbedingungen für öffentliche Unternehmen

1. Grundsätzliche Einordnung öffentlicher Unternehmen

727 **Fall 57:** Der Gesetzgeber hatte der Bundesanstalt für Arbeit (jetzt: Bundesagentur für Arbeit; BA) für die Arbeitsvermittlung ein Monopol eingeräumt. Hiergegen hatte sich ein privates Arbeitsvermittlungsunternehmen gewandt. Denn in Deutschland hatte sich trotz des staatlichen Monopols ein Markt für die Vermittlung von Führungskräften für die Wirtschaft durch private Personalberater herausgebildet. Deren Tätigkeit war von der BA faktisch weitgehend geduldet worden.

728 Seit der Entscheidung „Costa/ENEL“[134] des EuGH gehört der **Grundsatz des Anwendungsvorrangs** des Unionsrechts zu den Fundamentalprinzipen der europäischen Rechtsordnung. Damit gilt für Deutschland, dessen Verfassung wirtschaftspolitisch neutral (s. Rn 4) ist – und für alle anderen Mitgliedstaaten der EU –, dass die Europäische Wirtschaftsverfassung, wie sie in den primärrechtlichen Bestimmungen der Europäischen Verträge vorgegeben und im Sekundärrecht umgesetzt und konkretisiert ist, das nationale Wirtschaftsrecht maßgeblich prägt.

729 Die Europäische Wirtschaftsverfassung enthält den Binnenmarkt (Art. 3 Abs. 3 EUV, Art. 26 Abs. 2 AEUV) als grundlegende Wirtschaftsordnung. Art. 119 Abs. 1 AEUV präzisiert dies dahingehend, dass die „Tätigkeit der Mitgliedstaaten und der Union … die Einführung einer Wirtschaftspolitik [umfasst], die … dem **Grundsatz einer offenen Marktwirtschaft mit freiem Wettbewerb** verpflichtet ist“ und im Protokoll Nr 27 über den Binnenmarkt und den Wettbewerb wird festgehalten, dass damit ein System umfasst wird, das den Wettbewerb vor Verfälschungen schützt[135]. Diese Entscheidung für eine offene Marktwirtschaft mit freiem Wettbewerb findet in Art. 3, 18, 101 ff und 107 ff AEUV weitergehende Präzisierung. Öffentliche Unternehmen (s. Rn 660 u. 666 f) sind von diesem Markt nicht per se ausgeschlossen. Zwar sieht der EuGH bei Zugrundelegung eines funktionalen Unternehmensverständnisses in öffentlichen Unternehmen staatliche Handlungsinstrumente; das allein schließt sie aber von der Teilnahme an der *offenen* Marktwirtschaft nicht aus. Im Gegenteil, kann doch jeder Marktteilnehmer den Wettbewerb bereichern und daran teilhaben, die Vorzüge einer wettbewerblich organisierten Marktwirtschaft zum Tragen zu bringen. Allerdings gibt Art. 106 Abs. 1 AEUV den Mitgliedstaaten auf, in Bezug auf öffentliche Unternehmen und auf Unternehmen, denen sie besondere oder ausschließliche Rechte gewähren, keine dem Vertrag und insbesondere den Art. 18 und 101 bis 109 AEUV widersprechende Maßnahmen zu treffen oder beizubehalten. In Zusammenschau mit Art. 345 AEUV (s. Rn 645) verbietet noch fordert der AEUV öffentliche Unternehmen; für den Fall ihrer Existenz haben sie sich aber in den Regelungsrahmen des Binnenmarkts einzuordnen.

730 Soweit nach unionsrechtlichen Vorschriften auf die Tätigkeit von „Unternehmen“ abgestellt wird, muss bei staatlicher Tätigkeit analysiert werden, ob der Staat wirtschaft-

134 EuGH v. 15.7.1964, Rs. 6/64 – *„Costa/ENEL“*.

135 Zum weitgehend gleichgebliebenen Systemgehalt des Binnenmarktkonzepts nach Lissabon: *Nowak*, EuR 2009 Beiheft 1, S. 129 f.

lich und damit unternehmerisch oder hoheitlich tätig wird. Als Unternehmen im Sinne des Unionsrechts gilt jede eine **wirtschaftliche Tätigkeit ausübende Einheit, unabhängig von ihrer Rechtsform und der Art ihrer Finanzierung** (s. Rn 660). Demzufolge kann der Staat zB Adressat der kartellrechtlichen Regeln Art. 101 und 102 AEUV sein, wenn er unternehmerisch handelt[136]. Obgleich die Abgrenzung zwischen hoheitlicher und wirtschaftlicher Tätigkeit für die Anwendbarkeit des Wettbewerbsrechts fundamental ist, ist sie keineswegs abschließend geklärt. Nicht wirtschaftlich sind jedenfalls die Bereiche, die per se dem Staat vorbehalten sind, wie die Wahrung der inneren und äußeren Sicherheit, die Justiz, die Pflege auswärtiger Beziehungen und andere **hoheitliche Aufgaben** sowie viele Tätigkeiten von Einrichtungen, die weitgehend **soziale Aufgaben** ohne Gewinnabsicht erfüllen und deren Zweck nicht in der Ausübung einer gewerblichen Tätigkeit liegt. Vor dem Hintergrund der unionsrechtlichen Wettbewerbsregeln, die die Unverfälschtheit des Binnenmarktes gewährleisten sollen, muss es darauf ankommen, ob ein Unternehmen funktional im Wettbewerb mit anderen Unternehmen steht und daher eine wirtschaftliche Tätigkeit vorliegt oder ob eine wirtschaftliche Tätigkeit im Wettbewerb ausgeübt werden könnte, aber aus Wettbewerb konkret ausschließenden rechtlichen oder faktischen Gründen verhindert wird (Monopol). Weder die Rechtsform oder die Handlungsform (öffentlich-rechtlich oder privatrechtlich) der fraglichen Einrichtung noch die Einrichtung insgesamt sind maßgeblich, sondern die konkrete Maßnahme[137].

Beispiel: Die Bekämpfung der Umweltverschmutzung durch eine Hafenbehörde erfolgt hoheitlich[138], das Be- und Entladen der Schiffe im Hafen unternehmerisch[139]. Die Flugüberwachung durch Eurocontrol, die mit Zwangsbefugnissen gegenüber Flugzeugführern verbunden ist, ist hoheitlich[140], der Betrieb öffentlicher Fernmeldeanlagen gegen eine Gebühr unternehmerisch[141].

2. Öffentliche Unternehmen und Grundfreiheiten

Öffentliche Unternehmen können zwar nicht Träger von Grundrechten, aber **Träger von Grundfreiheiten** sein, da die Grundfreiheiten schon strukturell nicht elementare Freiheits- und Gleichheitsrechte der Bürger garantieren, sondern und insbesondere diskriminierungsfreien Zugang zum Binnenmarkt gewährleisten sollen[142]. Für die Niederlassungs- und die Dienstleistungsfreiheit ist die Geltung der Grundfreiheiten für juristische Personen des öffentlichen und privaten Rechts, soweit sie Erwerbszwecke verfolgen, in Art. 54 Abs. 2 und Art. 62 AEUV ausdrücklich festgelegt. 731

Da öffentliche Unternehmen aber Einrichtungen des Staates sind, sind sie auch **Adressaten** des an die Mitgliedstaaten gerichteten Unionsrechts. Sie sind Verpflichtete 732

136 EuGH v. 18.3.1997, Rs. C-343/95 – „*Diego Calì*", Rn 18.
137 EuGH v. 30.4.1974, Rs. 155/73 – „*Sacchi*".
138 EuGH v. 18.3.1997, Rs. C-343/95 – „*Diego Calì*", Rn 19 f.
139 EuGH v. 10.12.1991, Rs. C-179/90 – „*Merci convenzionali porto di Genova*", Rn 9.
140 EuGH v. 19.1.1994, Rs. C-364/92 – „*Eurocontrol*", Rn 19 f.
141 EuGH v. 20.3.1985, Rs. 41/83 – „*British Telecommunications*", Rn 16 f.
142 *Storr*, Der Staat als Unternehmer, 2001, S. 298; jedenfalls gegenüber anderen Staaten: *Knauff*, in: Schmidt/Wollenschläger, Kompendium Öffentliches Wirtschaftsrecht, 5. Aufl., 2019, S. 270.

der Grundrechte und der Grundfreiheiten[143] wie auch Adressaten von Richtlinien (Art. 288 Abs. 3 AEUV).

3. Öffentliche Unternehmen als Dienstleister im allgemeinen wirtschaftlichen Interesse

a) Das Privilegierungsverbot des Art. 106 Abs. 1 AEUV

733 Art. 106 Abs. 1 AEUV richtet sich an die **Mitgliedstaaten** und untersagt ihnen in Bezug auf öffentliche Unternehmen und auf Unternehmen, denen sie besondere oder ausschließliche Rechte gewähren, keine dem AEUV und insbesondere dessen Artikeln 18 und 101 bis 109 widersprechende Maßnahmen zu treffen oder beizubehalten.

Ausschließliche Rechte[144] sind solche Rechte, die ein Mitgliedstaat einem Unternehmen durch Rechts- oder Verwaltungsvorschriften gewährt, wenn der Mitgliedstaat die Leistung eines Dienstes oder einer Tätigkeit in einem bestimmten Gebiet einem einzigen Unternehmen vorbehält (zB wenn die öffentliche Hand ein Monopol gewährt[145]).

Besondere Rechte sind solche Rechte, die ein Mitgliedstaat durch Rechts- oder Verwaltungsvorschriften einer begrenzten Zahl von Unternehmen in einem bestimmten Gebiet gewährt, wenn der Staat:

- die Zahl dieser Unternehmen auf zwei oder mehrere Unternehmen begrenzt, ohne sich dabei an objektive, angemessene und nicht-diskriminierende Kriterien zu halten, um eine Leistung zu erbringen oder eine Tätigkeit zu betreiben, oder
- mehrere konkurrierende Unternehmen nach anderen als solchen Kriterien bestimmt, um eine Leistung zu erbringen oder eine Tätigkeit zu betreiben, oder
- einem oder mehreren Unternehmen nach anderen als solchen Kriterien durch Rechts- oder Verwaltungsvorschriften besondere Vorteile einräumt, die die Fähigkeit anderer Unternehmen, die gleiche Tätigkeit in demselben Gebiet unter gleichen Bedingungen zu leisten, wesentlich beeinträchtigen (zB wenn die öffentliche Hand den Eintritt eines Konkurrenten auf den Markt dahingehend überprüft, ob die Funktionsfähigkeit und die Wirtschaftlichkeit des bisherigen Rechteinhabers beeinträchtigt wird)[146].

734 Art. 106 AEUV bezieht also den öffentlichen Sektor in die Wettbewerbsregeln des Unionsrechts ein (insbesondere das Verbot wettbewerbsbeschränkender Vereinbarungen und Verhaltensweisen, Art. 101 AEUV, das Verbot des Missbrauchs einer marktbeherrschenden Stellung, Art. 102 AEUV, und das Beihilfenrecht, Art. 107 AEUV) und **verbietet grundsätzlich eine Besserstellung öffentlicher gegenüber privaten Unternehmen**.

b) Die Sicherstellung der Dienste von allgemeinem wirtschaftlichen Interesse im Binnenmarkt nach Art. 106 Abs. 2 AEUV

735 Dagegen wendet sich Art. 106 Abs. 2 AEUV nicht nur an die Mitgliedstaaten, sondern **auch an die Unternehmen**, die mit Diensten bzw. Dienstleistungen von allge-

---

143 BVerfG v. 17.11.2017, 2 BvR 1131/16.

144 Art. 2 lit. f und g Richtlinie 2006/111/EG v. 16.11.2006 über die Transparenz der finanziellen Beziehungen zwischen den Mitgliedstaaten und den öffentlichen Unternehmen sowie über die finanzielle Transparenz innerhalb bestimmter Unternehmen, ABl L 318 v. 17.11.2006, S. 17.

145 EuGH v. 12.2.1998, Rs. C-163/96 – *„Raso"*, Rn 23.

146 EuGH v. 25.10.2001, Rs. C-475/99 – *„Ambulanz Glöckner"*, Rn 24.

meinem wirtschaftlichen Interesse betraut sind oder den Charakter eines Finanzmonopols haben. Für sie gelten die Vorschriften des AEUV, insbesondere die Wettbewerbsregeln, soweit die Anwendung dieser Vorschriften nicht die Erfüllung der ihnen übertragenen besonderen Aufgabe rechtlich oder tatsächlich verhindert[147]. Der Begriff der „Dienste von allgemeinem wirtschaftlichen Interesse" (Art. 14 AEUV) bzw. „Dienstleistungen von allgemeinem wirtschaftlichen Interesse" (Art. 106 Abs. 2 AEUV) ist zwar nicht klar definierbar, weist im Gegensatz zu dem der Daseinsvorsorge im deutschen Verwaltungsrecht aber schärfere Konturen auf[148].

Den Begriff **„Daseinsvorsorge"** hat Forsthoff in seinem 1938 erschienen Werk „Die Verwaltung als Leistungsträger" in das Verwaltungsrecht eingeführt. Seiner Überlegung liegt die Beobachtung zugrunde, dass der moderne Mensch nicht mehr im Besitz elementarer Lebensgüter ist, ohne die sein physisches Dasein nicht möglich ist und daher seine eigene Versorgung nicht mehr unmittelbar selbst bewerkstelligen kann, sondern auf eine Infrastrukturvorsorge angewiesen ist (Trinkwasserversorgung, Elektrizität, Gas, Post, Telekommunikation etc): Das Zeitalter der Industrialisierung, das dem Prinzip der spezialisierten Arbeitsteilung verpflichtet ist, erfordere eine sozialordnende Kraft. Obgleich sein Konzept für ein totalitäres Staatswesen entwickelt worden war[149], konnte es sich in der bundesdeutschen Verwaltungsrechtsdogmatik durchsetzen. Denn sein Konzept der Daseinsvorsorge läuft darauf hinaus, die Teilhabe des Einzelnen an den Leistungen der Verwaltung zu sichern; hierfür sind Kriterien und Maßstäbe zu entwickeln. Der Begriff der Daseinsvorsorge – so Forsthoff – sei formal nicht bestimmbar; eine Systematik könne dem Begriff nicht entnommen werden. Er sei aber nicht mit Fürsorge gleichzusetzen, weil keine persönliche Notlage vorausgesetzt werde[150].

Die Dienste von allgemeinem wirtschaftlichen Interesse sollen die Befriedigung der **736** Grundbedürfnisse der Bürger und die Erhaltung von Kollektivgütern in Fällen sicherstellen, in denen der Markt dazu nicht in der Lage ist. Mit Art. 14 AEUV wird diesen Diensten in der Union ein besonderer Stellenwert eingeräumt als Ausdruck gemeinsamer Werte der Union und wegen ihrer Bedeutung bei der Förderung des sozialen und territorialen Zusammenhalts. Die Union und die Mitgliedstaaten haben „unbeschadet des Artikels 4 des Vertrags über die Europäische Union und der Artikel 93, 106 und 107" AEUV im Rahmen ihrer jeweiligen Befugnisse im Anwendungsbereich dieses Vertrags dafür Sorge zu tragen, „dass die Grundsätze und Bedingungen, insbesondere jene wirtschaftlicher und finanzieller Art, für das Funktionieren dieser Dienste so gestaltet sind, dass diese ihren Aufgaben nachkommen können." Damit hält die Union an den Vorzügen des Wettbewerbs grundsätzlich fest. Mit Art. 14 AEUV werden die gemeinwirtschaftlichen Dienste den Wettbewerbsregeln nicht „um jeden Preis" unterworfen, sondern sollen unter Berücksichtigung der besonderen Anforderungen der Mitgliedstaaten gewährleistet werden.

In Art. 57 AEUV sind als **Dienstleistungen** im Sinne des AEUV Leistungen defi- **737** niert, die in der Regel gegen Entgelt erbracht werden, soweit sie nicht den Vorschrif-

---

147 EuGH v. 19.5.1993, Rs. C-320/91 – *„Corbeau"*, Rn 14.

148 Vgl a. Mitteilung der Kommission über die Anwendung der Beihilfevorschriften der Europäischen Union auf Ausgleichsleistungen für die Erbringung von Dienstleistungen von allgemeinem wirtschaftlichem Interesse, ABl C 8 v. 11.1.2012, S. 4, in der wesentliche Schlüsselbegriffe erläutert werden.

149 Vgl *Forsthoff*, Die Verwaltung als Leistungsträger, 1938, S. 1 f: „Die Grundrechte gehören der Geschichte an …". Die Gesetzmäßigkeit der Verwaltung soll weiter bestehen.

150 *Forsthoff*, Rechtsfragen der leistenden Verwaltung, 1959, S. 11 f.

ten über den freien Waren- und Kapitalverkehr und über die Freizügigkeit der Personen unterliegen. Als Dienstleistungen gelten insbesondere gewerbliche, kaufmännische, handwerkliche und freiberufliche Tätigkeiten. Art. 106 Abs. 2 AEUV schließt ferner den Vertrieb von **Waren** ein[151]. Von **allgemeinem Interesse** sind Dienstleistungen, wenn sie im Interesse der Allgemeinheit erbracht werden. Die Verfolgung eigennütziger, privater Interessen ist damit ausgeschlossen. **Wirtschaftliche Tätigkeiten** sind von nicht-wirtschaftlichen abzugrenzen, auf die die Vorschriften über den Binnenmarkt grundsätzlich keine Anwendung finden (s. Rn 730). Typischerweise gehören dazu Telekommunikation, Verkehr, Post, Elektrizität, ferner andere der herkömmlichen Daseinsvorsorge zuzuschreibende Bereiche wie Wasserversorgung und Abwasserentsorgung, Abfallwirtschaft und (öffentlich-rechtlicher) Rundfunk.

738 Art. 106 Abs. 2 AEUV lässt eine Privilegierung von Unternehmen zu, wenn und soweit dies erforderlich ist, um die Erfüllung der ihnen übertragenen besonderen Aufgabe von allgemeinem wirtschaftlichen Interesse rechtlich oder tatsächlich zu gewährleisten. **Art. 106 Abs. 3 AEUV** legt der Kommission die Verpflichtung auf, über die Anwendung des Art. 106 AEUV zu wachen und ermächtigt sie, erforderlichenfalls geeignete Richtlinien oder Entscheidungen an die Mitgliedstaaten zu richten. Damit ist der Kommission ein wichtiges Instrument in die Hand gegeben, um die Geltung der europarechtlichen Wettbewerbsregeln weitgehend sicherstellen zu können.

739 Nach der Systematik des Art. 106 Abs. 2 AEUV können zunächst die **Mitgliedstaaten** die Dienstleistungen von allgemeinem wirtschaftlichen Interesse definieren, deren Gewährleistung sie sichergestellt wissen wollen.[152] Den Mitgliedstaaten kommt ein weiter Ermessensspielraum zu.[153] Die **Kommission** kann nur eine Missbrauchsprüfung dahingehend vornehmen, ob die Tatbestandsvoraussetzungen vorliegen. Insbesondere räumt der Vertrag der Union keine Kompetenz für eine eigene Wirtschaftspolitik ein (vgl Art. 120 ff AEUV) und auch Art. 106 Abs. 1 und 2 AEUV wendet sich primär an die Mitgliedstaaten, während der Kommission nur die Aufgabe zugewiesen ist, auf die Anwendung dieses Artikels zu „achten" (Art. 106 Abs. 3 AEUV).

Eine Tätigkeit von allgemeinem wirtschaftlichem Interesse muss sich von anderen Tätigkeiten des Wirtschaftslebens unterscheiden. Keine Dienstleistung von allgemeinem wirtschaftlichen Interesse ist zB die obligatorische Fortbildung geprüfter Buchhalter durch eine berufsständische Vertretung[154].

740 Aufgabe der Kommission ist es auch festzustellen, ob und inwieweit zur Gewährleistung einer Dienstleistung von allgemeinem wirtschaftlichen Interesse der Ausschluss oder die Beschränkung von Wettbewerb erforderlich ist. Mit Art. 106 AEUV sollen also mitgliedstaatliche und europäische Interessen in Ausgleich gebracht werden. Der Bestimmung liegt mithin ein besonderes **Kooperationsprinzip** zugrunde: mitglied-

---

151 EuGH v. 23.10.1997, Rs. C-159/94 – *„EDF/GDF"*, Rn 45 f.

152 Zu eng daher EuG v. 16.7.2014, Rs. T-295/12 – „Zweckverband Tierkörperbeseitigung", Rn. 51, das der Kommission darin folgt, dass die Vorhaltung einer Seuchenreservekapazität der Tierkörperbeseitigung nicht als DAWI qualifiziert wurde (bestätigt durch EuGH v. 18.2.2016, Rs. C 446/14 P).

153 Mitteilung der Kommission über die Anwendung der Beihilfevorschriften der Europäischen Union auf Ausgleichsleistungen für die Erbringung von Dienstleistungen von allgemeinem wirtschaftlichen Interesse, ABl C 8 v. 11.1.2012, S. 4, Anm. 46.

154 EuGH v. 28.2.2013, Rs. C-1/12 – *„Ordem dos Técnicos Oficiais de Contas"*, Rn 105.

staatliche und europäische Interessen sind gleichgewichtig und miteinander kooperativ in Ausgleich zu bringen[155].

Zwar enthält Art. 14 AEUV ausdrücklich eine Kompetenz von Parlament und Rat, durch Verordnung die Grundsätze und Bedingungen – insbesondere jene wirtschaftlicher und finanzieller Art – für das Funktionieren dieser Dienste zu regeln. Andererseits wird diese Kompetenz der Union durch das Protokoll über die Dienste von allgemeinem Interesse (Nr 26) abgefedert. Dort werden als „gemeinsame Werte" der Union genannt:

- die wichtige Rolle und der weite Ermessensspielraum der nationalen, regionalen und lokalen Behörden in der Frage, wie Dienste von allgemeinem wirtschaftlichen Interesse auf eine den Bedürfnissen der Nutzer so gut wie möglich entsprechende Weise zur Verfügung zu stellen, in Auftrag zu geben und zu organisieren sind;
- die Vielfalt der jeweiligen Dienstleistungen von allgemeinem wirtschaftlichen Interesse und die Unterschiede bei den Bedürfnissen und Präferenzen der Nutzer, die aus unterschiedlichen geografischen, sozialen oder kulturellen Gegebenheiten folgen können;
- ein hohes Niveau in Bezug auf Qualität, Sicherheit und Bezahlbarkeit, Gleichbehandlung und Förderung des universellen Zugangs und der Nutzerrechte[156].

Von Art. 36 GR-Charta sind keine rechtsdogmatischen Impulse zu erwarten. Danach anerkennt und achtet die Union den Zugang zu Dienstleistungen von allgemeinem wirtschaftlichen Interesse, wie er durch die einzelstaatlichen Rechtsvorschriften und Gepflogenheiten im Einklang mit den Verträgen geregelt ist, um den sozialen und territorialen Zusammenhalt der Union zu fördern. Nach den Erläuterungen zur Grundrechte-Charta steht dieser Artikel „vollauf" im Einklang mit Art. 14 AEUV und begründet kein neues Recht. Er stellt lediglich den Grundsatz auf, dass die Union den Zugang zu den Dienstleistungen von allgemeinem wirtschaftlichen Interesse nach den einzelstaatlichen Bestimmungen achtet, so weit diese mit dem Unionsrecht vereinbar sind.

Die Sicherstellung einer Dienstleistung von allgemeinem wirtschaftlichen Interesse **741** kann es zB erforderlich machen, nicht nur die eigentliche, besonders zu gewährleistende Dienstleistung, sondern auch andere Bereiche vom Wettbewerb auszuschließen, um die Finanzierung der betreffenden Dienstleistung zu ermöglichen. Einem Marktteilnehmer, dem eine besondere Dienstleistungsverpflichtung auferlegt ist, kann die Möglichkeit eingeräumt werden, Defizite in weniger rentablen Bereichen mit Gewinnen aus rentablen Bereichen auszugleichen, für die Wettbewerbsbeschränkungen bestehen. Eine Wettbewerbsbeschränkung rentabler Bereiche muss erlaubt sein, um ein „Rosinenpicken"[157] Privater zu verhindern und die Rentabilität einer Dienstleistung von allgemeinem wirtschaftlichen Interesse insgesamt sicherzustellen. Unzulässig ist es aber, Private von einer Dienstleistungserbringung auszuschließen, wenn das Unternehmen mit ausschließlichen Rechten in diesem Marktsegment ein Produkt oder eine Dienstleistung nicht anbietet[158].

Ferner kommt der Union insbesondere über Art. 114 und 59 AEUV die **Kompetenz** **742** **zur Harmonisierung** von Wirtschaftssektoren zu. Art. 114 AEUV ermächtigt die

155 *Storr*, DÖV 2002, 357, 360 f; *ders.* in: Biernstiel/Bungenberg/Heinrich, Europäisches Beihilfenrecht, 2013, S. 801 f.
156 Ausführlicher: *Storr*, Europäische Wirtschaftsverfassung und Daseinsvorsorge, in: Fastenrath/Nowak, Der Lissabonner Reformvertrag, 2009, S. 119 ff; vgl auch *Knauff*, EuR 2010, 725 ff.
157 *Wieland*, DV 28 (1995), 315, 329.
158 EuGH v. 19.5.1993, Rs. C-320/91 – *„Corbeau"*, Rn 17 f.

Union, Maßnahmen zur Angleichung der Rechts- und Verwaltungsvorschriften der Mitgliedstaaten zu treffen, die die Errichtung und das Funktionieren des Binnenmarkts zum Gegenstand haben. Art. 59 AEUV gilt für den Bereich der Dienstleistungen. Die Union hat diese Kompetenzen genutzt und den Mitgliedstaaten idR über Richtlinien Regulierungsvorgaben für bestimmte Wirtschaftssektoren gemacht (Post, Telekommunikation, Energie, Eisenbahn). Damit einerseits Wettbewerb weitgehend ermöglicht wird und andererseits die Funktionsfähigkeit der gemeinwirtschaftlichen Dienste – möglichst im Wettbewerb – sichergestellt werden kann, hat die Union für regulierte Wirtschaftssektoren das Konzept der **Universaldienstleistung** entwickelt. § 78 Abs. 1 TKG beispielsweise definiert Universaldienstleistungen in Umsetzung der Universaldienstleistungs-Richtlinie 2002/22 als ein Mindestangebot an Diensten für die Öffentlichkeit, für die eine bestimmte Qualität festgelegt ist und zu denen alle Endnutzer unabhängig von ihrem Wohn- oder Geschäftsort zu einem erschwinglichen Preis Zugang haben müssen und deren Erbringung für die Öffentlichkeit als Grundversorgung unabdingbar geworden ist. Für die Regulierung eines Universaldiensts im Telekommunikationssektor haben die Mitgliedstaaten den effizientesten und am besten geeigneten Ansatz festzulegen, wobei die Grundsätze der Objektivität, Transparenz, Nichtdiskriminierung und Verhältnismäßigkeit einzuhalten sind. Marktverfälschungen sind zu minimieren, insbesondere die Erbringung von Diensten zu Preisen oder sonstigen Bedingungen, die von normalen wirtschaftlichen Gegebenheiten abweichen (zB Art. 3 Abs. 2 RiL 2002/22).

743 Das Konzept für Universaldienstleistungen ist nicht für jeden Wirtschaftssektor gleich. Auf folgende Kriterien kommt es aber – zum Teil bereichsübergreifend – an:

- Die Dienstequalität ist grundsätzlich von den Mitgliedstaaten festzulegen. Allerdings kann auch die Union Mindeststandards festlegen, wenn sie sich auf eine Harmonisierungskompetenz stützen kann[159].
- Das Erfordernis der **Erschwinglichkeit** einer Dienstleistung sichert, dass das Leistungsangebot allen zugänglich ist.
- Für eine **Kontinuität** der Dienstleistung (Regelmäßigkeit und Versorgungssicherheit[160]; ständig flächendeckende postalische Dienstleistungen[161]) hat der Diensteerbringer sicherzustellen, dass das Angebot ohne Unterbrechungen besteht. Ferner ermöglicht die Elektrizitätsbinnenmarkt-Richtlinie die Auferlegung von gemeinwirtschaftlichen Pflichten, die sich auf **Umweltschutz** einschließlich Energieeffizienz, Energie aus erneuerbaren Quellen und Klimaschutz beziehen (Art. 9 Abs. 2 RiL 2019/944) können.

In diesem Sinne haben die Mitgliedstaaten für den Telekommunikationssektor beispielsweise sicherzustellen (vgl Art. 4 ff RiL 2002/22):

- Zugang zum öffentlichen Telefonnetz soweit zumutbar,
- Teilnehmerverzeichnisse,
- Auskunftsdienste,

159 Krit zu den weitreichenden Kompetenzanmaßungen der Union: *Storr*, DÖV 2002, 357, 365.

160 Vgl Art. 9 Abs. 2 RiL 2019/944 v. 5.7.2019 über gemeinsame Vorschriften für den Elektrizitätsbinnenmarkt und zur Änderung der Richtlinie 2012/27/EU, ABl L 158 v. 14.6.2019, S. 125.

161 Art. 3 Abs. 1 RiL 97/67/EG v. 15.12.1997 über gemeinsame Vorschriften für die Entwicklung des Binnenmarktes der Postdienste der Gemeinschaft und die Verbesserung der Dienstequalität, ABl L 15 v. 21.1.1998, S. 14.

- öffentliche Münz- und Kartentelefone,
- Möglichkeit der kostenlosen Notrufe unter der Nummer 112,
- besondere Maßnahmen für behinderte Nutzer.

Die RiL 2002/22 ist nicht abschließend. Die Mitgliedstaaten können weitere Universaldienste festlegen. In § 78 Abs. 2 Nr 1 TKG war (bis 2012) beispielsweise vorgesehen, dass der Anschluss an ein öffentliches Telefonnetz an einem festen Standort und der Zugang zu öffentlichen Telefondiensten an einem festen Standort mit – soweit technisch möglich – den Dienstemerkmalen „Anklopfen", „Anrufweiterschaltung" und „Rückfrage"/„Makeln" gewährleistet sein muss.

Die **Finanzierung von Dienstleistungen von allgemeinem wirtschaftlichen Interesse** kann unterschiedlich erfolgen, durch 744

- unmittelbare staatliche Zuschüsse (Beihilfen s. näher Rn 911 f);
- Gebührenerhebung auf öffentlich-rechtlicher Grundlage;
- Beiträge von den Marktteilnehmern (Wettbewerber) im regulierten Markt zur Zahlung in einen Universaldienstleistungsfonds, über den die Erfüllung bestimmter Universaldienstleistungspflichten finanziert wird;
- Einräumung besonderer oder ausschließlicher Rechte an ein Unternehmen, damit dieses über Quersubventionen defizitäre Universaldienstleistungspflichten finanzieren kann.[162]

Jedoch müssen die Instrumente im Hinblick auf die Sicherstellung des Universaldienstes erforderlich sein. 745

Fall 57 (Rn 727): Zu prüfen ist, ob das der BA zukommende Monopolrecht mit Art. 106 AEUV vereinbar ist. Hier könnte ein Verstoß gegen Art. 106 Abs. 1 AEUV iVm Art. 102 AEUV vorliegen. Die BA müsste ein (öffentliches) Unternehmen iSd Art. 106 AEUV (s. Rn 733) sein. Das ist der Fall. Die Arbeitsvermittlung, insbesondere die Vermittlung von Führungskräften, ist eine wirtschaftliche Tätigkeit. Sie wurde nicht immer von öffentlich-rechtlichen Anstalten betrieben und muss auch nicht von ihnen betrieben werden[163]. Durch das Monopolrecht kommt der BA ein ausschließliches Recht zu. Ein mit einem gesetzlichen Monopol ausgestattetes Unternehmen kann als im Besitz einer beherrschenden Stellung iS des Art. 102 AEUV angesehen werden. Das Gebiet eines Mitgliedstaats, auf das sich dieses Monopol erstreckt, kann ein wesentlicher Teil des Binnenmarktes sein. 746

Allerdings erbringt die BA mit der Arbeitsvermittlung eine Dienstleistung von allgemeinem wirtschaftlichen Interesse. Daher könnte das Monopolrecht gem. Art. 106 Abs. 2 AEUV gerechtfertigt sein. Obgleich sich Art. 102 AEUV an Unternehmen richtet und in den Grenzen des Art. 106 Abs. 2 AEUV auf öffentliche Unternehmen oder Unternehmen mit ausschließlichen oder besonderen Rechten Anwendung findet, begründet der Vertrag doch auch für die Mitgliedstaaten die Verpflichtung, keine Maßnahmen zu treffen oder beizubehalten, die die praktische Wirksamkeit dieser Bestimmung beeinträchtigen können (vgl Art. 106 Abs. 1 AEUV).

Aus Art. 106 Abs. 2 AEUV folgt, dass die Schaffung einer beherrschenden Stellung durch die Gewährung eines ausschließlichen Rechts iSd Art. 106 Abs. 1 AEUV als solche noch nicht mit Art. 102 AEUV unvereinbar ist. Ein Mitgliedstaat verstößt aber gegen Art. 106 Abs. 1 iVm Art. 102 AEUV, wenn das betreffende Unternehmen durch die bloße Ausübung

162 ZB Zwangsmitgliedschaft: EuGH v. 3.3.2011, Rs. C-437/09 – *„AG2R"*, Rn 80.
163 EuGH v. 23.4.1991, Rs. C-41/90 – *„Höfner und Elser"*.

des ihm übertragenen ausschließlichen Rechts seine beherrschende Stellung missbräuchlich ausnutzt. Ein Missbrauch kann vorliegen, wenn Leistungen zum **Schaden der Verbraucher beschränkt** werden (Art. 102 Abs. 2 lit. b AEUV). Das kann angenommen werden, wenn ein Mitgliedstaat die Leistung eines Unternehmens beschränkt, indem er einem anderen Unternehmen ein ausschließliches Recht überträgt, obwohl dieses die Nachfrage auf dem Markt nach solchen Leistungen offenkundig nicht befriedigen kann.

Das missbräuchliche Verhalten des öffentlichen Unternehmens muss außerdem zu einer Beeinträchtigung des Handels zwischen den Mitgliedstaaten führen. Dabei ist diese Voraussetzung nicht erst dann erfüllt, wenn missbräuchliches Verhalten den Handel tatsächlich beeinträchtigt hat. Es genügt der Nachweis, dass dieses Verhalten geeignet ist, eine derartige Wirkung zu entfalten. Da die BA offensichtlich nicht in der Lage ist, die Nachfrage auf dem Markt nach Führungskräften für die Wirtschaft zur Vermittlung zu befriedigen, verstößt das staatliche Monopol insoweit gegen Art. 106 Abs. 1 iVm Art. 102 AEUV.

§ 9 Subventions- und Beihilfenrecht

I. Das Subventionsrecht

1. Überblick

747 Subventionen werden auf allen staatlichen Ebenen (Bund, Länder, Kommunen) und durch supranationale Einrichtungen (zB EU, ERP) gewährt. Das Subventionsvolumen in Deutschland soll 2020 bei € 50,2 Mrd. liegen (Gesamtvolumen der Subventionen von Bund, Ländern und Gemeinden, ERP, EU in Deutschland; 2019 bei € 57,7 Mrd). Allein der Bund soll ausweislich des 27. Subventionsberichts des Bundes € 31,4 Mrd. vergeben (gegenüber € 21,8 Mrd. im Jahr 2017). Die gewerbliche Wirtschaft wird mit € 16,4 Mrd. der größte Subventionsempfänger in Deutschland. Es folgen Wohnungswesen: € 3,9 Mrd.; Verkehr: € 3,8 Mrd.; Ernährung, Landwirtschaft und Verbraucherschutz: € 2,1 Mrd.; Sparförderung und Vermögensbildung: € 0,6 Mrd, übrige Steuervergünstigungen € 4,6 Mrd. Das Subventionsvolumen (Verhältnis der Subventionen zum Bruttoinlandsprodukt) beträgt 0,9.

Es ist regelmäßig erklärte Politik der Bundesregierung sowie der Länderregierungen, **Subventionen abzubauen**. Bisweilen gelingt das auch, Die Steigerung der letzten Jahre allerdings hat ihren Grund va in Aufstockungen von klimafreundlichen Maßnahmen. Über die Jahre hat sich eine Subventionsvielfalt entwickelt, die in ihren Auswirkungen schwer überschaubar ist. Eine nachhaltige Konsolidierung der öffentlichen Haushalte ist angesichts der weiterhin angespannten finanzpolitischen Lage Deutschlands erforderlich.

2. Der Subventionsbegriff

a) Übersicht über mögliche Begriffsbestimmungen

748 Eine Legaldefinition für Subventionen enthält **§ 264 Abs. 7 StGB**. Diese Bestimmung definiert eine Subvention als eine Leistung aus öffentlichen Mitteln nach Bundes- oder Landesrecht an Betriebe oder Unternehmen, die wenigstens zum Teil ohne

marktmäßige Gegenleistung gewährt wird und der Förderung der Wirtschaft dienen soll. Eine Subvention ist ferner eine Leistung aus öffentlichen Mitteln nach dem Recht der Europäischen Union, die wenigstens zum Teil ohne marktmäßige Gegenleistung gewährt wird. Diese Legaldefinition ist allerdings auf das Strafgesetzbuch beschränkt und nicht verallgemeinerungsfähig. Sie ist insoweit zu eng, als sie Subventionen an private Haushalte und soziale Einrichtungen nicht einschließt. Außerdem setzt der strafrechtliche Subventionsbegriff zumindest eine teilweise Förderung der Wirtschaft voraus.

§ 14 HGrG (vgl a. **§ 23 BHO/LHO**) definiert Zuwendungen als Ausgaben und Ver- **749**
pflichtungsermächtigungen für Leistungen an Stellen außerhalb der Verwaltung des Bundes oder des Landes zur Erfüllung bestimmter Zwecke. Zuwendungen sind nur positive Geldleistungen und keine Staatsgarantien wie Bürgschaften oder andere Gewährleistungen. Anders als beim strafrechtlichen Subventionsbegriff werden Zuwendungen an öffentliche Unternehmen nicht erfasst. Dafür ist die Zweckbindung nicht auf eine Förderung der Wirtschaft beschränkt.

Die Subventionsbestimmung der Bundesregierung ist maßgeblich durch ihre **Be- 750**
richtspflicht nach § 12 StabG[1] geprägt und eher eng. Danach hat die Bundesregierung dem Bundestag alle zwei Jahre einen Subventionsbericht vorzulegen. Diese Übersicht muss gegliedert sein in Finanzhilfen, die der Erhaltung von Betrieben oder Wirtschaftszweigen, der Anpassung von Betrieben oder Wirtschaftszweigen an neue Bedingungen und der Förderung des Produktivitätsfortschritts und des Wachstums von Betrieben oder Wirtschaftszweigen, insbesondere durch Entwicklung neuer Produktionsmethoden und -richtungen, dienen (Erhaltungs-, Anpassungs- und Produktivitätshilfen). In entsprechender Gliederung ist eine Übersicht der Steuervergünstigungen zusammen mit den geschätzten Mindereinnahmen beizufügen. Daneben werden auch Hilfen berücksichtigt, die in wichtigen volkswirtschaftlichen Bereichen bestimmte Güter und Leistungen für private Haushalte verbilligen und gleichzeitig mittelbar dem Wirtschaftsgeschehen zugerechnet werden können (zB Hilfen im Wohnungsbau). Nicht zu den Subventionen zählen dagegen nach dieser Abgrenzung finanzielle Aufwendungen des Bundes für allgemeine Staatsaufgaben. Die Abgrenzung kann im Einzelfall schwierig sein, weil die staatlichen Aktivitäten als Subventionen qualifiziert werden sollen, die mittelbar und unmittelbar die Wirtschaft beeinflussen. Die Begriffsbildung der Bundesregierung ist nicht konsequent und durch die gesetzliche Veröffentlichungspflicht des Subventionsberichts geprägt.

Beispiel: Die Grenzen einer juristisch operablen Begriffsbildung werden durch die Anerkennung einer Nichtinternalisierung externer Kosten, wie es die Bundesregierung im 19. Subventionsbericht vorgeschlagen hat, gesprengt. Damit würde eine sog. ökologische Steuerreform zu einem spürbaren Abbau der Subventionen führen, wenn sie den (subventionierten) Ressourcenverbrauch belastet und so zur Internalisierung externer Kosten beiträgt. Keine Subventionen sollen dagegen die Entfernungspauschale oder staatliche Zuschüsse zum Gesundheits- oder zum Bildungswesen an Träger von sozialen Einrichtungen, Krankenhäusern und Bildungseinrichtungen sein[2].

---

1 Gesetz zur Förderung der Stabilität und des Wachstums der Wirtschaft v. 8.6.1967, BGBl. I S. 582.

2 19. Subventionsbericht – Bericht der Bundesregierung über die Entwicklung der Finanzhilfen des Bundes und der Steuervergünstigungen für die Jahre 2001–2004, S. 137, und 24. Subventionsbericht – Bericht der Bundesregierung über die Entwicklung der Finanzhilfen des Bundes und der Steuervergünstigungen für die Jahre 2011–2014, S. 94.

751 In der Literatur hat sich ein weiter Subventionsbegriff durchgesetzt: **Subventionen sind alle Leistungen einer rechtsfähigen Einrichtung der öffentlichen Hand an eine von ihr zu unterscheidende rechtsfähige Einrichtung oder an eine Person, die ohne marktmäßige Gegenleistung gewährt werden und helfen sollen, Ziele im öffentlichen Interesse zu verwirklichen**[3]. Eine möglichst weite Umschreibung ist schon deshalb vorzugswürdig, weil es verschiedene Formen staatlicher Unterstützungen gibt, die erfasst werden sollen. Subventionen können zB Zuschüsse, Kredite, Zinserleichterungen, Garantien oder Bürgschaften sein. Auch die Entbindung von einer Leistungspflicht kann eine Subvention sein. Von **verlorenen Zuschüssen** spricht man, wenn die Zuwendungen vom Subventionsempfänger nicht mehr zurückgezahlt werden müssen. **Prämien** sind Subventionen, die für abgeschlossene wirtschaftliche Vorgänge gewährt werden.

b) Der Subventionsgeber

752 Die Subvention ist dadurch charakterisiert, dass der Subventionsgeber eine Einrichtung der öffentlichen Hand ist. Das ist zB der Staat, eine Einrichtung der kommunalen Selbstverwaltung, eine Einrichtung der mittelbaren Selbstverwaltung (zB Industrie- und Handelskammer) oder eine Einrichtung einer supranationalen Organisation (zB EU, Europäische Investitionsbank). In Betracht kommen auch juristische Personen des Privatrechts, wenn sie dem Staat zuzuordnen sind (Fiskalverwaltung, öffentliche Unternehmen).

753 Der Subventionscharakter einer Vorteilsgewährung entfällt nicht dadurch, dass für die Abwicklung des Vergabeverfahrens auf **Private zurückgegriffen** wird. Vor allem der Bund bedient sich zur Vergabe von Subventionen häufig Privater, soweit er über keinen eigenen Verwaltungsapparat verfügt bzw darüber verfügen darf (zB weil die Verwaltungskompetenz bei den Ländern liegt oder Maßnahmen im Ausland finanziert werden sollen) oder der Aufbau einer eigenen Verwaltung unwirtschaftlich ist. Ferner sprechen auch ordnungspolitische Gründe für eine privatisierte Subventionsverwaltung, wenn gesellschaftliche Einrichtungen bestimmte Aufgaben sachgerechter und wirtschaftlicher wahrnehmen können.

Beispiel: Die Bereitstellung zinsgünstiger Finanzierungshilfen für Existenzgründer und mittelständische Betriebe der gewerblichen Wirtschaft erfolgt im Rahmen einer Kreditaufnahme bei einer privaten Bank (Hausbank), die mit den Subventionsempfängern individuelle Finanzierungspläne erarbeitet. Die Hausbank kann aufgrund größerer Kundennähe und langjähriger Geschäftsverbindungen größere Effektivität entfalten.

Beispiel: Die Abwicklung der Förderung von Großforschungsvorhaben wird häufig privaten Forschungseinrichtungen oder wissenschaftlichen Instituten überlassen, weil der Bund über kein ausreichendes Personal und über keine Behörde für diese Aufgabe verfügt.

c) Der Subventionsempfänger

754 Subventionsempfänger können alle **privaten Unternehmen und Haushalte** sein. Der Subventionsbegriff setzt damit nicht notwendig eine **Förderung wirtschaftli-**

---

3 Vgl mit Abweichungen zB *Ziekow*, Öffentliches Wirtschaftsrecht, 5. Aufl., 2020, S. 76 f; *Vierhaus*, NVwZ 2000, 734.

cher Einrichtungen voraus. Nach herkömmlich deutschem Subventionsverständnis sollen Träger öffentlicher Gewalt aber keine Subventionsempfänger sein. Auch öffentliche Unternehmen sollen aus dem Kreis der Subventionsempfänger ausgeschlossen sein[4].

Beispiel: Die Deutsche Bundesbahn wurde ursprünglich als Sondervermögen im Rahmen der bundeseigenen Verwaltung geführt. Die Bahnreform hat zwar die Rechtsform der Bahn geändert, da der Bund aber auch nach der Reform Verpflichtungen für den Infrastrukturbereich hat (Art. 87e Abs. 3 S. 2 GG), sollen die für den Schienenbau bereitgestellten Haushaltsmittel weiterhin nicht als Subventionen qualifiziert werden, weil sie nicht der Förderung von privaten Betrieben und Wirtschaftszweigen dienen[5].

Das überzeugt aber nicht: Subventionen sind nicht nur deshalb problematisch, weil **755** mit ihnen ein Mitteltransfer vom öffentlichen in den privaten Bereich erfolgt, der mit einer Belastung der öffentlichen Haushalte verbunden ist, sondern weil sie lenkend in Wirtschaftsprozesse eingreifen, die Rahmenbedingungen des Marktes verändern und so das Spiel der Marktkräfte beeinflussen. Das Europarecht stellt denn auch zielgerichteter auf die Verfälschung des Wettbewerbs ab (s. Rn 929). Diese Gefahr besteht gerade **auch bei öffentlichen Unternehmen**, wenn der Staat diese als Instrumente für eine Wirtschafts- und Strukturpolitik nutzt[6]. Zudem sind mit einem Verständnis, das streng zwischen einem öffentlichen und einem privaten Raum trennen will, erhebliche Abgrenzungsprobleme verbunden. Denn bei einem gemischt-wirtschaftlichen Unternehmen, dessen Gesellschaftsanteile mehrheitlich von der öffentlichen Hand gehalten werden und nur zu einer Minderheit von privaten Gesellschaftern, das also zugleich ein öffentliches Unternehmen ist (s. Rn 670), kommen Subventionen auch den privaten Gesellschaftern zugute. Der Ausschluss öffentlicher Unternehmen aus dem Kreis der Subventionsempfänger verkürzt deshalb die subventionsrechtliche Problemlage.

d) Die Subventionsleistungen

Der Subventionsbegriff ist durch eine Vorteilsgewährung in Form einer Vermögens- **756** zuwendung bestimmt. Das meint zunächst sämtliche finanziellen Leistungen. Richtigerweise fallen auch Sachleistungen unter den Subventionsbegriff, soweit durch die Sachzuwendung (zB Überlassung technischer Geräte zur Nutzung) eine Vermögensmehrung eintritt[7].

Finanzielle Leistungen lassen sich grundsätzlich in Finanzhilfen und Verschonungs- **757** subventionen unterscheiden. **Finanzhilfen** sind Geldleistungen der öffentlichen Hand an Stellen außerhalb der staatlichen Verwaltung. **Verschonungssubventionen** sind spezielle – idR steuerliche – Ausnahmeregelungen, die bei der öffentlichen Hand zu Mindereinnahmen führen (Steuervergünstigungen).

4 BVerwG, NVwZ 1986, 42 f (Regiebetrieb Staatsbad).

5 Vgl 27. Subventionsbericht – Bericht der Bundesregierung über die Entwicklung der Finanzhilfen des Bundes und der Steuervergünstigungen für die Jahre 2017 bis 2020, Anlage 6.

6 Vgl *Storr*, Der Staat als Unternehmer, 2001, S. 60 f; *Schorkopf*, in: Kirchhof/Korte/Magen, Öffentliches Wettbewerbsrecht, 2014, S. 386.

7 Ausgeschlossen aber nach VV-BHO zu § 23 Nr 1.2.1.

Beispiel: eine Sonderabschreibung, die nicht dem Wertausgleich dient, wie eine Steuerverschonung für den Erwerb eines Grundstücks oder eines Schiffs[8].

758 Die Unterscheidung in Finanzhilfen und Verschonungssubventionen ist rechtsdogmatisch sinnvoll, weil Finanzhilfen und Verschonungssubventionen unterschiedliche wirtschaftspolitische Instrumente sind und für sie **verschiedene rechtliche Anforderungen** bestehen.

So soll nach hM für die Gewährung von Finanzhilfen idR keine gesetzliche Grundlage erforderlich sein (s. Rn 780), vielmehr genügt eine Einstellung in den Haushaltsplan. Das gilt für Verschonungssubventionen schon deshalb nicht, weil die Abgabepflicht als Eingriffsregelung durch Gesetz geregelt sein muss (vgl a. § 3 Abs. 1 AO) und daher Ausnahmen ebenfalls einer gesetzlichen Grundlage bedürfen. Während Finanzhilfen nach der Sachkompetenz der Subventionsmaterie zu beurteilen sind (s. Rn 771), richtet sich die Zuständigkeit von Verschonungssubventionen nach der Gesetzgebungskompetenz für Steuergesetze (vgl Art. 105 GG). Außerdem werden Finanzhilfen als pauschale Beträge gewährt. Steuerliche Verschonungssubventionen unterliegen hingegen regelmäßig dem Progressionsvorbehalt.

759 Allerdings sind **Transparenz, Rechtfertigungsdruck** und **Steuerungsmöglichkeiten** bei Verschonungssubventionen geringer, die Gefahr von **Mitnahme- und Gewöhnungseffekten** hingegen größer.

Gesetzliche Grundlagen für Verschonungssubventionen enthalten für die Empfänger zwar verlässliche Rechtsansprüche, deren Geltendmachung in der Regel einfach und unkompliziert ist, andererseits hat gerade die Vielzahl steuerlicher Ausnahmetatbestände im Laufe der Zeit wesentlich zur Verkomplizierung des Steuerrechts insgesamt beigetragen. Dabei haben einmal gewährte Steuervergünstigungen die Tendenz, sich zu verfestigen. Hat sich der Empfänger an die Steuervergünstigung gewöhnt, besteht die Gefahr, dass er sie nicht mehr als Subvention wahrnimmt. Außerdem sind Verschonungssubventionen schwer planbar, weil sie nicht gesondert im Haushaltsplan ausgewiesen werden müssen. Das Subventionsvolumen kann daher nur durch Schätzungen ermittelt werden. Finanzhilfen müssen dagegen als Ausgaben gesondert im Haushaltsplan ausgewiesen sein. Damit sind sie transparenter und können leichter Gegenstand parlamentarischer Beratung und Kontrolle sein. Der Gesetzgeber muss Finanzhilfen jedes Jahr erneut in den Haushaltsplan einstellen, dh über sie beraten und sie bewilligen. Finanzhilfen werden grundsätzlich befristet vergeben. Die Bundesregierung strebt an, Subventionen möglichst als Finanzhilfen zu vergeben[9].

e) Zur Anforderung „ohne marktmäßige Gegenleistung"

760 Subventionen sind Leistungen ohne marktmäßige Gegenleistung. Darin liegt ihr spezifisches Charakteristikum: Sie sind **einseitige Leistungen des Staates**. Keine Subvention sind daher angemessene Zahlungen der öffentlichen Hand für eine erbrachte Leistung oder Ware. Subventionscharakter ist aber anzunehmen, wenn das von der öffentlichen Hand zu bezahlende Entgelt nach marktmäßigen Preisen überhöht ist. Die Realförderung – also die Vergabe öffentlicher Aufträge (s. Rn 1001 f) – ist demnach nicht per se eine Subvention[10]. Auch die Bevorzugung bestimmter Bewerbergruppen bei der öffentlichen Auftragsvergabe (zB Schwerbeschädigte, Flüchtlinge, Frauen) ist keine Subvention, wenn die Gegenleistung marktmäßig ist.

8 OVG Bautzen v. 5.1.1999, 3 S 619/97; *Vierhaus*, NVwZ 2004, 418, 419.
9 Subventionspolitische Leitlinien lt. Beschluss des Bundeskabinetts vom 28. Januar 2015.
10 *Bleckmann*, Subventionsrecht, 1978, S. 10.

f) Förderung öffentlicher Zwecke

Subventionen sind das wichtigste **haushaltsrechtliche Förder- und Lenkungsinstrument** von Bund und Ländern: Durch sie sollen öffentliche Interessen unmittelbar oder mittelbar gefördert werden. Die Förderung durch Subventionen erstreckt sich auf fast sämtliche Bereiche des öffentlichen Lebens: zB Wirtschaft, Sport, Kultur, Bildung, Umwelt, Naturschutz. 761

Beispiel: Das CO_2-Gebäudesanierungsprogramm der Bundesregierung ist eines der wichtigsten Instrumente für Energieeinsparung und Klimaschutz im Gebäudebereich. Dieses Programm soll aber nicht nur beitragen, die Klimaschutzziele zu erreichen, sondern auch die Sanierungsquote erhöhen und den Mittelstand der gewerblichen Wirtschaft fördern.

Subventionen können helfen, den Export zu fördern (Absatzförderung), Investitionsanreize geben, um die Wettbewerbsfähigkeit von Unternehmen zu verbessern[11], oder besondere Nachteile ausgleichen (zB Subventionierung von Winzergenossenschaften, damit der Weinanbau unter erschwerten Bedingungen in Deutschland rentabel gemacht werden kann[12]). Die Subventionsvergabe eignet sich besonders gut zur Überwindung psychologischer Hemmnisse oder zur Behebung wirtschaftlicher Widerstände. Deshalb sind Zuschüsse für Existenzgründungen[13] oder die Übernahme von Kosten für Unternehmensberater bei Existenzgründungen[14] anerkannte Subventionsmaßnahmen. Zur Überwindung der Finanz- und Wirtschaftskrise seit 2008 sieht die Bundesregierung in der Ausweitung von Subventionen ein alternativloses Instrument zur wirkungsvollen Unterstützung der Wachstumsdynamik. 762

Grundsätzlich wird zwischen **Verhaltens**- und **Erfolgszwecken** unterschieden. Der (primäre) Verhaltenszweck richtet sich an den Subventionsempfänger, in dem zB ein gewünschtes Verhalten angeregt wird. Der (sekundäre) Erfolgszweck bezieht sich auf die weiteren, vom Subventionsgeber angestrebten (idR volkswirtschaftlichen) Folgen. Die Zielorientierung am Verhaltenszweck ist damit nur Mittel zur Erreichung des Erfolgszwecks. 763

Beispiel: Der Verhaltenszweck von Zuschüssen des Bundes zur Förderung von Photovoltaikanlagen ist es, Hauseigentümer zur Installierung einer Solarstromanlage zu bewegen. Der Erfolgszweck liegt im Klimaschutz und in der Wirtschaftsförderung (Förderung von Unternehmen, die Photovoltaikanlagen produzieren, liefern und aufbauen).

3. Die Grundlagen der Subventionsvergabe

Fall 58: Die Stadt S weist in ihrem Haushaltsplan € 500 000,– als Zuschuss an einen Verein aus. Dessen Vereinszweck ist das Beschaffen, Archivieren und Publizieren von Informationen zum Themenbereich Homosexualität. Außerdem soll homosexuellen Menschen die Möglichkeit einer angstfreien Selbstfindung und Selbstakzeptanz gegeben werden. Ist die Stadt befugt, einen derartigen Zuschuss zu gewähren? 764

11 Vgl zB das Investitionszulagengesetz 2010 v. 7.12.2008, BGBl. I S. 2350.
12 BVerwGE 30, 191 ff.
13 BVerwG, NVwZ 2003, 92 f.
14 BVerwGE 75, 109 ff; BGHZ 148, 55.

765 **Fall 59:** Die sog. ökologische Steuerreform privilegiert das produzierende Gewerbe und die Land- und Forstwirtschaft bei der Stromsteuer weitgehend gleich. Lediglich der Spitzenausgleich ist ausschließlich Unternehmen des produzierenden Gewerbes vorbehalten. Landwirt L betreibt einen energieintensiven großen landwirtschaftlichen Betrieb zur Ferkelaufzucht und Schweinemast und hält diese besondere Privilegierung des produzierenden Gewerbes für unzulässig.

766 **Fall 60:** Der Bund fördert einen privaten Verein, der sich mit sog. neuen religiösen und weltanschaulichen Bewegungen kritisch befasst und in der Öffentlichkeit vor diesen warnt. Die Fördermittel sind in den Bundeshaushalt eingestellt.

767 **Fall 61:** Eine Richtlinie des Wirtschaftsministeriums sieht vor, dass Handwerksmeistern, die innerhalb von zwei Jahren nach der Meisterprüfung einen Handwerksbetrieb gründen wollen, ein Zuschuss („Meistergründungsprämie") als Existenzgründungsbeihilfe gewährt werden kann. Für Handwerksmeisterinnen beträgt der Antragszeitraum fünf Jahre.

768 **Fall 62:** Die Gemeinde A hatte im Mai 2014 ein Musikfest durchgeführt. Hierfür hatte sie beim Ministerium angefragt, ob bei den Planungen für diese Veranstaltung davon ausgegangen werden könne, „dass von Landesseite ein Betrag von € 50 000,– bereitgestellt" werde. Das Ministerium hatte A mitgeteilt, dass die Planungen für 2014 eine Landesförderung in Höhe von € 50 000,– für das Musikfest vorsähen. Vorbehaltlich der Zurverfügungstellung der Mittel durch den Landtag könne A mit dieser Landesunterstützung rechnen. A sollte sich wegen der konkreten Antragstellung nach Verabschiedung des Landeshaushalts für 2014 mit dem Ministerium in Verbindung setzen. Der Haushalt wurde im Dezember 2013 verabschiedet. Bereits im Mai 2014 erging eine Haushaltssperre, die im Juni aber wieder aufgehoben wurde. Im Juni 2014 reichte A auf den hierfür vorgesehenen Formblättern den Antrag auf Gewährung einer Zuwendung für das Musikfest 2014 ein. Das Ministerium lehnte den Antrag ab, weil nach der Subventionsrichtlinie Voraussetzung für eine Förderung ist, dass das Vorhaben noch nicht begonnen wurde.

769 **Fall 63:** Krankenhausbetreiber K erhält seit Jahrzehnten Zuschüsse vom Sozialministerium des Landes L gemäß den erlassenen und angewandten Richtlinien. Auch für dieses Jahr erwartet K Zuschüsse in der üblichen Höhe, zumal er bereits vor zwei Jahren mit einem Anbau begonnen habe und diesen zum Teil mit den bereits gewährten Subventionen finanziert habe. Das Sozialministerium ändert die Richtlinien aber kurzfristig und kürzt die Zuwendungen. Als Begründung gibt es an, dass seit der Strukturreform vor fünf Jahren einige Krankenhausbetreiber Überschüsse erzielen.

a) Zuständigkeit zur Subventionsvergabe

770 Die Frage nach der Zuständigkeit einzelner Hoheitsträger zur Vergabe von Subventionen ist differenziert zu beantworten. Die Abgrenzung der Zuständigkeit zwischen **Mitgliedstaat und EU** erfolgt nach Maßgabe des Art. 3 ff AEUV. Ferner enthält der AEUV Bestimmungen über Unionsbeihilfen in Art. 40 Abs. 3 zum Europäischen Ausrichtungs- und Garantiefonds für die Landwirtschaft, in Art. 162 AEUV zum Europäischen Sozialfonds, in Art. 176 AEUV zum Europäischen Fonds für regionale Entwicklung, in Art. 177 AEUV zum Kohäsionsfonds (Umwelt/transeuropäische Netze) und in Art. 179 AEUV zur Förderung von Forschung und technologischer Entwicklung. Ferner ist Art. 352 AEUV eine bedeutsame Rechtsgrundlage für Unionsbeihilfen.

Europäischer Sozialfonds, Europäischer Fonds für regionale Entwicklung und Kohäsionsfond heißen auch Strukturfonds.

Die föderale Kompetenzverteilung zwischen **Bund und Ländern** richtet sich nach **771**
der Handlungsform: Für Subventionsgesetze gelten die Zuständigkeitsregeln der Art. 70 ff GG. Die Gesetzgebungskompetenz für Steuergesetze ist in Art. 105 GG begründet und folgt nicht aus den allgemeinen Sachkompetenzen[15]. Strittig ist, ob steuerliche Lenkungsgesetze – was Verschonungssubventionen ja häufig sind – außerdem auf eine Sachkompetenz gestützt werden müssen[16]. Das BVerfG[17] lehnt das ab: Das **Grundgesetz trennt die Steuer- und die Sachgesetzgebungskompetenz** als jeweils eigenständige Regelungsbereiche und verweist die Lenkungssteuer wegen ihres verbleibenden Finanzierungszwecks und der ausschließlichen Verbindlichkeit ihrer Steuerrechtsfolgen in die Zuständigkeit des Steuergesetzgebers. Allerdings ist die Steuergesetzgebungskompetenz insoweit beschränkt, als die Rechtsordnung **nicht widersprüchlich** werden darf: Greift die steuerliche Lenkung auf eine Sachmaterie über, darf der Gesetzgeber nicht Regelungen herbeiführen, die den vom zuständigen Sachgesetzgeber getroffenen Regelungen widersprechen.

Beispiel[18]: Eine Gemeinde beschließt aus Gründen des Umweltschutzes auf der Grundlage des landesgesetzlich geregelten kommunalen Abgabenrechts eine kommunale Verpackungssteuer, bei der sie bestimmte Verpackungen von einer Abgabenpflicht befreit. Rechtsgrundlage für die kommunale Steuer ist Art. 105 Abs. 2a GG iVm dem Kommunalabgabengesetz des Landes. Die kommunale Steuer und damit auch die Verschonungssubvention ist aber dann rechtswidrig, wenn das bundesrechtliche KrwG die Abfallwirtschaft zwischen Staat, Industrie und Handel kooperativ regelt und eine einseitige Abgabenbelastung dem bundesrechtlichen Konzept widersprechen würde. Das BVerfG hat das unter der Geltung des – inzwischen außer Kraft getretenen – Krw-/AbfG angenommen.[19]

Werden Abgaben erhoben, um auf diese Weise fehlgeleitete Subventionen wieder ab- **772**
zubauen, beruht die Gesetzgebungskompetenz nur dann auf Art. 105 GG, wenn es sich um ein Steuergesetz handelt. Für **Sonderabgaben** und **Ausgleichsabgaben** ist hingegen auf die allgemeine Sachgesetzgebungskompetenz (zB Art. 73, 74 Abs. 1 GG) zurückzugreifen.

Beispiel[20]: Eine Fehlbelegungsabgabe als Ausgleich für die im sozialen Wohnungsbau gewährten Vergünstigungen ist von demjenigen zu bezahlen, der wegen der Höhe seines Einkommens die Förderungswürdigkeit verloren hat. Dieser Abbau der Fehlsubventionierung betrifft den Bereich des Wohnungsbauprämienrechts iSd Art. 74 Abs. 1 Nr 18 GG.

Für Subventionen, die nicht auf besonderer gesetzlicher Grundlage vergeben werden **773**
und für die lediglich Mittel in den Haushaltsplan eingestellt sind (s. Rn 758), kann nicht auf die grundgesetzliche Zuständigkeitsabgrenzung für den Gesetzgeber abgestellt werden. Grundsätzlich ist daher von Art. 30 GG auszugehen. Danach ist die

15 BVerfGE 14, 76, 99; vgl BVerfG v. 13.4.2017, 2 BvL 6/13 zur Kernbrennstoffsteuer.
16 Vgl bereits: *Selmer*, Steuerinterventionismus und Verfassungsrecht, 1972, S. 164.
17 BVerfGE 98, 106, 118.
18 BVerfGE 98, 106 ff.
19 BVerfGE 98, 106 ff.; ablehnend zur jetzt geltenden Rechtslage: *Klinger/Krebs*, ZUR 2015, 664 ff.; *Kalscheuer/Harding*, NordÖR 2017, 113 ff.
20 BVerfGE 78, 249, 266 f.

Ausübung der staatlichen Befugnisse und die Erfüllung der staatlichen Aufgaben **Sache der Länder**, soweit das Grundgesetz keine andere Regelung trifft oder zulässt. Da Subventionen von der Verwaltung vergeben werden, richtet sich die Zuständigkeit von Bund und Ländern nach der Befugnis, Aufgaben für die Verwaltung festzulegen[21]. Haushaltssubventionen des Bundes sind mithin zulässig, wenn mit ihnen Agenden, für die die Bundesverwaltung zuständig ist, gefördert werden.

Beispiel: Die Zuständigkeit des Bundes zur Förderung des Eisenbahnwesens folgt aus Art. 87e Abs. 4 GG, soweit nicht der Schienenpersonennahverkehr betroffen ist. Die Zuständigkeit des Bundes zur Förderung der Darstellung Deutschlands im Ausland folgt aus Art. 87 Abs. 1 GG.

774 Insbesondere über Art. 87 Abs. 3 GG kommt dem Bund eine nicht unbedeutende Kompetenz zu, sich neuer Verwaltungsaufgaben anzunehmen und in der Folge auch Subventionen in diesen Bereichen zu vergeben. Ferner können Bundeszuständigkeiten im Verwaltungsbereich aus ungeschriebenen Zuständigkeitsregeln folgen (Bundeskompetenz kraft Sachzusammenhangs, kraft Natur der Sache, Annexkompetenz). Eine Förderung durch den Bund ist auch zulässig, wenn es sich um eine Gemeinschaftsaufgabe handelt, wie die Verbesserung der regionalen Wirtschaftsstruktur und die Verbesserung der Agrarstruktur und des Küstenschutzes (Art. 91a GG; zur Förderung der wissenschaftlichen Forschung vgl Art. 91b GG; zum Zusammenwirken bei informationstechnischen Systemen vgl Art. 91c GG; zur Förderung der Leistungsfähigkeit der Verwaltungen von Bund und Ländern vgl Art. 91d GG; bei der Grundsicherung für Arbeitsuchende vgl Art. 91e GG).

775 Eine besondere Zuständigkeit der **Gemeinden** und **Gemeindeverbände** ergibt sich aus Art. 28 Abs. 2 GG.

776 **Fall 58 (Rn 764)**[22]**:** Die Förderung des Vereins müsste eine gemeindliche Angelegenheit sein. Das wäre der Fall, wenn der private Verein eine Angelegenheit wahrnimmt, die zum Zuständigkeitsbereich der Gemeinde (Art. 28 Abs. 2 GG) gehört. Welche Aufgaben Teil der gemeindlichen Selbstverwaltung sind, kann nicht anhand eines gegenständlich bestimmten oder nach feststehenden Merkmalen bestimmbaren Aufgabenkatalogs ermittelt werden; hierunter fallen vielmehr alle Angelegenheiten der örtlichen Gemeinschaft, die nicht durch Gesetz bereits anderen Trägern öffentlicher Verwaltung übertragen sind. Angelegenheiten der örtlichen Gemeinschaft in diesem Sinn sind diejenigen Bedürfnisse und Interessen, die in der örtlichen Gemeinschaft wurzeln oder auf sie einen spezifischen Bezug haben, die also den Gemeindeeinwohnern gerade als solchen gemeinsam sind, indem sie das Zusammenleben und -wohnen der Menschen in der Gemeinde betreffen[23]. Der Verein nimmt eine Angelegenheit der örtlichen Gemeinschaft jedenfalls dann wahr, wenn er sich um die Interessen jeweils eines bestimmten Personenkreises innerhalb des Stadtgebiets von S kümmert. Bei der „Klientel" des Vereins kann es sich – so der VGH München – um Personenkreise handeln, deren Auftreten innerhalb der örtlichen Gemeinschaft zu Spannungen oder Konflikten führen kann. Ein regelndes Eingreifen durch zweckgebundene Zuwendungen kann daher ein Mittel sein, das entsprechende Konfliktpotential zu entschärfen. Folglich gehört die Gewährung finanzieller Zuschüsse an diesen Verein zu den gemeindlichen Aufgaben.

21 *Rodi*, Die Subventionsrechtsordnung, 2000, S. 335.
22 VGH München, NVwZ-RR 1993, 373 ff.
23 BVerfGE 79, 127 ff.

b) Rechtsgrundlage für Verschonungssubventionen und Gestaltungsspielraum des Gesetzgebers

Verschonungssubventionen bedürfen grundsätzlich einer **gesetzlichen Rechtsgrundlage**. Begrifflich handelt es sich um Befreiungen von einer Abgabepflicht. Da die Abgabepflicht als Eingriffsregelung auf gesetzlicher Grundlage beruhen muss, erfordert eine Befreiung von der Abgabepflicht zwangsläufig ebenfalls eine gesetzliche Grundlage (s. Rn 758). 777

Bei der Entscheidung, welche Personen oder Unternehmen wirtschaftlich gefördert werden sollen, ist der Gesetzgeber weitgehend frei. Subventionen müssen aber aus Gleichheitsgründen stets **gemeinwohlbezogen** sein[24]. Darüber hinaus stehen dem Gesetzgeber sachbezogene Differenzierungsgesichtspunkte in weitem Umfang zu Gebote. Solange die Regelung sich auf eine der Lebenserfahrung nicht geradezu widersprechende Würdigung der jeweiligen Lebensverhältnisse stützt und insbesondere der Kreis der von der Maßnahme Begünstigten sachgerecht abgegrenzt ist, kann sie verfassungsrechtlich nicht beanstandet werden[25]. 778

Fall 59 (Rn 765)[26]: Mit der Steuerverschonung aufgrund des Spitzenausgleichs gewährt der Gesetzgeber dem produzierenden Gewerbe eine Verschonungssubvention. Unter Gleichheitsgesichtspunkten kommt dem Gesetzgeber ein weiter Gestaltungsspielraum zu. Es liegt grundsätzlich in der Zuständigkeit des Gesetzgebers, diejenigen Sachverhalte auszuwählen, die er im Rechtssinn als gleich ansehen will. Der Gesetzgeber muss allerdings seine Auswahl sachgerecht treffen. Eine vom Gesetz vorgenommene unterschiedliche Behandlung muss sich – sachbereichsbezogen – auf einen vernünftigen oder sonst wie einleuchtenden Grund zurückführen lassen. Mit der Verschonungssubvention sollen internationale Wettbewerbsnachteile des produzierenden Gewerbes ausgeglichen und die Belastung energieintensiver Unternehmen dieses Wirtschaftszweiges beschränkt werden.[27] Zwar sind auch größere land- und forstwirtschaftliche Unternehmen energieintensiv und stehen im internationalen Wettbewerb. Nach Art, Struktur und Wertschöpfungsprozess unterscheiden sie sich vom produzierenden Gewerbe aber erheblich: Im Gegensatz zu den eher technischen Produktionsprozessen in Industrie- und Handwerksbetrieben dominieren in der Land- und Forstwirtschaft Wachstums- und Reifeprozesse. Charakterisierender Produktionsfaktor ist der Boden, dessen wirtschaftliche Nutzung – typisierend betrachtet – weniger energieintensiv ist als die gewerbliche Gütererzeugung. Daher ist die Beschränkung des Spitzenausgleichs auf das produzierende Gewerbe mit Art. 3 Abs. 1 GG vereinbar. 779

---

24 BVerfGE 78, 249, 277 f; BVerfG v. 4.11.2010, 1 BvR 1981/07.

25 BVerfGE 93, 319, 350.

26 BVerfG v. 20.4.2004, 1 BvR 610/00; vgl auch VGH München, GewArch. 1999, 159 f: Aus Art. 3 Abs. 1 GG kann kein Anspruch von Handwerksbetrieben auf Zuschüsse zur handwerklichen Ausbildung von Auszubildenden im eigenen Betrieb abgeleitet werden mit dem Argument, für Hochschulpraktikanten sei keine Vergütung erforderlich.

27 Zur Privilegierung der energieintensiven Industrie vgl Beschluss der Kommission SA.33995 (2013/C) (ex 2013/NN).

c) Rechtsgrundlage für Finanzhilfen und Entscheidungsrahmen der Behörde

780 Ein allgemeines Subventionsgesetz gibt es nicht. Zwar existieren einzelne gesetzliche Grundlagen wie Mittelstandsförderungsgesetze[28], das Filmförderungsgesetz[29], das Gesetz zur Durchführung der Gemeinsamen Marktorganisationen[30] oder das Investitionszulagengesetz[31]. Darin sind aber nur besondere Subventionen geregelt. Ferner gibt es ein Gesetz gegen missbräuchliche Inanspruchnahme von Subventionen (SubvG)[32].

781 Lediglich §§ 14 HGrG, 23 und 44 BHO/LHO bestimmen, dass Zuwendungen nur veranschlagt werden dürfen, wenn der Bund oder das Land an der Erfüllung durch solche Stellen ein erhebliches Interesse hat, das ohne die Zuwendungen nicht oder nicht im notwendigen Umfang befriedigt werden kann.

Allerdings soll die Haushaltsordnung als ausführende Bestimmung des Haushaltsgrundsätzegesetzes nach hM ein Organgesetz sein, dem keine Außenwirkung zukommt[33]. Aus Art. 109 Abs. 3 GG lässt sich das nicht herleiten. Aus der fehlenden Außenwirkung von Haushaltsgesetz und Haushaltsplan folgt auch nicht, dass sämtliche Bestimmungen der BHO/LHO ausschließlich das Verhältnis der Exekutive zur Legislative regeln (s. Rn 701).

782 Soweit es besondere rechtliche Regelungen zu Subventionen gibt, enthalten diese häufig keinen Anspruch auf eine bestimmte Subvention oder regeln das Subventionsvergabeverfahren nur teilweise.

Gesetzgeber und Rechtsprechung sind mit der Anerkennung von Ansprüchen auf Subventionen aus Gesetzen sehr zurückhaltend. So folgt zB weder aus dem Kooperationsgrundsatz in § 17 Abs. 3 SGB I (Zusammenarbeitsgebot zwischen öffentlichen Leistungsträgern und gemeinnützigen und freien Einrichtungen und Organisationen) noch aus Art. 4 Abs. 1 iVm Art. 140 GG und Art. 137 Abs. 3 WRV ein Subventionsanspruch für kirchliche Träger von Wohlfahrtseinrichtungen[34].

Beispiel: § 8 SächsDSchG, wonach der Freistaat Sachsen zur Erhaltungspflicht der Eigentümer und Besitzer von Kulturdenkmälern durch Zuschüsse beiträgt, begründet keinen Anspruch auf Zuwendung[35].

Beispiel für eine gesetzliche Regelung: § 74 SGB VIII zur Förderung der freien Jugendhilfe. Die Bestimmung enthält nicht nur Vorgaben zum „Ob", sondern auch zum „Wie" der Förderung[36].

783 Nach hM soll es für die Gewährung einer Subvention grundsätzlich keiner **formellen Gesetzesgrundlage bedürfen**[37]. Das hat seinen Grund darin, dass mit Subventionen

---

28 ZB Thüringer Gesetz zur Förderung und Stärkung kleiner und mittlerer Unternehmen und der Freien Berufe (Thüringer Mittelstandsförderungsgesetz) vom 18.4.2011, GVBl S. 74.
29 Filmförderungsgesetz v. 23.12.2016, BGBl. I S. 3413.
30 Gesetz zur Durchführung der gemeinsamen Marktorganisationen und der Direktzahlungen idF der Bekanntmachung v. 7.11.2017, BGBl. I S. 3746.
31 Investitionszulagengesetz 2010 v. 7.12.2008, BGBl. I S. 2350.
32 Subventionsgesetz v. 29.7.1976, BGBl. I S. 2034, 2037.
33 *Siekmann*, in: Sachs, GG, 8. Aufl., 2018, Art. 109, Rn 44 mwN.
34 VGH Mannheim, NVwZ 2001, 1428 ff.
35 OVG Bautzen, DÖV 2002, 577 f.
36 OVG Münster, NVwZ-RR 2002, 127 f.
37 BVerwG, NJW 1974, 1838; OVG Saarlouis v. 16.2.2011, 1 B 2/11 aA ausführlich begründet bei *Unger*, in: Schmidt/Wollenschläger, Kompendium Öffentliches Wirtschaftsrecht, 5. Aufl., 2019, S. 362 ff.

regelmäßig eine Leistung und kein Eingriff verbunden ist. Durch eine Subvention wird eine individuelle Teilhabe an der staatlichen Finanzkraft ermöglicht. Daher sollen auch andere parlamentarische Willensäußerungen als ein förmliches Gesetz ausreichen. Insbesondere soll die **etatmäßige Bereitstellung** der zur Subvention erforderlichen Mittel eine hinreichende Legitimation verwaltungsmäßigen Handelns darstellen[38]. Zwar wird der Haushaltsplan erst durch das Haushaltsgesetz verbindlich, so dass die Rechtsgrundlage für eine Finanzhilfe dann das Haushaltsgesetz in Verbindung mit dem Haushaltsplan ist, das soll aber nichts daran ändern, dass der Haushaltsplan keine Rechtswirkungen außerhalb des Organbereichs von Parlament und Regierung entfaltet[39].

Eine bloß politische Erklärung der Bundesregierung dahingehend, dass die Bundesregierung für die Einlagen auf Konten von Sparerinnen und Sparern einstehe – so geschehen im Oktober 2008 – begründet keine einklagbaren Ansprüche. Es liegt mangels Schriftlichkeit keine Zusicherung iSv § 38 VwVfG vor und mangels Rechtsbindungswillen wird kein Vertrauen begründet. Auch fehlt es an einer rechtswidrigen Amtshandlung iSv § 839 BGB iVm Art. 34 GG.

Soweit Subventionen in **Haushaltsansätzen** grundgelegt sind, geben sie neben dem **784**
Gesamtbetrag der bereitgestellten Mittel regelmäßig nur noch den Förderzweck an, ohne die Voraussetzungen näher zu regeln, an die die Subvention geknüpft wird[40]. Sachliche Regelungen enthalten aber häufig die **Subventionsrichtlinien** (s. Rn 793).

Die Frage, ob und inwieweit für eine Subvention eine gesetzliche Grundlage erforder- **785**
lich ist, ist mit den Grundsätzen vom **Gesetzesvorbehalt** zu beantworten (s. Rn 113).

In der Weimarer Republik war der Gesetzesvorbehalt noch auf Eingriffe in Freiheit und Eigentum beschränkt[41], für die leistende Verwaltung bedurfte es keiner gesetzlichen Grundlage. In den 50er und 60er Jahren des 20. Jhr. wurde in der Literatur der Grundsatz vom Totalvorbehalt entwickelt[42]: Wegen des Zuwachses an Staatsaufgaben und der leistenden Verwaltung sowie der damit verbundenen Erweiterung des Aufgabenumfangs der Verwaltung, insbesondere in den Bereichen der sog. Daseinsvorsorge und wegen der Schwierigkeit, im Einzelfall Leistung und Eingriff klar trennen zu können, soll jegliches Verwaltungshandeln auf gesetzlicher Grundlage erfolgen müssen. Das freilich hätte das Parlament im Gefüge der Gewaltenteilung erheblich aufgewertet. Das BVerfG[43] hat die Konstruktion vom Totalvorbehalt verworfen. Dem Grundgesetz ist ein Gewaltenmonismus fremd. Das Parlament hat nur die wesentlichen Entscheidungen selbst zu treffen. Das sind die Entscheidungen, die wesentlich für die Verwirklichung der Grundrechte sind[44].

Eine Subvention ist für den Subventionsempfänger **grundsätzlich nicht mit einem** **786**
Eingriff verbunden. Das mag vom Subventionsempfänger im Einzelfall anders gesehen werden, zB wenn ihn die Konkurrenzlage oder die allgemeine Marktsituation zur Annahme einer angebotenen Subvention und damit zu einer Abhängigkeit vom Staat zwingt, weil die Bewilligung der Subvention mit der Anerkennung belastender

38 Grundlegend: BVerwGE 6, 282, 287.
39 BVerwGE 104, 220, 222.
40 BVerwGE 90, 112, 126.
41 *Mayer*, Deutsches Verwaltungsrecht, 3. Aufl., Bd. II, 1924, S. 2 f.
42 Vgl dazu *Jesch*, Gesetz und Verwaltung, 2. Aufl., 1968, S. 176 ff.
43 BVerfGE 49, 89, 125.
44 BVerfGE 47, 46, 49; BVerfG, DVBl 1989, 869, 870.

Vergabebedingungen verknüpft ist, die regelmäßig ein bestimmtes Verhalten zu bewirken versuchen, oder weil der Subventionsempfänger der Subventionskontrolle unterworfen wird[45]. Die Subvention ist aber schon begrifflich eine Vergünstigung, der gegenüber die geschilderten Nachteile nicht erheblich ins Gewicht fallen. Das gilt auch, wenn die Beihilfengewährung mit Nebenpflichten, die in Auflagen oder Bedingungen (§ 36 VwVfG) geregelt sind, gekoppelt ist. Es obliegt dem Subventionsempfänger, eine Subvention zu beantragen und entgegenzunehmen – oder es bleiben zu lassen. Aus den Grundrechten lässt sich regelmäßig auch kein Anspruch auf eine Subvention herleiten[46], weshalb eine Subvention mit Auflagen auch kein Freiheitseingriff sein kann.

787 Ein Eingriff kann aber gegenüber **Nichtsubventionierten** vorliegen. Das ist der Fall, wenn eine staatliche Maßnahme gezielt die **Grundrechte eines Dritten** einschränken soll und sich als „funktionales Äquivalent"[47] eines unmittelbaren Grundrechtseingriffs darstellt[48]. Haushaltsgesetz und Haushaltsplan können dann als Rechtsgrundlage für eine Subventionierung nicht genügen.

788 **Fall 60 (Rn 786)[49]:** Wenn der Bund einen privaten Verein finanziert, dessen Aufgabe die Warnung vor den Praktiken einer als gefährlich eingestuften Sekte ist, greift er in deren Grundrecht auf Religions- und Weltanschauungsfreiheit (Art. 4 Abs. 1 und Abs. 2 GG) ein. Dabei kommt die Grundrechtsdogmatik des sog. mittelbaren Grundrechtseingriffs zum Tragen: Der Staat greift nicht unmittelbar in die Grundrechte der Sekte ein, sondern nutzt die Tätigkeit des privaten Vereins. Die kritischen Informationen des Vereins sind dem Staat wegen dessen gezielter Förderung zurechenbar. Folglich ist eine gesetzliche Grundlage erforderlich.

Beispiel: Eine Subvention an die Presse bedarf wegen der Grundrechtswesentlichkeit (vgl Art. 5 Abs. 1 S. 2 GG) jedenfalls dann einer gesetzlichen Grundlage, wenn damit eine erhebliche Gefahr für die Staatsfreiheit und Kritikbereitschaft der Presse verbunden ist oder wenn ohne eine solche Leistung die Aufrechterhaltung eines freiheitlichen Pressewesens nicht mehr gewährleistet ist. Eine gesetzliche Grundlage für Pressesubventionen ist nicht erforderlich, wenn derartige Gefahren nicht bestehen[50].

Beispiel: Staatliche Zuwendungen an Jugendorganisationen politischer Parteien bedürfen eines förmlichen Gesetzes, weil der Staat auf den Prozess politischer Willensbildung Einfluss nimmt, weil das staatliche Neutralitätsgebot und die damit zusammenhängende politische Chancengleichheit betroffen sind, weil in die Freiheits- und Gleichheitssphäre der Bürger eingegriffen wird und weil es sich um einen Fall staatlicher Parteienfinanzierung außerhalb des PartG handelt[51].

789 Eingriffsqualität ist aber auch dann anzunehmen, wenn der Staat einzelne Marktteilnehmer fördert, damit die Marktbedingungen einseitig ändert, und somit Konkurren-

45 *Stober*, GewArch. 1993, 136, 142.
46 OVG Münster v. 10.2.2011, 13 A 648/10.
47 BVerfG v. 11.7.2006, 1 BvL 4/00, Rn 82.
48 BVerwGE 75, 109, 115.
49 BVerwGE 90, 112 ff; anders für staatliche Warnungen, weil sich die Vielgestaltigkeit staatlichen Informationshandelns gesetzlich nicht sinnvoll regeln lässt: BVerfGE 105, 279 ff.
50 BVerfGE DVBl 1989, 869, 870; enger: OLG Frankfurt/M., NVwZ 1993, 706, 707.
51 OVG Berlin-Brandenburg, NVwZ 2012, 1265 ff.

ten benachteiligt[52]. Der Staat beeinträchtigt die **Chancengleichheit**, wenn er einem Unternehmer Vorteile zukommen lässt, die er dem Konkurrenten verweigert. Hier liegt ein Eingriff in die durch Art. 2 Abs. 1 GG[53] bzw Art. 12 Abs. 1 GG[54] gewährleistete Wettbewerbsfreiheit (s. Rn 117) und -gleichheit (Art. 3 Abs. 1 GG)[55]. In der Folge bedarf die Subventionierung von Unternehmen dann einer gesetzlichen Grundlage, wenn sie die Chancengleichheit der Marktteilnehmer verändert.

Fall 61 (Rn 784): Abzulehnen ist die Entscheidung des BVerwG, das diese Form der Frauenförderung auch ohne besondere gesetzliche Grundlage für zulässig hält. Art. 3 Abs. 2 S. 2 GG enthalte einen hinreichenden Auftrag an den Staat, die tatsächliche Durchsetzung der Gleichberechtigung zu fördern. Damit sei es gerechtfertigt, Frauen bei der Betriebsgründung im Handwerk bessere Bedingungen einzuräumen als Männern, weil Frauen bei der selbständigen Handwerksausübung drastisch unterrepräsentiert sind und in der Lebenswirklichkeit die Chancen zwischen Männern und Frauen unterschiedlich verteilt sind (stärkere Inanspruchnahme bei der Familienarbeit, Vorurteile insb. bei handwerklichen Berufen, fehlende weibliche Vorbilder, psychologische Hemmschwellen). Das BVerwG weist ferner darauf hin, dass die Männer durch diese Maßnahme keinen Nachteil erleiden würden, da diese „eingriffsneutral" sei[56]. Das trifft aber so nicht zu: Das BVerwG vernachlässigt die wettbewerbliche Dimension des Falls. Die Frauenförderung betrifft die Chancengleichheit im Wettbewerb; es wird in das Grundrecht der übergangenen männlichen Konkurrenten eingegriffen. Dieser Eingriff wiegt hier besonders schwer, weil die Finanzierung der Aufnahme einer beruflichen Tätigkeit dienen soll. Deshalb hätte es einer gesetzlichen Grundlage bedurft[57]. **790**

Soweit eine gesetzliche Grundlage nicht erforderlich ist und nicht besteht, richtet sich die Subventionsvergabe nach dem Haushaltsgesetz und dem Haushaltsplan, wo die finanziellen Mittel bereitgestellt werden. Der Behörde kommt ein **Gestaltungsspielraum**[58] zu, der wegen der beschränkten Verfügbarkeit der Haushaltsmittel unter dem Vorbehalt des finanziell Möglichen steht und dem va durch den Gleichheitssatz Grenzen gezogen sind. Art. 3 Abs. 1 GG verpflichtet den Subventionsgeber, ein gleichheitsgerechtes Verteilungsprogramm zu erstellen und begründet zugunsten jedes Zuwendungsbewerbers einen Anspruch darauf, nach diesem aufgestellten Verteilungsprogramm behandelt zu werden[59]. **791**

Die Berücksichtigung des **Vorbehalts des finanziell Möglichen** ist dabei eine sachgerechte Erwägung, ob und inwieweit im Einzelfall eine Förderung durch die Vergabe von Subventionen erfolgen kann. Nicht gefordert ist eine Verteilung der Mittel nach dem **„Gießkannenprinzip"**, bei dem alle Bewerber einen geringen Zuschuss **792**

52 BVerwGE 51, 235, 239 für Verteilung limitierter Genehmigungen; enger *Ziekow*, Öffentliches Wirtschaftsrecht, 5. Aufl., 2020, S. 81; s. a. *Ehlers*, DVBl 2014, 1, 4; *Huber/Unger*, in: Schoch, Besonderes Verwaltungsrecht, 2018, 627, 742.
53 BVerwGE 30, 191, 197; 65, 167, 174; 79, 326, 329.
54 BVerfGE 31, 311, 317.
55 Zur Bedeutung der Unionsgrundrechte und Grundfreiheiten: *Schorkopf*, in: Kirchhof/Korte/Magen, Öffentliches Wettbewerbsrecht, 2014, S. 395.
56 BVerwG, NVwZ 2003, 92 f.
57 *Wernsmann*, JuS 2002, 959, 961.
58 OVG Lüneburg, NVwZ-RR 2013, 465, 468.
59 BVerwG, NJW 1979, 280.

erhalten. Dies hätte nämlich zum Ergebnis, dass die zu vergebenden Zuschüsse in ihrer jeweiligen Höhe umso geringer sind, je mehr Anspruchsteller es gibt. Das würde nicht nur dem durch die Subventionsvergabe beabsichtigten Zweck einer effizienten Förderung entgegenstehen und wäre deshalb eine fehlerhafte Ausübung des Bewirtschaftungsermessens, es würde auch eine materielle Ungleichheit begründet werden, wenn alle Subventionsempfänger ungeachtet der Verschiedenheit der Sachverhalte gleich behandelt werden. Sachgerecht ist es hingegen, wenn die Behörde ihre Entscheidung davon abhängig macht, bei welchem Vorhaben die jeweilige Zwecksetzung einer effizienten Förderung am besten erreicht werden kann[60].

793 In der Regel sind die Rahmenbedingungen für die Abwicklung des gesetzlich umrissenen Förderzwecks in **Richtlinien** näher umschrieben. Dabei handelt sich um Verwaltungsvorschriften, nicht um Rechtsnormen. Sie haben keinen Rechtssatzcharakter; ihnen fehlt die Außenwirkung. Subventionsrichtlinien werden zB durch Ministerien herausgegeben und enthalten va eine nähere Konkretisierung des Förderziels und der geförderten Maßnahmen, eine Abgrenzung des Kreises der Zuwendungsempfänger, die zuwendungsfähigen Mittel, die Finanzierungsart, ferner Antragsverfahren und Antragsvoraussetzungen.

Verwaltungsvorschriften, die das Förderziel näher konkretisieren und Regel- und Ausnahmevoraussetzungen für eine Bewilligung festlegen, um die Subventionsvergabe der Behörde zu steuern, sind zumeist ermessenslenkender Art. Soweit normkonkretisierenden Verwaltungsvorschriften heute – insbesondere im Umweltrecht – Außenwirkung zuerkannt wird[61], lassen sich die dem zugrunde liegenden Überlegungen auf ermessenslenkende Verwaltungsvorschriften nicht übertragen: Denn die Norminterpretation ist eine Kernaufgabe des Richters, weshalb der Verwaltung grundsätzlich kein Beurteilungsspielraum zukommt[62]. Ermessensrichtlinien betreffen hingegen einen Bereich der Verwaltung, in dem sie eigene Akzente setzen kann. Die Subventionsrichtlinien enthalten zwar Verteilungsmaßstäbe, determinieren den behördlichen Entscheidungsrahmen aber nicht vollständig. Mangels Außenwirkung können sie auch nicht durch den übergangenen Subventionsbewerber oder durch sonstige Dritte unmittelbar vor Gericht zur Überprüfung gestellt werden. Die Gerichte haben die einzelne Ermessensentscheidung nur im Rahmen des § 114 S. 1 VwGO zu kontrollieren; sie können Verwaltungsvorschriften auch nicht auslegen[63].

Nur ausnahmsweise kann Förderrichtlinien, die zur Konkretisierung und Ergänzung einer ausfüllungsbedürftigen Gesetzesnorm erlassen worden sind (normenkonkretisierende Verwaltungsvorschriften), unmittelbare Außenwirkung zukommen: wenn die Konkretisierung Aufgabe des Gesetzgebers ist, dieser seiner Verpflichtung jedoch nicht nachgekommen ist und die entsprechenden Verwaltungsvorschriften somit an die Stelle des fehlenden Gesetzes getreten sind[64]. Zur Außenwirkung von Förderrichtlinien kommt es ferner, wenn die Behörde in einem

---

60 OVG Bautzen, DÖV 2002, 577 f.

61 Str, grundlegend: BVerwGE 72, 300, 320; 81, 185, 190 für das Atomrecht; BVerwG, NVwZ 2000, 440 f, für das Immissionsschutzrecht. Eine Außenwirkung wird damit begründet, dass die normenkonkretisierenden Verwaltungsvorschriften ein hohes Maß an wissenschaftlich-technischem Sachverstand verkörpern und zugleich auf abstrakt-genereller Abwägung beruhende Wertungen des hierzu berufenen Vorschriftengebers zum Ausdruck bringen. Der Gesetzesvorbehalt steht einer Regelung durch Verwaltungsvorschriften in diesen Fällen nicht entgegen (dynamischer Grundrechtsschutz).

62 *Jestaedt*, in: Ehlers/Pünder, AVerwR, S. 364.

63 BVerwGE 58, 45, 51; OVG Greifswald, v. 31.5.2010, 2 L 281/06.

64 OVG Schleswig, NordÖR 2001, 303.

Subventionsbescheid (Bewilligungsbescheid) auf die Richtlinien oder auf Teile davon Bezug nimmt[65].

Beispiel: Wenn die Behörde in den Bescheid aufnimmt, dass Vergabebestimmungen „zu beachten" sind, muss es sich nicht um einen deklaratorischen Hinweis handeln, sondern kann als Auflage mit Anwendungsverpflichtung zu interpretieren sein[66].

Fall 61 (Rn 767): Die Gerichte können zwar nicht unmittelbar die Subventionsrichtlinie überprüfen, allerdings haben sie darüber zu entscheiden, ob die Behörde ihr Ermessen bei der Subventionsvergabe richtig ausgeübt hat. Dieser gerichtlichen Überprüfung der Vergabemaßstäbe steht nicht entgegen, dass die Mittel als Existenzgründungszuschüsse im Haushaltsplan ausgewiesen sind, der unmittelbare Rechtswirkungen nur zwischen Parlament und Regierung entfalten kann. Zum einen ist der Haushaltsgesetzgeber an Art. 3 (hier Abs. 3) GG gebunden, zum anderen muss sich ein Bürger wegen Art. 19 Abs. 4 GG und des verfassungsrechtlichen Justizgewährungsanspruchs gegen eine behördliche Maßnahme zur Wehr setzen können, wenn sie seine Grundrechte verletzt. Daher ist das Verfahren der Subventionsvergabe gerichtlich überprüfbar[67]. **794**

Verwaltungsvorschriften kann trotz ihrer Innenwirkung im Wege der sog. **Selbstbindung der Verwaltung** auch eine anspruchsbegründende Außenwirkung im Verhältnis der Verwaltung zum Bürger zukommen. Art. 3 GG wird zu einem Transmissionsriemen, der den Verwaltungsvorschriften mittelbar zur Außenwirkung verhilft. Dies setzt aber voraus, dass die Behörde den Verteilungsvorschriften gemäß agiert. Damit gibt sie zu erkennen, dass sie ihr Ermessen – wozu sie ja intern verpflichtet ist – entsprechend den Richtlinien ausübt. Über Art. 3 Abs. 1 GG schafft sie so die Grundlage, gleichgelagerte Fälle künftig auch gleich entscheiden zu wollen[68]. Aus dogmatischen Gründen ist es für einen Anspruch aus Art. 3 Abs. 1 GG erforderlich, dass die Verwaltung tatsächlich den Richtlinien gemäß vorgeht, mithin Usancen bereits herausgebildet hat. Das setzt zumindest eine bereits erfolgte und vergleichbare Subventionsvergabe voraus[69]. Abzulehnen ist hingegen die Auffassung, die über Art. 3 Abs. 1 GG bereits mit der Veröffentlichung der Verwaltungsvorschriften[70] einen Anspruch auf ein behördliches Verfahren gemäß dieser Bestimmungen annimmt. **795**

Eine Bindung der Verwaltung an die Subventionsrichtlinien vor einer ersten und vergleichbaren Subventionsvergabe kann nur über den **Vertrauensschutzgrundsatz** begründet werden (s. Rn 803, vgl auch ▸ **Klausurenkurs Fall Nr 17**). Ein entsprechendes Vertrauen, künftig nach den Subventionsrichtlinien verfahren zu wollen, kann die Behörde beim Bürger nach der Rechtsprechung des BVerwG[71] begründen, indem sie eine beabsichtigte Subventionsvergabe öffentlich bekannt macht. Denn Vertrauensschutz gegenüber staatlichem Handeln kommt in Betracht, wenn der Staat einen Ver- **796**

65 *Ehlers*, DVBl 2014, 1, 4.
66 OVG NRW, NVwZ-RR 2012, 671, 672.
67 BVerwG, NVwZ 2003, 92 f.
68 VGH Kassel v. 7.12.2010, A 2758/09; auch die Kommission ist bei der Vergabe von Gemeinschaftsbeihilfen an ihre Subventionsrichtlinien gebunden. Str, vgl zum Diskussionstand: *Bleckmann*, NVwZ 2004, 11, 15.
69 OVG Münster, DVBl 1980, 648, 649.
70 OVG Koblenz, DVBl 1962, 757 (allerdings nicht zu einer Subventionsvergabe).
71 BVerwGE 35, 159, 162.

trauenstatbestand geschaffen oder jedenfalls gebilligt hat, der Betroffene ein daran anknüpfendes schutzwürdiges Vertrauen gefasst und betätigt hat, und der Staat dann von dem Vertrauenstatbestand ohne sachliche Gründe abweicht und damit das Vertrauen des Betroffenen enttäuscht[72]. Durch die Bekanntmachung bindet sich die Verwaltung. Der Bürger, an den sich die Verwaltungsbehörde im Rahmen des ihr gesetzlich zugestandenen Ermessens mit ihrer Ausschreibung wendet, muss sich aufgrund der Verfassungsprinzipien der Rechtssicherheit und Rechtsbeständigkeit darauf verlassen können, dass sich die Behörde an ihre Bekanntmachung hält[73].

797 Der Konstruktion einer mittelbaren Außenwirkung durch Vertrauensschutz ist entgegengehalten worden, dass Verwaltungsvorschriften schon begrifflich nur an Verwaltungsorgane gerichtet seien[74]. Das verhält sich aber bei einer Veröffentlichung gerade nicht so. Wenn die Behörde im Rahmen einer Ankündigung auf eine Subvention hinweist und hierfür auf die Subventionsrichtlinien Bezug nimmt, schafft sie entsprechendes Vertrauen, dass sie auch so verfahren wird.

Dabei ist zwischen Ministerialblättern und Bundesanzeiger bzw Staatsanzeiger zu unterscheiden: Ministerialblätter sollen lediglich nachgeordnete Behörden unterrichten; der Abdruck einer Richtlinie in einem Ministerialblatt ist deshalb keine Veröffentlichung. Von einer Veröffentlichung ist aber auszugehen, wenn die Richtlinie im Bundesanzeiger/Staatsanzeiger aufgenommen ist[75].

798 Die Rechtsprechung lehnt eine **Veröffentlichungspflicht von Verwaltungsvorschriften im Hinblick auf ihre Rechtsnatur als Innenrechtsakte grundsätzlich ab**[76]. Dem ist schon deshalb nicht zuzustimmen, weil der Bürger andernfalls von den Voraussetzungen einer Subventionsgewährung keine oder nur über Umwege Kenntnis erlangen kann und daher auch nicht zu beurteilen vermag, ob er zum Kreis der potentiell Begünstigten gehört[77]. Er kann nur einen (förmlichen) Antrag auf Subventionsgewährung stellen und damit ein entsprechendes Verfahren einleiten, ohne aber abschätzen zu können, wie aussichtsreich dieser ist. Eine Antragstellung „ins Blaue hinein" ist nicht nur ein psychologisches Hindernis, sondern ist auch mit entsprechendem Aufwand verbunden (Zusammenstellen der erforderlichen Antragsunterlagen), was befürchten lässt, dass sich nicht alle potentiellen Subventionsempfänger um eine Subvention bewerben. Dieser Mangel an Transparenz ist mit dem Gleichheitssatz nicht zu vereinbaren. Zudem besteht die Gefahr, dass die Subventionsvergabe nicht mehr nachvollziehbar und damit willkürlich erfolgt. Demgegenüber sind keine Gründe ersichtlich, weshalb die Behörde ihre Vergabemaßstäbe nicht aufdecken sollte. Ansprüche der Bürger aus Vertrauensschutzerwägungen kann sie durch entsprechende Hinweise über die Handhabung der Richtlinien abwenden[78].

---

72 VGH Mannheim, NVwZ 2001, 1428, 1430.

73 BVerwGE 35, 159, 162.

74 *Maurer/Waldhoff*, AVerwR, § 24 Rn 30; ausführlich: *Blanke*, Vertrauensschutz im deutschen und europäischen Verwaltungsrecht, 2000, S. 252 f.

75 BVerwGE 104, 220, 224.

76 BVerwGE 104, 220, 224; zu restriktiv auch: BVerwGE 61, 40 ff.

77 Kritisch auch *Stober*, GewArch. 1993, 136, 190.

78 Gegen einen Subventionsanspruch aufgrund Folgenbeseitigungsanspruchs wegen falscher Auskunft: VGH Kassel, DÖV 2011, 288 f.

Inhaltlich bedeutet die Bindung an den Gleichheitssatz, dass die subventionsvergebende Behörde vergleichbare Sachverhalte **nicht willkürlich ungleich** behandeln darf[79]. Eine das Gebot der Gleichbehandlung verletzende willkürliche Handhabung liegt auch dann vor, wenn ein subjektives Recht eines Dritten, zB eines anderen Subventionsbewerbers, nicht betroffen ist. Das kann zB der Fall sein, wenn die Behörde stets nach den Subventionsrichtlinien verfährt, in einem Einzelfall aber *zugunsten* eines Antragstellers von den Richtlinien abweicht und eine Subvention gewährt, obwohl die Voraussetzungen in den Richtlinien nicht erfüllt sind. Zwar führt diese Vergabe nicht zu einer Verletzung von Rechten des Subventionsempfängers, weil dieser begünstigt ist. Das ist für die Frage der Rechtmäßigkeit aber nicht entscheidend, weil die Verwaltung an den Grundsatz der Gesetzmäßigkeit gebunden ist. Es wäre mit dem Rechtsstaatsprinzip unvereinbar, wenn die Verwaltung bei der Verteilung öffentlicher Mittel willkürlich vorgehen könnte und eine richtlinienwidrige Gewährung von Subventionen letztlich zu Lasten eines anderen, wenngleich nicht bestimmbaren, potentiellen Subventionsempfängers gehen kann. Da die etatmäßig bereitgestellten Mittel beschränkt sind, kann die richtlinienwidrige Vergabe von Subventionen dazu führen, dass andere mögliche Bewerber, die die Voraussetzungen der Richtlinie, wie sie die Behörde grundsätzlich anwendet, erfüllen und daher Anspruch auf eine Förderung hätten, am Ende des Haushaltsjahres jedoch leer ausgehen[80]. **799**

Die mittelbare Außenwirkung einer Richtlinie über Art. 3 Abs. 1 GG bedeutet nicht, dass sie von ihrer Wirkung her einem Gesetz gleichgestellt wird. **Die behördliche Selbstbindung** ist elastischer und flexibler. Während das Gesetz eine ausnahmslose Beachtung verlangt (Grundsatz der Gesetzesbindung der Verwaltung), kann die Behörde dort, wo ein Gesetz nicht besteht, in begründeten Ausnahmefällen von ihrer Selbstbindung abweichen. Richtlinien führen – selbst wenn sie als „Muss-Vorschriften" ausgestaltet sind – nicht zwangsläufig über Art. 3 Abs. 1 GG zu einer Ermessensreduzierung auf Null[81]. **800**

Fall 62 (Rn 768)[82]: Eine Zusicherung der Bewilligung des begehrten Zuschusses für das Musikfest iSd § 38 Abs. 1 VwVfG liegt nicht vor. Mit dem Schreiben hat sich das Ministerium nicht bindend selbst verpflichtet, den Zuschuss zu bewilligen, sondern lediglich vorab im Sinne einer „Rahmenzusage" die Förderfähigkeit des Vorhabens anerkannt und die grundsätzliche Bereitschaft zum Ausdruck gebracht, dieses bis zu einer Höhe von € 50 000,– fördern zu wollen. Der fehlende Regelungswille kommt im Wortlaut des Schreibens hinreichend deutlich zum Ausdruck („... vorbehaltlich der Zurverfügungstellung der Mittel durch den Landtag ..."). **801**

A kann den Anspruch auf Bewilligung des Zuschusses auch nicht auf das Gleichbehandlungsgebot des Art. 3 Abs. 1 GG stützen. Unmittelbar kann sich A als Hoheitsträgerin ohnehin nicht auf das Grundrecht berufen. Zwar gilt das der Rechtsstaatlichkeit und dem allgemeinen Gleichheitssatz immanente Willkürverbot auch im Verhältnis der Hoheitsträger zueinander, gleichwohl ergibt sich auch aus dem so anwendbaren Willkürverbot nicht der geltend gemachte Anspruch, weil das Ministerium die Subventionierung aus einem sachlich

79 OVG Münster v. 1.3.2011, 9 A 1121/10.
80 OVG Münster, NJW 1981, 2597, 2598; OVG Bremen, NVwZ 1988, 447.
81 OVG Münster, DÖV 1985, 204, 205.
82 OVG Münster v. 3.9.2002, Az: 15 A 2777/00.

gerechtfertigten Grund abgelehnt hat: A hat nicht die vom Ministerium in ständiger Praxis zugrunde gelegten Bewilligungsvoraussetzungen der Verwaltungsvorschriften für Zuwendungen erfüllt. Danach dürfen Zuwendungen zur Projektförderung nur für solche Vorhaben bewilligt werden, die noch nicht begonnen worden sind. Mit dieser Bewilligungsvoraussetzung soll sichergestellt werden, dass Haushaltsmittel im Sinne der allgemeinen Haushaltsgrundsätze der Wirtschaftlichkeit und Sparsamkeit möglichst wirksam eingesetzt werden (Ausschluss sog. Mitnahmeeffekte[83]). Es gibt auch keine Verwaltungspraxis zum Verzicht auf das Verbot der Förderung bereits begonnener Projekte, auf die sich A im Rahmen des Willkürverbots berufen könnte. Schließlich zwingt die vorab erteilte „Rahmenzusage" zu keiner anderen Beurteilung.

d) Zur Änderung der Förderbedingungen durch die Behörde

802 Angesichts ihres Ermessensspielraums kann die Behörde ihr Subventionsprogramm jederzeit ändern oder einstellen. Subventionen sind schon ihrem Wesen nach zeitlich begrenzt und von der jeweiligen Haushaltslage und den wirtschaftspolitischen Vorstellungen der amtierenden Regierung abhängig. Deshalb kann es **grundsätzlich keinen Anspruch auf Fortbestand einer Subvention** geben.

803 Nur wenn die Behörde einen **schutzwürdigen Vertrauenstatbestand** geschaffen und der Betreffende daraufhin auch Vertrauen gefasst hat, kann die Behörde verpflichtet sein, auf dieses Vertrauen hinreichend Rücksicht zu nehmen. Dabei begründet die bloße Tatsache einer jahrelangen Subvention für sich allein noch kein schutzwürdiges Vertrauen. Es müssen besondere Umstände hinzutreten, etwa die Zusage einer Behörde, die die subventionierte Tätigkeit überhaupt erst ins Leben gerufen oder veranlasst hat, oder entsprechende Äußerungen in der Öffentlichkeit, die eine begründete Erwartung auf die Zuwendung geschaffen haben[84]. Schutzwürdig kann der Betroffene ferner sein, wenn er im Hinblick auf den Fortbestand der Rechtslage Dispositionen getroffen hat und billigerweise darauf vertrauen durfte, dass die zugrunde liegende Ermessensbindung auf Dauer Bestand haben werde[85]. Denn der Einzelne muss davon ausgehen können, dass die Verwaltung bei der Vergabe von Zuwendungen wirtschaftlich und sparsam handelt und langfristig angelegte Subventionsprojekte auch durchgehalten werden. Dieses Vertrauen ist aber dann nicht schutzwürdig, wenn dem Betroffenen Umstände bekannt oder grob fahrlässig unbekannt geblieben sind, die eine Änderung der Förderpraxis rechtfertigen[86].

804 Die Behörde kann von den **Förderbedingungen abgehen**, indem sie die **Auslegung der Subventionsrichtlinien ändert** oder generell von den **Subventionsrichtlinien abweicht**[87]. Entscheidend für eine Selbstbindung ist dann, wie die zuständige Behörde die Verwaltungsvorschrift im maßgeblichen Zeitpunkt in ständiger Praxis gehandhabt hat und in welchem Umfang sie infolge dessen durch den Gleichheitssatz und eine begründete Vertrauensposition gebunden ist[88]. Dabei handelt die Behörde erst

83 VG Saarlouis v. 24.1.2011, 1 K 358/10.
84 VGH Mannheim, NVwZ 1991, 1199; VGH Mannheim, GewArch. 2004, 64 f.
85 VGH Mannheim, NVwZ 2001, 1428, 1430.
86 BVerwGE 104, 220, 229.
87 BVerwG, NVwZ 2012, 1262.
88 VG Frankfurt/M., NVwZ-RR 2001, 738 f.

dann willkürlich, wenn sie sich nicht von sachlichen Erwägungen leiten lässt. Nicht entscheidend ist, ob es bessere Alternativen gibt.

Beispiel: Stellt die Verwaltung ihre Subventionspraxis dahingehend um, dass ab einem bestimmten Termin nur noch vollständige Anträge entgegengenommen werden, liegt der sachliche Grund in der Beschleunigung der Entscheidungsabläufe[89].

Ferner kann die Behörde eine ermessenslenkende **Verwaltungsvorschrift insgesamt aufheben** oder in einzelnen Punkten **abändern**. In formeller Hinsicht ist hierzu erforderlich, dass die Verwaltungsvorschrift in jener Form abgeändert wird, in der sie ursprünglich ergangen ist[90]. Ist eine Subventionsrichtlinie im Bundesanzeiger bekanntgemacht worden, muss also auch die Änderungsvorschrift im Bundesanzeiger veröffentlicht werden. Ferner muss die Änderung aus sachgerechten Erwägungen erfolgen. Sachgerecht sind Änderungen insbesondere dann, wenn sich die allgemeinen Rahmenbedingungen von Subventionen grundlegend ändern und die Subventionspraxis daran angepasst werden soll[91]. Das kann zB bei einer Gefährdung des Haushaltsgleichgewichts infolge unvorhergesehener Steuermindereinnahmen der Fall sein[92]. 805

Fall 63 (Rn 769)[93]: Die Änderungen der Subventionsrichtlinien sind aus sachgerechten Erwägungen erfolgt. Nach § 44 Abs. 1 iVm § 23 LHO dürfen Zuwendungen an Stellen außerhalb der Landesverwaltung nur gewährt werden, wenn das Land an der Erfüllung bestimmter Zwecke durch solche Stellen ein erhebliches Interesse hat, das ohne die Zuwendung nicht oder nicht im notwendigen Umfang befriedigt werden kann. Zuwendungen an Einrichtungen kommen daher grundsätzlich nicht in Betracht, wenn diese sich selbst tragen. Ändern sich die allgemeinen Rahmenbedingungen grundlegend, hat der Richtliniengeber seine Verwaltungsanweisung zu überprüfen. Die Tatsache, dass die Richtlinien hier noch über fünf Jahre unverändert angewandt wurden, schließt die Rechtmäßigkeit der späteren Änderung der Richtlinien nicht aus, weil die Verwaltung zur Gegensteuerung von Fehlentwicklungen stets befugt ist. Dass der einzelne Subventionsempfänger noch keine Überschüsse erwirtschaftet hat, ist für die Rechtmäßigkeit der allgemeinen Änderung der Subventionspraxis ohne Bedeutung. 806

Auch der Vertrauensschutzgrundsatz steht einer Änderung der Richtlinien nicht grundsätzlich entgegen. Ändern sich die allgemeinen, für die Subventionsvergabe relevanten Rahmenbedingungen grundlegend, muss der Subventionsempfänger damit rechnen, dass die Subventionen gekürzt werden. Hier könnte das Vertrauen des K aber möglicherweise im Hinblick auf den Anbau schutzwürdig sein, weil dieser in der Vergangenheit bereits subventioniert wurde. Handelt es sich um ein längerfristiges Subventionsprojekt, kann der Subventionsempfänger regelmäßig erwarten, dass die Bezuschussung im nächsten Jahr fortgesetzt wird. Dabei kommt es nicht darauf an, dass der jährliche Bewilligungsbescheid noch nicht ergangen ist. Jedoch dürfte das Vertrauen des K hier nicht schutzwürdig sein: Ihm konnte nicht verschlossen geblieben sein, dass einige Krankenhäuser nach der Strukturreform Überschüsse erwirt-

---

89 OVG Greifswald, NVwZ-RR 2002, 406 f.
90 *Ossenbühl*, Verwaltungsvorschriften und Grundgesetz, 1968, S. 467.
91 BVerfGE 78, 249, 284.
92 VGH Mannheim, NVwZ 2001, 1428 ff.
93 BVerwGE 104, 220 ff.

schaften und eine Änderung der Subventionspraxis somit bereits seit Jahren angezeigt war.

807 Nicht einfach zu beurteilen ist im Fall der Änderung der Vergabepraxis der für eine Subventionsvergabe **maßgebliche Rechtsrahmen**, wenn der Subventionsempfänger den Rechtsweg beschritten hat und das Gericht über einen Subventionsanspruch zu entscheiden hat. Grundsätzlich sind für die Entscheidung des Gerichts die Rechtsvorschriften maßgeblich, die im Zeitpunkt der gerichtlichen Entscheidung für die Beurteilung des Klagebegehrens gelten. Da sich die Subventionsbedingungen aber ändern können, kann es vor dem Gleichheitsgebot und wegen des Vertrauensschutzgrundsatzes erforderlich sein, von dieser Regel abzuweichen. Das kann insbesondere dann der Fall sein, wenn bereits zur Förderung gestellte Vorhaben betroffen sind und das konkrete Vorhaben mit dem Förderzweck vereinbar ist. Dann ist grundsätzlich auf die alten Vergaberegeln und -praxis abzustellen, wobei der maßgebliche Zeitpunkt nicht unbedingt der der letzten Behördenentscheidung sein muss, sondern auch der der Antragstellung oder der Durchführung des Vorhabens sein kann[94].

e) Zur rechtlichen Qualifikation des Subventionsvergabeverfahrens

808 Bis Anfang der fünfziger Jahre des 20. Jhr ist die Subventionsvergabe der sog. **fiskalischen Verwaltung** zugerechnet worden, Subventionen wurden mithin überwiegend privatrechtlich vergeben[95]. Auch heute kommt es vor, dass der öffentlich-rechtliche Subventionsgeber mit dem Subventionsempfänger einen privatrechtlichen Vertrag über die Zuwendung abschließt. Die Zulässigkeit dieser Vorgehensweise folgt aus dem Grundsatz der Formenwahlfreiheit der Verwaltung[96]. Das heißt aber nicht, dass solche Subventionsrechtsverhältnisse nur nach Maßgabe des Privatrechts zu beurteilen sind. Eine rein privatrechtliche Sichtweise würde verkennen, dass die öffentliche Hand mit der Subventionsverwaltung öffentliche Aufgaben erfüllt und deshalb jedenfalls an die Grundzüge des öffentlichen Rechts (Grundrechte, va Gleichheitssatz) gebunden sein muss. Ein Rückgriff auf das Verwaltungsprivatrecht ist zwar möglich, scheitert aber dann, wenn die Vergabe der Subvention nicht ausschließlich durch die öffentliche Hand erfolgt, weil diese sich für die Abwicklung der Subventionsvergabe privater Subventionsmittler (zB einer Kreditbank) bedient (s. Rn 753). Wenn der Private nicht mit hoheitlichen Befugnissen beliehen ist, ist das Rechtsverhältnis zwischen ihm und dem Subventionsempfänger ausschließlich privatrechtlich organisiert.

809 Zur dogmatischen „Rückführung" der Subventionsvergabe in das öffentliche Recht ist die **Zwei-Stufen-Theorie** entwickelt worden[97]. Danach soll der Vergabevorgang in Bewilligung und Abwicklung getrennt werden: Zunächst entscheidet die Behörde, ob eine Subvention vergeben wird (Entscheidung über das „Ob"). Diese Entscheidung über die Zuteilung oder die Versagung ist grundsätzlich öffentlich-rechtlich und daher ein Verwaltungsakt iSd § 35 VwVfG. Sie kann mit Widerspruch und Anfech-

94 BVerwG, NVwZ 2003, 92.
95 *Götz*, Recht der Wirtschaftssubventionen, 1966, S. 57 ff.
96 BGH, NZBau 2012, 131.
97 Vgl grundlegend BVerwGE 1, 308, 310 und zur Entstehungsgeschichte: *Ipsen*, in: Vogel/Tipke, FS Wacke, 1972, S. 139 ff.

tungs- bzw Verpflichtungsklage nach § 42 Abs. 1 VwGO bekämpft werden[98]. Die eigentliche Abwicklung (Regelung zum „Wie") kann – muss aber nicht – durch privatrechtliche Handlungsformen erfolgen, zB durch einen Darlehensvertrag iSd §§ 488 ff BGB.

Der Zwei-Stufen-Theorie wird entgegengehalten, dass sie einen einheitlichen Sachverhalt künstlich aufspalte und die Rückabwicklung zu Schwierigkeiten führe, wenn der Bewilligungsbescheid auf der ersten Stufe aufgehoben wird[99]. In der Tat wirkt die Zwei-Stufen-Theorie konstruiert, wenn sich das „Ob" und das „Wie" der Subventionsvergabe nicht klar trennen lassen[100] und die Behörde nicht nur über das „Ob" der Zuteilung einer Subvention entscheidet, sondern auch die Einzelheiten der Abwicklung regelt („Wie"), beide Vorgänge also zusammengezogen werden. **810**

Es ist nicht erforderlich, die Zwei-Stufen-Theorie schematisch anzuwenden. Sie ist nur eine **dogmatische Konstruktion**, um die Einhaltung der Grundprinzipien des öffentlichen Rechts bei einer privatrechtlichen Abwicklung der Subventionsvergabe sicherzustellen. Grundsätzlich bleibt es der Behörde vorbehalten, das Subventionsverhältnis durch Verwaltungsakt („Ob" und „Wie"), durch Verwaltungsakt („Ob") mit privatrechtlichem Vertrag („Wie"), durch Verwaltungsakt („Ob") mit öffentlich-rechtlichem Vertrag iSd §§ 54 ff VwVfG („Wie") oder nur durch einen öffentlich-rechtlichen Vertrag („Ob" und „Wie") zu regeln. **811**

Zu beachten ist, dass Verwaltungsakt und öffentlich-rechtlicher Vertrag in einem Ausschließlichkeitsverhältnis stehen. Daher ist es der Behörde verwehrt, eine Subvention durch Verwaltungsakt zu gewähren und denselben Regelungsgegenstand zusätzlich durch öffentlich-rechtlichen Vertrag zu regeln[101].

In der Praxis haben sich **einheitlich durch öffentlich-rechtlichen Vertrag** gestaltete Subventionsverhältnisse nicht durchgesetzt[102]. Bewährt hat sich aber die Zwei-Stufen-Theorie, die praktikable Lösungen ermöglicht, weil sie die Bindung der Verwaltung an das öffentliche Recht bei der Subventionsvergabe aufnimmt und dabei die Formenwahlfreiheit der Verwaltung nicht ignoriert. Die Zwei-Stufen-Theorie ist va sinnvoll, wo private Subventionsmittler in das Subventionsverhältnis eingebunden sind oder die Gewährung einer Subvention ausdrücklich auch auf der Grundlage eines privatrechtlichen Vertrages erfolgen soll.[103] **812**

Beispiel: Hermes-Kreditbürgschaften (Exportkreditgarantien) des Bundes[104].

Die Rechtsprechung geht heute regelmäßig davon aus, dass **verlorene Zuschüsse** ausschließlich durch Verwaltungsakt gewährt werden[105]. Das kann jedenfalls dann angenommen werden, wenn dem Subventionsempfänger ein Leistungsanspruch auf Zahlung unmittelbar aus dem Verwaltungsakt zukommen soll, der keiner weiteren Umsetzung bedarf[106].

---

98 Zum verwaltungsgerichtlichen Rechtsweg: OVG Lüneburg v. 15.4.2011, 8 OB 32/11.
99 *Ehlers*, DVBl 2014, 1, 7 fordert „größte Zurückhaltung".
100 Vgl *Ehlers*, VerwArch. 74 (1983), 112, 116 f.
101 VGH Kassel, NVwZ 1990, 879.
102 *Grziwotz*, Vertragsgestaltung im öffentlichen Recht, 2002, S. 145.
103 Instruktiv: BVerwG, NVwZ-RR 2012, 628 ff.
104 BGH, NJW 1997, 328.
105 BVerwG, NJW 1969, 809, BVerwG, NJW 1974, 1838, 1839.
106 BGH, WM 1999, 150, 151.

Wenn die Subvention **Rechte Dritter**, zB von Konkurrenten, betrifft, wird ein (vorgeschalteter) Bewilligungsbescheid/Subventionsbescheid zweckmäßig sein, weil eine vertragliche Regelung die Zustimmung aller Betroffenen erfordert (zB § 58 VwVfG). Einzelheiten der Subvention können dann zwischen Subventionsgeber und Subventionsempfänger in einem zweiseitigen Vertrag geregelt werden. Da der Bewilligungs-VA Eingriffscharakter hat, bedarf es einer entsprechenden Rechtsgrundlage.

813 Beruht das Subventionsverhältnis auf einem **Vertrag**, ist zu prüfen, ob es sich um einen privat-rechtlichen oder einen öffentlich-rechtlichen Vertrag handelt. Der BGH will die Abgrenzung danach vornehmen, ob Behörde und Subventionsempfänger auf der Ebene der Gleichordnung (dann privatrechtlicher Vertrag) oder in einem Über-Unterordnungsverhältnis (dann öffentlich-rechtlicher Vertrag) stehen[107]. Diese Differenzierung ist rechtsverhältnisdogmatisch schon deshalb abzulehnen, weil eine Gleichordnung oder eine Über-Unterordnung erst durch das der konkreten Rechtsbeziehung zugrunde liegende Rechtsverhältnis konstruiert wird[108]. Daher kommt es auf den Willen der Vertragsparteien, den jeweiligen Vertragsgegenstand, den Inhalt des Vertrages und die Umstände des Vertragsschlusses an. Erfüllt die Behörde die ihr aufgetragenen öffentlichen Aufgaben, spricht eine Vermutung dafür, dass sie sich öffentlich-rechtlicher Maßnahmen bedient und nicht auf privatrechtliche Handlungsformen ausweichen will[109]. Hat die Behörde mit dem Subventionsempfänger einen Vertrag geschlossen, liegt dem Subventionsverhältnis daher im Zweifel kein privatrechtlicher, sondern ein öffentlich-rechtlicher Vertrag zugrunde.

814 Erfolgt die Subventionsvergabe unter Inanspruchnahme eines **Subventionsmittlers**, kann dessen Rechtsstellung unterschiedlich ausgestaltet sein: Häufig wird der Subventionsmittler nur im Vorfeld oder nur zur eigentlichen Abwicklung der Subventionsvergabe als (unselbständiger) **Verwaltungshelfer** (s. Rn 638) tätig. Er übt keine Hoheitsgewalt aus, die eigentliche Förderentscheidung ist staatlichen Stellen vorbehalten, er übernimmt nur die Auszahlung. Entsprechend beschränkt sind die Rechtsbeziehungen zum Subventionsempfänger. Der Subventionsmittler wird auf der Grundlage eines privatrechtlichen Geschäftsbesorgungsvertrages mit der öffentlichen Hand tätig (§ 675 BGB).

815 Möglich ist aber auch, dass die öffentliche Hand über das „Ob" entscheidet, und dem Privaten **Entscheidungsbefugnisse** zur Regelung des Abwicklungsverhältnisses (des „Wie") zukommen. Dieses dreipolige Rechtsverhältnis kann durch die Zwei-Stufen-Theorie interessengerecht systematisiert werden.

816 § 44 Abs. 3 BHO/LHO sieht ferner die Möglichkeit vor, juristischen Personen des Privatrechts die Befugnis zu verleihen, Verwaltungsaufgaben bei der Subventionsvergabe im eigenen Namen und in den Handlungsformen des öffentlichen Rechts wahrzunehmen, wenn sie die Gewähr für eine sachgerechte Erfüllung der ihnen übertragenen Aufgaben bieten und die **Beleihung** im öffentlichen Interesse liegt. Dabei ist § 44 Abs. 3 BHO/LHO die nach dem institutionellen Gesetzesvorbehalt[110] erforderliche

---

107 BGH, NJW 1997, 328 f.
108 *Storr*, Der Staat als Unternehmer, 2001, S. 491.
109 OLG Naumburg, NVwZ-RR 2001, 334, 335.
110 Vgl OVG Münster, NJW 1980, 1406, 1407.

Rechtsgrundlage für die Beleihung, die Beleihung selbst kann durch öffentlich-rechtlichen Vertrag oder durch Verwaltungsakt erfolgen.

Nicht selten ist eine vierte Konstruktion, die dem Privaten einerseits Entscheidungs- und Gestaltungsfreiheit gibt, ihn andererseits aber im privatrechtlichen Rechtskreis belässt. Hierzu wird der **Private selbst** Subventionsempfänger mit der **Auflage, die erhaltenen Subventionen nach bestimmten Kriterien an Dritte weiterzureichen**. Um eine zweckgerichtete Förderung zu bewirken, muss der Staat die Bewilligungsvoraussetzungen, nach der die private Subventionsvergabestelle verfahren soll, im Bewilligungsbescheid an diese vorgeben. 817

Beispiel: Stipendien für Studenten durch den Deutschen Akademischen Austauschdienst, der die Mittel ganz überwiegend von Bund, Ländern und EU erhält.

f) Die Subventionskontrolle

Nach § 44 BHO/LHO ist bei der Subventionsgewährung zu bestimmen, dass der Subventionsempfänger die Verwendung der Finanzhilfen mit einem **Verwendungsnachweis** zu belegen hat. Der Verwendungsnachweis ist für die abschließende Erfolgskontrolle notwendig. Außerdem ist ein Prüfungsrecht der zuständigen Dienststelle festzulegen. Die Bewilligungsbehörde wird damit berechtigt, Bücher, Belege und sonstige Geschäftsunterlagen anzufordern. 818

Die **Erfolgskontrolle** ist ein systematisches Prüfverfahren. Jede Einzelmaßnahme ist daraufhin zu untersuchen, ob das mit ihr beabsichtigte Ziel voraussichtlich erreicht wird (begleitende Erfolgskontrolle) bzw erreicht worden ist (abschließende Erfolgskontrolle). Ausgehend von der Planung ist festzustellen, ob und in welchem Ausmaß die angestrebten Ziele erreicht wurden, ob die Maßnahme ursächlich für die Zielerreichung war und ob die Maßnahme wirtschaftlich war. Zur Erfolgskontrolle gehören drei Kontrollverfahren: 819

- Mit der Zielerreichungskontrolle wird durch einen Vergleich der geplanten Ziele mit der tatsächlich erreichten Zielrealisierung (Soll-Ist-Vergleich) festgestellt, welcher Zielerreichungsgrad zum Zeitpunkt der Erfolgskontrolle gegeben ist. Sie bildet gleichzeitig den Ausgangspunkt von Überlegungen, ob die vorgegebenen Ziele nach wie vor Bestand haben.
- Im Wege der Wirkungskontrolle wird ermittelt, ob die Maßnahme für die Zielerreichung geeignet und ursächlich war. Hierbei sind alle beabsichtigten und unbeabsichtigten Auswirkungen der durchgeführten Maßnahme zu ermitteln.
- Mit der Wirtschaftlichkeitskontrolle wird untersucht, ob der Vollzug der Maßnahme im Hinblick auf den Ressourcenverbrauch wirtschaftlich war (Vollzugswirtschaftlichkeit) und ob die Maßnahme im Hinblick auf übergeordnete Zielsetzungen insgesamt wirtschaftlich war (Maßnahmenwirtschaftlichkeit)[111].

Alle drei Kontrollprüfungen sind bei institutioneller Förderung und bei Projektförderung mit übergeordneter Zielsetzung vorgeschrieben[112]. Zur besseren Kontrolle wurde eine standardisierte Zuwendungsdatenbank eingeführt[113].

111 Vgl Nr 2.2 zu § 7 BHO VV-BHO.
112 Nr 11a 2. und 3. zu § 44 BHO VV-BHO; näher: *Dommach*, DÖV 2008, 282 ff.
113 VV Nr 9 zu § 44 BHO.

g) Rechtsschutz durch Konkurrenten

820 Ein Konkurrent des Subventionsempfängers kann gegen die Subventionierung vorgehen, wenn und soweit er geltend machen kann, in einem subjektiven öffentlichen Recht, zB in seinem Grundrecht auf Wettbewerbsfreiheit und -gleichheit (s. Rn 117), verletzt zu sein. Die Rspr verlangt eine **„schwere und unerträgliche“**[114] Grundrechtsbeeinträchtigung.

821 Für die richtige Klageart ist idR zwischen drei Konstellationen zu unterscheiden:

- Mit der **negativen Konkurrentenklage** kann sich der Kläger gegen die Begünstigung eines Konkurrenten wenden (regelm. Anfechtungsklage, § 42 Abs. 1 1. Alt. VwGO, ggf auch Unterlassungsklage).
- Mit der **positiven Konkurrentenklage** kann der Kläger einen Anspruch auf Gewährung einer Subvention an sich selbst geltend machen (Bewilligungsbescheid als drittbelastender VA; regelm. Verpflichtungsklage § 42 Abs. 1 2. Alt. VwGO, ggf auch allgemeine Leistungsklage).
- Sind die öffentlichen Mittel beschränkt und ausgeschöpft, muss der Kläger für die Gewährung einer Subvention an sich selbst gestuft vorgehen: zunächst muss er die Subventionsgewährung an den Wettbewerber angreifen; erst dann kann er die Gewährung an sich selbst verfolgen (**gestufte Konkurrentenklage:** regelm. kombinierte Anfechtungs- und Verpflichtungsklage).

Wenn die Subvention durch einen öffentlich-rechtlichen Vertrag gewährt worden ist und wenn der Dritte, obgleich erforderlich, nicht zugestimmt hat (§ 58 VwVfG), dann wird im Wege der Feststellungsklage (§ 43 Abs. 1 VwGO) vorzugehen sein.

4. Die Änderung und Aufhebung von gesetzlich geregelten Verschonungssubventionen

822 Einer Kürzung oder Aufhebung von Verschonungssubventionen durch den Gesetzgeber wird durch den Vertrauensschutzgrundsatz Grenzen gezogen. Denn die **Rechtssicherheit** gehört zu den wesentlichen Elementen des Rechtsstaatsprinzips[115]. Der Staatsbürger soll die ihm gegenüber möglichen staatlichen Eingriffe voraussehen und sich dementsprechend einrichten können; er muss darauf vertrauen können, dass sein dem geltenden Recht entsprechendes Handeln von der Rechtsordnung mit allen ursprünglich damit verbundenen Rechtsfolgen anerkannt bleibt. Für den Bürger bedeutet Rechtssicherheit in erster Linie Vertrauensschutz.

823 Der Bürger kann noch nicht allein deshalb auf den unbegrenzten Fortbestand einer einmal gewährten Subvention vertrauen, weil er **Dispositionen** mit weit in die Zukunft reichenden Wirkungen getroffen hat. Vielmehr muss er damit rechnen, dass grundlegende Änderungen in den allgemeinen Rahmenbedingungen der Förderung nicht unberücksichtigt bleiben und folglich der Gesetzgeber unter veränderten wirtschaftlichen Rahmenbedingungen, insbesondere bei zunehmendem Finanzmangel, Subventionen kürzt. Nur wenn das Vertrauen auf die Fortgeltung der bestehenden Rechtslage Vorrang verdient, ist die Regelung unzulässig.

---

114 BVerwGE 65, 167, 174.
115 BVerfGE 7, 89, 92.

Beispiel: Die Einführung der Fehlbelegungsabgabe ist eine Subventionskürzung, die schon deshalb gerechtfertigt ist, weil ein öffentliches Interesse daran besteht, dass öffentliche Leistungen nicht zweckfremd in Anspruch genommen werden. Das Vertrauen in den Fortbestand der Subvention kann demgegenüber keinen Vorrang beanspruchen, vor allem wenn die Steigerung des allgemeinen Realeinkommens dazu geführt hat, dass sich die Wohnkostenbelastung der Subventionsempfänger proportional vermindert hat[116].

In seinem Vertrauen in die bestehende Rechtslage wird man aber verletzt, wenn der Gesetzgeber rückwirkend an **abgeschlossene Tatbestände** ungünstigere Folgen knüpft als der Gesetzesadressat bei seinen Dispositionen erwarten durfte. Eine **Rückwirkung** liegt vor, wenn der Beginn des zeitlichen Anwendungsbereichs einer Rechtsnorm auf einen Zeitpunkt festgelegt ist, der vor dem Zeitpunkt liegt, zu dem die Norm gültig geworden ist. Der Bürger orientiert sich bei seinen Dispositionen an den jeweils geltenden Gesetzen. Soweit Steuertatbestände an Handlungen anknüpfen, muss die Rechtsfolge bereits im Augenblick des Handelns gesetzlich vorgesehen sein. Folglich dürfen belastende Steuergesetze ihre Wirksamkeit grundsätzlich nicht auf abgeschlossene Tatbestände erstrecken. **824**

Die Schutzwürdigkeit des Vertrauens in den Bestand der bisherigen Rechtsfolgenlage entfällt nach ständiger Rechtsprechung des BVerfG[117] in der Regel schon im Zeitpunkt des endgültigen **Gesetzesbeschlusses** über die Neuregelung. Mit dem Tag des Gesetzesbeschlusses müssen die Betroffenen mit der Verkündung und dem Inkrafttreten der Neuregelung rechnen; es ist ihnen von diesem Zeitpunkt an zuzumuten, ihr Verhalten auf die beschlossene Gesetzeslage einzurichten. Der Gesetzgeber ist deshalb berechtigt, den zeitlichen Anwendungsbereich einer Regelung auch auf den Zeitraum vom Gesetzesbeschluss bis zur Verkündung zu erstrecken. **825**

Der Vertrauensschutz muss zurückstehen, wenn die Berücksichtigung des Vertrauens sachlich nicht gerechtfertigt wäre. Das BVerfG unterscheidet zwischen zwei Formen der Rückwirkung: Eine Rechtsnorm entfaltet **echte Rückwirkung**, wenn sie nachträglich in einen abgeschlossenen Sachverhalt ändernd eingreift. Dies ist insbesondere der Fall, wenn ihre Rechtsfolge mit belastender Wirkung schon vor dem Zeitpunkt ihrer Verkündung für bereits abgeschlossene Tatbestände gelten soll („Rückbewirkung von Rechtsfolgen")[118]. Als Ausnahmen sind folgende Fälle anerkannt[119]: **826**

- Der Staatsbürger musste in dem Zeitpunkt, auf den der Eintritt der Rechtsfolge vom Gesetz zurückbezogen wird, mit der neuen Regelung rechnen.
- Die Rechtslage war unklar und verworren, systemwidrig oder unbillig.
- Die rückwirkend zu ändernde Rechtsnorm war von vornherein nichtig und der Bürger durfte sich nicht auf den durch eine ungültige Norm erzeugten Rechtsschein verlassen.[120]
- Es entsteht kein oder nur ein ganz unerheblicher Schaden beim Bürger.
- Zwingende Gründe des gemeinen Wohls, die dem Gebot der Rechtssicherheit übergeordnet sind, erfordern eine Rückwirkungsanordnung.

116 BVerfGE 78, 249, 284.
117 BVerfGE 97, 67, 79.
118 BVerfG v. 12.11.2015, 1 BvR 2961/14 ua.
119 BVerfGE 30, 367, 387 f mwN.
120 BVerfG v. 12.11.2015, 1 BvR 2961/14 ua.

Beispiel: Eine wirtschaftlich unsinnige Schiffbausubvention soll aufgegeben werden. Nach Rechtsprechung des BVerfG benötigt der Gesetzgeber zur Verwirklichung des gemeinen Wohls einen Gestaltungsraum, um aufgetretenen Missständen einer Gesetzeslage alsbald abhelfen zu können, ohne dass Dispositionen der Gesetzesadressaten die Neuregelung kurz vor ihrem Erlass durch Ausnutzung der bisherigen Regelung unterlaufen können. Deshalb konnte ausnahmsweise bereits die Ankündigung (!) einer Gesetzesänderung durch die Bundesregierung genügen, um das Vertrauen des Bürgers in die bisherige Gesetzeslage zu erschüttern[121].

827 Demgegenüber betrifft die **tatbestandliche Rückanknüpfung** („unechte" Rückwirkung) nicht den zeitlichen, sondern den sachlichen Anwendungsbereich einer Norm. Diese liegt vor, wenn eine Norm auf gegenwärtige, noch nicht abgeschlossene Sachverhalte und Rechtsbeziehungen für die Zukunft einwirkt und damit zugleich die betroffene Rechtsposition entwertet[122]. Diese Tatbestände, die den Eintritt ihrer Rechtsfolgen von Gegebenheiten aus der Zeit vor ihrer Verkündung abhängig machen, berühren vorrangig Grundrechte – beispielsweise werden bei wirtschaftsverwaltungsrechtlichen Sachverhalten häufig Art. 12 und 2 Abs. 1 GG und unter Umständen auch Art. 14 GG[123] betroffen sein – und unterliegen weniger strengen Beschränkungen als die Rückbewirkung von Rechtsfolgen[124].

Steht der Vertrauensschutz des Bürgers einer Änderung oder Aufhebung der Subvention nicht grundsätzlich entgegen, kann der Gesetzgeber dennoch aufgrund des rechtsstaatlichen Grundsatzes der Verhältnismäßigkeit verpflichtet sein, eine angemessene **Übergangsregelung** zu treffen. Dabei hat er einen weiten Gestaltungsspielraum[125].

828 Im Einkommensteuerrecht gilt die Besonderheit, dass die Einkommensteuerpflicht in der Regel erst mit Ablauf des Kalenderjahres als **Veranlagungszeitraum** entsteht. Ist daher der gesamte gesetzliche Steuertatbestand nicht schon vor Inkrafttreten des Gesetzes verwirklicht worden, finden bei einer Änderung der Steuergesetze im laufenden Kalenderjahr grundsätzlich die Regeln der tatbestandlichen Rückanknüpfung Anwendung. Anders liegt der Fall aber, wenn das Steuergesetz dem Steuerpflichtigen eine Verschonungssubvention anbietet, die dieser nur während des Veranlagungszeitraums annehmen kann. Denn dieses Angebot schafft für den vorgegebenen zeitlichen Rahmen eine Vertrauensgrundlage, auf die der Steuerpflichtige seine Entscheidung über das subventionsbegünstigte Verhalten stützt. Er entscheidet sich um des steuerlichen Vorteils willen für ein bestimmtes Verhalten, das er ohne den steuerlichen Anreiz so nicht gewählt hätte. Mit dieser Entscheidung ist die Lenkungs- und Gestaltungswirkung des Subventionsangebots abschließend erreicht. Deshalb führen die Dispositionsbedingungen vom Tag der Entscheidung an zu einer schutzwürdigen Vertrauensgrundlage (str).

121 BVerfGE 97, 67 ff; krit *Leisner-Egensperger*, NVwZ 2012, 985.
122 BVerfG v. 12.11.2015, 1 BvR 2961/14 ua.
123 Vgl BVerfGE 93, 121 ff.
124 BVerfGE 92, 277, 344.
125 BVerfGE 78, 249, 285.

5. Der Widerruf von rechtmäßig bewilligten Subventionen wegen Zweckverfehlung

Fall 64: Unternehmer U hat zur Verlagerung seiner Betriebsstätte und zur Schaffung von 10 Dauerarbeitsplätzen eine Subvention erhalten. Einige Zeit nach Auszahlung der Subvention und Investition der Mittel meldet er Insolvenz an. Kann die Subvention widerrufen werden? **829**

Fall 65: Der kirchliche Orden K, eine Körperschaft des öffentlichen Rechts, betreibt ein Krankenhaus. Zur Schaffung von billigem Wohnraum für Krankenpflegekräfte ist K nach bestimmten Förderrichtlinien ein Baukostenzuschuss bewilligt worden. Durch die Subventionierung von Wohnraum soll geholfen werden, Pflegekräfte für eine Beschäftigung im Krankenhaus anzuwerben. In den Förderrichtlinien ist vorgesehen, dass nur Pflegekräfte in den Genuss der Förderung kommen sollen, deren Einkommen einen bestimmten Betrag nicht überschreitet. Die Behörde widerruft die Bewilligung, weil in die geförderten Wohnungen Ordensschwestern statt angestellte Krankenpflegerinnen eingezogen sind. **830**

Fall 66: Landwirt L beantragt einen Grünbrache-Zuschuss für ein Flurstück. In dem Antrag hat er sich verpflichtet, das Flurstück als Grünbrache zu behandeln, dh es nicht zu düngen, den Aufwuchs nicht zu Futterzwecken zu verwenden oder sonst zu vermarkten. Im Bewilligungsbescheid hatte die Behörde hierauf Bezug genommen. Als L auf dem Flurstück Schafe weiden lässt, fordert die Behörde den Zuschuss mit dem Schreiben zurück: *„Sehr geehrter Herr L., Sie haben das Grundstück als Weide für Ihre Schafe genutzt und damit gegen die Förderbedingungen verstoßen. Der Bewilligungsbescheid ist aufgehoben. Mit freundlichen Grüßen …“.* **831**

a) Anwendungsbereich von § 49 VwVfG

Die Rückforderung von Subventionen durch die öffentliche Hand führt in der Praxis häufig zu gerichtlichen Auseinandersetzungen. Rechtsgrundlagen sind – sofern es keine spezialgesetzlichen Bestimmungen gibt – §§ 48, 49 und 49a VwVfG. Dabei lassen sich typische Rückforderungsfälle unterscheiden. Grundsätzlich ist zwischen **rechtmäßigen**, **rechtswidrigen** und **nichtigen Bewilligungsbescheiden** zu differenzieren. Der Widerruf eines rechtmäßigen Bewilligungsbescheids ist in § 49 VwVfG geregelt. Wenn der Bewilligungsbescheid rechtswidrig ist, dann kommt zunächst eine Rücknahme nach § 48 VwVfG (s. Rn 864) in Betracht. Subsidiär ist ein Widerruf eines rechtswidrigen Bewilligungsbescheids in analoger Anwendung des § 49 VwVfG möglich, weil der durch einen rechtswidrigen Verwaltungsakt Begünstigte nicht besser gestellt werden darf als der durch einen rechtmäßigen Verwaltungsakt Begünstigte[126]. **832**

Besonders zu beachten ist, dass § 48 Abs. 1 S. 2 und Abs. 2–4 sowie § 49 Abs. 2–4 und 6 VwVfG nicht zur Anwendung kommen, wenn ein begünstigender Verwaltungsakt, der von einem Dritten angefochten worden ist, während des Vorverfahrens oder während des verwaltungsgerichtlichen Verfahrens aufgehoben wird, soweit dadurch dem Widerspruch oder der Klage abgeholfen wird (§ 50 VwVfG).

---

126 VGH Kassel, NVwZ 1984, 382, 383; OVG Münster, NVwZ-RR 2003, 803, 804.

833 Wenn der Bewilligungsbescheid **nichtig** ist (§ 44 VwVfG), ist die Subvention ohne Rechtsgrundlage gewährt worden und nach den Grundsätzen über den öffentlich-rechtlichen Erstattungsanspruch zurückzufordern (s. Rn 879 ff). Eine Rücknahme scheidet hingegen aus[127], weil ein nichtiger Verwaltungsakt nach § 43 Abs. 3 VwVfG unwirksam ist. Die Nichtigkeit von Verwaltungsakten ist nach § 44 Abs. 5 VwVfG oder § 43 Abs. 1 VwGO festzustellen.

834 Die im Subventionsrecht bedeutsamste Widerrufsbestimmung ist **§ 49 Abs. 3 VwVfG**. Subventionen werden vergeben, weil die Behörde den Subventionsempfänger mittelbar oder unmittelbar fördern will. Damit verfolgt sie einen bestimmten im öffentlichen Interesse liegenden Zweck. Werden die Subventionen vom Subventionsempfänger aber **nicht zweckgemäß** eingesetzt, ist die Behörde zur Rückforderung berechtigt. § 49 Abs. 3 VwVfG lässt den Widerruf zu, wenn der Bewilligungsbescheid eine (einmalige oder laufende) Geldleistung oder eine teilbare Sachleistung zur Erfüllung eines bestimmten Zwecks gewährt und

- die Leistung nicht für den in dem Verwaltungsakt bestimmten Zweck verwendet wird (§ 49 Abs. 3 S. 1 Nr 1, 1. Alt. VwVfG),
- die Leistung nicht alsbald nach der Erbringung für den in dem Verwaltungsakt bestimmten Zweck verwendet wird (§ 49 Abs. 3 S. 1 Nr 1, 2. Alt. VwVfG),
- die Leistung nicht mehr für den in dem Verwaltungsakt bestimmten Zweck verwendet wird (§ 49 Abs. 3 S. 1 Nr 1, 3. Alt. VwVfG) oder
- wenn mit dem Verwaltungsakt eine Auflage verbunden ist und der Begünstigte diese nicht oder nicht innerhalb einer ihm gesetzten Frist erfüllt hat (§ 49 Abs. 3 S. 1 Nr 2 VwVfG).

b) Der zu widerrufende Bewilligungsbescheid

835 Wie ausgeführt setzt ein Widerruf nach § 49 Abs. 3 VwVfG einen **rechtmäßigen** Bewilligungsbescheid voraus; in analoger Anwendung der Bestimmung kann aber auch ein **rechtswidriger Bewilligungsbescheid** widerrufen werden. Der Widerruf setzt nicht voraus, dass noch Rechtsbehelfe eingelegt werden können und ist daher auch dann möglich, wenn der Bewilligungsbescheid bestandskräftig ist. Bei einem noch nicht bestandskräftigen Bewilligungsbescheid ist aber § 50 VwVfG zu beachten (s. Rn 832).

836 Der Bewilligungsbescheid muss eine **Geldleistung** oder **teilbare Sachleistung** gewähren. Geldleistung meint jede in Geld bezifferbare Leistung und erfasst deshalb Finanzhilfen ebenso wie Verschonungssubventionen, zB eine Stundung oder Nichterhebung einer Abgabe, wenn diese durch einen Verwaltungsakt festgesetzt werden. Geld- und Sachleistung müssen zur Erfüllung eines bestimmten öffentlichen Zwecks gewährt werden. Da es sich beim VwVfG um ein allgemeines Verwaltungsverfahrensgesetz handelt, ist diese Voraussetzung weit zu verstehen[128]. Daher sind nicht nur solche Leistungen, mit denen unmittelbar oder mittelbar ein öffentlicher Zweck ver-

127 AA *Ule/Laubinger*, VerwVfR, S. 610; *Sachs*, in: SBS, VwVfG, § 48 Rn 67: zumindest analoge Anwendung von § 48 VwVfG.

128 Vgl auch Bundesregierung, Gesetzesbegründung, BT-Drs. 13/1534, S. 6.

folgt wird, sondern auch solche, bei denen die Leistung selbst der Zweck ist, unter § 49 Abs. 3 VwVfG subsumierbar[129].

Wenn ein privatrechtlicher Subventionsvertrag abgeschlossen wurde, gelten die Grundsätze des Verwaltungsprivatrechts. Die Behörde kann einen Subventionsvertrag nicht schon wegen einer Vertragsverletzung kündigen und die Rückzahlung der Subvention verlangen, sondern nur, wenn in entsprechender Anwendung des § 49 Abs. 3 VwVfG eine Zweckverfehlung vorliegt[130].

c) Der Tatbestand der Zweckverfehlung

§ 49 Abs. 3 S. 1 Nr 1, 1. Alt. VwVfG betrifft als erste Regelfallgruppe die **zweckfremde** Verwendung der Subventionsmittel. Doch sind nicht alle Subventionszwecke widerrufsrelevant, sondern nur solche, die von der Behörde vorher **ausdrücklich benannt** wurden. Das können auch mehrere Zwecke sein; dann müssen alle der benannten eingehalten werden[131]. Denn Subventionen zielen zwar auf einen bestimmten Erfolg ab, sind aber Instrumente der Verhaltenslenkung. Der Subventionsempfänger muss deshalb wissen, wie er sich verhalten soll, um in den Genuss einer Förderung zu kommen, und unter welchen Voraussetzungen er die Förderung behalten darf. § 49 Abs. 3 VwVfG setzt daher voraus, dass die maßgeblichen Subventionszwecke im Bewilligungsbescheid spezifisch festgelegt sind. Der Subventionszweck kann auch in den Subventionsrichtlinien näher bestimmt sein, wenn diese ausdrücklich Bestandteil des Bescheids wurden, der Subventionszweck hinreichend deutlich und konkret ist und der Adressat des Bescheids der Richtlinie entnehmen kann, was von ihm gefordert wird[132]. 837

§ 49 Abs. 3 S. 1 Nr 1, 2. Alt. VwVfG stellt die nicht **alsbaldige Mittelverwendung** der Zweckverfehlung gleich. Letztlich handelt es sich auch um einen Fall der Zweckverfehlung, wenn die ausgereichten Mittel nicht zeitgerecht verwendet werden. Das unbestimmte Tatbestandsmerkmal „alsbald“ wird häufig in den Subventionsrichtlinien konkretisiert (zB zwei Monate[133]). „Alsbald“ ist eine Mittelverwendung jedenfalls, wenn sie kurz nach der Auszahlung erfolgt. Auf ein Verschulden des Subventionsempfängers kommt es nicht an (keine Unverzüglichkeit iSd § 121 BGB), insbesondere ist nicht maßgeblich, ob dieser die Mittel überhaupt zweckentsprechend einsetzen konnte. Sinn des § 49 Abs. 3 S. 1 Nr 1, 2. Alt. VwVfG ist es, zu verhindern, dass der Subventionsempfänger die Mittel nicht oder interimsweise zweckfremd einsetzt und daraus Früchte zieht, die eigentlich dem Subventionsgeber zugestanden hätten, wenn dieser erst später ausbezahlt hätte[134]. Vor einem Widerruf nach § 49 Abs. 3 S. 1 Nr 1, 2. Alt. VwVfG ist als mildere Reaktionsmöglichkeit der Anspruch des Subventionsgebers auf Zinsen nach § 49a Abs. 4 VwVfG (s. Rn 891) zu prüfen. 838

§ 49 Abs. 3 S. 1 Nr 1, 3. Alt. VwVfG ermöglicht einen Widerruf, wenn die subventionszweckmäßige Verwendung der ausgereichten Subventionen **nicht dauerhaft si-** 839

129 Str, aA *Suerbaum*, VerwArch. 90 (1999), 361, 367.
130 BGH, NVwZ 2007, 246, 248.
131 Gegen die Maßgeblichkeit eines „Primärzwecks“: OVG Magdeburg v. 20.1.2011, 1 L 77/10.
132 BVerwGE 116, 332, 334.
133 OVG Weimar, NVwZ-RR 1999, 438, 439; OVG Magdeburg, NVwZ-RR 2001, 284.
134 BVerwGE 116, 332, 333 f.

chergestellt ist. Das ist der Fall, wenn der Subventionsempfänger die erhaltenen Mittel zwar zunächst zweckentsprechend einsetzt, sie später aber einer zweckfremden Verwendung zuführt. Ist dem Subventionsempfänger dagegen aufgegeben, die Mittel bloß für einen bestimmten Zeitraum zweckgerecht zu verwenden, hat ein Widerruf wegen zweckwidrigen Mitteleinsatzes während dieses Zeitraums nach § 49 Abs. 3 S. 1 Nr 1, 1. Alt. VwVfG zu erfolgen. Ist nur ein Teil der Mittel zweckwidrig verwendet worden, wird nur ein teilweiser Widerruf in Betracht kommen.

840 **Fall 64 (Rn 829)**[135]**:** Rechtsgrundlage für einen Widerrufsbescheid kann § 49 Abs. 3 S. 1 Nr 1, 3. Alt. VwVfG sein. Ein Widerrufsgrund liegt aber nicht vor: Weder der Antrag, das Insolvenzverfahren zu eröffnen, noch die Eröffnung des Gesamtvollstreckungsverfahrens bedeuten, dass der Zuwendungszweck verfehlt wird. Allein die Gefährdung der Zweckerreichung genügt nicht; vielmehr muss festgestellt werden, dass der Zuwendungszweck nicht erreicht wird oder nicht mehr erreicht werden kann. Im vorliegenden Fall kann aber nicht ausgeschlossen werden, dass das Gesamtvollstreckungsverfahren durch Einstellung wieder beendet wird, mit der Folge, dass der Betrieb weitergeführt werden kann und eine Zweckerfüllung möglich ist.[136]

841 Für § 49 Abs. 3 S. 1 Nr 2 VwVfG (Auflagenverstoß) kommt es auf den Inhalt der **Auflage** an. Gemeint ist eine Auflage iSd § 36 VwVfG. ZB kann dem Subventionsempfänger aufgegeben sein, die zweckentsprechende Verwendung des Zuschusses innerhalb einer bestimmten Frist nachzuweisen. Erbringt er den Verwendungsnachweis nicht rechtzeitig, ist eine Rückforderung möglich, ohne dass es noch darauf ankommt, ob die Mittel tatsächlich zweckentsprechend verwendet wurden. Andernfalls würde der Sinn des Nachweisverfahrens verfehlt werden, da der Subventionsempfänger sonst für einen längeren Zeitraum – möglicherweise auf Jahre hinaus – Mittel blockieren könnte[137]. Da die Auflage ein eigenständiger Verwaltungsakt ist (str), kommt es nicht darauf an, ob sie rechtmäßig ist, sofern sie bestandskräftig und nicht nichtig ist[138]. Die Rechtswidrigkeit einer Auflage wird aber im Rahmen des Widerrufermessens zu berücksichtigen sein. Auch hier ist Verschulden keine Voraussetzung[139].

842 **Fall 65 (Rn 830)**[140]**:** Rechtsgrundlage für einen Widerrufsbescheid kann § 49 Abs. 3 S. 1 Nr 1 oder Nr 2 VwVfG sein. Das würde insbesondere voraussetzen, dass der Bewilligungsbescheid rechtmäßig war, der Förderzweck im Bewilligungsbescheid konkretisiert, die Leistung aber nicht dem Zweck entsprechend verwendet oder die mit der Bewilligung verbundene Auflage nicht erfüllt wurde. Hier liegen beide Widerrufsvoraussetzungen vor. Der Bewilligungsbescheid ist rechtmäßig: Ungeachtet der Frage, ob ein Zuschuss auch bei einem Einzug von Ordensschwestern in die Wohnungen nach den Förderrichtlinien zulässig war, war zum Zeitpunkt der Bewilligung jedenfalls nicht absehbar, dass Ordensangehörige in die Wohnungen einziehen würden. Durch den Verweis auf die Förderrichtlinien wurde

---

135 OVG Greifswald, NVwZ-RR 2002, 805 ff.

136 Anders zB, wenn Mittel für einen Dauerarbeitsplatz bewilligt wurden, der Geschäftsbetrieb aber eingestellt wurde: BVerwG v. 26.2.2015, 3 C 8.14.

137 VGH Mannheim, NVwZ 1987, 520; OVG Münster, NVwZ-RR 2003, 803, 805; OVG Magdeburg, NVwZ 2000, 585, 586; OVG Berlin-Brandenburg v. 15.2.2018, OVG 6 B 5.16.

138 *Suerbaum*, VerwArch. 90 (1999), 361, 371; *Sachs*, in: SBS, VwVfG, § 49 Rn 53.

139 OVG Lüneburg Az. 8 LA 123/12.

140 VGH München, Urteil v. 9.4.2002 – 24 B 00.2744.

auf den Förderzweck Bezug genommen und dieser Inhalt des Bewilligungsbescheids. Zweck der Subvention war es, zur Verbesserung der Attraktivität der Pflegeberufe Wohnungen für Pflegekräfte zu schaffen, die an Krankenhäusern beschäftigt sind. Begünstigt werden sollten mit der Förderung also nicht der Zuwendungsempfänger oder der Bauherr, sondern die Pflegekräfte, deren Einkommen die in den Förderrichtlinien bestimmten Grenzen nicht überschreitet. Dieser Förderzweck wurde mit der Belegung der Wohnungen durch Ordensschwestern verfehlt: Ordenskrankenschwestern gehören nicht zu dem vom Richtliniengeber begünstigten Personenkreis, weil sie als Ordensangehörige für die Wohnkosten nicht selbst aufkommen müssen. Für eine Unterbringung der Ordensangehörigen hat der Orden zu sorgen. Nutznießer der Subvention wäre somit der Orden, und nicht die Wohnungsinhaber. Der Richtliniengeber will aber nur dem Krankenhausträger Fördermittel zukommen lassen, der Pflegekräfte beschäftigt, die aus ihrem Einkommen aus dem Beschäftigungsverhältnis die Wohnungen selbst bezahlen müssen.

d) Das intendierte Widerrufsermessen

§ 49 Abs. 3 VwVfG räumt der Behörde für den Widerruf ein Ermessen ein. Die Rechtsprechung geht davon aus, dass § 49 Abs. 3 VwVfG ein sog. gelenktes bzw **intendiertes Ermessen** zugrunde liegt. Von einem intendierten Ermessen spricht man, wenn im Gesetz selbst eine Ermessenausübung für den Regelfall angelegt ist. Das Ergebnis der Abwägung steht dann regelmäßig schon fest. Um eine gegenteilige Entscheidung zu rechtfertigen, müssen besondere Gründe vorliegen[141]. Das intendierte Ermessen in § 49 Abs. 3 VwVfG wird damit begründet, dass bei der Aufstellung und Ausführung des Haushaltsplans die Grundsätze der Wirtschaftlichkeit und Sparsamkeit zu beachten sind (§ 7 Abs. 1 BHO/LHO und § 6 Abs. 1 HGrG). Daraus folgt, dass bei Verfehlung des mit der Gewährung von öffentlichen Zuschüssen verfolgten Zwecks im Regelfall das Ermessen nur durch eine Entscheidung für den Widerruf fehlerfrei ausgeübt werden kann. Diese Haushaltsgrundsätze überwiegen im Allgemeinen das Interesse des Begünstigten, den Zuschuss behalten zu dürfen, und verbieten einen großzügigen Verzicht auf den Widerruf von Subventionen[142]. Allerdings bleibt der Behörde auch beim intendierten Ermessen ein Ermessensspielraum, eine Ermessensreduzierung auf Null liegt gerade nicht vor. Die entscheidende Behörde muss daher erkennen, dass ihr ein – wenngleich gelenkter – Ermessensspielraum zusteht. Sie darf sich nicht von vornherein zum Widerruf verpflichtet halten[143]. Die Behörde muss keine Ermessenserwägungen anstellen, solange ihr keine besonderen Umstände des Falles erkennbar oder bekannt geworden sind, die eine andere Entscheidung möglich erscheinen lassen[144]. 843

Fall 66 (Rn 831)[145]: Grundsätzlich hat die Behörde, wenn ihr Ermessen eingeräumt ist, dieses ordnungsgemäß auszuüben und in der Begründung ihre Ermessenserwägungen anzugeben (§§ 39 Abs. 1 S. 3, 40 VwVfG). Fehlt die Begründung, liegt ein Verfahrensfehler vor, 844

141 Kritisch zum intendierten Ermessen: *Volkmann*, DÖV 1996, 282 ff.
142 BVerwGE 105, 55, 57; OVG Münster, NVwZ-RR 2003, 473; VGH München, NVwZ 2001, 931, 933.
143 OVG Bautzen, SächsVBl 2004, 157, 159.
144 OVG Magdeburg, LKV 2000, 545, 546; VGH Mannheim v. 7.4.2014, 10 S 870/13.
145 BVerwGE 105, 55, 57.

der zur Rechtswidrigkeit des Verwaltungsakts führt. Das ist aber nicht bei einem sog. intendierten Ermessen wie in § 49 Abs. 3 VwVfG der Fall. Denn liegt ein vom Regelfall abweichender Sachverhalt nicht vor, versteht sich das Ergebnis der Abwägung von selbst. Versteht sich aber das Ergebnis von selbst, so bedarf es insoweit auch keiner das Selbstverständliche darstellenden Begründung.

e) Der Adressat des Widerrufsbescheids

845 Ein Widerrufsbescheid kann an den Adressaten des Bewilligungsbescheids oder an einen anderen Subventionsbegünstigten gerichtet werden. Der andere muss aber durch den Bewilligungsbescheid in den Kreis der **Begünstigten** einbezogen worden sein. Das ist zB der Fall, wenn dem Adressaten eines Bewilligungsbescheids aufgegeben wurde, die Subvention an einen Dritten weiterzuleiten. Begünstigter ist ein Dritter aber noch nicht allein deshalb, weil die Forderung aus dem Subventionsverhältnis – zB an eine Bank – abgetreten wird. Auch durch die Auszahlung der Fördermittel auf ein Konto des Abtretenden wird die kontoführende Bank nicht in den Adressatenkreis für einen Widerrufsbescheid einbezogen[146]. Begünstigter kann aber der Rechtsnachfolger des Adressaten des Bewilligungsbescheids sein[147].

f) Der Inhalt des Widerrufsbescheids

846 Die Behörde kann den Bewilligungsbescheid **ex tunc** oder **ex nunc**, **teilweise** oder **ganz** widerrufen. § 49 Abs. 3 VwVfG lässt einen Widerruf nur „dem Grunde nach", wobei der Umfang des Widerrufs einem weiteren Bescheid vorbehalten sein soll, nicht zu[148].

g) Die Widerrufsfrist

847 § 49 Abs. 3 S. 2 VwVfG verweist auf § 48 Abs. 4 VwVfG („gilt entsprechend"). Nach § 48 Abs. 4 S. 1 VwVfG ist die Rücknahme eines begünstigenden Verwaltungsakts nur innerhalb eines Jahres seit dem Zeitpunkt, in dem die zuständige Behörde Kenntnis **von Tatsachen** erhalten hat, welche die Rücknahme eines (rechtswidrigen) Verwaltungsakts rechtfertigen, möglich.

§ 48 Abs. 4 S. 1 VwVfG ist eine **Entscheidungsfrist**. Das heißt, dass die Frist erst dann zu laufen beginnt, wenn die Behörde ohne weitere Sachaufklärung objektiv in der Lage ist, unter sachgerechter Ausübung ihres Ermessens über den Widerruf/die Rücknahme des Verwaltungsakts zu entscheiden.

Soll ein **rechtmäßiger Bewilligungsbescheid** widerrufen werden, steht der Fristbeginn unter der Bedingung, dass der Behörde sämtliche für die Widerrufsentscheidung erheblichen Tatsachen vollständig bekannt sind. Hierzu gehören die für die Ermessensausübung wesentlichen Umstände. Die Behörde muss sich also der Notwendigkeit, über den Widerruf entscheiden zu müssen, bewusst sein, zB muss sie auch Kenntnis über die Verwaltungsaktqualität des Bewilligungsbescheids haben[149].

---

146 OVG Frankfurt/O., NVwZ-RR 2002, 479, 480; OVG Magdeburg, NVwZ-RR 2001, 214; BVerwG, NVwZ-RR 2000, 196.

147 *Ehlers*, GewArch. 1999, 305, 314.

148 BVerwG, NVwZ 2001, 556.

149 OVG Münster, NVwZ-RR 2010, 630.

Nach der Rechtsprechung des BVerwG meint die Kenntnis der Behörde iSv § 48 Abs. 4 VwVfG eine sog. **positive Kenntnis**. Es soll nicht genügen, dass die eine Aufhebung der Subvention rechtfertigenden Tatsachen aus den Akten ersichtlich sind, weil der Behörde die Jahresfrist zur sachgerechten Entscheidung über den Widerruf eingeräumt ist und deshalb nicht in Lauf gesetzt werden soll, bevor sich die Behörde der Notwendigkeit bewusst geworden ist, über den Widerruf entscheiden zu müssen. Positive Kenntnis soll die Behörde erst erlangen, wenn der nach der innerbehördlichen Geschäftsverteilung zur Rückforderung oder zur Überprüfung der Subvention berufene Amtswalter die die Aufhebung des Bewilligungsbescheids rechtfertigenden Tatsachen feststellt. Diese Rechtsprechung ist aber abzulehnen, weil die Behörde mit der Aktenkundigkeit bereits im Besitz der relevanten Informationen ist und somit entscheiden kann[150]. Die Jahresfrist ist auch eine Schutzfrist des Bürgers: Dieser kann das Vorliegen einer positiven Kenntnis des zuständigen Amtswalters aber nicht beurteilen, der Fristbeginn wäre also unsicher. Diese Auslegung des § 48 Abs. 4 VwVfG – wie sie die Rechtsprechung unternimmt – ist auch für den Zweck der Fristsetzung, nämlich Rechtssicherheit herzustellen, kontraproduktiv. Im Übrigen muss Aktenkundigkeit der Informationen schon deshalb ausreichen, weil Organisation und Geschäftsverteilung Angelegenheit der Behörde sind. **848**

6. Der Widerruf von rechtmäßig bewilligten Subventionen aus anderen Gründen

a) Anwendungsbereich des Widerrufs nach § 49 Abs. 2 VwVfG

§ 49 Abs. 3 VwVfG enthält für die Aufhebung von Bewilligungsbescheiden eine spezielle Rechtsgrundlage; das schließt einen Rückgriff auf § 49 Abs. 2 VwVfG aber nicht aus[151]. Allerdings ist Abs. 3 nicht nur eine weitere Fallgruppe von § 49 Abs. 2 VwVfG. Während diese Bestimmung nur einen Widerruf für die Zukunft zulässt, ermöglicht § 49 Abs. 3 VwVfG auch einen Widerruf für die Vergangenheit (zur Bedeutung für den Erstattungsanspruch s. Rn 885). **849**

Für einen Widerruf nach § 49 Abs. 2 VwVfG ist Voraussetzung, dass der Bewilligungsbescheid begünstigend ist. Begünstigend ist ein Verwaltungsakt, wenn er ein Recht oder einen rechtlich erheblichen Vorteil begründet oder bestätigt (§ 48 Abs. 1 S. 2 VwVfG). Das ist im Zwei-Personen-Verhältnis zwischen Subventionsgeber und Subventionsempfänger regelmäßig unproblematisch. Für den Konkurrenten eines Subventionsempfängers kann sich eine Subventionsbewilligung indes als belastender VA darstellen. Wie aus § 50 VwVfG zu entnehmen ist, ist der Bewilligungsbescheid gleichwohl als begünstigender VA zu behandeln. Anders liegt es nur, wenn einzelne Nebenbestimmungen aufgehoben werden sollen, die lediglich gegenüber einem Betroffenen Rechtswirkungen entfalten. Dann kommt es darauf an, inwieweit die Nebenbestimmung diesem gegenüber begünstigend oder belastend ist. **850**

150 Vgl zu Abgrenzungsproblemen: OVG Frankfurt/O., NVwZ-RR 2002, 479, 483.
151 *Kopp/Ramsauer*, VwVfG, § 49 Rn 62.

b) Die Widerrufsgründe des § 49 Abs. 2 VwVfG

851 Ein Widerruf auf der Grundlage von § 49 Abs. 2 VwVfG ist aus fünf Gründen möglich (vgl auch ▶ **Klausurenkurs Fall Nr 17**). Nach § 49 Abs. 2 S. 1 Nr 1 VwVfG ist ein Widerruf zulässig, wenn er durch **Rechtsvorschrift zugelassen** oder im **Verwaltungsakt vorbehalten** ist. Eine Rechtsvorschrift iSd Bestimmung ist jedes materielle Gesetz (Parlamentsgesetz, Rechtsverordnung, Satzung), weil der Vorbehalt Rechtswirkung gegenüber dem Subventionsempfänger haben muss. Ausgeschlossen ist daher ein Widerruf unmittelbar aufgrund einer Bestimmung in einer Verwaltungsvorschrift[152]. Auch eine Rechtsprechungsänderung erfüllt den Tatbestand nicht. Ferner gibt ein Widerrufsvorbehalt iSv § 36 Abs. 2 Nr 3 VwVfG der Behörde die Befugnis, bei Vorliegen bestimmter, im Bewilligungsbescheid selbst näher bezeichneter Umstände, diesen ganz oder teilweise zu widerrufen und dadurch seine Wirksamkeit zu beenden. Bei einem Widerrufsvorbehalt in den Subventionsrichtlinien muss im Bewilligungsbescheid hierauf Bezug genommen worden sein.

Beispiel: Der Widerruf von Fördermitteln des Landes ist für den Fall vorbehalten, dass der Bund Finanzhilfen nach dem Strukturhilfegesetz nicht gewährt oder kürzt. Tritt dieser Fall ein, kann das Land die Förderung widerrufen. Bei der Verteilung der Restmittel kommt dem Land ein Ermessensspielraum zu. Es ist nicht zu einer gleichmäßigen Kürzung aller Mittel für geförderte Maßnahmen verpflichtet[153].

852 § 49 Abs. 2 S. 1 Nr 2 VwVfG (**Nichterfüllung einer Auflage**) kommt angesichts § 49 Abs. 3 S. 1 Nr 2 VwVfG (s. Rn 841) keine eigenständige Bedeutung zu.

853 § 49 Abs. 2 S. 1 Nr 3 VwVfG ermöglicht einen Widerruf bei **Änderung der Sachlage**, vorausgesetzt die Behörde wäre auf Grund nachträglich eingetretener Tatsachen berechtigt, den Verwaltungsakt nicht zu erlassen und das öffentliche Interesse wäre ohne den Widerruf gefährdet. Eine Änderung der Sachlage liegt vor, wenn Tatsachen, die im Zeitpunkt des Erlasses des früheren Bescheides vorlagen und für die behördliche Entscheidung objektiv bedeutsam waren, nachträglich wegfallen oder wenn neue, für die Entscheidung erhebliche Tatsachen nachträglich eintreten. Die Sachlage kann sich zB ändern, wenn inzwischen neue naturwissenschaftliche Erkenntnisse gewonnen wurden[154].

854 Im Einzelfall zu klären ist, ob die Veränderung der Haushaltslage der öffentlichen Hand eine neue Tatsache im Sinne dieser Vorschrift ist oder ob es sich – angesichts der andauernden Haushaltskrise in Bund, Ländern und Kommunen – lediglich um eine neue Beurteilung der letztlich unverändert gebliebenen Verhältnisse darstellt[155]. Für einen Widerruf wegen Änderung der Sachlage wird man zumindest eine erhebliche und unerwartete Verschlechterung der Haushaltslage fordern müssen. Außerdem muss das öffentliche Interesse ohne Widerruf gefährdet sein. Die sparsame Verwendung öffentlicher Mittel ist zwar im öffentlichen Interesse (vgl § 6 HGrG, § 7 BHO)[156]; zu beachten ist aber, dass die Rückforderung nicht nur im öffentlichen Inte-

152 Offen gelassen: OVG Bautzen, NJW 2000, 1057, 1059.
153 OVG Lüneburg, DÖV 1999, 564 ff.
154 BVerfG, NVwZ 2002, 718, 719.
155 In diesem Sinne etwa: OVG Bautzen, NJW 2000, 1057, 1059.
156 BVerwG, DÖV 1986, 202.

resse liegen, sondern dass das öffentliche Interesse ohne den Rückruf gefährdet sein muss. Folglich hat der widerrufende Subventionsgeber einen drohenden Schadenseintritt für ein wichtiges Gemeinschaftsgut anzuführen, zB eine mangelnde finanzielle Leistungsfähigkeit. Das kann etwa anzunehmen sein, wenn es um eine Vielzahl von Fällen oder um hohe Summen in Einzelfällen geht[157].

Für einen Widerruf nach § 49 Abs. 2 S. 1 Nr 4 VwVfG müssen drei Voraussetzungen erfüllt sein: Erstens hätte die Behörde auf Grund einer **geänderten Rechtsvorschrift** berechtigt gewesen sein müssen, den Bewilligungsbescheid nicht zu erlassen. Erforderlich ist, dass ein materielles Gesetz geändert worden ist, die Änderung einer Verwaltungsvorschrift genügt hingegen nicht. Zweitens darf der Subventionsempfänger von der Vergünstigung noch keinen Gebrauch gemacht oder auf Grund des Verwaltungsaktes noch keine Leistungen empfangen haben. Der Subventionsempfänger hat von der ausgezahlten Leistung noch nicht schon deshalb Gebrauch gemacht, weil er sie erhalten hat. Vielmehr ist die Widerrufsmöglichkeit dem Wortlaut nach erst ausgeschlossen, wenn er sie investiert, anderweitig einsetzt oder verplant. Drittens muss ohne den Widerruf das öffentliche Interesse gefährdet sein (s. Rn 868). **855**

Restriktiv auszulegen ist § 49 Abs. 2 S. 1 Nr 5 VwVfG, der einen Widerruf zur Verhütung oder Vermeidung **schwerer Nachteile für das Gemeinwohl** zulässt. Die Bestimmung enthält eine Art „Notstandsrecht" des Staates und ist Ausdruck eines Rechtsverständnisses, wonach das individuelle Interesse eines Bürgers in dringenden Fällen hinter dem Gemeinwohlinteresse zurückzustehen hat. Das können Katastrophenfälle oder ähnliche außergewöhnliche Umstände sein, nicht aber bloße Haushaltsinteressen des Staates[158]. **856**

c) Besondere Vorgaben bei einem Widerruf nach § 49 Abs. 2 VwVfG

Erfolgt der Widerruf auf der Grundlage von § 49 Abs. 2 VwVfG, sind drei Vorgaben besonders zu beachten: Erstens gilt für einen Widerruf nach § 49 Abs. 2 VwVfG die **Entscheidungsfrist** des § 48 Abs. 4 VwVfG (s. Rn 847 f). **857**

Zweitens bestimmt § 49 Abs. 5 VwVfG, dass nach Unanfechtbarkeit des Bewilligungsbescheids die nach **§ 3 VwVfG zuständige Behörde** über den Widerruf entscheidet, und zwar auch dann, wenn der zu widerrufende Verwaltungsakt von einer anderen Behörde erlassen worden ist. Die Zuständigkeit richtet sich also nach der im Zeitpunkt des Widerrufs bestehenden Sachlage und den dann geltenden Rechtsvorschriften. **858**

Zu beachten ist drittens, dass ein Widerruf in den Fällen des § 49 Abs. 2 Nr 3–5 VwVfG zu einem **Entschädigungsanspruch** des Subventionsempfängers führen kann (§ 49 Abs. 6 VwVfG). Danach hat die Behörde den Betroffenen auf Antrag für den Vermögensnachteil zu entschädigen, den dieser dadurch erleidet, dass er auf den Bestand des Verwaltungsaktes vertraut hat, soweit sein Vertrauen schutzwürdig ist. **859**

Soweit Eigentumsrechte betroffen sind, ist § 49 Abs. 6 VwVfG eine verfassungsrechtlich gebotene Eigentumsinhaltsbestimmung iSv Art. 14 Abs. 1 und 2 GG. Eine Entschädigung kommt

157 VGH Kassel, NVwZ-RR 1999, 798, 801.
158 OVG Berlin, NVwZ-RR 1988, 6, 8 f; *Kopp/Ramsauer*, VwVfG, § 49 Rn 56.

aber auch dann in Betracht, wenn eine Eigentumsposition nicht betroffen ist, dh als schlichte Billigkeitsentschädigung für enttäuschtes Vertrauen.

860 Der Entschädigungsanspruch ist kein Schadensersatzanspruch. Weil sich die Höhe nach dem Vertrauen des Betroffenen richtet, sind weder der entgangene Gewinn noch immaterielle Nachteile auszugleichen. Im Übrigen verweist das Gesetz auf § 48 Abs. 3 S. 3–5 VwVfG. Eine Behörde kann nicht Antragstellerin nach § 49 Abs. 6 VwVfG sein, weil sie kein schutzwürdiges Vertrauen bilden kann[159].

Die Ausführungen lassen zugleich klar werden, weshalb ein Entschädigungsanspruch im Fall eines Widerrufsvorbehalts und einer Auflage (§ 49 Abs. 2 Nr 1 und 2 VwVfG) ausgeschlossen ist: Das Vertrauen ist nicht schutzwürdig, weil der Subventionsempfänger in diesen Alternativen mit dem Widerruf rechnen muss.

d) Weitere Widerrufstatbestände

861 Innerhalb des VwVfG sind § 49 Abs. 2 und 3 VwVfG abschließend. Sofern es keine besonderen Rechtsgrundlagen in spezielleren Gesetzen gibt, kann ein Widerruf auf keine weiteren Gründe gestützt werden.

Insbesondere kommt der allgemeine Rechtsgrundsatz des **Wegfalls der Geschäftsgrundlage** daneben nicht zum Tragen[160].

§ 49 Abs. 1 VwVfG hat im Subventionsrecht keine Bedeutung, weil Subventionen begünstigende Bescheide sind.

Ist noch kein Bewilligungsbescheid ergangen, sondern lediglich die **Zusicherung** zum Erlass einer Subventionsbewilligung (§ 38 VwVfG), gilt zwar auch § 49 VwVfG, die Fallgruppen in Abs. 2 Nr 3 und 4 werden nach § 38 Abs. 3 VwVfG jedoch insoweit modifiziert, als die Behörde an die Zusicherung nicht mehr gebunden ist, wenn sich die Sach- oder Rechtslage nach Abgabe der Zusicherung derart geändert hat, dass sie bei Kenntnis der nachträglich eingetretenen Änderung die Zusicherung nicht gegeben hätte oder aus rechtlichen Gründen nicht hätte geben dürfen.

7. Die Rücknahme von rechtswidrig bewilligten Subventionen

862 **Fall 67:** Um die Überproduktion von Milch im Binnenmarkt abzubauen, werden Subventionen für die Umstellung von Milchkuhbeständen auf Viehbestände zur Schlachtung gewährt. Die Höhe der Subvention bemisst sich nach der Nichtvermarktung von Milch und Milcherzeugnissen von Milchkühen. Landwirt L beantragt bei der Bezirksregierung eine Prämie für den Verzicht auf die Vermarktung von Milch und Milcherzeugnissen. Unmittelbar nach Antragstellung teilt L der Landwirtschaftskammer, die für die Entgegennahme der Anträge zuständig ist, mit, dass er – bereits vor Antragstellung – 10 Kühe verkauft und dafür 10 neue Kühe gekauft habe. Die Landwirtschaftskammer schreibt L, dass diese Angaben für die Subventionsbewilligung nicht relevant seien. Nachdem die Bezirksregierung erfahren hat, dass L zehn Milchkühe verkauft und 10 Schlachtkühe gekauft hat, will sie den Bescheid zurücknehmen.

159 VG Minden, NVwZ-RR 2000, 269.
160 AA OVG Bautzen, NJW 2000, 1057, 1059.

Fall 68: R ist Mitglied des Wohlfahrtsverbandes W. W erwirbt ein Hausgrundstück und überlässt es R für den Betrieb einer Wohlfahrtseinrichtung. R beantragt bei der Stiftung für Wohlfahrtspflege des Landes L, die für ihre großzügige Subventionspraxis bekannt ist, eine Zuwendung zum Erwerb und Umbau dieses Hausgrundstücks. Die Stiftung gewährt die Subvention, weil sie den Antrag des R so versteht, dass dieser das Hausgrundstück von W noch erwerben wolle. Tatsächlich hatte R diese Absicht nie, sondern meinte den Erwerb durch W. 863

a) Anwendungsbereich des § 48 VwVfG

864 Ein **rechtswidriger Bewilligungsbescheid** kann auf der Grundlage von § 48 Abs. 1 S. 1 VwVfG zurückgenommen werden. Die Rechtswidrigkeit eines Bewilligungsbescheids kann sich aus der **Verletzung einer Rechtsnorm** ergeben, vorausgesetzt, es liegt kein wegen offenbarer Unrichtigkeit berichtigter (§ 42 VwVfG) oder geheilter (§ 45 VwVfG) Fehler vor. Handelt es sich um einen unbeachtlichen Form-, Zuständigkeits- oder Verfahrensfehler, kann der Bescheid zwar zurückgenommen werden, der Einzelne hat hierauf aber keinen Anspruch (§ 46 VwVfG)[161]. Der Bewilligungsbescheid kann ferner wegen **fehlerhafter Anwendung der Subventionsrichtlinien** rechtswidrig sein, soweit diese über den Gleichheitssatz und den Vertrauensschutzgrundsatz Bindungswirkung entfalten. Nicht erforderlich ist, dass zugleich subjektive Rechte Dritter verletzt werden, so dass ein Bewilligungsbescheid auch dann rechtswidrig ist, wenn die Behörde von den Subventionsrichtlinien abweicht und im Einzelfall zugunsten eines Antragstellers eine Subvention bewilligt[162] (s. Rn 793).

865 Nach hM muss die Rechtswidrigkeit **von Anfang an**, dh grds. zum Zeitpunkt der letzten Behördenentscheidung bzw der Widerspruchsentscheidung über den Bewilligungsbescheid (§ 79 Abs. 1 VwGO), bestanden haben. Umstritten ist, wie bei einer späteren Änderung der Sach- oder Rechtslage zu verfahren ist[163] (vgl a. ▶ **Klausurenkurs Fall Nr 17**). Richtigerweise ist der Fall des ursprünglich rechtmäßigen, aber rechtswidrig gewordenen Verwaltungsakts in § 49 Abs. 2 S. 1 Nr 3 und 4 VwVfG (Änderung der Sach- und Rechtslage) geregelt. Nur ein ursprünglich rechtmäßiger Bescheid, der nachträglich rückwirkend rechtswidrig geworden ist, ist nach § 48 VwVfG zurückzunehmen[164]. Ein ursprünglich rechtswidriger Verwaltungsakt, der nachträglich rechtmäßig geworden ist, kann schon aus Gründen der Verhältnismäßigkeit nur bei Vorliegen der Voraussetzungen des § 49 VwVfG (s. Rn 832 ff) widerrufen werden[165].

866 Für die Rücknahme eines begünstigenden Verwaltungsakts müssen ferner die Voraussetzungen des § 48 Abs. 2 VwVfG vorliegen (vgl § 48 Abs. 1 S. 2 VwVfG). Wie

---

161 Allerdings soll die Möglichkeit der Rücknahme beschränkt sein; zB ist von einer Rücknahme abzusehen, wenn ein VA mit identischem Inhalt ergehen müsste; anders wenn ein fehlerfreies Verwaltungsverfahren von erheblicher Bedeutung ist: Übersicht mwN bei *Schwarz*, in: Fehling/Kastner/Störmer, VerwR, § 46 Rn 35.

162 BVerwG, NVwZ 2003, 1384; ThürOVG, 2 KO 433/03 v. 27.4.2004.

163 Vgl nur *Schenke*, BayVBl 1990, 107, 108 einerseits und *Dickersbach*, GewArch. 1993, 177, 179 andererseits jeweils mwN.

164 BVerwGE 82, 98, 99 (Zurückstellung eines Wehrpflichtigen).

165 *Sachs*, in: SBS, VwVfG, § 48 Rn 65.

sich aus § 50 VwVfG ergibt, ist der Bewilligungsbescheid auch dann nach den Regeln über die Rücknahme begünstigender Verwaltungsakte zu behandeln, wenn er aus Sicht des Konkurrenten belastend ist (s. Rn 850). Dafür spricht ferner, dass § 48 Abs. 1 S. 1 VwVfG keinen Spielraum gibt, um das Vertrauen des begünstigten Subventionsempfängers berücksichtigen zu können.

b) Zum Vertrauensschutz in § 48 Abs. 2 VwVfG

867 Nach § 48 Abs. 2 S. 2 VwVfG ist das Vertrauen des Subventionsempfängers nur unter zwei Voraussetzungen zu berücksichtigen. Erstens muss dieser auf den Bestand des Verwaltungsaktes **tatsächlich vertraut** haben. Der Subventionsempfänger hat auf den Bewilligungsbescheid vertraut, wenn er fest damit gerechnet hat, dass dieser Bestand haben wird. Zweitens muss sein Vertrauen unter Abwägung mit dem öffentlichen Interesse an einer Rücknahme **schutzwürdig** sein. Es sind also das öffentliche und das private Interesse einander gegenüberzustellen und abzuwägen.

868 Das **öffentliche Interesse** liegt insbesondere in der Gesetzmäßigkeit der Verwaltung und damit der Erhaltung oder Wiederherstellung eines rechtmäßigen Zustands, ferner in der sparsamen Verwendung öffentlicher Mittel und in der Vermeidung rechtsgrundloser Ausgaben. Bei einem rechtswidrigen Verwaltungsakt mit Dauerwirkung überwiegt regelmäßig das Interesse der Allgemeinheit an der Aufhebung – jedenfalls mit Wirkung für die Zukunft[166]. Ein besonders großes Gewicht kommt dem öffentlichen Rücknahmeinteresse zu, wenn es um die Durchsetzung der unionsrechtlichen Wettbewerbsordnung geht (s. Rn 897)[167].

869 Das **Vertrauen des Subventionsempfängers** ist nur schutzwürdig, wenn er dieses in irgendeiner Weise manifestiert hat, den Bewilligungsbescheid **„ins Werk“** gesetzt hat. § 48 Abs. 2 S. 2 VwVfG bestimmt den für das Subventionsrecht besonders wichtigen Fall, dass das Vertrauen in der Regel schutzwürdig ist, wenn der Begünstigte gewährte Leistungen verbraucht oder eine Vermögensdisposition getroffen hat, die er nicht mehr oder nur unter unzumutbaren Nachteilen rückgängig machen kann.

870 Auf Vertrauen kann sich der Begünstigte nicht berufen, wenn er den Verwaltungsakt durch **arglistige Täuschung, Drohung oder Bestechung erwirkt** hat (§ 48 Abs. 2 S. 3 Nr 1 VwVfG). Aus der Formulierung ergibt sich, dass ein auf die unrichtige Subventionsbewilligung zweck- und zielgerichtetes Handeln vorliegen muss. Unbeabsichtigtes Handeln scheidet aus. Außerdem müssen die Angaben in diesem Sinne entscheidungserheblich gewesen sein. Dabei muss sich die Kausalität auf die Fehlerhaftigkeit des Verwaltungsakts, nicht auf den Erlass als solchen beziehen[168]. Arglistig ist eine Täuschung, wenn der Täuschende damit rechnet und billigend in Kauf nimmt, dass die Behörde aufgrund der Täuschung irren wird und deshalb und insoweit es die Täuschung betrifft, den Bewilligungsbescheid erlassen wird[169].

871 Auf Vertrauen kann sich der Subventionsempfänger ferner nicht berufen, wenn er den Bewilligungsbescheid durch **Angaben erwirkt hat, die in wesentlicher Beziehung**

166 Ausdrücklich § 48 SGB X.
167 BVerwGE, 92, 81, 86.
168 VGH München, NVwZ 2001, 931, 932.
169 OVG Bautzen, SächsVBl 1994, 269, 270 zu einer beamtenrechtlichen Ernennung.

unrichtig oder unvollständig waren. Wie zu § 48 Abs. 2 S. 3 Nr 1 VwVfG muss der Betreffende zweck- und zielgerichtet gehandelt haben und die Angaben müssen entscheidungserheblich gewesen sein. Allerdings genügt eine objektive Unrichtigkeit der Angaben; auf ein Verschulden kommt es nicht an[170]. Dann ist unter Berücksichtigung sämtlicher Umstände des Einzelfalls darauf abzustellen, in wessen Sphäre die unrichtigen oder unterbliebenen Angaben fallen. Auf der einen Seite hat die Behörde nach § 24 VwVfG die Verfahrensherrschaft und den Sachverhalt von Amts wegen zu ermitteln und gemäß § 25 Abs. 1 VwVfG soll sie die Abgabe von Erklärungen anregen, wenn sie offensichtlich nur versehentlich oder aus Unkenntnis unterblieben oder unrichtig abgegeben oder gestellt worden sind. Auf der anderen Seite bedeutet das aber nicht, dass der Subventionsempfänger nur zu offenbaren braucht, was ihn die Behörde fragt, weil ihm nach § 26 Abs. 2 VwVfG eine Mitwirkungspflicht zukommt. Auch besteht Vertrauensschutz noch nicht deshalb, weil die Behörde auf Angaben nicht angewiesen war oder von Amts wegen hätte ermitteln müssen. Die Unvollständigkeit eines Bescheids hat der Antragsteller aber dann nicht zu vertreten, wenn der Antrag auf amtlichem Formblatt einzureichen ist, das von der Behörde herausgegebene Formular unvollständig ist und der Antragsteller die Wesentlichkeit der fehlenden Angabe nicht beurteilen kann[171].

Fall 67 (Rn 862)[172]**:** Fraglich ist, ob das Vertrauen des L schutzwürdig war, obgleich er die Milch- gegen Schlachtkühe ausgetauscht hat. Das Vertrauen wäre nach § 48 Abs. 2 S. 3 Nr 2 VwVfG nicht schutzwürdig, wenn L den Bewilligungsbescheid durch Angaben erwirkt hätte, die in wesentlicher Beziehung unrichtig oder unvollständig waren. Abzustellen ist also darauf, in wessen Verantwortungssphäre es fällt, wenn bestimmte Angaben unterbleiben. Hier hat die Behörde auf bestimmte Informationen erkennbar keinen Wert gelegt. Dann kann der Subventionsempfänger durch seine unklare Auskunft nicht die Tatbestandsmerkmale des § 48 Abs. 2 S. 3 Nr 2 VwVfG erfüllen. Nicht entscheidend ist, dass die Landwirtschaftskammer die Erklärung abgegeben hat. Da sich die Staatsbehörden für die Entgegennahme von Anträgen Stellen außerhalb der Staatsverwaltung bedient haben, müssen sie sich deren Verhalten zurechnen lassen. 872

Schließlich kann sich der Begünstigte auf Vertrauensschutz nicht berufen, wenn er die Rechtswidrigkeit des Verwaltungsaktes **kannte oder infolge grober Fahrlässigkeit nicht kannte** (§ 48 Abs. 2 S. 3 Nr 3 VwVfG). Als grobe Fahrlässigkeit ist es anzusehen, wenn die gebotene Sorgfalt in besonders schwerer Weise verletzt worden ist, insbesondere einfachste, ganz naheliegende Überlegungen nicht angestellt wurden. Eine grobe Fahrlässigkeit kann zB vorliegen, wenn der Subventionsempfänger Verhaltenspflichten vernachlässigt hat, die ihm mit dem Bewilligungsbescheid auferlegt wurden[173]. 873

Fall 68 (Rn 863)[174]**:** Ein Widerruf kommt nach § 48 Abs. 1 S. 1, Abs. 2 VwVfG in Betracht. Fraglich ist, ob das Vertrauen des R in den Bestand des Bewilligungsbescheides 874

170 BVerwG 74, 357, 364.
171 BVerwGE 10, 12, 15; 95, 213, 226 f.
172 BVerwGE 88, 278 ff.
173 OVG Bautzen, SächsVBl 1998, 288, 291.
174 OVG Münster, NVwZ-RR 1997, 585 ff.

schutzwürdig ist. Der Vertrauensschutz entfällt nach § 48 Abs. 2 S. 3 Nr 2 VwVfG nicht schon deshalb, weil R eine eindeutige und unmissverständliche Stellungnahme zu seiner Erwerbsabsicht vermieden hat. Diese gesetzliche Alternative greift nur, wenn der Begünstigte entscheidungserhebliche Umstände verschwiegen hat, von deren Nichtvorliegen die bewilligende Behörde erkennbar ausgeht, oder wenn er trotz rechtlicher Verpflichtung oder behördlicher Aufforderung Angaben zu einem bestimmten entscheidungserheblichen Punkt unterlässt. Davon kann hier aber nicht ausgegangen werden, zumal die Vergabepraxis der Stiftung bislang großzügig war und Erwerbe auch rückwirkend gefördert wurden. Es liegt auch keine Irreführung iSd § 48 Abs. 2 S. 3 Nr 1 VwVfG vor. Schließlich wird R nicht in Bezug auf die Fehlinterpretation der Stiftung Kenntnis oder grob fahrlässige Unkenntnis vorzuwerfen sein (§ 48 Abs. 2 S. 3 Nr 3 VwVfG). Das würde voraussetzen, dass R wusste, dass die Stiftung die Subvention von einem Eigentumserwerb durch ihn abhängig machen würde.

875 Bei der **Abwägung** der öffentlichen Interessen mit den privaten Interessen des Subventionsempfängers und ggf Dritter sind sämtliche Umstände des Einzelfalls zu berücksichtigen. Gründe, die für ein Überwiegen des Vertrauensinteresses des Begünstigten sprechen, können zB sein

- der Fehler, der zur Rechtswidrigkeit des Bewilligungsbescheids geführt hat, liegt in der Verantwortungssphäre der Behörde;
- der Subventionsempfänger kannte den Fehler nicht und konnte ihn auch nicht kennen;
- der Erlass des Bewilligungsbescheids liegt schon eine längere Zeit zurück;
- der Begünstigte wäre bei einer Rücknahme besonders schwerwiegenden Folgen ausgesetzt.

c) Zum Rücknahmeermessen

876 Die Rücknahme steht im Ermessen der Behörde (§ 48 Abs. 1 S. 1 VwVfG). Anders als der Widerruf nach § 49 Abs. 2 VwVfG kann eine Rücknahme mit Wirkung für die Zukunft oder für die Vergangenheit erfolgen. Ist das Vertrauen des Subventionsbegünstigten wegen Vorliegens eines der Regelbeispiele des § 48 Abs. 2 S. 3 VwVfG nicht schutzwürdig, ist der Verwaltungsakt in der Regel mit Wirkung für die Vergangenheit zurückzunehmen (§ 48 Abs. 2 S. 4 VwVfG). Die Bestimmung bezieht sich nicht nur auf die **zeitliche Dimension** einer Aufhebung ex tunc, sondern reduziert auch das **Entschließungsermessen** der Behörde. Abgesehen von dieser besonderen Regelung für eine Rücknahme folgt aus dem gesetzlichen Gebot, bei der Aufstellung und Ausführung des Haushaltsplans die Grundsätze der Wirtschaftlichkeit und Sparsamkeit (§ 7 BHO, § 6 HGrG) zu beachten, dass auch sonst im Regelfall das Ermessen nur richtig ausgeübt wird, wenn der Bescheid zurückgenommen wird (s. Rn 843).

877 Eine Rücknahme nach § 48 Abs. 3 VwVfG ist zwar auch im Subventionsrecht nicht ausgeschlossen, hat angesichts des spezielleren § 48 Abs. 2 VwVfG aber keine praktische Bedeutung. Gegebenenfalls ist zu beachten, dass die Behörde dem Rücknahmeadressaten eine Vermögensentschädigung zu gewähren hat.

d) Rücknahmefrist

§ 48 Abs. 4 S. 1 VwVfG bestimmt, dass die Rücknahme eines begünstigenden Verwaltungsakts nur innerhalb eines Jahres seit dem Zeitpunkt, in dem die zuständige Behörde Kenntnis **von Tatsachen** erhalten hat, welche die Rücknahme eines rechtswidrigen Verwaltungsakts rechtfertigen, möglich ist. Das schließt die **Kenntnis von der Rechtswidrigkeit des Verwaltungsakts** ein. Eine solche Rechtswidrigkeit beruht stets auf einem konkreten, für den Inhalt dieses Verwaltungsakts ursächlichen Rechtsanwendungsfehler. Dieser besteht darin, dass die Behörde entweder den entscheidungserheblichen Sachverhalt nicht, nicht vollständig oder in sonstiger Weise verfälscht ihrer Entscheidung zugrunde gelegt (**Tatsachenirrtum**) oder den von ihr zutreffend ermittelten Sachverhalt unzureichend berücksichtigt oder unrichtig gewürdigt hat (**Rechtsirrtum**). § 48 Abs. 4 S. 1 VwVfG erfasst also auch Rechtsanwendungsfehler. 878

Für diese Auslegung sprechen folgende Argumente: § 48 Abs. 4 S. 1 VwVfG differenziert nicht zwischen „Tatsachenirrtum" und „Rechtsirrtum", sondern stellt auf die Rechtswidrigkeit des Verwaltungsakts allgemein ab. Die verschiedenen Arten von Rechtsanwendungsfehlern lassen sich häufig nicht oder nur mit erheblichen Schwierigkeiten voneinander abgrenzen. § 48 Abs. 4 S. 2 VwVfG (unrichtige Entscheidung der Behörde infolge arglistiger Täuschung, Drohung oder Bestechung) betrifft regelmäßig Rechtsanwendungsfehler. Schließlich unterwirft § 48 Abs. 4 VwVfG die zuständige Behörde einer Jahresfrist, weil der Behörde die Notwendigkeit einer Entscheidung über Rücknahme/Widerruf bewusst und ihr diese Entscheidung infolge vollständiger Kenntnis des hierfür erheblichen Sachverhalts auch möglich geworden ist. Die Jahresfrist dient der im Interesse der Rechtssicherheit nötigen Klarstellung, ob ein Verwaltungsakt zurückgenommen wird oder ob und von welchem Zeitpunkt an der jeweilige Einzelfall durch Nichtrücknahme/Nichtwiderruf des Verwaltungsakts endgültig abgeschlossen ist[175].

8. Die Rückerstattung von Subventionen

Fall 69: Die Behörde hat Unternehmer U ein zinsloses Darlehen durch Bescheid bewilligt und mit U einen privatrechtlichen Darlehensvertrag abgeschlossen. Darin hat sie ein Kündigungsrecht für den Fall vereinbart, dass der Bescheid aufgehoben oder unwirksam wird. Nachdem die Behörde davon Kenntnis erhalten hat, dass U nicht förderfähig ist, widerruft sie den Förderbescheid und ordnet die Rückzahlung des Darlehens zzgl. Zinsen an. 879

Fall 70: Das Ministerium gewährt Subventionen für die Erhaltung denkmalwerter Bauten. Der Bewilligungsbescheid ist an die Voraussetzung geknüpft und insoweit mit einem Widerrufsvorbehalt verbunden, dass die Zuwendung nicht abgetreten wird. Der Subventionsempfänger B tritt die Zuwendung gleichwohl an eine Bank ab, die ihm bereits im Vorfeld ein Darlehen zur Sanierung des denkmalgeschützten Gebäudes gewährt hat. Das Ministerium fordert die Subvention zurück. 880

Fall 71: Unternehmer U stellt Magermilchpulver für Viehfutter her. Für das hergestellte Produkt hat die Behörde U eine Beihilfe nach der Beihilfen-VO-Magermilch bewilligt. Es stellt sich heraus, dass das Magermilchpulver, das U hergestellt hat, verfälscht ist, weil der Vorlieferant des U fehlerhafte Zutaten geliefert hat. Die Behörde fordert von U die Subven- 881

175 BVerwGE 70, 356 ff; VGH München, NVwZ 2001, 931, 932.

tion zurück und verlangt ferner den von U erzielten Gewinn. U führt an, ihm sei die Fehlerhaftigkeit der Zutaten und die Verfälschung des Magermilchpulvers unbekannt gewesen; den Gewinn hätte er auch dann erzielt, wenn er unverfälschtes Magermilchpulver hergestellt und verkauft hätte.

a) Der Erstattungsbescheid

882 Soweit ein Verwaltungsakt mit Wirkung für die Vergangenheit zurückgenommen oder widerrufen wurde oder infolge einer auflösenden Bedingung unwirksam geworden ist, sind **bereits erbrachte Leistungen nach § 49a Abs. 1 VwVfG zu erstatten**. Die zu erstattende Leistung ist durch einen eigenen Verwaltungsakt schriftlich festzusetzen. Der Rückerstattungsanspruch nach § 49a VwVfG ist dogmatisch ein besonderer öffentlich-rechtlicher Erstattungsanspruch. Für diesen ist Voraussetzung, dass eine Vermögensverschiebung ohne rechtlichen Grund erfolgt ist. Einen rechtlichen Grund stellt aber der Bewilligungsbescheid dar, der folglich zunächst aufgehoben werden muss. Der eigentlichen Rückforderung liegen daher zwei Verwaltungsakte zugrunde: der Aufhebungsbescheid (Widerrufs-/Rücknahmebescheid) und der Erstattungsbescheid.

Ein eigenständiger Widerruf bzw eine Rücknahme soll nicht erforderlich sein, wenn das endgültige Behaltendürfen im Bewilligungsbescheid von weiteren Voraussetzungen abhängig gemacht wurde, zB einer nicht zweckwidrigen Subventionsverwendung. Denn bei einer zweckwidrigen Verwendung soll es am Rechtsgrund für ein Behaltendürfen fehlen[176].

883 Wenn ein gesonderter Aufhebungsbescheid nicht ergangen ist, dann ist zu prüfen, ob mit dem Rückforderungsbescheid (bzw -erstattungsbescheid) ein Aufhebungsbescheid verbunden ist.

Dem Rückforderungsbescheid kann konkludent ein Aufhebungsbescheid zugrunde liegen. Dafür ist die im öffentlichen Recht entsprechend anwendbare Auslegungsregel § 133 BGB heranzuziehen[177]. Maßgeblich ist dann nicht, was die Behörde gedacht hat (innerer Wille), sondern wie der Adressat die Erklärung unter Berücksichtigung der ihm bekannten oder erkennbaren Umstände bei objektiver Auslegung verstehen musste.

Möglicherweise kann ein Rückerstattungsbescheid aber auch umgedeutet werden, so dass er einen Widerrufsbescheid enthält. Die Voraussetzungen für eine Umdeutung richten sich nach § 47 VwVfG. Danach ist eine Umdeutung möglich, wenn – bei Vorliegen der übrigen Tatbestandsvoraussetzungen des § 47 VwVfG – das Ermessen für den Erlass eines Aufhebungsbescheids auf Null reduziert ist. Der Rückerstattungsbescheid ist ein gebundener Verwaltungsakt und eine gebundene Entscheidung kann nicht in eine Ermessensentscheidung umgedeutet werden (§ 47 Abs. 3 VwVfG). Das kann zB bei der Rückforderung einer gegen Unionsrecht verstoßenden Beihilfe angenommen werden (s. Rn 971 f)[178]. Dass das Ermessen für den Erlass eines Aufhebungsbescheids intendiert ist, genügt noch nicht, weil damit keine Ermessensreduzierung auf Null verbunden ist. Die Abwägung kann im Regelfall zwar unterbleiben, eine Verpflichtung der Behörde zur Rückforderung besteht aber nicht generell.

---

176 BVerwGE 62, 1, 3; krit *Ehlers*, GewArch. 1999, 305, 310.
177 OVG Bautzen v. 13.10.2015, A 287/15.
178 BVerwGE 67, 305, 311 zu § 48 VwVfG.

Fall 69 (Rn 879)[179]**:** Die Behörde könnte die Rückzahlung der Darlehenssumme und die Zahlung der Zinsen auf der Grundlage von § 49a VwVfG angeordnet haben (öffentlich-rechtlicher Erstattungsanspruch). Dann müsste der Bewilligungsbescheid unwirksam geworden sein, entweder durch Eintritt einer aufschiebenden Bedingung oder durch Widerruf. Der Bewilligungsbescheid allein ist aber nicht die Rechtsgrundlage für das Behaltendürfen des Darlehens. Das Darlehen ist auf der Grundlage des Darlehensvertrages ausgezahlt worden. Dieser Rechtskonstruktion liegt die Zwei-Stufen-Theorie (s. Rn 809) zugrunde. Obwohl der Gesetzestext des § 49a VwVfG dies nicht ausdrücklich sagt, setzt er voraus, dass die zu erstattenden Leistungen auf der Grundlage eines Verwaltungsakts erbracht worden sind, der ihren Rechtsgrund darstellt. Leistungen, die auf einem anderen Rechtsgrund – wie etwa auf einem privatrechtlichen Vertrag – beruhen, können deshalb nicht nach § 49a VwVfG zurückgefordert werden. Denn aus dem Bewilligungsbescheid folgt nur ein Anspruch auf Abschluss des Darlehensvertrags, aus dem sich dann der Anspruch auf die Auszahlung der Darlehenssumme ergibt. Folglich muss auch die Rückerstattung als actus contrarius zur Auszahlung dem bürgerlichen Recht zugeordnet werden. Dafür spricht auch, dass ein Wegfall des Bewilligungsbescheids nicht automatisch zur Unwirksamkeit des Darlehensvertrages führt; die Parteien haben nur ein Kündigungsrecht vereinbart. Diese Sicht ermöglicht es, Störungen der Rechtsbeziehungen, die auf der Ebene des Darlehensvertrages eintreten, auch auf dieser Ebene zu beurteilen. Im vorliegenden Fall ist der Darlehensvertrag die unmittelbare Grundlage für die Auszahlung des Darlehens. Folglich muss die Behörde den Darlehensvertrag kündigen und dann auf schuldrechtlicher Grundlage ihren Anspruch geltend machen. 884

b) Der Erstattungsanspruch nach § 49a VwVfG als besonders geregelter Fall des öffentlich-rechtlichen Erstattungsanspruchs

§ 49a VwVfG ist nicht abschließend[180]. Für andere als in Abs. 1 S. 1 geregelte Fälle finden deshalb die Grundsätze des allgemeinen öffentlich-rechtlichen Erstattungsanspruchs weiterhin Anwendung. Das gilt zB bei schlichter **Überzahlung**, wenn der Subventionsempfänger also mehr erhalten hat, als ihm nach dem Bewilligungsbescheid gewährt werden sollte, **anfänglicher Rechtsgrundlosigkeit,** zB bei Nichtigkeit des Bewilligungsbescheids und **Aufhebung des Bewilligungsbescheids** im verwaltungsgerichtlichen Verfahren sowie im Fall des **vorläufigen Bewilligungsbescheids**, dessen Besonderheit darin liegt, dass er mit Erlass eines endgültigen Bescheids ohne weiteres Zutun erlischt[181]. 885

Ferner hat das BVerwG – bevor der Gesetzgeber die Möglichkeit des Widerrufs wegen Zweckverfehlung nach § 49 Abs. 3 VwVfG geregelt hatte – Erstattungsanforderungen ex tunc auch bei einem Widerruf ex nunc zugelassen, weil andernfalls ausbezahlte Subventionen nicht mehr zurückgefordert werden könnten, obgleich der Subventionsempfänger die gewährten Mittel zweckverfehlt eingesetzt hat. Voraussetzung hierfür war, dass die zweckentsprechende Mittelverwendung über eine gewisse Dauer Bewilligungsbedingung war. Nach dieser Rechtsprechung war der Bewilligungsbescheid also nicht nur Rechtsgrundlage für die Gewährung der Subvention; deren endgültiges Behalten setzte auch voraus, dass der Bewilligungsbescheid innerhalb der Zeit, die für die Zweckbindung des auf seiner Grundlage Geleisteten vorgesehen war (Bindungszeit), wirksam blieb. Ergab sich dann ein Widerrufsgrund, so sollte die behördli-

179 BVerwG, NJW 2006, 536 ff.
180 ZB *Sachs*, in: SBS, VwVfG, § 49a Rn 9 f mwN.
181 BVerwGE 67, 99, 103.

che Erklärung des Widerrufs den Erstattungsanspruch auch dann auslösen können, wenn der Widerruf lediglich für die Zukunft galt[182]. Diese Rechtsprechung wird seit Inkrafttreten des § 49 Abs. 3 VwVfG als überholt angesehen[183]; es kann aber nicht ausgeschlossen werden, dass sie in den Fällen des § 49 Abs. 2 VwVfG noch Gültigkeit haben kann.

886 **Fall 70 (Rn 880)[184]:** Ein Widerruf nach § 49 Abs. 3 S. 1 Nr 1 und Nr 2 VwVfG scheidet aus, weil B die Subvention weder zweckwidrig noch verspätet verwendet hat und auch nicht gegen eine Auflage verstoßen hat. In Betracht kommt ein Widerruf nach § 49 Abs. 2 Nr 1 VwVfG. Problematisch ist, dass der Widerrufsbescheid nur ex nunc ergehen kann. Da § 49a Abs. 1 VwVfG dem folgend eine Erstattungsanforderung auch nur ex nunc zulässt, könnte die Subvention nicht zurückverlangt werden. Folgt man aber der Rechtsprechung des BVerwG, wonach für das Behaltendürfen einer Leistung nicht nur ein Bewilligungsbescheid erforderlich ist, der über die Rechtmäßigkeit der Leistungsgewährung entscheidet, sondern auch vorauszusetzen ist, dass der Bescheid über eine bestimmte Bindungszeit wirksam bleibt, ist eine Erstattungsanforderung auf der Grundlage des allgemeinen öffentlich-rechtlichen Erstattungsanspruchs möglich. Dieser Fall ließe sich auch über § 49a VwVfG lösen, wenn man in dem Abtretungsverbot eine (auflösende) Bedingung iSd § 36 Abs. 2 Nr 2 VwVfG erkennt; dann ist ausnahmsweise die Möglichkeit der Rückerstattungsforderung nach § 49a Abs. 1 S. 1, 3. Alt. VwVfG gegeben.

c) Zum Umfang der Herausgabepflicht

887 Für den Umfang der Erstattung gelten die Vorschriften über die Herausgabe einer ungerechtfertigten Bereicherung nach §§ 812 ff BGB entsprechend (Rechtsfolgenverweisung). Der Subventionsempfänger hat daher nach § 812 BGB (regelmäßig Leistungskondiktion nach § 812 Abs. 1 S. 1, 1. Alt BGB) und § 818 Abs. 1 BGB nicht nur die **eigentliche Subvention**, sondern auch die **gezogenen Nutzungen** herauszugeben. Ist der Subventionsempfänger nicht mehr erstattungsfähig, erstreckt sich der Rückerstattungsanspruch auf das Surrogat, zB auf die Abtretung eines Erstattungsanspruchs gegenüber Dritten. Rechtsgeschäftliche Surrogate wie die Gegenleistung oder Schadensersatzansprüche wegen nicht ordnungsgemäßer Vertragserfüllung sollen nicht herauszugeben sein[185].

888 Auf den **Wegfall der Bereicherung** nach § 818 Abs. 3 BGB kann sich der Subventionsempfänger in Abweichung von den bürgerlich-rechtlichen Vorschriften nicht berufen, soweit er die Umstände kannte oder infolge grober Fahrlässigkeit nicht kannte, die zur Rücknahme, zum Widerruf oder zur Unwirksamkeit des Verwaltungsaktes geführt haben (§ 49a Abs. 2 VwVfG), maW kann er sich bei Wegfall der Bereicherung nur dann gegen einen Rückerstattungsanspruch schützen, wenn er in Bezug auf die Aufhebung des Bewilligungsbescheids entweder schuldlos war oder ihm nur einfaches Verschulden vorgeworfen werden kann. Öffentlich-rechtliche Verwaltungsträger können sich auf einen Wegfall der Bereicherung generell nicht berufen, weil sie dem Grundsatz der Gesetzmäßigkeit der Verwaltung verpflichtet sind und ihr Inte-

182 BVerwG, DVBl 1983, 810, 812; vgl bereits, BVerwG 61, 1, 3; dem anschließend: VGH Kassel, NVwZ 1989, 165, 166; ablehnend: OVG Greifswald, NVwZ-RR 2002, 805 f.
183 *Sachs*, in: SBS, VwVfG, § 49a Rn 9 f.
184 Ähnlich: BVerwG, DVBl 1993, 256 f.
185 BVerwG, NJW 1992, 329.

resse darauf gerichtet sein muss, eine ohne Rechtsgrund eingetretene Vermögensverschiebung zu beseitigen und den rechtmäßigen Zustand wiederherzustellen[186].

Fall 71 (Rn 881)[187]**:** Als Rechtsgrundlage für die Rücknahme des Bewilligungsbescheids kommt § 48 Abs. 2 VwVfG in Betracht, weil die Zuwendung für verfälschtes Magermilchpulver rechtswidrig war. Einem Widerruf wird allerdings § 48 Abs. 2 S. 2 VwVfG entgegenstehen, weil die Subvention verbraucht ist. Sollte der Widerrufsbescheid bestandskräftig werden, wird eine Rückerstattungsforderung der Subvention jedenfalls an § 49a Abs. 2 VwVfG iVm § 812 BGB scheitern, wenn U den Beihilfebetrag an seinen Abnehmer voll weitergegeben hat und ihm eine Gegenleistung nicht zugeflossen ist. Strittig ist, ob der Anspruch auf Gewinnherausgabe über § 818 Abs. 1 BGB verfolgt werden kann. Dann müsste der erzielte Gewinn als gezogener Nutzen der Herausgabepflicht unterliegen. Allerdings soll eine Gewinnherausgabe dann ausscheiden, wenn die rechtsgrundlos erworbene Subvention ohne weiteres substituierbar ist, wenn der Subventionsempfänger also darlegen kann, dass er denselben Gewinn auch durch bei der Veräußerung unverfälschten Magermilchpulvers erzielt hätte. Zu beachten ist, dass diese Rechtsprechung des BVerwG nur noch bei innerstaatlichen Sachverhalten Anwendung finden kann (s. Rn 982). **889**

d) Verzinsung

Der zu erstattende Betrag ist vom Eintritt der Unwirksamkeit des Verwaltungsaktes an mit fünf Prozentpunkten über dem Basiszinssatz jährlich zu verzinsen (§ 49a Abs. 3 S. 1 VwVfG). Der Basiszinssatz ist in § 247 Abs. 1 BGB geregelt und verändert sich halbjährlich entsprechend der Hauptrefinanzierungsoperation der Europäischen Zentralbank. Besonders hervorzuheben ist, dass die Behörde den **Zeitpunkt der Wirksamkeit des Widerrufs** nach § 49 Abs. 4 VwVfG bestimmen kann. Obgleich das Verzinsungsgebot als Pflicht (Muss-Vorschrift) formuliert ist, lässt § 49a Abs. 3 S. 2 VwVfG die Möglichkeit zu, von der Geltendmachung des Zinsanspruchs abzusehen. Ausdrücklich hat der Gesetzgeber den Fall genannt, dass der Begünstigte die Umstände, die zur Rücknahme, zum Widerruf oder zur Unwirksamkeit des Verwaltungsaktes geführt haben, nicht zu vertreten hat und den zu erstattenden Betrag innerhalb der von der Behörde festgesetzten Frist geleistet hat. **890**

Wie bereits ausgeführt (s. Rn 838), kann sich auch aus **§ 49a Abs. 4 VwVfG** ein **Zinsanspruch** ergeben, wenn eine Leistung nicht alsbald nach der Auszahlung für den bestimmten Zweck verwendet wird. Die Zinsen können für die Zeit bis zur zweckentsprechenden Verwendung verlangt werden. Entsprechendes gilt, soweit eine Leistung in Anspruch genommen wird, obwohl andere Mittel anteilig oder vorrangig einzusetzen sind. Die Zinshöhe richtet sich nach § 49a Abs. 3 VwVfG. Wie zu § 48 und § 49 VwVfG liegt § 49a Abs. 4 VwVfG ein intendiertes Ermessen zugrunde[188]. Die Zinsen können für die Zukunft oder für die Vergangenheit verlangt werden. Es folgt schon aus dem Zweck der Bestimmung, ungerechtfertigt gezogene Zinsen oder Zinsen, die gezogen hätten werden können, weil die Mittel zur Verfügung gestellt wurden, abzuschöpfen. **891**

186 BVerwGE 71, 85, 89.
187 BVerwGE 74, 357 ff.
188 OVG Weimar, NVwZ-RR 1999, 435, 436.

Gemäß § 195 BGB analog verjähren Ansprüche auf Rückstände von Zinsen in drei Jahren vom Schluss des Jahres an, in welchem der Zinsanspruch entstanden war[189]. Der Lauf dieser Frist setzt voraus, dass der Zuwendungsbescheid seine Wirkung verloren hat, sei es durch Rücknahme, Widerruf oder durch Eintritt einer auflösenden Bedingung. Die bloße Vorlage der Verwendungsnachweise genügt nach BVerwG nicht.[190]

9. Die Rückforderung von aufgrund öffentlich-rechtlichen Vertrages gewährter Subvention

892 Ist eine Subvention nicht aufgrund eines Bewilligungsbescheides, sondern aufgrund eines öffentlich-rechtlichen Vertrages geleistet worden, scheidet eine Rückforderung über §§ 48, 49, 49a VwVfG aus. Eine aufgrund öffentlich-rechtlichen Vertrages geleistete Subvention darf nicht durch Verwaltungsakt zurückgefordert werden. Ein solches Vorgehen bedarf vielmehr einer besonderen gesetzlichen Rechtsgrundlage[191].

893 Eine Beendigung und Rückabwicklung eines öffentlich-rechtlichen Vertrages ist möglich, wenn der Vertrag eine entsprechende **Vorbehaltsklausel**, zB eine (auflösende) Bedingung, enthält, wenn der Vertrag **nichtig** ist oder wenn er **gekündigt** wurde. Der Vertrag ist nichtig, wenn einer der Nichtigkeitsgründe des § 59 Abs. 2 VwVfG oder des § 59 Abs. 1 VwVfG iV mit einer Nichtigkeitsbestimmung des BGB (zB § 134 oder § 138) vorliegt. Nichtig ist ein Vertrag ferner, wenn er in Rechte eines Dritten eingreift und dieser endgültig seine Zustimmung verweigert oder wenn der Vertrag anstatt eines Verwaltungsaktes geschlossen wird, bei dessen Erlass nach einer Rechtsvorschrift die Genehmigung, die Zustimmung oder das Einvernehmen einer anderen Behörde erforderlich ist, diese andere Behörde aber in der vorgeschriebenen Form nicht mitgewirkt hat und die erforderliche Mitwirkung endgültig verweigert (§ 58 VwVfG). Davor ist der Vertrag schwebend unwirksam.

894 Außerdem können beide Vertragsparteien den Vertrag **kündigen**, wenn sich die Verhältnisse, die für die Festsetzung des Vertragsinhalts maßgebend gewesen sind, seit Abschluss des Vertrags so wesentlich geändert haben, dass einer Vertragspartei das Festhalten an der ursprünglichen vertraglichen Regelung nicht zuzumuten ist. Eine Kündigung ist aber erst zulässig, wenn eine Anpassung des Vertragsinhalts an die geänderten Verhältnisse nicht möglich oder nicht zumutbar ist. Die Behörde kann den Vertrag außerdem kündigen, um schwere Nachteile für das Gemeinwohl zu verhüten oder zu beseitigen (§ 60 VwVfG).

895 Ist die auflösende Bedingung eingetreten, der öffentlich-rechtliche Vertrag nichtig oder gekündigt worden, kann ein Rückforderungsanspruch aus dem **öffentlich-rechtlichen Erstattungsanspruch** folgen. Auf § 62 S. 2 VwVfG, der auf das BGB verweist, ist nicht zurückzugreifen, weil die Bestimmung nur subsidiär zur Anwendung gelangen soll, wenn das öffentliche Recht keine eigenständige Regelung kennt[192]. Insbesondere kann sich ein öffentlich-rechtlicher Subventionsempfänger nicht auf

---

189 BVerwG v. 7.8.2017, 10 B 14.16.
190 BVerwG v. 15.3.2017, 10 C 1.16.
191 VG Frankfurt/M., NVwZ-RR 2003, 69 f; OVG Weimar v. 29.6.2010, 3 KO 524/08.
192 *Ehlers*, GewArch. 1999, 305, 319.

§ 818 Abs. 3 BGB berufen (s. Rn 887). Der Erstattungsanspruch ist mit einer allgemeinen Leistungsklage gerichtlich durchzusetzen.

10. Die Rückforderung vorläufig bewilligter Subventionen

Ein Bewilligungsbescheid kann vorläufig ergehen, zB weil im Zeitpunkt der Zuwendungszusage über die zu treffende endgültige Entscheidung noch Ungewissheit besteht und die Rechtslage noch ungeklärt ist[193]. Denkbar ist folgende Konstruktion: Eine Subvention wird zunächst **vorläufig gewährt und ausbezahlt** bis zum Erlass eines **endgültigen Bescheids**, der von einer noch durchzuführenden Betriebsprüfung abhängt. Deckt die Betriebsprüfung Mängel auf (zB einen zweckwidrigen Mitteleinsatz), wird der endgültige Bescheid als Ablehnungsbescheid ergehen. Dann kann eine Rückabwicklung der vorläufig ausbezahlten Mittel über den öffentlich-rechtlichen Erstattungsanspruch ohne Inanspruchnahme der §§ 48 und 49 VwVfG erfolgen; § 49a VwVfG ist aber entsprechend anwendbar. Auslegungsschwierigkeiten dieser Tatbestände fallen weg und dem Subventionsempfänger ist der Entreicherungseinwand (§ 818 Abs. 3, Abs. 4 BGB) wegen der Vorläufigkeit der Auszahlung abgeschnitten[194]. Das BVerwG hat den **vorläufigen Verwaltungsakt** (Verwaltungsakt, der eine vorläufige Regelung trifft) anerkannt[195]. Vorläufige VA sind grundsätzlich auch ohne gesetzliche Grundlage zulässig. Auch die gesetzlichen Regelungen zu Nebenbestimmungen, Rücknahme und Widerruf gelten nicht. Deshalb kann der vorläufige Verwaltungsakt nur in Ausnahmefällen zulässig sein. **896**

II. Das europäische Beihilfenrecht

1. Beihilfen und Binnenmarkt

Der Binnenmarkt umfasst ein System, das den **Wettbewerb vor Verfälschungen** schützt (Protokoll Nr 27). Dabei kommt den beihilferechtlichen Vorschriften der Art. 107–109 AEUV eine wichtige Bedeutung zu. Einerseits können staatliche Beihilfen den Wettbewerb erheblich verfälschen, andererseits können sie ein wirksames Förderinstrument sein, um Ziele des Umweltschutzes, der Regionalpolitik, der Wirtschafts- oder der Sozialpolitik zu verfolgen. Insbesondere als politisches Lenkungsinstrument des Staates sind Beihilfen heute nicht mehr wegzudenken. Daher werden Beihilfen durch den AEUV auch nicht gänzlich verboten, sondern einer besonderen Kontrolle durch die Kommission unterworfen. **897**

Aus Sicht der EU soll der Anteil staatlicher Beihilfen am Bruttoinlandsprodukt verringert und die Beihilfen auf Ziele von gemeinsamem Interesse wie Regionalentwicklung, Umweltschutz, Ausbildung, Forschung und Entwicklung sowie die Unterstützung kleiner und mittlerer Unternehmen umgelenkt werden.

Die Gesamthöhe der staatlichen Beihilfen lag in den 80er Jahren bei rund 2% BIP-EU. Im Jahr 2016 wurden in der EU Beihilfen in Höhe von € 102,8 Mrd. gewährt. **898**

---

193 BVerwG, NVwZ 2010, 643; *Bultmann*, Beihilfenrecht und Vergaberecht, 2004, S. 247.
194 *Dickersbach*, NVwZ 1993, 846, 850.
195 BVerfGE 74, 357, 365; BVerwG, NVwZ 2010, 643.

Das entspricht 0,69% BIP-EU. Auf die Sektoren verarbeitendes Gewerbe und Dienstleistungen entfielen € 97,3 Mrd., auf Landwirtschaft und Fischerei € 5,5 Mrd. und auf Verkehr (ohne Eisenbahn) € 2,1 Mrd. In Deutschland ist die Beihilfengewährung erheblich gestiegen (auf € 41,1 Mrd.), gefolgt von Frankreich (€ 13,9 Mrd.), dem Vereinigten Königreich (€ 8,3 Mrd.), Polen (€ 4,3 Mrd.) und Italien (€ 3,0 Mrd.)[196].

Der Anteil der für horizontale Zielsetzungen bestimmten Beihilfen hat sich EU-weit erhöht, insbesondere zur Förderung des Umweltschutzes und Erhöhung der Energieeffizienz (54% der Beihilfen).

Zur Überwindung der Finanzkrise 2007/2008 haben die Mitgliedstaaten Beihilfen in erheblichem Umfang zur Verfügung gestellt. Allein zwischen Oktober 2008 und März 2010 hat die Kommission Krisenbeihilfen für den Finanzsektor in Höhe von € 3,181 Bio. genehmigt; das sind 25% BIP-EU, davon € 2,747 Bio. als Garantieregelungen, € 338,2 Bio. als Rekapitalisierungsmaßnahmen, € 54 Mrd. als Entlastungsmaßnahmen für wertgeminderte Vermögenswerte und € 41,9 als Liquiditätshilfen. € 950 Mrd. sind außerdem als sog. Ad-hoc-Beihilfen an einzelne Finanzinstitute genehmigt worden[197] (siehe Rn 955). Im Juli 2020 hat die Kommission den deutschen Wirtschaftsstabilisierungsfonds für Liquiditäts- und Kapitalhilfen von bis zu € 500 Mrd. für Unternehmen, die von der Coronavirus-Pandemie betroffen sind, genehmigt[198].

2. Der Beihilfenbegriff

899 **Fall 72:** Sind Anstaltslast und Gewährträgerhaftung der Gemeinden für ihre Unternehmen Beihilfen?

900 **Fall 73:** Der Landkreis L betreibt ein Busunternehmen, das überörtliche Strecken bedient. Für die zu erbringenden Dienstleistungen gewährt der Landkreis dem Busunternehmen Zuschüsse. Handelt es sich bei den Zuschüssen um Beihilfen?

901 **Fall 74:** Nach dem deutschen Stromeinspeisungsgesetz – einem Vorläufer des Erneuerbare-Energien-Gesetzes – sind Elektrizitätsversorgungsunternehmen verpflichtet, den in ihrem Versorgungsgebiet erzeugten Strom aus erneuerbaren Energien von anderen Unternehmen abzunehmen und nach einem gesetzlich festgelegten Tarif zu bezahlen. Dieser Tarif ist so angesetzt, dass er den Erzeugern von Strom aus erneuerbaren Energien einen wirtschaftlichen Vorteil verschafft, weil er ihnen ohne jedes Risiko höhere Gewinne sichert, als sie ohne eine solche Regelung erzielen könnten.

902 **Fall 75:** Die öffentlich-rechtlichen Rundfunkanstalten – Anstalten des öffentlichen Rechts – können zur Finanzierung ihres verfassungsrechtlich aufgegebenen Auftrags der Grundversorgung (Art. 5 Abs. 1 S. 2 GG) Rundfunkgebühren erheben. Handelt es sich hierbei um Beihilfen?

903 **Fall 76:** Nach einem italienischen Gesetz konnten große Industrieunternehmen im Fall der Insolvenz unter Sonderverwaltung gestellt werden, vorausgesetzt sie hatten bei öffentlichen Unternehmen oder Sozialversicherungen erhebliche Verbindlichkeiten. Im Rahmen der

196 http://ec.europa.eu/competition/state_aid/scoreboard/index_en.html.

197 Kommission, Anzeiger für staatliche Beihilfen – Bericht über aktuelle Entwicklungen bei den Krisenbeihilfen für den Finanzsektor, Frühjahrsausgabe 2010, KOM (2010) 255, S. 6.

198 Kommission v. 8.7.2020, SA.56814.

Sonderverwaltung waren sie von der Zahlung von Steuern und Zwangsgeldern (zB Geldbußen wegen säumiger Sozialabgaben) befreit. Die Entscheidung über die Anordnung einer Sonderverwaltung lag im Ermessen des Industrieministers.

Nach Art. 107 Abs. 1 AEUV sind staatliche oder aus staatlichen Mitteln gewährte Beihilfen, gleich welcher Art, die durch Begünstigung bestimmter Unternehmen oder Produktionszweige den Wettbewerb verfälschen oder zu verfälschen drohen, mit dem Binnenmarkt unvereinbar, soweit sie den Handel zwischen Mitgliedstaaten beeinträchtigen. Damit enthält Art. 107 Abs. 1 AEUV ein **grundsätzliches Beihilfeverbot**. Besondere Vorschriften gibt es für den Bereich der Landwirtschaft (Art. 42 AEUV) – wobei der Geltungsbereich der Art. 107 ff AEUV durch sekundäre Rechtsakte hierauf erstreckt wurde – ferner für den Verkehrsbereich (Art. 93 AEUV) und den Atombereich (Art. 4 ff, 45 ff EA). **904**

Die **Grundfreiheiten** sind gegenüber Art. 107 ff AEUV grundsätzlich subsidiär. Zwar sind unionswidrige Beihilfen prinzipiell auch Beschränkungen der Grundfreiheiten gem. der Dassonville-Formel (s. Rn 58), einer Anwendbarkeit der Grundfreiheiten steht aber entgegen, dass das differenzierte System des Beihilfenrechts und va das Notifizierungsverfahren dann kaum mehr Bedeutung hätten. Ein Rückgriff auf die Grundfreiheiten ist zulässig, wenn nicht die Beihilfe selbst, sondern das Verfahren der Vergabe von Beihilfen in Frage steht[199]. **905**

Der Begriff der Beihilfe wird im AEUV nicht definiert. Deshalb ist auf die Rechtsprechung des EuGH und auf konkretisierende Rechtsakte zurückzugreifen. Die Kommission hat verschiedene **Mitteilungen** erlassen, um den Grundtatbestand des Art. 107 Abs. 1 AEUV näher zu konkretisieren und den Rechtsanwendern allgemeingültige Maßstäbe an die Hand zu geben[200]. **906**

Mitteilungen sind zwar nicht unmittelbar verbindlich, soweit der Kommission aber Beurteilungs- und Ermessensspielräume zu Teil werden – die der EuGH prinzipiell weit fasst –, kommt ihnen eine nicht unerhebliche Bedeutung zu, weil sich die Kommission damit – gerichtlich nachprüfbar – selbst bindet (s. Rn 942).

Für die Anwendbarkeit des Beihilfenregimes müssen fünf Kriterien erfüllt sein: **907**

- Der Empfänger muss durch einen Vorteil begünstigt worden sein,
- der Vorteil muss vom Staat oder aus staatlichen Mitteln gewährt worden sein,
- der Vorteil muss bestimmten Unternehmen oder Produktionszweigen zugutekommen,
- die Beihilfe verfälscht den Wettbewerb oder droht ihn zu verfälschen und
- die Beihilfe kann den Handel zwischen Mitgliedstaaten beeinträchtigen.

---

199 EuGH v. 24.11.1982, Rs. 249/81 – *„Buy Irish"*, Rn 18 f; allgemein eher für eine parallele Anwendung spricht aber: EuGH v. 23.4.2002, Rs. C-234/99 – *„Nygård"*, Rn 56; wie hier: *Bungenberg*, in: Biernstiel/Bungenberg/Heinrich, Europäisches Beihilfenrecht, 2013, S. 77; aA *Dreher/Lübbig/Wolf-Posch*, Praxis des EU-Beihilferechts in Österreich, 2017, S. 9.

200 Gute Übersicht in Bekanntmachung der Kommission zum Begriff der staatlichen Beihilfe im Sinne des Artikels 107 Absatz 1 des Vertrags über die Arbeitsweise der Europäischen Union, ABl C 262 v. 19.7.2016, S. 1.

a) Begünstigung

908 Unter Beihilfe ist **jeder besondere Vorteil** zu verstehen, den der Empfänger von der öffentlichen Hand erhält, den er sonst nicht erhalten hätte. Das schließt direkte Geldzahlungen ebenso ein wie Minderungen von Belastungen. Dabei kommt es nicht auf den Zweck der Maßnahme an, sondern auf ihre Wirkung, so dass auch mittelbare Vorteile[201] eine Beihilfe darstellen können, solange das begünstigte Unternehmen einen geldwerten Vorteil erhält (vgl auch ▶ **Klausurenkurs Fall Nr 16**).

Beihilfen können zB sein:

- ein Investitionszuschuss[202];
- eine Krediterleichterung wie ein zinsloses oder zinsverbilligtes Darlehen[203];
- ein Vorzugstarif[204];
- eine Kapitalbeteiligung[205];
- ein Steuervorteil[206];
- eine Garantie[207];
- eine Zahlungserleichterung (zB Stundung)[208];
- eine Bürgschaft oder eine andere staatliche (beschränkte oder unbeschränkte) Haftungszusage[209];
- der Verzicht des Staates auf eine Prämie zur Abdeckung des Risikos einer Haftung;
- die Übertragung eines Kundenstamms ohne Gegenleistung, weil dieser einen immateriellen Vermögenswert hat, der auch einen wirtschaftlichen Wert hat;[210]
- die Einräumung eines hoheitlichen Rechts (zB die Reservierung einer Busspur für bestimmte Taxis)[211].

909 Ferner hat der EuGH die **logistische und kommerzielle Unterstützung** als beihilfefähigen Vorteil erkannt[212], wenn dieser monetär berechnet werden kann und die normale Vergütung für die betreffende Leistung übersteigt. Damit ist der Beihilfenbegriff insofern weiter als der Begriff der Subvention, weil er nicht nur positive Geldleistungen[213] umfasst, sondern eben auch Maßnahmen, die in verschiedener Form Belastungen vermindern und damit zwar keine Subventionen im strengen Sinne des Wortes darstellen, diesen aber nach Art und Wirkung gleichstehen[214].

---

201 Bekanntmachung der Kommission zum Begriff der staatlichen Beihilfe im Sinne des Artikels 107 Absatz 1 des Vertrags über die Arbeitsweise der Europäischen Union, ABl. C 262 v. 19.7.2016, S. 1, Rn 115.

202 BGH, EuZW 2004, 252 ff („Investitionszuschuss").

203 EuG v. 29.9.2000, Rs. T-55/99 – *„CETM"*, Rn 4.

204 BGH, EuZW 2004, 254 ff („subventionierter Erwerb landwirtschaftlicher Grundstücke").

205 EuGH v. 14.11.1984, Rs. 323/82 – *„Intermills"*, Rn 32.

206 EuGH v. 19.9.2000, Rs. C-156/98 – *„Steuererleichterung beim Erwerb von Unternehmensbeteiligungen"*.

207 EuGH v. 19.9.2018, Rs. C-438/16 P – *„IFP Énergies nouvelles"*, Rn 116.

208 EuGH v. 29.6.1999, Rs. C-256/97 – *„DMT"*, Rn 19.

209 EuGH v. 3.4.2014, Rs. C-559/12 P – *„La Poste"*.

210 EuG v. 7.6.2006, Rs. T-613/97 – *„Ufex II"* – Rn 165.

211 EuGH v. 14.1.2015, Rs. C-518/13 – *„Eventech"* (im konkreten Fall aber abgelehnt); dazu *Bartosch*, EuZW 2018, 261 ff.

212 EuGH v. 11.7.1996, Rs. C-39/94 – *„SFEI"*, Rn 60 f.

213 Art. 3 Verordnung (EU) 2016/1037 vom 8.6.2016 über den Schutz gegen subventionierte Einfuhren aus nicht zur Europäischen Union gehörenden Ländern, ABl. L 176 v. 30.6.2016, S. 55.

214 EuGH v. 17.6.1999, Rs. C-295/97 – *„Piaggio"*, Rn 34; EuGH v. 16.12.2010, Rs. C-239/09 – *„Seydaland"*, Rn 30.

Fall 72 (Rn 899): Anstaltslast bedeutet, dass die Errichtungskörperschaft verpflichtet ist, die Anstalt für die gesamte Dauer ihres Bestehens funktionsfähig zu halten (Instandhaltungspflicht) und etwaige Unterbilanzen durch Zuschüsse oder auf andere Weise auszugleichen (Bilanzausgleichspflicht)[215]. Gewährträgerhaftung heißt, dass der Gewährträger ähnlich wie bei einer Ausfallbürgschaft für die Verbindlichkeiten des öffentlichen Unternehmens unbeschränkt haftet[216]. Eine solche staatliche Garantie ermöglicht es Unternehmen, Gelder auf den Finanzmärkten zu günstigeren finanziellen Konditionen aufzunehmen als sie normalerweise auf den Finanzmärkten verfügbar sind. Damit kann der Aufbau neuer Unternehmen erleichtert werden, der Geschäftsbereich leichter ausgeweitet werden oder Unternehmen können in die Lage versetzt werden, im Geschäft zu bleiben, anstatt umzustrukturieren oder aufgelöst zu werden. Es liegt daher nahe, dass diese Art von staatlicher Beihilfe leicht zu Wettbewerbsverzerrungen führt[217]. Das EuG geht deshalb bei einer Staatsbürgschaft von der Vermutung des Vorliegens eines Vorteils aus[218]. 910

Für öffentliche Sparkassen und Landesbanken musste die Gewährträgerhaftung abgeschafft und die Anstaltslast abgeändert werden. Insbesondere darf sich die finanzielle Beziehung zwischen dem öffentlichen Eigner und dem öffentlichen Kreditinstitut nicht von einer normalen wirtschaftlichen Eigentümerbeziehung nach marktwirtschaftlichen Grundsätzen unterscheiden, muss also so ausgestaltet sein wie zwischen einem privaten Anteilseigner und einem Unternehmen in einer Gesellschaftsform mit beschränkter Haftung. Jegliche Verpflichtung des öffentlichen Eigners zu wirtschaftlicher Unterstützung muss ausgeschlossen sein, insbesondere soll keine unbeschränkte Haftung des Eigners für Verbindlichkeiten des öffentlichen Kreditinstituts bestehen. Für die öffentlichen Kreditinstitute gilt das Insolvenzrecht nunmehr wie für private Kreditinstitute.

An einem spezifischen Vorteil fehlt es aber, wenn die Zuwendung lediglich eine Gegenleistung für eine von ihrem Empfänger erbrachte Leistung ist[219]. Das kann insbesondere der Fall sein, wenn eine staatliche Zuwendung die Gegenleistung für eine **Dienstleistung von allgemeinem wirtschaftlichen Interesse** nach Art. 106 Abs. 2 und Art. 14 AEUV (s. Rn 735 f) ist. Dann muss die betreffende Leistung für die erbrachte Gegenleistung angemessen sein. 911

Fall 73 (Rn 900): Eine Beihilfe könnte vorliegen, wenn der Zuschuss das Busunternehmen begünstigt. Das wäre aber nicht der Fall, wenn der Zuschuss als Gegenleistung (Entgelt) für eine zu erbringende gemeinwirtschaftliche Dienstleistung zu verstehen wäre. In der Entscheidung *„Altmark Trans"*[220] hat der EuGH hierfür vier Kriterien aufgestellt: 912

– Erstens ist das begünstigte Unternehmen tatsächlich mit der Erfüllung gemeinwirtschaftlicher Verpflichtungen betraut worden und diese Verpflichtungen sind klar definiert worden;

215 *Oebbecke*, DVBl 1981, 960, 961.
216 *Gruson*, EuZW 1997, 357; *Herdegen*, WM 1997, 1130.
217 Vgl ausführlich: *Storr*, Der Staat als Unternehmer, 2001, S. 398 f; *Huber*, in: Bitburger Gespräche, 2003, S. 199 ff.
218 EuG v. 20.9.2012, Rs. T-154/10 – *„La Poste"*, Rn 124.
219 EuGH v. 7.2.1985, Rs. 240/83 – *„ADBHU"*, Rn 18.
220 EuGH v. 24.7.2003, Rs. C-280/00 – *„Altmark Trans"*, Rn 88 ff.

– zweitens sind die Parameter, anhand deren der Ausgleich berechnet wird, zuvor objektiv und transparent aufgestellt worden;
– drittens geht der Ausgleich nicht über das hinaus, was erforderlich ist, um die Kosten der Erfüllung der gemeinwirtschaftlichen Verpflichtungen unter Berücksichtigung der dabei erzielten Einnahmen und eines angemessenen Gewinns aus der Erfüllung dieser Verpflichtungen ganz oder teilweise zu decken;
– viertens ist die Höhe des erforderlichen Ausgleichs, wenn die Wahl des Unternehmens, das mit der Erfüllung gemeinwirtschaftlicher Verpflichtungen betraut werden soll, nicht im Rahmen eines Verfahrens zur Vergabe öffentlicher Aufträge erfolgt, auf der Grundlage einer Analyse der Kosten bestimmt worden, die ein durchschnittliches, gut geführtes Unternehmen, das so angemessen mit Transportmitteln ausgestattet ist, dass es den gestellten gemeinwirtschaftlichen Anforderungen genügen kann, bei der Erfüllung der betreffenden Verpflichtungen hätte, wobei die dabei erzielten Einnahmen und ein angemessener Gewinn aus der Erfüllung dieser Verpflichtungen zu berücksichtigen sind[221].

913 Wie in der vierten Voraussetzung der „Altmark-Trans-Entscheidung" anklingt, ist für die Feststellung der Angemessenheit einer Gegenleistung für die Übernahme einer gemeinwirtschaftlichen Verpflichtung auf die Marktüblichkeit abzustellen, wofür es prinzipiell zwei Verfahren gibt: Grundsätzlich kann von einem marktüblichen Preis ausgegangen werden, wenn ein Verfahren zur Vergabe **öffentlicher Aufträge** (s. Rn 1001 ff) oder ein anderes, Wettbewerbsgrundsätzen folgendes Angebotsermittlungsverfahren durchgeführt wurde und der Zuschlag dem wirtschaftlichsten Angebot erteilt wurde. Die Angemessenheit kann aber mit dem Grundsatz des **marktwirtschaftlich handelnden Kapitalgebers** festgestellt werden (**private investor test**). Um zu ermitteln, ob eine Investition einer öffentlichen Stelle eine staatliche Beihilfe darstellt, ist zu prüfen, ob ein unter normalen Marktbedingungen handelnder privater Kapitalgeber von vergleichbarer Größe in ähnlicher Lage wie die Stelle der öffentlichen Hand zu der fraglichen Investition hätte bewegt werden können[222]. Zwar darf die Kommission keine Entscheidung an Stelle des Investors treffen; dieser Test scheint aber insofern nicht unproblematisch, als der Kommission dadurch ein erheblicher Beurteilungsspielraum eingeräumt ist.

Ein privater Kapitalgeber von vergleichbarer Größe und in einer – vor allem unter sozialen Gesichtspunkten – vergleichbaren Situation wie die öffentliche Hand existiert praktisch nicht[223]. Die Kommission hat deshalb das Prüfverfahren näher beschrieben. Es soll auf die Rolle des Staates als Wirtschaftsbeteiligter ankommen, nicht auf seine Funktion als Träger öffentlicher Gewalt.[224] Bei der Beurteilung, ob eine staatliche Maßnahme den Marktbedingungen entspricht, soll ex ante auf Grundlage der zum Zeitpunkt der Entscheidung über die Maßnahme

221 Vgl relativierend EuG v. 4.3.2005, Rs. T-259/03 – *„BUPA":* Das dritte und das vierte Kriterium könnten nicht exakt herangezogen werden. Vgl auch *Storr* in: Biernstiel/Bungenberg/Heinrich, Europäisches Beihilfenrecht, 2013, S. 825, 828.

222 Bekanntmachung der Kommission zum Begriff der staatlichen Beihilfe im Sinne des Artikels 107 Absatz 1 des Vertrags über die Arbeitsweise der Europäischen Union, ABl C 262 v. 19.7.2016, S. 1, Rn 74.

223 ZB argumentiert die Kommission einen Vorteil, wenn der Staat einer Entwicklungsbank Investitionskapital zur Verfügung stellt und eine niedrigere Rendite in Kauf nimmt, gerade auch „angesichts des Risikoprofils des Geschäftsmodells und der vorherrschenden Marktgegebenheiten": State aid SA.33984 (2012/N) – United Kingdom, Green Investment Bank; krit. *Dreher/Lübbig/Wolf-Posch*, Praxis des EU-Beihilferechts in Österreich, 2017, S. 80.

224 EuG v. 16.1.2018, Rs T-747/15 – *„EDF"*, Rn 121 f mit Ausführungen zur Abgrenzung.

verfügbaren Informationen geprüft werden, wie es ja auch ein privater Kapitalgeber tun muss. Es ist eine umfassende Bewertung der Wirkung der Transaktion auf das betreffende Unternehmen vorzunehmen. Nicht zu berücksichtigen ist, ob die besonderen Mittel, die bei der Durchführung der Transaktion eingesetzt wurden, marktwirtschaftlich handelnden Wirtschaftsbeteiligten zur Verfügung stehen (deshalb sind auch steuerrechtliche Vergünstigungen, die natürlich nur ein Staat gewähren kann, zu berücksichtigen, weil es ja darauf ankommt, ob dem Unternehmen ein Vorteil zugute kommt)[225].

Entsprechend dem marktwirtschaftlich handelnden Kapitalgeber gibt es auch das Kriterium des **„privaten Gläubigers"**[226], um prüfen zu können, ob eine Umschuldung durch öffentliche Gläubiger eine staatliche Beihilfe beinhaltet. Mit dem Kriterium des **„privaten Verkäufers"**[227] soll festgestellt werden, ob ein Verkauf durch eine öffentliche Stelle eine staatliche Beihilfe beinhaltet.

Beispiel: Wenn der Staat, der ein Unternehmen verkaufen will, den Kaufvertrag mit demjenigen abschließen will, der das zweithöchste Angebot abgegeben hat, muss er begründen können, weshalb er das höchste Angebot ablehnt. Das kann zB der Fall sein, weil der Bieter, der das höchste Angebot abgegeben hat, möglicherweise keine Genehmigung von der Aufsichtsbehörde erhalten wird oder weil sich das Genehmigungsverfahren lange hinziehen kann. Der Mitgliedstaat muss das Vorliegen dieser Ausschlussgründe belegen können.

Zur Überwachung der Geldzuflüsse der öffentlichen Hand an ihre Unternehmen hat die Kommission die Transparenzrichtlinie[228] erlassen, die die Mitgliedstaaten verpflichtet, die Transparenz der finanziellen Beziehungen zwischen der öffentlichen Hand und den öffentlichen Unternehmen herzustellen. Die Mitgliedstaaten haben die unmittelbare Bereitstellung öffentlicher Mittel durch die öffentliche Hand für öffentliche Unternehmen, die Bereitstellung öffentlicher Mittel durch die öffentliche Hand über öffentliche Unternehmen oder Finanzinstitute und die tatsächliche Verwendung dieser öffentlichen Mittel offen zu legen.

Die **gerichtliche Kontrolle** der Kommissionsentscheidung ist begrenzt, wenn diese – **914**
wie regelmäßig im Beihilfenrecht – komplexe wirtschaftliche Beurteilungen anzustellen hat. Die Unionsgerichte dürfen die wirtschaftliche Beurteilung seitens der Kommission nicht durch ihre eigene ersetzen. Allerdings kommt der Einhaltung des Verfahrens eine besondere Bedeutung zu[229]. Die gerichtliche Kontrolle bezieht sich daher darauf,

- ob die Vorschriften über das Verfahren und die Begründung eingehalten worden sind,
- ob der Sachverhalt, der der beanstandeten Entscheidung zugrunde gelegt wurde, zutreffend festgestellt worden ist und
- ob keine offensichtlich fehlerhafte Würdigung dieses Sachverhalts oder ein Ermessensmissbrauch vorliegt[230].

225 Bekanntmachung der Kommission zum Begriff der staatlichen Beihilfe im Sinne des Artikels 107 Absatz 1 des Vertrags über die Arbeitsweise der Europäischen Union, ABl C 262 v. 19.7.2016, S. 1, Rn 76 f.

226 EuGH v. 24.1.2013, Rs C-73/11 P – *„Frucona"*, Rn 32.

227 EuG v. 28.2.2010, Rs. T-268/08 – *„Bank Burgenland"*, Rn 82.

228 RiL 2006/111/EG v. 16.11.2006 über die Transparenz der finanziellen Beziehungen zwischen den Mitgliedstaaten und den öffentlichen Unternehmen sowie über die finanzielle Transparenz innerhalb bestimmter Unternehmen, ABl L 318 v. 17.11.2006, S. 17; vgl a. Rn 667, Fn 22.

229 EuGH v. 21.11.1991, Rs. C-269/90 – *„TU München"*, Rn 14.

230 EuGH v. 6.10.2009, Rs. C-501/06 P – *„GlaxoSmithKline"*, Rn 146; EuGH v. 2.9.2010, Rs. C-290/07 P – *„Scott"*, Rn 66.

915 Die „Altmark-Trans-Entscheidung“ ist zu Recht kritisch gewürdigt worden[231]. Letztlich ist die Reduktion des Beihilfenbegriffs mit einer erheblichen Rechtsunsicherheit verbunden, wenn das Vorliegen einer Beihilfe nicht eindeutig ausgeschlossen werden kann: Denn liegt eine Beihilfe vor, besteht eine Notifizierungspflicht bei der Kommission nach Art. 108 Abs. 3 AEUV. Der betreffende Mitgliedstaat darf die beabsichtigte Maßnahme nicht durchführen, bevor die Kommission eine abschließende Entscheidung getroffen hat (Art. 108 Abs. 3 S. 3 AEUV). Mit dem reduzierten Beihilfenbegriff werden nur eindeutige Fälle rechtssicher gelöst werden können; bei unklaren Kompensationsleistungen wird das Risiko der Fehlinterpretation aber auf den Zuwendungsempfänger abgewälzt (s. Rn 983).

Die Kommission hat 2011/2012 das sog. **DAWI-Paket** (Daseinsvorsorge-Paket) erlassen, in dem auf der Grundlage der Altmark-Trans-Rechtsprechung die Finanzierung von Dienstleistungen von allgemeinem wirtschaftlichen Interesse nach Maßgabe des beihilfenrechtlichen Rahmens geregelt, bzw. konkretisiert und beschrieben wird. Im Einzelnen sind vier Rechtsakte von Bedeutung:

Der Beschluss 2012/21 der Kommission über die Anwendung von Artikel 106 Abs. 2 AEUV auf staatliche Beihilfen in Form von Ausgleichsleistungen zugunsten bestimmter Unternehmen, die mit der Erbringung von Dienstleistungen von allgemeinem wirtschaftlichem Interesse betraut sind[232]. In diesem sog. **Freistellungsbeschluss** ist festgelegt, unter welchen Voraussetzungen staatliche Beihilfen, die bestimmten, mit der Erbringung von Dienstleistungen von allgemeinem wirtschaftlichem Interesse betrauten Unternehmen als Ausgleich gewährt sowie als mit dem Binnenmarkt vereinbar angesehen werden und demzufolge von der Anmeldepflicht nach Artikel 108 Absatz 3 AEUV befreit sind[233].

Die **De-minimis-VO** über die Anwendung der Artikel 107 und 108 AEUV auf Beihilfen an Unternehmen, die Dienstleistungen von allgemeinem wirtschaftlichem Interesse erbringen[234]. Eine De-minimis-Beihilfe liegt vor, wenn (ua) ein Unternehmen Dienstleistungen von allgemeinem wirtschaftlichem Interesse erbringt und der Gesamtbetrag in drei Steuerjahren € 500 000 nicht übersteigt. De-minimis-Beilhilfen sind ebenfalls von der Anmeldepflicht nach Artikel 108 Abs. 3 AEUV befreit.

Der **EU-Rahmen 2012/C 8/03** für staatliche Beihilfen in Form von Ausgleichsleistungen für die Erbringung öffentlicher Dienstleistungen[235]. Wenn eine Maßnahme eine Beihilfe darstellt, dh nicht in den Anwendungsbereich des Beschlusses 2012/21 und nicht unter die De-minimis-VO fällt, muss sie bei der Kommission nach Maßgabe des Art. 108 Abs. 3 AEUV notifiziert werden. In der Rahmenregelung wird klargestellt, unter welchen Voraussetzungen diese staatlichen Beihilfen gem. Art. 106 Abs. 2 AEUV als mit dem Binnenmarkt vereinbar gelten können[236].

231 *Kämmerer*, NVwZ 2004, 28 ff; eher zustimmend dagegen: *Bartosch*, EuZ 2004, 295 ff.

232 Beschluss der Kommission v. 20.12.2011 über die Anwendung von Artikel 106 Absatz 2 des Vertrags über die Arbeitsweise der Europäischen Union auf staatliche Beihilfen in Form von Ausgleichsleistungen zugunsten bestimmter Unternehmen, die mit der Erbringung von Dienstleistungen von allgemeinem wirtschaftlichem Interesse betraut sind, ABl L 7 v. 11.1.2012, S. 3.

233 Näher *Storr* in: Biernstiel/Bungenberg/Heinrich, Europäisches Beihilfenrecht, 2013, S. 830.

234 VO 360/2012 v. 25.4.2012 über die Anwendung der Artikel 107 und 108 des Vertrags über die Arbeitsweise der Europäischen Union auf De-minimis-Beihilfen an Unternehmen, die Dienstleistungen von allgemeinem wirtschaftlichen Interesse erbringen, ABl L 114 v. 26.3.2012, S. 8.

235 Mitteilung der Kommission, Rahmen der Europäischen Union für staatliche Beihilfen in Form von Ausgleichsleistungen für die Erbringung öffentlicher Dienstleistungen (2011), ABl C 8 v. 11.1.2012, S. 3.

236 Näher *Storr* in: Biernstiel/Bungenberg/Heinrich, Europäisches Beihilfenrecht, 2013, S. 834.

In der Mitteilung über die Anwendung der Beihilfevorschriften auf Ausgleichsleistungen für die Erbringung von Dienstleistungen von allgemeinem wirtschaftlichem Interesse[237] werden wichtige Schlüsselbegriffe konkretisiert und erläutert, unter anderem der Begriff der Beihilfe, der der Dienstleistung von allgemeinem wirtschaftlichem Interesse und die Höhe der Ausgleichsleitungen.

Art. 107 AEUV gilt nur für **staatliche** Beihilfen. Dabei kommt es nicht darauf an, ob die finanziellen Hilfen unmittelbar aus einem mitgliedstaatlichen Budget stammen, von den Ländern oder Einrichtungen der mittelbaren Staatsverwaltung (Gemeinden, Landkreise, staatliche Banken zB in der Organisationsform der Anstalt des öffentlichen Rechts (Kreditanstalt für Wiederaufbau, Aufbaubanken)) oder von öffentlichen Unternehmen (auf die öffentliche Stellen einen beherrschenden Einfluss ausüben). **916**

Die in Art. 107 Abs. 1 AEUV vorgenommene Unterscheidung zwischen „staatlichen" und „aus staatlichen Mitteln gewährten" Beihilfen bedeutet nicht, dass alle von einem Staat gewährten Vorteile unabhängig davon Beihilfen darstellen, ob sie aus staatlichen Mitteln finanziert werden, sondern dient nur dazu, in den Beihilfenbegriff die unmittelbar vom Staat gewährten Vorteile sowie Vorteile, die über eine vom Staat benannte oder errichtete öffentliche oder private Einrichtung gewährt werden, einzubeziehen[238]. Der EuGH geht davon aus, dass eine allein auf die unmittelbare Finanzierungsquelle abstellende Betrachtungsweise nicht maßgeblich ist, weil es wesentlich auf die **Auswirkungen der Beihilfe** auf die begünstigten Unternehmen oder Erzeuger ankommt und nicht auf die Stellung der für die Verteilung und Verwaltung der Beihilfe zuständigen Einrichtungen. Aus staatlichen Mitteln können deshalb auch solche Begünstigungen sein, die von privaten Unternehmen lediglich weitergeleitet werden. Auch verliert eine staatliche Maßnahme ihre Qualifikation als Beihilfe noch nicht allein deshalb, weil sie aus Beiträgen finanziert wird, die von Staats wegen von den betroffenen Unternehmen erhoben werden, wenn sie durch eine vom Staat benannte oder errichtete Einrichtung gewährt werden[239]. **917**

Finanzielle Vergünstigungen können aber nur dann als Beihilfen im Sinne des Art. 107 Abs. 1 AEUV eingestuft werden, **wenn sie unmittelbar oder mittelbar aus staatlichen Mitteln gewährt** werden **und dem Staat zuzurechnen** sind. Mittel öffentlicher Unternehmen sind ebenfalls als staatliche Mittel im Sinne des Artikels 107 Abs. 1 AEUV anzusehen, da der Staat in der Lage ist, die Verwendung dieser Mittel zu steuern[240]. **918**

Eine andere Frage ist, ob die Beihilfemaßnahme eines öffentlichen Unternehmens dem Staat **zuzurechnen** ist. Nach EuGH ist auf den Einzelfall abzustellen, dh auf einen „Komplex von Indizien", die sich aus den Umständen des konkreten Falles und aus dem Kontext ergeben, in dem diese Maßnahme ergangen ist; etwa ob ein öffentliches Unternehmen eine Entscheidung nur nach Rückfrage bei öffentlichen Stellen treffen darf oder ob Richtlinien einzuhalten sind.

---

237 Mitteilung der Kommission über die Anwendung der Beihilfevorschriften der Europäischen Union auf Ausgleichsleistungen für die Erbringung von Dienstleistungen von allgemeinem wirtschaftlichem Interesse, ABl C 8 v. 11.1.2012, S. 4.

238 EuGH v. 7.5.1998, Rs. C-52/97 – *„Viscido"*, Rn 13.

239 EuGH v. 22.3.1977, Rs. 78/76 – *„Steinike und Weinlig"*, Rn 21 f.

240 Bekanntmachung der Kommission zum Begriff der staatlichen Beihilfe im Sinne des Artikels 107 Absatz 1 des Vertrags über die Arbeitsweise der Europäischen Union, ABl C 262 v. 19.7.2016, S. 1, Rn 49.

Weitere Indizien können die Eingliederung des öffentlichen Unternehmens in die Strukturen der öffentlichen Verwaltung sein, die Art seiner Tätigkeit und deren Ausübung auf dem Markt unter normalen Bedingungen des Wettbewerbs mit privaten Wirtschaftsteilnehmern, der Rechtsstatus des Unternehmens – ob es also dem öffentlichen Recht oder dem allgemeinen Gesellschaftsrecht unterliegt –, die Intensität der behördlichen Aufsicht über die Unternehmensführung oder jedes andere Indiz, das im konkreten Fall auf eine Beteiligung der Behörden oder auf die Unwahrscheinlichkeit einer fehlenden Beteiligung am Erlass einer Maßnahme hinweist, wobei auch deren Umfang, ihr Inhalt oder ihre Bedingungen zu berücksichtigen sind[241].

919 In „PreußenElektra" hat der EuGH darauf abgestellt, ob eine **Belastung öffentlicher Haushalte** erfolgt ist. Nicht jede Vergünstigung, auch wenn sie staatlich angeordnet ist, kann als Beihilfe qualifiziert werden. Andernfalls wäre nahezu jede wirtschaftsrechtliche Preisregelung eine Beihilfe. Das würde den Anwendungsbereich der Art. 107 ff AEUV überdehnen.

920 **Fall 74 (Rn 901):** Der EuGH lehnt in „PreußenElektra"[242] eine Beihilfe ab: Zwar führe das Stromeinspeisungsgesetz zu Vorteilen der Erzeuger von Strom aus erneuerbaren Energiequellen, die Mittel sind aber von den abnahmepflichtigen Unternehmen aufzubringen und stammen nicht aus öffentlichen Haushalten. Nicht maßgeblich ist, dass die Abnahmepflicht auf einem staatlichen Gesetz beruht. Auch die Überlegung, dass die finanzielle Belastung durch die Abnahme zu Mindestpreisen negative Auswirkungen auf das wirtschaftliche Ergebnis hat und deshalb die Steuereinnahmen des Staates verringern kann, wird vom EuGH verworfen: Diese Folge ist einer derartigen Regelung immanent und kann nicht als Mittel angesehen werden, den Erzeugern von Strom aus erneuerbaren Energiequellen auf Kosten des Staates einen bestimmten Vorteil zu gewähren.

Ähnlich bei der EEG-Umlage nach dem EEG 2012: Unternehmen, die Strom aus erneuerbaren Energiequellen erzeugten, wurde ein höherer Preis als der Marktpreis garantiert. Die Finanzierung erfolgte durch die EEG-Umlage: Zunächst waren die Übertragungsnetzbetreiber mit dem höheren Marktpreis belastet. Sie konnten aber das Zuviel gegenüber dem tatsächlichen Marktpreis von den lokalen Verteilernetzbetreibern verlangen. Die lokalen Verteilernetzbetreiber wiederum wälzten diesen Betrag *de facto* auf die Stromkunden ab. Obwohl der Staat durch dieses Umlagesystem eine Finanzierung organisiert hatte, lehnte der EuGH eine Beihilfe ab. Insbesondere lag keine staatliche Abgabe vor. Das Gesetz verpflichtete die lokalen Verteilernetzbetreiber nicht dazu, die aufgrund der EEG-Umlage gezahlten Beträge auf die Letztverbraucher abzuwälzen. Zudem hatte der Staat keine Verfügungsgewalt über die mit der EEG-Umlage erwirtschafteten Gelder und konnte auch keine Kontrolle über die mit der Verwaltung dieser Gelder betrauten Übertragungsnetzbetreiber ausüben.[243]

Eine Beihilfe liegt nicht vor, wenn eine nationale Maßnahme sowohl privaten als auch öffentlichen Unternehmen eine Pflicht zur Abnahme von Strom auferlegt.[244]

921 Eine extensive Auslegung des Tatbestandsmerkmals „staatliche oder aus staatlichen Mitteln" gewährte Beihilfen würde dieses praktisch nivellieren. Gleichwohl muss

---

241 EuGH v. 16.5.2002, Rs. C-482/99 – *„Stardust Marine"*, Rn 55 f.; s. a. EuGH v. 23.11.2017, Rs. C-472/15 P – *„SACE"*.

242 EuGH v. 13.3.2001, Rs. C-379/98 – *„PreussenElektra"*; zur Förderung erneuerbarer Energien aus der jüngeren Rspr: EuGH v. 19.12.2013, Rs. C-262/12 – *„Vent De Colère"* und EuGH v. 1.7.2014, Rs. C-573/12 – *„Ålands Vindkraft"*; für KWK-Umlage: EuGH v. 13.9.2017, Rs. C-329/15 – *„ENEA"*.

243 EuGH v. 28.3.2019, Rs. C-405/16 P – *„EEG"*.

244 EuGH v. 13.9.2017, Rs. C-329/15 – *„ENEA"*.

eine weite Auslegung auch weiterhin bestimmend sein, weil nur so eine **Umgehung der Beihilfevorschriften** verhindert werden kann.

Eine **Garantieerklärung** eines Mitgliedstaats, Schulden eines Unternehmens zu übernehmen, kann den Staatshaushalt belasten und daher als Beihilfe zu qualifizieren sein. Die Ankündigung eines Ministers, der Staat werde für ein Unternehmen, wenn dieses Finanzprobleme hat, die zur Überwindung erforderlichen Entscheidungen treffen, ist aber grundsätzlich zu vage und unbestimmt[245]. Bei einer Gesamtbetrachtung aller Umstände (zeitliche Abfolge, Zweck der Äußerung usw.) kann aber auch mit einer solchen Aussage der Beihilfentatbestand erfüllt sein[246].

Fall 75 (Rn 902): Für eine Qualifikation der Rundfunkgebührenfinanzierung als Beihilfe sprechen zwei Argumente: Erstens wird durch den Staat ein Nebenhaushaltskreislauf organisiert. Die unmittelbare Finanzierung durch die parafiskalische Rundfunkgebühr erscheint mit der mittelbaren Finanzierung aus steuergespeisten staatlichen Haushalten auswechselbar zu sein. Dabei ist zu berücksichtigen, dass dem Staat nach deutschem Verfassungsrecht ein besonderer Funktionsauftrag zukommt, für eine angemessene Finanzierung der öffentlich-rechtlichen Rundfunkanstalten zu sorgen. Dafür hat er den Rundfunkanstalten das (Hoheits-)Recht eingeräumt, öffentlich-rechtlich Gebühren zu erheben. Da die öffentlich-rechtlichen Rundfunkunternehmen mit den privaten Rundfunkunternehmen im Wettbewerb stehen, stellt das Gebührenaufkommen für diese einen Vorteil dar, der letztlich mit einer Belastung durch den Staat korrespondiert, bzw wegen des verfassungsrechtlichen Funktionsauftrags einer solchen gleichzustellen ist. Zweitens ist das Rundfunkgebührenrecht staatlich geregelt und sein Vollzug von staatlichen Stellen abhängig[247]. Die Rundfunkgebühr wird auf der Grundlage der Rundfunkstaatsverträge erhoben; dort ist auch der Vollzug der Abgabenerhebung durch die öffentlich-rechtlichen Rundfunkanstalten geregelt. 922

Ihrer Definition nach können auch **Quersubventionen** öffentlicher Unternehmen Beihilfen sein. Darunter werden Fallgestaltungen verstanden, in denen ein Unternehmen Geschäftsaktivitäten auf einem Markt mit Gewinnen aus einem anderen Markt finanziert. 923

Um Quersubventionen zu verhindern, müssen getrennte Bücher geführt werden.

Beispiel: Das staatliche Postunternehmen, dem das Briefmonopol eingeräumt ist, verwendet Gewinne hieraus zur Unterstützung seiner Tätigkeit auf dem liberalisierten Markt für Paketzustellungen.

Zu beachten ist, dass sich Art. 107 AEUV nur auf **Maßnahmen der Mitgliedstaaten** bezieht. Nicht erfasst sind damit Maßnahmen, die durch das Unionsrecht veranlasst sind. 924

Beispiel: Eine Vorschrift des Mineralölsteuergesetzes, die Kraftfahrstoffe für den Luftverkehr von der Steuer befreit und die auf eine unionsrechtliche Richtlinie zurückzuführen ist, stellt keine Beihilfe iSv Art. 107 Abs. 1 AEUV dar, obwohl der Luftverkehr gegenüber dem Bahnverkehr (dessen Kraftstoff besteuert wird) besser gestellt wird[248].

---

245 EuG v. 21.5.2010, Rs. T-425/04 – *„France Télécom"*, Rn 273; *Kassow*, EuZW 2010, 856 ff; vgl auch EuGH v. 15.2.2011, Rs. C-99/98 – *„Siemens Bauelemente"*.

246 EuGH v. 19.3.2013, Rs. C-399/10 P – *„Bouygues"*; *Reese*, EuR 2013, 572 ff.

247 Mitteilung der Kommission über die Anwendung der Vorschriften über staatliche Beihilfen auf den öffentlich-rechtlichen Rundfunk, ABl C 257 v. 27.10.2009, S. 1 Rn 21; vgl auch *Storr*, K&R 2002, 464 ff; aA *Koenig/Kühling*, ZUM 2001, 537, 543; für Österreich: *Egger*, BRZ 2010, 156 ff.

248 EuG v. 5.4.2006, Rs. T-351/02 – *„Deutsche Bahn"*, Rn 102.

925 Beihilfen der Union sind keine Beihilfen iSd Art. 107 AEUV. Für sie gelten die allgemeinen vertraglichen Bestimmungen (Grundfreiheiten, Art. 18 AEUV), ferner das WTO-Recht[249].

b) Bestimmte Unternehmen oder Produktionszweige

926 Ein **Unternehmen** ist „jede eine wirtschaftliche Tätigkeit ausübende Einheit, unabhängig von ihrer Rechtsform und der Art ihrer Finanzierung"[250]. Eine Einrichtung, die hoheitliche Gewalt ausübt, ist grds. ausgeschlossen. Im Übrigen ist die Definition aber weit: auch Sportvereine[251], Flughäfen[252], Naturschutzorganisationen[253], sogar Einrichtungen der Kirche[254] können Unternehmen idS sein. Anders als nach überkommenem deutschem Subventionsverständnis (s. Rn 754) können auch öffentliche Unternehmen Beihilfenempfänger sein, nicht hingegen private Haushalte. **„Produktionszweige"** ist weit zu verstehen und nicht auf die Gütererzeugung beschränkt.

927 Eine Beihilfe ist wettbewerbsrechtlich nur problematisch, wenn sie **selektiv wirkt**. Kommen staatliche Fördermaßnahmen unterschiedslos der gesamten Wirtschaft zugute, handelt es sich um keine Beihilfen, weil der Wettbewerb nicht verfälscht wird. Unterschieden wird zwischen **materieller Selektivität**, wenn eine Maßnahme nur für bestimmte Unternehmen oder bestimmte Wirtschaftszweige in einem bestimmten Mitgliedstaat gilt (sog De-jure-Selektivität, wenn sie aus rechtlichen Vorschriften, De-facto-Selektivität, wenn sie aus einer Ermessensentscheidung der Verwaltung folgt). **Regionale Selektivität** bedeutet, dass sich eine Maßnahme auf ein bestimmtes geografisches Gebiet bezieht.

Eine Maßnahme, die nur einem Produktionszweig oder einem Teil der Unternehmen dieses Produktionszweigs zugutekommt, ist nicht zwangsläufig selektiv. Sie ist es nur dann, wenn sie im Rahmen einer bestimmten rechtlichen Regelung bewirkt, dass bestimmte Unternehmen gegenüber anderen begünstigt werden, die einem anderen oder demselben Wirtschaftszweig angehören und sich im Hinblick auf das mit dieser Regelung verfolgte Ziel in einer vergleichbaren tatsächlichen und rechtlichen Situation befinden.[255]

Eine selektive Förderung wurde zB bei Vorzugstarifen für Gas zugunsten von Ammoniakherstellern[256] oder bei Steuervergünstigungen zugunsten gewerblicher Güterkraftverkehrsunternehmen angenommen[257]. Abgelehnt wurde sie für die Entgeltordnung eines Flughafens, wenn diese für alle Fluggesellschaften gilt, die den Flughafen nutzten oder nutzen könnten.[258]

928 **Fall 76 (Rn 903):** Die Bestimmung ist schon deshalb selektiv, weil sie nur zugunsten solcher großen Industrieunternehmen angewendet werden soll, die sehr hohe Schulden gegenüber bestimmten Gläubigern, insbesondere der öffentlichen Hand, haben. Die Entscheidung

249 Überblick bei *Unger*, in: Schmidt/Wollenschläger, Kompendium Öffentliches Wirtschaftsrecht, 5. Aufl., 2019, S. 390.
250 EuGH v. 23.4.1991, Rs. C-41/90 – *„Höfner und Elser"*.
251 Kommission v. 6.3.2013, SA.33584, ABl C 116, S. 19.
252 EuGH v. 19.12.2012, Rs. C-288/11 – *„Mitteldeutsche Flughafen AG"*, Rn 50.
253 EuG v. 12.9.2013, Rs. T-347/09 – *„Naturschutzorganisationen"*.
254 EuGH v. 27.6.2017, Rs. C-74/16 – *„Congregación de Escuelas Pías Provincia de Betania"*.
255 EuGH v. 20.12.2017, Rs. C-70/16 P – *„Comunidad Autónoma de Galicia"*, Rn 61.
256 EuGH v. 12.7.1990, Rs. C-169/84 – *„CDF Chimie AZF"*.
257 EuGH v. 19.5.1999, Rs. C-6/97 – *„italienische Steueranrechnung Güterkraftverkehr"*.
258 EuGH v. 21.12.2016, Rs. C-524/14 P – *„Flughafen Lübeck"*.

über die Anordnung einer Sonderverwaltung steht im Ermessen des Industrieministers, wobei für die Fortführung eines Unternehmens Erwägungen staatlicher Industriepolitik ausschlaggebend sein sollen. Angesichts der besonderen Belastung öffentlicher Haushalte erfüllt die Bestimmung den Tatbestand der Beihilfe[259].

c) Wettbewerbsverfälschung

Eine Wettbewerbsverfälschung liegt vor, wenn eine vom Staat gewährte Beihilfe die **Wettbewerbsposition** des Empfängers gegenüber seinen Wettbewerbern verbessert. Nach Ansicht der Kommission liegt eine Wettbewerbsverfälschung bereits dann vor, wenn der Staat einem Unternehmen, das im Wettbewerb steht oder stehen könnte, einen finanziellen Vorteil gewährt.[260] Der EuGH fordert dagegen, dass die Kommission die Umstände für eine Wettbewerbsverfälschung wenigstens in der **Begründung** ihrer Entscheidung zu nennen hat[261]. Liegt jedoch die Zuwendung eines unentgeltlichen Vorteils vor, liegt es nahe, dass die Beihilfe den Wettbewerb verfälscht oder zu verfälschen droht und den Handel zwischen den Mitgliedstaaten beeinträchtigt. Eine tatsächliche Wettbewerbsverfälschung muss die Kommission jedenfalls nicht nachweisen[262]. 929

Die Kommission hat durch Verordnung festgelegt, dass Beihilfen, die einen Gesamtbetrag von € 200 000,- innerhalb von drei Jahren nicht übersteigen, grds. nicht als Maßnahmen gelten, die alle Tatbestandsmerkmale von Art. 107 Abs. 1 AEUV erfüllen und daher nicht der Anmeldepflicht nach Art. 108 Abs. 3 AEUV unterliegen (**De-minimis-Schwelle**)[263]. 930

Der Dreijahreszeitraum soll fließend sein, dh bei jeder Neubewilligung einer De-minimis-Beihilfe ist die Gesamtsumme der im laufenden Steuerjahr sowie in den vorangegangenen zwei Steuerjahren gewährten De-minimis-Beihilfen festzustellen. Diese Regel gilt ua nicht für die Bereiche Landwirtschaft, Fischerei und Aquakultur. Ferner sollen bestimmte Ausfuhrbeihilfen und Beihilfen, die heimische Erzeugnisse gegenüber Importwaren begünstigen, nicht unter diese Verordnung fallen. Für Ausgleichleistungen für die Erbringung von Dienstleistungen von allgemeinem wirtschaftlichen Interesse gelten höhere Schwellenwerte (s. Rn 915).

Eine Wettbewerbsverfälschung kann nur für einen bestimmten Markt (relevanter Markt) festgestellt werden. Der **relevante Markt** wird va durch die Faktoren **Austauschbarkeit** auf der Nachfrageseite und Angebotsumstellungsflexibilität auf der Angebotsseite bestimmt. Die Austauschbarkeit auf der Nachfrageseite ist ein Faktor, anhand dessen festgestellt wird, inwieweit die Verbraucher bereit sind, das fragliche

---

259 EuGH v. 1.12.1998, Rs. C-200/97 – *„Ecotrade“*, Rn 37 f.; s.a. EuGH v. 16.3.2017, Rs. C-493/15 – *„Identi“* (EuGH Urt. v. 16.3.2017 – C-493/15, BeckRS 2017, 103902, beck-online).

260 Bekanntmachung der Kommission zum Begriff der staatlichen Beihilfe im Sinne des Artikels 107 Absatz 1 des Vertrags über die Arbeitsweise der Europäischen Union, ABl C 262 v. 19.7.2016, S. 1, Rn 187.

261 EuGH v. 13.3.1985, Rs. 296/82 – *„Leeuwarder Papierwarenfabriek“*, Rn 22.

262 EuG v. 9.9.2009, Rs. T-369/06 – *„Holland Malt“*, Rn 37.

263 Verordnung (EG) Nr 1407/2013 der Kommission v. 18.12.2013 über die Anwendung der Artikel 107 und 108 des Vertrages über die Arbeitsweise der Europäischen Union auf „De-minimis“-Beihilfen, ABl L 352 v. 24.12.2013, S. 1 f; s. a. VO 1408/2013 der Kommission vom 18.12.2013 über die Anwendung der Artikel 107 und 108 des Vertrages über die Arbeitsweise der Europäischen Union auf De-minimis-Beihilfen im Agrarsektor, ABl L 352 v. 24.12.2013, S. 9.

Produkt durch andere Produkte zu ersetzen. Die **Angebotsumstellungsflexibilität** betrifft die Frage, ob andere Anbieter als die des fraglichen Produkts oder Dienstes direkt oder kurzfristig in der Lage sind, ihre Produktion umzustellen bzw die relevanten Produkte anzubieten, ohne dass erhebliche Zusatzkosten für sie entstehen. Zu berücksichtigen kann ferner sein, ob sonstige Anbieter bereit sind, in den Markt einzutreten **(potentieller Wettbewerb)**[264]. Der Unterschied zwischen potentiellem Wettbewerb und Angebotsumstellungsflexibilität liegt darin, dass bereits aktive Wettbewerber sofort auf eine Preiserhöhung reagieren können, wohingegen potentielle Markteinsteiger uU mehr Zeit benötigen, um ihr Angebot auf den Markt zu bringen. Häufig wird eine staatliche Maßnahme verschiedene relevante Märkte betreffen.

Beispiel: Die Mitgliedstaaten stellen umfangreiche öffentliche Mittel zur Unterstützung der Ausfuhren von Produkten ihrer Industrien zur Verfügung, ua in der Form kurzfristiger Exportkreditversicherungen. Diese Exportbeihilfen beeinträchtigen den Wettbewerb zwischen den auf dem Markt konkurrierenden potentiellen Lieferanten (Exporteuren) von Waren und Dienstleistungen innerhalb der Union sowie den Markt von kurzfristigen Exportkreditversicherungen, in dem staatliche und private Kreditversicherungsunternehmen miteinander im Wettbewerb stehen[265].

931 Der relevante Markt ist räumlich und sachlich zu bestimmen. **Der räumlich relevante Markt** ist das Gebiet, in dem die beteiligten Unternehmen die relevanten Produkte oder Dienstleistungen anbieten, in dem die Wettbewerbsbedingungen hinreichend homogen sind und das sich von den benachbarten Gebieten durch spürbar unterschiedliche Wettbewerbsbedingungen unterscheidet. Der **sachlich relevante Produktmarkt** umfasst sämtliche Erzeugnisse und/oder Dienstleistungen, die von den Verbrauchern hinsichtlich ihrer Eigenschaften, Preise und ihres vorgesehenen Verwendungszwecks als austauschbar oder substituierbar angesehen werden[266]. Grundsätzlich ist dabei vom sog. Bedarfsmarkt auszugehen, dh, es ist darauf abzustellen, welche Produkte die Nachfrager als substituierbar ansehen.

Aus verfahrensmäßigen und praktischen Erwägungen steht bei der Marktabgrenzung der Preis im Mittelpunkt. Zu beurteilen ist, ob die Kunden als Reaktion auf eine angenommene kleine, bleibende Erhöhung der relativen Preise (zwischen 5 und 10%) für die betreffenden Produkte und Gebiete auf leicht verfügbare Substitute ausweichen würden. Ist die Substitution so groß, dass durch den damit einhergehenden Absatzrückgang eine Preiserhöhung nicht mehr einträglich wäre, so werden in den sachlich und räumlich relevanten Markt so lange weitere Produkte und Gebiete einbezogen, bis kleine, dauerhafte Erhöhungen der relativen Preise einen Gewinn einbringen würden.

Soll beispielsweise bei Produkten der Erfrischungsgetränkeindustrie der relevante Markt ermittelt werden, ist zu prüfen, ob Konsumenten des Produktes A zu Produkten mit anderem Geschmack übergehen würden, wenn der Preis für A dauerhaft um 5 bis 10% erhöht würde. Wechseln die Verbraucher in einem so starken Ausmaß – zB zum Produkt B –, dass die Preis-

264 Bekanntmachung der Kommission über die Definition des relevanten Marktes im Sinne des Wettbewerbsrechts der Gemeinschaft, ABl C 372 v. 9.12.1997, S. 5 f.

265 Mitteilung der Kommission an die Mitgliedstaaten zur Anwendung der Artikel 107 und 108 des Vertrags über die Arbeitsweise der Europäischen Union auf die kurzfristige Exportkreditversicherung, ABl C 392 v. 19.12.2012, S. 1.

266 Bekanntmachung der Kommission über die Definition des relevanten Marktes im Sinne des Wettbewerbsrechts der Gemeinschaft, ABl C 372 v. 9.12.1997, S. 5.

erhöhung für A wegen der Absatzeinbußen keinen Zusatzgewinn einbringt, umfasst der Markt zumindest die Produkte A und B. Der Vorgang ist für weitere Produkte zu wiederholen.

Beispiel: Isoglukose, das vorwiegend aus Maisstärke hergestellt wird, und Inulinsirup, der aus Zichorienwurzeln erzeugt wird, sind direkte Substitutionserzeugnisse für flüssigen Zucker, der durch Verarbeitung von Zuckerrüben oder Zuckerrohr gewonnen wird. Die Märkte für Zucker, für Inulinsirup und für Isoglukose sind eng miteinander verknüpft. Jede Wettbewerbsentscheidung, die eines der Erzeugnisse betrifft, wirkt sich auch auf die anderen aus. Die EU hat deshalb eine gemeinsame Marktorganisation für Zucker, Inulinsirup und Isoglukose geschaffen[267]. Damit handelt es sich jetzt um einen Markt, der alle drei Erzeugnisse umfasst.

d) Beeinträchtigung des Handels zwischen den Mitgliedstaaten

Angesichts des zunehmenden Zusammenwachsens der Märkte kann eine Beeinträchtigung des Handels zwischen den Mitgliedstaaten bei einer Wettbewerbsverfälschung grundsätzlich angenommen werden. Eine tatsächliche Auswirkung der fraglichen Beihilfe auf den Handel zwischen Mitgliedstaaten muss nicht nachgewiesen werden, es genügt, dass die Beihilfe geeignet ist, diesen Handel zu beeinträchtigen.[268] Vorauszusetzen ist aber, dass die Auswirkungen der Beihilfe **grenzüberschreitend** sind. Daran fehlt es bei Wirtschaftsförderungsprojekten mit lediglich regionalen Auswirkungen. **932**

Die Kommission hat den Zuschuss einer Stadt für ein privat betriebenes Freizeitbad nicht als Beihilfe klassifiziert, weil der Einzugsbereich des Bades 50 km betragen hat und damit die Grenze zum nächsten Mitgliedstaat nicht geschnitten oder berührt worden ist[269].

Allerdings kommt es nicht auf die räumliche Erstreckung des Angebots an, sondern darauf, ob die betreffende Maßnahme **Auswirkungen auf ausländische Wettbewerber** hat. **933**

Örtliche oder regionale Verkehrsdienste werden nicht nur von inländischen Unternehmern angeboten. Gewährt ein Mitgliedstaat einem Verkehrsunternehmen einen öffentlichen Zuschuss, kann dadurch die Erbringung von Verkehrsdiensten durch dieses Unternehmen beibehalten oder ausgeweitet werden, so dass sich die Chancen der in anderen Mitgliedstaaten niedergelassenen Unternehmen, ihre Verkehrsdienste auf dem Markt dieses Staates zu erbringen, verringern[270].

Nach der Rechtsprechung gibt es keine Schwelle und keinen Prozentsatz, bis zu der oder dem man davon ausgehen könnte, dass der Handel zwischen den Mitgliedstaaten nicht beeinträchtigt wäre. Weder der verhältnismäßig geringe Umfang einer Beihilfe noch die verhältnismäßig geringe Größe des begünstigten Unternehmens schließt die Beeinträchtigung des Handels zwischen den Mitgliedstaaten von vornherein aus[271]. **934**

---

267 Inzwischen gemeinsame Marktorganisation für landwirtschaftliche Erzeugnisse: Verordnung (EU) Nr 1308/2013 v. 17.12.2013 über eine gemeinsame Marktorganisation für landwirtschaftliche Erzeugnisse, ABl L 347 v. 20.12.2013, S. 671. Vgl. Art. 128 für eine gemeinsame Produktionsabgabe.

268 EuGH v. 14.1.2015, Rs. C-518/13 – *„Eventech"*, Rn 65.

269 Staatliche Beihilfe Nr N 258/00 – Deutschland, Freizeitbad Dorsten v. 12.1.2001.

270 EuGH v. 24.3.2003, Rs. C-280/00 – *„Altmark Trans"*.

271 EuGH v. 21.3.1990, Rs. C-142/87 – *„Tubemeuse"*, Rn 43; s.a. EuG v. 29.9.2000, Rs. T-55/99 – *„CETM"*, Rn 92.

3. Legalausnahmen, Art. 107 Abs. 2 AEUV

935 Art. 107 Abs. 2 und 3 AEUV kennt Legal- und Ermessensausnahmen. Aus der Grundstruktur des Beihilfenregimes – Beihilfen sind grundsätzlich unzulässig und nur ausnahmsweise zulässig – folgt, dass die Ausnahmen **eng auszulegen** sind. Die Kommission hat in einem streng regulierten Verfahren die staatliche Beihilfengewährung zu überprüfen.

936 In Art. 107 Abs. 2 AEUV sind **Legalausnahmen** vom Beihilfenverbot geregelt. Das sind Beihilfen, die kraft Vertrages mit dem Binnenmarkt vereinbar sind:

- Beihilfen sozialer Art an einzelne Verbraucher, wenn sie ohne Diskriminierung nach der Herkunft der Waren gewährt werden;
- Beihilfen zur Beseitigung von Schäden, die durch Naturkatastrophen oder sonstige außergewöhnliche Ereignisse entstanden sind;
- Beihilfen für die Wirtschaft bestimmter, durch die Teilung Deutschlands betroffener Gebiete der Bundesrepublik Deutschland, soweit sie zum Ausgleich der durch die Teilung verursachten wirtschaftlichen Nachteile erforderlich sind.

a) Beihilfen sozialer Art an einzelne Verbraucher

937 Da der Beihilfenbegriff unternehmensbezogen ist, setzt eine Beihilfe nach Art. 107 Abs. 2 lit. a AEUV voraus, dass mittelbar auch bestimmte Unternehmen oder Produktionszweige begünstigt werden. Nicht gemeint sind daher **soziale Hilfen** an Endverbraucher – etwa Zuschüsse für Nahrungsmittel –, wenn sie nicht zugleich eine Beihilfe für bestimmte Unternehmen oder Produktionszweige sind.

Beispiel: Sozialbeihilfen für die Beförderung von Einwohnern entlegener Gebiete per Flugzeug und Schiff iSv Art. 51 AGVO.

b) Katastrophenbeihilfen

938 **Naturkatastrophen** sind zB Erdbeben, Lawinen, Erdrutsche, Überschwemmungen, Wirbelstürme, Orkane, Vulkanausbrüche und Flächenbrände natürlichen Ursprungs. Als **außergewöhnliche Ereignisse** gelten Kriege, innere Unruhen oder Streiks. Die Kommission hat unter Vorbehalt und in Abhängigkeit vom Ausmaß des Ereignisses auch schwere nukleare Unfälle oder Industrieunfälle und Brände als außergewöhnliche Ereignisse gelten lassen, wenn sie umfangreiche Verluste verursacht haben[272]. Kein außergewöhnliches Ereignis stellt ein Brand in einem einzelnen Betrieb dar, für den eine Feuerversicherung besteht.

c) Beihilfen, die ihren Grund in der Teilung Deutschlands haben

939 Art. 107 Abs. 2 lit. c AEUV ist nach der Herstellung der Einheit Deutschlands nicht gegenstandslos geworden, sondern gilt unter den gleichen Voraussetzungen für die neuen wie für die alten Länder. Die durch die Teilung verursachten wirtschaftlichen Nachteile sind dabei nur diejenigen, die durch die Isolierung aufgrund der **Errichtung der physischen Grenze zwischen den beiden deutschen Staaten** in davon be-

272 Rahmenregelung der Europäischen Union für staatliche Beihilfen im Agrar- und Forstsektor und in ländlichen Gebieten 2014–2020, ABl C 204 v. 1.7.2014, S. 1, Rn 330.

sonders betroffenen Gebieten Deutschlands entstanden sind, zB weil die Verkehrswege unterbrochen wurden oder Absatzgebiete wegen des Abbruchs der gegenseitigen Handelsbeziehungen verloren gingen.

Der EuGH hat es unter Hinweis auf den Ausnahmecharakter der Bestimmung und der ratio legis abgelehnt, Art. 107 Abs. 2 lit. c AEUV als umfassende Bereichsausnahme zu verstehen, die es erlaubt, den Rückstand der neuen Länder vollständig auszugleichen. Denn die unterschiedliche Entwicklung der alten und neuen Bundesländer beruht nicht in erster Linie auf der Teilung Deutschlands, sondern auf den unterschiedlichen politisch-wirtschaftlichen Systemen, die in den beiden deutschen Staaten errichtet worden waren[273].

Mit dem Vertrag von Lissabon wurde die Befugnis des Rates eingeführt, nach fünf Jahren auf Vorschlag der Kommission diese Legalausnahme durch Beschluss aufzuheben.

d) Sonderfall: Beihilfen im Verkehrsbereich

Art. 93 AEUV bestimmt als weitere Legalausnahme Beihilfen, die den Erfordernis- 940
sen der **Koordinierung des Verkehrs** oder der **Abgeltung bestimmter, mit dem Begriff des öffentlichen (gemeinwirtschaftlichen) Dienstes** (s. Rn 736) zusammenhängender Leistungen entsprechen. Dieser Bestimmung kommt als Legalausnahme zu Art. 107 Abs. 1 AEUV aber praktisch keine Bedeutung mehr zu, weil Rat und Parlament mit der VO 1370/2007[274] abschließend geregelt haben, unter welchen Voraussetzungen die Behörden der Mitgliedstaaten Beihilfen im Sinne von Art. 97 AEUV gewähren können[275].

4. Ermessensausnahmen, insbes. Art. 107 Abs. 3 AEUV

a) Ermessensspielraum der Kommission

Die **Ermessensbeihilfen** sind in Art. 107 Abs. 3 AEUV geregelt. Danach können be- 941
stimmte Regionalbeihilfen, Beihilfen für Vorhaben von gemeinsamen europäischem Interesse oder zur Behebung einer beträchtlichen Störung im Wirtschaftsleben eines Mitgliedstaats, Beihilfen zur Förderung der Entwicklung gewisser Wirtschaftszweige oder Wirtschaftsgebiete, Beihilfen zur Förderung der Kultur und der Erhaltung des kulturellen Erbes sowie sonstige Arten von Beihilfen, die der Rat durch eine Entscheidung mit qualifizierter Mehrheit auf Vorschlag der Kommission bestimmt, für zulässig erklärt werden. Grundlegend zu unterscheiden sind Regionalbeihilfen, sektorale Beihilfen und horizontale Beihilfen.

Anders als bei den Bereichsausnahmen nach Abs. 2 kommt der Kommission in 942
Art. 107 Abs. 3 AEUV wegen der notwendigen komplexen wirtschaftlichen Erwägungen ein weiter, wenngleich nicht unbegrenzter **Ermessensspielraum** zu.[276] Die

---

273 EuGH v. 28.1.2003, Rs. C-334/99 – *„Gröditzer Stahlwerke“*; EuGH v. 19.9.2000, Rs. C-156/98 – *„Volkswagen“*.

274 Verordnung (EG) 1370/2007 v. 23.10.2007 über öffentliche Personenverkehrsdienste auf Schiene und Straße, ABl L 315 v. 3.12.2007, S. 1 f.

275 EuGH v. 24.7.2003, Rs. C-280/00 – *„Altmark Trans“*, Rn 108 zu den Vorgängervorschriften VO 1191/69 und VO 1107/70.

276 Vgl. dazu *Storr*, Wirtschaftslenkung durch Beihilfenrecht unter besonderer Berücksichtigung der Bankenbeihilfen und der Regionalbeihilfen, in: Müller/N. Raschauer (Hrsg.), Europäisches Wirtschaftslenkungs- und Regulierungsrecht, 2015, S. 23 ff.

Kommission hat ihr Ermessen nach Maßgabe wirtschaftlicher und sozialer Wertungen auszuüben, die auf die Union als Ganzes zu beziehen sind[277]. Daher hat sie die Ziele der Union (Art. 3 AEUV) sachgerecht zu berücksichtigen.

Außerdem kann die Kommission aufgrund der VO 2015/1588[278] bestimmte horizontale Beihilfen und bestimmte Regionalbeihilfen **vom Notifizierungsverfahren ausschließen**. Die Kontrolle der europäischen Gerichte ist darauf beschränkt, ob die Verfahrens- und Begründungsvorschriften eingehalten worden sind, ob der Sachverhalt, der der getroffenen Ermessensentscheidung zugrunde gelegt wurde, zutreffend festgestellt worden ist, ob keine offensichtlich fehlerhafte Würdigung dieses Sachverhalts und schließlich kein Ermessensmissbrauch vorliegt. Dabei darf das Gericht nicht seine wirtschaftliche Würdigung an die Stelle derjenigen des Verfassers der Entscheidung setzen[279].

Die Kommission hat verschiedene Mitteilungen und Leitlinien veröffentlicht, in denen sie die maßgeblichen Kriterien ihrer Entscheidungen niedergelegt hat. Eine eindeutige Unterscheidung zwischen **Mitteilungen** und **Leitlinien** gibt es nicht. Es muss im Einzelfall beurteilt werden, ob es sich um unverbindliche Stellungnahmen und Empfehlungen (Art. 288 Abs. 5 AEUV) oder um Rechtsakte sui generis handelt[280].

Die Kommission kann sich bei der Ausübung ihres Ermessens durch diese Maßnahmen **selbst binden**. Dazu muss sie die Verhaltensnormen erlassen und durch ihre Veröffentlichung angekündigt haben, dass sie diese von nun an auf die von ihnen erfassten Fälle anwenden werde. Dann kann sie von diesen Normen grundsätzlich nicht mehr abweichen. Andernfalls können die allgemeinen Rechtsgrundsätze der Gleichbehandlung und des Vertrauensschutzes verletzt sein.[281] Ein Arbeitspapier von einer Kommissionsdienststelle enthält regelm. keine Verhaltensnormen und ist von der Kommission auch nicht erlassen worden. Es kann deshalb keine Selbstbindungswirkung entfalten[282].

943 Mit dem Aktionsplan für staatliche Beihilfen (2005)[283] hatte die Kommission ihre Beihilfenpolitik dahingehend ausgerichtet, dass die **Wirkungen** von Beihilfen auf den Binnenmarkt stärker berücksichtigt werden sollen. Bei der Beurteilung der Vergabe- oder Verteilungseffekte staatlicher Beihilfen soll ihr tatsächlicher Beitrag zu gemeinsam beschlossenen, politisch wünschenswerten Zielen berücksichtigt werden. Dazu sollten staatliche Beihilfen weniger und besser ausgerichtet werden und nicht nur eine rechtliche Prüfung vorgenommen, sondern auch die wirtschaftliche Betrachtungsweise verfeinert werden (sog. **more economic approach**)[284]. Die positiven Aus-

277 EuGH v. 17.9.1980, Rs. C-730/79 – *„Philip Morris"*.

278 Verordnung (EU) 2015/1588 v. 13.7.2015 über die Anwendung der Artikel 107 und 108 des Vertrags über die Arbeitsweise der Europäischen Union auf bestimmte Gruppen horizontaler Beihilfen, ABl L 248 v. 24.9.2015, S. 1.

279 EuG v. 12.12.1996, Rs. T-380/94 – *„AIUFASS"*, Rn 56.

280 *Brohm*, Die „Mitteilungen" der Kommission im Europäischen Verwaltungs- und Wirtschaftsraum, 2012.

281 EuGH v. 19.7.2016, Rs. C-526/14 – *„Kotnik"*, Rn 40.

282 EuG v. 9.6.2016, Rs. T-162/13 – *„Magic Mountain Kletterhalle"*, Rn 56.

283 Kommission, Aktionsplan für staatliche Beihilfen v. 7.6.2005, Weniger und besser ausgerichtete staatliche Beihilfen – Roadmap zur Reform des Beihilferechts 2005–2009 (Konsultationspapier), KOM(2005) 107 endg.

284 *Siebert*, More Economic Approach in der Europäischen Beihilfenaufsicht, 2012; *Behrens*, in: Birnstiel/Bungenberg/Heinrich, Europäisches Beihilfenrecht, 2013, S. 85 f.

wirkungen der Beihilfe (Verwirklichung eines Ziels von gemeinsamem Interesse, zB Lissabon-Strategie[285]) sollten gegen etwaige negative Nebeneffekte (Handels- und Wettbewerbsverzerrungen) abgewogen werden. Hierzu gehörte auch eine intensive Analyse und Berücksichtigung des Marktversagens: externe Effekte, asymmetrische Informationen, Abstimmungsprobleme etc.

Gegen den more economic approach ist zu Recht angeführt worden, dass offenbleibt, welche ökonomischen Analyserahmen die Kommission konkret heranzieht, weshalb im Hinblick auf den Grundsatz der **Rechtssicherheit** Defizite anzumelden sind. Art. 107 Abs. 1 AEUV nennt als Prüfungsmaßstäbe die Wettbewerbsverfälschung und die Handelsbeeinträchtigung, nicht ein Marktversagen, dem entgegenzuwirken ist[286]. Auch ist es nicht Aufgabe der Kommission, eine effiziente Verwendung mitgliedstaatlicher Budgets zu kontrollieren. In ökonomischer Hinsicht ist zu kritisieren, dass nicht jede Einschränkung der Funktionsfähigkeit eines Marktes gleich ein Marktversagen ist und dass die Auswirkungen einer Beihilfe auf den Markt nicht immer präzise festgestellt werden können[287]. Schließlich wurde auch der damit einhergehende Begründungsaufwand erheblich aufwändiger, ohne dass mehr oder weniger Beihilfen genehmigt wurden[288]. Inzwischen hat der more economic approach wieder an Bedeutung verloren. Allerdings hat die Kommission bei der Genehmigung von Beihilfen zur Überwindung der Finanzkrise intensiv wirtschaftspolitische Ziele berücksichtigt (Rn 955). **944**

Im Jahr 2012 hat die Kommission eine Mitteilung zur **Modernisierung des Beihilfenrechts**[289] veröffentlicht. Es sollen drei Ziele verfolgt werden: Durch die Beihilfenpolitik sollen ein nachhaltiges, intelligentes und integratives Wachstum in einem wettbewerbsfähigen Binnenmarkt gefördert, die ex-ante-Prüfung der Kommission auf Fälle mit besonders großen Auswirkungen auf den Binnenmarkt und die Stärkung der Zusammenarbeit zwischen den Mitgliedstaaten bei der Durchsetzung der EU-Beihilfevorschriften konzentriert, die Beihilfenregeln gestrafft und der Erlass von Beschlüssen beschleunigt werden. Dafür will die Kommission zwischen „schlechten" und „guten" Beihilfen unterscheiden. „Schlechte Beihilfen" sind Beihilfen, die den Wettbewerb verzerren, Innovationen hemmen, notwendige Anpassungen verzögern und zu einer Fragmentierung des Binnenmarktes führen[290]. „Gute Beihilfen" sind „gut konzipiert", weil sie entweder auf ausgewiesenes Marktversagen oder auf Ziele von gemeinsamem Interesse ausgerichtet sind und weil sie den Wettbewerb möglichst wenig verzerren[291]. Solche Beihilfen werden – so die Kommission – am stärksten zum Wachstum beitragen, wenn sie auf ein Marktversagen abzielen und private Mittel ergänzen, aber nicht ersetzen. Staatliche Beihilfen sollen **Anreizwirkung** haben, das **945**

285 Europäischer Rat v. 23. und 24.3.2000 in Lissabon, Schlussfolgerungen des Vorsitzes.
286 EuG v. 9.6.2016, Rs. T-162/13 – „*Magic Mountain Kletterhalle*", Rn 77.
287 *Fehling*, EuR 2010, 598, 613; *Jungheim*, BRZ 2010, 123, 126; *Jaeger*, WuW 2008, 1064 ff.
288 *Rusche*, in: Immenga/Mestmäcker, Wettbewerbsrecht, 5. Aufl., 2016, Art. 107 Abs. 3 AEUV, Rn 52.
289 Mitteilung der Kommission, Modernisierung des EU-Beihilfenrechts, KOM(2012) 0209, Anm. 8.
290 Arbeitsunterlage der Kommissiondienststellen – Zusammenfassung der Folgenabschätzung – Begleitunterlage zur Mitteilung der Kommission, Leitlinien für Regionalbeihilfen 2014–2020, S. 1.
291 Mitteilung der Kommission, Modernisierung des EU-Beihilfenrechts, KOM(2012) 0209, Anm. 12; Erläuterungen zum Entwurf der Leitlinien für Regionalbeihilfen 2014–2020 (Arbeitspapier der GD Wettbewerb), S. 1.

heißt, dass sie die Beihilfeempfänger dazu veranlassen, Tätigkeiten durchzuführen, die sie ohne die Beihilfe nicht durchgeführt hätten[292]. Die Wettbewerbsverzerrungen müssen auf ein Minimum beschränkt, der Binnenmarkt muss wettbewerbsfähig und offen sein[293].

b) Regionalbeihilfen

946 Es gehört zu den Zielen der Union, ihren wirtschaftlichen und sozialen Zusammenhalt zu entwickeln und zu stärken, um eine harmonische Entwicklung der Union als Ganzes zu fördern. Daher hat sich die Union insbesondere zum Ziel gesetzt, die **Unterschiede im Entwicklungsstand der verschiedenen Regionen** und den Rückstand der am stärksten benachteiligten Gebiete oder Inseln, einschließlich der ländlichen Gebiete, zu verringern (Art. 174 AEUV). Regionalbeihilfen sind bestimmten geografischen Gebieten vorbehalten und zielen durch die Förderung von Investitionen und die Schaffung von Arbeitsplätzen speziell auf die wirtschaftliche Entwicklung dieser Gebiete ab. Die Kommission hat die Genehmigungsfähigkeit von Regionalbeihilfen in den Leitlinien für Regionalbeihilfen 2014–2020[294] näher bestimmt.

947 Für Beihilfen mit regionaler Zielsetzung gibt es zwei **Freistellungsmöglichkeiten**:

- Zur Förderung der wirtschaftlichen Entwicklung von Gebieten, in denen die Lebenshaltung außergewöhnlich niedrig ist oder eine erhebliche Unterbeschäftigung herrscht (Freistellung im Rahmen von Art. 107 Abs. 3 lit. a AEUV – sog. A-Fördergebiete).
- Zur Förderung der Entwicklung gewisser Wirtschaftsgebiete, soweit sie die Handelsbedingungen nicht in einer Weise verändern, die dem gemeinsamen Interesse zuwiderläuft (Freistellung im Rahmen von Art. 107 Abs. 3 lit. c 2. Alt. AEUV – sog. C-Fördergebiete).

Aus der Beschränkung auf „außergewöhnlich niedrige" Lebenshaltung und „erhebliche" Unterbeschäftigung (Art. 107 Abs. 3 lit. a AEUV) folgt, dass nur Gebiete gemeint sein sollen, in denen die wirtschaftliche Lage im Vergleich zur gesamten Union äußerst ungünstig ist. Das betrifft die Gebiete, deren Pro-Kopf-Bruttoinlandsprodukt den Schwellenwert von 75% des Gemeinschaftsdurchschnitts nicht überschreitet.

Auf der Grundlage von Art. 107 Abs. 3 lit. c 2. Alt. AEUV ist es möglich, Beihilfen zur Förderung der Gebiete eines Mitgliedstaats zu genehmigen, die im Vergleich zur durchschnittlichen wirtschaftlichen Lage in diesem Staat benachteiligt sind[295]. Es müssen die Grundsätze des Ausnahmecharakters und der geografischen Konzentration besonders beachtet werden und solche Beihilfen müssen sich in den Rahmen einer kohärenten Regionalpolitik des Mitgliedstaats einfügen.

948 Die Fördergebiete sollen höchstens 46,53% der Gesamtbevölkerung der Union umfassen[296]. Für jeden Mitgliedstaat wird eine Fördergebietskarte erstellt, die die Fördergebiete und die Beihilfehöchstintensitäten enthält; diese wird von der Kommission genehmigt. Für die Periode 2014–2020 gibt es in Deutschland nur noch C-Förderge-

---

292 Deshalb muss ein Beihilfeantrag vor Beginn der Durchführung des Investitionsvorhabens eingereicht werden. Für die Kommission ist das ein „einfaches, relevantes und angemessenes Kriterium", um den Anreizeffekt der geplanten Beihilfe zu vermuten: EuGH v. 5.3.2019, Rs. C-349/17 – *„Eesti Paga"*, Rn 64.

293 Mitteilung der Kommission, Modernisierung des EU-Beihilfenrechts, KOM(2012) 0209, Anm. 12.

294 Kommission, Leitlinien für Regionalbeihilfen 2014–2020, ABl C 209 vom 23.7.2013, S. 1.

295 EuGH vom 14.1.1987, Rs. 248/84 – *„Deutschland/Kommission"*, Rn 19.

296 Kommission, Leitlinien für Regionalbeihilfen 2014–2020, ABl C 209 vom 23.7.2013, S. 1, Tz 148.

biete. In der Periode 2007–2013 waren die neuen Länder noch A-Fördergebiete. Inzwischen überschreitet das Pro-Kopf-Bruttoinlandsprodukt der neuen Länder den Schwellenwert von 75% des Unionsdurchschnitts. In den aktuell ausgewiesenen Fördergebieten leben 21,1 Mio. Einwohner, dh 25,85% der Bevölkerung Deutschlands.

Zu unterscheiden sind Investitionsbeihilfen und Betriebsbeihilfen: **949**

- **Investitionsbeihilfen** sind eine Erstinvestition in eine Anlage zur Errichtung einer neuen Betriebsstätte, zur Erweiterung einer bestehenden Betriebsstätte, zur Diversifizierung der Produktion einer Betriebsstätte in vorher dort nicht hergestellte Produkte oder zur grundlegenden Änderung des gesamten Produktionsprozesses einer bestehenden Betriebsstätte. Um einen tatsächlichen und nachhaltigen Beitrag der Investition zur Entwicklung des betreffenden Gebiets zu gewährleisten, muss die Investition nach ihrem Abschluss mindestens fünf Jahre (drei Jahre bei KMU) in dem betreffenden Gebiet erhalten bleiben. Zur Gewährleistung der Rentabilität der Investition soll der Mitgliedstaat sicherstellen, dass der Beihilfeempfänger entweder aus eigenen oder aus fremden Mitteln einen Eigenbeitrag von mindestens 25% der beihilfefähigen Kosten leistet, der keinerlei öffentliche Förderung enthält[297].
- **Betriebsbeihilfen** sind Beihilfen, die zur Senkung der nicht mit einer Erstinvestition in Zusammenhang stehenden laufenden Kosten eines Unternehmens dienen. Dazu zählen Kostenpositionen wie Personal-, Material-, Fremdleistungs-, Kommunikations-, Energie-, Wartungs-, Miet- und Verwaltungskosten, nicht aber der Abschreibungsaufwand und Finanzierungskosten, wenn diese bei Gewährung der regionalen Investitionsbeihilfe als beihilfefähige Kosten berücksichtigt wurden[298].

c) Sektorale Beihilfen

Sektorale Beihilfen sind nach Art. 107 Abs. 3 lit. c 1. Alt. AEUV Beihilfen zur Förderung der **Entwicklung gewisser Wirtschaftszweige**, soweit sie die Handelsbedingungen nicht in einer Weise verändern, die dem gemeinsamen Interesse zuwiderläuft. Sie sollen den Strukturwandel von Branchen sozial abfedern oder unfairen Preiswettbewerb auf den Weltmärkten (zB im Schiffsbau) ausgleichen. Da die Unionsorgane den Grundsatz der intersektoralen Neutralität zu wahren haben, sind sektorale Beihilfen grundsätzlich abzulehnen. **950**

Besondere Mitteilungen gibt es zB für Schließungsbeihilfen für die Stahlindustrie[299], für den Breitbandausbau[300], für Eisenbahnunternehmen,[301] für den öffentlich-rechtlichen Rundfunk[302] oder für den audiovisuellen Sektor[303].

---

297 Kommission, Leitlinien für Regionalbeihilfen 2014–2020, ABl C 209 vom 23.7.2013, S. 1, Tz 31 f.

298 Kommission, Leitlinien für Regionalbeihilfen 2014–2020, ABl C 209 vom 23.7.2013, S. 1, Tz. 20.

299 Rettungs- und Umstrukturierungsbeihilfen und Schließungsbeihilfen für die Stahlindustrie, ABl C 70 v. 19.3.2002, S. 21 f.

300 Leitlinien der EU für die Anwendung der Vorschriften über staatliche Beihilfen im Zusammenhang mit dem schnellen Breitbandausbau, ABl C 25 v. 26.1.2013, S. 1 ff.

301 Gemeinschaftliche Leitlinien für staatliche Beihilfen an Eisenbahnunternehmen, ABl C 184 v. 22.7.2008 S. 13 ff.

302 Mitteilung der Kommission über die Anwendung der Vorschriften über staatliche Beihilfen auf den öffentlich-rechtlichen Rundfunk, ABl C 257 v. 27.10.2009, S. 1 ff.

303 Mitteilung der Kommission über staatliche Beihilfen für Filme und andere audiovisuelle Werke, ABl C 332 v. 15.11.2013, S. 1.

d) Horizontale Beihilfen

951 Horizontale Beihilfen sollen Probleme lösen, die sich in **allen Branchen und Regionen stellen können**, verfolgen also ein von Regionen und Sektoren unabhängiges Förderziel. Es sind Beihilfen zugunsten kleiner und mittlerer Unternehmen, Umstrukturierungs- und Rettungsbeihilfen, Forschungs- und Entwicklungsbeihilfen, Umweltschutzbeihilfen, Ausbildungsbeihilfen, Beschäftigungsbeihilfen sowie Ausfuhrbeihilfen. Rechtsgrundlage für horizontale Beihilfen ist insbesondere Art. 107 Abs. 3 lit. c AEUV.

952 Auf der Grundlage von Art. 1 VO 994/98[304] (inzwischen abgelöst durch die VO 2015/1588[305]) hat die Kommission in der allgemeinen Gruppenfreistellungsverordnung 651/2014[306] (AGVO) festgelegt, dass bestimmte staatliche Beihilfen unter gewissen Voraussetzungen mit dem Binnenmarkt vereinbar sind und nicht der Anmeldepflicht nach Art. 108 Abs. 3 AEUV unterliegen. Nach Maßgabe der AGVO sollen über 95% der Beihilfen von der Notifizierungspflicht befreit sein. Freilich wird die Prüfung der Rechtmäßigkeit der Beihilfe damit auf die mitgliedstaatlichen Behörden verlagert. Das ist nicht unproblematisch, weil die Anforderungen der AGVO zum Teil sehr formal sind. Bereits kleinere Formfehler können zur Rechtswidrigkeit der Beihilfe führen (zB Fehlen eines ausdrücklichen Verweises auf die AGVO[307]).

Eine Befreiung sieht die AGVO zB für Investitionsbeihilfen an **kleine** und **mittlere Unternehmen (KMU)**[308] vor. Die KMU haben eine besondere Bedeutung bei der Schaffung von Arbeitsplätzen und sind eine der Säulen für soziale Stabilität und wirtschaftliche Dynamik. Wegen der geringen Risikobereitschaft bestimmter Finanzmärkte und ihrer begrenzten Möglichkeiten, Garantien zu bieten, haben KMU aber häufig Schwierigkeiten bei der Beschaffung von Kapital oder Krediten. Durch die Freistellung von der Notifizierungspflicht soll die wirtschaftliche Tätigkeit dieser Unternehmen gefördert werden, sofern die Handelsbedingungen nicht in einem Maß beeinträchtigt werden, das dem gemeinsamen Interesse zuwiderläuft.

Kleine und mittlere Unternehmen (KMU) werden definiert als Unternehmen, die weniger als 250 Personen beschäftigen und einen Jahresumsatz von höchstens € 50 Mio. oder eine Jahresbilanzsumme von höchstens € 43 Mio. haben. **Kleine** Unternehmen sind Unternehmen, die weniger als 50 Personen beschäftigen und deren Jahresumsatz € 10 Mio. nicht übersteigt. **Kleinstunternehmen** sind Unternehmen mit weniger als zehn Beschäftigten, wenn ihr Jahresumsatz bzw ihre Jahresbilanz € 2 Mio. nicht überschreitet[309].

---

304 Verordnung (EG) Nr 994/98 v. 7.5.1998 über die Anwendung der Artikel 92 und 93 des Vertrags zur Gründung der Europäischen Gemeinschaft auf bestimmte Gruppen horizontaler Beihilfen ABl L 142 v. 14.5.1998, S. 1 ff.

305 Verordnung (EU) 2015/1588 v. 13.7.2015 über die Anwendung der Artikel 107 und 108 des Vertrags über die Arbeitsweise der Europäischen Union auf bestimmte Gruppen horizontaler Beihilfen, ABl L 248 v. 24.9.2015, S. 1.

306 Verordnung (EU) Nr 651/2014 der Kommission vom 17. Juni 2014 zur Feststellung der Vereinbarkeit bestimmter Gruppen von Beihilfen mit dem Binnenmarkt in Anwendung der Artikel 107 und 108 des Vertrags über die Arbeitsweise der Europäischen Union, ABl L 187 v. 26.6.2014, S. 1 ff.

307 EuGH v. 21.7.2016, Rs. C-493/14 – „*Dilly„s Wellnesshotel*".

308 Verordnung (EU) Nr 651/2014 der Kommission vom 17. Juni 2014 zur Feststellung der Vereinbarkeit bestimmter Gruppen von Beihilfen mit dem Binnenmarkt in Anwendung der Artikel 107 und 108 des Vertrags über die Arbeitsweise der Europäischen Union, ABl L 187 v. 26.6.2014, S. 1 ff.

309 Anhang I der Verordnung (EU) Nr 651/2014 der Kommission vom 17. Juni 2014 zur Feststellung der Vereinbarkeit bestimmter Gruppen von Beihilfen mit dem Binnenmarkt in Anwendung der Artikel 107 und 108 des Vertrags über die Arbeitsweise der Europäischen Union, ABl L 187 v. 26.6.2014, S. 1 ff.

Rettungs- und Umstrukturierungsbeihilfen können für Unternehmen, die in Schwierigkeiten geraten sind, gewährt werden. Ein **Unternehmen ist in Schwierigkeiten**, wenn sicher davon ausgegangen werden kann, dass es ohne Eingreifen des Staates nicht in der Lage ist, einen kurz- oder mittelfristig drohenden wirtschaftlichen Untergang abzuwenden. 953

Das ist insbesondere der Fall,

- wenn bei Gesellschaften mit beschränkter Haftung mehr als die Hälfte des gezeichneten Stammkapitals infolge aufgelaufener Verluste verlorengegangen ist;
- wenn bei Gesellschaften, in denen mindestens einige Gesellschafter unbeschränkt für die Schulden der Gesellschaft haften, mehr als die Hälfte der in den Geschäftsbüchern ausgewiesenen Eigenmittel verschwunden ist;
- wenn unabhängig von der Unternehmensform die im innerstaatlichen Recht vorgesehenen Voraussetzungen für die Eröffnung eines Insolvenzverfahrens erfüllt sind;
- wenn im Fall eines Unternehmens, das kein KMU ist, der buchwertbasierte Verschuldungsgrad des Unternehmens mehr als 7,5 beträgt und die EBITDA-Rate des Unternehmens im Verhältnis zu seinen Zinsaufwendungen in den vergangenen beiden Jahren unter 1,0 lag.

Eine **Rettungsbeihilfe** ist dringend und hat eher kurzfristigen Charakter (grundsätzlich max. sechs Monate) und soll die Weiterführung eines in Schwierigkeiten geratenen Unternehmens während eines Zeitraums ermöglichen, der zur Aufstellung eines Umstrukturierungs- oder Liquidationsplans notwendig ist. **Umstrukturierungsbeihilfen** dienen der Wiederherstellung der langfristigen Rentabilität des begünstigten Unternehmens auf der Grundlage eines realistischen, kohärenten und weitreichenden Umstrukturierungsplans. Dafür müssen eine angemessene Lastenverteilung und die Begrenzung etwaiger Wettbewerbsverfälschungen gewährleistet sein. **Vorübergehende Umstrukturierungshilfen** sind Liquiditätshilfen, mit der die Umstrukturierung des begünstigten Unternehmens gefördert werden soll, indem die Voraussetzungen geschaffen werden, die das jeweilige Unternehmen für die Erarbeitung und Umsetzung geeigneter Maßnahmen zur Wiederherstellung seiner langfristigen Rentabilität benötigt[310]. 954

e) Sonderrechtsregime zur Überwindung der Finanzkrise

Mit der Finanzkrise, die in dem Zusammenbruch der Bank Lehman-Brothers 2008 ihren Anfang nahm, musste die restriktive europäische Beihilfengenehmigungspolitik umgestellt werden. Die Mitgliedstaaten sahen sich gezwungen, auf einen zu erwartenden Anstieg der Arbeitslosenrate, einen Rückgang der Nachfrage und eine Verschlechterung der allgemeinen Haushaltslage reagieren zu müssen. Wie schon ausgeführt (Rn 898), wurden deshalb in kurzer Zeit über € 3 Bio. an Beihilfen gewährt, überwiegend in Form von Garantien, aber auch direkte Finanzhilfen. Die Kommission hat die ersten Fälle noch auf der Grundlage von **Art. 107 Abs. 3 lit. c AEUV** als Rettungs- und Umstrukturierungsbeihilfen genehmigt[311]. Doch dieser Genehmi- 955

310 Kommission, Leitlinien für staatliche Beihilfen zur Rettung und Umstrukturierung nichtfinanzieller Unternehmen in Schwierigkeiten, ABl C 249 v. 31.7.2014, S 1.

311 Bericht der Kommission, Anzeiger für Staatliche Beihilfen, Frühjahrsausgabe 2009, Sonderausgabe „Staatliche Beihilfen in der gegenwärtigen Finanz- und Wirtschaftskrise“, KOM (2009) 164 endg., S. 6.

gungsrahmen war nicht auf die Bewältigung dieser Krise zugeschnitten[312]. Staatliche Beihilfen zur Rettung und Umstrukturierung von Unternehmen sind zulässig, wenn einzelne Unternehmen in Schwierigkeiten sind und sie einen Restrukturierungs- oder Liquidationsplan aufstellen. Die Finanzkrise zeichneten aber strukturelle Probleme aus, die Sofortmaßnahmen erforderten.

956 Die Kommission stellte ihre Genehmigungspolitik auf **Art. 107 Abs. 3 lit. b AEUV** um (Behebung einer beträchtlichen Störung im Wirtschaftsleben eines Mitgliedstaats) und interpretierte die Vorschrift so, dass sie nicht nur Notmaßnahmen zur Stützung des Finanzsystems, sondern auch außergewöhnliche wettbewerbspolitische Maßnahmen erlaubt. Beihilfen sollten aber nur für begrenzte Zeit gerechtfertigt sein, um die gegenwärtige Krise zu überwinden.

Zwischen 2008 und 2013 sind sieben Mitteilungen ergangen:
- Drei Bankenmitteilungen[313],
- die Rekapitalisierungsmitteilung[314],
- die Impaired-Assets-Mitteilung[315],
- die Umstrukturierungsmitteilung[316],
- die Mitteilung über die Stützung von Finanzinstituten[317].

Darin stellt die Kommission **verschiedene Voraussetzungen** an eine Beihilfengewährung auf. Für eine Rekapitalisierung zur Schließung von Kapitallücken gilt zB (nicht abschließend)[318]:
- Es ist der Nachweis erforderlich, dass alle Möglichkeiten, um die Unterstützung auf das erforderliche Mindestmaß zu beschränken, ausgeschöpft wurden;
- es sollen Anreize an das Management gesetzt werden, in Zeiten günstiger Konjunktur eine umfassende Umstrukturierung vorzunehmen;
- die Vergütung aller Mitarbeiter ist auf das Fünfzehnfache des landesweiten Durchschnitts (Obergrenze) zu beschränken;
- es soll eine angemessene Lastenverteilung durch einen Eigenbeitrag vorhandener Kapitalgeber erfolgen;

312 *Fehling*, EuR 2010, 598 ff; *Zimmer/Blaschczok*, WuW 2010, 142 ff; *Lindenlauf*, Staatliche Zuwendungen an Banken und Versicherungen im Zeichen der Finanzkrise, 2014.

313 Mitteilung der Kommission, Die Anwendung der Vorschriften für staatliche Beihilfen auf Maßnahmen zur Stützung von Finanzinstituten im Kontext der derzeitigen globalen Finanzkrise, ABl C 270 v. 25.10.2008, S. 8; s. auch Mitteilung der Kommission über die Anwendung der Vorschriften für staatliche Beihilfen auf Maßnahmen zur Stützung von Banken im Kontext der Finanzkrise ab dem 1. Januar 2012, ABl C 356 v. 6.12.2011, S. 7; Mitteilung der Kommission über die Anwendung der Vorschriften für staatliche Beihilfen ab dem 1. August 2013 auf Maßnahmen zur Stützung von Banken im Kontext der Finanzkrise („Bankenmitteilung“), ABl L 216 v. 30.7.2013, S. 1 ff.

314 Mitteilung der Kommission, Die Rekapitalisierung von Finanzinstituten in der derzeitigen Finanzkrise: Beschränkung der Hilfen auf das erforderliche Minimum und Vorkehrungen gegen unverhältnismäßige Wettbewerbsverzerrungen, ABl C 10 v. 15.1.2009, S. 2 ff.

315 Mitteilung der Kommission über die Behandlung wertgeminderter Aktiva im Bankensektor der Gemeinschaft, ABl C 72 v. 26.3.2009, S. 1 ff.

316 Mitteilung der Kommission über die Wiederherstellung der Rentabilität und die Bewertung von Umstrukturierungsmaßnahmen im Finanzsektor im Rahmen der derzeitigen Krise gemäß den Beihilfevorschriften, ABl C 195 v. 19.8.2009, S. 9 ff.

317 Mitteilung der Kommission über die Anwendung der Vorschriften für staatliche Beihilfen auf Maßnahmen zur Stützung von Finanzinstituten im Kontext der Finanzkrise ab dem 1.1.2011, ABl 329 v. 7.12.2010, S. 7 ff.

318 Mitteilung der Kommission über die Anwendung der Vorschriften für staatliche Beihilfen ab dem 1. August 2013 auf Maßnahmen zur Stützung von Banken im Kontext der Finanzkrise („Bankenmitteilung“), ABl L 216 v. 30.7.2013, S. 1 ff., Tz. 28–49.

- aggressive Geschäftsstrategien sind verboten;
- mit staatlicher Unterstützung zu werben ist verboten.

Freilich sind die Bankenmitteilungen nur für die Kommission verbindlich und beschränken ihr Ermessen.[319] Der Zweck der vorübergehenden Maßnahmen sollte darin liegen, die **Kreditgewährung an Unternehmen wieder anzukurbeln** und dadurch zu gewährleisten, dass die Unternehmen nach wie vor Zugang zu Kapital haben und um Unternehmen darin zu bestärken, weiterhin zu investieren. Die Kommission verband ihre Beihilfenpolitik außerdem iSd more economic approach (Rn 943) damit, dass die Beihilfen einen Beitrag zu einem ökologisch nachhaltigen Wirtschaftswachstum und zur Entwicklung „grüner Produkte" leisten sollten[320]. Gegenwärtig ist die Kommission um ein „phasing-out" bemüht. Allerdings hat die Covid-19-Pandemie inzwischen wieder erhebliche Modifizierungen erfordert[321]. **957**

f) Beihilfengenehmigung durch den Rat

Nur ausnahmsweise kann auch der **Rat** Beihilfen für zulässig erklären: **958**
- nach Art. 107 Abs. 3 lit. e AEUV sonstige Arten von Beihilfen auf Vorschlag der Kommission;
- nach Art. 108 Abs. 2 UAbs. 3 S. 1 AEUV kann er einstimmig auf Antrag eines Mitgliedstaats beschließen, dass eine von diesem Staat gewährte oder geplante Beihilfe in Abweichung von Art. 107 AEUV oder von den nach Art. 109 AEUV erlassenen Verordnungen als mit dem Binnenmarkt vereinbar gilt, wenn außergewöhnliche Umstände eine solche Entscheidung rechtfertigen.

g) Prüfungsvorschlag

Beispiel für ein Schema zur Prüfung der Zulässigkeit einer Beihilfe: **959**
1. Vorliegen einer Beihilfe iSv Art. 107 Abs. 1 AEUV?
2. Ausnahme nach Art. 107 Abs. 2 AEUV?
3. Ermessensausnahme nach Art. 107 Abs. 3 AEUV?
   a) Überschreiten der De-Minimis-Schwelle?
   b) Überschreiten der AGVO-Schwelle?
   c) Grundprüfung nach einschlägigen Leitlinien und Mitteilungen unter Berücksichtigung von Beihilfenintensität und Anreizeffekt
   d) bei Überschreiten der Schwellen in Leitlinie oder Mitteilung: Abwägungstest
      aa) Dient die Beihilfemaßnahme einem klar definierten Ziel von gemeinsamem Interesse?
      bb) Ist die geplante Beihilfemaßnahme zielführend ausgestaltet, dh, dient sie der Beseitigung des Markversagens oder anderen Zielen?
      - Ist die Beihilfemaßnahme ein geeignetes Instrument, um das betreffende Ziel zu erreichen?
      - Hat die Beihilfemaßnahme einen Anreizeffekt, dh, veranlasst sie den Beihilfeempfänger zu einer Verhaltensänderung?

---

319 EuGH v. 19.7.2016, Rs. C-526/14 – „*Kotnik*", Rn 40 f.

320 Mitteilung der Kommission, Vorübergehender Unionsrahmen für staatliche Beihilfen zur Erleichterung des Zugangs zu Finanzierungsmitteln in der gegenwärtigen Finanz- und Wirtschaftskrise, ABl C 6 v. 11.1.2011, S. 5 ff.

321 Vgl. Kommission, Befristeter Rahmen für staatliche Beihilfen zur Stützung der Wirtschaft angesichts des derzeitigen Ausbruchs von Covid-19, COM (2020) 1863.

– Ist die Beihilfemaßnahme angemessen, dh, könnte dieselbe Verhaltensänderung mit einer geringeren Beihilfe nicht erreicht werden?

cc) Sind die Wettbewerbsverzerrungen und die Handelsbeeinträchtigungen so gering, dass die Gesamtbilanz positiv ausfällt?

5. Das Verfahren der Beihilfenkontrolle

960 **Fall 77:** Bereits im Jahr 2014 war zu vermuten, dass der Betrieb des Unternehmens U wegen des ungünstig gelegenen Betriebsstandorts nicht mehr profitabel produzieren kann. Wegen eines drohenden Stellenabbaus reichte das Land L im Jahr 2015 eine Beihilfe über € 20 Mio. zur Investition in neue Maschinen aus. Die Kommission, die erst viel später durch die Tagespresse von der Beihilfe erfuhr, stellte die Rechtswidrigkeit der Beihilfe fest und forderte Deutschland im März 2016 auf, den Beihilfebescheid zurückzunehmen und die Mittel von U zurückzuverlangen. Daraufhin erlässt L im Dezember 2017 an U einen Rückforderungsbescheid. U verweigert die Zahlung, weil die Gelder bereits für den Kauf der Maschinen verwendet worden seien. Die erworbenen Maschinen seien inzwischen technisch überholt, außer Dienst gestellt und praktisch wertlos.

961 **Fall 78:** Die Kommission beschließt nach vorläufiger Prüfung gegen eine Beihilfe Deutschlands zur Förderung von Dämmstoffen aus nachwachsenden Rohstoffen im Rahmen eines Markteinführungsprogramms keine Einwände zu erheben iSv Art. 4 Abs. 3 VO 2015/1589. Die Beihilfe in Höhe von € 1 000 000,– bezieht sich auf ein Dämmstoffvolumen von ca. 30 000 m^3. In Deutschland werden ca. 30 Mio. m^3 Dämmstoffe verwendet. Eine Vereinigung von Herstellern und Vertriebshändlern von Dämmstoffen aus Mineralfasern beantragt beim EuG, die Entscheidung der Kommission für nichtig zu erklären. Die Beihilfe sei unzulässig; außerdem hätte die Kommission das förmliche Prüfverfahren nach Art. 108 Abs. 2 AEUV eröffnen müssen. Ist eine Klage zulässig?

962 **Fall 79:** Konkurrent K möchte sich gegen eine Beihilfe, die ein Ministerium des Landes L dem Unternehmer U gewährt hat, wenden. Die Beihilfe ist nicht notifiziert worden. Wie wird er gerichtlich vorzugehen haben?

a) Notifizierungspflicht bei der Kommission

963 Nach Art. 108 Abs. 1 AEUV ist es primär Aufgabe der Kommission, fortlaufend in Zusammenarbeit mit den Mitgliedstaaten die bestehenden Beihilferegelungen zu überprüfen. Hierfür schlägt sie ihnen die zweckdienlichen Maßnahmen vor, welche die fortschreitende Entwicklung und das Funktionieren des Binnenmarktes erfordern. Außerdem ist die Kommission nach Art. 108 Abs. 3 AEUV von jeder beabsichtigten Einführung oder Umgestaltung von Beihilfen so rechtzeitig zu unterrichten, dass sie sich dazu äußern kann (**Notifizierungspflicht**). Der betreffende Mitgliedstaat darf die beabsichtigte Maßnahme nicht durchführen, bevor die Kommission eine abschließende Entscheidung erlassen hat (**Durchführungsverbot** und **Abwartenspflicht**). Die Auszahlung einer Beihilfe vor Genehmigung durch die Kommission ist rechtswidrig.

964 Diese Anforderung wird grundsätzlich streng verstanden. Denn würde die Nichteinhaltung der Notifizierungspflicht keine größeren Unannehmlichkeiten oder Strafen für die Mitgliedstaaten nach sich ziehen, wäre deren Anreiz erheblich gemindert, die

Beihilfe zu notifizieren und eine Vereinbarkeitsentscheidung abzuwarten. Entsprechend eingeschränkt wäre die Wirkung einer Kontrolle durch die Kommission[322]. Deshalb müssen die Auswirkungen der Rechtswidrigkeit, die aus dem Verstoß gegen das Durchführungsverbot folgen, auch dann beseitigt werden, wenn die Kommission eine bereits ausbezahlte Beihilfe später genehmigt. Das bedeutet nicht, dass ein Mitgliedstaat eine rechtswidrig ausgereichte Beihilfe zurückzufordern hat[323]; der Beihilfenempfänger wird aber jedenfalls für die Dauer der Rechtswidrigkeit Zinsen zu zahlen haben[324].

b) Grundzüge des Genehmigungsverfahrens

Art. 109 AEUV ermächtigt den Rat, auf Vorschlag der Kommission und nach Anhörung des Europäischen Parlaments, die Bedingungen für das Notifizierungsverfahren zu konkretisieren. Auf dieser Grundlage hat er die Verfahrensordnung für die Beihilfennotifizierung **(VO 2015/1589)**[325] erlassen. Die Anforderungen an die Form der Notifizierung sind in der Durchführungsverordnung 2015/2282[326] geregelt. **965**

Nach Art. 2 VO 2015/1589 und Art. 108 Abs. 1 AEUV sind die Mitgliedstaaten verpflichtet, der Kommission ihre Vorhaben zur Gewährung neuer Beihilfen rechtzeitig mitzuteilen. Die Anmeldung muss alle sachdienlichen Auskünfte enthalten, damit die Kommission ohne eingehende Prüfung feststellen kann, dass die staatlichen Maßnahmen mit dem Vertrag vereinbar sind[327]. Die Kommission hat den betreffenden Mitgliedstaat unverzüglich vom Eingang einer Anmeldung zu unterrichten. Der Mitgliedstaat darf anmeldungspflichtige Beihilfen nicht durchführen, bevor die Kommission eine diesbezügliche Genehmigungsentscheidung erlassen hat oder die Beihilfe als genehmigt gilt (Art. 3 VO 2015/1589 – sog. **Durchführungsverbot** s.o.). **966**

Sodann unternimmt die Kommission unmittelbar nach Eingang der Anmeldung eine Vorprüfung (vorläufige Prüfung). Sie kann drei Beschlüsse fassen (vgl Art. 4 VO 2015/1589): **967**

- Kommt die Kommission zu dem Schluss, dass die angemeldete Maßnahme **keine Beihilfe** darstellt, so stellt sie dies durch Beschluss fest.
- Kommt die Kommission zu dem Schluss, dass die angemeldete Maßnahme zwar in den Anwendungsbereich des Art. 107 Abs. 1 AEUV fällt, es aber keinen Anlass zu Bedenken hinsichtlich ihrer Vereinbarkeit mit dem Binnenmarkt gibt, beschließt sie, dass die Maßnahme mit dem Binnenmarkt vereinbar ist („**Beschluss, keine Einwände zu erheben**“).
- Kommt die Kommission zu dem Schluss, dass die angemeldete Maßnahme Anlass zu Bedenken hinsichtlich ihrer Vereinbarkeit mit dem Binnenmarkt gibt, be-

322 EuGH v. 5.10.2006, Rs. C-368/04 – *„Transalpine Ölleitung“*, Rn 42.
323 So aber zunächst die Interpretation von EuGH v. 21.10.2003, Rs. C-261/01 – *„van Calster“*, Rn 75.
324 EuGH v. 18.12.2008, Rs. C-384/07 – *„Wienstrom“*, Rn 28; vgl a. EuGH v. 12.2.2008, Rs. C-199/06 – *„CELF“*, Rn 40 f.
325 Verordnung (EU) 2015/1589 v. 13.7.2015 über besondere Vorschriften für die Anwendung von Artikel 108 des Vertrags über die Arbeitsweise der Europäischen Union, ABl L 248 v. 24.9.2015, S. 9.
326 Verordnung (EU) 2015/2282 v. 27.11.2015 hinsichtlich der Anmeldeformulare und Anmeldebögen, ABl. L 325 v. 10.12.2015, S. 1.
327 EuGH v. 15.2.2001, Rs. C-99/98 – *„Siemens“*, Rn 54.

schließt sie, das Verfahren nach Art. 108 Abs. 2 AEUV zu eröffnen (im Folgenden „**Beschluss über die Eröffnung des förmlichen Prüfverfahrens**").

Die Vorprüfung muss innerhalb von **zwei Monaten** abgeschlossen sein, wobei die Frist erst nach Eingang der vollständigen Anmeldung zu laufen beginnt. Die Frist kann verlängert oder verkürzt werden. Hat die Kommission innerhalb dieser Frist keine Entscheidung getroffen, gilt die Beihilfe als von der Kommission genehmigt. Die betreffenden Maßnahmen darf der Mitgliedstaat aber erst dann durchführen, wenn er die Kommission hiervon in Kenntnis gesetzt hat und diese nicht innerhalb einer Frist von 15 Arbeitstagen eine Entscheidung erlassen hat.

Kommt es zur Eröffnung des förmlichen Prüfverfahrens, hat die Kommission in dem Beschluss die wesentlichen Sach- und Rechtsfragen zusammenzufassen, den Beihilfecharakter der geplanten Maßnahme vorläufig zu würdigen und ihre Bedenken zur Vereinbarkeit mit dem Binnenmarkt auszuführen. Der betreffende Mitgliedstaat und die anderen Beteiligten sind zu einer Stellungnahme aufzufordern (Art. 6 VO 2015/1589; Art. 108 Abs. 2 AEUV). Der Adressatenkreis ist dabei weit: Zu den Beteiligten gehören nicht nur das Unternehmen, das die Beihilfe erhalten hat, sondern auch durch die Beihilfe möglicherweise verletzte Dritte (natürliche Personen, Unternehmen, Vereinigungen), insbesondere die konkurrierenden Unternehmen und Berufsverbände[328]. Nach EuGH soll der **Eröffnungsbeschluss** der Kommission im Vorprüfungsverfahren („Beschluss über die Eröffnung des förmlichen Prüfverfahrens") für die mitgliedstaatlichen Gerichte bindende Wirkung haben[329]. Die mitgliedstaatlichen Gerichte müssen also der Kommission folgen, ebenfalls von einer Beihilfe ausgehen und eine Rückforderung anordnen, selbst wenn tatsächlich keine Beihilfe vorliegt (**Abweichungsverbot**). Eine eigenständige Prüfung ist ihnen damit verwehrt. Dem lässt sich entgegengehalten, dass der Eröffnungsbeschluss nach Art. 6 VO 2015/1589 nur ein vorläufiger ist[330].

Wenn die Angaben, die der betreffende Mitgliedstaat der Kommission im Verlauf der vorläufigen Prüfung übermittelt hat, für die vollumfängliche Würdigung der Maßnahme nicht ausreichen, kann die Kommission einen anderen Mitgliedstaat, ein Unternehmen oder eine Unternehmensvereinigung auffordern, ihr alle für die vollumfängliche Würdigung der die betreffenden Maßnahme erforderlichen **Marktauskünfte** zu übermitteln. Das Auskunftsersuchen ist für technisch komplexe Fälle vorgesehen, die einer inhaltlichen Würdigung bedürfen. Das gilt aber nur, wenn sich nach Einschätzung der Kommission das förmliche Prüfverfahren als wirkungslos erwiesen und – sofern das Ersuchen an den Beihilfenempfänger gerichtet ist – der betreffende Mitgliedstaat zugestimmt hat. Dem Grundsatz der Verhältnismäßigkeit muss gebührend Rechnung getragen werden (Art. 7 VO 2015/1589).

Es ist zwischen **einfachen Auskunftsersuchen** und **Auskunftsersuchen durch Beschluss** zu unterscheiden. Macht das Unternehmen oder die Unternehmensvereinigung aufgrund einfacher Auskunftsersuchen unrichtige oder irreführende Angaben oder macht es aufgrund eines Auskunftsersuchens durch Beschluss unrichtige, unvollständige oder irreführende Angaben oder gibt es die Auskunft nicht fristgerecht, kann die Kommission Geldbußen als Sanktion verhängen (bis zu 1% des Gesamtumsatzes). Bei Auskunftsersuchen durch Beschluss kann sie außerdem Zwangsgelder zur Durchsetzung des Auskunftsersuchens festsetzen (Art. 8 VO 2015/1589).

---

328 EuG v. 21.3.2001, Rs. T-69/96 – *„Hamburger Hafen- und Lagerhaus AG"*.

329 EuGH v. 21.11.2013, Rs. C-284/12 – *„Deutsche Lufthansa"*, Rn 32; s.a. BGH v. 9.2.2017 – I ZR 91/15: aber keine „absolute und unbedingte Verpflichtung", der Kommission zu folgen.

330 S.a. BVerwG v. 26.10.2016 – 10 C 3/15; krit. dazu *Soltész*, EuZW 2018, 60 ff.; *Ghazarian*, BRZ 2018, 10 ff.

Das förmliche Prüfverfahren kann abgeschlossen werden 968

- durch eine **Rücknahme der Anmeldung** durch den Mitgliedstaat (Art. 10 VO 2015/1589);
- durch die Feststellung der Kommission, dass die angemeldete Maßnahme **keine Beihilfe** darstellt (Art. 9 Abs. 2 VO 2015/1589);
- durch einen **Positivbeschluss**, in dem die Kommission feststellt, dass die Bedenken hinsichtlich der Vereinbarkeit der angemeldeten Maßnahme mit dem Binnenmarkt ausgeräumt sind (Art. 9 Abs. 3 VO 2015/1589);
- durch einen **mit Bedingungen und Auflagen verbundenen Beschluss**, um die Beihilfe für mit dem Binnenmarkt vereinbar zu erklären bzw. die Befolgung ihres Beschlusses zu überwachen (Art. 9 Abs. 4 VO 2015/1589);
- durch einen **Negativbeschluss**, in dem die Kommission feststellt, dass die angemeldete Beihilfe mit dem Binnenmarkt unvereinbar ist und nicht eingeführt werden darf (Art. 9 Abs. 5 VO 2015/1589).

Die Kommission darf ihre Entscheidungen erst treffen, wenn die Bedenken hinsichtlich der Vereinbarkeit mit dem Binnenmarkt ausgeräumt sind. 969

Die Kommission soll sich „bemühen" (Art. 9 Abs. 7 S. 2 VO 1589/2015), eine Entscheidung möglichst innerhalb von 18 Monaten nach Eröffnung des Prüfverfahrens zu erlassen. Die Frist kann aber im Einvernehmen mit dem betreffenden Mitgliedstaat verlängert werden. Nach Ablauf dieser Frist kann die Kommission auf Antrag des betreffenden Mitgliedstaats auf der Grundlage der ihr zur Verfügung stehenden Informationen einen Beschluss fassen. Reichen die ihr vorgelegten Informationen nicht aus, um die Vereinbarkeit festzustellen, hat sie im Zweifel einen Negativbeschluss zu fassen.

Wenn ein Beschluss auf übermittelten unrichtigen Informationen beruht und diese für die Entscheidung ausschlaggebend waren, kann die Kommission den Beschluss **widerrufen** (Art. 11 VO 2015/1589). Zuvor hat sie das förmliche Prüfverfahren erneut zu eröffnen und dem betreffenden Mitgliedstaat Gelegenheit zur Stellungnahme zu geben. 970

c) Das Verfahren bei rechtswidrigen Beihilfen

Eine rechtswidrige Beihilfe ist eine Beihilfe, die entgegen Art. 108 Abs. 3 AEUV, dh vor Abschluss des Notifizierungsverfahrens oder entgegen einer Negativentscheidung eingeführt wurde. Die Kommission kann von Amts wegen Auskünfte über mutmaßliche rechtswidrige Beihilfen prüfen, ungeachtet der Herkunft dieser Auskünfte. Sie hat „ohne ungebührliche Verzögerung" jede Beschwerde von Beteiligten zu prüfen und sicher zu stellen, dass der betreffende Mitgliedstaat regelmäßig in vollem Umfang über den Stand und das Ergebnis der Prüfung informiert wird (Art. 12 VO 2015/1589). 971

Sowohl ein Verstoß gegen die Notifizierungspflicht (Art. 108 Abs. 3 S. 1 AEUV) als auch eine Verletzung der Abwartenspflicht (Art. 108 Abs. 3 S. 3 AEUV) führen zur Unzulässigkeit einer bereits erfolgten Beihilfengewährung. Die Kommission kann als vorläufige Maßnahme eine **Aussetzungsanordnung** (Art. 13 Abs. 1 VO 2015/1589) erlassen, in der dem Mitgliedstaat aufgegeben wird, eine rechtswidrige Beihilfe bis zu einem Beschluss über die Vereinbarkeit der Beihilfe mit dem Binnenmarkt nicht aus- 972 zuzahlen. Sie kann ferner eine **Rückforderungsanordnung** (Art. 13 Abs. 2 VO 2015/1589) erlassen, durch die der Mitgliedstaat verpflichtet wird, alle rechtswidrigen Beihilfen einstweilig zurückzufordern, vorausgesetzt

- hinsichtlich des Beihilfecharakters der betreffenden Maßnahme bestehen nach geltender Praxis keinerlei Zweifel,
- ein Tätigwerden ist dringend geboten und
- es ist ein erheblicher und nicht wiedergutzumachender Schaden für einen Konkurrenten ernsthaft zu befürchten.

973 Eine Rückforderungsanordnung verstößt nicht schon deshalb gegen den Verhältnismäßigkeitsgrundsatz, weil sich die Beihilfe später als materiell-rechtlich unbedenklich herausstellt[331], denn auch die zeitweise Überlassung von Begünstigungen stellt einen Vorteil dar. Eine Verletzung von Art. 108 Abs. 3 S. 1 oder S. 3 AEUV wird durch eine spätere, abschließende und positive Entscheidung der Kommission **nicht geheilt**, weil die nationalen Behörden, die die vorläufige Rückforderung durchzusetzen haben, nicht über die Vereinbarkeit der Beihilfenmaßnahmen mit dem Binnenmarkt zu befinden haben. Es besteht eine **Aufgabenteilung**[332]: Die Kommission ist zuständig für die Beurteilung der Vereinbarkeit einer Maßnahme mit dem Binnenmarkt, die nationalen Behörden haben hierfür die Voraussetzungen zu schaffen, indem sie das Notifizierungsverfahren einleiten und solche Maßnahmen verhindern, die einer Entscheidung der Kommission vorgreiflich sind[333]. Allein schon um feststellen zu können, ob das in Art. 108 Abs. 3 AEUV vorgesehene Vorprüfungsverfahren durchzuführen ist, haben innerstaatliche Behörden oder Gerichte den in Art. 107 Abs. 1 AEUV enthaltenen Begriff der Beihilfe auszulegen und anzuwenden[334]. Damit äußern sich nationale Behörden bei einer vorläufigen Rückforderung nicht über die Vereinbarkeit einer Maßnahme mit dem Binnenmarkt. Eine vorläufige Rückforderung ist grundsätzlich geboten, weil andernfalls eine Missachtung von Art. 108 Abs. 3 S. 3 AEUV den betreffenden Mitgliedstaat begünstigt und der Vorschrift ihre **praktische Wirksamkeit** genommen würde[335]. Sie hat aber dann zu unterbleiben, wenn sie aufgrund außergewöhnlicher Umstände **sachlich ungerechtfertigt** wäre[336].

974 Die Kommission hat im Weiteren ein vorläufiges und gegebenenfalls ein förmliches Prüfverfahren durchzuführen. Im Gegensatz zu den nationalen Behörden kann sie die Rückforderung einer Beihilfe nicht allein mit der Begründung verfügen, sie sei von dieser nicht gem. Art. 108 Abs. 3 AEUV unterrichtet worden[337].

975 Hat die Kommission zu einer rechtswidrigen Beihilfe einen **Negativbeschluss** gefasst, hat sie dem Mitgliedstaat aufzugeben, alle notwendigen Maßnahmen zu ergrei-

---

331 Vgl aber *Dickersbach*, GewArch. 1993, 177, 180.

332 Im Einzelnen mit einer Zusammenfassung der bisher ergangenen Judikatur: Mitteilung der Kommission über die Rückforderung rechtswidriger und mit dem Binnenmarkt unvereinbarer staatlicher Beihilfen, ABl C 247 v. 23.7.2019, S. 1 ff.

333 Zur Bedeutung der nationalen Gerichte vgl a. EuGH v. 21.10.2003, Rs. C-261/01 – *„van Calster"*, Rn 75.

334 EuGH v. 18.7.2007, Rs. C-119/05 – *„Lucchini"*, Rn 50.

335 EuGH v. 21.11.1991, Rs. C-354/90 – *„FNCE"*, Rn 14 f.

336 EuGH v. 11.7.1996, Rs. C-39/94 – *„SFEI"*, Rn 71.

337 EuGH v. 21.10.2003, Rs. C-261/01 – *„van Calster"*, Rn 76.

fen, um die Beihilfe vom Empfänger unverzüglich zurückzufordern (**Rückforderungsbeschluss**, vgl Art. 16 VO 2015/1589). Mit der Rückforderung soll wieder der ursprüngliche Zustand hergestellt werden. Daher sind auch Zinsen für die bloße Überlassung von Geldern (Funktion eines Darlehens) für einen bestimmten Zeitraum zu fordern. Der Zinssatz wird von der Kommission festgelegt.

Diese Rückforderung hat nach dem Verfahrensrecht des betreffenden Mitgliedstaats **976** zu erfolgen, sofern hierdurch die sofortige und tatsächliche Vollstreckung der Kommissionsentscheidung ermöglicht wird (Art. 16 Abs. 3 VO 2015/1589). In der Entscheidung des EuGH v. 21.9.1983, Rs. 205/82 – *„Deutsche Milchkontor"* heißt es wörtlich:

„Im Einklang mit den allgemeinen Grundsätzen, auf denen das institutionelle System der Gemeinschaft beruht und die die Beziehungen zwischen der Gemeinschaft und den Mitgliedstaaten beherrschen, ist es gem. Artikel 5 EWG-Vertrag [Anm.: jetzt: Art. 4 Abs. 3 EUV] Sache der Mitgliedstaaten, in ihrem Hoheitsgebiet für die Durchführung der Gemeinschaftsregelungen … zu sorgen. Soweit das Gemeinschaftsrecht einschließlich der allgemeinen gemeinschaftsrechtlichen Grundsätze hierfür keine gemeinsamen Vorschriften enthält, gehen die nationalen Behörden bei dieser Durchführung der Gemeinschaftsregelungen nach den formellen und materiellen Bestimmungen ihres nationalen Rechts vor, wobei dieser Rechtssatz freilich, … mit den Erfordernissen der einheitlichen Anwendung des Gemeinschaftsrechts in Einklang gebracht werden muss, die notwendig ist, um zu vermeiden, dass die Wirtschafsteilnehmer ungleich behandelt werden."

Der EuGH fordert die Einhaltung des Äquivalenzgrundsatzes und des Effektivitäts- **977** grundsatzes[338]. Die Mitgliedstaaten haben Sorge zu tragen, dass die Bedingungen für die Rückforderung von unionsrechtswidrigen Beihilfen nicht weniger günstig sind als diejenigen, die Rechte betreffen, die ihren Ursprung in der innerstaatlichen Rechtsordnung haben (**Äquivalenzgrundsatz**). Die Rückforderung richtet sich in Deutschland – sofern die Beihilfengewährung durch Verwaltungsakt erfolgt ist – grundsätzlich nach den §§ 48, 49a VwVfG (s. Rn 832 f). Art. 16 VO 2015/1589 selbst ist keine hinreichende gesetzliche Grundlage, auf die ein Rückforderungsbescheid einer nationalen Behörde gestützt werden kann[339]. Die unionsrechtliche Unzulässigkeit einer Beihilfe führt noch nicht zur Nichtigkeit des Bewilligungsbescheids, weil dem Unionsrecht lediglich Anwendungs-, jedoch kein Gültigkeitsvorrang zukommt[340]. Eine Nichtigkeit nach § 44 Abs. 1 VwVfG scheitert ferner an § 44 Abs. 3 Nr 4 VwVfG, denn ein Verwaltungsakt ist nach deutschem Recht noch nicht deshalb nichtig, weil die nach einer Rechtsvorschrift erforderliche Mitwirkung einer anderen Behörde unterblieben ist. Zwar kann ein Verstoß gegen die sachliche Zuständigkeit zur Nichtigkeit führen, allein die Nichtunterrichtung der Kommission soll aber kein Zuständigkeitsfehler der nationalen Subventionsbehörde sein[341].

Die Anwendung des nationalen Rechts darf die unionsrechtlich vorgeschriebene **978** Rückforderung nicht **praktisch unmöglich** machen oder übermäßig erschweren (**Effektivitätsgrundsatz**). Der EuGH verlangt von den nationalen Behörden, dass rechts-

338 EuGH v. 5.10.2006, Rs. C-368/04 – *„Transalpine Ölleitung"*, Rn 45.
339 OVG Weimar v. 29.6.2010, 3 KO 524/08 gegen OVG Berlin-Brandenburg, NVwZ 2006, 104.
340 BVerwGE 138, 322 ff.
341 *Kokott*, DVBl 1993, 1235, 1237.

widrige Beihilfen grundsätzlich zurückgefordert werden. Insbesondere muss das **Interesse der Union** in vollem Umfang berücksichtigt werden. Im Übrigen muss das nationale Recht genauso angewendet werden wie bei einem rein innerstaatlichen Sachverhalt und die nationalen Behörden müssen ebenso sorgfältig vorgehen wie bei vergleichbaren nationalen Fällen.

979 Die Rolle der nationalen Behörden beschränkt sich auf die Durchführung der Entscheidung der Kommission. Sie haben sicherzustellen, dass die Beihilfen nur unter den Bedingungen der Unionsregelungen gewährt werden und jede Verletzung der unionsrechtlichen Vorschriften angemessen geahndet wird[342]. Insbesondere verfügen sie über keinerlei Ermessen[343]. § 48 Abs. 1 VwVfG, der der widerrufenden Behörde bei rechtswidrigen Verwaltungsakten ein Ermessen einräumt, ist deshalb unionsrechtskonform dahingehend auszulegen, dass eine unionsrechtswidrige Beihilfe grundsätzlich zu widerrufen ist **(Ermessensreduzierung auf Null)**.

980 Allerdings darf eine Rückforderungsentscheidung nicht ergehen, wenn damit gegen einen allgemeinen Grundsatz des Unionsrechts verstoßen würde (Art. 16 Abs. 1 S. 2 VO 2015/1589). Ein bedeutender Grundsatz ist der **Verhältnismäßigkeitsgrundsatz**. Nach Art. 5 Abs. 4 EUV dürfen Maßnahmen der Union nicht über das für die Erreichung der Ziele dieses Vertrags erforderliche Maß hinausgehen.

Regelmäßig ist die Rückforderung einer rechtswidrigen Beihilfe aber nicht unverhältnismäßig, weil die Aufhebung einer rechtswidrigen Beihilfe durch Rückforderung die logische Folge der Feststellung der Rechtswidrigkeit ist. Wenn die Rückforderung einer zu Unrecht gewährten staatlichen Beihilfe die frühere Lage wiederherstellen soll, kann sie grundsätzlich nicht außer Verhältnis zu den Zielen der Vertragsbestimmungen über staatliche Beihilfen stehen[344]. Eine Beihilfenrückforderung ist auch nicht deshalb unverhältnismäßig, weil das Unternehmen durch die Rückzahlungsverpflichtung in eine schwierige wirtschaftliche Lage kommen könnte. Selbst wenn das Unternehmen hierfür liquidiert werden müsste, ist eine Beihilfenrückforderung nicht unzulässig[345].

981 Der Grundsatz des **Vertrauensschutzes** ist maßgeblich durch die *„Alcan“*-Rechtsprechung des EuGH geprägt[346]. Hatte der EuGH zunächst in *„Deutsche Milchkontor“*[347] festgestellt, dass das Unionsrecht nationalen Vorschriften wie § 48 VwVfG nicht entgegensteht, die für den Ausschluss einer Rückforderung von zu Unrecht gezahlten Beihilfen Vertrauensschutz berücksichtigen, so hat er diese Rechtsprechung in *„Alcan“* dahingehend ergänzt, dass das Vertrauen auf die Ordnungsgemäßheit einer Beihilfe nur dann schutzwürdig ist, wenn die Beihilfe unter Einhaltung des dafür vorgesehenen Verfahrens gewährt wurde, dh nach Notifizierung bei der Kommission gem. Art. 108 AEUV und der (jetzt geltenden) VO 2015/1589. Das hat erhebliche Konsequenzen für die Unternehmen: Von einem sorgfältigen Gewerbetreibenden wird regelmäßig zu erwarten sein, dass er sich vergewissert, ob das Notifizierungsverfahren durchgeführt wurde. Obwohl also der Mitgliedstaat notifizierungspflichtig

342 EuGH v. 21.9.1983, Rs. 205/82 – *„Deutsche Milchkontor“*, Rn 18.
343 EuGH v. 20.3.1997, Rs. C-24/95 – *„Alcan“*, Rn 34.
344 EuGH v. 14.1.1997, Rs. C-169/95 – *„Piezas y Rodajes“*, Rn 47.
345 EuGH v. 15.1.1986, Rs. C-52/84 – *„SA Boch“*, Rn 14.
346 EuGH v. 20.3.1997, Rs. C-24/95 – *„Alcan“*, Rn 25 ff.
347 EuGH v. 21.9.1983, Rs. 205/82 – *„Deutsche Milchkontor“*, Rn 30.

ist und nicht der einzelne Gewerbetreibende, wird das Fehlverhalten des Mitgliedstaats letztlich dem Gewerbetreibenden zugerechnet. Das ist auch sachgerecht, weil der Gewerbetreibende Begünstigter ist und grundsätzlich keinen Anspruch auf die Beihilfe hat. Daher ist es ihm auch zumutbar, sich zu vergewissern, ob die Zuwendung der öffentlichen Hand rechtmäßig ist.

Ist das Vertrauen des Gewerbetreibenden nicht schutzwürdig, zB weil der Mitgliedstaat die Beihilfe nicht angemeldet hat und das Verfahren nach Art. 108 AEUV und der VO 2015/1589 nicht durchgeführt wurde, kann sich der Beihilfenempfänger weder auf **Treu und Glauben** (zB § 48 Abs. 2 VwVfG) noch auf den **Wegfall der Bereicherung**[348] (zB § 48 Abs. 2 S. 2 VwVfG, § 49a Abs. 2 VwVfG) berufen. Auch die **Ausschlussfrist** von einem Jahr in § 48 Abs. 4 S. 1 VwVfG[349] kann bei der Rückforderung rechtswidriger Beihilfen keine Anwendung finden. **982**

Fall 77 (Rn 960): Da es keine unionsrechtlichen Rechtsgrundlagen für die Rückforderung von staatlich gewährten Beihilfen bei Beihilfenempfängern gibt, ist auf nationales Verwaltungsrecht zurückzugreifen, also auf die §§ 48, 49, 49a VwVfG. Die maßgebliche Rechtsgrundlage für die Rücknahme ist § 48 VwVfG, weil die Beihilfe von der Kommission nicht genehmigt wurde, und damit der Beihilfebescheid rechtswidrig ist. Da die Beihilfe auf einem Beihilfebescheid beruht, der auf eine Geldleistung gerichtet ist und begünstigenden Charakter hat, richtet sich die Rücknahme nach § 48 Abs. 1 S. 1 und Abs. 2 VwVfG (vgl § 48 Abs. 1 S. 2 VwVfG). **983**

Bei Anwendung und Auslegung der Bestimmung ist zu berücksichtigen, dass die Durchsetzung der Art. 107 f AEUV nicht praktisch unmöglich gemacht werden darf und das Unioninteresse voll berücksichtigt werden muss. Deshalb ist das Ermessen der Behörde (§ 48 Abs. 1 S. 1 VwVfG) auf Null reduziert.

Die Rückforderung der Beihilfe könnte ausgeschlossen sein, wenn sich U auf Vertrauensschutz nach § 48 Abs. 2 VwVfG berufen kann. Dabei ist das Vertrauen in der Regel schutzwürdig, wenn der Begünstigte Leistungen verbraucht oder eine Vermögensdisposition getroffen hat, die er nicht mehr oder nur unter unzumutbaren Nachteilen rückgängig machen kann (§ 48 Abs. 2 S. 2 VwVfG). Diese Regelwertung ist bei der Rückforderung unionsrechtswidriger Beihilfen zu modifizieren. U kann sich im vorliegenden Fall schon deshalb nicht auf Vertrauensschutz berufen, weil die Beihilfe von der öffentlichen Hand nicht notifiziert wurde. Dann stellt sich aber das Problem, wie diese unionsrechtliche Wertung bei der Anwendung des § 48 VwVfG einzufließen hat: (1) Möglich wäre eine Verdrängung von § 48 Abs. 2 VwVfG durch Unionsrecht[350]. Dem steht aber entgegen, dass auch der EuGH den Grundsatz des Vertrauensschutzes anerkannt hat, weshalb eine vollständige Verdrängung der Vertrauensschutzbestimmungen nicht angebracht ist. (2) Möglich ist auch eine Ergänzung des § 48 Abs. 2 S. 3 Nr 3 VwVfG um einen ungeschriebenen Vertrauenstatbestand dahingehend, dass kein Vertrauensschutz besteht, wenn das Notifikationsverfahren nach Art. 108 Abs. 3 AEUV nicht durchgeführt wurde[351]. Dem steht entgegen, dass § 48 Abs. 2 S. 3 VwVfG selbst ein Ausnahmetatbestand ist, der daher eng auszulegen ist. (3) Das BVerwG[352] will das besondere Unionsinteresse im Rahmen der Abwägung zwischen privatem und öffentlichem Interesse nach § 48 Abs. 2 S. 1 VwVfG besonders berücksichtigen. (4)

348 EuGH v. 20.3.1997, Rs. C-24/95 – *„Alcan"*, Rn 39 ff, 44 ff.
349 EuGH v. 20.9.1990, Rs. C-5/89 – *„BUG-Alutechnik"*, Rn 18.
350 OVG Münster, JZ 1992, 1080, 1081; *Winkler*, DVBl 1979, 263, 267.
351 Vgl *Triantafyllou*, NVwZ 1992, 436, 440.
352 BVerwGE 92, 81, 85; s. a. BVerwGE 106, 328, 336.

Vorzugswürdig ist aber der Weg über § 48 Abs. 2 S. 3 Nr 3 VwVfG und zu unterstellen, dass U die Rechtswidrigkeit der Beihilfe kannte bzw in grober Fahrlässigkeit nicht kannte. Das BVerwG meint zwar, dass das bloße Unterlassen einer Nachforschung, ob das Notifizierungsverfahren ordnungsgemäß durchgeführt wurde, keine Böswilligkeit begründen könne[353], tatsächlich wird diese Pflicht dem Unternehmer aber abgefordert[354]. Außerdem ist der Wegfall der Bereicherung – der nach Unionsrecht kein Hindernis für die Rückforderung einer rechtswidrigen Beihilfe sein kann – dann nach § 49a Abs. 2 S. 2 VwVfG nicht zu berücksichtigen.

Zu prüfen ist ferner, ob die Rücknahme gegen die Einjahresfrist nach § 48 Abs. 4 S. 1 VwVfG verstößt. Im Hinblick auf das Erfordernis der positiven Kenntnis (s. Rn 847) geht das BVerwG[355] davon aus, dass die Jahresfrist frühestens im Zeitpunkt der Zustellung der Kommissionsentscheidung zu laufen beginnt, in der festgestellt ist, dass die Beihilfe nicht nur formell, sondern auch materiell rechtswidrig ist und dem Subventionsgeber daher kein Ermessen zusteht, von einer Rücknahme abzusehen. Hier wäre die Jahresfrist abgelaufen. Nach Rechtsprechung des EuGH muss aber auch § 48 Abs. 4 S. 1 VwVfG im Lichte des Unionsrechts interpretiert werden[356]. Bei einer staatlichen Beihilfe, von der die Kommission festgestellt hat, dass sie mit dem Binnenmarkt unvereinbar ist, beschränkt sich die Rolle der nationalen Behörden auf die Durchführung der Kommissionsentscheidung. Die nationalen Behörden verfügen also über kein Ermessen. Folglich weiß der Beihilfenempfänger bereits ab Erlass der Kommissionsentscheidung, dass die Beihilfe zurückzufordern sein wird. Dann kann er sich auch nicht auf den Grundsatz der Rechtssicherheit berufen, wenn die nationalen Behörden eine Subvention verspätet zurückfordern. Dieses Ergebnis lässt sich auch dogmatisch mit einer unionsrechtskonformen Auslegung des § 48 Abs. 4 S. 1 VwVfG begründen: Weil Rücknahme und Widerruf grundsätzlich im Ermessen der Behörde stehen und es sich bei der Jahresfrist um eine Entscheidungsfrist handelt, die (insbesondere) dem Beihilfenempfänger Klarheit über das weitere Vorgehen der staatlichen Behörden verschaffen will, kann die Bestimmung dann nicht angewendet werden, wenn der Behörde kein Ermessen zukommt und sie zur Rückforderung verpflichtet ist.

Aufgrund der Rücknahme des Bewilligungsbescheids hat L außerdem eine Rückerstattung nach § 49a VwVfG zzgl. Zinsen anzuordnen (vgl zu Rückforderung und Unionsrecht auch ► **Klausurenkurs Fall Nr 16**).

984 Deutlich stärker ist der Vertrauensschutz des Unternehmers aber gegenüber **Unionsorganen** ausgestaltet. Dabei ist die Rechtsprechung keineswegs konsistent.

So hat der EuGH einerseits zB ein schutzwürdiges Vertrauen eines Unternehmens anerkannt, als die Kommission ohne triftigen Grund 26 Monate bis zum Erlass eines Rückforderungsbeschlusses zuwartete. Dieses säumige Verhalten der Kommission konnte beim Beihilfenempfänger ein berechtigtes Vertrauen dahingehend erwecken, dass die Kommission die Beihilfe nicht zurückfordern werde[357]. Andererseits soll noch kein schutzwürdiges Vertrauen des Beihilfenempfängers bestehen, wenn die Kommission im Beihilfeverfahren zunächst auf die Erhebung von Einwendungen verzichtet, die europäischen Gerichte dann aber die Kommissionsentscheidung für nichtig erklären[358]. Die Rechtsprechung des EuGH, die dem Beihilfenempfänger bei

353 BVerwGE 92, 81, 84.
354 *Fastenrath*, JZ 1992, 1082, 1083.
355 BVerwGE 92, 81, 87.
356 EuGH v. 20.3.1997, Rs. C-24/95 – *„Alcan"*, Rn 34 f.
357 EuGH v. 24.11.1987, Rs. C-223/55 – *„RSV"*, Rn 12 f.
358 Wenig überzeugend: EuGH v. 14.1.1997, Rs. C-169/95 – *„Piezas y Rodajes"*, Rn 53.

einer Unionsbeihilfe – anders als bei einer nationalen Beihilfe – die Berufung auf den Wegfall der Bereicherung zulässt, überzeugt nicht. Allerdings müssen vier Voraussetzungen erfüllt sein[359]:

- der Empfänger muss bereits zum Zeitpunkt der Bewilligung der Beihilfe den sich daraus ergebenden Vermögensvorteil durch die Zahlung des nach Unionsrecht vorgesehenen Richtpreises weitergegeben haben,
- ein eventueller Regressanspruch gegen den Lieferanten muss wertlos sein,
- der gute Glaube des Empfängers muss nachgewiesen sein,
- es müssen insoweit die gleichen Voraussetzungen gelten wie bei der Rückforderung rein nationaler finanzieller Leistungen.

Schutzwürdiges Vertrauen, das eine Begrenzung der Verpflichtung des Beihilfenempfängers zur Rückerstattung dieser Beihilfe rechtfertigen könnte, ist nicht dadurch entstanden, dass eine Beihilfe dreimal nacheinander von der Kommission genehmigt und diese Genehmigungen von einem Unionsgericht jedes Mal für nichtig erklärt wurden. So funktioniere eben das gerichtliche System[360].

Einer Rückforderung kann entgegengehalten werden, dass ihre Durchsetzung **unmöglich** ist. Der EuGH fordert eine „absolute Unmöglichkeit“[361] und legt diese Voraussetzung eng aus. Eine Rückforderung ist auch dann zu veranlassen, wenn der betreffende Mitgliedstaat selbst haftbar gemacht werden könnte[362]. Die Rechtskraft eines Urteils eines mitgliedstaatlichen Gerichts steht einer Rückforderung noch nicht entgegen[363]. Sogar **„unüberwindbare Schwierigkeiten“** müssen nicht unbedingt ein Fall der Unmöglichkeit sein. 985

Eine der Unmöglichkeit gleichzustellende unüberwindbare Schwierigkeit kann jedoch vorliegen, wenn die Verwaltung funktionsunfähig wird, zB weil aufgrund eines terroristischen Angriffs Einrichtungen oder Daten der Behörde vernichtet wurden. Allerdings kann der Einwand nur solange angeführt werden, wie die Verwaltung bei Anwendung gewöhnlicher Sorgfalt objektiv benötigt, um wieder funktionsfähig zu werden[364]. Ferner kann der Fall eintreten, dass ein Mitgliedstaat auf unvorhergesehene und unvorhersehbare Schwierigkeiten stößt oder erkennt, dass Folgen eintreten, die von der Kommission nicht beabsichtigt sind. In diesem Fall wird die Beihilferückforderung noch nicht rechtswidrig. Vielmehr hat der Mitgliedstaat gemäß dem Grundsatz der loyalen Zusammenarbeit (Art. 4 Abs. 3 EUV) mit den Unionsorganen redlich zusammenzuwirken, um die Schwierigkeiten zu überwinden[365].

Die Kommission kann Anordnungen zur Rückforderung einer Beihilfe innerhalb von zehn Jahren treffen (Art. 17 VO 2015/1589). 986

Diese **Verjährungsfrist** beginnt mit dem Tag, an dem die rechtswidrige Beihilfe dem Empfänger entweder als Einzelbeihilfe oder im Rahmen einer Beihilfenregelung gewährt wird. Durch jede Maßnahme, die die Kommission oder ein Mitgliedstaat auf Antrag der Kommission bezüglich der rechtswidrigen Beihilfe ergreift, wird die Frist unterbrochen, dh die Frist läuft dann von Neuem an. Die Frist wird ausgesetzt, solange der Beschluss der Kommission Gegenstand

---

359 EuGH v. 16.7.1998, Rs. C-298/96 – „*Oelmühle*“, Rn 31, 37.
360 EuGH v. 11.3.2010, Rs. C-1/09 – „*CELF*“, Rn 52.
361 EuGH v. 27.6.2000, Rs. C-404/97 – „*EPAC*“, Rn 52; EuGH v. 6.11.2018, Rs. C-622/16 P – „*Scuola Elementare Maria Montessori*“, Rn 82.
362 EuGH v. 27.6.2000, Rs. C-404/97 – „*EPAC*“, Rn 53.
363 EuGH v. 18.7.2007, Rs. C-119/05 – „*Lucchini*“, Rn 63.
364 EuGH v. 11.7.1985, Rs. 101/84 – „*Fahrzeugkartei*“, Rn 16.
365 EuGH v. 15.1.1986, Rs. C-52/84 – „*SA Boch*“, Rn 16.

von Verhandlungen vor dem EuGH ist. Ist die Frist abgelaufen, gilt die Beihilfe als bestehende Beihilfe.

987 Bei einer Subvention, die durch (öffentlich-rechtlichen oder privatrechtlichen) **Vertrag** gewährt wurde, ist zu beachten, dass der Vertrag nicht schon deshalb nichtig ist, weil mit ihm eine mit dem Binnenmarkt unvereinbare Beihilfe iSd Art. 107 Abs. 1 AEUV gewährt wird. **Art. 107 Abs. 1 AEUV ist kein Verbotsgesetz iSd § 134 BGB**; andernfalls hätten die nationalen Gerichte und Behörden über die Zulässigkeit einer Beihilfe zu entscheiden. Das aber ist Aufgabe der Kommission (Art. 108 AEUV)[366].

988 Richtigerweise muss daher auf die **fehlende Notifizierung** und **Abwartenspflicht nach Art. 108 Abs. 3 AEUV** abgestellt werden. Umstritten ist, ob dann eine schwebende Unwirksamkeit des Vertrages anzunehmen ist. Diese könnte sich bei öffentlich-rechtlichen Verträgen aus § 58 Abs. 2 VwVfG ergeben[367]. Auch bei privatrechtlichen Verträgen könnte bei fehlender Genehmigung durch die Kommission zunächst von einer schwebenden Unwirksamkeit iSv § 184 Abs. 1 BGB ausgegangen werden.

Wie ausgeführt besteht bei unterlassener Notifizierung ein Durchführungsverbot. Sobald die Kommission aber eine Positiventscheidung erlassen hat, kann die Beihilfe nicht nur für die Zukunft an den Beihilfenempfänger geleistet werden[368]; auch die vor Erlass der positiven Entscheidung geleistete Beihilfe muss nicht mehr zurückgefordert werden. Allerdings müssen, wenn die Beihilfe bereits ausbezahlt wurde, für die Dauer der Rechtswidrigkeit Zinsen bezahlt werden[369].

989 Denkbar erscheint schließlich ein dritter Weg, der eine Nichtigkeit über **§ 134 BGB** (bei öffentlich-rechtlichen Verträgen iVm § 59 Abs. 1 VwVfG) begründet. Allerdings enthält **Art. 108 Abs. 3 S. 3 AEUV** unmittelbar kein Vertragsabschlussverbot, sondern nur ein Durchführungsverbot. Da die Mitgliedstaaten und die nationalen Gerichte aber bei Verletzung der Notifizierungspflicht gehalten sind, sämtliche Folgerungen bezüglich der Gültigkeit der der Auszahlung zugrundeliegenden Rechtsakte als auch bezüglich der Beitreibung der unter Verletzung dieser Bestimmungen gewährten finanziellen Unterstützungen zu ziehen, muss die Rechtsfolge eines solchen Vertrages nach Auffassung des BGH gleichwohl Nichtigkeit sein. Die unterlassene Notifizierung stellt so gesehen zwar nur einen formellen Verstoß dar, mangels abschließender positiver Kommissionsentscheidung kommt ihr aber materielle Bedeutung zu, weil das Durchführungsverbot des Art. 108 Abs. 3 AEUV im Interesse gleicher Wettbewerbsvoraussetzungen eine solche verfrühte Beihilfengewährung verhindern soll[370]. Dem steht nicht entgegen, dass sich Art. 108 Abs. 3 AEUV nur an eine Vertragspartei, nämlich den Mitgliedstaat wendet, weil der Zweck dieser Vorschrift anders nicht erreicht werden kann[371].

Diese Auffassung ist wegen ihrer sehr einschneidenden Rechtsfolge kritisiert worden[372], zumal die häufig finanziell schwierige Lage angeschlagener Unternehmen eine schnelle Auszahlung

366 BGH, EuZW 2003, 444, 445.
367 *Schneider*, NJW 1992, 1197, 1999.
368 EuGH v. 18.12.2008, Rs. C-384/07 – *„Wienstrom"*, Rn 30.
369 EuGH v. 12.2.2008, Rs. C-199/06 – *„CELF"*, Rn 54.
370 BGH, EuZW 2004, 252, 253; BGHZ 188, 326 ff.
371 BGH, EuZW 2003, 444, 445.
372 *Quardt/Nielandt*, EuZW 2004, 201 ff.

erforderlich mache. Außerdem müsse eine Unwirksamkeit nationaler Rechtsakte im unionsrechtlichen Sinne nicht mit einer Nichtigkeit im Sinne von § 43 Abs. 3 VwVfG gleichgesetzt werden. Das Beihilfenrechtsverhältnis und die Interessen des Beihilfenempfängers weniger belastend – bei gleicher Eignung – sei die Annahme einer schwebenden Unwirksamkeit. Dem ist aber entgegenzuhalten, dass diese strenge Sanktion letztlich in der Systematik des Beihilfenrechts angelegt ist und insbesondere mangels Heilungsmöglichkeiten eine schwebende Unwirksamkeit des Vertrages nicht möglich ist[373].

Im Ergebnis nicht anders stellt sich daher der Fall dar, wenn die Kommission einen **Negativbeschluss** gefasst hat und damit feststeht, dass die Beihilfe rechtswidrig ist. Auch dann muss der Mitgliedstaat alles unternehmen, damit die Beihilfe nicht gewährt wird. Hier ist die Kommissionsentscheidung das Verbotsgesetz iSd § 134 BGB[374]. Ist die Beihilfe bereits ausbezahlt, hat die Rückforderung über den öffentlich-rechtlichen Erstattungsanspruch zu erfolgen (s. Rn 895). **990**

Die Rückforderung kann auch in einer **Zahlungspflicht** bestehen, wenn die Beihilfe eine Verschonungssubvention war oder in einem Vorzugstarif, zB bei einem Grundstückserwerb, begründet war[375]. **991**

d) Die Beteiligten des Beihilfenkontrollverfahrens

Die Pflicht zur Beihilfennotifizierung ist den Mitgliedstaaten auferlegt. Daher sind grds auch die Mitgliedstaaten Adressaten des Rückforderungsbeschlusses sowie anderer Anordnungen der Kommission, vgl Art. 31 VO 2015/1589. Die Rückforderung nach nationalem Recht erfolgt gegenüber dem **Beihilfenempfänger**, die mitgliedstaatliche Rückforderungsentscheidung ist also regelmäßig an das begünstigte Unternehmen zu adressieren, ausnahmsweise ist die Beihilfe von einem Dritten zurückzufordern, wenn dieser Begünstigter ist. **992**

Beispiel: Wird das Unternehmen, das die Beihilfe erhalten hat, verkauft, kommen als Rückforderungsadressaten der Verkäufer (früherer Anteilseigner) und der Käufer (Anteilserwerber) in Betracht. Entscheidend ist, ob die Beihilfe im Kaufpreis „eingerechnet" ist: Hat der Käufer das Unternehmen im Rahmen einer offenen und wettbewerblich durchgeführten Ausschreibung erworben, wurde das Beihilfenelement zum Marktpreis bewertet und in den Kaufpreis einbezogen. Dann ist der Zuschlagsempfänger nicht Nutznießer des Vorteils, der Vorteil der Beihilfe liegt beim Verkäufer[376].

Beteiligte eines Beihilfengenehmigungsverfahrens können sein: Mitgliedstaaten, Personen, Unternehmen oder Unternehmensvereinigungen, deren Interessen aufgrund der Gewährung einer Beihilfe beeinträchtigt sein können, insbesondere der Beihilfenempfänger, Wettbewerber und Berufsverbände (Art. 1 lit. h VO 2015/1589). Die Rechte der Beteiligten beschränken sich auf die Möglichkeit, bei Eröffnung des förmlichen Prüfverfahrens eine Stellungnahme abgeben zu können[377]. Außerdem dürfen sie der Kommission Mitteilung über mutmaßlich rechtswidrige Beihilfen und über **993**

373 EuGH v. 21.11.1991, Rs. C-354/90 – „*FNCE*", Rn 16.
374 *Ehlers*, GewArch. 1999, 305, 318.
375 BGH, EuZW 2004, 254 ff.
376 EuGH v. 20.9.2001, Rs. C-390/98 – „*Banks*", Rn 77 f.
377 Krit *Ruthig*, ZG 2014, 136, 143.

eine mutmaßlich missbräuchliche Verwendung von Beihilfen machen (Art. 24 VO 2015/1589). Die Kommissionsentscheidung ist ihnen zur Kenntnis zu bringen.

e) Rechtsschutz

994 Grundsätzlich muss unterschieden werden zwischen Klagen gegen Beihilfegenehmigungen durch die Kommission und Klagen gegen nicht notifizierte oder genehmigte Beihilfen. Gegen **Entscheidungen der Kommission** wird regelmäßig Nichtigkeitsklage (Art. 263 iVm Art. 256 Abs. 1 AEUV) vor dem EuG erhoben werden können, ggf auch eine Untätigkeitsklage (Art. 265 AEUV). Da ein Genehmigungsbeschluss der Kommission an einen Mitgliedstaat gerichtet ist, hat dieser keine allgemeine Geltung und kann nicht als „Rechtsakt mit Verordnungscharakter" iSd Art. 263 Abs. 4, 3. Alt. AEUV qualifiziert werden (für die weniger strenge Zulässigkeitsvoraussetzungen gelten).[378] Die Klagebefugnis richtet sich für den betreffenden Mitgliedstaat als Adressat der Entscheidung nach Art. 263 Abs. 4, 1. Alt. AEUV, für alle anderen regelmäßig nach Art. 263 Abs. 4, 2. Alt. AEUV, dh klagebefugt ist derjenige, der unmittelbar und individuell betroffen ist. Maßgebend ist die sog. Plaumann-Formel:

> „Wer nicht Adressat einer Entscheidung ist, kann nur dann geltend machen, von ihr individuell betroffen zu sein, wenn die Entscheidung ihn wegen bestimmter persönlicher Eigenschaften oder besonderer ihn aus dem Kreis aller übrigen Personen heraushebender Umstände berührt und ihn daher in ähnlicher Weise individualisiert wie den Adressaten"[379].

Wenn die Kommission anordnet, dass Beihilfen von einem Mitgliedstaat zurückzufordern sind, sind sämtliche **tatsächlich Begünstigten**, die also die Beihilfe erhalten haben, iSd Plaumann-Formel individualisiert. Sie sind bereits vom Zeitpunkt des Erlasses der Kommissionsentscheidung an dem Risiko einer Wiedereinziehung der von ihnen empfangenen Vorteile ausgesetzt und damit in ihrer rechtlichen Stellung beeinträchtigt[380].

Wettbewerber, die nicht Bescheidadressaten sind, sind regelmäßig nur dann individuell betroffen, wenn sie sich im Prüfverfahren vor der Kommission aktiv beteiligt haben (dh der Beschluss durch ihre Stellungnahmen bestimmt worden ist[381]) und darlegen können, dass die Beihilfe ihre Marktstellung erheblich gefährdet[382]. Die Kasuistik hierzu ist sehr differenziert[383] (vgl zum Rechtsschutz auch ▶ **Klausurenkurs Fall Nr 16**).Es genügt noch nicht, dass durch die Beihilfe die auf dem betreffenden Markt bestehenden Wettbewerbsverhältnisse beeinflusst werden und ein Wettbewerber in einer irgendwie gearteten Wettbewerbsbeziehung zum begünstigten Unternehmen steht. Für eine individuelle Betroffenheit ist es erforderlich, dass die Marktstellung eines Wettbewerbers durch die Beihilfe **spürbar** beeinträchtigt wird.[384]

995 Eine Klage gegen eine **nicht notifizierte oder genehmigte Beihilfe** durch einen Wettbewerber muss vor dem Verwaltungsgericht geführt werden. Die Anforderung an eine aktive Teilnahme am förmlichen Prüfverfahren kann hier für **Wettbewerber** freilich nicht gelten. Nach Rspr des BGH kann Wettbewerbern des begünstigten Un-

---

378 EuGH v. 10.10.2017, Rs. C-640/16 P – „*Greenpeace Energy*", Rn 26.

379 EuGH v. 15.7.1963, Rs. 25/62 – „*Plaumann*".

380 EuGH v. 9.6.2011, Rs. C-71/09 P – „*Comitato, Venezia vuole vivere„* ", Rn 56.

381 EuG v. 26.9.2016, Rs. T-382/15 – „*Greenpeace Energy*", Rn 38.

382 EuGH v. 21.2.2006, Rs. C- 367/04 – „*Deutsche Post*", Rn 38; EuGH v. 28.1.1986, Rs. C-169/84 – „*COFAZ*", Rn 24 f.

383 Weiterführend *Gundel*, WiVerw 2011, 242 ff.

384 EuGH v. 22.11.2007 – „*Sniace*", Rs. C-260/05 P, Rn 99.

ternehmens bei Verstoß gegen das Durchführungsverbot des Art. 108 Abs. 3 S. 3 AEUV ein zivilrechtlicher Anspruch auf Rückforderung der Beihilfe zukommen (Stärkung des private enforcement[385]). Art. 108 Abs. 3 S. 3 AEUV ist ein Schutzgesetz iSv § 823 Abs. 2 BGB. Ein Beseitigungsanspruch kann auch auf §§ 3, 3a UWG gestützt werden[386].

Fall 78 (Rn 961)[387]**:** Möglich ist eine Nichtigkeitsklage (Art. 263 Abs. 4 iVm Art. 256 Abs. 1 AEUV). Die Klagebefugnis von Vereinigungen ist nur in drei Fällen gegeben: 996

- wenn die Vereinigung Interessen von Personen wahrnimmt, die selbst klagebefugt wären,
- wenn sie wegen der Berührung ihrer eigenen Interessen als Vereinigung individualisiert ist, insbesondere, weil ihre Position als Verhandlungsführer durch die angefochtene Handlung berührt worden ist oder
- wenn ihr eine Rechtsvorschrift ausdrücklich eine Reihe von Verfahrensrechten einräumt[388].

Es kann die erste Alternative einschlägig sein. Dann müssten die Mitglieder der Vereinigung klagebefugt sein. Möglicherweise könnte sich die Vereinigung gegen die Begründetheit der Entscheidung wenden, mit der die Beihilfe beurteilt wird, und dabei die Interessen ihrer Mitglieder vertreten. Dann müsste sie eine Beschwer im Sinne der „Plaumann-Formel" geltend machen können. Diese läge vor, wenn die Marktposition eines Beteiligten durch die Beihilfe, die Gegenstand der auf der Grundlage von Art. 108 Abs. 3 AEUV ergangenen Entscheidung ist, mit der die Vereinbarkeit einer Beihilfe mit dem Binnenmarkt festgestellt wird, spürbar beeinträchtigt würde[389]. Die Wettbewerbsrelevanz der Beihilfe ist hier aber nicht spürbar. Zwar hat die Subventionierung von Dämmstoffen aus nachwachsenden Rohstoffen Auswirkungen auf Dämmstoffe aus Mineralfasern, in einer Größenordnung von € 1 Mio. bei ca. 30 Mio. m^3 sind aber nur 0,1% des relevanten Marktes betroffen.

Die Vereinigung könnte möglicherweise geltend machen, dass Verfahrensrechte der Mitglieder durch das Verfahren der Beihilfengewährung beeinträchtigt sind. Dafür ist im Beihilfenrecht zwischen der Vorprüfungsphase nach Art. 108 Abs. 3 AEUV und der in Art. 108 Abs. 2 AEUV geregelten Hauptprüfungsphase zu unterscheiden. Die Vorprüfungsphase dient nur dazu, der Kommission eine erste Meinungsbildung über die teilweise oder völlige Vereinbarkeit der fraglichen Beihilfe mit dem Binnenmarkt zu ermöglichen. Dritte müssen von der Kommission nicht gehört werden. Erst die Hauptprüfungsphase nach Art. 108 Abs. 2 AEUV soll es der Kommission ermöglichen, sich umfassende Kenntnis von allen Gesichtspunkten des Falles zu verschaffen; nur in diesem Verfahren ist die Kommission verpflichtet, den Beteiligten Gelegenheit zur Äußerung zu geben[390]. Das heißt aber: Stellt die Kommission im Vorprüfungsverfahren fest, dass eine Beihilfe mit dem Binnenmarkt vereinbar ist, können die Beteiligten ihre Verfahrensgarantien nicht mehr durchsetzen. Das ist nur dann möglich, wenn ihnen bereits im Vorprüfungsverfahren die Möglichkeit gegeben wird, sich an den Unionsrichter zu wenden. Deshalb muss eine von einem Dritten erhobene Klage auf Nichtigerklärung einer solchen Entscheidung abweichend von der Plaumann-Formel schon dann zulässig sein, wenn dieser mit der Erhebung der Klage die Verfahrensrechte wahren möchte, die ihm nach Art. 108 Abs. 2 AEUV für das Hauptprüfungsverfahren zuste-

385 *Birnstiel/Heinrich*, BRZ 2011, S. 67 ff.
386 BGH v. 10.2.2011, I ZR 136/09.
387 EuG v. 20.9.2007, Rs. T-375/03 – *„Dämmstoffe"*.
388 EuG v. 20.9.2007, Rs. T-375/03 – *„Dämmstoffe"*, Rn 52.
389 EuG v. 20.9.2007, Rs. T-375/03 – *„Dämmstoffe"*, Rn 47.
390 EuGH v. 19.5.1993, Rs. C-198/91 – *„Cook"*, Rn 22.

hen. MaW muss es für Rechtsbehelfe gegen Entscheidungen der Kommission im Vorprüfungsverfahren, die darauf gerichtet sind, Verfahrensrechte geltend zu machen, genügen, dass die Wettbewerbsposition der Konkurrenten des begünstigten Unternehmens überhaupt beeinträchtigt ist.

Dann muss die Vereinigung die Verletzung des Verfahrens geltend machen. Die Kommission könnte Art. 4 Abs. 4 VO 2015/1589 verletzt haben. Danach muss die Kommission das förmliche Prüfverfahren durchführen, wenn sie nach vorläufiger Prüfung „Bedenken" ob der Vereinbarkeit einer Beihilfe mit dem Binnenmarkt hat. Eine förmliche Prüfung ist nur dann nicht durchzuführen, wenn die Kommission der Überzeugung ist, dass eine Beihilfe nicht vorliegt oder eine Beihilfe mit dem Binnenmarkt vereinbar ist. Die klagende Vereinigung muss also zumindest geltend machen, dass „ernstliche Schwierigkeiten" vorliegen, weshalb die Kommission ein Prüfverfahren nach Art. 108 Abs. 2 AEUV hätte eröffnen müssen.

997 Kommt der betreffende Staat einer Rückforderungsentscheidung innerhalb der festgesetzten Frist nicht nach, so kann die Kommission oder jeder betroffene Staat nach Art. 108 Abs. 2 AEUV als Sonderregelung zu Art. 258 und 259 AEUV unmittelbar den EuGH anrufen (**Vertragsverletzungsverfahren**). Allerdings kann auch der Rat einstimmig auf Antrag eines Mitgliedstaats entscheiden, dass eine von diesem Staat gewährte oder geplante Beihilfe in Abweichung von Art. 107 AEUV oder von den nach Art. 109 AEUV erlassenen Verordnungen als mit dem Binnenmarkt vereinbar gilt, wenn außergewöhnliche Umstände eine solche Entscheidung rechtfertigen.

Da es sich um eine Ausnahmevorschrift handelt, ist die Bestimmung eng zu verstehen. Der Rat ist nicht mehr zuständig, wenn die Kommission bereits entschieden hat, der Mitgliedstaat keinen Antrag gestellt hat oder die Drei-Monatsfrist abgelaufen ist[391].

998 Hat die Kommission bezüglich dieser Beihilfe das Vertragsverletzungsverfahren bereits eingeleitet, so bewirkt der Antrag des betreffenden Mitgliedstaats an den Rat die Aussetzung dieses Verfahrens, bis sich der Rat geäußert hat. Äußert sich der Rat nicht binnen drei Monaten nach Antragstellung, so beschließt die Kommission (Art. 108 Abs. 2 UAbs. 3 AEUV).

An die europäischen Gerichte kann sich nur wenden, wer behauptet, durch einen Rechtsakt eines Unionsorgans oder eine Untätigkeit eines Unionsorgans in seinen Rechten verletzt worden zu sein. Andernfalls ist Rechtsschutz vor den nationalen Gerichten zu suchen:

999 **Fall 79 (Rn 962): a)** K wird sich an die deutschen Gerichte zu wenden haben. Der Verwaltungsrechtsweg (§ 40 VwGO) ist eröffnet, weil sich K gegen die Gewährung der Beihilfe („Ob") durch L wendet. Dabei handelt es sich nach der Zwei-Stufen-Theorie um eine Maßnahme des öffentlichen Rechts.

b) Die statthafte Klageart richtet sich nach dem Klagebegehren des K. Im Beihilfenrecht ist grundsätzlich zwischen der negativen Konkurrentenklage, der positiven Konkurrentenklage und der gestuften Konkurrentenklage zu unterscheiden (s. Rn 821). Vorliegend wendet sich K lediglich gegen die Beihilfengewährung an U; folglich ist die negative Konkurrentenklage in Gestalt der Anfechtungsklage (§ 42 Abs. 1, 1. Alt. VwGO) die richtige Klageart.

391 Vgl EuGH v. 29.6.2004, Rs. C-110/02 – *„Schweinesektor"*, Rn 31 f.

c) K ist klagebefugt, wenn er geltend machen kann, durch die Beihilfengewährung an U möglicherweise in seinen Rechten verletzt zu sein (§ 42 Abs. 2 VwGO). Die Adressatentheorie hilft nicht weiter, weil K nicht Adressat des Beihilfenbescheids ist. K könnte möglicherweise eine Verletzung von Art. 107 und Art. 108 AUV anführen.

aa) Nach EuGH kann sich der Einzelne auf eine Vorschrift berufen, wenn diese „inhaltlich unbedingt und hinreichend genau ist" („Plaumann-Formel" Rn 994). Danach könnte K seine Klage nicht allein auf Art. 107 AEUV stützen, denn die Vorschrift wirkt nicht unmittelbar und ist auch wegen Art. 107 Abs. 2 und Abs. 3 AEUV nicht hinreichend bestimmt. Vielmehr bedarf es zunächst der Durchführung eines Notifizierungsverfahrens nach Art. 2 ff VO 2015/1589. Möglicherweise kann K aber geltend machen, dass das Notifizierungsverfahren nach Art. 108 Abs. 3 AEUV nicht durchgeführt worden ist oder dass gegen ein von der Kommission ausgesprochenes Beihilfeverbot verstoßen worden ist[392]. Denn die nationalen Gerichte sind verpflichtet, zugunsten der Dritten nach dem jeweiligen nationalen Recht sämtliche Konsequenzen aus einer Verletzung des Art. 108 Abs. 3 S. 3 AEUV bezüglich der Gültigkeit der Durchführungsakte und der Beitreibung der unter Verletzung dieser Bestimmung gewährten finanziellen Unterstützungen oder eventueller vorläufiger Maßnahmen zu ziehen[393].

bb) Nach der Schutznormtheorie muss K die Verletzung einer Bestimmung geltend machen können, die subjektive Rechte vermittelt, dh nicht nur im öffentlichen Interesse erlassen wurde, sondern – zumindest auch – dem Schutz der Interessen einzelner Bürger zu dienen bestimmt ist[394]. Das kann der Rspr des EuGH folgend für Art. 108 Abs. 3 AEUV angenommen werden. Ein drittschützender Charakter kann außerdem für Art. 107 AEUV angenommen werden, weil das europäische Beihilfenrecht nicht nur den Binnenmarkt an sich schützen soll, sondern einen freien und unverfälschten Wettbewerb im Interesse der Unternehmen gewährleisten soll (str). Folglich kann sich K unmittelbar auf Art. 107 AEUV stützen. Allerdings darf – wie hier – keine Entscheidung der Kommission vorliegen, da über deren Rechtmäßigkeit mitgliedstaatliche Gerichte nicht zu befinden haben[395].

Schließlich kann K auch eine Verletzung von Grundrechten und Grundfreiheiten geltend machen. In europarechtlicher Hinsicht könnte K insbesondere den Gleichheitssatz anführen (ggf Art. 18 AEUV)[396], uU auch Art. 34 AEUV und Art. 56 AEUV. Für eine mögliche Verletzung der Art. 12 Abs. 1, Art. 2 Abs. 1 und Art. 3 Abs. 1 GG muss K nach Rspr: des BVerwG eine „schwere und unerträgliche"[397] Grundrechtsbeeinträchtigung behaupten.

d) Ein Widerspruchsverfahren ist vorbehaltlich landesrechtlicher Vorgabe nicht durchzuführen (§ 68 Abs. 1 S. 2 Nr 1 VwGO); für die Klagefrist gilt § 74 Abs. 1 S. 2 VwGO. Ggf ist auch vorläufiger Rechtsschutz zu gewähren (§ 80 Abs. 5 VwGO; für Rückforderung: § 123 VwGO).

f) Altbeihilfen

Bestehende Beihilfen (Altbeihilfen) sind solche, die vor Inkrafttreten des EG oder dem Beitritt des betreffenden Mitgliedstaats zur EU eingeführt wurden, die unter den in Art. 108 Abs. 3 AEUV genannten Voraussetzungen ordnungsgemäß durchgeführt 1000

392 *Wahl*, in: Schoch/Schmidt-Aßmann/Pietzner, VwGO, 2010, § 42 Rn 303.
393 EuGH v. 11.7.1996, Rs. C-39/94 – *„SFEI"*, Rn 48.
394 BVerwGE 27, 29, 31 f.
395 EuGH v. 22.10.1987, Rs. 314/85 – *„Foto Frost"*.
396 EuG v. 5.4.2006, Rs. T-351/02 – *„Deutsche Bahn"*, Rn 130 f.
397 BVerwGE 65, 167, 174.

wurden oder die auf einem Markt eingeführt wurden, auf dem es mangels Liberalisierung bislang keinen Wettbewerb gab[398]. Dann nämlich konnte die Beihilfe den Handel zwischen den Mitgliedstaaten nicht beeinträchtigen und keine Auswirkungen auf den Wettbewerb dieses Marktes haben. Eine Altbeihilfe hat zur Konsequenz, dass eine ggf erforderliche Rückforderung nicht ex tunc – wie bei einer Neubeihilfe –, sondern ex nunc zu ergehen hat.

§ 10 Das Recht der öffentlichen Auftragsvergabe

I. Systematik des Vergaberechts

1. Überblick

1001 Das Recht der öffentlichen Auftragsvergabe (Vergaberecht) befasst sich mit den Rechtsgrundlagen der **Beschaffung von Waren und Dienstleistungen** durch öffentliche Auftraggeber. Genaue Angaben zum Umfang der Beschaffung durch öffentliche Haushalte gibt es nicht. Die EU-Mitgliedstaaten geben € 2 Bio., das sind ca. 14% des BIP, für Arbeiten, Waren und Dienstleistungen aus. Zwischen den Mitgliedstaaten variiert der Anteil der öffentlichen Beschaffungen am BIP zwischen 6,6% (Zypern) und 20,2% (Niederlande). In Deutschland liegt der Wert bei 15,1%[1].

1002 Der Einkauf von Waren und Dienstleistungen durch die öffentliche Hand ist nicht nur ein Beschaffungsvorgang, sondern auch ein wirksames Instrument der **Wirtschaftsförderung** und der **Wirtschaftslenkung**[2] (s. Rn 1101). Ein Unternehmen wird allein schon dadurch gefördert, dass es überhaupt den Zuschlag erhält und den Auftrag ausführen darf (Realförderung). Öffentliche Auftraggeber können ein Interesse daran haben, Aufträge an heimische Unternehmen zu vergeben. Ferner kann die öffentliche Hand die Voraussetzungen für eine Auftragserteilung festlegen und damit über den Beschaffungsvorgang hinaus politische Ziele verfolgen, zB einen Auftragnehmer aufgeben, in besonderem Maße zum Schutz der Umwelt beizutragen, Arbeitnehmer besonders zu entlohnen (Mindestentlohnung, Tariftreue) oder bestimmte Arbeitnehmergruppen zu fördern (zB Frauen, Auszubildende, Langzeitarbeitslose)[3].

2. Grundstruktur des Vergaberechts

a) Die Beschaffung als privatrechtlicher und als haushaltsrechtlicher Vorgang

1003 Der Beschaffung von Waren und Dienstleistungen liegt regelmäßig ein **privatrechtlicher Vertrag zugrunde**. Das hat seinen Grund darin, dass die öffentliche Auftragsvergabe in Deutschland lange Zeit als rein fiskalisches Handeln des Staates begriffen wurde. Der Staat trete – so die Vorstellung – bei der Beschaffung von Waren und Dienstleistungen nicht in seiner Eigenschaft als Träger von Hoheitsgewalt auf, sondern werde wie ein Privater tätig. Demzufolge soll das Rechtsverhältnis zwischen Bieter und Auftraggeber maßgeblich privatrechtlich geregelt sein. An das öffentliche

398 EuG v. 15.6.2000, Rs. T-298/97 – „*Alzetta*", Rn 142 f.

1 Europäische Kommission, Public Procurement Indicators 2015 v. 19.12.2016, S. 8, 9.
2 *Bultmann*, Beihilfenrecht und Vergaberecht, 2004, S. 93 f.
3 *Burgi*, in: Storr, Öffentliche Unternehmen im Wettbewerb und Vergaberecht, 2002, S. 98.

Recht soll der Staat prinzipiell nicht gebunden sein. Zudem sei es widersinnig, Klein- und Kleinstaufträge übermäßig zu regulieren.

Von öffentlich-rechtlicher Seite war das Vergaberecht zunächst in **Haushaltsgesetzen** (vgl §§ 16, 29, 30 HGrG, §§ 24, 54, 55 BHO/LHO) und **Verwaltungsvorschriften** (Verdingungsordnungen) geregelt. Verwaltungsvorschriften und prinzipiell auch Haushaltsgesetze regeln aber nur innerbehördliche Vorgänge (vgl aber Rn 782). Die Verwendung öffentlicher Mittel für eine Beschaffung war vor allem am **Wirtschaftlichkeitsprinzip** zu messen (§ 6 HGrG, § 7 BHO/LHO). In der Verwaltungsvorschrift zu § 55 BHO ist als Ziel der öffentlichen Ausschreibung von Lieferungen und Leistungen die sparsame Verwendung verfügbarer Haushaltsmittel genannt. Das Wirtschaftlichkeitsprinzip ist nur schwer einer gerichtlichen Kontrolle zugänglich, weil es von einem Beurteilungsspielraum der Behörde ausgeht und relationsbezogen ist. Es enthält das Minimal- und das Maximalprinzip (s. Rn 615). Das Haushaltsrecht soll keine Außenwirkung haben, sodass weder dem Auftragnehmer noch dem Konkurrenten über das privatrechtliche Rechtsregime hinausgehende Rechte zukommen, die sie gerichtlich einklagen können[4]. **1004**

Noch heute ist das deutsche Vergaberecht auch in den sog. **Vergabe- und Vertragsordnungen** geregelt, die Bestimmungen über die Ausgestaltung des Verfahrens, Fristen, Zulassung von Angeboten, Regelungen zu Zuschlagskriterien etc enthalten und von Auftraggebern und Auftragnehmern zu beachten sind. Die Vergabe- und Vertragsordnungen sind nicht von der öffentlichen Hand erstellt worden. Vielmehr handelt es sich um Regelungskataloge, die von sog. Vergabe- und Vertragsausschüssen (zB Deutscher Vergabe- und Vertragsausschuss für Bauleistungen – DVA für die VOB/A) entwickelt wurden. Die Vergabe- und Vertragsausschüsse setzen sich aus Vertretern der Auftraggeber (Ressorts und Spitzenbehörden des Bundes, Wirtschaftsressorts der Bundesländer, Kommunale Spitzenverbände) und der Auftragnehmer (bundesweit tätige Institutionen, die als Spitzenorganisationen die Interessen der Auftragnehmer im Bereich des öffentlichen Auftragswesens vertreten) zusammen. Die Vergabe- und Vertragsordnungen sind also zunächst externe Normungen. Diese wurden aber von der öffentlichen Hand (vgl zB §§ 2, 29 VgV) als **Verwaltungsvorschriften** übernommen. Damit sind sie zwar für die öffentlichen Auftraggeber verbindlich, gewähren den Bietern aber keine subjektiven Rechte. **1005**

Mit einer Regelung des Beschaffungswesens sollen zwei Funktionen erfüllt werden: **1006**

- Erstens muss das Verfahren so ausgestaltet sein, dass die Behörde in der Lage ist, das für sie beste Angebot (genauer: das wirtschaftlichste Angebot, vgl § 127 GewO) zu ermitteln. Hierfür soll das Ausschreibungsverfahren dem Auftraggeber einen Marktüberblick ermöglichen. Das beste Angebot ist das mit dem besten Preis-Leistungs-Verhältnis, also nicht unbedingt das billigste.
- Zweitens besteht bei der öffentlichen Auftragsvergabe die spezifische Gefahr, dass bestimmte Bieter aus persönlichen Gründen („Vetternwirtschaft") oder politischen Gründen – zB einheimische Bieter („Hoflieferantentum") – bevorzugt werden. Der Gleichheitssatz verlangt aber, dass die öffentliche Hand bei der Bieterauswahl nicht willkürlich vorgeht, sondern unter Zugrundelegung sachgerech-

4 Vgl Nr 2.2 VV-BHO zu § 55 BHO für Aufträge unter den Schwellenwerten.

ter Maßstäbe entscheidet. Zu diesem Zweck bedarf es Regeln und Verfahren, die sicherstellen, dass das Vergabeverfahren nicht unsachlich erfolgt. Allen Bietern müssen die gleichen Chancen im Verfahren zukommen. Es darf weder zu unzulässigen Bieterabsprachen noch zu Vereinbarungen oder zu einem Informationsaustausch zwischen Auftraggeber und einzelnen Bietern kommen. Diese Regeln dienen nicht nur der Gewährleistung von Chancengleichheit unter den Bietern, sondern sollen auch die Wirtschaftlichkeit des staatlichen Handelns sicherstellen. Ferner schützt ein transparentes und faires Verfahren vor Korruption.

b) Die europäischen Vergabe-Richtlinien

1007 Das haushaltsrechtliche, maßgeblich an der Wirtschaftlichkeit des staatlichen Handelns ausgerichtete, Verständnis des Beschaffungswesens, wie es lange in Deutschland herrschend war, unterscheidet sich grundlegend von der **europarechtlichen Herangehensweise**. Das Europarecht zielt auf die Einhaltung der Grundsätze des Binnenmarktes (Art. 26 AEUV). Bei einer Beschaffung sind regelmäßig die Warenverkehrsfreiheit (Art. 34 f AEUV), die Niederlassungsfreiheit (Art. 49 f AEUV) oder die Dienstleistungsfreiheit (Art. 56 f AEUV) einschlägig und damit die Grundsätze der Gleichbehandlung und gegenseitigen Anerkennung von Bedeutung. Art. 18 AEUV enthält ausdrücklich das Diskriminierungsverbot aus Gründen der Staatsangehörigkeit und Art. 101 und 102 AEUV schützen vor einer missbräuchlichen Ausnutzung einer marktbeherrschenden Stellung, insbesondere vor diskriminierenden Vorgehensweisen, wenn der Wettbewerb in der Union verhindert, eingeschränkt oder verfälscht wird. Ferner gelten der Grundsatz der Verhältnismäßigkeit, der Grundsatz der Transparenz und die Begründungspflicht bei ablehnenden Entscheidungen.

1008 Um die Wirksamkeit der genannten Grundsätze sicherzustellen, die innerstaatlichen Beschaffungsmärkte für den Wettbewerb zu öffnen und um die nationalen Verfahren zur Auftragsvergabe zu koordinieren, hat der Unionsgesetzgeber Koordinierungs- und Rechtsschutzrichtlinien für die Auftragsvergabe oberhalb bestimmter **Schwellenwerte** (s. Rn 1010) erlassen: Die **RiL 2014/24** über die öffentliche Auftragsvergabe[5] sowie für den Sektorenbereich die **RiL 2014/25**[6]. Seit 2014 gibt es außerdem eine Richtlinie über die Konzessionsvergabe (**RiL 2014/23**)[7]. In den Vergabe-Richtlinien sind zB die grundsätzliche Verpflichtung zur öffentlichen Ausschreibung, die Arten der Vergabeverfahren, die Grundzüge der jeweiligen Vergabeverfahren sowie Fristen für die Angebotserstellung, Mindestinhalte der Vergabeunterlagen und die zulässigen Kriterien für eine Zuschlagserteilung geregelt. Flankiert werden diese Richtlinien durch die Rechtsmittel-**RiLen 89/665**[8] und **92/13**[9], die durch die **RiL**

---

5 RiL 2014/24/EU v. 26.2.2014 über die öffentliche Auftragsvergabe, ABl. L 94 v. 28.3.2014, S. 65.

6 RiL 2014/25/EU v. 26.2.2014 über die Vergabe von Aufträgen durch Auftraggeber im Bereich der Wasser-, Energie- und Verkehrsversorgung sowie der Postdienste, ABl. L 94 v. 28.3.2014, S. 243.

7 RiL 2014/23/EU v. 26.2.2014 über die Konzessionsvergabe, ABl. L 94 v. 28.3.2014, S. 1.

8 RiL 89/665/EWG v. 21.12.1989 zur Koordinierung der Rechts- und Verwaltungsvorschriften für die Anwendung der Nachprüfungsverfahren im Rahmen der Vergabe öffentlicher Liefer- und Bauaufträge, ABl L 395 v. 30.12.1989, S. 33.

9 RiL 92/13/EWG v. 25.2.1992 zur Koordinierung der Rechts- und Verwaltungsvorschriften für die Anwendung der Gemeinschaftsvorschriften über die Auftragsvergabe durch Auftraggeber im Bereich der Wasser-, Energie- und Verkehrsversorgung sowie im Telekommunikationssektor, ABl L 76 v. 23.3.1992, S. 14.

2007/66[10] erheblich verändert wurden. Eine besondere Richtlinie gibt es für den Bereich der Verteidigung und der Sicherheit[11].

c) Grundstruktur des geltenden Vergaberechts

Der deutsche Gesetzgeber hat sich bei der Umsetzung europäischer Vergabe-Richtlinien zunächst schwergetan, weil die europäische Konzeption wettbewerblich, die herkömmliche deutsche hingegen fiskalisch und haushaltsrechtlich angelegt war. **1009**

Der Verpflichtung, die europäischen Vergabe-Richtlinien bis 1989 bzw 1990 in nationales Recht umzusetzen, war der Gesetzgeber lange Zeit nicht hinreichend nachgekommen. Erst 1993 hatte er die – inzwischen wieder aufgehobenen – §§ 57a-c HGrG eingefügt. Darin war das Vergaberecht aber nur rudimentär geregelt; im Übrigen sollten Verdingungsordnungen (Verwaltungsvorschriften) gelten. Diese **haushaltsrechtliche Lösung** war unzureichend, weil Bewerbern und Bietern keine Rechte im Verfahren eingeräumt waren und es keinen gerichtlichen Rechtsschutz für sie gab. Der Gesetzgeber hatte befürchtet, die Einräumung individueller, einklagbarer Rechtsansprüche der Bieter könnte das Vergabeverfahren bei Inanspruchnahme eines gerichtlichen Rechtsschutzes unverhältnismäßig verzögern und damit schließlich den Versorgungsauftrag der öffentlichen Hand gefährden oder die Planungs- und Investitionssicherheit der Auftragnehmer beeinträchtigen. Erst nach der Verurteilung Deutschlands durch den EuGH[12] ist der deutsche Gesetzgeber auf die **wettbewerbliche Lösung** umgeschwenkt und hat mit einer Neuregelung in den §§ 97 ff GWB das sog. Kartellvergaberecht geschaffen. Den Bedenken wegen eines überlangen Rechtsschutzes (s. Rn 1109 f) ist durch kurze Nachprüfungs- und Verfahrensfristen sowie der Möglichkeit von Schadensersatz (§ 180 GWB) bei missbräuchlicher Einlegung von Rechtsbehelfen Rechnung getragen worden.

Das deutsche Vergaberecht ist in vertikaler Hinsicht zweigeteilt: Das Kartellvergaberecht gilt nur für Auftragsvergaben oberhalb der **Schwellenwerte.** Die Schwellenwerte sind in den Vergabe-Richtlinien als Mindestschwellenwerte vorgegeben. § 106 Abs. 2 GWB verweist (dynamische Verweisung) auf die entsprechenden RiL-Bestimmungen. Dem Schwellenwertsystem liegt die Überlegung zugrunde, dass ausländische Anbieter erst ab einem gewissen Mindestvolumen an einem öffentlichen Auftrag Interesse haben. Außerdem ist das formalisierte und europaweit durchzuführende Vergabeverfahren sehr aufwendig, weshalb sich Einsparpotentiale bei kleineren Aufträgen kaum realisieren lassen und die Durchführung des Verfahrens unter Wirtschaftlichkeitskriterien sogar kontraproduktiv sein kann. **1010**

Maßgeblich sind die geschätzten Auftragswerte, § 106 Abs. 1 GWB. Bei der Schätzung des Auftragswerts ist vom voraussichtlichen Gesamtwert der vorgesehenen Leistung ohne Umsatzsteuer auszugehen. Etwaige Optionen oder Vertragsverlängerungen sowie Prämien oder Zahlungen an den Bewerber oder Bieter sind zu berücksichtigen (§ 3 Abs. 1 VgV). Die Wahl der Methode zur Berechnung des geschätzten Auftragswerts darf nicht in der Absicht erfolgen, die Anwendung des GWB oder der VgV zu umgehen (§ 3 Abs. 2 VgV).

---

10 RiL 2007/66/EG v. 11.12.2007 zur Änderung der RiLen 89/665/EWG und 92/13/EWG im Hinblick auf die Verbesserung der Wirksamkeit der Nachprüfungsverfahren bezüglich der Vergabe öffentlicher Aufträge, ABl L 335, S. 31.

11 RiL 2009/81 v. 18.9.2009 über die Koordinierung der Verfahren zur Vergabe bestimmter Bau-, Liefer- und Dienstleistungsaufträge in den Bereichen Verteidigung und Sicherheit und zur Änderung der Richtlinien 2004/17/EG und 2004/18/EG, ABl L 216 v. 20.8.2009. S. 76.

12 EuGH v. 11.8.1995, Rs. C-433/93 – *„Vergaberichtlinien"*.

Die Schwellenwerte belaufen sich derzeit zB für Bauaufträge auf € 5 186 000,–, für bestimmte Liefer- und Dienstleistungsaufträge oberster und oberer Bundesbehörden auf € 134 000,–, für andere Liefer- und Dienstleistungsaufträge auf € 207 000,– (§ 106 Abs. 1 GWB iVm RiL 2014/24).

Die Vergabeverordnung (VgV)[13] regelt die Vergabe von öffentlichen Aufträgen und die Ausrichtung von Wettbewerben durch den öffentlichen Auftraggeber im Oberschwellenbereich.

1011 Unterhalb der Schwellenwerte bleibt es bei der **haushaltsrechtlichen Lösung**. Um die 90% der Auftragsvergaben sollen unterhalb der Schwellenwerte erfolgen[14]. Das Bundesministerium für Wirtschaft und Energie hat für unterschwellige Vergaben von öffentlichen Liefer- und Dienstleistungsaufträgen und Rahmenvereinbarungen, die nicht dem Kartellvergaberecht unterliegen, eine eigene Verfahrensordnung erlassen (sog. Unterschwellenvergabeordnung – UVgO)[15]. Die UVgO orientiert sich strukturell an der für öffentliche Aufträge oberhalb der Schwellenwerte geltenden Vergabeverordnung von April 2016. Die UVgO ist eine Verwaltungsvorschrift und gilt deshalb nur für die Vergabestellen, denen sie gegenüber angeordnet wurde. Der Bund kann nur Vergabestellen des Bundes verpflichten. Einige Länder sind dem Bund gefolgt und haben die UVgO bereits übernommen.

Ferner gilt für Bauleistungen (Arbeiten jeder Art, durch die eine bauliche Anlage hergestellt, instand gehalten, geändert oder beseitigt wird) die Verwaltungsvorschrift „Vergabe- und Vertragsordnung für Bauleistungen – VOB/A“[16]. Die VOB/A ist in drei Abschnitte gegliedert:

- Abschnitt 1: Basisparagrafen
- Abschnitt 2: Vergabebestimmungen im Anwendungsbereich der Richtlinie 2014/24/EU (VOB/A – EU)
- Abschnitt 3 Vergabebestimmungen im Anwendungsbereich der Richtlinie 2009/81/EG (VOB/A – VS)

1012 In horizontaler Hinsicht gilt ein **Schubladensystem**. Besondere Regeln gibt es für Sektorenauftragsvergaben, für Vergaben von verteidigungs- oder sicherheitsspezifischen öffentlichen Aufträgen und für Konzessionsvergaben (s. Bild unten).

Sektorentätigkeiten betreffen (vgl § 102 GWB) die Bereiche Trinkwasser, Elektrizität, Gas und Wärme, Verkehrsleistungen (Eisenbahn, automatische Systeme, Straßenbahn, Trolleybus, Bus oder Seilbahn), Häfen und Flughäfen, fossile Brennstoffe. Dabei gelten nur bestimmte Tätigkeiten als Sektorentätigkeiten, zB die Erzeugung, die Bereitstellung oder das Betreiben von Netzen oder die Einspeisung in Netze.

---

13 Vergabeverordnung v. 12.4.2016, BGBl. I S. 624.

14 *Dreher*, NZBau 2002, 419, 420; *Dörr*, JZ 2004, 703, 713; für eine europaweite Betrachtung: *Opitz*, NZBau 2003, 184, 185; *Wollenschläger*, in: Müller-Wrede, Kompendium des Vergaberechts, 2. Aufl., 2013, S. 706.

15 Bundesministerium für Wirtschaft und Energie, Bekanntmachung der Verfahrensordnung für die Vergabe öffentlicher Liefer- und Dienstleistungsaufträge unterhalb der EU-Schwellenwerte (Unterschwellenvergabeordnung – UVgO) v. 2.2.2017; s. *Lausen*, NZBau 2017, 3 ff.

16 Vergabe- und Vertragsordnung für Bauleistungen Teil A, Bekanntmachung vom 31.1.2019, BAnz AT 19.02.2019 B2.

Das Vergaberecht schließt die Sektorenbereiche ein, weil nationale Behörden Einfluss auf das Verhalten von Sektorenauftraggebern nehmen können (zB durch Kapitalbeteiligungen und die Vertretung in ihren Verwaltungs-, Leitungs- oder Aufsichtsgremien). Außerdem sind die Märkte in den Sektoren häufig abgeschottet, weil Auftraggebern besondere oder ausschließliche Rechte verliehen wurden, damit sie die Versorgung, Bereitstellung oder den Betrieb von Netzen gewähren.[17]

Im Sektorenbereich sind die Schwellenwerte durch eine dynamische Verweisung (§ 106 GWB iVm RiL 2014/25) geregelt. Sie betragen für Liefer- und Dienstleistungsaufträge € 414 000,-, für Bauaufträge € 5 186 000,- und für Dienstleistungsaufträge betreffend bestimmte soziale und andere besondere Dienstleistungen € 1 000 000.

Es gilt die Sektorenverordnung (SektVO)[18] für die Vergabe von öffentlichen Aufträgen und die Ausrichtung von Wettbewerben durch Sektorenauftraggeber.

Verteidigungs- oder sicherheitsspezifische öffentliche Aufträge sind öffentliche Aufträge, deren Auftragsgegenstand die Lieferung von Militärausrüstung und von Ausrüstung ist, die im Rahmen eines Verschlusssachenauftrags vergeben wird sowie für Bau- und Dienstleistungen speziell für militärische Zwecke oder Bau- und Dienstleistungen, die im Rahmen eines Verschlusssachenauftrags vergeben werden. (iE vgl § 104 GWB). **1013**

Es gelten die Vergabeverordnung Verteidigung und Sicherheit (VSVgV)[19] sowie Abschnitt 3 der VOB/A Vergabebestimmungen im Anwendungsbereich der Richtlinie 2009/81/EG (VOB/A – VS).

Allein weil amtliche Dokumente (zB Reisepässe) zentralisiert und nach einem gewissen Sicherheitsstandard gedruckt werden sollen, kann von der Durchführung eines Vergabeverfahrens nicht abgesehen werden. Schließlich können auch Private zur Geheimhaltung verpflichtet werden[20].

Konzessionen sind entgeltliche Verträge, mit denen ein Konzessionsgeber ein Unternehmen entweder mit der Erbringung von Bauleistungen oder der Erbringung und der Verwaltung von Dienstleistungen betraut. Die Gegenleistung besteht entweder in dem Recht zur Verwertung der Dienstleistungen oder in diesem Recht zuzüglich einer Zahlung. Konzessionen sind von der Vergabe öffentlicher Aufträge zu unterscheiden: Bei der Vergabe einer Konzession geht das Betriebsrisiko für die Nutzung des Bauwerks oder für die Verwertung der Dienstleistungen auf den Konzessionsnehmer über (s. Rn 1058). **1014**

Für die Konzessionsvergabe gelten das GWB und die Konzessionsvergabeverordnung (KonzVgV)[21].

---

17 Erwägungsgrund 1 RiL 2014/25.

18 Verordnung über die Vergabe von öffentlichen Aufträgen im Bereich des Verkehrs, der Trinkwasserversorgung und der Energieversorgung (Sektorenverordnung – SektVO) v. 12.4.2016, BGBl. I S. 624, 657.

19 Vergabeverordnung Verteidigung und Sicherheit v. 12.7.2012, BGBl. I S. 1509.

20 EuGH v. 20.3.2018. Rs. C-187/16 – „*Staatsdruckerei*“.

21 Konzessionsvergabeverordnung v. 12.4.2016, BGBl. I S. 624, 683.

1015 Damit ist das Vergaberecht auch **kaskadenartig** aufgebaut (s. Bild unten). Oberhalb der Schwellenwerte stehen auf der ersten Ebene der vergaberechtlichen Normenhierarchie die europäischen Richtlinien, die durch das GWB auf der zweiten Ebene umgesetzt werden. § 113 GWB enthält die Rechtsgrundlage für die nähere Konkretisierung durch die Vergabeverordnung. § 2 VgV verweist auf die VOB/A, 2. Abschnitt.

Unterhalb der Schwellenwerte können die allgemeinen europäischen Rechtsgrundsätze einschlägig sein (s. Rn 1007); jedenfalls gelten das Haushaltsrecht des Bundes bzw das des jeweiligen Landes und die VOB/A (für den Bund), 1. Abschnitt.

1016 Ferner ist das Vergaberecht in internationalen Abkommen geregelt, wobei dem **GPA** (Agreement on Government Procurement) vom 15.4.1994 als Teil der WTO-Übereinkommen die größte Bedeutung zukommt[22].

1017 Die meisten **Länder** haben eigene Vergabegesetze für die Beschaffung durch Landeseinrichtungen erlassen (vgl Art. 84 GG). Weil das GWB auf Art. 74 Abs 1 Nr 11 GG gestützt ist und im Bereich der konkurrierenden Gesetzgebung den Ländern ein eigener Regelungsbereich nur zusteht, solange und soweit der Bund von seiner Gesetzgebungszuständigkeit nicht durch Gesetz Gebrauch gemacht hat (Art. 74 Abs 1 GG), ist der Geltungsbereich der Landesvergabegesetze begrenzt. Im Oberschwellenbereich können die Länder zB im Bereich der strategischen Beschaffung (s. Rn 1101) oder zur Mittelstandsförderung (s. Rn 1071) besondere Vorschriften erlassen[23]. Landesvergabegesetze der Länder können vor allem die unterhalb der Schwellenwerte bedeutsam sein, ebenso wie Vergabeverordnungen und Vergabeordnungen der Länder Wirkung entfalten können.

1018 *Schaubild des kaskadenartigen und schubladenförmigen Aufbaus der Vergaberegeln des Bundes.*

Kaskadenartig sind die einzelnen Felder der Tabelle, schubladenförmig die Einrückungen (innerhalb einer Kaskadenebene ist für eine bestimmte Vergabematerie eine bestimmte Schublade zu öffnen)[24]. Zur besseren Übersicht betrifft das Schema nur den Bund.

22 *Bungenberg*, Vergaberecht im Wettbewerb der Systeme, 2007, S. 96 f.
23 *Burgi*, Vergaberecht, 2. Aufl., 2018, 60, 88.
24 Instruktiv auch *Burgi*, Vergaberecht, 2. Aufl., 2018, 51.

Oberhalb der Schwellenwerte	**Unterhalb der Schwellenwerte**
Allg. europäische Rechtsgrundsätze, konkretisiert durch Richtlinien – Vergabe-RiL 2007/18 – Sektoren-RiL 2007/17 – ferner: Grundfreiheiten – Art. 18 AEUV …	Allg. europäische Rechtsgrundsätze (insbes. aus Grundfreiheiten und Art. 18 AEUV) – Diskriminierungsverbot – Transparenzgebot – Objektivität
↓	↓
Gesetze – GWB – Vergabegesetze der Länder (zB Tariftreueregelungen)	Gesetze – § 55 BHO/LHO – Vergabegesetze der Länder
↓	↓
Rechtsverordnung – VgV (Vergabeverordnung) – SektorenV (Sektorenverordnung) – VSVgV (Vergabeverordnung Verteidigung und Sicherheit)	Rechtsverordnung – evtl. Vergabedurchführungsverordnung
↓	↓
Vergabe- und Vertragsordnungen – VOB/A (Abschnitt 2) – VOL/A (Abschnitt 2) – VOF – ggf VV der Länder	Vergabe- und Vertragsordnungen – VOB/A (Basisparagrafen, Abschnitt 1) – VOL/A (Abschnitt 1) – VOF – VV der Länder

II. Die verschiedenen Auftraggeber und der öffentliche Auftrag

Fall 80: Das Bayerische Rote Kreuz (BRK), eine Körperschaft öffentlichen Rechts, über das das Bay. Sozialministerium die Rechtsaufsicht führt, möchte Defibrillatoren und Herzschrittmacher für Rettungswagen einkaufen. Nach dem BayBRK-Gesetz erstattet der Freistaat Bayern den Durchführenden des Rettungsdienstes die notwendigen Kosten der Anschaffung von Krankenkraftwagen für die Notfallrettung, soweit die Anschaffungskosten nicht durch Zuwendungen Dritter gedeckt sind. Ist das BRK ein öffentlicher Auftraggeber? 1019

Fall 81: Die Stadtwerke-M GmbH, deren einzige Gesellschafterin die Stadt M ist, möchte ein neues Videoüberwachungsnetz für ihre U-Bahnhöfe erwerben. Im Gesellschaftsvertrag der Stadtwerke-M GmbH ist als Gegenstand des Unternehmens die Versorgung der Bevölkerung mit Strom, Gas, Wasser und Wärme, der Betrieb von öffentlichen Verkehrsmitteln und Bädern sowie die Telekommunikation angegeben. Muss die Stadtwerke-M GmbH den Auftrag ausschreiben? 1020

1021 **Fall 82:** Die Stadt M betreibt ein Heizkraftwerk. Sie schließt mit dem privaten Unternehmen R einen Vertrag, in dem sie sich verpflichtet, R den Transport der Abfälle von den Übergabestellen zum Kraftwerk zu übertragen, falls sie den Zuschlag zur Entsorgung der Abfälle von der Stadt D erhält. Im Rahmen eines ordnungsgemäß durchgeführten Ausschreibungsverfahrens erhält M den Zuschlag und überträgt vereinbarungsgemäß R den Auftrag. War die Auftragsleistung durch M ausschreibungspflichtig?

1022 **Fall 83:** Die Stadt M beschließt im Juni, die AbfallGmbH als Eigengesellschaft zu gründen. Das Unternehmen soll Dienstleistungen auf dem Gebiet der Abfallentsorgung erbringen. Im September wird der AbfallGmbH das ausschließliche Recht zur Erbringung von Dienstleistungen der Abfallwirtschaft im Stadtgebiet von M übertragen. Der Vertrag sieht ein Entgelt in Form eines Fixbetrages pro Müllbehälter oder Tonne vor, das die Stadt M der AbfallGmbH zu zahlen hat; andere Tätigkeiten als für M soll die AbfallGmbH nicht ausüben. Im Oktober beschließt der Stadtrat von M, 49% der Anteile an der AbfallGmbH an die private „Dienstleistungs-Aktiengesellschaft S" abzutreten; die Abtretung erfolgt wenige Tage nach der Beschlussfassung im Stadtrat. Ist der Vorgang ausschreibungspflichtig?

1. Anwendungsbereich des GWB

1023 Für die Feststellung, ob der Anwendungsbereich des GWB eröffnet ist, sind vier Vorfragen zu klären:

- Beschafft ein öffentlicher Auftraggeber? (s. sogleich Nr 2)
- Liegt ein öffentlicher Auftrag vor? (s. sogleich Nr 3)
- Werden die Schwellenwerte erreicht?
- Liegen Ausnahmetatbestände nach § 107 oder § 109 GWB vor?

Ausgeschlossen sind zB Arbeitsverträge, bestimmte Forschungs- und Entwicklungsdienstleistungen, der Erwerb oder die Miete von Grundstücken etc.

2. Der öffentliche Auftraggeber

1024 Auftraggeber sind öffentliche Auftraggeber iSd § 99 GWB, Sektorenauftraggeber iSd § 100 GWB und Konzessionsgeber iSd § 101 GWB.

a) Der institutionelle Auftraggeber

1025 § 99 Nr 1 GWB nennt für den Oberschwellenbereich als **institutionelle Auftraggeber** die Gebietskörperschaften (also Bund, Länder, Bezirke, Landkreise, Gemeinden) außerdem ihre Sondervermögen.

1026 Auch im Unterschwellenbereich sind öffentlicher Auftraggeber der öffentlich-rechtlich verfasste Staat und seine Untergliederungen sowie die Kommunen mit ihren Eigenbetrieben. Keine institutionalisierten Auftraggeber sind privatrechtlich organisierte Einrichtungen, auch wenn es öffentliche Unternehmen sind[25].

25 *Puhl*, VVDStRL 2001, S. 456, 475.

b) Der funktionale Auftraggeber

§ 99 Nr 2 GWB liegt ein **funktionaler Auftraggeberbegriff** zugrunde. Oberhalb der Schwellenwerte sind andere juristische Personen des öffentlichen und des privaten Rechts Auftraggeber, wenn sie drei Voraussetzungen erfüllen: 1027

- Sie müssen zu dem besonderen Zweck gegründet worden sein, im Allgemeininteresse liegende Aufgaben nichtgewerblicher Art zu erfüllen,
- sie werden überwiegend von institutionellen Auftraggebern oder ihren Verbänden finanziert,
- ihre Leitung unterliegt der Aufsicht institutioneller Auftraggeber oder ihren Verbänden. Diese Voraussetzung ist auch erfüllt, wenn mehr als die Hälfte der Mitglieder eines ihrer zur Geschäftsführung oder zur Aufsicht berufenen Organe durch institutionelle Auftraggeber oder ihre Verbände bestimmt worden sind.

Das Tatbestandsmerkmal **„im Allgemeininteresse liegende Aufgaben nichtgewerblicher Art“** ist sehr unbestimmt. Umschreibungen dahingehend, dass „originär staatliche Aufgaben“, „Gemeinwohlaufgaben“, Aufgaben, „die eng mit der öffentlichen Ordnung und dem institutionellen Funktionieren des Staates verknüpft sind“[26] gemeint sein sollen, helfen kaum weiter. Klar ist jedenfalls, dass es sich um zwei Kriterien handelt und dass das Merkmal „nichtgewerblicher Art“ die „Allgemeininteressen“ präzisieren soll[27]. Klar ist auch, dass es nicht darauf ankommt, dass die betreffende Aufgabe nicht der GewO unterliegt[28]. Letztlich können nur Sinn und Zweck der Vergabe-Richtlinien und des GWB weiterhelfen. Dem Auftragsvergaberegime sollen die potentiell nicht-wirtschaftlich handelnden Staatseinrichtungen unterfallen, weil vornehmlich bei ihnen die Gefahr besteht, dass sie bei der Beschaffung unwirtschaftlich und willkürlich vorgehen. Denn im Wettbewerb stehende – regelmäßig private – Unternehmen sind schon wegen der Konkurrenz auf dem Markt Rentabilitätszwängen ausgesetzt. Diese Sichtweise hatte die – inzwischen nicht mehr geltende – Sektorenrichtlinie 93/38 gut umschrieben, weil es dort geheißen hat, dass das fragliche Unternehmen einen anderen „Charakter als den eines Handels- bzw Industrieunternehmens“ haben muss[29]. Diese Formulierung schließt es nicht aus, dass im „Allgemeininteresse liegende Aufgaben nichtgewerblicher Art“ auch von Privatunternehmen erfüllt werden oder erfüllt werden können[30]. Das Vorliegen eines **entwickelten Wettbewerbs** und insbesondere der Umstand, dass die betreffende Einrichtung im Wettbewerb steht, können aber Indizien dafür sein, dass es sich nicht um eine im Allgemeininteresse liegende Aufgabe nichtgewerblicher Art handelt. Für eine Qualifikation als öffentlicher Auftraggeber spricht es hingegen, wenn eine Einrichtung nicht nach **Leistungs-, Effizienz- und Wirtschaftlichkeitskriterien** gesteuert wird und sie das wirtschaftliche Risiko ihrer Tätigkeit nicht zu tragen hat[31]. 1028

26 VÜ Bund, VergabeR 1997, 25; VÜ Bund, ZfBR 1996, 271, 272; EuGH v. 15.1.1998, Rs. C-44/96 – *„Mannesmann Anlagenbau Austria“*, Rn 24.

27 EuGH v. 10.11.1998, Rs. C-360/96 – *„BFI-Holding“*, Rn 29 und 32.

28 *Diederichsen/Renner*, in: Schmidt/Wollenschläger, Kompendium Öffentliches Wirtschaftsrecht, 5. Aufl., 2019, S. 310.

29 Art. 1 Nr 1 RiL 93/38/EWG v. 14.6.1993 zur Koordinierung der Auftragsvergabe durch Auftraggeber im Bereich der Wasser-, Energie- und Verkehrsversorgung sowie im Telekommunikationssektor, ABl L 199 v. 9.8.1993, S. 84.

30 EuGH v. 10.11.1998, Rs. C-360/96 – *„BFI-Holding“*, Rn 53.

31 EuGH v. 10.5.2001, Rs. C-223/99 – *„Agorà“*, Rn 38 f.

Eine Staatsdruckerei nimmt eine im Allgemeininteresse liegende Aufgabe nichtgewerblicher Art wahr, wenn ihre Druckprodukte eng mit der öffentlichen Ordnung und dem institutionellen Funktionieren des Staates verknüpft sind und deshalb eine Versorgungsgarantie und Produktionsbedingungen verlangen, die die Beachtung der Geheimhaltungs- und Sicherheitsvorschriften gewährleisten (zB Reisepässe)[32].

1029 Das Unternehmen muss **gegründet** worden sein, um im Allgemeininteresse liegende Aufgaben nichtgewerblicher Art wahrzunehmen. Maßgeblich für das Vergaberecht ist deshalb nicht der einzelne zu vergebende Auftrag, sondern ob die juristische Person ihrem Gründungszweck nach die betreffenden Aufgaben wahrnimmt. Um Missbrauchsmöglichkeiten auszuschließen, müssen auch solche Einrichtungen hierunter subsumiert werden, die zwar zunächst nicht gegründet wurden, um die betreffenden Aufgaben wahrzunehmen, die aber später ihren Aufgabenbereich umstellen, zB indem sie ihr Statut entsprechend ändern oder kraft vertraglicher Vereinbarung Aufgaben übernehmen, die einer Gründung zu diesem besonderen Zweck gleichzustellen ist[33]. Umgekehrt muss eine Einrichtung ihre Auftraggebereigenschaft auch wieder verlieren, wenn sich ihr Aufgabenbereich entsprechend ändert.

1030 Für die Qualifikation als öffentlicher Auftraggeber nach § 99 Nr 2 GWB ist ferner erforderlich, dass die Einrichtung von der öffentlichen Hand (einem institutionellen Auftraggeber oder einem Verband, deren Mitglieder institutionelle Auftraggeber sind), einzeln oder gemeinsam durch Beteiligung oder auf sonstige Weise überwiegend finanziert wird oder dass ihre Leitung der Aufsicht dieser Stellen unterliegt oder mehr als die Hälfte der Mitglieder eines ihrer zur Geschäftsführung oder zur Aufsicht berufenen Organe durch diese Stellen bestimmt worden sind. Im Kern geht es also darum, dass die öffentliche Hand den funktionalen Auftraggeber **beherrschen** muss. Es liegt nahe, auf § 17 AktG zurückzugreifen; entscheidend sind Sinn und Zweck: Die öffentliche Hand soll sich dem speziellen Vergaberechtsregime nicht entziehen können, indem sie Aufgaben externalisiert. Auch private Einrichtungen können daher öffentliche Auftraggeber sein, wenn hinter ihnen die öffentliche Hand steht. Maßgeblich ist der Grad des Einflusses auf die Geschäftsführung. Dieser kann durch Fachaufsicht, unter Umständen aber auch schon bei einer Rechtsaufsicht gegeben sein, wenn die Überwachung der Geschäftsführung sehr detailliert ist[34]. Das Kriterium der überwiegenden Finanzierung durch die öffentliche Hand ist aber noch nicht erfüllt, wenn lediglich eine Leistung entgolten wird. Nur die Leistungen, die als Finanzhilfe ohne spezifische Gegenleistung die Tätigkeiten der betreffenden Einrichtung finanzieren oder unterstützen, können zur Qualifizierung als öffentlicher Auftraggeber führen[35]. Die Finanzierung muss überwiegend – mehr als die Hälfte – durch die öffentliche Hand erfolgen (vgl dazu ▶ **Klausurenkurs Fall Nr 15**).

Einer Ärztekammer (Körperschaft des öffentlichen Rechts) ist kein funktioneller Auftraggeber iSv § 99 Nr 2 GWB, wenn sie überwiegend durch Beiträge ihrer Mitglieder finanziert wird und ihr deshalb eine erhebliche Autonomie zukommt. Das gilt jedenfalls dann, wenn die Ärztekammer zwar zur Festsetzung und Erhebung durch ein Gesetz ermächtigt ist, dieses aber nicht den

32 EuGH v. 15.1.1998, Rs. C-44/96 – *„Mannesmann Anlagenbau Austria“*, Rn 24.
33 EuGH v. 12.12.2002, Rs. C-470/99 – *„Universale-Bau“*, Rn 63.
34 EuGH v. 1.2.2001, Rs. C-237/99 – *„OPAC“*, Rn 52.
35 EuGH v. 3.10.2000, Rs. C-380/98 – *„University of Cambridge“*, Rn 21.

Umfang und die Modalitäten der Tätigkeiten regelt, die die Ärztekammer im Rahmen der Erfüllung ihrer gesetzlichen Aufgaben ausübt. Auch die Genehmigungsbefugnis der Aufsichtsbehörde ist nicht mit der in § 99 Nr 2 GWB geforderten Kontrolle gleichzusetzen, wenn lediglich geprüft wird, ob der Haushalt der betreffenden Einrichtung ausgeglichen ist und auf Auftragsvergaben kein Einfluss genommen werden kann[36].

Fall 80 (Rn 1019)[37]: Das BRK als Körperschaft des öffentlichen Rechts – und damit eine juristische Person – ist zu dem besonderen Zweck gegründet worden, im Allgemeininteresse liegende Aufgaben nichtgewerblicher Art zu erfüllen (§ 99 Nr 2 GWB). Im Allgemeininteresse liegende Aufgaben sind solche, die hoheitliche Befugnisse, die Wahrnehmung der Belange des Staates und damit letztlich Aufgaben betreffen, die der Staat selbst erfüllen oder bei denen er einen entscheidenden Einfluss behalten möchte. Nach der Rspr soll bei einer juristischen Person des öffentlichen Rechts eine tatsächliche Vermutung dafür sprechen, dass ihre Gründung zum Zweck der Erfüllung von im Allgemeininteresse liegenden Aufgaben erfolgt ist. 1031

Das BRK müsste von einer der in § 99 Nr 1 GWB genannten Gebietskörperschaften beherrscht werden. Hier könnte eine vollständige oder überwiegende Finanzierung durch den Freistaat Bayern gegeben sein. Das ist aber abzulehnen, weil der Freistaat nur bei Anschaffungen auf dem Gebiet des Rettungsdienstes die Kosten trägt, wenn diese nicht durch Zuwendungen Dritter gedeckt sind. Für eine Beherrschung genügt das aber nicht, weil auf die juristische Person insgesamt und nicht nur auf die einzelne von ihr durchzuführende Aufgabe abzustellen ist. Eine juristische Person ist nur dann einem staatlichen Auftraggeber gleichzustellen, wenn sie in einer derartigen Weise staatsgebunden ist, dass zwischen der staatlichen Stelle und der juristischen Person praktisch kein Unterschied besteht.

Auch üben staatliche Stellen keine eine der Beherrschung vergleichbare Aufsicht über die Leitung des BRK aus. Auch hier ist auf den Rechtsträger und nicht auf die einzelne von der juristischen Person durchzuführende Aufgabe abzustellen. Der Grund dafür ist wiederum die Überlegung, dass eine Gleichstellung von juristischen Personen mit staatlichen Stellen nur dann stattfinden kann, wenn die juristische Person ähnlich wie eine staatliche Stelle handelt. Die Rechtsaufsicht führt aber grundsätzlich nicht zu einer Beherrschung des BRK.

§ 99 Nr 3 GWB nennt als öffentliche Auftraggeber außerdem Verbände, deren Mitglieder institutionelle oder funktionelle Auftraggeber iSd § 99 Nr 1 und 2 GWB sind (sog. Verbandsauftraggeber).

c) Der projektbezogene Auftraggeber

Projektbezogene Auftraggeber sind Stellen, die wegen besonderer Umstände in ein **Naheverhältnis** zu einem Auftraggeber rücken und deshalb selbst zum öffentlichen Auftraggeber werden. Diese Einrichtungen können private und öffentliche Unternehmen sein, die für Tiefbaumaßnahmen, für die Errichtung von Krankenhäusern, Sport-, Erholungs- oder Freizeiteinrichtungen, Schul-, Hochschul- oder Verwaltungsgebäuden oder für damit in Verbindung stehende Dienstleistungen und Wettbewerbe Mittel erhalten haben, mit denen diese Vorhaben zu mehr als 50 Prozent subventioniert werden. Diese Mittel müssen von institutionellen oder funktionellen Auftraggebern oder Verbandsauftraggebern stammen (§ 99 Nr 4 GWB). Die betreffenden Unternehmen 1032

36 EuGH v. 12.9.2013, Rs. C-526/11 – *„Ärztekammer Westfalen-Lippe"*.
37 BayObLG, NZBau 2003, 348 ff.; iE aA VergK Südbayern v. 27.3.2014, Z3-3-3194-1-01-01/14.

dürfen selbst keine funktionellen Auftraggeber sein (subsidiäres Verhältnis). Mit der Erstreckung des Vergaberechts auf private projektbezogene Auftraggeber soll verhindert werden, dass sich die öffentliche Hand Ausschreibungsverpflichtungen durch Ausgliederung und Privatisierung entzieht.

d) Der Sektorenauftraggeber

1033 **Sektorenauftraggeber** sind öffentliche Auftraggeber iSd § 99 Nr 1 bis 3 GWB (also institutionelle oder funktionelle Auftraggeber oder Verbandsauftraggeber) oder natürliche oder juristische Personen des privaten Rechts, die eine Sektorentätigkeit gemäß § 102 GWB (s.o.) ausüben (§ 100 GWB). Das sind bestimmte Tätigkeiten in den Bereichen Trinkwasser, Elektrizität, Gas und Wärme, Verkehrsleistungen, Häfen und Flughäfen, fossile Brennstoffe (s.o.).

1034 Natürliche oder juristische Personen des privaten Rechts sind aber nur dann Sektorenauftraggeber, wenn zwei weitere Voraussetzungen alternativ vorliegen: Sie müssen die Sektorentätigkeit auf der Grundlage von besonderen oder ausschließlichen Rechten ausüben, die von einer zuständigen Behörde gewährt wurden, oder institutionelle oder funktionelle Auftraggeber oder Verbandsauftraggeber müssen auf diese Personen einzeln oder gemeinsam einen beherrschenden Einfluss ausüben können.

Besondere oder ausschließliche Rechte idS sind Rechte, die dazu führen, dass die Ausübung dieser Tätigkeit einem oder mehreren Unternehmen vorbehalten wird und dass die Möglichkeit anderer Unternehmen, diese Tätigkeit auszuüben, erheblich beeinträchtigt wird. Keine besonderen oder ausschließlichen Rechte in diesem Sinne sind Rechte, die aufgrund eines Verfahrens nach den Vorschriften des GWB (§§ 97 ff) oder aufgrund eines sonstigen Verfahrens gewährt wurden, das angemessen bekannt gemacht wurde und auf objektiven Kriterien beruht.

§ 100 Abs. 3 GWB enthält eine gesetzliche Vermutungsregel: Die Ausübung eines beherrschenden Einflusses wird vermutet, wenn ein öffentlicher Auftraggeber gemäß § 99 Nr 1 bis 3 GWB

1. unmittelbar oder mittelbar die Mehrheit des gezeichneten Kapitals des Unternehmens besitzt,
2. über die Mehrheit der mit den Anteilen am Unternehmen verbundenen Stimmrechte verfügt oder
3. mehr als die Hälfte der Mitglieder des Verwaltungs-, Leitungs- oder Aufsichtsorgans des Unternehmens bestellen kann.

1035 **Fall 81 (Rn 1020)**[38]**:** Die Stadtwerke-M GmbH könnte öffentliche Auftraggeberin nach § 100 Abs. 1 Z 2 GWB sein. Als GmbH ist sie eine juristische Person des privaten Rechts. Sie betreibt unter anderem das U-Bahn-Netz der Stadt M; dies stellt eine Tätigkeit im Sektorenbereich dar (Verkehrsbereich gem. § 102 Abs. 4 GWB). Ferner unterliegt sie aber auch dem beherrschenden Einfluss der Stadt M (einer § 99 Nr 1 GWB unterfallenden Gebietskörperschaft), die ausweislich des Gesellschaftsvertrags ihre einzige Gesellschafterin ist. Damit erfüllt die Stadtwerke-M GmbH grundsätzlich den Tatbestand des § 100 GWB (Sektorenauftraggeber).

38 BayObLG, NZBau 2003, 342 ff.

Die Stadtwerke-M GmbH könnte aber auch öffentliche Auftraggeberin nach § 99 Nr 2 GWB sein, denn sie wird nicht nur von der Stadt M beherrscht, sondern ist auch zu dem besonderen Zweck gegründet worden, im Allgemeininteresse liegende Aufgaben nicht gewerblicher Art zu erfüllen. Ihr Gründungszweck ergibt sich aus dem Gesellschaftsvertrag; danach ist der Gegenstand des Unternehmens die Versorgung der Bevölkerung mit Strom, Gas, Wasser und Wärme, der Betrieb von öffentlichen Verkehrsmitteln und Bädern sowie die Telekommunikation. Das hier im Mittelpunkt stehende Betreiben des U-Bahn-Netzes in der Großstadt M ist eine im Allgemeininteresse liegende Aufgabe. Auch diese Aufgabe ist nichtgewerblicher Art. Zwar kommt es insoweit nicht allein auf das Vorhandensein oder Fehlen einer Gewinnerzielungsabsicht an, im vergaberechtlichen Kontext ist vielmehr darauf abzustellen, ob sich die Aufgabenerfüllung abweichend von marktmäßigen Mechanismen vollzieht. Das Kriterium der Nichtgewerblichkeit ist jedenfalls dann erfüllt, wenn der Auftraggeber bei Erfüllung der Aufgabe nicht dem Wettbewerb am Markt ausgesetzt ist. Das ist hier der Fall.

Die Frage, ob ein Auftraggeber § 99 Nr 2 GWB oder § 100 GWB zuzuordnen ist, muss beantwortet werden, weil ein öffentlicher Auftraggeber nach § 99 Nr 2 GWB einem strengeren Vergaberegime unterworfen wird als ein Sektorenauftraggeber (vgl § 136 GWB). § 1 Abs. 2 Nr 1 VgV bestimmt, dass für die Vergabe von öffentlichen Aufträgen durch Sektorenauftraggeber zum Zweck der Ausübung einer Sektorentätigkeit die SektV gilt. Daraus folgt, dass das Vergaberegime für Sektorentätigkeiten lex specialis ist. Folglich ist die Stadtwerke-M GmbH als Auftraggeberin nach § 100 GWB zu behandeln. Da es sich um einen Lieferauftrag handelt (§ 103 Abs. 2 GWB) ist der Auftrag ausschreibungspflichtig, wenn der Schwellenwert von € 414 000,– (§ 106 Abs. 2 Nr 2 GWB iVm Art. 15 RiL 2014/25) überschritten ist. Sie kann das offene Verfahren, das nicht offene Verfahren, das Verhandlungsverfahren mit Teilnahmewettbewerb und einen wettbewerblichen Dialog durchführen, § 141 Abs. 1 GWB (s. Rn 1080 f).

Beispiel: Ein Sektorenauftraggeber für das Erbringen von Verkehrsleistungen, das Bereitstellen oder das Betreiben von Infrastruktur ist die Deutsche Bahn AG[39].

3. Der öffentliche Auftrag

a) Entgeltlicher Vertrag

Öffentliche Aufträge sind in § 103 Abs. 1 GWB definiert als **entgeltliche Verträge** 1036
zwischen öffentlichen Auftraggebern oder Sektorenauftraggebern und Unternehmen über die Beschaffung von Leistungen, die die Lieferung von Waren, die Ausführung von Bauleistungen oder die Erbringung von Dienstleistungen zum Gegenstand haben.

Es muss sich um Verträge zwischen zwei verschiedenen Vertragspartnern handeln (öffentlicher Auftraggeber und Auftragnehmer, der ein vom öffentlichen Auftraggeber verschiedenes Unternehmen ist). Kein öffentlicher Auftrag ist die einseitige Auferlegung einer Handlungspflicht. Es ist nicht erforderlich, dass mit dem öffentlichen Auftrag eine Beschaffung für eigene Zwecke verfolgt wird, vgl auch ▸ **Klausurenkurs Fall Nr 19**.

39 AA noch VK Bund VK 2–126/03 v. 21.1.2004.

Unterschieden werden (§ 103 Abs. 3 Nr 1–3 GWB):

- **Lieferaufträge**, das sind Verträge zur Beschaffung von Waren, die insbesondere Kauf oder Ratenkauf oder Leasing, Mietverhältnisse oder Pachtverhältnisse mit oder ohne Kaufoption betreffen.

  Die Verträge können auch Nebenleistungen umfassen. Das sind Tätigkeiten zur Unterstützung von Beschaffungstätigkeiten, zB Bereitstellung technischer Infrastruktur, Beratung zur Ausführung oder Planung von Verfahren zur Vergabe öffentlicher Aufträge, Vorbereitung und Verwaltung von Verfahren zur Vergabe öffentlicher Aufträge[40].

- **Bauaufträge**, das sind Verträge über die Ausführung oder die gleichzeitige Planung und Ausführung von bestimmten Bauleistungen (das Gesetz verweist weiter auf den Anhang II der RiL 2014/24 und den Anhang I der RiL 2014/25) oder eines Bauwerkes für den öffentlichen Auftraggeber oder Sektorenauftraggeber, das Ergebnis von Tief- oder Hochbauarbeiten ist und eine wirtschaftliche oder technische Funktion erfüllen soll. Es gibt noch einen dritten Fall, der einen Bauauftrag darstellt: Wenn ein Dritter eine Bauleistung gemäß den vom öffentlichen Auftraggeber oder Sektorenauftraggeber genannten Erfordernissen erbringt, die Bauleistung dem Auftraggeber unmittelbar wirtschaftlich zugutekommt und dieser einen entscheidenden Einfluss auf Art und Planung der Bauleistung hat.
- **Dienstleistungsaufträge** sind Verträge über die Erbringung von Leistungen, die keine Lieferaufträge und keine Bauaufträge sind.

1037 **Fall 82 (Rn 1021)[41]:** M ist öffentliche Auftraggeberin nach § 99 Nr 2 GWB. Fraglich ist, ob es sich bei der Vergabe von Nachunternehmerleistungen um einen öffentlichen Auftrag (Dienstleistungsauftrag) nach § 103 Abs. 1, Abs. 4 GWB handelt. Nach Auffassung des OLG Düsseldorf liegt es im Wesen des öffentlichen Auftrags, dass der öffentliche Auftraggeber mit der Vergabe einem in seinem Verantwortungsbereich auftretenden eigenen Beschaffungsbedarf Rechnung trägt. Mit dem Beschaffungsvorgang für eigene Zwecke sei in der Regel als weiteres Element verknüpft, dass die beschafften Leistungen aus eigenen oder zugewiesenen Haushaltsmitteln des öffentlichen Auftraggebers zu bezahlen seien (funktionaler Auftragsbegriff).

Dem hat der EuGH[42] entgegengehalten, dass auch die Beauftragung des Subunternehmers (R) durch den Auftragnehmer (M) ein entgeltlicher Vertrag über eine Dienstleistung ist. Dem Umstand, dass der Auftragnehmer selbst als Dienstleistungserbringer tätig sein will, ist keine Bedeutung beizumessen. Es kann nicht ausgeschlossen werden, dass der Auftragnehmer die Auswahl des Subunternehmers nach anderen als wirtschaftlichen Überlegungen trifft. Da der Auftragnehmer hier zugleich die Voraussetzungen des Auftraggebers erfüllt, hätte der Auftrag der M an R ausgeschrieben werden müssen. Letztlich war also eine Doppelausschreibung erforderlich.

1038 Die öffentlichen Aufträge müssen auf einer **vertraglichen Grundlage** beruhen. Keine öffentlichen Aufträge sind daher Leistungen, die ihren Rechtsgrund in Gesetzen haben.

40 Art 2 Abs 1 Nr 15 RiL 2014/24.
41 OLG Düsseldorf, NZBau 2004, 400 f.
42 EuGH v. 18.1.2004, Rs. C-126/03 – *„Abfalltransportvertrag München"*.

Die Verträge werden in der Regel privatrechtliche Kauf- oder Werkverträge sein, sodass für den Vertragsabschluss, den Inhalt des Vertrages, seine Abwicklung und für das Vertragsstörungsrecht das BGB einschlägig ist.

Auch durch einen **öffentlich-rechtlichen Vertrag** kann eine Beschaffung erfolgen[43]. **1039**
Der Anwendungsbereich des Kartellvergaberechts ist aber nicht eröffnet, wenn **hoheitliche Gewalt**, zB durch Beleihungsverträge, übertragen werden soll (arg. Art. 62 iVm Art. 51 und 45 Abs. 4 AEUV)[44]. Der EuGH legt diese Ausnahmeklauseln sehr eng aus. Es sollen nur solche Tätigkeiten betroffen sein, die unmittelbar und spezifisch mit der Teilnahme an der Ausübung öffentlicher Gewalt (zB hoheitliche Zwangsmaßnahmen) verbunden sind[45].

Entgeltlichkeit setzt voraus, dass ein Vertrag geschlossen wird, mit dem sich jede **1040**
Partei verpflichtet, eine Leistung im Gegenzug für eine andere zu erbringen. Daher fällt auch ein Vertrag, der einen Leistungsaustausch vorsieht, unter den Begriff „öffentlicher Auftrag“, wenn sich die vorgesehene Vergütung auf den teilweisen Ersatz der Kosten beschränkt, die durch die Erbringung der vereinbarten Dienstleistung entstehen. Der EuGH hat Entgeltlichkeit sogar dann angenommen, wenn sich ein Wirtschaftsteilnehmer verpflichtet, ein Erzeugnis kostenlos herzustellen und zu liefern und im Gegenzug eine für die Herstellung zu verwendende Subvention und Lieferkosten erhält[46].

b) In-house-Vergaben

Kein öffentlicher Auftrag liegt bei sog. In-house-Vergaben vor, wenn ein Auftrag der **1041**
öffentlichen Hand also an einen Eigenbetrieb oder an eine untergeordnete Dienststelle vergeben wird, sodass es sich um eine **interne Beschaffungsmaßnahme** handelt.

Ferner gibt es besondere Fallkonstellationen:

Beabsichtigt der öffentliche Auftraggeber, den Auftrag an eine Eigengesellschaft **1042**
oder an ein Unternehmen (s. Rn 672) zu vergeben, an dem er beteiligt ist, kann von einer internen Beschaffungsmaßnahme nur gesprochen werden, wenn der Auftraggeber maßgeblichen Einfluss auf den Auftragnehmer ausüben kann und die Auftragsvergabe keine wettbewerbsverfälschende Wirkung hat. Der EuGH hat in der Rs. ***„Teckal“*** (1999)[47] diese bedeutsame Fallgruppe geschaffen, die in der RiL 2014/24 erweitert und in § 108 Abs. 1 GWB aufgenommen worden ist.

Nach § 108 Abs. 1 GWB liegt eine In-house-Vergabe vor, die nicht dem GWB-Vergaberecht unterliegt, wenn ein öffentlicher Auftraggeber iSd § 99 Nr 1 bis 3 GWB einen öffentlichen Auftrag an eine juristische Person vergibt und

– der öffentliche Auftraggeber über die juristische Person eine ähnliche **Kontrolle** wie über seine eigenen Dienststellen ausübt,

43 OLG Düsseldorf, NZBau 2004, 398, 399.
44 *Burgi*, NZBau 2002, 57, 61.
45 EuGH v. 13.7.1993, Rs. C-42/92, – *„Thijssen“*, Rn 9.
46 EuGH v. 18.10.2018, Rs. C-606/17 – *„IBA Molecular Italy“*, Rn 29.
47 EuGH v. 18.11.1999; Rs. C-107/98 – *„Teckal“*, Rn 50.

- mehr als **80% der Tätigkeiten** der juristischen Person der Ausführung von Aufgaben dienen, mit denen sie von dem öffentlichen Auftraggeber oder von einer anderen juristischen Person, die von diesem kontrolliert wird, betraut wurde, und
- an der juristischen Person **keine direkte private Kapitalbeteiligung** besteht, mit Ausnahme nicht beherrschender Formen der privaten Kapitalbeteiligung und Formen der privaten Kapitalbeteiligung ohne Sperrminorität, die durch gesetzliche Bestimmungen vorgeschrieben sind und die keinen maßgeblichen Einfluss auf die kontrollierte juristische Person vermitteln.

1043 Diese Voraussetzungen sind eng auszulegen. Das Kriterium der „Kontrolle wie über eine eigene Dienststelle“ ist freilich unscharf, auf bestimmte Beteiligungsverhältnisse ist nicht abzustellen. Worauf es ankommt ist, dass das abhängige Unternehmen gegenüber dem Auftraggeber **keine eigenständige Entscheidungsgewalt** hat[48]. Der Auftragnehmer muss einer Kontrolle unterworfen sein, die es dem Auftraggeber ermöglicht, auf die Entscheidungen des Auftragnehmers einzuwirken, dh er muss auf dessen strategische Ziele und dessen wichtigste Entscheidungen ausschlaggebenden Einfluss nehmen können. § 108 Abs. 2 GWB enthält sogar eine Vermutungsregel dahingehend, dass die Ausübung einer Kontrolle vorliegt, wenn der öffentliche Auftraggeber einen ausschlaggebenden Einfluss auf die **strategischen Ziele** und die **wesentlichen Entscheidungen** der juristischen Person hat.

Die Kontrolle kann auch durch eine andere juristische Person ausgeübt werden, die von dem öffentlichen Auftraggeber auf gleiche Weise kontrolliert wird. Um das Vorliegen dieser Voraussetzungen zu beurteilen, ist eine Analyse des konkreten Einzelfalls erforderlich. Entscheidend ist dabei der Umfang der Vertretung in Verwaltungs-, Leitungs- oder Aufsichtsgremien, diesbezügliche Bestimmungen in der Satzung, Eigentumsrechte und tatsächlicher Einfluss auf und tatsächliche Kontrolle über strategische Entscheidungen und einzelne Managemententscheidungen. Gehört das Unternehmen zu einem Konzern, können auch die Rechtsform des Unternehmens, die bestehenden Beteiligungsverhältnisse und die Kompetenzen der Unternehmensorgane von Bedeutung sein[49].

1044 Zudem müssen mehr als 80 Prozent der Tätigkeiten der juristischen Person der **Ausführung von Aufgaben** dienen, mit denen sie von dem öffentlichen Auftraggeber oder von einer anderen juristischen Person, die von diesem kontrolliert wird, **betraut** wurde. Die Vorschrift zielt auf die Formalisierung der Nachweisbarkeit ab, dass Tätigkeiten im Wesentlichen für den Auftraggeber wahrgenommen werden. Der Auftragnehmer muss mit den Aufgaben „betraut“ sein. Es liegt nahe, für die nähere Bestimmung dieses Begriffs auf Art. 106 Abs. 2 AEUV zurückzugreifen, wo die Sonderstellung für Unternehmen, die mit Dienstleistungen von allgemeinem wirtschaftlichem Interesse betraut sind, geregelt ist. Bei der Betrauung kommt es dann weniger auf die Rechtsnatur des Betrauungsakts an (allerdings muss es sich um einen Vertrag handeln) als auf seinen Inhalt: Die wahrzunehmende Aufgabe und der Umfang der Wahrnehmung dieser Aufgabe muss hinreichend bestimmt werden können. Nur so kann die 80%-Voraussetzung sinnvoll geprüft werden.

48 BGHZ 148, 55 ff.
49 EuGH v. 11.5.2006. Rs. 340/04 – „*Carbotermo*“, Rn 36; bereits: EuGH v. 13.10.2005, Rs. C-458/03 – „*Parking Brixen*“, Rn 65.

Für die Bestimmung des prozentualen Anteils der Tätigkeiten soll es auf den durchschnittlichen Gesamtumsatz oder auf einen geeigneten alternativen tätigkeitsgestützten Wert ankommen wie zB Kosten, die der betreffenden juristischen Person oder dem betreffenden öffentlichen Auftraggeber während der letzten drei Jahre vor Vergabe des Auftrags in Bezug auf Dienstleistungen, Lieferungen und Bauleistungen entstanden sind. Wenn für die letzten drei Jahre keine Angaben über den Umsatz oder einen geeigneten alternativen tätigkeitsgestützten Wert vorliegen, zB weil das beauftragte Unternehmen neu gegründet wurde oder Tätigkeiten umstrukturiert hat, sind Prognosen über die Geschäftsentwicklung zugrunde zu legen und glaubhaft zu machen (§ 108 Abs. 7 GWB). Das erscheint dann doch sehr vage. Eine Selbstbeschränkung über drei Jahre wird man bei einer derartigen Glaubhaftmachung wohl erwarten können.

Mit der dritten Voraussetzung wird eine In-house-Vergabe künftig auch dann vorliegen können, wenn ein **Privater** am Auftragnehmer **beteiligt** ist. Damit weicht der Gesetzgeber (aber der RiL 2014/24/EU folgend) von der bisherigen Judikatur des EuGH ab, der diese Möglichkeit in der Rs. „**Stadt Halle**" kategorisch verneint hatte: Eine In-house-Vergabe sollte „auf jeden Fall" ausgeschlossen sein, wenn ein privates Unternehmen am Kapital des Auftragnehmers beteiligt ist[50]. Einer privatrechtlichen Einrichtung darf innerhalb der beauftragten Einrichtung mit der unmittelbaren Vergabe eines Auftrags kein Vorteil gegenüber deren Konkurrenten zu Teil werden. Schließlich verfolgten Private Interessen und Ziele, die sich von den im öffentlichen Interesse liegenden Zielen des Auftraggebers unterscheiden. Es könne nicht ausgeschlossen werden, dass der Private wirtschaftliche Tätigkeiten im Wettbewerb mit anderen Wirtschaftsteilnehmern ausübt und die Auftragsvergabe diesem dann einen Wettbewerbsvorteil verschaffen kann[51]. 1045

In der Rechtssache „Centro Hospitalar de Setúbal" (2014) hatte der EuGH seine Auffassung bestärkt: Eine Beteiligung Privater konnte selbst dann keine In-house-Vergabe sein, wenn der Auftragnehmer eine gemeinnützige Vereinigung ohne Gewinnerzielungsabsicht ist, zu deren Mitgliedern bei der Erteilung dieses Auftrags nicht nur Einrichtungen des öffentlichen Sektors, sondern auch private Sozialträger, die ohne Gewinnerzielungsabsicht tätig sind, zählen.[52]

§ 108 Abs. 1 Nr 3 GWB schließt eine private Beteiligung am Auftragnehmer nun nicht mehr kategorisch aus, allerdings ist der **Anwendungsbereich** dieser Bestimmung **sehr eng**. Diese Möglichkeit ist eben nur eröffnet, wenn keine direkte private Kapitalbeteiligung besteht, mit Ausnahme nicht beherrschender Formen der privaten Kapitalbeteiligung und Formen der privaten Kapitalbeteiligung ohne Sperrminorität, die durch gesetzliche Bestimmungen vorgeschrieben sind und die keinen maßgeblichen Einfluss auf die kontrollierte juristische Person vermitteln. Sowohl die Voraussetzung des nicht „maßgeblichen Einflusses" als auch die der „direkten privaten Kapitalbeteiligung", die für eine Befreiung von den Vergabevorschriften grundsätzlich nicht vorliegen darf, sind interpretationsbedürftig. Sinn würde es machen davon auszugehen, dass die Formulierung der „direkten privaten Kapitalbeteiligung" von dem Fall abgrenzen soll, dass ein Privater am öffentlichen Auftraggeber beteiligt ist – was eine In-house-Vergabe ja nicht von vornherein ausschließt – und dieser über die Kon- 1046

50 EuGH 11.1.2005, Rs. C-236/03 – „*Stadt Halle*", Rn. 49.
51 EuGH 19.4.2014, Rs. 574/12 – „Centro Hospitalar de Setúbal EPE", Rn. 36 f.
52 EuGH 19.4.2014, Rs. 574/12 – „Centro Hospitalar de Setúbal EPE", Rn. 44.

trollvoraussetzung damit auch indirekt am kontrollierten Unternehmen beteiligt sein könnte. Diese Beteiligungen führen regelmäßig auch nicht zu einer nachteiligen Beeinflussung des Wettbewerbs zwischen privaten Unternehmen.

Aus den Erwägungsgründen der RiL 2014/24 ergibt sich, dass an eine sehr bestimmte Konstellation gedacht ist, in der eine Beteiligung Privater am Auftragnehmer einer In-house-Vergabe nicht im Wege stehen soll[53]: Der „Blick" des Richtliniengebers war nämlich „auf die besonderen Merkmale öffentlicher Einrichtungen mit **Pflichtmitgliedschaft**, wie die für Verwaltung oder die Ausführung bestimmter öffentlicher Dienstleistungen verantwortlichen Organisationen" gerichtet. Das könnten zB öffentlich-rechtlich organisierte Abfallverbände mit Beteiligung Privater sein.[54]

1047 § 108 Abs. 3 GWB erstreckt die dargestellte In-house-Vergabe auf zwei weitere Fälle:

- Erstens liegt eine In-house-Vergabe auch dann vor, wenn die kontrollierte juristische Person (die zugleich öffentlicher Auftraggeber im Sinne des § 99 Nr 1 bis 3 GWB ist) einen öffentlichen Auftrag an den kontrollierenden öffentlichen Auftraggeber vergibt (Das **Tochterunternehmen vergibt den Auftrag an das Mutterunternehmen**).
- Zweitens liegt eine In-house-Vergabe vor, wenn das von einem öffentlichen Auftraggeber kontrollierte Unternehmen den Auftrag an eine andere von dem kontrollierenden Unternehmen kontrollierte juristische Person vergibt (Das **Tochterunternehmen vergibt den Auftrag an ein Schwesterunternehmen**).

In beiden Fällen wird vorausgesetzt, dass keine direkte private Kapitalbeteiligung an der juristischen Person besteht, die den öffentlichen Auftrag erhalten soll, wobei bestimmte beherrschende Formen der privaten Kapitalbeteiligung und Formen der privaten Kapitalbeteiligung ohne Sperrminorität (s.o.) zulässig sind.

c) Kooperationen

1048 Ein Sonderfall sind **Public-Public-Partnerships**, also der Fall einer Kooperation öffentlicher Einrichtungen. Im Kern geht es um die Frage, ob und ggf unter welchen Voraussetzungen Kooperationsvereinbarungen zwischen öffentlichen Einrichtungen bzw ihren Verwaltungsträgern – auch unter Rückgriff auf die Gesetze über kommunale Zusammenarbeit – dem Vergaberecht unterliegen[55]. Zu unterscheiden sind zwei Fälle:

1049 Erstens, ausgehend von der Teckal-Rechtsprechung, der Fall, dass nicht ein einzelner öffentlicher Auftraggeber für sich – zB wegen einer Minderheitsbeteiligung – sondern *gemeinsam* mit anderen öffentlichen Kooperationspartnern die Kontrolle über das beauftragte Unternehmen ausübt[56] (**Wesensmerkmal ist die gemeinsamen Kontrolle**). In der Rs. „Coditel Brabant" hat der EuGH das erste „Teckal-Kriterium" dahingehend modifiziert, dass auch solche Aufträge vom Unionsvergaberecht befreit sein können.

---

53 Erwägungsgrund 32 RiL 2014/24/EU; Deutscher Bundestag, BT-Drs. 18/6281, S 81.

54 *Prieß/Stein*, Die neue EU-Konzessionsvergaberichtlinie, VergabeR 2014, 499, 506.

55 EuGH v. 13.1.2005, Rs. C-84/03 – *„Kooperationsvereinbarungen"*, Rn 40; OLG Düsseldorf, NZBau 2004, 398; OLG Frankfurt/M., NZBau 2004, 692; vgl weitergehend bei Zweckvereinbarung: OLG Naumburg, NZBau 2006, 58, 60; klarstellend: OLG Düsseldorf, NZBau 2006, 662, 664.

56 EuGH v. 13.11.2008, Rs. C-324/07 – *„Coditel"*, Rn 31.

In Anlehnung an § 108 Abs. 1 GWB bestimmt Abs. 4, dass das Kartellvergaberecht auch dann keine Anwendung finden soll, wenn der öffentliche Auftraggeber (iSd § 99 Nr 1 bis 3 GWB) über eine juristische Person des privaten oder öffentlichen Rechts zwar keine Kontrolle ausübt, aber

- gemeinsam mit anderen öffentlichen Auftraggebern über die juristische Person eine ähnliche Kontrolle ausübt wie jeder der öffentlichen Auftraggeber über seine eigenen Dienststellen,
- mehr als 80 Prozent der Tätigkeiten der juristischen Person der Ausführung von Aufgaben dienen, mit denen sie von den öffentlichen Auftraggebern oder von einer anderen juristischen Person, die von diesen Auftraggebern kontrolliert wird, betraut wurde, und
- an der juristischen Person keine direkte private Kapitalbeteiligung besteht. Die Ausnahme für nicht beherrschende Formen der privaten Kapitalbeteiligung und Formen der privaten Kapitalbeteiligung ohne Sperrminorität gilt.

Noch vor Geltung der RiL 2014/24 hatte der EuGH ausgeführt, dass die **Kontrolle** nicht von jeder Stelle einzeln ausgeübt werden muss; sie muss aber **gemeinsam** ausgeübt werden. Daraus folgt zweierlei: Erstens genügt es nicht, wenn allein der Mehrheitsgesellschafter (wenn es einen gibt) die Kontrolle ausübt. Denn dann würde das Konzept der gemeinsamen Kontrolle ausgehöhlt werden. Zweitens darf ein öffentlicher Auftraggeber innerhalb einer gemeinsam gehaltenen beauftragten Einrichtung nicht eine Stellung innehaben, die ihm nicht die geringste Möglichkeit einer Beteiligung an der Kontrolle über diese Einrichtung sichert. Andernfalls würde schon ein rein formaler Beitritt zu einer solchen Einrichtung diesen öffentlichen Auftraggeber von der Verpflichtung befreien, ein Ausschreibungsverfahren nach den Unionsvorgaben durchzuführen. Damit könnten die unionsrechtlichen Vorschriften über öffentliche Aufträge leicht umgangen werden.

Was die gemeinsame Kontrolle betrifft, stellt § 108 Abs. 5 GWB drei Voraussetzungen auf. Diese Kontrolle besteht, wenn

- sich die beschlussfassenden Organe der juristischen Person aus Vertretern sämtlicher teilnehmender öffentlicher Auftraggeber zusammensetzen; ein einzelner Vertreter kann mehrere oder alle teilnehmenden öffentlichen Auftraggeber vertreten,
- die öffentlichen Auftraggeber gemeinsam einen ausschlaggebenden Einfluss auf die strategischen Ziele und die wesentlichen Entscheidungen der juristischen Person ausüben können und
- die juristische Person keine Interessen verfolgt, die den Interessen der öffentlichen Auftraggeber zuwiderlaufen.

Der zweite Fall betrifft eine **Verwaltungskooperation** im engeren Sinn (**Wesensmerkmal ist die gemeinsamen Aufgabe**). 1050

§ 108 Abs. 6 GWB bestimmt, dass ein kartellvergaberechtlicher Vorgang ausgeschlossen ist, wenn zwischen Auftraggebern iSd § 99 Nr 1 bis 3 GWB ein Vertrag geschlossen wird und wenn

- der Vertrag eine **Zusammenarbeit** zwischen den beteiligten öffentlichen Auftraggebern begründet oder erfüllt, um sicherzustellen, dass die von ihnen zu erbringenden öffentlichen Dienstleistungen im Hinblick auf die Erreichung gemeinsamer Ziele ausgeführt werden,

– die Durchführung dieser Zusammenarbeit ausschließlich durch Überlegungen im Zusammenhang mit dem **öffentlichen Interesse** bestimmt wird und
– die öffentlichen Auftraggeber auf dem Markt weniger als **20 Prozent** der Tätigkeiten erbringen, die durch diese Zusammenarbeit erfasst sind.

Dieser Ausnahme lagen mehrere EuGH-Entscheidungen zugrunde, u.a. die der Rs. „Stadtreinigung Hamburg“[57]: Eine Kooperation mehrerer Landkreise und einer Eigengesellschaft, die einen Entsorgungsvertrag mit einem privaten Unternehmen zur Abfallbeseitigung geschlossen hatte, wurde vom EuGH nicht als ausschreibungspflichtiger Vorgang qualifiziert. Vertragsgegenstand war die Verpflichtung der Stadtreinigung Hamburg, den Landkreisen jährlich Kapazität für eine bestimmte Menge an Abfall zur thermischen Verwertung bei dem privaten Unternehmen einzuräumen. Der Vertrag wurde ausschließlich zwischen öffentlichen Stellen und ohne Beteiligung des privaten Unternehmens geschlossen.

1051 Eine dahingehende Freistellung vom Unionsvergaberecht – so der EuGH[58] – setzt voraus, dass ein solcher Vertrag **ausschließlich** zwischen öffentlichen Einrichtungen ohne Beteiligung Privater geschlossen wird, dass **kein privater Dienstleistungserbringer besser gestellt** wird als seine Wettbewerber und dass die darin vereinbarte Zusammenarbeit nur durch Erfordernisse und Überlegungen bestimmt wird, die mit der Verfolgung von im **öffentlichen Interesse liegenden Zielen** zusammenhängen. Die öffentliche Aufgabe, die gemeinsam erfüllt werden soll, muss als eine den **Vertragspartnern gemeinsam obliegende öffentliche Aufgabe** wahrgenommen werden.

Das ist zB bei einem Forschungsauftrag über die Erdbebensicherheit von Gebäuden nicht der Fall, den eine staatliche Sanitätsverwaltung einer Universität erteilt[59]. Diese Aufgabe kann auch durch Ingenieure und Architekten wahrgenommen werden. An einer gemeinsamen Aufgabe fehlt es auch, wenn ein Landkreis eine Stadt mit der Reinigung von Verwaltungsgebäuden des Landkreises beauftragt[60]. Eine Befreiung vom Vergaberecht ist ferner nicht möglich, wenn im Vertrag nicht ausgeschlossen ist, dass der Auftragnehmer **private Dienstleistungserbringer heranzieht** (vgl auch ▸ **Klausurenkurs Fall Nr 19**).

Die Einbeziehung von In-state-Geschäften in das Vergaberecht hat in jüngster Vergangenheit dazu geführt, dass viele Kommunen eine Kooperation mit anderen Behörden oder eine Privatisierung kritisch sehen, weil sie die Durchführung eines – von ihnen als kompliziert und fehleranfällig empfundenen – Vergabeverfahrens scheuen. Auf gesetzlicher Ebene gab es deshalb verschiedene Ansätze, die strenge EuGH-Rechtsprechung zu korrigieren. In der VO 1370/07[61] über öffentliche Personenverkehrsdienste auf Schiene und Straße etwa wurde das „Kontroll-Kriterium“ für öffentliche Dienstleistungsaufträge im Personenverkehrssektor modifiziert: Wörtlich heißt es: *„Im Einklang mit dem Gemeinschaftsrecht ist zur Feststellung, dass eine Kontrolle … gegeben ist, – insbesondere bei öffentlich-privaten Partnerschaften – nicht zwingend erforderlich, dass die zuständige Behörde zu 100% Eigentümer ist, sofern ein beherr-*

57 EuGH v. 9.6.2009, Rs. C-480/06 – *„Stadtreinigung Hamburg“*, Rn 31 f.
58 EuGH v. 19.12.2012, Rs. C-159/11 – *„Ordine degli Ingegneri della Provincia di Lecce“*, Rn 35.
59 EuGH v. 19.12.2012, Rs. C-159/11 – *„Ordine degli Ingegneri della Provincia di Lecce“*.
60 EuGH v. 13.6.2013, Rs. C-386/11 – *„Piepenbrock“*.
61 Verordnung (EG) Nr 1370/2007 v. 23.10.2007 über öffentliche Personenverkehrsdienste auf Schiene und Straße und zur Aufhebung der Verordnungen (EWG) Nr 1191/69 und (EWG) Nr 1107/70 des Rates, ABl L 315 v. 3.12.2007, S. 1.

schender öffentlicher Einfluss besteht und aufgrund anderer Kriterien festgestellt werden kann, dass eine Kontrolle ausgeübt wird". Allerdings darf der Auftragnehmer (ua) nur innerhalb des Zuständigkeitsbereichs des Auftraggebers tätig werden (vgl ie Art. 5 Abs. 2 VO 1370/07).

d) Umgehungsverbot

Die Anwendung des Vergaberechts darf durch „künstliche Konstruktionen" nicht umgangen werden. **1052**

Fall 83 (Rn 1022)[62]: Die Stadt M ist öffentliche Auftraggeberin nach § 98 Nr 1 GWB. Zu prüfen ist, ob ein entgeltlicher Vertrag iSv § 99 Abs. 1 GWB vorliegt, möglicherweise ein Dienstleistungsauftrag (§ 99 Abs. 4 GWB). Drei Maßnahmen der Stadt M sind zu unterscheiden:

1. Die Gründung der AbfallGmbH: Ein Dienstleistungsauftrag liegt nicht vor, weil die bloße Unternehmensgründung kein Beschaffungsvorgang ist. Insbesondere wird auch kein entgeltlicher Vertrag mit der AbfallGmbH geschlossen.
2. Die Aufgabenübertragung an die AbfallGmbH: Ein entgeltlicher Vertrag iSv § 99 Abs. 1 GWB liegt vor, insbesondere ist die AbfallGmbH ein von M zu unterscheidender Rechtsträger. Die Aufgabenübertragung an die AbfallGmbH ist aber ein „In-house-Geschäft": Die AbfallGmbH ist eine Eigengesellschaft von M und wird von dieser wie „eine eigene Dienststelle" gesteuert; die AbfallGmbH soll ausschließlich Aufgaben für M wahrnehmen.
3. Die Beteiligungsveräußerung an S: Eine Auftragsvergabe liegt nicht vor, weil S kein Auftrag erteilt wird. Der Dienstleistungsauftrag ist der AbfallGmbH übertragen worden.

Wenn der Auftragnehmer eine Public-Private-Partnership ist, ist eine Freistellung vom Vergaberecht grds. nicht möglich. Das folgt (wie ausgeführt s. Rn 1045) schon aus § 108 Abs 1 Nr 3 GWB. Die öffentliche Hand ist dem öffentlichen Interesse verpflichtet, während die Anlage von privatem Kapital regelmäßig der Gewinnerzielung dient; außerdem würde die Vergabe eines öffentlichen Auftrags an ein gemischt-wirtschaftliches Unternehmen ohne Ausschreibung das Ziel eines freien und unverfälschten Wettbewerbs sowie den Grundsatz der Gleichbehandlung der Interessenten beeinträchtigen, insbesondere weil ein solches Verfahren einem am Kapital dieses Unternehmens beteiligten privaten Unternehmen einen Vorteil gegenüber seinen Konkurrenten verschaffen würde.

Die Besonderheit des vorliegenden Falls liegt darin, dass die drei Vorgänge offensichtlich aufgespalten wurden, um sich einer Ausschreibungspflicht zu entziehen. Bei einer anderen Reihenfolge (zB erst Gründung der AbfallGmbH, dann Anteilsübertragung an S, schließlich Aufgabenübertragung an die AbfallGmbH) wäre der dritte Vorgang ausschreibungspflichtig gewesen. Bei einer ganzheitlichen Betrachtung unter Berücksichtigung der Zielsetzung des Privatisierungsvorgangs sowie der Bedeutung des Vergaberechts unter Gesichtspunkten des effet utile muss die Aufgliederung der Privatisierung als „künstliche Konstruktion" (EuGH) erscheinen. Das Vergaberecht muss sich auf den Gesamtvorgang erstrecken; eine Ausschreibungspflicht besteht also.

Wie bereits angeführt, hält die RiL 2014/24 die strenge „Stadt-Halle-Rspr" nicht aufrecht. Eine private direkte Kapitalbeteiligung schließt eine Befreiung von den Vergaberechtsbestimmungen zwar grundsätzlich aus, eine Ausnahme besteht aber dann, wenn die private Kapitalbeteiligung keine Beherrschung oder Sperrminorität vermittelt, gesetzlich vorgeschrieben ist und keinen maßgeblichen Einfluss auf die kontrollierte juristische Person ermöglicht.

62 EuGH v. 10.11.2005, Rs. C-29/04 – *„Mödling"*.

4. Die Rahmenvereinbarung

1053 Rahmenvereinbarungen sind Vereinbarungen zwischen einem oder mehreren öffentlichen Auftraggebern oder Sektorenauftraggebern und einem oder mehreren Unternehmen, die dazu dienen, die **Bedingungen** für die öffentlichen Aufträge, die während eines bestimmten Zeitraums vergeben werden sollen, **festzulegen** (§ 103 Abs. 5 GWB). Das gilt insbesondere in Bezug auf den Preis.

Beispiel: Rahmenvereinbarungen über die Beschaffung von IT-Geräten und Arbeitsmöbel durch eine Behörde. Durch die Fixierung des Preises für einen bestimmten Zeitraum können einzelne Beschaffungsvorgänge schneller abgewickelt werden.

Grundsätzlich gelten für die Vergabe von Rahmenvereinbarungen dieselben Vorschriften wie für die Vergabe entsprechender öffentlicher Aufträge.

5. Wettbewerbe

1054 Wettbewerbe sind Auslobungsverfahren, die dem Auftraggeber aufgrund vergleichender Beurteilung durch ein Preisgericht zu einem Plan oder einer Planung verhelfen sollen. Wettbewerbe können mit einer Preisvergabe verbunden werden (§ 103 Abs. 6 GWB).

Beispiel: Architekturwettbewerb

III. Konzessionsgeber und Konzession

1055 **Fall 84:** Der Landkreis L ist Alleingesellschafter der „Altpapier-GmbH" (A). Dieser hat L die umfassende Wahrnehmung der Abfallentsorgung übertragen, die ihm als entsorgungspflichtiger Körperschaft obliegt. A erwirtschaftet ungefähr 70% seines Umsatzes mit der übernommenen Entsorgung. Später unterbreitet A dem L das Angebot, das Altpapier aus der kommunalen Sammlung für die Dauer von fünf Jahren zu einem vergleichsweise niedrigen Festpreis abzukaufen, um es (gewinnbringend) weiter zu verwerten. L ist von der „Entsorgung aus einer Hand" begeistert und überlegt, ob er das Angebot ohne Ausschreibung annehmen kann.

1. Der Konzessionsgeber

1056 Konzessionsgeber (§ 101 GWB) sind

- institutionelle oder funktionelle Auftraggeber oder Verbandsauftraggeber (iSd § 99 Nr 1 bis 3 GWB), die eine Konzession vergeben,
- öffentliche Sektorenauftraggeber (also nur die nach § 100 Abs. 1 Nr 1 GWB, die auch öffentliche Auftraggeber sein können), die eine Sektorentätigkeit (iSv § 102 Abs. 2 bis 6 GWB) ausüben (Elektrizität, Gas und Wärme, Verkehrsleistungen, Häfen und Flughäfen, fossile Brennstoffe etc – nicht Trinkwasserversorgung!) und eine Konzession zum Zweck der Ausübung dieser Tätigkeit vergeben,
- private Sektorenauftraggeber (also nur die nach § 100 Abs. 1 Nr 2 GWB), die eine Sektorentätigkeit (iSv § 102 Abs. 2 bis 6 GWB) und eine Konzession zum Zweck der Ausübung dieser Tätigkeit vergeben.

2. Die Konzession

Ein öffentlicher Auftrag liegt nicht vor, wenn die Gegenleistung nicht aus einer von dem Auftraggeber zu leistenden Vergütung, sondern aus dem Recht zur Verwertung der eigenen Leistung besteht. Bis zur RiL 2014/23 unterfielen **Dienstleistungskonzessionen** daher – anders als Baukonzessionen – nicht dem Kartellvergaberecht. Inzwischen ist die Konzessionsvergabe in der RiL 2014/23 umfassend geregelt und in § 105 und §§ 148 ff GWB umgesetzt. **1057**

Konzessionen sind **entgeltliche Verträge**, mit denen ein oder mehrere Konzessionsgeber ein oder mehrere Unternehmen mit der Erbringung von **Bauleistungen** (Baukonzessionen) oder mit der Erbringung und der Verwaltung von **Dienstleistungen** betrauen, die nicht in der Erbringung von Bauleistungen bestehen (Dienstleistungskonzessionen).

Entscheidend ist, dass die Gegenleistung entweder allein in dem **Recht zur Nutzung des Bauwerks** oder in dem **Recht zur Verwertung der Dienstleistungen** oder in diesen Rechten zuzüglich einer Zahlung besteht. Der Auftragnehmer finanziert seine Leistung, indem er zB das Recht erhält, Entgelte von Dritten (den Nutzern seiner Leistung) zu erheben.

Aber nicht jede Einräumung von Rechten ist eine Konzessionsvergabe. Für die Konzessionsvergabe kommt es nicht nur auf die Vergabe eines Rechts an, sondern auch darauf, dass eine Beschaffung vorliegt. Durch die Vergabe einer Konzession wird ein Konzessionsnehmer berechtigt und verpflichtet, eine Leistung für die öffentliche Hand zu erbringen.

Beispiel: Konzession, ein öffentliches Parkhaus zu betreiben; Konzession für Trinkwasserversorgung und Abwasserbeseitigung; Konzession für eine Buslinie. Zu weit allerdings die Vergabe einer Spielbankerlaubnis[63], denn dabei handelt es sich nicht um einen Beschaffungsvorgang.

Im Einzelfall kann es schwierig zu ermitteln sein, ob ein öffentlicher Auftrag oder eine Konzession vorliegt. § 105 Abs. 2 GWB gibt dafür Regeln vor: In Abgrenzung zur Vergabe öffentlicher Aufträge geht bei der Vergabe einer Bau- oder Dienstleistungskonzession das **Betriebsrisiko** für die Nutzung des Bauwerks oder für die Verwertung der Dienstleistungen **auf den Konzessionsnehmer** über. Dieses Betriebsrisiko kann ein Nachfrage- oder Angebotsrisiko sein und liegt vor, wenn zwei Voraussetzungen erfüllt sind: **1058**

- Unter normalen Betriebsbedingungen ist **nicht gewährleistet**, dass die Investitionsaufwendungen oder die **Kosten** für den Betrieb des Bauwerks oder die Erbringung der Dienstleistungen **wieder erwirtschaftet** werden können, und
- der Konzessionsnehmer ist den **Unwägbarkeiten des Marktes tatsächlich ausgesetzt**, sodass potenzielle geschätzte Verluste des Konzessionsnehmers nicht vernachlässigbar sind.

Die Kommission hat für eine (Dienstleistungs-)Konzession u.a. auch auf folgende Indizien abgestellt[64]:

- Der Unternehmer erhält seine Vergütung nicht vom Auftraggeber, sondern von Dritten, die seine Dienstleistung nutzen;

63 OLG Koblenz, NZBau 2018, 122.

64 Mitteilung der Kommission zu Auslegungsfragen im Bereich Konzessionen im Gemeinschaftsrecht, ABl C 121 v. 29.4.2000, S. 2 f, Ziff. 2.2.

- der öffentliche Auftraggeber hat die Verantwortung für die Dienstleistung dem Unternehmer übertragen;
- eine Dienstleistungskonzession hat üblicherweise Tätigkeiten zum Inhalt, die nach ihrer Natur, ihrem Gegenstand und den Vorschriften, denen sie unterliegen, in den Verantwortungsbereich des Staates fallen und Gegenstand von ausschließlichen Rechten sein können.

Es kann davon ausgegangen werden, dass diese auch weiterhin Bedeutung haben.

Beachte: Auch für Konzessionen gibt es einen Ober- und einen Unterschwellenbereich (§ 106 Abs. 2 Nr 4 GWB: € 5.186.000). Die Ausnahmen des § 108 GWB (In-house-Vergaben etc) gelten auch für Konzessionen.

1059 **Fall 84 (Rn 1055)**[65]**:** Fraglich ist, ob es sich beim Verkauf des Altpapiers um einen öffentlichen Auftrag iS eines Dienstleistungsauftrags (§ 103 Abs. 4 GWB) handelt oder um einen – mangels Beschaffung der öffentlichen Hand nicht ausschreibungspflichtigen – Kaufvertrag. Der Begriff des Dienstleistungsauftrags ist weit zu verstehen, so dass alle gegenseitigen Verträge erfasst sind, mit denen der öffentliche Auftraggeber im Rahmen der Bedarfsdeckung die Leistungserbringung gegen Entgelt vereinbart. Während es bei einem Kaufvertrag im Belieben des Käufers steht, was er mit der in sein Eigentum übergegangenen Sache macht, soll das Altpapier hier nicht nur angekauft werden, sondern anschließend einer (weiteren) Verwertung zugeführt werden. Hier soll letztlich mit Abschluss des „Kaufvertrags" dasselbe Ziel erreicht werden wie mit dem Entsorgungsvertrag (Entsorgung durch Verwertung). L kann sich als Entsorgungsträger auch nicht allein durch den Verkauf des Altpapiers an Dritte von seinen Pflichten nach §§ 7 und 22 KrWG entbinden, sondern muss weiterhin sicherstellen, dass das Altpapier den abfallrechtlichen Bestimmungen gemäß der beabsichtigten Verwertung zugeführt wird. Daher ist davon auszugehen, dass L Dienstleistungen der A in Anspruch nehmen will.

Die Dienstleistung müsste gegen Entgelt erbracht werden. Auch der Begriff des Entgelts ist weit auszulegen und nicht im wörtlichen Sinne zu verstehen. Erfasst ist jede Art von Vergütung, die einen Geldwert haben kann. Hier liegt der geldwerte Vorteil, den A erhalten soll, im besonders niedrigen Anschaffungspreis für das Altpapier, der unter dem Marktwert des geldwerten Nutzens liegt, den A durch einen Weiterverkauf erzielen kann.

Möglicherweise könnte es sich beim beabsichtigten „Verkauf" des Altpapiers um eine nachträgliche, vergabefreie Erweiterung des Entsorgungsvertrags handeln. Nach Auffassung des OLG Düsseldorf soll die Erweiterung eines ursprünglich erteilten Auftrags nur dann dem Vergaberecht unterfallen, wenn die die Anpassung oder Abänderung ausmachenden vertraglichen Regelungen in ihren wirtschaftlichen Auswirkungen bei wertender Betrachtung einer Neuvergabe gleichkommen, wie es bei Leistungserweiterungen und Laufzeitänderungen nicht unerheblicher Art der Fall sein kann[66]. Hier würde das bisherige Leistungsspektrum aber erheblich geändert werden.

Es könnte eine Dienstleistungskonzession vorliegen (§ 105 Abs. 1 Nr 2 GWB). Von einer Dienstleistungskonzession ist auszugehen, wenn ein Unternehmen mit der Erbringung und der Verwaltung von Dienstleistungen betraut wird. Das ist regelmäßig der Fall, wenn eine Aufgabe, deren Erfüllung grundsätzlich einem öffentlichen Auftraggeber obliegt, auf einen Privaten übertragen wird. Dabei besteht die Gegenleistung entweder allein in dem Recht zur Verwertung der Dienstleistungen oder in diesem Recht zuzüglich einer Zahlung. Der Kon-

65 OLG Düsseldorf, NVwZ 2004, 510 ff.
66 OLG Düsseldorf, NZBau 2001, 696 f.

zessionär erhält sein Entgelt regelmäßig nicht vom Konzessionsgeber, sondern von den Nutzern der von ihm erbrachten Leistung. Schließlich muss das Betriebsrisiko im Wesentlichen beim Konzessionär liegen. Diese Voraussetzungen sind indes schon deshalb nicht erfüllt, weil A von den Abfallbesitzern und -erzeugern keine Vergütung erhalten soll, sondern von der ankaufenden Papierfabrik, der gegenüber sie ihre Leistung aber nicht erbringt. Die A verwertet auch nicht ihre gegenüber L zu erbringende Dienstleistung; vielmehr soll ihr L als Gegenleistung für die zu erbringenden Dienste einen geldwerten Sachwert, nämlich das Altpapier, überlassen.

Es könnte ein vergaberechtsfreies Eigengeschäft (In-house-Vergabe) des L vorliegen (§ 108 Abs. 1 GWB). Das wäre der Fall, wenn der öffentliche Auftraggeber über den Auftragnehmer eine ähnliche Kontrolle wie über seine eigenen Dienststellen ausübt, mehr als 80 Prozent der Tätigkeiten des Auftragnehmers der Ausführung von Aufgaben dienen, mit denen sie von dem öffentlichen Auftraggeber oder von einer anderen juristischen Person, die von diesem kontrolliert wird, betraut wurde, und an der juristischen Person (grds.) keine direkte private Kapitalbeteiligung besteht. Voraussetzung ist also außer einer Beherrschung oder Einhaltung gewisser Anteilsquoten, dass die A ihre geschäftliche Tätigkeit zu mind. 80% für den oder die öffentlichen Auftraggeber als Anteilseigner erbringen muss. A erbringt ihre Tätigkeit jedenfalls nicht in diesem Umfang für L.

Im Ergebnis handelt es sich um einen ausschreibungspflichtigen Dienstleistungsauftrag.

IV. Grundsätze des Vergabeverfahrens

1. Der Wettbewerbsgrundsatz

Der Wettbewerbsgrundsatz ist der zentrale Grundsatz des Rechts der Auftragsvergabe. Für den Bereich oberhalb der Schwellenwerte regelt § 97 Abs. 1 GWB, dass öffentliche Aufträge und Konzessionen im Wettbewerb zu vergeben sind. Dabei werden auch die Grundsätze der Wirtschaftlichkeit und der Verhältnismäßigkeit gewahrt. Wettbewerb ist für Auftraggeber vorteilhaft, weil eine **Vielzahl von Angeboten** und ihre gegenseitige **Vergleichbarkeit** Voraussetzung für eine möglichst wirtschaftliche Zuschlagserteilung ist. Außerdem lässt (bestenfalls offener) Wettbewerb eine **breite Beteiligung der Wirtschaft** an der Versorgung der öffentlichen Institutionen und Unternehmen zu. Für potenzielle Auftragnehmer ist Wettbewerb von Vorteil, weil sie eine faire Chance auf einen Auftrag erhalten. Daher ist das Vergabeverfahren grundsätzlich offen und nicht von vornherein auf einzelne Bieter beschränkt durchzuführen, um Angebote von einer möglichst hohen Zahl an Bietern erhalten zu können (§ 119 Abs. 2 und 3 GWB). **1060**

2. Der Transparenzgrundsatz

In § 97 Abs. 1 GWB ist auch der Grundsatz der Transparenz festgelegt. Transparenz ist die Voraussetzung von Wettbewerb. Sie fördert das **Vertrauen in die Ordnungsgemäßheit des Vergabeverfahrens**, ermöglicht eine **bessere Kontrolle**, erlaubt es, einen größeren **Bewerberkreis** anzusprechen, und verschafft den Bietern erst die Gelegenheit, **angepasste Gebote** abzugeben. Dem Grundsatz der Transparenz entspricht es, wenn die Vergabeankündigung möglichst weit bekannt gemacht wird. **1061**

Deshalb ist der Auftragsgegenstand in der Leistungsbeschreibung eindeutig und erschöpfend anzugeben, sodass die Beschreibung für alle Unternehmen im gleichen Sinne verständlich ist und die Angebote miteinander verglichen werden können (§ 121 Abs. 1 GWB s. Rn 1091). Die Leistungsbeschreibung ist so zu fassen, dass sie allen Unternehmen den gleichen Zugang zum Vergabeverfahren gewährt und die Öffnung des nationalen Beschaffungsmarkts für den Wettbewerb nicht in ungerechtfertigter Weise behindert (§ 31 VgV). Nach Bekanntgabe seiner Vergabekriterien darf der Auftraggeber hiervon nicht mehr abweichen[67].

3. Der Gleichbehandlungsgrundsatz

1062 § 97 Abs. 2 GWB enthält den Gleichbehandlungsgrundsatz. Die Gleichbehandlung gehört zu den elementaren Prinzipien des Verfassungsrechts (Art. 3 Abs. 1 GG) und des Unionsrechts (Art. 18 AEUV), wonach ausländische Bieter anderer EU-Mitgliedstaaten gegenüber Inländern nicht benachteiligt werden dürfen. Ausnahmen sind nur zulässig, wenn es auf Grund des GWB ausdrücklich geboten oder gestattet ist (§ 97 Abs. 2 GWB). Einen Differenzierungsgrund enthält § 97 Abs. 4 S. 1 GWB, wonach **mittelständische Interessen** „vornehmlich" zu berücksichtigen sind.

Unter Gleichheitsaspekten von besonderer Bedeutung ist die **Einhaltung der Verfahrensvorschriften**. Ein Verstoß gegen den Gleichbehandlungsgrundsatz liegt zB vor, wenn die Behörde Informationen nur an einzelne Bieter weitergibt. Aus dem Gleichbehandlungsgebot ist das Verhandlungsverbot abzuleiten. Im offenen bzw nicht-offenen Verfahren darf nicht mit einzelnen Bietern verhandelt werden (vgl zB § 15 Abs. 5 und § 16 Abs. 9 VgV), Auftraggeber dürfen aber Aufklärung über die Eignung von Bietern verlangen.

Der Gleichbehandlungsgrundsatz wird noch nicht dadurch verletzt, dass eine Einrichtung der öffentlichen Hand selbst, zB ein öffentliches Unternehmen, an einer Ausschreibung einer anderen Einrichtung der öffentlichen Hand als Bieter teilnimmt. Auch wenn der Auftraggeber oder andere Auftraggeber einzelnen Bietern Beihilfen gewähren, die es diesen ermöglichen zu Preisen anzubieten, die erheblich unter denen ihrer Mitbewerber liegen, liegt allein darin noch kein Gleichheitsverstoß[68].

4. Das Gebot, den Zuschlag auf das wirtschaftlichste Angebot zu erteilen

1063 Der Zuschlag wird auf das wirtschaftlichste Angebot erteilt (§ 127 Abs. 1 GWB). Das wirtschaftlichste Angebot ist nicht das im Preis niedrigste (Billigstbieterprinzip), sondern das, welches das **beste Preis-Leistungs-Verhältnis** bietet (Bestbieterprinzip). Neben dem Preis oder den Kosten können auch qualitative, umweltbezogene oder soziale Zuschlagskriterien berücksichtigt werden, zB solche, die die Qualität, den technischen Wert, die Ästhetik, die Zweckmäßigkeit, die Zugänglichkeit der Leistung (insbesondere für Menschen mit Behinderungen), soziale, umweltbezogene und innovative Eigenschaften sowie Vertriebs- und Handelsbedingungen betreffen.

Als Zuschlagskriterien kommen ferner in Betracht: die Organisation, Qualifikation und Erfahrung des mit der Ausführung des Auftrags betrauten Personals, wenn die Qualität des einge-

67 BGH, NJW 1998, 3644, 3646.

68 EuGH v. 7.12.2000, Rs. C-94/99 – *„ARGE Gewässerschutz"*, Rn 32; *Fuchs*, in: Kirchhof/Korte/Magen, Öffentliches Wettbewerbsrecht, 2014, S. 513.

setzten Personals erheblichen Einfluss auf das Niveau der Auftragsausführung haben kann, oder die Verfügbarkeit von Kundendienst und technischer Hilfe sowie Lieferbedingungen wie Liefertermin, Lieferverfahren sowie Liefer- oder Ausführungsfristen (§ 58 VgV).

Jedenfalls müssen die Zuschlagskriterien **mit dem Auftragsgegenstand in Verbindung** stehen. Dem Auftraggeber kommt ein Beurteilungsspielraum zu, wie er die einzelnen Kriterien gewichten will. Er muss aber die maßgeblichen Kriterien vorher bekannt gegeben haben.

5. Der Grundsatz der Bieterqualifikation

Der Grundsatz der Bieterqualifikation besagt, dass Aufträge an **fachkundige** und **1064**
leistungsfähige (geeignete) Unternehmen zu vergeben (§ 122 GWB) sind. Der Inhalt der Eignungskriterien steht nicht von vornherein und für alle Aufträge fest. Dem Auftraggeber kommt ein Bewertungsspielraum im Einzelfall zu. Ein Unternehmen ist geeignet, wenn es die durch den öffentlichen Auftraggeber im Einzelnen zur ordnungsgemäßen Ausführung des öffentlichen Auftrags festgelegten Kriterien (Eignungskriterien) erfüllt (§ 122 Abs. 2 GWB). Die vom Auftraggeber angelegten Eignungskriterien dürfen ausschließlich die Befähigung und Erlaubnis zur Berufsausübung, die wirtschaftliche und finanzielle Leistungsfähigkeit und die technische und berufliche Leistungsfähigkeit betreffen.

Zur Feststellung der **Befähigung und Erlaubnis zur Berufsausübung** kann der öffentliche Auftraggeber zB verlangen, dass Bewerber oder Bieter je nach den Rechtsvorschriften des Staats, in dem sie niedergelassen sind, entweder die Eintragung in einem Berufs- oder Handelsregister dieses Staats oder auf andere Weise die erlaubte Berufsausübung nachweisen (§ 44 Abs. 1 VgV).

Im Hinblick auf die **wirtschaftliche und finanzielle Leistungsfähigkeit** der Bewerber oder Bieter kann der öffentliche Auftraggeber Anforderungen stellen, die sicherstellen, dass diese über die erforderlichen wirtschaftlichen und finanziellen Kapazitäten für die Ausführung des Auftrags verfügen (zB einen bestimmten Mindestjahresumsatz; Informationen über die Bilanzen; eine Berufs- oder Betriebshaftpflichtversicherung, § 45 VgV). Als Beleg der erforderlichen wirtschaftlichen und finanziellen Leistungsfähigkeit des Bewerbers oder Bieters können entsprechende Bankerklärungen, Nachweise einer entsprechenden Berufs- oder Betriebshaftpflichtversicherung, Jahresabschlüsse oder Auszüge von Jahresabschlüssen oder eine Erklärung über den Gesamtumsatz und gegebenenfalls den Umsatz in dem Tätigkeitsbereich des Auftrags verlangt werden. Ggf kann der Bewerber oder Bieter seine wirtschaftliche und finanzielle Leistungsfähigkeit durch Vorlage anderer Unterlagen belegen (näher § 45 Abs. 5 VgV).

Was die **technische und berufliche Leistungsfähigkeit** betrifft, kann der öffentliche Auftraggeber verlangen, dass die Bewerber oder Bieter über die erforderlichen personellen und technischen Mittel sowie ausreichende Erfahrungen verfügen müssen, um den Auftrag in angemessener Qualität ausführen zu können. Bei bestimmten Aufträgen darf die berufliche Leistungsfähigkeit auch anhand von Fachkunde, Effizienz, Erfahrung und Verlässlichkeit beurteilt werden (§ 46 VgV). Der öffentliche Auftraggeber kann die berufliche Leistungsfähigkeit eines Bewerbers oder Bieters verneinen, wenn er festgestellt hat, dass dieser Interessen hat, die mit der Ausführung des öffentlichen Auftrags im Widerspruch stehen und sie nachteilig beeinflussen könnten. Als Beleg kann der öffentliche Auftraggeber zB geeignete Referenzen über früher ausgeführte Liefer- und Dienstleistungsaufträge, eine Angabe der technischen Fachkräfte oder der technischen Stellen, eine Beschreibung der technischen Ausrüstung, der Maßnahmen zur Qualitätssicherung und der Untersuchungs- und Forschungsmöglichkeiten des Unternehmens, ggf auch die Produktionskapazität beziehungsweise die technische Leistungsfähigkeit verlangen (s. weitere Angaben in § 46 Abs. 3 VgV).

1065 Eignungskriterien müssen mit dem Auftragsgegenstand in Verbindung und zu diesem in einem angemessenen Verhältnis stehen. Sie sind in der Auftragsbekanntmachung, der Vorinformation oder der Aufforderung zur Interessensbestätigung aufzuführen (§ 122 Abs. 4 GWV).

Das GWB unterscheidet zwischen **zwingenden Ausschlussgründen** (§ 123 GWB) und **fakultativen Ausschlussgründen** (§ 124 GWB).

1066 Öffentliche Auftraggeber **müssen** ein Unternehmen zu jedem Zeitpunkt des Vergabeverfahrens von der Teilnahme **ausschließen**, wenn sie Kenntnis davon haben, dass Personen, deren Verhalten dem Unternehmen zuzurechnen ist, als Verantwortliche gehandelt haben, zB bei Überwachung der Geschäftsführung oder sonstiger Ausübung von Kontrollbefugnissen in leitender Stellung und wegen einer bestimmten Straftat rechtskräftig verurteilt worden sind. Ein Unternehmen ist auch dann auszuschließen, wenn eine Geldbuße nach § 30 OWiG (Geldbuße gegen juristische Personen und Personenvereinigungen) rechtskräftig festgesetzt worden ist.

Das Gesetz nennt als Ausschlussgründe verschiedene Straftatbestände, zB Bildung krimineller Vereinigungen (§ 129 StGB), Bildung terroristischer Vereinigungen (§ 129a StGB), kriminelle und terroristische Vereinigungen im Ausland (§ 129b StGB), Terrorismusfinanzierung (§ 89c StGB), Geldwäsche; Verschleierung unrechtmäßig erlangter Vermögenswerte (§ 261 StGB), Betrug (§ 263 StGB) und Subventionsbetrug (§ 264 StGB), soweit sich die Straftat gegen den Haushalt der Europäischen Union oder gegen Haushalte richtet, die von der Europäischen Union oder in ihrem Auftrag verwaltet werden (§ 299 StGB), Bestechlichkeit und Bestechung von Mandatsträgern (§ 108e StGB), Vorteilsgewährung und Bestechung (§§ 333 und 334 StGB) oder Menschenhandel, Zwangsprostitution, Zwangsarbeit, Ausbeutung der Arbeitskraft, Ausbeutung unter Ausnutzung einer Freiheitsberaubung (§§ 232, 232a Abs. 1 bis 5, §§ 232b bis 233a StGB).

Ferner müssen öffentliche Auftraggeber ein Unternehmen von der Teilnahme an einem Vergabeverfahren ausschließen, das seinen Verpflichtungen zur Zahlung von Steuern, Abgaben oder Beiträgen zur Sozialversicherung nicht nachgekommen ist und dies durch eine rechtskräftige Gerichts- oder bestandskräftige Verwaltungsentscheidung festgestellt wurde.

Es genügt, wenn öffentliche Auftraggeber auf sonstige geeignete Weise die Verletzung der genannten Verpflichtungen nachweisen können. Ein zwingender Ausschlussgrund liegt nicht vor, wenn das Unternehmen seinen Verpflichtungen dadurch nachgekommen ist, dass es die Zahlung vorgenommen oder sich zur Zahlung der Steuern, Abgaben und Beiträge zur Sozialversicherung einschließlich Zinsen, Säumnis- und Strafzuschlägen verpflichtet hat (§ 123 Abs. 4 S. 2 GWB).

1067 Von einem Ausschluss kann abgesehen werden, wenn dies aus zwingenden Gründen des öffentlichen Interesses geboten ist, im Fall der Nichtentrichtung von Steuern, Abgaben oder Beiträgen zur Sozialversicherung auch, wenn ein Ausschluss offensichtlich unverhältnismäßig wäre (§ 123 Abs. 5 GWB).

1068 Nach § 124 GWB **können** öffentliche Auftraggeber ein Unternehmen zu jedem Zeitpunkt des Vergabeverfahrens von der Teilnahme an einem Vergabeverfahren **ausschließen** (fakultativer Ausschluss), wenn dieses bei der Ausführung öffentlicher

Aufträge nachweislich gegen geltende umwelt-, sozial- oder arbeitsrechtliche Verpflichtungen verstoßen hat, das Unternehmen zahlungsunfähig ist oder über das Vermögen des Unternehmens ein Insolvenzverfahren oder ein vergleichbares Verfahren beantragt oder eröffnet worden ist. Das gilt auch dann, wenn die Eröffnung eines solchen Verfahrens mangels Masse abgelehnt worden ist, sich das Unternehmen im Verfahren der Liquidation befindet oder seine Tätigkeit eingestellt hat.

Weitere Ausschließungsgründe sind zB, dass das Unternehmen im Rahmen der beruflichen Tätigkeit nachweislich eine schwere Verfehlung begangen hat, durch die die Integrität des Unternehmens infrage gestellt wird, der öffentliche Auftraggeber über hinreichende Anhaltspunkte dafür verfügt, dass das Unternehmen mit anderen Unternehmen Vereinbarungen getroffen oder Verhaltensweisen aufeinander abgestimmt hat, die eine Verhinderung, Einschränkung oder Verfälschung des Wettbewerbs bezwecken oder bewirken, ein Interessenkonflikt bei der Durchführung des Vergabeverfahrens besteht, der die Unparteilichkeit und Unabhängigkeit einer für den öffentlichen Auftraggeber tätigen Person bei der Durchführung des Vergabeverfahrens beeinträchtigen, eine Wettbewerbsverzerrung daraus resultiert, dass das Unternehmen bereits in die Vorbereitung des Vergabeverfahrens einbezogen war oder das Unternehmen eine wesentliche Anforderung erheblich oder fortdauernd mangelhaft erfüllt hat und dies zu einer vorzeitigen Beendigung, zu Schadensersatz oder zu einer vergleichbaren Rechtsfolge geführt hat.

Ausschlussgründe **sind** ferner, dass das Unternehmen in Bezug auf Ausschlussgründe oder Eignungskriterien eine schwerwiegende Täuschung begangen oder Auskünfte zurückgehalten hat oder nicht in der Lage ist, die erforderlichen Nachweise zu übermitteln, ferner, wenn das Unternehmen versucht hat, die Entscheidungsfindung des öffentlichen Auftraggebers in unzulässiger Weise zu beeinflussen, versucht hat, vertrauliche Informationen zu erhalten, durch die es unzulässige Vorteile beim Vergabeverfahren erlangen könnte, oder fahrlässig oder vorsätzlich irreführende Informationen übermittelt hat, die die Vergabeentscheidung des öffentlichen Auftraggebers erheblich beeinflussen könnten, oder versucht hat, solche Informationen zu übermitteln.

Es gilt der Grundsatz der Verhältnismäßigkeit. Deshalb kann es geboten sein, länger zurückliegende Verfehlungen nicht zu berücksichtigen. Das muss aber aus den Ausschreibungsunterlagen entnommen werden können[69].

Der öffentliche Auftraggeber hat in der Auftragsbekanntmachung oder der Aufforde- **1069**
rung zur Interessensbestätigung anzugeben, mit welchen Unterlagen (Eigenerklärungen, Angaben, Bescheinigungen und sonstige Nachweise) Bewerber oder Bieter ihre Eignung und das Nichtvorliegen von Ausschlussgründen zu belegen haben (§ 48 VgV). Grundsätzlich hat der öffentliche Auftraggeber die Vorlage von **Eigenerklärungen** zu verlangen: Er akzeptiert als vorläufigen Beleg der Eignung und des Nichtvorliegens von Ausschlussgründen die Vorlage einer Einheitlichen Europäischen Eigenerklärung (§ 50 VgV)[70].

Verlangt der öffentliche Auftraggeber als Beleg, dass Bewerber oder Bieter bestimmte Normen der **Qualitätssicherung** erfüllen, die Vorlage von Bescheinigungen unabhängiger Stellen, muss er sich auf Qualitätssicherungssysteme beziehen, die den ein-

69 EuGH v. 14.12.2016, Rs. C-171/15 – „*Connexxion Taxi*", Rn. 41.

70 In der Form des Anhangs 2 der Durchführungsverordnung (EU) 2016/7 der Kommission v. 5.1.2016 zur Einführung des Standardformulars für die Einheitliche Europäische Eigenerklärung, ABl. L 3 v. 6.1.2016, S. 16.

schlägigen europäischen Normen genügen und von akkreditierten Stellen zertifiziert sind.

Der öffentliche Auftraggeber muss gleichwertige Bescheinigungen von akkreditierten Stellen aus anderen Staaten anerkennen. Nur wenn ein Bewerber oder Bieter aus Gründen, die er nicht zu vertreten hat, die betreffenden Bescheinigungen nicht innerhalb einer angemessenen Frist einholen konnte, muss der öffentliche Auftraggeber auch andere Unterlagen über gleichwertige Qualitätssicherungssysteme anerkennen. Der Bewerber oder Bieter muss dann nachweisen, dass die vorgeschlagenen Qualitätssicherungsmaßnahmen den geforderten Qualitätssicherungsnormen entsprechen.

1070 Zur Vereinfachung der Eignungsprüfung sowie des Nichtvorliegens von Ausschlussgründen kann der erforderliche Nachweis ganz oder teilweise durch die Teilnahme an **Präqualifizierungssystemen** erbracht werden (§ 122 Abs. 3 GWB). Infolgedessen werden in einem vorgezogenen Verfahren – nicht bezogen auf ein bestimmtes Vergabeverfahren – die Eignungskriterien überprüft. Das Ergebnis kann für weitere Vergabeverfahren herangezogen werden.

6. Das Mittelstandsförderungsgebot

1071 Um den Mittelstand zu fördern, sollen mittelständische Interessen vornehmlich durch Teilung der Aufträge in Fach- und Teillose angemessen berücksichtigt werden (**Gebot der Losvergabe**, § 97 Abs. 4 GWB)[71].

Unter **Los** versteht man einen Teil der Gesamtleistung. Ein **Teillos** ist eine mengenmäßige Unterteilung der Gesamtleistung (zB ein Streckenabschnitt beim Straßenbau[72]). Bei einem **Fachlos** wird nach Art oder Fachgebiet getrennt, zB eine Leistung, die von einem bestimmten Gewerk ausgeführt wird (zB Gebäudereinigung und Glasreinigung[73]).

Mehrere Teil- oder Fachlose dürfen zusammen vergeben werden, wenn wirtschaftliche oder technische Gründe dies erfordern.

7. Subjektive Rechte der Bieter auf Einhaltung des Vergaberechts

a) Rechtslage oberhalb der Schwellenwerte

1072 § 97 Abs. 6 GWB ist die Vorschrift, die am deutlichsten die Abkehr von der haushaltsrechtlichen Lösung zum Ausdruck bringt. Danach haben die Unternehmen **Anspruch** darauf, dass der Auftraggeber die Bestimmungen über das Vergabeverfahren einhält. Den Bietern werden subjektive Rechte zugestanden, die einer gerichtlichen Überprüfung zugänglich sind.

b) Rechtslage unterhalb der Schwellenwerte

1073 Nach überwiegender Auffassung sollen Bietern im Unterschwellenbereich keine subjektiven Rechte zukommen, weil die öffentliche Verwaltung im Bereich des sog. fiskalischen Handelns grundsätzlich nicht an die Grundrechte gebunden sein soll[74]. Dem

71 *Storr*, SächsVBl 2005, 298 ff.
72 VergK BezReg Lüneburg v. 29.10.2010, VgK-52/201.
73 OLG Koblenz, ZfBR 2012, 416.
74 Vgl BGHZ 36, 91, 93 f; VGH Mannheim, DÖV 1999, 79 f.

kann so aber nicht zugestimmt werden. Die Beschaffung durch die öffentliche Hand erfolgt zwar auf der Grundlage privatrechtlicher Verträge, das bedeutet aber nicht, dass sie „privatautonom“ handeln könnte[75]. Auch bei der privatrechtlichen Auftragsvergabe ist die öffentliche Hand an die Grundrechte gebunden (Art. 1 Abs. 3 GG)[76]. Die Gegenansicht lässt sich mit dem Wesen der Grundrechte als umfassende Freiheits- und Gleichheitsrechte vor jeder Form staatlicher Tätigkeit nicht vereinbaren; sie verkennt auch die besondere Funktion der Auftragsvergabe als Instrument der Wirtschaftslenkung und dessen grundrechtsdogmatische Wirkung als faktischer Grundrechtseingriff[77]. Der öffentliche Auftraggeber ist nicht nur an den Gleichheitssatz, sondern auch – da es sich um eine Verteilungsentscheidung handelt, die andere Bewerber zurücksetzt – bei entsprechender berufsregelnder Tendenz an Art. 12 Abs. 1 GG[78] gebunden (s. Rn 117).

Nach BVerfG[79] soll der übergangene Bieter in seinem Grundrecht der Berufsfreiheit **1074**
(Art. 12 Abs. 1 GG) nicht verletzt sein. Denn bei der Vergabe eines öffentlichen Auftrags beeinflusse die handelnde staatliche Stelle den Wettbewerb nicht „von außen“, sondern werde selbst auf der Nachfrageseite wettbewerblich tätig und eröffne so einen Vergabewettbewerb zwischen den potentiellen Anbietern. Ein solches Verhalten einer staatlichen Stelle stehe mit den „Funktionsbedingungen der bestehenden Wirtschaftsordnung“ in Einklang. Es sei ein Wesenselement dieser Wirtschaftsordnung, dass ein Nachfrager den auf der Angebotsseite bestehenden Wettbewerb zu seinen Zwecken nutzt, indem er konkurrierende Angebote vergleicht und sich für das entscheidet, das ihm am günstigsten erscheint. Ein Grundrechtseingriff liege darin nicht.

Diese Rechtsprechung kann nicht überzeugen. Bei der Auftragsvergabe geht es **1075**
grundsätzlich nicht um die Abwehr staatlicher Eingriffe, sondern um **Leistungsentscheidungen** im bipolaren Rechtsverhältnis Auftraggeber/Auftragnehmer und um **Verteilungsentscheidungen** in multipolaren Rechtsverhältnissen zwischen Auftraggebern und Bietern. Bei der Vergabe öffentlicher Aufträge sind drei grundrechtsrelevante Konstellationen zu unterscheiden:

- Für den Auftragnehmer ist eine Beauftragung nicht belastend, weil er den Auftragsbedingungen durch seine Angebotsabgabe zugestimmt hat. Im Übrigen hat er **keinen Anspruch** darauf, dass der Staat überhaupt Aufträge erteilt[80].
- Davon zu unterscheiden ist der Fall, dass die öffentliche Hand eine **marktbeherrschende Position** innehat[81]. Denn bei Vorliegen überragender Nachfragemacht der öffentlichen Hand besteht bei der Auftragsvergabe ein besonderes Abhängigkeitsverhältnis. Anforderungen des Auftraggebers sind dann einer besonderen Rechtfertigungspflicht vor Art. 12 GG unterworfen.
- Für den übergangenen Bieter kann der Zuschlag an den Konkurrenten die Grundlage für eine **Realförderung** sein, die ihn zurücksetzt[82]. Davor schützt ihn die aus

75 *Kempen*, Die Formenwahlfreiheit der Verwaltung, 1989, S. 66 f.
76 *Dreier*, in: ders., GG, Art. 1 III, Rn 67.
77 BVerwGE 75, 109, 115; vgl auch BVerfG v. 12.8.2003, Az. 1 BvR 1044/93.
78 *Huber*, in: Storr, Öffentliche Unternehmen im Wettbewerb und Vergaberecht, 2002, S. 150.
79 BVerfG v. 13.6.2006, Az. 1 BvR 1160/03.
80 *Burgi*, NZBau 2001, 64, 66.
81 *Fuchs*, in: Kirchhof/Korte/Magen, Öffentliches Wettbewerbsrecht, 2014, S. 514.
82 *P.M. Huber*, Konkurrenzschutz im Verwaltungsrecht, 1991, S. 446; *Bungenberg*, Vergaberecht im Wettbewerb der Systeme, 2007, S. 240.

Art. 12 GG abzuleitende Wettbewerbsfreiheit und -gleichheit; unzulässig ist eine staatliche Verzerrung des Wettbewerbs durch Privilegierung eines Bieters zu Lasten anderer Bieter (s. Rn 117)[83].

1076 Die hier vertretene grundrechtliche Wertung lässt für das Vergabeverfahren als Verteilungsentscheidung drei bedeutsame Schlussfolgerungen zu:

- Erstens ist eine **willkürliche Benachteiligung** oder Privilegierung einzelner Bieter unzulässig[84];
- Zweitens hilft ein **formalisiertes Ausschreibungsverfahren**, eine sachgerechte Entscheidung zu treffen. Dieses ist aber nicht zwingend geboten. Die Vergabe muss jedenfalls objektiv, unparteiisch, fair und transparent sein[85];
- Drittens führt die grundrechtlich garantierte Wettbewerbsgleichheit (Art. 12 GG/ Art. 3 GG) über den Grundsatz der **Selbstbindung der Verwaltung** zu einer mittelbaren Bindung an die Vergabe- und Vertragsordnungen, auf deren Einhaltung sich übergangene Bieter berufen können.

1077 Auch unterhalb der Schwellenwerte können die **Grundfreiheiten**, namentlich die Warenverkehrsfreiheit, die Niederlassungsfreiheit und die Dienstleistungsfreiheit, Bedeutung haben. Das setzt voraus, dass der Auftrag einen Binnenmarktbezug hat, dh es muss ein grenzüberschreitendes Interesse an dem Auftrag bestehen. Das ist nicht ausgeschlossen, wenn die Auftragshöhe unterhalb der Schwellenwerte liegt. Es ist Sache des Auftraggebers, dies zu prüfen[86]. Irrelevant ist, ob sich ein ausländischer Bieter an der Ausschreibung beteiligt[87]. Mit den Grundfreiheiten gelten die Grundsätze des Diskriminierungsverbots, der Objektivität und der Transparenz[88].

V. Das Verfahren der Auftragsvergabe

1078 **Fall 85:** § 1 des Berliner Vergabegesetzes idF v. 1.7.1999 regelt:

„(1) Aufträge von Berliner Vergabestellen im Sinne des § 98 GWB über Bauleistungen sowie über Dienstleistungen bei Gebäuden und Immobilien werden an fachkundige, leistungsfähige und zuverlässige Unternehmen vergeben. Die Vergabe von Bauleistungen sowie von Dienstleistungen bei Gebäuden und Immobilien soll mit der Auflage erfolgen, dass die Unternehmen ihre Arbeitnehmer bei der Ausführung dieser Leistungen nach den jeweils in Berlin geltenden Entgelttarifen entlohnen und dies auch von ihren Nachunternehmern verlangen.

(2) Von der Teilnahme an einem Wettbewerb um einen Bauauftrag oder Dienstleistungsauftrag im Sinne des Absatzes 1 sollen Bewerber bis zu einer Dauer von zwei Jahren ausge-

83 *Storr*, GewArch. 2007, 183, 191.
84 BVerfG v. 13.6.2006, Az. 1 BvR 1160/03; *Burgi*, GewArch. 2007, 173, 180.
85 Vgl grundlegend BVerfG 33, 303, 341 (numerus clausus) zur Zulassung zur Hochschule.
86 EuGH v. 15.5.2008, Rs. C-147/06 – *„SECAP"*, Rn 30.
87 *Wollenschläger*, in: Müller-Wrede, Kompendium des Vergaberechts, 2. Aufl., 2013, S. 709.
88 Die Kommission hat eine Mitteilung zur Auftragsvergabe unterhalb der Schwellenwerte herausgegeben, in der die geltende Rechtslage zusammenfasst wird: Mitteilung der Kommission zu Auslegungsfragen in Bezug auf das Gemeinschaftsrecht, das für die Vergabe öffentlicher Aufträge gilt, die nicht oder nur teilweise unter die Vergaberichtlinien fallen, ABl C 179 v. 1.8.2006, S. 2. Diese ist nicht verbindlich: EuG v. 20.5.2010, Rs. T- 258/06 – *„Auslegungsmitteilung"*.

schlossen werden, die ihre Arbeitnehmer entgegen einer Auflage nach Absatz 1 Satz 2 nicht nach den jeweils in Berlin geltenden Entgelttarifen entlohnen.

Art. 3 RiL 96/71 über die Entsendung von Arbeitnehmern im Rahmen der Erbringung von Dienstleistungen bestimmt:

„(1) Die Mitgliedstaaten sorgen dafür, dass unabhängig von dem auf das jeweilige Arbeitsverhältnis anwendbaren Recht die in Artikel 1 Absatz 1 genannten Unternehmen den in ihr Hoheitsgebiet entsandten Arbeitnehmern bezüglich der nachstehenden Aspekte die Arbeits- und Beschäftigungsbedingungen garantieren, die in dem Mitgliedstaat, in dessen Hoheitsgebiet die Arbeitsleistung erbracht wird

– durch Rechts- oder Verwaltungsvorschriften und/oder

– durch für allgemein verbindlich erklärte Tarifverträge oder Schiedssprüche im Sinne des Absatzes 8, sofern sie die im Anhang genannten Tätigkeiten betreffen,

festgelegt sind:

c) Mindestlohnsätze einschließlich der Überstundensätze; dies gilt nicht für die zusätzlichen betrieblichen Altersversorgungssysteme …;

Ist § 1 Abs. 1 S. 2 BerlVergG rechtmäßig?

1. Arten von Vergabeverfahren

In § 119 GWB sind fünf verschiedene Typen von Vergabeverfahren geregelt: Das offene Verfahren, das nicht offene Verfahren, das Verhandlungsverfahren, der wettbewerbliche Dialog und die Innovationspartnerschaft. Die Terminologie geht auf die EU-Vergabe-RiLen zurück. Ferner gibt es dynamische Beschaffungssysteme. **1079**

a) Das offene Verfahren

Im sog. offenen Verfahren ist eine **unbeschränkte Anzahl von Unternehmen öffentlich zur Abgabe von Angeboten aufzufordern** (§ 119 Abs. 3 GWB). Jedes interessierte Unternehmen kann ein Angebot abgeben (§ 15 Abs. 1 S. 2 VgV). Dieses Verfahren ermöglicht die größte Transparenz und stellt Wettbewerb am effektivsten her. Daher haben die öffentlichen Auftraggeber das offene Verfahren (neben dem nicht offenen Verfahren mit Teilnahmewettbewerb) grds. anzuwenden, sofern ihnen nicht durch die Vergabegesetze etwas anderes gestattet ist (§ 119 Abs. 2 GWB[89]). Sektorenauftraggeber sind nicht an diesen Grundsatz gebunden (§ 141 Abs. 1 GWB). **1080**

b) Das nicht-offene Verfahren

Im nicht-offenen Verfahren (bzw Beschränkte Ausschreibung mit Teilnahmewettbewerb) wird **zunächst öffentlich zur Teilnahme am Vergabeverfahren eingeladen**. Jedes interessierte Unternehmen kann einen Teilnahmeantrag abgeben (§ 16 Abs. 1 VgV). Der vorgeschaltete Teilnahmewettbewerb dient va dazu, die Eignung der Bieter festzustellen. Aus dem Bewerberkreis wird sodann eine beschränkte Anzahl von Unternehmen zur Angebotsabgabe aufgefordert. Die Auswahl der zulässigen Bieter erfolgt nach objektiven, transparenten und nichtdiskriminierenden Kriterien (§ 119 Abs. 4 GWB). **1081**

89 Zum Verhältnis der „nachrangigen Vergabeverfahrensarten" zueinander: *Knauff*, NZBau 2018, 134 ff.

Lädt der öffentliche Auftraggeber Unternehmen zur Angebotsabgabe ein, obwohl diese nicht am Teilnahmewettbewerb teilgenommen haben, liegt ein Verfahrensfehler vor, der eine Schadensersatzpflicht (s. Rn 1122 f) begründen kann.

c) Das Verhandlungsverfahren

1082 Im Verhandlungsverfahren wendet sich der Auftraggeber an **ausgewählte Unternehmen**, um mit einem oder mehreren von ihnen über die Angebote zu verhandeln (§ 119 Abs. 5 GWB). Vor dem Verhandlungsverfahren kann ein Teilnahmewettbewerb durchgeführt werden.

Bei einem Verhandlungsverfahren mit Teilnahmewettbewerb fordert der öffentliche Auftraggeber eine unbeschränkte Anzahl von Unternehmen im Rahmen eines Teilnahmewettbewerbs öffentlich zur Abgabe von Teilnahmeanträgen auf. Jedes interessierte Unternehmen kann einen Teilnahmeantrag abgeben (§ 17 Abs. 1 VgV). Nur diejenigen Unternehmen, die vom öffentlichen Auftraggeber nach Prüfung der übermittelten Informationen aufgefordert werden, können ein Erstangebot einreichen. Der öffentliche Auftraggeber kann die Zahl geeigneter Bewerber, die zur Angebotsabgabe aufgefordert werden, begrenzen.

Bei einem Verhandlungsverfahren ohne Teilnahmewettbewerb erfolgt keine öffentliche Aufforderung zur Abgabe von Teilnahmeanträgen. Ausgewählte Unternehmen werden unmittelbar zur Abgabe von Erstangeboten aufgefordert (§ 17 Abs. 5 VgV).

§ 14 Abs. 3 VgV nennt die Fälle, in denen ein Verhandlungsverfahren zulässig ist. Danach kann der öffentliche Auftraggeber Aufträge **im Verhandlungsverfahren mit Teilnahmewettbewerb** vergeben, wenn – zB – die Bedürfnisse des öffentlichen Auftraggebers nicht ohne die Anpassung bereits verfügbarer Lösungen erfüllt werden können, der Auftrag konzeptionelle oder innovative Lösungen umfasst, der Auftrag aufgrund konkreter Umstände, die mit der Art, der Komplexität oder dem rechtlichen oder finanziellen Rahmen oder den damit einhergehenden Risiken zusammenhängen, nicht ohne vorherige Verhandlungen vergeben werden kann.

Im **Verhandlungsverfahren ohne Teilnahmewettbewerb** können Aufträge zB vergeben werden, wenn in einem offenen oder einem nicht offenen Verfahren keine oder keine geeigneten Angebote oder keine geeigneten Teilnahmeanträge abgegeben worden sind. Vorauszusetzen ist, dass die ursprünglichen Bedingungen des Auftrags nicht grundlegend geändert werden, der Auftrag nur von einem bestimmten Unternehmen erbracht oder bereitgestellt werden kann oder bestimmte äußerst dringliche und zwingende Gründe es nicht zulassen, die Mindestfristen einzuhalten, die für das offene und das nicht offene Verfahren sowie für das Verhandlungsverfahren mit Teilnahmewettbewerb vorgeschrieben sind.

d) Der wettbewerbliche Dialog

1083 § 119 Abs. 6 GWB regelt den wettbewerblichen Dialog für **besonders komplexe Aufträge**, etwa wenn über die Machbarkeit bestimmter Vorstellungen des Auftraggebers in technischer, rechtlicher oder finanzieller Hinsicht noch keine Klarheit besteht. Der wettbewerbliche Dialog ist ein Verfahren zur Vergabe öffentlicher Aufträge mit dem Ziel der Ermittlung und Festlegung der Mittel, mit denen die Bedürfnisse des öffentlichen Auftraggebers am besten erfüllt werden können. Der wettbewerbliche Dialog setzt einen Teilnahmewettbewerb voraus. Jedes interessierte Unternehmen kann einen Teilnahmeantrag abgeben. Im Rahmen des Dialogs kann der Auftraggeber mit den ausgewählten Unternehmen alle Aspekte des Auftrags erörtern. Er sorgt dafür, dass alle Unternehmen bei dem Dialog gleichbehandelt werden, gibt Lösungsvorschläge oder vertrauliche Informationen eines Unternehmens nicht ohne dessen Zustimmung an die anderen Unternehmen weiter (§ 18 Abs. 5 VgV).

Der wettbewerbliche Dialog ist in den Fällen zulässig, in denen ein Verhandlungsverfahren mit Teilnahmewettbewerb zulässig ist (§ 14 Abs. 3 VgV).

e) Die Investitionspartnerschaft

Die Investitionspartnerschaft ist mit der RiL 2014/24 neu in das Vergaberecht aufgenommen worden. **1084** Sie ist ein Verfahren zur **Entwicklung innovativer, noch nicht auf dem Markt verfügbarer Liefer-, Bau- oder Dienstleistungen** und zum anschließenden Erwerb der daraus hervorgehenden Leistungen. Die Investitionspartnerschaft setzt einen Teilnahmewettbewerb voraus; danach verhandelt der öffentliche Auftraggeber in mehreren Phasen mit den ausgewählten Unternehmen über die Erst- und Folgeangebote (§ 119 Abs. 7 GWB; § 19 VgV).

f) Besondere Methoden und Instrumente in Vergabeverfahren

Als besondere Methoden und Instrumente kennt das GWB (§ 120 GWB) dynamische **1085** Beschaffungssysteme (§§ 22-24 VgV) und elektronische Auktionen (§§ 25, 26 VgV).

Ein **dynamisches Beschaffungssystem** ist ein zeitlich befristetes, ausschließlich elektronisches Verfahren zur Beschaffung marktüblicher Leistungen, bei denen die allgemein auf dem Markt verfügbaren Merkmale den Anforderungen des öffentlichen Auftraggebers genügen (§ 120 Abs. 1 GWB). Grundsätzlich gelten die Vorgaben für das nicht offene Verfahren entsprechend (§ 22 Abs. 2 VgV).

§ 120 Abs. 2 GWB definiert eine **elektronische Auktion** als ein sich schrittweise wiederholendes elektronisches Verfahren zur Ermittlung des wirtschaftlichsten Angebots. Jeder elektronischen Auktion muss eine vollständige erste Bewertung aller Angebote vorausgehen. Die elektronische Auktion kann im Rahmen eines offenen, eines nicht offenen oder eines Verhandlungsverfahrens erfolgen. Die Leistung muss mithilfe automatischer Bewertungsmethoden eingestuft werden können. Die Angebote werden mittels festgelegter Methoden elektronisch bewertet und automatisch in eine Rangfolge gebracht. Die Bewertung der Angebote erfolgt schrittweise wiederholend und elektronisch (zB durch neue, nach unten korrigierte Preise, wenn der Zuschlag allein aufgrund des Preises erfolgt (§ 25 VgV).

Ein **elektronischer Katalog** ist ein auf der Grundlage der Leistungsbeschreibung erstelltes Verzeichnis der zu beschaffenden Liefer-, Bau- und Dienstleistungen in einem elektronischen Format (§ 120 Abs. 3 GWB).

g) Die zentrale Beschaffungsstelle

Zentrale Beschaffungsstellen sollen den Beschaffungsbedarf öffentlicher Auftragge- **1086** ber zusammenzuführen, Größenvorteile erzielen und Transaktionskosten verringern[90].

---

90 *Seidel*, in: Burgi/Dreher, Beck'scher Vergaberechtskommentar, Band 1, 3. Aufl., 2017, § 120 Rdn. 21.

Zentrale Beschaffungsstellen können in zweierlei Weise tätig werden: entweder als **Großhändler** (zB durch Ankauf, Lagerung und Weiterverkauf)) oder als **Zwischenhändler** (zB im Wege einer autonomen, ohne detaillierte Anweisungen seitens der betreffenden öffentlichen Auftraggeber erfolgenden Durchführung der jeweiligen Vergabeverfahren)[91]. § 120 Abs. 4 GWB bestimmt daher zentrale Beschaffungsstellen als öffentliche Auftraggeber, die für andere öffentliche Auftraggeber dauerhaft Liefer- und Dienstleistungen beschaffen, öffentliche Aufträge vergeben oder Rahmenvereinbarungen abschließen. Öffentliche Auftraggeber können auch Liefer- und Dienstleistungen direkt von zentralen Beschaffungsstellen erwerben oder Liefer-, Bau- und Dienstleistungsaufträge mittels zentraler Beschaffungsstellen vergeben.

Entscheidend ist, dass öffentliche Aufträge zur Ausübung zentraler Beschaffungstätigkeiten an eine zentrale Beschaffungsstelle vergeben werden können, ohne dass ein Vergabeverfahren durchgeführt werden müsste. Zentrale Beschaffungsstellen können auch begleitende Beratungs- und Unterstützungsleistungen als Nebenbeschaffungstätigkeiten bei der Vorbereitung oder Durchführung von Vergabeverfahren anbieten.

§ 21 VgV führt außerdem die Rahmenvereinbarung an (s. Rn 1053).

2. Grundstruktur des Ablaufs eines Vergabeverfahrens

1087 Der Ablauf der Vergabeverfahren ist dezidiert in den einschlägigen Vergabeverordnungen und in den Vergabe- und Vertragsordnungen geregelt. Im Folgenden wird der Ablauf eines Vergabeverfahrens schwerpunktmäßig für Lieferungen und Leistungen, für die die VgV einschlägig ist – dh öffentlicher Auftrag oberhalb der Schwellenwerte, offenes Verfahren –, abrissartig vorgestellt; auf einige Besonderheiten anderer Verfahren wird sporadisch eingegangen.

a) Auftragsbekanntmachung, Vorinformation

1088 Der öffentliche Auftraggeber teilt seine Absicht, einen öffentlichen Auftrag zu vergeben, in einer **Auftragsbekanntmachung** mit (§ 37 VgV). Hierzu ist ein EU-Standardformular zu verwenden. Bereits in dieser Bekanntmachung benennt er die Vergabekammer, an die sich die Unternehmen zur Nachprüfung geltend zu machender Vergabeverstöße wenden können. Die Auftragsbekanntmachung ist dem Amt für Veröffentlichungen der Europäischen Union mitzuteilen, die diese veröffentlicht (im sog. Tenders Electronic Daily). Anforderungen an die Bekanntmachung durch den Auftraggeber finden sich in § 40 VgV. Auftraggeber veröffentlichen in Verkündungsblättern, auf Homepages, Internetportalen oder Tageszeitungen. In der Regel wird in der Bekanntmachung darauf hingewiesen, wer der Auftraggeber ist und welche Lieferung oder Leistung benötigt wird. Ggf werden Angaben zum Verfahren, wo und wann die Ausschreibungsunterlagen angefordert werden können und die Angebote einzureichen sind, gemacht.

1089 Die (bloße) Absicht einer geplanten Auftragsvergabe kann mittels Veröffentlichung einer **Vorinformation** bekanntgeben werden (§ 38 VgV). Auch diese ist dem Amt für

---

91 Erwägungsgrund 69 RiL 2014/24.

Veröffentlichungen der Europäischen Union mitzuteilen. Hat der öffentliche Auftraggeber eine Vorinformation veröffentlicht, kann die Mindestfrist für den Eingang von Angeboten verkürzt werden.

b) Die Vergabeunterlagen

Vergabeunterlagen umfassen alle Angaben, die erforderlich sind, um dem Bewerber eine Entscheidung zur Teilnahme am Vergabeverfahren zu ermöglichen (§ 29 VgV). Sie bestehen in der Regel aus dem **Anschreiben**, das eine Aufforderung zur Abgabe von Teilnahmeanträgen oder Angeboten sowie zur Abgabe der angeforderten Unterlagen enthält. Ferner werden die **Bewerbungsbedingungen** angegeben. Das ist eine Beschreibung der Einzelheiten der Durchführung des Verfahrens, die auch die maßgeblichen Eignungs- und Zuschlagskriterien enthält. Schließlich werden die **Vertragsunterlagen** angeführt, die aus der Leistungsbeschreibung und den Vertragsbedingungen bestehen. **1090**

Der Teil B der Vergabe- und Vertragsordnung für Leistungen idF der Bekanntmachung vom 5. August 2003 (BAnz. Nr 178a) ist in der Regel in den Vertrag einzubeziehen (§ 29 Abs. 2 VgV).

In der **Leistungsbeschreibung** (§ 121 GWB, § 31 VgV) ist der Auftragsgegenstand so eindeutig und erschöpfend wie möglich zu beschreiben, sodass die Beschreibung für alle Unternehmen im gleichen Sinne verständlich ist und die Angebote miteinander verglichen werden können. Die Leistungsbeschreibung hat eine Funktions- oder Leistungsanforderung oder eine Beschreibung der zu lösenden Aufgabe zu enthalten, deren Kenntnis für die Erstellung des Angebots erforderlich ist. Anzugeben sind außerdem die Umstände und Bedingungen der Leistungserbringung. Die Leistungsbeschreibung muss so verfasst sein, dass alle Unternehmen den gleichen Zugang zum Vergabeverfahren haben und die Öffnung des nationalen Beschaffungsmarkts für den Wettbewerb nicht in ungerechtfertigter Weise behindert wird (s. Rn 1061). Die Merkmale des Auftragsgegenstands sind genau zu beschreiben und sollen ein klares Bild vom Auftragsgegenstand vermitteln, damit hinreichend vergleichbare Angebote erwartet werden können. Nur wenn alle beeinflussenden Umstände angegeben werden, ist eine einwandfreie Preisermittlung möglich. **1091**

In der Leistungsbeschreibung sind außerdem technische Anforderungen anzugeben wie nationale Normen, mit denen europäische Normen umgesetzt werden, Europäische Technische Bewertungen, gemeinsame technische Spezifikationen, internationale Normen und andere technische Bezugssysteme etc. Die Merkmale können Aspekte der Qualität und der Innovation sowie soziale und umweltbezogene Aspekte betreffen (§ 31 Abs. 2 VgV mit weiteren Bestimmungen).

Für europaweite Ausschreibungen sind die technischen Anforderungen unter Bezugnahme auf europäische Spezifikationen (**CPV** – Common Procurement Vocabulary[92]) festzulegen. Diese Standardisierung der Anforderungskriterien soll die Qualität der Bekanntmachungen verbessern, zur Effizienz des Vergabeverfahrens beitragen und die elektronische Vergabe erleichtern.

Bei Bauaufträgen hat der Auftraggeber die Leistungsbeschreibung idR mit einem **Leistungsverzeichnis** zu verbinden (§ 7b VOB/A). Unter Umständen kann er auch ein **Leistungsprogramm** vorsehen. Der Unternehmer soll dann nicht nur die Ausführung der Leistung (zB Errichtung eines Bauwerks), sondern auch die Planung dieses Vorhabens (Erstellung von Ent-

92 VO (EG) 2195/2002 v. 5.11.2002 über das Gemeinsame Vokabular für öffentliche Aufträge (CPV), ABl L 340 v. 16.12.2002, S. 1.

wurfs- und Ausführungsplänen) übernehmen. Der Auftraggeber gibt dann nur die Funktion vor, die das Werk erfüllen soll; die technisch, wirtschaftlich und gestalterisch beste Lösung dafür ist erst zu ermitteln.

c) Die Angebotsabgabe

1092 Die Bieter können innerhalb der **Angebotsfrist** Angebote abgeben.

Diese ist grundsätzlich vom Auftraggeber festzulegen, muss aber so bemessen sein, dass sie der Komplexität des Auftrags gerecht wird (zB wenn es erforderlich ist, dass Bieter zusätzliche Unterlagen für die Angebotserarbeitung beibringen oder Erprobungen und Besichtigungen durchführen müssen). Die Angebotsfrist beträgt im offenen Verfahren mindestens 35 Tage (ab dem Tag nach der Absendung der Auftragsbekanntmachung, § 15 Abs. 2 VGV).

Die Angebote sind grds. **elektronisch** zu übermitteln (§ 53 Abs. 1 VgV); in diesem Fall kann die Frist um fünf Tage verkürzt werden.

Die Angebote müssen **vollständig** sein und alle geforderten Angaben, Erklärungen und Preise enthalten (§ 53 Abs. 7 VgV). Sollte der Bieter Änderungen an seinen Eintragungen vor Ablauf der Angebotsfrist vornehmen, müssen diese zweifelsfrei erkennbar sein.

Der öffentliche Auftraggeber kann **Nebenangebote** zulassen oder vorschreiben (§ 35 VgV). Ein Nebenangebot liegt vor, wenn eine Leistung inhaltlich zwar anders angeboten wird als in der Leistungsbeschreibung vorgegeben, dieser aber gleichwertig ist. Preisnachlässe und Skontoangebote sind keine Nebenangebote. Nebenangebote müssen als solche gekennzeichnet sein.

Die **VOB/A** sieht vor, dass Angebote bis zum Ablauf der Angebotsfrist zurückgezogen werden können. Außerdem hat der Auftraggeber eine **Bindefrist** zu bestimmen, innerhalb der die Bieter an ihre Angebote gebunden sind. Die Bindefrist beginnt mit dem Ablauf der Angebotsfrist und soll so kurz wie möglich und nicht länger bemessen werden, als der Auftraggeber für eine zügige Prüfung und Wertung der Angebote benötigt (vgl § 10 VOB/A).

d) Das Prüfungs- und Bewertungsverfahren

1093 Soweit dies für die Begründung von Entscheidungen erforderlich ist, dokumentiert der öffentliche Auftraggeber das Vergabeverfahren von Beginn an und fortlaufend (§ 8 VgV). Dazu gehört zB die Dokumentation der Kommunikation mit Unternehmen und interner Beratungen, der Vorbereitung der Auftragsbekanntmachung und der Vergabeunterlagen, der Öffnung der Angebote, Teilnahmeanträge und Interessensbestätigungen, der Verhandlungen und der Dialoge mit den teilnehmenden Unternehmen sowie der Gründe für Auswahlentscheidungen und den Zuschlag.

Im Prüfungs- und Bewertungsverfahren können vier Verfahrensschritte grob unterschieden werden:

1. Verfahrensschritt: Der Auftraggeber darf die eingegangenen Angebote zunächst **nicht öffnen**. Elektronisch übermittelte Angebote sind auf geeignete Weise zu kennzeichnen und verschlüsselt zu speichern. Auf dem Postweg und direkt übermittelte Angebote sind ungeöffnet zu lassen, mit **Eingangsvermerk** zu versehen und bis zum Zeitpunkt der Öffnung unter Verschluss zu halten.

Um Korruption und anderem Missbrauch entgegenzuwirken, darf der öffentliche Auftraggeber vom Inhalt der Angebote erst nach Ablauf der Angebotsfrist Kenntnis nehmen. Die Öffnung der Angebote hat dann unverzüglich zu erfolgen und ist von mindestens zwei Vertretern des Auftraggebers gemeinsam durchzuführen und zu dokumentieren (§ 55 VgV). Die Angebote, ihre Anlagen und die Dokumentation sind über die Angebotsöffnung auch nach Abschluss des Vergabeverfahrens sorgfältig zu verwahren und vertraulich zu behandeln. Bieter sind bei der Öffnung der Angebote nicht zugelassen, damit diese keine Kenntnis über die Preise anderer Bieter erlangen.

2. Verfahrensschritt: Sodann ist zu prüfen, welchen Angeboten weiter nachzugehen **1094**
ist. Dazu sind die Angebote auf **Vollständigkeit** sowie auf **rechnerische und fachliche Richtigkeit** zu kontrollieren (§ 56 Abs. 1 VgV).

Die Unvollständigkeit eines Angebots muss nicht zwingend zum Ausschluss führen. Der öffentliche Auftraggeber kann den Bewerber auffordern, fehlende, unvollständige oder fehlerhafte unternehmensbezogene Unterlagen (zB Eigenerklärungen, Angaben, Bescheinigungen oder sonstige Nachweise) nachzureichen, zu vervollständigen oder zu korrigieren, oder fehlende oder unvollständige leistungsbezogene Unterlagen nachzureichen oder zu vervollständigen. Er muss dabei die Grundsätze der Transparenz und der Gleichbehandlung einhalten. Ausgeschlossen ist aber eine Nachforderung von leistungsbezogenen Unterlagen (die die Wirtschaftlichkeitsbewertung der Angebote anhand der Zuschlagskriterien betreffen). Dies gilt nicht für Preisangaben, wenn es sich um unwesentliche Einzelpositionen handelt, deren Einzelpreise den Gesamtpreis nicht verändern oder die Wertungsreihenfolge und den Wettbewerb nicht beeinträchtigen (vgl § 56 Abs. 2 und 3 GWB).

3. Verfahrensschritt: **Auszuschließen sind** Angebote, die die Eignungskriterien nicht **1095**
erfüllen. ISv § 122 GWB müssen öffentliche Aufträge an fachkundige und leistungsfähige Unternehmen vergeben werden. Die Bieter müssen dafür die festgelegten Eignungskriterien erfüllen, die (wie ausgeführt s. Rn 1064) die Befähigung und Erlaubnis zur Berufsausübung, die wirtschaftliche und finanzielle Leistungsfähigkeit und die technische und berufliche Leistungsfähigkeit betreffen. § 123 GWB gibt dazu die Ausschlussgründe vor.

Auszuschließen sind ferner Angebote, die nicht vollständig und fachlich und rechnerisch richtig sind. Das ist insbesondere der Fall bei Angeboten,

- die nicht form- oder fristgerecht eingegangen sind, es sei denn, der Bieter hat dies nicht zu vertreten,
- die nicht die geforderten oder nachgeforderten Unterlagen enthalten,
- in denen Änderungen des Bieters an seinen Eintragungen nicht zweifelsfrei sind,
- bei denen Änderungen oder Ergänzungen an den Vergabeunterlagen vorgenommen worden sind,
- die nicht die erforderlichen Preisangaben enthalten, es sei denn, es handelt sich um unwesentliche Einzelpositionen, deren Einzelpreise den Gesamtpreis nicht verändern oder die Wertungsreihenfolge und den Wettbewerb nicht beeinträchtigen, oder
- die nicht zugelassene Nebenangebote sind und die nicht die geforderten oder nachgeforderten Erklärungen und Nachweise enthalten (§ 57 Abs. 1 VgV).

Sodann **können** Bieter nach Maßgabe des § 124 GWB ausgeschlossen werden. **1096**

Zu beachten ist, dass öffentliche Auftraggeber ein Unternehmen, bei dem ein Ausschlussgrund nach § 123 oder § 124 GWB vorliegt, nicht von der Teilnahme an dem Vergabeverfahren ausschließen können, wenn das Unternehmen eine sog. **Selbstreinigung** nachweisen kann, dh für eine Straftat oder ein Fehlverhalten einen Ausgleich gezahlt (oder sich zur Zahlung verpflichtet hat), die Tatsachen und Umstände, die mit der Straftat oder dem Fehlverhalten und dem dadurch verursachten Schaden in Zusammenhang stehen, durch eine aktive Zusammenarbeit mit den Ermittlungsbehörden und dem öffentlichen Auftraggeber umfassend geklärt hat, und konkrete technische, organisatorische und personelle Maßnahmen ergriffen hat, die geeignet sind, weitere Straftaten oder weiteres Fehlverhalten zu vermeiden (vgl § 125 Abs. 1 GWB).

1097 Nur die Angebote geeigneter Bieter werden bewertet. Der Auftraggeber hat nach pflichtgemäßem Ermessen zu entscheiden. Bei den Eignungskriterien handelt es sich um **Zulassungskriterien**, nicht um Bewertungskriterien.

Unzulässig ist es deshalb, bei der Bewertung mehrerer geeigneter Bieter auf ein „Mehr an Eignung" eines Bieters abzustellen[93]. Nach § 46 Abs. 1 VgV kann der öffentliche Auftraggeber aber Anforderungen stellen, die sicherstellen, dass die Bewerber oder Bieter über die erforderlichen personellen und technischen Mittel sowie ausreichende Erfahrungen verfügen, um den Auftrag in angemessener Qualität ausführen zu können. Bei Lieferaufträgen, für die Verlege- oder Installationsarbeiten erforderlich sind, sowie bei Dienstleistungsaufträgen darf die berufliche Leistungsfähigkeit der Unternehmen auch anhand ihrer Fachkunde, Effizienz, Erfahrung und Verlässlichkeit beurteilt werden.

e) Der Zuschlag

1098 *4. Verfahrensschritt:* Die Bewertung der Angebote hat nach der Maßgabe zu erfolgen, dass der Zuschlag auf das **wirtschaftlichste Angebot** zu erteilen ist (§ 127 Abs. 1 GWB). Dafür hat der öffentliche Auftraggeber eine Bewertung vorzunehmen, ob und inwieweit das Angebot die vorgegebenen Zuschlagskriterien erfüllt. Das wirtschaftlichste Angebot ist nicht das billigste, sondern bestimmt sich nach dem besten Preis-Leistungs-Verhältnis. Zu dessen Ermittlung können neben dem Preis oder den Kosten auch qualitative, umweltbezogene oder soziale Aspekte berücksichtigt werden.

Die **Zuschlagskriterien** und deren Gewichtung müssen in der Auftragsbekanntmachung oder den Vergabeunterlagen aufgeführt werden. Sie müssen mit dem Auftragsgegenstand in Verbindung stehen (zB Prozesse im Zusammenhang mit der Herstellung, Bereitstellung oder Entsorgung der Leistung, auf den Handel mit der Leistung oder auf ein anderes Stadium im Lebenszyklus der Leistung bezieht). § 127 Abs. 4 GWB verlangt, dass die Zuschlagskriterien so festgelegt und bestimmt sein müssen, dass die Möglichkeit eines wirksamen Wettbewerbs gewährleistet wird. Der Zuschlag darf nicht willkürlich erteilt werden können und eine wirksame Überprüfung muss möglich sein.

Aus Gründen des Korruptionsschutzes muss der Zuschlag nicht auf Angebote erteilt werden, die ungewöhnlich niedrig sind und die der Auftraggeber nicht nachvollziehen kann. Wenn dem öffentlichen Auftraggeber der Preis oder die Kosten eines Angebots im Verhältnis zu der zu erbringenden Leistung ungewöhnlich niedrig erscheinen, muss er den Bieter zunächst zur Aufklärung auffordern. Kann er die geringe Höhe des angebotenen Preises oder der angebotenen Kosten nicht zufriedenstellend aufklären, darf er den Zuschlag auf dieses Angebot ablehnen. Er muss es ablehnen, wenn er festgestellt hat, dass der Preis oder die Kosten des Angebots ungewöhnlich niedrig sind, weil der Bieter nicht alle für ihn geltenden rechtlichen Verpflichtungen

93 BGH, BauR 1998, 1246, 1248.

für die Auftragsdurchführung einhält (vgl § 128 Abs. 1 GWB), insbesondere wenn die für das Unternehmen geltenden umwelt-, sozial- und arbeitsrechtlichen Vorschriftenverpflichtungen nicht eingehalten werden (vgl § 60 VgV).

Angebote, die aufgrund einer staatlichen Beihilfe ungewöhnlich niedrig sind, können nur dann zurückgewiesen werden, wenn das Unternehmen nicht nachweisen kann, dass die betreffende Beihilfe rechtmäßig gewährt wurde (§ 60 Abs. 4 VgV).

Nach BGH kommt Mitbewerbern ein subjektives öffentliches Recht dahingehend zu, dass die Vergabestelle in eine nähere Prüfung der Preisbildung eintritt, wenn Angebote ungewöhnlich niedrig erscheinen[94].

Zulässig ist es, Mindestanforderungen hinsichtlich der technischen Bewertung einer Lieferung festzulegen, so dass die abgegebenen Angebote, die nach abgeschlossener technischer Bewertung eine vorab festgelegte Mindestpunktzahl nicht erreichen, ausgeschlossen werden[95].

Überwiegend wird das Gebot des Bieters als **Angebotsabgabe** iSv § 145 BGB qualifiziert, der Zuschlag als **Annahme des Antrags** nach § 147 BGB. Dem liegt die im Grunde unstrittige Qualifikation des Beschaffungsvorgangs als privatrechtlicher Vertrag zugrunde. Die hM geht davon aus, dass Zuschlag und Vertragsabschluss in einem Rechtsakt zusammenfallen[96]. Der hM ist grundsätzlich zuzustimmen. Doch kann der Beschaffungsvorgang nicht ausschließlich auf privatrechtlicher Grundlage erfolgen, weil der öffentlichen Hand keine Privatautonomie zukommt. Der Staat ist an die spezifischen Bindungen des Vergaberechts (§§ 97 ff GWB, VgV, Vergabe- und Vertragsordnungen) und an die Grundprinzipien des öffentlichen Rechts gebunden. Dann aber ist der (öffentlich-rechtliche) Zuschlag nur Voraussetzung für die zivilrechtliche Annahme eines Angebots. Die dogmatische Konstruktion ist mit der **Zwei-Stufen-Theorie** (s. Rn 809 f)[97] bekannt und findet in § 134 GWB auch positiv-gesetzliche Unterstützung: Danach muss der Auftraggeber die Bieter, deren Angebote nicht berücksichtigt werden sollen, vor beabsichtigter Angebotsannahme über den **Zuschlag informieren**. Zwar regelt § 134 GWB nicht den Zuschlag, der mit dem Vertragsabschluss zusammenfällt, setzt aber offensichtlich voraus, dass die Auswahlentscheidung schon getroffen ist und die Entscheidung über den Vertragsabschluss feststeht. 1099

Diese rechtsdogmatische Beurteilung hat eine wesentliche Konsequenz: Läuft das Vergabeverfahren auf eine öffentlich-rechtliche Auswahlentscheidung hinaus, handelt es sich beim Vergabeverfahren um ein Verwaltungsverfahren nach § 9 VwVfG. In der Folge finden subsidiär die Verfahrensvorgaben des VwVfG Anwendung. In einem Fall waren zB dieselben Personen auf der Auftraggeber- und auf der Auftragnehmerseite aufgetreten. Das OLG Brandenburg[98] war noch von einer entsprechenden Anwendbarkeit des § 20 VwVfG ausgegangen. Nach hier vertretener Auffassung wäre eine unmittelbare Anwendung richtig gewesen, weil die Vergaberechtsgesetze nicht abschließend sind. Inzwischen ist der Fall der Interessenkonflikte in den §§ 6 und 7 VgV ausdrücklich geregelt. Nach aA soll es sich bei der Vergabe um ein besonderes

94 BGH v. 31.1.2017, X ZB 10/16.

95 EuGH v. 20.9.2018, Rs. C 546/16 – „Montte", Rn 39.

96 *Brinker*, NZBau 2000, 174 ff.

97 *Huber*, JZ 2000, 877, 882; *Kahl*, in: Schmidt-Aßmann/Hoffmann-Riem, Verwaltungsverfahren und Verwaltungsverfahrensgesetz, 2002, S. 74 f; *Hermes*, JZ 1997, 909, 915; bereits: BVerwGE 35, 103 ff; krit etwa *Ruthig*, NZBau 2005, 497, 499 und *Ziekow*, Öffentliches Wirtschaftsrecht, 5. Aufl., 2020, S. 205; *Burgi*, Vergaberecht, 2. Aufl., 2018, 60.

98 OLG Brandenburg, NVwZ 1999, 1142, 1146.

Verwaltungsverfahren handeln („neues Verwaltungsverfahren“[99]), dessen Schwerpunkt im Zivilrecht liegt und das deshalb kein Verwaltungsverfahren iS § 9 VwVfG sein soll.

1100 Die **Informationspflicht** nach § 134 GWB hat erhebliche Bedeutung für den Rechtsschutz im Vergaberecht[100]. Denn Zuschläge – auch wenn sie rechtswidrig erfolgt sind – können nach § 135 Abs. 2 GWB nicht mehr aufgehoben werden. Der Bieter kann sich deshalb gegen eine Auswahlentscheidung nur vor dem Zuschlag wehren.

3. Strategische Beschaffung

1101 Mit einem Beschaffungsvorgang können nicht nur Waren und Leistungen erworben werden; eine Beschaffung kann auch **strategisch** eingesetzt werden, um darüberhinausgehende Ziele direkt oder indirekt zu erreichen und Maßnahmen zu bewirken. Unter den sog. beschaffungsfremden Kriterien werden solche Vergabemaßstäbe verstanden, durch die bei der Auftragsvergabe über die eigentliche Beschaffung hinaus weitere Ziele (Sekundärzwecke) verfolgt werden, indem sich ein Bieter mit seinem Angebot zB zur Tariftreue, zur Frauenförderung oder zur Umweltschutzförderung verpflichtet oder verspricht, sich von Sekten zu distanzieren. Da manche dieser Maßnahmen aber nicht „sekundär“ erfolgen müssen, sondern das Erreichen von sozialen Zielen und Umweltzielen durch die Beschaffung selbst erfolgen können, ist der Begriff der „strategischen Beschaffung“ vorzuziehen.

Angesichts der enormen Nachfragemacht der öffentlichen Auftraggeber[101] und der erheblichen Bedeutung des Beschaffungswesens für die Wirtschaft ist die strategische Beschaffung eine effektive Möglichkeit, um bestimmte Ziele zu erreichen oder Maßnahmen zu bewirken. Allerdings kann sich für Auftraggeber der Verwaltungsaufwand erhöhen und die Beschaffung kann teurer werden. Es besteht auch das Risiko, dass es zu neuen Diskriminierungen kommt oder kleine und mittlere Unternehmen benachteiligt werden[102].

1102 Grundsätzlich verpflichtet Art. 18 Abs. 2 RiL 2014/24 die Mitgliedstaaten Sorge zu tragen, dass die Wirtschaftsteilnehmer bei der Ausführung öffentlicher Aufträge die geltenden umwelt-, sozial- und arbeitsrechtlichen Verpflichtungen einhalten, die durch Rechtsvorschriften der Union, einzelstaatliche Rechtsvorschriften, Tarifverträge und bestimmte internationale umwelt-, sozial- und arbeitsrechtliche Vorschriften festgelegt sind. § 97 Abs. 3 GWB bestimmt, dass bei der Vergabe Aspekte der Qualität und der Innovation sowie soziale und umweltbezogene Aspekte zu berücksichtigen sind, wobei das GWB und die VgV, aber auch andere Vergabevorschriften weitergehende Vorgaben enthalten.

Es gibt verschiedene Möglichkeiten, wie im Rahmen des Vergabeverfahrens strategisch beschafft werden kann:

- bei der Definition des Auftragsgegenstandes;
- bei der Leistungsbeschreibung sowie technischer Spezifikationen;
- bei der Festlegung der Anforderungen an die Auftragsausführung durch den Auftragnehmer;

99 *Ziekow/Siegel*, ZfBR 2004, 30, 33.
100 EuGH v. 24.6.2004, Rs. C-212/02 – *„Informationspflicht“*, Rn 21.
101 *Huber/Unger*, in: Schoch, Besonderes Verwaltungsrecht, 2018, 627, 736.
102 *Burgi*, Vergaberecht, 2. Aufl., 2018, 82; *Fuchs*, in: Kirchhof/Korte/Magen, Öffentliches Wettbewerbsrecht, 2014, S. 499.

- bei der Feststellung der Eignung der Bieter (eingeschränkt);
- bei der Zuschlagsentscheidung.

Insbesondere in den ersten drei Fällen kommt dem Auftraggeber naturgemäß ein **Gestaltungsspielraum** zu, weil er die zu beschaffende Ware und Leistung und dessen Eigenschaften festlegen kann. So kann er zB aus Umweltschutzgründen solarbetriebene Verkehrsampeln und Elektrobusse oder eine Zusatzvorrichtung für Blinde ausschreiben. Die Festlegungen dürfen aber nicht diskriminierend sein und müssen im Vorfeld der Ausschreibung hinreichend transparent gemacht werden[103]. **1103**

Nach § 121 Abs. 2 GWB sind zB bei der Erstellung der **Leistungsbeschreibung** für die Beschaffung von Leistungen, die zur Nutzung durch natürliche Personen vorgesehen sind, grds. Zugänglichkeitskriterien für Menschen mit Behinderungen oder die Konzeption für alle Nutzer zu berücksichtigen.

Als **technische Anforderung** bestimmt § 31 Abs. 3 VgV etwa, dass die Merkmale des Auftragsgegenstandes auch Aspekte der Qualität und der Innovation sowie soziale und umweltbezogene Aspekte betreffen können. Dabei können Lebenszykluskosten berücksichtigt werden.

§ 68 VgV sieht vor, dass der öffentliche Auftraggeber bei der Beschaffung von Straßenfahrzeugen Energieverbrauch und Umweltauswirkungen in seine Überlegungen einstellen muss. Zumindest müssen Energieverbrauch, Kohlendioxid-Emissionen, Emissionen von Stickoxiden, Emissionen von Nichtmethan-Kohlenwasserstoffen und partikelförmige Abgasbestandteile berücksichtigt werden. Dieser Verpflichtung muss im Rahmen der Leistungsbeschreibung oder bei der Zuschlagsentscheidung nachgekommen werden.

Eine strategische Beschaffung kann durch die Bieterauswahl (**Eignung**) nur begrenzt erfolgen. Der EuGH geht davon aus, dass die Eignungskriterien in den Vergabe-Richtlinien abschließend geregelt sind[104]. § 123 Abs. 4 GWB sieht aber zB vor, dass das Unterlassen Steuern, Abgaben oder Beiträge zur Sozialversicherung zu zahlen, zum Ausschluss führt. **1104**

Von erheblicher Bedeutung für die Verfolgung von Sekundärzwecken ist der Beurteilungsspielraum des Auftraggebers bei der **Zuschlagsentscheidung**, denn nur hier kann er die einzelnen Angebote bewerten und gewichten. Im Grundsatz gilt aber – so die EU-Richtlinien für den Oberschwellenbereich –, dass der Zuschlag auf das wirtschaftlichste Angebot erteilt werden soll (vgl § 127 Abs. 1 S. 1 GWB). Auch qualitative, umweltbezogene oder soziale Aspekte können berücksichtigt werden. Vorauszusetzen ist aber, dass die Zuschlagskriterien mit dem Auftragsgegenstand in Verbindung stehen (§ 127 Abs. 3 GWB s. Rn 1063). Diese Verbindung ist zB anzunehmen, wenn sich ein Zuschlagskriterium auf Prozesse im Zusammenhang mit der Herstellung, Bereitstellung oder Entsorgung der Leistung, auf den Handel mit der Leistung oder auf ein anderes Stadium im Lebenszyklus der Leistung bezieht. Aber nicht jedes Vergabekriterium, das der Auftraggeber festgelegt hat, um das wirt- **1105**

103 Vgl für Maßnahmen zur Bekämpfung von Langzeitarbeitslosigkeit bereits EuGH v. 20.9.1988, Rs. 31/87 – „*Beentjes*“, Rn 28 f.

104 EuGH v. 20.9.1988, Rs. 31/87 – „*Beentjes*“, Rn 17; künftig abschließend Art. 58 Abs. 1 S. 2 RiL 2014/24.

schaftlich günstigste Angebot zu ermitteln, muss notwendigerweise *rein* wirtschaftlicher Art sein[105].

Aus der RiL 2004/18 lässt sich nicht eindeutig entnehmen, ob strategische **Kriterien bei der Zuschlagserteilung einen – wenn auch nur mittelbaren – wirtschaftlichen Bezug haben müssen.**

In *„Concordia Bus Finnland"*[106] hatte der EuGH zu beurteilen, ob Umweltschutzkriterien bei der Zuschlagserteilung berücksichtigt werden können und dabei klargestellt: Der Auftraggeber hat zwar die Wahl, welche Kriterien er seiner Zuschlagsentscheidung zugrunde legen will; die Kriterien müssen aber der **Ermittlung des wirtschaftlich günstigsten Angebots dienen**. Umweltschutzkriterien dürfen berücksichtigt werden, sofern

- diese Kriterien mit dem Gegenstand des Auftrags zusammenhängen,
- dem Auftraggeber keine unbeschränkte Entscheidungsfreiheit eingeräumt wird,
- diese Kriterien ausdrücklich im Leistungsverzeichnis oder in der Bekanntmachung des Auftrags genannt sind und
- alle wesentlichen Grundsätze des Unionsrechts, insbesondere das Diskriminierungsverbot, beachtet werden.

Die erste Voraussetzung – die Auftragsbezogenheit des Zuschlagskriteriums – ist besonders hervorzuheben. Denn unter Inbezugnahme auf den Wirtschaftlichkeitsgrundsatz meint der EuGH damit ein subjektives Wirtschaftlichkeitsverständnis des öffentlichen Auftraggebers[107]. Es kommt darauf an, ob ein Kriterium *für* den Auftraggeber einen Wert hat. Was zB Umweltkriterien betrifft, sind diese als Zuschlagskriterien zulässig, wenn über den Aspekt der Nachhaltigkeit externe Kosten bei der Auftragsvergabe internalisiert werden sollen. So hatte die Stadt Helsinki in dem „Concordia Bus Finnland"-Fall angeführt, dass sie auf umweltschonende Busse Wert lege, weil sich Umwelt- und Gesundheitsschäden bei ihr auch langfristig wirtschaftlich bemerkbar machten.

1106 **Fall 85 (Rn 1078)**[108]**: a)** Zu prüfen ist die Verfassungsmäßigkeit des § 1 Abs. 1 S. 2 BerlVergG. Fraglich ist zunächst, ob das Land Berlin überhaupt gesetzgebungskompetent ist. Das könnte nach Art. 70 iVm Art. 72 Abs. 1 GG der Fall sein und würde voraussetzen, dass dem Bund keine Gesetzgebungsbefugnis zukommt oder dass er nicht abschließend von ihr Gebrauch gemacht hat. § 1 Abs. 1 S. 2 BerlVergG könnte als vergaberechtliche Vorschrift dem „Recht der Wirtschaft" (Art. 74 Abs. 1 Nr 11 GG) zuzuordnen sein oder nach Maßgabe seines Sekundärzwecks (Schutz der Tariftreue) dem „Arbeitsrecht" (Art. 74 Abs. 1 Nr 12 GG). Abzustellen ist in erster Linie auf den Regelungsgegenstand und den Gesamtzusammenhang der Regelung im jeweiligen Gesetz. Vergaberecht gehört seinem Gegenstand nach zum Recht der Wirtschaft. Das sind nicht nur die Vorschriften, die sich auf die Erzeugung, Herstellung und Verteilung von Gütern des wirtschaftlichen Bedarfs beziehen, sondern auch alle anderen das wirtschaftliche Leben und die wirtschaftliche Betätigung als solche regelnden Normen, insbesondere auch Gesetze mit wirtschaftsregulierendem oder wirtschaftslenkendem Charakter. Auch der Regelungszusammenhang (GWB) und die vergaberechtliche Sanktion (§ 1 Abs. 2 BerlVergG) spricht für den Kompetenzgegenstand „Recht der Wirtschaft". Der Bundesgesetzgeber hat von seiner Regelungskompetenz aber nicht abschlie-

105 EuGH v. 4.12.2003, Rs. C-448/01 – *„Wienstrom"*, Rn 32.

106 EuGH v. 17.9.2002, Rs. C-513/99 – *„Concordia Bus Finnland"*, Rn 55 f, 59.

107 *Bungenberg*, NVwZ 2003, 314, 315; weiter iSv volkswirtschaftlich relevanten Zielen: *Bultmann*, ZfBR 2004, 134, 137.

108 BVerfG v. 11.7.2006, Az. 1 BvL 4/00 zu Berl VergabeG aF; EuGH v. 3.4.2008, Rs. C-346/06 – *„Rüffert"*.

ßend Gebrauch gemacht. Das folgt bereits aus § 129 GWB, der den Landesgesetzgeber Raum gibt, Ausführungsbedingungen festzulegen. Die Tariftreue ist eine Ausführungsbedingung iSd § 128 Abs. 2 GWB.[109] Das Land Berlin war also gesetzgebungskompetent.

b) § 1 Abs. 1 S. 2 BerlVergG könnte gegen das Grundrecht der (negativen) Koalitionsfreiheit in Art. 9 Abs. 3 GG verstoßen. Das ist aber abzulehnen: Das Tariftreuegesetz schränkt das Recht der bietenden Unternehmer, einer Koalition fernzubleiben, nicht ein; es wird auch kein faktischer Zwang oder erheblicher Druck zum Beitritt ausgeübt. Auch die Koalitionen selbst werden durch § 1 Abs. 1 S. 2 BerlVergG nicht in Art. 9 Abs. 3 GG verletzt. Zwar ist das Aushandeln von Tarifverträgen ein wesentlicher Zweck von Koalitionen, die Betätigungsfreiheit der Koalitionen wird aber nicht beeinträchtigt: Erstens bezieht sich § 1 Abs. 1 S. 2 BerlVergG nicht auf tarifgebundene Arbeitgeber und Arbeitnehmer, sondern nur auf Außenseiter und zweitens ordnet das Gesetz keine tarifliche Geltung von Arbeitsentgelten an.

c) In Betracht kommt eine Verletzung von Art. 12 Abs. 1 GG in Form der Vertragsfreiheit, weil eine bestimmte Ausgestaltung der Arbeitsverträge Zuschlagsbedingung ist. Ein klassischer Eingriff liegt aber nicht vor: Die bietenden Unternehmen werden nicht (imperativ) zur Einhaltung der Tarifverträge verpflichtet. Dennoch nimmt das BVerfG eine „eingriffsgleiche Beeinträchtigung“ an; die bietenden Unternehmen sollen angehalten werden, die Tarifverträge einzuhalten. Gegen diese Interpretation spricht aber, dass die Vergabe öffentlicher Aufträge im multipolaren Rechtsverhältnis Auftraggeber/Bieter keine Eingriffs-, sondern eine Verteilungskonstellation betrifft. Kein Bieter hat Anspruch darauf, dass die öffentliche Hand überhaupt ausschreibt. Beteiligt sich ein Unternehmen an einem Vergabeverfahren und gibt ein Angebot ab, stimmt es den Angebotsbedingungen zu. Etwas anderes kann nur angenommen werden, wenn der Auftraggeber eine überragende Marktstellung hat (s. Rn 1092). Eine Verteilungsentscheidung aber ist eine Auswahlentscheidung und muss anderen Anforderungen Genüge tun als eine Eingriffsmaßnahme. Unter dem Gesichtspunkt der Wettbewerbsgleichheit muss sie willkürfrei sein.

§ 1 Abs. 1 S. 2 BerlVergG kann gerechtfertigt werden; es lassen sich Gründe des Allgemeinwohls anführen: Die Erstreckung der Tariflöhne auf Außenseiter soll einem Verdrängungswettbewerb über die Lohnkosten entgegenwirken. Diese Maßnahme soll zur Bekämpfung der Arbeitslosigkeit im Bausektor beitragen. Sie dient dem Schutz der Beschäftigung der Arbeitnehmer (Art. 12 Abs. 1 GG), der Entlastung der bei hoher Arbeitslosigkeit oder bei niedrigen Löhnen verstärkt in Anspruch genommenen Systeme der sozialen Sicherheit und unterstützt zugleich das Tarifvertragssystem als Mittel zur Sicherung sozialer Standards (Sozialstaatsprinzip, Art. 20 Abs. 1 GG). Ferner bedeutet Arbeit für den Einzelnen, sich in seiner Persönlichkeit zu entfalten und darüber Achtung und Selbstachtung zu erfahren. Insofern wird das gesetzliche Ziel auch von Art. 1 Abs. 1 und Art. 2 Abs. 1 GG getragen. Die Tariftreueregelung ist zur Erreichung dieser Ziele geeignet, dem Gesetzgeber kommt ein Einschätzungs- und Prognosespielraum zu. Sie ist auch erforderlich; die Allgemeinverbindlicherklärung (§ 5 TVG) ist kein weniger belastendes Mittel, weil es die Vertragsfreiheit der Bieter stärker beeinträchtigt. Sie ist angemessen: Zwar ist die Freiheit, den Inhalt der Vergütungsvereinbarungen mit Arbeitnehmern und Subunternehmern frei aushandeln zu können, ein wesentlicher Bestandteil der Berufsausübung, weil diese Vertragsbedingungen in besonderem Maße den wirtschaftlichen Erfolg der Unternehmen bestimmen; die Belastung wird aber dadurch abgemildert, dass sie den Unternehmen nicht per legem auferlegt wird, sondern eine Wahlfreiheit besteht und außerdem auch nur für den jeweiligen Auftrag gilt. Demgegenüber haben die sozialen Zwecke, die mit § 1 Abs. 1 S. 2 BerlVergG verfolgt werden, erhebliches Gewicht.

---

109 OLG Düsseldorf, NZBau 2016, 55.

d) § 1 Abs. 1 S. 2 BerlVergG verstößt auch nicht gegen § 5 TVG, weil keine unmittelbare und zwingende Geltung eines Tarifvertrags angeordnet wird; die Vorschrift verstößt ferner nicht gegen das Verbot einer unbilligen Behinderung oder sachlich nicht gerechtfertigten unterschiedlichen Behandlung bei marktbeherrschender Stellung des Landes Berlin (§ 20 Abs. 1 GWB), denn das Tariftreuegesetz selbst ist die Rechtfertigung für eine Ungleichbehandlung von Anbietern.

e) Zu prüfen bleibt die Vereinbarkeit mit Europarecht. § 1 Abs. 1 S. 2 BerlVergG müsste mit der Entsenderichtlinie 96/71 in Einklang stehen. Das ist aber nicht der Fall: Das Tariftreuegesetz ist keine Rechtsvorschrift iSd Art. 3 Abs. 1 UAbs. 1 erster Gedankenstrich RiL 96/71, denn sie legt selbst keinen Mindestlohnsatz fest. Auch der maßgebliche Tarifvertrag ist keine Rechtsvorschrift iSd RiL, weil er nicht für allgemeinverbindlich erklärt ist. Darüber hinaus ist das Tarifvertragstreuegesetz auch nicht mit Art. 56 AEUV vereinbar. Eine Beeinträchtigung der Dienstleistungsfreiheit der bietenden Unternehmen liegt vor. Die Ziele des Arbeitnehmerschutzes oder des Schutzes der Koalitionsfreiheit sind aber keine zwingenden Gründe des Allgemeininteresses, die eine Beeinträchtigung rechtfertigen könnten. Das Tariftreuegesetz gilt nur für einen Teil der Bautätigkeit; es ist nur auf die Vergabe öffentlicher Aufträge anwendbar und gilt nicht für die Vergabe privater Aufträge. Der EuGH hat ferner die finanzielle Stabilität der sozialen Versicherungssysteme als zwingenden Grund anerkannt. Das setzt aber voraus, dass eine erhebliche Gefährdung des finanziellen Gleichgewichts des Systems der sozialen Sicherheit verhindert werden soll. Um dieses Ziel zu erreichen, erscheint § 1 Abs. 1 S. 2 BerlVergG aber nicht erforderlich.

f) Im Ergebnis ist § 1 Abs. 1 S. 2 BerlVergG mit dem Grundgesetz und deutschem Recht vereinbar, verstößt aber gegen europarechtliche Vorschriften. Ein Mindestlohn könnte staatlicherseits nur auf gesetzlicher Grundlage durchgesetzt werden[110].

VI. Das fehlerhafte Vergabeverfahren

1107 **Fall 86:** Auftraggeber A hat Dienstleistungen im Bereich der Rohölbeschaffung im offenen Verfahren (oberhalb der Schwellenwerte) ausgeschrieben. Unternehmen U rügt gegenüber A die Fehlerhaftigkeit der Leistungsbeschreibung. Diese sei in einigen Punkten unverständlich. U gibt gleichwohl ein Angebot ab. Noch vor Zuschlagserteilung, die für den 15.12. vorgesehen ist, stellt U einen Nachprüfungsantrag bei der Vergabekammer, der als unbegründet zurückgewiesen wird. Gegen den am 4.12. zugestellten Beschluss legt U am gleichen Tag sofortige Beschwerde ein und begründet diese. Zugleich begehrt er die Anordnung der Verlängerung der aufschiebenden Wirkung seines Rechtsmittels bis zu einer endgültigen Entscheidung. A beantragt, den Antrag des U auf Verlängerung der aufschiebenden Wirkung zurückzuweisen und ihm die Erteilung des Zuschlags mit Ablauf des 15.12. zu gestatten. Er führt an, dass einige Bieter erklärt haben, mit Ablauf der Bindefrist ihre Angebote wegen gestiegener Preise für Rohöl nicht aufrechterhalten zu können; eine spätere Auftragsvergabe könnte sich erheblich verteuern. Rechtslage?

1108 Im Fall eines fehlerhaften Vergabeverfahrens kommen behördliche und gerichtliche Nachprüfungen als Primärrechtsschutz und Schadensersatz als Sekundärrechtsschutz in Betracht.

110 Vgl auch *Storr*, SächsVBl 2005, 298, 293.

1. Rechtsschutz

a) Rechtsschutz unterhalb der Schwellenwerte

Der Rechtsschutz des erfolglosen Bieters – bzw des Konzessionswerbers[111] – ist davon abhängig, ob es sich um ein Vergabeverfahren unterhalb oder oberhalb der Schwellenwerte handelte. Denn den Rechtsschutz oberhalb der Schwellenwerte hat der Gesetzgeber in Umsetzung der RiLen 89/665 und 92/13 in den §§ 155 ff GWB geregelt. Unterhalb der Schwellenwerte sollen den Bietern nach überwiegender Auffassung – wie ausgeführt (s. Rn 1073 f) – **keine subjektiven Rechte** zukommen. In der Folge soll ihnen auch die Möglichkeiten des Rechtsschutzes, wie sie im Oberschwellenbereich bestehen, nicht gleichermaßen zustehen. 1109

Die Aufsichtsbehörden sollen bei einem fehlerhaften Ausschreibungsverfahren im Wege der Rechts- oder Fachaufsicht einschreiten können. Ein gegen die Aufsichtsbehörde gerichteter Anspruch des einzelnen Bieters auf eine entsprechende Prüfung gibt es grundsätzlich nicht.

Nach der Rechtsprechung des BVerfG[112] soll insbesondere die **Rechtsschutzgarantie Art. 19 Abs. 4 GG** nicht auf Vergaben durch die öffentliche Hand Anwendung finden. Das Grundrecht soll Rechtsschutz nur dort gewährleisten, wo der Einzelne sich zu dem Träger staatlicher Gewalt in einem Verhältnis „typischer Abhängigkeit und Unterordnung" befindet. Die besondere Rechtsschutzgarantie in Art. 19 Abs. 4 GG ist aufgrund historischer Erfahrungen zum Schutz vor Missachtungen des Rechts durch die dem Bürger übergeordnete und gegebenenfalls mit den Mitteln des Zwangs arbeitende Exekutive eingeführt worden. Vor diesem spezifischen Schutzzweck soll der Begriff der öffentlichen Gewalt im Sinne des Art. 19 Abs. 4 GG bestimmt werden. Als Nachfrager am Markt, um seinen Bedarf an bestimmten Gütern oder Leistungen zu decken, soll die Vergabestelle nicht als Trägerin öffentlicher Gewalt im Sinne des Art. 19 Abs. 4 GG handeln. 1110

Diese Interpretation stellt den privatrechtlich handelnden Staat unzulässigerweise einem Privaten gleich (vgl bereits Rn 696). Das ist schon deshalb unzutreffend, weil der Staat nicht ausschließlich „wie ein Privater" als Nachfrager am Markt auftritt. Allein, weil er das Vergaberecht, an das alle Auftraggeber und Bieter gebunden sind, regelt, greift er auf seine besondere Rechtsmacht zurück. Vor allem aber ist die Beschaffung durch die öffentliche Hand auch ein wirtschaftspolitisches Steuerungsinstrument (s. Rn 1101 f)[113]. Es ist weder überzeugend noch erforderlich, die öffentliche Gewalt iSv Art. 19 Abs. 4 GG vom Adressatenkreis des Art. 1 Abs. 3 GG zu unterscheiden.

Stattdessen soll der durch den Rechtsstaatsgrundsatz (Art. 20 Abs. 3 GG) verbürgte **allgemeine Justizgewährungsanspruch** zur Anwendung kommen. Die verfassungsrechtlichen Anforderungen sollen geringer sein als bei Art. 19 Abs. 4 GG. Der Justizgewährungsanspruch ermöglicht und verlangt in Lagen, in denen unterschiedliche Interessen betroffen sind, keine schlichte Maximierung der Rechtsschutzmöglichkeiten des einzelnen Rechtssuchenden, sondern zielt auf eine sachgerechte Gewichtung und 1111

---

111 Dazu *Siegel*, NZBau 2019, 354 ff.

112 BVerfG v. 13.6.2006, Az. 1 BvR 1160/03.

113 *Dörr*, GewArch. 2007, 211, 213; vgl ferner: *Dreher*, NZBau 2002, 419, 425; *Huber*, JZ 2000, 877, 882; OVG Koblenz, NZBau 2005, 411; *Ruthig*, NZBau 2005, 497 ff, der Art. 19 Abs. 4 GG für einschlägig hält, dem auch durch den Zivilrechtsweg entsprochen werden kann.

Zuordnung der betroffenen rechtlich geschützten Belange. Dem Gesetzgeber kommt ein Einschätzungs- und Beurteilungsspielraum zu; er hat die Vor- und Nachteile für die jeweils betroffenen Güter und die Folgen für die verschiedenen rechtlich geschützten Interessen zu berücksichtigen. Das sind einerseits die Interessen der erfolglosen Bieter an einem effektiven Rechtsschutz und andererseits die öffentlichen Interessen und die Interessen des erfolgreichen Bieters an einer zügigen und wirtschaftlichen Beschaffung. Er kann das Interesse an einer raschen Vergabeentscheidung, den zeitlichen und sachlichen Aufwand, den ein Nachprüfungsverfahren erfordert, und die Gefahr, dass ein erfolgloser Bieter den Rechtsschutz in sachwidriger oder sogar missbräuchlicher Weise nutzt, berücksichtigen. Deshalb soll der Gesetzgeber den Rechtsschutz auf Sekundärrechtsschutz (Schadensersatz) beschränken können.

1112 Der Einzelne kann sich auf die Rechtsschutzgarantie nur berufen, wenn er die Verletzung einer Rechtsposition geltend macht, die ihm die Rechtsordnung gewährt. Diese Rechte können aus dem einfachen Gesetz folgen oder aus Grundrechten herzuleiten sein. Die Vergabe eines öffentlichen Auftrags soll nach der Rspr des BVerfG grundsätzlich nicht den Schutzbereich des Art. 12 GG berühren[114] – anders in der Tariftreue-Entscheidung[115]. Allerdings gilt Art. 3 Abs. 1 GG. Die Interessen des erfolglosen Bieters dürfen als weniger gewichtig bewertet werden. Eine verfassungswidrige Ungleichbehandlung zwischen Bietern, die sich um Aufträge im Unterschwellen- und im Oberschwellenbereich bewerben, sieht das BVerfG nicht. Zum einen folgt die Verpflichtung zum Primärrechtsschutz aus dem Europarecht und ist daher von einem anderen Gesetzgeber initiiert, zum anderen kann der Gesetzgeber davon ausgehen, dass der Verlust an Wirtschaftlichkeit durch ein Vergabekontrollverfahren oberhalb der Schwellenwerte wegen der Kosten geringer ist als unterhalb der Schwellenwerte, weshalb die Unterscheidung auch sachlich gerechtfertigt ist.

1113 Auch aus dem Unionsrecht folgen Vorgaben für einen Rechtsschutz unter den Schwellenwerten. Diese leiten sich aus dem Recht auf einen wirksamen Rechtsbehelf sowie den Grundfreiheiten und den Grundsätzen der Gleichbehandlung, der Transparenz und der ordnungsgemäßen Verwaltung ab.

Das EuG[116] führt in einer Entscheidung über einen Beschaffungsvorgang von europäischen Organen (i.c. der EIB) aus, dass Bieter in Ausschreibungsverfahren „gegen die Willkür des öffentlichen Auftraggebers geschützt werden" müssen, indem ihnen garantiert wird, dass gegen deren rechtswidrige Entscheidungen ein effektiver und möglichst schneller Rechtsbehelf möglich ist. Das erfordert dreierlei: Erstens müssen sämtliche Bieter vor Abschluss des Vertrags von der Zuschlagsentscheidung unterrichtet werden, damit sie einen Rechtsbehelf mit dem Ziel der Nichtigerklärung dieser Entscheidung einlegen können. Zweitens müssen abgelehnte Bieter rechtzeitig die Gültigkeit der Zuschlagserteilung prüfen können. Deshalb muss zwischen dem Zeitpunkt, zu dem die abgelehnten Bieter von der Zuschlagsentscheidung unterrichtet worden sind, und der Unterzeichnung des Vertrags eine angemessene Frist liegen, so dass sie insbesondere einen Antrag auf einstweilige Anordnung einreichen können. Drittens muss der öffentliche Auftraggeber die ihm obliegende Begründungspflicht beachten. Jedem abgelehnten Bieter muss auf dessen Antrag eine hinreichende Begründung geliefert werden, damit dieser beurtei-

114 BVerfG v. 13.6.2006, Az. 1 BvR 1160/03.
115 BVerfG v. 11.7.2006, Az. 1 BvL 4/00.
116 EuG v. 20.9.2011, Rs. T-461/08 – „*Evropaïki Dynamiki*", Rn. 118 ff.

len kann, ob es für ihn von Nutzen ist, das zuständige Gericht anzurufen. Diese Aussagen lassen sich auf die Anforderungen auf einen Rechtsschutz unter den Schwellenwerten übertragen[117].

Soweit Rechtschutz unterhalb der Schwellenwerte zugelassen ist, soll dieser durch die ordentlichen Gerichte gewährt werden. Nach hier vertretener Auffassung folgt ein Anspruch des Bieters auf gerichtliche Nachprüfung eines fehlerhaft durchgeführten Vergabeverfahrens aus Art. 19 Abs. 4 GG. Dabei handelt es sich unter Zugrundelegung der Zwei-Stufen-Theorie (s. Rn 1099) bis zur Zuschlagsentscheidung – entgegen BVerwG[118] – um eine **verwaltungsrechtliche Streitigkeit** (§ 40 Abs. 1 VwGO). Der erfolglose Bieter kann seine Rechte (insbesondere aus Art. 3 Abs. 1 GG und ggf auch aus Art. 12 Abs. 1 GG) nach Widerspruch (§§ 68 ff VwGO) deshalb einer verwaltungsgerichtlichen Nachprüfung zuführen. Zu beachten ist aber, dass Rechtsbehelfe gegen behördliche Verfahrenshandlungen nur gleichzeitig mit den gegen die Sachentscheidung zulässigen Rechtsbehelfen geltend gemacht werden können (§ 44a S. 1 VwGO[119]). Der Bieter muss anführen können, eine reelle Chance gehabt zu haben, den Zuschlag zu erhalten. **1114**

Die Praxis lässt Rechtsschutz durch die **ordentlichen Gerichte** zu. Primärrechtsschutz ist nur möglich, solange der Vertrag noch nicht abgeschlossen ist. Denn dann gilt der Grundsatz „pacta sunt servanda". Deshalb muss der Zuschlag verhindert werden. Das ist über eine Sicherungsverfügung, ggf auch durch eine Regelungsverfügung (§ 935, 940 ZPO) möglich. Die Sicherungsverfügung muss auf den Erlass eines befristeten Zuschlagsverbots gerichtet sein, ggf ist durch Regelungsverfügung eine Zurücksetzung des Verfahrens zu erreichen.

Voraussetzung für einstweilige Verfügungen sind das Vorliegen eines Verfügungsanspruchs und eines Verfügungsgrundes. Der Verfügungsanspruch kann sich aus dem zwischen dem Bieter und dem Auftraggeber bestehenden vorvertraglichen Schuldverhältnis ergeben (vgl §§ 241 Abs. 2, 311 Abs. 2 Nr 1 BGB), ggf auch iVm mit Vorgaben der VOB/A, ferner aus § 823 Abs. 2 BGB iVm mit einem Schutzgesetz (zB Art. 3 GG iVm VOB/A) und § 1004 BGB. Der Verfügungsanspruch ist glaubhaft zu machen (§§ 920 Abs. 2, 936, 294 Abs. 1 ZPO).

b) Rechtsschutz oberhalb der Schwellenwerte

Oberhalb der Schwellenwerte greift das besondere Nachprüfungsrechtsregime des GWB. Behördlicher Rechtsschutz erfolgt durch die Aufsichtsbehörden und durch die Vergabekammern (§§ 155 ff. GWB). Die **Vergabekammern** sind behördliche Einrichtungen, deren Aufgabe die Nachprüfung von Vergabeentscheidungen ist. Vergabekammern des Bundes sind für die dem Bund zuzurechnenden öffentlichen Aufträge und Konzessionen, Vergabekammern der Länder für die diesen zuzurechnenden öffentlichen Aufträgen und Konzessionen zuständig (§ 156 Abs. 1 GWB). Für den Bund sind Vergabekammern beim Bundeskartellamt eingerichtet (zur Zuständigkeit vgl § 158 GWB). Der Vergabekammer gehören grds. drei Mitglieder an, die unabhängig sind. Das Verfahren vor der Vergabekammer ist gerichtsprozessähnlich ausgestal- **1115**

117 *Burgi*, Vergaberecht, 2. Aufl., 2018, S. 291.
118 BVerwG, NVwZ 2007, 820; vgl auch *Ziekow*, Öffentliches Wirtschaftsrecht, 5. Aufl., 2020, S. 204 f.
119 Zum vergaberechtlichen Rechtsschutz vor den Verwaltungsgerichten, insbes. zur Anwendung der VwGO: *Bühs*, DöV 2017, 1525 ff.

tet. Die Vergabekammer wird nicht von Amts wegen tätig, sondern leitet ein Nachprüfungsverfahren nur auf Antrag ein. Antragsbefugt ist jedes Unternehmen, das ein Interesse an dem Auftrag hat und eine Verletzung seiner Rechte (§§ 97 Abs. 6, 160 GWB) wegen Nichtbeachtung von Vergabevorschriften geltend macht.

Das kann auch ein Unternehmen sein, das kein Angebot abgegeben hat, weil wegen der rechtswidrigen Vergabebedingungen die Wahrscheinlichkeit eines Zuschlags sehr niedrig ist[120].

Der Antragsteller muss darlegen, dass ihm durch die behauptete Verletzung der Vergabevorschriften ein Schaden entstanden ist oder zu entstehen droht.

Beispiel: Eine Antragsbefugnis ist abzulehnen, wenn in einem Vergabeverfahren zwei Unternehmen geboten haben und das antragstellende Unternehmen eine Zuschlagsentscheidung an den anderen Bieter bekämpft, obwohl es bereits ausgeschlossen wurde (wegen Nichtvorlage von Unterlagen zur Bestätigung der Eignung)[121].

1116 Dem Antragsteller obliegen Mitwirkungs- und Förderpflichten bereits während des Vergabeverfahrens: § 160 Abs. 3 GWB nennt vier Fälle, in denen der Antrag nicht zulässig ist:

- Soweit der Antragsteller den geltend gemachten Verstoß gegen Vergabevorschriften **vor Einreichen des Nachprüfungsantrags erkannt** und gegenüber dem Auftraggeber nicht innerhalb einer Frist von zehn Kalendertagen gerügt hat (ungeachtet des Ablaufs der Frist nach § 134 Abs. 2 GWB),
- bei Verstößen gegen Vergabevorschriften, die **aufgrund der Bekanntmachung erkennbar** sind, und die er nicht spätestens bis zum Ablauf der in der Bekanntmachung benannten Frist zur Bewerbung oder zur Angebotsabgabe gegenüber dem Auftraggeber gerügt hat,
- bei Verstößen gegen Vergabevorschriften, die erst **in den Vergabeunterlagen erkennbar** sind, die er nicht spätestens bis zum Ablauf der Frist zur Bewerbung oder zur Angebotsabgabe gegenüber dem Auftraggeber gerügt hat,
- wenn mehr als 15 Kalendertage **nach Eingang der Mitteilung des Auftraggebers, einer Rüge nicht abhelfen** zu wollen, vergangen sind.

Unberührt davon bleibt der Fall der unterlassenen Informationspflicht und der Feststellung der Unwirksamkeit des Vertrages nach § 135 Abs. 1 Nr 1 und 2 GWB.

1117 Die Vergabekammer **erforscht den Sachverhalt von Amts** wegen, kann sich dabei auf das beschränken, was von den Beteiligten vorgebracht wird oder ihr sonst bekannt sein muss. Zu einer umfassenden Rechtmäßigkeitskontrolle ist die Vergabekammer nicht verpflichtet. Sie achtet bei ihrer gesamten Tätigkeit darauf, dass der Ablauf des Vergabeverfahrens nicht unangemessen beeinträchtigt wird (§ 163 Abs. 1 GWB).

Sie entscheidet grds. binnen fünf Wochen (§ 167 GWB) aufgrund mündlicher Verhandlung (§ 166 Abs. 1 GWB) durch Verwaltungsakt (§ 168 Abs. 3 GWB). Sie trifft die geeigneten Maßnahmen, um eine Rechtsverletzung zu beseitigen und eine Schädigung der betroffenen Interessen zu verhindern. Allerdings kann sie einen wirksam erteilten Zuschlag nicht wieder aufheben (§ 168 Abs. 2 S. 1 GWB s. Rn 1114). Daher

---

120 EuGH v. 28.11.2018, Rs. C 328/17 – „*Amt Azienda Trasporti e Mobilità*".
121 EuGH 21.12.2016, Rs. C-355/15 – „*Bietergemeinschaft Technische Gebäudebetreuung*".

verbietet § 134 Abs. 2 GWB dem Auftraggeber, einen Vertrag vor Ablauf von 15 Kalendertagen nach Absendung der Information abzuschließen (bzw zehn Kalendertage bei elektronischer Versendung oder per Fax). Außerdem darf der Auftraggeber den Zuschlag nicht erteilen, wenn die Vergabekammer den Auftraggeber über den Eingang des Nachprüfungsantrages informiert[122]. Das Zuschlagsverbot besteht bis zur Entscheidung der Vergabekammer und dem Ablauf der Beschwerdefrist nach § 172 Abs. 1 GWB (§ 169 Abs. 1 GWB). Die Vergabekammer kann dem Auftraggeber den Zuschlag aber nach einer dem Verfahren des vorläufigen Rechtsschutzes entsprechenden Interessensabwägung gestatten (§ 169 Abs. 2 GWB).

Gegen Entscheidungen der Vergabekammer ist die sofortige Beschwerde an das **Oberlandesgericht** zulässig (§ 171 GWB). Die sofortige Beschwerde ist auch zulässig, wenn die Vergabekammer über einen Antrag auf Nachprüfung nicht innerhalb der Frist von fünf Wochen (grds.) entschieden hat. Das Gesetz fingiert den Antrag auf Nachprüfung dann als abgelehnt. Beim OLG ist ein eigener **Vergabesenat** gebildet. Die sofortige Beschwerde ist binnen zwei Wochen (Notfrist) einzulegen (§ 172 GWB) und hat aufschiebende Wirkung (§ 173 Abs. 1 GWB). Die aufschiebende Wirkung entfällt zwei Wochen nach Ablauf der Beschwerdefrist; das OLG kann die aufschiebende Wirkung auf Antrag des Beschwerdeführers verlängern. Bei seiner Entscheidung hat das Gericht die Erfolgsaussichten der Beschwerde zu berücksichtigen. Es lehnt den Antrag ab, wenn unter Berücksichtigung aller möglicherweise geschädigten Interessen sowie des Interesses der Allgemeinheit an einem raschen Abschluss des Vergabeverfahrens die nachteiligen Folgen einer Verzögerung der Vergabe bis zur Entscheidung über die Beschwerde die damit verbundenen Vorteile überwiegen. **1118**

Auch der Auftraggeber kann auf das Vergabeverfahren während der Rechtsanhängigkeit Einfluss nehmen: Er kann **beantragen**, den weiteren Fortgang des Vergabeverfahrens und den **Zuschlag zu gestatten**. Das Gericht hat wie im Verfahren gem. § 176 GWB bei seiner Entscheidung die Erfolgsaussichten des Verfahrens zu berücksichtigen. Es kann den Zuschlag auch dann gestatten, wenn unter Berücksichtigung aller möglicherweise geschädigten Interessen sowie des Interesses der Allgemeinheit an einem raschen Abschluss des Vergabeverfahrens die nachteiligen Folgen einer Verzögerung der Vergabe bis zur Entscheidung über die Beschwerde die damit verbundenen Vorteile überwiegen. Die Entscheidung ist grundsätzlich binnen fünf Wochen zu treffen. **1119**

Der **BGH** ist nur für Entscheidungen über Divergenzvorlagen zuständig (§ 179 Abs. 2 GWB). **1120**

Dem Gesetzgeber war daran gelegen, einen **möglichst schnellen** und **effektiven** Rechtsschutz zu gewähren. Langwierige Gerichtsprozesse sollten aus Gründen der Planungs- und Investitionssicherheit vermieden und insbesondere sollte die Möglichkeit missbräuchlicher Inanspruchnahme von Rechtsschutz verhindert werden. Rechtssicherheit sollte bald hergestellt werden. Diesen Anforderungen ist der Gesetzgeber mit einer Reihe von Maßnahmen nachgekommen: **1121**

– Einrichtung von fachlich spezialisierten VergKammern und VergSenaten bei den Oberlandesgerichten (§§ 156, 171 Abs. 3 GWB),

122 Zur Europarechtswidrigkeit dieser Regelung: *Chen*, VergabeR 2019, 145 ff.

- Beschränkung der Nachprüfung auf grundsätzlich zwei Instanzen (VergK, OLG; §§ 156, 171 GWB),
- Rügepflicht des Antragstellers schon während des Vergabeverfahrens (§ 160 Abs. 3 GWB),
- Pflicht des Antragstellers, seinen Antrag unverzüglich zu begründen (§ 161 Abs. 1 GWB),
- Möglichkeit der Abweisung a limine bei offensichtlich unzulässigem oder unbegründetem Antrag (§ 163 Abs. 2 GWB),
- Entscheidung aufgrund einer mündlichen Verhandlung in einem Termin (§ 166 Abs. 1 GWB),
- Verhandlung auch bei Nichterscheinen der Beteiligten (§ 166 Abs. 2 GWB),
- Entscheidung der VergK und Begründung grds. binnen fünf Wochen (§ 167 Abs. 1 GWB),
- Geltung des Untersuchungsgrundsatzes (§ 163 GWB) bei Mitwirkungspflicht der Beteiligten (§ 167 Abs. 2 GWB),
- Möglichkeit der VergK, auf die Rechtmäßigkeit des Vergabeverfahrens einzuwirken, ohne an die Anträge gebunden zu sein (§ 168 Abs. 1 GWB),
- Entscheidung der VergK nur bei noch nicht erteiltem Zuschlag (§ 168 Abs. 2 GWB; vgl a. § 134 GWB),
- Möglichkeit der vorläufigen Gestattung des Zuschlags (§ 169 Abs. 2 GWB),
- Beschränkung der Frist für sofortige Beschwerde beim OLG auf eine zweiwöchige Notfrist (§ 172 Abs. 1 GWB),
- Pflicht des Antragstellers, seine Beschwerde zugleich zu begründen (§ 172 Abs. 2 GWB),
- Anwaltszwang (§§ 172 Abs. 3, 175 GWB),
- Entfallen der aufschiebenden Wirkung der Beschwerde zwei Wochen nach Ablauf der Beschwerdefrist (§ 173 Abs. 1 GWB); aber Möglichkeit der Verlängerung durch gerichtliche Entscheidung auf Antrag des Auftraggebers (§ 173 Abs. 2 GWB),
- Möglichkeit der Vorabentscheidung über den Zuschlag auf Antrag des Auftraggebers (§ 176 GWB),
- Beendigung des Vergabeverfahrens mit Ablauf einer zehntägigen Frist nach Zustellung der VergS-Entscheidung bei Unterliegen des Auftraggebers, wenn dieser keine Maßnahmen zur Herstellung der Rechtmäßigkeit des Verfahrens trifft (§ 177 GWB),
- Schadensersatzpflicht bei rechtsmissbräuchlicher Inanspruchnahme von Rechtsschutz (§ 180 GWB).

Fall 86 (Rn 1107)[123]**: a)** Gegen die ablehnende Entscheidung der Vergabekammer ist die sofortige Beschwerde statthaft (§ 171 Abs. 1 S. 1 GWB). U ist beschwerdebefugt und kann eine mögliche Verletzung seiner Rechte im Vergabeverfahren anführen (§§ 174 iVm 162 und 97 Abs. 6 GWB). U hat auch ein Interesse am Auftrag; ein Zuschlag ist noch nicht erteilt (vgl § 168 Abs. 2 S. 1 GWB). Der behauptete Fehler ist bei A noch vor Angebotsabgabe und damit rechtzeitig gerügt worden (vgl § 160 Abs. 3 Nr 3 GWB). Die Beschwerdefrist beträgt zwei Wochen (Notfrist) ab Zustellung der Entscheidung (§ 172 Abs. 1 GWB); U hat

123 Nach OLG Naumburg, NZBau 2001, 642 ff.

bereits am gleichen Tag (4.12.) Beschwerde erhoben. Die Beschwerde ist schriftlich einzureichen und zu begründen (§ 172 Abs. 2 GWB). Es besteht Anwaltszwang (§ 172 Abs. 3 GWB).

Die Beschwerde ist begründet. In der Leistungsbeschreibung ist der Auftragsgegenstand so eindeutig und erschöpfend wie möglich zu beschreiben, sodass die Beschreibung für alle Unternehmen im gleichen Sinne verständlich ist und die Angebote miteinander verglichen werden können (§ 121 Abs. 1 GWB). Nach Maßgabe des europäischen Rechts ist die Leistungsbeschreibung mit technischen Spezifikationen nach CPV zu versehen (§ 31 VgV). Deshalb wird die Beschwerde Erfolg haben.

b) A hat ferner einen Antrag auf Anordnung der Verlängerung der aufschiebenden Wirkung seiner Beschwerde bis zur endgültigen Entscheidung in der Hauptsache des gerichtlichen Verfahrens gestellt. Der Antrag ist gem. § 173 Abs. 1 S. 3 GWB statthaft. Die Vergabekammer hat den Antrag auf Nachprüfung (§ 160 GWB) zurückgewiesen (§ 168 Abs. 1 GWB). Besondere Anforderungen an die Form bestehen nicht (aber Anwaltszwang, vgl § 175 GWB); der Antrag ist bis zur OLG-Entscheidung über die Beschwerde zulässig.

In der Sache hat das OLG unter Berücksichtigung der Erfolgsaussichten der sofortigen Beschwerde alle möglicherweise geschädigten Interessen sowie das Interesse der Allgemeinheit an einem raschen Abschluss des Vergabeverfahrens gegeneinander abzuwägen (§ 173 Abs. 2 GWB). Dabei berücksichtigt das Gericht auch, dass eine Vorabgestattung der Zuschlagserteilung – bei Wahrnehmung dieser Option durch den Auftraggeber – vollendete Tatsachen schafft, dh Primärrechtsschutz endgültig und irreparabel nicht mehr erreicht werden kann.

Vorliegend ist – bei gebotener summarischer Prüfung – auf Seiten des U zu berücksichtigen, dass die Leistungsbeschreibung unklar, das Vergabeverfahren daher fehlerhaft ist. Ein Zuschlag vor endgültiger Entscheidung würde die subjektiven Rechte (§ 97 Abs. 6 GWB iVm § 121 GWB) des U irreparabel verletzen. Andererseits kann auch A gewichtige Interessen anführen: Eine Verzögerung der Vergabe über den 15.12. hinaus kann die Beschaffung verteuern. Dennoch werden die Interessen des U stärker zu gewichten sein, insbesondere, weil seine Beschwerde voraussichtlich Erfolg haben wird. A betreffend wird zu bedenken sein, dass eine spätere Vergabe der Leistungen nicht unmöglich ist. A könnte den Zuschlag später erteilen und den Auftrag unter den verbliebenen Bietern vergeben. Möglich ist auch, dass A den Auftrag zunächst nur provisorisch vergibt und eine Entspannung der Rohstoffpreise abwartet. Damit wird dem Antrag des A auf Verlängerung der aufschiebenden Wirkung stattzugeben sein.

c) Seinem Wortlaut nach ist der Antrag des A auf Gestattung des sofortigen Zuschlags auf § 176 Abs. 1 GWB gestützt. Problematisch ist die Antragsbefugnis: Der Antrag setzt voraus, dass dem Auftraggeber eine Zuschlagserteilung innerhalb der Zuschlagsfrist untersagt ist. Vorliegend greift das Zuschlagsverbot des § 173 Abs. 1 S. 1 GWB. U hat sofortige Beschwerde am 4.12. eingelegt; die aufschiebende Wirkung endet zum 18.12. Zu beachten ist, dass die Beschwerde zwar weder zulässig noch begründet sein muss, der Suspensiveffekt aber nicht ausgelöst wird, wenn die sofortige Beschwerde offensichtlich unzulässig oder unbegründet ist. Das ist hier nicht erkennbar.

Ein Antrag nach § 176 Abs. 1 GWB könnte aber unzulässig sein, weil die Frist nach § 173 Abs. 1 S. 2 GWB noch nicht abgelaufen ist. Nach OLG Naumburg muss der Ablauf der Beschwerdefrist grundsätzlich abgewartet werden. Das soll aus § 173 Abs. 3 GWB entnommen werden; demnach soll das Antragsverfahren nach § 121 Abs. 1 GWB grundsätzlich nur dann eröffnet sein, wenn der Auftraggeber vor der Vergabekammer unterlegen und so die Erteilung des Zuschlags bis auf Weiteres gem. § 173 Abs. 3 GWB untersagt ist. Dieser Rechtsprechung kann aber nicht gefolgt werden, weil mit Beendigung der aufschiebenden

Wirkung nach Ablauf der Beschwerdefrist (§ 173 Abs. 1 S. 2 GWB) der Zuschlag erteilt werden kann, ein Antrag nach § 176 GWB folglich unzulässig wird. Aus dem Gesetz ist nicht zu entnehmen, dass § 176 GWB lediglich auf die Fälle § 173 Abs. 1 S. 3 und Abs. 3 GWB beschränkt sein soll. Zwar stehen dem Auftraggeber über das Antragsverfahren vor der Vergabekammer nach § 169 Abs. 2 S. 1 GWB sowie – im Falle einer Erfolglosigkeit – vor dem OLG nach § 169 Abs. 2 S. 6 GWB rechtliche Instrumente zur Verfügung, um einen baldigen Zuschlag zu erreichen; das schränkt den Geltungsbereich des § 176 GWB aber nicht ein.

Der Antrag ist jedenfalls unbegründet. Denn es ist dem Antrag des U stattzugeben (vgl b.). Damit kann ein Zuschlag nicht mehr vorläufig gestattet werden.

2. Schadensersatzansprüche des übergangenen Bieters

a) Der Schadensersatzanspruch aus § 181 GWB

1122 Der Gesetzgeber hat in § 181GWB eine besondere Schadensersatzpflicht des Auftraggebers für den Fall geregelt, dass dieser das **Vergabeverfahren fehlerhaft** durchführt. Vier Anspruchsvoraussetzungen müssen erfüllt sein:

- der Auftraggeber muss gegen eine den Schutz von Unternehmen bezweckende Vorschrift verstoßen haben;
- das Unternehmen hätte ohne diesen Verstoß bei der Wertung der Angebote eine echte Chance gehabt, den Zuschlag zu erhalten;
- diese Chance ist durch den Rechtsverstoß beeinträchtigt worden;
- dadurch hat der Bieter einen Schaden erlitten.

Grundsätzlich sind die Vergabe- und Vertragsordnungen Schutzvorschriften der Bieter, sofern es sich nicht um bloße Ordnungsvorschriften handelt (vgl a. § 97 Abs. 6 GWB). Eine „echte Chance“ hat ein Bieter nicht schon deshalb, weil er die formalen Angebotskriterien erfüllt. Überwiegend wird darauf abgestellt, ob der Bieter in die „engere Auswahl“ gekommen ist, dh „zur Spitzengruppe“ gehört, ohne dass diese Begriffe näher einzugrenzen wären[124]. Die Haftung ist verschuldensunabhängig. Der Schadensersatz ist auf das negative Interesse beschränkt, dh auf die Kosten der Vorbereitung des Angebots oder der Teilnahme am Vergabeverfahren.

b) Weitere Schadensersatzansprüche

1123 Neben § 181 S. 1 GWB sind – wie § 181 S. 2 GWB klarstellt – weitere Schadensersatzansprüche nicht ausgeschlossen. Denkbar sind Schadensersatzansprüche aus **§ 823 Abs. 1 BGB** (Eingriff in den eingerichteten und ausgeübten Gewerbebetrieb), **§ 823 Abs. 2 BGB** iVm den drittschützenden Bestimmungen des Vergaberechts und dem Kartellrecht (zB § 20 GWB), **§ 826 BGB** und **§ 9 UWG**).

1124 Insbesondere bei einem fehlerhaft durchgeführten Vergabeverfahren kommen außerdem Schadensersatzansprüche aus **culpa in contrahendo** (§ 280 iVm § 311 Abs. 2 Nr 1 BGB) in Betracht. Voraussetzung für einen Schadensersatzanspruch aus cic ist,

- dass ein Vertrauensverhältnis mit dem Auftraggeber besteht (was schon auf Grund der öffentlichen Ausschreibung der Fall ist, § 311 BGB),

124 IE *Stockmann*, in: Immenga/Mestmäcker, GWB, 4. Aufl., 2007, § 126, Rn 13 f; *Bungenberg*, in: Loewenheim/Meessen/Riesenkampff, GWB, 2. Aufl., § 126, Rn 7.

- dass dieses Vertrauen berechtigt und schutzwürdig ist,
- dass der Auftraggeber dieses Vertrauen schuldhaft enttäuscht hat, indem er eine ihm obliegende Pflicht verletzt hat, und
- es dadurch zu einem Schaden bei einem Bieter gekommen ist.

Das Vertrauen ist nicht schutzwürdig, wenn der Bieter bei der ihm jeweils zumutbaren Prüfung der einschlägigen Bestimmungen erkannt hat oder erkennen hätte müssen, dass der Auftraggeber von den für ihn geltenden Bestimmungen abweicht. Das Vertrauen soll nicht mehr schutzwürdig sein, wenn sich dem Bieter die ernste Gefahr eines Regelverstoßes aufdrängen musste, ohne dass eine Abweichung durch den Auftraggeber schon sicher ist[125].

Der Anspruch richtet sich grundsätzlich auf Ersatz des **Vertrauensschadens** (negatives Interesse). Nur ausnahmsweise erstreckt sich der Schadensersatz auf den **Ersatz entgangenen Gewinns** (positives Interesse), und zwar dann, wenn der ausgeschriebene Auftrag tatsächlich erteilt wurde und bei ordnungsgemäßem Ablauf dem übergangenen Bieter hätte zugeschlagen werden müssen[126]. 1125

3. Sonderprobleme

a) Das Problem der De-facto-Vergabe

Von einer De-facto-Vergabe wird gesprochen, wenn eine Vergabe ohne Durchführung eines Vergabeverfahrens erfolgt. Das kann der Fall sein, wenn der Auftraggeber ein Vergabeverfahren bewusst nicht durchführen wollte oder fehlerhaft nicht erkannt hat, dass die gesetzlichen Voraussetzungen zur Durchführung eines Vergabeverfahrens nicht vorliegen (zB seine Auftraggebereigenschaft verkannt hat oder fehlerhaft davon ausgegangen ist, dass der Auftragswert unterhalb der Schwellenwerte liegt). 1126

Im Oberschwellenbereich nehmen darauf § 134 und § 135 GWB Bezug. § 135 GWB ordnet die **Unwirksamkeit eines Vertrages ex tunc** an, wenn ein öffentlicher Auftraggeber gegen die Informations- und Wartepflicht des § 134 GWB verstoßen hat oder den Auftrag ohne vorherige Veröffentlichung einer Bekanntmachung im Amtsblatt der Europäischen Union vergeben hat, ohne dass dies aufgrund Gesetzes gestattet ist und dieser Verstoß in einem Nachprüfungsverfahren festgestellt worden ist. Diese Unwirksamkeit kann nur festgestellt werden, wenn sie im Nachprüfungsverfahren innerhalb von 30 Kalendertagen nach der Information der betroffenen Bieter und Bewerber durch den öffentlichen Auftraggeber über den Abschluss des Vertrags, jedoch nicht später als sechs Monate nach Vertragsschluss, geltend gemacht worden ist. Hat der Auftraggeber die Auftragsvergabe im Amtsblatt der Europäischen Union bekannt gemacht, endet die Frist zur Geltendmachung der Unwirksamkeit 30 Kalendertage nach Veröffentlichung dieser Bekanntmachung (§ 135 Abs. 2 GWB).

Die Unwirksamkeit nach der zweiten Alternative tritt nicht ein, wenn der öffentliche Auftraggeber der Ansicht ist, dass die Auftragsvergabe ohne vorherige Veröffentlichung einer Bekanntmachung im Amtsblatt der Europäischen Union zulässig ist, eine Bekanntmachung im Amtsblatt der Europäischen Union veröffentlicht hat, mit der er die Absicht bekundet, den Vertrag abzuschließen, und der Vertrag nicht vor Ablauf einer Frist von mindestens zehn Kalen-

---

125 BGHZ 124, 64 ff; BGH, NZBau 2004, 517 ff.
126 BGH, NZBau 2003, 168 ff.

dertagen, gerechnet ab dem Tag nach der Veröffentlichung dieser Bekanntmachung, abgeschlossen wurde (§ 135 Abs. 3 GWB).

b) Aufhebung von Vergabeverfahren

1127 Eine Aufhebung eines Vergabeverfahrens (ganz oder teilweise) ist nur unter den in den Vergabeverordnungen geregelten Voraussetzungen möglich (vgl zB § 63VgV), zB weil kein Angebot eingegangen ist, das den Bedingungen entspricht, sich die Grundlage des Vergabeverfahrens wesentlich geändert hat, kein wirtschaftliches Ergebnis erzielt wurde oder andere schwerwiegende Gründe bestehen. Jedenfalls ist der öffentliche Auftraggeber grundsätzlich nicht verpflichtet, den Zuschlag zu erteilen. Wenn der öffentliche Auftraggeber das Verfahren aufhebt, teilt er dies sowie die Gründe für seine Entscheidung unverzüglich mit.

Für den Bereich oberhalb der Schwellenwerte hat der EuGH aus den Vergabe-Richtlinien und dem Gleichheitssatz abgeleitet, dass eine Aufhebung der Ausschreibung in einem Nachprüfungsverfahren auf Verstöße gegen das Unionsrecht im Bereich des öffentlichen Auftragswesens oder gegen einzelstaatliche Vorschriften, die dieses Recht umsetzen, überprüft und gegebenenfalls selbst wieder aufgehoben werden kann[127] (**„Aufhebung der Aufhebung“**).

1128 Doch folgt aus § 63 VgV **kein Anspruch des Bieters auf Vertragsabschluss**. Ein Bieter kann nicht darauf vertrauen, dass das Ausschreibungsverfahren in jedem Fall mit der Erteilung eines Zuschlags und damit der Vergabe des Auftrags endet[128]. Das Vergaberecht enthält weder eine Verpflichtung zur Auftragserteilung nach rechtswidriger Aufhebung, noch ist mit der Ausschreibung ein Kontrahierungszwang verbunden. Das Vertrauen des Bieters ist grundsätzlich darauf beschränkt, dass er durch seine Teilnahme an der Ausschreibung nicht von vornherein nutzlos Unkosten aufwendet[129]. Allenfalls kann er den Ersatz dieser Unkosten auf der Grundlage von cic vom Auftraggeber verlangen.

Zu beachten ist, dass der Auftraggeber ein Vergabeverfahren nicht lediglich zur Markterkundung und zum Zwecke der Kosten- oder Preisermittlung vornehmen darf (§ 28 VgV).

c) Auftragsänderungen und Kündigung

1129 Während der Vertragslaufzeit darf ein öffentlicher Auftrag grds. nicht verändert werden. Deshalb erfordern wesentliche Änderungen ein neues Vergabeverfahren (§ 132 GWB). Wesentlich sind Änderungen, die dazu führen, dass sich der öffentliche Auftrag erheblich von dem ursprünglich vergebenen öffentlichen Auftrag unterscheidet. Das kann der Fall sein, weil mit der Änderung Bedingungen eingeführt werden, die, wenn sie für das ursprüngliche Vergabeverfahren gegolten hätten, die Zulassung anderer Bewerber oder Bieter ermöglicht hätten, die Annahme eines anderen Angebots ermöglicht hätten oder das Interesse weiterer Teilnehmer am Vergabeverfahren geweckt hätten. Wesentlich sind Änderungen auch dann, wenn das wirtschaftliche Gleichgewicht des öffentlichen Auftrags zugunsten des Auftragnehmers verschoben

127 EuGH v. 18.6.2002, Rs. C-92/00 – *„Hospital Ingenieure“*, Rn 29 ff.
128 BGHZ 139, 259, 264 f.
129 BGHZ 139, 280, 283.

wird, der Umfang des öffentlichen Auftrags erheblich ausgeweitet wird oder ein neuer Auftragnehmer den Auftragnehmer ersetzt (vgl § 132 Abs. 1 GWB).

§ 131 Abs. 2 GWB nennt Regelbeispiele, wann eine wesentliche Änderung nicht vorliegt, zB wenn sich der Gesamtcharakter des Auftrags nicht verändert, zusätzliche Liefer-, Bau- oder Dienstleistungen erforderlich geworden sind und ein Wechsel des Auftragnehmers aus wirtschaftlichen oder technischen Gründen nicht erfolgen kann und mit erheblichen Schwierigkeiten verbunden wäre etc. Für die Feststellung, ob eine Änderung wesentlich ist, kommt es auf die Erheblichkeit der Abweichung von der ursprünglichen Leistungsvereinbarung an.

Ein öffentlicher Auftrag kann ferner ohne Durchführung eines neuen Vergabeverfahrens geändert werden, wenn sich der Gesamtcharakter des Auftrags nicht ändert und der Wert der Änderung die jeweiligen Schwellenwerte sowie 10% (bei Liefer- und Dienstleistungsaufträgen) bzw. 15% (bei Bauaufträgen) des ursprünglichen Auftragswertes nicht übersteigt.

§ 133 GWB regelt drei gesetzliche Kündigungsgründe für einen öffentlichen Auftrag **1130**
während der Vertragslaufzeit:

- Wenn eine wesentliche Änderung vorgenommen wurde, die ein neues Vergabeverfahren erfordert hätte (s. § 132 GWB),
- wenn zum Zeitpunkt der Zuschlagserteilung ein zwingender Ausschlussgrund nach § 123 Abs. 1 bis 4 GWB vorlag oder
- wenn der öffentliche Auftrag aufgrund einer schweren Verletzung der Verpflichtungen aus dem AEUV oder des deutschen Kartellvergaberechts, die der EuGH in einem Vertragsverletzungsverfahren (Art. 258 AEUV) festgestellt hat, nicht an den Auftragnehmer hätte vergeben werden dürfen.

Im Fall der Kündigung kann der Auftragnehmer eine Vergütung seiner bisherigen Leistungen verlangen. Schadensersatz wird durch die Kündigung nicht ausgeschlossen.

Sachverzeichnis

Die Angaben beziehen sich auf die Randnummern.

Abgabe, parafiskalische 921
ACER 183, 496
Alkoholmissbrauch 168, 413, 435, 445
Allgemeine Handlungsfreiheit 140
Allokationsentscheidung 534, 554, 556
Altbeihilfe 1000
Altgesellenregelung 147, 458, 473 ff
Angebotsabgabe 1092
Angebotsfrist 1092
Anreizregulierung 584 ff
Anstalt 170, 197, 674
Anzeigepflicht 210, 272 ff, 536 ff
– Aufforderung zur Gewerbeanzeige 276
– Gewerbeschein 278
– juristische Person 275
– Rechtsschutz 277
Apothekenurteil 115
Aufgabenauslagerung 707
Aufhebungsbescheid 883
Auflage 353, 356, 370, 446
Auflagenverstoß 841 f
Auftrag, öffentlicher 1036
Auftraggeber, funktionaler 1027
Auftraggeber, institutioneller 1024
Auftraggeber, projektbezogener 1032
Auftragsvergabe 1001 ff
Auktion, elektronische 1085
Ausgleichsabgabe 772
Ausländer
– Gewerbetätigkeit von EU-Ausländern 237 ff
– Handwerksrolle 458, 477
Ausschreibung, Aufhebung 1127

Bankenabwicklung (SRM) 204
Bankenaufsicht 7, 180 ff, 187, 191 ff, 495 ff, 500, 601
Bankaufsichtsrecht
– Bankerlaubnis 548
– Bankgeschäfte 542
– Befreiung 548
– Genehmigungspflicht 542
– Zuständigkeit der EZB 542
Bankenunion 182, 191 ff, 501, 601
Bankerlaubnis 196, 516, 542 ff, 546
Baugenehmigung 312, 440 ff
Bedürfnisprüfung 39, 121, 410, 534
Begünstigung 908
Beherrschung 666 f, 1030
Beihilfe 897 f
Beihilfe, Begriff 904 ff
Beihilfe, Ermessen 941 f
Beihilfe, horizontale 951 f
Beihilfe, Negativentscheidung 968, 975
Beihilfe, Notifizierung 963 f
Beihilfe, Positiventscheidung 968
Beihilfe, Rechtsschutz 994, 996
Beihilfe, Rückerstattung 882 ff
Beihilfe, Rücknahme 864 ff
Beihilfe, sektorale 950
Beihilfe, sozialer Art 936
Beihilfe, Trennung Deutschlands 939
Beihilfe, Verkehr 940
Beihilfe, Widerruf 832 ff
Beihilfenempfänger 992
Beihilfenkontrolle 963 ff
Bekannt und bewährt 380, 382, 719
Beleihung 635 f, 816
Berufs- und Geschäftsgeheimnisse 133
Berufsfreiheit 40, 114 ff, 354, 534, 695 f
– Abgrenzung vom Eigentumsschutz 137
– Bedürfnisprüfung 121
– Berufsausübung 126
– Betriebs- und Geschäftsgeheimnisse 129 f
– Erlaubnisvorbehalt 123
– Handwerksrecht 125
– Monopol 121
– objektiv berufsregelnde Tendenz 118
– Pflichtmitgliedschaft 141
– Rauchverbot 126
– Sachkunde 123
– Systemgerechtigkeit 126
– Werbeverbote 127
Beschaffung 1001 ff
Beschaffung, dynamische 1085

Beschaffungsfremde Kriterien 1101
Beteiligung 717
Betreibermodell 610, 641
Betretungsrechte, behördliche 161, 511
Betriebs- und Geschäftsgeheimnisse 136
Betriebsbeihilfe 949
Betriebsführungsmodell 609
Betriebsschließung 490
Betriebsuntersagung 483 f, 488, 588, 590
Bewachungsgewerbe 305 f
Bewilligungsbescheid 835
BGB-Gesellschaft 233 f
Bieterqualifikation 1064
Billardcafé 308
Bindefrist 1092
Binnenmarkt 16, 49 f, 77, 154, 500, 552, 643, 729, 897
Börse 496 f
Bundesanstalt für Finanzdienstleistungsaufsicht 178 ff, 197, 497, 515 ff, 543 f
Bundesnetzagentur 178, 188, 190, 507, 559, 580 ff, 598
– Beschlusskammer 189
– Organe 188

Cassis-Rechtsprechung 62

Daseinsvorsorge 16, 27, 504, 607, 629, 735
De-facto-Vergabe 1126
De-minimis-Beihilfe 930
Demokratieprinzip 629, 720 f
(Deutsche) Bundesbank 176, 180, 197, 511
Dialog, wettbewerblicher 1083
Dienst von allgemeinem wirtschaftlichen Interesse 735 ff, 911
Dienste, gemeinwirtschaftliche 736
Dienstleistung 737
Dienstleistungsfreiheit 54, 75 ff, 237 ff, 245, 384, 478, 552
– Gewerbeanzeige 240
– Überwachungskompetenzen 246
– Umgehungsverbot 242
Dienstleistungsrichtlinie 207, 238, 246
Drei-Stufen-Lehre 120 f, 123
Drittschutz 284, 371, 521, 602
Durchführungsrechtsakte 91

E-Commerce 397
EBA 183
EBA (European Banking Authority) 198 ff, 500, 506 ff, 710
Eigenbetrieb 677
Eigengesellschaft 669
Eigentumsgarantie 137 f
– Genehmigungen 139
– Subventionen 139
Einheitliche Stelle 267
Einwohnerprivileg 392
Emissionshandel 34
Energierecht
– Anzeigepflicht 539
– Beschwerde 522 ff
– Beschwerdebefugnis 527
– Drittschutz 526 f
– Erlaubnispflicht 541
– Kontrolldichte 529
– Rechtsweg 522
Energiewirtschaftsrecht 20, 117, 165, 188, 496 ff, 529, 588, 599
Entflechtung (unbundling) 503
Entgeltregulierung 510, 569 ff, 582, 584
– Kostenorientierung 583
Entschädigungsanspruch 859
Entscheidungsfrist 847
Entschließungsermessen 876, 878
Erlaubnispflicht
– feststellende Verwaltungsakte 319
Ermessen
– Ermessensreduktion 550, 599
– intendiertes 551
– Regulierungsermessen 529
Erstattungsanspruch 885 ff, 892
Erstattungsbescheid 882 f
Europäischer Pass 500, 552
Europäisierung 7
EZB 183, 191 ff
– direkte Aufsicht 193 f
– gemeinsame Verfahren 192, 542
– indirekte Aufsicht 195

Feststellender Verwaltungsakt 358
Finanzanlagenvermittler 348
Finanzanlagenvermittlung 401
Finanzhilfe 757, 780
Finanzkrise 955
Finanzmarktrecht 18, 496, 503
FinTech 401
Flatrateparty 445
Flohmarkt 423
Flucht ins Privatrecht 714

Folgerichtigkeit 146 f, 149
Förderbedingung, Änderung 802 ff, 822 f
Formenwahlfreiheit der Verwaltung 713
Frequenzhandel 589
Frequenzvergabe 554, 556, 558 f
– Einzelzuteilung 555
– Rechtsschutz 564 ff
– Verfahren 566
– Versteigerung 562
– Versteigerungsverfahren 561, 563
Fun Games 307

Garantieerklärung 921
Gaststättenrecht 166, 406 ff
Geldleistung 836
Gemeinde 162 f, 165, 707 ff
Genehmigungsfiktion 268
GEREK 183
Geschäftsräume 161, 193 f, 245, 336
Gesellschaft bürgerlichen Rechts 472
Gesetzesvorbehalt 113, 320, 563, 597, 714
Gesetzgebungskompetenz 165 f
Gewährleistungsverantwortung 27, 163, 504, 607
Gewerbe
– Erlaubnispflicht 33, 74, 210, 238, 285, 302 ff, 310 ff, 348, 410, 418 ff, 542 f
– Gewerbeanzeige 232 ff, 272 ff, 491
– Gewerbearten 209
– Gewerbebegriff 215
– Gewerbedefinition 213 f, 411 f, 460 f
– Gewerbeuntersagung 280 ff, 324 ff, 453, 490, 598
– Juristische Person als Gewerbetreibender 231, 315
Gewerbeaufsicht 266
Gewerbebegriff
– Dauerhaftigkeit 222
– Erlaubtheit 216
– freie Berufe 227
– Gewinnerzielungsabsicht 219 ff
– Prostitution 217
– Selbständigkeit 224
– Tätigkeit der öffentlichen Hand 221
– Verwaltung eigenen Vermögens 229
Gewerbeerlaubnis
– Widerruf 314
Gewerbefreiheit 11 ff, 167, 207, 232, 451, 649, 683
Gewerberecht 237
– Digitalisierung 397
– Onlineangebote 397
– Onlinedienste 398 f
– Zuständigkeit 266
Gewerbeschein 273
Gewerbetreibende 231
– ausländische juristische Person 232
– BGB-Gesellschaft 233
Gewerbetreibender
– Niederlassung 244
Gewerbeuntersagung 315 f, 550
– formelle Illegalität 318
– Verhältnismäßigkeit 296
– Vertretungsberechtigter 300
– Vollstreckung 324
– Vollzug 297
Gewinnerzielung 412, 460, 537, 699
Gießkannenprinzip 792
Gleichbehandlungsgrundsatz 1062
Gleichheitssatz 145
Grundfreiheiten 41, 45 ff, 70, 731 f
– Anzeige und Erlaubnispflichten 74
– Kohärenzgebot 67
– Konkurrenzen 65
– Prüfungsaufbau 62
– Rechtfertigungsgründe 62 f
– Rechtfertigungsprüfung 70
– Schranken 61
– Schwerpunktformel 65
– Transparenzgebot 69
– Verhältnismäßigkeit 64
Grundrechte
– Abwehrrecht 41, 103
– allgemeine Lehre 103
– Ansprüche auf Begünstigung 157
– Auslegungsmaßstab 104
– effektiver Rechtsschutz 107
– Ermessen 105, 160
– Ermessensreduktion 157
– EU-Ausländer 109 f
– gemischt-wirtschaftliche Unternehmen 111
– Gesetzesvorbehalt 103, 118, 120
– Grundrechtsberechtigung 108
– Grundrechtsbindung 112
– Inländerdiskriminierung 151
– juristische Person 109, 111
– Knappheitssituationen 158
– Kohärenzgebot 121, 159
– Konzeptpflichten 159 f
– mittelbare Staatsverwaltung 111

– norminterne Wirkung 104
– Prüfungsaufbau 113
– Schutzpflichten 105
– Teilhaberecht 106
– Unionsrechtsbezug 151
– Verfahrensgestaltung 158
Grundrechtseingriff, mittelbarer 696
Grundversorgungspflicht 504

Handwerksinnung 205, 459
Handwerkskammer 141, 144, 161, 205, 459 f, 479
Handwerksrecht 7, 20, 39, 74, 80, 125, 147, 454 ff, 477 f
Handwerksrolle 74, 80, 458 ff, 471 ff
– Eintragung 481 f
– Löschung 484 ff
– Rechtsschutz 482, 485
Harmonisierung 742
Herkunftslandprinzip 26, 500
Hoheitsbetrieb 679

In-house-Vergabe 1041
In-state-Geschäfte 1051
Industrie- und Handelskammer 141, 143, 205, 752
Informationsansprüche 131, 133 f
Informationspflicht 1100
Inländerdiskriminierung 53, 151
Inländergleichbehandlung 74
Interessenbekundungsverfahren 617
Internet 35, 127, 307 f, 397, 536 f, 1088
Investitionsbeihilfe 949

Jahrmarkt 363 ff, 370
Jugendschutz 321

Kammern, berufsständische
– Organrechte 144
– Pflichtmitgliedschaft 141, 144
Kapitalverkehrsfreiheit 65, 83 ff, 495, 648
Kartellrecht 23, 30, 37, 585, 657, 730
Kaskadenprinzip 1015
Katastrophenbeihilfe 938
Kohärenzgebot 146
Kommunale Einrichtungen 391 ff
Kommunalunternehmen 726
Konkurrentenklage 192 f, 374, 821, 999
Konkurrenzschutz 138
Konnexität von Steuerung und Haftung 722
Kontrolldichte 252
Konzeptpflicht 515
Konzeptpflichten 159
Konzession 640
Konzessionsmodell 611
Kooperationsmodell 612
Kooperationsprinzip 740
Kooperationsrechtsverhältnis 621 ff
Kooperationsverhältnis 181 ff, 198
Kooperationsverwaltungsrecht siehe Verwaltungsverbund
Körperschaft 675
Kreditinstitut 192 f, 501 ff, 543

Ladenschluss 82
Laserdrom 78, 116, 216, 320 f
Legitimationsniveau, hinreichendes 721
Leistungsbeschreibung 1090
Leistungsfähigkeit 260, 568, 708
Lissabon-Strategie 17, 25, 943
Los 1071

Markt 930
Marktgewerbe 209, 359 ff, 371, 391
– Festsetzung 349, 363 ff, 370
– Marktprivilegien 368
– Rechtsschutz 370, 385 ff
– Veranstalter 366 f
– Vergabekriterien 378 ff
Marktmechanismen 34, 499, 589 f
Marktregulierung 576 f
Marktstörung 711
Marktversagen 19, 27, 495, 502, 577, 582, 943 ff
Marktwirtschaft 4 ff, 14 ff, 410, 603
Marktwirtschaft, offene 729
Marktwirtschaft, soziale 682
Maßgeblicher Zeitpunkt 315 ff
Maximalprinzip 615
Meisterzwang 125, 147, 458, 464, 475
Menschenwürde 68, 116, 121 f, 216, 308, 323
Merkantilismus 9 f, 649
Minderhandwerk 464 f
Minimalprinzip 615
Missbrauch amtlicher Autorität 711
Missbrauchsaufsicht 579, 593
Mitteilung 906
Mittelstandsförderung 1071
Mittelverwendung, alsbaldige 838
Monopol 694

– natürliches 19, 534, 571 f
– staatliches 7, 10 f, 16, 23, 34, 52, 68, 121, 163
More economic approach 943

Nachschieben von Gründen 290
Naming and Shaming 134
Nebenangebot 1092
Netzzugang 503, 572 ff, 588, 593
Neutralität, wirtschaftspolitische 680 f
Nichtigkeitsklagen 92
Niederlassung 72, 244 f
Niederlassungsfreiheit 54, 71 ff, 88, 477

Öffentlichkeitsarbeit 133
Ökonomisierung 18, 34, 499, 562, 589
Onlineangebote 546
Onlinedienste
– Dienste der Informationsgesellschaft 403
– E-Commerce-Richtlinie 403
– Finanzmarkt 401
– Glücksspiel 401
– Wohnraumvermittlung 399
– Zuständigkeit 402

Peep-Show 218, 261
Personengesellschaft 231 ff, 265, 350, 472
Pflichtmitgliedschaft 118, 141
Polizei- und Ordnungsrecht 216, 248 f, 320
– Einschreiten gegen Gewerbeausübung 320
Privatisierung 7, 15 f, 23, 27, 34, 86, 179, 367, 395, 604 ff, 642 ff, 649 ff
Privatisierung, formelle 605
Privatisierung, funktionale 608
Privatisierung, materielle 606
Privatisierungsfolgenrecht 23, 607
Prostitution 67 f, 116, 217, 258, 436
Public-Private-Partnership 608 f, 624, 671, 1048
Publifizierung 37, 498 f

Quersubvention 923

Rahmenvereinbarung 1053
Rauchverbot 126, 149, 166, 321
Rechte, ausschließliche 733
Rechte, besondere 733
Rechtsschutz 192, 292, 310, 327, 370, 372, 385 ff, 520, 820, 994, 1109
Rechtsschutzeffektivität 107
Rechtsvergleichung 18, 24, 35
Regelungsinstrumente
– Normsetzung 515
– Verwaltungsakt 513
– Verwaltungsvorschriften 515
Regiebetrieb 678
Regionalbeihilfe 946
Regulierungsagenturen 198
Regulierungsermessen 529, 563
Regulierungskonzept 515
Regulierungsrecht 23 ff, 30, 495 ff, 510 ff, 582, 607
– Europäisierung 498
– Generalklauseln 593, 595 f
– Gesetzesvorbehalt 597
– Missbrauchsaufsicht 593
– Rechtsgrundlagen 496 f
– Rechtsschutz 520 f
– Sonderzuweisungen 521
Regulierungsverbund 529 f
Regulierungsverfügung 579
Regulierungsziele 502 ff, 506
– rechtliche Relevanz 507
– und gerichtliche Kontrolle 507
Reichsgewerbeordnung 12
Reisegewerbe 240, 337 f, 414, 461
– außerhalb der Niederlassung 344
– Erlaubnisfreiheit 346
– Erlaubnispflicht 350
– ohne vorherige Bestellung 343
– Teilnahme an Märkten 349
– Widerruf der Erlaubnis 355 f
Reisegewerbekarte 250 ff, 339 f, 342, 393
Rettungsbeihilfe 953
Richtlinie 94
– richtlinienkonforme Auslegung 96
– unmittelbare Anwendung 95
Robo-Advisory 401
Rückerstattung 882 ff
Rückforderung, öffentlich-rechtlicher Vertrag 892 ff
Rückforderungsanordnung 973 f
Rücknahme 211, 447 f, 568, 864 ff
– von Genehmigungen 444, 447 f, 568
Rücknahmeermessen 876
Rücknahmefrist 878
Rückwirkung 822 f
Rundschreiben (BaFin) 515 ff

Sachkundenachweis 39, 74, 123, 235, 240, 263, 310
Sachleistung 836
Schankwirtschaft 417
Schwellenwerte 1010, 1072
Sektorenauftraggeber 1033 f
Sektorspezifische Regulierung 576
Sekundärzweck 1101
Selbstbindung 800, 804
Selbstregulierung 26, 30, 498, 580
Selbstverwaltung
– der Wirtschaft durch Kammern 205 f
– funktionale 144
– kommunale 162
Selbstverwaltungsgarantie, kommunale 630, 688 f
Sittenwidrigkeit 305
Social Trading 401
Sonderabgabe 772
Speisewirtschaft 411, 417, 425, 429 f
Spielautomaten 307
Spielhalle 305, 308 f, 311 f, 321, 330, 333
Spielrecht 69, 169, 308
Sportwetten 52, 68, 154 f, 169, 274
Staatsaufgaben 626
Stehendes Gewerbe 410 ff, 460 ff, 491
Stellvertretung 235, 426 ff
Steuerung 632
Stiftung 676
Strohmann 236, 287
Subsidiaritätsbestimmung 709 ff
Subvention 747 f
Subvention, Begriff 748 ff
Subvention, Gesetzesvorbehalt 785
Subvention, Rechtsschutz 820 ff
Subvention, Rückerstattung 882 ff
Subvention, Rücknahme 864 ff
Subvention, Widerruf 832 ff
Subventionsempfänger 754 f
Subventionsgeber 752 f
Subventionskontrolle 818
Subventionsleistung 756 f
Subventionsrichtlinie 784, 793, 804 f
Subventionsvergabe, Zuständigkeit 770
Swingerclub 218, 430
Systemgerechtigkeit 69, 126, 146 f, 149, 154

Tariftreue 1106
Teilhabeanspruch 106, 381, 565, 718
Telekommunikation 18, 22 ff, 34 f, 86, 163, 181 ff, 188 ff, 495 ff, 520, 522, 582, 601
Telekommunikationsnetze
– Anwendungsbereich 536
Telekommunikationsrecht
– Anzeigepflicht 536 f
Telemedien 537
Territorialprinzip 706
Tertiärrecht 200
Transparenzgrundsatz 1061
Transparenzrichtlinie 56, 913

Umstrukturierungsbeihilfe 953
Umweltschutz 502, 897 f, 1103
Unabhängige Regulierungsbehörde 24, 185 ff
Universaldienst 504, 510, 607, 742 ff
Universaldienstleistung 742
Unmittelbarer Zwang 326
Unsittlichkeit 218, 261, 434, 436
Unternehmen 657 ff, 730
Unternehmen, gemeinnütziges 664
Unternehmen, gemischt-öffentliches 672, 1042
Unternehmen, gemischt-wirtschaftliches 670, 685
Unternehmen, kleine und mittlere 952
Unternehmen, Leistungsfähigkeit 708
Unternehmen, nicht-wirtschaftliches 704
Unternehmen, öffentlich-rechtliches 673
Unternehmen, öffentliches 649 ff, 661 ff
Unternehmen, öffentliches und Grundfreiheiten 731
Unternehmen, öffentliches und Grundrechte 683 ff
Unternehmen, öffentliches und Zulässigkeit 702 ff
Unternehmen, wirtschaftliches 704
Unzuverlässigkeit 254
– Begriff 250 ff, 433 ff
– Drogendelikte 258
– Fallgruppen 253, 255
– gerichtliche Überprüfbarkeit 289
– gewerbebezogene Vorschriften 255
– Gewerbeuntersagung 280 ff, 453
– Jugendschutz 255
– maßgeblicher Zeitpunkt 293
– persönlicher Anknüpfungspunkt 264 f, 288

- Steuern und Sozialversicherungsbeiträge 257
- Strafvorschriften 258 f
- und Erlaubnispflicht 256
- und Leistungsfähigkeit 260
- und Sachkunde 263
- Unsittlichkeit 261
- Wiedergestattung 293
- Zurechnung des Verhaltens Dritter 264

Urproduktion 225

Verbandsauftraggeber 1031
Verbraucherinformation 131
Verbraucherschutz 502, 506, 603
Verdrängungswettbewerb 694
Vergabe, Schadensersatz 1122
Vergabe- und Vertragsordnung 1005
Vergabe-Richtlinien, europäische 1007 f
Vergabekammer 1115
Vergaberecht 1001 ff
Vergabeunterlagen 1090
Vergabeverfahren 106, 378, 383, 395, 556 ff, 1087 f, 1090
Vergabeverfahren, nicht-offenes 1081
Vergabeverfahren, offenes 1080
Vergabeverfahren, Rechtsschutz 1109 ff
Verhandlungsverfahren 1082
Verkehr 6, 13
Verordnungen 90, 92
Verquickung, unlautere 711
Verschonungssubvention 757, 777, 822 f
Versicherungsberater 74
Versicherungsvermittler 240, 305
Versteigerung 106, 557 ff
Verteilungsentscheidung 19, 34, 106, 378, 384, 388, 999, 1075
Vertrag, entgeltlicher 1036
Vertrauensschutz 796, 822 f, 867 f, 981
Verwaltungsgesellschaftsrecht 723 f
Verwaltungshelfer 367, 386, 395, 638 f, 814
Verwaltungshilfe 637 f
Verwaltungskompetenzen 174 ff
- Bundesbehörden 176 f, 188
- EU 181 f
- Handwerksrecht 479
- Kontrolldichte 187
- Regulierungsagenturen 181

Verwaltungskooperation 1050
Verwaltungsrecht
- Bedeutung der Rechtsvergleichung 18, 35
- Europäisierung 18, 35, 39 f, 498 ff
- Referenzgebiete 512, 515 ff

Verwaltungsverbund 181 f, 190, 500
Verwaltungsvorschrift 512, 516 f
Verzinsung 890
Volksfest 341, 363, 365 f, 369 f, 391 ff
Vollstreckungsrecht 208, 298, 317, 325, 328 ff
Vorabentscheidungsverfahren 53
Vorrang des Unionsrechts 41
Vorsprung durch Rechtsbruch 711

Warenverkehrsfreiheit 58, 60, 65 f, 81 f, 93, 1007, 1077
Wegfall der Bereicherung 888, 982 f
Weiterführungsbefugnis 423
Wettbewerbsfreiheit 117, 693 ff, 789, 820, 1075
Wettbewerbsgrundsatz 1060
Wettbewerbsverfälschung 929 f
Widerruf 268, 315, 357, 443 f, 447 f, 568, 832 ff
Widerrufsermessen 843
Widerrufsfrist 847
Widerrufsgrund 851
Widerrufsvorbehalt 443, 851, 860, 880
Widmung 366, 375, 391
Willkürverbot 155, 578, 801
Wirtschaftlichkeitsprinzip 615, 1004
Wirtschaftsaufsicht 22 ff, 54, 178, 500, 503, 510 f
Wirtschaftslenkung 22 f, 25, 27 ff, 1002, 1073
Wirtschaftspolitik 4, 6, 656, 681, 729, 739
Wirtschaftsrecht 3, 14, 20 ff
Wirtschaftsverfassung, europäische 8, 16, 728 f
Wirtschaftsverwaltungsrecht 20 ff, 34 ff
Wochenmarkt 363, 366
Wohnung, Unverletzlichkeit 161

Zahlungsdienste 401
Zinsen 890
Zugangsregulierung 503, 510, 569 ff, 576 ff
Zurschaustellen von Personen 323
Zuschlag 1063, 1098
Zuschlagsentscheidung 1105
Zuverlässigkeit 212, 250 ff, 280 ff, 310
- bei juristischen Personen und Personengesellschaften 265

– Funktion 250 ff
– maßgeblicher Zeitpunkt 292, 294
– Zurechnung des Verhaltens Dritter 265

Zwangsmitgliedschaft 140, 459
Zweck, öffentlicher 705 f, 761 f
Zweckverfehlung 837 f
Zwei-Stufen-Theorie 809 f, 1099